21世纪法学系列教材

经济法系列

证券法精要
原理与案例
（第二版）

刘新民　著

图书在版编目(CIP)数据

证券法精要:原理与案例/刘新民著. —2 版. —北京:北京大学出版社,2023.11
21 世纪法学系列教材
ISBN 978-7-301-34707-2

Ⅰ.①证… Ⅱ.①刘… Ⅲ.①证券法—法的理论—中国—高等学校—教材
Ⅳ.①D922.287.1

中国国家版本馆 CIP 数据核字(2023)第 244062 号

书　　　名	证券法精要:原理与案例(第二版)
	ZHENGQUANFA JINGYAO：YUANLI YU ANLI(DI-ER BAN)
著作责任者	刘新民　著
责 任 编 辑	张　宁
标 准 书 号	ISBN 978-7-301-34707-2
出 版 发 行	北京大学出版社
地　　　址	北京市海淀区成府路 205 号　100871
网　　　址	http://www.pup.cn
新 浪 微 博	@北京大学出版社　　@北大出版社法律图书
电 子 邮 箱	编辑部 law@pup.cn　　总编室 zpup@pup.cn
电　　　话	邮购部 010-62752015　发行部 010-62750672　编辑部 010-62752027
印 刷 者	北京虎彩文化传播有限公司
经 销 者	新华书店
	730 毫米×980 毫米　16 开本　45 印张　881 千字
	2013 年 9 月第 1 版
	2023 年 11 月第 2 版　2023 年 11 月第 1 次印刷
定　　　价	135.00 元

未经许可,不得以任何方式复制或抄袭本书之部分或全部内容。
版权所有,侵权必究
举报电话:010-62752024　电子邮箱:fd@pup.cn
图书如有印装质量问题,请与出版部联系,电话:010-62756370

第二版前言

考察世界主要国家或地区的证券法律制度,其核心理念或曰宗旨目标,应该是借由证券市场为上市公司提供资本社会化的合法途径,同时对上市公司实施资本民主化的公司治理,最终实现私有财富的全民共享。因此,证券法的各项具体制度的设计,包括但不限于证券定义、信息披露、证券监管三大支柱性制度,证券发行、上市、交易整个程序性制度,以及对包括虚假陈述、欺诈客户、内幕交易、操纵市场、短线交易等在内的违法犯罪行为的规制,都应围绕该核心理念或曰宗旨目标展开。本书的撰写以党的二十大精神、习近平法治思想为指导,响应中央金融工作会议提出的"深刻把握金融工作的政治性、人民性"要求,力图将马克思主义法治理论同中国法治建设具体实际相结合,与时俱进,为持续、渐进、稳步地推动我国证券法的完善贡献绵薄之力。

我国证券法律制度的进步是有目共睹的,无论是立法的渐进式完善,还是执法的有序性推进,以及学术研究的"繁花似锦",都是生动的体现和证明。然而,同样不能讳疾忌医的是,我们仍有诸多待解决也应该能解决的问题。首先也是最重要的问题之一,就是立法对证券品种的列举仍过于保守,学术界对证券定义的研究(尤其是其内涵的研究)也非常薄弱。对证券定义(尤其是内涵)的研究似乎是件不好发文章,也难以立课题的吃力不讨好的工作,是一件"成本—收益"不对等的苦差事。美国的情况则有所不同:自联邦政府制定证券成文法以来,证券定义所列举的品种就在与时俱进地不断增加;而司法实践也在同时发力,对于立法所列举的证券品种之内涵,通过司法实践创立了"豪威检测标准""家族相似性检测标准""两步/一步检测法"等诸多标准或规则。也就是说,对于证券法律制度的基石——"证券"这一法律客体、核心概念,美国动用了立法和司法两大系统的力量在密切配合中推进,其目的,用美联邦最高法院的话来说,就是"这样的定义,可以在面对我们商业世界中层出不穷的手段时,使证券成文法始终能将其纳入投资合同的宽泛定义之中,并依据成文法强制采用这些手段的企业进行完整而客观的信息披露"[①]。

---

① 原文如下:It permits the fulfillment of the statutory purpose of compelling full and fair disclosure relative to the issuance of 'the many types of instruments that in our commercial world fall within the ordinary concept of a security.' H. Rep. No. 85, 73rd Cong., 1st Sess., p. 11. See Securities and Exchange Commission v. W. J. Howey Co. et al. 328 U.S. 293 (66 S. Ct. 1100, 90 L. Ed. 1244).

到了Web3.0时代，互联网以区块链为底层技术，使得网络数据具备了去中心化和防篡改的特征，为数字藏品、元宇宙、虚拟人、VR技术等如火如荼的发展提供了强有力的支撑。然而，新兴事物"有一利必有一弊"。在美国就有人利用区块链技术，开发出了名目繁多的"数字货币"，试图逃脱美国证券交易委员会（SEC）的监管，在证券市场大割公众投资者们的"韭菜"！为了鼓励市场创新，同时加强规范发展，在SEC v. Sun et al（2023）等案中，SEC基于"重实质轻形式"的务实姿态，根据联邦证券立法"保护公众投资者"之目的，祭起了八十年前所确立的"豪威检测标准"这一"大旗"对其进行规制，将两种名为"TRX"和"BTT"的加密资产证券（"虚拟货币"）认定为证券，要求其接受联邦证券法的管辖。SEC的这一做法生动再现了证券定义之内涵的司法实务与学术研究工作，有力地推动了市场创新的规范发展和公众投资者保护之间的平衡。"这种投资合同的界定是一个弹性而非呆板的原则，是一个能应付那些企图以他人钱财获利之人所炮制的无穷无尽、花样翻新之计谋的原则。"[①]我国于2021年制定的《"十四五"数字经济发展规划》，同样将加快推动数字产业化作为八项重点任务之一，要求"增强关键技术创新能力""加快培育新业态新模式""加快培育新业态新模式""营造繁荣有序的产业创新生态"。对于如何完成这一重点任务，SEC的上述执法和司法实践可以为我国提供有价值的参考和借鉴。为此，本书花了巨大篇幅，开设专章，对证券定义（内涵的界定）进行了详尽阐释，并引用了相当数量的美国司法案例来辅助说明，力图做到理论和实务的有机结合。

实际上，美国对证券定义的研究，尤其是对其内涵的司法认定，其目的是借由对"证券"这一法律客体的定性来把握其法律行为之要件，从而决定是否将其纳入证券法律进行规制：一是必须根据证券法进行登记（除非属于豁免证券），遵守信息披露制度；二是规范而不是压制证券市场创新，要求市场创新必须在证券法制的轨道上合规运行。在我国，吸收社会公众资金的活动作为一种典型的非正规金融[②]活动一直长盛不衰。但在其立法理念与制度设计上，一直被认定为违法犯罪行为。自从1995年《商业银行法》创设"非法吸收公众存款或变相吸收公众存款"这一立法术语、1997年修订《刑法》时新增第176条"非法吸收公众存款"以来，不断出台的政策性文件均沿用了"刑事法律取缔模式"，其中以最高人民法院于2022年新实施的《关于审理非法集资刑事案件具体应用法律若干问题的解释》（以下简称《司法解释》）为典型。通过对上述立法文本、司法解释，以及

---

① 原文如下：It embodies a flexible rather than a static principle, one that is capable of adaptation to meet the countless and variable schemes devised by those who seek the use of the money of others on the promise of profits. See SEC v. W. J. Howey Co. et al. 328 U.S. 293 (66 S. Ct. 1100, 90 L. Ed. 1244).

② 非正规金融，与正规金融相对，是指非法定的金融机构所提供的间接融资，以及个人之间或个人与企业之间的直接融资，通常未经政府批准或者未被纳入金融监管进行规制。

政策性文件(尤其是 2022 年《司法解释》)的梳理,可以清晰地得出一个结论,即"非法集资"的认定标准与"非法/变相吸收公众存款"的特征毫无二致;而司法实践也基本上是将二者作为同一概念对待的,通常都是依据"非法/变相吸收公众存款"的特征来认定所谓的"非法集资"行为。①

如果依据 2022 年《司法解释》所列举的基本特征对"非法/变相吸收公众存款"进行定义,则显然可以如是成文:"未经有权机关依法批准,公开向社会不特定对象,以承诺还本付息或给付回报的方式筹集公众资金。"显然,这和 1946 年的"豪威检测标准"如出一辙:在该案中,正是由于涉案的豪威公司未向 SEC 登记注册,其被要求补正这一瑕疵后即进入证券法的规制轨道,进行合法的市场投融资活动。与此形成鲜明对比的则是,我国立法文本和相关政策性文件始终都是一刀切地将吸收社会资金活动(非正规金融)"入罪"对待。不可否认,并非所有的吸收社会资金的活动都是合法的,但肯定也不是所有的吸收社会资金的活动都是非法的,因此立法必须进行区别对待——对确实是"非法/变相吸收公众存款"的以刑事法律惩治,而对"合法"或有瑕疵的吸收公众资金的活动则以证券法进行规制。如此既可以鼓励市场创新,又能够有效地保护广大公众投资者。

我国证券市场自建立以来迄今为止的一个"怪象""乱象"是,无论主板市场,创业板市场,还是科创板市场,股权集中的现象十分突出,甚至不乏"夫妻店"一类的家庭绝对大股东,使得证券市场的"资本之社会化"无限扩大而肆无忌惮地实施着"治理之独断化"!就证券立法而言,至少证监会在这方面应该有所作为,完全可以规定家庭股权占比若高于法定之比例则不得上市,并且十位股东不得存在任何实质性之利益关联,为证券市场的"治理之民主化"提供法律依据。两部基本大法《证券法》《公司法》对进入证券市场融资的公司并无任何的类型限制,但证监会规定只有股份有限公司才能上市(所谓的"改制")。这种不合基本法理的举措都可以实施,为何合乎证券市场实践与基本法理的上述措施反而迟迟不能出台呢?

本书第二版的修订工作起始于 2019 年,正是《证券法》大修之时,迄于今约四年之久才呈现在诸君面前,真可谓久久为功!之所以耗时如此之多,基本原因有二:

一是新增了汉译的域外英文案例近 30 个,虽然个案的篇幅不可谓大,但总量的篇幅不可谓小。根据严几道先生所倡导的"信达雅"翻译标准,对所选的英文案例在力避欧化句式、力克"翻译腔"的基础上,用流畅的汉语表达来呈现"原

---

① 《刑法》并未明文规定非法集资罪,导致在司法实践中,除了集资诈骗罪之外,对所有的非法集资活动,都一律采取非法吸收公众存款罪进行规制。而现已失效的《非法金融机构和非法金融业务活动取缔办法(2011 修订)》(国务院令第 588 号)等则是将非法吸收公众存款、变相吸收公众存款、非法集资行为并列对待的。

汁原味"。正是案例数量和篇幅的要求,加上译文质量上的要求,使得书稿的第二版迟迟未能完稿。为什么要固执地做这种傻乎乎、吃力不讨好的证券法案例的翻译工作呢?在我看来,原因很简单:尽管美国证券法律制度,包括立法、司法、执法等在内,远远谈不上尽善尽美;但毋庸讳言,其百余年的联邦立法演进史,尤其是法院的司法审判经验、SEC的执法经验,还是值得包括我国在内的国家或地区参考借鉴的(但绝不是奉为圭臬,照搬不误的)。这也是在证券市场方面建立中国式现代化所应有的态度和胸襟,此正所谓"洋为中用"。

二是根据新的法律法规和学术研究成果进行修订工作。在法律更新方面,书稿根据2019年大修的《证券法》、2020年通过的《民法典》等法律法规,特别是证监会、沪深两市立改废的法律文件,进行了全面、细致的修改;尤其是2021年以来,证监会、沪深两市的"立法"动作频繁,以至于书稿刚刚完成,新的规定又出台,使得书稿出版进度一拖再拖。在学术研究成果方面,本书第二版根据2014年以来的国内外研究成果,对书稿进行了全面的梳理和完善,力图将前沿热点、学术通说等有机地融合到书稿的相关章节之中,为读者尤其是希望在证券法领域进一步深造的高校学子提供较为丰富的学术资源。

本书第二版的成功出版,必须隆重感谢的是北大出版社法律事业部的编辑和东京大学的康佳慧博士。基于前述原因等种种情况,本书的修改工作不断地拖延,出版社对此都给予了"宽大处理",使得作者得以"从容不迫"地不断完善本书第二版。而康佳慧博士则对本书做了认真仔细的通读,对所有的证券法域外案例的译文做了几乎逐字逐句的细读和校对,提出了很多完善建议,从学理上保证了本书第二版的质量。

2023年11月1日,星期三
华东师范大学法学院320办公室

目 录

导论 ··· (1)
 第一节 金融体系概述 ·· (1)
 第二节 金融资产概述 ·· (5)
 第三节 金融市场概述 ·· (12)
 第四节 证券法概述 ··· (19)

第一编 证券法原理性制度

第一章 证券之定义 ·· (29)
 第一节 家族相似性检测标准 ·· (30)
 第二节 豪威检测标准 ·· (58)
 第三节 两步/一步检测法 ·· (92)
 第四节 吸收公众存款的非法性之反思 ····························· (108)

第二章 信息披露制度 ·· (146)
 第一节 信息披露制度概述 ··· (146)
 第二节 信息披露的基本原则 ·· (151)
 第三节 预测性与前瞻性信息披露 ·································· (177)
 第四节 初次信息披露 ·· (190)
 第五节 持续信息披露 ·· (194)
 第六节 收购中的信息披露 ··· (201)

第三章 立体监管制度 ·· (224)
 第一节 证券监管概述 ·· (224)
 第二节 证监会的他律监管 ··· (227)
 第三节 证交所的自律监管 ··· (235)
 第四节 证券业协会的监管 ··· (241)

第二编　证券法律行为制度

第四章　证券发行制度 (247)
- 第一节　证券发行概述 (247)
- 第二节　证券发行的条件 (253)
- 第三节　证券发行的程序 (261)
- 第四节　证券发行审核 (265)
- 第五节　证券发行承销 (269)
- 第六节　发行上市保荐 (274)

第五章　证券上市制度 (278)
- 第一节　证券上市概述 (278)
- 第二节　上市的恢复与终止 (283)
- 第三节　场外交易市场制度 (287)

第六章　证券交易制度 (291)
- 第一节　证券交易概述 (291)
- 第二节　证券交易种类 (295)
- 第三节　信用交易制度 (299)
- 第四节　证券交易规则 (310)

第七章　上市公司收购制度 (323)
- 第一节　上市公司收购概述 (323)
- 第二节　要约收购法律制度 (346)
- 第三节　协议收购法律制度 (360)
- 第四节　反收购措施及其规制 (361)

第八章　资产证券化制度 (387)
- 第一节　资产证券化概述 (387)
- 第二节　资产证券化的意义 (392)
- 第三节　资产证券化的风险 (396)
- 第四节　资产证券化具体制度 (398)

第三编 证券违法行为及其规制

第九章 虚假陈述及其规制……(411)
- 第一节 虚假陈述概述……(411)
- 第二节 原被告及其责任……(424)
- 第三节 虚假陈述中的因果关系……(441)
- 第四节 揭露日与损失计算……(461)
- 第五节 虚假陈述等的刑事责任……(484)

第十章 欺诈客户及其法律规制……(496)
- 第一节 欺诈客户概述……(496)
- 第二节 欺诈客户的表现形式……(501)
- 第三节 原被告及其责任……(518)

第十一章 内幕交易及其法律规制……(526)
- 第一节 内幕信息……(526)
- 第二节 内幕主体……(548)
- 第三节 内幕交易……(608)

第十二章 操纵市场及其法律规制……(627)
- 第一节 操纵市场概述……(627)
- 第二节 操纵市场行为……(638)
- 第三节 操纵市场的民事责任……(650)
- 第四节 操纵市场的行政责任……(658)
- 第五节 操纵市场的刑事责任……(661)

第十三章 短线交易及其法律规制……(668)
- 第一节 短线交易概述……(669)
- 第二节 短线交易的主体……(678)
- 第三节 短线交易的客体……(684)
- 第四节 短线交易归入制度……(686)

域外案例原文二维码索引……(711)

导　论

马克思主义哲学认为,经济基础与上层建筑之间存在着辩证关系,即经济基础决定上层建筑,上层建筑反映经济基础,并具有相对的独立性,对经济基础有反作用。所谓上层建筑,简而言之是指建立在经济基础上的政治、法律、宗教、艺术、哲学等观点,以及适合这些观点的政治、法律等制度。这一原理在证券法中体现得尤为明显:证券法律制度的存在、发展与变迁决定于金融证券活动的实践,金融证券的理论基础与实际运作则是理解证券法律制度的前提条件。因此,学习证券法律制度,了解并掌握核心的金融证券学基本知识是必由之路。只有如此,才能对证券法律制度做到既能"知其然"又能"知其所以然",从而更进一步地为完善证券法律制度建言献策。

第一节　金融体系概述

一、金融与金融体系

金融与人们的经济生活息息相关。在现代经济生活中,任一经济活动的初始都首先表现为货币资金的投入,任一经济运作都是以现金流的不断运转为基本前提和保障条件的,而经济结构、经济效率、经济增长和经济发展都与金融息息相关,因此可以说没有金融就没有现代经济。[1] 尽管金融的重要性不言而喻,但是我国理论界尚未对金融作出统一的界定。[2] 我们认为,金融是以获取资本增值为目标,资金供需双方运用各种金融工具实施的跨时空的价值交换活动。例如股票交易,假设今天你购买了某一上市公司发行的股票,即意味着你将今天的价值委托给了该上市公司,而等到今后某一时间再得到投资回报;该上市公司运用你投入的货币进行商品生产或提供服务,在今后某一时间再给你回报。在这一过程中,你和该上市公司之间进行的就是价值的跨时间互换。这种跨时间的价值互换又跟未来的事件连在一起,亦即如果该上市公司未来获利了,它才给

---

[1] 世界银行在2001年出版的《金融与增长》报告中指出,经济增长和消除贫困取决于一国金融体系的有效运行。

[2] 张新:《中国金融学面临的挑战和发展前景》,载《金融研究》2003年第8期。

你分红;但如果未来未能获利,该上市公司就无须给你分红;如果该上市公司破产了,你的先期投资则损失殆尽。这种未来赢利、亏损、破产状态即为股票交易的"空间"。①

金融体系(Financial System)则是一个经济实体中资金融通的基本框架,是由各种金融要素构成的综合体。一般认为,现代金融体系大体由金融调控体系、金融组织体系、金融监管体系、金融市场体系、金融环境体系5个方面组成。(1)金融调控体系,既是国家宏观调控体系的组成部分,包括货币政策与财政政策的配合、币值稳定和总量平衡、健全的传导机制、完善的统计监测工作,调控水平的提高等;同时也是金融宏观调控机制,包括利率市场化、利率形成机制、汇率形成机制、资本项目可兑换、支付清算系统、金融市场的有机结合等。(2)金融组织体系,既包括商业银行、证券公司、保险公司、信托投资公司等现代金融企业,也包括中央银行、政策性银行、金融资产管理公司、城市和农村商业银行等各种金融机构等。(3)金融监管体系,包括金融风险监控、预警和处置机制,市场进入与退出机制,信息披露制度,银行、证券、保险等与中央银行、财政部门等相互之间的监管协调机制等。(4)金融市场体系,包括层次丰富的资本市场体系,完善的资本市场结构,丰富的资本市场产品,完善的交易、登记和结算体系等。(5)金融环境体系,包括健全的现代产权制度、完善的公司法人治理结构、全国统一的市场、健全的社会信用体系、政府经济管理的法制化等。需要注意的是,在现代社会,由于金融活动具有很强的外部性(Externality)而成为一种准公共产品(Quasi-Public Goods),因此政府的管制框架也被纳入金融体系之中,成为一个密不可分的组成部分。

二、金融体系的功能

企业融资方式可以分为内源性融资和外源性融资两种,而在外源性融资方式中又可以细分为直接融资和间接融资两种。② 根据融资方式的不同,学术界通常将当前国际社会的金融体系划分为两种不同模式:一种是美英为代表的市场主导型金融体系(Market-Based Financial System),又称盎格鲁-撒克逊(Anglo-Saxon)模式,其特点是证券市场发达,企业依托证券市场以直接融资为主导。大量企业以股份公司形式存在,股权分散并容易流通。公司股东依托资本

---

① 陈志武:《金融的逻辑》,国际文化出版公司2009年版,序言部分。
② 直接金融是资金供求双方直接进行资金融通的活动,是资金需求者直接通过金融市场向社会上有资金盈余的机构和个人筹资。间接融资是指通过银行等中介机构所进行的资金融通活动,是资金需求者采取向银行等金融中介机构申请贷款的方式筹资。二者的主要区别在于金融机构是否发行自己的债权债务凭证。

市场,通过证券交易机制对公司产生影响。另一种金融模式称为银行主导型金融体系,又称德日模式,其本质特征为银行处于公司治理的核心地位,银企关系紧密,尤其在企业面临危机时容易受到主银行扶持,银行成为企业融资的主要来源,间接融资占据企业融资主体地位。两种模式虽然各有千秋,但无何者更优的问题[1],而且都具有 7 项基本功能,即储蓄功能、财富功能、流动性功能、信贷功能、支付功能、风险防范功能以及政策功能。[2]

储蓄功能(Savings Function),是指在金融市场中销售的债券、股票等金融工具,能够为社会公众的储蓄提供一条有利可图的、低风险的渠道;而储蓄则通过金融市场流向投资领域,这样就能够生产更多的商品与提供更多的服务,从而提高社会的生活水平。而当储蓄流下降时,投资则萎缩,人们的生活水平也随之下降。

财富[3]功能(Wealth Function),是为未来的商品与服务支出需求提供储备购买力的手段。储存财富(即经济单位维持其持有的资产的价值)的形式多种多样,例如房产、轿车等实物形式,但实物存在折旧问题并常常面临较大的损失风险;也可以是金融资产(比如债券、股票等各类金融工具),它们不存在磨损问题,而且还常常能创造收入,其损失风险亦小于储存财富的其他形式,此即金融体系的财富功能。

流动性功能(Liquidity Function),是指通过将证券等金融资产转化为现金余额而提供筹资手段。对于以金融工具形式储存的财富,金融市场提供了以很小的损失风险将这些工具转化为现金的手段。这样,金融市场为持有金融工具但是又需要货币的储蓄者提供了流动性。在现代社会中,货币主要由在商业银行持有的存款组成,它是唯一的具有完全流动性的金融工具,即货币能够随时支出而不需要转化为其他形式。

信贷功能(Credit Function),是指提供信贷以支持经济中的消费与投资支出。所谓信贷,是货币持有者将其资金按约定的利率暂时借出,借款者在约定期

---

[1] See, for example, Asli Demirguc-Kunt & Ross Levine, *Bank-based and Market-based financial Systems—Cross-country comparisons*, Policy Research Working Paper Series 2143, The World Bank., 1999; Emre Ergungor, *Financial System Structure and Economic Development: structure matters*, Working Paper 0305, Federal Reserve Bank of Cleveland., 2003; Ozgur Emre Ergungor, *Market- vs. Bank-based Financial Systems: Do Investor Rights Really Matter?* Working Paper 0101R, Federal Reserve Bank of Cleveland., 2002; T. Beck, R. Levine, N. Loayza, "Finance and the Sources of Growth", 58. *Journal of Financial* 261(2000).

[2] See Peter S. Rose & Milton H. Marquis, *Money and Capital Markets*, 10th edition, China Machine Press, 2008, pp.7-11.

[3] 对于任何经济单位(包括个人、企业或政府)而言,财富是其持有的所有资产价值的总和。财富与净财富(总资产减去总债务的净值)都是由当前储蓄加上以前积累的财富赚得的收入形成的。

限内按约定的条件还本付息的信用活动。在商品经济中,资本处于不断流动的状态,流动的目的是尽量使资本增值。消费者需要信贷是为了购买住房、食品,修理轿车,偿还未付的债务等;企业利用信贷是为了储存存货,建造新厂房,支付员工薪酬和支付股东红利等;而政府借款则通常是为了建造公共设施,在税收收入流入之前弥补日常的现金支出等。

支付功能(Payments Function),是指金融体系提供的支付商品与服务的机制。某些金融资产,比如支票账户与美国可转让提款单账户(Negotiable Order of Withdrawal Account, NOW),提供了作为支付的交换媒介的服务。银行、信用合作社等发行的信用卡也使得客户直接获得了短期信贷,而且它们也是被社会广泛接受的便利的支付手段。

风险防范功能(Risk Protection Function),是指金融体系为各类市场主体(如企业、个人与政府)提供防范生命、健康、财产与收入风险的手段。一般地,这是借助于商业保险而实现的。例如,寿险保险单保障一个家庭因亲人亡故而带来的可能的收入损失;财产险的保单持有人可以防范各类财产风险。此外,货币与资本市场也被工商企业和居民个人用于"自我保险"防范风险,即持有财富作为防范未来损失的一种谨慎措施。

政策功能(Policy Function),是指金融体系为政府政策实现高就业、低通胀与经济持续增长等社会目标提供渠道。20世纪末期以来,金融市场逐渐成为各国政府实施其力图稳定经济、避免通货膨胀的政策之主渠道。通过合理地操纵利率与信贷,政府能够影响公众的借款与支出计划,而这反过来又会影响工作、生产与价格的增长。现代国家大多借助其中央银行,通过金融体系实施其稳定经济的任务。

表 0-1 金融体系功能简表

储蓄功能	为公众的储蓄提供潜在的、有利可图的、低风险的出路
财富功能	为未来的商品与服务支出需求提供储备购买力的手段
流动性功能	通过将证券与其他金融资产转化为现金余额,提供筹资手段
信贷功能	提供信贷以支持经济中的消费与投资支出
支付功能	提供购买商品与获取服务的支付机制
风险防范功能	提供手段以保护企业、消费者与政府防范生命、健康、财产与收入的风险
政策功能	为政府实现高就业、低通胀、经济持续增长的社会目标提供渠道

【拓展阅读】

两种金融体系的比较

第二节 金融资产概述

一、金融资产的概念

金融资产(Financial Assets),又称金融工具[①],从法学的角度来看,是指一切代表对未来收益拥有合法索取权的法律文书,是一种索取现金资产(即货币)的权利;从金融学的角度来看,是指一切可以在有组织的金融市场上进行交易、具有现实价格和未来估价的金融工具的总称,是持有人拥有的以价值形态存在的资产,其最大特征是能够在市场交易中为其所有者提供即期或远期的货币收入流量。

现代金融资产的种类花样繁多,但通常大致可以分为三类,即货币、债券、股票,或更粗略地分为两类,即现金和现金等价物、其他金融资产。[②] 购买商品和服务进行支付时,货币是最常见的金融资产。支票账户、通货和铸币作为支付媒介的金融资产,则是货币的不同形式。股票代表其持有人对某家企业所有权的份额,是对企业利润和资产销售收入的索取权。广义的债券包括债券、票据、应付账款(Accounts Payable)和储蓄存款等金融索取权,这些金融资产赋予其持有人有优先于股权持有人对企业等的资产和收入的索取权。通常,索取权的数量和期限(到期日)固定,而且根据大部分债券附有的合同的条款,索取权由作为

[①] 严格来说,金融资产不同于金融工具:金融资产只有当其成为持有者的投资对象时方能称作资产,否则应泛称为金融工具。例如,中央银行所发行的现金和企业所发行的股票、债券,对其发行人来说属于金融工具而非金融资产,因为对发行它们的中央银行和企业来说,现金和股票、债券是其持有的一种负债。金融工具只有对其持有者来说才是金融资产。例如,持有商业票据者,就表明他有索取与该商品价值相等的货币的权利;持有股票者,表示其有索取与投入资本份额相应的红利的权利;持有债券者,表示其有一定额度的债款索取权。

[②] 现金是指持有者拥有的以现金形式或高流动性资产形式存在的资产,所谓高流动性资产主要是指各类银行存款、货币市场基金和人寿保险现金收入。其他金融资产是指持有人由于投资行为而形成的资产,例如各类股票和债券等。

抵押品的特殊资产的抵押权支持。债券一般分为可转让的债务证券和不可转让债务证券两类,其中存折储蓄账户和美国储蓄债券都是不可转让债务证券的例子。

二、金融资产的性质

金融资产的性质影响着其对不同类型投资者的吸引力。英美金融学学者一般认为金融资产有 10 个性质,即:① 货币性(Moneyness);② 可分性和面额化(Divisibility and Denomination);③ 可逆性(Reversibility);④ 期限(Term to Maturity);⑤ 流动性(Liquidity);⑥ 可转换性(Convertibility);⑦ 币种(Currency);⑧ 现金流与收益的可预测性(Cash Flow and Return Predictability);⑨ 复合性(Complexity);⑩ 税务状况(Tax Status)。[1] 其中最重要的几个性质如下。

货币性,是指金融资产可以用来作为货币或容易转换为货币,担当交易媒介或支付功能的金融资产,它是投资者对金融资产所要求的一种属性。在美国包括通货和可以开立支票的所有形式的存款。除此之外的金融资产,与货币非常接近(即能以较低的成本、较少的时间或较低的风险转化为货币),被称为准货币(Near money or Quasi-money),在美国包括定期和储蓄存款、美国政府发行的称为三月期国库票据的证券等。金融资产的货币性越强,意味着其流通性越好。

可分性,是指金融资产可以被均等地化为最小单位,这是增强金融资产流动性所要求的。例如某公司打算在证券市场融资 50 亿元,如果作为一个整体发行,基本上没有哪家或哪个投资者能够或愿意购买,但若将其细分为 1 亿个单位,每个单位为 50 元,这样就会有大量资金实力不一的投资者购买。

面额化,又称单位化,是指将一笔经均等细分的巨额金融资产组合为若干相同单位的资产。例如,将股票面额设计为 100 元一股、50 元一股、1 元一股等。面额越小,可分性越强。

流动性,是指金融资产可以迅速变现而同时不受价值上的损失。决定一项金融资产的流动性的关键,在于是否存在着关于该项金融资产的"市场",以及这一市场在各个价位上的"厚度"。而市场在各个价位上的"厚度",必定依赖于与这项金融资产有关的信息不对称性的严重程度。流动性是各类金融资产的核心特性,是任何金融市场赖以存在和运行的基石,因为缺乏或没有流动性的金融资

---

[1] 参见〔美〕弗兰克·J.法博齐、弗朗哥·莫迪利亚尼:《资本市场——机构与工具》(英文第 3 版),唐旭等译,中国人民大学出版社 2004 年版,第 6—10 页。

产，其价值不仅会被严重低估，甚至会为零(即无人愿意持有)。① 各类金融资产的流动性强弱不一，具有相对性，例如储蓄存款的流动性很强，而住房公积金等的流动性则较弱。流动性与风险性密切相关，其中所谓流动性风险(liquidity risk)是指一项金融资产变现在时间长度上的不确定性和/或在数量上减损程度的不确定性。商业银行流动性风险来源于负债方和资产方：由负债方引起的流动性风险，主要源于商业银行很难在不受损失的情况下变现资产，或者被迫以较高成本融入资金来满足负债持有人即时提取现金的需求；资产方引起的流动性风险，是指表外业务的贷款承诺。②

现金流与收益的可预测性中的收益性，是指金融工具可以获得收益的特性，一般采用收益率(Earnings Rate)来表示。收益率是指金融资产所取得的收益与本金的比率，一般以年度百分比表达：收益率＝收益/本金(Earnings Yield＝Earnings/Market Capitalization)。收益率要根据当时市场价格、面值、息票利率以及距离到期日时间来计算。在计算收益率时还应考虑本金和利息的总回报(Return)、风险、流动性、资产流动的频率(Time-pattern of Cash Flow)等因素。收益率可以分为三种：(1)名义收益率(Nominal Yield)，是指金融工具的票面收益与票面金额的比率。例如某债券面值为 100 元，10 年偿还期，年息 8 元，则名义收益率＝8/100＝8%。(2)现时收益率，又称当期收益率(Current Yield)，是指金融工具的年收益与当期市场价格的比率。例如某债券面值为 100 元 10 年偿还期，年息 8 元，债券的市场价格为 95 元，则现时收益率＝8/95＝8.42%。(3)平均收益率(Average Yield)，是将现时收益率和资本损益共同考虑的收益率，是指融资工具的票面收益加上或减去本金收益或本金损失后与当时的市场价格的比率。例如，面额 100 元，年利率 8%，票面收益率为 8%，偿还期为 10 年，加以 95 元价格在第一年年终购入，则平均收益率＝[面额×票面收益率＋(到期偿还本金－市场价格)/偿还期]/市场价格＝[100×8%＋(100－95)/9]/95＝9%。

---

① 人们普遍认为我国股票市场的流动性过高是一个毋庸置疑的事实，其主要依据是股票市场的换手率(turnover rate)远远较发达国家市场要高。但有学者指出，换手率指标只是衡量股票市场流动性的指标之一，而且换手率对评价现阶段我国股票市场来说不是一个衡量流动性的适当指标；换手率仅仅是股票市场流动性的一个因素而已。参见应展宇：《中国股票市场流动性研究》，载《证券市场导报》2001 年第 7 期。

② 银行具有流动性，一般是指该银行可以在任何时候以合理的价格得到足够的资金来满足其客户随时提取资金的要求。银行的流动性包括资产的流动性和负债的流动性两个方面：资产的流动性是指银行资产在不发生损失的情况下迅速变现的能力；负债的流动性是指银行以较低的成本适时获得所需资金的能力。

三、金融资产的创造[1]

假设在某一封闭的金融体系(意味着没有与其他单位的外部交易)中仅有居民和企业两个经济单位,每个单位持有一定的资产,这些资产源于当前收入储蓄的结果。例如,居民拥有家具、汽车、衣服、住所等资产;企业拥有待销售的商品存货、原材料、机器设备等资产。这两个经济单位的金融头寸[2]以平衡表的形式给出(见表0-1)。平衡表显示在某一时期特定单位的资产、负债和净值,其中资产表示经济单位累积的资金运用;负债和净值表示累积的资金来源,经济单位利用它们获得其现在持有的资产;净值(股权)账户反映了每一经济单位一定时期积累的全部储蓄。根据平衡表,总资产(累积的资金运用)必须等于总负债加净值(累积的资金来源)。

在表0-1中,居民持有的总资产价值2万美元,具体形态包括汽车、衣服、家具和现金。因为居民的财务报表必须平衡,所以总负债与净价值相加也为2万美元,在本例中都来源于净值(即累积的储蓄)。企业持有的总资产达10万美元,具体形态包括企业办公大楼、设备和存货。企业当前唯一的资金来源是净值(即累积的储蓄),价值也为10万美元。表0-1所示的两张平衡表显示居民和企业都没有任何负债,而均为内部融资[3],即每个单位都是利用当前收入和累积的

---

[1] 本实例改编自Peter S. Rose, Milton H. Marquis., Money and Capital Markets, 10th edition, China Machine Press, 2008, pp. 27-31.

[2] 头寸(position)是一个基本金融词汇,也是一个多义词。(1)在银行业务中,头寸指"款项";如果银行在当日的全部收付款中收入大于支出款项,称为"多头寸";如果付出款项大于收入款项,称为"缺头寸";对预计这一类头寸的多与少的行为称为"轧头寸";到处想方设法调进款项的行为称为"调头寸";如果暂时未用的款项大于需用量时称为"头寸松",如果资金需求量大于闲置量时就称为"头寸紧"。(2)在期货业务中,如在期货开户交易中建仓时,买入期货合约后所持有的头寸叫"多头头寸",简称"多头";卖出期货合约后所持有的头寸叫"空头头寸",简称"空头"。商品未平仓多头合约与未平仓空头合约之间的差额就叫做"净头寸"。(3)在外币业务中,"建立头寸"是指"开盘",也称"敞口",是买进一种货币同时卖出另一种货币的行为。开盘之后,长了(多头)一种货币,短了(空头)另一种货币。选择适当的汇率水平以及时机建立头寸是盈利的前提;如果入市时机较好,获利的机会就大;相反,如果入市的时机不当,就容易发生亏损。净头寸就是指开盘后获取的一种货币与另一种货币之间的交易差额。等等。

[3] 内部融资,又称内源融资,是指企业不断将自己的储蓄(如留存盈利、折旧和定额负债等)转化为投资的过程。内部融资一般具有以下优点:(1)自主性,即只要股东会或董事会批准即可,基本不受外界的制约和影响。(2)融资成本较低,这是相对于外部融资而言的,因为无论是采用股票、债券还是采取其他方式,都需要支付大量的费用,而利用未分配利润则不存在这些费用。(3)不会稀释原有股东的每股收益和控制权,同时还可以增加公司的净资产,支持公司扩大其他方式的融资。(4)股东能够获得税收上的好处,即如果企业将税后利润全部分配给股东,则需要缴纳个人所得税;相反,少发股利可能引发企业股价上涨,股东可出售部分股票来代替其股利收入,而所缴纳的资本利得税一般远远低于个人所得税。内部融资的主要缺点是:(1)受企业盈利能力及积累的影响,融资规模受到较大的制约,不可能进行大规模的融资。(2)分配股利的比例会受到某些股东的限制,后者可能从自身利益考虑,要求股利支付比率要维持在一定水平上。(3)股利支付过少,不利于吸引股利偏好型的机构投资者,这会减少公司投资的吸引力。(4)股利过少,可能影响到今后的外部融资;因为股利支付很少,可能说明企业盈利能力较差,企业现金较为紧张,不符合一些外部融资的条件。内部/内源融资理论是从资本结构的"MM理论"发展而来的。

储蓄获得资产,并没有通过借款来获得资产;就居民而言,储蓄是通过从每一时期的收入中拿出某些部分存起来而不是将所有的收入都支出在当前消费上积累起来的;企业避免将其所有的当前收入以支出(包括股东红利)形式花掉,而在它的净值账户上保留一些当前收益。

表 0-2 简式金融体系中各单位的平衡表

居民平衡表 （单位:美元）

资产		负债与净值	
累积的资金运用		累积的资金来源	
现金	$13 000	净值(累积的储蓄)	20 000
家具	1000		
衣服	1500		
汽车	4000		
其他资产	500		
总资产	20 000	总负债与净值	20 000

商业企业平衡表 （单位:美元）

资产		负债与净值	
累积的资产运用		累积的资金来源	
商品存货	10 000	净值(累积的储蓄)	100 000
机器设备	25 000		
建筑	60 000		
其他资产	5 000		
总资产	100 000	总负债与净值	100 000

假设在上述金融体系中,企业希望购买一台新设备(钻机),但由于通货膨胀和关键原材料的短缺,新钻机的购买价格迅速提高,导致企业内部资金来源不足以弥补设备的全部成本。对此,企业有四种可能的选择:(1)延期购买新设备,直到积累了足够的储蓄;(2)出售一些现有资产以筹措所需的资金;(3)借入全部或部分所需资金;(4)发行股票。但是,延期购买设备可能将导致销售和利润的损失。而竞争性的公司通常须提前扩大经营,抢占企业市场份额;而且在通货膨胀环境下,新钻机将来比现在一定花费更多。出售一些现有资产以筹措所需的资金,虽然可行但要花费时间且存在大量损失的风险,特别是如果要出售固定资产的话。借款虽能迅速筹集资金且贷款利息成本的税收是可扣减的,但企业一般需要依约支付不低的利息。企业当然可以销售股票,但股权融资通常比借款更为昂贵,且需要更多的时间去安排。假设企业最终决定借款,也就是说企业

从事外部融资,那么在只有两个单位的金融体系下,企业向居民发行债券(对居民来说是一种金融资产)而获得一笔货币的贷款。该企业决定发行一笔债务证券借入1万美元来支付新的钻机。由于企业对新的IOU承诺了有吸引力的利率,所以很快地从居民那里获得一笔金融资产。这笔资产是无形的,它仅仅是到期偿还1万美元并按期支付利息的一个承诺。

表 0-3 设备购买和债券发行后各单位的平衡表

居民平衡表 (单位:美元)

资产		负债与净值	
现金	3000	净值(累积的储蓄)	20 000
金融资产	10 000		
家具	1000		
衣服	1500		
汽车	4000		
其他资产	500		
总资产	20 000	总负债与净值	20 000

商业企业平衡表 (单位:美元)

资产		负债与净值	
商品存货	$10 000	负债	10 000
机器设备	35 000	净值	100 000
建筑	60 000		
其他资产	5 000		
总资产	110 000	总负债与净值	110 000

这笔金融资产的借入与创造将影响这两个经济单位的平衡表。如表1-2所示,居民花费部分累积的现金购买企业的IOU,其总资产额未发生变化,只是资产形态有所改变。代替持有的1.3万美元无利息的现金,现在居民以1万美元证券的形式持有了有利息的金融资产。该例子中的借款行为同时引起了等量金融资产的创造:贷款的居民持有的1万美元金融资产,恰好与借款企业承担的1万美元负债相对。这指出了定义金融资产的另一种方法:企业、政府或居民持有的,而在其他经济单位的平衡表中记录为负债或索取权的任何资产就是金融资产,包括股票、债券、银行贷款以及在金融机构持有的存款。

就整个金融体系而言,持有的金融资产总额必须等于所有未付的金融负债(索取权)的总额。但是实物资产(比如汽车或建筑)并不必须和金融体系中的负债相一致。例如,假设你从银行借入4000美元购买一辆汽车,那么你的平衡表中现在将包含 4000 美元的负债。你向其借入资金的银行将以贷款形式记录这笔交易,以同样的 4000 美元出现在平衡表的资产方。在你的平衡表的资产方上出现了汽车这一实物资产的市场价值。这笔实物资产的价值可能超过 4000 美元,因为大多数银行希望借款人提供某些自有资金而不是借入相当于全部购买价格的资金。假设汽车被以 5000 美元的价格卖给你,其中 1000 美元的成本来自你的储蓄账户,4000 美元来自银行贷款。那么,你的平衡表将包括一笔价值 5000 美元的新的实物资产(汽车)、4000 美元的负债(银行贷款),而你的储蓄账户(金融资产)将减少 1 000 美元。

显然,不仅这笔交易,而且无论什么时候资金在金融体系中被贷出与借入,都有两个等式。

第一个等式是:
$$\text{为贷款人创造的金融资产量} = \text{借款发行的负债量} \tag{1-1}$$
在本例中,即:4000 美元的银行贷款＝4000 美元的借款人的 IOU
第二个等式是:
$$\text{资金运用总额} = \text{资金来源总额} \tag{1-2}$$
5000 美元汽车的购买＝4000 美元借款人 IOU 的发行＋从储蓄账户提取 1000 美元

现有的每一笔金融资产都表示从一个经济单位转移到另一个经济单位的资金的贷放或投资。

因为创造的所有金融资产总额必须等于所有未付的负债(索取权)总额,所以金融体系中贷款额必须等于发生的借款额。实际上,整个金融体系中金融资产和负债(索取权)是相互抵消的。下列公式对所有的平衡表都是正确的:
$$\text{总资产} = \text{总负债} + \text{净值} \tag{1-3}$$
那么,由于所有的资产都可分为实物资产或金融资产,则:
$$\text{实物资产} + \text{金融资产} = \text{总负债} + \text{净值} \tag{1-4}$$
因为未偿付的金融资产量必须等于现有的负债(索取权)量,所以经济中持有的实物资产总额必须等于净值总额。因此,对整个经济与金融体系而言,
$$\text{金融资产总额} = \text{负债总额} \tag{1-5}$$
$$\text{实物资产总额} = \text{净值(即累积的储蓄)} \tag{1-6}$$

这意味着现有的所有建筑、机器和其他实物资产的价值与所有企业、居民和政府单位的储蓄总额一致。仅仅通过金融资产和负债的创造,仅仅是证明贷款或资金的投资的几张纸或计算机屏幕上的记号,我们的现实情况并未变好。而社会增加其财富只能通过储蓄和增加实物资产数量,因为这些资产能够促使经济在未来生产出更多的商品与服务。但这并不意味着金融资产与负债的创造是一个无用过程。一个经济单位单纯的储蓄行为并不能保证那些储蓄将被用于建

设或购买实物资产,它们增加了社会财富的积聚。在现代经济中,储蓄和投资通常由不同的集团进行。例如,大部分储蓄通常是由居民(个人或家庭)进行的,而企业在生产性实物资产的投资中占大部分。因此,需要某种机制以确保储蓄从储蓄者流向希望投资于实际资产的那些人,而货币与资本市场体系正是这种机制。金融体系提供了储蓄者与借款者之间金融资产创造与交换的必要渠道,从而能够获得实物资产。如果没有储蓄的渠道,经济中的投资总额将会减少,每一个经济单位的所有投资将不得不依赖于该单位的储蓄能力,即从事内部融资。由于储蓄的不足,有利的投资机会将不得不被放弃或被延期。社会短缺资源的分配将不会比在金融市场体系下分配得那么有效率。如果没有有活力的金融体系的运作,社会收入、就业以及生活水平提高都将严重受损。

第三节 金融市场概述

一、金融市场的要素

金融市场(Financial Market),是资金供应者和资金需求者双方通过金融工具进行交易而融通资金的市场,是实现货币借贷和资金融通、办理各种票据和有价证券交易活动的市场。金融市场由市场主体、市场客体、金融中介三大要素组成。

金融市场主体是参与金融市场交易的当事人,包括资金供应者(Lenders)和资金需求者(Borrowers),例如个人、企业、政府及政府机构、金融机构等,它们在某一阶段可以是资金的需求者而向金融市场筹措资金,在另一阶段又成为资金的供应者而向金融市场提供资金,这是金融市场得以形成和发展的一项基本因素。又如,个人通过缴纳保险费、购买公司股票、在商业银行储蓄等方式成为金融市场的资金提供者,购买住房时则通过向商业银行进行按揭贷款而成为金融市场的资金需求者。公司有盈余资金时通常通过货币市场将其借贷出去以获取利息,此时公司即为金融市场的资金提供者;而接受该公司盈余资金的其他公司则成为金融市场的资金需求者。

金融市场客体,又称金融工具(Financial Instruments),是金融市场的交易对象,是用来证明融资双方权利义务的合约。根据美国财务会计准则委员会(Financial Accounting Standards Board,FASB)颁布的第105号财务准则公告《有表外风险的金融工具与有集中信用风险的金融工具的披露》(SAS105)的定义,金融工具包括现金、在另一企业的所有权益(Ownership),以及如下两种合约:(1)某一个体向其他个体转交现金或其他金融工具,或在潜在的不利条件下与其他个体交换金融工具的合约规定的义务;(2)某一个体从另一个体收到现金或其他金融工具的合约规定的权利。但同时第 105 号公告限制了金融工具的范围：一项资产，在未来可能的获益是收到商品或劳务而不是收到现金或其他个体的所有者权益，则不是金融工具，例如预付账款和预付费用。同样，一项负债，其未来可能的代价是转移商品或劳务，而不是转交现金或另一企业的所有者权益，也不是金融工具，例如预收账款、递延收款，以及产品质量担保义务；含有用一项金融工具交换实物资产的权利或义务的期权和远期合约也不是金融工具，例如，两家企业签订了一项购销合同，合同规定购货方同意在 6 个月后接受一定数量的小麦或黄金，并在交货日支付 10 万美元，这一远期合约不是金融工具；可能在将来需要企业支付现金但尚未从合约中产生的或有事项，也不是金融工具。金融工具一般分为现金类和衍生类两种。衍生金融工具（Derivative Financial Instruments），又称派生金融工具、金融衍生产品等，是在原生金融工具的（诸如债券、股票、外汇等）基础上派生出来的。衍生金融工具能够促进金融市场的稳定和发展，有利于加速经济信息的传递，其价格形成有利于资源的合理配置和资金的有效流动，还可以增强国家金融宏观调控的能力等。

　　金融中介机构（Financial Intermediary），简称金融中介，是在资金供给者与资金需求者之间起着媒介或桥梁作用的个人或机构，一般由银行金融中介及非银行金融中介构成，具体包括商业银行、证券公司、保险公司，以及信息咨询服务机构等。[①] 现代社会从功能角度出发，扩大了金融中介机构的种类，分为交易中介和服务中介两类，其中交易中介通过市场为买卖双方成交撮合，并从中收取佣金，具体包括商业银行、证券公司、证券交易所和证券登记结算公司等；服务中介本身不是金融机构，但却是金融市场上不可或缺的参与者，例如会计师事务所、律师事务所、投资咨询公司和证券评级机构等。金融中介对现代社会的繁荣发展具有重大意义，因为金融中介的发展使人类社会逐渐步入财富实物形态运动和价值形态运动并行，实体经济形态和虚拟经济形态并举，物流、资金流、信息流高效整合与匹配状态，推动着社会的不断前进。首先，金融中介使资源配置效率化。金融中介将财富的价值形态和权利从各种实物形态中剥离出来，证券化为虚拟的金融资产，从而使社会财富能以符号的形式更加方便地流动，使资源配置范围获得了无限扩大的可能性，配置的效率得到极大提高。其次，金融中介节约了交易费用。现代国民经济的虚拟化不断提高，绝大部分是金融中介所提供的降低交易成本所推动的。例如，货币市场中介组织即商业银行的诞生，带来了货币市场交易效率的提高和交易费用的降低。货币市场和资本市场作为资金流动

[①] 约翰·G. 格利（John G. Gurley）和爱德华·S. 肖（Edward S. Shaw）等人将金融中介机构分为货币系统和非货币的中介机构两种，其中货币系统作为中介机构，购买初级证券和创造货币；而非货币的中介机构只履行购买初级证券和创造对自身的货币债权（采取储蓄存款、股份、普通股票和其他债券形式等）的中介作用。

的载体,使资本得以在较大的范围内流动和配置,极大地提高了资本市场交易的效率,降低了资本市场的交易费用。最后,金融中介发展推动了与社会生产力相适应的企业组织结构的形成和发展,例如控股公司的多级控股导致企业集团的出现。金融中介使得筛选企业经营者的机制社会化,尤其是在货币银行金融机制产生后,社会对企业经营者的筛选功能开始加强。证券公司、投资银行等新型金融中介的活动,将对企业经营者的监督机制由单一的银行转向社会化,使得企业的经营机制获得了极大改善,企业的行为和决策更加合理化。

二、金融市场的分类

金融市场是由许多不同的子市场组成的一个庞大体系,根据不同的标准可以将其分为不同的种类。常见的分类标准和种类如下。

(一) 货币市场和资本市场

根据金融市场上交易工具的期限,可以把金融市场分为货币市场和资本市场两大类。

货币市场(Money Market),是指融资期限在1年以下的短期金融市场。由于货币市场中金融工具主要是政府、银行及工商企业发行的短期信用工具,具有期限短、流动性强和风险小的特点,在货币供应量层次划分上被置于现金货币和存款货币之后,称之为"准货币",并将该市场称为"货币市场"。[1] 货币市场就其结构而言,包括同业拆借市场、票据贴现市场、短期政府债券市场、证券回购市场等。货币市场是金融市场和市场经济良性发展的前提,金融市场和市场经济的完善又为货币市场的正常发展提供了条件,三者是相辅相成的统一体。在这一关系中,货币市场起着基础性作用。

资本市场(Capital Market)则是长期资金市场,是证券融资和经营1年以上的资金借贷和证券交易的场所,也称中长期资金市场。以金融工具的基本性质为标准,可将资本市场分为股票市场和债券市场。股票市场上主要流通的凭证即为公司股票。债权市场内流通的各债务工具,包括各种债券(政府公债、企业债券等)、商业本票、存单及贷款等,其基本特点为有一定期限、有较确定的收益率、具有全额请求权。在国民经济中,资本市场拥有将金融资本转化为实际资本的作用。其意义在于:(1) 接受不被用于消费的金融资本(投资);(2) 通过建立市场价格来达到提供者和需求者之间的市场平衡;(3) 将资本导引到最可能有效的投资领域;(4) 通过资本需求者之间的竞争,资本可以投放到最有效的用途上,借以提高整个国民经济的财富。

---

[1] 一个有效率的货币市场,应该是一个具有广度、深度和弹性的市场,其市场容量大,信息流动迅速,交易成本低,交易活跃且持续,能吸引众多的投资者和投机者参与。

(二) 即期/期货/远期/期权市场

即期市场(Cash Market/Spot Market)，又称现货市场，是现钱现货交易市场。现货市场的基本制度主要包括：自由报价、公开集中竞价、价格优先时间优先、电脑交易系统自动撮合成交、成交前客户可以随时撤销指令等。现货交易优点是能够避免人为作假而导致的高风险，省去了谈判、签约、资金结算等交易成本，提升了资金利用率。

期货市场(Futures Market)有广义和狭义之分。狭义的期货市场仅指期货交易所，是买卖期货合约的场所；广义的期货市场由期货交易所、结算所或结算公司、经纪公司和期货交易者所组成。期货市场在宏观经济中的作用主要是：(1)调节市场供求，减缓价格波动；(2)为政府宏观调控提供参考依据；(3)促进本国经济的国际化发展；(4)有助于市场经济体系的建立和完善。期货市场在微观经济中的作用主要有：(1)形成公正价格；(2)为交易提供基准价格；(3)提供经济的先行指标；(4)回避价格波动而带来的商业风险；(5)降低流通费用，稳定产销关系；(6)吸引投机资本；(7)合理配置资源等。期货市场基本制度包括：保证金制度、每日结算制度、涨跌停板制度、持仓限额制度、大户报告制度、实物交割制度和强行平仓制度等。

远期市场(Forward Market)，是指进行远期合约交易的市场，交易按约定条件在未来某一日期交割结算，常指远期外汇市场。自1973年以来，主要工业化国家中普遍实行浮动汇率制，金融市场国际化加深，为了避免国际交易中的外汇风险，远期外汇市场得到了极大的发展。远期外汇市场能减少对外贸易中的风险，其办法是通过进口商对外汇的需求与出口商的需求在一个固定汇率上的相互配合，或通过让自愿承担风险的代理人共同承担因汇率变化而产生的风险。

期权市场(Option Market)，是指一种买卖期权(选择权)的场所，是期货市场的延伸和扩展。买方买进一种权利，据此可以在一定时期内的任何时候以事先确定好的价格(一般称为协定价格)，向期权的卖方购买或出售一定数量的某种证券。在期权合同的有效期内，买方可以行使或转卖这种权利；超过规定期限，合同失效，买方的期权也随之作废。期权分为看涨期权(也称买进期权)和看跌期权(也称卖出期权)两种。购买了看涨期权，买方有权在期权有效期内的任何时候按协定价格向期权的卖方购买事先规定数量的某种证券；购买了看跌期权，买方有权在期权有效期内的任何时候按协定价格向卖方出售事先规定数量的某种证券。

(三) 证券市场的各子市场

证券市场是证券发行与交易活动场所的总称，由金融工具、交易场所以及市场参与主体等要素构成，是现代金融市场极其重要的组成部分。根据不同的标准,可以对证券市场进行不同的分类。

第一,以市场功能为标准,证券市场可以分为发行市场和交易市场。

所谓证券发行市场(Securities Issuance Market),又称一级市场、初级市场(Primary Market),是指证券发行主体将新发行和增资发行的股票或债券通过承销商出售给投资者的市场,其功能是为资金需求者提供筹集资金服务,为投资者提供投资收益的机会。证券发行市场的特点是:(1)证券发行市场具有证券创设功能,任何权利凭证若要进入证券市场并实现流通,必须首先取得合法的证券形式,证券发行是使证券得以转让和流通的前提。(2)证券发行市场的主体是证券发行人。创设证券在本质上是证券发行人向投资者募集资金的筹资行为,证券发行往往要借助专业机构或人员参与才能完成,是在证券发行人主持下完成的。(3)证券发行市场主要是无形市场。证券发行人可以直接向公众投资者或特定范围的投资者发售证券以募集资金,也可以通过中介机构向社会投资者或特定范围的证券认购人募集资金。

所谓证券交易市场(Securities Exchange Market),又称二级市场、次级市场(Secondary Market),是指对已经发行的证券进行买卖、转让和流通的市场,以实现证券在不同投资者之间的流通。证券交易市场的特点是:(1)证券交易场所以证券投资者为主要参与者,主要是证券持有人以及准备持币购买证券者,证券发行人和证券中介机构不是证券交易活动的独立参加者(例外情况下证券中介机构可能会充当投资者)。(2)证券交易市场主要采取有形市场形式,也存在少数无形市场。证券交易所是典型的有形市场,其他证券交易场所如柜台交易市场则往往采用分散交易的形式,但一般也要借助证券公司柜台和交易网络才能完成。(3)证券交易市场与证券发行市场相互依赖。发行市场是交易市场的前提,因为交易市场的交易对象是已发行在外的证券;发行证券的种类、价格、数量及规模等因素,在一定程度上受制于交易市场情况。我国《证券法》(2019)[①]允许证券发行人与证券公司协商定价,使得发行市场价格与交易市场价格逐渐接轨,两个市场之间的联系变得更加密切。证券交易市场的功能,一是为证券持有者提供将证券变现的场所,二是为新的投资者提供投资的机会。各类有价证券在交易市场上的顺利流通,有利于形成一个公平合理的价格,实现货币资本与金融资本的相互转换。

第二,以组织形式为标准,证券市场可分为场内交易市场和场外交易市场。

所谓场内交易市场(Floor trading Market),又称集中交易市场,一般是指由证券交易所组织的集中交易场所。证券交易所有固定的交易场所和交易活动时间,通常是一国最重要、最集中的证券交易市场。证券交易所不仅是买卖双方

---

① 《中华人民共和国证券法》(中华人民共和国主席令第37号),以下简称《证券法》(2019)。

公开交易证券的场所,而且还为投资者提供多种服务,交易所随时向投资者提供关于在交易所挂牌上市的证券交易情况(例如成交价格和数量等);提供发行证券的公司公布的财务情况供投资者参考。交易所制定各种规则,对参加交易的证券公司进行严格管理,对证券交易活动进行监督,防止操纵市场、内幕交易、欺诈客户等违法犯罪行为的发生。

所谓场外交易市场(Over-the-Counter Market),又称柜台交易市场、店头交易市场,是在交易所外由证券买卖双方当面议价成交的市场,交易主要利用电话进行,交易的证券以不在交易所上市的证券为主,在某些情况下也对在证券交易所上市的证券进行场外交易。场外交易市场中的证券公司兼具证券自营商和代理商的双重身份:作为自营商,它可以把自己持有的证券卖给顾客或者买进顾客的证券,赚取买卖价差;作为代理商,它可以以客户代理人的身份向别的自营商买进卖出证券。美国的纳斯达克市场(National Association of Securities Dealers Automated Quotations,NASDAQ)为典型的场外交易市场。根据我国《证券法》(2019)第37条、《公司法》(2018)①第138条的规定,我国目前证券交易的场所分为证券交易所市场(场内交易)和国务院批准的其他证券交易场所(场外交易)。根据《证券法》(2019)第37条的规定,我国证券交易只能在证券交易所或者在国务院批准的其他全国性证券交易场所,以及在按照国务院规定设立的区域性股权市场转让。目前,经国务院批准且已经运作的其他证券交易场所为全国中小企业股份转让系统。② 按照国务院的规定设立的区域性股权市场运营机构,目前全国共有35家。③

第三,以交易对象为标准,证券市场可分为股票、债券、基金和衍生证券市场。

所谓股票市场(Stock Market)是股票发行市场和交易市场的合称(简称股

---

① 《中华人民共和国公司法》(中华人民共和国主席令第15号),以下简称《公司法》(2018)。
② 全国中小企业股份转让系统,俗称"新三板",是经国务院批准设立的全国性证券交易场所,全国中小企业股份转让系统有限责任公司为其运营管理机构。
③ 35家区域性股权市场运营机构分别为:北京股权交易中心有限公司、天津滨海柜台交易市场股份公司、河北股权交易所股份有限公司、山西股权交易中心有限公司、内蒙古股权交易中心股份有限公司、辽宁股权交易中心股份有限公司、吉林股权交易所股份有限公司、哈尔滨股权交易中心有限责任公司、上海股权托管交易中心股份有限公司、江苏股权交易中心有限责任公司、浙江省股权交易中心有限公司、安徽省股权托管交易中心有限责任公司、海峡股权交易中心(福建)有限公司、江西联合股权交易中心股份有限公司、齐鲁股权交易中心有限公司、中原股权交易中心股份有限公司、武汉股权托管交易中心有限公司、湖南股权交易所有限公司、广东股权交易中心股份有限公司、广西北部湾股权交易所股份有限公司、海南股权交易中心有限责任公司、重庆股权转让中心有限责任公司、天府(四川)联合股权交易中心股份有限公司、贵州股权交易中心有限公司、云南省股权交易中心有限公司、陕西股权交易中心股份有限公司、甘肃股权交易中心股份有限公司、青海股权交易中心有限公司、宁夏股权托管交易中心(有限公司)、新疆股权交易中心有限公司、大连股权交易中心股份有限公司、宁波股权交易中心有限公司、厦门两岸股权交易中心有限公司、青岛蓝海股权交易中心有限责任公司、深圳前海股权交易中心有限公司。

市)。股票市场在成熟市场经济国家中发挥着经济状况晴雨表的作用。股票市场为股票的流通转让提供基本的场所,为发行市场的发行提供保证;同时,由于股市的交易价格能比较客观地反映出股票市场的供求关系,从而也能为发行市场的股票发行提供价格及数量等方面的参考依据。

所谓债券市场(Bond Market)也由发行市场和流通市场所组成,二者相辅相成:发行市场是流通市场的前提和基础,而流通市场是发行市场扩大的必要条件。根据市场组织形式,可将债券流通市场分为场内交易市场和场外交易市场。在证券交易所内买卖债券所形成的市场是场内交易市场,但交易所只是债券交易的组织者,仅为债券买卖双方创造条件,提供服务并进行监管,本身不参加债券的买卖和价格的决定;场外交易市场是在证券交易所以外进行证券交易的市场,包括柜台市场、银行间交易市场,以及一些机构投资者通过电脑等通信手段形成的市场等。在柜台交易市场中,证券经营机构既是交易的组织者,又是交易的参与者。目前,我国债券流通市场由沪深证券交易所市场、银行间交易市场和证券经营机构柜台交易市场三部分组成。

所谓基金市场(Funds Market),是基金发行和流通市场的合称。依照基金特点和性质,基金市场又可分为投资基金市场和产业基金市场。我国的直接投资基金又称为产业投资基金,是因为我国投资基金的实践最早是从设立境外产业投资基金开始的。[1] 现已废止的《设立境外中国产业投资基金管理办法》(中国人民银行令第 1 号)[2]是我国关于投资基金的第一个全国性法规;而我国内地投资基金业的法制化始自现已失效的《证券投资基金管理暂行办法》(证委发〔1997〕81 号);2004 年中国证监会依据《证券投资基金法》(2003)[3]制定颁布了一系列相关的法规、规章和规范性文件。对于产业投资基金,原国家计委于1998 年年初开始起草《产业投资基金管理办法》,于 2001 年 7 月提交国务院常务会议审议,至 2004 年国务院下发《关于进一步推进西部大开发的若干意见》(国发〔2004〕6 号)。与此同时,为促进创业投资企业发展,规范其投资运作,鼓励其增加对中小企业特别是中小高新技术企业的投资,2005 年经国务院批准,

---

[1] 大约从 20 世纪 80 年代中后期开始,我国在境外陆续设立了许多主要投资于境内企业或项目的直接投资基金,其投资领域一般都限制在某个特定行业(如电力、收费公路、高科技等),这些基金在我国境内的投资被计入外商直接投资。

[2] 《设立境外中国产业投资基金管理办法》已被《中国人民银行公告〔2007〕第 4 号——废止〈网上银行业务管理暂行办法〉等 37 件规章和规范性文件》(2007 年 1 月 5 日发布并实施)废止。

[3] 《中华人民共和国证券投资基金法》(中华人民共和国主席令第 9 号)后经两次修订(2012 年及 2015 年),现行有效的为《中华人民共和国证券投资基金法》(2015 年修正,中华人民共和国主席令第 23 号)。

国家发展和改革委员会等十部委联合发布的《创业投资企业管理暂行办法》(2005)①自2006年3月1日起施行。

所谓衍生证券市场(Derivative Security Market),又称衍生工具市场,是指各种衍生证券的上市与交易的市场。所谓衍生证券(也称衍生工具),按照巴塞尔银行监管委员会(Basel Committee on Banking Supervision)1984年发布的《衍生证券风险管理指导》(Risk Management Guidelines for Derivatives)的定义,是指一种金融合约,包括远期合约、期货合约、期换(亦称掉期、互换)合约,以及期权合约,其价值取决于作为基础标的物的资产或指数。所有衍生工具都可以被划分为期权和远期合约这类基本构件或它们的某种组合。使用这些基本构件来构造各种衍生工具,使得各种金融风险能被转移给那些更愿意或者更适合承担与管理这些风险的机构。上述不同业务形成不同的衍生证券市场,如期货市场、期权市场等。

此外,证券市场还有其他一些分类,如按照证券市场的地域标准,可分为国内证券市场和国际证券市场;按照证券市场的物质形态,可分为有形市场和无形市场等。

第四节 证券法概述

一、证券法的法律渊源

证券法是调整证券市场参与者在证券活动(包括募集、发行、交易、服务、监管)中所发生的社会经济关系的法律规范的总称。证券法的概念有狭义和广义之分。狭义的证券法是指一国制定的调整证券关系的专门法律。从证券法的表现形式看,各国做法不尽一致。有的国家将证券法与证券交易法分别订立,例如美国分别制定了《1933年证券法》(Securities Act of 1933)、《1934年证券交易法》(Securities Exchange Act of 1934)。有的国家是将证券法与证券交易法合并订立,例如日本统称为《2006年金融商品取引法》(Financial Instruments and Exchange Act)。有的国家无专门的证券立法,而是在《公司法》等法律中加以规定,例如英国《2006年公司法》(Companies Act 2006)即含有证券法制内容。广义的证券法是指调整证券关系的所有法律规范,不仅包括专门的证券法内容,也包括其他法律中关于证券方面的规定,例如《公司法》《刑法》以及其他法律法规

---

① 《创业投资企业管理暂行办法》(中华人民共和国国家发展和改革委员会、中华人民共和国科学技术部、中华人民共和国财政部、中华人民共和国商务部、中国人民银行、国家税务总局、国家工商行政管理总局、中国银行业监督管理委员会、中国证券监督管理委员会、国家外汇管理局令第39号)自2006年3月1日起施行。

有关证券方面的规定。

美国证券市场是世界上最为成熟的证券市场,这有赖于其完善的证券法体系作支撑。该体系对证券及其交易进行单独立法,奉行的是披露哲学。美国证券法在联邦层级主要由以下多项立法组成,包括《1933年证券法》《1934年证券交易法》《1935年公用事业控股公司法》(Public Utility Holding Company Act of 1935)、《1939年信托契约法》(Trust Indenture Act of 1939)、《1940年投资公司法》(Investment Company Act of 1940)、《1940年投资顾问法》(Investment Advisers Act of 1940)、《1970年证券投资者保护法》(Securities Investor Protection Act of 1970)、《1984年内幕交易禁止法》(Insider Trading Sanctions Act of 1984)、《1988年内幕交易与证券欺诈执行法》(Insider Trading and Securities Fraud Enforcement Act of 1988,ITSFEA)、《1995年私人证券诉讼改革法》(Private Securities Litigation Reform Act of 1995,PSLRA)、《2002年萨班斯-奥克斯利法》(Sarbanes-Oxley Act of 2002)、《2010年多德-弗兰克法》(Dodd-Frank Act)、《2012年创业企业融资法》(The Jumpstart Our Business Startups Act)、《2017年金融选择法》(Financial Choice Act of 2017),等等。在州级方面主要是各州的判例法[称为"蓝天法"(Blue Sky Law)]和券商协会等制定的自律性规则。以上这些形成了联邦立法、州级立法和自律性组织规则相结合的、完整的证券法体系。

我国证券法体系是随着我国证券市场的产生和发展,在总结自己的实践经验的基础上,并借鉴国外的经验和做法,逐渐形成的具有中国特色的证券法体系。我国现行证券法律规范体系,包括基本法律、行政法规、自律性规范等,形成了一个较为完备的证券法体系。以证券交易法律制度为例,我国现行法律框架主要包括基本法律、行政法规、部门规章与规范性文件、证券交易所制定的自律规则等。基本法律包括《证券法》(2019)和《公司法》(2018),其中前者侧重于规范证券的公开交易,后者侧重于规范公司的设立、组织运行和公司的出资、股份的非公开交易。《刑法》(2009)[①]对内幕交易、操纵市场等违法交易行为进行了刑法规制。其次是大量的部门规章和规范性文件,主要是指中国证监会等国务院各部委制定的规章和文件。随着我国证券活动市场化进程的深入,证券交易所发布的规范性文件愈益显得重要,例如沪深交易所颁布修订的《交易所交易规则》,以及发布实施的一系列与证券交易有关的实施细则、指引、通知、办法等。

尽管不存在单一的或标准的证券法体系,但是证券法体系无论采取何种模

---

① 《中华人民共和国刑法》于2011年2月25日第八次修正、2015年8月29日第九次修正、2017年11月4日第十次修正、2020年2月26日第十一次修正。本书视引用情形分别简称为《刑法》(2011/2015/2017/2020)。

式,均注重保护投资者利益。

二、证券法的立法宗旨

综观各国或地区证券立法的目的,几乎毫无例外都是保护公众投资者并以此维护市场的稳定发展。

以美国证券法为例,无论是联邦层级的证券立法,还是州一级的证券立法,其目的均在于保护公众投资者。在1933年之前,证券法属于各州的管辖领域,以堪萨斯州为代表的各州蓝天法的立法目的在于保护公众投资人,并通过三种机制加以落实。第一是反欺诈条款。该条款授权行政机关发布公众警告,调查可疑的作弊行为,采取防范禁令及最后的制裁措施。第二是进行登记或注册条款。该条款要求经纪人、代理人和投资顾问进行注册登记,以防止欺诈之人与无资格者从事证券交易,监督已注册的职业经纪人在本州的行为。第三是股票登记条款。该条款的目的是将未能达到法定标准的证券从本州中排除,给予公众投资者以基本的保护。[①] 各州蓝天法的标准不一,对于跨州证券交易难以自行规范,是州级证券立法的不足之处。1929年经济危机过后,美国联邦政府一改传统的对证券市场自由放任的态度,实行国家积极干预的政策,赋予美国证券交易委员会(United States Securities and Exchange Commission,SEC)充分的执法权力,配合具有造法功能的法院务实的司法操作,以贯彻保护公众投资者为核心准则,建立起内容丰富、规范完整的证券法体系。

我国《证券法》(2019)第1条规定了我国证券法的立法目的,即"规范证券发行和交易行为,保护投资者的合法权益,维护社会经济秩序和社会公共利益,促进社会主义市场经济的发展"。析言之,我国证券法的立法目的可以分解为并行的四点,即:"规范证券发行和交易行为""保护投资者的合法权益""维护社会经济秩序和社会公共利益""促进社会主义市场经济的发展",这也是多数学者的见解。但是,实际上"规范证券发行和交易行为"与其说是目的,毋宁说是实现后三者的手段而已,亦即前后二者之间是手段与目的之关系,或曰任务与目标之关系。尽管"维护社会经济秩序和社会公共利益""促进社会主义市场经济的发展"可以算作是证券法的两大目的,但并不是证券法特有之目的,而是我国所有民商事法律的立法之目的,甚至可以说是我国所有法律法规的终极立法目的。更为重要的是,即使承认"维护社会经济秩序和社会公共利益""促进社会主义市场经济的发展"是证券法之"特有"目的,那么如果此二者与"保护投资者的合法权益"之间发生冲突时该如何解决?在司法实践中该以何种立法目的为优先考虑?这

[①] 高如星、王敏祥:《美国证券法》,法律出版社2000年版,第3页。

是否会导致偏离《证券法》(2019)"保护投资者合法权益"之目的？都值得探讨。

三、证券法的调整对象

证券法的调整对象是证券关系，包括证券发行关系、证券交易关系、证券服务关系以及证券监管关系。从证券法所调整的证券法律关系的性质来看，它既包括平等主体(证券发行人、证券投资人和证券中介机构等主体)之间因证券发行和交易而发生的社会经济关系，也包括证券监管机关与证券市场参与者之间因证券监督管理行为所产生的证券监管关系。

一是证券发行交易关系。证券发行关系是指证券发行人、证券主管机关、证券经营机构、证券投资人等证券法律关系主体在证券发行过程中形成的社会关系。证券发行是指证券发行人以筹集资金为目的，将证券出售给投资者的行为。我国现行有效的对于证券发行关系进行规制的法律规范是《上市公司证券发行注册管理办法》(2023)[①]。证券交易(Securities Transaction)关系是指证券投资者在证券市场上转让证券或采取其他方式处置证券而与其他投资者发生的交易关系。证券交易关系以证券买卖关系为主要形式，还包括证券质押关系、赠与关系、继承关系及其他以证券为标的的交易关系。在证券市场活动中，最频繁、最活跃和风险最集中的是证券交易行为，故而证券交易关系是证券法的主要调整对象。根据我国《证券法》(2019)第2条的规定，我国证券法的调整对象既包括证券交易关系，也包括证券发行关系。

二是证券监督管理关系。证券监督管理关系是指证券主管机关和证券自律管理组织对证券和证券活动进行组织、协调、监督、管理过程中产生的各种社会关系。对证券市场进行监管是确保其安全高效运行的重要条件，也是维护良好的证券市场秩序的主要手段，因而各国证券法律均对证券监管问题作出不同程度的规定，确立了适合各自国情的证券监管体制。我国实行以中国证监会集中统一管理为主，证券交易所和证券业协会自律管理为辅的证券管理体制。

四、我国证券立法简史

《证券法》的立法工作，始于全国人大财经委1992年8月成立的《证券法》起草小组，到了1993年8月经过七易其稿，草案提交到全国人大常委会审议，但在1996—1997年间《证券法(草案)》被搁置一旁。进入1998年9—10月，又重新起草了两份草案，至12月底通过《证券法》，短短4个月内原草案从原则、体例到

[①] 中国证券监督管理委员会令第206号。

具体条文与此前的七易其稿发生了巨大的变化。①

我国1998年《证券法》的仓促出台,一是国际金融环境不容乐观,二是国内证券市场的运行状况令人担忧,因为一向被认为经营机制最灵活的上市公司利润也开始大幅度滑坡。据《深圳证券交易所上市公司年鉴1997》统计,1997年深圳证交所上市的375家公司中,实际净资产收益率低于10%的公司数目已达93家;而那些利润率处于10%—11%的公司为103家,被业内人士认为是利润操纵的结果;亏损的公司49家,亏损额达29.40亿元。然而,上市公司的业绩滑坡却抵挡不住火爆的股市行情,以致要靠《人民日报》评论员文章来"泼冷水"。统计数据表明,1997年我国全部上市公司实现利润总额为679.03亿元,可是股民支付的证券交易印花税(税率5‰)却高达237亿元。这意味着若按照综合交易费率9.5‰计算,股民支付的交易手续费就达450亿元,再加上开户费(个人户40元、机构户400元)、委托费(每笔本市1元,外地5元)、信息费,恐怕足以抵消上述利润总额。依照交易费用理论,这显然是整体证券市场运行的低效率。至1998年,上市公司的整体业绩持续下滑,股市大盘走势低迷,而个股行情翻腾。深市上市公司中全年交易换手率最高的达1434%,最低的为98.83%。②1998年查处的"琼民源公司案""红光公司案"等更是令人瞠目。正是在上述我国证券市场大量存在的欺诈、操纵已经危及市场基础、金融安全和社会安定面临严峻挑战的情况下,九届全国人大常委会六次会议紧急通过了我国第一部《证券法》(1998),并于1999年7月1日起实施。

1998年《证券法》实施后不久,在九届全国人大四次会议上就有31位代表提出修改《证券法》(1998)的建议,并成为历次两会上委员和代表们关注的焦点。在十届全国人大一、二次会议期间,多达230位代表提出议案和建议,要求修订《证券法》(1998)。与此同时,证券监管等相关部门通过不同形式表达出修订《证券法》(1998)的强烈愿望。到2002年年底,中国证监会提出了一份证券法修改草案,在业内小范围征求意见,共计214条的证券法有超过150处被提出修改意见。

2003年6月,全国人大常委会正式启动了《证券法》(1998)修订程序,决定将《证券法》(1998)修订列入当年的立法计划,并拟于当年年底提交全国人大常委会审议。后因中国证监会主导制定的《证券法(修订稿)》在全国人大财经委和法工委审议环节遇到了较大的争议,争议无法在证券法修改小组内部得到解决,

---

① 具体叙述参见张开平:《构造证券投资的长期预期——〈中华人民共和国证券法〉评析》,载《中国工业经济》1999年第2期;蔡奕、程红星:《〈中华人民共和国证券法〉重大修订条款解析》,深圳证券交易所综合研究所研究报告(深证综研字第0125号),载深圳证券交易所网站,http://www.szse.cn/aboutus/research/research/report/P020180328428908895468.pdf,访问时间:2023-9-18;等等。

② 参见《中国证券报》1999年1月1日第2版。

使得原定于当年12月提交初次审议的《证券法(修订草案)》被迫延后。2004年进行了大量的研讨、考察和意见征集工作,于同年8月28日进行了第一次修正。

2005年4月24日,《证券法(修订草案)》进行初次审议。证券法修订草案一审稿共229条,其中新增条款29条,修订95条,删除14条。一审结束后,按法律程序,证券法修订工作转由全国人大法律工作委员会负责。法工委会同财经委、国务院法制办、中国证监会,对修订草案主要问题进行多次研究、协调。2005年8月23日,证券法进行二审。二审稿基本保留了一审稿的框架,但修订焦点主要集中于对证监会赋予的准司法权进行必要的约束和监督上,对证券监管机构行使权力增加了严格的制约条件。同时,将《公司法》中有关股票发行、上市交易监管的规定移入《证券法(修订草案)》中。

2005年10月22日,十届全国人大常委会十八次会议对证券法修订草案进行三审,并计划在本次会议上提交表决。三审稿仍沿袭了前两审稿的框架,对二审稿的修订主要集中在法律责任上,增加和修改了大量法律责任条款,对法律中涉及的违法行为均补充和完善了相应的法律责任。2005年10月27日,证券法建议表决稿在十届全国人大常委会十八次会议上交付表决并获高票通过。这是证券法的第一次大修订,共修改了146个条文,新增了53个条文,删除了27个旧条文。此后,《证券法》分别于2013年6月29日作第二次修正,2014年8月31日作第三次修正,但都是小修改。

2019年12月28日,十三届全国人大常委会十五次会议审议通过了《证券法(修订草案)》,并于2020年3月1日起施行。2020年2月29日,国务院办公厅印发了《关于贯彻实施修订后的证券法有关工作的通知》,重点指出:一是要稳步推进证券公开发行注册制,工作任务是分步实施股票公开发行注册制改革,落实好公司债券公开发行注册制要求。二是要依法惩处证券违法犯罪行为,加大对欺诈发行、违规信息披露、中介机构未勤勉尽责以及操纵市场、内幕交易、利用未公开信息进行证券交易等严重扰乱市场秩序行为的查处力度。三是要加快清理和完善相关的配套规章制度,要求证监会、司法部等部门对与证券法有关的行政法规进行专项清理,及时提出修改建议。

2019年是《证券法》的第二次修订,相较于2014年第三次修正的《证券法》,在篇幅上有了重大突破,由12章增加到14章,增设了信息披露和投资者保护两个专章,但在条款总数上进行了精简,由240条缩减至226条,法条被删改的幅度高达50%以上。

根据中国证监会的总结,本次修订《证券法》是对我国证券市场改革发展、监管执法、风险防控的实践经验的系统总结,在以下十个方面作出了改革和完善:(1)全面推行证券发行注册制度。这是在总结上海证券交易所设立科创板并试点注册制的经验基础上,为贯彻落实党的十八届三中全会关于注册制改革的有关要求和党的十九届四中全会完善资本市场基础制度的要求,按照全面推行注册制的基本定位,对证券发行制度所做的系统的修改完善;同时,基于注册制改革是一个渐进的过程,《证券法》授权国务院对证券发行注册制的具体范围、实施步骤进行规定,为有关板块和证券品种分步实施注册制留出了必要的法律空间。(2)显著提高证券违法违规成本。具体包括提高罚款数额,完善证券违法民事赔偿责任制度,如规定了发行人等不履行公开承诺的民事赔偿责任,明确了发行人的控股股东、实际控制人在欺诈发行、信息披露违法中的过错推定、连带赔偿责任等。(3)设立专章完善投资者保护制度。包括区分普通投资者和专业投资者,有针对性地作出投资者权益保护安排;建立上市公司股东权利代为行使征集制度;规定债券持有人会议和债券受托管理人制度;建立普通投资者与证券公司纠纷的强制调解制度;完善上市公司现金分红制度,等等。为适应证券发行注册制改革的需要,新法规定投资者保护机构可以作为诉讼代表人,按照"明示退出""默示加入"的诉讼原则,依法为受害投资者提起民事损害赔偿诉讼。(4)设立专章进一步强化信息披露要求。包括扩大信息披露义务人的范围;完善信息披露的内容;强调应当充分披露投资者作出价值判断和投资决策所必需的信息;规范信息披露义务人的自愿披露行为;明确上市公司收购人应当披露增持股份的资金来源;确立发行人及其控股股东、实际控制人、董事、监事、高级管理人员公开承诺的信息披露制度等。(5)完善证券交易制度。具体包括:优化有关上市条件和退市情形的规定;完善有关内幕交易、操纵市场、利用未公开信息的法律禁止性规定;强化证券交易实名制要求;完善上市公司股东减持制度;规定证券交易停复牌制度和程序化交易制度;完善证券交易所防控市场风险,维护交易秩序的手段措施等。(6)落实"放管服"要求,取消相关行政许可。具体包括:取消证券公司董事、监事、高级管理人员任职资格核准;调整会计师事务所等证券服务机构从事证券业务的监管方式,将资格审批改为备案;将协议收购下的要约收购义务豁免由经证监会免除,调整为按照证监会的规定免除发出要约等。(7)落实中介机构市场"看门人"法律职责。规定证券公司不得允许他人以其名义直接参与证券的集中交易;明确保荐人、承销的证券公司及其直接责任人员未履行职责时对受害投资者所应承担的过错推定、连带赔偿责任;提高证券服务机构未履行勤勉尽责义务的违法处罚幅度,由原来最高可处以业务收入5倍的罚款,提高到10倍,情节严重的,并处暂停或者禁止从事证券服务业务等。(8)建立健全多层次资本市场体系。将证券交易场所划分为证券交易所、国务院批准的其他全国性证券交易场所、按照国务院规定设立的区域性股权市场等三个层次;规定证券交易所、国务院批准的其他全国性证券交易场所可以依法设立不同的市场层次;明确非公开发行的证券,可以在上述证券交易场所转让;授权国务院制定有关全国性证券交易场所、区域性股权市场的管理办法等。(9)强化监管执法和风险防控。明确了证监会依法监测并防范、处置证券市场风险的职责;延长了证监会在执法中对违法资金、证券的冻结、查封期限;规定证监会为防范市场风险、维护市场秩序采取监管措施的制度;增加了行政和解制度,证券市场诚信档案制度;完善了证券市场禁入制度,规定被市场禁入的主体,在一定期限内不得从事证券交易等。(10)扩大了证券品种。将存托凭证明确规定为法定证券;将资产支持证券和资产管理产品写入证券法,授权国务院按照证券法的原则规定资产支持证券、资产管理产品发行、交易的管理办法。除了上述十个方面,此次修法还对上市公司收购制度、证券公司业务管理制度、证券登记结算制度、跨境监管协作制度等作了完善。

　　社会各界期待此次修订能助推中国资本市场的法治化、市场化进程,为中国资本市场的全面深化改革奠定更加坚实的法律基础。

第一编　证券法原理性制度

　　证券是证券活动的载体,是证券市场存在的基础,其种类的多少或曰范围的大小反映了市场经济活动的深度与广度。因此,对证券法律制度的研究,必须从证券的定义(或种类)开篇。这构成本书的第一章内容。

　　从其本质来看,证券作为一类资本商品,是作为私法主体(即投融资双方)的交易对象而产生的,是媒介证券活动(包括发行与交易在内)的载体。因此,其种类的开发乃是自由市场行为,是私法主体的自由权之体现,国家公权力原本是不得也无须加以干预的。但是,从一定意义上来讲,证券市场实际上是个信息市场,不对称现象尤其显著,因而信息公开制度就成为证券市场得以存在和发展之必需;而沉痛的历史教训更使得强制性信息公开制度成为各国的倾向性立法政策。对信息披露制度的探讨便构成本书的第二章。

　　证券的种类推陈出新、花样翻新,为社会公众提供了丰富多彩的差异化投资渠道,证券发行人在集聚了巨大社会资本的同时也实现了社会财富的均等化、资本的大众化和资本的民主化。然而,公众投资者现实的弱势地位却是不争的事实,这种现实反过来威胁着资本的大众化和民主化,因而国家干预成为必然。这种干预以社会为本位,要求建立立体性的监管体制。对监管制度的研究因而构成本书的第三章。

　　概而言之,证券的种类沟通着横向平等的市场决策行为和纵向规制的政府干预行为,市场决策行为要求建立信息公开制度,而政府干预行为要求建立立体监管制度。

第一章　证券之定义

20世纪30年代的世界经济危机,导源于1929年的美国金融危机,此次由股市所引发的金融市场崩溃导致了广大投资者信心的"崩盘"。为了重建金融市场,恢复经济,重拾社会民众的信心,作为罗斯福新政的核心措施之一,美国国会制定了《1933年证券法》和《1934年证券交易法》。立法资料表明,国会制定这两项立法,目的是消除证券市场中严重的欺诈行为。"为了实现这一目的,国会创设了包含对证券发行者的登记和报告要求,以及反欺诈条款的完整信息披露机制。通过向投资者披露重要信息,国会旨在重建投资者信心。"①

但是,一项金融工具只有纳入证券范围,才会受到信息披露制度的规制。因此,判断一项金融工具是否为证券就成为处理证券市场中各种问题的逻辑起点。尽管上述两部联邦证券立法都规定了种类十分繁多的证券品种,但对于证券的内涵,以及各类形式的证券——例如投资合同、本票、股票等——并未作出界定。

这项工作是由联邦最高法院在司法实践中来完成的,法院根据个案的审理,创建了"家族相似性检测标准"(Family Resemblance Test)、"豪威检测标准"(Howey Test)、"两步/一步检测法"(Bifurcated Test)等诸多方法或规则,并为此后联邦最高法院以及下级法院所采用。除了上述三种主要认定标准之外,还有所谓的"风险资本检测标准"(Risk Capital Test),这由1985年审理的Underhill v. Royal(1985)②案所确立,但该方法实际上等同于"豪威检测标准"。还有所谓的"投资/商业二分法"(Investment versus Commercial Approaches),是对本票是否属于证券的认定标准,其程序刚好和"家族相似性检测标准"相反,因此,只要掌握了后一标准,这个方法也就很容易理解了。

基于以上原因,本书只重点介绍前述三大认定规则。我们将结合经典案例,对这三个认定规则进行详尽分析,以期掌握美国司法是如何认定某一特定金融工具是属于证券的,为我国今后立法和司法实践提供参考。

---

① Scott D. Museles, "To Be or Not to Be a Security: Reves v. Ernst & Young", 40 *Cath. U. L. Rev.* 711(1991).

② Underhill v. Royal, 769 F. 2d 1426, 1432 (9th Cir. 1985). "v."表示"诉",是前者状告后者;v之前的主体是原告或上诉人,"v."之后的主体是被告或被上诉人。"F."是Federal Report,即"联邦判例汇编"的简称;"2d"表明是第二系列;"F. 2d"即"联邦判例汇编"第二系列。"F. 2d"之前的769,表示第769卷。"1426,1432"的第一个数字表示本案在第769卷中的起始页,第2个数字表示引用本案相关内容所在的页码。括号中的"9th Cir"是第九巡回法院的简称,1985表示本案判决年份。——译者注

第一节 家族相似性检测标准

一、家族相似性检测标准的建立

1976年,在审理 Exchange National Bank v. Touche, Ross & Co. 案[①][以下简称"Exchange(1976)案"]时,第二巡回法院创设了"家族相似性检测标准"来判断某一本票是否为证券。在审理本案时,法院首先否认了采用"投资/商业二分法"与"风险资本标准",因为这需要考察大量模糊的因素,而法律对于各因素的地位并没有作出任何明确的指引。

根据对《1933年证券法》第2(a)(1)条的文义解释,法院确立了所有期限长于9个月的本票是证券这样一个可被推翻的假设,认为如果可以证明"上下文另有规定",就可以推翻这一假设。因此,与"投资/商业二分法"以及"风险资本标准"不同,"家族相似性检测标准"将举证责任分配给了企图推翻这一假设的一方。只有证明涉案本票与法院所列举的显然不是证券的某一类本票具有极强的家族相似性,这一假设才可被推翻。法院之所以采用这个标准来审理本案,是因为这一方法更符合法律用语的含义,其适用也更为简单。

接着,法院列举了通常属于商业票据(适用票据法规制)而不属于证券的票据,共有六种:(1)消费场合中签发的本票;(2)住房抵押本票;(3)以对小微企业或其部分资产的留置权作为担保的短期本票;(4)用以证明银行客户的"信用"贷款的本票;(5)以应收账款作担保的短期本票;(6)日常商业活动中往来账户债务的本票(特别是在该本票被担保的经纪商客户场合中)。[②] 但是,法院同时指出,上面所列举的这六种本票在特定情况下,也可能属于证券。例如,在审理 Chemical Bank v. Arthur Andersen & Co. (1984)案[③]时,法院就认为 Exchange(1976)案中的不作为证券对待的本票清单并不是确定不变的。

第二巡回法院的"家族相似性检测标准"虽然具有可预见性较强、更符合对法律的文义解释,以及举证责任分配较为合理等诸多优点,但其缺点也是很明显

---

① Exchange National Bank v. Touche, Ross & Co., 544 F. 2d 1126 (2d Cir. 1976).
② 原文如下:One can readily think of many cases where it does the note delivered in consumer financing, the note secured by a mortgage on a home, the short-term note secured by a lien on a small business or some of its assets, the note evidencing a "character" loan to a bank customer, short-term notes secured by an assignment of accounts receivable, or a note which simply formalizes an open-account debt incurred in the ordinary course of business (particularly if, as in the case of the customer of a broker, it is collateralized).
③ Chemical Bank v. Arthur Andersen & Co., 726 F. 2d 930 (2d Cir. 1984).

的,因为这一标准并没有概括出区分清单中本票与证券的共同特征,而如果没有这些共同特征的指引,要想决定某一未列举在清单中的本票是否与清单中本票具有较强的相似就将是十分困难的。① 因此,有必要对"家族相似性检测标准"进行进一步的完善。

下面,我们详尽阅读一下开创"家族相似性检测标准"的 Exchange(1976)案,借以了解法院的论证思路,以及该标准的优点与不足。

【域外案例】

Exchange National Bank v. Touche, Ross & Co. (1976)②

巡回法官 Friendly 发表了法院的审理意见:

本上诉提出了一个令人颇费脑筋的问题,即根据《1933 年证券法》和《1934 年证券交易法》的反欺诈规定,名称为"本票"的票据应在多大程度上被认定为是证券。

……

正如 Zeller v. Bogue Electric Manufacturing Corp. (1973)案[以下简称"Zeller(1973)案"]③中所指出的那样:《1933 年证券法》和《1934 年证券交易法》对待短期商业票据的处理方法是不同的。《1933 年证券法》第 2(1)条虽然规定了"任何一种"票据都是"证券",但第 3(a)(3)条对其豁免了注册以及招股说明书的要求,即"因日常交易产生的,或其收益已用于或将用于日常交易且到期的本票、汇票、银行承兑汇票"。然而,根据一般反欺诈条第 17(c)条之规定,这些豁免了注册的票据也要受该条款的监管。国会没有在《1934 年证券交易法》中遵循这一模式,而是在第 3(a)(10)条的"证券"定义中包括了"任何票据",但在同一条款中又插入这一段文字,即不包括"从发行时起算至到期日不超过 9 个月的任何票据、汇票,或银行承兑汇票……"

应补充说明的是,两部法律的定义部分,即《1933 年证券法》第 2 条和《1934 年证券交易法》第 3 条,开头用语都是:在本法中的用词含义如下,除非上下文另有不同的规定。

---

① See J. Casey McGlynn, Comment, "When is a Note a Security?" 18 *Santa Clara L. Rev.* 757 (1978), p.773.
② 编译自 Exchange National Bank v. Touche, Ross & Co., 544 F. 2d 1126 (2d Cir. 1976)。
③ Zeller v. Bogue Electric Manufacturing Corp., 476 F. 2d 795, 799 (2d Cir.), cert. denied, 414 U.S. 908, 94 S.Ct. 217, 38 L.Ed. 2d 146 (1973).

《芝加哥法律评论》上登载的一篇综述性文献《商业票据市场与证券法》[①]分析了"票据"的立法历史。《1933年证券法》第3(a)(3)条规定的注册豁免的来源是联邦储备委员会的委员长给众议院和参议院委员会主席的一封信。联邦储备委员会认为,拟议的法案显然只适用于股票、债券、信用债券和通常称为投资证券的其他类似证券,这些证券的发行目的是为企业获得资本金,个人购买它的目的是投资。

联邦储备委员会还认为,《1933年证券法》无意适用于银行承兑汇票或短期票据,这些票据的目的是为商业、工业或农业的当前交易获取资金,并由银行和公司购买,是作为使用暂时闲置资金的手段。因此,有人对《1933年证券法》提出了修正案。

除了第2条中的序言用词之外,与登记要求相反,《1933年证券法》的所有条款之规定都受反欺诈条款的约束,"票据"也是如此,无论它的期限多么短,是不是作为投资证券进行交易。

在《1934年证券交易法》通过时,是没有必要对票据进行特别豁免登记的,因为登记的金融工具是在全国证券交易所上进行交易的(参见《1934年证券交易法》第12(a)条。如果在这一点上,票据要获得特别的对待,那么就应在证券的定义中作出规定。显然,大家都同意这么做。但是,由于是否能被豁免,取决于是否满足《1933年证券法》第3(a)(3)条所说的"日常交易",因而最终删除了这一点。前文所引《芝加哥法律评论》的作者说明看起来是正确的:由于立法对这一删除没有发表意见,因此没有理由推测"日常交易"措辞的省略是不是一个无意的错误,还是立法机关认为该条款是不必要的,或者说这样做是有意区分《1934年证券交易法》第3(a)(10)条和《1933年证券法》第3(a)(3)条。因此,除了第3条中的序言用词之外,根据《1934年证券交易法》的文字表述,任何到期日超过9个月的票据都将受反欺诈条款的约束,而任何到期日较短的票据则将免于反欺诈条款的约束。

正如将要看到的那样,法院已经从字面上缩小了对"票据"的理解,这种狭义的理解,对这两部伟大的立法本应包括的意图进行了不适当的限制,而且从其反欺诈条款的适用范围上来看会产生一种看似不合理的差异。罗斯福总统敦促制定立法,以及参议院委员会关于1933年证券法的报告,都反映了普通投资者对公开发行的共同投资工具中存在的欺诈行为之关注,这是使用"除非上下文另有

[①] Kenneth v. Handal, Note, "The Commercial Paper Market and the Securities Acts", 39 *U. Chi. L. Rev.* 362(1972), pp. 362, 381-383, 397-398. 美国的法律学术期刊中的文章多分类为 Note 和 Comment 两种,其中 Note 多指综述性论文,而 Comment 多指具有新颖观点的评述性论文。不同的期刊对各类论文内容的要求有所不同。——译者注

要求"这一短语的进一步的依据。①

法院首次遇到票据是否被视为《1934年证券交易法》中的证券的案例是Movielab, Inc. v. Berkey Photo, Inc. (1971)案[以下简称"Movielab (1971)案"]。② 在这个案件中，一家名为伯基(Berkey)的上市公司(被告)，向另一家名为影音实验室(Movielab)的公司(原告)出售资产。据称是因受虚假陈述，原告购买了两张20年期、利率为8%的票据，每张金额为5 250 000美元；以及一张短期票据，金额是4 178 312美元。影音实验室要求撤销合同并赔偿损失。显然，这些票据不是"商业"贷款。伯基公司没有做过这些业务，而且这项交易在功能上与影音实验室发行20年期的公司债券没有什么不同。在略微轻描淡写地指出"至少包括一些票据"的定义后，本法院认为，几乎没有有力的理由将"一家公众持股公司以10 500 000美元的价格向另一家公众持股司发行的票据，在20年内支付，以换取后者的资产……"(排除在证券之外)

Zeller(1973)案是一个与本案案情类似的案子。该案中的所谓的"证券"，是一张由母公司向子公司发行的315 310美元的活期票据，用以取代其先前要求子公司提供的公开账户贷款。在考查《1934年证券交易法》第3(a)(10)条规定的票据时，我们不将以下观点③作为判断依据，其内容为即期票据(demand note)不属于所谓期限不超过9个月的票据这种"证券"的例外情形。即使事实上"票据的制作者可以阻止持有人的任何要求，并且该票据在10个月内未偿付"④。法院进一步指出：然而，这并不意味着第10条的导言条款中所涉及的每一笔本票交易，无论到期日是少于或超过9个月，都应由SEC规则10b-5监管⑤。该法之目的是保护投资者，对其条文的解读也应本此目的。⑥ 但是，我们没有理由怀疑相对于鲍格(Bogue，是Zeller案的被告)来说，贝尔格(Belco)是站在投资者的立场上的，尽管他可能不是自愿的。

我们的意见在很大程度上依赖于《1933年证券法》第4412号公告，它对《1933年证券法》第3(a)(3)条作了狭义的解释，我们认为该条至少对《1934年证券交易法》第3(a)(10)条的豁免规定有一定的适用性。Zeller(1973)案的审

---

① See Harlan S. Abrahams, Comment, "Commercial Notes and Definition of 'Security' under Securities Exchange Act of 1934: A Note Is a Note Is a Note?" 52 *Nebraska L. Rev.* 478(1973), pp. 478, 487-488.
② Movielab, Inc. v. Berkey Photo, Inc., 452 F. 2d 662 (2d Cir. 1971), affirming, 321 F. Supp. 806 (S. D. N. Y. 1970). F. Supp. 是美国联邦补充判例汇编(Federal Supplement)的简称，收入联邦地区法院的重要判决。1998年开始出版第二系列，简称为 F. Supp. 2d。——译者注
③ Securities Act Release No. 4412 (1961).
④ 497 F. 2d 799 (2d Cir. 1971).
⑤ 497 F. 2d 800 (2d Cir. 1971).
⑥ See Movielab, Inc. v. Berkey Photo, Inc.

理意见被 SEC v. Continental Commodities Corp.(1974)案①所采纳并得到进一步拓展。审理该案的法官认为,经纪公司为偿还对自己不满的客户而发行的票据(其中一些在 9 个月内到期)属于证券。在审理 Zabriskie v. Lewis(1974)案②时,法院认为,涉案短期票据是在通常的商业情境下发行的,并且承诺了极高的利息回报,非专业投资者购买了这些短期票据,就要适用第 10(b)条的规制。

尽管如此,在审理 Lehigh Valley Trust Co. v. Central Nat'l Bank of Jacksonville(1969)案③时,第五巡回法院的附带意见(Dictum④)有一句话指出,"司法机关已经对证券的定义作了文义解读,以至于几乎所有的票据都被认定为证券"。这句附带意见虽然是"名言",但并没有被巡回法院采纳。原因之一可以参见本院在 Zeller(1973)案中审理意见中的前两句话。⑤

上诉法院在审理 Lino v. City Investing Co.(1973)案⑥时首次对上述附带意见作了回应。在该案中,利诺(Lino)从城市投资公司(City Investing Co.)的全资子公司即国际特许经营公司(FI)处收购了两家特许经营销售中心。由于此次收购的现金和本票期限未在收购协议中加以明确说明,国际特许经营公司由此被诉实施了欺诈。上诉法院撤销了地方法院的判决,在提及"除非上下文另有要求"条款之后,指出本案的商业情境要求我们认定该交易不涉及证券的"购买"。涉案的个人期票是私下发行的,而没有公开发行。同时,发行人就是自称受骗上当之人。涉案的这些票据不是为投机或投资而购买的,也没有迹象表明国际特许经营公司诱导利诺对自己进行风险投资。

至于地方法院对 Movielab(1971)案的态度,法院认为:我们正在审理的案件与该案无相似性,无论如何我们都不受该判决的约束。本院只强调指出,涉案中的这种特定交易不属于联邦证券法的监管范围。

紧接着,第五巡回法院对 Lino v. City Investing Co.(1973)案中的附带意见也作了回应。法院认为自己在审的两个案件中,为获得银行贷款而发行的票据不是联邦证券法所规定的证券。在 Bellah v. First National Bank of Hereford(1974)案⑦中,借款人试图适用《1934 年证券交易法》第 10 条和 SEC 规则 10b-5,目的是逃避房地产信托契约担保的债务到期而要执行涉案的 6 个月票

---

① SEC v. Continental Commodities Corp., 497 F. 2d 516, 523-27 (5th Cir. 1974).
② Zabriskie v. Lewis, 507 F. 2d 546, 550-52 (10th Cir. 1974).
③ Lehigh Valley Trust Co. v. Central Nat'l Bank of Jacksonville, 409 F. 2d 989, 991-92 (1969).
④ 附带意见是指某一法官在法庭判决意见书中就某一并非与案件必定有关的法律点或并非为确定当事人的权利所必要的法律点所发表的意见。——译者注
⑤ 476 F. 2d 800.
⑥ Lino v. City Investing Co., 487 F. 2d 689 (3rd Cir. 1973).
⑦ Bellah v. First National Bank of Hereford, 495 F. 2d 1109 (5th Cir. 1974).

据。在驳回这一诉请时,法院不认为它属于短期票据,而是认为该票据是"在商业贷款交易背景下发行的"。代表法院发表审理意见的法官 Gewin 指出:我们怀疑,国会并没有打算通过证券法而"使联邦法官成为所有受欺诈的票据出票人(Beguiled Maker)或受票人(Payee)之监护人"。① 在此后的 McClure v. First Nat'l Bank of Lubbock(1974/1975)案②中,原告持有一家公司 50%的股权,他未能成功援引联邦证券法收回已被取消赎回权的公司资产,该公司资产已被抵押而获得了一张 200 000 美元的一年期本票,该本票是为该公司获得资金而取得的。原告诉称自己受到了欺诈,从公司借款用以偿还公司另一股东对贷款银行的个人债务。在 C. N. S. Enterprises, Inc. v. G. & G. Enterprises, Inc. (1975)案③中,第七巡回法庭需要解决的问题是,根据《1934 年证券交易法》,交付银行用于购买小企业资产的本票是否构成"证券",以及向出票人提供向联邦法院提起诉讼的司法依据为何。

在审查了上诉法院有关裁决的详尽意见后,法院给出了否定的结论。Sprecher 法官认为"投资/商业"二分法在适用上存在困难。他说:从某种意义上说,涉案的每一个放贷者都是投资者,因为他把自己的钱置于风险之中,期待以利息形式获利。④ 同样,从广义上讲,涉案的每个投资者都会把钱借给借贷者,且借贷者以一定的价格使用这笔钱,并希望有一天能归还。此外,极端而言,"投资/商业二分法"从概念上来说是可以识别的:在购买一家上市公司普通股的股票交易中,其动机来自资金盈余者的获利期待,因而是一种投资;而在从银行借钱购买汽车的交易中,其动机来自资金的需求者,那这项交易就是贷款。(可是,在这两者之间存在一个)中间地带,它是一个灰色地带,在国会没有进一步作出解释,或者联邦最高法院创建了司法审判规则之前,对这个灰色地带都必须进行逐案审理,过去是这样,将来也应这样。

Sprecher 法官提出,前述《内布拉斯加法律评论》中的论文所提到的标准可供审理本案参考。他还提到了两位在证券法实务方面经验丰富的纽约律师所写的一篇论文中的结论。我们知道的最近一次上诉法院对银行贷款的裁决是 Great Western Bank & Trust v. Kotz(1976)案[以下简称"Great Western

---

① 495 F. 2d 1114 (5th Cir. 1974).
② McClure v. First Nat'l Bank of Lubbock, 497 F. 2d 490 (5th Cir. 1974), cert. denied, 420 U. S. 930, 95 S. Ct. 1132, 43 L. Ed. 2d 402 (1975).
③ C. N. S. Enterprises, Inc. v. G. & G. Enterprises, Inc., 508 F. 2d 1354, cert. denied, 423 U. S. 825, 96 S. Ct. 38, 46 L. Ed. 2d 40, 44 U. S. L. W. 3201 (Oct. 6, 1975).
④ C. N. S. Enterprises, Inc. v. G. & G. Enterprises, Inc., 508 F. 2d 1359(7th Cir. 1975).

(1976)案"]。① 法院在它的法庭总体意见(Per Curiam Opinion②)中指出,涉案的公司开给银行票据,以交换银行的 10 个月可续期信用额度,从而主张这种票据不是联邦证券法意义上的证券,于是银行对控制人(即前述的公司)提起虚假陈述诉讼。上诉人极力引用了赖特法官(Judge Eugene Wright)的附和意见(Concurring Opinion③),该法官的观点似乎是:在任何情况下,如果银行收到一张据称是行使其借贷职能的票据,则不应适用联邦证券法④。赖特法官认为:在一般常见的"投资场景"中,"(诸如票据等金融工具的)发行人能方便接触到投资决策信息,并对其享有控制权";与此一般的典型情况不同,在协商谈判贷款时,商业银行通常是和(承担合同义务的)允诺人面对面地交易,前者"具有更强势的谈判地位,并能迫使(对方)充分披露信息,以及核实对其贷款申请决定有重大影响的事项……尽管银行(也会)面临着错误信息(导致)的风险,但它能够核实这些信息并采取监督和纠正措施,(这)使得银行的处境与通过证券法来寻求保护的公众投资者是截然不同的。"

赖特法官观点中颇具吸引力之处在于,根据"投资/商业二分法",它为案件审理提供了有价值的标准,但在我们看来似乎并非如此。例如,我们看不出 Great Western(1976)案总体意见的说服力在哪里,它提出要考查"出资方是否投资了'风险资本'"。(原因是)一方面,证券法涵盖了债券,甚至是金边债券和股权;但另一方面,一张 5000 澳元,为期 6 个月的银行贷款,可以使得一个老客户进入到一个新的业务领域,但该人几乎不可能认为这张银行贷款属于"证券",虽然它肯定是风险资本。联邦最高法院审理的 Howey(1946)案经常被提及,它对"投资合同"进行了定义:"该计划是否涉及将资金投资于一个共同企业,且(投资者)利润(期待)完全依赖于其他人的努力"(此即所谓的"豪威检测标准")。联邦最高法院近来表示,这个定义"界定了所有法院在认定证券时都需要考虑的根本因素",参见 United Housing Foundation, Inc. v. Forman(1975)案[以下简称"Forman(1975)案"]。⑤ 但是,尽管如此,联邦最高法院还没有审理过票据是不是证券的案件。如果最高法院采用其所开发的豪威检测标准来审理此种案

---

① Great Western Bank & Trust v. Kotz, 532 F. 2d 1252 (9th Cir., decided March 22, 1976), CCH Fed. Sec. L. Rep. 195,494.

② per curiam opinion,法庭总体意见,是指审理案件的法院生效判决意见,不是某个法官的意见(如附和意见、反对意见等)。——译者注

③ concurring opinion,又称 concurrence:不同理由的附和意见,是指法官虽然赞成法院的生效判决结果,但自己单独撰写的表达不同论证的书面意见。——译者注

④ SEC v. Fifth Ave. Coach Lines, Inc., 289 F. Supp. 3 (S.D.N.Y. 1968), aff'd on other grounds, 435 F. 2d 510 (2nd Cir. 1970).

⑤ United Housing Foundation, Inc. v. Forman, 421 U.S. 837, 852, 95 S.Ct. 2051, 2060, 44 L. Ed. 2d 621 (1975).

件的话,那么,在我们看来,其适当性就值得怀疑。在 Movielab(1971)案中不存在"共同企业",除非债务关系足以创建出这么一个企业;(但)如果是这样,就很难想象这种情形,即以利息形式支付的利润会比银行向个人提供的无担保短期个人贷款更依赖于"他人的努力"。联邦证券法在制定之初就没有打算涵盖这种金融工具(指本案中的票据)。我们认为,向一个正在组建的企业提供贷款,以及向一个已经创建的企业提供贷款,这二者之间是没有什么(实质)区别的,特别是前者还像通常那样存在个人背书的话。我们可以对前述的《内布拉斯加州法律评论》中提出的"标准"做更进一步的深入研究,尽管如此,我们可以看到,正像这篇文章的作者自己也认识到的那样,几乎每一个标准都存在一个与它相对立的观点。指示地方法院"权衡"考虑这些可疑因素,但对个别因素的权重如何并无指示说明,也不存在 Great Western(1976)案的总体意见所给出的警告,这对承受巨大压力的地区法官或律师几乎是没有帮助的。因此,采纳赖特法官的观点,将有希望为这个急需指引领域的问题提供很好的确定性。

尽管如此,我们还是无法接受赖特法官的建议,即对银行提供的贷款所开具的任何票据都不是"证券"。原因之一是,在界定他的所谓例外时,赖特法官受到了案情的左右——这在本案中也出现了——他仅仅只是或者主要是站在银行的角度来看问题;银行寻求联邦证券法来审案,以弥补州法规定的不足。然而,正如前文所列举的几个案例所表明的那样,通常是借款人声称贷款人存在欺诈行为。赖特法官的观点是基于银行优越的议价地位、特有的调查手段而得出的,但这种论点对本案不适合;的确,银行是倾向于将票据作为证券对待的。然而,我们在法律法规中找不到任何条款可以证明,当一家银行的借款人援引联邦证券法时,涉案票据被认定是一种证券,而当银行也这么宣称时,同一张票据却不被认定是一种证券。即使是该银行援引联邦证券法,我们发现也很难与法律用语相一致,即如果一家银行或一组银行向一家公司贷款数百万美元,期限为数年,则联邦证券法的反欺诈规定不适用。虽然银行在获得信息方面处于有利地位,但《1934年证券交易法》第10(b)条和《1933年证券法》第17(a)条的目标是防止欺诈,而银行获得信息的能力虽然很强,但并不总能阻止欺诈。

上述讨论提示我们,应该充分考虑 Forman(1975)案所采用的反文本主义之方法(的不足),现在最佳的办法是侧重于解读法定用语。《1934年证券交易法》规定,"证券"一词包括"任何票据(除了从发行时起算到期不超过9个月的票据)";《1933年证券法》规定,除第3(a)(3)条中的注册豁免外,"证券"一词是指"任何票据"。这两部联邦证券法的简明用语,适用于"除非文意另有所指",一个人声称9个月以上到期的票据,不在《1934年证券交易法》的范围内(也就是说,9个月或9个月以内到期的票据在《1934年证券交易法》的范围内),或者任何票据都不受《1933年证券法》的反欺诈条款的规制,他就有责任证明"文意另有所指"的具体含义是什么。人们很容易想到这些情形,例如在消费中融资的票据,以房产作抵押的票据,以小企业或其部分资产留置权做担保的票据,作为给银行客户贷款的证据之票据,以及以应收账款转让为担保的短期票据,或在正常业务过程中产生的公开账户债务的票据(特别是就经纪人的客户而言,它是有抵押的)。

如果某种票据,与"非证券之票据清单"中所列的类型没有很强的相似性,且到期日超过9个月,那么通常就应适用《1934年证券交易法》第10(b)条而被认定为证券。本院认识到,这种"家族相似性检测标准"并不能提供笃定的确定性,但它确实更接近于法律术语"证券",而且更容易得到相关法院的采纳。一个更加可取的解决方案是,国会将排除条款改为包括"商业交易中发行的债务票据或其他证券",就像美国法学会《联邦证券法典》①第297(b)(3)条所规定的那样。这里补充一点说明,国会授权给SEC,由后者解释联邦证券法的术语,就像美国法学会《联邦证券法典》第216A条一样,对商业票据作出豁免规定。这些联邦证券法历经了40多年的历史,法院最好不要偏离他们的言论,不去强烈支持这样一种信念,即根据"上下文"条款赋予他们的权力去拒绝落实国会的意图,而是正在做国会希望他们做的事。

因此,如果我们的方法是正确的,那么它肯定无疑也是"投资/商业二分法"所要求的,尽管我们认为它和赖特法官在审理Great Western(1976)案时的附和观点相左。本案原告与韦斯证券公司(Weis Securities Inc.)的交易与我们提到的典型"商业"交易正好处于两个不同的端点。这笔"贷款"交易是通过与原告银行的首席执行官而不是放贷负责人协商而获得的。票据的形式不是由银行决定的,而是由借款人直接决定的,并最终由纽约证券交易所(纽交所)决定。这些票据本身与商业贷款中使用的标准表格几乎没有相似之处。而票据的到期日为发行之日起12个月至18个月不等,而在规定日期或该日期之后的收款则取决于贷款人提前6个月发出书面通知。更重要的是,票据的从属性质,以及双方都知道,纽交所将把收益视为股本的等价物,目的是使韦斯证券公司通过借款进一步扩大其业务,使其能够向主要客户提供更多信贷。票据的可转让性仅限于纽交所批准的人士,未经纽交所同意,禁止提前还款。这些票据(特征)反映了前述银行的常见而重要的权利,即以借款人的任何财产作为担保,而这些财产是由银行占有或行使抵销权的。最后,在全国交易所进行的贷款并非孤立的交易,而是韦斯证券公司进行的一项大型融资业务的一部分,该业务包括19家贷款方,他们持有次级票据、债券和现金协议,总额为8 735 275美元;另有24家贷款人,他们拥有其账户所附属的次级账户或票据。我们在这一"场景"中找不到任何理由去

---

① American Law Institute's Federal Securities Code.

证明不应采用联邦证券法的法定术语,也没有多少理由反对适用法定术语。

申诉人没有要求我们对此问题进行判决,即涉案的这些票据虽然不在《1934年证券交易法》的豁免范围之内,是否也不在《1933年证券法》的注册豁免范围之内。除了主要是法律用语上的细微差异之外,《1933年证券法》关于豁免票据应反映当前交易,基于登记和反欺诈规定的目的,几乎是常见的连续展期做法,这是一个难以捉摸的概念。与此不同,需要改变"上下文"用词,以决定是否采用"除非上下文另有要求"的提示。

……

案例原文①

二、修正版家族相似性检测标准

"修正版家族相似性检测标准"来源于美国联邦最高法院在1990年对Reves v. Ernst & Young(1990)案②[以下简称"Reves(1990)案"]的审理,因此又称"Reves家族相似性检测标准"(Reves' Family Resemblance Test)。

本案源于原告指控亚瑟·杨会计师事务所违反了《1934年证券交易法》的反欺诈条款和阿肯色州的证券法。一审法院支持了原告的这两项诉请,并判决被告赔偿610万美元。被告向第八巡回法院提出上诉,理由是案中的即期票据不属于"证券",不应该适用联邦证券法反欺诈条款和阿肯色州证券法来审理本案。第八巡回法院同意了该意见,推翻了一审判决。③ 但最后,联邦最高法院驳回了第八巡回法院的判决。

首先,联邦最高法院归纳了本案的焦点,即:阿肯色州和俄克拉何马州的农民合作社(The Farmer's Cooperative)所发售的见票即付之本票是不是《1934年证券交易法》第3(a)(10)条中所指的"证券"。在将案由限定在证券法之后,法院根据自己的判断,挑选先例中适合审理本案的方法或规则。

联邦最高法院首先排除了自己在1946年审理 SEC v. W. J. Howey Co.

---

① Available at https://casetext.com/case/exch-nat-bank-chicago-v-touche-ross-co, 2023-9-18.
② Reves v. Ernst & Young. 494 U. S. 56 (1990). 意思是 Reves v. Emst & Young 一案载于《美国联邦最高法院判例集》第494卷,第56页为该案起始页码,判决年份为1990年。——译者注
③ Arthur Young & Co. v. Reves, 856 F. 2d 52 (1988).

(1946)案[以下简称"Howey(1946)案"]①时所确立的"豪威检测标准",而是采用了修正后的"家族相似性检测标准"来审理本案。在具体适用该标准之前,联邦最高法院指出"投资/商业二分法"和"家族相似性检测标准"本质上是一回事,二者只不过是说法的不同;在采用"家族相似性检测标准"审理本案时,结合本案案情对该标准进行了补充和修正,就是所谓的"修正版家族相似性检测标准"。

在本案中,联邦最高法院开创的"修正版家族相似性检测"标准,其要点是三个有先后顺序的步骤:首先,根据《1933年证券法》第2(a)(1)条和《1934年证券交易法》第3(a)(10)条中对"证券"的定义中包括"任何票据",从而假定"票据"是证券法所规定的"证券"。但与此同时,联邦最高法院认为,由于国会制定证券法的立法意图在于管理"投资"市场,而不是为所有涉及欺诈的案件提供联邦法上的诉讼事由及法律依据,所以这个假定并不是不可反驳的(not be irrebutable)。其次,联邦最高法院引用了此前第二巡回法院开列出的一个清单(可称之为"非证券之票据"清单——笔者命名),它列举了不是"证券"的"票据"。最后,联邦最高法院根据"非证券之票据"清单,对第一步中的"票据属于证券"的假定进行反驳:如果某个"票据"与这个"非证券之票据"清单所列的"票据"有极强的"家族相似性"(bear a strong family resemblance),就可以反驳"该票据是证券"的假定,即得出"该票据不是证券"的结论。

但是,如果某个"票据"与这个"非证券之票据"清单所列的"票据"不是很相似,联邦最高法院则进入到第二步工作,即审议其是否同时满足四个要素,经审议后再决定是否将该"票据"增加到前述的"非证券之票据"清单中,进而反驳"该票据是证券"的假定,得出"该票据不是证券"的结论。这四个要素是:

(1)买卖双方的交易动机。如果卖方的目的是筹集资金,用于企业的一般用途或是为了大额投资而进行融资,而买方主要是希望得到票据带来的利润的话,那么该"票据"很可能是"证券"。如果该票据用于买卖小额资产或一般消费品,或是用来克服卖方的现金流困难,或是用于其他商业性或满足消费性目的,则该"票据"不应被认定为"证券"。

(2)该金融工具的发售方式。例如:票据的初级购买者如果是经验老到的投资者(sophisticated investor),则该票据一般不视为证券;如果存在二级流通市场,那么即使初级投资者是经验老到的,也不否认该票据是"证券";如果存在对该金融工具进行"投机"(speculation)或"投资"(investment)的普遍交易,并且一级市场上的投资者是广大公众,那么该票据一般被视为"证券"。

---

① Securities and Exchange Commission v. W. J. Howey Co. et al. 328 U. S. 293 (66 S. Ct. 1100, 90 L. Ed. 1244).

(3) 公众投资者的合理预期。即便根据对某项交易的经济实质的分析表明此交易中的金融工具"可能"不是"证券",但是考虑到公众投资者的合理预期,法院也可以认定该金融工具是"证券"。典型案件是 Landreth Timber Co. v. Landreth(1985),法院采用"经济实质"方法分析了本案,得出的结论是涉案"股票"并非"投资合同",因而无法将其归入"证券"范畴;但是,考虑到公众投资者的合理预期,即"普通股股票通常都是证券",法院仍然判定该工具是"证券"。[1] 对于本案对票据是不是"证券"的判断问题,联邦最高法院采用了该案的审理思路。

(4) 是否存在其他监管制度(即法律法规)。法院要分析涉案金融工具的风险是否存在其他监管制度可以适用,如果存在的话,那么就不必再适用证券法进行监管,从而该金融工具属于"证券"的可能性就比较小。此前的典型案例有 Marine Bank v. Weaver(1982)案。[2] 法院认为:储蓄凭证有联邦储蓄保险公司担保,同时又在很大程度上受各项联邦银行法的规制,因此并不是非受证券法管辖不可。又如,在审理 Teamsters v. Daniel(1979)案时[3],法院指出:因涉案的退休金计划由 1974 年的《雇员退休收入安全法》规制,因此无须再适用证券法管辖。这两个案子中的法院都判定该金融工具不是"证券"。

接下来,联邦最高法院根据上述四个因素对涉案票据是不是"证券"进行了详尽分析,得出了涉案"票据"是"证券"的结论。具体论述,请参考下文案例。

最后,对本票(Note)做一个简要解释。所谓本票,是指一方(即出票人)作出的支付金钱给另一方(即收款人)或持票人的书面允诺。[4]《1933 年证券法》第 2(a)(1)条的证券定义中包括"任何本票",《1934 年证券交易法》第 3(a)(10)条也规定了"任何本票"是证券,但把期限少于 9 个月的本票排除在该法的证券范围之外。不过,法院在审判实践中并不考虑立法表述上的差别,认为两部法律中证券的范围是相同的,都包括"本票"。在美国,发售本票往往区别于在普通的商业交易中签发本票而被认定为发行证券,这样一来,本票的发售行为就将受到以强制性信息披露制度为核心的证券法律的规制。可是,与此同时,美国还有一部成文的《票据法》对本票也作了规定,因而引发了在具体案例中如何划定本票到底是《证券法》中的"本票"还是《票据法》中的"本票"。在 Reves(1990)案中,法院就对此进行了分析。

---

[1] Landreth Timber Co. v. Landreth, 471 U. S. 681 (1985).
[2] Marine Bank v. Weaver, 455 U. S. 551 (1982).
[3] International Brotherhood of Teamsters, Chauffeurs, Warehousemen and Helpers of America v. Daniel. 439 U. S. 551 (1979).
[4] See Bryan A Garner, *Black's Law Dictionary*, Thomson Business, 2004, p.1088.

【域外案例】

Reves v. Ernst & Young(1990)①

马歇尔法官(Marshall, J.)代表法院对本案发表了审理意见。此案提出了一个问题,即阿肯色州和俄克拉何马州农民合作社发行的见票即付的本票(promissory notes)是否属于《1934 年证券交易法》第 3(a)(10)条所指的"证券"? 我们的结论是:

一、事实概要

该案中的合作社是一家农业合作社,大约有 23 000 名成员。为了筹集资金以支持其一般业务运营,合作社出售了见票即付的本票。虽然这些票据没有抵押也没有投保,但它们支付的浮动利率每月调整一次,以使其高于当地金融机构支付的利率。合作社向成员和非成员都说明该计划是"投资计划"。合作社的各期通讯中出现的广告载明:"您的合作社拥有超过 1100 万美元的资产来支持您的投资。这项投资不是由联邦政府担保的,但是它是安全的……并在您需要时可以提取。"虽然有这些保证,合作社还是在 1984 年申请破产了。在提交给法院的法律文书中,共有 1600 多人持有合作社的本票,总价值为 1000 万美元。

合作社申请破产后,合作社的一类票据持有人即原告对亚瑟·杨会计师事务所(Arthur Young&Co.)提起了诉讼。而亚瑟·杨会计师事务所负责对合作社的财务报表进行审计(前者也是被告安永会计师事务所的前身)。原告们声称,被告亚瑟·杨会计师事务所故意在审计中不遵循公认的会计原则,特别是在对合作社主要资产之一的汽油厂的估值方面没有遵守该原则。原告们声称,亚瑟·杨会计师事务所违反了这些原则,目的是使合作社的资产和净值被高估。原告们坚持认为,如果亚瑟·杨会计师事务所对该汽油厂进行了审计的话,那么他们就不会购买合作社的见票即付的本票了,因为(只要进行了审计)合作社的破产实情就显而易见了。根据上述指控,原告们声称亚瑟·杨会计师事务所违反了《1934 年证券交易法》的反欺诈条款以及阿肯色州的证券法。

原告们在联邦法院和州法院的两场官司中胜诉,获得了 610 万美元的判决。被告亚瑟·杨会计师事务所不服,提出上诉,声称:无论是根据《1934 年证券交易法》,还是根据阿肯色州的法律,涉案的见票即付的本票都不属于"证券",因此《1934 年证券交易法》的反欺诈规定不适用。第八巡回法院认可了亚瑟·杨会计师事务所的主张,推翻了州法院和联邦法院的原有判决。② 我们签发了调卷

---

① 编译自 Reves v. Ernst & Young. 494 U. S. 56 (1990)。
② Arthur Young Co. v. Reves, 856 F. 2d 52 (1988)。

二、涉案票据是否属于《1934 年证券交易法》所指的"证券"

1

此案需要我们认定合作社发行的涉案票据是否属于《1934 年证券交易法》所指的"证券"。该法的第 3(a)(10)条规定:"证券"一词是指任何票据、股票、库存股票、债券信用债券、权益证书,或者任何参与利润分享的协议,或者任何开采石油、天然气等矿产权证或租赁文书、任何抵押信托证书、设立公司的认股证书、可转让股份、投资合同、股票信托证书、押金证书、对任何证券的认沽权证、赎回权证、对敌、期权等、押金证书、证券组合或指数(包括其中的任何利息或基于其价值的利息),或在全国证券交易所中与外币有关的任何认沽权证、赎回权证、对敌、期权等或者对任何证券享有的特权,或者通常被称为"证券"的任何票据;或表明对上述任一权益的意向或参与的证书,或临时证书、收据、认股权证或认购或购买权;但不包括货币或任何本票、汇票,或到期日在 9 个月内的银行承兑汇票,也不包括宽限期或者任何在到期日时进行续期的类似票据。

证券法(含《1933 年证券法》和《1934 年证券交易法》)的根本目标是"消除在很大程度上不受监管的证券市场中的严重权利滥用行为"。① 在确定应受监管的市场范围时,国会的用词很宽泛。国会认识到人类创造力几乎是无限的,特别是那些采取以利润承诺的方式而使用他人金钱之人所设计的方案更是层出不穷②,并确定了实现该目标的最佳方法。保护投资者的目的是"采用足够宽泛和笼统的术语来定义'证券'一词,以便让该定义能够包括商业世界中属于一般证券概念的各类工具"③。因此,国会并未试图精确地界定证券法的适用范围;相反,它所列举的"证券"范围十分宽泛,以至于几乎涵盖了任何可能作为投资而出售的工具。

但是,国会并没有"打算为所有欺诈行为提供无所不包的联邦补救措施"④。因此,"这项任务交给了 SEC,由该机构负责实施(两部)证券法,并最终由联邦法院来决定我们社会中哪些种类繁多的金融交易属于上述证券法的范畴。"⑤ 因此,我们法院在履行职责时,不应受法律形式主义的约束,而是要考虑被调查的交易行为的经济实质。可以参见典型案例 Tcherepnin v. Knight(1967)案⑥(在审理该案时,法院指出,在解释"证券"时,不应考虑这个词语的形式而应考虑其

---

① United Housing Foundation, Inc. v. Forman,421 U. S. 837,421 U. S. 849(1975).
② SEC v. W. J. Howey Co. ,328 U. S. 293,328 U. S. 299(1946).
③ Forman, supra,421 U. S. at 421 U. S. 847-848 [quoting H. R. Rep. No. 85, 73d Cong. , 1st Sess. , 11 (1933)].
④ Marine Bank v. Weaver, 455 U. S. 551, 556 (1982).
⑤ Forman, supra,421 U. S. at 421 U. S. 848.
⑥ Tcherepnin v. Knight, 389 U. S. 332, 336 (1967).

实质,重点应放在它的经济实质上)。国会制定证券法的目的是对投资(就是证券的经济实质)进行监管,而不考虑投资的何种形式,以及是否采用了投资这个名词(即是否以"证券"这个词语形式出现)。

但是,法律要求考查交易的经济实质,并非一定要对每一种交易工具进行逐案分析。有些交易工具显然是属于国会打算管制的类别的,因为这些交易工具的经济实质就是投资。在审理 Landreth Timber Co. v. Landreth(1985)案[以下简称"Landreth Timber(1985)案"]①时,我们认为带有"股票"字样的交易工具,和其他交易(投资)工具一样,具有可转让性,具有资本增值的可能性,并具有根据利润分配股息的权利,因此显然是国会制定的证券法所涵盖的交易工具(即"证券")的范畴。Landreth Timber(1985)案表明,法院并没有忽视交易的经济实质;相反,它表明人们已经认识到,如果股票(这种交易工具)通常具有与证券相关的经济特征,那么它实际上就是一项投资(即交易工具的经济实质)。尽管可以找到股票不被认定为证券的例外情况,但公众(投资者)将普通股视为"证券"的看法表明,无论出售哪种股票,都应将其视为证券法所涵盖的证券范畴。

我们在审理 Landreth Timber(1985)案时明确指出,股票是一种特殊情况,此类持股工具毫无疑义地属于证券范畴。尽管我们最终排除类似的规则适用于"票据",但我们也暗示了这样的做法是不合理的。我们认为,与"股票"不同,"票据"被视为是一个相对宽泛的术语,它涵盖了各类形式特征的工具,这取决于是在消费环境下作为商业票据发行的,还是在其他投资环境下发行的(投资工具)"[引自 Securities Industry Assn. v. Board of Governors,FRS(1984)案②]。尽管普通股是有价证券的基本类型[参见 Landreth Timber(1985)案]③,因此投资者有理由认为证券法涵盖了股票(的出售);但对于在各种场合中所使用的票据,却不能百分之百地这么认为,因为并非所有票据都涉及投资(即经济实质,而可能是前述所说的消费)。因此,证券法中的"任何票据"一词不应仅仅从字面上解释为"任何票据",而应放在国会制定证券法的背景下,结合立法的目的加以解释。

由于 Landreth Timber(1985)案所确立的规则无法合理地适用于"票据",因此必须另想出路,制定其他规则来认定"票据"(是否属于证券)。很多上诉法院都确立了"投资/商业二分法",该规则会根据交易的具体而详细的事实,将投资情况下的"票据"(即属于证券法中的"证券")和一般商业交易或者消费情境下所发行的"票据"(即不属于证券法中的"证券",而属于《票据法》中的"票据")进

---

① Landreth Timber Co. v. Landreth, 471 U. S. 681 (1985).
② Securities Industry Assn. v. Board of Governors of Federal Reserve System, 468 U. S. 137, 149-153 (1984).
③ Landreth Timber Co. v. Landreth, 471 U. S. 694(1985).

行区分。涉及上述规则的案例,可参见:Futura Development Corp. v. Centex Corp.案;McClure v. First Nat. Bank of Lubbock,Texas案;Hunssinger v. Rockford Business Credits, Inc.案;Holloway v. Peat, Marwick, Mitchell & Co.案等。①

第二巡回法院确立了"家族相似性检测标准",该方法的第一步就是假设任何期限超过9个月的票据都属于"证券"[相关案例可参见 Exchange Nat'l Bank of Chicago v. Touche Ross & Co.(1976)案②,以下简称"Exchange Nat. Bank (1976)案"]。然而,第二巡回法院(也)认识到,并非所有票据都是证券,因此它开列了一份清单,列举了不属于证券的"票据"(以下简称"非证券的票据清单")。相应地,"家族相似性检测标准"(同时是一种测试方法)允许(票据)发行人反驳该票据属于有价证券的假设,但前提是发行人要能够证明其所发行的票据和司法实践(第二巡回法院)所精心开列的上述例外清单上的某一类"具有很强的家族相似性",或者说服法院将某种新工具(即某种票据)添加到上述例外清单之中。③

和第二巡回法院的做法不同,第八巡回法院和哥伦比亚特区巡回法院采用了我们在审理 Howey(1946)案中首创的"豪威检测标准",这个检测标准原来是用以确定某种工具是否为"投资合同"(两部联邦证券法都将它列举为"证券")的,现在上述两家法院将它用来判断某种工具是否为"票据"(即两部联邦证券法中所列举的"证券")。根据该检测标准,只有在票据能够被证明是"(投资者将其金钱)投资于一项共同事业(即商事企业),并依赖于该企业或者企业中管理人员的努力(即公司管理层的业务经营活动),而合理地预期从该企业中获得利润",那么该票据才是证券。典型案例可参见:Arthur Young & Co. v. Reves案、Baurer v. Planning Group, Inc.案、Underhill v. Royal案④(本案确立了"风险资本"规则,该方法实际上等同于豪威检测标准)。

我们拒绝上述法院将豪威检测标准应用于认定"票据"是否属于证券的做法,(因为)这个检测标准(只是)提供了一种认定某种(交易)工具是否为"投资合

---

① Futura Development Corp. v. Centex Corp., 474 U. S. 850 (1985), McClure v. First Nat. Bank of Lubbock, Texas, 497 F. 2d 490 (1974); Hunssinger v. Rockford Business Credits, Inc., 745 F. 2d 484 (1984); Holloway v. Peat, Marwick, Mitchell & Co., 879 F. 2d 772 (1989).

② See, e. g., Exchange Nat'l Bank of Chicago v. Touche Ross & Co., 544 F. 2d 1126, 1137 (CA2 1976).

③ 意即:发行人能够证明其所发行的票据和"非证券票据清单"中的某一类"票据"具有很强的相似性,属于同一家族而被认定为非证券;或者能够说服法院将某种新工具(即某种票据)添加到"非证券票据清单"之中。

④ Baurer v. Planning Group, Inc., 215 U. S. App. D. C. 384, 391-393, 669 F. 2d 770 (1981); Underhill v. Royal, 769 F. 2d 1426(1985).

同"的方法。(可是)本案中的"见票即付的票据"①(demand notes)很可能不是(属于证券品种的)"投资合同",但这并不意味着它们(就一定)不是"票据"(此处"票据"指属于证券法所列举的"证券例外情形")。如果要认定"票据"不属于"证券",除非要找到一种认定方法或者测试规则,它能够适用于检测林林总总的、完全不同的交易工具[参见前述 Landreth Timber(1985)案]。② 并且,这种认定方法(或测试规则)不会和国会制定证券法以规制作为投资工具的各类交易工具的目的相冲突。

我们认为,"家族相似性检测标准"和"投资/商业二分法",实际上是同一种方法的两种不同表现形式而已。不过,我们认为"家族相似性检测标准"提供了一个更具有说服力的分析框架,因此我们采用这个测试规则来审理本案。"家族相似性检测标准"从证券立法的用语着手,它认为证券法的"证券"定义列举了"任何票据",因而我们首先就假定任何一种票据都是证券。尽管如此,我们认识到这种假设不是不能反驳的。就像我们前面已经指出的那样,国会关注的是监管投资市场,而不是为(所有)欺诈行为确立一个通用的诉由(cause of action)。为了更好地区分哪些票据属于还是不属于"证券",第二巡回法院开列了一个清单(即前文提及的"非证券之票据清单"),它列举了不属于(证券法中的)"证券"的"票据"种类。参见前述 Exchange Nat. Bank(1976)案③,在该案中,法院列举的非"证券"的"票据"类型,包括消费融资中交付的票据,以房屋作抵押的票据,用小型企业或其部分资产作留置而发行的短期票据,证明向银行客户提供信用贷款(character loan④)的票据,以应收账款作抵押的短期票据,以及在日常的商业交易中所发生的、能证明在银行中载明的未结债务账户的票据(尤其是在经纪人的客户情形中,此时是有抵押的)。还可参见 Chemical/Bank v. Arthar Andersen & Co (1984)案。在本案中,法院把商业银行对企业业务运营的贷款证明列入了"非证券之票据清单"。

我们认同第二巡回法院所列的"票据"种类并不能恰当地被视为"证券",(但)我们需要更多的指导。如果不指明某种工具是否与第二巡回法院所确定的某种工具具有"相似性",并且没有说明使得这些工具成为非"证券"的含义,就不

---

① 见票即付,是持票人向付款人提示票据("即见票")之时,由付款人须即刻付款的制度(即到期日与付款日为同一天,没有付款提示期间),因而见票即付的票据没有承兑制度。支票、即期汇票、即期本票,都属于见票即付的票据。

② Landreth Timber Co. v. Landreth, 471 U. S. at 471 U. S. 692(1985).

③ Exchange Nat'l Bank of Chicago v. Touche Ross & Co., 544 F. 2d 1126, at 1138 (CA2 1976).

④ 信用贷款是一种无担保贷款,是贷款人出于对借款人的声誉和信用的信任而提供的。借款人通常只能通过这种方法获得小额贷款。如果借款人无法偿还贷款,银行很可能在重新收回贷款时遇到相当大的困难。无抵押品贷款与有抵押品贷款形成对比。在担保贷款中,资金的偿还由有价值的财产或设备来担保,如汽车或房屋。

可能作出进一步的有意义的探讨。而且,正如第二巡回法院所指出的那样,它所开列的清单"不是一成不变的",而是能够不断扩展的。因此,(我们)必须制定一些标准来确定某种票据添加到这个清单中(以作为非"证券"对待)。

我们审查第二巡回法院开立的"非证券之票据"清单,就可以清楚地看出这些标准应该是什么。在确定其清单时,第二巡回法院在裁定某项交易是否涉及"证券"时使用了与本法院相同的因素。首先,我们要考查资产交易活动的动机,看看这个动机是否促使了作为理性人的买卖双方进行交易活动。如果卖方(融资方)的目的是为企业的一般用途(即公司的业务经营活动)筹集资金或者为公司的重要投资活动(substantial investments,实际上也是公司的经营管理活动)而筹集资金,而买方(即投资方)主要是对(卖方出售的)票据所预期产生的利润感兴趣,那么该交易工具(即票据)就很可能被认定为"证券"。然而,如果买卖双方交易票据是为买售次要(或数量很少的)资产或者是为消费而提供便利,或者是解决卖方的现金流量问题提供支持,或者是为了促进其他商业或消费目的(等等),那么将这些"票据"视为"证券"就不是很合理的。相关案例可参见前述 Forman(1975)案[在该案中,法院认为,证明享有补贴住房权的"股票"份额不是"证券",因为购买(该"股票"的)诱因仅仅是为了获得补贴来降低生活成本,这不是为了获利而投资]。其次,我们要检查这个交易工具的"分配计划"[即投资者的目的是获利,参见 SEC v. C. M. Joiner Leasing Corp. (1943)案①]以确定它是不是"进行投机或投资的共同交易"的工具。再次,我们要考查公众投资者的合理期待:即使对特定交易的情况进行的经济分析可能表明该工具不是"证券",但法院仍会根据此类公众投资者的期望将这些工具视为"证券"。请比较 Landreth Timber(1985)案中的生效判决意见和反对意见:生效判决认定,如果公众投资者的(利润)期待之对象是其所持有的普通股,那么该股票通常就被认定为证券。② 但斯蒂文斯(Stevens, J.)法官的反对意见则认为,对单个知情购买者(即公众投资者)的商业交易,如果是采取股票的形式进行的,由于它不符合经济实质检测标准,因而此种"股票"就不属于证券法所列举的"证券"范畴。③ 另外,可参见 Forman(1975)案。最后,我们还要考查是否存在某种因素,诸如是否存在某种监管法律法规,它会大大降低该交易工具的风险,从而使得(两部)证券法的适用变得不必要。

因此,我们得出的结论是,在确定名称标为"票据"的文书是否属于"证券"时,法院将采用我们在此处明确阐述的"家族相似性检测标准":一种票据(首先

---

① SEC v. C. M. Joiner Leasing Corp., 320 U. S. 344, 353 (1943).
② Landreth Timber Co. v. Landreth, at 471 U. S. 687,471 U. S. 693(1985).
③ Landreth Timber Co. v. Landreth, at 471 U. S. 697-700 (Stevens, J., dissenting)(1985).

应)被假定为"证券",但是这种假定是可以反驳的,只不过这种反驳只能通过证明该票据与所列举的某种交易工具(即前文提及的"非证券之票据"清单中的票据)具有高度的相似性(就是前文我们确定的四个因素)。如果一种交易工具与该清单上所列举的任何一种交易工具都不够相似,则(仍)应通过考查认定相似性的四个因素,以决定是否应将此种交易工具(即某种票据)添加为新的"证券"种类(而不是非证券之票据了)。

2

将(上述)"家族相似性检测标准"应用于本案的审理,我们可以很容易地得出结论,即本案所涉之"票据"是"证券"。被告安永会计师事务所也辩驳道,"见票即付票据与第二巡回法庭确立的'家族相似性检测标准'中的任何票据都不相似(因而属于证券)"。我们对检测方法所涉及的相关四个因素所作的审查也没有表明,本案所涉票据不是"证券",尽管它们与(第二巡回法院所确立的"非证券之票据清单"中)所列举的任何类别都不相似。(在本案中,)合作社出售票据的目的是筹集资金以运营其一般业务,而购买者购买这些票据之目的是赚取以利息方式支付的利润。的确,向购买者提供的主要诱因之一是不断调整的利率,以使其略高于当地银行和信贷机构所支付的利率。因此,从买卖双方(的交易动机)来看,该交易被认定是对商事企业的投资而不是纯粹的商业或消费者交易是最合适的。

(在本案中)关于分配计划,合作社在很长一段时间内向23 000个成员以及非会员出售了票据,在合作社申请破产时已有一千六百多人持有票据。可以肯定的是,这些票据虽然没有在交易所交易,但是出售给了广大公众,这就是我们所说的证券工具必须具备的"共同交易"。相关案例可以参见:(1) Landreth Timber(1985)案[法院认定,信贷协会(发行)的不可转让但可流通的(nonnegotiable but transferable)"可提取股本"是证券];(2) Howey(1946)案(法院认定,柑橘种植和护养合同是证券,尽管它未在交易所交易)。

另一个因素即"公众的合理预期"也支持将本案中的"票据"视为"证券"。我们始终如一地认为"证券"的核心本质是其"投资性"。在本案中,(合作社为出售票据而制作的)广告将这些票据描述为"投资",并且没有任何因素会导致一个理智之人质疑这种性质。在此情况下,一个潜在的投资者(买家)认同合作社的用语是合理的(即买家认为合作社在发行证券是合理的)。

最后,我们发现没有降低风险的因素可以表明这些工具实际上不是证券。(在本案中)票据没有抵押,也没有保险——这意味着既没有担保法,也没有保险法可以适用。此外,与Marine Bank(1982)案中的存款证明不同,后者由联邦存款保险公司(Federal Deposit Insurance Corporation)提供了保险,并且受联邦银行法的严格监管;也与 Teamsters v. Daniel(1979)案①中的退休金计划不同,它受 1974 年《雇员退休收入保障法》的全面监管。本案的票据如果不适用证券法进行规制,那么它就没有任何联邦法律法规可以约束了。

下级法院认为,"本票的见票即付的性质和证券的性质完全不同",此种观点的理论基础是,见票即付的本票具有的及时流动性,和证券的风险性是相冲突的。这种说法是没有说服力的。在全国交易所交易的普通股是典型的证券品种,它很容易转换为现金,这和本票的见票即付完全一样。公开交易的公司债券、债权证,以及证券法所规定的其他工具等,也是如此。本票的"见票即付"特征的确允许票据持有人通过(票据法所规定的)提示(制度)来快速消除风险,但就像公开交易的股票一样,(见票即付的)本票的这种流动性并不能完全消除风险。实际上,公开交易的股票比"见票即付"的本票更具有流动性,因为本票只有在付款人付款时才会消除风险,与此相对的是,在国家设立的交易所中出售股票和收取收益是同步发生的。

因此,我们认为本案所涉"票据"应属于《1934 年证券交易法》第 3(a)(10)条中所列举的"票据"(从而属于证券之一种)。

三、涉案票据是否属于《1934 年证券交易法》规定的"证券例外情形"

证券法作了例外的规定,即"任何发行至到期日不超过 9 个月的票据"不属于"证券"。参见《美国法典》第 15 编第 78c(a)(10)条规定。被告依此规定,辩称涉案票据不是"证券",即使这些票据在其他方面符合"证券"的性质。被告(还)援引了阿肯色州的相关案例,作为自己反驳的法律依据,主张根据该州的诉讼时效制度,"见票即付是指付款人在持票人提示票据之时须即刻付款"(意味着见票即付的票据之到期日与付款日为同一天,没有付款提示期间)。相关案例可参见 McMahon v. O'Keefe(1948)案②(法院指出,诉讼时效是由签发日期而不是第一次请求的日期触发的)。被告根据该规则得出结论,认为第 3(a)(10)条所指的即期票据的"到期日"是即时的,当然该票据的时限是在 9 个月之内。因此,被告辩称,涉案票据显然属于证券法所排除的"票据",因此不属于"证券"。

但是,上诉人反驳说,不应适用这一立法的除外规定的用语来审理本案。上诉人引用了《1933 年证券法》中类似条款的立法历史,作为其主张的依据,即(两部)证券法所排除的不是证券的票据仅指商业票据——它是期限短、流动性高的工具,发行的目的是为(企业的)业务经营融资,并且其发行对象仅限于商事企业(即所谓的高度成熟的投资者)。上诉人还强调,审理法院一再裁定对"证券"的定义不是确定不移的形式解释,(在认定时)我们(需要)考虑交易的经济性质,以

---

① Teamsters v. Daniel, 439 U.S. 551, 569-570 (1979).
② McMahon v. O'Keefe, 213 Ark. 105, 106, 209 S.W.2d 449, 450 (1948).

确定是否适用证券法,这是国会制定证券法的目的所在。参见《第73届国会第一次会议议事纪录》第47号报告①,第60—63页。因此,基于上述理由,上诉人认为,短期票据即9个月之内到期的票据如果排除在证券法所涵盖的证券范围之外,将不符合国会的意图,即允许SEC和法院灵活地实施证券法,以控制对投资者造成不利影响。如果上诉人认为排除条款(即证券法规定的不属于证券的"票据")只适用于商业票据是正确的,(但是,如果)此种票据采用了公开出售方式出售给不成熟的公众,(那么)显然该票据不应属于排除条款的范围(而应属于证券法所规定的"证券")。

然而,我们不需要认定上诉人对该例外的解释是否正确,因为我们的结论是,即使我们对该例外仅仅是从字面上加以解释的,涉案的票据也不在其范围内(即证券法规定的"非证券之票据")。

被上诉人认为,本案中的即期票据属于证券法所列举的"证券"(是指证券法所列举的"非证券之票据"),被上诉人的这个观点完全依赖于阿肯色州的即期票据诉讼时效法规,即票据的到期日是见票即付的决定性因素,联邦证券法中所列举的这个术语也是同一用法。然而,票据的"到期日"是一个联邦法律问题。将各州的诉讼时效制度视为控制(两部联邦)证券法范围的法律,将会意味着在某些州,某一特定文书将是《1934年证券交易法》所规定的"证券";但在其他的一些州,同一文书就有可能不被认定为"证券"。(但是)我们不认为国会对证券法适用于审理同一交易时会随着各州法律的不同而不同。

首席大法官在部分不同意见中的论点只是对被告论点的更巧妙的陈述而已,但它也有同样的缺陷。首席大法官首先定义"到期日"是指票据到期的时间,参见后引论文第77页(引用《布莱克法律词典》第1170页,1933年第3版)。由于见票即付票据是"立即到期"的,因此可以在任何时候提起诉讼,而无需诉讼以外的任何其他要求,(因此)首席法官得出结论,根据联邦证券法的立法目的,见票即付票据是立即到期的。即使首席大法官认为票据的"到期日"就是在见票之时即为"到期"是正确的,他引用的权威依据——即联邦立法支持其观点,即期票据的到期日是指提示票据之时(这与票据提示或预期提示的时间相反),但这种联邦立法并不比阿肯色州的判例法更加具有权威性。首席大法官的主要权威依据是一篇论述某州票据法的论文,更确切地说是论述统一票据法的论文。②

首席法官所引用的论文论述了何时可以提起诉讼的一般州法律规则。首席大法官引用的唯一其他权威资料明确指出,州法律规则对见票即付的本票何时到期具有重要意义,因为它们控制时效法规开始生效的日期,以及见票即付的本

---

① Rep. No. 47, 73d Cong., 1st Sess., 3-4 (1933); H. R. Rep. No. 85, 73d Cong., 1st Sess., 15 (1933).

② See M. Bigelow, *Law of Bills, Notes, and Checks*, v-vii, 3rd ed., W. Lile rev., 1928.

票是否必须先于诉讼。事实上,这篇论文表明,1933年各州在这些问题上并没有像现在这样取得一致意见。简而言之,异议除了在某些州法律背景下"到期"的含义充当了依据之外,它对被上诉人的辩解没有任何有益的补充,而且其意义也并没有为其隐含但重要的前提提供任何论据,即州法中有关债务收取的规则可以用于解决联邦层面的法律纠纷。

无论是阿肯色州的法律,还是任何其他州的法律,都解决不了这个联邦法律纠纷;而且,作为一个联邦法律问题,联邦法律中有关见票即付的本票是否属于(被证券法)排除的措辞也远不是"简洁明了"的。如果认为该种本票立即到期是合理的——因为提示是可以即刻提出的,那么认为此种票据的到期日超过9个月也是合理的——因提示可以在未来许多年或几十年内提出。鉴于这种模糊性,排除必须根据其目的加以解释。正如我们所说的,为了论证起见,我们假设上诉人的观点是不正确的,他们认为排除只是为了豁免商业票据。然而,被上诉人并没有提出任何相互矛盾的观点来解释为什么国会会颁布被上诉人主张的排除条款,我们能想象的唯一支持被告解释的理论是,国会打算制定一条明确规则,豁免《1934年证券交易法》涵盖的所有期限不到9个月的票据,因为作为一般规则,短期票据足够安全,证券法不必适用。然而,正如我们所说的那样,本票不一定有短期。鉴于国会在确保对各类投资进行监管以防止欺诈和滥用的法律中的更广泛目的,我们将例外情况解释为不包括此处讨论的见票即付的本票。尽管如果交易的设计表明双方都预期会在法定期限内提出付款要求,结果可能会有所不同,但我们这里的情况并非如此。

四、结论

基于上述种种理由,我们的结论是,本案涉及的即期票据属于《1933年证券法》和《1934年证券交易法》所列举的属于"证券"的票据。我们还得出结论,虽然被告提出了本案所涉票据应优先适用《1934年证券交易法》第3(a)(10)条所列举的被排除的短期票据(不属于证券)的主张,我们认为涉案的即期票据仍不属于立法的排除范围。因此,我们推翻上诉法院的判决,将案件发回重审,以便与本院的意见相一致。

判决如上。

案例原文①

---

① Available at https://casetext.com/case/reves-v-ernst-young, 2023-9-18.

三、修正版家族相似性检测标准的适用

修正版家族相似性检测标准在司法实践中的运用,主要是该标准的第四项因素,即考察是否存在明确的立法对涉案的交易行为进行规制,从而显著降低了涉案的金融工具的风险,使得适用联邦证券法没有必要——后者的目的在于保护公众投资者。如前所述,联邦最高法院在审理 Reves(1990)案时就指出:涉案本票既没有担保法也没有保险法进行规制,就是不存在任何降低风险的因素以表明金融工具(涉案本票)不是证券,因而就应受证券法的规制。

那么,何种降低风险的制度或者因素足以影响证券法的适用呢?"风险降低因素的理论基础在于:如果(某种)金融工具的风险被降低了,也就意味着公众投资者得到了充分的保护,从而就不再需要证券法进行规制。而且,联邦证券法的主要目的虽然是保护公众投资者,但国会也不希望给商业社会带来过重的负担。因此,如果公众投资者已得到充分的保护的话,那么要求本票发行者还要受证券法的规制就是不合理的。"[①]也就是说,风险降低因素必须平衡考虑保护公众投资者的证券立法目的和不得对商业社会施加过重的负担。

不过,司法实践的观点是,应该由相关的制定法来规定风险降低因素,而不是由交易双方来设定。例如,在审理 Stoiber v. SEC(1998)案[②]时,法院认为,加速到期条款(acceleration provisions)以及类似条款,远不及担保以及保险,因而不能作为联邦法律所提供保护的替代品,涉案本票的加速到期条款以及类似条款并不能确保使本票持有人恢复原状。

为何如此,有学者给出的答案是:"如果允许发行者通过投保或提供担保的私人设计来规避证券法的规制,这将与证券法的披露哲学相抵触。证券法的潜在哲学并不在于消除投资者由于作出不合理的经济决定而损失金钱的风险,而在于避免由于不完整或欺诈性的信息披露给投资者带来的损失。非制度性的降低风险的安排不能满足证券法的目的。这些安排旨在降低个人投资由于市场原因贬值的风险而不是保护投资者不受欺诈或误导。根据风险降低因素将某一本票排除在证券范围之外并且与证券法的隐含哲学相一致,法院应该将这一因素限定在风险是由于制度安排而降低的情形。"[③]可见,学者是从证券法规定的强制性披露的哲学视角进行分析的,因为担保、保险、加速到期条款等,都属于私人的设计安排,不是法定的要求,不属于法定的风险降低因素。其理由是,私人设

---

① Scott D. Museles, "To Be or Note to Be a Security: Reves v. Ernst & Young", 40 *Cath. U. L. Rev.* 711(1991), pp. 743-744.
② Stoiber v. SEC, 161 F. 3d 745 (D. C. Cir. 1998).
③ Scott D. Museles, "To Be or Not to Be a Security: Reves v. Ernst & Young", 40 *Cath. U. L. Rev.* 711(1991), n.253.

计安排是基于双方当事人的实力等多种因素决定的,不像公权力的制度设计那样对于所有投资者平等适用,其贯彻执行也往往不及公权力的制度设计有效,而强制性的法律规定也没有使发行者因受到证券法的规制而负担过重。

作为降低风险的法律,其位阶必须是联邦层级的法律,但不一定必须是证券法。例如,在审理 Holloway v. Peat, Marwick, Mitchell & Co. (1990)案①时,法院拒绝将州法律作为决定证券法是否适用的因素,但是暗示联邦银行法律可以作为"修正版家族相似性检测标准"下的风险降低因素。对于后者,有一些法院持有不同看法:因为联邦银行法律旨在保护银行运营的稳定,而不是保护投资者,因此是不能作为风险降低因素的。②

【域外案例】

SEC v. Wallenbrock(2002)③

本上诉的唯一争点是这些涉案票据是不是"证券"。尽管被告沃伦集团(J. T. Wallenbrock Associates 等)认为本案应由地方法院管辖,但因为"涉及证券的案件属于联邦管辖"的问题[参见 El Khadem v. Equity Sec. Corp. (1974)案④],根据《美国法典》第 28 编第 1331 条之规定,地方法院是具有管辖权的。因此,沃伦集团的真实意图是,因为涉案票据不是证券,所以不应该向其发布禁止令。本院审查了这些中间裁决(interlocutory orders)是否滥用了自由裁量权。由于这一上诉所依据的是证券定义这个法律问题,因此,该裁定中的错误必然构成对自由裁量权的滥用。

《1934 年证券交易法》采用宽泛的用词,规定"证券"包括任何票据(note)。然而,"本票是证券"的假设是可以反驳的。因为"国会关注的是对投资市场的监管,而不是建立一个针对欺诈行为的一般性的联邦诉讼理由",本院分析了涉案票据是否真的属于国会打算监管的类型。

根据 Reves(1990)案⑤的"家族相似性检测标准",本院首先考察了涉案本票(promissory note)是否与司法创建的"非证券(之票据)清单"的票据具有"家族相似性"。(同前,引用了 Exchange Nat'l Bank of Chicago v. Touche Ross & Co.案)。如果答案是肯定的话,那么这张本票就不是证券,参见 Reves(1990)

---

① Holloway v. Peat, Marwick, Mitchell & Co., 900 F. 2d 1485 (10th Cir. 1990).
② 〔美〕詹姆斯·D.考克斯等:《证券管理法:案例与资料》,中信出版社 2003 年版,第 190 页。
③ 编译自 SEC v. Wallenbrock, 313 F. 3d 532 (9th Cir. 2002)。
④ El Khadem v. Equity Sec. Corp., 494 F. 2d 1224 (9th Cir. 1974).
⑤ Reves v. Ernst & Young, 494 U. S. 56, 110 S. Ct. 945 (1990).

案。如果票据与"非证券(之票据)清单"中所列举的不具有相似性,那么我们将进一步考查是否要将该票据添加到这个清单之中。(同上)。虽然法院将这一分析视为两个独立的步骤,但这两项考查都涉及同一个四因素检测的应用,因此这两项考查实际上是同一个。尽管多因素测试最初被认为认定某种金融交易工具是否类似于非证券的一种方法,但后来最高法院将其用来认定"以'票据'命名的票据是否为'证券'"的标准,我们遵循这一惯例。参见 Reves(1990)案第65—66页("如果不能具体说明某种金融交易工具成为非'证券'的方法,就不可能采用第二巡回法院所建立的标准,即通过识别涉案交易工具与某个交易工具具有'相似性',进行任何有意义的调查")。

接下来,本院对"Reves家族相似性检测标准"的四个因素进行了分析,确定了我们的调查框架:(1)促使买卖双方进行理性"交易"的动机;(2)工具的"分配计划";(3)投资公众的"合理预期";以及(4)是否存在诸如其他监管法律法规从而大大降低了该工具的风险。不满足其中某一个因素并不能决定某类票据是否属于证券,而是要全面分析这四个要素。参见 McNabb v. S. E. C.(2002)案①(法院认为,尽管第三个因素不支持涉案当事人任何一方的立场,但涉案票据仍然构成证券)。

基于"Reves家族相似性检测标准",我们得出结论:涉案本票与该标准创建的非证券之票据清单不具有足够强的家族相似性,也不需要在该清单中添加这一新的类别。但我们还必须评估沃伦集团的票据是否属于证券法规定例外情况,即到期日少于9个月的票据不属于证券。参见《美国法典》第15编第77c(a)(3)条、第78c(a)(10)条("证券"一词不包括……从发行时起算至到期日不超过9个月的任何票据……)。(我们的结论是)由于(涉案)票据不属于证券法的例外规定,不适用9个月的安全港制度,因而涉案票据须受证券法的监管。

一、Reves家族相似性检测标准的因素考查

虽然涉案的这些票据表面上可能类似于非证券之票据清单所列的例外情况之———"以应收账款转让为担保的短期票据",但正如沃伦集团所抗辩的那样,这种相似性并不是我们分析的结束,而恰恰是开始。沃伦集团主张应该采用文义解释方法来认定涉案票据是否属于证券:由于涉案票据看上去有应收账款担保,因而与证券定义中所排除的票据完全相同。但是,本院基于考查交易的"经济实质"来认定涉案票据是否属于证券。

1. 交易动机

第一个因素是对"促使理性买卖双方达成交易的动机"的客观调查。参见McNabb案[引用Reves(1990)案第66页]中票据更类似于证券,"如果出售票

---

① McNabb v. S. E. C., 298 F. 3d 1126, 1132-33 (9th Cir. 2002).

据的一方,其目的是为商事企业筹集资金,或者是为实质投资而融资,并且票据的买方主要对票据预期能产生的利润感兴趣的话"。参见 Reves(1990)案、Pollack v. Laidlaw Holdings, Inc. (1994)案①[法院指出,应考查交易动机:如果是投资的话(认定为证券),如果是出于商业目的或者是为了消费的话(不认定为证券)]。与此相对照,"如果交易票据是为了方便买卖次要资产或者消费品,解决卖方的现金流困难,或者是促进其他商业或消费目的,那么将这种票据称为'证券'就是不明智的"。

对于第一个因素的考察,我们毫无困难地将沃伦集团案中的交易工具归入到证券范畴。在涉案的交易中,其核心是,投资者为了获得可观的利润,为沃伦集团购买应收账款业务提供了现金。这些票据很难归类为解决现金流困难的权宜之计,不属于帮助购买小额资产的贷款,也不属于通常的商业票据。特别是在沃伦集团收购高风险初创公司的过程中,投资者投入的现金维持了这项收购活动,显然这些票据是被用于为实质投资而提供的资金。值得注意的是,由于沃伦集团没有向投资者提供有关应收账款的任何具体信息,也没有提供有关担保权益的文件,因此很少有理性买家会认为这些投资是为了"商业的一般用途"之外的任何目的。参见 Reves(1990)案第 66 页。

最后,该计划也引导参与者将其承诺视为一项长期投资。例如,投资者被要求在到期日前 4 周,以 3 个月的票据,要求分配本金和利息,但任何后来的这一要求都会产生费用。票据每月自动展期,这也表明被告打算将投资者的资金用于长期融资。沃伦集团承诺的利率是稳定的,而不是"不断修正,从而使其略高于当地银行支付的利率",这和 Reves(1990)案中的证券是一样的,因而不足以将涉案票据认定为非证券。事实上,20%的高稳定利率的承诺可能吸引了寻求巨额利润的投资者。许多投资者决定将其票据存入个人退休账户(IRAs)。根据这一策略,沃伦集团提供托管人名单和 IRA 信息,这进一步表明,参与者打算将这些票据视为长期投资而不是短期票据。因此,涉案的交易性质表明,理性的买卖双方都将交易视为了投资,因而涉案票据应视为证券。

2. 向广大公众发售

第二个因素是这些票据是不是"向广大公众发行和出售"。参见 Reves (1990)案第 68 页。至少有 25 个州一千多名投资者购买了涉案票据。虽然沃伦集团声称它没有向公众推销票据,但沃伦集团并没有限制哪些人不可以购买这些票据,而是将它们提供给任何愿意进行投资之人,这些人提供了姓名、地址和社会保险号码。尽管投资宣传材料声称该公司"不向推荐他人参与该计划的人支付推荐费",但 2001 年 1 月发给潜在投资者的一封信中宣传道:向公司成功地

---

① see also Pollack v. Laidlaw Holdings, Inc., 27 F. 3d 808, 812 (2d Cir. 1994).

推荐了新投资人的人支付1.5%的费用。因此,基于本案中票据的广泛可得性,加上沃伦集团显然是有意扩大票据的发行范围,因而本院倾向于将涉案票据归类为证券。

3. 合理投资者调查

根据"Reves家族相似性检测标准"的第三个因素,我们考查本案的"理性的投资公众是否会将这些票据视为投资"。参见McNabb(2002)案。我们的立场是,考查"理性投资者"会怎么想,而不是"具体的某个人"可能会怎么想。这一因素与交易的第一因素(即交易动机)密切相关,因此,这两个因素应该一起进行考查。我们的结论是,这一因素很容易将票据归类为证券。一个理性投资人向沃伦集团注入资金,以期获得20%的回报,并且票据每三个月自动展期一次,因此此人是预期他的资金投入是一项投资,而不是短期贷款。本院认为,基于交易的实质,尽管沃伦集团没有使用"投资"一词来描述涉案的票据,但这无关紧要。

4. 风险降低因素

最后,我们必须确定是否有任何降低风险的因素,从而表明这些票据"实际上不是证券"。沃伦集团提出了几项不受证券法监管的理由:票据有抵押、利率是固定的、贷款期限短以及有其他监管法律的规制。但我们认为这些理由都没有说服力。

诚然,抵押贷款有助于降低贷款风险。相反,没有抵押则会增加贷款的风险,因为在违约的情况下,贷款人或投资者通常享有有限的追索权来收回投资。同上(认为见票即付的票据之风险并没有减少,部分原因是票据未抵押)。但本案中的所谓抵押显然是虚构的。SEC的调查显示,沃伦集团本身并没有购买或者拥有任何应收账款。离岸信托,即使承认它存在,也因没有资料显示它购买了应收款,没有银行对账单,也没有确认信托资产的方法。因此,所谓的任何应收账款的存在都是非常可疑的,即使存在,投资者也无法获得该资产的担保。虽然每个投资者表面上都对他们投资的一个或多个特定账户拥有50%的权益,但该计划的性质是一个金字塔计划,这意味着如果有大量投资者希望立即兑现他们的票据的话,就会有一些投资者将不可避免地遭受损失。

利率的固定性质也没有起到降低风险的作用,因为利息来自其他投资者的资金。(虽然在)只有部分投资者要求收取利息时,这种高回报才是有保证的;但是,一旦一个关键群体离开了,那么整个金字塔就面临崩溃的危险。如果利息实际是和某个独立的盈利项目挂钩的,哪怕利率是可变利率的也要安全得多,可是涉案中的计划并非如此。

此外,沃伦集团试图将这些涉案票据标记为短期票据,这是具有误导性的。在本案中,鼓励投资者对其票据进行展期,并且展期是自动进行的,对套现的限制也是严格的。因此,涉案票据更类似于长期投资,沃伦集团在努力推进这种计划。涉案的这些票据的流动性也很差,即使是在短期内,因为它们的现金价值只能在有限的时间内获得。(因此)缺乏流动性导致了涉案票据的风险和寿命。

最后,有限的替代性监管执行机制的存在,并没有消除对联邦证券法提供保护的必要性。"在界定其希望监管的市场范围时,国会大刀阔斧……对证券作了一个十分宽泛的定义,涵盖了几乎所有可能被作为投资而出售的金融工具。"因此,另一种监管制度需要相当全面,例如联邦银行条例,可参见 Marine Bank v. Weaver(1982)案;或者《联邦退休福利保护法》(即雇员退休收入保障法),可参见 Teamsters v. Daniel(1979)案。这些联邦立法使得票据"得以不受联邦证券法的规制"。正如沃伦集团指出的那样,加州企业管理局(California Department of Corporations)的确对票据行使了一些监管权力,发出了停止和禁止令,以防止沃伦集团继续出售涉案票据。但是,这种监管措施对现有投资者而言并没有多少帮助。而且,一项适用于所在州的大多数商业实体的地方法规,是无法取代联邦立法的。国会批准了覆盖全国的证券监管,因而一家公司受一个州监管的事实不足以将该公司从联邦证券法的监管中加以排除。

综上所述,涉案票据符合"Reves家族相似性检测标准"的各项因素,以及基于交易活动的经济实质,本院认为涉案票据是有价证券。它们不具有非证券之票据清单中交易工具的特征,而且由于投资的目的性非常强,本院拒绝将它们列入联邦证券法豁免的工具清单。

二、到期日不足九个月的票据的除外规定

沃伦集团的最后一项辩护理由是,由于《1933年证券法》对到期日不到9个月的票据有例外的规定,即这些票据不受本法监管("本章节规定不适用于下列任何类别的证券:(3)任何票据,即到期日不超过九个月的票据");《1934年证券交易法》也有例外规定。虽然这一例外规定似乎可以适用于本案,但我们认为,这一例外仅适用于商业票据(commercial paper),最高法院将其定义为"为日常业务提供资金并仅出售给高度成熟的投资者的短期高质量的票据"。参见 Reves案,R.G. Reynolds案①。本案中沃伦集团发行的票据不是短期工具,也不是卖给高度成熟的投资者。因此,本案之票据不属于《1933年证券法》规定的9个月之例外的票据。

案例原文②

---

① R.G. Reynolds, 952 F. 2d 1131-33.
② Available at https://casetext.com/case/sec-v-wallenbrock, 2023-9-18.

第二节 豪威检测标准

对《1933年证券法》之"投资合同"的司法定义,是联邦最高法院在审理Howey(1946)案时开发出来的,并被后世奉为经典的"豪威检测标准"(Howey Test)。该标准是联邦最高法院以联邦证券法的立法政策,即保护公众投资者为指导,并在采纳先前多数州级法院对"投资合同"的司法认定的基础上确立的。

为了符合联邦证券立法保护公众投资者的目的,联邦最高法院对"投资合同"采取了"重实质轻形式"的态度对"投资合同"进行定义,也就是说侧重考查"投资合同"的交易本质或者内涵,不局限于是否采用了"投资合同"这个名称。法院认为,联邦证券法中的"投资合同"这一术语不能仅仅从形式上来理解,而是应该结合具体案件的具体案情来对其内涵进行判断。这意味着,如果在个案当中,当案情的实质符合"投资合同"的内涵——即法院所列的豪威检测标准的四要素——尽管用词没有采用"投资合同",那么该案仍然应被界定为"投资合同"纠纷。在Howey(1946)案中,就没有出现"投资合同"这一用词形式,而是三份名称各不相同的合同——土地买卖合同、所有权担保合同、服务合同——但三者被法院认为是有机结合的,符合"投资合同"的内涵。基于这个理论,我们可以反推:如果在个案当中,尽管出现了"投资合同"一词,但是该词的含义并不符合该词本身所涵摄的内容(即豪威检测标准的四要素,有的法院概括为三要素,只是概括方式的不同,内容完全相同),那么该词就并非联邦证券法中的"投资合同"。不过,到目前为止,这种情形尚为逻辑上的推理,并未出现过司法判例。

根据审理Howey(1946)案的法官之"重实质轻形式"的审案态度,可以看出"投资合同"从理论上来说似乎成了一个无所不包的大锦囊,实际上反映了司法裁量权的宽大无边,用以实现成文法的立法政策,从而为判例法乃是"法官立法"做了一个绝好的例证。

审理Howey(1946)案法官所说的联邦证券立法的"保护公众投资者"之目的,落实后是将具有"投资合同"内涵的证券纳入证券监管之下。当然,审理Howey(1946)案的法官并未在判决书中说明为何要用证券法进行规制的理由。也许在审案法官看来,这是一个不言自明的问题,因为"投资合同"属于联邦证券法所涵括的证券品种,当然就要接受联邦证券法的规制。但问题是,由于"投资合同"是一个可以"名实不符"的概念,因而存在着由其他立法对"名实不符"的"投资合同"进行规制的可能性。从这一点来看,审理法院还应该解释为何要用联邦证券法规制"投资合同"的理由。Howey(1946)案本身没有对此作出回应,但此后出现的司法判例对此作出了回应。

"豪威检测标准"原本是法院用来判断某一金融工具是不是"投资合同"进而

是否受证券法调整的,但后来很多法院扩张了这一标准的使用,包括但不限于采用该标准来认定"投资合同"之外的某种金融工具是否属于证券,同时又结合具体案情,对该标准的四要素作了合理的解释。例如,在审理 Arthur Young & Co. v. Reves(1988)案时,第八巡回法院认为涉案见票即付的本票要作为证券对待,首先就必须满足"豪威检测标准"的各个要素;在审理 Baurer v. Planning Group, Inc. (1981)案①时,哥伦比亚特区巡回法院认为,"豪威检测标准"体现了证券(而非仅仅是"投资合同")的本质属性。根据该标准,本票被作为证券对待的条件是:是一种投资;投资于共同的企业;合理的利润期待;依赖于他人的经营或管理活动来获得利润。"因为要认定某一本票为证券必须满足'豪威检测标准'的所有要素,所以豪威检测标准首先假定某一本票不是证券,而这一假定在四个要素全部得到证明时可以被推翻。"②

一、豪威检测标准的建立

号称世界上证券法最为严谨且发达的美国,其两部证券法律,即《1933年证券法》和《1934年证券交易法》,在所谓的定义部分,都只是列举了"投资合同"属于"证券",并没有对何谓"投资合同"或者"证券"进行界定。也就是说,联邦证券立法只是对"证券"的外延进行了不完备的列举而已,对于"证券"及其下位的各个种类的内涵,并无片言只语。

在联邦最高法院审理 Howey(1946)案时,法院指出,我们强调的是交易活动的经济实质,至于名称是否以"投资合同"来命名等具体形式如何不必过多关注。联邦最高法院认为,所谓"投资合同",指的就是"以某种方式处置资本或金钱并期待从中获取收益"的合同或计划,据此确立了"豪威检测标准",其四项要素就是:某人(1)用其钱财进行投资;(2)于一项共同的事业;(3)而期待获取收益(且该收益之期待);(4)完全依赖发起人或第三方的努力。联邦最高法院指出,国会在《1933年证券法》第2(1)条中对"投资合同"的概括性定义也是从此类司法实践中概括提炼出来的,因而这样定义"投资合同"是符合国会证券成文法(即《1933年证券法》)的立法目的。

联邦最高法院详尽分析了本案是符合上述四要素的:被上诉人(两家公司)的要约所提供的是一个机会,即向公众投资者提供一个投入金钱然后从被上诉人拥有和管理的柑橘事业中获利的机会。这些公众投资者来自全美各地,互不认识甚至不曾谋面;他们不具备种植、培育和收获柑橘的技能,也不具备销售这

---

① Lewis I. Baurer v. the Planning Group, Inc. 669 F. 2d 770 (D. C. Cir. 1981).
② Cori R. Haper, "Sometimes Promising Is Not So Promising: The Breakdown of the Family Resemblance Test", 29 *Dayton L. Rev.* 71(2003), p. 82.

些水果的经验。这些人虽然购买了柑橘林地，但既无占用土地的意愿，也无亲自耕种它们的意图，而仅仅是被被上诉人许诺的投资回报所吸引。可是，这些公众投资者想要达到他们的终极目标，即获得经济回报，就不得不将他们的"共同事业"交给像被上诉人这样拥有充足人力、物力和能力的第三方来管理。公众投资者在此项"共同事业"中的各自份额，通过土地买卖合同和所有权担保合同加以确认，成为他们从"共同事业"中获取收益的凭证，这与股东通过其持股证书从公司分享收益毫无二致。同时，公众投资者能否从"共同事业"中获得收益，完全有赖于被上诉人的努力，因而是不确定的。

联邦最高法院得出结论：在本案中，公众投资者向"共同事业"提供了资本，期待从"共同事业"的所得和收益中分成；这种获得利益回报的期待，完全依赖于发起人对"共同事业"的管理、控制和运营：经营得好，获利多多；经营惨淡，则可能血本无归，遑论获利。涉案中三份名称各异的合同，完整地构成了一份"投资合同"的四要素，因而显然是证券发行行为，须受联邦证券法的规制。

联邦最高法院最后指出，国会证券立法对"投资合同"进行宽泛的界定，可以使得在面对"我们商业世界中层出不穷的手段"时，证券成文法始终能将其纳入"投资合同"的管辖范围之中，并依据成文法强制采用这些手段的企业提供完整而客观的信息披露。这种"投资合同"的宽泛界定是一个弹性而非呆板的原则，是一个能应付那些企图以他人钱财获利之人而炮制的无穷无尽、花样翻新之计谋的原则。法院采取"重实质轻形式"的态度来审理本案，并以此开发出"豪威检测标准"是符合国会主张的证券立法目的的。

【域外案例】

SEC v. W. J. Howey Co. et al(1946)[①]

一、法院生效判决

法官 Murphy 宣布了法庭审理意见。

本案涉及《1933 年证券法》第 2(1)条在一项交易中的应用，这项交易涉及多亩柑橘地的开发以及一份关于培育、销售和返还投资人净利润的合同。

SEC 提起这项诉讼的意图是，禁止被上诉人在提供要约并发行未经登记的非豁免证券时，使用了邮件和州际贸易的其他手段，这种做法违反了《1933 年证券法》第 5(a)条。地方法院否认了 SEC 对本案被告发出的禁令，但第五巡回上

---

① 编译自 Securities and Exchange Commission v. W. J. Howey Co. et al. 328 U.S. 293（66 S. Ct. 1100, 90 L.Ed. 1244）。

诉法院认可了 SEC 的这一判定。针对一份声称巡回上诉法院的判决与其他联邦和州判决相冲突的诉状,本院同意签发调卷令。该诉状提出了一种成文法下的测试方法,这种测试方法虽然看似新颖,具有吸引力,但是缺乏扎实的根据,因而被 SEC 认为在行政执法上是不具有可操作性的。

本案的大多数事实已得到确认。被上诉人豪威公司(W. J. Howey Company)和豪威山间服务公司(Howey-in-the-Hills Service Inc.)都注册于佛罗里达州,二者由同一家公司控制和管理。豪威公司在佛罗里达州莱克郡拥有大片柑橘林地。在过去的几年里,豪威公司每年约种植 500 英亩柑橘,一半林地自留,另一半以"为扩大经营发展(而)筹资"的名义,对公众发出了要约。豪威山间服务公司则是一家致力于种植、养护柑橘林(包括收摘和销售果实)的服务公司。

豪威公司告知每一位潜在客户:如果不和公司签订服务合同而只是单独投资公司的一片树林,那么是不会有理想结果的。豪威公司给潜在客户提供了一份土地销售合同和一份服务合同。尽管土地购买者被告知可自由选择其他服务公司,但豪威公司还是强调了选择豪威山间服务公司的优越性。事实上,截至 1943 年 5 月 31 日的前三年里,85% 的土地购买者都选择了和豪威山间服务公司签订服务合同。

与豪威公司签订的土地销售合同对每块土地规定了(固定的)统一价格,但是可以根据特定地块已种植柑橘树的年份进行微调。当买方付清全款后,土地就随着担保合同被转移给买方。土地被划成狭长地块售出,每一英亩地块种有一排共 48 棵树。1941 年 2 月 1 日到 1943 年 5 月 31 日,共有 42 名土地购买者,其中 31 人的购买量少于 5 英亩,其平均土地持有量是 1.33 英亩,甚至有少至 0.65、0.7、0.73 英亩的。这些地块并没有被篱笆单独分开,区分各自地块所有权的唯一标志是辅以公司账簿才能够辨明的小界标。

这份服务合同规定,如无意外情况发生,服务的购买方在十年之内不得取消该合同;这份服务合同还赋予了豪威山间服务公司租赁权,以及公司对柑橘地"完全且完整"的占有。在支付了劳力和材料的成本,以及其他特定的费用之后,服务公司对柑橘地的种植培育及其果实的采摘和销售,享有自由的决策和监管权力。(豪威)服务公司是柑橘行业中的翘楚,拥有大批技术熟练的工人和大量设备,包括 75 台拖拉机、喷雾车、肥料卡车等等。公司采取支票方式对净利润进行分配,利润是果实采摘时的净利润。所有产品都集中由服务公司(被上诉人)掌控,并且所有的业务也都是以公司自己的名义进行的。

大多数买方,即既购买土地又购买豪威山间服务公司服务的投资者,都不是佛罗里达州本地居民。他们大多是缺乏照料和培育柑橘树必备知识和经验的商人或者职业人士,他们也没有种植柑橘树的设备,只是被公司许诺的潜在的高收益所吸引。据说 1943—1944 年的利润率高达 20%,1944—1945 年预期利润会更高,尽管10年期的平均年回报率只有10%。多数买方都是一家度假旅馆的顾客,这家度假旅馆位于柑橘地附近的一处名胜内,由豪威公司所有和运营。旅馆的广告提到了邻近地区这些上好的柑橘地。在带领顾客参观周边风景时,这家旅馆有目地将顾客的注意力引向这些柑橘地。旅馆告知顾客们这些柑橘地正待出售;如果有顾客对柑橘地表现出兴趣,他们就将被带去参加销售推广活动。

业已查实,土地销售和服务合同的签订都使用了邮件和州际贸易手段,公司没有根据《1933年证券法》等法律法规向SEC提交任何注册声明或者通知书。

《1933年证券法》第2(1)条将"证券"定义为通常意义下的投机或投资交易单据,这个定义对"证券"的规定是非常宽泛的,其中包括以下描述性术语:"任何参与利润分配的协议证明""投资合同""通常意义上的任何可被认为是'证券'的权益或工具"。本案的法律焦点在于,土地销售合同、担保合同和服务合同三者能否共同组成一份《1933年证券法》第2(1)条中所指的"投资合同"。除非该证券根据第3(b)条获得豁免,否则被上诉人的上述三份合同将被判定违反了该法第5(a)条中证券注册的相关规定。下级法院对前述问题给出了否定答案,它将这三份合同分别对待,一份是普通的地产交易,一份是由卖方提供的为买方管理财产的协议(而不是共同构成一份属于证券法所规定的证券之一种即"投资合同")。

"投资合同"这一术语在《1933年证券法》以及相关法律法规中都没有给出明确的定义。在联邦政府制定《1933年证券法》之前,许多州的"蓝天法"都对"投资合同"作了宽泛的界定,目的是给投资大众提供全方位的保护。我们强调的是经济实质,至于名称等具体形式如何不必过多关注。因此,一份投资合同指的就是一份"以某种方式处置资本或金钱并期待从中获取收益"的合同或计划。州法院将此定义广泛地运用在各种场合,即:某人(1)用其钱财进行投资;(2)于一项共同的事业;(3)期待获取收益(且该收益之期待);(4)完全依赖发起人或第三方的努力。国会在《1933年证券法》第2(1)条中对"投资合同"的概括性定义也是从此类司法实践中概括提炼出来的,因而这样的定义也就符合国会证券成文法(即《1933年证券法》)的立法目的。换句话说,符合(联邦)证券法目的之"投资合同"定义,就是在一份合同或计划/一项交易中,某人将其钱财投入一个共同事业中,以期完全依赖于发起人或第三方的努力而获取收益。而"共同事业"的回报份额,到底是由正式的权益凭证证明,还是由此事业中应用的具体资产的名义权益证明,是无关紧要的。这样的定义构成了法院在审理SEC v. C. M. Joiner Leasing Corp. (1943)案[①]的判决之基础,并在下级联邦法院的多次司法实践中得到阐释和应用。这样的定义,可以使得在面对"我们商业世界中层出不穷的手段"时,证券成文法始终能将其纳入"投资合同"的宽泛定义之中,

---

① SEC v. C. M. Joiner Leasing Corp., 320 U.S. 344 (1943).

并依据成文法强制采用这些手段的企业提供完整而客观的信息披露。这种"投资合同"的界定是一个弹性而非呆板的原则,是一个能应付那些企图以他人钱财获利之人而炮制的无穷无尽、花样翻新之计谋的原则。

本案中的交易显然包含上述定义中的投资合同要素。被上诉人(两家公司)的要约所提供的不仅仅是单纯的土地权益费用,也不同于附带管理服务的农场或果园,他们(是)在(向公众投资者)提供一个投入金钱然后从被上诉公司拥有和管理的柑橘事业中获利的机会。他们将这个机会提供给那些缺少培育、收获和销售柑橘果实经验之人,这些人来自美国的天南海北。这些人既无占有土地的意愿,也无亲自耕种自己所购买地块的意图,他们只是被(被上诉人)许诺的投资回报(所)吸引。事实上,因为每个地块的规模很小,被上诉人(两家公司)给土地买家提供的非统一管理的其他选择在经济上都是不可行的。这样的林地种植柑橘时只有作为更大面积柑橘林的组成部分,一起培育和养护才会更有实际效益。因此,如果投资者想要达到他们的终极目标,即获得经济回报,就非常有必要将他们的共同事业交给像被上诉人这样拥有充足人力物力的第三方来管理。投资者在此项共同事业中的各自份额由土地销售合同和担保合同确认,这两份合同是确认总获益中各投资者可分配份额的简便工具。土地权益转移的结果是不可预测的。

因此,本案出现了所有逐利商业的基本要素。投资人提供资本并在所得和收益中分成;发起人管理、控制和运营共同事业。因此,无论涉案合同采用的是何种法律术语来表述,它对投资者收益的安排显然表明应属于(《1933年证券法》所列举的属于"证券"的)"投资合同"。本案中"投资合同"采取的形式是被上诉人(即涉案两家公司)提供给潜在投资者的土地销售合同、担保合同和服务合同(也就是说,这三份名称各异的合同,由于符合前述的四个要素,因而实质上就是"投资合同")。被上诉人(两家公司)在提出这样的要约时没有遵守《1933年证券法》及相关行政法规,钻了法律的漏洞(即这些法律法规没有规定或规定不明),这样的行为是不能被《1933年证券法》允许的。

一些土地购买者拒绝和被上诉人(即涉案两家公司)签订服务合同,由此没有接受完整的要约,但前述结论并不受此影响。《1933年证券法》禁止此类要约,也禁止未经注册、非豁免证券的发行和销售。因此,被上诉人(即涉案两家公司)的要约只要包含投资合同的基本要素,就足以构成违法行为了。

我们反对上诉巡回法院的观点。巡回法院认为,这项共同事业本身没有签订投资合同,而且它从性质上来讲既非投机性也非促销性;被上诉公司出售的权益是实实在在的,本身具有固定价值因而不受共同事业成败的影响。但是,我们提出了另一种测试方法,用以测试某一计划是否包含:(1)将钱财投资;(2)于一项共同事业;(3)并期待回报收益;(4)且该收益回报完全依靠他人的努力。如果满足该测试的四项要素,那么,至于这家企业是不是投机性的,以及其所涉及销售的财产到底有没有固有价值等等,都是无关紧要的。参见 SEC. v. C. M. Joiner Leasing Corp. (1943)案。作为成文法的《1933 年证券法》不会因一些虚构或者无关的形式而不能得以实施,以至于不能为投资公众提供全面的保护。

推翻原判决。

法官 Jackson 弃权。

二、其他法官异议

法官 Frankfurter 提出异议。

"投资合同"不是一个玩弄文字的形式定义,而是一个由具体情况来决定内涵的概念。如果本案已经国会批准,其所披露事实都符合《1933 年证券法》第 2(1)条这个一般条款之"投资合同"的定义的话,那么 SEC 的裁决就将得以遵守,除非有相反事实证明而被否定。但(显然)摆在我们面前的这个案子并非如此。地方法院本应独立自主地认定本案在事实上是不是"投资合同",但地方法院的结论是本案不是投资合同。第五巡回上诉法院维持了地方法院认定的事实。对司法行政的明智裁决应该抱有尊重,基于这一尊重,上诉法院就不应推翻下级法院对案件事实和基于这些事实所得出的有关推论;如果是这样的话,那么本案显然要求我们应如此作为。参见 Allen v. Trust Co. of Georgia 案。① 本案的争议焦点是:土地销售合同和财产管理合同到底是各自独立、互不统属的合同,还是根本就是同一份合同的(有机)组成部分,即二者共同构成了一份投资合同。显然,地方法院认为,案件的事实表明并不存在一份投资合同:"……本案的记录显示,在本诉所涉及的期间没有一笔柑橘地的财产交易是由豪威公司直接作出的,除了那些在购买之前确实考察过土地的买方。记录进一步显示,买方并没有被强制要求雇用豪威山间服务公司来打理自己的财产,(而且)在此期间的 51 位买方中只有 42 位与豪威公司签订了财产服务合同。"

不能仅仅因为这些交易的某些安排有规避证券法的嫌疑,就说他们现在的交易是对证券法的规避。Frankfurter 法官认为,《1933 年证券法》也无意让 SEC 把所有无辜交易都适用于证券法的管辖,尽管其中有些交易的确应该适用证券法加以制裁。

案例原文②

---

① Allen v. Trust Co. of Georgia, 326 U. S. 630 (1946).
② Available at https://casetext.com/case/sec-v-howey-co, 2023-9-18.

二、豪威检测标准的拓展

Howey(1946)案提出了判断"投资合同"的四要素,即"豪威检测标准",为后续司法实践所坚持,并不断拓展和放宽这四个要素,从而形成了所谓的"修正版豪威检测标准"(The Modified Howey Test)。

(一) 对投资标的物的拓展

显然,在前文所述的 Howey(1946)案中,货币投资中的"货币"是人们日常所理解的"金钱",是狭义的概念。

但是,此后的诸多案例对投资标的物进行了合乎商业实践的拓展,指出"货币投资"(Investment of Money)中的"货币",不仅仅限于金钱,凡是有价值的财产,无论是有形的还是无形的,都属于"货币"的范畴。有的法院走得更远,甚至同意劳务或工作都属于投资标的物,只要其目的是作为获取未来经济收益的对价即可,从而满足豪威检测标准的"货币投资"要素。

1979 年审理的 Teamsters v. Daniel(1979)案[①],在认同提供劳动可作为出资标的物的同时,由于雇主缴资的强制性退休金计划不满足"完全依靠他人努力"这一要素,最终判定涉案退休金计划不属于证券法规制的对象。以下是该案法院的论证部分:

> 根据定义,参加非职工缴费型强制性退休金计划的雇员,无需向退休金基金支付任何费用;他只需要接受雇用,这是他有资格领取退休金的条件之一。被上诉人(涉案雇员)辩称,他通过允许来自其雇主的部分薪酬转变为延付的退休金,来向退休金基金"投资"。根据允许雇主向该基金缴费,以及向雇主提供其劳动以换取这些款项的行为,被上诉人坚称他进行了《1933 年证券法》旨在规范的那种投资。
>
> 为了确定被上诉人是否通过接受并继续从事受有保障的工作来投资于该基金,有必要通过他获得的领取退休金的机会,来调查整个交易。在该法院根据《1933 年证券法》认定存在"证券"的有关裁决中,投资者的当事人选择放弃特定对价,以换取具有证券特征的盈利分享计划,被认定是证券。相关案件可参阅:Tcherepnin v. Knight(1967)案[②](为银行股本支付货币);SEC v. United Benefit Life Ins. Co.(1967)案(为混合年金和固定年金合同的可变部分支付部分保费);SEC v. Variable Annuity Life Ins. Co.(1959)案[③](为可变年金合同支付保费);Howey(1946)案(为购买、维护和

---

① Teamsters v. Daniel,439 U. S. 551 (1979).
② Tcherepnin v. Knight,389 U. S. 332 (1967).
③ SEC v. Variable Annuity Life Ins. Co. ,359 U. S. 65 (1959).

收获柑橘林支付货币);SEC v. C. M. Joiner Leasing Corp. (1943)案[1](为土地和石油勘探支付货币)。即使在这些所获取的权益中混合了证券和非证券的案例,所获权益也"在很大程度上具有投资合同的要素……"尤其是SEC v. Variable Annuity Life Ins. Co. (1959)案(Brennan法官的附和意见)。在上述每个案件中,购买者都放弃了一些有形且可确定的对价,以换取具有实质证券特征的权益。

相比之下,在涉案退休金计划中,所谓的"投资"是员工全部的且不可分割的薪酬中相对微不足道的一部分。员工的薪酬中除了可能获得的退休金之外,其他部分没有任何证券特征,然而无法将这些非投资权益与可能获得的退休金区分开。只能从最抽象的意义上说,雇员"交换"其部分劳动以换取这些可能获得的潜在权益。总体而言,雇员是以放弃自己的劳动所得作为回报,他从雇主那里获得薪酬,该薪酬基本上没有证券的特征。雇员接受并继续从事有保障的工作之决定,与认识到未来退休金的投资可能性之间,其可能性非常微弱(即使有的话)。从经济实质的角度来看,很明显,一个员工出卖其劳动力的主要目的是谋生,而不是为了投资。

被上诉人还争辩说,雇主代其缴款构成了他对基金的投资。但是,将这些缴款描述为"代表"所有员工是不正确的。信托协议利用员工工作周数作为衡量雇主对基金的总体义务的便捷方式,而不是用来衡量雇主对任何特定员工的义务的方式。确实,雇主对基金的缴款与雇员可能获得的收益这两者之间并没有固定的关系。具有"明确权益"的退休金计划(例如地方分会的退休金计划)不会将符合条件的员工的权益与他的工作时长联系在一起。从事有保障的工作20年的员工将获得与工作40年的员工相同的权益,即使后者的工作时间比前者延长了一倍,并导致雇主的缴款大大增加。(但)法院再次强调,这种论点忽略了雇主的缴款等同于雇员的投资这一经济实质。

审案法院指出,下级法院仅通过重点分析本案的次要方面之一而排除了本案更为重要的要素,才发现了退休金计划中的利益期待。的确,与其他大型资产持有人一样,该基金在一定程度上取决于其资产收益。但是,就退休金基金而言,其收入来源绝不取决于退休金基金经理的努力,很大一部分来自雇主的缴款。例如,地方705分会退休金基金在1955年2月至1977年1月之间,通过其资产投资获得了总计3100万美元的收入。在同一时期,雇主的缴款总额为1.53亿美元。可见退休金计划收入的较大份额通常都来自新的缴款;而且与大多数管理他人资金的企业家不同,该计划通常可

---

[1] SEC v. C. M. Joiner Leasing Corp., 320 U.S. 344 (1943).

以依靠增加的雇主缴费来弥补资金缺口,而该计划本身无法控制收入。

资产收益相对于从工作中获得的其他权益的重要性,由于以下事实而进一步降低:退休金计划具有保留既得退休金的实质前提,雇员领取退休金的主要障碍不是基金的财务状况。相反,主要障碍是雇员满足基金资格要求的能力。因此,即使将退休金描述为员工通过某种假设的投资获得的"利润"是恰当的,但该利润将主要取决于员工为满足保留既得退休金的要求而付出的努力,而不是基金的成功投资。本院从为了有资格领取退休金、雇员必须获得所有薪酬这一角度来看,很显然,雇员参与退休金计划的资产收益的可能性"过于投机和微不足道,无法将整个交易纳入证券法(管辖范围)。"①

(二)对"Solely"含义的拓展

在 Howey(1946)案中,公众投资者的获利期待能否实现,完全依赖于发起人或者第三方的努力(具体论述参见前文案例分析部分)。但是,此后的有关案例,法院放松了对"solely"一词的理解,认为:只要公众投资者的获利期待主要是依赖于发起人或者第三方的努力即可,至于前者是否在经营管理上付出一部分,是无须考虑的。也就是说,对"完全"(solely)一词的理解,不从日常用语来分析,而是同样要结合证券法保护公众投资者的目的出发来解释:因为公众投资者参与"共同事业"(具体化就是某一特定企业)的经营管理是有限的,其对未来收益的期待仍然是系于发起人或者第三方的努力——这里所说的发起人或者第三方通常就是某一公司这种"共同事业"的管理层,而前者实际上是公司的股东;股东只负责出资并以其出资额分享收益,公司盈利与否完全有赖于公司管理层的经营管理能力,这是典型的并为各国公司法所认可的现代公司"两权分离"模式。

典型案例可参见 SEC v. Koscot Interplanetary, Inc.(1974)案。② 以下是该案法院的论证部分:

在审理该案时,终审法院指出:如前所述,本案争议的焦点是,应采用字面意思的方法还是采用功能性方法来适用"完全依赖于他人的努力"这一检测标准,即投资者作出某种努力(的事实)是否不利于认定"涉案促销计划属于投资合同"这一观点。本院通过 SEC 所倡导的功能性方法与联邦证券法的救济目的、Howey(1946)案中使用的语言,起源于该案的检测标准,以及本巡回法院和其他联邦法院的判决的兼容性,来衡量该方法的可行性。

本院的分析一开始就指出,《1933年证券法》和《1934年证券交易法》在

---

① United Housing Foundation, Inc. v. Forman, 421 U.S. at 856(1975).
② SEC v. Koscot Interplanetary Inc, 497 F. 2d 473.

本质上是救济性的。参见 Affiliated Ute Citizens v. United States(1972)案、SEC v. W. J. Howey Co. (1946)案、Tcherepnin v. Knight(1967)案。[1] 因此,应对"完全"(solely)作广义解释。参见 Tcherepnin v. Knight(1967)案、Ayers v. Wolfinbarger(1974)案、SEC v. Glen W. Turner Enterprises, Inc(1973)案[2]、Nor-Tex Agencies, Inc. v. Jones(1973/1974)案、SEC v. MacElvain(1969)案。[3] 本院最近重申了这一原则[Smallwood v. Pearl Brewing Co. (1974)案对此作了注释[4]],即"证券法的目的是保护投资者,而不仅仅是为了考验公司中经验老到的法律顾问的聪明才智"。

如果依照字面意思对"完全"(solely)进行解释来应用豪威检测标准的话,就将会阻碍《1933年证券法》和《1934年证券交易法》的救济目的。正如第九巡回法院在审理 SEC v. Turner Enterprises, Inc. (1973)案时所指出的那样[5],"这很容易通过要求买方(投资者)贡献一点点努力就能规避豪威检测标准的适用"。另参见 Lino v. City Investing Co. (1973)案。[6] 最高法院告诫下级法院,不要采用如此僵化和不切实际的解释方法,例如,在审理 Tcherepnin v. Knight(1967)案[7]时,最高法院指出,在寻求对"证券"一词的含义和范围进行解释和界定时,应考虑其实质内容;在审理 Howey (1946)一案时,最高法院宣称,为投资者提供广泛保护的法定政策不应被不现实、不相关的成见所阻挠,认为审理 Howey(1946)案的法院运用所试图制定的那种棘手的规则解释"完全"(solely)的含义是不恰当的。只能通过运用功能性方法,适用豪威检测标准解释"完全"(solely)的含义,才能保证落实《1933年证券法》和《1934年证券交易法》的立法目的。

此外,仔细研读 Howey(1946)案所使用的语言,以及法院所依赖的权威解释,就会发现,与地方法院的观点相反,最高法院无须遵从文义解释原则,仅从字面上来解释"完全依赖于他人的努力"。在联邦最高法院的意见

---

[1] Affiliated Ute Citizens v. United States, 406 U. S. 128, 151, 92 S. Ct. 1456, 1471, 31 L. Ed. 2d 741, 760 (1972); SEC v. W. J. Howey Co., 328 U. S. at 299, 66 S. Ct. at 1103, 90 L. Ed. at 1250 (1946); Tcherepnin v. Knight. 389 U. S. 332, 336, 88 S. Ct. 548, 553, 19 L. Ed. 2d 564, 569 (1967).

[2] SEC v. Glenn W. Turner Enterprises, 474 F. 2d 476 (1973).

[3] Tcherepnin v. Knight, 389 U. S. at 336, 88 S. Ct. at 553, 19 L. Ed. 2d at 569 (1967); Ayers v. Wolfinbarger, 491 F. 2d 8, 16 (5th Cir. 1974); SEC v. Glen W. Turner Enterprises, Inc., 474 F. 2d at 480-481; Nor-Tex Agencies, Inc. v. Jones, 482 F. 2d 1093, 1098 (5th Cir. 1973), cert. denied, 415 U. S. 977, 94 S. Ct. 1563, 39 L. Ed. 2d 873 (1974); SEC v. MacElvain, 417 F. 2d 1134, 1137 (5th Cir. 1969).

[4] Smallwood v. Pearl Brewing Co., 489 F. 2d 579, 592 (5th Cir. 1974).

[5] SEC v. Glenn W. Turner Enterprises, Inc., 474 F. 2d at 482 (1973).

[6] Lino v. City Investing Co., 487 F. 2d 689, 692-693 (3d Cir. 1973).

[7] Tcherepnin v. Knight, 389 U. S. at 336, 88 S. Ct. at 553, 19 L. Ed. 2d at 569(1967).

中，并没有对"努力"的性质(和程度)进行界定，致使传销计划超出了"投资合同"的定义范围。很明显，在涉案事实的基础上并没有总结出一个评估方法，用以判断一个投资者仅仅付出极少的努力是否满足"投资合同"的要件。事实上，在得出"多亩柑橘地的开发，以及关于培育、销售和返还投资人净利润的合同，共同构成投资合同的销售"这一结论之前，法院指出"(涉案的)发起人管理、控制和运营共同事业"。① 一位学者在一篇论文中的观点是，只有投资者行使了管理控制权的计划才会被排除在投资合同的定义之外。②

"完全依赖于他人的努力"检测标准的推导也倾向于证明把该标准作为护身符来适用的方法是错误的。法院在 Howey(1946)案中论证了国会之所以打算适用这一检测标准，是因为该检测标准已由先前州法院的解释加以具体化了。③ 在被(联邦最高)法院意见书中唯一引用到的某州的一个案例④中，涉案计划中投资者所签署的协议，将投资者们作为销售谷弗轮胎橡胶公司(Gopher Tire Rubber Company)的商品的"助推器"。⑤ 在 Howey(1946)案的脚注四⑥所引用的一个案例，即 Stevens v. Liberty Packing Corp.(1932)案⑦中，涉案计划设想由投资者投入更实质性的参与。根据为饲养兔子而制订的两个计划中的第二个计划，投资者将饲养由该公司出售给他的兔子，然后该公司再以每只固定价格(向投资者)购买兔子兔孙(offspring)。尽管 Liberty Packing 公司的投资者可能会作出种种努力，但新泽西州法院认为，该养兔计划涉及一项"投资合同"。因此，很明显，无论是国会在界定"证券"的定义时包括了"投资合同"，还是法院在适用立法的这一定义时，都不可能存在一个明确的认定"投资合同"内涵的权威标准。⑧ 即

---

① SEC v. Koscot Inter., Inc. 328 U.S. at 300, 66 S.Ct. at 1104, 90 L.Ed. at 1250.
② See Long, "An Attempt to Return 'Investment Contracts' to the Mainstream of Securities Regulation", 24 *Okla. L. Rev.* 135(1971), pp. 135, 176.
③ 328 U.S. at 298 n. 4, 66 S.Ct. at 1103 n. 4, 90 L.Ed. at 1249 n. 4.
④ State v. Gopher Tire & Rubber Co., 146 Minn. 52, 177 N.W. 937 (1920).
⑤ 146 Minn. at 56, 177 N.W. at 938.
⑥ 328 U.S. at 298 n. 4, 66 S.Ct. at 1103, 90 L.Ed. at 1249.
⑦ Stevens v. Liberty Packing Corp. 111 N.J.Eq. 61, 161 A. 193 (1932).
⑧ 联邦最高法院还援引了4个巡回法院的案件用以支持"完全依赖于他人的努力"这一检测标准。对这些案例的研究表明，"仅仅"或"完全"这个词在联邦法律中的含义并不是一成不变的。在 SEC v. Crude Oil Corp. of America(1937)案中，法院甚至完全没有提及这个词。在 SEC v. Universal Service Ass'n(1939)案中，第七巡回法院将投资合同定义为"通过(他人)的努力而获得预期利润的金钱投资"(实际上也根本没有提及"完全"这个词)。在 Atherton v. United States(1942)案中，法院指出，买方完全期待发起人的努力以使他们的投资成为有利可图的投资行为，但同时宣布其所遵循的法律原则如下："在投资者期待发起人确保他们的投资会成功的情况下，联邦最高法院一致认为，这种性质的交易就涉及了证券的出售……"第九巡回法院认为，"完全"检测标准来源于 Atherton and SEC v. Joiner Leasing Corp.(1943)案、Penfield Co. of Cal. v. SEC(1944)案，然而，我们在审理该案的法院意见书中却找不到任何要求认可"完全"或"仅仅"检测标准的文字或者含义。

使有这种认定标准,它也不利于得出这样的结论,即该认定标准会将那些投资者付出了不具有重要性的努力的计划,都将被排除在"投资合同"的定义之外。

随后的判例也支持上述结论,即豪威检测标准并不具备下级法院赋予它的护身符性质。在 SEC v. United Benefit Life Insurance Co(1967)案①中,联邦最高法院认为,年金合同的累积条款构成了投资合同。值得注意的是,审理该案的 Harlan 法官并没有引用豪威检测标准,而是宣布检测标准应该是"根据要约条款、分配计划以及前景中所具有的经济诱因,在商业领域来判断该计划的性质"。② 如果豪威检测标准的定义在 Koscot 计划的投资合同裁决中占据主导地位的话,那么 Harlan 法官将不得不引用它来审案。本院还想指出的是,巡回上诉法院和第十巡回上诉法院、第二巡回上诉法院,有时将某些计划认定为"投资合同",是依赖 Joiner 的上述语言而不是豪威检测标准。请对比 Buie v. United States(1969/1970)案③(出售由卖方经营的石油和天然气的租赁权)、Continental Marketing Corp. v. SEC(1967/1968)案④(出售活海狸并诱导买家与专业牧场主签订合同以饲养活海狸)、Glen-Arden Commodities, Inc. v. Costantino(1974)案⑤(出售苏格兰威士忌仓单)。

此外,许多联邦法院也援引豪威检测标准,或者给予其更广泛的适用,或者是在原则上支持这种适用。因此,在一些案例中,尽管涉案计划要求或设想了投资者参与企业经营管理的可能性,但法院仍然认定存在投资合同。参阅 Miller v. Central Chinchilla Group, Inc. (1974)案⑥(投资者购买并饲养毛丝鼠,然后由发起人回购并出售给新加入的投资者);SEC v. Glen W. Turner(1973)案(投资者将自我完善课程推荐给新的投资者);United States v. Herr(1964)案[美国销售培训研究协会(ASTRA)出售的记录和成功手册中的投资者,除了获得更高的自售回报(而不是由 ASTRA 销售人员进行分配)之外,还会因引入其他不活跃的分销商加入而获得额外的收入];Blackwell v. Bentsen(1953)案(在柑橘林种植合同和管理合同中,含

---

① SEC v. United Benefit Life Insurance Co. 387 U. S. 202, 87 S. Ct. 1557, 18 L. Ed. 2d 673 (1967).

② 387 U. S. at 211, 87 S. Ct. at 1562, 18 L. Ed. 2d at 680, quoting SEC v. C. M. Joiner Leasing Corp., 320 U. S. 344, 352, 353, 64 S. Ct. 120, 124, 125, 88 L. Ed. 88, 93, 94.

③ Buie v. United States, 420 F. 2d 1207, 1210 (5th Cir. 1969), cert. denied, 398 U. S. 932, 90 S. Ct. 1830, 26 L. Ed. 2d 97 (1970).

④ Continental Marketing Corp. v. SEC, 387 F. 2d 466 (10th Cir. 1967), cert. denied, 391 U. S. 905, 88 S. Ct. 1655, 20 L. Ed. 2d 419 (1968).

⑤ Glen-Arden Commodities, Inc. v. Costantino, 493 F. 2d 1027, 1034 (2d Cir. 1974).

⑥ Miller v. Central Chinchilla Group, Inc., 494 F. 2d 414 (8th Cir. 1974).

有允许购买者就特定林地的产物实施销售所做出的指示条款);1050 Tenants v. Jakobson(1973)案①(发行股票,赋予购买者在公园大道1050号公寓享有专有租赁权,该公寓在关闭日之后由承租人管理);Mitzner v. Cardet International, Inc. et al. (1973)案②(区域经理招聘区域分销商,分销商招聘新人运送Cardet手册和取货,并将Cardet产品运送给购买者);SEC v. Addison(1961)案③(工人有权以非工资方式投资采矿业和其他相关业务,而不是以货币投资于采矿公司的潜在收益)。两个巡回法院在审理相关案件时,发现传统的特许经营协议超出了证券法的管辖范围时,都明确主张对投资合同进行宽泛的界定,目的是把这些特许经营协议纳入证券之中。请对比 Lino v. City Investing Co.(1973)案和 Nash & Associated, Inc. v. Lum's of Ohio(1973)案。④ 并参阅 L. M. H. Inc. v. Lewis(1974)案。⑤ 学术界的通说也支持这种观点。⑥

鉴于上述情况,以及本院对 Howey(1946)案的语言(即三份不同的合同共同构成一份"投资合同")和豪威检测标准推导的分析,本院认为,确定一个计划是否构成投资合同的适当标准,应是第九巡回法院在前文所述的 SEC v. Glenn W. Turner Enterprises, Inc. (1973)案中所解释的标准。在该案中,法院认为,调查的关键是,"除了投资者以外,其他人所做的努力是否确定无疑的重要,他们所作的经营管理上的努力是否影响到企业的成败"。

与地方法院的审理意见相反,本院审理本案所采用的检测标准,与本院先前采用的标准并无根本上的差异。事实上,我们向地方法院提交的涉及"投资合同"问题的案件的讨论意见⑦,指出只有在两种情况下,涉案计划才

---

① 1050 Tenants v. Jakobson, 365 F. Supp. 1171 (S. D. N. Y. 1973)。

② Mitzner v. Cardet International, Inc. et al., 358 F. Supp. 1262 (N. D. Ill. 1973)。

③ SEC v. Addison, 194 F. Supp. 709 (N. D. Tex. 1961)。

④ Lino v. City Investing Co. 487 F. 2d 689, 692 (3d Cir. 1973).; Nash & Associated, Inc. v. Lum's of Ohio. 484 F. 2d 392, 395 (6th Cir. 1973).

⑤ L. M. H. Inc. v. Lewis, 371 F. Supp. 395, 397 (D. N. J. 1974)。

⑥ Long, "An Attempt to Return 'Investment Contracts' to the Mainstream of Securities Regulation", 24 *Okla. L. Rev.* 135(1971), p. 144; Coffey, "The Economic Realities of a 'Security': Is There a More Meaningful Formula?", 18 *W. Res. L. Rev.* 367 (1967), p. 377; Comment, "Pyramid Marketing Plans and Consumer Protection: State and Federal Regulation", 21 *J. of Public Law* 445(1972), p. 460; Note, "Securities Regulation of Pyramid Schemes", 51 *Texas L. Rev.* 788 (1973), p.794; Note, "Pyramid Schemes: Dare to be Regulated", 61 *Geo. L. J.* 1257 (1973), p. 1280.

⑦ see Nor-Tex Agencies, Inc. v. Jones, 482 F. 2d 1093(5th Cir. 1973); SEC v. MacElvain, 417 F. 2d 1134(5th Cir. 1969); Buie v. United States; supra; Lynn v. Caraway, 379 F. 2d 943(5th Cir. 1967), cert. denied, 393 U. S. 951, 89 S. Ct. 373, 21 LEd. 2d 362 (1968); Moses v. Michael, 292 F. 2d 614(5th Cir. 1961); Roe v. United States, 287 F. 2d 435(5th Cir.), cert. denied, 368 U. S. 824, 82 S. Ct. 43, 7 L. Ed. 2d 29 (1961), second appeal, 316 F. 2d 617(5th Cir. 1963); Blackwell v. Bentsen, 203 F. 2d 690(5th Cir. 1953); SEC v. W. J. Wowey Co., 151 F. 2d 714 (5th Cir. 1945), rev'd, 328 U. S. 293, 66 S. Ct. 1100, 90 L. Ed. 1244 (1946).

被排除在投资合同的定义之外。当然,在 Howey(1946)案中,联邦最高法院纠正了下级法院的错误推理。在 Lynn v. Caraway(1967)案中,卖方出售石油和天然气租赁权中的部分未分割权益,并且卖方放弃对买方的所有控制权,此种计划,根据任何可能的合法检测标准,都无法构成"投资合同"。但对这两个案件的处理,绝不妨碍本院采用弹性标准,允许本院对投资计划进行实质性的和动态性的审查。事实上,上文提到的 Blackwell v. Bentsen(1953)案的判决,就可能预示了这一适用,因为该法院认为,一项涉及柑橘林种植合同和管理合同的计划,共同构成了一项"投资合同",尽管其中的管理合同中有一条款允许购买者指导特定林地产物的销售。

接下来,审理本案的法院,依据上述引经据典的分析及其结论,对本案具体情况进行详尽分析,从而得出了涉案 Koscot Scheme 这一金字塔式传销结构属于"投资合同",因而须受证券法的规制的结论。由于上述文字对"完全(solely)"的探讨和分析具有通用性,因此依据案例原文译出,而对审理法院用以分析本案的其他内容就略而不论了。

(三) 扩张"共同事业"的含义

豪威检测标准的第二个要素是"共同事业"。在 Howey(1946)案中,发起人将众多投资者的果实和自己的果实都合在一处,各人的利润是根据每棵树的产量来分配的。这就是所谓的"平行共同性标准",即汇集众多投资者的资产以便共享企业的利润,共担企业的风险。这是最早的同时也是最重要的认定"共同事业"的法律标准。有代表性的案例还可参见:Curran v. Merrill Lynch, Pierce, Fenner & Smith(1980)案[1]、Wals v. Fox Hills Dev. Corp. (1994)案[2]、Revak v. SEC Realty Co. (1994)案[3]、SEC v. Life Partners, Inc. (1996)案[4]、SEC v. The Infinity Group Co. (2000)案[5]。

但也有很多法院承认"垂直共同性标准",认为满足此种标准的"共同事业",也同样是符合豪威检测标准的"共同事业"要素的。所谓"垂直共同性标准",是指投资者的获利与否是和发起人的经营管理成功与否紧密相连的,而与投资者毫无关联。"垂直共同性"又分为两个变体:一是"宽式垂直共同性"。"宽式垂直共同性"是指所有投资者的获利期待能否实现,取决于发起人的经营管理能力。采纳这种观点的典型案例有 SEC v. Koscot Interplanetary, Inc. (1974)案[6];

---

[1] Curran v. Merrill Lynch, Pierce, Fenner & Smith. 622 F. 2d 216(1980).
[2] Wals v. Fox Hills Dev. Corp., 24 F. 3d 1016 (7th Cir. 1994).
[3] Revak v. SEC Realty Co. 18 F. 3d 81 (2d Cir. 1994).
[4] SEC. v. Life Partners, Inc. 102 F. 3d 587 (D. C. Cir. 1996).
[5] SEC v. The Infinity Group Co., 212 F. 3d 180 (3rd Cir. 2000).
[6] SEC v. Koscot Interplanetary, Inc., 497 F. 2d 473, 478-79 (5th Cir. 1974).

Villeneuve v. Advanced Bus. Concepts Corp. (1983/1984)案①。二是"窄式垂直共同性"。"窄式垂直共同性"是指投资者的获利与否"与寻求投资的人或者第三方的努力和成功(与否)紧密交织,并(最终)取决于后者的努力和成功(与否)"。典型案件可参见 SEC v. Glenn W. Turner Enters. (1973)案。②

这么多种"共同事业"的认定标准之存在,说明司法实践很不统一,甚至有点混乱。迄今为止,联邦最高法院都没有最终确定哪种类型的共同性是满足豪威检测标准"共同事业"的要素的。但也同时说明,为了满足豪威检测标准,目的在于保护公众投资者,法院在尽可能地扩展或者放松"共同事业"这一要素的范围。

典型案例参见 Brodt v. Bache(1979)案③,以下是该案法院的论证部分:

"证券"一词的定义见于《1933年证券法》第2(1)条,其中就包括任何"投资合同"。现在对"投资合同"的经典定义是由联邦最高法院在审理 SEC v. Howey Co. (1946)时确立的,即:"将金钱投资于一个共同的事业,其利润完全来自其他人的努力。"联邦最高法院最近重申,"试金石(即投资合同)是众人投资于一个共同的事业,其获取利润的期待来自他人经营管理的努力。"参见 United Housing Foundation, Inc. v. Forman(1975)案。④

认定"投资合同"的豪威检测标准的第一和第三要素在本案中都能得到满足。在本案中,Brodt 显然是在进行投资。接受上诉人的指控,即该账户完全是由 Bache 自由裁量的,因为他可以而且确实是在没有得到上诉人具体许可的情况下进行交易的,这就满足了完全依赖他人的努力而获得回报的要素。那么,这里就剩下一个关键因素需要判断,即是否存在一个共同事业。

本院将"共同事业"定义为"投资者获利期待的实现与否,与寻求投资之人或第三方的努力程度和成功与否密切相关"。参见 SEC v. Glenn W. Turner Enterprises, Inc(1973年)案。⑤ 这个定义不同于第七巡回法院所提出的定义,后者过于严格。在 Hirk v. Agri-Research Council, Inc. (1977)案中,巡回法院明确解释了他们在 Milnarik v. M-S Commodities, Inc. (1972)案中的判决⑥,即:为了建立一个共同事业,需要创建一个资金

---

① Villeneuve v. Advanced Bus. Concepts Corp., 698 F. 2d 1121, 1124 (11th Cir. 1983), aff'd en banc, 730 F. 2d 1403 (11th Cir. 1984).

② SEC v. Glenn W. Turner Enterprises, Inc., 474 F. 2d 476(1973).

③ Brodt v. Bache. 595 F. 2d 459 (9th Cir. 1979).

④ United Housing Foundation, Inc. v. Forman, 421 U. S. 837,852,95 S. Ct. 2051,2060,44 L. Ed. 2d 621(1975).

⑤ SEC v. Glenn W. Turner Enterprises, Inc., 474 F. 2d 476 (9th Cir. 1973).

⑥ Hirk v. Agri-Research Council, Inc., 561 F. 2d 96 (7th Cir. 1977); Milnarik v. M- S Commodities, Inc., 457 F. 2d 274 (7th Cir. 1972).

池。上述这两个案子都否定了自由裁量商品账户是证券的论点。这种利益的汇集,并且通常约定了按比例分享利润的安排,被称为"平行共同性"。

本院对"共同事业"的定义拒绝任何平行共同性的要求,而只要求垂直共同性即可。典型案件可参见 Hector v. Wiens(1976)案。[1] 垂直共同性的概念,要求投资者和发起人参与某一共同风险即可,而不要求投资者之间共担风险。在 Hector v. Wiens(1976)案中,本法院认为存在这么一个事实问题,即一个农场主、一个饲养场经营者和一家银行,三者是否一块参与了一个共同事业。法院指出,农场主和银行二者的投资成功与否都依赖于饲养场经营的成功与否,那么这里就存在一个共同事业。

第五巡回法院似乎也采用了垂直共同性的概念。在 SEC v. Koscot Interplanetary, Inc.(1974)案中,法院认为,检测"共同事业"的关键因素"不是投资者共同投入资金,而是他们投资成功与否一同受制于发起人的努力";继该案之后,第五巡回法院在审理 SEC v. Continental Commodities Corp.(1974)案时,提出了"可自由支配商品交易账户就是一个投资合同"的观点。在该案中,法院解释说,SEC v. Koscot Interplanetary, Inc.(1974)案中的"共同事业",拒绝"按比例分享利润对发现共同性是至关重要的主张。……在调查有关共同事业的过程中,否定了看重共同投资的重要性。"同上。在这里,第五巡回法院再次将"关键问题"界定为"广大投资人投资成功与否根本上取决于发起人的专业技能"。同前。法院随后认为,在自由裁量商品交易账户的情况下,这一检测标准是令人满意的,因为"整个商事企业和投资者个人的成功与否都取决于 Continental Commodities 的投资咨询的高明与否。"参见 Jones v. International Inventors Inc. East (1976)案[2]。

最近审理一个案件表明,我们可以应用"垂直共同性"测试标准,其扩展性几乎和第五巡回法院的观点相同。在案[3]中,我们认为,一所商学院向一个信用社出售联邦担保的学生贷款属于"共同事业";虽然这些贷款由联邦政府担保,有固定的回报,但法院认为仍有损失的风险,因为一揽子计划包括了回购条款,以及保证学校将承担未完成学业的学生应承担的任何退款责任。因此,即使学校和信用社之间不存在"共同事业"的关系,但投资者因学校破产而蒙受重大损失的风险也足以在两者之间构成一个"共同企业"。

---

[1] Hector v. Wiens, 533 F. 2d 429 (9th Cir. 1976).

[2] Jones v. International Inventors Inc. East, 429 F. Supp. 119 (N.D. Ga. 1976). 在该案中,"发明开发计划"涉及一个共同事业,尽管每个投资者只关心其单独发明的开发,并且每个投资者的回报独立于其他投资者的回报。

[3] United States v. Carman, 577 F. 2d 556 (9th Cir. 1978).

同样的,在本案中,投资者的回报虽然是由商品市场决定的,但也明显受到从事交易之人的专业知识的影响。United States v. Carman(1978)案和本案有区别,因为巴克公司(Bache)作为经纪公司,其获利与否与个人投资者的获利与否无关。因为,无论个人投资者是否获利,巴克公司都可以为自己赚取大笔佣金,这被定性为成功,而个人投资者账户则可能空空如也。在这里,巴克公司的努力不对个人投资者的回报作出保证,(因此)巴克公司的成功不一定意味着布罗德特(Brodt)会获得相应的成功(即获得投资回报)。巴克公司没有尽心努力或者失败了,这将剥夺布罗德特获得潜在的收益,但不一定意味着他将遭受严重的损失。因此,基于成功与失败都没有直接关系这一事实,我们认为巴克公司和布罗德特之间不存在"共同事业"关系。

在 Los Angeles Trust Deed & Mortgage Exchange v. SEC(1960)案[1]中,第九巡回法院(也即审理 Glenn Tuner 案的法院)从中得出了其对"共同事业"的定义,也和本院提出的观点有区别。前一案涉及出售第二份信托契约。但是,在该案中,发起人还为投资者提供了多种额外的服务,包括确定贴现信托契约的折扣、对其进行评估,以及为契约提供服务。此外,还承诺这些投资将获得"有保证的"回报。(因此)如果发起人失败,法院似乎相信投资者会遭受严重损失(Glenn Tuner 案第 172 页)。因此,在 Carman(1978)案中,发起人失败和投资者损失之间存在着同样的相关性,由此形成了一个"共同企业"。如上所述,本案中不存在此种类型的相关性。

至此我们可以审结该案了。根据豪威案的经典定义,上诉人进行了一项"投资",其利润(期待)"完全依赖于其他人的努力"。然而,这项投资并不存在于"共同事业"中,而是存在于商品期货中。上诉人的事业是"孤军奋战"的。他的利润既不与其他投资者分享,也不与被上诉人分享;他的投资成功与否,直接关系到被上诉人的整体财务健康状况,也关系到被上诉人履行职责的能力,其目的是在一定程度上"保证"上诉人的投资。(但)仅仅向另一方提供投资顾问以获得佣金,即使是通过全权委托商品账户,也不等于"共同事业"。

(四)对收益方式的扩张

在 Howey(1946)案中,投资者的回报是不固定的,因为此种对利益回报的期待,有赖于公司管理层的经营管理能力等诸多因素,这是完全符合现代公司法的架构的,即:公司的管理层享有公司的经营管理权,公司的股东享有公司的"剩

---

[1] Los Angeles Trust Deed & Mortgage Exchange v. SEC, 285 F. 2d 162 (9th Cir. 1960).

余索取权";"剩余索取权"的实现是指向未来的,是一种期待权,能否真正实现依赖于公司管理层的经营管理。这就决定了公司股东是与公司共沉浮共荣辱的,其经济利益回报是不固定的。

同豪威检测标准的其他三要素都得到了扩张或者放松一样,该标准涉及的可期待利益也得到了扩张,不仅仅局限于 Howey(1946)案所主张的非固定的公司利润,即使是类似于银行利息一样的固定回报,也同样是满足豪威检测标准之利益回报方式的。比较晚近的典型案件有 SEC v. Edwards(2004)。[1]

以下是该案法院的论证部分:

奥康娜(O'Connor)法官发表了审理法院的意见。

"机遇不会总是敲门……(但)有时它会响起"(摘自 ETS 付费电话公司的宣传手册)。但有时它也会挂断。有 10 000 名投资者在上诉人上述口号的引诱下向付费电话项目投资了共 3 亿美元。SEC 辩称,涉案中的安排属于投资合同,因此应受联邦证券法的监管。本案双方的争议焦点是:一项营利计划(是否会因为)仅仅规定了固定回报而不是变动回报(而)不被认定是"投资合同"。

上诉人查尔斯·爱德华兹是 ETS 付费电话公司(以下简称"ETS")的董事长、首席运营官和唯一的股东。ETS(是部分通过由上诉人控制的另一子公司)经独立的经销商,向公众出售付费电话业务。出售的付费电话业务是一揽子方案,包括安装场所租约、5 年回租协议和管理协议、回购协议。大部分投资者都选择了该一揽子方案安排。一揽子方案付费电话购买的价格大约是 7000 美金,而依据回租和管理协议,购买人每月可获得 82 美元的收入,年回报率是 14%。购买人对其拥有的付费电话不参与日常运营。ETS 选择安装地点,安装设备,安排电话连通和(提供)长话服务,收取投币收入,以及实施付费电话的日常保持和修理工作。依照回购计划,ETS 承诺:可以在租约到期,或者在购买人要求的 180 天之内,返还一揽子计划的购买价格。

在宣传资料和网站上,ETS 宣称:美国最近的放松管制"为个人付费电话所有者和运营者打开了财路之门",因此付费电话是"一个令人心动的商机","极少的商业机会能像今天的付费电话产业一样提供持续盈利潜力"。

但付费电话业务实际上并没有为 ETS 提供足够的支付回租协议所需要的收入,因此公司不得不依靠吸收新投资者投入的资金来履行其义务。至 2000 年 9 月,ETS 向法院申请破产保护,同月 SEC 提起了民事诉讼。

---

[1] SEC v. Edwards, 540 U.S. 389(2004).

SEC 认为该项先出售后回租的安排是投资合同,须受联邦证券法律管辖,指控上诉人和 ETS 违反了《1933 年证券法》第 5(a)条和第 5(c)条的登记条款、《1933 年证券法》第 17(a)条和《1934 年证券交易法》第 10(b)条和 SEC 规则 10b-5 反欺诈条款。①

联邦地方法院判决付费电话先出售后回租安排属于联邦证券法意指的投资合同,应该受联邦证券法管辖。上诉法院推翻了该判决,认为上诉人的计划不属于投资合同,其理由有二:一是投资合同必须具备资本增值或参与企业利润分红的特性,而本案上诉人提供的是固定回报,故不属投资合同;二是本案购买人在合同中规定了返还购买的资金,不符合投资回报须"完全依赖于他人努力"的要求,故不属投资合同。作为审理本案的最高法院,我们认为上诉法院在以上两点的判断上存在错误,因此判决承诺固定回报的投资计划属于"投资合同",撤销了联邦上诉法院第十一巡回法庭的判决。

国会制定证券法的目的是规制投资,而不在意投资所采取的形式和所使用的名称,因而应对"证券"作广义解释,"包括任何事实上为投资目的出售的工具"。《1933 年证券法》第 2(a)(1)条和《1934 年证券交易法》第 3(a)(10)条所规定的内容,虽然形式有所不同,但含义上是一致的。法律将"证券"定义包括"票据、股票、国库券、证券期票、债券、担保债券……投资合同……或任何通常被认为是证券的工具"。最高院认为当国会把"投资合同"列入证券定义之中时,该词的含义已由州法院在解释它们的"蓝天法"时加以具体化了。

法院在对 Howey(1976)案的判决中确立了一项特定计划是否为投资合同的检测标准,即"一项计划是否涉及在共同事业投入资金而利润来源于他人的努力",以及主张该定义"应该赋予灵活解释而不是僵化理解,这样能使其适应管制那些承诺回报利润而利用他人资金的人炮制的层出不穷、变化多端的计划"。

在得出这一结论的过程中,联邦最高院首先观察到,当国会将"投资合同"纳入证券的定义时,它"使用的是一个术语,其含义已被州法院对其'蓝天'法律的解释具体化"。这些法律是联邦证券监管规则的前身,之所以如此命名,大体是因为它们"针对的是那些'将在蓝天下以简单的费用出售建筑地块'的发起人"[参见罗斯与塞利格曼共著的《证券监管》(1998 年第 3

---

① 原文如下:It alleged that respondent and ETS had violated the registration requirements of §§ 5(a) and (c) of the Securities Act of 1933, 68 Stat. 684, 15 U.S.C. § 77e(a), (c), the antifraud provisions of both § 17(a) of the Securities Act of 1933, 114 Stat. 2763A-452, 15 U.S.C. § 77q(a), and § 10(b) of the Securities Exchange Act of 1934, 48 Stat. 891, as amended 114 Stat. 2763A—454, 15 U.S.C. § 78j(b), and Rule 10b-5 thereunder, 17 CFR § 240.10b-5 (2003).

版)第31—43页①,该书引用了马尔维的《蓝天法》(Blue Sky Law②),载《纽约时报》第37期(1916年)③]。根据州法院的界定,投资合同是"为了从其安排中确保收入或者利润而进行投资的一种方式",而且"普遍适用于这种情形,即(公众投资者个人)投资于一个共同事业,而完全依赖于发起人或者第三方的努力来获得收益"。美国最高法院认为,"利润"是投资人基于其投资寻求的,而不是他们投资计划的利润;"利润"是收入或回报的意思,比如分红、其他定期收入或投资的增加价值等。

豪威检测标准并不区分承诺的回报固定与否。在这两种不同的情况下,投资大众都是被投资产生的收益所吸引。比如,在本案中,购买者是被ETS引诱(他们能)"觉察到(投资)收益的增加",而且是低风险的投资(例如提供了"有保证的"固定回报的投资),这对更容易遭受投资欺诈的个人投资者尤其具有吸引力,比如年龄较大、不太老练的投资者。参见美国参议院报告第102-261号,附录第326页(1992年)④(联邦贸易委员会关于老年消费者活动的工作人员总结)。在本案中,被上诉人不择手段,通过承诺回报率的方式推销金融工具以获得融资,目的在于规避证券法的监管。因此,绝不能对证券法中的相关术语仅限于形式上的解读,否则这种限制会破坏法律的规范目的。

针对上诉人所提出的、将承诺固定回报的投资包含于投资合同会与本院之前的判例相冲突的争辩,最高法院进行了辩驳。首先,审理Howey(1946)案的法院创建的"豪威检测标准"参考了各州的《蓝天法》,后者并没有对固定和变动回报作出区分。的确,以下两案都涉及承诺固定回报的投资合同,参见:(1) People v. White(1932)(被告和投资者之间的协议规定,投资者向被告提供5000美元,一年后将从被告处获得7500美元);(2) Stevens v. Liberty Packing Corp.(1932)案⑤(被告向投资者提供"铁甲合同",根据该合同,投资者有权在10年之内每年获得56美元收益,初始投资是175美元,但交易方式在表面上看是出售和租回种兔)。

其次,最高法院的判决并未出现与Howey(1946)案相反的判例。在Forman(1975)案中,最高法院对非营利住房合作社的"股票"是不是联邦证券法下的投资合同进行了分析,提出了确认投资合同的检测标准是"投资于

---

① Louis Loss & Joel Seligman, *Securities Regulation* 36, 3rd ed., Little, Brown and Company, 1998, pp. 31-43.
② 蓝天法(Blue Sky Laws):是对各州通过的旨在调整、监督证券发行和交易,保护投资者免受欺诈的法令的通俗称谓。大多数蓝天法规定新发行证券要到州有关机关进行登记,以审核其发行文件的正确性和完整性。蓝天法也调整证券经纪人、销售人员的活动。
③ Mulvey, "Blue Sky Law", 36 *Can. L. Times* 37 (1916).
④ S. Rep. No. 102-261, App., p. 326 (1992).
⑤ Stevens v. Liberty Packing Corp., 111 N. J. Eq. 61 (1932).

共同事业并基于其他人运营或管理的努力而合理地期待获得利润"。同时，最高法院还举了两个已被认为是"利润"的投资者利益的例子，即"使用投资者的资金而产生的资本增值"和"参与分配由于使用投资者资金而产生的收益"。最高法院对比了"投资者完全被投资回报的前景所吸引"与购买人购买住房合作社股票"是因为日常消费的动机"，因此认为 Forman(1975)案支持 Howey(1946)案检测方法对"利润"的通常理解，可以简述为："基于投资的财务回报……"

值得注意的是，Forman(1975)案对先前"利润"进行的说明性描述，在考虑证券定义中不同术语的范围时，似乎被误认为是一份排他性规定。参见 Reves 案[1]。这是对 Forman(1975)案的误读，法院不会让自己不必要地受制于立法规定，否则将不利于国会管制那些承诺回报利润而利用他人资金的人炮制的层出不穷、变化多端的计划。

鉴于被告的观点既没有证券法的支持，也没有法院的先例支持，因此毫不奇怪，SEC 一直采取相反的立场，并坚持认为固定回报的承诺并不能排除一项计划成为投资合同。它在正式的判决中已经这样做了，例如，SEC 对 Abbett, Sommer & Co. 的决定书[2]中指出：持有抵押票据，与一揽子管理服务一起出售，并承诺在违约情况下回购票据，是投资合同；SEC 对 Union Home Loans 的决定书[3]指出：由信托契约担保的期票的销售，加上管理服务和向投资者提供"特定百分比的投资回报"，是投资合同。在一些 SEC 裁决的执行确认诉讼中，法院也支持了以上的观点，例如，SEC v. Universal Service Assn. (1939)案[4]（法院接受 SEC 的立场，即承诺"保证每年 30% 的利润，排除了出资人的风险或可能遭受的损失"，这样的投资计划是一种证券，因为它满足了豪威检测标准的相关要素，即"投资是指通过他人的努力获得利润的投资"）；另见 SEC v. American Trailer Rentals Co. 案[5]（SEC 曾通知被告，根据《1933 年证券法》，其"出售和租回安排"，即投资者获得"10 年每月固定 2% 的收益"，"是投资合同，因此是证券"）。

基于上诉人的观点既得不到证券法目的的支持和本院以往判决的支持，而且 SEC 会一如既往地认为：承诺固定回报并不能使该计划排除在投资合同之外，且在此之前裁决和执法都持该观点。因此，最高法院推翻了第十一巡回法庭的判决，指出：因为购买者根据合同有权要求返还价款而判决

---

[1] Reves, 494 U.S., at 68, n.4.
[2] In re Abbett, Sommer & Co., 44 S.E.C. 104 (1969).
[3] In re Union Home Loans (Dec. 16, 1982), 26 S.E.C. Docket 1517, 1519.
[4] SEC v. Universal Service Assn., 106 F.2d 232, 234, 237 (CA7 1939).
[5] SEC v. American Trailer Rentals Co., 379 U.S. 594, 598 (1965).

上诉人的计划不在证券定义之内是错误的；投资合同中的投资者经讨价还价得到的投资返还并不意味着该回报不是完全期望他人的努力而获得的；并再次强调：任何其他结论都会和其在 Howey(1946)案中认定是投资合同的判决是相冲突的（投资者有权分享净利润的服务合同）。

最高法院认为，承诺固定回报率的投资计划可以是"投资合同"，进而可以是受联邦证券法约束的"证券"。美国最高法院撤销了联邦上诉法院第十一巡回法庭的判决并发回重审，以重新进行符合上述意见的进一步诉讼。

对于豪威检测标准四要素进行全面拓展的典型案例，可参见【域外案例】SEC v. SG Ltd.(2001)案。

【域外案例】

SEC v. SG Ltd. (2001)[1]

巡回法官塞利亚(Selya)发表了法院的审理意见。

从程序上来说，本案的诉讼请求有两个，但就实际意图来看，这两个诉请可以被视为一个，即请求我们确定仅存在于网络空间的企业之虚拟股票是否属于联邦证券法的管辖范围。本案有两家公司，一是 SG 有限公司，这是一家在多米尼加共和国注册的公司；另一家是该公司的子公司，即 SG Trading 有限公司（以下统称为"SG"或"被告"）。两家公司都郑重声明：其发行的虚拟股票是为互联网用户的个人娱乐而创建的一个虚幻投资游戏的一部分，因此这些虚拟股票并不是联邦证券法所规定的证券。一审原告，以及本案二审的上诉人，即 SEC 反驳说，基于实质优先于形式的原则，本案被告只不过是将网站称为游戏而已，不应该否认联邦证券法的适用。地方法院接受了被告的观点，并驳回了 SEC 的起诉。参见本案《联邦补充判例汇编》第 2 辑第 142 卷第 126 页）。正如我们在审理本案时的做法，我们断定 SEC 声称其有足够的事实去支持其合理主张，因此我们推翻了原判，作出了改判。

一、案件背景

我们认同 SEC 第一次修正诉请中所声称的事实（虽然措辞空洞）。参见 Aulson v. Blanchard(1996)[2]案。

本案纠纷是由 SG 运营的"股票生成(StockGeneration)"网站引起的，该网站为在线客户提供一个购买"虚拟证券交易所"中上市的 11 个不同的"虚拟公

---

[1] 编译自 SEC v. SG Ltd., 265 F.3d 42 (1st Cir. 2001)。
[2] Aulson v. Blanchard, 83 F.3d 1, 3 (1st Cir. 1996)。

司"的股票的机会。SG 在每两周一次的"回合"中任意设定每一个虚拟公司股票的买卖价格,并保证投资者可以发布价来买卖任何数量的股票。SG 对于(一个)投资者在其虚拟产品中可以储存的资金数额没有设置上限。

SEC 的控告重点是被 SG 称为"特权公司"的特定虚拟企业的股票,我们对此表示认同。SG 建议潜在购买者"特别关注"这家特权公司的股票,并吹嘘投资这些股票是"没有任何风险的游戏"。为此,该网站宣布,"特权公司"的股票将无穷尽地增值,并大胆宣称"特权公司的股价受到 SG 所有者的支持,这就是其价值不断上涨的原因;它以平均每月 10% 的速度增值(大约每年增值 215%)。"为了增加这种表现的合理性,以及减轻投资者对未来价格的担忧,SG 提前一个月发布了"特权公司"的股票价格。

尽管 SG 承认股价下跌在理论上是可能的,但它向潜在的参与者保证:"根据控制价格下跌的规则,特权公司的股价在一轮中下跌不会多于 5%。"为了支持这一主张,它允诺特权公司的股票由几个不同的收益流来支撑。根据 SG 的表述,新参与者的资本流入为那些可能选择出售其虚拟股权的现有参与者提供了资产流动性。作为支持,SG 承诺将源于其网站运营所得利润的不确定部分分配给旨在维持特权公司股票价格的特别储备基金。SG 声称,这些利润源于四个方面:(1) 在其虚拟证券交易所中进行的每笔交易收取 1.5% 的佣金;(2) 虚拟股票的买卖差价;(3) 对在虚拟证券交易所上市的八家特定虚拟公司(不包括"特权公司")的股价之"熟练操纵";以及 (4) SG 出售其他三家虚拟公司(包括"特权公司")的股票的权利。为了进一步对抗逆境,SG 提到了辅助稳定资金的可利用性,可用它来确保其虚拟证券交易所的持续运营。

SG 网站包含一个所谓的"大赢家"清单的公告栏,其内容主要是来自据称满意的参与者的推荐信,以及对激励计划的描述。这些激励计划为诸如推荐新参与者之类的活动提供了回报的前景(例如,SG 表示会支付新玩家的前三笔付款中最高者的 20%、25% 或 30%)并建立会员网站。

至少有 800 名美国居民支付了现金,购买了虚拟公司的虚拟股票,这些虚拟公司是在被告的虚拟股票交易所上市的公司。在 1999 年秋季,参与者的资金超过了 470 万美元,以 SG Trading 有限公司的名义,存入到拉脱维亚的银行账户。第二年春天,超过 270 万美元分别以 SG 有限公司和 SG Perfect 有限公司名义,存入到爱沙尼亚的银行账户。

在 1999 年年末,参与者在赎回其虚拟股票时开始遭遇困难了。到了 2000 年 3 月 20 日,参与者几乎不能赎回其虚拟股票了。SG 单方面暂停了除"特权公司"以外的所有公司中的所有关于提现的未决请求,并大幅减少了参与者的账户余额。两周之后,SG 强行宣布了反向股票分割,这导致在虚拟证券交易所上市的所有公司(包括特权公司在内)的股价暴跌至其先前价值的 1/10 000。与此同时，SG不再回应参与者关于返还资金的请求，但还在继续通过其网站招募新的参与者。

SEC对SG的活动进行了调查，最后向联邦地方法院提起了民事诉讼。SEC的诉讼请求声称SG的运营实质上构成了欺诈，违反了联邦证券法的注册和反欺诈规定［参见美国《1993年证券法》第5(a)条和第5(c)条（要约，出售或交付未注册证券）；《1993年证券法》第17(a)条（证券发售或出售中的欺诈行为）；《1934年证券交易法》第10(b)条；SEC规则10b-5（与证券买卖有关的欺诈）①］。SEC请求禁令救济，追缴非法收益，以及实施民事处罚。

地方法院（正式）提出了一项临时限制令（随后转换为初步禁令），限制SG在诉讼期间运营其网站。法院还实行了资产冻结，冻结了大约550万美元。SEC的成功是短暂的。（因为）双方经过一番争执之后（在本院看来无关紧要），地方法院批准了SG的动议，驳回了（SEC）的指控，因为SEC未能提出可以审理的诉益，地方法院的理由是：该虚拟股票是一个标记清晰且定义明确的游戏，缺乏商业背景（参阅SEC v. SG Ltd案②）。SEC立即提出上诉，我们发布了暂时保持初步禁令和资产冻结的通知。

（本院认为）该上诉取决于地方法院对于"特权公司"的股票交易不构成证券交易的裁定是否错误。在接下来的审理中，本院将探讨这种被称为投资合同的特定类型证券的构成；审查地方法院的裁判理由；以及运用"投资合同"（三要素）标准检测涉案虚拟股票。由于下级法院驳回了SEC第一次修改的控告，原因是该控告没有提出可以被准许救济的权利主张③，因此我们进行了重新审查，"在对原告有利的情况下，应视所有合理的（推理）事实为真实的，并接受所有合理的推论。"④从有利的角度来看，如果根据任何可适用的法律理论，控告中包含的事实可支持以上推论，我们必须撤销原审地方法院驳回原告请求的判决。⑤

二、法律分析

该上诉的焦点是，如果SEC指称的事实得到证实，是否会使本案纳入联邦证券法的管辖范围之内。因此，本院着重对SEC所声称作为证券类型的"投资合同"进行审理。

1. 投资合同

适用本案的监管制度是基于两个互补的法律，即美国《1933年证券法》、

---

① See Securities Act of 1933 § 5(a), (c), 15 U.S.C. § 77e(a), (c); id. § 17(a), 15 U.S.C. § 77q(a); Securities Exchange Act of 1934 § 10(b), 15 U.S.C. § 78j(b); SEC Rule 10b-5, 17 C.F.R. 240.10b-5.

② SEC v. SG Ltd., 142 F. Supp. 2d 126, at 131(D. Mass. 2001).

③ Fed. R. Civ. P. 12(b)(6).

④ Aulson, 83 F. 3d at 3.

⑤ Conley v. Gibson, 355 U.S. 41, 45-46 (1957); Aulson, 83 F. 3d at 3.

《1934年证券交易法》。这两部法律对"证券"一词的定义几乎相同。① 在其所出示的附录中,国会对"证券"的定义是无所不包的,涵盖了五花八门的金融工具,从已为社会所广泛接受的投资工具(例如股票和债券)到神秘莫测、晦涩难解的协议安排(参阅 SEC. v. Joiner Leasing 案②)。包含在这个系列中的"投资合同"这一概念是难以捉摸的,其本质上是多变的。

界定什么是什么不是"投资合同"的司法实践始于开创性的案例[Howey(1946)案]。审理 Howey(1946)案的法院确立了豪威检测标准,它通过三项要素来认定某一特定的金融工具是否构成"投资合同"(并因此构成证券)。该测试标准被证明是经得起时间考验的。根据豪威检测标准,"投资合同"的三要素包括:(1) 投资货币(2) 在一个共同企业中(3) 并预期利润完全来自发起人或者第三方的努力。这个检测公式必须基于交易的经济实质而得到适用。相关案例,可以参阅 United Hous. Found., Inc. v. Forman(1975)案、Tcherepnin v. Knight(1967)案、Futura Dev. Corp. v. Centex Corp. (1985)案。③ 换句话说,要有实质性控制的存在;投资合同的实质是"共同事业"中类似证券的权益;在这个"共同事业"中,投资者期待通过发起人或其他人的努力为自己创造利润,至于是直接分配利润还是获得投资价值的增值,均无不可。参见 Rodriguez v. Banco Cent. Corp. (1993)。④

联邦最高法院长期以来支持对"投资合同"构成作宽泛解释,旨在"为投资大众提供全面的保护"。因此,投资合同的分类"体现了一种灵活而不是一成不变的原则,该原则能够进行必要的调整,以满足那些寻求利用他人的金钱以许诺利润回报之人所设计的无数可变之方案"[Howey(1946)案判决第 299 页]。

实践证明,豪威检测标准的用途十分广泛。随着时间的流逝,很多法院将形态各异的各类货币协议根据"投资合同"进行分类;虽然这些货币协议和公认的财务术语不相符,但仍然满足豪威检测标准的三项要素。相关案例,可参见:Howey(1946)案(在该案中,法院认为柑橘林的销售合同,连同服务合同,共同构成了一份"投资合同");Teague v. Bakker(1994)案(在该案中,法院认为与在福音派社区购买的生活合伙份额属于"投资合同");Long v. Shultz Cattle Co. (1989)案(在该案中,法院认为养牛协议、咨询协议,都属于"投资合同");Miller v. Cent. Chinchilla Group(1974)案(在该案中,法院认为毛丝鼠繁殖协议和转

---

① Securities Act of 1933 § 2(a)(1), 15 U.S.C. § 77b(a)(1); Securities Exchange Act of 1934 § 3(a)(10), 15 U.S.C. § 78c(a)(10).
② SEC v. C. M. Joiner Leasing Corp., 320 U.S. 344, 351, 64 S.Ct. 120, 88 L.Ed. 88 (1943).
③ United Hous. Found., Inc. v. Forman, 421 U.S. 837, 851-52, 95 S.Ct. 2051, 44 L.Ed. 2d 621 (1975); Tcherepnin v. Knight, 389 U.S. 332, 336, 88 S.Ct. 548, 19 L.Ed. 2d 564 (1967); Futura Dev. Corp. v. Centex Corp., 761 F.2d 33, 39 (1st Cir. 1985).
④ Rodriguez v. Banco Cent. Corp. 990 F.2d 7 (1st Cir. 1993).

售协议属于"投资合同")。①

2. 地方法院的裁判理由

我们在此暂停讨论地方法院的裁判理由。基于 Howey 案(1946)的一句话,即"商业活动中林林总总的交易工具都属于社会公认的证券概念",地方法院在本案中对"商业交易"和"游戏"做了区分。地方法院将购买"特权公司"的股票描述为"标记清晰且定义明确的游戏",从而得出结论认为,由于该活动不属于商业领域的一部分,因此它超出了联邦证券法的管辖范围。在此判决中,地方法院将 SG 的运营与典型的庞氏骗局或金字塔骗局区分开来,理由是后者涉及商业环境中的商业交易。

我们没有否定地方法院关于投资合同存在于商业领域中这一观点的明显正确性。然而,我们认为地方法院表达这种观点的用语,并不能对商业交易和游戏作一分为二的区分(完全对立或不同),这是一方面;另一方面,它作为一种防护措施,并不能将某一特定的金融协议认定为是否属于(或不属于)投资合同。迄今为止,豪威检测标准仍然是认定投资合同是否存在的试金石,它忽略这个术语的形式(而是关注其内涵)。相关案件参阅:(1) Int'l Bhd. of Teamsters v. Daniel(1979)案;(2) Forman 案(在该案中,法院警示不要依赖"双方可能使用的名称"来识别是否属于投资合同);比较 William Shakespeare, *Romeo & Juliet*("用其他名字来命名的玫瑰闻起来会更香")。② 基于对"投资合同"内涵的关注,只要满足豪威检测标准的三项要素,则任何一种工具就应该被归为"投资合同"。参见 Howey 案(1946)。一旦满足这种测试,那么,"不管企业是投机性的还是非投机性的,或者出售的财产不管是有内在价值的还是不具有内在价值的,都无关紧要。"同理,在本案中,不管发起人将企业描述为是严肃的商业冒险,还是将其视作游戏,同样都是不重要的。

最高法院最近一项意见表明,审理 Howey(1946)案的法院所说的"商业领域"实际上涵盖了投资者可使用的所有金融工具类型,而不是(审理该案的)地方法院所设想的(只是)某些金融工具(即"商业不包括也不同于游戏")。对此,(联邦最高法院的)马歇尔法官写道:在界定需要监管的市场范围时,国会使用的术语是非常宽泛的。国会认识到人类创造力的范围几乎是无限的,尤其是在创建"那些寻求以利润承诺的方式使用他人金钱之人而设计的无数可变方案"的过程

---

① Teague v. Bakker. 35 F. 3d 978, 981, 990 (4th Cir. 1994); Long v. Shultz Cattle Co., 881 F. 2d 129, 132 (5th Cir. 1989); Miller v. Cent. Chinchilla Group, 494 F. 2d 414, 415, 418 (8th Cir. 1974).

② See Int'l Bhd. of Teamsters v. Daniel, 439 U. S. 551, 561, 99 S. Ct. 790, 58 L. Ed. 2d 808 (1979); see also Forman, 421 U. S. at 851-52, 95 S. Ct. 2051; cf. William Shakespeare, *Romeo & Juliet*, act 2, sc. 2 (circa 1597).

中,(国会据此)确定了实现其保护投资者目的的最佳方法。这一方法是"采用足够宽泛和笼统的术语去定义'证券'一词,以期该定义(能够)包含商业领域中属于证券这一通常概念的各类工具。"因此,国会不打算精确地限缩证券法的(适用)范围;相反,它界定了"证券"的定义,该定义十分宽泛,(以至于)几乎涵盖了可能作为投资而被出售的任何工具。参见 Reves v. Ernst & Young(1990)案[1]。这种宽泛的语言,再加上国会对"证券"的笼统定义,能够说服我们否决地方法院将 Howey(1946)案的"商业领域"作为限制原则的使用。

综上所述,豪威检测标准提供了一个恰当的标准来识别联邦证券法中范围无所不包的投资合同。与地方法院的结论相反,豪威检测标准认为游戏不能游离于投资合同之外。因此,本案中(的被告)在 SG 网站上强调买卖"特权公司"虚拟股票的类似游戏性质的言辞,并不会将此类交易置于联邦证券法的范围之外。

三、三要素检测

(现在)剩下来的就是分析被购买的"特权公司"的股票是否构成投资合同。我们依次采用豪威检测标准的三要素,着手完成这一任务。

1. 货币投资

豪威检测标准的第一项要素就是分析"货币投资",这一决定因素是(判断)投资者是否"选择放弃特定对价以换取具有证券特征的利润分享计划"。[2] 我们得出的结论是,SEC 的控告充分表明了这一因素的存在。

诚然,SG 对我们的观点不认同,它辩称购买"特权公司"股票的个人与其说是为了换取虚拟股票的权利而进行金钱投资,倒不如说是为了购买娱乐商品(即玩股票生成游戏的机会)。SG 的这个论点表明,我们需要解决一个有趣的事实问题,即参与者主要是被投资机会所激励的,还是被玩游戏的内心兴奋所激发的。尽管如此,根据《1933年证券法》第12(b)(6)条,被驳回起诉后我们收到此案,SEC 的指控特别指出,SG 表示参与者通过购买"特权公司"的股票可以肯定地预期每月10%的利润。该陈述清楚地支持了 SEC 的法律主张,即投资大量资金以换取"特权公司"的虚拟股票的参与者,可能是在预期到有投资收益的情况下才这样做的。鉴于本案的起诉和上诉历史,我们认为没有(比这一理由)更能满足豪威检测标准的第一个要素。

2. 共同事业

豪威检测标准的第二个有机组成部分涉及"共同事业"。在一头扎进对海量事实的认定之前,我们必须消除所谓的适当法律标准的不良影响。

---

[1] Reves v. Ernst & Young, 494 U.S. 56, 60-61 (1990)(citations omitted).
[2] Teamsters v. Daniel, 439 U.S. at 559(1979).

(1) 法律标准。很多法院认为确认"共同事业"的法律规则有点混乱。[①] ① 平行共同性。许多法院要求"共同事业"是平行共同性,即汇集众多投资者的资产以便共享企业的利润,共担企业的风险。参见 SEC v. Infinity Group Co. (2000)[②]案;SEC v. Life Partners, Inc. (1996)[③]案;Wals v. Fox Hills Dev. Corp. (1994)案;Revak v. SEC Realty Co.[④] (1994)案;Curran v. Merrill Lynch, Pierce, Fenner & Smith[⑤] (1980)案。② 垂直共同性。另有一些法院试图基于所审案件对共同事业这一概念建模,在这些案例中,投资者的命运与发起人的成功是紧密相连的,而不是投资者之间的命运相互关联的。这被称为"垂直共同性",有两个变体:(2-1)宽式垂直共同性。宽式垂直共同性要求所有投资者的利益(能否实现)取决于发起人的专业技能。参阅 Villeneuve v. Advanced Bus. Concepts Corp.[⑥]案(1983/1984)、SEC v. Koscot Interplanetary, Inc. (1974)[⑦]案。(2-2)窄式垂直共同性。窄式垂直共同性要求投资者的命运"与寻求投资人或者第三方的努力和成功(与否)紧密交织,并(最终)取决于后者的努力和成功(与否)"。参见 SEC v. Glenn W. Turner Enters. (1973)[⑧]案。

很多州法院对其所确立的某一共同性标准并不能一以贯之地坚持。① 有两家上诉法院只承认平行共同性。[⑨] 另外有两家仅遵循宽式垂直共同性。[⑩] ② 第九巡回法院承认平行共同性和窄式垂直共同性。参见 Hocking v. Dubois (1989)[⑪]案。使得问题进一步复杂化的是,③ 另有四家上诉法院承认了平行共同性,但是对其是否接受某些类型的垂直共同性未作出裁决。[⑫] 然而,④ 在上述多家法院中至少有一家法院明确地反对宽式垂直共同性。[⑬]

迄今为止,最高法院和本法院都没有最终确定哪种类型的共同性是满足豪威检测标准"共同事业"的要素。(但)我们更倾向于 Rodriguez(1993)案中的观

[①] See generally Louis Loss & Joel Seligman, *Securities Regulation*, 3rd ed. rev., Little, Brown and Company, 1999, pp. 989-997.

[②] SEC v. The Infinity Group Co., 212 F. 3d 180 (3rd Cir. 2000).

[③] SEC. v. Life Partners. 102 F. 3d 587 (D. C. Cir. 1996).

[④] Revak v. SEC Realty Co. 18 F. 3d 81 (2d Cir. 1994).

[⑤] Curran v. Merrill Lynch, Pierce, Fenner & Smith. 622 F. 2d 216.

[⑥] Villeneuve v. Advanced Bus. Concepts Corp., 698 F. 2d 1121, 1124 (11th Cir. 1983), aff'd en banc, 730 F. 2d 1403 (11th Cir. 1984).

[⑦] SEC v. Koscot Interplanetary, Inc., 497 F. 2d 473, 478-79 (5th Cir. 1974).

[⑧] SEC v. Glenn W. Turner Enters., 474 F. 2d 476, 482 n. 7(9th Cir. 1973).

[⑨] See Wals, 24 F. 3d at 1018; Curran, 622 F. 2d at 222, 224.

[⑩] See Villeneuve, 698 F. 2d at 1124; Koscot, 497 F. 2d at 478-79.

[⑪] Hocking v. Dubois, 885 F. 2d 1449,1459(9th Cir. 1989)(en banc).

[⑫] See Infinity Group, 212 F. 3d at 187 n. 8; Life Partners, 87 F. 3d at 544; Teague, 35 F. 3d at 986 n. 8; Revak, 18 F. 3d at 88.

[⑬] See Revak, 18 F. 3d at 88.

点,在该案中我们暗示了对平行共同性的偏爱。具体来说,该案的出售土地的发起人提出了"强烈且再三强调的建议,即周边地区将发展成为繁荣的住宅社区"。尽管我们认为金融协议并不(一定)构成证券,但我们表明发起人对社区自身发展的实际承诺,再加上买方对企业的联合融资,就可以构成一个"共同事业"。

正在审理中的本案,要求我们将共同事业采用豪威检测标准(的"共同事业"要素进行检测)。我们认为,平行共同性,即多个投资者的资产汇集于某一事业,从而使得所有人都能分享事业的利润同时也承担事业风险,是满足豪威检测标准的。这种观点是由 Howey(1946)案得出的自然而然的结论,(因为在该案中,)发起人将众多投资者的果实和自己的果实混合在一起,并根据每棵树的产量(对发起人本人和众多投资者)分配净利润。(而且)采用此规则也使我们与多数法院的观点保持一致,并确认了 Rodriguez(1993)案暗含的观点。最后但同样重要的是,平行共同性标准对将有资格成为证券这一金融工具的类型容易做出认定和可预测的限制。

(2) 标准的应用。在涉诉案中,平行共同性的集合元素跳出了公司网站的屏幕。被告网站声明说:"玩家的资金集中在 SG 的流通账户中,并且没有用于对外作任何投资;因为没有(对外)投资,甚至没有投资最赚钱的(任何其他业务),(被告 SG)也(是)可能完全弥补玩家结算账户方面的不足的,否则(因对外投资而造成)不足可能会更多。"因此,正如 SEC 的指控所声称的那样,SG 向它的客户明确表示,参与者的资金被集中在一个用于结算参与者在线交易的单独账户中。资金池因此而被建立了。

当然,资金池的建立只是平行共同性的要素之一;投资人的收益与风险来自某事业(即共同性)也是平行共同性的要素之一。SEC 认为 SG 运营的两个独立要素体现了共同性的存在。首先,SEC 主张 SG 是在实施庞氏骗局(又称金字塔骗局),该骗局要求有不断涌入的新资金以维持其运营,该骗局作为一种协议,其本质是投资者之间分享收益和承担风险。其次,SEC 分析了 SG 的承诺,即 SG 将其来自网站运营的部分利润转移出来,以支持"特权公司"的股票,并成为将购买股票者的命运联系在一起的债券。我们对以上每一个要点的分析,都表明它们中的任何一个都足以支持共同性的存在。

本院赞同 SEC 将庞氏计划视为典型的平行共同性标准的观点。在 Infinity Group(2000)案中,投资者向被告建立的信托基金投入了大量资金,并以此作为交换获得了财产转让协议,以保证巨额的年回报率。经济担保依赖于信托基金声称的绩效经验、财务关联以及吸收大量资金的能力。被告承诺,参与者投资于该信托基金是无风险的,他们注入的资金将在自己需要时能够被全额提取出来。预期利润是根据与信托基金签订的合同中的"资本单位(capital units)"的数量决定的,而分配给每个投资者的资本单位数量则与各自的投资规模成正比。基于上述这些事实,第三巡回法院认为存在平行共同性;法院强调,根据涉案计划的条款,每个投资者有权获得与其投资股份成正比的回报。

涉案的 SG 的虚拟股票与 Infinity Group(2000)案中被归类为投资合同的金融工具实际上具有惊人的相似性。SG 的 10% 固定保证金回报适用于所有"特权公司"的股票,预期回报取决于(参与者)所持的股票数量,经济担保有赖于发起人持续经营获利能力,SG 宣称的投资无风险,以及承诺参与者将根据各自需要而能全额偿还本金(等等)。同第三巡回法院的观点一样,我们认为上述这些事实足以说明本案存在平行共同性。

(但)无论如何,(在涉诉案中)现有参与者引诱其他人光顾虚拟交易所,SG 承诺向他们支付介绍费,这为发现平行共同性提供了替代性依据。SEC 令人信服地指出,这表明存在完全符合平行共同性标准的金字塔骗局。最具指导意义的对照案例是 SEC v. Int'l Loan Network(1992)案。[①] 在这个案子中,被告所精心设计的、多层次的财务分配网络的一个关键要素就是金字塔式销售计划;在该计划中,参与者将获得他们招募到的新成员支付的会员费的 50% 作为佣金,以及这些新成员招募到的成员所缴纳的较小比例的佣金。上诉法院裁定,该结构满足了平行共同性的要求。这个计划严重依赖于这一事实,即该网络完全依赖成员数量的不断扩大来产生收入,而这又取决于个人招募情况以及发起人更大规模营销活动是否有吸引力。

就像在 SEC v. Int'l Loan Network(1992)案中一样,本案中的股票生成参与者招募到新成员后,SG 承诺将后者支付会费的 20%—30% 作为其奖励。SEC 认为 SG 运营的必要条件是持续的资金净流入(所形成的资金池)——这是符合事实的——而用以支付介绍费的资金池完全取决于新资金的注入。由于所有参与者都在这种金字塔结构下分享收益和分担风险,因此这个结构说明了平行共同性的存在。

无须赘言,我们现在就可以得出结论:毫无疑问,SEC 指控中所述的协议可以公平地描述为庞氏骗局或金字塔计划,这个计划提供了必要的利益分享与风险分担机制,从而证明了平行共同性的存在。SEC 指控 SG 履行其金钱担保的能力完全取决于新资金的净流入——这是正确的——它与参与者的命运密不可分。只要这家"特权公司"能够持续地获得净资本注入,现有股东就有资金可以动用以提取收益或领取佣金。但是,所有这些人都分担了以下风险:招募不到新成员,现金流面临枯竭,底层的资金池耗尽。

SG 反对存在平行共同性,其最激烈的说法就是否认其业务包含庞氏骗局或金字塔计划。它反驳道:任何这种骗局或者计划,都含有重大的虚假陈述,存

---

① SEC v. Int'l Loan Network, 968 F. 2d 1304 (D. C. Cir. 1992).

在着欺诈等因素,而自己的计划中是不存在这样的情况的;相反,股票生成的规则已经向所有的参与者进行了完全而准确的披露。我们没有否认 SG 作了足够多的披露。SG 强调,新成员(的不断加入)是其股票生成网站所有财务收入的唯一来源。的确,SG 在描述其虚拟证券交易所的结构和机制时,将"特权公司"的股票与牌桌的大量资金作了生动的类比。根据 SG 的说法,成千上万的参与者都是通过购买"特权公司"的股票而不断将资金投入到赌桌上的,而其他参与者同时将其股票卖给交易所,目的是从赌桌上获得他们的奖金。SG 指出,只要资金池的规模保持不变或者持续增长,该系统就将能够保持稳定。

尽管 SG 较为诚实地指出了该企业精细而脆弱的结构,但其论述缺乏力度。为了提供讨论的基础,我们假定存在庞氏骗局(或称为金字塔骗局),需要考查是否存在对事实的虚假陈述和实施了欺诈行为,SEC 以此作为辩护理由,在其控告中就包含了这两个要素。首先,SEC 指控声称:SG 隐瞒新成员的加入在不可避免地减少,就是在事实上涉嫌严重虚假陈述,从而会导致该计划的破裂,以及导致所有的现有参与者将失去他们的资金。其次,SEC 的指控,合情合理地说明了 SG 对"特权公司"的股票每月返还 10% 的固定保证金,以及它将维持股票的担保,都是对事实的重大虚假陈述。最后,SEC 指控,SG 由于没有披露其为自己保留投资者资金的意图而欺骗了参与者。

当然,鉴于 SG 的"这仅是一场游戏"的辩护,它可能会提出一些关于事实的似是而非的论点(即基于其明确的披露,投资者没有理由被欺骗或误导)。但是,根据《1933 年证券法》第 12(b)(6)条提起的驳回原告请求的动议中所涉及的敏感事实问题并不由本法院解决。参见 Cruz v. Melecio(2000)案①,就当前的目的而言,SEC 的指控应被认定为是真实的,足以满足豪威检测标准中对"共同事业"的要求。

3. 期待从他人的努力中获利

豪威检测标准的最后一个要素——即完全依赖于他人的努力获得预期利益——是该标准的有机构成部分。以下我们分别讨论每个子要素。

(1) 利益期待。最高法院认可了两种情况下的利益期待,即:① 原始投资带来的资本增值,以及② 参与者的收益是对来自投资者资金的利用。参见 Forman(1975)案。这两种情况与个人购买商品以供个人使用或消费的交易形成鲜明对比。SEC 认为,SG 的担保创造了对"特权公司"投资利益的合理预期,而 SG 则认为参与者支付的金钱不是为了赚取收益,而是购买娱乐商品以供个人

---

① See Cruz v. Melecio, 204 F. 3d 14, 21-22 (1st Cir. 2000).

消费。地方法院采纳了Forman(1975)案中的法院观点,接受了SG的意见。我们不同意地方法院的这个观点。

在Forman(1975)案中,那些打算居住在纽约市合作社中的公寓居民,被要求购买这家非营利性合作社房屋公司的股票,后者拥有并经营这些公寓。法院的裁决指出,"投资人仅被获得居住地的前景所吸引,而不是被其投资的财务回报所吸引",审理Forman(1975)案的法院认为,根据股票或投资合同的规定,合作社住房协议不符合证券的特征。法院得出的结论在很大程度上依赖于向潜在居民发布的信息公告,该公告极力强调了合作社房屋的非营利性质(强调"公告没有任何文字在试图以发起人或第三方的努力所带来的利润去吸引投资者")。

值得注意的是,比较Forman(1975)案和Joiner(1943)案是有益的。在Jonier(1943)案中,发起人通过经济引诱,以及和油井租约的利益分配相结合,将所设想的金融工具从裸租约权转换为投资合同。法院发现:发起人所散发的倾向性广告词,强调了试验井的钻探将带来的好处("如果被告邮寄的要约省略了提议和承诺实施勘探的经济引诱,那将导致完全不同的主张")。

上述这些案例融合在一起更具有指导性。在Forman(1975)案中,公寓是对潜在购买者的主要吸引力,而购买股票仅仅是偶尔为之的,而且二者的结合并未构成投资合同。在Joiner 1943案中,钻探的前景使投资"具有最大的价值和充满诱惑力",租赁权益本身仅仅是交易中的附带考虑,但二者的结合则构成了投资合同。这一区别至关重要[参阅Forman(1975)案],它为我们提供了必需遵从的指引。

从这个角度来看,SG对"特权公司"股东的巨额金钱收益的反复强调,可将股票生成网站与分发给Forman(1975)案潜在购买者的信息公告区分开来。尽管SG所使用的游戏语言,大致类似于合作社努力强调住房的非营利性质的表述,但SG在其网站上作了额外的表述,是利用了(人的)贪婪和助长了(人们)对利润的期望。例如,SG坚决保证对"特权公司"股票的投资将是有利可图的,每月收益为10%,年收益为215%。我们认为,这些与利润相关的担保构成了一种不太合常规的经济引诱,与Joiner(1943)案中的广告语的表述非常相似。就像有利可图的前景吸引投资者购买油井租约一样,获得肯定回报的前景也吸引了参与者购买"特权公司"的股票。

这并不是说SG的游戏语言和重复的免责声明无关紧要。在经验老到的律师的协助下,SG提出了一个合理的论点,即没有参与者期望通过购买"特权公司"的股票而获得保证的利润。但是,这种说法虽然合理,但并非无懈可击。最后,它只是引起了一个关于SG的表述是否满足豪威检测标准的"期待利益"要

（2）完全（Solely）依赖他人的努力。现在我们来谈谈预期利润是否可以说是完全由他人的努力产生的问题。上诉法院的意见一致，拒绝在这种情况下仅从字面来讨论"完全"一词的含义，而只要"投资者以外之人的努力是不可否认的重要标准，且那些必不可少的管理上的努力会影响企业的成败"，就可以满足要求，可以解释"完全"。参见 Turner Enters. (1973) 案①；Rivanna Trawlers Unlimited v. Thompson Trawlers, Inc. (1988) 案②（法院采用了该案例并列举了其他 8 个巡回法院做出具有同样判决效力的案件）。这种对"完全"作宽松解释的做法，似乎和联邦最高法院对豪威检测标准的重述相吻合。参见 Forman(1975)案（说明"检测标准是在合理地预期从他人的创业或管理工作中获得利润的前提下存在着对共同事业的投资"）。

我们不必再讨论发起人或第三方的微弱控制是否足以产生投资合同的问题，因为 SG 声称自己的计划是符合"完全"的字面含义的。根据 SEC 的指控，SG 对其投资者许诺：投资者自身无须作为——这是获得收益保证的必需——就可以依据他们所购买的"特权公司"的股票来获得收益；例如，SG 指出"与特权股份交易几乎不需要时间。"SG 承担所有重要的工作以保证（投资者）每月 10% 的回报。作为股票生成网站的独家经营者，SG 对虚拟证券交易所的各项事务享有直接的运营控制权。SG 承担市场营销工作以获得直接的资本投资并从这些交易中获得佣金（保证将其用于支持特权公司的股票）。

此外，SG 向那些为网站介绍新用户（即招募新成员）的参与者支付推荐费，其后果同前一样。即使参与者选择不推荐其他人访问股票生成网站，但基于 SG 对利益所作的相关保证，这些参与者仍然可以期望完全从其持有的"特权公司"股票中获得每月的利润。因此，SEC 的指控，对参与者是否完全依赖于他人的工作而期待从中获利，提出了一个可裁判的问题。

四、结论

我们无须展开更多的讨论了。鉴于本案所展示的经济实质，我们认为 SEC 所声称的一系列事实（应该）得到证实，符合豪威检测标准三要素的要求，从而支持了其关于（投资者是在）投资"特权公司"的股票之主张。SG 在其网站中对相关事实的描述构成了投资合同之要约，它属于联邦证券法的管辖范围。因此，我们撤销了驳回起诉的命令，并意见一致地将该案发回进一步审理。在以下程序

---

① SEC v. Glenn W. Turner Enters., Inc., 474 F. 2d 476(9th Cir. 1973), at 482.

② Accord Rivanna Trawlers Unlimited v. Thompson Trawlers, Inc., 840 F. 2d 236, 240 n. 4 (4th Cir. 1988).

结束之前,初步禁令和资产冻结将继续有效。

撤销并发回重审。

……

案例原文①

第三节 两步/一步检测法

"两步检测法"(Bifurcated② Test)源自联邦最高法院对 United Housing Foundation Inc. v. Forman 案③[以下简称"Forman(1975)案"]的审理,用以判断某种金融工具是否属于"股票"。第一步,采用"本质特征"判断原则(Essential Characteristics Test)来分析该股票是否具备"股票"的传统特征。法院认为股票的特征在于"按一定比例分享红利,而且按照持股比例享有投票权以及承担责任"。④ 申言之,股票的特征是:(1) 根据收益分配协议获取分配股利权;(2) 可流通的;(3) 可作物权抵押担保;(4) 按所拥有的数量之比例获得表决权;(5) 具有增值潜力。⑤ 如果某种"股票"具备了这些特征即可被认定为是"证券"并且适用证券法律规定。

第二步,如果某种金融工具并不具备上述任何一点特征,法院则还要进一步分析该股票是否属于"投资合同"(investment contract);如果属于"投资合同",即使不以"股票"(stock)命名亦属于"证券"。法院所采纳的是 Howey(1946)案所确立的判定"投资合同"的"经济实质"判断标准(Economic Realities Test),即如果一个金融投资工具具备"投资于共同事业,其预期利润完全是由于他人的努

---

① Available at https://casetext.com/case/sec-v-sg-ltd, 2023-9-18.
② 二步法(bifurcation)是法官在法律适用上的一种方法,即把审判分成两部分,以便在不涉及所有问题的情况下对一组法律问题作出判决。通常,民事案件被分成独立的定责和定损程序。刑事审判也经常被分为定罪和量刑阶段,特别是在死刑案件中。
③ United Housing Foundation, Inc. v. Forman, 421 U.S. 837 (1975).
④ Richard W. Jennings, Harold Marsh, Jr, John C. Coffee. Jr, and Joel Seligman, *Securities Regulation: Case and Materials*, Foundation Press, 1998, p. 323.
⑤ Tcherepnin v. Knight, 389 U.S. 332, 336 (1967).

力"的特征,那么就是"投资合同"①,进而属于"证券"。如果该"股票"不属于"投资合同",那么也就不是"证券"。

一、两步检测法

联邦最高法院在审理 Forman(1975)案时指出:"在我们目前正在审理的案件中,有人仅仅因为法律规定的'证券'中有'任何股票'(any stock)字样②,同时所交易的股权又被称为'股票',便将这种交易认作是'证券'交易。我们不同意这种意见。相反,我们坚持遵循那些指导法院进行判决的基本原则③,即在研究'证券'一词的意思和范围时,应当重'实质'(substance)轻'形式'(form),着重强调经济实质(economic reality)。"④在 Forman(1976)案中,"合作城市(Co-op City)"是纽约市政府根据纽约州私人住房金融法(New York State Private Housing Finance Law)组织的一项公益性建设项目,市政府为发展商提供长期、低息抵押贷款的同时给予税收减免的政策优惠,但要求住房只提供给那些经过市政府批准的年收入在一定水平线以下的人。为了项目顺利进行,设立了一个非营利性组织联合住房基金会(The United Housing Foundation,UHF),由其负责所有发展事宜。UHF 又组建了一个名为河岸(Riverbay)公司的非营利性公司,由后者具体负责土地开发建筑事宜。UHF 同时请其全资子公司 Community Services,Inc(CSI)做总建设人。河岸公司为此发行了股票(stock)。在完成了最初的基本建设后,1965 年 5 月,河岸公司发布了信息手册,向承租人介绍在 Co-op City 的住宅信息。信息手册首先介绍了出租房屋的性质和优点,然后详细介绍了项目筹集资金的情况。手册告诉潜在承租人整个项目的估计费用是 283 695 550 美元,并明确说明这个结果是建立在与 CSI 的预期建筑合同基础上的。其中,只有一部分款项 32 795 550 美元将通过向承租人"卖出份额"(sale of shares)筹集,其他部分将通过低息抵押贷款的方式从一家有四十多年历史的

---

① SEC v. W. J. Howey Co., 328 U. S. 293 (1946).
② See SEC v. C. M. Joiner Leasing Corp., 320 U. S. 344 (1943).在该案中,法院明确提出"票据"(notes)、"债券"(bonds)和"股票"(stocks)都是法律明确规定的"证券"定义中的一种,法院不负责解释这些词语,而只是接受法律规定,或者在某些案件中,结合这些工具本身的特性去分析是否构成"票据""债券""股票"。
③ 基本原则在 Tcherepnin v. Knight, 389 U. S. 332.336 (1967)中首先被提出来。同时在 SEC v. W. J. Howey Co., Supreme Court of the United States,1946, 328 U. S. 293, 66 S. Ct. 1100, 90 L. Ed. 1244.案中得到再次确认。
④ 原文如下:We reject at the outset any suggestion that the present transaction, rejected by the sale of shares called "stock", must be considered a security transaction simply because the statutory definition of a security includes the words "any" "stock". Rather we adhere to the basic principle that has guided all of the Court's decisions in this area: searching for the meaning and scope of the word "security" in the Acts, form should be disregarded for substance and the emphasis should be on economic reality.

"纽约私人住宅金融公司"(New York Private Housing Finance Agency)筹集。房租将通过月付的方式由承租人提供,数额根据居住房屋的大小、位置来决定。手册估计平均月租标准为每间23.02美元,或者四人间的公寓是92.08美元。在建设 Co-op 的过程中,河岸公司经过纽约住房委员会(State Housing Commissioner)的同意,修改了自己与CSI的建筑合同。同时,河岸公司支付了很多在1965年信息手册中没有提到的费用。因此,河岸公司提高了从纽约私人住宅金融公司的抵押贷款。这样一来,整个项目比信息手册说明的费用增加了1.25亿美元。于是,月租从原来的23.02美元增加到1974年的39.68美元。Co-op City 的57户承租人代表15 372个公寓的所有者提出了直接诉讼,同时代表河岸公司提出派生诉讼,被告包括UHF、CSI、河岸公司、河岸公司的几个自然人董事、纽约私人住宅金融公司。原告认为,1965年信息手册"欺诈性表述"(falsely represented)了"CSI会承担后续增加的费用,如因为通货膨胀等因素导致的费用等",原告认为自己在买入份额的时候被这个没有及时充分"披露个别负面重要事实"(failed to disclose several critical facts)的信息手册误导了。因此,被告违反了《1933年证券法》第17(a)条、《1934年证券交易法》第10(b)条和SEC规则10b-5的规定。基于此,原告寻求3千万美元的损害赔偿、被迫增加的月租和其他适当的救济。被告否认了原告的所有主张,并且主张联邦法院没有管辖权,因为 Riverbay 所卖出的"股票份额"(shares of stock)不是联邦证券法意义上的"证券"。

法院确立了"两步检测法"来判断某种金融工具是否属于"股票",同时强调了"股票"的"本质特征"原则。

首先,法院采用"本质特征"检测方法来分析涉案"股票"是否具备了证券法中的"股票"之传统特征。法院认为:股票的特征在于"按一定比例分享红利,而且按照持股比例享有投票权以及承担责任"。[①] 具体而言,这些特征表现为:(1)按照收益分配协议获得分配股利的权利;(2)可流通的(Negotiable);(3)可作物权抵押担保;(4)依据所拥有的数量之比例获得表决权;(5)具有增值潜力。[②] 如果具备了这些特征和性质,那么这些"股票"就被认定为属于证券法中的"证券",并且适用证券法律规定。结合本案,法官们认为涉案中的这些"股票"并没有能够给予购买人按照收益分配协议获分配股利的权利;不可以流通;不可作物权抵押担保;不能保证购买人按所拥有的数量的比例获表决权;也不具增值潜力。因而,不具备证券法中的"股票"特性。

[①] Richard W. Jennings, Harold Marsh, Jr, John C. Coffee. Jr and Joel Seligman, *Securities Regulation: Cases and Materials*, Foundation Press, 1998, p. 323.

[②] 事实上,法官在 Forman 案中总结的"股票"的这些特征借鉴引用了 Tcherepnin(1967)案中的表述,具体论述可参见 Tcherepnin v. Knight, 389 U.S. 332.336 (1967)。

其次,即使某种金融工具并不具备上述任何一点特征和性质,法院认为还要进一步分析该金融工具是否属于"投资合同",其要点有二:(1)如果属于"投资合同"的话,那么,即使此种金融工具不属于"股票"(stock),但也属于"证券"(securities)。法院采纳了 Howey(1946)案中所确立的判定"投资合同"的"经济实质"判断标准,即如果一个金融投资工具具备"投资于普通企业,其预期利润完全是由于他人的努力"的特征,那么就是"投资合同"①,进而属于"证券"。(2)如果不属于"投资合同",因而也不是证券法中的"证券"。涉案中的 1965 年信息手册反复强调"非营利性"(non-profit of endeavor),对"股票"购买者解释说如果租金超过了实际费用,那么超过部分会以"折扣"(rebate)的方式返还给承租人,而不是继续留下投资盈利。信息手册还提醒"股票"的购买者,他们没有权利把公寓卖掉盈利,如果不想居住,必须首先以当时买入价卖回给股票发行出卖人,即河岸公司。因此,法院认为投资人买房的主要目的是居住,而不是为了从别人的努力中获取投资回报。②

下面我们就来完整地看一下首创两步检测法的 Forman(1975)案。这是一个疑难长案,除了法院的判决意见认定涉案的金融工具不属于联邦证券法之证券之外,多位法官对此生效判决表示了不同意见,他们支持本案中的金融工具属于"证券"。

【域外案例】

United Housing Foundation, Inc. v. Forman(1975)③

鲍威尔(Powell)法官发表了法院的审理意见。法院指出,本案的核心争议点是,房屋的有权购买人在受国家补贴和监管的非营利性住房合作社(开发的)"合作城市"(Co-op City)租赁公寓的股份是否属于《1933 年证券法》和《1934 年证券交易法》范围内的"证券"。

第一部分

合作城市是纽约市的一个大型住房合作社。它建于 1965 年至 1971 年间,目前在 200 英亩的土地上居住着大约 5 万人,其中包括 35 栋高层建筑和 236 栋城镇房屋。该项目是根据纽约州《私人住房融资法》[俗称《米切尔-拉马法》

---

① SEC v. W. J. Howey Co., Supreme Court of the United States,1946,328 U.S. 293,66 S.Ct. 1100,90 L. Ed. 1244.

② Richard W. Jennings, Harold Marsh, Jr, John C. Coffee. Jr and Joel Seligman, *Securities Regulation: Cases and Materials*, Foundation Press, 1998, p.324.

③ 编译自 United Housing Foundation, Inc. v. Forman, 421 U.S. 837 (1975)。

(The Mitchell-Lama Act)]组织、资助和建设的,该部法律案旨在缓解低收入人群的城市住房供应难题。为了鼓励私人开发商建造低成本的合作住房,纽约州向开发商提供了大量长期低息抵押贷款和大量的免税优惠。获得这些好处的条件是,开发商要同意纽约州全程监管合作社的开发建设工作。开发商还必须同意"在非营利基础上"运营该设施,并且只能向收入低于一定水平且经州批准的人出租公寓。

联合住房基金会(The United Housing Foundation, UHF)是一家非营利会员公司,旨在"帮助和鼓励"创建"为工薪阶层和其他中低收入者提供适当、安全和卫生的住房",负责发起和赞助"合作城市"的发展。根据《米切尔-拉马法》,UHF组建了河岸(Riverbay)公司,由其拥有、经营"合作城市"的土地和建筑物。河岸公司是一家非营利性的合作住房公司,其发行的股票是本次诉讼的标的。UHF还与其全资子公司 Community Services, Inc. (CSI)签约,由CSI担任该项目的总承包商和销售代理。按照《米切尔-拉马法》的要求,这些决定得到了州住房专员(住房局局长)的批准。

要在"合作城市"租赁一套公寓,符合条件的潜在租赁人必须再购买18股河岸公司的股份。每股的成本是25美元,这样每个房间的总成本就是450美元,一套四室公寓的成本就是1800美元。购买这些股份的唯一目的是使购买者能够在"合作城市"拥有一套公寓的居住权;实际上,他们购买的是一套公寓的可收回押金。这些股份与公寓有明确的联系:它们不能转让给非租户,也不能用于担保或抵押,其价格与公寓的价格同步,除非是遗嘱继承。股份本身无表决权:参与合作社事务的权利取决于是否具有公寓的居住权,每个公寓的居民不论拥有多少股份,都只有一票表决权。

任何想终止入住或被迫搬出的房客,必须以每股25美元的初始售价向河岸公司出售其股票。在河岸公司拒绝回购股票这种极不可能情况下,承租人出售股票的价格也不能超过初始购买价格,并加上他已偿还的部分抵押贷款,并且只能出售给满足法定收入资格要求的潜在承租人。

1965年5月,在初步规划完成后,河岸公司发布了一份信息公告,试图吸引租客入住"合作城市"的公寓。在全面介绍了合作建房的性质和优势,特别是"合作城市"的性质和优势之后,公告告知潜在租户,该项目的预估总成本主要基于与CSI签订的预期施工合同,总价为283 695 550美元。这笔巨款中的一小部分(32 795 550美元),是通过向房客出售股票筹集的,剩下的250 900 000美元由纽约私人住房金融公司提供的40年低息抵押贷款来提供。项目建成后,房客每月支付租金,以支付按揭付款及现时营运开支。虽然这些租金根据公寓的大小、性质和位置而有所不同,但1965年的公报估计,每个房间的"平均"月费用为23.02美元,四个房间的为92.08美元。

在"合作城市"的建设过程中,经纽约州住房专员批准,河岸公司多次修改了与CSI的合同,以增加建设成本。此外,河岸公司并没有在1965年的公司公报中反映其他费用。为了应付这些增加的开支,河岸公司经专员批准,多次从国家住房局获得增加的抵押贷款。最终,建设贷款比1965年公报估计的数字多出1.25亿美元。因此,虽然原始的购买价格保持在每间450美元,但平均每月租金定期增加,截至1974年7月,每间的租金价格达到了39.68美元。

租金的增加引发了本纠纷。被上诉人是"合作城市"的57名居民,他们代表所有15 372名公寓业主向联邦法院提起个人诉讼,并代表河岸公司提起派生诉讼,要求赔偿3000万美元以上的损失、强制降低租金,以及获得其他适当的救济。被告(此处为上诉人)包括UHF、CSI、河岸公司、这些机构组织的几位独立董事、纽约州和州私人住房融资公司。被上诉人的核心观点是,1965年的《合作城市信息公报》误称,CSI将承担所有随后的由于通货膨胀等因素导致的成本增加。原告(此处为被上诉人)还称,由于《1965年合作城市信息公报》未能披露几个关键事实,他们在购买股票时受到了误导。在此基础上,被上诉人根据《1933年证券法》(经修订)、《1934年证券交易法》(经修订)、SEC规则10b-5(1975)的欺诈条款,提出了两项索赔。他们还根据1871年《公民权利法》和10项未决的州法诉请,向州融资公司提出了索赔。

上诉人在否认这些指控的实质内容的同时,以缺乏联邦管辖权为由,提出驳回申诉。他们坚持认为,河岸公司的股票不是《1933年证券法》定义中的"证券"。此外,州方还以主权豁免为由提出驳回。

地方法院批准了驳回动议。地方法院认为,(仅仅)根据"股票"这个名词并不能把河岸公司的股票纳入联邦证券法中的"证券"范围。法院进一步裁定,主要依据本法院在 SEC v. C. M. Joiner Leasing Corp. (1943)案①和 Howey(1946)案②中的判决,即发行交易中的购买行为不是证券交易,因为它不是由获利所诱导的,这种利润也不可能在现实中得到确保。用地方法院的话来说,正是"这项交易的非营利性"给(被上诉人)在联邦法院提出的索赔设置了"不可逾越的障碍"。

第二巡回上诉法院撤销原判。它是基于两个不同的理由作出这种决定的。首先,法院认为,由于所购买的股票被称为"股票"(《1933年证券法》在其定义部分明确地包括"股票"),因此联邦证券法实际上在本案中是适用的,也就是说河岸公司的股票属于"证券"。其次,上诉法院的结论是,该交易是《1933年证券法》所指的"证券",也是 Howey(1946)案所界定的一项投资合同,因为预期利润

---

① SEC v. C. M. Joiner Leasing Corp., 320 U. S. 344 (1943).
② SEC v. W. J. Howey Co., 328 U. S. 293 (1946).

有三个来源:(1)"合作城市"为租户使用而建立的商业设施所产生的收益;(2)部分可分配给抵押贷款利息支付的每月租金的税收减免;以及(3)基于"合作城市"公寓的成本大大低于可比较的非资助房屋而节省的费用。法院还裁定,州方的豁免要求无效。因此,该案被发回地方法院,以审议被上诉人对案情的申诉。

鉴于所提出问题的重要性,本院准予调卷(复审)。当本院发现该有争议的交易并不是在联邦证券法的范围内购买的证券时,本院撤销原判。

第二部分

《1933年证券法》第2(1)条将"证券"定义为"任何票据、股票、库存股票、债券(bond)、信用债券(debenture)、债务证明、利息证明或参与任何利润分享的协议、抵押信托证明、公司设立前之认股权证、可转让股份、投资合同、投票信托证明、证券存款证明,石油、天然气或其他矿业权的部分不可分割权益,或一般而言,任何通常称为'担保'的权益或票据,或任何上述权益或参与证书,或临时证书、收据、担保、认股权证或认购权或购买权。"

在提供这一定义时,国会并没有试图区分"有价证券"和"非有价证券"之间的经济标准:"'证券'一词的范围足够广泛和笼统,这有利于使该定义能够包括在我们的商业世界中一般人都认为应该属于证券的各类(金融)工具。"

这项任务已经落在SEC这个负责管理证券法律案的机构的肩上,并最终由联邦法院来决定,在我们社会的众多金融交易工具中,哪些属于联邦证券法的范畴。

在本案作出这一决定时,我们并不是出于一刀切的做法。本院业已确定的原则是,被调查人购买的股份不代表"那些以承诺利润为目的,寻求使用他人资金而所设计出来的无数可变方案"[参见 Howey(1946)案[1]],因此不属于"人们通常观念中的证券"。

1. 所谓"股票"

我们从一开始就拒绝这种建议,即因为证券的法定定义包括"任何……股票",所以出售名为"股票"的金融工具就一定要被视为证券交易;相反,我们坚持指导法院在这一领域所建立的一项基本原则,即:"在寻找法律中'证券'一词的含义和范围时,应该重实质轻形式,重点关注交易的经济实质[参见 Tcherepnin v. Knight(1967)案"[2]和 Howey(1946)案]。《1933年证券法》和《1934年证券交易法》的主要目的是:在一个基本上不受监管的证券市场上消除严重的滥用行为。该两部法律的关注点是规制企业的投融资活动:出售证券以筹集资本去谋

---

[1] Howey, 328 U.S. at 328 U.S. 299(1946).
[2] See Tcherepnin v. Knight, 389 U.S. 332, 389 U.S. 338 (1967).

取经济利益,为证券交易提供交易场所,以及防止欺诈和保护投资者利益。由于证券交易具有经济性,国会打算适用这些法律法规,以揭示交易背后的经济实质,而不论其所用名称如何。因此,在根据这些行为的目的来解释这些行为时,我们遵循传统的法定解释准则:"一项活动在名称上符合立法所用'属于',但由于不符合立法精神,也不符合立法者的意图,那么该项活动就不受该部法律的管辖。"[参见 Church of the Holy Trinity v. United States(1892)案、United States v. American Trucking Assns.(1940)案①]。

上诉人依赖 Joiner(1943)案的结论以支持用"字面方法"来定义证券的做法是错误的。Joiner(1943)案的争议点是,石油租赁权益的转让,加上发起人钻探探井的提议,是否共同组合构成了有价证券。考虑到拟议探井所提供的经济诱因,Joiner(1943)案的法院得出结论认为,这些租赁是有价证券,尽管"租赁"本身并未列入法定定义中所提到的金融工具清单。附带意见(dictum②)指出,"作为一个法律问题,如果某类金融工具,其名称与其字面相同,或者符合对其含义的描述,那么此类金融工具就应该归入证券的定义范围之内。"③

后来,法院在附带意见中再次指出,证券"可以"通过证书本身来显示,即该证书名称标为票据、债券或股票份额(的就属于证券)。④ 法院在这些判决书中使用了"may"和"might"这两个条件词(conditional word),这明确说明,法院设定了一项灵活规则,用以对交易的经济实质进行调查。相对应地,法院只想提出一个相当明显的观点,即:与没有明确列入法定条款的金融工具相比,那些名称与证券法所列举的金融工具相同的,大多数都应被认定为证券。

金融工具的名称与其实质含义通常是一致的,我们的这种观点意味着,在法院认定是否属于证券方面,金融工具的名称具有决定意义。在多数情况下,金融工具标明诸如"股票"或"债券"等传统名称,可能会导致购买者有理由推断联邦证券法对此适用。当交易体现了该种金融工具的一些重要特征时,它被认定为证券就更是显而易见的。

(但)在本案中,被上诉人没有主张,也不可能认为,他们被"股票"一词所误导,认为联邦证券法可以监管他们的购买行为。常识告诉我们,在本案中,那些打算购买一套由政府补贴的合作社公寓的居民,其目的是个人居住,不可能仅仅因为交易工具被称作是股份,就认为自己是在购买了某种投资证券。因为,涉案

---

① Church of the Holy Trinity v. United States, 143 U.S. 457, 459 (1892); See also United States v. American Trucking Assns., 310 U.S. 534, 543 (1940).

② Dictum,拉丁语,指英美判例中的"附带意见",它是与生效判决理由相对应的,但并非判决的必要部分,是法官发表的不直接影响生效判决的陈词和见解,不具备拘束力,只具有说服力。——译者注

③ 320 U.S. at 320 U.S. 351 (emphasis supplied).

④ Id. at 320 U.S. 355 (emphasis supplied).

的这些名为"股票"的金融工具,不具有"在我们的商业世界中被认为属于人们常说的证券"之特征。① 在本案中,尽管交易工具名为"股票",但它们缺乏 Tcherepnin(1967)案中法院认可的股票最常见之特征,即获得"取决于利润分配的股息"的权利。② 它们也不具备传统上与股票相关的其他特征:它们是不可流通的;它们不能被质押或抵押;它们不被授予与所拥有的股票数量成比例的表决权;它们不能升值。一句话,本案中,购房者买房的诱因仅仅是为了获得政府补贴的低成本生活空间,而不是为了营利进行投资。

2. 投资合同检测

基于另外一个理由,上诉法院的生效判决的结论是,河岸公司的股份也是《1933年证券法》所界定的"投资合同"。本案的被上诉人进一步辩称,无论如何,他们同意购买的是法律意义上俗称的"证券"。在考虑这个主张时,我们必须再次审视交易的实质——即经济实质——而不是各方所使用的名称。就目前而言,我们认为"投资合同"和"通常被称为'证券'的工具"没有区别。在这两种情况下,区分证券交易与其他商业交易的基本标准是"该计划是否涉及将资金投资于一个共同企业,而利润完全来自其他人的努力。"参见 Howey(1946)案③。

这个豪威检测标准简明扼要,体现了贯穿于法院所有判决中定义证券的基本属性。这里的"试金石"是共同风险投资的存在,其前提是对从其他人的创业或管理中获得利润的合理预期。就利润而言,法院的意思是,最初投资会导致资本增值,如前文中的 Joiner(1943)案(以发起人同意钻探探井为条件出售石油租赁合同),或参与使用投资者资金所产生的收益,如前文提到的 Tcherepnin(1967)案(投资分红来自储蓄贷款协会的利润)。在这种情况下,投资者"完全被其投资的回报前景所吸引"。参见 Howey(1946)案④。相比之下,在本案中,当购房者的目的是出于使用或消费所购物品时——正如审理 Howey(1946)案的法院所说,"买地之人占有土地或自行开发土地"——则证券法不适用。

在本案中,毫无疑问,吸引投资者的仅仅是获得一个居住场所,而不是投资的财务回报。向潜在居民发布的信息公报强调了这项工作的基本性质和目的:"合作社是由其成员——使用其服务的人——民主地拥有和控制的非营利企业。……人们发现在一个合作的社区生活令人愉快的原因不止一个。然而,大多数人加入的原因很简单,这是一种以合理价格获得体面住房的方式。不过,还有其他好处。合作社的目的是提供房屋所有权,而不仅仅是出租公寓。社区旨在为家庭和社区生活提供良好的环境……你们共同拥有的集体所有制的纽带使

---

① H. R. Rep. No. 85, 73d Cong., 1st sess, 11(1933).
② 389 U. S. at 389 U. S. 339.
③ SEC v. Howey Co., at 328 U. S. 301(1946).
④ SEC v. Howey Co., at 328 U. S. 300(1946).

你们生活在一个与众不同的合作社中。这是一个由邻居组成的社区。居者有其屋,分享共同利益以及社区(美好)氛围,使得住在合作社就像住在优美的小镇一样。一般来说,合作社的营业额很少。"

公告中找不到任何文字来表明是试图通过发起人或第三方的努力带来利润,并以此前景来吸引投资者进行投资。相反,公报一再强调努力工作的"非营利"性质。它解释说,如果租金超过费用,差额将作为回扣返还,但不是利润。它还告知买房者,他们将无法转售他们的公寓盈利,因为转售房屋时必须首先向河岸公司返还支付的价金。总之,这两种传统上被认为是与证券相关的利润都没有提供给被上诉人。

上诉法院承认,这些股票必须有盈利预期才能成为有价证券,并承认"转售(该)股票不可能盈利"①。然而,法院也正确地指出,利润可能来自投资产生的收入以及资本增值,然后至少从三个方面着手寻找"收入预期"。其中两个收入或利润来源可以立即处理。我们首先关注上诉法院对适用于抵押贷款利息的每月租金部分的税收减免问题。我们找不出这样的法律依据,认为利息的支付,以及由此产生的税收扣减,会构成收入或利润。这些税收优惠只不过是那些支付抵押贷款利息的房主可以享受的。②

上诉法院也支持其利润概念,因为"合作城市"提供住房的成本大大低于可比住房行业的同比租金。再次强调一下,这是一个我们不能接受的、不恰当的"利润"概念。本案中廉租房来自纽约州提供的大量财政补贴;这种利益不能变现,也不是其他人经营管理的结果。从实际意义上讲,它所体现的收入或利润属性,并不比福利金、粮票或其他政府补贴更显著。

上诉法院所考查的最终利润来源,是合作社的城市租赁商业设施、专业办公室和停车位以及经营社区洗衣店所产生的净收入。这些便利设施的收入(如有的话),均位于住房项目的公共区域内,将用于降低租户的租金成本。从概念上讲,人们可能很容易同意,租赁商业和专业设施的净收入是一种与证券投资相关的利润,这是传统的观念[参见上文 Tcherepnin (1976) 案③]。但在本案中,这种收入——如果确实存在的话——过于具有投机性和缺乏实质性,故无法将其整个交易纳入《1933 年证券法》的范围。

最初,我们注意到,信息公告中从未提及此类收入将作为抵消租金成本之手段的前景。因此,很明显,这些潜在的租金下调并没有吸引到投资者[参见 SEC v. C. M. Joiner Leasing Corp. (1943) 案]。此外,记录中没有任何内容表明,这

---

① 500 F. 2d 1254.
② § 216 of Internal Revenue Code, 26 U.S.C. § 216; Eckstein v. United States, 196 Ct. Cl. 644, 452 F. 2d 1036 (1971).
③ Tcherepnin v. Knight, 389 U.S. 332(1967).

些设施租赁费实际上大于"合作城市"租用空间的实际成本,从而获得利润。简言之,就是所涉商店和服务的设立,并非为了将利润返还给租户,而是为了向这幢庞大综合大楼的居民提供必要的服务。根据相关法律法规,这些设施只能是住房项目的"附带和附属设施"。① 毫无疑问,它们为"合作城市"提供了一个更具吸引力的住房机会,但一些租金下调的可能性并不是Howey(1946)案所认为的必要"利润预期"。毫无疑问,这家住房合作社的购买者希望以有吸引力的价格获得一套像样的住房。但这种经济利益是每一种商业交易的特征。区别于证券交易的是一种投资,即一方将金钱投给另一方,希望从后者的努力中获得利润,而不是购买商品供个人消费或居住。

第三部分

因此,本院认为该案不存在联邦管辖权,因此不支持被上诉人的欺诈指控。本院也认为找不到相应的联邦法律用以支持本案的索赔请求。本院确定无疑地认为,涉案的交易类型,即买房者的目的是购房居住,而不是为了盈利目的进行投资,因而不在联邦证券法的管辖范围之内。

由于被上诉人的申诉不能在联邦法院审理,地方法院驳回了他们的申诉,这是合适的。因此,本院的判决是撤销原判。

第四部分 其他判决意见

布伦南(Brennan)大法官反对法院的生效审理意见,道格拉斯(Douglas)大法官和怀特(White)大法官表示支持,也反对法院的生效审理意见。

我不同意法院的生效判决。在我看来,这里的房地产权益是"证券",因为它们既是"股票"的股份,也是"投资合同"。

一

《1933年证券法》②、《1934年证券交易法》③其中"证券"一词的定义均包括"投资合同"等。自Howey(1946)案判决以来,"投资合同"的基本要素已经很清楚,即"应检测某一计划是否涉及将资金投资于一个共同企业,而利润完全来自其他人的努力"[参见Tcherepnin(1967)案]。毫无疑问,涉案中的合作社城市居民将资金投资于一个共同的企业;唯一存有疑问的是,该投资是否"完全依赖于他人的努力"而获得投资利润。

涉案记录文件很少披露"合作城市"的所有者兼经营者(即河岸公司)作为商业和办公空间出租人的活动。然而,似乎每年从这些活动中流入公司的收入远远超过100万美元[参见上诉法院附录361a(以下简称"附录")④]。这是上诉法

---

① N. Y. Priv. Hous. Fin. Law § 12(5)。
② 15 U.S.C. § 77b(1)[即《美国法典》第15编第77b(1)条]。
③ 15 U.S.C. § 78c(a)(10)[即《美国法典》第15编第78c(a)(10)条]。
④ Appendix in Court of Appeals 361a (hereafter App.)。

院注意到的事实。① 即使扣除了费用——仅税收就占到了总额的一半——对于像"合作城市"这样的大型项目来说，剩余的部分也很难达到最低限度。这就是法院结论的谬误之处，即该公司的经营管理工作是"投机性的和虚无缥缈的"。地方法院正确地认识到，在像"合作城市"这样庞大的项目中，第三方的经营管理工作至关重要。因此，作为股东的合作社城市居民必然会依赖于河岸公司的管理，期待以租金的形式，从作为项目组成部分的商业和办公空间中获得收入。

作为股东，合作社城市居民也必须依靠公司管理层来高效地建设和运营设施，并最终将每月的费用降到最低。上诉法院认为，之所以有利润，其部分原因是合作城市以低价提供住房。② 联邦法院否定了自己先前的认定，即"廉租房来源于纽约州提供的大量财政补贴。"在确定对居民征收的费用时，就必然要考虑管理效率问题，这是一个简单的常识。但是，即使股东（即涉案居民）确实从政府补贴中获得了减少费用的好处，这种好处的获取也不是因为这个原因。法院提到的福利利益，也可能是利润，但它缺乏之所以构成利润的基本特征，即利润应"完全来自其他人的努力"。而在本案中，投资者（即涉案居民）利用其他人的努力来获得政府补贴。这在每天都和利润打交道的华尔街投资者看来是很吃惊的，这样获得的收益竟然不是利润。

上诉法院还考察了给予合作社城市居民每月支付的搬运费部分的税收减免，这是后者的利润来源。③ 但联邦法院驳回了这一论点，称"这些税收优惠只不过是任何房主都可以享受的……"④确实如此，但这与是否构成"完全来自其他人的努力"的利润的问题无关；⑤本案中，针对合作社所有人的特别联邦税收之规定，其用意是"在扣除利息和税款方面，将合作公寓的承租人股东置于与住宅业主相同的地位。"

在 Howey(1946)案中，投资者投资的是柑橘园。尽管税收不是法院处理这些案件需要考虑的因素，但这些投资中的每一项都具有税收优势，它是吸引投资者的主要因素。个人投资者通过收购整个柑橘企业，或者成为独立的石油运营商，是可能获得同样的税收优势的，但这不是答案。他可以这样做，但如果他这样做了，那么他从税收优惠中获得的利润就不是"完全来自其他人的努力"，而只有当他依靠第三方为他创造利润时，才会出现对"投资合同"进行分析的问题。

除了明确拒绝上诉法院考查的每一种形式的利润之外，联邦法院的主张让有见识的经济学家感到惊讶，因为它认为利润不能采取资本增值或参与收益以

---

① 500 F. 2d 1246, 1254 (CA2 1974).
② 500 F. 2d 1254.
③ 同上。
④ Ante at 421 U. S. 855.
⑤ 26 U.S.C. § 216.

外的形式。这里所涉及的各种利润都是以节省的钱而不是挣来的钱的形式来积累并分配给股东(即涉案居民)的。一般的简单常识会告诉我们,这二者是相同的,而更复杂的经济分析也会迫使我们得出结论,在现实世界中,这两种收入形式是没有区别的。例如,投资者没有理由区分税收储蓄和税后收入。根据一项以"保护投资者"为"中心目的"①的法律法规,法院在区分与投资者动机无关的经济诱因类型时显然犯了错误。从经济实质的角度看,该立法的构建更忠实于其"保护投资者"的"中心"宗旨。

毫无疑问,本案的股东(即居民)购买城市合作公寓的诱因之一,是我说的一种或多种形式的利润前景。事实上,鼓励买房的文件提到了一些重要的但不是决定性的证据[见 Joiner(1943)案第 353 页]。这些信息公告虽然没有提及商业和办公空间收入作为持股优势,但确实强调了住房的"合理价格"。他们声称"将尽一切努力"保持月结转费用较低。税收优惠也被认为是所有权的优势,尽管这里当然没有保证联邦和州税收优惠待遇。

我不否认,对证券的广泛法定定义应有一些限制,因而法院区分证券和消费品并不是轻率之举。② 但是,这种区别对于解决本案不起作用。当然,购买股票以获得一套公寓,是涉及消费因素的,但也涉及了投资因素。SEC v. Variable Annuity Co. (1959)案③中提到的"可变年金合同",就说明它是类似投资的情形。毕竟,本案中购买物被明确地标记为"股票"。无论如何,购买的东西在 Howey(1946)案中构成了"投资合同",而本案中"合作城市"的居民股东"投资于一个共同的企业,其利润完全来自其他人的努力",因此他们购买的证券属于《1933 年证券法》和《1934 年证券交易法》定义的范围。

二

此外,这两部法律都将"证券"一词定义为包括"股票"。因此,根据法院在审理 Joiner(1943)案时的观点,"如果某种金融工具的名称和证券法所列举的证券种类相同,则可以将其包括在这些定义中的任何一种。"④"证券"的定义很宽泛,其明确的目标是涵盖"在我们的商业世界中用普通的证券概念就可以认定为证券的形形色色的工具"。⑤ 股票之所以包括在内,是因为"票据、债券和股票等工具相当标准化,仅名称本身就具有确定的含义。"⑥即使这一原则仍然允许一些名为"股票"的工具有例外的余地,但法院排除本案所涉股票的正当理由是非常

---

① Tcherepnin v. Knight. 389 U. S. at 389 U. S. 336.
② Ante at 421 U. S. 858.
③ SEC v. Variable Annuity Co., 359 U. S. 65 (1959).
④ 320 U. S. at 320 U. S. 351; see Tcherepnin, 389 U. S. at 389 U. S. 339.
⑤ H. R. Rep. No. 85, 73d Cong., 1st Sess., 11 (1933).
⑥ Joiner, 320 U. S. at 320 U. S. 351.

不具说服力的。法院指出,"一般意义上说,那些只打算购买国家补贴合作社的住宅公寓供个人使用的人实际上不太可能相信,仅仅是因为交易有所谓的股票份额作证据,他们购买的标的物就要被定性为投资证券。"① 但即使是经验丰富的评论员也对这个问题表示了疑虑。因此,法院的判决理由不符合在 Joiner (1943)案中确立的原则,即"在保全某一行为时,将发行人如何描述其发行的标的物,法院就如此定性的做法没有任何不适当之处。"

本案中的"合作城市"的股票缺乏一些通常被认为是股票的特征,我注意到了这一点。但是,基于如前所述的属于证券的股票的特性,我还是认为涉案的股票应被认定为"投资合同",属于两部联邦证券法所规定的"股票"。

总之,对本案,我的结论是,股票持有人所持有的利息属于"证券",既是因为它们属于"股票"又是因为它们是"投资合同"。② 上诉法院认为地方法院对本案的判决是错误的,我认为上诉法院的做法是正确的。

三

在口头辩论中,上诉人联合住房基金会激烈地争辩说,国家对"合作城市"建设和运营的全面参与和监管,构成了河岸公司,它不是一个以获利为目的的商业企业,而是一个公益性的公共住房企业,是一个由公私两个群体为了中等收入群体利益而创建的一个合伙企业。我同意这种定性,从而得出结论,在监管为项目筹集巨额资金方面,联邦证券法仍然可以发挥其避免欺诈和其他恶意交易行为的作用。③ 毫无疑问,纽约州的严格监管措施也有助于避免这些问题。④ 但国会在制定证券法时考虑了各州监管和联邦监管的双管齐下。⑤ 因此,州法的存在并不是也不能成为排除联邦法律法规应得到适用的理由。事实上,涉案的"合作城市"居民投资者尤其有权获得联邦保护。地方法院恰当地注意到:"如果有一群人需要充分的信息披露,而且应该获得充分的信息披露的话,那么涉案的这些购房者就是这么一群人……本案中的选房决定是这些购房者生活中的一个重大决定。住房费用需要占他们收入的很大比例。他们的储蓄很可能少得可怜,而且他们可能没有资金雇佣律师或会计师来帮助他们。此外,他们极可能会对有信誉的民间团体和工会的提议发表的声明给予很大的信任,特别是当提议上是盖有国家批准的印章时。"

然而,我不同意地方法院的结论,即投资者不仅应受到保护,根据我对法律

---

① Ante at 421 U. S. 851.
② 因此,我没有必要研究 Silver Hills Country Club v. Sobieski, 55 Cal. 2d 811, 361 P. 2d 906 (1961)一案中的"风险资本"标准,来确定这是否会得出相同的结论。
③ See SEC v. Capital Gains Research Bureau, 375 U. S. 180, 375 U. S. 195 (1963); H. R. Rep. No. 85, 73d Cong., 1st Sess., 2-3 (1933).
④ See N. Y. Priv. Hous. Fin. Law.
⑤ SEC v. Variable Annuity Co., 359 U. S. at 359 U. S. 75 (concurring opinion).

法规的理解,这些投资者应受到证券法的保护。一种不同的但也许是更好的补救形式,也可以将被设计用于规制这种投资,但在这之前,这些投资者不应被否认联邦法律法规是明确允许他们这样做。① SEC虽然可能迟迟不肯表态,但已经认识到,这些房企属于其监管机构的范畴,因为所涉及的投资类型是证券法律法规规定的"证券"。对此,我完全同意。我确认上诉法院的判决。

……

案例原文②

二、一步检测法

一步检测法源自 1985 年审理的一个典型案件 Landreth Timber Co. v. Landreth(1985)③[以下简称"Landreth(1985)案"],该案同样涉及对名为"股票"是否属于证券法所规定的"股票"的认定。法院同样采取了"重实质轻形式"的思路审案,采用了 Forman(1975)案的方法,但将它简化为"一步检测法"。

在 Landreth(1985)案中,一个马萨诸塞州的税务律师 Samuel Dennis 先生接到了一封向他出售股票的信件。信件介绍了一家拥有木材业务全部股份的公司,他们详细讲述了木材厂的发展计划、预期利润、现存合同,并将全部股份通过经纪人出售。Dennis 先生对这个计划非常感兴趣。同时,他联系了自己原来的一个客户 John Bolten 先生和他一起购买股票。两个人在调查业务及审计的财务报告后,通过一家有限公司 Ivan Landreth 购买了该业务,Ivan Landreth 同时获聘为该木材公司的顾问,负责日常工作。在股票购买协议允许范围内,Dennis 先生把自己购买的股票转让给一个专门收购木材公司股票的 B & D 公司。B & D 公司后来和另外一家木材公司合并成立了 Landreth Timber Company (LTC)。Dennis 和 John Bolten 两先生购买了 LTC 的 A 类股票,从而拥有该公司资产的 85%,另外六个投资者购买了该公司的 B 类股票,从而拥有该公司资产的 15%。收购完成后,木材厂的经营情形没有达到投资者的预期,重建费用超过了最初的预计。LTC 只好卖掉了木材厂同时被接管,损失了大笔钱财。

---

① See Note, "Cooperative Housing Corporations and the Federal Securities Laws", 71 *Col. L. Rev.* 118 (1971).

② Available at https://casetext.com/case/united-housing-foundation-inc-v-forman, 2023-9-18.

③ Landreth Timber Co. v. Landreth, 471 U.S. 681 (1985).

LTC 根据《1933 年证券法》第 12(a)(1)条提起诉讼,认为木材厂发行股票时没有按照第 5 条的要求进行登记,所以购买者应当收回所有购买股票的金钱;同时被告"疏忽或故意做了错误陈述"并且没有披露与木材厂的价值前景相关的重大事实,违反了《1934 年证券交易法》第 10(b)条和 SEC 规则 10b-5。

被告辩称涉案交易不属于《1933 年证券法》和《1934 年证券交易法》界定的证券范畴,因为涉案交易是"商事企业买卖"(sale of business),原告购买的是"资产"(assets)、"商事企业"(business)、"公司"(corporation),而不是证券法所定义的"证券"(securities)。被告认为:按照 Forman(1975)案的"两步检测法"分析,他们所出售的并非"证券"。其主要理由如下:(1) 根据 Forman(1975)案确立的标准,涉案中的股票并不具备"股票"的五个本质特征;(2) 原告并不是想通过他人努力来获得利润,而是想购买一个它可以控制和管理的公司,因此原告并非《1933 年证券法》和《1934 年证券交易法》旨在保护的"消极的投资者",而是一个"活跃的企业家"。原告主要想"使用或消费"其所购买的商业企业,就像 Forman(1975)案中那些购买股票的人使用那些购买或租赁的公寓一样。从"经济现实"来看,"豪威检测标准"不应该得到适用,而应该适用"商业企业买卖"学说(Sale of Business Doctrine)。因此,Forman(1975)案的第二步判断也不能得出出售股票是"证券"的结论。

针对被告的辩称,法院分别进行了详尽的分析。首先,法院虽然同意某一金融工具的名称不足以导致该工具直接列入"证券"的范围,但否定了 Forman(1975)案"两步检测法"中的"经济实质标准"。法院指出,按"经济实质标准"来确认的"豪威检测标准"是为了认定某一金融工具是否属于"投资合同",而不是为了决定其是否落在列出的"证券"例子范围内的每一种而设的。因此,证券法明确规定的"股票"和其他金融工具的判定标准并不必然都得都适用"豪威检测标准"。

其次,法院认为"商业企业买卖"学说的含义是指,当一个商业企业卖掉了100%股票或者大部分控股股票时,所涉及的"股票"不会被当成证券法律意义上的"证券"而受联邦证券法律的规制,因为这里卖掉的是整个"商业(企业)"(business)而不是"证券"(securities)。[①] 因此,法院认为本案不能适用"商业企业买卖"学说。《1933 年证券法》也不仅仅涵盖"消极投资者",也会规范将控制转移到"企业家"手中的私下商定的交易。法院认为,在《1934 证券交易法》中有专门条款针对收购兼并中公司管理人员和控股股东披露义务、报告义务、短线交易的利益收回等。虽然《1933 年证券法》第 4(2)条豁免了那些不涉及公开发行股票

[①] Irving P. Seldin, "When Stock Is Not a Security: The 'Sale of Business' Doctrine Under the Federal Securities Laws", 37 *Bus. Law.* 637(1982), p.637.

的登记义务,但是在反欺诈条款中并不存在这种豁免。因此,联邦证券法同时也规范"企业家"的协商交易,从而"商业企业买卖"学说不能成为免除联邦证券法规制的理由。

最后,法院分析了本案中金融工具具有的特征,认为它符合 Forman(1975)案中关于"股票"本质特征的描述,因而认定属于"证券"定义中的"股票",属于《1933 年证券法》《1934 年证券交易法》规范范畴。因此,除非获得《1933 年证券法》关于"证券的豁免"或"证券交易的豁免",被告发行股票时必须按照法律要求登记,同时对重大事项作真实披露,否则必须按照《1933 证券法》第 12(1)条、《1934 年证券交易法》第 10(b)条、SEC 规则 10b-5 承担责任。

上述两个经典案例表明:无论是初级的"两步检测法",还是改进的"一步检测法",联邦最高法院在分析涉及"股票"的案件时,不会仅仅从形式上考查某一金融工具是否标有"股票"的名称,而是要结合股票的"本质特征"来进行判断:如果不具备这些本质特征的话,那么法院就不再从"经济现实"标准的角度分析该工具是不是"投资合同",而是直接得出结论,该股票不是"证券",从而不必受联邦证券法律规制。这同样是遵循了"重实质轻形式"的原则。

第四节　吸收公众存款的非法性之反思

吸收公众存款活动作为一种典型的非正规金融[①]活动,一直流行于我国经济社会中,但到了 1995 年颁布《商业银行法》时却将其视为非法,创设了"非法吸收公众存款或变相吸收公众存款"(以下简称"'非法/变相'吸收公众存款")概念,并对其采取行政取缔与刑事惩罚双重规制的基本模式。[②] 与此配套,1997 年《刑法》修订时,在增设的"破坏金融管理秩序罪"一节中新增了第 176 条,"非法吸收公众存款"正式成为具体罪名。由于上述两部基本法律均未对"非法/变相"吸收公众存款作出具有操作性的解释,以及此后不断出台的政策性文件[③]均未

[①] 非正规(informal)金融,又称民间金融、地下金融、草根金融,与正规(formal)金融相对,是指非法定的金融机构所提供的间接融资,以及个人之间或个人与企业之间的直接融资,通常未经政府批准或者未被纳入金融监管进行规制。

[②] 1995 年《商业银行法》是第 79 条第 1 款,2003 年修正《商业银行法》时改为第 81 条第 1 款,仅在文字表述上稍作修改:"未经国务院银行业监督管理机构批准,擅自设立商业银行,或者非法吸收公众存款、变相吸收公众存款,构成犯罪的,依法追究刑事责任;并由国务院银行业监督管理机构予以取缔" (2015 年修正时该条款未再修改)。

[③] 二十余年来各主要政策性文件如下:(1)《关于审理诈骗案件具体应用法律的若干问题的解释》(法发〔1996〕32 号);(2)《整顿乱集资乱批设金融机构和乱办金融业务实施方案》(国办发〔1998〕126 号);(3)《非法金融机构和非法金融业务活动取缔办法》(国务院令第 247 号);(4)《关于取缔非法金融机构和非法金融业务活动中有关问题的通知》(银发〔1999〕41 号);(5)《坚决防范和打击非法集资等违法犯罪活动——全国人大常委会法制工作委员会和国务院法制办公室负责人答新华社记者问》。

对"非法/变相"吸收公众存款与"非法集资/乱集资"的关系如何等予以明确,都使得此类商事活动被打压的风险大增,从而招致了社会的强烈诟病。为对此作出回应,在积累多年司法经验的基础上,最高人民法院于 2010 年颁布了《关于审理非法集资刑事案件具体应用法律若干问题的解释》[以下简称"最高院《解释》(2010)"]①,其第 1 条第 1 款对"非法吸收公众存款罪"作了最新的界定,第 2 条列举了 11 类以"非法吸收公众存款罪"定罪处罚的行为。通过梳理上述近二十余年的法律文件,可以清楚地得出一个结论,那就是"非法集资"的认定标准与"非法/变相"吸收公众存款的特征几无二致;而司法实践也基本上是将二者作为同一概念对待的,通常都是采取"非法/变相"吸收公众存款的四特征来认定所谓的"非法集资"行为的。② 以最高院《解释》(2022)为代表的对"非法/变相"吸收公众存款的基本特征所概括的定义是:"未经有权机关依法批准,公开向社会不特定对象,以承诺还本付息或给付回报的方式筹集公众资金。"

这就意味着,经由"非法吸收公众存款罪",各级各类公权机关通过政策性文件,可将流行于我国经济社会中的、以所谓的"非法"吸储/集资为典型代表的非正规金融活动,施以刑罚规制。在此背景下,那些合法的融资者会面临着"牢狱之灾",而广大的投资者则会面临着因民事赔偿责任缺失而导致的"血本无归"。基于"问题导向"的研究思路,现有很多文献对"非法吸收公众存款罪"的讨论,无论是持赞成还是反对意见的,多是从解释论的角度展开论证的③,而缺乏从立法论的角度反思"非法吸收公众存款罪"的文献。本节将从三个角度来反思"非法吸收公众存款罪"的立法政策。第一个视角是刑法的基础理论,即现代刑法核心原则之一的谦抑性原则,通过对该原则之下无须入罪的具体情形(刑罚的无效果、存在其他民商法的替代,以及刑罚的无效益)的分析,论证"非法吸收公众存款罪"应该去罪化。第二个视角是比较的视角,分析我国非法吸储与美国证券法之"投资合同"的核心特征的毫无二致,而包括"投资合同"在内的证券之立法的核心目的是保护公众投资者,从而指出"非法吸收公众存款罪"可以去罪化,并且可以适用证券法进行更有效的规制。从这个视角得出的结论,也是与刑法谦抑性原则之下的存在其他民商法之替代而无须入罪相吻合的。第三个视角是宏观

---

① 现行版本是 2021 年 12 月 30 日最高人民法院审判委员会第 1860 次会议通过,于 2022 年 3 月 1 日起施行的《最高人民法院关于审理非法集资刑事案件具体应用法律若干问题的解释》(法释〔2022〕5 号),但未对原解释的法条作实质性修改。

② 从前述《非法金融机构和非法金融业务活动取缔办法》的结构来看,非法吸收公众存款、变相吸收公众存款,与非法集资行为是并列的类型,但是,由于《刑法》并没有明文规定非法集资罪,导致在司法实践中,除了集资诈骗之外,对所有的非法集资活动,都是一律采取非法吸收公众存款罪进行规制的。

③ 较有代表性的文献有朱锦清:《这些果园是证券——兼评〈经济日报〉"庄园主"一文》,载《法学家》2000 年第 2 期;刘燕:《发现金融监管的制度逻辑——对孙大午案件的一个点评》,载《法学家》2004 年第 3 期;彭冰:《非法集资活动的刑法规制》,载《清华法学》2009 年第 3 期;等等。

的视角,主张在市场经济也是法治经济体制中,以民商法而非刑事法规制所谓的"非法变相"吸收公众存款行为的优先性。

一、刑法谦抑性原则的反思

刑法的谦抑性原则源远流长,发轫于罗马法中"法官不拘泥小事"的法学思想。近代英国思想家边沁在其著作中对谦抑性原则进行了不完备的列举,举凡"不存在现实之罪,不具有第一层次或第二层次之恶,或者恶性刚刚超过由附随善性所产生的可补性","对不知法者、非故意行为者、因错误判断或不可抗力而无辜干坏事者"与"对儿童、弱智者、白痴等人",以及"当通过更温和的手段——指导、示范、请求、缓期、褒奖可以获得同样效果时",都不适用刑罚。[①] 日本学者川端博教授对谦抑性原则进行了学理上的深入研究,提出该原则为现代刑法的根本原则,并具体概括为补充性、片段性和宽容性等三个特性。所谓刑法的补充性,其核心含义是指:由于仅仅以刑罚的手段不可能抑止犯罪,并且因为刑罚是剥夺人的自由与财产等之极苛酷的制裁,因而刑罚应当仅限于作为防止犯罪的最后手段。所谓刑法的片段性,其核心含义是指:基于刑法的规制不应当波及生活领域的各个方面,对维持社会秩序来说应当限于必要的最低限度领域。所谓刑法的宽容性,其核心含义是指:犯罪即使是现行的,但在衡量法益保护之后,只要不能认为是必要不得已的情况,就应当采取宽容精神而慎重处罚。[②] 由此可见,所谓刑法的谦抑性原则可以概括为"即使行为侵害或威胁了他人的生活利益,也不是必须直接动用刑法,可能的话,采取其他社会统治的手段才是理想的,可以说,只有其他社会统治手段不充分行使,或者其他社会统治手段(如私刑)过于强烈,有代之以刑罚的必要时,才可以动用刑法。"[③]也就是说,刑法应根据一定的规则控制处罚范围与处罚程度,即:凡是能够适用其他法律即足以抑制某种违法行为而保护合法权益时,就不要将其规定为犯罪;凡是能够适用较轻的制裁方法就足以抑制某种犯罪行为而足以保护合法权益时,就不要规定较重的制裁方法。[④]

刑法的谦抑性原则贯穿于刑法的始终,尤其体现在立法上,要求立法机关只有在没有可以代替刑罚的其他适当方法存在的条件下,才能将某种违反法秩序的行为设定成犯罪行为。从刑事立法角度来说,大体有三种情况无须"入罪":第一,刑罚的无效果,即某种行为设定为犯罪行为后,仍然不能达到预防与控制该

---

① 〔英〕吉米·边沁:《立法理论——刑法典原理》,孙力等译,中国人民公安大学出版社1993年版,第66—67页。
② 具体论述参见〔日〕川端博:《刑法总论讲义》,日本成文堂1995年版,第57页。
③ 李海东主编:《日本刑事法学者》(上),法律出版社、日本成文堂1996年版,第273页。
④ 张明楷:《刑法格言的展开》,法律出版社1999年版,第289页。

项犯罪行为的效果,则该项立法无可行性。第二,存在他法替代,即如果某项刑法规范的禁止性内容,可以用民商事法律或其他行政处分手段来有效控制和防范,则该项刑事立法即属无必要性。第三,刑罚的无效益,是指立法、司法与执法的成本大于其所得收益。① 以此可以推知,谦抑性要求在立法环节中,如果存在当其刑事立法与民商事立法或经济行政立法等效时,即不作刑法上的规制。实现谦抑的主要途径有二,即非犯罪化与非刑罚化。其中非犯罪化,是指取消某种罪名,即排除某种行为应受到刑法惩处的性质,把各种传统的轻微犯罪转化为违反秩序的一般违法行为。

以此观之,刑法谦抑性则在所谓的"非法吸收公众存款罪"中有着充分的体现。

首先,以刑罚处置"非法/变相"吸收公众存款行为的无效果已为官方的统计数据所证明。在"非法/变相"吸收公众存款入罪之后的第二年,中国人民银行在1999年的一份通知中称:截至1998年年底,"以各种名义的非法集资活动共7900多起,集资金额超过390亿元"。② 在2000年最高人民法院下发《全国法院审理金融犯罪案件工作座谈会纪要》(以下简称《纪要》)的同一年,中国人民银行却无奈地坦承,"由于非法集资活动手段花样翻新,形式比较隐蔽,近几年来,非法集资问题还是屡禁不止……"③2001年最高人民检察院与公安部联合下发《关于经济犯罪案件追诉标准的规定》,重拳"围堵""非法/变相"吸收公众存款行为,可是,到了2004年,最高人民法院却在其公开发布的一份通知中无奈地承认:"近年来,一些地方集资诈骗、非法吸收公众存款犯罪活动十分猖獗,大案要案接连发生……"④2007年,国务院办公厅在指出"近年来,非法集资在我国许多地区重新抬头,并向多领域和职业化发展"的判断上,公布了更为惊心动魄的数据:"2006年,全国公安机关立案侦查的非法集资案件1999起,涉案总价值296亿元。2007年1至3月,仅非法吸收公众存款、集资诈骗两类案件就立案342起,涉案总价值59.8亿元,分别较去年同期上升101.2%和482.3%。"以至于惊呼"若不采取切实有效措施予以治理整顿,势必造成更大的社会危害。"⑤到了2010年,最高人民法院颁布《解释》(2010),再次重拳出击"非法/变相"吸收公众存款等非法集资行为,却没有想到非法集资行为反而出现了遍地开花的态势,且个案吸纳资金达到惊人的数量,例如据2011年4月24日《京华时报》报道,湘西土家

---

① 屈学武:《刑法谦抑性原则的正确解读及其适用》,载《光明日报》2003年11月4日,理论版。
② 中国人民银行《关于进一步打击非法集资等活动的通知》(银发〔1999〕1289号)。
③ 中国人民银行新闻稿《坚决打击非法集资活动维护社会经济秩序稳定》(2000年4月6日)。
④ 最高人民法院《关于依法严厉打击集资诈骗和非法吸收公众存款犯罪活动的通知》(2004年11月15日)。
⑤ 国务院办公厅《关于依法惩处非法集资有关问题的通知》(国办发明电〔2007〕34号)。

族苗族自治州非法集资案涉及大小 18 个案件,涉及 34 万人次、6.2 万余集资群众,20 家公司涉案,涉及本金总额高达 168 亿余元。[①] 2011 年 5 月云南昆明金座公司非法集资 4.8 亿[②];内蒙古自治区包头市惠龙商贸有限责任公司非法吸收社会存款约 12.5 亿元[③];陕西山川林业有限公司非法吸收公众存款达 6 亿多元[④];2011 年 6 月云南鸿如茶叶有限公司及其杭州公司非法集资 1.27 亿元[⑤];2020 年 5 月 8 日,杭州市中级人民法院宣判的一起集资诈骗案件涉及 48 万余人,总额超 530 亿元。[⑥] 2023 年 6 月 20 日,上海一中院宣判被告人韩宝毅集资诈骗案,累计非法募集资金 63 亿余元,造成 1900 余名被害人实际经济损失 11 亿余元[⑦];等等。在这种严刑峻法之下"非法/变相"吸收公众存款活动反而越演越烈,充分说明了刑罚对此类金融活动的无效果。

其次,对于所谓的"非法/变相"吸收公众存款行为的规制,存在着运用民商事法律等手段进行有效控制和防范的可能性与必要性。如前所述,最高人民法院《解释》(2010)第 1 条第 1 款对"非法/变相"吸收公众存款所下定义的四个特征,与 2007 年全国人大常委会法工委和国务院法制办就防范和打击非法集资答问(实录)[⑧]对"非法集资活动"所概括的四个基本特征[⑨]、国务院办公厅《关于依法惩处非法集资有关问题的通知》(国办发明电〔2007〕34 号)对"非法集资"所概括的三个主要特征[⑩],本质上都是相同的。上述立法与政策所概括的"非法吸收公众存款罪"之特征,显然可以看出这些官方文件不适当地泛化了"公众存款"的

[①] 《湘西 4 亿元非法集资案宣判 主犯一审被判死刑》,载《京华时报》2011 年 4 月 24 日。
[②] 《昆明金座非法集资案宣判吸金逾 4.8 亿两人获缓》,载《人民法院报》2011 年 5 月 27 日。
[③] 《包头一公司涉嫌非法集资 12.5 亿 法人自焚身亡》,载《广州日报》2011 年 5 月 15 日。
[④] 张小乙、张超、赵崇霖:《"山川林业"非法集资 6 亿多元》,载《西安晚报》2008 年 5 月 27 日。
[⑤] 陈佳、陈福:《揭秘杭州特大非法集资案:近千人涉案 集资 1.27 亿》,载中国新闻网,https://www.chinanews.com.cn/fz/2011/06-26/3137117.shtml,访问时间:2023-5-10。
[⑥] 《杭州中院宣判一起集资诈骗案 涉案金额超 530 亿元》,载新华网(http://m.xinhuanet.com/2020-05/08/c_1125958477.htm),访问时间:2023-6-23。
[⑦] 《上海一中院一审宣判韩宝毅集资诈骗案,判处韩宝毅无期徒刑》,载澎湃新闻(https://m.thepaper.cn/kuaibao_detail.jsp?contid=23550817&from=kuaibao),访问时间:2023-6-23。
[⑧] 《坚决防范和打击非法集资等违法犯罪活动——全国人大常委会法制工作委员会和国务院法制办公室负责人答新华社记者问》,载中国人大网,http://www.npc.gov.cn/zgrdw/npc/xinwen/jdgz/zhbd/2007-07/10/content_368654.htm,访问时间:2023-6-23。
[⑨] 该负责人指出:"非法集资活动涉及内容广,表现形式多样。……非法集资活动主要有以下四个方面的基本特征:一是未经有权机关依法批准;二是向社会不特定对象即社会公众筹集资金;三是承诺在一定期限内给予出资人货币、实物、股权等形式的还本付息;四是以合法形式掩盖其非法集资的目的。"
[⑩] 通知指出,非法集资的主要特征:一是未经有关监管部门依法批准,违规向社会(尤其是向不特定对象)筹集资金。如未经批准吸收社会资金;未经批准公开、非公开发行股票、债券等。二是承诺在一定期限内给予出资人货币、实物、股权等形式的投资回报。有的犯罪分子以提供种苗等形式吸收资金,承诺以收购或包销产品等方式支付回报;有的则以商品销售的方式吸收资金,以承诺返租、回购、转让等方式给予回报。三是以合法形式掩盖非法集资目的。为掩饰其非法目的,犯罪分子往往与受害者签订合同,伪装成正常的生产经营活动,最大限度地实现其骗取资金的最终目的。

概念,从而打压了社会的正常投融资活动;采用"不特定对象"与"公开宣传"两要件来界定吸收公众资金的非法性,至少从法理上来讲是毫无坚实依据的,反而会压缩社会正常金融活动的应有空间;作为商业信用的"吸收公众存款"行为与银行吸储均属并行不悖的合法金融活动,该种经济行为属于民商法的保护领域,而不应有作为公权的政府部门之事先批准。① 实际上,我国现行有效的《民法典》《商业银行法》《公司法》《证券法》等民商事法律已足以规制"吸收公众存款"行为,也就说存在着他法的替代,因而对该行为进行刑事规制即属无必要。

对于"吸收公众存款"进行刑事处罚的无效益问题,虽然囿于统计数据的缺失,我们无法通过具体的数据比较"吸收公众存款罪"的立法、司法与执法的成本是否大于其所得收益的结论;但是,我们从十余年来我国对该行为所采取的接二连三的"堵截"运动可以看出,其人力、物力和财力的支出肯定是相当可观的。而在每一次高压政策(包括立法与司法解释在内)出台不久,"非法/变相"吸收公众存款活动却反而呈现出"星星之火,可以燎原"的态势,无论是在地域的广度上,还是在个案金额的数量上,都在节节攀升。

二、投资者保护立法目的的反思

非法吸储入罪立法政策的第二个反思,可以从公众投资者保护之立法目的的角度展开,这也可以从比较的视角来得出结论。

如前所述,由"非法/变相"吸收公众存款行为之基本特征所概括出来的定义,即"未经有权机关依法批准,公开向社会不特定对象,以承诺还本付息或给付回报方式筹集公众资金,"从证券立法角度来看,它与美国司法实践所概括的、属于法定证券品种之一的"投资合同"②,是完全相同的。

"投资合同"作为美国证券法所涵括的证券品种之一,其法定特征是由1946年判决的、具有里程碑意义的Howey(1946)案③确立的。在该案中,佛罗里达州的Howey公司将自己每年种植的500亩橘子地中的一半出售给身处全美各地的投资人,这些投资人希望Howey公司能给他们带来丰厚的利润,可是自己又没有播种、收割的设备,更没有销售橘子的经验。Howey公司与这些投资人签订《土地销售合同》(Land Sales Contract)和《服务合同》(Service Contract),共同约定:土地以保证契约的形式转让给投资人;在服务合同期内,Howey公司的子公司对橘子的生产、管理、销售等具有决策权;投资人在收获季节可以获得表明其收益的支票。后来,投资人与Howey公司双方发生纠纷,争议焦点是"土

---

① 刘新民:《"非法吸收公众存款罪"去罪论——兼评〈关于审理非法集资刑事案件具体应用法律若干问题的解释〉(法释〔2010〕18号)第一条》,载《江苏社会科学》2012年第3期。
② See Securities Act of 1933 Section 2 (a)(1); Securities Exchange Act of 1934 Section 3 (a)(10).
③ SEC v. W. J. Howey Co. et al., 328 U.S. 293 (1946).

地销售合同、保证契约、服务合同是否一起构成了《1933年证券法》第2(a)(1)条规定的"投资合同",因而是否属于证券?"①官司一直打到美国联邦最高法院,最终美国联邦最高法院给出了肯定的答案。为得到这个结论,美国联邦最高法院在对整个案情进行了详尽检测的基础上,建立了判断"投资合同"是否为"证券"的标准[即"豪威检测标准"]:(1)将金钱投资到;(2)一个共同事业中;(3)目的在于完全依赖发起人或第三方的努力;(4)来实现获得利润回报的期待。②该标准后经修正而扩大③,形成了认定"投资合同"为证券的经典标准即"豪威检测标准":公众投资者将其自己的财产投资于某一企业中,目的在于通过该企业的经营管理,来实现获取经济回报的期望。判断"投资合同"属于证券的"豪威检测标准",是从投资者的角度来下定义的,我们将此概念转化为从融资者(诸如企业等)角度进行概括,则上述定义可以界定如下:商业组织等资金需求者向社会公众吸收资金而许以利润回报。这一定义显然与我国最高人民法院《解释》(2010)第1条第1款"非法/变相"吸收公众存款的定义(即"未经有权机关依法批准,公开向社会不特定对象,以承诺还本付息或给付回报的方式筹集公众资金")实质上毫无二致。

考诸各国或地区的《证券法》之立法目的,可知其核心和根本在于保护公众投资者(其他目的都有赖于该目的),我国《证券法》亦不例外;但是,我国自1998年制定《证券法》以来,历经2004年、2005年、2013年、2014年和2019年修正和修订,在这二十多年的时段中,证券品种仅仅只在股票、公司债券两种④的基础上,增加了证券投资基金和证券衍生品种两类;虽然增设了"国务院规定的其他证券"一类的兜底条款表述,但实际上国务院至今始终没有推出任何新品种。同时,由于无判例法传统,我国对证券的司法界定更无从谈起,从而不可能出现类似于美国联邦最高法院在审理Howey(1946)案时对"投资合同"属于证券进行司法界定的实践——"包含着一条弹性的、但不是呆板的原则,该原则能够应付那些利用他人钱财、允诺获取利润的人炮制的无穷无尽、花样翻新的计谋"。⑤这样一来,我国经济活动中类似于美国佛罗里达州Howey公司吸收社会资金以开发

---

① 董华春:《美国证券法"投资合同"的法律辨析》,载《证券市场导报》2003年第4期。
② 原文如下:Investment of money due to an expectation of profits arising from a common enterprise which depends solely on the efforts of a promoter or third party.
③ 具体论述可参见刘新民:《"非法吸收公众存款罪"的证券法规制研究》,载《华东师范大学学报(哲学社会科学版)》2015年第3期。
④ 《证券法》第2条规定:"在中国境内,股票、公司债券和国务院依法认定的其他证券的发行和交易,适用本法。本法未规定的,适用公司法和其他法律、行政法规的规定。"
⑤ 原文如下:It embodies a flexible, rather than a static, principle, one that is capable of adaptation to meet the countless and variable schemes devised by those who seek the use of the money of others on the promise of profits. See SEC v. Howey Co., 328 U.S. 293 (1946).

庄园的金融活动就不可能得到《证券法》(2019)的认可,投融资双方的合法权益就无法为国家法律所承认和保护,并为采取行政处罚和刑事规制预留了制度的口子。

中国式的庄园开发活动是我国民间非正规金融活动的一种典型,完全符合美国证券立法之证券品种之一的"投资合同"特征,以及司法实践所确立的认定"投资合同"的"豪威检测标准"。例如,1997年广东省从化林业资源开发有限公司通过各大媒体刊登"著名国家级旅游度假区从化温泉内的万亩私家果园"等广告词进行招商,吸引了来自港澳、珠三角各地600多名投资者高达数千万元的投资。与美国Howey(1946)案类似,这些果园投资者既无荔枝、龙眼等果树种植经验,也根本不参与公司的实际经营管理,其获利与否完全取决于从化林业资源开发有限公司的生产经营管理活动。该典型案例完全符合"投资合同"的四要件,是典型的"豪威检测标准"中国版:遍布华南地区的公众投资者,(1)将其自己的现金财产,(2)投资于从化林业资源开发有限公司,并(3)通过该公司管理层的努力而不是通过自己参与公司的经营管理,(4)来实现获取利润的期望。这个"豪威检测标准"同样也符合从融资者角度来定义的所谓"非法吸收公众存款/非法集资",即:从化林业资源开发有限公司(资金需求者)向社会公众吸收资金而许以利润回报。显然,该典型案件中的果园企业之行为属于美国证券法中的"投资合同"是毫无疑问的;因此,如果该案发生在美国的话,可以想见美国联邦最高法院势必将其认定为中国版的Howey公司——从化林业资源开发有限公司的行为是一种证券发行行为,判决其须按照有关规定登记发行。这就是说,美国司法实践将在我国被称为所谓的(非法)"集资活动"或曰"吸收公众存款行为"——投资的另一面即为集资(融资)——归入到民商法的规制范围,其行为若有瑕疵则要求其补正即可,而非直接视为犯罪行为。但现实是,由于立法政策的理念的不同,对于活跃于我国经济生活中的类似于美国Howey(1946)案中的创造性非正规金融活动,我国法律采用的是公法"堵截"办法而非私法的"引导"之策,以行政取缔与刑事惩罚的双重高压待之。其后果是既压抑了市场创新的活力,也边缘化了公众投资者保护的立法目的,而且此种规制的效果更是被实践证明是适得其反的。

立法资料表明,美国国会之所以不在证券立法中对包括"投资合同"在内的证券品种进行定义,其目的是在于将"我们这个商品社会中所谓的证券,无论是以怎样的形式出现,都被归纳进定义之中"[1],目的是希望在鼓励市场创新的同时落实公众投资者保护之证券法的核心宗旨;而联邦法院的司法实践也与此立法目的保持着高度的一致性,其中以"豪威检测标准"作为认定证券之"投资合同"的内涵,真正落实最终保护公众投资者的立法目的。诸如美国等国家或地区

---

[1] United Housing Foundation, Inc. v. Forman, 421 U. S. 837, 847-848 (1975).

之证券立法不断扩大证券品种,以践行"疏而不堵"的立法理念,应该值得我国《证券法》(2019)借鉴和效仿。

三、发展社会主义市场经济的反思

所谓市场经济,简言之,是指产品的生产和服务的提供以及销售完全由分散的决策者(包括个人和组织)根据自由市场的价格机制引导资源配置的一种经济体制,它并没有一个中央调控主体来指引其运作,而是在市场上通过产品和服务的供给与需求的相互作用来达成自我组织的效果。市场经济的决策者从利己主义出发,在价格这只"看不见的手"的引导下"借由追求他个人的利益,往往也使他更为有效地促进了这个社会的利益,而超出他原先的意料之外"[①]。亚当·斯密阐述的这一"市场保证效率"的原理已历经两个多世纪,尽管期间陆续遭遇了经济学家们的批驳,但并没有发现足以从根本上动摇该学说的有力证据,市场仍被认为是现代社会配置资源、协调经济的最有效的方式。因此,分散自由决策是坚持市场经济的基础与关键,政府的干预应尽量地减少。我国社会中长期存在的所谓"非法/变相吸收公众存款"活动是典型的市场经济活动,在这种非正规金融活动中,投融资双方在利己原则的指引下自发地进行金融资源的高效配置,政府本不应横加干预,尤其是不应该采取"堵截"的刑法打击方法。这是必须守住的底线。

不过,市场经济并非完美无缺的。历史经验和理论学说表明,由于市场失灵的广泛存在,诸如垄断、外部性、公共物品,以及信息不完全等,往往会导致社会资源配置缺乏效率或资源配置失当。[②] 为了克服市场失灵,弥补市场机制的缺陷,政府干预就有了必要性[③],用"看得见的手"来弥补"看不见的手"从而优化资源配置。但是,政府干预的领域和方式是有限的,仅限于对产生负外部性的生产或消费行为征税(即所谓的"庇古税"),对产生正外部性的行为进行补贴,对拥有市场势力的企业进行管制或收归国有而由政府经营等,以及提供制度基础设施方面等,诸如制定完善的契约制度、建立健全产权保护法律制度、制定反垄断反不正当竞争法来提高资源配置效率、支持教育科研以提升社会智力基础和技

[①] 〔英〕亚当·斯密:《国民财富的性质和原因的研究》(下卷),郭大力、王亚南译,商务印书馆1974年版,第27页。

[②] 市场失灵原因的现代解释,更多的是从信息不完全的角度出发的,以至于信息不完全被认为是市场失灵最根本的原因。所谓不完全信息,是指市场参与者拥有的信息不完备(即一些信息不为人所知)与不对称(一些人拥有的信息多于另一些人)的情况。

[③] 传统经济理论主张市场失灵与政府干预是此消彼长的关系,对市场失灵的分析通常是为了说明政府干预经济活动的必要性和有效性。现代经济学理论则更多的是从信息不完全的角度来看待市场失灵问题,而信息不完备是政府部门和私人部门都会面临的问题,因此并不是只要存在市场失灵,政府干预就具有充分的理由,也许有时候因政府干预所导致的问题比它所能解决的问题还要多。

水平,以及制定完善的信息披露制度以促进市场经济活动公平有序地进行等等。对于金融经济活动来说,最后一点尤为至关重要,因为市场有效运行的一个前提是消费者与生产者拥有全面、正确、充分的信息,以作出效用最大化或利润最大化的正确决策。因此,在米尔顿·弗里德曼(Milton Friedman)等人看来,许多市场失灵应该借由信息公开制度加以解决,而不是通过政府的控制;信息公开制度的建设是必要的政府干预,但它并不意味着政府自身介入商业运作,而是以此帮助消费者获取真实的价格信息以正确作出是否进行交易的决策。金融业是一个风险高度集中的行业,其最为重要的原因即在于信息不完全,从而导致逆向选择和道德风险两种不利后果。在我国社会中长期存在的吸收公众存款行为,作为一种典型的金融活动,当然同样存在着信息不完全问题。然而,研究表明,相当部分的非正规金融相对于正规金融来说,其融资活动中的逆向选择与道德风险却相对较低。这是因为非正规金融在获取信息的方式和实施机制方面可由"熟人社会"所提供的声誉机制、人身信赖等加以实现,这在很大程度上克服了信贷市场上的信息不完全难题。而对那些跨越地域、大额借贷的非正规金融,由于其交易活动呈现出连续性、集中性和专业化的特点,社会交往活动进入了"陌生人社会"阶段,则上述"熟人社会"起作用的机制就不敷应用,而需要国家进行干预,通过立法来建立和完善信用法制建设。2010年以来,我国所谓的"非法/变相"吸收公众存款活动愈加朝着跨地域、大额度方向发展,亟需政府建立健全信息披露制度以引导其健康发展,而不是采取现行的行政取缔与刑事惩罚双重规制模式。①

现代市场经济与资本的天生逐利性是与生俱来的,二者关系是不离不弃的,市场经济对资本逐利性应秉持"引导"之策而非加以排斥且不可能加以排斥。市场经济的实践表明,无论一国金融管制是如何的严厉,它都会通过金融产品的不断创新加以规避而寻求利润最大化。我国社会中长期存在的所谓"非法/变相"吸收公众存款活动就是一个鲜明的例子:由于股市的持续低迷、银行储蓄的利息微薄,以及其他金融产品供给严重不足等诸多因素,使得以十万亿计的巨额民间资金缺少必要的投资渠道;但是庞大的民间资本在并不宽松的金融体制之下,还是在左冲右突中找到了急需资金发展生产、提供服务但正规金融却不愿惠顾的民营企业,因而旺盛的融资需求与充足的资金供给之紧密配合就势所必然。1993年的北京长城机电沈太福案②、2003年的河北大午集团案③、2007年内蒙

---

① 吴敬琏:《浙江可率先建立现代市场经济》,载《北京经济报》2001年7月12日。
② 陈维伟、郑庆东:《十亿元大骗局》,载《光明日报》1993年6月24日。
③ 韩元恒、丁力辛:《大午集团和孙大午被追究刑事责任》,载中国法院网,https://www.chinacourt.org/article/detail/2003/10/id/89008.shtml,访问时间:2023-6-23。

古万里大造林公司案①、2011年4月的包头市惠龙商贸公司案②,8月的兰州大圣集团案③以及同年11月的丽木银泰集资诈骗案④等,就是显著的实例。资金需求者虽然明知吸收公众存款行为会面临着严厉的刑事制裁,而资金提供者也通常知晓自己所投入资金可能面临着血本无归的后果,但是所谓的"非法/变相"吸收公众存款现象还是前仆后继地涌现于我国的经济生活中。可以预期,基于资本的天生逐利性,我们只有改变现行的排斥和打压政策,建设市场化导向的金融体系,推进多层次的资本市场法制建设,上述非正规金融活动的负面性和危害性才能得到有效遏制。

市场经济奉行分散决策,决定了私权主体自利原则的合法性,这也就在一定程度上意味着市场经济就是民营经济,至少应是民营经济在社会经济活动中占据主导地位,而不是国有经济占据主导或垄断地位。然而,我国的现实正好相反,尤其是在金融活动领域中更为突出。众所周知,尽管原有的国有商业银行进行了股份制改造,实现了股权多元化,但是国有股的独大仍是不争的事实,使得国家的意志能够几无约束地得以实现;证券市场的建设直至今日仍然是以为国有企业以及大型的民营企业提供融资服务为导向的,中小微之民营企业正常的融资需求得不到应有的满足⑤;而资本市场的单一性、金融产品的单一性和同质化⑥,则迫使或强化了民间雄厚的资金涌向中小微民营企业,尽管这些资金提供者明知因信息不完全所隐含的巨大风险。正是这种现行金融制度安排,使得作为资金需求者的中小民营企业和作为资金提供者的社会民众的投融资活动深受压抑;也正是这种金融制度安排,为我国所谓的"非法/变相"吸收公众存款频繁发生提供了制度环境。我们认为,非正规金融的合法化已不仅仅是一个法律技术层面问题,而更应该是一个立法政策导向问题,这个立法政策应由发展社会主义市场经济所引导,对非正规金融活动实施"引导型"立法,规范而不是打压投融资双方的市场决策行为。

---

① 《"万里大造林"案终审裁定,主犯陈相贵获刑十一年》,载《法制日报》2009年4月10日。
② 《内蒙古包头一公司非法集资12.5亿 法人自焚身亡》,载环球网,https://www.china.huanqiu.com/article/qCaKrnJr6iu,访问时间:2023-6-23。
③ 许沛洁、朱娅:《公司非法集资涉案9700万元 庭审证据300卷1米高》,载《兰州晚报》2011年8月2日。
④ 《丽水银泰集资诈骗案55亿余元主犯被判处死刑》,载中国新闻网,chinanew.com.cn/f2/2011/11-07/3443492.shtml,访问时间2023-6-23。
⑤ 张杰:《民营经济的金融困境与融资次序》,载《经济研究》2000年第4期。
⑥ 目前我国正规融资产品只有商业银行、信托、股票、公司债券、企业债券、保险、证券投资基金、短期融资券、证券公司集合理财计划等有限的几类,分别规定于《商业银行法》(2015)、《信托公司集合资金信托计划管理办法》(中国银行业监督管理委员会令2007年第3号,2009年修订)、《证券法》(2019)、《企业债券管理条例》(国务院令第588号,2011年修订)、《保险法》(2018)、《证券投资基金法》(2015)、《短期融资券管理办法》(中国人民银行令〔2005〕第2号)、《证券公司客户资产管理业务试行办法》(中国证券监督管理委员会令第17号)等法律、法规和规章中。

四、未完的结语

二十余年来,我国制定并实施了一系列基本法律、行政法规、部门规章,以及司法解释,集中规制以"非法/变相"吸收公众存款为典型代表的"非法集资"活动,希望以此有效治理乱象丛生的非正规金融活动,恢复其规范有序的金融经济秩序,其目的不可不谓有着崇高的一面。然而,目的和手段却发生了错误的配置:严刑峻法的"堵截"反而助长了所谓"非法/变相"吸收公众存款等集资行为的"猖獗"。这正好印证了林毅夫等人的一项实证研究所得出的一个推论:"如果存在正规金融的抑制,则非正规金融一定存在。"①以《刑法》第176条、最高人民法院《解释》(2022)第1—3条为代表的对"非法/变相"吸收公众存款行为的入罪化,显然是一项对民间非正规金融的严厉抑制措施,体现了国家长期以来所奉行的高压"堵截"态势,但是后果却是"非法/变相"吸收公众存款等所谓的"非法集资"活动不仅在我国社会中生生不息,且呈现出愈演愈烈的态势。

毋庸讳言,直至今日,我国的金融行业仍然是国家垄断程度最高的行业之一,非正规金融活动则游走于灰色的非法地带甚至于被入罪化。这种现状既有悖于多种经济成分共同发展的方针,也不符合以间接手段为主的宏观调控体系的构建,更是深化社会主义市场经济体制改革的障碍。以党的十五届五中全会会议精神为代表的国家高层已经认识到,未来我国的市场经济体制改革目标是要朝着以市场配置资源为主导的市场经济方向发展的,而其前提是金融业需要为其提供必要的条件,并应该在整个金融业中担当主要角色②——这是发展中小民营企业、释放民间庞大资本能量等基本国情所决定的。而要做到这一点,首先就需要消除现行的制度性歧视,将"非法/变相"吸收公众存款活动从而所谓的"非法集资"等非正规金融活动去罪化,恢复其合法身份;同时,对于其运行中所可能会产生的负面作用,需要通过加强信息披露制度建设、完善民事责任追究制度等,引导民间非正规金融在法治化的轨道上运行。

需要说明的是,在Web3.0时代,由于用户真正成了互联网内容的创作者和建造者,并且创造出来的内容数据和所获得的资产都属于自己,从而为推动数据资产的落地应用创造了条件。从技术上来看,Web3.0时代,互联网依托区块链技术作为底座,网络上的数据具备了去中心化和防篡改的特征,解决了目前互联网存在的"隐私保护缺失""算法作恶"等痼疾,从而为用户带来了巨大的机遇,例如数字藏品、元宇宙、虚拟人、VR技术等如火如荼发展起来。同样地,在美国,有些人利用区块链技术创造了花样百出的数字货币,既赚取了投资者大量的金

---

① 林毅夫、孙希芳:《信息、非正规金融与中小企业融资》,载《经济研究》2005年第7期。
② 陈志武:《财富是怎样产生的》,中国政法大学出版社2005年版,第177—178页。

钱,又在冲击政府的金融管理秩序。美国政府基于路径依赖——充分利用证券监管先例的丰富经验,对此实施规制。具体请看【域外案例】SEC v. Sun et al(2023)。在本案中,SEC 基于"重实质轻形式"的务实姿态,根据联邦证券立法"保护公众投资者"之目的,采用"豪威检测标准"进行规制。在详尽地分析、论述"豪威检测标准"四要素的基础上,SEC 将涉案中的两种名为"TRX"和"BTT"的加密资产证券(虚拟货币)认定为证券,需要接受联邦证券法的规制。2021 年,我国制定了《"十四五"数字经济发展规划》,将加快推动数字产业化作为八项重点任务之一:增强关键技术创新能力,加快培育新业态新模式,营造繁荣有序的创新生态。① 美国 SEC 的上述实践,可以为我国做参考借鉴。

【域外案例】

SEC v. Sun et al(2023)②

指控

原告 SEC 指控如下:

1. 此诉讼起因于被告 Justin Sun(以下简称"Sun")策划了未经登记的加密资产证券的发行和销售,并对该产品实施了操纵交易以及非法兜售。

2. 通过自己拥有和控制的几家公司——被告 Tron Foundation Limited(以下简称"Tron 基金公司")、BitTorrent Foundation Ltd(以下简称"BitTorrent 基金公司")和 Rainberry 公司(以上公司和 Sun 合称"包括 Sun 在内的所有被告")——Sun 开发了两种名为"TRX"和"BTT"的加密资产证券(虚拟货币)(以下简称"TRX"或"BTT"),并对其进行了发行和销售。自 2017 年 8 月左右,包括 Sun 在内的所有被告参与了一项计划,此项计划向公众派发了数十亿 TRX 与 BTT,同时创建了 TRX 与 BTT 可以交易的活跃二级市场。

3. 包括 Sun 在内的所有被告将 TRX 和 BTT 作为证券发行和出售,因此应当向 SEC 登记,除非获得注册豁免,但他们从来没有这样做过。本案的 TRX 和 BTT 的公开发行和出售不属于登记豁免证券,而 Sun 和他的(公司)实体都没有向 SEC 提交注册声明。

4. Sun 还指导了操纵 TRX 的洗牌交易,人为地制造了合法的投资者获利假象,并保持 TRX 的价格稳定。Sun 通过以下渠道完成了这场洗牌交易:Tron

---

① 国务院《关于印发"十四五"数字经济发展规划的通知》(国发〔2021〕29 号)。

② 编译自 Securities and Exchange Commission, Plaintiff, v. Justin Sun, Tron Foundation Limited, BitTorrent Foundation LTD., Rainberry, INC., Austin Mahone, and Deandre Cortez Way, Defendants, Case No. 23-2433。

基金公司的员工在 Sun 的指导下进行交易；BitTorrent 基金公司与 Tron 基金公司一起拥有并控制交易中使用的代理账户；Rainberry 公司的员工转移资金用于促进交易，并开设了至少一个用于交易的代理账户。在 Sun 的指导下，他的洗牌交易团队在 Sun 最终控制的账户之间进行了数十万笔 TRX 洗牌交易。这些交易都没有（实际）改变受益人所有权，也没有任何合法的经济目的。

5. 为了推动公众对 TRX 和 BTT 的兴趣，包括 Sun 在内的所有被告发起了一场宣传活动，包括向被告 Austin Mahone（以下简称"Mahone"）、DeAndre Cortez Way（以下简称"Way"）等人在内支付费用，在他们拥有数百万粉丝的社交媒体账户上推广或兜售 TRX 和 BTT。尽管这些名人被收买来兜售 TRX 和 BTT，但他们在社交媒体上并未透露他们是否收到了报酬，也没有透露报酬的（具体）金额。因此，广大公众被误导了，认为这些名人对 TRX 和 BTT 有真正的兴趣，而不仅仅是付费的代言人。

6. 此外，Sun 还在很大程度上歪曲了有关兜售活动的真相，目的是欺骗投资者。（例如）2021 年 2 月，Sun 在社交媒体上发布虚假声明："如果有名人付费宣传 TRON，我们会要求他们披露这种实情。"但事实上，Sun 本人亲自安排了向名人的付款，并且知道这些付款信息没有向公众披露。

7. 在本案中，包括 Sun 在内的所有被告，违反了《1933 年证券法》的注册条款和反欺诈条款，特别是第 5(a) 条和第 5(c) 条[即 15 U.S.C. §§ 77e(a) and (c)]，以及《1933 年证券法》第 17(a)(1) 条和第 17(a)(3) 条。他们还违反了《1934 年证券交易法》中的反操纵和反欺诈条款，特别是第 9(a)(1) 和第 9(a)(2) 条(15 U.S.C.) 以及第 10(b) 条，及其根据该法所制定的 SEC 规则 10b-5。此外，他们协助并教唆包括 Mahone 和 Way 在内的多位名人违反《1933 年证券法》第 17(b) 条的反兜售规定。

8. 在本案中，Mahone 和 Way 的被指控的行为违反了《1933 年证券法》第 17(b) 条的反兜售条款。

9. 除非被告们自我约束或者依照法院禁令行事，否则将他们继续违反上述联邦证券法。

审判与管辖（略）
被告

12. 本案被告 Justin Sun（又名 Yuchen Sun），32 岁，中国公民，加密资产企业家。Sun 大学就读于中国，并在宾夕法尼亚大学获得研究生学位。Sun 目前是格林纳达常驻世界贸易组织代表，居住于新加坡和/或香港。在涉案期间，Sun 是 Tron 基金公司、BitTorrent 基金公司，以及 Rainberry 公司的代表，并为它们的利益行事。

13. 被告 Tron 基金公司由 Sun 于 2017 年成立，是一家新加坡公众担保有限公司。Tron 基金公司是 Sun 组织的几个实体企业之一,Sun 通过这些实体负责发行 TRX 和 BTT,并管理 Tron 生态系统的开发和营销。从 2017 年至今,Sun 一直拥有并控制着 Tron 基金公司。

14. 被告 BitTorrent 基金公司(有时负责 BitTorrent 业务)由 Sun 于 2018 年 10 月成立,是一家新加坡公众担保有限公司。BitTorrent 基金公司是 Sun 组建的几个实体企业之一,其中包括 Tron 基金公司;通过该基金公司,Sun 与 Rainberry 公司一起负责 BTT 的发行,以及管理 BitTorrent 协议的开发和营销。从 2018 年至今,Sun 一直拥有并控制着 BitTorrent 基金公司。

15. 被告 Rainberry 公司(有时负责 BitTorrent 业务)是一家由 Sun 拥有和管理的加州公司。该公司成立于 2004 年,以 BitTorrent 股份有限公司的名义运营,直到 2018 年 6 月被 Sun 收购并更名为 Rainberry 公司股份有限公司。从 2018 年至今,Sun 拥有并控制 Rainberry 公司,并且是其唯一的股东和高管。

16. 本案被告 Austin Mahone,26 岁,美国公民,歌手兼词曲作者,居住在佛罗里达州迈阿密。在涉案期间,Mahone 在推特上拥有大约 910 万粉丝。

17. 本案被告 DeAndre Cortez Way(又名 Soulja Boy),32 岁,美国公民,歌手兼唱片制作人,现居加州卡拉巴萨斯。在涉案时间内,Way 在 Twitter 上拥有大约 520 万粉丝。

证券发行背景

18. 国会制定《1933 年证券法》来规范证券的发行与销售。与"买者自负"的商业原则相反,国会在《1933 年证券法》中确立了一项全面且公平的披露制度,要求那些向投资公众发行和出售证券的人提供充分、准确的信息,以便投资者在投资前做出明智的决定。

19. 《1933 年证券法》第 5(a)条、第 5(c)条通常要求证券发行人在向公众发行和出售证券之前,通过有效的注册登记[15 U.S.C. § 77e(a) and (c)]。证券发行的注册登记,(目的是)向公众投资者提供有关发行人和拟发行出售证券的重大性信息。

20. 《1933 年证券法》第 2(a)(1)条对"证券"的定义,包括广泛的投资工具如"投资合同"。就《1933 年证券法》而言,投资合同包括任何"个人将资金投资于共同企业并期望从他人的努力中获得利润的合同、交易或计划"。参见 SEC v. W. J. Howey Co. (1946)案。这个宽泛的定义是"灵活的"并且"能够适用于那些寻求利用他人的金钱并承诺利益(回报)的人设计的、无穷无尽且名称各异的方案"。法院发现,本案中包括加密资产在内的许多类型的投资可能构成投资合同,从而构成证券。参见 SEC v. Kik Interactive Inc. (2020)(判决认为某些加密资产在未注册交易中作为证券出售)。

21. 在分析某种金融工具是否为证券时,应"重实质轻形式",参见 Tcherep-

nin v. Knight(1967)案;应该"重点考察交易行为所体现的经济实质,而不是该交易行为的名称",参见 United Housing Found., Inc. v. Forman(1975)案。

加密资产的背景

22. "加密资产"通常是指使用分布式账本或区块链技术发行和/或转让的资产,其涵括的种类有时被称为"加密货币""数字资产""虚拟货币""数字硬币"和"数字代币"等。

23. 区块链(或称为分布式账本)是一种点对点的数据库,它分布在计算机网络中,形成了所谓的电子数据包。数据包记录了所有交易信息,而且所记录的信息在理论上是无法篡改的。该系统依靠加密技术,以确保交易记录的安全。

24. 区块链通常采用共识机制来"验证"交易。此种机制的目的之一是就数据值或分类账状态达成一致。加密资产可以在加密资产交易平台上交易,以换取其他加密资产;它们也可以从平台上购买或出售,以换取法定货币(即国家发行强制流通的货币)。

25. 区块链"协议"是一种代码、软件或算法,用于管理区块链如何运作,包括用于特定区块链的验证机制。

26. 2017年7月25日,SEC发布了依据《1934年证券交易法》第21(a)条的调查报告即DAO,该报告建议"对那些将使用……分布式账本或区块链融资手段采取适当措施以保证遵守美国联邦证券法";该报告还发现,处于争议的加密资产的发行涉及投资合同,因此属于证券。

案件事实

Ⅰ. **Sun 和 Tron 基金公司发行了 TRX,并将其作为一项投资品进行推广**

A. **Sun 与 Tron 基金公司建立了 Tron"生态系统"**

27. 直到2017年6月,Sun 和 Tron 基金公司通过在互联网上发布的一系列白皮书开始推广 Tron"生态系统",例如由 Sun 和 Tron 基金公司控制的一组区块链协议、软件代码和加密资产。白皮书通常简称为"Tron",是 Sun 和基金公司控制的生态系统的简称。白皮书针对的是包括美国投资者在内的投资公众。在涉案时间内,Sun 和 Tron 基金公司控制着白皮书,对其发布的声明拥有最终的解释权。

28. 2017年8月22日左右,Sun 和 Tron 基金公司在互联网上发布了 Tron 白皮书1.7版(以下简称"TRX 白皮书")。TRX 白皮书解释说:"TRON 是一个基于区块链的去中心化协议,旨在构建一个采用区块链和分布式存储技术的全球免费内容娱乐系统。"TRX 白皮书进一步解释说,Tron 的协议允许用户发布、存储和拥有数据,并参与"一个分散化的内容娱乐生态系统。"

29. 此外,TRX 白皮书还指出,Tron 基金公司的成立是为了"运营 Tron 网络"。

B. Sun 和 Tron 基金公司在 TRX 首次代币发行前将其作为一项投资进行交易

30. Sun 和 Tron 基金公司利用 TRX 白皮书吸引投资者购买 TRX(也称为 TRONIX),这是一种加密资产,Sun 和 Tron 基金公司称之为"Tron 的官方代币"。TRX 白皮书明确指出,"那些希望进入 Tron 生态系统的人必须购买 TRX。"

31. TRX 白皮书宣传了 TRX 的首次代币发行(Initial Coin Offering,ICO),占 1000 亿 TRX 总供应量的 40%。TRX 白皮书解释说,剩余的 TRX 的 35% 将派发给"Tron 基金公司和生态系统",15% 将派发给"私募",10% 将派发给"Peiwo Huanle(Beijing)科技有限公司"(以下简称"Peiwo"),这也是一家由 Sun 创立、拥有和控制的中国公司。

32. TRX 白皮书也宣传了 TRX 投资者的盈利潜力,如:TRX 的购买者可以"随着股息增长分红";Tron 的生态系统是为"长期看好 Tron 的 TRX 持有者"设计的;"那些长期持有并锁定(TRX)的人将获得奖励";"长期投资"是"至关重要的";"利益相关人享受……可持续增长";"利益相关人的长期持有[将]成为生态系统中的基准,更好地引领生态系统的发展。"

33. TRX 白皮书也对执行团队进行了宣传,说他们的努力将促使 TRX 的成功。例如,TRX 白皮书将 Sun 列为"创始人兼首席执行官",并强调了 Sun 之前在另一家加密资产公司工作的经验,称"(该公司)的市值已超过 100 亿美元。"同样,TRX 白皮书对其他团队成员进行了重点介绍,强调了他们的资历,并表示"TRON 创始团队将不遗余力地实现白皮书中提出的发展目标,推动 Tron 生态系统的发展。"

34. TRX 白皮书和由 Sun 和 Tron 基金公司发布的推广 TRX 的后续白皮书,至今仍保留在互联网上并供投资者使用。

35. 大概从 2017 年 8 月到 9 月,Sun 和 Tron 基金公司进行了 TRX 首次代币发行,向众多支付加密资产(包括比特币"BTC"和以太坊"ETH")以换取 TRX 的购买者发行和出售 TRX。在 ICO 中,TRX 总供应量的 40% 被发行、销售和以其他方式派发,剩余的 TRX 按 TRX 白皮书中列出的比例派发——35% 派发给 Tron 基金公司和 Tron 生态系统;15% 以"私人发售"的方式派发;10% 派发给 Peiwo。因为 Sun 拥有和/或控制 Tron 基金公司和 Peiwo,因此他有效地控制着派发给这些实体的至少 45% 的 TRX。

C. Sun 和 Tron 基金公司寻求为 TRX 创造一个二级市场,同时将 TRX 作为一项投资品进行推广

36. "交易平台"是一家位于美国的加密资产交易平台。大约在 2018 年 3 月 1 日,Sun 和 Tron 基金公司采取措施,使得交易平台让包括美国投资者在内的客户可以交易 TRX。当天,交易平台在 Twitter 上公开宣布 TRX"可以交易"。此后,每当 TRX 在一个新的加密资产交易平台上"上市"(又称"可供交易")时,Sun 和 Tron 基金公司都会公开宣传,包括在 2019 年 3 月 25 日左右在第二个美国平台上"上市"。从 2018 年 3 月 1 日左右到 2021 年 7 月左右,Sun 和 Tron 基金公司在推特上发布了超过 200 次推文,宣传 TRX 在加密资产交易平台上的可交易性。

37. Sun 和 Tron 基金公司还发表了其他公开声明,宣传 TRX 是一种投资。例如,在 2018 年 3 月 17 日左右,Sun 和 Tron 基金公司在美国数字出版平台 Medium 上发布了一篇题为《在 Main Net 发行之前投资 Tron 的 4 个理由》的文章的链接。这篇文章解释说,Sun 和 Tron 基金公司的持续努力"将提升 TRX 的价值",建议投资者"趁着最佳时机及时投资"。这篇文章进一步建议投资者"考虑投资 TRX","现在是最好的(投资)时机之一","现在(投资者)购买 TRX,价格便宜,在 Tron Main Net(上市)后发行,其他投资者将疯狂跟进购入后,(先期投资者)就会获得可观的回报"。

38. Sun 和 Tron 基金公司的目标投资者在美国。例如,在 2018 年 9 月 18 日左右,Tron 基金公司在推特上写道:"你现在可以在@BittrexExchange 上直接用美元购买＄TRX。"这篇推特链接到 Global Coin Report 的一篇报道写道:"这是 Tron 首次在美国与美元挂钩。"

39. 同日,Sun 在推特上写道:"＃TRX 已经可以在@BittrexExchange、＄USD 市场、＄USD/＄TRX 上进行交易。Go ＃TRON. 和 Go ＃TRONICS. 是一对美国首个＃TRX 法币交易(标的)。＃TRON 的前景一片光明!"

40. 在 2019 年 12 月 15 日左右,Sun 转发了另一个人的帖子,该帖子称美国的投资者几乎可以在任何地方(尤其是通过 VPN)交易 TRX。Sun 的转发宣布:"我们将为所有美国用户提供＄TRX! 更多的选择机会将会出现!"Sun 和 Tron 基金公司与加密资产交易平台合作,使得 TRX 广泛用于美国投资者交易,他们可以在至少四个美国平台上持续交易 TRX。

41. Sun 和 Tron 基金公司定期宣传他们为提高 TRX 价值而持续努力。例如,在一篇 2017 年 11 月 30 日发布于一家受广受欢迎的加密资产投资者媒体页面上的采访中,Sun 宣传了 TRX 可以在四个加密资产交易平台上交易,并表示"团队正在努力进军更大的交易所"。

42. 在同一次采访中,Sun 描述了未来发展的六个阶段的"路线图",将团队投入到近八年的发展计划中。"路线图在官方网站上有六个阶段,即 Exodus, Odyssey, Great Voyage, Apollo Star, Trek, Eternity。目前,我们计划让 Peiwo APP 兼容 TRX,完成我们自己的主链开发。在自己的主链完成后,我们将基于不同类型的在线娱乐应用来优化网络。"

43. Sun 和 Tron 基金公司也广泛宣传了他们管理 TRX 供应的努力，以确保 TRX 投资者收益的上涨。例如，在 2018 年 6 月 26 日左右，Sun 在推特上发布"♯TRON 完成了 10 亿的硬币燃烧♯TRX"，并附上了 TRON 基金公司媒体报道的链接，解释道"'硬币燃烧'是指从总供应中删除代币"，并"鼓励公平派发加密货币，这有助于控制通货膨胀并奖励代币持有者"，因为减少 TRX 的总供应通常会增加 TRX 在市场上的价值。

44. 随后，大约在 2017 年 12 月 19 日，Tron 基金公司在其媒体页面上发布了一份《致投资者公告》，称"由 Tron 基金公司持有的 34.2518% TRX……已经被锁定到 2020 年 1 月 1 日"，并向投资者保证"Tron 基金公司 TRX 不会被撤回或进行交易。"Tron 基金公司在总结这篇报道时说："为了给我们所有的投资者、支持者和信任者们提供安全和监督，我们正在努力工作。"

45. 接下来，在 2019 年 6 月 26 日左右，Tron 基金公司在媒体上发布了一份《关于 2000 万美元 TRX 回购计划和 2020 年 TRX 持有计划的公告》，详细介绍了一项"正在进行的迄今为止最大的 TRX 回购计划……（该计划）在二级市场覆盖范围最广，并将持续一年，分多轮进行且金额不低于 2000 万美元"。该计划的发布目的是"促进社区活跃性和市场稳定"。媒体的帖子也向投资者保证，"基金公司将继续增加我们在二级市场的 TRX 持有量，以表明我们对 TRON 生态系统发展的信心"。

46. 在 2019 年 6 月 27 日左右，Sun 在推特上发布了 2000 万美元 TRX 回购的信息，并附上了 cointelegraph.com 上一篇文章的链接，重申了之前发布在媒体上的细节。

Ⅱ. Sun 与 Tron 基金公司未经注册发行并出售 TRX

47. TRX 被当作一种证券，特别是作为一种投资合同发行和出售的。所有 TRX 的购买者，包括那些为 TRX 提供现金或加密资产以外价值的人，都与 Sun 和 Tron 基金公司共同投资于一家企业，此企业一直持有大量的 TRX 股份。因为所有持有者的 TRX 价值是一起涨跌的，因此所有持有者都以自己持有的 TRX 之比例来获得利润或者承担损失。因此，TRX 股份的持有者的财富，包括未来利润的实现，都与 Sun 的财富密不可分，TRX 股份持有者相互之间的财富同样密不可分——他们荣辱与共。而且，考虑到 Sun 和 Tron 基金公司在广泛的宣传声明中强调基金公司持有的 TRX 股份，TRX 的购买者合理地期待他们的财富与 Sun、Tron 基金公司以及 TRX 持有者之间的财富是密不可分、荣辱与共的。

48. 所有 TRX 购买者和持有者的潜在利润也在很大程度上取决于 Sun 和 Tron 基金公司所做出的努力，其中包括开发 Tron 协议、使 TRX 可以在加密资产交易平台上交易、向潜在投资者推广 TRX 从而为所有持有者提高二级市场价格。而且，鉴于 Sun 和 Tron 基金公司的宣传声明，TRX 的购买者和持有人有理由期待，他们的投资价值将在 Sun 和 Tron 基金公司增加 TRX 价值的努力中大幅上升或下降。最早从 2018 年 3 月到 2019 年 2 月，Sun 和 Tron 基金公司以如下所述的三种未经注册登记的证券交易类型发行和出售 TRX。

49. （Sun 和 Tron 基金公司）既没有向 SEC 提交注册声明，也没有就任何这些 TRX 的发行和出售提交有效的注册声明，也没有对这些 TRX 的发行和销售提供注册豁免。因此，下文所述的 TRX 的发行和出售违反了联邦证券法的注册规定。

A．在美国加密资产交易平台上发行和出售 TRX

50. 从 2018 年 3 月 12 日前后起，到 2019 年 2 月 11 日，Sun 和 Tron 基金公司向投资者（包括身处美国期间在交易平台下订单的美国人）提供并出售了约 5.426 亿 TRX。这些销售为 Sun 和 Tron 基金公司带来了超过 3190 万美元的净收益。

B．在 Tron"Emoji 大赛"中发行和出售 TRX

51. 在 2018 年 8 月 13 日至 2018 年 8 月 28 日期间，Sun 和 Tron 基金公司通过在线赏金计划发行并出售了 50 000 TRX。根据该计划，Sun 和 Tron 基金公司将 TRX 转给某些参与者，以换取完成宣传 TRX 或 Tron 基金公司的特定任务。他们把这个特殊的赏金计划称为"Emoji 大赛"，要求参与者通过在 Facebook 和/或 Twitter 上发布和分享使用"TRON 元素"和表情符号的原创作品，"用表情符号讲述一个关于 TRON 的故事"。

52. 根据 2018 年 8 月 13 日 Tron 基金公司在媒体上发布的博客，所谓的"杰出作品"的创作者，特别是"在 Twitter 和 Facebook 上获得最多赞和分享的前 6 名作品"将获得 31 000 TRX 的奖励，其中 16 000 TRX 的奖励给第一名，3000 TRX 的奖励给 5 名亚军，这些获奖者都将获得奖励。另外，5000 TRX 将随机派发给符合比赛要求但没有根据收到的"喜欢和分享"数量被选为获胜者的参与者们。

53. Sun 在自己的推特上发布了媒体公告的链接，并写道："♯TRON EMOJI 大赛：无须提供文字，无须提供声音，仅仅用♯TRON EMOJI 就可以创造性地讲述你的故事，查看细节并获得＄TRX ♯TRX。"

54. 为了参加"Emoji 大赛"，参与者必须将他们的作品上传到 Twitter 和/或 Facebook 上，加上标签♯TRONFUN，并标记或者@10 位朋友并@tronfoundation。在获奖作品中被标记的朋友也会收到 TRX，其中 4000 TRX 将由第一名获胜者的 10 个朋友平分，100 TRX 将派发给 5 名亚军所标记的 10 个朋友。

55. 公告还表示："获奖者的作品和照片将在 TRON 官网和官方推特账户上发布。"

56. 通过参加"Emoji 大赛",参与者向 Sun 和 Tron 基金公司提供了有价值的参考经验,包括 Tron 平台和 TRX 生态系统的在线推广,Tron 网站上的宣传艺术作品,以及参赛者及其标记朋友的 Twitter 和 Facebook 处理方式,以换取获得 TRX 的机会。

57. Sun 和 Tron 基金公司总共向"Emoji 大赛的"的获胜者派发了 5 万 TRX。

58. Sun 及其商业实体均未采取任何措施排除美国人在本次发行中获得 TRX,其中至少有一位获得 TRX 的获奖者是本地区的居民。

C. "niTRON 分享活动"中 TRX 的发行和销售

59. 在 2018 年 12 月 12 日至 2018 年 12 月 16 日期间,Sun 和 Tron 基金公司通过在线悬赏计划发行并销售了 28 588 个 TRX,该计划要求参与者转发和评论 Tron 基金公司宣布比赛的推文,同时要求标记"#niTRON"。

60. 根据 Tron 基金公司的推特公告,从所有参赛者中选出的 3 名二等奖获得者,每人将获得 6666 TRX;5 名三等奖获得者,每人将获得 1718 TRX;2 名一等奖获得者,将获得参加 2019 年"niTron 峰会"的门票,这是一场由 tron 赞助的聚会,在旧金山 Yerba Buena 艺术中心举行,旨在"讨论行业内当前的技术进步、区块链的未来,以及激励他人促进区块链发展的最佳实践"。

61. 通过参加"niTRON 分享活动",参与者向 Sun 和 Tron 基金公司提供了宝贵的参考经验,包括在 twitter 上宣传 Tron 基金公司和 niTRON 峰会,以换取获得 TRX 的机会。

62. Sun 及其商业实体均未采取任何措施排除美国人在本次发行中获得 TRX,至少有一位获得 TRX 的获奖者是美国人。

Ⅲ. 包括 Sun 在内的所有被告开发了 BTT 并作为投资品进行推广

A. Sun 收购 Rainberry 公司并将其纳入 Tron 生态系统

63. 大约在 2018 年 6 月,Sun 收购了 BitTorrent 股份有限公司,这是一家位于加利福尼亚州旧金山的公司。BitTorrent 公司的技术允许用户下载并传输数字数据和文件。Sun 将公司的名字改为 Rainberry 公司,尽管它的宣传材料经常继续称它为 BitTorrent。Sun 随后利用 Rainberry 公司和他于 2018 年 10 月成立的 BitTorrent 基金公司,发行和销售 BitTorrent 代币(一种缩写为"BTT"的新加密资产)和 TRX。

64. 2018 年 7 月 24 日,在 Tron 基金公司的媒体页面上发布的一封《致社区的信》中,Sun 宣布:"Tron 已成功收购 BitTorrent 及所有 BitTorrent 产品。从这一天起,BitTorrent……将成为 TRON 生态系统的一部分……通过此次收购,BitTorrent 和 TRON 将合并,TRON 美国团队与 BitTorrent 团队合并。BitTorrent 拥有世界一流的技术人才和丰富的去中心化协议技术经验。两个团队的强大能力结合起来,将会把 TRON 生态系统背后的技术提升到一个全新的水平。"

65. Sun、Tron 基金公司和 BitTorrent 基金公司在各自的 Twitter 账户上发布了类似的声明。

66. 与 Sun 2018 年 7 月 24 日的声明一致,Rainberry 公司的业务与 TRON 基金公司的业务交织在一起。之前使用"@BitTorrent"域名的 Rainberry 公司员工和高管,现在拥有了"@tron.network"的电子邮件地址,许多 Rainberry 公司员工的任务是从事与 Tron 基金公司相关的项目。

67. Sun 和 Tron 基金公司也开始在社交媒体上称 Rainberry 公司的主要员工为"Tron"员工,而代表 Tron 基金公司、BitTorrent 基金公司和 Rainberry 公司的 Rainberry 公司的员工和 Sun 开始出席上面讨论的"niTron 峰会"(niTron Summit)等活动,宣传 Tron 和 TRX 以及 BitTorrent 和 BTT。

B. 包括 Sun 在内的所有被告将 BTT 作为一种投资品进行推广

68. 在收购 BitTorrent 公司之后的所有时间里,Sun 对 BitTorrent 基金公司和 Rainberry 公司的社交媒体账户(包括@BitTorrent Twitter 和媒体账户)拥有最终决定权,并管理在这些平台上发布的帖子。

69. 在 2019 年 1 月 3 日左右,BitTorrent 基金公司和 Rainberry 公司通过 BitTorrent 基金公司的@BitTorrent Twitter 账户发布的推文宣布,"新的 BitTorrent＄BTT"加密资产"将在♯BinanceLaunchpad 仅供非美国用户使用,♯BinanceLaunchpad 是由领先的加密货币交易所@binance 运营的代币销售平台!"

70. 在 2019 年 1 月 4 日发布的一段 YouTube 视频中,Sun 与 Rainberry 公司旧金山总部的一名高管一起出现。Sun 解释说,发行和出售 BTT 是为了"将 BitTorrent 与比特币一起货币化"。在同一段视频中,Sun 承认发行新的 BTT 加密资产的目的是将 BitTorrent 的用户及其"数十亿设备"带入 Tron 生态系统。Sun 还表示,他的目标是让"数千万(BitTorrent)用户……对 BTT 甚至加密货币感兴趣,然后他们会获得 TRX 钱包,进而他们也会进入 Tron 社区"。

71. 包括 Sun 在内的所有被告,计划在 2019 年 1 月下旬首次发行和出售 BTT。大约在这个时间段里,包括 Sun 在内的所有被告,都在 BitTorrent 的网站上发布了一份新的白皮书(即 BTT 白皮书),向投资者推广 BTT。Sun 控制着 BTT 白皮书中的声明,并对此拥有最终决定权。

72. BTT 白皮书称,"在 2018 年,BitTorrent 与 TRON 建立了战略合作伙伴关系","TRON 基金公司和 BitTorrent 基金公司正在推出一种新的加密代币,名为 BTT"。BTT 白皮书进一步解释说,BTT 将"以作为可分割的代币的形式提供,允许分散定价"。

73. BTT 白皮书还宣传了 BTT 的首次发行,说是将发行并出售 9900 亿

BTT,并且对代币的派发做了如下安排:6%用于公开出售;2%为私人出售;"种子出售"占 9%;10.1%用于"Tron 空投代币";10%为"BitTorrent 协议空投代币";19%派发给"BitTorrent 团队和 BitTorrent 基金公司";20%派发给 Tron 基金公司;19.9%派发给"BitTorrent 生态系统";19.9%派发给"合作伙伴代币"。

74. 在 2019 年 1 月 29 日前后,包括 Sun 在内的所有被告首次通过所谓的首次交易所发行(Initial Exchange Offering,IEO)公开发行 BTT。

75. 与 ICO 一样,IEO 也是通过发行加密资产来筹集资金的。然而,IEO 是由加密资产交易平台代表加密资产发行者进行的,通常需要收费,并要及时为加密资产购买者提供二级市场。

76. 只有 TRX 或其他经特定识别的加密资产的持有者,才有资格在 IEO 中购买 BTT,并且 IEO 中发行的所有 BTT 代币都会在 15 分钟内售出。

77. IEO 之后不久,大约在 2019 年 1 月 28 日,Sun 在推特上写道:"对于那些没有在公开销售中获得♯BTT 的人,请继续关注♯TRX 空投!拥有 $TRX 将确保您有机会获得 $BTT!♯TRON♯BitTorrent。"

78. 与 TRX 一样,BTT 白皮书以及后来用于推广 BTT 的类似的白皮书,从 2019 年 2 月到现在,一直在互联网上留存并供投资者使用。

C. 包括 Sun 在内的所有被告试图为 BTT 交易创造一个二级市场,同时继续将其作为一种投资产品进行推广

79. 在 BTT IEO 之后,包括 Sun 在内的所有被告,通过 BitTorrent 基金公司为 BTT 在各种加密资产交易平台申请上市。

80. 包括 Sun 在内的所有被告,在社交媒体上发布的每一个帖子为 BTT 投资者创造了合理的利润预期。例如,2019 年 1 月 31 日,在 BTT IEO 之后,Sun 在推特上说,"这次采取了低调做法,把首次出售价定得很低,目的是让社区受益并给他们足够的回报,"包括 Sun 在内的所有被告也在各种平台上宣传了从"staking"BTT 获利的机会,包括从 2020 年 1 月到 2021 年 5 月的 40 多条推文,进一步将 BTT 作为一种投资产品推广。

81. 后来,在 2019 年 3 月 1 日左右,在 Telegram 上的聊天广播中,Sun 表示,他选择发行和出售新的 BTT 代币,而非更多的 TRX,是为了避免"稀释 TRX 的价值"。Sun 还强调,他的目标是"提高 TRX 和 BTT 的价值"。

82. Sun 的社交媒体帖子和公开声明也强调了 BTT 的价格提升和交易量的增加,从而促进了 BTT 的交易。例如,2019 年 5 月 6 日,在 TRX 跌出"十大加密货币"名单之后,Sun 在 Twitter 上发推文吸引人们对 TRX 和 BTT 保持持续的兴趣,他发推文说:"♯TRON 将在 6 月重返前十!♯BitTorrent 将在第二季度进入前 30 名。"2019 年 5 月 29 日,Sun 在推特上写道:"任务完成。这只是一个开始,接下来还有更多",并附上了一个帖子的链接,宣布 TRX 已重返前 10 名,BTT 已进入加密货币前 30 名。

83. 包括 Sun 在内的所有被告,宣布了 BTT 在二级市场交易的其他里程碑式的业绩。例如,在 2019 年 5 月,Sun 在推特上写道:"在过去 24 小时内,在市值排名前 100 位的加密货币中,＄BTT 以最高的价格涨幅排名第二!"同样,在 2021 年 2 月,@BitTorrent 在推特上写道:"＄BTT 价格创下新高。BTT 在 24 小时内增长了 151%,7 天内增长了 232%。♯BTT(将要)去火星,"还附上两个火箭表情符号。

84. @BitTorrent Twitter 账户也在社交媒体上宣传了 BTT 的 ROI(即投资回报率),例如,2019 年 7 月 2 日转发了一篇文章,将当前投资回报率为 11.16 倍的 BTT 的与通过 IEO 发行的其他代币的较低投资回报率进行了比较。随后,在 2021 年 7 月 19 日,Rainberry 公司宣传了 BTT 的二级市场表现,强调"根据 CryptoRank 平台(的统计),♯BitTorrent 在 2021 年以 751% 的利润排名前三"。

85. 除了宣传 BTT 二级市场之外,包括 Sun 在内的所有被告还致力于使 BTT 在众多加密资产交易平台上交易。向多个加密资产交易平台提交的"上市申请(之人)"将 BitTorrent 基金公司列为申请人。

86. 包括 Sun 在内的所有被告,对推动和发展一个活跃的 BTT 二级交易市场所做出的努力非常成功。根据 @BitTorrent 于 2019 年 12 月 20 日发布的推文,截至当日,至少有 39 个加密资产交易平台提供 BTT 交易。

87. BTT 在许多交易平台上的可交易性使得美国的投资者可以买卖 BTT,他们也确实这样做了。2019 年 1 月 5 日,Sun 在 YouTube 上发布了一段直播视频,鼓励美国投资者"使用 Bitcoin……或任何加密货币在未来购买 BTT",尽管美国投资者参与 BTT IEO 明显受到限制。2021 年 5 月 11 日,@BitTorrent 推特账号发布了一段由"Mike Tha Investor"制作的视频链接,并附上了"给那些不知道如何在美国购买 ♯BTT 的人"的信息。

Ⅳ. 包括 Sun 在内的所有被告参与未注册的 BTT 发行和销售

88. BTT 被当作一种证券,特别是作为一种投资合同被发行和出售的。所有 BTT 购买者,包括那些为 BTT 提供现金或加密资产以外价值的人,与包括 Sun 在内的所有被告,一起投资于一家共同企业,该企业一直持有大量 BTT 股份。因为持有 BTT 之人,其价值是共进退的,即所有 BTT 的持有者以各自所持 BTT 的比例获得利润或分担损失。因此,持有 BTT 之人的财富,包括未来利润的实现,与 Sun 的财富密不可分,也和每个人的财富密不可分。

89. BTT 的购买者和持有人的预期利润也在很大程度上取决于包括 Sun 在内的所有被告所做出的努力,其中包括开发 BitTorrent 协议,提高公众对

BTT 和 TRX 的兴趣,采取措施使 BTT 在加密资产交易平台上交易,并向潜在投资者推广 BTT,以提高所有持有者的二级市场价格。而且,鉴于包括 Sun 在内的所有被告的宣传声明,BTT 的购买者和持有人有理由期待,他们的投资价值将在包括 Sun 在内的所有被告增加 BTT 价值的努力中大幅上升或下降。最早从 2019 年 2 月到 2021 年 10 月,包括 Sun 在内的所有被告在如下所述的 9 种未经注册登记的证券交易中发行和出售 BTT。

90. BTT 的任何发行和出售都没有向 SEC 提交注册登记,也没有注册豁免。因此,下列 BTT 的发行和销售违反了联邦证券法的注册规定。

A. BTT 的每月发行与出售——"空投"

91. 从 2019 年 2 月 11 日左右到 2020 年 6 月 13 日,包括 Sun 在内的所有被告,通过每月所谓的"空投"向 TRX 持有人发行和出售 BTT。

92. 在加密资产领域,"空投"通常是指将加密资产派发给特定接收者,这不需要他们为该资产支付现金对价。然而,就 BTT 而言,接受者必须购买并持有 TRX 才有资格"空投"BTT。事实上,任何在 Tron 数字钱包中购买和持有 TRX 的人或参与加密资产交易平台的人,无论其身处何地或国籍如何,都会收到 BTT。

93. 2019 年 1 月 4 日,在 BTT IEO 之前,Sun 和 Tron 基金公司都向他们的粉丝"发布"了 BTT 的每月空投计划,并在推特上写道:"继续网络去中心化,使世界上最大的去中心化文件共享协议货币化。想知道更多关于♯BTT @BitTorrent, ♯BinanceLaunchpad, ♯niTROn 峰会和♯BTT 空投计划的信息吗? 2019 年 1 月 5 日上午 8 点(太平洋标准时间)见(4 小时之后)。"

94. 2019 年 1 月 20 日,BitTorrent 基金公司在 @BitTorrent Medium 页面上"公布了有关 TRON(TRX)持有者 BitTorrent(BTT)空投更多的细节"。Sun 和 Tron 基金公司分别在推特上发布了 2019 年 1 月 20 日媒体帖子的链接,同时宣布计划"于 2019 年 2 月 11 日向 Tron ＄TRX 持有者首次空投 BitTorrent ＄BTT"。

95. 2019 年 1 月 20 日,媒体帖子宣称,"2019 年 2 月 11 日,BitTorrent 基金公司将首次向 TRON(TRX)持有者空投 BitTorrent(BTT)"。"快照"——在空投之前一个特定时间点的 TRX 所有权的完整记录,用于确认合格的空投接收者——"将在 TRON 的区块高度达到 660 万＊时拍摄。基于此快照,BitTorrent 基金公司将启动第一次空投 108.9 亿 BitTorrent(BTT),这相当于总供应量的 1.1%"。

96. 2019 年 1 月 20 日,媒体帖子进一步宣布,"在首次空投后的 12 个月内,将向 TRX 持有者提供 118.8 亿 BTT,相当于总供应量的 1.2%。2020 年,BitTorrent 基金公司将空投 128.7 亿 BTT,占总供应量的 1.3%,在未来六年内,空投的比例将以每年 0.1% 的速度增长,到 2025 年将达到 1.7%"。

97. 为了在这些空投中接收 BTT,接收者必须在"TRON 网络上的官方钱包"或"支持空投"的加密资产交易平台上的账户中持有 TRX 代币。正如 2019 年 1 月 20 日媒体帖子中所解释的那样,"如果您持有 TRX,您将有资格参与 BTT 空投。所有在 TRON 网络上并携带 TRX 的官方钱包将有资格参与与其持有金额相对应的 BTT 空投。参与 BTT 空投没有 TRX 最低标准"。

98. 2019 年 2 月 11 日,@BitTorrent 在其媒体页面上进行了更新,宣布"TRON(TRX)持有者的 BitTorrent(BTT)空投计划已经启动"。根据这篇帖子的声明,"所有 TRX 余额大于或等于 1 TRX 在 TRON 区块链上运行的地址",以及所有"TRX 存储在交易所或储存在支持官方空投计划的钱包"的投资者,每持有一个 TRX 将获得 0.109 768 117 7 BTT。

99. 继 2019 年 2 月 11 日首次向 TRX 持有人空投比特币后,从 2019 年 3 月至 2020 年 2 月,包括 Sun 在内的所有被告,在每月 11 日左右向 TRX 持有人空投额外的 9.9 亿 BTT。

100. 随后在 2020 年 4 月 11 日和 5 月 11 日进行了两次每月空投 1 072 500 000 比特币的空投计划。2020 年 6 月 13 日,@BitTorrent Medium 页面宣布空投计划提前结束:"今天,经过 16 轮 BTT 空投,BitTorrent Speed 每月活跃用户超过 1200 万。经过 BitTorrent 基金公司、社区开发者和社区代表的讨论后,社区一致认为每月向 TRX 持有者空投 BTT 已经达到了目标,并将立即停止。"

101. 2020 年 6 月 13 日在 @BitTorrent 的媒体页面上的帖子声称,"截至 2020 年 5 月 11 日,BTT 向 TRX 持有者完成了 16 轮的空投,在 999.9 亿 BTT 的总池中空投了 25 987 500 000 BTT,使数百万 TRX 持有者能够在 BitTorrent 生态系统中使用 BTT"。

102. 任何在每个月"快照"时购买并持有"官方"钱包中的 TRX 的人,无论其身处何地或国籍如何,都会收到比特币。通过每月空投计划,美国人并没有被排除在接收 BTT 的范围之外,事实上他们确实收到了 BTT。

103. 除了每月的空投计划之外,2019 年 1 月 20 日,@BitTorrent 的媒体页面宣布"计划在线上和线下活动期间再空投 999.9 亿比特币,相当于总供应量的 10%"。Sun 本人、BitTorrent 基金公司和 Rainberry 公司,最终通过一些赏金计划发行并出售了这些额外的 BTT,详情如下。

104. 2019 年 2 月 27 日,在加密资产交易平台英文电报渠道举行的"Ask Me Anything"("AMA")会议上,Sun 向 TRX 持有者解释了每月 BTT 空投的目的:"这是一个让我们的用户提前使用我们产品的计划,并鼓励他们长期坚持。我们不仅空投给 TRX 持有者,还通过客户端向 BitTorrent 用户提供 BTT 代币。我们预计超过 1 亿的活跃用户将会了解加密货币,并且他们体验到的第一个加密货币将会是 BTT。"

105. Sun 强调了空投计划将 BitTorrent 的 1 亿用户带入加密资产社区的潜力："我们将为 1 亿活跃用户提供 BTT 作为早期访问机制，其中大多数不是加密货币用户。然而，这 1 亿用户是目标用户，他们与加密用户有很多相似之处。首先，他们对去中心化技术感兴趣，并且正在使用点对点技术。其次，大多数 BitTorrent 用户是 25—35 岁的男性，这也是一个对加密货币非常感兴趣的群体。因此，当 1 亿用户收到 BTT 空投时，他们就会开始琢磨 BTT 是什么，什么是加密货币，并开始开展调查。"

106. Sun 还解释说，决定采用新的代币 BTT 而不是 TRX 来瞄准 BitTorrent 用户，是为了避免"稀释"现存持有者的 TRX 价值。Sun 在 2019 年 2 月 27 日的 AMA 上表示："BitTorrent 的用户群非常庞大（月活跃用户约 1 亿），所以我们无法在不稀释 TRX 价值的情况下提供足够的 TRX 来引导经济。""由于 BTT 是 TRC-10 代币，所以 TRX 和 BTT 就像剃刀和刀片一样。对我来说，让 BTT 进入 TRON 社区并奖励 TRX 持有者非常重要，所以我们决定创建一个为期 6 年的计划，空投总流通供应量的 10%，这在加密领域是非常独特的。BTT 越成功，TRX 也会越成功。"

107. 通过购买和持有 TRX 代币以换取通过每月空投获得 BTT 的机会，潜在的 BTT 空投接受者为包括 Sun 在内的所有被告提供了以下有价值的参考经验：(i) 增加对 TRX 的需求，(ii) TRX 在二级市场的交易量和流动性的进一步增长，(iii) TRX 的价格在二级市场的上升压力，(iv) 向 TRX 现有的参与加密资产的基础投资者推广 BTT 和 BitTorrent 平台，(v) BTT 二级市场的迅速发展。

B. BTT 在"新年 2020"派发中的发行和出售

108. 从 2019 年 12 月 23 日左右到 2020 年 1 月 1 日，包括 Sun 在内的所有被告通过他们称之为"新年 2020"派发的在线赏金计划发行和出售 BTT。

109. 为了在此次派发中获得 BTT，参与者们必须参与各种活动来宣传 Rainberry 公司和 BTT，包括 Twitter 上关注 BitTorrent，访问 BitTorrent 在 YouTube 上的页面，在网上提交关于"你为什么使用 BitTorrent？"的答案，并添加朋友的社交媒体上的账户。

110. 为了在此次派发中获得 BTT，参与者还必须拥有或建立 BTT 钱包地址。

111. 2019 年 12 月 22 日，包括 Sun 在内的所有被告，在 @BitTorrent 媒体上发帖宣布了这一派发活动："为了庆祝激动人心的 2020 年的到来，BitTorrent 决定向 BitTorrent 社区赠送 700 万 BTT，其中包括今年圣诞节的特别大奖。从 12 月 23 日开始，活动期间每天将从选定参与者中抽出 10 名获奖者。因为抽奖是随机进行的,每个用户都可以多次参加(见下面的"规则"),你可以在多天获奖,甚至每天多次获奖!"

112. 根据这篇 Medium 帖子,2019 年 12 月 23 日至 2020 年 1 月 1 日期间每天选出的 10 名获奖者,各自都将获得 5 万 BTT;除了选出的这 10 名获奖者,2019 年 12 月 25 日选出的 10 名获奖者将获得"今年圣诞节的特别大奖",每人将获得 25 万 BTT。

113. 2019 年 12 月 23 日,@BitTorrent 还在 Twitter 上宣布了此次派发活动,并链接到 2019 年 12 月 22 日的媒体的帖子,以及第三方网站的链接,该网站称它为"业务增长平台",参与者可以在其中提交参赛作品。

114. 根据参赛作品提交页面,收到了 40 484 个完整的参赛作品。

115. 通过完成参加所需的步骤,参与者为包括 Sun 在内的所有被告提供了宝贵的参考经验,包括 Rainberry 公司和 BTT 的广告和宣传,以及解决参赛者和他们所标记的朋友的社交媒体。此外,尚未建立 BitTorrent 账户和相应钱包的参与者必须首先这样做,这可以增加活跃 BitTorrent 用户和 BTT 钱包持有人的名义数量。

116. 在本次发行中,包括 Sun 在内的所有被告,均未采取任何措施将美国人排除在获得 BTT 范围之外。

C. BitTorrent"Discord Giveaway"中 BTT 的发行和出售

117. 从 2021 年 3 月 3 日左右到 2021 年 3 月 15 日,包括 Sun 在内的所有被告,通过他们称之为"Discord Giveaway"的赏金计划发行并出售了 BTT。

118. 大约在 2021 年 3 月 3 日,@BitTorrent 在 Twitter 上宣布了此次派发:"♯BitTorrent Discord 现已正式推出! 随着我们的 Discord 的推出,我们为完成要求的获胜者准备了 10 亿＄BTT。加入我们吧!"并提供了一个第三方网站的链接,参与者可以在那里提交参赛作品。

119. 为了在本次比赛中获得 BTT,参与者必须加入 BitTorrent Discord 通道,并完成相关活动,其中包括:在第三方平台上提交参赛信息,并参与 BitTorrent 的社交媒体平台,通过在 Twitter 上关注和转发 BitTorrent 的帖子,并通过提供社交媒体联系信息来介绍朋友来赚取"积分"。

120. 根据参赛作品提交页面的统计,共收到了 2 691 181 个完整的参赛作品。从所有参赛者中随机抽取 300 名中奖者,共派发 10 亿比特币,前 10 名中奖者分享 3 亿比特币,其余 290 名中奖者分享 7 亿比特币。

121. 通过完成进入所需的步骤,参与者为包括 Sun 在内的所有被告提供了宝贵的参考经验,包括:(i) 增加 BitTorrent 的 Discord 渠道,(ii) 在社交媒体上推广 BTT 和 BitTorrent 平台,(iii) 提高与 BitTorrent 社交媒体平台的明显互动,以及(iv) 提供他们及其推荐朋友的身份信息,供包括 Sun 在内的所有被告将来使用。

122. 在本次发行中,包括 Sun 在内的所有被告,均未采取任何措施将美国人排除在获得 BTT 范围之外。

D. "100 万 BTT Giveaway"中 BTT 的发行与出售

123. 从 2021 年 3 月 30 日左右到 2021 年 4 月 2 日,包括 Sun 在内的所有被告,通过他们称之为"100 万 BTT Giveaway"的赏金计划发行并出售了额外的 BTT。

124. 2021 年 3 月 29 日,@BitTorrent 在 Twitter 上宣布了 100 万 BTT 的派发计划:"100 万美元 BTT Giveaway BitTorrent 发起了一系列活动,赠送 100 万美元 BTT,以奖励#BTT 社区一直以来的支持..♡ ✅ Follow、Like、RT ✅ Tag 3 friends ♡ 30 名幸运的获胜者每人可获得 2500＄BTT"。

125. 为了有资格在此派发中获得 BTT,参与者必须关注@BitTorrent Twitter feed,转发与 BTT 相关的公告,并标记三个朋友。

126. 从所有参赛者中随机选出 30 名获胜者,每人获得 2500 英镑。

127. 通过完成加入所需的步骤,参与者为包括 Sun 在内的所有被告提供了宝贵的参考经验,包括:(i) 在社交媒体上推广 BTT 和 BitTorrent 平台,以及向他们标记的朋友推广 BTT 和 BitTorrent 平台,(ii) 加强与 BitTorrent 社交媒体平台的互动,以及 (iii) 提供他们及其朋友的社交媒体信息,供包括 Sun 在内的所有被告将来使用。

128. 在本次发行中,包括 Sun 在内的所有被告,均未采取任何措施将美国人排除在获得 BTT 范围之外。

E. BTT 在"设计大赛"中的发行及出售

129. 从 2021 年 3 月 31 日左右到 2021 年 4 月 7 日,包括 Sun 在内的所有被告,通过他们称之为"设计竞赛"的赏金计划来发行和出售 BTT。

130. 2021 年 3 月 31 日,@BitTorrent 在 Twitter 上宣布了"设计大赛",指导参与者"在#BitTorrent 设计大赛中发挥你的想象去赢得 10 万＄BTT!"✅ Create #memes, videos or pics for BitTorrent, #BTT or @justinsuntron ✅ RT + Reply with your artwork ✅ 点赞数最多的前 10 名每人将获得 10 000＄BTT。"

131. 为了在本次比赛中获得 BTT,参赛者必须转发竞赛公告,要以梗、视频或图片的形式创作内容,并在推特上推广和标记 BitTorrent、BTT 或 Sun。

132. 推特上获"赞"最多的 10 名参赛者每人将获得 1 万 BTT 的奖励。

133. 通过完成加入所需的步骤,参与者向包括 Sun 在内的所有被告提供了有价值的参考经验,包括:(i) 原创的宣传艺术品,(ii) 在社交媒体上推广 BTT

和 BitTorrent 平台,以及(iii)加强与 BitTorrent Twitter 账户的互动。

134. 在本次发行中,包括 Sun 在内的所有被告,均未采取任何措施将美国人排除在获得 BTT 范围之外。

F. BTT 在"设计大赛"中的发行及出售

135. 从 2021 年 4 月 6 日前后到 2021 年 4 月 20 日,包括 Sun 在内的所有被告,通过他们称之为"四月嘉年华"的赏金计划发行和出售 BTT。

136. 2021 年 4 月 6 日,@BitTorrent 在媒体上宣布"BitTorrent 四月狂欢节":"BitTorrent 正在庆祝 BitTorrent 四月狂欢节,并在接下来的两周内推出 50 000 BTT Telegram Giveaway! 加入 BitTorrent Telegram 并完成 BitTorrent bot 给出的任务,来赢得奖品吧!"

137. 为了有资格在这次比赛中获得 BTT,参与者必须关注@BitTorrent 的推特账户并加入 BitTorrent Telegram 渠道,还必须在那里与"机器人"聊天,以获得唯一的"推荐链接"。然后,参与者必须通过分享推荐链接来邀请朋友加入 BitTorrent Telegram 通道。

138. 根据媒体的公告,所有加入 BitTorrent Telegram 渠道的参赛者将共享 15 000BTT,前 300 名完成所有任务的用户将共享另外的 15 000BTT,而 35000BTT 将由 100 名邀请新用户最多的参赛者分享。

139. 通过完成加入所需的全部步骤,参与者为包括 Sun 在内的所有被告提供了宝贵的参考经验,包括:(i)在社交媒体上推广 BTT 和 BitTorrent 平台,(ii)增加 BitTorrent 的 Telegram 通道,(iii)加强与 BitTorrent 社交媒体平台的互动,以及(iv)提供他们及其朋友的社交媒体联系信息,供 Sun 将来使用。

140. 在本次发行中,包括 Sun 在内的所有被告,均未采取任何措施将美国人排除在获得 BTT 范围之外。

G. BTT 在 Sun 的 AMA 派发中发行和出售

141. 从 2021 年 5 月 25 日左右到 2021 年 6 月 2 日,包括 Sun 在内的所有被告,通过 2021 年 5 月 28 日在 BitTorrent Telegram 频道上的 AMA 会议,联系赏金计划来发行并出售 BTT,该会议由印度尼西亚加密资产交易平台的首席运营官主持。

142. 正如@BitTorrent 在 2021 年 5 月 25 日的推特中宣布的那样,在本次派发活动中,个人可以通过参加 AMA 会议并在会议期间的评论区提交无答案问题,从而有资格获得 BTT。

143. 包括 Sun 在内的所有被告,从所有参赛者中随机选出了 8 名比赛获胜者,向其派发了未知数量的 BTT 代币。

144. 通过完成加入所需的全部步骤,参与者为包括 Sun 在内的所有被告提供了宝贵的参考经验,包括增加 BitTorrent 的 Telegram 渠道,以及加强与 Bit-

Torrent 社交媒体平台的互动。

145. 在本次发行中，包括 Sun 在内的所有被告，均未采取任何措施将美国人排除在获得 BTT 范围之外。

H. BTT 在 8 亿 BitTorrent Discord "Giveaway"中 BTT 的发行和出售

146. 从 2021 年 6 月 9 日左右到 2021 年 6 月 11 日，包括 Sun 在内的所有被告，通过他们称之为 Discord "giveaway" 的赏金计划发行并出售了 BTT。

147. 2022 年 6 月 9 日，@BitTorrent 在 Twitter 上宣布了 8 亿 BTT Giveaway 的活动："8 亿 $BTT Giveaway 现在 #BitTorrent Discord 上直播！🎁我们正在举办一个特别的 giveaway 和建立一个巨大的奖品池。要获得资格，请通过发光处加入我们的 Discord 以获取完整信息！"

148. 为了在本次比赛中获得 BTT，参与者必须加入 BitTorrent Discord 通道，并完成相关活动。其中包括在第三方平台上提交参赛信息，与 BitTorrent 的社交媒体平台互动，通过在 Twitter 上关注和转发 BitTorrent 的帖子，以及提供社交媒体联系信息推荐朋友来赚取"积分"。

149. 根据作品提交页面的统计，共收到了 1,510 个已完成的作品。6.5 亿 BTT 将派发给所有参与者，从所有参与者中选出 150 名获奖者共享另外 1.5 亿 BTT。

150. 通过完成加入所需的步骤，参与者向包括 Sun 在内的所有被告提供了宝贵的参考经验，包括：(i) 增加 BitTorrent 的 Discord 渠道，(ii) 在社交媒体上推广 BTT 和 BitTorrent 平台，(iii) 增加与 BitTorrent 社交媒体平台的明显互动，以及 (iv) 提供他们及其推荐朋友的身份信息，以便包括 Sun 在内的所有被告将来使用。

151. 在本次发行中，包括 Sun 在内的所有被告，均未采取任何措施将美国人排除在获得 BTT 范围之外。

I. BTT 在"金钱包抽奖"中的发行及出售

152. 从 2021 年 9 月 7 日左右到 2021 年 10 月 11 日，包括 Sun 在内的所有被告，通过他们称之为"金钱包抽奖"的赏金计划发行并出售了 BTT。

153. 在 2021 年 9 月 7 日媒体的帖子中，@BitTorrent 宣布了金钱包抽奖活动，其中"四名幸运获胜者将获得 100 万 BTT，一名大奖得主将获得 1000 万比特币"。

154. 为了在本次派发中有资格获得 BTT，参与者必须"下载任何包含 BitTorrent Speed 钱包的免费或专业版 BitTorrent 或 μTorrent 客户端，然后按照第一次启动 BitTorrent Speed 时概述的步骤激活[e]黄金钱包抽奖"。

155. 通过完成加入所需的步骤，每个参与者通过成为新的 BitTorrent 客户端用户和提高 BitTorrent 的活跃用户基础，为包括 Sun 在内的所有被告提供了

156. 在本次发行中,包括 Sun 在内的所有被告,均未采取任何措施将美国人排除在获得 BTT 范围之外。

V. 包括 Sun 在内的所有被告涉嫌操纵 TRX 交易

157. 大约从 2018 年 2 月到 2019 年 2 月,Sun 领导了一个至少由三名 Tron 基金公司的员工和两名 Rainberry 公司的员工组成的团队,通过在 BitTorrent 基金公司、Tron 和 Rainberry 公司的员工,以及最终由 Sun 控制的账户之间进行洗牌交易,人为地夸大 TRX 的交易量。

158. 洗牌交易通常指的是"受益人所有权没有发生改变的交易"。参见 SEC v. Williky(2019)案。洗牌交易是欺诈性的,因为它制造了一种"对市场活跃程度的错误认知,而这种认知并不能反映证券的真实供需情况"。

159. Sun 的团队至少在总部设在美国的交易平台上进行了 TRX 的洗牌交易。在涉案期间,Sun 指导并意识到团队的洗牌交易活动。

160. 通过这种洗牌交易计划,Sun 和他的团队创造了合法、活跃的 TRX 交易的假象和误导性外观。通过这一计划,Sun 和他的团队进行了一系列交易,创造了实际的、活跃的交易,目的是诱导其他人购买或出售 TRX,以及在保持其价格稳定的情况下使 Sun 和 Tron 基金公司更容易出售 TRX。

A. Sun 的团队在交易平台上开设了代名账户,以操纵 TRX 市场

161. 大约在 2018 年 2 月 23 日至 3 月 27 日期间,Sun 指导 Tron 基金公司的员工在多个加密资产交易平台上开设代币账户,包括交易平台。如下所述,Sun 的团队在交易平台上开设了四个账户,用于洗牌交易。

162. 大约在 2018 年 3 月 27 日,Sun 的团队在交易平台上,以中国公民的名义开设了两个账户,其中一个账户是 Sun 的父亲。这些账户被标记为"账户 16"和"账户 17"。

163. 2018 年 8 月 26 日左右,Sun 的团队在交易平台上以美国 Rainberry 公司员工的名义开设了第三个账户("U.S. Nominee One"),这个账户被标记为"Activity 账户"。

164. 2018 年 9 月 17 日左右,Sun、U.S. Nominee One 和 Rainberry 公司的首席财务官(CFO)等人参加了一次"全球高管会议"。在这次会议中,作为洗牌交易计划的一部分,Sun 批准将 1 万美元电汇到 U.S. Nominee One 的个人账户。在批准转账时,Sun 故意或假装不知道 10,000 美元随后将从 U.S. Nominee One 的个人账户转移到 Activity 账户并用于洗牌交易。

165. 第二天,即 2018 年 9 月 18 日,Rainberry 公司的首席财务官也批准了 1 万美元的电汇,并指示其 Rainberry 公司的员工将这笔钱转账给 U.S. Nominee One。Rainberry 公司的员工遵守了规定,以 Rainberry 公司的名义从美国的一个银行账户付款。

166. 2018年9月20日左右,Sun的团队在交易平台上以另一名美国 Rainberry 公司员工的名义开设了第四个账户("U. S. Nominee Two"),该账户被标记为"Bancor Account"。

167. Bancor 账户是 Sun 的团队在 Sun 的指示下,在未获得 U. S. Nominee Two 的知情或许可的情况下,使用 U. S. Nominee Two 的截屏照片和特定 U. S. Nominee Two 的个人信息开设的。

B. Sun 指导了他的团队在交易平台上进行洗牌交易

168. Sun 控制了数字钱包和用于在交易平台上进行洗牌交易计划的 TRX 代币。Sun 也指导了执行洗牌交易的 Tron 基金公司的员工团队;该团队不断向 Sun 汇报他们的活动,以确保他们的交易符合他的指示。

169. 从2018年9月左右开始,Sun 每周收到报告,其中详细介绍了他的团队的洗牌交易活动。一份日期为2018年9月28日的周报建议 Sun,"美元交易对已经开始",它指的是2018年9月26日开始进行交易的 Activity 账户和 Bancor 账户。该报告还指出,该团队"做市的目的是卖出 TRX",并解释说,该团队将"在假期后建立一个买入机会,以平衡货币需求(稳定利润和亏损)"。

170. 另一份日期为2018年10月30日的报告称,Sun 的团队将调整策略,以应对"自然"(即合法的)TRX 交易量的下降。该报告还传达了 Sun 团队增加 TRX 交易量的指示:"老板提醒我们需要增加交易量,我们需要在下周增加流动的参数,专注于 binance、bittrex、bithumb、upbit 交易所,将每日预算增加到 2.5 BTC。"

171. 洗牌交易计划至少在一定程度上依赖于 TRX 的大量供应。因此,Sun 向他的团队提供了自己的 TRX,以推进洗牌交易计划。

172. 大约从2018年4月18日至2019年2月11日,Sun 的团队使用账户 16 和 17 在交易平台上参与 TRX 的洗牌交易。在这些账户活跃的249天里,Sun 的团队参与了至少609790笔 TRX 洗牌交易,平均每天约2449笔。

173. 例如,下表显示了2018年10月1日账户16和账户17之间的 TRX 洗牌交易(略)。

174. 在2018年9月26日至10月18日期间,Sun 的团队也通过使用 Activity 和 Bancor 账户进行 TRX 洗牌交易。在这23天里,Sun 的团队进行了至少5426次 TRX 洗牌交易,平均每天约236次。

175. 例如,下表显示了2018年10月7日 Activity 账户和 Bancor 账户之间的 TRX 洗牌交易(略):

176. 如上表所示(略),两个账户对即(1)账户16和17,以及(2)Activity 账户和 Bancor 账户进行了大量的 TRX 洗牌交易。

177. 正如 BitTorrent 基金公司在 2018 年 12 月提交的申请 BTT 在新的交易平台上交易所反映的那样，BitTorrent 基金公司也拥有并控制账户 16 和 17。

178. 在涉案时间内，Sun 通过 Tron 基金公司、BitTorrent 基金公司和 Rainberry 公司控制了每个洗牌交易的账户，并且这些账户中的 TRX 交易都是在 Sun 的授意和指示下执行的。这些账户之间的 TRX 交易都没有涉及受益人所有权的任何变化，也不具备任何合法的经济目的。

179. 从 2021 年 1 月左右开始，Sun 代表 Tron 基金公司、BitTorrent 基金公司和 Rainberry 公司，开始向包括被告 Mahone 和 Way 在内的名人付费，在社交媒体上推广 TRX 和 BTT。每一位兜售 TRX 或 BTT 的名人在他们的社交媒体账户上都至少有 100 万粉丝。但这些名人并没有透露他们是被收买来宣传 TRX 或 BTT 的事实，也没有透露他们收到的金额。

Ⅵ. 包括 Sun 在内的所有被告策划了一场名人兜售活动以实施隐瞒在内的欺诈行为

180. Sun 分别代表 Tron 基金公司、BitTorrent 基金公司和 Rainberry 公司批准了向名人支付负责兜售 TRX 或 BTT 的费用，并用自己的资产为这些费用提供资金。Sun 将这些钱汇给 Rainberry 公司的一名员工（"Rainberry 公司员工"），该名员工再将钱汇给一家离岸中介，该中介负责安排名人兜售 TRX 或 BTT。此外，Sun 指示 Rainberry 公司员工确保这些名人不会透露他们被收买来兜售代币的事实。Sun 的指示是通过中间人直接或间接传达给名人的，其中包括 Rainberry 公司员工。

181. Sun 本人，或者按照 Sun 的指示行事的 Rainberry 公司的员工，各自代表 Tron 基金公司、BitTorrent 基金公司和 Rainberry 公司，提供或审核 Sun 希望每个名人在网上发布的宣传 TRX 和 BTT 的文字表述。然后，Sun 通过评论或转发给自己的 300 多万推特粉丝，放大了这些名人在社交媒体上的宣传推广。

182. Sun 本人代表 Tron 基金公司、BitTorrent 基金公司和 Rainberry 公司，制造了一种极具误导性的印象，即名人对投资 TRX 和/或 BTT 具有独特的兴趣。事实上，这些名人只是兜售 TRX 和/或 BTT，因为他们这样做是有报酬的。

183. 在 2021 年 1 月 22 日左右，Way 在推特上写道："谢谢大家，我买了一些……TRX……👉下一步是什么？我们继续往前走吧。"后来，在 2021 年 1 月 29 日左右，Way 发推文说："✔$ trx＝快速区块链。"Tron 基金公司通过 Sun 本人或 Rainberry 公司员工在 Sun 的指导下为 Way 的推文提供文字，Sun 安排为 Way 的这些推文支付 1 万美元。但是，Way 的两条推文都没有披露他是被收买来推销 TRX 的事实，也没有透露他获得报酬金额。

184. 大约在 2021 年 2 月 11 日，一位女演员在推特上写道："(我)对#DeFi

进行了探究并且已经喜欢上了＄JST……超级快,零费用。好好干@justinsun-tron。"同一天,另一位女演员发推文说:"人们应该只使用＄TRX,因为它又快又便宜又很火……谢谢@justinsuntron。"Tron 基金公司通过 Sun 本人或 Rainberry 公司员工在 Sun 的指导下为这些推文提供了文字。同一天,一位歌手在推特上写道:"你理想的加密包是什么? 想想＄TRX ＄BTT ＄JST ＄SUN ＄WIN。"Tron 基金公司和 BitTorrent 基金公司,通过 Sun 本人或 Rainberry 公司员工在 Sun 的指导下,为每条推文提供了文字。Sun 安排这三位名人,分别为他们的推文支付 1 万美元、955.70 美元和 1.2 万美元。然而,这些推文都没有披露这些名人是为了宣传 TRX 或 BTT 而获得报酬的事实,也没有披露他们获得报酬的具体金额。

185. 第二天,即 2021 年 2 月 12 日左右,Mahone 在推特上写道:"当＄TRX 达到 50 美分,＄BTT 达到 1 美分时,我要吻@justinsuntron 的脸。"Tron 基金公司和 BitTorrent 基金公司,通过 Sun 本人或 Rainberry 公司员工的指示,为 Mahone 的推文提供了文字,Sun 安排 Mahone 获得了价值 20059 美元的比特币以作为这条推文的报酬。Mahone 的推特没有透露他是被收买来兜售 TRX 或 BTT 的事实,也没有透露他的报酬数额。

186. 为了向投资大众隐瞒名人兜售活动的真相,Sun 否认他和 Tron 基金公司花钱请名人兜售的上述事实。大约在 2021 年 2 月 16 日,Sun 在推特上写道:"最近有传言称第三方名人被收买来宣传♯TRON。♯TRON 基金公司没有参与这些活动。基金公司不认识这幕后演员。"就在同一天的大约一分钟后,Sun 在推特上写道:"如果有任何名人被收买来宣传 TRON 的话,我们是会要求他们披露相关信息的。"

187. 上述这些 Sun 的推文显然在说假话。事实上,Sun 本人知道,这些名人是被收买用来兜售 TRX 和 BTT 的;Tron 基金公司和 BitTorrent 基金公司,通过 Sun 本人或 Rainberry 公司员工,在 Sun 的指导下,为兜售者提供文字;Sun 本人亲自安排并为名人兜售提供资金支付费用;这些名人没有透露他们是被收买来宣传 TRX 或 BTT 的事实,也没有透露他们的具体报酬。

第一项诉讼请求:违反《1933 年证券法》第 5(a)条和第 5(c)条(起诉 Sun、Tron 基金公司、BitTorrent 基金公司 和 Rainberry 公司)

188. 依据上文第 1 段至第 189 段的事实,提起第一项诉讼请求。

189. 在本案中,包括 Sun 在内的所有被告,都在没有提交发行注册声明之前,采用了以下方式,直接或间接地发行了证券:(a)在州际贸易中采用交通工具运输的方式寄送招股说明书,或者通过邮局寄送招股说明书,目的都在于出售证券;(b)通过邮局或者跨州交通运输工具来寄送证券,目的是销售或再次销售;(c)在州际贸易中采用交通工具运输的方式或者通过邮局邮寄这两种方式寄送招股说明书(要约邀请),目的都在于向不特定对象出售证券。

190. 因此,包括 Sun 在内的所有被告,违反了《1933 年证券法》第 5(a)条和第 5(c)条。除非他们自我约束或者依照法院禁令行事,否则还将继续违反《1933 年证券法》第 5(a)条和第 5(c)条(15 U.S.C.)。

第二项诉讼请求:违反《1933 年证券法》第 17(a)(1)条和第 17(a)(3)条(起诉 Sun、Tron 基金公司、BitTorrent 基金公司和 Rainberry 公司)

191. 依据上文第 1 段至第 189 段的事实,提起第二项诉讼请求。

192. 在本案中,包括孙在内的所有被告,采用州际贸易中的交通工具或者通过邮局邮寄的方式来发行或出售证券,在此过程中,直接或间接地实施了以下行为:(1) 故意或毫无顾忌地使用各种手段进行欺诈;(2) 以故意、不顾后果或疏忽的态度与买方进行交易,该交易对买方或将对买方构成欺诈。

193. 因此,本案包括孙在内的所有被告违反了《1933 年证券法》第 17(a)(1)条和第 17(a)(3)条。除非他们自我约束或者依照法院禁令行事,否则还将继续违反《1933 年证券法》第 17(a)(1)条和第 17(a)(3)条(15 U.S.C.)。

第三项诉讼请求:违反《1933 年交易法》第 9(a)(1)条和第 9(a)(2)条(起诉 Sun、Tron 基金公司、BitTorrent 基金公司和 Rainberry 公司)

194. 依据上文第 1 段至第 189 段的事实,提起第三项诉讼请求。

195. 在本案中,包括 Sun 在内的所有被告,采用邮局邮寄或者在州际贸易中所采用的方式,或者利用国内任何证券交易所的设施,直接或间接地实施了以下行为:(1) 为了制造任何证券市场交易活跃的虚假或具有误导性表象,(A) 进行的证券交易不涉及受益人所有权的变化,以及(B) 在明知证券交易订单的规模、时间以及价格大致相同情况下,相同或不同的各方购买证券,目的在于将其出售,以及(C) 为了购买证券,在明知证券交易订单的规模、时间以及价格大致相同情况下,相同或不同的各方出售证券,目的在于将其出售,以及(2) 为了诱导他人购买或出售此类证券,单独或与他人一起,对在国内证券交易所注册的或未注册的任何证券,或者基于此类证券的互换或互换协议进行一系列交易,从而制造该证券交易的真实而明显的活跃现象,或提高或降低此类证券的价格。

196. 因此,本案包括 Sun 在内的所有被告违反了《1933 年证券法》第 9(a)(1)条和第 9(a)(2)条,除非他们自我约束或者依照法院禁令行事,否则还将继续违反《1933 年证券法》第 9(a)(1)条和第 9(a)(2)条(15 U.S.C.)。

第四项诉讼请求:违反《1933 年交易法》第 10(b)条、第 10b-5 条(起诉 Sun、Tron 基金公司、BitTorrent 基金公司和 Rainberry 公司)

197. 依据上文第 1 段至第 189 段的事实,提起第四项诉讼请求。

198. 在本案中,包括 Sun 在内的所有被告,采用州际贸易的交通工具运输方式,或者采用邮局邮寄的方式,或者通过利用国内任何证券交易所的设施,来发行或出售证券,直接或间接地实施了以下行为,即故意或毫无顾忌地:(a)使用手段、伎俩进行欺诈;(b)对重要事实作出不实的陈述,或遗漏必要的重要事实,以使所作出的陈述在当时的情况下误导投资者,以及(c)经营或实施的行为、做法或提供课程,对任何人进行欺诈或欺骗。(c)从事欺骗他人的商业行为。

199. 因此,包括 Sun 在内的所有被告,违反了《1933年交易法》第10b条、第10b-5条,除非他们自我约束或者依照法院禁令行事,否则还将继续违反《1933年交易法》第10b条(15 U.S.C.)、第10b-5条(17 C.F.R.)。

第五项诉讼请求:违反《1933年证券法》第17(b)条(起诉 Mahone and Way)

200. 依据上文第1段至第189段的事实,提起第五项诉讼请求。

201. 在本案中,Mahone 和 Way,采用州际贸易中的运输方式,或者采用邮局的邮寄方式,发布、宣传或以广告的形式描述了一种证券(虽然没有声称发行出售证券),直接或间接地从发行人、承销商或经销商处收到对价,同时没有完全披露收到该对价及其金额。

202. 因此,Mahone 和 Way 违反了《1933年证券法》第17(b)条,除非他们自我约束或者依照法院禁令行事,否则还将继续违反《1933年证券法》第17(b)条(15 U.S.C.)。

第六项诉讼请求:协助和教唆违反《1933年证券法》第17(b)条(起诉 Sun、Tron 基金公司、BitTorrent 基金公司和 Rainberry 公司)

203. 依据上文第1段至第189段的事实,提起第六项诉讼请求。

204. 如上所述,Mahone 和 Way 以及其他名人,其行为违反了《1933年证券法》第17(b)条(15 U.S.C.)。

205. 包括 Sun 在内的所有被告,故意或不顾后果地向 Mahone 和 Way 以及其他名人提供实质性协助,从而违反了《1933年证券法》第17(b)条。

206. 因此,包括 Sun 在内的所有被告,协助并教唆包括 Mahone 和 Way 在内的名人,违反了《1933年证券法》第17(b)条,除非他们自我约束或者依照法院禁令行事,否则将继续协助和教唆包括 Mahone 和 Way 在内的名人。

救济请求

因此,SEC 恭敬地请求法院作出以下最终判决:

(1) 认定上述被告实施了本起诉书所指控的违法行为;

(2) 永久地约束并禁止包括 Sun 在内的所有被告违反《1933年证券法》第5(a)条和第5(c)条,《1933年证券法》第17(a)(1)条和第17(a)(3)条,《1933年证券法》第17(b)条,《1933年交易法》第9(a)(1)条和第(a)(2)条,《1933年交易法》第10(b)条、第10b-5条的行为;

(3) 永久地约束并禁止 Mahone 和 Way 违反《1933年证券法》第17(b)条的

行为;

(4) 根据《1933 年交易法》第 21(d)(5)条,强制禁止包括 Sun 在内的所有被告,直接或间接地参与任何证券(包括任何加密资产证券)的发行或销售,包括通过其控制的任何实体参与任何证券(包括任何加密资产证券)的发行或销售,但不禁止 Sun 通过个人账户购买或出售非加密资产证券;

(5) 根据《1933 年交易法》第 21(d)(5)条,禁止 Mahone 和 Way 直接或间接地从发行人、承销商或经销商处收到的对价,以及直接或间接地向大众宣传,或以广告、报纸、文章、信件、投资服务或通讯的形式,向大众描述加密资产证券(虽然 Mahone 和 Way 没有声称发行和出售加密资产证券);

(6) 根据《1933 年交易法》第 21(d)(2)条和《1933 年证券法》第 20(e)条,永久地禁止 Sun 担任根据《交易法》第 12 条注册的证券,或根据《交易法》第 15(d)条要求提交报告的任何发行人的高管或董事;

(7) 根据《1933 年交易法》第 21(d)(3)条、第 21(d)(5)条和第 21(d)(7)条,要求包括 Sun 在内的所有被告连带和分别退还其在本项指控下的违法行为中所获得的所有非法所得,以及判决前利息;

(8) 根据《1933 年交易法》第 21(d)(3)条、第 21(d)(5)条和第 21(d)(7)条,要求 Mahone 和 Way 退还其在本指控的违法行为中所获得的所有非法所得,以及判决前利息;

(9) 要求被告根据《证券法》第 20(d)条、第 21(d)(3)条,支付民事罚金;

(10) 给予法院认为适合的保护投资者的进一步救济。

案例原文①

---

① Available at https://www.sec.gov/files/litigation/complaints/2023/comp-pr2023-59.pdf, 2023-9-18.

第二章　信息披露制度

建立一个强有力的证券市场,根据 Bernard Black 教授的观点,需要两个首要条件:一个是信息披露,即向公众投资者提供评估公司经营所需要的信息;二是信心确立,即公众投资者相信信息披露义务人不会实施欺诈行为。如果这两个条件具备,一个国家就具有潜力发展有活力的证券市场,为公司的业务经营与发展提供融资[①]。经验表明,在证券市场发达国家,良好的信息披露制度,以及包括内幕交易在内的自我交易的防控制度,是两个先决条件,其他制度都应围绕这二者并基于这二者而建立并加以考量,而且能够确保信息披露和自我交易控制的制度也有利于其他制度的效能发挥。

第一节　信息披露制度概述

证券的发行与交易本质上是一种买卖法律关系,因而对其应该秉持民商法的基本原理进行规制。但是,由于证券这种商品的特殊性,使得其发行与交易对社会渗透力之大、渗透面之广,信息偏在之重,远非一般商品交易所能望其项背,因而各国在立法政策上大多采取了强制性信息披露制度(Mandatory Disclosure of Information)而非自愿性信息披露制度(Voluntary Disclosure of Information)。现代证券法所确立的强制性信息披露制度体现的是国家干预理念,以社会本位为其宗旨,落实的是证券法"公众投资者保护"之立法目的,维护的是公众投资者的知情权,践行的是市场个体主义,也是代表公共利益的政府监管证券市场的重要组成部分。经验表明,作为证券法核心制度的强制性信息披露制度,通常是证券市场得以存在和发展的先决条件之一,对一国的资本市场和国家经济的发展具有基础性作用。

一、信息披露的概念

信息披露(Disclosure of Information),又称信息公开(后文将视上下文而交叉使用,含义相同),是指证券发行人等信息披露义务人在证券发行、上市、交易等过程中,按照法定要求或约定要求或自愿地向社会公开所有影响证券投资者

[①]　伯纳德·布莱克:《强大证券市场的法律和制度前提》,载《比较》(总第109辑)2020年第4期。

投资判断的信息。我国《证券法》(2019)第 3 条明确规定,"证券的发行、交易活动,必须遵循公开、公平、公正的原则",之所以如此规定,是因为证券市场实际上是个信息市场,一切证券活动从根本上来说多源自信息的充分及时与真实的公开;然而,证券市场又是一个信息不对称(Asymmetric Information)的市场,因此各国立法政策都采用了强制性信息披露制度。强制性信息披露既是投资者进行知情决策(Informed Decision)的前提,也是国家对证券市场进行有效监管的方式之一。

信息披露制度(Disclosure System of Information)则是信息披露法律规范的总和,是规定信息披露的主体、时间、方式、原则、内容、程序等一整套行为规范和活动准则的总称。从历史的角度来看,上市公司信息披露制度是证券市场发展到一定阶段,由相互联系、相互作用的证券市场特性与上市公司特性在证券法律制度上的反映。有据可查的史料表明,信息公开制度起源于英国的"南海泡沫事件"(South Sea Bubble)。针对此一灾难性事件,英国政府于 1720 年颁布了《泡沫法》(Bubble Act 1720),要求公司进行一些必要的信息披露;《1844 年英国合股公司法》(The Joint Stock Companies Act 1844)对于"招股说明书"(Prospectus)的规定则首次确立了强制性信息披露原则(Principle of Compulsory Disclosure)。美国的信息披露制度最初源于 1911 年堪萨斯州的《蓝天法》。而 1929 年华尔街证券市场的大阵痛,以及阵痛前的非法投机、欺诈与操纵行为,促使美国联邦政府《1933 年证券法》和《1934 年证券交易法》的出台。《1933 年证券法》首次规定实行财务公开制度,被认为是世界上最早的信息披露制度。

1998 年 9 月国际证监会组织(International Organization of Securities Commissions,IOSCO)内罗毕会议通过的《证券监管的目标与原则》(Objectives and Principles of Securities Regulation①)将证券监管的三大目标设定为"保护投资者,确保公正、有效和透明的市场,以及减少系统风险"。该文件明确指出:"在一个有效的市场内,相关信息的传播应是及时的和广泛的,并可以反映在定价程序中,监管应提高市场的效率;透明度可以被定义为有关交易的信息(包括交易前和交易后的信息)在实时的基础上公之于众的程序。交易前的信息包括确定的买价和卖价,以便于投资者较为确定地了解他们是否能按此价格以及在什么价格下可以交易,交易后信息应是关于所有实际完成的交易额和交易量。"上述《证券监管的目标与原则》还表明,在证券市场上对投资者的保护主要就是通过强制性的信息披露,它主要包括两方面的信息披露与监管:发行者的信息披露与交易信息的披露。

---

① 参见中国证监会网站,https://www.csrc.gov.cn/csrc/c100217/c1003383/1003383/files/pozo180614634660953234.pdf,访问时间:2023-9-18。

从信息公开的时间上来分,包括初次披露、持续披露。初次披露(又称首次公开发行证券的信息披露),是证券发行人公开发行证券时依法承担的信息披露义务;持续披露,又称继续披露,是指证券在上市交易期间,信息披露义务人披露与证券价格波动有关的一切重大信息。

二、信息披露的意义

信息公开是证券发行与交易的基础,也是证券市场赖以存在的基石。美国法官路易斯·布兰戴斯(Louis D. Brandeis)在《银行是如何运用他人金钱的》一书中揭示了信息披露的哲学思想:"正如阳光是最好的防腐剂,电灯是最有效的警察一样,(信息)公开是医治现代社会及工业疾病的良药。"[1]具体而言,信息公开原则的重要意义主要体现在以下几个方面。

第一,也是最根本的,是有利于维护公众投资者的合法权益。证券市场的繁荣发展来源于投资者的信心和对公众投资者的保护。公众投资者相对于证券发行人来讲处于弱势地位,往往是内幕交易的最终受害者。信息公开可以确保公众投资者平等地接触和了解证券市场信息,进行知情决策,既可防止盲目投资,以减少或避免不应有的风险,更有利于遏制信息滥用、内幕交易、证券欺诈、过度投机等行为。

第二,有利于约束证券发行人的行为,改善其经营管理。信息公开要求发行人严格按照法定的程序、格式和内容,真实、准确、完整地公布与投资者决策密切相关的资料,可以促使发行人严格财务制度,规范其内部管理;同时,增加发行人内部状况的透明度,将其置于广大投资者和社会公众的监督之下,可以激励发行人全面加强经营管理,以提高经济效益。

第三,有利于证券发行与交易价格的合理形成。以股票价格为例,其价格的形成与社会经济、政治形势、公司经营状况等诸多因素有关,其中尤以公司经营状况为重。因此,有必要将发行公司经营状况、财务状况和发展趋势加以公开,便于投资者在全面了解情况的基础上作出投资决定,促使证券供求关系自然形成,市场可根据供求关系形成合理价格。

第四,有利于进行证券监管,提高证券市场效率。公开的信息是证券监管部门进行管理的重要依据,同时也是其监督证券市场各方依法活动的重要法律手段。依据公开原则,监管部门既可及时有效地查处违反信息公开义务的证券违法犯罪活动,又可根据高度透明化的证券市场信息,及时防范和化解金融风险,调控、引导证券投资及筹资行为。信息公开还要求证券监管部门的管理公开化,

---

[1] Louis D. Brandeis, *Other People's Money and How the Bankers Use It*, F. A Stokes, 1914. 该哲学思想多被引用于说明强制性信息披露制度的必要性。

将监管行为同样置于公众的监督之下,有利于促进监管部门的正确执法,更好地履行其监管的义务。

三、我国的信息披露制度架构

现阶段我国信息披露制度已经形成了以《证券法》(2019)为主体,相关行政法规、部门规章等规范性文件为补充的全方位、多层次的上市公司信息披露制度体系框架,涵括了上市初次信息披露和上市后的持续信息披露两个阶段。参见表 2-1。

表 2-1 我国上市公司现行信息披露规范体系

披露内容		基本法律	行政法规	部门规范性文件
首次披露	招股说明书	《公司法》(2018)第85条、第134条;《证券法》(2019)第11条、第13条	《股票发行与交易管理暂行条例》(1993)[①]第13条、第15条、第16条、第17条、第19条	《上市公司信息披露管理办法》(2021)[②]第7—11条;《公开发行证券的公司信息披露内容与格式准则第57号——招股说明书的公告》(2023)[③];《公司信用类债券信息披露管理办法》(2020)[④];《公开发行证券的公司信息披露编报规则第23号——试点红筹企业公开发行存托凭证招股说明书内容与格式指引》(2020)[⑤];《关于首次公开发行股票并上市公司招股说明书财务报告审计截止日后主要财务信息及经营状况信息披露指引》(2023)[⑥]

---

① 国务院令第112号,于1993年4月22日公布并施行,现行有效。
② 中国证券监督管理委员会令第182号,于2021年3月18日公布,于2021年5月1日施行,现行有效。
③ 中国证券监督管理委员会公告〔2023〕4号,于2023年2月17日公布并施,现行有效。另外,《公开发行证券的公司信息披露内容与格式准则第28号——创业板公司招股说明书》(2020)(中国证券监督管理委员会公告〔2020〕31号)、《公开发行证券的公司信息披露内容与格式准则第41号——科创板公司招股说明书》(中国证券监督管理委员会公告〔2019〕6号)现都已根据该部门规范性文件而失效。
④ 中国人民银行、中华人民共和国国家发展和改革委员会、中国证券监督管理委员会公告〔2020〕第22号,于2020年12月25日公布,于2021年5月1日施行,现行有效。
⑤ 中国证券监督管理委员会公告〔2020〕20号,于2020年3月20日公布并施行,现行有效。
⑥ 于2023年8月10日公布并施行,现行有效。2013年12月6日,中国证券监督管理委员会公告〔2013〕45号发布关于首次公开发行股票并上市公司招股说明书财务报告审计截止日后主要财务信息及经营状况信息披露指引》(2013),2023年8月10日依据《中国证券监督管理委员会关于修改、废止部分证券期货制度文件的决定》(中国证券监督管理委员会公告〔2023〕50号)修正。

（续表）

披露内容		基本法律	行政法规	部门规范性文件
首次披露	上市公告书		《股票发行与交易管理暂行条例》(1993)第33条、第34条	《上市公司信息披露管理办法》(2021)第15条
定期报告	年报	《公司法》(2018)第164条；《证券法》(2019)第79条	《股票发行与交易管理暂行条例》(1993)第57—59条	《上市公司信息披露管理办法》(2021)第12—21条；《公开发行证券的公司信息披露内容与格式准则第2号——年度报告的内容与格式》(2021)①
	中报	《公司法》(2018)第145条；《证券法》(2019)第79条		《公开发行证券的公司信息披露内容与格式准则第3号——半年度报告的内容与格式》(2021)②
临时报告	重大事件公告	《证券法》(2019)第80条、第81条	《股票发行与交易管理暂行条例》(1993)第60—61条	《上市公司信息披露管理办法》(2021)第22—26条
	并购信息披露	《公司法》(2018)第173条；《证券法》(2019)第63条、第64条、第66条、第68条、第71条、第76条、第77条	《股票发行与交易管理暂行条例》(1993)第47—49条、第52条	《上市公司信息披露管理办法》(2021)第27条；《公开发行证券的公司信息披露内容与格式准则第5号——公司股份变动报告的内容与格式》(2022)③；《公开发行证券的公司信息披露内容与格式准则第16号——上市公司收购报告书》(2020)④；《公开发行证券的公司信息披露内容与格式准则第17号——要约收购报告书》(2022)⑤；《公开发行证券的公司信息披露内容与格式准则第18号——被收购公司董事会报告书》(2020)⑥
其他披露		如股东大会、董事会决议公告等常规性公告，主要是沪深两市证券交易所的《上市规则》中规范		

---

① 中国证券监督管理委员会公告〔2021〕15号，于2021年6月28日公布并施行，现行有效。
② 中国证券监督管理委员会公告〔2021〕16号，于2021年6月28日公布并施行，现行有效。
③ 中国证券监督管理委员会公告〔2022〕8号，于2022年1月5日公布并施行，现行有效。
④ 中国证券监督管理委员会公告〔2020〕20号，于2020年3月20日公布并施行，现行有效。
⑤ 中国证券监督管理委员会公告〔2022〕9号）于2022年1月5日公布并施行，现行有效。
⑥ 中国证券监督管理委员会公告〔2020〕20号，于2020年3月20日公布并施行，现行有效。

【拓展阅读】

强制性信息披露制度：反对与支持[①]

第二节　信息披露的基本原则

根据我国《证券法》(2019)、《公司法》(2018)、《首次公开发行股票注册管理办法》[②]、《上市公司证券发行注册管理办法》(2020)[③]和其他相关部门规章等的规定，依法披露的信息，必须真实、准确、完整，不得有虚假记载、误导性陈述或者重大遗漏。从披露的过程来看，包括发行公开、上市公开、上市后信息持续公开。从披露的内容看，主要是公司招股说明书、公司债券募集办法、财务会计报告及经营状况和其他影响证券交易的重大事件。实际上，信息披露体现在时间和内容两个维度上。从时间维度来讲，信息披露必须具有同一性、及时性。从内容维度来讲，信息披露必须做到真实性、易懂性、重大性。

一、信息的真实性

公众投资者进行投资决策的准确性，建立在信息披露人公开的信息能够真实地反映其经营状况之上，因此，首先就要求借以进行投资判断的信息必须具有真实性。真实性的具体要求有三：一是公开的信息所反映的事实必须是公司经营活动中实际发生的，禁止为了影响市场价格而编造虚假信息；二是公开的信息必须符合法律法规所规定的对不同性质信息的真实性的不同判断标准；三是所公开的信息和所反映的事实之间具有一贯性，如有变动应作出说明。

作为信息公开的首要要求，真实性具体体现在多个制度上：一是保证制度，即信息披露义务人(如发行人及其董事、监事、经理、发行人的控股股东、实际控制人和保荐人等)承担保证信息披露真实性的义务。例如我国《证券法》(2019)第19条、第24条等的规定。二是签证制度，即有关证券服务机构承担信息披露

[①] 改编自高西庆：《证券市场强制性信息披露制度的理论根据》，载《证券市场导报》1996年第10期。
[②] 中国证券监督管理委员会令第205号，于2023年2月17日公布并施行，现行有效。
[③] 中国证券监督管理委员会令第206号，于2023年2月17日公布并施行，现行有效。

签证的义务。例如我国《证券法》(2019)第 19 条的规定。三是审查制度,即建立包括证券交易所在内的证券监管机构对信息披露的监管制度,监管机构对证券发行披露信息的真实性进行实质审查;在证券上市交易之后,证券交易所是信息披露的一线监管机构,其对定期报告实行"先公告,后审查"和对临时报告实行"先审查,后公告"的制度。四是法律责任制度,即信息披露义务人违反信息披露义务应承担相应法律责任的制度(包括民事、行政和刑事责任)。

真实性适用于公司所公开的所有类型的信息,包括描述性信息、评价性信息和预测性信息。所谓描述性信息,是指对公司经营活动的历史事实的记录和表述,必须客观。所谓评价性信息,是信息公开人对历史事实的性质、结果或影响的分析和判断,反映的是历史事实之间的关系。所谓预测性信息,又称前瞻性信息,是一种对未来前景的预测性陈述,以及对未来期望的陈述;陈述者往往缺乏现有数据能证实其陈述的准确性;主要是基于主观的估计和评价。

二、信息的易懂性

易懂性是由信息披露的媒介(即语言文字)所决定的。由于语言文字内生着多义性、语言表达方式存在着的多样性,这就要求公开的信息必须贯彻易懂性,从而确保信息被准确理解,实现公众投资人的知情决策。易懂性强调的是各个信息接收者之间对同一信息在理解上的一致性。易懂性要求在有法律明确标准的前提下,应按法定标准以语言文字的通常意义进行信息传达,不得使用歧义性的语言文字,以使公众投资者对其公布的信息产生误解。尽管公众投资者成分极为复杂,行业归属、知识水平、语言习惯、经验能力等各不相同,对于公开的信息内容的判断必然有所不同;但由于信息公开的目的是为方便投资者进行投资判断,因此,对公开信息的文字含义应以一般投资者的素质为标准。易懂性要求处理好表达方式与易于理解之间的关系,应尽量采用通俗易懂的语句表达,不得使用冗长繁杂的句式。公司的经营活动是一种专业性活动,专业术语或行业术语往往有不可替代的作用,但也应尽量少用或进行必要的解释。目的都在于使得具有一般文化知识和经营知识的投资者能理解,而不只是使投资专家能理解。

我国相关法律法规对信息披露易懂性的规定,散见于证监会发布的相关规范性文件。例如,《公开发行证券的公司信息披露内容与格式准则第 16 号——上市公司收购报告书》(2020)第 8 条规定:"收购人在编制收购报告书时,应当遵循以下一般要求:(1)文字应当简洁、通俗、平实和明确,引用的数据应当提供资料来源,事实应有充分、客观、公正的依据;(2)引用的数字应当采用阿拉伯数字,货币金额除特别说明外,应指人民币金额,并以元、千元或百万元为单位;(3)收购人可以根据有关规定或其他需求,编制收购报告书外文译本,但应当保证中、外文本的一致性,并在外文文本上注明:'本收购报告书分别以中、英(或日、法等)文编制,在对中外文本的理解上发生歧义时,以中文文本为准'。"又如《公开发行证券的公司信息披露内容与格式准则第 57 号——招股说明书》第 8 条规定:"招股说明书应便于投资者阅读,简明清晰,通俗易懂,尽量使用图表、图片或其他较为直观的披露方式,具有可读性和可理解性:(一)应客观、全面,使用事实描述性语言,突出事件实质,不得选择性披露,不得使用市场推广和宣传用语;(二)应使用直接、简洁、确定的语句,尽可能使用日常用语、短句和图表,避免使用艰深晦涩、生僻难懂的专业术语或公文用语,避免直接从法律文件中摘抄复杂信息而不对相关内容作出清晰正确解释;(三)披露内容应具有相关性,围绕发行人实际情况作出充分、准确、具体的分析描述;(四)应充分利用索引和附件等方式,不同章节或段落披露同一语词、表述、事项应具有一致性,在不影响信息披露完整性和不致引起阅读不便前提下,可以相互引征;(五)披露内容不得简单罗列、堆砌,避免冗余、格式化、模板化。"第 9 条规定:"招股说明书引用相关意见、数据或有外文译本的,应符合下列要求:(一)应准确引用与本次发行有关的中介机构专业意见或报告;(二)引用第三方数据或结论,应注明资料来源,确保权威、客观、独立并符合时效性要求,应披露第三方数据是否专门为本次发行准备以及发行人是否为此支付费用或提供帮助;(三)引用数字应采用阿拉伯数字,货币金额除特别说明外应指人民币金额,并以元、千元、万元或百万元为单位;(四)应保证中、外文文本一致,并在外文文本上注明:'本招股说明书分别以中、英(或日、法等)文编制,对中外文本理解发生歧义时,以中文文本为准。'"等等。

【拓展阅读】

Plain Writing Initiative[①]

三、信息的重大性

所谓重大性,通说是指能够影响投资者作出买卖证券之决定的因素,它是实现投资者的知情决策而对信息披露所提出的要求。不过,合理的重大性标准,应

---

① Available at https://www.sec.gov/plainwriting.shtml, 2023-9-18.

该既使投资者获得必要的信息,又使发行人只承担合理的披露义务,不至于因披露义务的过于沉重而影响其发展,这样才能既有利于投资者,又有利于发行人,更有利于证券市场的健康发展。

在美国,重大性标准是通过联邦最高法院的司法实践来确立并逐步完善的。(1) 在审理 TSC Industries Inc. v. Northway Inc. (1976)[①]案时,联邦最高法院指出,所谓重大性,是指"如果一个理性的投资者很可能在决定如何投票的时候认为该事实是重要的,那么该遗漏的事实就是重大的"。(2) 在审理 Basic, Inc. v. Levinson(1988)[②]案[以下简称"Basic(1988)案"]时,联邦最高法院采用了 1968 年第二巡回法院在审理 SEC v. Texas Gulf Sulphur Co(1968)[③]案时所建立的标准,即认定"重大性"时要平衡考虑两个因素,即未来事件发生的可能性,与该事件的发生对公司整体活动预测影响程度之间的平衡(Probability-Magnitude Test)。联邦最高法院在审理本案时再次重申,事件的"重大性"完全取决于理性投资者会如何看待未公开或者不实公开的信息。对于或有事件,即便它不可能发生,但一旦发生就将会对公司产生重大影响的,那么就必须对这个或有事件进行披露。但是,SEC 认为,联邦最高法院所采用的这种重大性测试标准对于前景性信息披露并不适合:依照涉案所确定的标准,可能是重大的趋势,或者事项如果不具有发生的可能性,依 SEC 的规章 S-K 第 303 项(Item 303 of Regulation S-K)就不必作出披露。因此,SEC 主张:在决定一个趋势、承诺、事件或者不确定性的重大性时,需要考虑以下两个标准:首先,注册人必须评估是否每个已知的趋势、需求、承诺、事件或者不确定性都具有合理地发生的可能性;如果没有,那么就无须披露,否则即须披露。其次,如果公司管理者无法对上述问题做出决定,那么在假定上述事项将要发生的前提下,客观地评价这些事项的后果;除非管理者决定该事件发生对注册人的财务状况或者运营结果不可能有重大影响,否则就应当披露这些事项。也就是说,在针对前景性信息的披露上,SEC 对"重大性"的标准,要比联邦最高法院所确立的标准低;而且,与反欺诈案的标准相反,后者证明重大性的举证责任在于原告或 SEC,而前景性信息的披露要求公司管理者证明该事件不可能发生,或者如果发生也不会产生重大的影响。

我国现行关于信息披露的重大性的保障机制主要包括:(1) 证券立法以不完全列举的方式规定应披露信息的范围;(2) 由证券服务机构协助公司决定应披露信息的具体范围;(3) 证券监管机构依照相关规定确定应披露信息的范围;(4) 证券交易所结合具体情况要求信息披露义务人披露的信息。

---

① TSC Industries, Inc. v. Northway, Inc., 426 U.S. 438 (1976).
② Basic, Inc. v. Levinson, 485 U.S. 224, 1988.
③ SEC v. Texas Gulf Sulphur Co. 401 F.2d 833 (2d Cir. 1968).

我国学术界认为,认定信息的重大性标准,有投资者决策和证券价格两种标准。① 按照投资者决策标准,立法者通过立法,要求发行人站在理性投资者的角度来考虑信息的重大性,在立法者与发行人对"理性投资者"的理解不一致的情况下,如果立法只是规定了一般披露原则的话,那么,只要发行人可以按照理性人对该原则的理解来说明其认为无须披露的理由,即使其理解不符合监管机构的本意,发行人也无须担责。而证券价格变动标准,虽然具有客观性,但市场价格波动只是信息的反映而不是信息本身,所以该客观标准也并不"客观"。基于此,在选择"重大性"标准的时候,应该综合二者之长:以投资者决策标准来考虑各种可能出现的重大事项,并在立法中详细列举;在需要考虑某件立法未列举的事项是否重大时,则采取证券价格标准,由发行人按该标准来衡量该事件是否重大。

我国的证券实务中,通常是以证监会的行政处罚来认定的。但是,信息披露义务人对此会提出抗辩,认为即使被证监会处以行政处罚,也不一定代表该虚假陈述信息具有重大性,不少法院也支持此类抗辩,典型案例如江苏友利投资控股股份有限公司与马小萍虚假陈述责任纠纷上诉案(2016)②。在审理该案时,江苏省高级人民法院认为:虽然四川证监局作出的行政处罚决定书认定了江苏友利控股在 2012 年度报告中未披露重大关联交易事实,并予以相应行政处罚;但该行为是否属于《虚假陈述赔偿规定》(2003)③第 17 条规定的对于重大事件在披露信息时发生重大遗漏行为仍须进行进一步的司法审查。而且,涉案相关关联交易也并非《证券法》所规定需要披露之重大事件,该关联交易并未导致江苏友利控股总资产、净资产、负债、利润、收入等重要财务指标的变化,且大部分关联交易在 2012 年年中报也有反映;2012 年年报披露后,股价和交易量并未发生重大变化。综上考虑,江苏省高级人民法院认为,因该虚假信息不具有重大性,故信息披露义务人的民事赔偿责任不成立。为了统一司法实践,《九民纪要》(2019)④第 85 条规定:"重大性是指可能对投资者进行投资决策具有重要影响的信息,虚假陈述已经被监管部门行政处罚的,应当认为是具有重大性的违法行

---

① 主要参见李有星、徐鹏炯:《内幕信息重大性标准探讨》,载《浙江大学学报(人文社会科学版)》2017 第 3 期;萧鑫:《内幕信息重大性标准及其投资者设定》,载《证券法苑》2017 年第 2 期;徐文鸣、刘圣琦:《新〈证券法〉视域下信息披露"重大性"标准研究》,载《证券市场导报》2020 年第 9 期。
② 江苏省高级人民法院(2016)苏民终 732 号民事判决书。
③ 最高人民法院《关于审理证券市场因虚假陈述引发的民事赔偿案件的若干规定》(法释〔2003〕2 号 2003 年 1 月 9 日发布)。
④ 《全国法院民商事审判工作会议纪要》(法〔2019〕254 号)于 2019 年 11 月 8 日发布并生效。这是最高人民法院出台的第九个会议纪要,而且聚焦民商事审判工作,故被称为《九民纪要》。《九民纪要》共计 12 部分 130 个问题,内容涉及公司、合同、担保、金融、破产等民商事审判的绝大部分领域,直面民商事审判中的前沿疑难争议,密切关注正在制定修改过程中的民法典、公司法、证券法、破产法等法律的最新动态,密切跟踪金融领域最新监管政策、民商法学最前沿理论研究成果。

为。在案件审理过程中,对于一方提出的监管部门作出处罚决定的行为不具有重大性的抗辩,人民法院不予支持,同时应当向其释明,该抗辩并非民商事案件的审理范围,应当通过行政复议、行政诉讼加以解决。"

虚假陈述、内幕交易等,都涉及对信息"重大性"的认定问题,其认定方法或者标准,都是相同的。因此,对信息"重大性"的分析和探讨,除了参看本节内容之外,还可参看第十一章第一节。

【域外案例】

Basic, Inc. v. Levinson(1988)[①]

《1934 年证券交易法》第 10(b)条、SEC 规则 10b-5 规定,在购买或出售证券时,禁止对重大事实作出误导性的虚假陈述或遗漏。1978 年 12 月,Combustion Engineering, Inc.(以下简称"燃烧工程公司")和 Basic Inc.(以下简称"巴西克公司")进行公司合并。事实上,早在两年前,两家公司的代表就已经开始就公司的合并事宜举行了各种会议和谈话;但在此期间,巴西克公司在公开发表的三份声明中均否认公司正在进行合并谈判,并表示不知晓任何可能会影响公司股票交易的公司发展规划。据此,在巴西克公司首次公开否认合并活动和宣布合并后股票暂停交易期间出售股票的前巴西克公司股东,对巴西克公司及其部分董事提起集体诉讼,指控巴西克公司违反了《1934 年证券交易法》第 10(b)条和 SEC 规则 10b-5,公开发布虚假陈述,误导其以较低的价格出售了股票,进而遭受了经济损失。一审中,地方法院在对诉讼主体进行审查后确认了集体诉讼,并根据案情批准了被告简易判决的动议。

在上诉审中,上诉法院确认了集体诉讼,根据市场欺诈理论,推定原告的交易行为依赖于被告的虚假陈述,并认为对本案共同的事实或法律问题的认定应当优先于对个别原告的特定问题的认定。据此,上诉法院判决撤销地方法院简易判决的决定并发回重审,驳回地方法院"初步合并讨论不符合法律重大性标准"的观点,认为即使原本不重要的合并讨论也因巴西克公司的否认声明而变得重要。

……

Blackmun 法官发表了法院的意见。

法院生效判决

本案要求我们确定"公司的初步合并讨论"是否符合《1934 年证券交易法》第 10(b)条和 SEC 规则 10b-5 中规定的"重大性"标准;以及在公司发布重大虚

[①] 编译自 Basic, Inc. v. Levinson, 485 U.S. 224 (1988)。

假声明后,是否可以推定在证券交易所进行股票交易的人是依赖于股票市场价格的真实性作出交易决策的。

第一部分

在1978年12月20日之前,巴西克公司是一家主要从事钢铁工业化学耐火材料制造业务的上市公司,而燃烧工程公司是一家主要生产氧化铝基耐火材料的公司。早在1965年或1966年,燃烧工程公司就表示有兴趣收购巴西克公司,但当时考虑到可能会受到反垄断规制的影响,因此一直没有将收购计划提上日程。然而到了1976年,垄断监管的放松,让燃烧工程公司重新看到了希望。1976年10月25日,燃烧工程公司正式将"以3000万美元收购巴西克公司(的规划)"纳入公司的"战略发展计划"。

从1976年9月开始,燃烧工程公司的代表们就开始就公司合并事宜与包括被告在内的巴西克公司的经理和董事们进行会谈和电话交流。但在1977年和1978年期间巴西克公司发表的三份公开声明中均否认参与了合并谈判。1978年12月18日,巴西克公司要求纽约证券交易所暂停其股票交易并发布公告称,另一家公司正在就公司合并与它"接洽"。12月19日,巴西克公司董事会通过了燃烧工程公司以每股46美元的价格进行股份收购的要约,并在第二天公开宣布接受了燃烧工程公司要约收购的股票报价。

本案原告是在1977年10月21日巴西克公司发布第一次公开声明后至1978年12月停牌前出售股票的巴西克公司的前股东,他对巴西克公司及其董事提起集体诉讼,声称被告发布的三份虚假、具有误导性的公开声明,违反了《1934年证券交易法》第10(b)条和SEC规则10b-5。原告诉称,被告所作出的虚假陈述致使其以较低的价格抛售了巴西克公司的股票,进而遭受了一定的经济损失。

地方法院采纳了原告依赖被告公开陈述进行股票交易的推定,并认为对本案共同的事实或法律问题的认定应当优先于对个别原告的特定问题的认定。在确定双方诉讼主体后,地方法院批准了被告简易判决的动议。地方法院认为,从法律上来说,被告的虚假陈述并不符合"重大性"标准:本案中,被告在发表第一份声明时并没有正在进行合并谈判,尽管在发表第二份和第三份声明时正在进行,但这些初步合并谈判"在通常情况下并不会被认定为合并协议"。

美国联邦第六巡回上诉法院确认了集体诉讼,但推翻了地方法院简易判决的决定,并将案件发回重审。巡回法院的理由是,虽然被告并没有披露他们与燃烧工程公司协商讨论内容的一般义务,但其自愿发布的任何声明都不能是任意的、具有误导性的。上诉法院认为,巴西克公司声称"没有进行任何谈判,也不知道任何可能会影响公司股票交易的公司发展规划"是一种误导。

关于"重大性"标准,上诉法院驳回了地方法院将"初步合并讨论"视为不具有重大性的论点,它认为,"一旦公司发表声明宣布不存在任何有关公司合并的协商,那么即使原本并不重要的事项也会因为公司的虚假陈述变得重要。"

与许多其他巡回法院一样,上诉法院认为,根据"市场欺诈理论",本案中"原告的交易行为依赖于被告的重大虚假陈述"可以视为一项可反驳的推定事实,参见《联邦民事诉讼规则》第 23(b)(3)条。

我们批准了调卷令,以解决法院之间关于"初步合并讨论"的重大性的分歧,以及法院在证明"原告的交易行为依赖于被告的虚假陈述"时适用事实推定是否正确。

第二部分

《1934 年证券交易法》旨在保护投资者免受股价操纵。全面的信息披露要求的立法基础是:"没有诚实的披露,就不会有诚实的市场。市场操纵行为和不诚实行为会在秘密(不披露)中疯长。"本法院"再三反复强调证券交易法的根本目的是实施'充分披露哲学'",参见 Santa Fe Industries, Inc. v. Green(1977)案、SEC v. Capital Gains Research Bureau, Inc.(1963)案。①

根据《1934 年证券交易法》第 10(b)条授权,SEC 颁布了规则 10b-5。在长期的司法实践中,10(b)和规则 10b-5 成为人们广泛提起私人诉讼的请求权基础,成为执行《1934 年证券交易法》披露要求的重要工具。例如,参见 Ernst & Ernst v. Hochfelder(1976)案、Blue Chip Stamps v. Manor Drug Stores(1975)案。②

在处理大量有关违反《1934 年证券交易法》第 10(b)条和 SEC 规则 10b-5 的先例中,美国联邦最高院确立了一项普通法上的司法审判规则(即如果遗漏的事实对于一个理性的股东作出股票交易决策时很重要,那么该事实就是重大的),例如,可参见前引 Santa Fe Industries, Inc. v. Green 案(法院指出,实施欺诈属于证券交易法的规制对象)、前引 Blue Chip Stamps v. Manor Drug Stores 案(与证券买卖有关的行为属于 SEC 规则 10b-5 规制的对象)、Dirks v. SEC(1983)(必须披露信息)、Chiarella v. United States(1980)(同前一案)、前引 Ernst & Ernst v. Hochfelder 案(存在欺诈的故意),以及 Carpenter v. United States(1987)(保密性)。③ 联邦最高法院也对联邦证券法的重大性标准作出了明确的解释,参见 TSC Industries, Inc. v. Northway, Inc.(1976)案。④ 在代理

---

① Santa Fe Industries, Inc. v. Green, 430 U. S. 462, 477-478 (1977), quoting SEC v. Capital Gains Research Bureau, Inc., 375 U. S. 180, 186 (1963).

② See, e. g., Ernst & Ernst v. Hochfelder, 425 U. S. 185, 196 (1976); Blue Chip Stamps v. Manor Drug Stores, 421 U. S. 723, 730 (1975).

③ Dirks v. SEC, 463 U. S. 646 (1983); Chiarella v. United States, 445 U. S. 222 (1980); See also Carpenter v. United States, 484 U. S. 19 (1987).

④ TSC Industries, Inc. v. Northway, Inc., 426 U. S. 438 (1976).

权征集(proxy-solicitation)中,"如果一个理性的股东认为某种信息对他决定是否买卖股票具有影响力,那么这个遗漏的信息就是重要的"。考虑到这条标准能否确定某些有关公司未来发展的信息是否重大并不明确,因而法院必须小心谨慎,避免将"重大性"标准定得太低,因为过低的披露要求会导致管理层"将股东埋葬在大量琐碎信息中——这种结果很难有助于股东作出明智的决策"。因此,联邦最高法院进一步解释说,满足"重大性"要求的信息是指"披露遗漏的事实后很有可能会显著改变理性投资者进行投资决策时可用信息的'总体组合'。"现在我们明确采用 TSC Industries, Inc. (1976)案所确立的认定《1934 年证券交易法》第 10(b)条和 SEC 规则 10b-5 之"重大性"标准。

第三部分

这一"重大性"标准可在公司"初步合并讨论"中得到应用并不是不言自明的。如果公司发展对公司资产的影响是明确的,那么显然符合上述"重大性"标准;但另一方面,如果事件本身具有偶然性,则很难确定"理性的投资者"是否会认为遗漏的信息在当时具有重要意义。合并谈判显然属于后一类,因为预期的交易永远有可能无法实现。

1

被告提请采用"第三巡回法院测试"(Third Circuit Test)标准来解决这个难题。根据这种检测方法,在潜在合并伙伴之间就交易价格和交易结构达成"原则性协议"(以下简称"原则性协议标准")之前,初步合并讨论并不重要,参见 Greenfield v. Heublein, Inc. (1984)案。① 因此,任何有关谈判的信息在还没有达到原则性协议阶段之前都可能被隐瞒甚至歪曲,但这并不违反 SEC 规则 10b-5。

支持上述原则性协议标准的理由有三个。第一个来源于对 TSC Industries (1976)案所设立的标准的担忧,投资者即使不会被过于琐碎的信息淹没(从而不是重要的),也要承担初步合并讨论可能崩溃的巨大风险:因为此类讨论本质上是试探性的(从而不是重要的),而披露初步合并讨论这一信息可能会误导投资者,进而导致其产生虚假的乐观情绪,参见 Greenfield v. Heublein, Inc. (1984)案。支持原则性协议标准的另外两个理由是基于管理方面的考虑:由于原则性协议标准限制了披露义务的范围,这将有助于保护合并讨论的保密性,因为早期披露可能会损害谈判;该标准还提供了另外一个简明实用的规则,它用于确定何时必须进行披露,参见 Greenfield v. Heublein, Inc. (1984)案。

然而,这些基于政策的理由都不能解释为什么要将原则性协议作为信息披

---

① Greenfield v. Heublein, Inc., 742 F. 2d 751 (CA3, 1984), cert. denied, 469 U. S. 1215 (1985).

露义务的根据。即使上诉法院已经接受了原则性协议标准的优越之处,但第一个理由,也是唯一一个与 TSC Industries(1976)案所设立的标准相关的理由,已经完全被否决,"它是把投资者全部假设为一群即使被告知也无法理解合并在正式收盘前都是存在高风险的傻瓜",参见 Flamm v. Eberstadt 案。要求披露信息,而不是家长式地隐瞒准确信息,是国会选择的政策。我们再三强调,联邦证券法律的一个"根本目的",是"用充分披露的理念取代买者自负其责的理念,从而实现证券业高标准的商业道德",参见 SEC v. Capital Gains Research Bureau, Inc. 案、Affiliated Ute Citizens v. United States(1972)案、Santa Fe Industries, Inc. v. Green 案。"重大性"标准的作用,并不是"要将投资者当作无法把握谈判概率的幼稚孩童来对待",而是要帮助过滤掉那些基本无用的信息,去掉那些理性投资者在进行投资决策时并不会认为是重要的信息。参见 TSC Industries(1976)案。

第二个理由,即在并购讨论的早期阶段进行保密的重要性,似乎也与评估初步合并讨论信息的存在一样,对一个理性投资者的交易决策来说是重要的。为了避免围绕目标公司的"竞价战",收购公司通常会要求保持谈判的秘密性,例如在审理 In re Carnation Co. (1985)案[1]时,就至少有一个上诉法院指出,"大多数情况下,在交易价格和交易结构正式确定之前保持沉默,对大多数投资者都是有益的。"参见 Flamm v. Eberstadt 案。

然而,我们并不确定保密是否必然会使股东利益最大化——这一主张至少在理论上和实证研究方面是存有争议的——因为这与披露的时机无关,它只关心披露信息的准确性和完整性。我们在这里面临一个更具体的问题,即关于初步合并讨论的存在和状态的信息,是否对理性投资者在进行交易决策时有意义。基于某些信息披露在某种意义上可能是"不成熟"的前提,将其作为发行人的披露义务是更为恰当的。"保密"的基本原理与"重大性"标准的定义完全不一致。

支持原则性协议测试的最后一个理由,似乎完全是为了公司管理的方便。一条明晰的规则,确实比一个要求根据具体情况具体分析的标准更容易遵循;但是,仅仅考虑实践应用的便利,并不能成为忽视证券法和国会政策的借口。

因此,任何将单一事实作为评判某一特定事实是否具备重大性的方法都不够准确。在 TSC Industries(1976)案中,法院指出:"确定'重大性'需要对'理性股东'从给定的一系列事实中可以得出的推论,以及这些推论对他的重要性,进行细致的评估。"经过大量研究后,公司披露咨询委员会向 SEC 提出建议,"不要因为管理的便利性,把'重大性'标准限制在一个严格的公式内",法院也应该听取这个建议。

---

[1] *In re* Carnation Co., Exchange Act Release No. 22214, 33 S. E. C. Docket 1025 (1985).

因此,我们认为,仅仅因为双方或其代表尚未就交易价格和交易结构达成原则性协议,就人为地将有关合并讨论的实质性信息视为对理性投资者的交易决策不具有重要性,这是没有正当理由的。

2

就像我们现在审理本案的做法一样,第六巡回法院明确拒绝了原则性协议测试,而是采用了另外一条规则。但在我们看来,单从字面上来理解,在根据SEC规则10b-5提起的诉讼中,区分重大性和有关行动的其他要素并没有太大的意义:"类似于巴西克公司的上市公司发表声明否认正在进行公司的合并谈判,也没有任何可能会影响股票交易的公司发展规划,那么,即使原本并不重要的事项,也会因为公司的上述虚假陈述而变得重要……在分析有关合并讨论的信息是否符合SEC规则10b-5规定的'重大性'标准时,合并讨论及其进展是主要考虑的因素;然而,一旦公司发表声明否认合并讨论的存在,那么即使原本并不重要的事项也会因为公司的虚假陈述变得重要。"

然而,这种方法没有认识到,原告要想获得损害赔偿,还必须证明这些陈述是具有误导性的重大事实。单单证明一个陈述是错误的或不完整的还不够,还要证明被歪曲的事实是重大的。

3

早在本法院对TSC Industries(1976)案作出判决之前,第二巡回法庭就已经解释SEC规则10b-5中有关预测性信息的"重大性"标准,其解释方式赋予了该术语独立于规则其他条款的含义。"重大性取决于事件发生的可能性,与该事件的发生对公司整体活动预测性影响程度之间的平衡",参见SEC v. Texas Gulf Sulphur Co.案。① 有趣的是,无论是第三巡回法庭,还是本案的被告,都不同意适用这一通用标准。相反,他们认为,就初步合并讨论而言,有充分的理由这样做,即根据双方公司是否已经就价格和结构达成一致来划定界限。

在第二巡回法庭随后的一项裁决书中,法官在初步合并谈判的背景下应用了德州海湾硫黄公司式概率/量级方法(Texas Gulf Sulphur Probability/Magnitude Approach)。在承认"重大性"要根据具体情形具体分析之后,法官说道,"由于被合并收购是小公司最重要的事件(涉及公司的存续),因此我们认为,对于有关并购的内部信息,即使是还在早期阶段也应当被认为非常'重大'——尽管这种合并后续失败的概率很高",参见SEC v. Geon Industries, Inc.(1976)案。②

我们同意这一分析。因此,初步合并讨论是否重要应当具体案件具体分析。

---

① SEC v. Texas Gulf Sulphur Co., 401 F. 2d, at 849.
② SEC v. Geon Industries, Inc., 531 F. 2d 39, 47-48 (1976).

一般来说,为了评估(公司合并)事件发生的可能性,事实调查者需要关注公司高层的交易动向,比如董事会决议、对投资银行的指示,以及双方代表之间的实质谈判等。为了评估交易对涉嫌操纵证券的发行人之重要性,事实调查者还需要考虑两个公司的规模,以及相对于市场价值而言的潜在溢价等事实。除了最终完成交易之外,任何其他特定事件本身都不足以使合并讨论变得重要。

正如我们今天所阐明的,重大性取决于理性投资者对被隐瞒或被歪曲的信息的重视程度,这与许多法院在评估合并谈判的重要性时所采取的方法是一致的。由于我们采用的"重大性"标准与前审两个法院所使用的标准不同,因此我们决定发回重审,并重新考量简易判决的妥适性。

第四部分

1

现在我们讨论信赖问题和市场欺诈理论。简言之,"市场欺诈理论是基于这样一个假设,即在一个开放和发达的证券市场中,一家公司的股票价格是由有关该公司及其业务的现有重大信息决定的……因此,即使购买者并不直接依赖于这些错误陈述,也应当认定误导性陈述会(通过价格)欺骗股票的购买者……在这种情况下,被告的欺诈和原告购买股票之间存在因果关系,进而等同于原告直接依赖被告的虚假陈述。"参见 Peil v. Speiser(1986)案。① 当然,我们的任务并不是评估该理论的总体有效性,而是考虑下级法院基于市场欺诈理论适用可反驳的信赖推定是否恰当(参照后文反对意见的评论)。

本案需要解决几个常见的法律和事实问题,这些问题涉及巴西克公司发表的三份公开声明的虚假性或误导性、主观故意以及重大性(如果有的话)。在修改后的诉状中原告声称,根据巴西克公司的声明,原告在被告"制造"的低迷市场中出售了巴西克公司的股票(声称对巴西克公司股票的市场价格有影响)。如果要求每个原告都提供他们的个人信赖之证据的话,实际上会导致集体诉讼沦为个人诉讼。地方法院认为,市场欺诈理论所创造的信赖推定为"平衡证券案件中信赖证据的重大性要求,与《联邦民事诉讼规则》的程序要求(一起),提供了一个切实可行的解决办法。"因此,根据《联邦民事诉讼规则》第 23(a)(2)条和第(b)(3)条的要求,就每份公开声明及其对巴西克公司股票公开市场的影响而言,对共同问题的认定优先于个别问题。

被告辩称,市场欺诈理论实际上不合理地免除了原告根据 SEC 规则 10b-5 提出损害赔偿请求时针对信赖问题的证明责任。被告争辩道,长期以来,信赖一直是普通法欺诈的一个构成要件[例如,参见《侵权法第二次重述》第 525 条

---

① Peil v. Speiser, 806 F. 2d 1154 (CA3, 1986).

(1977年);基顿等合著的《普罗瑟与基顿论侵权法》第108条(1984年第5版)①],类似的明示诉权也都包含一个信赖要求[例如,参见《1934年证券交易法》第18(a)条(修订版)],因此基于第10(b)条提起的诉讼也必须如此。

我们同意"信赖"是SEC规则10b-5的一个构成要件(参见Ernst & Ernst v. Hochfelder案,该案引用了参议院报告),它在被告的虚假陈述和原告的损害之间提供了必要的因果关系②,但证明因果关系的方法并不止一种。事实上,只要证明被告违反了披露重大信息的义务,就可以认定原告的损害和被告的不法行为之间存在关联性,进而可以免除原告提供"信赖"的积极证据。③ 与此相同,我们不要求原告证明被告提供的代理投票委托书中的重大遗漏或虚假陈述,对其股票交易决策有决定性影响,因为投票代理权征集本身而非征集材料(solicitation materials)中的缺陷构成了交易中的重要环节。④

现代证券市场,每天都有数以百万计的股票进行买卖,不同于早期欺诈案件所设想的面对面交易,我们对SEC规则10b-5的"信赖"要件的理解必须考虑这些差异。"在面对面的交易中,调查投资者对信息的依赖,就是调查投资者对信息的主观定义。但当市场存在时,市场介于卖方和买方之间,最理想的状况是市场以价格的形式向投资者传递信息。因此,市场正在代替投资者执行大部分的在面对面的交易中的估值过程。市场扮演着投资者的无报酬代理人的角色,它告诉投资者,要考虑所有可用的信息,股票的价值相当于市场价格。"⑤例如,参见Peil v. Speiser案[法院指出,"在一个开放和发达的市场中,传播重大虚假陈述或隐瞒重大信息通常会影响股票价格,而购买者往往依赖股票价格真实地反映股票价值(这一认知)"],Blackie v. Barrack(1975)案(法院指出,"因果关系可以通过对重大性的证明加上股票购买者趋利避害的常识而间接充分地确立")。

2

推定通常有助于法院处理因种种原因而难以直接举证的情况。⑥ 下级法院在本案中适用了一个由市场欺诈理论创造的假设,即股票交易人是依靠市场价格的真实性进行交易的,而由于本案被告(巴西克公司)的重大虚假陈述,股票价

---

① see, e.g., *Restatement (Second) of Torts* § 525, 1977; W. Keeton, D. Dobbs, R. Keeton, D. Owen, *Prosser and Keeton on Law of Torts* § 108, 5th ed., West. Pub. Co., 1984.
② See, e.g., Wilson v. Comtech Telecommunications Corp., 648 F. 2d 88, 92 (CA2 1981); List v. Fashion Park, Inc., 340 F. 2d 457, 462 (CA2), cert. denied sub nom. List v. Lerner, 382 U. S. 811 (1965).
③ See Affiliated Ute Citizens v. United States, 406 U. S. at 406 U. S. 153-154.
④ See Mills v. Electric AutoLite Co., 396 U. S. 375, 396 U. S. 384-385 (1970).
⑤ In re LTV Securities Litigation, 88 F. R. D. 134, 143 (ND Tex. 1980).
⑥ See, e.g., D. Louisell & C. Mueller, *Federal Evidence*, Lawyers Co-operative Pub. Co., 1977, pp. 541-542.

格被"欺诈性"地压低。要求原告证明欺诈陈述——例如,当遗漏的重要信息得以披露的话,他将如何行动;①或者,被告如果没有进行虚假陈述的话,他将如何行动②——这种证明责任,对于在非人格化市场中买卖证券的原告来说,是不必要的,也是不现实的。③

出于公平、公共政策和概率(论)以及司法经济的考虑,推定也是在当事人之间分配举证责任的有用手段。④ 本案中采用的信赖推定与《1934年证券交易法》中体现的国会政策相一致,并有效地推动了提起有关SEC规则10b-5的诉讼。在起草该法律时,国会显然是立足于证券市场受信息影响这一前提的,通过立法来促进投资者对这些完全市场的信赖:"没有投资者或投机者能够在缺乏对证券价值判断的情况下在交易所能够安全地买卖证券。自由开放的公共市场的理念是建立在买卖双方对证券价格的博弈,从而使市场价格尽可能地反映其价值的理论基础上。正如人为操纵会扰乱公开市场的价格调节机制一样,隐瞒重要信息同样会阻碍市场价格反映真实价值的运作。"⑤

这一假设也得到了常识和概率论的支持。最新的实证研究也倾向于证实国会的假设,即:在发达市场交易中,股票的市场价格反映了所有公开的信息,当然也包括了任何重大的虚假陈述。人们注意到:"很难想象,证券的买方或卖方不依赖于市场的整体性。有谁会在规则不当的赌场中掷骰子呢?"⑥事实上,几乎每一个考虑过上述主张的法院都认为,当重大虚假性陈述被传播到一个非人为操纵的、发展完善的证券市场时,可以推定原告对市场价格真实性的依赖。陪审团们也普遍赞成采用大同小异的市场欺诈理论,其核心是,投资者以市场价格买入或卖出股票是依靠价格的真实性。由于大多数公开信息都反映在市场价格中,因此保护投资者的信赖不受那些重大虚假陈述的误导可以被推定为SEC规则10b-5的规范目的。

3

上诉法院认为被告(上诉人)"公开作出了重大虚假陈述,而(被上诉人)是在一个非人为操纵的、发展完善的证券市场中出售了巴西克公司的股票。因此,根据地方法院的定义,可以确定证明损失的基本事实。"当然,法院也承认上诉人可

---

① see Affiliated Ute Citizens v. United States, 406 U. S. at 406 U. S. 153-154.
② see Sharp v. Coopers & Lybrand, 649 F. 2d 175, 188 (CA3 1981), cert. denied, 455 U. S. 938 (1982).
③ Cf. Mills v. Electric Auto-Lite Co., 396 U. S. at 396 U. S. 385.
④ See E. Cleary, *McCormick on Evidence*, 3rd ed., West. Pub. Co., 1984, pp. 968-969; see also Fed. Rule Evid., "301 and Advisory Committee Notes", 28 U. S. C. App, p. 685.
⑤ H. R. Rep. No. 1383, at 11. See Lipton v. Documation, Inc., 734 F. 2d 740, 748 (CA11 1984), cert. denied, 469 U. S. 1132 (1985).
⑥ Schlanger v. Four-Phase Systems Inc., 555 F. Supp. 535, 538 (SDNY 1982).

以反驳导致推定事实的证据,或者表明虚假陈述事实上没有导致价格扭曲,或者尽管原告知道陈述是虚假的,但他还是选择进行交易或本来就会进行交易。

任何能切断被指控的虚假陈述与原告交易价格或交易决策之间联系的证据都足以反驳信赖推定。例如,如果上诉人能够证明"做市商"实际上知晓巴西克公司合并讨论的事实,股票的市场价格并不会受到其虚假陈述的影响,那么欺诈性通过市场价格传播的依据将不复存在,因果关系就可能被打破;同样,尽管上诉人被指控试图操纵市场价格,但如果合并讨论的消息可信地进入市场并消除了错误陈述的影响,那些在更正声明后交易巴西克公司股票的人将与欺诈没有任何直接或间接的联系。此外,上诉人还可以反驳原告(被上诉人)的信赖假设,即原告会在不依赖市场价格的情况下选择放弃自己持有的股票,例如某名原告认为巴西克公司的陈述是虚假的,巴西克公司确实参与了合并讨论,其股票价格在被人为地低估,但仍然因为其他不相关的问题(例如潜在的反垄断问题),或要求从某些企业的股票中撤资的政治压力,而出售了他的股票,这就不能说他是依赖于被操纵的价格的。

第五部分

综上,本院的审理结果要点如下:1. 对于 1934 年《证券交易法》第 10(b)条、SEC 规则 10b-5,我们特别采用了 TSC Industries, Inc. v. Northway, Inc. (1976)案中的"重大性"认定标准。2. 我们拒绝采纳将原则性协议标准作为"重大性"的认定规则。3. 我们也拒绝采纳"信息因公开否认而变得重要"的主张。4. 初步合并讨论的重大性取决于该事件发生的可能性,以及如果该事件发生将对公司总体状况带来的影响的大小。重大性取决于个案事实,因此要根据具体情况来确定。5. 适用基于市场欺诈理论的信赖推定并不是不恰当的。6. 信赖推定是可以反驳的。7. 地方法院作出的事实认定是正确的,但根据案件需要,也可以发回重审。

撤销上诉法院判决,发回重审。

判决如上。

首席大法官 Scalia 和 Kennedy 大法官没有参与本案的审议。

O'Connor 法官和加入的 White 法官对上述意见表示部分同意,部分反对。

附和与反对意见

我同意法院意见的第一至第三部分,因为我同意我们在 TSC Industries, Inc. v. Northway, Inc. (1976)案中提出的"重大性"标准应适用于依据 1934 年《证券交易法》第 10(b)条和 SEC 规则 10b-5 提起的诉讼。但我不同意法院的其他部分观点,因为我不同意市场欺诈理论应该适用于本案。

第一部分

比起刚刚兴起的"第 10(b)条可以作为私人诉讼理由"的理论,市场欺诈理论实际上更为不成熟。然而,现在最高法院却以绝对的自信接受了这一理论。我担心最高法院的此种做法可能会产生许多不利的、意想不到的影响,因为它作为先例,将在今后得到广泛的应用和解释。

1

首先,我注意到部分法院对市场欺诈理论(的态度),和我持有相同的看法,驳回了此前被另一些法院采纳的将"因果关系"等同于"信赖",对仅声称受到了改变市场价格的重大虚假陈述的损害,但并没有提供证据证明其交易行为"依赖"于市场价格的原告进行追偿。如果对规则 10b-5 的"信赖"需要提供证据证明,那么市场欺诈的推定必须通过证明原告没有"依赖"市场价格而被推翻,对此我表示赞同。例如,原告在被指控的虚假陈述发生前几个月决定买卖股票的,原告出于与股票价格无关的原因买卖股票的,原告在虚假陈述发生后的前几天"卖空"股票的,等等,所有这些人都无法根据 SEC 规则 10b-5 提出有效的索赔请求。然而,一些联邦法院却允许此类的索赔依据是形形色色的市场欺诈理论。

令人高兴的是,大多数法官都搁置了上述追偿请求。(显然)以不可辩驳的"信赖"假说,甚至是,"不可信赖的确凿证据",允许原告进行追偿,会将 SEC 规则 10b-5 规则误解为"一项针对投资者的保险方案"。但是,《1934 年证券交易法》的 SEC 规则 10b-5,以及我们联邦最高法院的先例,都不支持这样的观点。

2

但是,即使联邦最高法院现在试图对它所认可的市场欺诈理论进行(必要的)限制,下级法院以前对该理论更宽泛版本的适用,还是会暴露出一些问题的。当传统的法律解释被联邦法院的经济理论所取代时,法院裁决中的混乱和矛盾是不可避免的。

总的来说,联邦最高法院就 10(b) 和 SEC 规则 10b-5 制定的判例法,是以我们作为法官所熟知的欺诈的普通法理论为基础的。① 即使当我们根据 SEC 规则 10b-5,将民事责任扩展到比普通法以前所允许的更广的范围时,我们仍然保留了普通法的法律原则作为我们的指导原则。② 事实证明,联邦法院擅长以这种方式去适用 SEC 规则 10b-5 下不断演变的判例法。我们当中没有经济学家,没有接受过"有效资本市场假说"教育的专家,也没有测试市场研究有效性的经验能力,因此,我们没办法接受基于当代微观经济理论所提出的新颖的法规理论。

在对市场欺诈案的判决中,上诉法院和地方法院,都拒绝采用经济理论来取代法律规则,这种做法成了损害赔偿请求权基础的"错误转向"——这走得太远了,应该充分说明了这一发展趋势的危险。然而,最高法院今天却超出了它的专

---

① See, e.g., Santa Fe Industries, Inc. v. Green, 430 U. S. 462, 430 U. S. 471-477 (1977).
② See, e.g., Herman & MacLean v. Huddleston, 459 U. S. 375, 459 U. S. 389-390 (1983).

业知识,超出了先前我们对欺诈案件的审理所采用的规则,这是最高法院自己也承认的。① 即使我同意"现代证券市场每天有数百万股的股票在交易",这需要"对 SEC 规则 10b-5 的信赖要求的理解"作出改变②,但如上所述,我更希望这样的改变来自国会对 SEC 规则 10b-5 的修正。基于现代经济理论和全球金融市场的要求,在决定如何修改现有的有关"欺诈"法律概念的这一任务上,拥有优越资源和专业知识的国会,比联邦法院具有更好的优势条件。可是,我们的法院却越俎代庖,我认为它是走上了一条不正确的道路,这将导致其无法预计的后果。

因为,虽然经济学家的理论支撑着市场欺诈理论的假设,该理论也可能具有数学上的准确性和科学上的确定性,这是颇具吸引力的;但是,归根结底,它们不过是理论而已。经过进一步的检测,这个理论可能被证明是准确的,也可能被证明是不准确的,即使是对法律进行经济分析最热心的倡导者也是赞成这个看法的。③ 因此,尽管大多数人认为,只需要对普通市场上专业人士的交易方式,以及专业人士的行为如何影响股票价格做出适度的假设,就可以对上述理论进行论证④,但是,我怀疑我们是否有能力评估哪些理论能够恰当地描述证券业的真实运作。因此,我不能认同最高法院根据最近的经济理论重新解释证券法,以便更好地适应它所认为的金融市场的新情况,我会把这项任务留给比我们更适合这项工作的人去做。

3

最高法院的结论是,市场欺诈理论支持一种信赖假设,即"个体在非人为操纵的、发达的证券市场购买或出售股票时,依赖市场价格的真实性"。⑤ 我即使根据常识或一般理解准备接受这样的假设,即大多数人购买或出售股票是对市场价格的回应,但这也并不足以支撑市场欺诈理论走得更远。因为在采用"信赖推定"时,法院还假定了买方和卖方不仅依赖于市场价格,而且依赖于该价格的"真实性",这是市场欺诈理论最令我困惑的部分。

通过检索大量的判例发现,"市场价格的真实性"是指投资者有权"依赖股票价格作为其价值的反映"。⑥ 但是我并不明白这个短语的意思,因为它暗示了股票有一些"真正的价值",且可以用市场价格以外的标准来衡量——中世纪学者宣称有办法对商品的"价值"进行这样的估价,我怀疑联邦法院也有类似的观点。

即使证券具有某种"价值"——可知且不同于股票的市场价格——投资者并

---

① See ante at 485 U. S. 243-244.
② ibid.
③ See, e. g., Easterbrook, "Afterword: Knowledge and Answers", 85 Colum. L. Rev. 1117 (1985), p. 118.
④ Ante at 485 U. S. 246, n. 23.
⑤ Ante at 485 U. S. 247.
⑥ Ante at 485 U. S. 244 [quoting Peil v. Speiser, 806 F. 2d 1154, 1161 (CA3 1986)].

不总是同意法院的假设,即股票价格是"这种价值的反映";事实上,"许多投资者买卖股票正是因为他们认为价格不能准确地反映公司的价值",参见布莱克所著《市场欺诈:对在某些公开市场交易中免除信赖要求的批评》。① 如果投资者真的相信股票价格反映了股票的"价值",许多卖家永远不会卖出,许多买家也永远不会买入(考虑到执行股票交易的时间和成本)。正如我们几年前认识到的那样:"投资者不可避免地根据不完整或不准确的信息采取行动,因此投资者总是有赢家和输家;但那些'输了'的人不一定是被骗了。"参见 Dirks v. SEC(1983)案。② 然而,现在最高法院却允许那些只能证明他们以低于本来价格出售股票的投资者提请损害赔偿。

我并不建议法律背离《1934 年证券交易法》第 10(b)条和 SEC 规则 10b-5——如我们之前案例中所解释的那样——为投资者提供更多的保护。为了更接近投资者保险计划(investor insurance scheme)而对法律作出的任何拓展性解释都应该来自国会,而不是法院。

第二部分

国会还没有通过最高法院现在所接受的市场欺诈理论,是我们放弃这样做的充分理由。而且,更令人不安的是,在这个问题上,任何可以间接推断出来的国会意图,都与大多数人得出的结论相反。

1

在以前,由于 10(b)之立法过于仓促,从而使得我们在试图根据 SEC 规则 10b-5 界定私人诉讼的界限时,不得不考虑和探讨国会在制定本法时对其他章节其他部分的意图,参见 Ernst & Ernst v. Hochfelder(1976)案。③ 有证据表明,国会曾断然拒绝了一项类似于市场欺诈理论的提案,而最终通过了《1934 年证券交易法》的民事责任条款。

《1934 年证券交易法》第 18 条明确规定了某些误导性证券声明的民事责任[参见《美国法典》第 15 编第 78(a)条④]。当国会在首次审议时,该条款的初稿是"允许任何购买或出售价格可能受到误导性声明影响的证券的原告进行追偿"。⑤ 因此,正如最初起草该法时那样,《1934 年证券交易法》中民事责任条款的前身,是允许原告仅基于他们买卖的证券的价格受到虚假陈述的影响这一事实而提起诉讼,这一理论与法院今天的判决是非常吻合的。

---

① See Black, "Fraud on the Market: A Criticism of Dispensing with Reliance Requirements in Certain Open Market Transactions", 62 *N. C. L. Rev.* 435(1984), p. 455 (emphasis added).
② Dirks v. SEC, 463 U. S. 646, 463 U. S. 667, n. 27 (1983).
③ See, e. g., Ernst & Ernst v. Hochfelder, 425 U. S. 185, 425 U. S. 204-206 (1976).
④ See 15 U.S.C. § 78r(a).
⑤ See S. 2693, 73d Cong., 2d Sess., § 17(a) (1934).

但随后的立法草案修改了最初的提案,并在该法的最终版本中加入了明确的信赖证明要求。在国会就该法的重新起草版本所进行的辩论中,当时的众议院委员会主席、众议员 Sam Rayburn 解释说,"最初起草的法律文本受到了很大的挑战,因为'依赖'应当被要求证明。这一异议应当得到认可。"①此外,在前一个涉及《1934 年证券交易法》第 10(b)条和 SEC 规则 10b-5 诉讼范围的案例中,我们引用了这一修订条款的立法历史,其中强调要将严格的信赖要求作为损害赔偿的先决条件,参见 Ernst & Ernst v. Hochfelder(1934)案。②

因此,国会期望在根据《1934 年证券交易法》提请民事损害赔偿之前,能够提供有意义的"依赖"证据。而大多数人采用的市场欺诈理论,实际上是在根据规则 10b-5 提起诉讼,这里取消了信赖要求,并否定了国会在通过《1934 年证券交易法》时所表达的相反意图。

2

大多数人忽视的国会第二项政策,可以从联邦证券法众多不同的披露要求中看出,即国会制定的证券法律明显地倾向于对投资者广泛公开有关证券的重要信息。③

有相关领域的评论家表示,市场欺诈理论与支持披露的联邦政策不一致。④一位法学家很好地表述了国会对信息披露的偏好与市场欺诈理论之间的冲突,"国会拒绝采纳市场欺诈理论,是为了更好地赋予投资者以力量。信息披露对联邦证券法的运作方式至关重要,联邦证券法的目的,是让投资者处于这样一种地位,即他可以依靠(法律规定的)信息披露义务来实现自己的投资决策,而并非进一步还允许那些拒绝谨慎投资的人提请损害赔偿。如果我们说在某些情况下,原告即使没有阅读和依赖被告的公开披露,他也可以获得损害赔偿的话,那么将导致没有人需要注意这些信息披露,国会为实现《1934 年证券交易法》的目标所采用的方法就将是失败的",参见 Shores v. Sklar 案。⑤

因此,毫不奇怪,一些呼吁接受市场欺诈理论的声音,也同时支持废除强制披露的联邦计划。但是,就必须在保持有效披露和鼓吹新的市场欺诈假说之间做出选择而言,我认为国会已经明确表态——支持当前的信息披露政策。因此,我们应该把我们的作用限制在解释《1934 年证券交易法》10(b)和 SEC 规则 10b-5,以及践行国会实施这种政策的决定上。

---

① 78 Cong. Rec. 7701 (1934).
② See Ernst & Ernst v. Hochfelder, at 425 U. S. 206 [citing S. Rep. No. 792, 73d Cong., 2d Sess., 12-13 (1934)].
③ See, e.g., 15 U.S.C. §§ 78m, 78o(d) (1982 ed. and Supp. IV).
④ See, e.g., Black, *N. C. L. Rev.* 62(1984), pp. 457-459.
⑤ Shores v. Sklar, 647 F. 2d at 483 (Randall, J., dissenting).

第三部分

最后,本案的案情实际上已经说明了市场欺诈理论在适用中可能造成的逻辑冲突。

本案被上诉人(原告)是一些在 1977 年 10 月至 1978 年 12 月(共 14 个月)期间出售巴西克公司股票的卖家。在此期间开始时,巴西克公司股票的价格为每股 20 美元(当时是历史最高水平),而本案被上诉人卖出巴西克公司股票时的价格均略高于每股 30 美元。① 因此,实际上所有原告都从出售巴西克公司股票中盈利了。

如果在这种情况下,再应用市场欺诈理论的话,显然是不可思议的。第一,在本案中,原告是卖方,且期间跨度很长,这在之前的市场欺诈案件中,这两个因素几乎都没有先例。出于我在附录中讨论的原因,我认为这两个事实使得这个案例不太适合应用市场欺诈理论。

第二,在本案中,没有证据表明被告巴西克公司的员工,是为了操纵股票价格,或有意从事巴西克公司股票的秘密交易而作出了虚假陈述。事实上,在此期间,被告似乎并没有购买或出售巴西克公司的任何股票。② 我同意庭审顾问的观点,"根据 SEC 规则 10b-5 承担损害赔偿责任没有任何意义……被告既不是证券的购买者也不是出售者。"③

实际上,在以前的案例中,我们已经认识到 SEC 规则 10b-5 主要禁止交易涉案证券的人实施欺诈的情况,例如,参见 Blue Chip Stamps v. Manor Drug Stores (1975)案④。很难将本案与《1934 年证券交易法》第 10(b)条明确禁止的任何与购买或出售证券有关的欺诈相提并论。⑤

第三,在本案中,什么样的投资者能够获得损害赔偿是有其特殊性的。当我阅读地方法院认证的集团诉讼确认书(class certification order)⑥时发现,有许多人可能是在第一次虚假陈述(1977 年 10 月)之后才购买巴西克公司股票的,但根据最高法院的市场欺诈理论,他们仍然能够获得损害赔偿。因此,对于那些听到第一个虚假陈述但并不相信它的人,即认为被告的陈述是虚假的并购买了巴西克公司股票的人,仍有可能被列入原告;那些采取投机性股票投资策略的人,通过如此行事每股赚了 10 美元(如果他在 1977 年 10 月 22 日买入,并在 1978 年 12 月 15 日卖出),怎么能说他因依赖市场价格的真实性而被"欺骗"了

---

① App. 363, 423.
② App. to Pet. for Cert. 27a.
③ See Brief for American Corporate Counsel Association as Amicus Curiae 13.
④ See, e.g., Blue Chip Stamps v. Manor Drug Stores, 421 U. S. 723, 421 U. S. 736, n. 8 (1975).
⑤ See 15 U.S.C. § 78j(b) (emphasis added).
⑥ App. to Pet. for Cert. 123a-126a; ante at 485 U. S. 228-229, n. 5

呢？而在本案中这种投机者并不少见。①

事实上，本案的案情表明，尽管在此期间有三份声明否认了正在进行合并谈判，但买卖巴西克公司股票的许多人，完全不相信所谓的"重大虚假陈述"，而且在14个月的争议期间里巴西克公司股票的价格屡创新高。就像卡思嘉明知恺撒"三次拒绝"加冕是不可信的一样，聪明的投资者对被告三次否认正在进行合并谈判同样表示怀疑。然而，根据最高法院的意见，只要这些最精明的投资者现在声称他们在出售股票时(1978年9月至12月)信赖了市场价格的真实性，就将能够获得损害赔偿。因此，那些真正听信了被告虚假陈述的人可以胜诉，进而获得金钱损害赔偿。

谁来支付类似案例中的胜诉判决呢？我怀疑，通常地，"为了投机者和他们律师的利益，大多数规则将会导致大量的胜诉判决最终由无辜的投资者来支付"，参见 SEC v. Texas Gulf Sulphur Co. (1968/1969)。② 最高法院和其他一些法院早已认识到，无限扩张在这一法律领域的原告范围，最终的效果是适得其反的，参见 Blue Chip Stamps v. Manor Drug Stores 案、Ernst & Ernst v. Hochfelder 案、Ultramares Corp. v. Touche(1931)案。③ 而最高法院今天的裁决很可能为这种苦果埋下种子。

第四部分

综上，我认为最高法院对市场欺诈理论的认可表明了对证券法律的背离，我们并不适合开始实施这种背离，更不具备控制这种背离后果的能力。因此，我必须恭敬地表示异议。

案例原文④

四、披露的及时性

及时性又称为时效性，是指凡是与证券市场价格有关的重大信息应依照法

---

① See App. to Pet. for Cert. 125a.
② Cf. SEC v. Texas Gulf Sulphur Co., 401 F. 2d 833, 867 (CA2 1968) (en banc) (Friendly, J., concurring), cert. denied, 394 U. S. 976 (1969).
③ Blue Chip Stamps v. Manor Drug Stores, at 421 U. S. 747-748(1975). See also Ernst & Ernst v. Hochfelder, 425 U. S. at 425 U. S. 214; Ultramares Corp. v. Touche, 255 N. Y. 170, 179-180, 174 N. E. 441, 444-445 (1931) (Cardozo, C. J.).
④ Available at https://casetext.com/case/basic-incorporated-v-levinson, 2023-9-18.

定时间及时向投资者做出公告。一般地,公众投资者是根据信息披露义务人所披露的信息来作出投资价值判断的;因而,如果不及时披露,则以此类信息作为判断依据的价值就将不复存在。

严重影响证券市场公平性的内幕交易,主要的原因就是信息披露不及时。由于内幕人员与公众投资者在掌握信息上的时间差是内幕交易得以存在的温床,因此,上市公司信息的公开越及时,内幕信息被内幕人员利用的机会相应地就会越少。此外,由于公司的经营活动是持续进行的,因此只要经营状况正常,其信息的生产就必然是连续不间断的。因此,及时性的必然要求就是,一旦重要信息发生变化,就应该及时更正信息并加以披露。[1]

例如,在 Meridian(1991)案[2]中,公司预测 1993 年可以获得更多利润:"第一季度的亏损是在预料之中的,但公司仍然预测全年利润的增长",但事后证明第二季度仍然是亏损的,其后果是在以后的信息披露中必须披露第二季度持续亏损的义务。"显然,如果披露在作出的当时实际上就是误导性的,那么披露者事后知道这一情况后就有义务进行更正。"

但是,更为棘手的情况是:信息在披露的当时是真实的,但时过境迁而变成了具有误导性的信息,即后来发生的事件使得在先披露的信息具有了误导性。对此问题,美国一些法院的判决认为因为公司早先时候的披露导致事后披露义务的产生,而另外一些法院则基于披露人具有保持事先披露不具有误导性义务的理由而施以相同的更新或者更正义务。

1990 年美国联邦第一巡回法院在审理 Backman v. Polaroid Corp.(1990)案[3]时,针对原告依据 SEC 规则 10b-5 诉称照相机制造商没有及时披露有关新产品不利的事实,法院判决没有更正的义务;但是在说理部分明确地表示,法院认为更新义务是可能存在的,至少是关于具有预测性质的信息:"在某一场合,一项在当时是正确的陈述可能具有预测性的目的和内涵。当事人可能信赖该种目的和内涵。如果它的含义是清晰的,而事后发生了变化,那么更新或者更准确地说是进一步的披露,就是必要的"。

1994 年,在美国联邦第二上诉巡回法院审理的 Re Time v Inc.(1994)案[4]中,Time 公司对 Warner 公司实施竞争性收购之后,合并组成的公司有非常庞大的债务,需要募集资金减少负债。在采取各种补救措施都招致失败之后,

---

[1] 详尽论述参见齐斌:《预测性信息披露与安全港制度》,载中国民商法律网,http://old.civillaw.com.cn/Article/default.asp?id=8724#m31,访问时间:2023-9-18。

[2] In Re Meriddian Securities Litigation,772,F. Supp. 223.(E. D. Pa. 1991).

[3] Backman v. Polaroid Corp. 910F. 2d. 10(1st Cir. 1990).

[4] In ReTime Inc,Securities Litigation,9F 3d. 259(1994).

Time Warner 只好采取发行股票的方式筹集资金,这就严重地稀释了现有股东的利益。第二上诉巡回法院在审理本案时着重论述了原告的两项请求。首先是 Time Warner 公司是否有义务更新或者更正它最初关于其与各种战略伙伴讨论和活动的陈述。由于这些陈述相当的笼统,缺乏必要的确定性,因此法院认为公司没有更新这些陈述的义务。其次,当公司考虑替代性筹资方案(如股票发行)已经到了非常严肃认真的状态的时候,公司就应当对此加以披露。法院认为该信息从事实角度判断具有重大性,因为它的宣布对公司股价有消极负面的影响。基于上述两点,法院指出:尽管公司没有一般性的义务披露它所掌握的可能影响其股票价格的每一个信息,但是,当公司在寻求具体商业目标并且宣布该目标及其达到该目标的某种确定方式时,它就有义务进行披露。

在美国的司法实践中,尽管法院的主流观点是支持更新或更改义务的,但也有一些法院持拒绝更新或者更改义务的观点,其主要理由是,"真实性"本身就是一个具有相对性的概念,法律所能做到的是保证当时的真实性,而要求信息披露人承担事后更新或者更正的义务是不合理的。例如,美国联邦第七巡回法院在审理 Stransky v. Cummin Engin. Co. Inc.(1995)案[1]时,就明确表示否定任何更新预测性陈述的义务。法院认为,仅仅在下述情况下预测性陈述才可能导致责任:即陈述不是基于诚实信用作出的,以及从作出陈述当时已经确知的事实判断,该陈述是不合理的。法院进一步推理道:SEC 规则 10b-5 的字面语言排除了将责任建立在披露者作出陈述后发生的事件之上。同年审理的 Grassi v. Information Resources(1995)案[2]也是持否定观点,法院认为,不能仅仅因为后来不断变化的情形证明当时作出的陈述是错误的,公司就须负有更新预测性陈述的义务。

我国《证券法》(2019)第 78 条第 1 款对信息披露的及时性作出了明确规定,要求"发行人及法律、行政法规和国务院证券监督管理机构规定的其他信息披露义务人,应当及时依法履行信息披露义务。"其具体要求如下:(1)披露信息的时间应符合法定期限的要求,不能超过有关的有效期限。例如《证券法》(2019)第 79、80、81 条关于中期报告、年度报告和临时报告都有不同的披露时限要求。(2)应以最快的速度公开其信息,即要求公司经营和财务状况发生变化后应立即向社会公众公开其变化。(3)所公开的公司信息应一直保持最新的状态,不能给社会公众以过时和陈旧的信息,对此法律应根据所公开信息的性质分别确定"及时"的合理的时间标准。

---

[1] Stransky v. Cummin Engin. Co. Inc., 51. F. 3d. 1320. 1332. (1995).
[2] Grassi v. Information Resources Inc., 63. F. 3d. 596, 599. (7th. Cir 1995).

【域外案例】

Good v. Zenith Electronics Corp. (1990)[①]

地区法官 Bua 发表了法院的审理意见。

原告古德(Good)代表自己,以及持有天顶电子(Zenith Electronics Corporation)普通股的投资者,对被告天顶电子公司及其董事长、总裁和首席执行官皮尔曼(Jerry Pearlman)提起本诉。古德和其他原告声称,被告违反了《1934 年证券交易法》第 10(b)条、SEC 规则 10b-5,以及反欺诈的普通法规定。被告请求即决判决。出于以下原因,被告关于第一项指控的动议被本院驳回,但第二项指控的动议被本院批准。

本案无争议的事实如下。天顶电子公司在 1988 年的年报中说,天顶电子公司"希望 1989 年在经济稳定和工业总量至少与 1988 年一样强劲的基础上,进一步提高利润。"1989 年 4 月 25 日,天顶电子公司公布了其 1989 年第一季度收益。天顶电子公司遭受了 400 万美元的损失,但皮尔曼先生说,公司的预测中已经预料到了损失,天顶电子公司仍然预计全年的利润会有所改善。天顶电子公司在 1989 年 7 月 21 日公布了其当年第二季度盈利情况。公司遭受了 1300 万美元的损失。亏损的原因是天顶电子公司电脑部门的外币头寸和利润减少。皮尔曼先生说,虽然公司仍然预计 1989 年是一个盈利年,但天顶电子公司"现在不太相信公司 1989 年的盈利会比 1988 年的盈利更好"。季报发布后不久,天顶电子公司的股价下跌了。

原告古德在 1989 年 4 月 25 日至 1989 年 7 月 21 日期间持有天顶电子公司的股票。他所代表的类别股股东是指 1989 年 4 月 25 日至 1989 年 7 月 21 日期间购买天顶电子公司普通股的所有人(被告及天顶电子公司的雇员、高级职员和董事除外)。原告于 1989 年 7 月 28 日提起诉讼。在修正后的申诉的第一项指控中,原告古德和其他原告称被告违反了《1934 年证券交易法》第 10(b)条和SEC 规则 10b-5,并于 1989 年 4 月 25 日声明天顶电子公司预计全年利润将有所改善。据称这一说法是虚假和误导性的,因为它没有:(1)披露预测是基于美元兑换外币将走软的假设;(2)披露天顶电子公司没有通过使用外币期权限制其对美元升值的风险;(3)披露公司没有合理的基础预期其计算机部门的利润改善;以及(4)披露公司的个人计算机产品线存在销售额减少、库存增加,和利息费用增加的情况。原告还声称,1988 年年度报告中关于远期合同的说明是虚假和误导性的;同时,由于被告的知情不报或不计后果的陈述,天顶电子公司股票

[①] 编译自 Good v. Zenith Electronics Corp., 751, F, Supp, 1320(N. D. 3. 1990)。

的市场价格在集团诉讼提请之前的期间(class period)迅速飞涨。基于这些同样的指控,申诉的第二项包括普通法欺诈和欺骗的指控。

第一项指控

为了根据《1934年证券交易法》第10(b)条和SEC规则10b-5确立索赔,原告必须证明被告天顶电子公司和皮尔曼"(1)作出了不真实的陈述或遗漏了使陈述产生误导性的重要事实,(2)(且该陈述)与证券交易有关,(3)(同时)意在实施误导,以及(4)造成了原告的损失"。参见 Schlifke v. Seafirst Corp.(1989年)案。① 在本案中,上述各项要素都是存在的,因此,即决判决是不适当的。

从本案迄今披露的证据来看,陪审团可能会发现被告在公司4月25日的新闻稿中做出了不真实或误导性的陈述。如4月25日作出的盈利等预测,可能是《1934年证券交易法》第10(b)条和SEC规则10b-5索赔的标的。"没有真实或者合理依据而发表意见是一种不真实的陈述,如果是故意或鲁莽作出陈述,根据《1934年证券交易法》第10(b)条和SEC规则10b-5,就是应受谴责的可诉行为。"参见 Eisenberg v. Gagnon(1985年)案。② 此外,提供收入预测的被告也可能违反了《1934年证券交易法》第10(b)条,如果他"忽略会严重损害预测之准确性的事实"的话。参见 Marx v. Computer Sciences Corp.(1974年)案。③

双方提交的经盖章的材料为认定被告可能拥有或获得信息提供了依据,遗漏这些信息的陈述就是虚假的或具有误导性的。原告在诉状中列举的未披露的信息"字节"(bytes)可能被定性为重大信息。此外,原告还声称,被告鲁莽作出虚假陈述或遗漏重要信息,是有意为之的,所以将满足故意的要求。参见 Eisenberg v. Gagnon(1985年)案。

尽管4月25日的陈述具有真实性,但如果当事方知道了就会改变这个陈述含义的其他信息的话,被告可能也负有更新其陈述的义务。"如果一家公司自愿发表的公开声明在发布时是真实的,则该公司有义务更新该项声明,如果该声明在随后的事件中具有重大误导性的话。"参见 Greenfield v. Heublein, Inc.(1984/1985)案、Backman v. Polaroid Corp.(1990)案。④ 虽然被告并不反对将更新作为一项法律原则的义务,但他们确实对更新的时间提出了疑问。如果披露在美国证券交易委员会的要求范围内,公司在安排其盈余披露的时间方面享有一定的自由裁量权。然而,在"销售数字、预测、展望等可以非常确定地计算的情况下,可能会产生披露中期信息的义务。"参见 James v. Gerber Products Co.

---

① Schlifke v. Seafirst Corp., 866 F.2d 935, 943 (7th Cir. 1989).
② Eisenberg v. Gagnon, 766 F.2d 770, 776 (3rd Cir.), cert. denied, 474 U.S. 946, 106 S.Ct. 342, 88 L.Ed.2d 290 (1985).
③ Marx v. Computer Sciences Corp., 507 F.2d 485, 490 (9th Cir. 1974).
④ Backman v. Polaroid Corp., 910 F.2d 10, 17 (1st Cir. 1990).

(1978年)案。① 被告辩称,他们提供了最新情况,即1989年7月21日的季度盈利报告。同样,加盖公章的材料显示,在7月21日的报表之前,有关计算机部门的利润之信息可能已经固化,因此本应提前披露。

被告进一步辩称缺乏因果关系或信赖。信赖存在于"欺诈市场"理论。根据这一理论,原告只需证明他们是依靠市场确定的完整价格来购买天顶电子公司股票的,以及被告的误导性陈述或遗漏导致了股价下跌。参见Basic Inc. v. Levinson(1988)案、Flamm v. Eberstadt(1987)案。至于亏损的原因,有证据表明,天顶电子公司的股价在7月份公布第二季度盈利时出现了一定程度的下跌。原告和经确认的集团诉讼中的成员,在4月25日报表之后购买了天顶电子公司股票,并在7月21日公布报表时持有股票,他们因股价下跌而蒙受了损失。

原告提供的信息足以指控被告违反了《1934年证券交易法》第10(b)条和SEC规则10b-5的每一项内容。而且,原告提出了与索赔的四项要素有关的重大事项。只有对重大事实不存在实质争议,而且在法律上动议方有权提请判决的情况下,才能作出即决判决。参见Celotex Corp. v. Catrett(1986)案。② 因此,被告就第一项指控提出的即决判决动议被驳回。

第二项指控

第二项指控是另一回事。基于无可争议的事实和法律,原告不能满足普通法欺诈索赔的所有要素。伊利诺伊州法律规定的欺诈发生在以下情况:(1)被告对重大事实作出虚假陈述,(2)明知该陈述是虚假的,(3)但目的在于使得原告依赖该陈述,且(4)(原告的)这种依赖是正当的,且(5)原告因此受到损害。参见West v. Western Casualty and Surety Co.(1988)案。③ 原告的索赔在本案中得不到支持,因为他们无法证明其索赔是有依据的。"在证券欺诈诉讼中,是假定对所有类别的股票购买者都有信赖的;与此不同,普通法的欺诈诉讼,要求每一位原告证明他所依据的是所谓的虚假陈述。"参见Katz v. Comdisco(1987)案。④ 在购买天顶电子公司的股票之前,古德没有阅读天顶电子公司1988年的年报或者1989年4月25日的新闻稿。他可能在购买了天顶电子公司的股票后阅读了1989年第一季度报告。他不知道自己是否读过1989年第二季度报告。因为古德在购买天顶电子公司股票时无法证明他知道4月25日的声明,因而他无法证明他所依赖的是所谓的虚假陈述。此外,要确定每个集团诉讼成员对个人的依赖是极其困难的。因此,本院对第二项作出即决判决。

---

① James v. Gerber Products Co., 587 F.2d 324, 327 (6th Cir. 1978).
② Celotex Corp. v. Catrett, 477 U.S. 317, 322-323, 106 S. Ct. 2548, 2552, 91 L. Ed. 2d 265 (1986).
③ West v. Western Casualty and Surety Co., 846 F.2d 387, 393 (7th Cir. 1988).
④ Katz v. Comdisco, Inc., 117 F.R.D. 403, 412 (N.D. Ill. 1987).

被告就第一项指控提出的即决判决动议被本院驳回,但本院对其第二项指控予以确认。

案例原文①

五、信息的同一性与易得性

同一性和易得性,是指信息披露义务人在信息披露的场合和途径方面,对所有投资者获得和利用信息应同等对待而无差别且不设置障碍。具体含义有二:一是所有投资者均有平等获得和利用信息的机会,信息披露义务人不能只向某一部分投资者提供信息。二是信息披露义务人公开披露信息的使用应是没有障碍的,对欲获取信息披露义务人信息的投资者而言,取得信息的场合和途径是不存在任何障碍的。

同一性和易得性之目的主要在于为社会提供一个监督信息披露义务人行为、防止其权力滥用的机制。

此外,由于投资者对经营状况的了解并不完全通过依法正式发布的公司信息,公司非正式发布的信息(例如广告促销等活动),或者不是公司发布的但与公司有关的信息(例如媒体有关公司的报道等),也能作为投资者进行投资判断的依据。因此,公司也有责任保证自己发布的非正式信息与正式信息的一致性,对于不是公司发布的但与其有关的信息,如果足以影响众多投资者的投资判断,公司应负有说明的义务。

第三节 预测性与前瞻性信息披露

以信息披露的时间之不同为标准,披露的信息可以分为两大类:一类着眼于历史的信息,此类信息的披露是对既成事实的陈述,例如公司对过去财务年度的市场占有份额、销售额和利润率的陈述等;另一类着眼于未来的信息,此类信息披露是对将来发展的预期,例如公司对未来经营和盈利状况的预测、对特定资产持续性价值的估计和看法等。在美国,业界将前一类信息称为"历史性信息"(historical information),而将后一类称为"预测性信息"(forward-looking information)。

---

① Available at https://casetext.com/case/good-v-zenith-electronics-corp,2023-9-18。

一、预测性信息披露

所谓"预测性信息",又称"软信息"(Soft Information),是相对于传统证券法之信息披露主要局限于所谓的"硬信息"(Hard Information)而言的。传统证券法的"硬信息"之披露,是指对客观的、可证实的历史性事件的表述,通常将其称作"事实"或"事件",以使其与意见、预测和主观评价相区别。所谓的"软信息",是一种预测性陈述,如预测、预计,以及对未来期望的陈述;陈述者往往缺乏现有数据能证实其陈述的准确性;主要基于主观估计和评价;在陈述时通常采用一些诸如"优异的"等形容词。根据美国的证券信息披露实践,"预测性信息"通常包括以下五个方面的内容[①]:(1)对利润、收入或亏损、每股盈亏、资本成本、股红、资金结构或其他财务事项预测的陈述;(2)公司管理者对未来运营的计划与目标的陈述,包括有关发行人产品或服务的计划与目标;(3)对未来经济表现的陈述,包括管理者对财务状态分析与讨论中的任何陈述;(4)任何对上述事项所依据的假设前提及其相关事项的陈述;(5)任何证券管理机构可能要求对上述事项预测与估计的陈述。

在1979年以前,SEC对"预测性信息"的披露持禁止态度,因为这种信息在"本质上是不可信赖的"。基于"父爱式"的理念,投资者被假定为是不够成熟的(unsophisticated),没有能力分区分"历史性信息"和"预测性信息";因此,如果允许披露"预测类信息",将会导致无经验的投资者在作投资决策时不理智地依赖这种信息。根据《1933年证券法》第11条和第12(a)条、《1934年证券交易法》第10(b)条等规定,如果发行人向监管机构、公众投资者所披露的信息中存在重大的不实陈述或者遗漏,则将有可能构成证券欺诈从而承担法律责任。可是,无论是机构投资者还是公众投资者,大部分投资决策都是基于对未来盈利的估计而做出的;然而,因披露"预测性信息"所带来的"诉讼危险、更新义务和投资者不正当依赖的风险",将会超过接受这种信息所带来的利益,发行人自然没有动力去披露"预测性信息"。

随着时间的推移,SEC的态度发生了改变,主要体现在"预测性信息"对于投资者的重要性和对投资者的假定两个方面。首先,投资者投资于某个企业的证券,并不仅仅是基于该企业的历史业绩(属于"历史性信息"),更多的是基于对未来的预期,因此"预测性信息"的披露对于投资者尤其是公众投资者是必要和必需的。同时,从企业(发行人)处直接获得"预测性信息",也有助于增强投资者的独立性,减少其对证券分析师、专栏作家乃至市场谣言的盲目信赖。其次,

---

[①] 参见李国光主编、最高人民法院民事审判第二庭编著:《最高人民法院关于审理证券市场虚假陈述案件司法解释的理解与适用》(第2版),人民法院出版社2015年版,第202页。

SEC基于投资者是成熟老练的(sophisticated)假定,已经建立了整合性披露制度和橱柜式登记制度,反映同样思路的"预测性信息"披露制度应得以建立。SEC已经认识到,投资者是能够了解"预测性信息"的局限性的,不会给予其同"历史类信息"以同等的信赖,并会将这种局限性反映在最终的证券价格中;即使特定的投资者无法充分认识到这种区别,大量的证券分析师和专业投资者对信息的反应也足以匡正其错误,也就是说,投资者作为一个整体来说是成熟的。基于以上原因,SEC于1978年发布了鼓励"预测性信息"披露准则,并于1979年制定并颁布了第175号规则[①],为"预测性信息"的披露提供了一个"安全港规则"(rule safe harbor)。根据175号规则,只要有关"预测性信息"的披露是出于"善意"(good faith)并且有"合理基础"(reasonable basis)的,那么即使其预测与最终的事实不符,披露人也无须承担证券欺诈责任。由于认识到,"预测性信息"披露不但应受到鼓励,而且还被认为"有助于保障投资者并且符合公众利益"。因此,1995年通过了《私人证券诉讼改革法》,以此确立了"预测性信息"披露的免责制度,并采用修正版"安全港规则",确立了"风险警示规则"(Bespeaks Caution Doctrine)以减轻"预测性信息"披露者的潜在诉讼风险,减少无理由的诉讼。

实际上,之所以要建立和加强"预测性信息"披露制度,除了上述原因之外,还在于:(1)在发行人向监管机构报送的书面材料时增加"预测性信息"的披露,能够使其对现在已经广泛传播的软信息变得更加负责,从而变得更可信赖,这对公众投资者是一种保护。(2)如果一律禁止在招股说明书等中披露此等信息,公众投资者当然无能力获知;可是大投资者与机构投资者仍然可以通过日常交往等诸多渠道获得这些信息并从中实现经济利益,这对前者显然是不公平的。证券法奉行的披露哲学,看起来是为了保护公众投资者,实际上是落空了。因此,应当鼓励并建立"预测性信息"披露制度。

目前,各国或地区所建立的"预测性信息"披露制度,均由强制性披露和自愿性披露所组成。强制性披露与自愿性披露的"预测性信息"之间的区别,体现在已知趋势或者事件的确定程度上:前者是建立在目前已知的趋势、事件和可以合理预见将会对公司产生重大影响的不确定因素,例如已知的未来劳动力或者材料成本的增加;而后者涉及对未来趋势事件或者不确定因素的猜测,其可预测性完全是建立在现实假设前提的基础上。这类趋势、事件或者不确定因素对公司的影响远比前瞻性信息具有不可确知性。

对二者的具体要求,是以鼓励为主,以强制为辅。例如,在美国,鼓励主要体现在《私人证券诉讼改革法》和SEC 175号规则为"预测性信息"披露提供的"安

---

① Rule 175—Liability for Certain Statements by Issuers, available at http://www.columbia.edu/~hcs14/R175.htm, 2023-4-18.

全港"制度上,以及司法实践所建立起来的"风险警示规则"。强制则主要体现在SEC规章S-K第303项"公司管理层对财务状况和经营结果之讨论与分析"(Management Discussion and Analysis,以下简称"MD＆A")①所规定的披露义务。在审理Re Convergent Technologies Securities Litigation(1985)案②时,原告股东称被告公司有义务在其MD＆A中披露公司内部对新产品利润状况消极的预测,但法院不同意这种看法,认为这种预测属于可选择的"预测性信息"披露,而不是Item 303(a)(3)(ii)所规定的目前已知的数据。在审理Re Lyondell Petrochemical Company Securities Litigation(1993)案③时,原告在首次公开发行(IPO)中认购了被告的股票后,起诉被告公司没有在招股书中披露某些内部预测,而这些事项却在IPO等待期间为获得短期融资而向贷款人披露了;但是,法院认为:公司并不因为曾经向贷款人披露过什么便负有向公众披露"预测性信息"的义务;预测只是一种估计而不是关于公司财务状况的确知的趋势或不确定性。

在我国,招股说明书对"公司发展规划事项",年度报告中对"新年度的业务发展计划"事项,以及中期报告中对"下半年计划"事项的披露,均属于要求披露的"预测性信息"。相反,如招股说明书中的"盈利预测"事项的披露即属于可选择事项,发行人可以有选择地决定是否予以披露。

【域外案例】

Levit v. Lyondell Petrochemical Co. (1993)④

巡回法官T.G. Nelson发表了法院的审理意见。

本案是一起证券欺诈集体诉讼的上诉审案件,涉案被告(以下统称为"被

---

① 美国"管理层讨论与分析"(Management Discussion and Analysis, MD＆A)是上市公司年报第八节——董事会报告的重要组成部分,要求管理层进一步解释和分析公司当期财务报表及附注中的重要历史信息,并从公司管理层的角度对下一年度的经营计划以及公司未来发展所面临的机遇、挑战和各种风险进行说明。我国于2002年6月22日在《公开发行证券的公司信息披露内容与格式准则第3号——半年度报告》中首次使用"管理层讨论与分析"这一用法,在第五节中以"管理层讨论与分析"取代原"经营情况的回顾与展望",并于2005年12月在《公开发行证券的公司信息披露内容与格式准则第2号——年度报告》中做充实、针对和有效地修改。现行有效的版本是《公开发行证券的公司信息披露内容与格式准则第2号——年度报告的内容与格式(2021年修订)》(中国证券监督管理委员会公告〔2021〕15号)。MD＆A对于财务报告来说是有益的、必要的、不可或缺的补充,能为投资者把握公司未来发展方向,满足其对信息相关性和前瞻性的要求。

② In re Convergent Technologies Securities Litigation, 22 Ill. 108 F. R. D. 328 (N. D. Cal. 1985).

③ 编译自In Re Lyondell Petrochemical Company Securities Litigation, , 984 F. 2d 1050 (9th Cir. 1993).

④ 编译自Levit v. Lyondell Petrochemical Co. (1993), 984 F. 2d 1050(9th Cir. 1993).

告"),包括利安德石化公司(Lyondell Petrochemical Company,以下简称"利安德石化"),利安德石化的部分高管和董事、作为利安德石化首次公开募股主承销商的高盛公司(Goldman, Sachs & Co.)和所罗门兄弟公司(Solomon Brothers Inc.),以及利安德石化的前母公司大西洋里奇菲尔德公司(Atlantic Richfield Co., 以下简称"ARCO")。原告兼上诉人(以下统称为"原告")列维特(Joseph Levit)和利安德石化的其他股东诉称:利安德石化在其招股说明书、后续报告和口头陈述中所作的虚假陈述,违反了《1933年证券法》第11条和第12条、《1934年证券交易法》第10(b)条。地方法院认为,根据《联邦民事诉讼法》第12(b)(6)条,原告所指控的有争议的陈述并不包含可诉的重大不实陈述或遗漏,因此驳回了原告的诉讼请求。

二审维持原判。

一、案件事实与审判经过

1989年1月18日,在首次公开募股中,ARCO以每股30美元的价格出售了其拥有的利安德石化(是ARCO的全资子公司)大约一半的股份,共计4300万股。公募的前一天,ARCO要求利安德石化向其支付5亿美元。为此利安德石化向摩根担保信托公司(Morgan Guaranty Trust Company,以下简称"摩根担保公司")和一个银团借款,并向其提交了公司财务预测。

1989年1月18日,利安德石化正式上市。1989年6月,利安德石化开始报告公司收入下降。在先后发布的几份新闻稿中,利安德石化解释说,收入下降是由烯烃厂项目和若干其他因素引起的。到1989年11月14日即首次公募结束时,利安德石化股票的市场价格已经下跌了50%上。

1990年6月,原告提交了第一份诉状,指控被告最初的公开募股说明书"虚假陈述了利安德石化将继续盈利经营,并至少能够创造与1988年水平相当的营收",要求对所有在公募期间购买利安德石化普通股的股民进行登记认证。被告辩称,系原告错误解读了其在招股说明书和其他遭到质疑的声明中的陈述。

1990年11月21日,地方法院发布了驳回原告起诉的决定,认为利安德石化公司招股说明书中的陈述"无论是部分还是全部,都是非常合格的,不具有误导性"。

1991年1月25日,原告提交了一份修改后的诉状(以下简称"修正诉状"),再次指控利安德石化在招股说明书和后续文件中表明的"利安德石化将继续盈利经营,并至少能够创造与1988年水平相当的营收"系虚假陈述。此外,修正诉状还提出了新的诉讼理由:利安德石化未向公众披露其在IPO的等待期间向摩根担保公司披露的内部预测。而这些预测表明,利安德石化1989年的营收水平将低于1988年。

1991年7月15日,地方法院批准了被告根据SEC规则第12(b)(6)条提出的驳回动议,认为"从法律上来说,被告受到质疑的招股说明书和其他文件不包含可诉的虚假陈述或遗漏"。

根据《美国法典》第 28 编第 1291 条，本院对原告提起的上诉拥有管辖权。

二、争议焦点

原告指控被告违反了《1933 年证券法》第 11 和 12 节，以及《1934 年证券交易法》第 10(b) 条。这两部联邦证券法律有一个共同的构成要件，即被告在招股说明书、文件或口头陈述中的重大虚假陈述或遗漏是导致原告购买股票的直接原因。对此问题，我们将在下文详细论述。

原告提出了三个诉讼理由：(1) 招股说明书中的某些陈述给人一个错误的印象，即利安德石化过去的营收表现将在未来持续；(2) 招股说明书和公示中的预测性信息不真实或者具有误导性；(3) 利安德石化未能披露内部财务预测性信息，是一项重大事实的遗漏。原告前两个诉讼理由已经在另一份还未公开的庭审记录中进行了讨论，本意见仅就利安德石化是否有义务披露内部预测性信息的问题作出回应。

地方法院根据《联邦民事诉讼法》第 12(b)(6) 条，驳回原告的赔偿请求是一个法律问题，因此需要重新进行审查，参见 Oscar v. Univ. Students Co-op. (1992) 案。①

原告诉称，利安德石化未披露内部预测性信息构成一项重大遗漏，公司的预测性声明具有误导性。对此，原告必须举证证明被告有披露这些预测性信息的法律义务，参见 Roeder v. Alpha Industries, Inc. (1987) 案。②

法院在审理类似案件时一般适用 SEC"不强制要求公司披露财务预测性信息"的规定，参见 Vaughn v. Teledyne, Inc. (1980)③案。但原告认为，本案与上述判例并不相同，一旦利安德石化向摩根担保公司提供了预测性信息，它就有义务告诉公众全部真相。但在我们看来，本案被告并不违背披露"全部真相"的规定。事实上，公司经常在公司范围之外披露一些内部预测，但并不向公众披露。在公开披露某些信息可能会对公司造成不利影响的情况下，公司就会出于各种合理目的进行保密预测。例如，一家担心其贷款安全性的银行可能会要求公司提供一个最坏的预测，而这种预测可能会发生，也可能不会发生。不可否认，一项影响深远的披露要求可能与市场、公司的合法商业计划，以及最终投资者（如原告）的最佳利益存在偏差。

原告所依据的判例与本案存在差异。在审理 Levinson v. Basic, Inc. (1986)④案时（因其他理由被撤销），第六巡回法院认定被告有义务披露谈判信息，是因为被告明确否认了正在进行的有关公司合并的谈判；而在 Rudolph v.

---

① Oscar v. Univ. Students Co-op. Ass'n, 965 F. 2d 783, 785 (9th Cir. 1992).
② Roeder v. Alpha Industries, Inc., 814 F. 2d 22, 26 (1st Cir. 1987).
③ Vaughn v. Teledyne, Inc., 628 F. 2d 1214, 1221 (9th Cir. 1980).
④ Levinson v. Basic, Inc., 786 F. 2d 741, 746 (6th Cir. 1986).

Arthur Andersen & Co. (1986)案①中,第十一巡回法院认定会计师通常有义务向投资者披露有关公司欺诈的实际情况。上述法院有关"全部真相"的讨论均是权威意见,但与本案不同,这些案件涉及的是被告未能披露做出预测时已知的实际事实,进而影响了预测性陈述的可靠性或准确性。如果本案原告诉称利安德石化的内部预测是基于公司已知的现有负面因素,那么本案的审判结果将完全不同。

原告诉称,《联邦法规》②第 17 卷第 229.303(a)(3)(ii)条规定的"确知的趋势或不确定性应在提交给 SEC 的某些文件中披露",表明了 SEC 事实上要求公司披露内部预测性信息。但类似的诉讼理由已经在其他法院遭到驳回,因为 SEC 在另一项针对预测性信息的法规中明确规定,不强制要求公司披露预测性信息。参见《联邦法规》第 229.303(a)条,指令 7。③

综上,我们认为,根据原告修正诉状中陈述的事实,被告利安德公司没有义务披露其内部预测性信息。

维持原判。

案例原文④

二、安全港规则

1979 年,SEC 采用《1933 年证券法》第 175 号规则,以及《1934 年证券交易法》第 3b-6 规则,为强制性和自愿性"预测性信息"披露提供了所谓的"安全港规则"。

---

① Rudolph v. Arthur Andersen & Co., 800 F.2d 1040, 1044 (11th Cir. 1986).
② C.F.R. 是由美国联邦政府执行部门的联邦公报发布的,相当于中国的行政法规,主要是解释 U.S.C. 的条文。U.S.C. 是 The United States Code(美国法典)的简写,是指美国对生效的公法、一般法,以及永久性法律的正式汇编,其位阶相当于中国狭义的法律。1926 年之后,U.S.C. 每六年修订一次,每年有一补编,收入当年国会通过的法律。但废除的法律仍保留在汇编中的原来位置上,只是在后面注明已于某年某月某日废除。See https://www.loc.gov/collections/united-states-code/about-this-collection/,2019-5-24. 美国法典中的每个标题对应一个主题。例如,18 U.S.C. 2257,18 表示标题序号,即 Title18,Title 18 的内容就是"Crimes and Criminal Procedure",所以 18 U.S.C. 整个部分主要是涉及犯罪和刑事诉讼的。2257 指的是章数,一般写作 § 2257,也就是 Section 2257。§ 2257 的小标题是 Record Keeping Requirements。——译者注
③ 17 C.F.R. § 229.303(a), Instruction 7.
④ Available at https://casetext.com/case/in-re-lyondell-petrochemical-securities-lit, 2023-9-18.

第175号规则规定如下：(1) 适用的对象：起初只适用于《1934年证券交易法》下的报告公司和IPO的非报告公司；到了1992年，SEC制定的《小型企业促进方案》(Small Business Initiative)，将其范围扩展到了根据SEC规章A进行私募发行的非报告公司，即进行披露的公司、代表其进行披露的人，以及公司雇佣来进行预测的外部评论人，都可以享受规则的保护。(2) 适用的"预测性信息"类型包括：① 对岁入(revenue)、收入、每股盈亏，或其他财务项目，如资本支出、股利或资本结构等的预测；② 管理层对公司未来经营的计划和目标；③ 盈利摘要或季度收入声明的"管理层讨论和分析"部分中对未来经济业绩的预期；④ 与上述预测相关的前提假设(assumptions)，例如市场条件、需求状况、竞争程度等。只要上述这些陈述是建立在合理的基础之上的，并且是以诚信的方式披露或确认的，就不会被视为虚假陈述或误导，即使事后的事实证明与上述陈述并不符合。(3) 适用的披露途径有三：① 适用于在登记声明、SEC规章A下的募集声明、《1934年证券交易法》下的各种报告、股东年度报告，以及向SEC提交的其他文件中所做的披露(之中)；② 对于在上述文件之前披露的前瞻性信息，如果后来包括在了提交的文件中，那么该规则是可以溯及起初的披露(之前)的；③ 也适用于在上述文件提交之后，对其中的前瞻性信息的继续披露和再度确认，只要这种披露和确认在当时仍能满足善意和合理基础标准的要求(之后)。(4) 举证责任分配：原告承担举证责任，即由要求公司承担不实陈述责任的原告来证明公司的披露欠缺善意和合理基础。此外，除了在一些特定的交易或事件，如委托投票权征集(proxy solicitation)、要约收购，以及证券买卖中之外，公司对其披露的"预测性信息"并不概括地承担更正和更新的义务。

到了1994年，SEC认识到"安全港规则并没有实现它的职能"，投资者感到虽然"安全港规则""可能提供发行人理论上的保障措辞，但却没有有效地阻止每当合法的预测没有实现时，总有无理由诉讼产生的威胁"。由于第175号规则是建立在主观标准之上的，它仅仅能够在发行人经历了漫长和昂贵的诉讼程序之后提供一些保障。因此，为了遏制私人证券诉讼的滥用，1995年通过的《私人证券诉讼改革法》(PSLRA)在《1933年证券法》和《1934年证券交易法》中分别新增了第27A条和第21E条(内容相同)，这就是"预测性信息"披露免责的修正版"强制性安全港"规则。根据上述法律相关条款的规定，只要符合下列条件之一，公司就不为其披露行为承担任何私人证券诉讼上的责任，但SEC提起的执法诉讼不在此限：(1) 该信息被标明为"预测性信息"，并且伴以有意义的警示性声明，这实际上是将"提示注意"原则成文化了；(2) 法院按照其他标准认定该信息欠缺重大性；(3) 原告不能证明被告对信息的虚假性存在明知(actual knowledge)，但是否附有警示性声明在所不论。

根据1995年《私人证券诉讼改革法》，"预测性信息"披露是涉及发行人未来经济运行或者规划的陈述,所适用的信息类型具体包括:(1)包含对财务事项预测的陈述,如利润、收入;(2)每股盈利、资本费用和股利;(3)公司管理者对未来运营的计划和目标的陈述;(4)对未来经济表现的陈述。对上述"预测性信息"披露所依据的,或者与此相关的前提假设,也属于"预测性信息"披露。此外,由发行人所聘请的外部评论人士对"预测性信息"披露所作出的评价性报告本身也是"预测性信息"披露,但 SEC 保留进一步通过制定规则来认定"预测性信息"披露的具体形式之权力。

对于口头披露"预测性信息",其规定如下:"安全港"规则适用于代表公司行为的董事、官员或员工等口头披露的"预测性信息",但作此披露时必须说明该信息为"预测性信息",并声明实际结果可能会与预测有重大区别;另外,此人还必须指明一个"易于获取"(readily available)的书面文件,其中列出可能导致上述重大区别的风险因素,并且该书面文件本身必须满足"有意义的警示性声明"的标准。"易于获取"的书面文件,指的是向 SEC 提交的文件、股东年度报告,以及其他广泛散发的材料(如新闻稿)等。

由此可见,美国证券法中的法定"安全港规则"有两个基本构成要件,此即《私人证券诉讼改革法》所确立的"双要件原则"。

第一个要件,是"预测性信息"应伴有适当的警示性语言(后文详述)。因为安全港规则第一个要件是用以保护:① 非重大性的;或者② 被认定为"预测性信息"披露并且伴有适当的警示性语言,以揭示可能导致实际结果与预测不同的重要因素的口头或书面的预测性陈述。显然,在司法实务中,从未出现过对非重大性陈述提起诉讼的案件;但是,第一个构成要件的第二部分却经常引发纠纷——该要件的核心问题是"什么才能构成有意义的警示性陈述"。根据对《私人证券诉讼改革法》的立法报告中"一般性的警示并不足以构成有意义的警示性陈述"的反向解读,警示性陈述必须传递实质性信息揭示可能现实地导致实际结果与预测信息严重不符的因素。例如,在审理 Re Marion Merrell Dow Inc. Securities Litigation(1997)案[①]时,法院指出,发行人在作出出售新药产品之后利润将翻倍的陈述时还必须说明这种预测率尚待 FDA 的批准,而且还要进一步说明到目前为止就其所知,有哪些障碍可能阻止 FDA 的标准。第二个要件是"心理确知"要件,这是关于制作"预测性信息"陈述人的心理状态。根据这一要件,发行人或者其他相关人士在"预测性信息"陈述没有实现时不必负责任,除非原告能够证明以下两者之一:① 该陈述是由某个自然人做出的,该自然人在当时"确知"(actual knowledge)该陈述是虚假或者误导的;② 该陈述是由一个经济实体作出的,该陈述得到公司执行官的许可,而该执行官在当时确知该陈述是

[①] In Re Marion Merrell Dow Inc. , SEC. Lit. , 965 F. Supp. 25 (W.D. Mo. 1997).

虚假或误导的。

上述"双要件原则"到了1999年美国第十一巡回上诉法院法官Emmett R. Cox在审理Harris v. Ivax Corp. (1999)案①时被打破,法院首次裁定,无论是"历史性信息"陈述,还是"预测性信息"陈述,都可以获得《私人证券诉讼改革法》的"安全港"的保护,只要这些陈述伴随有警示性语言,而不论被告的心理状态。审案法官考克思(Cox)认为,"如果我们将同时包含历史性信息陈述与预测性信息陈述排除在安全港制度以外,那么我们必将阻碍公司全面阐述他们的预测的立场,公司里那些对责任深怀戒备心的执行官只会说些可以独立地被称作'预测性'的因素,这将会阻碍国会的努力。"

【拓展阅读】

Rule 175—Liability for Certain Statements by Issuers②

三、风险警示规则

风险警示规则是安全港规则的重要因素,是指预测性信息陈述(诸如预测、估算等)如果附有有意义(meaningful)的提示性语言,就表明该信息的预测性本质,并指出可能导致预测无法实现的风险因素,那么法院将认为该项信息中的不实陈述或者遗漏不具有重大性(materiality),或者投资者对该信息的依赖是不合理的,从而不能成为证券欺诈诉讼的基础。因此,根据"风险警示规则",证券发行人可以在其发行文件或者报告中披露"预测性信息",只要伴以准确的警示性语言直接说明这种预测的不确定性,就无须承担法律责任,但是警示性声明必须具有实质内容,并且必须是针对具体的预测、估计或意见而作出的。

"风险警示规则"是由美国联邦法院在审理证券欺诈的司法实践中确立的,作为一个概念始于1977年审理的Polin v. Conduction Corp.案③,并自Luce v. Edelstein(1986)案④后成为因"预测性信息"事后未能实现而引起证券诉讼的被

---

① Harris v. Ivax Corp. 182 F. 3d 799 (11th Cir. 1999).
② Available at http://www.columbia.edu/~hcs14/R175.htm, 2020-4-18.
③ Polin v. Conduction Corp., 552 F. 2d 797 (1977).
④ Luce v. Edelstein, 109 F. R. D. 558 (1986).

告普遍考虑的标准。在后一案件中,原告诉称被告在有限合伙私募发售备忘录中对现金和合伙的税收优惠作了虚假陈述,因而违反了《1934年证券交易法》第10(b)条和SEC规则10b-5。审案的联邦第二巡回法院认为,发售备忘录中非常明确地说明"对潜在现金和税收优惠的预测,其本质上必然是推测性的,不保证预测一定会实现";而且,发售备忘录还提示潜在投资者:实际的结果可能偏离预测,并且这种偏离可能性是非常大的。基于此,法院否定了原告诉请追究被告的民事责任。

"风险警示规则"是建立在信息重大性和信赖这两个概念基础之上的。在Trump(1992)案[①]中,联邦第三巡回法院认为:对风险提示理论的适用"取决于发行文件或其他形式交流的具体语言环境。"法院认为,提示性陈述可能使"预测类信息"陈述或某些遗漏在法律上不具有重大性:"发行文件中的预测、观点或预计等,提供了有意义的提示性陈述时,如果这些陈述并不影响提供给投资者文件中的信息总和,那么这些陈述不能成为证券欺诈的理由。换言之,充分的提示性语言使一项信息遗漏或者不实陈述在法律上不具有重大性。"在审理Fecht v. Price Co.(1995)案[②]时,联邦第九巡回法院认为:"判定一项公开文件是否在法律上具有误导性,必须取决于理性头脑认为文件信息总和是否具有误导性。"也就是说,提示性语言的存在使"预测类信息"陈述对公开披露文件的信息总体构成及其给理性投资者的总体印象来说不具有重大性。不过,"风险警示规则"并不适用于在做出当时属于虚假的重大不实陈述或者遗漏。例如,在审理Rubinstein v. Collins(1994)案[③]时,法院认为对预测的一般性提示语言不能成为不披露确知的、重大的不利事实的借口:"当事件是不确定的时候,提示人们完全不同的情况可能发生,这种做法是谨慎的;然而,在不利事件已经实际发生之时,却还提醒人们它仅仅是可能发生的,这种做法就是欺诈。"不过,此种情形是指对真实存在的信息实施欺诈,不同于"事后发现是欺骗"的情形,"一项预测或预估最后被证明是不正确的,这不意味着该陈述在作出当时是具有欺诈性的。"

"风险警示规则"要求语言必须是充分全面的和具体精确的,因为该规则的目的在于使发行人在披露预测性信息时,通过使用充分的警示性语言,来成功地阻止投资者提起证券欺诈诉讼的威胁。为了确定和预测性信息披露相关的商业风险,必须审慎地审查发行人自身的状况、发行人所属行业的状况,以及发行人

[①] In Re Donald J. Trump Consino Securities Litigation 793. F. Supp. 543. 556(D. N J 1992).
[②] Fecht v. Price Co., 70 F. 3d 1078 (9th Cir. 1995).
[③] Rubinstein v. Collins, 20. F. 3d. 160(5th. Cir. 1994).

的竞争对手的情况。此外,还必须理解预测性信息披露所依赖的基础和假设,要评价这种假设对发行人而言是否合理,同时,必须评价发行人商业增长与未来盈利所赖以建立的基础为何,等等,不一而足。为了使警示性语言能做到既具体又有针对性,以及建立在良好事实基础之上,发行人及其所聘用的专业人士或机构应进行非常细致的尽职审查,切实地寻找出可能影响预测的潜在因素和已知事实。例如,在1993年审理的Donald J. Trump(1993)案[1]中,涉案被告使用招股说明书销售债券来收购大西洋城的一个赌场,在招股书的MD & A部分写道:"合伙人相信从运营赌场中获得的资金足以偿付所有负债,包括利息和本金。"债券发行不久后被告便宣布违约,投资者根据联邦证券法提起诉讼。联邦第三巡回法院认为涉案招股书"具体风险因素考虑"一节中的警示性语言是充分的,因此驳回起诉。法院认为,该警示性语言包括如下:"在大西洋城的赌场生意具有季节性特征,夏季是高峰期,因为第三次债券利息支付期是在夏季之前,因此合伙人可能在第三次付息日前收不到因高峰期现金流量所带来的好处,这将对支付债券利息的能力造成不利的影响。""该赌场尚未完成,因此没有运营历史,合伙人没有盈利的历史,因此它的经营同样也受到一家新开张企业所要面临的所有内在风险的影响,因此合伙人偿还债务的能力完全取决于经营的成功,而这种成功又取决于影响企业的财务、商业、竞争、监管和其他因素,同时也取决于行业的状态以及现行的经济状况……""在大西洋城目前还没有其他赌场和酒店运营者有经验管理像这家赌场这样规模的娱乐中心。其结果是在开业后,没法保证该娱乐中心一定能获利或者能够产生足以偿付债务的现金流量。"法院认为,上述描述中的警示性用语是非常合理同时也是非常具体的,被告据此得以免责。

"风险警示规则"除了对用词有要求之外,对编排位置也有要求,即警示性文字应在披露文件的显著位置标明,否则不合本规则要求。例如,在1994年审理的Worlds of Wonder案[2]中,联邦第九巡回法院引用Donald J. Trump(1993)案的判决,强调指出显著的披露语言之重要性,指出涉案原告所攻击的认为IPO招股风险因素部分披露具有误导性的乐观态度,"事实上并不是埋藏在另外一种更为乐观的语言之下。恰恰相反,它是作为文件的首要部分,直接编排放在招股书概要之后;而且,在IPO招股书的首页用黑体字提示:'潜在投资者必须认真考虑在风险因素部分所列出的因素。'"在实践中,许多公司都在其披露文件的许多地方反复提醒潜在的投资者要参照有关风险披露部分的文字,以使风险陈述必然成为该部分陈述的有机组成部分。虽然每个部分的披露水平是不尽相同

---

[1] In Re Donald J. Trump Casino Securities Litigation. 7. F. 3d. 357 371(3rd Cir. 1993).
[2] In re Worlds of Wonder Sec. Litig. , 35 F. 3d 1407 (9th Cir. 1994).

的,但不同部分之间的互相参照(Cross-Reference)是具有意义的,因为整个招股书通过相互参照以使潜在投资者能够注意到相关部分的披露,以防止潜在投资者断章取义地只看乐观性的陈述部分。

总之,"风险警示规则"使得诚实善良的发行人及其相关人士能够积极地披露预测性信息,提供给投资者一种站在公司管理者角度看未来的崭新视野,同时却又不必为自己信息披露的事后落空而担心承担法律责任,因而较好地体现了证券法鼓励预测性信息披露的宗旨。

四、前瞻性信息披露

所谓前瞻性信息(Prospective Information),根据 SEC 的 Regulation S-K Item 303 之规定,主要包括:① 确认"任何已知的趋势或已知的要求、承诺、事件或不确定因素。它们将会导致或者合理地预见可能会导致注册人的流动性以任何重大的方式增加或减少"[Item 303(a)(1)]。② 描述"任何已知的注册人的资本资源重大趋势,无论是有利还是不利的",包括指出"任何在资源的组合与成本方面可以预见的重大变化"[Item 303(a)(2)(ii)]。③ 描述"任何已知的或者注册人合理预见将会对其持续经营的净销售或利润或收入产生无论是有利还是不利的重大影响"[Item 303(a)(3)(iii)]。

与预测性信息披露属于自愿的披露不同,前瞻性信息披露是强制性的,源自 1989 年 SEC 所发布的关于 MD&A 披露义务的解释。在该解释中,SEC 提醒发行公司:1. 根据 Regulation S-K Item 303 规定,公司必须披露目前已经知晓的发展趋势、事件,以及可以合理预见将对公司未来产生重大影响的不确定因素; 2. 强调 Item 303 允许公司披露预测的未来发展趋势或者事项,以及目前已经知晓的发展趋势、事项或者不确定因素的未来影响。

Item 303(a)披露准则要求把讨论与分析集中在有关公司管理者已知的重大事件和不确定因素,是否将导致已经披露和报告的财务信息无法必然显示未来运营结果或未来财务状态。这种披露应当包括对那些将对未来运营结果产生影响,但却未对过去运营产生影响事件的描述和量化,以及对那些曾经对报告的运营结果产生影响,但却不再对未来运营产生影响事件的披露。例如,计划的资本费用、预期成品单位售价的下降、产品价格的增加或降低,或者重大合同的终止可能性等等。

如同证券法只是列举了证券的种类,而证券以及各种证券类型的内涵由司法实践来完成一样,对于"已知趋势或不确定因素"等概念的界定也主要是通过司法审判工作来完成的。例如，在审理 Caterpillar, Inc, Exch. (1992)案[1]时，SEC 认为 Caterpillar 公司在其 1989 年财政年度的 MD&A 中没有充分披露许多关于其在巴西子公司（以下简称"CBSA"）的状态。在 1989 年，CBSA 约占该公司净利润的 23％，在报送 1989 年年报时，该公司管理者对是否能再次实现这种业绩表示怀疑。SEC 认为，依照 Item 303 之规定，有关 CBSA 占该公司利润的份额和公司状况不稳定的信息必须披露，因为它们已经构成可以预见将会使公司净销售或者利润产生重大影响的"已知趋势或不确定性"；而且，该公司的管理者也无法提出证据，认为 CBSA 较低的收益不可能发生，或者这种较低的收益不会对该公司运营的结果产生重大影响。

【拓展阅读】

Regulation S-K. Item 303[2]

第四节 初次信息披露

初次信息披露，是指证券发行人在发行证券初始上市时在注册报表中所进行的信息披露，主要包括首次公开发行股票和公司债券的信息披露。因发行的证券品种不同，发行人所承担的信息披露义务也不同。

一、首次公开发行股票的信息披露

在首次公开发行股票并申请上市时，我国《证券法》(2019)第 13 条规定："公司公开发行新股，应当报送募股申请和下列文件：（一）公司营业执照；（二）公司章程；（三）股东大会决议；（四）招股说明书或者其他公开发行募集文件；（五）财务会计报告；（六）代收股款银行的名称及地址。依照本法规定聘请保荐人的，还应当报送保荐人出具的发行保荐书。依照本法规定实行承销的，还应当报送承销机构名称及有关的协议。"其中最为基本的法律文件是招股说明书。

---

[1] In Re. Caterpillar, Inc, Exch. Act Rel. No. 30532(Mar 31. 1992).
[2] Available at https://www.sec.gov/rules/other/33-8056.htm, 2023-6-28.

所谓"招股说明书"(Prospectus),又称招股章程,是由发行人制定、中国证监会核准,向社会公众公开披露公司主要事项及招股情况的专门文件。招股说明书的制作和公开必须符合规定的格式、内容和程序。凡是公开发行股票的公司必须向证监会报送招股说明书,在经证监会核准之后,发行股票的公司应当按照规定公布招股说明书等有关信息。现行有效的《股票发行与交易管理暂行条例》(1993)第 15 条规定了招股说明书应当按照证监会规定的格式制作,并载明 16 项事项。这些信息也应至少在一种证监会指定的全国性报刊上及时公告。

所谓"招股说明书"(Prospectus),又称招股章程,是由发行人制定、中国证监会核准,向社会公众公开披露公司主要事项及招股情况的专门文件。《公开发行证券的公司信息披露内容与格式准则第 57 号——招股说明书》[①]对招股说明书作出了详尽的规定。该《招股说明书的公告》共四章,102 条。除了第一章"总则"、第四章"附则"之外,重点是第二章的"一般规定"共有 12 节,分别规定了"封面、扉页、目录、释义""概览""风险因素""发行人基本情况""业务与技术""财务会计信息与管理层分析""募集资金运用与未来发展规划""公司治理与独立性""投资者保护""其他重要事项""声明""附件",以及第三章则的"特别规定"。其中核心的一些条款是:

第 22 条对招股说明书必须披露的"重要信息"作出了具体规定:发行人应结合业务情况披露有助于投资者了解其业务特征及本次发行相关的重要信息,并根据重要性原则对披露内容进行排序,概览内容包括但不限于:(1)遵循重要性和相关性原则,根据实际情况作"重大事项提示",简明扼要披露重大风险和其他应提醒投资者特别关注的重要事项,并索引至相关章节内容。(2)列表披露发行人及本次发行的中介机构基本情况,具体包括:① 发行人基本情况;② 本次发行的有关中介机构;③ 本次发行其他有关机构。(3)列表披露本次发行概况。(4)结合主要经营和财务数据概述发行人主营业务经营情况,包括主要业务、主要产品或服务及其用途、所需主要原材料及重要供应商、主要生产模式、销售方式和渠道及重要客户、行业竞争情况及发行人在行业中的竞争地位(如市场份额或排名数据)等。(5)简要披露发行人板块定位情况;(6)列表披露发行人报告期主要财务数据和财务指标。(7)简要披露发行人财务报告审计截止日后主要财务信息及经营状况、盈利预测信息(如有)。(8)披露发行人选择的具体上市标准。(9)简要披露发行人公司治理特殊安排等重要事项(如有)。(10)简要披露募集资金运用与未来发展规划。(11)其他对发行人有重大影响

[①] 《公开发行证券的公司信息披露内容与格式准则第 1 号——招股说明书》(中国证券监督管理委员会公告〔2015〕32 号)于 2015 年 12 月 30 日发布,自 2016 年 1 月 1 日起施行,现已被《公开发行证券的公司信息披露内容与格式准则第 57 号——招股说明书》取代。

的事项(如重大诉讼等)。

第 93 条规定了发行人应披露的 17 项附件,这些附件都是重要的信息材料,具体如下:(1)发行保荐书。(2)上市保荐书。(3)法律意见书。(4)财务报告及审计报告。(5)公司章程(草案)。(6)落实投资者关系管理相关规定的安排、股利分配决策程序、股东投票机制建立情况。(7)与投资者保护相关的承诺。应充分披露发行人、股东、实际控制人、发行人的董事、监事、高级管理人员以及本次发行的保荐人及证券服务机构等作出的重要承诺、未能履行承诺的约束措施以及已触发履行条件承诺事项的履行情况。承诺事项主要包括:① 本次发行前股东所持股份的限售安排、自愿锁定股份、延长锁定期限以及股东持股及减持意向等承诺;② 稳定股价的措施和承诺;③ 发行人因欺诈发行、虚假陈述或者其他重大违法行为给投资者造成损失的,发行人控股股东、实际控制人、相关证券公司自愿作出先行赔付投资者的承诺(如有);④ 股份回购和股份买回的措施和承诺;⑤ 对欺诈发行上市的股份回购和股份买回承诺;⑥ 填补被摊薄即期回报的措施及承诺;⑦ 利润分配政策的承诺;⑧ 依法承担赔偿责任的承诺;⑨ 控股股东、实际控制人避免新增同业竞争的承诺;⑩ 其他承诺事项。(8)发行人及其他责任主体作出的与发行人本次发行上市相关的其他承诺事项。(9)发行人审计报告基准日至招股说明书签署日之间的相关财务报告及审阅报告(如有)。(10)盈利预测报告及审核报告(如有)。(11)内部控制鉴证报告。(12)经注册会计师鉴证的非经常性损益明细表。(13)股东大会、董事会、监事会、独立董事、董事会秘书制度的建立健全及运行情况说明。(14)审计委员会及其他专门委员会的设置情况说明。(15)募集资金具体运用情况(如募集资金投向和使用管理制度、募集资金投入的时间周期和进度、投资项目可能存在的环保问题及新取得的土地或房产等)。(16)子公司、参股公司简要情况(包括成立时间、注册资本、实收资本、注册地和主要生产经营地、主营业务情况、在发行人业务板块中定位、股东构成及控制情况、最近一年及一期末的总资产和净资产、最近一年及一期的营业收入和净利润,并标明财务数据是否经过审计及审计机构名称)。(17)其他与本次发行有关的重要文件。

第十一节以 8 个条款的篇幅,对各个主体在招股说明书中必须作出相应的声明:发行人及其全体董事、监事、高级管理人员(第 85 条),发行人控股股东、实际控制人(第 86 条),保荐人(主承销商)(第 87 条),发行人律师(第 88 条),承担审计业务的会计师事务所(第 89 条),承担评估业务的资产评估机构(第 90 条),承担验资业务的机构(第 91 条)等主体应在招股说明书的正文后作出相应的声明,并要求有关人员签名下方应以印刷体形式注明其姓名(第 92 条)。

美国证券发行的信息披露主要由《1933 年证券法》进行规制,包括在第 10

(a)条①和表格 A(对非外国政府或者其行政区发行证券的注册要求)规定的招股说明书和部分在招股说明书中没有涉及的信息。除招股说明书外,登记文件一般还需要说明资金的使用情况、管理人员的持股情况、报酬及其他收益等。

我国相关规定要求在招股说明书和上市公告书中披露税后利润总额、每股盈利、市盈率等预测性信息,这无疑也是强制性披露的规定,而美国的披露制度中没有这样的强制性规定。对于这样的预测性信息,美国披露制度采取了自愿性的而非强制性的规定,并且设立了与之相关的"安全港条款",旨在保障正常的预测性信息披露,为那些符合规定的预测性信息披露行为提供保护,使之不被追究法律责任。而我国在没有相关保障原则的前提下仍强制性规定了披露预测性信息,这给现实中的信息披露带来了许多问题。

二、债券发行与上市的信息披露

在上海证券交易所发行和上市的公司债券,必须依照下列法律法规及规则进行,具体包括:《公司法》(2018)、《证券法》(2019)、《公司债券发行与交易管理办法》(2021)②、上海证券交易所、中国证券登记结算有限责任公司《关于国务院有关主管部门核准发行、登记到证券账户债券发行、登记、托管、交易、结算和收费等相关事宜的通知》(2008)③、《上海证券交易所公司债券上市规则》(2022)④。在深圳证券交易所发行和上市公司债券,须遵守《深圳证券交易所公司债券上市规则》(2022)⑤等法律法规和规则。其中,上海、深圳证券交易所的《公司债券上市规则》有关于债券发行人上市公告和信息披露方面的规定。

首先,公司发行和上市债券必须公告公司债券募集办法。所谓债券募集办法,又称债券公开说明书、募资说明书,是指公司债券的发行人依据有关规定的要求制作的、记载与公司债券发行相关的实质性重大信息的一种法律文件。《公司法》(2018)第 154 条规定了公司债券募集办法中应当载明的主要 10 大事项,

---

① Securities Act oF 1933 [As Amended Through P.L. 115-174, Enacted May 24, 2018] Information Required in Prospectus, available at https://www.govinfo.gov/content/pkg/COMPS-1884/pdf/COMPS-1884.pdf,2023-8-28.
② 中国证券监督管理委员会令第 180 号,于 2021 年 2 月 26 日发布并实施,该部门规章现行有效。
③ 于 2008 年 6 月 10 日发布并实施,该行业规定现行有效。
④ 上海证券交易所《关于发布〈上海证券交易所公司债券上市规则(2022 年修订)〉的通知》(上证发〔2022〕58 号)。
⑤ 深圳证券交易所《关于发布〈深圳证券交易所公司债券上市规则(2022 年修订)〉的通知(深证上〔2022〕391 号);为规范公司债券上市交易和信息披露等行为,维护公司债券市场秩序,促进公司债券市场健康发展,保护投资者合法权益,深圳证券交易所制定《深圳证券交易所公司债券上市规则(2022 年修订)》(深证上〔2022〕391 号),规定发行人申请债券上市,应当符合下列条件:其一,符合《证券法》等法律、行政法规规定的公开发行条件;其二,经有权部门同意予以注册并依法完成发行;其三,符合本所投资者适当性管理相关规定;其四,深圳证券交易所规定的其他条件。

即公司名称、债券募集资金的用途、债券总额和债券的票面金额、债券利率的确定方式、还本付息的期限和方式、债券担保情况、债券的发行价格和发行的起止日期、公司净资产额、已发行的尚未到期的公司债券总额、公司债券的承销机构等。《证券法》(2019)第16条规定了申请公开发行公司债券应当向国务院授权的部门或者国务院证券监督管理机构报送的4项文件,即公司营业执照、公司章程、公司债券募集办法、国务院授权的部门或国务院证券监督管理机构规定的其他文件,且依照《证券法》(2019)规定必须聘请保荐人的,还应当报送保荐人出具的发行保荐书。《上海证券交易所公司债券上市规则(2022年修订)》第2.3条规定了公司债券和企业债券申请上市应提交的文件:"债券发行后,发行人应当及时向本所提交发行结果公告、债券实际募集数额的证明文件等上市申请所需材料。企业债券发行人还应当向本所提交下列文件:(一)债券上市申请书;(二)有权部门同意债券发行的文件;(三)债券募集说明书等债券发行文件;(四)本所要求的其他文件。"《深圳证券交易所公司债券上市规则(2022年修订)》2.3作了完全相同的规定。

其次,根据证券交易所的规定,发行人应当在公司债券上市交易的5日前公告公司债券上市报告、核准文件及有关上市申请文件。《证券法》关于公司债券信息披露的规定,目的是为投资者提供判断公司债券投资价值的完整性信息。

第五节 持续信息披露

股票发行结束、上市交易之后,上市公司仍然负有持续的信息披露义务。这是因为上市公司的持续经营情况决定了其股票的价值,如果发行人不提供这些信息,投资者就无法对股票投资决策适时作出知情决策。持续信息披露义务包括定期报告和临时报告两大种类。持续信息披露的内容主要包括:上市公告书,定期报告(中期报告、年度报告),临时报告(主要是重大事件的披露),上市公司的收购公告。

一、持续信息披露概述

持续信息披露(Continual Disclosure of Information),又称持续信息公开,是指发行人、上市公司、公司主要股东等信息披露义务人,在证券上市交易后,依照《证券法》《公司法》等法律法规和证券监督管理机构的有关规定,向社会公众继续公开一切与证券交易和证券价格有关的重要信息的行为。依照《证券法》(2019)第五章"信息披露"第78条的规定,发行人及法律、行政法规和国务院证券监督管理机构规定的其他信息披露义务人,应当及时依法履行信息披露义务。信息披露义务人披露的信息,应当真实、准确、完整,简明清晰,通俗易懂,不得有虚假记载、误导性陈述或者重大遗漏。证券同时在境内境外公开发行、交易的,其信息披露义务人在境外披露的信息,应当在境内同时披露。

持续信息披露具有以下特点:(1)持续信息披露义务是信息披露义务人法定的强制性义务[参见《证券法》(2019)第五章"信息披露"]。(2)应依法披露的信息之种类和范围是法定的。上市公司信息披露义务的法律除了《公司法》(2018)和《证券法》(2019)的相关规定之外,还有上海和深圳证券交易所的业务规则中关于信息披露的具体而详尽的要求。(3)披露的信息范围宽泛,形成了一个系统化制度。证券价格取决于上市公司的经营管理信息,而后者是持续变化的,这就要求持续信息披露义务的范围宽泛(包括中期报告、年度报告、临时报告及其他公告),从而也就要求持续信息披露制度必须系统化。

持续信息披露义务是《证券法》(2019)公开原则得以贯彻的最重要保证。第一,持续信息披露是投资者进行知情决策的基础。在"所有权与经营权"两权分离的公司治理结构之下,投资者的获利需求取决于上市公司提供信息的质量、数量和时效。第二,持续信息披露有助于提高公众对资本市场的信心,因为它为投资者提供了知情决策的基础,形成合理的价格,进而形成证券市场良好的秩序。第三,持续信息披露是防止证券欺诈的重要条件。证券欺诈的存在是和信息隐匿相伴而生的,而持续信息披露制度是在与证券欺诈行为作斗争的过程中产生和完善起来的。第四,持续信息披露能够促使信息披露义务人加强内部管理。法定的定期和不定期披露公司经营状况和财务状况等重要信息,以及内幕人员的交易、股权结构变化等情况,作为外在的压力会促使信息披露义务人大力加强内部管理,规范运作。

2000年12月23日发布并执行的、现行有效的《关于完善公开发行证券公司信息披露规范的意见》(证监会计字〔2000〕75号)将证监会颁布的公开发行证券的公司信息披露的规章制度依次分为4个层次:(1)《公开发行证券公司信息披露内容与格式准则》。此类规范根据上市公司主要披露类型设计,基本上与国际通行的规范接轨;统一格式,尽可能删除临时性的规定等。(2)《公开发行证券公司信息披露编报规则》(以下简称《编报规则》)。《编报规则》有的涉及《内容与格式准则》在特殊行业如何运用,例如金融、能源、房地产等行业上市公司信息披露的特别规定;有的涉及《内容与格式准则》在特定环节中如何运用,例如企业在改制上市、收购、兼并或大比例重组时如何编制模拟财务报告等;有些涉及《内容与格式准则》的具体化,例如如何编制盈利预测资料等。(3)《公开发行证券公司信息披露规范解答》,主要是中国证监会在监管工作中就大量普遍存在的具体信息披露问题而形成的结论性意见。(4)《公开发行证券公司信息披露个案意见与实务分析》。

二、持续信息披露的形式

持续信息披露主要有定期报告和临时报告两种。

(一) 定期报告

定期报告(Periodic Reports),是指信息披露义务人根据法定要求所提供与公布的信息披露文件,分为年度报告与中期报告。我国《证券法》(2019)第82条规定:"发行人的董事、高级管理人员应当对证券发行文件和定期报告签署书面确认意见。发行人的监事会应当对董事会编制的证券发行文件和定期报告进行审核并提出书面审核意见。监事应当签署书面确认意见。发行人的董事、监事和高级管理人员应当保证发行人及时、公平地披露信息,所披露的信息真实、准确、完整。董事、监事和高级管理人员无法保证证券发行文件和定期报告内容的真实性、准确性、完整性或者有异议的,应当在书面确认意见中发表意见并陈述理由,发行人应当披露。发行人不予披露的,董事、监事和高级管理人员可以直接申请披露。"

所谓年度报告(Annual Reports),是指反映公司整个会计年度的财务报告等重点信息的法律文件。我国《公司法》(2018)第164条规定:"公司应当在每一会计年度终了时编制财务会计报告,并依法经会计师事务所审计。财务会计报告应当依照法律、行政法规和国务院财政部门的规定制作。"年度报告的内容与格式应当符合现已修订的《公开发行证券的公司信息披露内容与格式准则第2号——年度报告的内容与格式(2021年修订)》[①]的规定。我国《证券法》(2019)第79条规定,上市公司、公司债券上市交易的公司、股票在国务院批准的其他全国性证券交易场所交易的公司,应当在每一会计年度结束之日起4个月内,向国务院证券监督管理机构和证券交易所提交年度报告。

所谓中期报告(Medium-term Reports),是指信息披露义务人依法制作并提交的反映自身在上半个会计年度中的基本经营情况、财务状况等重大信息的法律文件,包括半年度报告(Semi-annual Reports)和季度报告(Quarterly Reports)。根据《证券法》(2019)第79条的规定,上市公司、公司债券上市交易的公司、股票在国务院批准的其他全国性证券交易场所交易的公司,应当在每一会计年度的上半年结束之日起2个月内,向国务院证券监督管理机构和证券交易所提交中期报告(实质为半年度报告)。季度报告是指在每个会计年度的上半年结束之时,由信息披露义务人依法制作并提交的、反映信息披露义务人在会计年

---

① 中国证券监督管理委员会公告〔2021〕15号。

度前3个月、9个月的基本经营情况、财务情况等重大信息的法律文件。中期报告是持续性信息披露的重要表现形式,它能保证信息披露义务人披露信息的最新性。中期报告的内容与格式应当符合《公开发行证券的公司信息披露内容与格式准则第3号——半年度报告的内容与格式(2021年修订)》[①]的规定。

我国香港地区的《2003年公司(修订)条例》《1989年证券条例》(第333章)、《1989年证券及期货事务监察委员会条例》(Securities and Futures Commission Ordinance,SFCO)等法律法规中,在定期报告的披露中除了一般性信息披露要求外,还根据具体行业(诸如航空、铁路营运、钢铁、石油化工、零售、工业等)的不同特性给出具体的行业信息披露要求。而且,要求披露的财务报告的内容较为广泛,要求年报财务信息披露公司及其附属公司过去五年内的一般业务发展概况;需要详细披露财政年度内主要公司治理对于董事的酬金信息等,对于高管人员违法违规行为有相应的规定;定期报告的披露时间较长。上述制度规定,值得我国内地借鉴。一是对于定期公告须进一步根据不同行业制定差别信息披露细则,以利于不同行业的信息披露的规范化及完整性。二是在财务信息披露中,增加对董事会的薪金披露规定。三是细化对董事、高管人员违反持续信息披露法规方面的法律责任,强化其民事责任,加大对违法行为的惩罚力度,抑制内幕交易等行为。

(二)临时报告

定期报告制作与发布具有阶段性,不能及时地反映证券市场持续不断的变动,从而不利于公众投资者进行知情决策。有鉴于此,各国立法大多引进实行了临时报告制度,目的是将临时突发的重大事件迅速传递给公众投资人以利其知情决策。所谓临时报告,简言之,是指信息披露义务人就发生可能对证券交易价格产生较大影响,而投资者尚未获知的诸如公司兼并收购等重大事件而发布的公告。临时报告主要涉及披露标准、披露审查程序两个问题,其中临时报告披露标准主要有重要性和及时性两个标准,重要性标准衡量的是上市公司在发生什么样的事项时需进行披露,及时性标准解决的是上市公司在发生重大事项时应在什么时间进行披露。

由于信息是否重要本身具有相对性,对于不同规模与行业的上市公司、对于不同的投资者来说,其对重要性的理解也不一样。此外,确定重要性既要照顾到上市公司披露一切投资者作出合理投资决策所需要的信息,又不能使市场充斥过多的噪声。

[①] 中国证券监督管理委员会公告〔2021〕16号。

目前,国外判断重要性的标准主要有两个:一是影响投资者决策标准(即一件事项是否重要取决于其是否对投资者作出决策产生影响),二是股价敏感标准(即一件事项是否重要取决于其是否会影响上市证券价格)。SEC根据《1933年证券法》制定的规则10b-5对"重大性"进行了界定,同时列举了可能被认定是重大性的信息;不过该列表不是排他性的,可由法官根据不同的案件自由裁量。例如,在审理TSC Industries, Inc. v. Northway, Inc.(1976)[1]一案时,美国联邦最高法院对"重大性"作了如下界定:"一个正常理智的投资人在处于类似情形之下进行投票表决时若认为是重要的,则该隐藏信息为重大信息。"该案例表明美国司法实践对"重大性"的判断采取的是"理性人"标准。而日本则采用投资者决策标准来界定重要性,将重要信息定义为"上市公司任何关于管理、营运、财产的严重影响投资者决策的事实"。[2]

我国对"重大性"的判断采取的是股价敏感性标准。根据《证券法》(2019)第80条规定,在发生可能对上市公司股票交易价格产生较大影响而投资者尚未得知的重大事件时,上市公司应当立即将有关该重大事件的情况向国务院证券监督管理机构和证券交易所提交临时报告,并予公告,说明事件的性质。此外,在股东持股变动的披露方面,还要遵循《上市公司收购管理办法》(2020)[3]的规定。由此可见,我国相关法律法规也涉及了股价敏感信息披露判断,但对于股价敏感性的界定较为含糊,需要进行量化。而及时地披露重要信息,可使上市公司发生的重大事项及时通知市场,使得股价能够及时依据新信息作出调整,以保证证券市场的连续性和有效性;对投资者来说,及时披露信息则可使之依据最新信息及时作出知情决策,避免投资遭受损失;对社会监管来说,及时披露信息可以缩短信息处于未公开阶段的时间,缩短内幕人可能进行内幕交易的时间,减少监管的难度和成本。

目前世界主要证券交易所对上市公司临时报告的审查程序有两种模式:一是事前审查,要求上市公司在发生重大事项时须在向证券交易所申报经审核后

---

[1] TSC Industries, Inc. v. Northway, Inc., 426 U.S. 438 (1976).

[2] 原文如下:Japanese Financial Instruments and Exchange Act, Article27-36 (1) ··· with regard to the company's business, undisclosed material information about the operations, business, or assets of the listed company, etc. which has a material influence on investors' investment decisions (hereinafter referred to as "material information" in this Chapter) ··· Available at: https://www.japaneselawtranslation.go.jp/ja/laws/view/3986#je_ch2at54,2022-3-27.

[3] 《上市公司收购管理办法》于2006年5月17日中国证券监督管理委员会第180次主席办公会议审议通过,根据2008年8月27日中国证券监督管理委员会《关于修改〈上市公司收购管理办法〉第六十三条的决定》、2012年2月14日中国证券监督管理委员会《关于修改〈上市公司收购管理办法〉第六十二条及第六十三条的决定》、2014年10月23日中国证券监督管理委员会《关于修改〈上市公司收购管理办法〉的决定》、2020年3月20日中国证券监督管理委员会《关于修改部分证券期货规章的决定》修正,现行有效,以下简称《上市公司收购管理办法》(2020)。

才可公开披露。二是事后审查,要求上市公司在发生重大事项时须即时披露信息,同时向证券交易所及主管机关申报。两种审查程序模式各有利弊:事前审查虽有助于证券交易所能较好地判断信息的重大影响程度,从而选择最佳的信息披露时机、方式,并采取合理的措施(如暂停交易),但不足之处在于效率低、监管成本高,而且信息披露的时滞长。事后审查则与之相反。对于及时性标准,香港交易所采取"部分事项事前审查、部分事项事后审查"的方式,即对于在一般性规定的范围内的事项,上市公司可直接在指定报刊或指定网站上披露,而对于须予公布的交易及关联交易事项,上市公司须向联交所提交公告初稿,由其审查并按其意见修改后在报刊或网站上发布,因而能够较好地避免两种模式的弊端,这对于我国内地具有一定的借鉴参考价值。另一个标准是决策相关性标准,主要是指凡是能够影响信息使用者决策的信息都应及时披露。

我国采取了事前审查形式,根据《证券法》(2019)规定,在发生重大事件后必须经证券交易所审核后在指定报刊上公告。但由于缺少必要的事前审查规则,在一定程度上影响了信息披露的及时性和效率。

三、再融资的持续信息披露

所谓再融资,是指上市公司通过配股(即向原股东配售股份)、增发(即向不特定对象公开募集股份)和发行可转换债券等方式在证券市场上进行的直接融资。

现代资本结构理论认为,企业融资方式应该由内而外,分别是:内部股权融资(即留存收益),外部债务融资,外部股权融资,此即所谓的"啄食顺序原则"。但是,我国上市公司实际融资顺序为:股权融资、短期债务融资、长期债务融资和内源性融资,与"啄食顺序原则"明显不同。事实上,大多数上市公司保持着比国有企业要低得多的平均资产负债率;但从实际上看,目前一千多家上市公司几乎没有任何一家会主动放弃其利用再次发行股票进行股权融资的机会。

通说认为,我国上市公司股权融资偏好的主要原因体现为以下几点:一是再融资成本远低于债权融资成本。二是在公司治理结构上具有股权集中、一股(国有股和法人股)独大的特点,为大股东利用市场的二元结构而通过股权融资获取自身资产的大幅增值,而不顾其他流通股东的利益。三是我国上市公司管理层及投资者衡量企业经营业绩习惯以企业的税后利润指标作为主要依据,而企业的税后利润指标只考核了企业间接融资中的债务成本,未能考核股本融资成本;即使考核,也总是很低;使得上市公司总是厌恶债权融资而偏好股权融资。四是在盈利预期上,由于绝大部分公司再融资后盈利能力大幅度下滑,其资产报酬率低于银行贷款利率,使得大股东偏好股权融资。五是诸如成长性、财务状况等其他因素也导致了股权融资偏好。

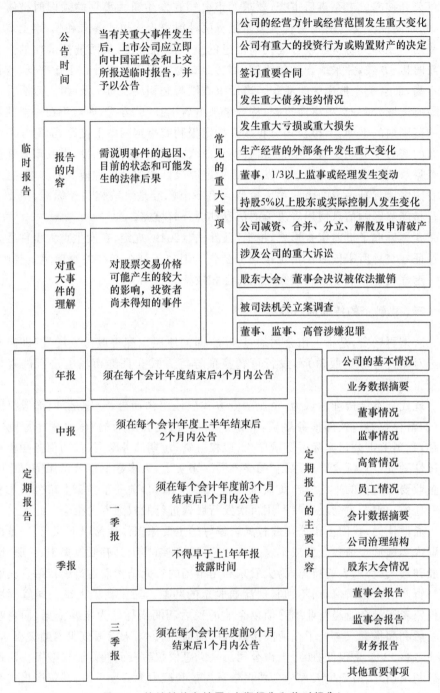

图 2-1 持续性信息披露(定期报告和临时报告)

《上市公司证券发行注册管理办法》(2023)[①]第四章"信息披露"共14条,对配股、增发和发行可转换债券等信息披露作了规定,要求上市公司必须披露凡是投资者作出价值判断和投资决策所必需的信息(第38条第2款)。要求公开募集证券说明书所引用的审计报告、盈利预测审核报告、资产评估报告、资信评级报告,应当由有资格的证券服务机构出具,并由至少2名有从业资格的人员签署(第47条第1款)。规定公开募集证券说明书自最后签署之日起6个月内有效,且不得使用超过有效期的资产评估报告或者资信评级报告(第48条)。

《上市公司证券发行注册管理办法》(2023)规定了不同阶段所须披露的信息:(1)证券发行议案经董事会表决通过后,应当在2个工作日内报告证券交易所,公告召开股东大会的通知;使用募集资金收购资产或股权的,应当在公告召开股东大会通知的同时披露该资产或者股权的基本情况、交易价格、定价依据以及是否与公司股东或其他关联人存在利害关系(第41条)。(2)股东大会通过本次发行议案之日起2个工作日内上市公司应当公布股东大会决议(第42条)。(3)上市公司收到中国证监会关于本次发行申请的不予受理或终止审查,或者不予核准或予以核准的决定后,应当在次一工作日予以公告。上市公司决定撤回证券发行申请的,应当在撤回申请文件的次一工作日予以公告(第43条)。

此外,《上市公司证券发行注册管理办法》(2023)还规定了信息披露的渠道:(1)上市公司在公开发行证券前的2—5个工作日内,应当将经中国证监会核准的募集说明书摘要或者募集意向书摘要刊登在至少一种中国证监会指定的报刊,同时将其全文刊登在中国证监会指定的互联网网站,置备于中国证监会指定的场所,供公众查阅(第49条)。(2)上市公司在非公开发行新股后,应当将发行情况报告书刊登在至少一种中国证监会指定的报刊,同时将其刊登在中国证监会指定的互联网网站,置备于中国证监会指定的场所,供公众查阅(第50条)。(3)上市公司可以将公开募集证券说明书全文或摘要、发行情况公告书刊登于其他网站和报刊,但不得早于第49条、第50条规定的披露信息的时间(第51条)。

第六节 收购中的信息披露

上市公司收购中的信息披露制度,是上市公司实现优化资源配置功能的前提,目的在于投资者能够在相对平等的条件下获得信息,是防止证券欺诈、内幕交易等证券违法行为的有效措施。自2002年12月中国证监会发布一系列的上

[①] 《上市公司证券发行注册管理办法》于2023年2月17日中国证券监督管理委员会2023年第2次委员会议审议通过,现行有效。以下简称《上市公司证券发行注册管理办法》(2023)。

市公司收购信息披露规定以来,我国上市公司收购中的信息披露得到了进一步的完善与发展。但是,我国上市公司收购信息披露的实践仍须进一步完善。根据各国上市公司收购的立法实践,其中的信息披露制度应包括:大量持股披露义务、公开要约的申报与公开制度以及收购主体、目标公司和第三人的公开制度等。我国对上市公司收购问题的法律规定主要包括《公司法》(2018)、《证券法》(2019)、《公开发行证券的公司信息披露内容与格式准则第 16 号——上市公司收购报告书(2020 修正)》①、《上市公司收购管理办法》(2020)。②

一、持股预警披露义务点

由于股东持股比例达到一定比例时即成为大股东,这往往是收购的先兆,因此只有要求大股东负有披露义务,才能使中小股东有所察觉和防范。因此,作为履行披露义务的标准,必须对持股比例的临界线作出明确规定以利遵循。综观各国对持股预警披露义务点的确定,可以看出这实际上是立法上的一种政策考量,必须在保护投资者与鼓励公司收购行为之间找到一个平衡点。目前,我国《证券法》(2019)第 63 条规定的上市公司收购持股披露触发点和增减变动披露点均设定为 5%,要求持股变动或预计持股变动达到或超过 5% 的,均应当提交持股变动报告书,这实际上是把原有的事后披露改为事前披露,这更加有利于其他投资者在充分掌握信息的基础上做出投资判断。

《上市公司收购管理办法》(2020)第二章所规定的"权益披露"是针对投资者及其一致行动人股权变动达到法定比例时作出的信息披露义务规定。信息披露义务人涉及计算其持股比例的,应当以以下二者中的较高者为准:(1)投资者持有的股份数量/上市公司已发行股份总数;(2)[投资者持有的股份数量+投资者持有的可转换为公司股票的非股权类证券所对应的股份数量]/[上市公司已发行股份总数+上市公司发行的可转换为公司股票的非股权类证券所对应的股份总数]。投资者在一个上市公司中拥有的权益,包括登记在其名下所持有的股份及虽未登记在其名下但该投资者可实际支配表决权的股份。投资者及其一致行动人在一个上市公司中拥有的权益应当合并计算。具体的信息披露要求参见表 2-2。

---

① 中国证券监督管理委员会公告〔2020〕20 号,于 2020 年 3 月 20 日发布并实施。该部门规范性文件现行有效。

② 《上市公司收购管理办法》(2020)(中国证券监督管理委员会令第 166 号),于 2006 年 5 月 17 日经中国证券监督管理委员会第 180 次主席办公会议审议通过,根据 2008 年 8 月 27 日中国证券监督管理委员会《关于修改〈上市公司收购管理办法〉第六十三条的决定》、2012 年 2 月 14 日中国证券监督管理委员会《关于修改〈上市公司收购管理办法〉第六十二条及第六十三条的决定》、2014 年 10 月 23 日中国证券监督管理委员会《关于修改〈上市公司收购管理办法〉的决定》、2020 年 3 月 20 日中国证券监督管理委员会《关于修改部分证券期货规章的决定》修正,该部门规章现行有效。

表 2-2 权益变动披露简表

信息披露要求	适用情形	
	持股份额 P	是否为第一大股东或实际控制人
1. 编制详式权益变动报告书＋财务顾问核查	30%≥P≥20%	是
	【例外】国有股行政划转或者变更、股份转让在同一实际控制人控制的不同主体之间进行、因继承取得股份的可免于聘请财务顾问；若投资者及其一致行动人承诺至少 3 年放弃行使相关股份表决权的，可免于聘请财务顾问和提供详式权益变动报告书的协议收购申请文件	
2. 编制详式权益变动报告书	30%≥P≥20%	否
	20%＞P≥5%	是
	因公司减少股本可能导致投资者及其一致行动人成为公司第一大股东或者实际控制人的	
3. 编制简式权益变动报告书	20%＞P≥5%	否
	持股 5%以上的股东减持	
4. 无须编制报告书	P＜5%	不限
	因上市公司减少股本导致投资者及其一致行动人取得被收购公司的股份达到 5%及之后变动 5%的	
	6 个月内持股变动达到法定比例	

附注：(1) 法定比例：持有上市公司的股份比例达到 5%、10%、15%……（即 5%的整数倍）；(2) 披露时点：持股变动达到法定比例日（T）起 3 日内，即 T＋3。

【中国案例】

袁灵斌、李军不披露信息及违规增持案(2016)[①]

2013 年 10 月，东阳光科实际控制人张某能欲减持东阳光科股票获得资金。张某能的同乡，同时也曾是东阳光科第二大股东的袁灵斌得知此消息后，便答应张某能联系交易对手接下所减持的股票。随后，袁灵斌找到李军，让其寻找资金，双方约定收益分成为袁灵斌得 75%，李军得 25%。

李军按照袁灵斌的资金需求分别找到华宝信托有限责任公司（以下简称"华宝信托"）、山东省国际信托有限公司（以下简称"山东信托"）、云南国际信托有限公司（以下简称"云南信托"）等 3 家信托公司，由信托公司通过伞形信托为其提供配资，并利用伞形信托对应的证券账户通过大宗交易接下东阳光科大股东减持的股票，合计买入"东阳光科"9 663 万股，占涉案时点东阳光科已发行股份的 11.68%。具体情况如下：

[①] 参见中国证监会行政处罚决定书（袁灵斌、李军）（〔2016〕25 号）。

袁灵斌、李军通过认购华宝信托设立的时节好雨19号集合资金信托（以下简称"时节好雨19号信托"）特定分组账户780002的B类权益，取得该信托对应证券账户（深圳证券账户号089×××742）的控制权。袁灵斌于2013年11月13日认购时节好雨19号信托0.5亿元B类权益，李军以其朋友茅某华的名义于同一日认购时节好雨19号信托0.1亿元B类权益，并指定投资标的为"东阳光科"。华宝信托为袁灵斌、李军二人的0.6亿元出资提供了1.2亿元信托A类权益的配资（A类权益享有固定收益），并根据合同约定将恒生交易系统的远程客户端发送给核心B类权益人茅某华，核心B类权益人可通过网上委托系统发出交易指令。2013年11月14日，时节好雨19号信托的证券账户通过大宗交易买入"东阳光科"2400万股，成交价格7.16元，成交金额171 840 000元。该笔大宗交易的交易指令为袁灵斌和李军发出，具体业务申请表由李军通知茅某华填写。

袁灵斌、李军通过认购山东信托设立的恒泰（恒鑫一期）证券投资集合资金信托计划（以下简称"恒鑫一期信托"或"母信托"）下设的恒泰证券投资2号集合资金信托计划（以下简称"恒泰2号信托"或"子信托"，子信托未开立证券账户），取得母信托对应证券账户（深圳证券账户号089×××305）的控制权。袁灵斌以其朋友张某红的名义于2013年12月26日认购子信托0.7亿元份额，2014年1月15日认购子信托0.25亿元份额；李军以其朋友王某的名义于2014年3月12日认购子信托0.01亿元份额；二人均为子信托的劣后委托人。山东信托为袁灵斌、李军的0.96亿元出资提供了1.9亿元优先信托资金的配资（优先信托资金享有固定收益）。信托合同约定，全体委托人授权并一致同意，由劣后受益人张某红行使信托计划资金的委托人指令权；合同同时约定，子信托的投资范围为母信托，并通过母信托的证券账户受让"东阳光科"。2013年12月27日，母信托恒鑫一期的证券账户通过大宗交易买入"东阳光科"2500万股，成交价格8.01元，成交金额200 250 000元；2014年1月15日，该证券账户通过大宗交易买入"东阳光科"863万股，成交价格8.48元，成交金额73 182 400元。以上两笔大宗交易的交易指令为袁灵斌和李军发出，具体业务的委托人指令单由袁灵斌和李军通知张某红填写。

袁灵斌、李军通过认购北京千石创富资本管理有限公司设立的千石资本—云南信托—鑫富1号专项资产管理计划（以下简称"鑫富1号资管计划"），并指定其认购的计划份额投向云南信托设立的云信—瑞鸿2014-3号单一资金信托（以下简称"瑞鸿3号信托"），取得该信托对应证券账户（深圳证券账户号089×××223）的控制权。袁灵斌以其朋友陈某燕的名义于2014年2月17日认购鑫富1号资管计划1.1亿元份额，李军于同一日认购鑫富1号资管计划0.1亿元份额；二人均为鑫富1号资管计划的一般级委托人。云南信托为袁灵斌、李军的1.2亿元出资提供了2.4亿元配资，认购鑫富1号资管计划的优先级份额（资管计划优先级份额享有固定收益)后投向瑞鸿3号信托。瑞鸿3号信托合同约定,鑫富1号资管计划指定李军担任瑞鸿3号信托的特定投资指令权人。2014年2月19日,瑞鸿3号信托的证券账户通过大宗交易买入"东阳光科"3900万股,成交价格9.04元,成交金额352 560 000元。该笔大宗交易的交易指令为袁灵斌和李军发出。

袁灵斌、李军控制时节好雨19号、恒鑫一期、瑞鸿3号等3个信托计划对应的证券账户(以下简称"账户组"),于2013年11月14日至2014年2月19日期间合计买入"东阳光科"9663万股,2013年12月27日账户组持股比例首次超过东阳光科已发行股份的5%,达到5.92%;2014年2月19日账户组持股比例达到东阳光科已发行股份的11.68%。袁灵斌、李军控制账户组在持有东阳光科已发行股份累计达到5%时,没有在履行报告和信息披露义务前停止买入"东阳光科",而是违反法律规定在限制转让期内继续增持55 256 660股,占涉案时点东阳光科已发行股份的6.68%,交易金额为486 831 946.60元。

以上事实,有相关资产管理计划合同、相关信托合同、涉案账户交易流水和资金流水、相关交易指令单、当事人询问笔录和提供的情况说明等证据证明,足以认定。

袁灵斌、李军控制账户组买入"东阳光科"达涉案时点东阳光科已发行股份的5%时,未履行报告和信息披露义务,且在限制转让期内继续增持股票。袁灵斌、李军的上述行为违反了《证券法》(2014)第86条第1款"持有或者通过协议、其他安排与他人共同持有一个上市公司已发行的股份达到百分之五时,应当在该事实发生之日起三日内,向国务院证券监督管理机构、证券交易所作出书面报告,通知该上市公司,并予公告;在上述期限内,不得再行买卖该上市公司的股票"以及《证券法》(2014)第38条"依法发行的股票、公司债券及其他证券,法律对其转让期限有限制性规定的,在限定的期限内不得买卖"的规定,构成《证券法》(2014)第193条第2款所述"发行人、上市公司或者其他信息披露义务人未按照规定报送有关报告,或者报送的报告有虚假记载、误导性陈述或者重大遗漏"及《证券法》(2014)第204条所述"违反法律规定,在限制转让期限内买卖证券"的行为。

根据当事人违法行为的事实、性质、情节与社会危害程度,综合考虑当事人在违法行为发生过程中所起的作用、出资比例和约定的收益分成比例等因素,依据《证券法》第193条第2款、第204条的规定,中国证监会决定:(1)责令袁灵斌、李军改正,在收到行政处罚决定书之日起3日内对违法增持情况进行报告和公告;对袁灵斌、李军没有履行报告和信息披露义务、在限制转让期内增持股票的行为给予警告。(2)对袁灵斌、李军没有履行报告和信息披露义务的行为分别处以20万元罚款;对袁灵斌、李军在限制转让期内的增持行为处以3000万元罚款,其中对袁灵斌罚款2250万元,对李军罚款750万元。对袁灵斌的罚款合计2270万元,对李军的罚款合计770万元。

【法律分析】 在本处罚决定书中,中国证监会认为违规举牌者同时违反了《证券法》(2014)第 86 条与第 38 条,并依据第 193 条对未履行信息披露义务的行为处以罚款 20 万元,依据第 204 条对增持行为处以罚款 3000 万元。这种做法表明证监会把违规增持股份行为也同样视为在限制转让期限内买卖证券的行为。这种适用确使违规举牌者承担较之前沉重得多的行政罚款,对违规增持行为也是一种很好的限制,但仍须通过立法或司法解释对此类适用进行确认。

【拓展阅读】

权益披露制度及其完善[①]

二、要约收购的信息披露

目前国际上要约收购主要有强制要约方式和自愿要约方式两种。我国《证券法》(2019)采用了两种要约收购方式,既规定了 30% 的强制收购要约比例,也规定了要约收购豁免的情形。其中,《证券法》(2019)第 65 条和第 73 条规定的是强制收购制度:(1)通过证券交易所的证券交易,投资者持有或者通过协议、其他安排与他人共同持有一个上市公司已发行的有表决权股份达到 30% 时,继续进行收购的,应当依法向该上市公司所有股东发出收购上市公司全部或者部分股份的要约。收购上市公司部分股份的要约应当约定,被收购公司股东承诺出售的股份数额超过预定收购的股份数额的,收购人按比例进行收购(第 65 条)。(2)采取协议收购方式的,收购人收购或者通过协议、其他安排与他人共同收购一个上市公司已发行的有表决权股份达到 30% 时,继续进行收购的,应当依法向该上市公司所有股东发出收购上市公司全部或者部分股份的要约。但是,按照国务院证券监督管理机构的规定免除发出要约的除外。收购人依照上述规定以要约方式收购上市公司股份,应当遵守该法第 65 条第 2 款、第 66 条至第 70 条的规定(第 73 条)。但与此同时,《上市公司收购管理办法》(2020)第六章用 4 个条文规定了"豁免申请"情形(第 61—64 条)。

由于收购要约内容是其他股东判断收购人收购行为的重要依据,因此必须

---

① 改编自莫壮弥:《试析违反权益披露义务的法律责任》,载《金融法苑》2016 年第 2 期。

强调其披露的充分性和完整性。我国《上市公司收购管理办法》（2020）第29条第1款规定了要约收购报告书应当载明的事项共有14项：（1）收购人的姓名、住所；收购人为法人的，其名称、注册地及法定代表人，与其控股股东、实际控制人之间的股权控制关系结构图；（2）收购人关于收购的决定及收购目的，是否拟在未来12个月内继续增持；（3）上市公司的名称、收购股份的种类；（4）预定收购股份的数量和比例；（5）收购价格；（6）收购所需资金额、资金来源及资金保证，或者其他支付安排；（7）收购要约约定的条件；（8）收购期限；（9）公告收购报告书时持有被收购公司的股份数量、比例；（10）本次收购对上市公司的影响分析，包括收购人及其关联方所从事的业务与上市公司的业务是否存在同业竞争或者潜在的同业竞争，是否存在持续关联交易；存在同业竞争或者持续关联交易的，收购人是否已作出相应的安排，确保收购人及其关联方与上市公司之间避免同业竞争以及保持上市公司的独立性；（11）未来12个月内对上市公司资产、业务、人员、组织结构、公司章程等进行调整的后续计划；（12）前24个月内收购人及其关联方与上市公司之间的重大交易；（13）前6个月内通过证券交易所的证券交易买卖被收购公司股票的情况；（14）中国证监会要求披露的其他内容。第2款规定，收购人发出全面要约的，应当在要约收购报告书中充分披露终止上市的风险、终止上市后收购行为完成的时间及仍持有上市公司股份的剩余股东出售其股票的其他后续安排；收购人发出以终止公司上市地位为目的的全面要约，无须披露前款第10项规定的内容。

要约期限的长短涉及收购双方的利益平衡，各国基于自己的国情作出了不同的规定。相对来说，我国法律规定的要约期限底线稍微长一些，目的主要是给被要约人更充足的准备时间。根据《上市公司收购管理办法》第37条的规定，收购要约约定的收购期限不得少于30日并不得超过60日，但是出现竞争要约的除外；在收购要约约定的承诺期限内，收购人不得撤销其收购要约。第40条则规定，收购要约期限届满前15日内，收购人不得变更收购要约；但是出现竞争要约的除外。出现竞争要约时，发出初始要约的收购人变更收购要约距初始要约收购期限届满不足15日的，应当延长收购期限，延长后的要约期应当不少于15日，不得超过最后一个竞争要约的期满日，并按规定追加履约保证。发出竞争要约的收购人最迟不得晚于初始要约收购期限届满前15日发出要约收购的提示性公告，并应当根据本办法第28条和第29条的规定履行公告义务。

关于披露的期限，根据《证券法》（2019）第63条的规定，投资者达到持股预警披露触发点的，应当在3日内报告并公告，公告前不得再行买卖该上市公司的股票。持股增减变动达到披露点的，也应当在3日内报告并公告，在公告后3日内不得再行买卖该上市公司的股票。在实际操作中，交易所的及时监督往往促使披露义务人甚至在事实发生当日即报告并在第2天公告。由于在事实发生到披露这段时间,市场交易仍照常进行,这时广大投资者是在不知道事实发生的情况下进行交易的,因此在这一段时间内往往因有关该事实的传闻而影响股价的波动。针对这一实践做法,立法政策应以赋予公众投资者知情决策为旨归,规定信息披露义务人在事实发生当日收市后即须向交易所进行简要报告,由交易所决定在第2日停牌,并由信息披露义务人提交正式的报告,在公告后复牌。此种规定既可以有效保护广大投资者,同时能在技术上使披露义务人在此期间的持股增减变动成为不可能。

【域外案例】

Hanson Trust v. SCM(1985)[①]

巡回法官曼斯菲尔德(Mansfield)发表了法院审理意见。

汉森信托有限公司(Hanson Trust PLC)、HSCM工业公司(HSCM Industries, Inc.)和汉森控股荷兰有限公司(Hanson Holdings Netherlands B. V.)(以下统称为"汉森")对纽约州南区的一项命令提出上诉;法官雪莉·沃尔·克拉姆(Shirley Wohl Kram)不当地批准了供应链管理公司(以下简称"SCM")提请的发布初步禁令的动议,该禁令禁止上述汉森、汉森的经营者、代理人、雇员以及其他一致行动人继续收购SCM的股票,并禁止他们以9月11日获得的310万股SCM的股票行使表决权。法院批准该禁令的理由是,汉森9月11日进行五次私人收购和一次公开市场收购的效果实质上相当于对SCM超过5%的已发行股票进行"要约收购",这违反了威廉姆斯法第14(d)(1)和第14(d)(6)条以及SEC的相关规则。我们(二审)推翻原审裁判。

本案是一起非常常见的为了获得一家大型上市公司的控制权而进行快速竞价收购引起的纠纷:一开始,外部人汉森向SCM股东发出以每股60美元的价格收购其股票的要约;但一个由某些SCM经理和他们的"白衣骑士"美林资本市场(Merrill Lynch Capital Markets,以下简称"美林")组成的"内部"团体(以下简称"SCM-美林")提出反对,并以更高的价格(每股70美元)进行"杠杆收购";在汉森将其报价提高到每股72美元后,SCM-美林将杠杆收购的报价提高到每股74美元。为了阻止汉森获得SCM的控制权,SCM向美林提供了针对其核心业务不可撤销的锁定期权,规定如果任何其他方(如本案中的汉森)收购了

---

① 编译自 Hanson Trust PLC v. SCM Corp., 774 F. 2d 47(2d Cir. 1985)。

SCM 1/3 以上的已发行股票,美林将有权以低廉的价格收购 SCM 两个最赚钱的业务(消费食品和色素)。由此,汉森要约收购 SCM 的计划被 SCM-美林的"毒丸计划"打破,不得已终止了现金要约收购,转而开始进行私人购买。在汉森获得了相当于 SCM 1/4 的已发行股票时,SCM 向法院提请初步禁令并获得了批准。汉森提起上诉。

一、案情

SCM 是一家纽约公司,主要营业地在纽约。SCM 上市后已发行了至少 990 万股股票和 230 万股须在其他已发行证券转换后发行的股票,其股票在纽约证券交易所(New York Stock Exchange, NYSE)和太平洋证券交易所(Pacific Stock Exchange, PSE)交易。汉森信托有限公司是一家英国公司,主要营业地在伦敦;HSCM 是一家特拉华州公司,汉森控股荷兰公司是一家荷兰的有限责任公司,这两家公司都是汉森信托有限公司间接控制的全资子公司。

1985 年 8 月 21 日,汉森公开宣布打算以每股 60 美元的价格对所有已发行的 SCM 股票进行要约收购。5 天后,根据《威廉姆斯法》①第 14(d)(1)条,以及其他根据该法发布的法规,汉森向 SEC 提交了相关的要约收购文件。要约文件规定,除要约收购延期外,要约将持续到 9 月 23 日;在 9 月 10 日之前,汉森不再以任何其他方式购入 SCM 股票;"无论此次要约收购是否成功,汉森此后都可以通过公开市场收购、私下协议收购、另一次要约收购,或其他方式继续购买 SCM 的股票;此后购买股票的条款可能与本次要约的条款相同,也可能比本次要约的条款更有利或更不利;买方有权利处置其收购的所有股票。"②

1985 年 8 月 30 日,在建议 SCM 的股东不要接受汉森的要约收购后,SCM 宣布了与美林的初步协议。根据该协议,SCM 和美林将组成一个新实体,并由美林以每股 70 美元的价格对所有 SCM 的股票发起要约收购。根据 9 月 3 日签署的协议,新实体将对 SCM 大约 85% 的股票以每股 70 美元的价格进行现金要约收购——当要约收购的股票比例超过 2/3 后,剩余股票将被换取为合并后新

---

① 《威廉姆斯法》是指对《1934 年证券交易法》的要约收购部分进行修订的 1968 年的修正案。新泽西州的参议员哈里森·A. 威廉姆斯提出了该立法提案。《威廉姆斯法》对《1934 年证券交易法》(15 U. S. C. §78a et seq.)进行的具体修订内容为,对要求使用现金进行要约收购的情形适用强制性信息披露的规则。当个人、团体或公司企图获得另一家公司的控制权时,它可以提出要约收购,即以现金或收购公司的某种类型的公司证券向目标公司的股东购买股票的要约。自 20 世纪 60 年代中期以来,在获得公司控制权的方面,现金的要约收购要比传统的方法(即股东投票的代理权争夺,指通过获得足够多的股东投票权来获得对公司董事会的控制权)更受青睐。由于《威廉姆斯法》是对《1934 年证券交易法》相关条文的修改,因此《威廉姆斯法》第 14(d)(1)条,也可以表述为《1934 年证券交易法》第 14(d)(1)条。案例中统一用《威廉姆斯法》来表述《1934 年证券交易法》的相关条文。——译者注

② Offer to Purchase for Cash Any and All Outstanding Shares of Common Stock of SCM Corporation, Aug. 26, 1985, p.21.

公司的债券。在同一天,也即 9 月 3 日,汉森将其出价从每股 60 美元提高到每股 72 美元,同时明确保留了终止要约的权利——如果 SCM 授予任何其他人选择购买 SCM 资产的权利,要约收购则终止。

1985 年 9 月 10 日,SCM 与其"白衣骑士"美林签订了一份新的杠杆收购协议,这是 SCM 控制权竞争的升级。该协议规定美林将以每股 74 美元的价格分两步收购 SCM 的股票:首先是以现金方式收购 SCM 大约 82% 的流通股;在合并后(要求至少收购 2/3 后)将为剩余的 SCM 股票发行债券。如果除了美林以外的任何其他投资者或集团收购了 SCM 1/3 以上的已发行股票,美林将有权选择分别以 3.5 亿美元和 8000 万美元的价格收购 SCM 两个最赚钱的业务——色素和消费食品。在汉森看来,这两个价格均低于它们的市场价值。

汉森认为自己面临着一个"毒丸计划",即使它将现金要约收购的报价提高到每股 74 美元,它最终也只能得到一家严重亏损的公司的控制权。因此 9 月 11 日下午 12 点 38 分,汉森在道琼斯宽带上宣布终止现金要约收购。几分钟后,汉森发布了一份新闻稿,大意是"所有已经参与要约收购的 SCM 股票将被立即返还给原股东。"

在 9 月 11 日上午晚些时候或下午早些时候,汉森决定通过公开市场收购或私下协议收购的方式用现金购买一定比例的 SCM 股票。根据英国法律,汉森在没有获得某些许可的情况下不能以这种方式收购 SCM 超过 49% 的股票。但事实上,单就阻碍 SCM-美林的合并来说,如此大的收购比例并没有必要,只要汉森能够收购略少于 1/3 的 SCM 已发行股票,它就能够阻止 SCM-美林以每股 74 美元的价格进行杠杆收购。当然这可能会迫使后者与汉森达成一项协议——汉森自第一次现金要约收购以来曾多次寻求但都没有成功的。

在 9 月 11 日下午的两个小时内,汉森进行了五次私下现金协议收购和一次公开市场收购,获得了共计 310 万股、占比 25% 的 SCM 已发行股票。9 月 11 日,纽约证券交易所 SCM 股票的价格变为每股 72.50—73.50 美元不等。汉森的首次协议收购是从迈克尔·普莱斯(Michael Price)那里获得的 387 700 股。事实上,早在 9 月 11 日上午汉森决定进行协议收购之前,普莱斯就曾经在和汉森的财务顾问罗伯特·皮瑞(Robert Pirie)的一次谈话中表示他有兴趣向汉森出售 SCM 的股票。汉森决定进行私下协议收购后,皮瑞接受了普莱斯的提议。经过多次磋商,双方最终以每股 73.50 美元的价格达成收购协议。根据纽约证券交易所的规定,该交易在当日下午 3 点 11 分自动在纽约证券交易所的股票显示屏上显示,并在下午 3 点 29 分在道琼斯宽带上报道,但没有显示交易双方的身份。

皮瑞随后给伊凡·博斯基(Ivan Boesky)打了电话,在几周前提交给 SEC 的一份附表 13D 声明中,伊凡·博斯基披露他持有 SCM 大约 12.7% 的流通股。

皮瑞在拒绝了博斯基最初提出的每股 74 美元的价格要求后,最终以每股 73.50 美元的价格购买了博斯基手中的股票。与此同时,罗斯柴尔德(Rothschild)还在公开市场以每股 73.50 美元的价格为汉森的账户购买了 60 万股 SCM 的股票。此外,皮瑞曾试图通过谈判从另一家公司(Slifka & Company)购买另一大块 SCM 股票(约 780 000 股),但因为对方无法在 9 月 12 日交付股票最终作罢。

在纽约证券交易所股票显示屏和道琼斯宽带报道了有关 SCM 股票的前两个大宗匿名交易后,一些专业投资者猜测买家可能是汉森。罗斯柴尔德随后接到了以下电话:(1) 杰米公司(Jamie & Co)的穆赫恩(Mulhearn)先生提出以每股 73.50 美元的价格出售 20 万至 35 万股 SCM 股票,(2) 奥本海默公司(Oppenheimer & Co.)的投资者大卫·戈特斯曼(David Gottesman)愿意以每股 73.50 美元的价格出售 89 000 股 SCM 股票,(3) 杰弗里斯公司(Jeffries & Co.)的博伊德·杰弗里斯(Boyd Jeffries)愿意以每股 74.00 美元的价格出售约 70 万至 80 万股 SCM 股票。皮瑞最终以每股 73.50 美元的价格为汉森购入了上述三人的股票,最后一次现金购买是在 1985 年 9 月 11 日下午 4 点 35 分完成的。

9 月 11 日傍晚,SCM 成功地向克拉姆(Kram)法官申请了一项禁止令,禁止汉森在 24 小时内购买更多 SCM 的股票。9 月 12 日和 13 日,临时禁止令被同意延期,等待地区法院向最高法院申请初步禁令的决定。克拉姆法官于 9 月 12 日至 13 日举行了一次听证会,汉森的美国董事长戈登·怀特爵士(Sir Gordon White)、两位罗斯柴尔德的代表(皮瑞和杰拉尔德·戈德史密斯),以及股票市场风险套利专业人士——高盛公司的罗伯特·弗里曼(Robert Freeman)、美林公司的肯尼斯·米勒(Kenneth Miller)和戴夫金公司的丹尼尔·伯奇(Danial Burch)——等出席了听证会。戈登·怀特爵士作证说,1985 年 9 月 11 日,当其得知 SCM-美林以每股 74 美元的价格发起杠杆收购以及 SCM 与美林之间不可撤销的"锁定"期权后,他指示皮瑞终止了汉森的要约收购,并且是在那之后他才开始考虑进行私下购买的可能性。皮瑞作证说,购买股票的问题只在 9 月 11 日上午晚些时候讨论过,他还告诉怀特他正在让汉森的律师调查这种现金购买在纽约是否合法。

SCM 在克拉姆法官面前辩称,汉森在终止其每股 72 美元的收购要约后立即进行的现金收购实际上是汉森要约收购的延续,旨在避免受到 SEC 规定的限制。根据《威廉姆斯法》第 14(d)条,除非发布初步禁令,否则 SCM 及其股东将因为汉森获得足够的股票阻止 SCM-美林的合并提议而受到不可挽回的损害。克拉姆法官认为,本案事实并没有争议,"虽然没有决定最终应用什么标准来确定汉森的行为是否构成《威廉姆斯法》意义上的'要约收购'……但是 SCM 已经成功地证明了汉森参与了违反《威廉姆斯法》第 14(d)条的要约收购。"地方法院将汉森的股票购买行为描述为"意图故意绕过《威廉姆斯法》的要求进行的尝试",而对于汉森是在放弃要约收购之前还是之后决定私下购买 SCM 股票的问题,地方法院认为并不影响发布初步禁令。汉森对这一决定提起上诉。

二、讨论

只有当地方法院滥用其自由裁量权时,初步禁令才会被推翻,参见 Doran v. Salem Inn, Inc. (1975)[1]等案。而只有当地区法院发布禁令时,依据明显错误的事实调查结果或法律,才可能会出现滥用自由裁量权的情况,参见 Coca-Cola Co. v. Tropicana Products, Inc. (1982)[2]等案。

正如地方法院指出的那样,本案中的实质性相关事实没有争议。因此,本案的争议焦点在于地方法院认定汉森终止其要约收购,并在此后立即实施的私下购买目标公司的大量已发行股票的收购行为,构成 SEC 规定的"要约收购",是否存在法律上的错误。《威廉姆斯法》第 14(d)条并没有对"要约收购"作出明确定义,因此需要从立法背景和立法目的中寻找答案。

1968 年,国会通过的《威廉姆斯法》第 14(d)条规定,"为了响应越来越多的现金要约收购,从联邦证券法现有的披露要求中删除了大量有关公司控制权竞争的规定",参见 Piper v. Chris-Craft Industries(1977)案[3]等。

正如国会的讨论、听证会和《威廉姆斯法》报告中所描述的那样,典型的要约收购是由个人或团体以远高于当前市场价格的价格公开收购一家上市公司的股票[4],且通常是通过报纸或其他媒体宣传要约收购的时限、目标收购的股票数量等要约条款。

---

[1] See Doran v. Salem Inn, Inc., 422 U. S. 922, 931-32, 95 S. Ct. 2561, 2567-68, 45 L. Ed. 2d 648 (1975); Application of U. S. In Matter of Order Authorizing the Use of a Pen Register, 538 F. 2d 956, 961 (2d Cir. 1976) (All-Writs Act), rev'd on other grounds sub nom. United States v. New York Telephone Co., 434 U. S. 159, 98 S. Ct. 364, 54 L. Ed. 2d 376 (1977).

[2] See Coca-Cola Co. v. Tropicana Products, Inc., 690 F. 2d 312, 315-16 (2d Cir. 1982); cf. Anderson v. City of Bessemer City, 105 S. Ct. 1504, 84 L. Ed. 2d 518 (1985).

[3] Piper v. Chris-Craft Industries, 430 U. S. 1, 22, 97 S. Ct. 926, 939, 51 L. Ed. 2d 124 (1977). See also S. Rep. No. 550, 90th Cong., 1st Sess., 2-4 (1967) (Senate Report); H. R. Rep. No. 1711, 90th Cong., 2d Sess., 2-4 (1968) (House Report) U. S. Code Cong. & Admin. News 1968, 2811; 114 Cong. Rec. 21483-21484 (July 15, 1968) (Comments of Representatives Springer and Whalen); 113 Cong. Rec. 854-855 (Jan. 18, 1967) (Comments of Senator Williams); id. at 24664 (Aug. 30, 1967) (Comments of Senator Williams); id. at 24666 (Comments of Senator Javits).

[4] See House Report, at 2; Senate Report, at 2; 113 Cong. Rec. at 855 (Jan. 18, 1967) (Senator Williams); Takeover Bids: Hearings on H. R. 14475, S. 510 before the Subcommittee on Commerce and Financing of the House Committee on Interstate and Foreign Commerce, 90th Cong., 2d Sess., 10 (1968) (House Hearings) (Manuel Cohen, Chairman, S. E. C.); id. at 44 (Donald Calvin, Vice-President, New York Stock Exchange); Full Disclosure of Corporate Equity Ownership in Corporate Takeover Bids: Hearings on S. 510 Before the Subcommittee on Securities of the Senate Committee on Banking and Currency, 90th Cong., 1st Sess. at 2 (1967) (Senate Hearings) (Senator Williams); id. at 17 (Manuel Cohen); id. at 42 (Senator Kuchel).

在《威廉姆斯法》之前,要约收购人在发出要约时没有义务向股东披露任何信息。参议院银行和货币委员会的报告恰当地描述了这种情况:"通过使用现金要约收购,公司控制权的转让几乎可以在完全保密的情况下进行。目前,法律甚至没有要求要约收购方披露自己的身份、资金来源、合伙人以及获得控制权之后的计划等。"①普通股股东迫于要约时限、要约收购数量等的压力,被迫"在信息极其有限的情况下,不得不决定他应该采取何种行动。"②"如果不知道要约收购人是谁,以及他未来的计划是什么,股东就无法做出明智的决定,只能被迫冒险。因为他没有足够的信息来支持他理性地决定什么才是最好的行动方案。"③因此,《威廉姆斯法》的立法目的是,通过确保"面临现金要约收购的公众股东在没有获得充分信息的情况下,不会被迫要求做出回应"来保护股东免受上述困境,参见 Piper v. Chris-Craft Industries(1977)、Rondeau v. Mosinee Paper Corp.(1975)案。④

在保护股东时,国会采取了"极度谨慎"的态度。⑤ 然而,在保护股东之时,要避免"造成要么有利于公司现任管理层,要么有利于要约收购方的监管失衡"。⑥ 事实是,1965 年提出的《威廉姆斯法》的法案初稿,旨在防止"在白领海盗(white-collar pirates)夺取了控制权后,不可一世地使原公司沦落为一个空壳"。⑦ 但随后威廉姆斯议员撤回了那份草案,声称它太偏重保护公司的现任管理层。⑧ 最终,国会认为法案应当保持中立,将投资者置于与收购者平等的地位加以保护是至关重要的……不能偏袒要约收购人或现有管理层任何一方。⑨

最终,国会就法案的内容达成一致意见:当一方意图获得在美国证券交易所注册的任何类别的股本证券的已发行的 5% 以上的实益所有权时,首先要向 SEC 提交一份报告,披露《威廉姆斯法》第 13(d)(1)条所列举的信息。后来 SEC 所制定的相关规则对《威廉姆斯法》的这个规定作了扩充。经过深思熟虑,国会

---

① Senate Report), at 2. See also House Report, at 2, U.S. Code Cong. & Admin. News 1968, at 2812.
② Id. at 2, U.S. Code Cong. & Admin. News 1968, at 2812.
③ Id. at 2, U.S. Code Cong. & Admin. News 1968, at 2812; Senate Report, at 2.
④ Piper v. Chris-Craft Industries, 430 U.S. 1, 35, 97 S. Ct. 926, 946, 51 L. Ed. 2d 124 (1977); Rondeau v. Mosinee Paper Corp., 422 U.S. 49, 58, 95 S. Ct. 2069, 2075, 45 L. Ed. 2d 12 (1975).
⑤ 113 Cong. Rec. 24664 (Senator Williams); id. at 854 (Senator Williams).
⑥ House Report, at 4, U.S. Code Cong. & Admin. News 1968, at 2813; Senator Report, at 4.
⑦ 111 Cong. Rec. 28257 (Oct. 22, 1965) (Senator Williams).
⑧ Tyson & August, "The Williams Act After RICO: Has the Balance Tipped in Favor of Incumbent Management?" 33 *Hastings L. J.* 53 (1983), p. 61.
⑨ Piper, Piper v. Chris-Craft Industries, 430 U.S. at 30, 97 S. Ct. at 943 (quoting Senate Report, at 4). See also Rondeau, Rondeau v. Mosince Paper Corp., 422 U.S. at 58 n. 8, 95 S. Ct. at 2076 n. 8; Edgar v. MITE Corp., 457 U.S. 624, 633, 102 S. Ct. 2629, 2636, 73 L. Ed. 2d 269 (1982).

并没有明确界定何谓"要约收购"。意识到"采用要约收购之名的概念是无法穷尽的",立法硬性做一个缺乏弹性的定义是容易被规避的,因此国会交由法院和SEC去根据具体案情灵活地定义"要约收购"。①

尽管《威廉姆斯法》第14(d)(1)条明确适用于上述"经典"类型的要约收购,但法院很快认识到,它在私下协议收购和很多其他情形中并不适用。因为在这些情况下,参与收购的股东数量通常远远低于所有的公众股东数量,收购的公开性远不如公开要约收购或者根本没有进行公开要约;被收购者通常是对目标公司的业务、发展前景以及收购影响等有着深入了解的目标公司的董事、高级职员或大股东。简而言之,与公开要约收购中的被要约人相比,私下交易中的被收购方通常不太可能会在所涉及的业务和决策方面受到压力或感到困惑。

公开的证券交易和私下的证券交易之间的上述这些差异,导致大多数法院裁定:私下协议收购或者不符合要求的公开市场收购,不属于要受预先备案限制的"要约收购",参见 Kennecott Copper Corp. v. Curtiss-Wright Corp. 等诸多判例。② 可是,公开要约收购和私下协议收购之间的界线并不清晰,而且通常很难确定接近界线的灰色地带属于"要约收购"还是私人交易。因此,一些人主张对"要约收购"一词作出比我们在审理 Kennecott Copper Corp. v. Curtiss-Wright Corp.(1978)案③ 中所遵循的更广泛的解释,并采用由 SEC 建议,在 Wellman v. Dickinson(1979)案和第九巡回法院审理的 SEC v. Carter Hawley Hale Stores, Inc.(1983)案④ 中所采用的有关要约收购的威尔曼检测:(1)积极

---

① House Hearings, House Report, at 18 (Manuel Cohen, S. E. C. Chairman). See also Letter from Senators Proxmire, Sarbanes and Williams to Harold M. Williams, Chairman of the S. E. C. (July 3, 1979) reprinted in Securities and Exchange Commission Report on Tender Offer Laws, printed for the use of the Senate Committee on Banking, Housing and Urban Affairs 3 (Comm. Print 1980); Smallwood v. Pearl Brewing Co., 489 F. 2d 579, 598 (5th Cir.), cert. denied, 419 U.S. 873, 95 S. Ct. 134, 42 L. Ed. 2d 113 (1974).

② Kennecott Copper Corp. v. Curtiss-Wright Corp., 449 F. Supp. 951, 961 (S. D. N. Y.), aff'd in relevant part, 584 F. 2d 1195, 1206-07 (2d Cir. 1978); Stromfeld v. Great Atlantic & Pac. Tea Co., Inc., 496 F. Supp. 1084, 1088-89 (S. D. N. Y.), aff'd mem., 646 F. 2d 563 (2d Cir. 1980); SEC v. Carter Hawley Hale Stores, Inc., 760 F. 2d 945, 950-53 (9th Cir. 1985); Brascan Ltd. v. Edper Equities, Ltd., 477 F. Supp. 773, 791-92 (S. D. N. Y. 1979); Astronics Corp. v. Protective Closures Co., 561 F. Supp. 329, 334 (W. D. N. Y. 1983); LTV Corp. v. Grumman Corp., 526 F. Supp. 106, 109 (E. D. N. Y. 1981); Energy Ventures, Inc. v. Appalachian Co., 587 F. Supp. 734, 739-41 (D. Del. 1984); Ludlow v. Tyco Laboratories, Inc., 529 F. Supp. 62, 67 (D. Mass. 1981); Chromalloy American Corp. v. Sun Chemical Corp., 474 F. Supp. 1341, 1346-47 (E. D. Mo.), aff'd, 611 F. 2d 240 (8th Cir. 1979).

③ Kennecott Copper Corp. v. Curtiss-Wright Corp., 584 F. 2d at 1207(2d Cir. 1978).

④ Wellman v. Dickinson, 475 F. Supp. 783, 823-24 (S. D. N. Y. 1979), aff'd on other grounds; SEC v. Carter Hawley Hale Stores, Inc., 682 F. 2d 355 (2d Cir. 1982), cert. denied, 460 U.S. 1069, 103 S. Ct. 1522, 75 L. Ed. 2d 946 (1983), and by the Ninth Circuit in SEC v. Carter Hawley Hale Stores, Inc., 760,791-92(S. D. N. Y. 1979).

而广泛地向公众股东征集已发行的股票;(2)征集相当比例的已发行股票;(3)以高于当时市场价格的价格溢价收购;(4)要约的条款是确定的而不是可协商的;(5)要约有数量的限制;(6)要约有时间的限制;(7)受要约人受到出售其股票的压力……(8)有关购买目标公司股票的公告先于或伴随着目标公司股票的快速大量累积而发出。①

虽然上述许多因素有助于确定某一收购是否构成要约收购,但将这一检测提升为强制性的"试金石"似乎是既不明智的,也是没有必要的。即使是提出这种测试的人也认识到,在某些情况下,即使不满足这八个因素中的某些因素,收购也可能会构成要约收购;满足这八个要素中的许多要素也可能仍不构成要约收购(因为缺少的因素多于存在的因素)。②

因此,我们更愿意遵循联邦最高法院的原则来确定哪些交易属于《1933年证券法》第4(1)条所规定的豁免范围,也更愿意遵循我们在审理 Kennecott Copper(1978)案时如何将《威廉姆斯法》适用于私下交易的做法。这个原则很简单,只需要考查立法的目的即可。在审理 SEC v. Ralston Purina Co.(1953)案③时,最高法院指出,"《威廉姆斯法》第14(d)条的适用问题,取决于受影响的特定人群是否需要该法案的保护。向那些被证明有能力保护自己的人收购股票是一项'不涉及任何公开收购'的交易。"④同样,由于《威廉姆斯法》第14(d)条之目的也是为了保护信息不充分的受收购人,那么是否构成该条文之规定的"要约收购",就只需看在整个交易中是否出现此种情形,即除非收购要遵循该法规所要求的收购之前的备案限制,否则被收购人将面临缺乏对提交给他们的收购要约进行仔细评估所需信息的重大风险。

运用这一标准,我们认为汉森9月11日进行的五次私人协议收购和一次公开市场收购的行为,获得了25%的SCM发行在外的股份,并不构成《威廉姆斯法》意义上的"要约收购"。我们暂且把收购之前的事件放在一边,先讨论私下协议收购问题。毫无疑问,这不构成要约收购,原因如下:

1. 在一个有22 800名SCM股东的市场中,本案涉及的股东数量(总共6家)与法律所针对的公开收购所涉及的数量相比是微不足道的。

2. 本案至少有5名卖家是高度老练的专业人士,他们熟悉市场,能够利用专业技能评估汉森的报价,知悉汉森和SCM的财务状况,了解汉森的购买行为可能会阻碍SCM-美林的收购计划,以及如果汉森收购了SCM超过1/3的已发

---

① Wellman v. Dickinson,475 F. Supp. at 823-24(S. D. N. Y. 1979)。
② Wellman v. Dickinson,475 F. Supp. at 824(S. D. N. Y. 1979);SEC. v. Catter Hawley Hale Stores, Inc. ,760 F. 2d 950(9th Cir. 1985)。
③ SEC. v. Ralston Purina Co. , 346 U. S. 119, 73 S. Ct. 981, 97 L. Ed. 1494 (1953)。
④ Id. , at 125, 73 S. Ct. at 984。

行股票,将触发 SCM-美林协议的"皇冠上的宝珠"(crown jewel)等基本事实。事实上,在 9 月 11 日,他们都有机会获得以下信息:(1) 根据《威廉姆斯法》第 14(d)(1)条,汉森 1985 年 8 月 26 日提交给 SEC 的多达 27 页的详细信息披露中了解到汉森最初每股 60 美元的要约收购;(2) 1985 年 9 月 5 日汉森对该报价的修订信息(4 页纸),将价格提高到每股 72 美元;(3) SCM-美林提议的每股 74 美元的杠杆收购和有关 SCM-美林资产期权协议基本条款的新闻稿,即 SCM 授予美林在某些条件下以 8000 万美元购买 SCM 的消费者食品业务和以 3.5 亿美元购买其颜料业务的不可撤销期权。

3. 卖方并不是因信息不足而"被迫"出售其股票,而是出于市场或者利益的考量,因而不属于《威廉姆斯法》的规范保护范畴。事实上,汉森最初的协议收购是由普莱斯先生主动发出的出售要约。尽管汉森的每一笔收购都是以每股 73.50 美元的价格进行的,但这一价格是买卖双方私下谈判的结果。汉森既没有预先确定 73.50 美元的价格,卖方也仍可以自由地选择接受 SCM-美林集团提出的每股 74 美元的出价。

4. 在本案中,汉森并没有进行传统要约收购中积极或广泛的预先宣传或公开收购,市场投机者是从两份匿名大宗交易的报告中得出汉森肯定是买家的结论的。因此,收购的责任并不能直接归咎于伦敦证券交易所规则要求的披露方,参见 SEC v. Carter Hawley Hale Stores, Inc. (1983)案。①

5. 六家卖方收到的每股 73.50 美元的价格与大多数要约收购不同,很难用"溢价"来形容,因为 9 月 11 日 SCM 的股票市场价格是从每股 72.50 美元到 73.50 美元不等。尽管持有大量股票的风险套利者可能在以 73.50 美元的价格出售给汉森的交易中获得可观的利润,但这取决于他们自己的交易决策。因为如果 SCM-美林集团的收购计划成功,他们可能获得更多的利润(以每股 74 美元的价格出售);但他们还是选择将自己的股票出售给汉森。事实上,73.50 美元的价格至多比市场价格高出 1 美元或 1.4%,不符合 SEC 对溢价的定义,即每股比市场价格高出 2 美元或 5%。②

6. 与大多数要约收购不同的是,汉森的收购数量并不取决于 SCM 已发行股票的固定数量或比例。一旦与卖家达成协议,汉森就有义务购买,而不管它可能获得的股票总份额是多少。事实上,汉森似乎并没有在头脑中对其愿意购买的 SCM 股票数量设定一个严格的上限。

7. 与大多数要约收购不同,汉森没有购买 SCM 股票的时间限制。诚然,现金交易通常是即时的,但如果卖方和汉森无法立即就价格达成一致,除了投机者

---

① See SEC v. Carter Hawley Hale Stores, Inc., 760 F. 2d at 950.
② SEC Exchange Act Release No. 16,385 (11/29/79) [1979-80] Fed. Sec. L. Rep. pp. 82,374.

猜测汉森一旦获得 $33\frac{1}{3}\%$ 或略低于该数字的金额就会停止购买外,没有什么能阻止双方继续谈判。

简而言之,9月11日存在的所有情况并没有证明:除非汉森遵守《威廉姆斯法》第14(d)(1)条的收购前备案和等待期要求,否则就将造成股东因为信息缺失而被迫出售 SCM 股票的重大风险。

在综合考虑了汉森早先承认的要约收购、SCM-美林的竞争性报价和汉森终止其要约收购等事实经过后,能否将汉森的私下收购视为其先前要约收购的延续仍是一个问题。在审查了所有无可争议的事实后我们得出结论,地区法院的结论是错误的。

首先,我们没有发现任何支持 SCM 论点的证据,即汉森9月11日终止其未完成的要约收购是虚假的。事实上,汉森清楚明了地发出了终止要约的通知,并且将所有参与要约收购的股票返还给了 SCM 股东。汉森还根据《威廉姆斯法》第14(d)(1)条的要求向 SEC 提交了一份终止要约收购的声明。因此,当汉森在9月11日私下购买 SCM 股票时,除了其在1985年8月26日向 SEC 提交的收购前报告中披露的已有股票外,它不拥有任何其他 SCM 股票。

汉森终止其要约收购的原因是没有争议的,即 SCM 与美林之间不可撤销的期权协议。在这种情况下,即使汉森获得了 SCM 的控制权,也只是获得了一个剥离了消费食品和色素业务后的廉价空壳。因此,汉森是下定决心终止其要约收购计划的。因为汉森不太可能希望触发它认为是"毒丸"的东西来"搬起石头砸自己的脚",它也不可能在不违反伦敦证券交易所规则的情况下收购超过49%的 SCM 股票。

证据也不能证明 SCM 提出的汉森早已决定在终止其要约收购后从事其他现金购买行为。克拉姆法官只提到"汉森在宣布放弃要约收购之前曾考虑过公开市场收购"的证据,但并没有得出这方面的结论。在没有证据证明汉森决定通过购买股票的方式来获取 SCM 控制权的情况下,根据联邦证券法,汉森不负有披露义务。

其次,汉森在1985年8月26日的收购要约文件中明确保留了这一权利:"无论此次要约收购是否成功,汉森此后都可以通过公开市场、私下协议收购、另一次要约收购或其他方式继续购买 SCM 的股票"。因此,汉森私下协议收购行为几乎不会让市场感到意外。事实上,专业投机者和市场专家很快就得出结论,汉森在终止要约收购后进行了购买。

最后,汉森在1985年8月26日根据《威廉姆斯法》第14(d)(1)条,提交给 SEC 的收购之前的文件中披露了自己和 SCM 的基本事实,与地区法院将汉森后来的私下购买行为描述为"故意试图绕过《威廉姆斯法》的要求"完全不一致。

相反,证据显示汉森已经向 SEC 备案,并公布了与 SCM 认为汉森应该在进行现金购买之前备案的实质上相同的信息。虽然国会对"要约收购"一词的定义有意进行了保留,但《威廉姆斯法》第 14(d)(1)条从未打算将这一术语适用于所有收购上市公司 5% 以上股票的行为。如果是这样的话,《威廉姆斯法》第 13(d)(1)条就没有必要了——这条要求个人在收购超过 5% 后,向发行人、证券交易所和 SEC 披露某些相关信息。SCM 所倡导的"要约收购"的宽泛定义,将在某种程度上使《威廉姆斯法》第 13(d)(1)条的规定沦为一纸空文。在本案中,汉森的律师在 9 月 23 日的辩论意见中表示,在私人协议收购的那天,它已经向 SEC 提交了《威廉姆斯法》第 13(d)(1)条关于其私人购买 SCM 股票所应当披露的信息。据此我们认为,汉森的做法已经满足了法案的要求。

此外,汉森在终止要约收购后收购 25% 的 SCM 股票很可能是为了阻止 SCM-美林集团完成杠杆收购所需要的 2/3 的股票。可以推知,这种阻止行动很可能会促使 SCM 溢价收购汉森手中 25% 的股票,或者双方将为解决分歧而进行谈判。在联邦证券法或其他法律中,没有任何条款禁止在这种"硬碰硬"的市场斗争中使用这种策略,参见 Treadway Companies, Inc. v. Care Corp. (1980) 案。①

因此,汉森在终止要约之前和之后向公众提供了所有法律要求其提供的重要相关事实,已经完全满足了《威廉姆斯法》的全部披露要求。

SCM 还表示,SEC 同样认为在要约终止时,收购方应该有一个等待或冷却期(建议为 10 天),然后才可以继续购买目标公司的已发行股票。但无论是《威廉姆斯法》还是根据该法所颁布的 SEC 的有关规则,都没有禁止前要约收购人在要约收购终止后,立即通过私下谈判交易的方式购买目标公司的股票。事实上,尽管 SEC 曾经提出要对要约收购发起人在要约终止后 10 天内进行此类购买采取类似的禁令,但此类规则的正式提案(拟议规则 14e-5)从未得到实施。②因此,现行法律不支持 SCM 和 SEC 曾提起的禁令规则。据此我们认为,用法院的判断取代国会或 SEC 的判断,从司法上篡夺立法或监管职能的做法并不明智。

鉴于国会希望颁布《威廉姆斯法》来避免偏袒现任公司管理层,或通过要约收购寻求控制权的外部人士,法院在解释和适用该法时同样必须严格保持中立。③ 尽管我们应该毫不犹豫地通过适当的救济方式来执行该法的披露条款,但我们也必须防止在收购战中,在没有足够的证据支撑违反该部法律的指控时

---

① See Treadway Companies, Inc. v. Care Corp., 638 F.2d 357, 378-79 (2d Cir. 1980)(法院指出,"Care 公司收购 Treadway 公司 1/3 的已发行股份从而取得'防御地位'的行为并无可诉病之处")。

② See Rule 13e-4(f)(6)。

③ Rondeau v. Mosinee Paper Corp., supra, 422 U.S. at 58-59, 95 S. Ct. at 2075-76.

(通常是在激烈的竞争中提出的),轻率或仓促地使用救济措施。因为这可能会产生偏袒一方或另一方的效果。因此在本案中,法院必须非常谨慎地使用初步禁令这一严厉的司法救济手段①,以免阻碍自由市场的力量来决定收购纠纷的是非曲直。

综上,在本案中,我们认为,由于地区法院对于"汉森停止要约收购后进行私下购买的行为构成事实上的要约收购"事实认定不清,法律适用错误,因此其发布初步禁令是滥用自由裁量权的结果。我们并不认为汉森的交易会导致如果没有初步禁令的救济,SCM 等将遭受不可挽回的损害的严重后果。

SCM 和它的股东在法律上有充分的救济途径。汉森的收购并没有阻止其他 SCM 股东收购股票,例如 SCM-美林提出的每股 74 美元的要约收购。退一步讲,假设最终认定汉森的收购违反了《威廉姆斯法》,SCM 股东被剥夺了按照 SCM-美林提议的以每股 74 美元的价格出售股票的权利,那么他们也可以就遭受的损失提起金钱损害赔偿诉讼。② 此外,法院还可以在可能的救济范围内认定汉森的购买行为无效。③ 最后,没有证据表明除了汉森的收购之外,还有其他的"白色骑士"或要约收购者站在 SCM 的两翼,并可能加入收购。相反,SCM-美林的要约收购称,高盛与 SCM 的几个潜在购买者曾经进行了讨论,尽管有公司表示有兴趣收购 SCM 的一项或多项业务,但并没有提出明确的收购建议或收购价格……因此对整个公司而言,除了美林对公司进行杠杆收购的提议外,并不存在其他可能的收购方。

(本院)推翻一审判决,撤销针对汉森的初步禁令,发回重审。

案例原文④

三、协议收购的信息披露

协议收购中的信息披露,分为绝对披露信息和相对披露信息两类。

绝对披露信息,一般是指除了披露持股变动、收购主体和被收购人等基本信

---

① Medical Soc. of State of N. Y. v. Toia,560 F.2d 535,537 (2d Cir. 1977) (法院认为,"这是一种特殊且极端的救济手段,通常不应当给予认可")。
② See Rondeau v. Mosinee Paper Corp., supra, 422 U.S. at 61, 95 S. Ct. at 2077.
③ J. I. Case v. Borak, 377 U. S. 426, 433-34, 84 S. Ct. 1555, 1560-61, 12 L. Ed. 2d 423 (1964).
④ Available at https://casetext.com/case/hanson-trust-plc-v-scm-corp, 2023-9-18.

息之外，还须披露以下信息：(1) 对收购之后的行业发展前景，经营、财务与管理协同效应，以及盈利与可能面临的风险等评估；(2) 资产的评估方法，参与合并企业资产、负债的账面价值，评估价值对照表，目标公司的定价政策等；(3) 收购方式以及不同方式应重点披露的特定信息。由于我国目前证券法律对收购的合并信息没做出有强制性的规定，实际上是赋予了企业较大的可选择余地。为救此弊，可以《企业会计准则第 20 号——企业合并》(2006)[①]来规范企业收购的信息披露。中国证监会应该要求收购人以临时公告的形式披露收购各方合并年度的单独会计报表、购买日的合并会计报表，以及对合并报表附注的披露。在现行的合并报表附注之外还应当披露如下事项：(1) 合并所采用的会计方法；(2) 合并范围的确定，母子公司会计政策及会计期间的调整；(3) 合并会计处理的具体方法和步骤；(4) 收购对收购人和被收购人未收购前相关财务项目金额的显著影响。

相对披露信息，主要是指增加模拟财务信息(Pro Forma Financial Information)的披露。所谓模拟财务信息，根据 SEC 规章 S-X 第 11 条的规定，是指通过一定的方法对历史信息进行加工，要求发行人的财务信息在一致性的基础上进行表述，为投资者分析目前状况下的财务状况和经营成果以及未来一年盈利预测数据的需要而提供的信息。根据 SEC 的规定，模拟财务信息的编制要以拟计划或已完成的资产重组交易为基础，对交易发生前的历史财务报表进行追溯调整或合并后编制。在编报模拟利润表时，要求对交易的一次性影响、持续性影响要加以明显区分，并将一次性影响项目(中止经营、非常项目和会计政策变更的累积影响等)排除在模拟利润表外，但要在注释中加以说明这种排除。需要注意的是，对于模拟财务信息的编报，必须强调信息的相关性而不是信息的可靠性。在报告期发生吸收合并或控股合并时要区分支付方式，选择合并基准日前各会计期间应按合并后或合并前公司架构编制。

四、收购主体的信息披露

在上市公司收购中，收购者为了便利收购和降低收购成本，大多都会想方设法规避信息披露义务。实践中，往往是通过各种协议和非协议的私下安排，联合他人分散购买目标公司股份。对此，各国或地区法律一般将这些联合在一起的人视为"一个人"，合并计算持有一个公司的股份数量，并要求进行信息披露。该"一个人"，英国和我国香港地区的法律称之为"一致行动人"，美国法律称之为"团体人"，此外还有称之为"受益所有权人"。

[①] 《企业会计准则第 20 号——企业合并》(财会〔2006〕3 号)于 2006 年 2 月 15 日发布，2007 年 1 月 1 日实施。该部门规范性文件现行有效。

我国法律对"一致行动人"的法律界定,首见于现已失效的《上市公司股东持股变动信息披露管理办法》(2002)[①]。根据该部门规章之定义,"一致行动人是指通过协议、合作、关联方关系等合法途径扩大其对一个上市公司股份的控制比例,或者巩固其对上市公司的控制地位,在行使上市公司表决权时采取相同意思表示的两个以上的自然人、法人或者其他组织。前款所称采取相同意思表示的情形包括共同提案、共同推荐董事、委托行使未注明投票意向的表决权等情形;但是公开征集投票代理权的除外"(第9条),并且明确规定"一致行动人"为信息披露义务人。

《证券法》(2019)通过第63条、65条和73条等条文,在上市公司收购活动中的信息披露制度中明确了"一致行动人"制度。《上市公司收购管理办法》(2020)第83条第2款列举了必须进行信息披露的12种"一致行动人":(1) 投资者之间有股权控制关系;(2) 投资者受同一主体控制;(3) 投资者的董事、监事或者高级管理人员中的主要成员,同时在另一个投资者担任董事、监事或者高级管理人员;(4) 投资者参股另一投资者,可以对参股公司的重大决策产生重大影响;(5) 银行以外的其他法人、其他组织和自然人为投资者取得相关股份提供融资安排;(6) 投资者之间存在合伙、合作、联营等其他经济利益关系;(7) 持有投资者30%以上股份的自然人,与投资者持有同一上市公司股份;(8) 在投资者任职的董事、监事及高级管理人员,与投资者持有同一上市公司股份;(9) 持有投资者30%以上股份的自然人和在投资者任职的董事、监事及高级管理人员,其父母、配偶、子女及其配偶、配偶的父母、兄弟姐妹及其配偶、配偶的兄弟姐妹及其配偶等亲属,与投资者持有同一上市公司股份;(10) 在上市公司任职的董事、监事、高级管理人员及其前项所述亲属同时持有本公司股份的,或者与其自己或者其前项所述亲属直接或者间接控制的企业同时持有本公司股份;(11) 上市公司董事、监事、高级管理人员和员工与其所控制或者委托的法人或者其他组织持有本公司股份;(12) 投资者之间具有其他关联关系。

五、被收购方的信息披露

根据《公开发行证券的公司信息披露内容与格式准则第18号——被收购公司董事会报告书》(2020)[②]的规定,被收购方的信息披露主要是提交被收购公司董事会报告书,要求董事会在董事会报告书中披露的所有信息应当真实、准确、完整,尤其要确保所披露的财务会计资料有充分的依据(第6条);董事会及全体

---

① 中国证券监督管理委员会令第11号,于2002年9月28日发布,2002年12月1日实施。该部门规章已被《上市公司收购管理办法》(2006年7月31日发布,2006年9月1日实施,2021年3月4日修订)废止。

② 中国证券监督管理委员会公告〔2020〕20号。

董事(或者主要负责人)应保证董事会报告书内容的真实性、准确性、完整性,并承诺其中不存在虚假记载、误导性陈述或重大遗漏,并就其保证承担个别和连带的法律责任(第11条)。具体的信息披露内容如下:

一是被收购公司的基本情况。其中第18条规定了须披露的4项基本情况:(1)被收购公司的名称、股票上市地点、股票简称、股票代码;(2)被收购公司注册地、主要办公地点、联系人、通讯方式;(3)被收购公司的主营业务及最近3年的发展情况,并以列表形式介绍其最近3年主要会计数据和财务指标,包括总资产、净资产、主营业务收入、净利润、净资产收益率、资产负债率等,注明最近3年年报刊登的媒体名称及时间;(4)被收购公司在本次收购发生前,其资产、业务、人员等与最近一期披露的情况相比是否发生重大变化。第19条规定了董事会应当披露与被收购公司股本相关的4种情况:(1)被收购公司已发行股本总额、股本结构;(2)收购人在被收购公司中拥有权益的股份的种类、数量、比例;(3)收购人公告要约收购报告书摘要或者收购报告书摘要之日的被收购公司前10名股东名单及其持股数量、比例;(4)被收购公司持有或通过第三人持有收购人的股份数量、比例(如有)。

二是对是否存在利益冲突的披露(第21—25条),其中第21条规定了关联关系的披露:"董事会应当说明被收购公司及其董事、监事、高级管理人员是否与收购人存在关联方关系。"第22条规定了持股信息的披露:"董事会报告书中应当说明被收购公司董事、监事、高级管理人员在收购报告书摘要或者要约收购报告书摘要公告之前12个月内是否持有或通过第三人持有收购人的股份,持有股份的数量及最近6个月的交易情况;上述人员及其家属是否在收购人及其关联企业任职等。"第23条规定了高管是否与收购存在相关的利益冲突:"董事会应当说明公司董事、监事、高级管理人员是否存在与收购相关的利益冲突,该利益冲突的重要细节,包括是否订有任何合同以及收购成功与否将对该合同产生重大影响。董事会应当披露收购人是否存在对拟更换的上市公司董事、监事、高级管理人员进行补偿或者其他任何类似安排。"第24条规定了高管及其关系人在特定时段内是否存在持股的情形:"董事会应当说明公司董事、监事、高级管理人员及其直系亲属在收购报告书摘要或者要约收购报告书摘要公告之日是否持有被收购公司股份,如持有被收购公司股份的,应当披露其最近6个月的交易情况。如果本准则要求披露的交易情况过于复杂,董事会在本准则第9条所列媒体公告本报告时,无须公告具体交易记录,但应将该记录报送证券交易所备查,并在公告时予以说明。"第25条还规定了董事会应当予以详细披露的五项信息:(1)被收购公司的董事将因该项收购而获得利益,以补偿其失去职位或者其他有关损失;(2)被收购公司的董事与其他任何人之间的合同或者安排取决于收购结果;(3)被收购公司的董事在收购人订立的重大合同中拥有重大个人利益;

(4)被收购公司董事及其关联方与收购人及其董事、监事、高级管理人员(或者主要负责人)之间有重要的合同、安排以及利益冲突;(5)最近12个月内作出的涉及可能阻碍收购上市公司控制权的公司章程条款的修改。

三是对董事建议或声明的披露(第二章第四节)。其中第26条是要约收购中被收购公司董事会应当就收购人的要约提出建议或者发表声明,共有4项要求:(1)就本次收购要约向股东提出接受要约或者不接受要约的建议;董事会确实无法依前款要求发表意见的,应当充分说明理由;(2)披露董事会表决情况、持不同意见的董事姓名及其理由;(3)独立董事应当就本次收购单独发表意见;(4)董事会做出上述建议或者声明的理由。第27条规定了在管理层收购中,被收购公司的独立董事应当就收购的资金来源、还款计划、管理层收购是否符合《收购办法》规定的条件和批准程序、收购条件是否公平合理、是否存在损害上市公司和其他股东利益的行为、对上市公司可能产生的影响等事项发表独立意见。第28条规定了被收购公司董事会或独立董事聘请的独立财务顾问应对本次收购发表的结论性意见。

四是对重大合同和交易事项的披露(第二章第五节)。第29条规定,董事会应当披露被收购公司及其关联方在公司收购发生前24个月内发生的、对公司收购产生重大影响的以下事件:(1)被收购公司订立的重大合同;(2)被收购公司进行资产重组或者其他重大资产处置、投资等行为;(3)第三方拟对被收购公司的股份以要约或者其他方式进行收购,或者被收购公司对其他公司的股份进行收购;(4)正在进行的其他与上市公司收购有关的谈判。

五是对其他重大事项的披露(第二章第六节)。其中第30条规定,除上述规定要求披露的有关内容外,董事会还应披露以下信息:(1)为避免对董事会报告书内容产生误解必须披露的其他信息;(2)任何对被收购公司股东是否接受要约的决定有重大影响的信息;(3)中国证监会或者证券交易所要求披露的其他信息。第31条规定,董事会全体成员应当在本报告签字、盖章、签注日期,并声明:"董事会已履行诚信义务,采取审慎合理的措施,对本报告书所涉及的内容均已进行详细审查;董事会向股东提出的建议是基于公司和全体股东的利益做出的,该建议是客观审慎的(本项声明仅限于要约收购);董事会承诺本报告书不存在虚假记载、误导性陈述或重大遗漏,并对其真实性、准确性、完整性承担个别和连带的法律责任"。第32条规定,独立董事除应当签字、盖章外,还应当声明是否与要约收购(或管理层收购)存在利益冲突,是否已履行诚信义务、基于公司和全体股东的利益向股东提出建议,该建议是否客观审慎。

上述规定的目的主要是促使董事会更忠实地履行股东赋予他们的权利和义务,也使公司投资者特别是公众投资者拥有充分的知情权,深入了解分析诸如公司的财务状况、收购要约条件是否公平合理和收购可能对公司产生的影响等等。

第三章　立体监管制度

同其他商品市场一样,证券市场同样存在垄断、信息不对称、过度竞争等因素,使得市场的资本有效配置功能并不能完全实现。而证券产品的价格受人为因素的影响,具有极高的不确定性,使得证券市场具有内在的高投机性和高风险性特点,不利于证券市场本身正常的运行效率和市场总体功能的实现。资本市场发展史中的成功经验与失败教训表明,通过外部力量的干预,对证券市场实施必要的组织、规划、协调、管理、监督和控制,以消除或尽可能地减少市场失灵,是实现证券市场高效、平稳、有序运行的重要条件和主要手段。本章讨论的证券监管制度作为现代证券法的两大核心制度之一,落实的是证券法"维护社会经济秩序和公共利益、促进市场经济发展"[①]之立法目的,体现的是国家干预政策,必须坚持合法性与合理性相结合的理念。

同资本市场发达国家一样,我国现已建立起了自律与他律相配合的立体监管体制。所谓他律,是指政府证券监管部门为了消除因市场失灵带来的证券产品和证券服务价格扭曲,以及由此引起的资本配置效率下降,通过法律的、行政的和经济的手段,对证券市场运行的各个环节所进行的组织、规划、协调、监督和控制的活动和过程。所谓自律,是指由证券行业自身制定并执行一套业务制度,由其自身在自律方案的制定和执行中同时充当立法者和法官的角色。现代证券市场的自律监管主要由证券交易所实施,承担起对上市公司、会员以及交易过程的监管职责。

第一节　证券监管概述

一、证券监管的目标

由于各国和地区的经济发展水平不同,历史、文化和法律制度的差异,导致证券监管目标各有千秋。例如,日本金融服务局(Financial Services Agency)的监管目标是:保证日本金融系统的稳定,保护存款人、保单持有人和证券投资者,通过金融系统计划和政策制定,对私人金融机构的检查和监督及证券交易的监

[①] 《证券法》(2019)第1条。

督,以使金融活动顺畅进行。英国《2000年金融服务与市场法》规定金融服务局(Financial Services Authority, FSA)有四项监管目标[①],即维护市场信心,增强公众意识,保护消费者,减少金融犯罪。尽管各国具体的监管目标有所差异,但是共性还是基本相同的,一般包括三个方面:保护公众投资者,确保市场的公正透明和有效,维护证券市场的安全与稳定。

第一个方面是保护公众投资者的合法权益。保护公众投资者是证券立法的基本宗旨,也是证券监管的最基本目标。实现这一监管目标,一要通过加强和完善信息披露制度来实现。二要加强对中介机构的监督管理,因为投资者买卖证券需要通过中介机构代理,而中介机构往往会基于理性人而实施欺诈行为。三要建立对投资者进行法律救济的机制以及保护措施,包括建立赔偿基金、成立专门的证券仲裁机构,完善证券诉讼机制等。我国《证券法》(2019)通过创设预披露信息制度,加强对中介机构和证券公司的监管,规定国家设立证券投资者保护基金等一系列措施,加强对投资者的保护。

第二个方面是确保市场公正透明有效。公正、透明和有效是证券市场赖以存在和发展的基础。要确保市场的公正、透明和有效,一要保证规则的公正。证券监管应确保证券交易所制定的交易规则具有公正性,对所有的投资者应当一视同仁。二要确保市场透明,这是防止不正当、不公平交易行为发生的一个重要方式。将一切与证券发行和交易有关的信息,真实、全面、及时地向社会公众投资者公开,以便投资者进行知情决策。三要提高市场效率。证券监管应确保投资者享有平等的交易机会,平等地了解市场及价格信息,使市场成为充分体现价格机制的场所。

第三个方面是维护证券市场的安全稳定。证券市场充满各种风险,包括证券市场自身面临的系统风险,例如证券市场崩溃、证券机构连锁倒闭等。证券监管应当旨在减少系统风险;应制定市场中介机构最低的入场标准,以保护客户利益;应建立处理市场中介机构破产的程序,以便把对投资者造成的破坏和损失降至最低限度,并控制系统风险;应加强对证券交易市场的持续监管,促进交易的透明度,阻止不公平交易行为,妥善控制大额风险、违规风险和市场崩溃,同时还应加强对证券交易的清算、结算系统的监管。

二、证券监管的原则

证券监管原则是指证券监管活动本身应当遵循的基本准则,贯穿于证券监

[①] Section 2 outlines the regulatory objectives of the FSA, available at https://www.legislation.gov.uk/ukpga/2010/28/crossheading/objectives-of-fsa-etc/enacted, 2023-8-29. 修订版对四项目标有所调整。

管活动的始终,对证券监管行为具有指导性作用,目的在于落实证券监管目标。概括英、美等国的证券监管原则,大致可以归纳为三项原则,即依法监管原则、适度监管原则和效率监管原则。

依法监管原则,是指证券监管机构的监管行为应当依法进行,受法律保障,亦受法律制约,是政府干预必须合法原则的体现。首先,证券监管机构的监管行为必须有法律的授权,受法律的保障,享有执法的权力和手段,才能使监管行为具有权威性和实效性。我国《证券法》(2019)赋予了监管机构即中国证监会相应的职责和执法措施,但与其事业单位的法律地位之定位是不契合的。其次,监管机构及其监管行为必须受法律的约束,即监管者自身也应到法律监管。对监管者实施监管,是规范证券市场监管行为、保证监管措施行为的合法、合规,提高监管效率的重要手段。我国《证券法》(2019)关于证券监管机构公开义务的规定,对监管机构工作人员忠诚义务、保密义务的规定,均在于将证券监管逐步纳入法治的轨道。

适度监管原则,是指证券监管应当采取与市场发展相适应的适度监管方式与政策,既不要过度干预市场,也不要放任市场失灵。当今世界各国的共同认识和通行做法是对证券市场需要监管,但如何监管,采取什么样的监管政策与思路,则无一定之规,需要考虑各国具体的国情。监管过度必然会抑制创新,成为导致证券及金融创新供给不足的重大障碍;而监管不足又可能放大证券市场的运作风险,损害市场稳定和投资者利益。因此,合理界定监管机关的职责范围,明确其职权的合理限度,是避免监管过度与监管不足的必要条件。我国经常出现"一管就死,一放就乱"的怪圈,说明我国证券市场尚未建立起适度的监管机制。

效率监管原则,是指证券监管的实施必须进行成本—效益分析,以成本最小化获取收益最大化,从而提高监管的有效性。之所以必须重视效率监管原则,是因为证券市场监管是有成本支出的,这些成本包括但不限于:(1)政府监管本身需要耗费大量的人力、物力和财力;(2)不合理的监管行为,例如监管不足、监管过度或监管权滥用,都会对证券市场的规范发展造成重大的损害。因此,应合理地设计证券市场监管组织体系的结构,制定行之有效的监管制度,建立一支精通证券市场专业技术知识和具有高度敬业精神及职业道德的高级监管队伍,是充分发挥和提高证券市场监管机制的功能和效率、降低证券市场监管机制的运行成本的必要条件。

三、我国证券监管制度的变迁

我国的证券市场是随着经济体制改革的不断深入而产生发展起来的,其监管体制则是随着证券市场的发展不断变化的,经历了从地方监管到中央监管,从分散监管到集中监管的发展过程。这一发展过程大致经历了三个阶段。

1992年以前是第一阶段,这是我国证券市场初步形成规模的阶段。这一阶段最具标志性的事件是上海证券交易所(1990年11月20日)和深圳证券交易所(1990年12月1日)的相继成立。此阶段的证券监管体制的特点是,没有专门的证券监管部门,证券市场的监管以中国人民银行为主,各相关部门共同参与,中央和地方分级管理。1992年10月以前,在中央一级的管理部门和机构就有中国人民银行、财政部、国家经济体制改革委员会、国家计划委员会(国家发展和改革委员会的前身)、国有资产管理局、全国证券协调小组、全国股票市场办公会议等,而沪深两地政府则成立地方管理机构,并制定各自的地方性证券管理法规进行管理,以至于证券市场监管政出多门,难以实施统一有效的管理。证券品种由单一的国库券,发展为多样化的债券和股票。

1992年至1998年是第二阶段,这是国家对证券市场加强宏观管理的阶段。根据国务院发布的《关于进一步加强证券市场宏观管理的通知》(国发〔1992〕68号),国务院证券委员会是国家对全国证券市场进行统一宏观管理的主管机关,中国证券监督管理委员会是国务院证券委员会的监督执行机构。国务院证券委员会由国家经济体制改革委员会、中国人民银行、财政部、国有资产管理局、国家工商总局、国家税务总局、国家经济贸易委员会、对外贸易经济合作部、外汇管理局、国务院法制局、监察部、最高人民法院、最高人民检察院等14个部委的官员组成。《关于进一步加强证券市场宏观管理的通知》虽然注意到了证券管理政出多门的情况,但未能从根本上改变多头管理的状况与弊端,体制性问题越来越突出。1997年11月,国务院批准了经修改的《证券交易所管理办法》,明确对证券交易所的管理,由地方政府转为中国证券监督管理委员会。

1998年之后是证券监管体制的确立阶段,中国证券监督管理委员会担当起证券市场监管的重任。1998年8月,国务院正式批转《证监会证券监管机构体制改革方案》(国发〔1998〕29号),明确提出"建立全国统一、高效的证券期货监管体系,理顺中央和地方监管部门的关系,实行由证监会垂直领导的管理体制",根据各地区证券业发展的实际情况,在部分中心城市设立证监会派出机构。至此,我国证券监管体制基本形成,并最终通过《证券法》(1998)予以确认。

第二节 证监会的他律监管

他律监管体制,是指政府通过制定专门的证券管理法规,并设立全国性的证券监督管理机构,来统一管理全国证券市场的一种体制。美国是他律监管体制的代表。美国制定了联邦层级的多部证券法,各州制定了本州的证券管理法规(即"蓝天法"),证券交易所或券商协会也有自律规章。设立SEC,由总统任命、参议院批准的5名委员组成,对全国的证券发行、证券交易所、券商、投资公司等依法实施全面管理监督的权力。SEC本身的组织机构则包括公司管理局、司法执行局、市场管理局、投资银行管理局等18个部门,以及纽约、芝加哥、洛杉矶等9个地区证券交易委员会。在日本,监管主体金融服务厅(Financial Services Agency,FSA)既是金融监管机构也是证券监管机构,不过在单一监管机构内部同时遵循了按功能和行业进行监管原则。金融服务厅内部设立的证券交易监察委员会(Securities and Exchange Surveillance Commission,SESC)单独负责对证券市场的监管,实际上具有相对独立的地位。证券交易监察委员会的委员长和委员都是国会批准后由首相任命的,不受金融服务厅的领导,职责是对证券市场的交易进行监督和检查。不过,证券交易监察委员会没有直接的执法权力,而只能借助于金融服务厅或其他机构行使监督的权力。也就是说,日本证券监管模式本质上是一元的,只是证券交易监察委员会加强了对证券行业监管的力量。

他律监管体制的优点是:它具有专门的证券市场监管法规,统一管理口径,使市场行为有法可依,提高了证券市场监管的权威性;它具有地位超然的监管者,能够更好地体现和维护证券市场监管的公平和公正,更注重保护投资者的利益,并起到协调全国证券市场的作用,防止政出多门,监管低效的现象。但同时,他律管理体制容易产生对证券市场过多的行政干预;在监管证券市场的过程中,自律组织与政府主管机构的配合有时难以完全协调;当市场行为发生变化时,有时不能作出迅速反应,并采取有效措施。

一、证监会的法律性质

根据《中国证券监督管理委员会职能配置、内设机构和人员编制规定》(国办发〔1998〕131号,以下简称《规定》)之规定,"根据《中共中央、国务院关于深化金融改革,整顿金融秩序,防范金融风险的通知》(中发〔1997〕19号)和《国务院关于机构设置的通知》(国发〔1998〕5号),设置中国证券监督管理委员会。中国证券监督管理委员会为国务院直属事业单位,是全国证券期货市场的主管部门。"并规定了它的13项主要职责。《证券法》(2019)第169条也规定了中国证监会的职责权限,但与前者所规定的中国证监会职权有所交叉,不过大部分内容是相同的。

根据《规定》的规定,中国证监会的法律地位是国务院直属事业单位。根据一般法理,事业单位的职能是提供社会服务,而非行使行政管理职能,除非有来自法律法规的授权。《股票发行与交易管理暂行条例》(1993)第5条确立了中国证监会的地位:"国务院证券委员会(以下简称'证券委')是全国证券市场的主管机构,依照法律、法规的规定对全国证券市场进行统一管理。中国证券监督管理委员会(以下简称'证监会')是证券委的监督管理执行机构,依照法律、法规的规定对证券发行与交易的具体活动进行管理和监督。"根据该规定,中国证监会是法律法规授权组织,其权限在于实现监管职能。不过,作为下位规章的《规定》还赋予了中国证监会"研究和拟定证券期货市场方针政策、发展规划;起草证券期货市场的有关法律、法规,制定证券期货市场的规章"等职能。此外,《证券市场禁入规定》(2021)[①]第3—9条等还为中国证监会创设了行政处罚权。《证券市场禁入规定》(2021)与《行政处罚法》(2021)[②]均规定,法律法规授权的具有管理公共事务职能的组织可以在法定授权范围内实施行政处罚。如此看来,作为事业单位的中国证监会实际拥有的权力远远超出一般意义上的"法律、法规授权组织",不但具有了行政机关的特性,而且事实上已成为具有立法、司法、执法三位一体的机构,这显然是有悖现有法律规定的。但这实际上暗含着我国立法者意欲使得中国证监会朝着 SEC 的定位迈进。

二、证监会的职责范围

由于各国和地区的证券监管体制不同,证券监管机构的职责范围亦有所不同。例如,SEC 是美国联邦所属的独立准司法机构,具有准立法权、准司法权、独立执法权,负责美国的证券监督和管理工作,因而其职责范围非常广泛:负责制定和调整有关证券活动的管理决策,负责制定和解释证券市场的各种规章制度,管理全国范围内的场内外证券发行与交易活动,维护市场秩序,调查处理各种不法的证券发行与交易行为,组织并监督证券市场收集和传输各种有关证券发行与交易的信息等。又如,日本金融服务厅的监管范围包括:金融系统的计划和政策制定;检查和监督私人金融机构,包括银行、保险公司、金融工具使用者及市场参与者,如证券交易所;建立证券市场的交易规则;建立企业会计标准和其他公司财务标准;监督注册公共会计师和审计企业;参与国际组织和双边多边金融事务的活动来开展国际金融管理;监督证券市场对规则的遵守。证券交易监察委员会作为相对独立的监管机构,其职责是:清除损害市场公正的交易行为,揭露违法违规行为,提高市场监管效率。其具体活动包括调查市场违规行为、现场检查证券公司和监视日常交易。

中国证监会为国务院直属正部级事业单位,依照法律法规和国务院授权,统

[①] 中国证券监督管理委员会令第115号,于2015年5月18日发布,2015年6月22日实施。2021年6月15日,证监会发布了该规定的修订稿(中国证券监督管理委员会令第185号),2021年7月19日实施。

[②] 中华人民共和国主席令第70号,于2021年1月22日发布,2021年7月15日实施。该法律现行有效。

一监督管理全国证券期货市场,维护证券期货市场秩序,保障其合法运行。依据《证券法》(2019)第 169 条的规定,中国证监会在对证券市场实施监督管理中履行下列职责:(1) 依法制定有关证券市场监督管理的规章、规则,并依法进行审批、核准、注册,办理备案;(2) 依法对证券的发行、上市、交易、登记、存管、结算等行为,进行监督管理;(3) 依法对证券发行人、证券公司、证券服务机构、证券交易场所、证券登记结算机构的证券业务活动,进行监督管理;(4) 依法制定从事证券业务人员的行为准则,并监督实施;(5) 依法监督检查证券发行、上市、交易的信息披露;(6) 依法对证券业协会的自律管理活动进行指导和监督;(7) 依法监测并防范、处置证券市场风险;(8) 依法开展投资者教育;(9) 依法对证券违法行为进行查处;(10) 法律、行政法规规定的其他职责。

此外,我国《证券法》(2019)将不同的证券产品归口不同的监管主体:股票、公司债券、存托凭证和国务院依法认定的其他证券的发行和交易适用《证券法》;政府债券、证券投资基金份额的上市交易,适用《证券法》,其他法律、行政法规另有规定的,适用其规定;资产支持证券、资产管理产品发行、交易的管理办法,由国务院依照《证券法》(2019)的原则规定。这种多头监管降低了《证券法》(2019)的权威性,削弱集中统一管理体制,也影响证券市场的协调发展,削弱证券市场对国民经济的促进作用。有必要借鉴国际上对证券市场实行集中统一管理体制的通行做法,为完善我国证券市场结构,从根本上解决多头管理体制对我国债券市场的消极影响,将债券市场和场外市场明确纳入《证券法》(2019)规范的范围,建立起证券市场集中统一监管体制。

三、证监会的执法权限

为保证证券监管机构职责的履行,各国证券法大多明确规定了其执法的权力。例如,美国证券法律就赋予了其 SEC 广泛的执法权。对于有问题的证券登记说明,SEC 可以根据《1933 年证券法》签发停止令或拒绝令;对于违纪的注册经纪人或交易商,SEC 有权依据《1934 年证券交易法》第 15 条的规定进行处罚;SEC 除了享有行政执法权和对法律实施及自治组织的监督权等诸多权力外,还拥有广泛的法庭调查权以及判决执行权。又如,日本金融服务厅在其管辖范围内行使监管政策制定权和行政执法权,其中政策制定权包括:(1) 制定金融和市场监管的政策,为具体的监管行动提供指导;(2) 主持起草新法律;(3) 设立和颁布行政性法规;(4) 研究金融制度的改革。监管执法权则包括:(1) 调查权。相关的证券监管机构可以对证券公司虚假陈述、内幕交易、自利行为、市场操纵等进行调查;有权对嫌疑对象采取讯问、检查搜查、封存资料等手段;根据掌握的证据,可以向检察机关提请法律诉讼。(2)检查权。可以对市场机构进行现场检查,内容包括各种违法违规行为和违反从业者职业道德的行为;也对机构的经营制度健全性进行检查;根据检查结果可以对违法者进行处罚或移交司法机关。(3)建议和动议权。可以就违规公司和个人向内阁和金融服务厅提出行政处罚的动议,也可以向自律组织提出行业处罚动议,还可以提请检察机关对构成犯罪的行为追究刑事责任。

我国《证券法》(2019)第170条和相应法律规定了国务院证券监督管理机构执法权限或采取相应措施的权力:(1)现场检查权,即对证券发行人、上市公司、证券公司、证券投资基金管理公司、证券服务机构、证券交易所、证券登记结算机构进行现场检查。(2)调查取证权,即有权进入涉嫌违法行为发生场所调查取证,被调查单位和个人应当予以配合,如实提供有关文件和资料,不得拒绝、阻碍和隐瞒。(3)询问权,即有权询问当事人和与被调查事件有关的单位和个人,要求其对与被调查事件有关的事项作出说明;被询问的当事人和与被调查事件有关的单位和个人应当予以配合,这也是保证证券监管机构对违法行为进行监督管理的具体措施。(4)查阅、复制与被调查事件有关的财产权登记、通讯记录等资料。(5)查阅、复制当事人和与被调查事件有关的单位和个人的证券交易记录、登记过户记录、财务会计资料及其他相关文件和资料;对可能被转移、隐匿或者毁损的文件和资料,可以予以封存。(6)账户查询权与冻结权,这是《证券法》(2019)为了加强证券监管机构的监管权力而特别赋予证券监管机构在必要时候可采取的准司法权,据此可以查询当事人和与被调查事件有关的单位和个人的资金账户、证券账户和银行账户;对有证据证明已经或者可能转移或者隐匿违法资金、证券等涉案财产或者隐匿、伪造、毁损重要证据的,经国务院证券监督管理机构主要负责人批准,可以冻结或者查封。(7)限制证券买卖。在调查操纵证券市场、内幕交易等重大证券违法行为时,经国务院证券监督管理机构主要负责人批准,可以限制被调查事件当事人的证券买卖,但限制的期限不得超过3个月;案情复杂的,可以延长3个月。(8)通知出境入境管理机关依法阻止涉嫌违法人员、涉嫌违法单位的主管人员和其他直接负责人员出境。从目前我国上述法律法规的规定来看,证券监管机关权限配置结构不尽合理,需要改进:一是对违法违规行为重处罚轻补救,重事后处理而轻事先预防,需要双管齐下。二是行政执法权相对不足,建议其采取非处罚性防范措施,变被动执法为主动执法。

【中国案例】

欣泰电气证券欺诈发行案(2017)[①]

北京市高级人民法院(以下简称"北京高院")对丹东欣泰电气股份有限公司(以下简称"欣泰电气")诉中国证监会证券欺诈发行行政处罚和行政复议决定上诉案进行了二审宣判,终审判决驳回欣泰电气的上诉,维持北京市第一中级人民法院的一审判决。此前,北京市第一中级人民法院判决驳回了欣泰电气请求撤销被诉行政处罚决定及行政复议决定的诉讼请求。

围绕双方当事人的争议焦点,即被诉处罚决定事实认定是否需要专业机构审计或鉴定,以及被诉处罚决定是否存在明显不当,北京高院经审理认为:

其一,关于被诉处罚决定事实认定是否需要专业机构审计或鉴定问题。这涉及行政机关在行政执法中对专业性问题的认定和处理权限问题。《证券法》(2014)第7条规定,国务院证券监督管理机构依法对全国证券市场实行集中统一监督管理。《证券法》(2014)第十章又专门对国务院证券监督管理机构依法对证券市场实行监督管理履行的职责和有权采取的措施作了具体的列举。这些规定,虽然没有细化到就证券监管中财务会计文件真实性等专业性事项的认定权限问题,但在现行法律没有特别规定行政机关必须对执法中的专业性问题委托专业机构进行认定和处理的情况下,中国证监会作为国家设置的专司证券市场监管的专业性机构,对涉嫌证券违法行为的事实(包括对涉及财务会计文件是否存在虚假记载等涉及专业性方面的事实)进行调查、认定并在调查基础上作出相应的处理,理当是上述法律规定的中国证监会职责权限范围的题中应有之义。当然,在法律没有明确规定的情况下,对于行政执法中专业性较强的事实认定问题,并不排除中国证监会通过外聘专业机构进行鉴定或审计并将鉴定或审计意见作为认定事实的基础,但这无疑属于中国证监会执法裁量的范畴。也就是说,在涉及专业性事实认定中,外聘专业机构就专业问题出具意见并不属于中国证监会在开展执法活动中必须履行的法定义务。本案中,欣泰电气对其在IPO申请文件中相关财务数据存在虚假记载的事实并无异议,中国证监会结合欣泰电气的陈述以及自身在职责权限范围内的调查情况,对本案事实作出认定,并无不当。欣泰电气认为中国证监会未对财务会计文件等专业性问题委托专业鉴定或审计机构出具意见从而导致认定事实错误的主张,缺乏法律依据,不予支持。

欣泰电气在庭审中还以最高人民法院《关于审理证券行政处罚案件证据若

[①] 参见丹东欣泰电气股份有限公司与中国证券监督管理委员会行政处罚决定和行政复议决定二审行政判决书[北京市高级人民法院(2017)京行终3243号]。

干问题的座谈会纪要》第三部分关于"对被诉行政处罚决定涉及的专门性问题,当事人可以向人民法院提供其聘请的专业机构、特定行业专家出具的统计分析意见和规则解释意见"的规定,来证明中国证监会未委托专业鉴定或审计机构对财务会计文件虚假记载问题出具意见导致认定事实不清的主张。法院认为,一方面,上述会议纪要记载的该部分内容,适用于行政诉讼程序中对相关专业性事实进行认定的情形,而非直接对行政机关在行政执法程序中对专业性问题认定作出的拘束性规定;另一方面,该部分内容也仅规定当事人可以向人民法院提供其聘请的专业机构、特定行业专家出具的意见,而非要求当事人必须就专业性问题向人民法院提供专业机构的专业意见,更不能推导出如果当事人没有就专业性问题提供其聘请专业机构出具的意见就导致被诉处罚决定事实不清的结果。因此,欣泰电气的该项主张,缺乏法律依据,不予支持。

其二,关于被诉处罚决定是否存在明显不当问题。这涉及行政处罚自由裁量权的司法审查强度问题。根据《行政诉讼法》(2017)第70条第6项的规定,行政行为明显不当的,人民法院判决撤销或者部分撤销。具体到行政处罚领域,《行政诉讼法》(2017)第77条规定,行政处罚明显不当的,人民法院可以判决变更,但不得加重原告的义务或者减损原告的权益。由此可见,人民法院审理行政案件,不仅要对被诉行政行为是否合法进行审查,还要对行政行为裁量是否明显不当进行审查,对行政处罚来说,如果经审查存在明显不当的还可以直接判决变更。但需要注意的是,立法在规定人民法院可以对被诉行政行为进行合理性审查的同时,还强调必须行政行为"明显不当"的才可以予以撤销或变更,由此也可以看出法律对行政裁量进行司法审查的定位,即人民法院既要履行对行政裁量的审查职责,不能怠于履行,也要秉持谦抑态度行使自己的审查权力,给予行政裁量必要的尊重。证券金融领域相较之其他行政领域更具有一定的特殊性,金融监管部门对市场的监管奉行依法审慎监管原则,这也要求法院对金融监管执法行为进行司法监督必须在恪守适度原则基础上开展合法性审查,不能逾越金融监管执法规律或者超越司法权边界施以监督。根据《行政处罚法》(2017)第4条第2款的规定,行政机关实施行政处罚,必须以事实为依据,与违法行为的事实、性质、情节以及社会危害程度相当。本案中,欣泰电气认为被诉处罚决定在定性和处理结果两个方面均存在明显不当的地方。在定性方面,前面已经述及,欣泰电气符合证券欺诈发行的构成要件。对于欣泰电气在一、二审程序中以中国证监会查处的其他案件为例说明本案定性不当的主张,由于欣泰电气所举案件中违法行为的性质和情节与本案并不具有可比性,且中国证监会在那些案件中处理合法适当与否也非本案审查范围,因而欣泰电气认为中国证监会定性不当的主张不能成立。在处理结果方面,欣泰电气主张其积极配合中国证监会的执法调查,对其应当从轻或减轻处罚。根据《行政处罚法》(2017)第27条第1款第 3 项的规定,当事人配合行政机关查处违法行为有立功表现的,应当依法从轻或者减轻行政处罚。由此可见,即使欣泰电气在本案行政调查过程中有配合调查的情节,但并无证据证明其有"立功表现",因而其仍然不符合法定的应当从轻或减轻处罚的条件。而且,根据《证券法》(2014)第 189 条第 1 款的规定,发行人不符合发行条件,以欺骗手段骗取发行核准,已经发行证券的,处以非法所募资金金额 1% 以上 5% 以下的罚款。本案中,中国证监会按照非法募集金额 3% 的标准对欣泰电气处以罚款,在上述法律规定的幅度范围内,且与欣泰电气违法行为的性质、情节以及危害程度基本相当,不构成裁量上的明显不当。因此,欣泰电气认为被诉处罚决定明显不当的主张,缺乏事实和法律依据,亦不予支持。

【法律分析】 本案涉及与证监会执法权相关的两个问题。

一是在行政执法中对专业性问题的认定和处理权限问题。法院认为,《证券法》(2014)没有特别规定行政机关必须对执法中的专业性问题委托专业机构进行认定和处理的情况下,证监会作为国家设置的专司证券市场监管的专业性机构,对涉嫌证券违法行为的事实进行调查、认定并在调查基础上作出相应的处理,属于法律规定的证监会职责权限范围。在法律没有明确规定的情况下,对于行政执法中专业性较强的事实认定问题,并不排除证监会通过外聘专业机构进行鉴定或审计并将鉴定或审计意见作为认定事实的基础,但这属于证监会执法裁量的范畴,并非法定义务。因此,欣泰电气认为证监会未对财务会计文件等专业性问题委托专业鉴定或审计机构出具意见从而导致认定事实错误的主张,是缺乏法律依据的。

二是司法对行政处罚自由裁量权的尊重问题。法院根据《行政诉讼法》(2017)第 70 条第 6 项、第 77 条之规定,指出法院可以审查被诉行政行为的合理性,但只有行政行为"明显不当"的才可以予以撤销或变更,这就要求法院既要履行对行政裁量的审查职责,同时也要秉持谦抑态度行使审查权力,给予行政裁量必要的尊重。证券金融领域具有一定的特殊性,并且金融监管部门对市场的监管奉行依法审慎监管原则,这都要求法院对金融监管执法行为进行司法监督必须在恪守适度原则基础上开展合法性审查,不能逾越金融监管执法规律或者超越司法权边界施以监督。基于以上理由,法院否定了欣泰电气认为被诉处罚决定在定性和处理结果两个方面均存在明显不当之处的辩驳,支持了证监会所作的行政处罚幅度,不构成裁量上的明显不当。

四、证监会的行为准则

证券监管机构及其工作人员行使法律赋予的监督管理职权时,不仅应依法履行职责,而且其行为本身亦应受到法律的约束,以防止滥用职权。为了从制度上防止在对证券市场运行监管过程中滥用权力情况的发生,我国《证券法》(2019)对证券监管机构及其工作人员的行为进行了严格的规范,规定了证券监管机构及其工作人员应遵守的行为准则和法定义务。

(1) 公开义务。证券监管机构及其工作人员的行为是一种行政执法行为,应当受到社会公众的监督,以防止职权被滥用。根据《证券法》(2019)第174条的规定,公开义务包括两方面:一是国务院证券监督管理机构依法制定的规章、规则和监督管理工作制度应当依法公开。二是国务院证券监督管理机构依据调查结果,对证券违法行为作出的处罚决定应当公开。

(2) 移送义务。证券监管机构只有对证券一般违法行为实施行政处罚的权力,对证券犯罪行为没有惩处的权力,但为打击证券犯罪行为,《证券法》(2019)第178条规定,国务院证券监督管理机构依法履行职责,发现证券违法行为涉嫌犯罪的,应当依法将案件移送司法机关处理;发现公职人员涉嫌职务违法或者职务犯罪的,应当依法移送监察机关处理。

(3) 出示合法证件和监督检查、调查通知书义务。《证券法》(2019)第172条规定,国务院证券监督管理机构依法履行职责,进行监督检查或者调查,其监督检查、调查的人员不得少于2人,并应当出示合法证件和监督检查、调查通知书或者其他执法文书。监督检查、调查的人员少于2人或者未出示合法证件和监督检查、调查通知书或者其他执法文书的,被检查、调查的单位和个人有权拒绝。

(4) 忠于职守与保密义务。《证券法》(2019)第179条第1款规定,国务院证券监督管理机构工作人员必须忠于职守、依法办事、公正廉洁,不得利用职务便利牟取不正当利益,不得泄露所知悉的有关单位和个人的商业秘密。

(5) 兼职禁止义务。为确保证券监管机构工作人员依法履行职责,保证监管工作的公正与公平,《证券法》(2019)第179条第2款规定,国务院证券监督管理机构工作人员在任职期间,或者离职后在《公务员法》(2018)规定的期限内,不得到与原工作业务直接相关的企业或者其他营利性组织任职,不得从事与原工作业务直接相关的营利性活动。

第三节 证交所的自律监管

一、我国证交所组织形式

我国目前共设立了上海、深圳和北京三家证券交易所,其中前两家最初都是地方性"股份制试点"的产物,是由地方政府通过政令设立的。上海证券交易所是依据上海市政府1990年11月颁布的《上海市证券交易管理办法》而取得法人资格的。该办法规定"证券交易所是指依本办法规定,设置场所和设备,以提供证券集中交易市场为目的的法人",但证券交易所是什么性质的法人则语焉不详。现已失效的《证券交易所管理办法》(1997)[①]第 3 条将证券交易所定义为"依本办法规定条件设立的,不以营利为目的,为证券的集中和有组织的交易提供场所、设施,履行国家有关法律、法规、规章、政策规定的职责,实行自律性管理的会员制事业法人"。由此可见,我国证券交易所只有会员制事业法人一种组织形式,这种法人具有不以营利为目的、实行会员制的特点。这也得到了沪深两证券交易所各自的章程的印证。《证券法》(1998)第 95 条将证券交易所界定为"提供证券集中竞价交易场所的不以营利为目的的法人"。但《证券交易所管理办法》(1997)第 3 条将证券交易所表述为"依本办法规定条件设立的,不以营利为目的,为证券的集中和有组织的交易提供场所、设施,履行国家有关法律、法规、规章、政策规定的职责,实行自律性管理的会员制事业法人"。2005 年修订的《证券法》第 102 条规定,证券交易所是为证券集中交易提供场所和设施,组织和监督证券交易,实行自律管理的法人。与《证券交易所管理办法》(1997)相比,后三者都删除了"会员制事业法人"一语;而且《证券法》(2005)的规定还删除了"不以营利为目的"的表述,由此引发了人们对我国证券交易所性质的争论。

一部分观点认为,《证券法》(2005)的表述删除了"会员制事业法人""不以营利为目的"的表述,可以反向解释为证券交易所可以是"以营利为目的"的法人(因为"以营利为目的"是企业的重要特征之一),至少表明了立法者的目的是希望为今后实行证券交易所公司化改革提供立法依据。而该法第 105 条第 2 款规定,"实行会员制的证券交易所的财产积累归会员所有,其权益由会员共同享有,在其存续期间,不得将其财产积累分配给会员",也意味着允许存在非会员制的证券交易所,非会员制的交易所可以不遵守该条款的规定。这也就间接承认了设立非会员制证券交易所的可能性。

另外一部分观点则仍然主张我国证券交易所会员制的企业法人性质,其理由包括:第一,《证券法》(2005)中关于证券交易所的规定中多次出现"会员""理事会"等概念,说明证券交易所不是财团法人,而是社团法人。第二,根据《证券法》(2005)第 105 条的规定,"证券交易所可以自行支配的各项费用收入,应当首先用于保证其证券交易场所和设施的正常运行并逐步改善。实行会员制的证券交易所的财产积累归会员所有,其权益由会员共同享有,在其存续期间,不得将其财产积累分配给会员。"表明了证券交易所是非营利性的,从而说明我国的证券交易所在组织形式上,仍然只能采用会员制形式。实际上,在法律规范层面上,我国的证券交易所可以是会员制事业法人,也可以是非会员制的企业法人。对现有证券交易所进行公司化改造不存在法律上的障碍。证券交易所选取哪种

[①] 证委发〔1997〕88 号。

法人性质,是法律赋予的选择权。

2021年9月3日,经国务院批准设立的北京证券交易所,是我国成立的第一家公司制证券交易所。至此,对证券交易所性质之争可以告结束,因为沪深两市为会员制事业单位,北京交易所为公司制,二者并存。

【拓展阅读】

证交所的法律性质之争①

二、证交所的基本职能

由于各国和地区的证券监管体制不尽相同,证券交易所的地位和职责亦有所不同,但证券交易所的基本职能是大体相似的,即创造公开、公平、公正的市场环境,提供各种设施和便利条件,以保证证券活动的正常进行。监管和服务是证券交易所的两大职能。

对证券交易的监管和服务职能,主要体现在以下几个方面:(1)证券交易所有制定证券交易规则的权力,例如《证券法》(2019)第115条第1款规定,证券交易所依照法律、行政法规和国务院证券监督管理机构的规定,制定上市规则、交易规则、会员管理规则和其他有关业务规则,并报国务院证券监督管理机构批准。(2)证券交易所有实时监控权,例如《证券法》(2019)第112条第1款规定,证券交易所对证券交易实行实时监控,并按照国务院证券监督管理机构的要求,对异常的交易情况提出报告。(3)证券交易所有限制证券交易的权力,例如《证券法》(2019)第112条第2款规定,证券交易所根据需要,可以按照业务规则对出现重大异常交易情况的证券账户的投资者限制交易,并及时报告国务院证券监督管理机构。(4)证券交易所有技术性停牌和临时停市的权力,例如《证券法》(2019)第111条第1款规定,因不可抗力、意外事件、重大技术故障、重大人为差错等突发性事件而影响证券交易正常进行时,为维护证券交易正常秩序和市场公平,证券交易所可以按照业务规则采取技术性停牌、临时停市等处置措

---

① 详尽论述参见冷静:《法定自律组织还是法律法规授权组织:新形势下证券交易所及其一线监管性质辨》,载黄红元、卢文道主编:《证券法苑》第23卷,法律出版社2017年版,第190—218页。

施,并应当及时向国务院证券监督管理机构报告。(5)证券交易所应当公开证券交易信息,例如《证券法》(2019)第 109 条规定,证券交易所应当为组织公平的集中交易提供保障,实时公布证券交易即时行情,并按交易日制作证券市场行情表,予以公布。证券交易即时行情的权益由证券交易所依法享有。未经证券交易所许可,任何单位和个人不得发布证券交易即时行情。

对券商和上市公司的监管和服务,主要包括对证券公司市场准入和对上市公司信息披露的监管和服务。例如,根据《证券法》(2019)第 105 条的规定,进入实行会员制的证券交易所参与集中交易的,必须是证券交易所的会员。证券交易所不得允许非会员直接参与股票的集中交易。第 115 条第 2 款规定,在证券交易所从事证券交易,应当遵守证券交易所依法制定的业务规则。违反业务规则的,由证券交易所给予纪律处分或者采取其他自律管理措施。

三、证交所的两种类型

根据《证券法》(2019)第 37 条、《公司法》(2018)第 138 条之规定,我国目前证券交易的场所分为场内交易(即证券交易所市场)和场外交易(即国务院批准的其他证券交易场所),实际上是放宽了对交易场所的限制,这一规定为建立我国多层次的资本市场提供了法律保障。

关于场内市场,我国《证券法》第 96 条规定:"证券交易所、国务院批准的其他全国性证券交易场所为证券集中交易提供场所和设施,组织和监督证券交易,实行自律管理,依法登记,取得法人资格。证券交易所、国务院批准的其他全国性证券交易场所的设立、变更和解散由国务院决定。国务院批准的其他全国性证券交易场所的组织机构、管理办法等,由国务院规定。"目前,境内经国务院批准设立的证券交易所只有上海证券交易所和深圳证券交易所两家,是进行场内交易的场所。根据《深圳证券交易所交易规则》(2021)、《上海证券交易所交易规则》(2020)之规定,下列证券可以在我国证券交易所市场挂牌交易:(1)股票;(2)基金;(3)债券;(4)债券回购;(5)权证;(6)经中国证监会批准的其他交易品种。此外,证券交易所的交易时间为每周一至周五。国家法定假日和证券交易所公告的休市日,证券交易所市场休市。发生下列交易异常情况之一,导致部分或全部交易不能进行的,证券交易所可以决定技术性停牌或临时停市:(1)不可抗力;(2)意外事件;(3)技术故障;(4)出现行情传输中断或无法申报的会员营业部数量超过营业部总数 10%以上的交易异常情况;(5)证券交易所认定的其他异常情况。交易时间内因故停市,交易时间不作顺延。

关于场外市场,《证券法》第 37 条规定:"公开发行的证券,应当在依法设立的证券交易所上市交易或者在国务院批准的其他全国性证券交易场所交易。非公开发行的证券,可以在证券交易所、国务院批准的其他全国性证券交易场所、按照国务院规定设立的区域性股权市场转让。"现已失效的《关于做好贯彻实施修订后的公司法和证券法有关工作的通知》(国办发〔2005〕62号)规定:"要加强证券交易管理。依照修订后的证券法,依法公开发行的证券除在上海、深圳证券交易所上市交易外,还可以在经国务院批准的其他证券交易场所转让。基于以往的经验教训,推进多层次资本市场体系建设,必须有组织、有步骤地稳妥推进,在国务院统一领导下进行。未经国务院批准,地方各级人民政府、国务院有关部门不得擅自设立证券交易场所或者利用现有交易平台提供证券转让服务。证监会要会同国务院有关部门抓紧研究多层次资本市场体系建设方案,报国务院批准后实施"。此规定表明,我国的证券交易只能在证券交易所或者在国务院批准的场外市场进行。

代办股份转让系统,俗称"三板市场",是指经中国证券业协会同意,具有代办股份转让服务业务资格的证券公司为股份转让公司提供股份转让服务的业务设施。目前,代办股份转让的证券公司租用深圳证券交易所的技术系统代办股份转让。中国证券业协会委托深圳证券交易所对股份转让行为进行实时监控。中国证券业协会履行自律性管理职责,对证券公司代办股份转让业务实施监督管理。为妥善解决原全国证券交易自动报价系统(STAQ系统)、全国电子交易系统(NET系统)挂牌公司流通股的转让问题,《证券公司代办股份转让服务业务试点办法》(中国证券业协会,2001)正式启动了代办股份转让工作。为解决证券交易所退市公司股份转让问题,2002年8月29日起退市公司纳入代办股份转让试点范围。2006年1月16日,中关村科技园区非上市股份有限公司进入代办股份转让系统进行股份转让试点,这标志着代办股份转让系统的功能定位发生重大变化,也标志着我国多层次资本市场建设迈出重要一步。

四、证交所的行为规则

我国目前采取会员制形式的证券交易所必须遵循以下行为规则。

1. 不得以营利为目的

尽管《证券法》(2005)第102条第1款删除了《证券法》(1998)第95条第1款原有的"不以营利为目的"的表述,为证券交易所将来采取会员制以外的其他组织形式预留了法律空间。但是截至目前,证券交易所的实践仍然坚持不以营利为目的。根据《证券法》(2019)第101条规定,证券交易所可以自行支配的各项费用收入,应当首先用于保证其证券交易场所和设施的正常运行并逐步改善。实行会员制的证券交易所的财产积累归会员所有,其权益由会员共同享有,在其存续期间,不得将其财产积累分配给会员。

2. 会员代理交易制

《证券法》第105条规定,进入实行会员制的证券交易所参与集中交易的,必须是证券交易所的会员。证券交易所不得允许非会员直接参与股票的集中交易。第106条规定,投资者应当与证券公司签订证券交易委托协议,并在证券公司实名开立账户,以书面、电话、自助终端、网络等方式,委托该证券公司代其买卖证券。要求"投资者应当与证券公司签订证券交易委托协议",有助于保护投资者的利益。

3. 设立风险基金

《证券法》第114条第1款和第2款规定,证券交易所应当从其收取的交易费用和会员费、席位费中提取一定比例的金额设立风险基金。风险基金由证券交易所理事会管理。风险基金提取的具体比例和使用办法,由国务院证券监督管理机构会同国务院财政部门规定。交易所设立风险基金,主要是用于弥补交易所因不可抗力或重大事故而产生的损失,以确保交易所能正常运转。风险基金是来源于证券交易所收取的交易费用、会员费、席位费,其中交易费用是证券交易所会员参与证券交易活动向证券交易所缴纳的交易经手费;会员费是证券公司等证券市场主体为成为证券交易所会员所缴付的费用;席位费是会员购买和使用证券交易所交易席位所支付的费用。

4. 风险基金管理制度

《证券法》第114条第3款对风险基金管理与使用作了规定:证券交易所应当将收存的风险基金存入开户银行专门账户,不得擅自使用。这是因为此项风险基金不属于证券交易所财产,而是属于风险基金缴纳者的合法财产。

5. 回避制度

为了贯彻《证券法》的"三公"原则,避免利益冲突,证券交易所负责人及从业人员在执行职务遭遇与其本人或其亲属有利害关系的情形时应回避。《证券法》第116条对证券交易所负责人和从业人员的回避制度作了规定:证券交易所的负责人和其他从业人员在执行与证券交易有关的职务时,与其本人或者其亲属有利害关系的,应当回避。

6. 不得改变交易结果

《证券法》第117条对交易结果的不可逆性作了规定:按照依法制定的交易规则进行的交易,不得改变其交易结果,但本法第111条第2款规定的除外。对交易中违规交易者应负的民事责任不得免除;在违规交易中所获利益,依照有关规定处理。这是因为证券交易具有无因性、流动性、集中性等特征,因此只要依据依法制定的交易规则进行的交易,不论其交易主体是否有违法行为,其交易结果都不得改变。在此情况下,虽然交易结果有效,但违规交易者所应承担的民事责任不得免除,在违规交易中所获利益应依照有关规定处理,以有助于维护交易安全和正常的交易秩序。

7. 违规者受罚

《证券法》第115条第2款规定,在证券交易所从事证券交易,应当遵守证券交易所依法制定的业务规则。违反业务规则的,由证券交易所给予纪律处分或者采取其他自律管理措施。

第四节 证券业协会的监管

一、证券业协会的性质

证券业协会是证券业的自律性组织,是依法设立的对证券行业进行自律性管理的具有法人资格的社会团体组织,属于自律性社会团体法人。按照国际通例,证券业协会是由证券公司或证券业从业人员自愿组成的同业公会,因此又称证券业同业公会。

中国证券业协会(Securities Association of China,SAC)成立于1991年8月28日,是依据《证券法》(2005)、《证券投资基金法》(2003)和《社会团体登记管理条例》(2016)的有关规定设立的证券业自律性组织,属于非营利性社会团体法人,接受中国证监会和民政部的业务指导和监督管理。中国证券业协会的宗旨是:在国家对证券业实行集中统一监督管理的前提下,进行证券业自律管理;发挥政府与证券行业间的桥梁和纽带作用;为会员服务,维护会员的合法权益;维持证券业的正当竞争秩序,促进证券市场的公开、公平、公正,推动证券市场的健康稳定发展。协会成立以来一直贯彻执行"法制、监管、自律、规范"的八字方针和《中国证券业协会章程》(2021),在中国证监会的监督指导下,团结和依靠全体会员,切实履行"自律、服务、传导"三大职能,在推进行业自律管理、反映行业意见建议、改善行业发展环境等方面展开工作,发挥行业自律组织的作用。

二、证券业协会的职责

根据2017年6月17日中国证券业协会第六次会员大会审议通过,2017年6月28日民政部核准的《中国证券业协会章程》(该章程由中国证券业协会第七次会员大会于2021年7月21日作出了修订)第7条的规定,协会主要履行以下职责:

教育和组织会员及其从业人员遵守证券法律、行政法规,组织开展证券行业诚信建设和行业文化建设,督促证券行业履行社会责任;依法维护会员的合法权益,向证监会等部门反映会员的建议和要求;督促会员开展投资者教育和保护活动,维护投资者合法权益;制定和实施证券行业自律规则和业务规范,监督、检查会员、从业人员行为,对违反法律、行政法规、协会章程、自律规则、业务规范的,按照规定给予纪律处分或者实施其他自律管理措施;组织执业评价,形成声誉激励和约束;制定证券从业人员道德品行、专业能力水平标准,开展从业人员执业登记,实施从业人员分类分层自律管理;制定非准入类证券从业人员和董事、监事、高级管理人员专业能力水平评价测试规则并具体组织实施;组织从业人员的业务培训;组织会员就证券行业的发展、运作及有关内容进行研究,收集、整理、发布证券相关信息,提供会员服务,组织行业交流,引导行业创新发展;对会员之间、会员与客户之间发生的证券业务纠纷进行调解;对网下投资者、非公开发行公司债券、场外市场及场外衍生品业务进行自律管理;对会员及会员间开展与证券非公开发行、交易相关业务活动进行自律管理;组织开展证券业国际交流与合作,代表中国证券业加入相关国际组织,推动相关资质互认并建立资质互认机制;推动会员加强科技和信息化建设,提高信息安全保障能力,对借助信息技术手段从事的证券业务活动或提供的相关服务进行自律管理;经政府有关部门批准,开展行业科学技术奖励;法律、行政法规、部门规章、证监会行政规范性文件规定的其他职责;其他涉及自律、服务、传导的职责。

三、会员与组织机构

根据《中国证券业协会章程》[①]的规定,中国证券业协会的组织机构一般由会员大会、理事会、监事会三部分组成(参见图 3-1)。

1. 会员大会

证券业协会的最高权力机构为全体会员组成的会员大会。中国证券业协会实行会长负责制。证券业协会章程由会员大会制定,并报国务院证券监督管理机构备案。会员大会每四年至少召开一次,理事会认为有必要或由 1/3 以上会员联名提议时,可召开临时会员大会。会员大会的职责是:制定、修改协会章程;选举和罢免会员理事、监事;审议理事会工作报告和财务报告;审议监事会工作报告;制定和修改会费标准;决定协会的合并、分立、终止;决定其他应由会员大会审议的事项(第 25 条)。根据《中国证券业协会章程》规定,协会会员由单位会员构成;凡依法批准设立的证券交易所、专门经营证券业务的证券公司和兼营证券业务的金融机构及团体,承认协会章程、遵守协会的各项规则,均可申请加入协会,成为协会的会员。协会会员包括法定会员、普通会员和特别会员(第 13 条)。

2. 理事会

证券业协会设理事会,是会员大会的执行机构,理事会成员依章程的规定由会员大会选举产生,理事任期四年,可连选连任。理事会会议每年至少召开一次,由理事长召集,其会议须有 2/3 以上理事出席,其决议须经到会理事 2/3 以上表决通过方可生效(第 33 条)。

[①] 载中国证券业协会网站,http://www.sac.net.cn/ljxh/jgsz,访问时间:2023-7-18。

3. 监事会

证券业协会的监事会由会员大会选举产生的监事组成,是协会工作的监督机构,负责监督协会的业务和财务,并向会员大会提出报告。

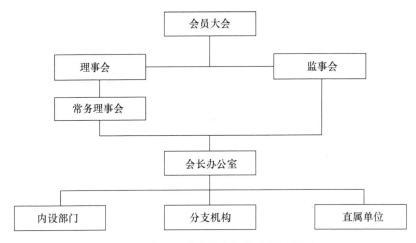

图 3-1 中国证券业协会机构设置结构图

第二编　证券法律行为制度

信息公开制度和立体监管制度必须通过各种证券活动才能得以贯彻与落实，这就决定了证券法律行为制度构成整个证券法律制度的核心与基石，而证券法律行为制度得以正常有序地开展与落实则是各国证券立法的至上追求。

如前所述，证券活动实际上属于"经济基础"的范畴，此类经济活动遵循着不以人的意志为转移的客观性，使得作为反映该"经济基础"的"上层建筑"之证券法律行为制度也具有很强的普适性。本编将这种具有普适性的证券法律行为制度凝练为五个核心专题，详尽讲述证券发行、证券上市、证券交易、上市公司收购、资产证券化制度。

需要说明的是，对上述证券法律行为制度的讲解以我国现行有效的制度规定为主，因为后者的制度设计体现了普适性。但是，因受制于我国市场经济发展和资本市场建设的现状，很多国际通行的证券法律行为制度在我国未作规定或是发生了一定的变异。有鉴于此，本编对此也进行了讲解，并力图还原其"真实面目"。

第四章　证券发行制度

如前所述,任何一个经济体中均由资金盈余单位(有储蓄的个人、家庭和有闲置资金的企业)和资金短缺单位(有投资机会的企业、政府和有消费需要的个人)所组成。为了加速资金的周转和利用效率,需要使资金从盈余单位流向短缺单位,其方式有二:一是间接融资,即资金盈余者将其盈余资金存入银行,银行再将其贷给借款者(即资金短缺单位);二是直接融资,即资金盈余者通过购买政府、企业和金融机构发行的各种有价证券,将资金直接投入资金短缺单位。本章所讲解的证券发行即属于直接融资方式。我国《证券法》(2019)第二章共26条(第9—34条)对证券发行制度作了规定,主要内容包括证券发行的条件、核准机关、程序、应提交的文件、发行的保荐及承销等。

第一节　证券发行概述

一、证券发行的概念

证券发行(Securities Issuance)是指发行人(包括政府、金融机构、工商企业等)以集资或调整资本结构等为目的,向投资者出售代表一定权利的有价证券的活动,须依照法定程序出售其制作的证券,性质上属于设权法律行为。证券发行是一系列法律行为的概称,包括证券销售、认购人的认购、缴纳认购款,以及交付或获得证券。

证券发行是伴随生产社会化和企业股份化而产生的,同时也是信用制度高度发展的结果。由于证券发行是向社会投资者筹集资金的形式,是实现社会资本优化配置的方式,对社会影响既深且广,因而证券发行受到严格的法律规制,须遵循《证券法》(2019)所规定的公开原则(信息公开制度)、公平原则、公正原则。《上市公司证券发行注册管理办法》(2023)对证券发行作了更为详尽的规制。

二、证券发行的方式

根据不同的标准,证券发行的方式可以分为不同的类型,其中最重要的分类是根据所选择的发行对象之不同,将证券发行划分为公开发行(公募)与非公开发行(私募)两种方式。

（一）私募发行与公募发行

所谓私募(Private Placement)，又称非公开发行、定向发行、私下发行等，是指针对特定对象、采取特定方式、接受特定规范的证券发行方式。证券私募发行一般具有以下特点：(1) 私募发行的对象是特定的，并且有人数上的限定。根据《证券法》(2019)第9条第2款的规定，对其进行反向解释，私募的对象是特定的，其数量上限是发行证券累计不得超过200人(但依法实施员工持股计划的员工人数不计算在内)。(2) 私募发行所面对的特定投资者必须具备法律规定的资格，诸如对投资主体的风险抵抗能力、商业经验、财富、获取信息的能力等有特定的要求。(3) 私募的证券是免于核准或注册的，无须像公募那样进行全面、详细的信息披露。但上市公司非公开发行新股仍须报国务院证券监督管理机构核准。(4) 私募发行的规模和数量受限制。私募发行免于注册的重要原因是该发行"不会影响公众的利益且对证券法的适用没有实际必要"，同时又因其所面向的投资者数量有限，因此其发行规模不可能很大。(5) 私募发行的方式受限制，诸如不能公开通过广告、募集说明书等方式来销售证券，发行人一般直接同投资者协商出售证券的条件而无须通过承销商的协助。《证券法》(2019)第9条第3款规定，私募不得采用广告、公开劝诱和变相公开方式。(6) 私募证券的转售受限制。因为私募证券属于"受限制证券"，在发行当时法律往往要求发行人对其私募发行的证券的再转让采用合理的注意。

在我国，私募一词首见于《商业银行次级债券发行管理办法》(2004)[①]，而其他法律法规还是更多地使用"定向募集"与"定向发行"的概念。现行基本法如《公司法》(2018)第77条、《证券法》(2019)第9条采用了"非公开发行"的概念。这些零星条文勾勒出了我国"私募"制度的基本框架，具体制度如下：(1) 关于私募的主体，由于《公司法》与《证券法》对于发行人的资格没有进行限制，因此从学理上来说，可以是依法设立的股份有限公司、有限公司等。(2) 关于私募的对象，应该是合格投资者。我国法律规定证券私募发行的对象是"特定对象"，但《公司法》并未明确其具体条件和详细标准；《上市公司证券发行注册管理办法》(2023)将确定"特定对象"条件的权利赋予了股东大会决议，且规定如果"发行对象为境外战略投资者的，应当遵守国家的相关规定"(第55条)；《证券法》(2019)第9条只是明确了"公开发行"应当满足的条件。对于私募发行的对象的数量，《证券法》(2019)仅规定为"向累计不超过200人的特定对象发行"，但未规定"累计不超过200人，但依法实施员工持股计划的员工人数不计算在内"的计算方法。从实务角度来看，对于人数的确定，既要考虑受要约的人数、资格，又要考虑

[①] 《商业银行次级债券发行管理办法》(中国人民银行、中国银监会公告〔2004〕第4号)，现行有效。

实际购买者的人数与资格问题;限定募集对象的人数宜少不宜多,人数的限定主要是对于非机构投资者的法人及自然人人数进行限制。(3)关于私募的方式,《证券法》(2019)仅仅规定非公开发行"不得采用广告、公开劝诱和变相公开方式",但并没有具体说明何为"公开劝诱""变相公开"。因此如何明确区分公开发行与非公开发行还亟待法律法规或司法解释作出具体的规定。(4)关于信息披露的要求,应该根据投资者种类的不同而分别设定其要求;对于机构投资者、发行人及其关联公司的董事、监事及高管人员来讲,无须发行人主动披露信息;对于与发行人有业务接洽的法人和拥有一定资产实力的自然人来讲,应由发行人主动向其披露信息;对于私募证券的流通,应要求发行人遵守持续信息披露制度。对于发行人,可以借鉴英美公司法所作的大众公司与非大众公司之分,构建不同程度的信息披露要求;若发行人为大众公司,就应当负有强制信息披露义务;若为非大众公司,则可以根据投资者的具体情况承担信息披露义务。(5)关于转售行为的规制,这是为了防止发行人利用私募发行来规避公开发行的监管而设立的制度,《证券法》(2019)第 36 条规定:"依法发行的证券,《中华人民共和国公司法》和其他法律对其转让期限有限制性规定的,在限定的期限内不得转让。上市公司持有百分之五以上股份的股东、实际控制人、董事、监事、高级管理人员,以及其他持有发行人首次公开发行前发行的股份或者上市公司向特定对象发行的股份的股东,转让其持有的本公司股份的,不得违反法律、行政法规和国务院证券监督管理机构关于持有期限、卖出时间、卖出数量、卖出方式、信息披露等规定,并应当遵守证券交易所的业务规则。"《上市公司证券发行注册管理办法》(2023)第 59 条规定:"向特定对象发行的股票,自发行结束之日起六个月内不得转让。发行对象属于本办法第五十七条第二款规定情形的,其认购的股票自发行结束之日起十八个月内不得转让。"(6)关于私募的豁免制度,这是资本市场发达国家的通用制度,但我国至今未能建立。

所谓公募(Public Offering),又称公开发行,是指证券发行人依法通过中介机构向社会公众发出认购证券的要约、要约邀请或单方面表示招募证券的行为。为保障公众投资者的利益,各国对公募发行都有严格的要求,例如发行人要有较高的信用,并符合证券主管部门规定的各项发行条件,经批准后方可发行。采用公募方式发行证券的有利之处主要有:(1)公募以众多的公众投资者为发行对象,因此筹集资金潜力大,适合于证券发行数量较多、筹资额较大的发行人;(2)公募发行投资者范围广,可以避免囤积证券或被少数人操纵;(3)由于公募证券方可申请在交易所上市,因此公募可以增强证券的流动性,有利于提高发行人的社会信誉。但是,公募的发行过程比较复杂,登记核准所需时间较长,发行费用也较高,是其不足之处。我国《股票发行与交易管理暂行条例》(1993)第 81 条规定股票的"公开发行"是指发行人通过证券经营机构向发行人以外的社会公众就发行人的股票作出的要约邀请、要约或者销售行为。《证券法》(2019)第9条通过列举的方式对公开发行进行了界定,据此对公开发行的界定主要从三方面判断:一是募集对象的非特定化;二是特定的募集对象超出一定数量;三是方式公开化(即采取广告、公开劝诱或其他变相公开方式等发行手段)。

(二)折价/平价与溢价发行

证券有许多不同的价值表现形式,以股票为例,其价值表现形式中以票面面额和股票发行价格为最主要。票面面额是印刷在股票票面上的金额,表示每一单位份额所代表的资本额,其大小由发行人规定。发行价格,俗称行市,是发行人发行证券时向投资者收取的销售价格。发行价格的高低由市场上的供求关系决定,因而股票的发行价格与票面面额通常是不相等的。在票面价值确定后,发行价格将依据发行人业绩增长性、市场利率、证券的利率水平、发行人信誉和资金供应状况等多种因素来确定。在发行价格围绕票面价值上下波动的情况下,当发行价格低于票面价值时,为折价发行;当发行价格高于票面价值时,为溢价发行;当发行价格等于票面价值时,为平价发行。

溢价发行(At Premium),是指发行人按高于票面面额的价格发行证券,它可以使发行人用较少的股份筹集到较多的资金,同时还可降低筹资成本。《证券法》(2019)第32条规定:"股票发行采取溢价发行的,其发行价格由发行人与承销的证券公司协商确定。"溢价发行又可分为时价发行和中间价发行两种方式。所谓时价发行,也称市价发行,是指以同种或同类股票的流通价格为基准来确定股票发行价格,是股票公开发行通常采用的形式。首次公开募股(Initial Public Offerings,IPO)时通常会根据同类公司产业相同、经营状况相似的股票在流通市场上的价格表现来确定自己的发行价格;而增发新股时会按已发行股票在流通市场上的价格水平来确定发行价格。所谓中间价发行,是指以介于票面面额和时价之间的价格来发行股票。在我国,通常适用于股份公司对老股东配股。

平价发行(At Par),又称等额发行或面额发行,是指发行人以票面金额作为发行价格。例如,某发行人的股票面额为1元,其发行股票时的售价也是1元,即为平价发行。由于股票上市后的交易价格通常要高于面额,因此绝大多数投资者都乐于认购。平价发行方式较为简单易行,但其主要缺陷是发行人筹集资金量较少。我国最初发行股票时曾采用过平价发行方式,例如1987年深圳发展银行发行股票时,每股面额为20元,发行价也为每股20元。平价发行在债券发行中较常见,其优点是:发行人按事先规定的票面额获取发行收入,并按既定的票面额偿还本金;除按正常的利息率支付一定的债息外,不会给发行者带来额外负担。但是,债券平价发行要求发行人有较高的信誉,同时,债券利率必须高于银行利率。平价发行在股票发行中更为常见,其优点是:发行人只需付出规定的手续费给承销商,就能收到股票票面价值总和的资本,而且成本低、发行简便。

但是,平价发行要求发行人具有较高的信誉,因此对新成立的公司来说较难采用。

折价发行(At Discount),又称低价发行,是指以低于股票票面面额的价格出售新股,即按面额打一定折扣后发行股票,折扣的大小主要取决于发行公司的业绩和承销商的能力。例如某种股票的面额为1元,如果发行公司与承销商之间达成的协议折扣率为5%,那么该股票的发行价格为每股0.95元。股票折价发行时,其折价的大小必须根据发行人的经济状况决定:经营状况好则折价少,反之则折价多。折价发行适用于信用较低或新成立的公司所发行的股票。另外,在大量发行股票时,为了吸引投资者,采用折价发行便于推销。根据《公司法》(2018)第127条规定,股票发行价格可以按票面金额,也可以超过票面金额,但不得低于票面金额。债券通常在以下几种情况下采用折价发行方法:(1)发行者信用低或是新发行债券者,为保证债券顺利推销而采用折价发行;(2)债券发行数量很大,为了鼓励投资者认购,用减价的方式给予额外收益补贴;(3)由于市场利息率上升,而债券利息率已定,为了保证发行,只能降低发行价格。折价发行时,由于债券的发行价格低于票面价值,使投资者的收益率大于债券票面利率,因此折价发行债券的票面利率可适当降低。

(三)其他发行方式

以发行目的不同为标准,分为设立发行、增资发行。所谓设立发行,又称初次发行、首次发行,一般是指股份有限公司在公司设立时向发起人和社会公众发行股票的方式。所谓增资发行,是指已发行股票的公司为扩充资本而增资发行股票。按照取得股票时是否缴纳股金为标准来划分,又可细分为有偿增资发行和无偿增资发行。其中有偿增资发行,又包括社会募股、第三者配股和股东配股3种形式:(1)社会募股,是指向公众公开发行股票;(2)第三者配股,是指发行人除向股东和公众之外,还向与发行人有特定关系的人员和法人出售新股;(3)股东配股,是指发行人按股东的持股比例向原股东分配新股认购权,配股方式有股东直接配股、认股权和认股权证3种形式。所谓无偿增资发行,是指发行人的股东无须缴付现金即取得新股的增资方法,它并未使发行人自外界获得更多的资金来源,而只是表现为改变资本结构或充实内部的资本保留额。无偿增资发行股必须按照比率配予原股东。无偿增资可分为积累转增资和红利转增资两种类型:(1)积累转增资,是指将法定盈余公积金或资本公积金转为法定资本送股,按比例赠给原股东。这种方式事实上等于股份分割,可借此改变因法定资本过小而发生派息率偏高的情况;或者是为改善因原发行股票过少,市场缺货的情形。(2)红利转增资,指发行人将当年分派给股东的红利转为增资,采用新发行股票的方式代替准备派发的股息和红利送给股东,即所谓的送红股。此种方式可减少因现金派息而导致资金流出发行人,使其保留于企业内部,从而有助于资金的筹集、发行人的股份数增加。无偿增资与有偿增资的差异主要有二：（1）有偿增资的目的是筹措资金，而无偿增资的目的则是对股东的一种报酬；（2）有偿增资的摊销可以涉及股东之外的投资者，而无偿增资仅限于股东。

依证券发行是否协商议价为标准，可分为招标发行和非招标发行。所谓招标发行，是指证券发行人通过公开招标来确定证券的投资者（或承销商）和证券的发行条件的方式。所谓公开招标，是指认购者对准备发行的证券提出希望的发行条件和认购金额，发行人根据投标的情况决定证券的发行条件和发行金额。招标发行中的投标方式按不同性质可以作如下分类：（1）竞争投标与非竞争投标。竞争投标是指认购人根据自己的判断提出愿接受的价格或利率，以及认购的数量进行投标；发行人则按价格由高到低，或者按照利率由低到高的顺序决定中标者，直到完成预定的发行数量。非竞争投标是指认购人只报认购证券数量，发行人按当天成交的竞争性出价的最高价与最低价的平均价格出售。（2）价格投标和利率投标。价格投标指在证券利率已确定的条件下，由认购人根据利率与票面价格提出发行价格进行投标；发行人按照由高到低的次序决定中标者，直到完成预定数量。利率投标即认购者以百分比表示利率（即收益率）进行投标的方法。认购人利率确定以后，再确定息票利率和发行价格。（3）传统方式与荷兰方式。传统方式指中标人以各自提出的认购价格或利率取得证券，从而使同一种证券发行的中标人所接受的发行条件不同。荷兰方式（又称统一价格中标方式），即通过投标统一按中标者中最低的价格（或最高的利率）作为中标价格发行债券。所谓非招标发行，又称议价发行，是指证券发行人与证券承销商就证券发行价格、手续费等权责事项充分商讨后再发行或推销的一种发行方式。议价发行的具体步骤包括以下几个阶段：（1）证券发行人选择一家证券承销机构，商议募集资金的条件、方式、期限等；（2）证券承销机构对证券发行人的资信状况等进行详细调查，并对新发行证券的社会需要加以分析和预测；如果审查分析结果较为满意，证券承销商便与发行人签订发行意向书；（3）在证券发行量大的情况下，证券承销商组织成立承销集团，集团内每一个成员都按照规定的数额或比例来购买；（4）证券承销商与证券发行人签订正式的买卖合同，规定证券发行人交付证券票券的日期、金额、数量等；同时规定证券承销机构购买的价格和交付款项的期限；（5）承销团内部签订协议，规定证券推销的关系；（6）证券正式发行后，还须通过新闻媒介进行广告宣传吸引投资者，以扩大影响，保证证券发行的成功。议价发行的优点主要有两个方面：一是可以更多地了解发行人的情况，对于承销商来说可以减少承销的风险；二是议价发行比招标发行更合理，证券的推销和利润把握性更大。

依证券发行是否通过证券承销机构为标准，可分为直接发行和间接发行。所谓直接发行，又称自办发行，它是指证券发行人自己组织发行工作、办理发行事宜,向投资者直接推销并交付证券的方式("发行人←→投资者")。直接发行的缺点主要是发行对象往往局限于特定的投资者,使证券的计划发行额不易募足。由于直接发行没有金融机构等中介机构的协助,对于充分动员社会闲散资金缺乏力量,因而对数量较大的证券往往采用间接发行方法。所谓间接发行,是指证券发行人通过证券发行中介机构具体办理证券发行事宜并发售证券的方式("发行人←中介机构→投资者")。间接发行方式可以分为证券代销、证券包销以及证券承销等3种方式。间接发行的优点是,能够利用证券发行中介机构众多的金融网点和客户,以及熟练的专业技术人员和良好的信誉,可以迅速募集到大量资金,保证证券发行任务顺利完成,因而间接发行方法现已被世界各国广泛采用。

此外,还有其他一些证券发行方式的分类。例如,以证券种类不同为标准,可以分为债券发行、股票发行、证券投资基金发行。依发行保证的不同,证券发行分为信用担保发行、实物担保发行、证券担保发行和产品担保发行,等等。

第二节 证券发行的条件

一、股票公开发行的条件

根据我国《证券法》(2019)、《公司法》(2018)的有关规定,以及《首次公开发行股票注册管理办法》(2023)[①]的规定,首次公开发行股票的条件主要包括主体资格、独立性、规范运行、财务与会计、募集资金运用等方面。根据《证券法》(2019)第11条的规定,采取募集方式设立股份有限公司的股票发行,须向国务院证券监督管理机构报送募股申请、公司章程、发起人协议、发起人姓名或者名称、发起人认购的股份数、出资种类及验资证明、招股说明书、代收股款银行的名称及地址、承销机构名称及有关的协议,以及如依本法规定聘请了保荐人的,则还应当报送保荐人出具的发行保荐书。法律、行政法规规定设立公司必须报经批准的,还应当提交相应的批准文件。

(一)在国内证券市场首次公开发行股票的条件

根据《首次公开发行股票注册管理办法》(2023)[②]第二章的规定,在国内证券市场首次公开发行股票须满足以下条件:

[①] 中国证券监督管理委员令第205号,于2023年2月17日公布并实施。该部门规章现行有效。
[②] 《首次公开发行股票注册管理办法》(中国证券监督管理委员令第205号)于2023年2月17日公布并施行,取代了《首次公开发行股票并上市管理办法》(2018)(中国证券监督管理委员令第141号),现行有效。

一是发行人主体资格条件。该办法第10条规定:"发行人是依法设立且持续经营三年以上的股份有限公司,具备健全且运行良好的组织机构,相关机构和人员能够依法履行职责。有限责任公司按原账面净资产值折股整体变更为股份有限公司的,持续经营时间可以从有限责任公司成立之日起计算。"

二是财务与会计工作须合规合法。该办法第11条规定:"发行人会计基础工作规范,财务报表的编制和披露符合企业会计准则和相关信息披露规则的规定,在所有重大方面公允地反映了发行人的财务状况、经营成果和现金流量,最近三年财务会计报告由注册会计师出具无保留意见的审计报告。发行人内部控制制度健全且被有效执行,能够合理保证公司运行效率、合法合规和财务报告的可靠性,并由注册会计师出具无保留结论的内部控制鉴证报告。"

三是业务完整且具备持续经营能力。该办法第12条规定:"发行人业务完整,具有直接面向市场独立持续经营的能力:(一) 资产完整,业务及人员、财务、机构独立,与控股股东、实际控制人及其控制的其他企业间不存在对发行人构成重大不利影响的同业竞争,不存在严重影响独立性或者显失公平的关联交易;(二) 主营业务、控制权和管理团队稳定,首次公开发行股票并在主板上市的,最近三年内主营业务和董事、高级管理人员均没有发生重大不利变化;首次公开发行股票并在科创板、创业板上市的,最近二年内主营业务和董事、高级管理人员均没有发生重大不利变化;首次公开发行股票并在科创板上市的,核心技术人员应当稳定且最近二年内没有发生重大不利变化;发行人的股份权属清晰,不存在导致控制权可能变更的重大权属纠纷,首次公开发行股票并在主板上市的,最近三年实际控制人没有发生变更;首次公开发行股票并在科创板、创业板上市的,最近二年实际控制人没有发生变更;(三) 不存在涉及主要资产、核心技术、商标等的重大权属纠纷,重大偿债风险,重大担保、诉讼、仲裁等或有事项,经营环境已经或者将要发生重大变化等对持续经营有重大不利影响的事项。"

四是生产经营合法且符合产业政策。该办法第13条规定:"发行人生产经营符合法律、行政法规的规定,符合国家产业政策。最近三年内,发行人及其控股股东、实际控制人不存在贪污、贿赂、侵占财产、挪用财产或者破坏社会主义市场经济秩序的刑事犯罪,不存在欺诈发行、重大信息披露违法或者其他涉及国家安全、公共安全、生态安全、生产安全、公众健康安全等领域的重大违法行为。董事、监事和高级管理人员不存在最近三年内受到中国证监会行政处罚,或者因涉嫌犯罪正在被司法机关立案侦查或者涉嫌违法违规正在被中国证监会立案调查且尚未有明确结论意见等情形。"

【中国案例】

欣泰电气证券欺诈发行案(2017)①

北京市高级人民法院(以下简称"北京高院")对丹东欣泰电气股份有限公司(以下简称"欣泰电气")诉中国证监会证券欺诈发行行政处罚和行政复议决定上诉案进行了二审宣判,终审判决驳回欣泰电气的上诉,维持北京市第一中级人民法院的一审判决。此前,北京市第一中级人民法院判决驳回了欣泰电气请求撤销被诉行政处罚决定及行政复议决定的诉讼请求。

在2017年12月19日公开开庭审理本案时,双方当事人在庭审中进行了充分陈述和辩论。双方当事人的争议焦点主要在三个方面:一是欺诈发行的构成要件以及欣泰电气是否符合该构成要件……

北京高院经审理认为,关于欺诈发行的构成要件以及欣泰电气是否符合该要件的问题是涉及本案处理定性的基础性问题。《证券法》第189条第1款规定,发行人不符合发行条件,以欺骗手段骗取发行核准,尚未发行证券的,处以30万元以上60万元以下的罚款;已经发行证券的,处以非法所募资金金额1%以上5%以下的罚款。对直接负责的主管人员和其他直接责任人员处以3万元以上30万元以下的罚款。由此可见,在发行人已经发行证券的情况下,构成证券欺诈发行的构成要件主要有两个,即"发行人不符合发行条件"和"骗取发行核准"。而对于"发行人不符合发行条件"的认定标准,《证券法》第13条第1款明确规定了公司公开发行新股应当满足法人治理结构、财务状况、盈利能力、诚信守法记录等方面的一系列法定条件。从法律文义和规范体系统一性的视角分析,《证券法》第13条规定的发行新股的条件应当与第189条规定的"不符合发行条件"具有内在关联和前后衔接性,前者规定的发行条件自然且理当作为后者认定是否符合发行条件的标准。对于"骗取发行核准"的理解,发行人可能实质上不符合发行条件而骗取发行核准,也可能是本来符合发行条件而为了"骗取"一个更好的发行价格以筹集更多资本,不论属于两种情形中的哪一种,只要在特定发行文件中存在重大虚假记载或陈述,都属于"骗取发行核准"的范畴,与发行人剔除虚假记载内容后是否仍然符合发行条件并无必然关系。

此案中,欣泰电气对IPO申请文件中相关财务数据存在重大虚假记载的事实并无异议,而根据《证券法》第13条第1款第3项的规定,公司公开发行新股

---

① 参见丹东欣泰电气股份有限公司与中国证券监督管理委员会行政处罚决定和行政复议决定二审行政判决书[北京市高级人民法院(2017)京行终3243号];魏顾瑶:《欣泰电气欺诈发行及信息披露违法案》,载《法律与新金融》2017总第23期。本案例中所指《证券法》系指我国2014年修正的《证券法》。

应当符合"最近三年财务会计文件无虚假记载,无其他重大违法行为"的条件。这就意味着,在核准制法律框架下,公司申请公开发行新股,如果在申请核准时点的最近三年内财务会计文件存在虚假记载,则应当认定公司不符合发行条件。结合本院前述对证券欺诈发行构成要件的分析,欣泰电气IPO申请文件中的财务数据存在重大虚假记载,足以认定其"不符合发行条件",其将包含虚假财务数据的IPO申请文件报送中国证监会申请证券发行核准的做法,属于"骗取发行核准"的行为。在此情况下,中国证监会认定欣泰电气符合《证券法》第189条第1款规定证券欺诈发行的构成要件并无不当。

欣泰电气坚持认为,《证券法》第189条第1款规定的"不符合发行条件"应指发行人实质上不符合法律、法规规定的公开发行新股的财务指标与公司组织机构管理指标,欣泰电气的财务数据如果进行回溯调整,实质条件均符合公开发行证券的要求。对此,法院认为,根据前面的分析,只要IPO申请文件中的财务数据存在重大虚假记载,就可以认定不符合《证券法》第13条规定的发行条件,即使发行人剔除虚假记载内容后的财务指标符合法律对发行新股的财务指标要求,也不能认为发行人实质上就符合发行条件。这是因为,根据《证券法》第13条的规定,公开发行证券的发行人需要满足法人治理结构、财务状况、盈利能力、诚信守法记录等一系列法定条件,而绝不仅仅只有公司财务指标的条件。公司在申请公开发行证券时对财务数据虚假记载,既是财务会计文件编制的问题,也是公司是否诚实守信、合法经营的问题,还是公司治理结构合规性和有效性的反映。而且,根据《证券法》第3条、第5条的规定,证券的发行必须遵循公开、公平、公正的原则,禁止欺诈行为。发行人IPO申请文件财务数据存在重大虚假记载,既违反证券发行的公开、公平、公正原则,极易给市场投资者的判断造成误导,又是损害投资者利益的市场欺诈行为,侵蚀证券市场的诚实信用基石,因而不论在发行核准环节还是在后续监管环节都应当受到法律的否定性评价。由此可见,不论从证券发行的具体条件,还是从证券立法的目的出发,欣泰电气的该项主张都不能成立。

欣泰电气还认为,招股说明书与财务会计文件并不相同,中国证监会将招股说明书中存在的虚假记载认定为财务会计文件存在虚假记载是错误的。对此,法院认为,招股说明书与财务会计文件的确在名称、形式以及内容涵盖面上有所不同,但也存在交织,其中公司财务会计文件是招股说明书的重要内容之一,二者实质上是整体和部分、形式和内容的关系,招股说明书等IPO申请文件中对财务数据的虚假记载是财务会计文件虚假记载的一种表现形式。因此,欣泰电气认为中国证监会将招股说明书中的虚假记载认定为财务会计文件虚假记载构成认定错误的主张,亦不能成立。

……

【法律分析】 本案的核心问题之一是如何理解《证券法》第189条"发行人不符合发行条件,以欺骗手段骗取发行核准"的"发行条件"。① 证监会认为,公开发行新股不仅要符合《首次公开发行股票并在创业版上市管理暂行办法》(2009)规定的财务指标,更要符合《证券法》第13条规定的发行条件②,只要不符合任一条件,就可认为不符合发行条件。北京市第一中级人民法院的观点是:(1)根据文义解释,《证券法》第13条第1款第3项明确规定了财务会计文件无虚假记载是公开发行新股的法定条件之一。(2)从立法目的来看,无论发行人的实际财务状况是否符合财务指标要求,只要财务会计文件存在虚假记载就足以对市场投资者的判断产生误导,从而对证券发行秩序和投资者权益造成损害,当然就属于《证券法》第189条第1款予以处罚的情形之一。

然而,证监会和北京市第一中级人民法院的论证和观点是有欠妥当的。第一,对于财务会计文件存在虚假记载的情况,行政责任追究的依据有《证券法》的第189条和第193条。证监会将第193条界定为虚假陈述的一般法条,将第189条规定的欺诈发行界定为是特别法条;对于发生在发行阶段的虚假陈述,以是否"获得发行核准"为区分标准,以已经获取发行核准为标准,以第189条进行处罚,在未获得发行核准时以第193条进行处罚。这就是说,在财务会计文件存在虚假记载的情况下,可以依据第193条进行处罚,发行人的财务会计文件存在虚假记载并不当然属于第189条第1款予以处罚的情形之一。第二,从法条解释来看,也不能得出第189条第1款中规定的"发行条件"等同于第13条中规定的"发行条件"。本案涉及的证监会发布的部门规章《首次公开发行股票并在创业版上市管理暂行办法》(2009)所规定的发行条件,属于《证券法》第13条所列举的第4项"经国务院批准的国务院证券监督管理机构规定的其他条件"。该部门规章有19个条文对"发行条件"作出了详尽规定,涉及发行人主体资格、业务和技术、财务状况、治理结构等等。其中第10条具有明确的数字标准要求,判断标准十分明确,可是其他指标则很抽象模糊,因而存在何种瑕疵就可被认定为"不符合发行条件"是不明确的,从而使得欺诈发行因标准无法确定而难以认定。

（二）发行境内上市外资股的条件

发行境内上市外资股的条件,根据现行有效的《关于股份有限公司境内上市外资股的规定》(国务院令第189号,1995年发布)第8条的规定,募集设立股份公司发行股份的条件是:(1)所募集资金用途符合国家产业政策;(2)符合国家

---

① 李培华:《股票欺诈发行之辨析:以〈证券法〉第189条为中心》,载《法律适用》2013年第12期。
② 《证券法》(2014)第13条第1款规定:"公司公开发行新股,应当符合下列条件:(一)具备健全且运行良好的组织机构;(二)具有持续盈利能力,财务状况良好;(三)最近三年财务会计文件无虚假记载,无其他重大违法行为;(四)经国务院批准的国务院证券监督管理机构规定的其他条件。"

有关固定资产投资立项的规定;(3)符合国家有关利用外资的规定;(4)发起人认购的股本总额不少于公司拟发行股本总额的35%;(5)发起人的出资总额不少于1.5亿元人民币;(6)拟向社会发行的股份达公司股份总数的25%以上,拟发行的股本总额超过4亿元人民币的,其拟向社会发行股份的比例达到15%以上;(7)改组设立公司的原有企业或者作为公司主要发起人的国有企业,在最近3年内没有重大违法行为;(8)改组设立公司的原有企业或作为公司主要发起人的国有企业,最近3年连续盈利;(9)国务院证券委员会规定的其他条件。

第9条规定了公司增加资本、申请发行境内上市外资股的条件:除了应当符合第8条第1、2、3项的规定外,还应当符合下列条件:(1)公司前一次发行的股份已经募足,所得资金的用途与募股时确定的用途相符,并且资金使用效益良好;(2)公司净资产总值不低于1.5亿元人民币;(3)公司从前一次发行股票到本次申请期间没有重大违法行为;(4)公司最近3年连续盈利;原有企业改组或者国有企业作为主要发起人设立的公司,可以连续计算;(5)国务院证券委员会规定的其他条件。此外,以发起方式设立的公司首次增加资本,申请发行境内上市外资股的,还应当符合本规定第8条第6项的规定。

二、公司债券的发行条件

公司债券,根据现行法律规定,系指由符合条件的发行人按照中国证监会发布实施的《公司债券发行与交易管理办法》(2021)[①]所发行的债券。该办法第2条第3句规定"本办法所称公司债券,是指公司依照法定程序发行、约定在一定期限还本付息的有价证券。"第2条第1句规定:"在中华人民共和国境内,公开发行公司债券并在证券交易所、全国中小企业股份转让系统交易,非公开发行公司债券并在证券交易所、全国中小企业股份转让系统、证券公司柜台转让的,适用本办法。"原《关于实施〈公司债券发行试点办法〉有关事项的通知》(证监发〔2007〕112号)规定了试点期间发行人的类型"限于沪、深证券交易所上市的公司及发行境外上市外资股的境内股份有限公司",现因该通知已失效而无资格限制。

关于公开发行公司债券的基本条件,根据《证券法》(2019)第15条的规定,应当符合以下要求:"(1)具备健全且运行良好的组织机构;(2)最近3年平均可分配利润足以支付公司债券一年的利息;(3)国务院规定的其他条件。公开发行公司债券筹集的资金,必须按照公司债券募集办法所列资金用途使用;改变资金用途,必须经债券持有人会议作出决议。公开发行公司债券筹集的资金,不得用于弥补亏损和非生产性支出。上市公司发行可转换为股票的公司债券,除应

[①] 中国证券监督管理委员会令第180号,于2021年2月23日发布并实施。该部门规章现行有效。

当符合第一款规定的条件外,还应当遵守本法第12条第2款的规定。但是,按照公司债券募集办法,上市公司通过收购本公司股份的方式进行公司债券转换的除外。"根据《公司债券发行与交易管理办法》(2021)第16条的规定,公开发行公司债券,应当符合《证券法》《公司法》的相关规定,由证券交易所负责受理、审核,并报中国证监会注册。根据《证券法》(2019)第16条的规定,申请公开发行公司债券,应当向国务院授权的部门或者国务院证券监督管理机构报送下列文件:(1)公司营业执照;(2)公司章程;(3)公司债券募集办法;(4)国务院授权的部门或者国务院证券监督管理机构规定的其他文件。依照本法规定聘请保荐人的,还应当报送保荐人出具的发行保荐书。

关于禁止再次发行公司债券的情形,根据《公司债券发行与交易管理办法》(2021)第15条规定,存在下列情形之一的,不得再次公开发行公司债券:(1)对已公开发行的公司债券或者其他债务有违约或者迟延支付本息的事实,仍处于继续状态;(2)违反《证券法》规定,改变公开发行公司债券所募资金用途。根据《证券法》(2019)第17条规定,有下列情形之一的,不得再次公开发行公司债券:(1)对已公开发行的公司债券或者其他债务有违约或者延迟支付本息的事实,仍处于继续状态;(2)违反本法规定,改变公开发行公司债券所募资金的用途。

三、企业债券的发行条件

企业债券是指非公司制企业依照法定程序发行的、约定在一定的期限内还本付息的有价证券。我国企业债券的发行主体是具有法人资格的企业。《企业债券管理条例》(2011)[①]、《证券法》(2019)对企业发行债券的基本条件和募集资金的用途做了较为详尽的规定。

根据《企业债券管理条例》(2011)第12条、第16条的规定,企业发行企业债券必须符合下列基本条件:(1)企业规模达到国家规定的要求;(2)企业财务会计制度符合国家规定;(3)具有偿债能力;(4)企业经济效益良好,发行企业债券前连续3年盈利;(5)企业发行企业债券的总面额不得大于该企业的自有资产净值;(6)所筹资金用途符合国家产业政策。根据《证券法》(2019)第15条的规定,公开发行企业债券必须符合下列基本条件:(1)具备健全且运行良好的组织机构;(2)最近3年平均可分配利润足以支付公司债券一年的利息;(3)国务院规定的其他条件。

根据《企业债券管理条例》(2011)第20条规定,企业发行企业债券所筹资金应当按照审批机关批准的用途用于本企业的生产经营。企业发行企业债券所筹资金不得用于房地产买卖、股票买卖和期货交易等与本企业生产经营无关的风

[①] 国务院令第588号,于2011年1月8日发布并实施,现行有效。

险性投资。《证券法》(2019)第 15 条规定,公开发行公司债券筹集的资金,必须按照公司债券募集办法所列资金用途使用;改变资金用途,必须经债券持有人会议作出决议。公开发行公司债券筹集的资金,不得用于弥补亏损和非生产性支出。

需要注意的是,《证券法》(2019)第 17 条规定的禁止再次公开发行公司债券的规定同样适用于禁止再次公开发行企业债券。

四、可转换公司债券的发行条件

根据《上市公司证券发行注册管理办法》(2023),可转换公司债券(Convertible Bond, CB)是指发行公司依法发行,在一定期间内依据约定的条件可以转换成股份的公司债券(第 2 条第 2 款),是一种特殊的公司债券。可转换公司债券持有人可以选择持有至债券到期,要求公司还本付息;也可选择在约定的时间内转换成股票,享受股利分配或资本增值。上市公司也可以公开发行认股权和债券分离交易的可转换公司债券(以下简称"分离交易的可转换公司债券")。发行可转换公司债券必须报经核准,未经核准,不得发行可转换公司债券。可转换公司债券在转换股份前,其持有人不具有股东的权利和义务。可转换公司债券在发行时预先规定有 3 个基本转换条件,即:(1)转换价格或转换比率;(2)转换时发行的股票内容;(3)请求转换期间。

《上市公司证券发行注册管理办法》(2023)第二章第二节分三个条款规定了发行可转债的条件:一是发债的基本条件。根据该法第 13 条的规定:"上市公司发行可转债,应当符合下列规定:(一)具备健全且运行良好的组织机构;(二)最近三年平均可分配利润足以支付公司债券一年的利息;(三)具有合理的资产负债结构和正常的现金流量;(四)交易所主板上市公司向不特定对象发行可转债的,应当最近三个会计年度盈利,且最近三个会计年度加权平均净资产收益率平均不低于百分之六;净利润以扣除非经常性损益前后孰低者为计算依据。除前款规定条件外,上市公司向不特定对象发行可转债,还应当遵守本办法第九条第(二)项至第(五)项、第十条的规定;向特定对象发行可转债,还应当遵守本办法第十一条的规定。但是,按照公司债券募集办法,上市公司通过收购本公司股份的方式进行公司债券转换的除外。"

二是规定了禁止发债的具体情形。根据该法第 14 条的规定:"上市公司存在下列情形之一的,不得发行可转债:(一)对已公开发行的公司债券或者其他债务有违约或者延迟支付本息的事实,仍处于继续状态;(二)违反《证券法》规定,改变公开发行公司债券所募资金用途。"

三是规定了募资的使用条件。根据该法第 15 条的规定:"上市公司发行可转债,募集资金使用应当符合本办法第十二条的规定,且不得用于弥补亏损和非生产性支出。"其中所谓的"符合本法第十二条的规定",是指"符合下列规定:(一)符合国家产业政策和有关环境保护、土地管理等法律、行政法规规定;(二)除金融类企业外,本次募集资金使用不得为持有财务性投资,不得直接或者间接投资于以买卖有价证券为主要业务的公司;(三)募集资金项目实施后,不会与控股股东、实际控制人及其控制的其他企业新增构成重大不利影响的同业竞争、显失公平的关联交易,或者严重影响公司生产经营的独立性;(四)科创板上市公司发行股票募集的资金应当投资于科技创新领域的业务。"

第三节 证券发行的程序

一、股票和可转债的发行程序

根据《上市公司证券发行注册管理办法》(2023)[①]第三章的规定,包括股票、可转债在内的证券,其发行须遵守以下程序。

第一,董事会作出决议,提交股东会批准。首先,上市公司申请发行证券之前,公司董事会应当依法四项事项作出决议,并提请股东大会批准:① 本次证券发行的方案;② 本次发行方案的论证分析报告;③ 本次募集资金使用的可行性报告;④ 其他必须明确的事项。如果上市公司董事会拟引入战略投资者的,则应当将引入战略投资者的事项作为单独议案,就每名战略投资者单独审议,并提交股东大会批准。董事会依照前二款作出决议,董事会决议日与首次公开发行股票上市日的时间间隔不得少于6个月(第16条)。其次,公司董事会在编制本次发行方案的论证分析报告时,应当结合上市公司所处行业和发展阶段、融资规划、财务状况、资金需求等情况进行论证分析,独立董事应当发表专项意见;论证分析报告应当包括六项内容:① 本次发行证券及其品种选择的必要性;② 本次发行对象的选择范围、数量和标准的适当性;③ 本次发行定价的原则、依据、方法和程序的合理性;④ 本次发行方式的可行性;⑤ 本次发行方案的公平性、合理性;⑥ 本次发行对原股东权益或者即期回报摊薄的影响以及填补的具体措施。再次,公司股东大会就发行证券作出的决定应当包括的事项有七项:① 本次发行证券的种类和数量;② 发行方式、发行对象及向原股东配售的安排;③ 定价方式或者价格区间;④ 募集资金用途;⑤ 决议的有效期;⑥ 对董事会办

[①] 《上市公司证券发行管理办法》于2006年4月26日经中国证券监督管理委员会第178次主席办公会审议通过,根据2008年10月9日中国证券监督管理委员会《关于修改上市公司现金分红若干规定的决定》修正,根据2020年2月14日中国证券监督管理委员会《关于修改〈上市公司证券发行管理办法〉的决定》修正,现已被《上市公司证券发行注册管理办法》(2023)(中国证券监督管理委员会令第206号)取代,于2023年2月17日公布并施行,现行有效。

理本次发行具体事宜的授权;⑦ 其他必须明确的事项(第18条)。股东大会如果是就发行可转债作出决定的,则应当包括的事项有八类:① 该第18条规定的事项;② 债券利率;③ 债券期限;④ 赎回条款;⑤ 回售条款;⑥ 还本付息的期限和方式;⑦ 转股期;⑧ 转股价格的确定和修正(第19条)。

第二,股东会的表决须符合法律要求。股东大会就发行证券事项作出决议,必须经出席会议的股东所持表决权的2/3以上通过,中小投资者表决情况应当单独计票;向本公司特定的股东及其关联人发行证券的,股东大会就发行方案进行表决时,关联股东应当回避;股东大会对引入战略投资者议案作出决议的,在应当就每名战略投资者单独表决;上市公司就发行证券事项召开股东大会,应当提供网络投票方式,公司还可以通过其他方式为股东参加股东大会提供便利(第20条)。

第三,保荐人向交易所申报,交易所进行审核。上市公司申请发行证券,应当按照中国证监会有关规定制作注册申请文件,依法由保荐人保荐并向交易所申报;交易所收到注册申请文件后,5个工作日内作出是否受理的决定(第22条)。申请文件受理后,未经中国证监会或者交易所同意,不得改动;如果发生重大事项的,则上市公司、保荐人、证券服务机构应当及时向交易所报告,并按要求更新申请文件和信息披露资料;自注册申请文件申报之日起,上市公司及其控股股东、实际控制人、董事、监事、高级管理人员,以及与证券发行相关的保荐人、证券服务机构及相关责任人员,即承担相应法律责任,并承诺不得影响或干扰发行上市审核注册工作(第23条)。交易所审核部门负责审核上市公司证券发行上市申请;交易所上市委员会负责对上市公司向不特定对象发行证券的申请文件和审核部门出具的审核报告提出审议意见(第24条)。交易所按照规定的条件和程序,形成上市公司是否符合发行条件和信息披露要求的审核意见,如果认为上市公司符合发行条件和信息披露要求的,则将审核意见、上市公司注册申请文件及相关审核资料报中国证监会注册;如果认为上市公司不符合发行条件或者信息披露要求的,则作出终止发行上市审核决定。在交易所审核过程中,如果发现重大敏感事项、重大无先例情况、重大舆情、重大违法线索的,应当及时向中国证监会请示报告(第26条)。交易所应当自受理注册申请文件之日起2个月内形成审核意见(另有规定的除外);上市公司根据要求补充、修改申请文件,或者交易所按照规定对上市公司实施现场检查,要求保荐人、证券服务机构对有关事项进行专项核查,并要求上市公司补充、修改申请文件的时间不计算在内(第27条)。

第四,中国证监会决定是否注册。中国证监会收到交易所审核意见及相关资料后,基于交易所审核意见,依法履行发行注册程序,在15个工作日内对上市公司的注册申请作出予以注册或者不予注册的决定。前款规定的注册期限内,中国证监会发现存在影响发行条件的新增事项的,可以要求交易所进一步问询并就新增事项形成审核意见。上市公司根据要求补充、修改注册申请文件,或者保荐人、证券服务机构等对有关事项进行核查,对上市公司现场检查,并要求上市公司补充、修改申请文件的时间不计算在内。中国证监会认为交易所对新增事项的审核意见依据明显不充分,可以退回交易所补充审核。交易所补充审核后,认为上市公司符合发行条件和信息披露要求的,重新向中国证监会报送审核意见及相关资料,前款规定的注册期限重新计算。中国证监会收到交易所依照《上市公司证券发行注册管理办法》(2023)第29条报送的审核意见、上市公司注册申请文件及相关审核资料后,3个工作日内作出予以注册或者不予注册的决定(第31条)。中国证监会的予以注册决定,自作出之日起1年内有效,上市公司应当在注册决定有效期内发行证券,发行时点由上市公司自主选择;适用简易程序的,应当在中国证监会作出予以注册决定后10个工作日内完成发行缴款,未完成的,本次发行批文失效(第32条)。

中国证监会作出予以注册决定后、上市公司证券上市交易前:(1)上市公司应当及时更新信息披露文件;保荐人以及证券服务机构应当持续履行尽职调查职责;发生重大事项的,上市公司、保荐人应当及时向交易所报告。交易所应当对上述事项及时处理,发现上市公司存在重大事项影响发行条件的,应当出具明确意见并及时向中国证监会报告(第33条)。(2)上市公司应当持续符合发行条件,发现可能影响本次发行的重大事项的,中国证监会可以要求上市公司暂缓发行、上市;相关重大事项导致上市公司不符合发行条件的,应当撤销注册。中国证监会撤销注册后,证券尚未发行的,上市公司应当停止发行;证券已经发行尚未上市的,上市公司应当按照发行价并加算银行同期存款利息返还证券持有人(第34条)。

上市公司证券发行上市审核或者注册程序的中止、终止等情形参照适用《首次公开发行股票注册管理办法》的相关规定。上市公司证券发行上市审核或者注册程序过程中,存在重大资产重组、实际控制人变更等事项,应当及时申请中止相应发行上市审核程序或者发行注册程序,相关股份登记或资产权属登记完成后,上市公司可以提交恢复申请,因本次发行导致实际控制人变更的情形除外(第36条)。

另外,《首次公开发行股票注册管理办法》(2023)、《证券发行上市保荐业务管理办法》(2023)[①]对此也作了相应规定,需要参考。

[①] 中国证券监督管理委员会令第207号,于2023年2月17日公布并施行,现行有效。

二、公司债券发行程序

公司债券的发行程序主要有发行人的发行申报和中国证监会的受理与核准两大程序。

第一,发行人的发行申报。(1) 公司决议。申请发行公司债券,应当由公司董事会制定方案,由股东会或股东大会对下列事项作出决议:① 发行债券的数量,② 向公司股东配售的安排,③ 债券期限,④ 募集资金的用途,⑤ 决议的有效期,⑥ 对董事会的授权事项,⑦ 其他需要明确的事项等。(2) 保荐与申报。发行公司债券应当由保荐人保荐,并向中国证监会申报。保荐人应当按照中国证监会的有关规定编制和报送募集说明书和发行申请文件。公司全体董事、监事、高级管理人员应当在债券募集说明书上签字,保证不存在虚假记载、误导性陈述或者重大遗漏,并声明承担个别和连带的法律责任。保荐人应当对债券募集说明书的内容进行尽职调查,并由相关责任人签字,确认不存在虚假记载、误导性陈述或者重大遗漏,并声明承担相应的法律责任。为债券发行出具专项文件的注册会计师、资产评估人员、资信评级人员、律师及其所在机构,应当按照依法制定的业务规则、行业公认的业务标准和道德规范出具文件,并声明对所出具文件的真实性、准确性和完整性承担责任。债券募集说明书所引用的审计报告、资产评估报告、资信评级报告,应当由有资格的证券服务机构出具,并由至少两名有从业资格的人员签署。债券募集说明书所引用的法律意见书应当由律师事务所出具,并由至少两名经办律师签署。债券募集说明书自最后签署之日起 6 个月内有效。债券募集说明书不得使用超过有效期的资产评估报告或者资信评级报告。(3) 募集说明书与申报文件制作。对于募集说明书与申报文件的制作,证监会发布的《公司信用类债券信息披露管理办法》(2020)[①]和《公开发行证券的公司信息披露内容与格式准则第 24 号——公开发行公司债券申请文件》(中国证券监督管理委员会令公告〔2021〕47 号)中作了详细规定。

第二,证监会的受理与核准。中国证监会依照下列程序审核发行公司债券的申请:(1) 收到申请文件后,5 个工作日内决定是否受理;(2) 中国证监会受理后,对申请文件进行初审;(3) 发行审核委员会按照《中国证券监督管理委员会发行审核委员会办法》(2017 修正)(中国证券监督管理委员会令)规定的特别程序审核申请文件;(4) 中国证监会作出核准或者不予核准的决定。发行公司债券,可以申请一次核准,分期发行。自中国证监会核准发行之日起,公司应在 6 个月内首期发行,剩余数量应当在 24 个月内发行完毕。超过核准文件限定的时

---

① 《公司信用类债券信息披露管理办法》由中国人民银行会同国家发展和改革委员会、中国证券监督管理委员会联合制定,于 2021 年 5 月 1 日实施。该部门规范性文件现行有效。

效未发行的,须重新经中国证监会核准后方可发行。首期发行数量应当不少于总发行数量的50%,剩余各期发行的数量由公司自行确定,每期发行完毕后5个工作日内报中国证监会备案。发行人应当在发行公司债券前的2—5个工作日内,将经中国证监会核准的债券募集说明书摘要刊登在至少一种中国证监会指定的报刊,同时将其全文刊登在中国证监会指定的互联网网站。

三、企业债券发行程序

根据《证券法》(2019)等的规定,企业债券发行工作程序大体如下:

(1) 发行人申报申请材料:中央直接管理企业的申请材料直接申报;国务院行业管理部门所属企业的申请材料由行业管理部门转报;地方企业的申请材料由所在省、自治区、直辖市、计划单列市发展改革部门转报。公开发行企业(公司)债券申请材料应真实、准确、完整,凡对投资者作出购买债券决策有重大影响的信息均应披露,发行人及参与债券发行的各有关方应承担相应的责任。

(2) 发改委的审核与核准:国家发展改革委受理企业发债申请后,依据法律、法规及有关文件规定,对申请材料进行审核。符合发债条件、申请材料齐全的直接予以核准。申请材料存在不足或需要补充有关材料的,应及时向发行人和主承销商提出反馈意见。发行人及主承销商根据反馈意见对申请材料进行补充、修改和完善,重要问题应出具文件进行说明。国家发展改革委自受理申请之日起3个月内(发行人及主承销商根据反馈意见补充和修改申报材料的时间除外)作出核准或者不予核准的决定,不予核准的,应说明理由。

第四节 证券发行审核

一、发行审核制度概述

由于各国的监管理念不同,证券发行审核制度主要分为两大类。一是注册制(Registration System),其理念基础是公开原则,某种证券只要按照发行注册的程序提供所有情况和统计资料,并且提供的信息完全属实,即可获准发行。另一类是核准制(Approval System),其理念基础是实质管理原则,以美国部分州的"蓝天法"和欧陆国家的公司法为代表。在这一制度下,发行人除必须履行强制性披露义务外,还必须符合经营业绩和财务状况方面的一些实质要求方可获准发行证券。

证券发行注册制,又称登记制,是指证券发行申请人将拟公开的信息送交证券监督管理机构,并对公布资料的真实性、全面性、准确性负责,证券监督管理机构仅对申报文件是否符合法定的信息披露义务要求而进行形式审查的一种证券发行管理体制。证券监督管理机构在未对申请提出任何异议的情况下,该申请注册生效等待期满后证券发行注册即为生效。采行注册制的理念是,投资者具有依据所披露的信息进行正确投资判断的能力,是投资决策的主体。证券发行注册制反映了市场经济的自由性、主体活动的自主性,以及政府管理经济的规范性与效率性价值取向。在证券发行注册制之下,证券发行人必须提供发行人本身及与证券发行相关的信息,包括公开发行人的业务情况、财产情况、财务状况、筹资用途、发行人董事和公司高级管理人员及主要股东情况、主要法律诉讼等,以利投资者进行知情决策。披露上述信息的证券发行文件通常由律师或会计师协助准备,通过专业人员的专业性审慎调查,最大限度地保证所披露信息的真实性和准确性;但由证券发行人对所披露信息的真实性、准确性、完整性、全面性负责;如果信息披露有虚假、不真实而导致投资者损失,必须对投资者承担法律责任。证券管理机构的职责仅仅是审查发行人提供信息是否满足信息披露要求,确保投资者获得法定要求的信息,以确保投资者能够作出知情决策,但无权也无须对证券发行行为及证券本身做出价值判断。在发行过程中,如果证券管理机构发现发行人披露信息有虚伪、误导、不实和欺诈等情形,可以颁布"停止令",并要求发行者承担法律责任。证券发行只受信息披露制度的约束,诸如发行人的财力与素质、已发行证券的数量、质量以及对市场的影响等因素,均不作为证券发行审核的要件。我国《证券法》(2019)第 9 条第 1 款已确立了证券发行注册制。

证券发行核准制,要求证券发行申请人不仅要符合法律法规和证券监督管理机构规定的条件,依法公开一切与证券发行相关的信息并确保其真实性,而且还要由证券监督管理机构进行实质审查,以决定是否准予其发行证券。核准制遵循信息公开和合规性管理相结合的原则,奉行"买者当心(*Caveat Emptor*)"和"卖者当心(*Caveat Venditor*)"结合。核准制往往要对证券发行人的资格及条件,包括发行人营业状况、盈利状况、支付状况和股本总额等,作出明确规定。证券监管机构审查的事项主要是信息披露所揭示事项及状况与法定条件之间的一致性与适应性;证券监管机构的核准权或审查权则包含了对证券发行条件适法性的审查。发行核准制以广泛存在各种非专业投资者作为其假定前提。他们被认为缺乏证券市场的投资经验,对证券信息的把握和处理具有非理性化色彩。如果放任其自行评价证券价值,即使在充分、准确和完整地披露信息基础上,也将难以有效地保护自身利益。因此,为了保护证券投资者的合法利益,证券监管机构必须以适当方式介入证券发行审查,以减少劣质证券的存在。证券发行核准制以维护公共利益和社会安全为本位,体现了国家干预的特征。但是,核准制所要求的审核周期长,不符合效率原则;政府干预较多,任务繁重且易滋生腐败;投资者依赖心理较大,不利于投资者的成长。我国证券市场处于新兴转型时期,政府负有双重职能：一是制定各种法律规范，以保证证券市场发行过程中的良好秩序；二是在投资者的投资心理、投资技能、自我保护意识和风险意识尚未成熟时期，通过政府对发行证券申请的审核，保证证券品质优良，维护投资者的合法权益，因而在 2019 年修改《证券法》之前，我国对证券发行采取的是核准制。但是，即使在核准制之下，作为执行证券发行审核制度的国务院证券监督机构或者国务院授权的部门，对证券发行申请所作出的决定，也并不表明对发行人所发行证券的投资价值及收益作出实质性判断或者保证。股票依法发行后，发行人经营与收益的变化，由发行人自行负责；由此变化引致的投资风险，由投资者自行负责。

从设计的目的来看，无论是注册制，还是核准制，都是为了保护投资者的安全，同时又兼顾发行人的筹资权利，进而实现资本市场的稳健、安全、自由运行，最终促进经济的繁荣发展。然而，履行审批核准所要求的义务，意味着金钱与时间成本巨大，意味着财务状况与经营业绩乃至部分商业机密的公之于众，意味着发行人及其董事和高管可能承担的民事甚至刑事责任。所有这些交易成本，都阻碍了金融自由化的进程。因此，为了平衡公众投资者保护和降低发行人的筹资成本而创设了发行注册豁免制度。

【拓展阅读】

美国豁免证券的注册豁免

二、我国证券发行监管体制

我国证券发行监管体制大体经历了四个阶段。

第一阶段在 1998 年之前，即在原《证券法》(1998)实施之前实行审批制。由于《证券法》(1998)还未实施，我国证券发行体制基本上是依据《公司法》(1993)确立的"审批制"。这种体制是在实质管理的内容中加入计划管理的因素，即任何计划发行证券的申请人，不仅须取得发行额度的许可，而且在发行前还须取得行政管理机关和证券监督管理机构的批准；发行审批部门对于发行人的申请进行实质审查。例如，根据《公司法》(1993)第 139 条、第 131 条第 2 款，以及《股票发行与交易管理暂行条例》(1993)第12条等规定,对股票发行实行审批制;根据《公司法》(1993)第163条第3款、第164条至第166条的规定,对公司债券的发行实行审批制。审批制的主要特点有三:一是政府主导。即政府不仅管理证券发行实质性内容的审核,而且还管理发行过程的实际操作,如确定发行方式和发行定价等。二是额度控制加两级审批。即每年先由证券主管部门下达公开发行证券的数量总规模,并在此限额内各地省级和部委切分额度,再由地方或部委确定预选企业,上报中国证监会或计委(现为发改委)、中国人民银行批准。三是行政定价。在中国证监会成立以前,我国公司股票发行价格大部分按照面值发行,定价没有制度可循;中国证监会成立后至《证券法》(1998)出台前,股票发行价格和市盈率等基本上由中国证监会确定,采用相对固定的市盈率。

第二阶段在1998年至2005年之间,根据《证券法》(1998)实施审批与核准制并行制度。《证券法》(1998)实施后,我国证券发行监管体制从"审批制"向"核准制"过渡。根据《证券法》(1998)第10、11条的规定,股票发行采取核准制,债券发行采取审批制。在发行核准制下,只有具有主承销商和保荐机构资格的证券经营机构才能向中国证监会推荐股票和可转换公司债券的发行申请人;另外,中国证监会也只接受主承销商和保荐机构的推荐,而不接受别的机构、行政部门或个人的推荐。公司债券、企业债券的发行申请由发改委审批。

第三阶段是《证券法》(2005)实施之后,实行核准制。根据我国《证券法》(2005)第10条的规定,我国实行证券发行的"核准制"。在股票发行定价方面,《证券法》(2005)第34条规定,股票发行采取溢价发行的,其发行价格由发行人与证券公司协商确定。根据《证券法》(2005)第22条的规定,国务院证券监督管理机构设发行审核委员会,依法审核股票发行申请。发行审核委员会由国务院证券监督管理机构的专业人员和所聘请的该机构外的有关专家组成,以投票方式对股票发行申请进行表决,提出审核意见。为了保证在股票发行审核工作中贯彻公开、公平、公正的原则,提高股票发行审核工作的质量和透明度,制定并实施了《中国证券监督管理委员会发行审核委员会办法》(2006)。依照该办法,中国证监会设立发行审核委员会(以下简称发审委),审核发行人股票发行申请和可转换公司债券等中国证监会认可的其他证券的发行申请(以下统称股票发行申请)。发审委依照《证券法》(2005)、《公司法》(2005)等法律、行政法规和中国证监会的规定,对发行人的股票发行申请文件和中国证监会有关职能部门的初审报告进行审核。发审委以投票方式对股票发行申请进行表决,提出审核意见。发审委通过发审委工作会议履行职责。

第四阶段是《证券法》(2019)实施之后,实行注册制。根据我国《证券法》(2019)第9条的规定,公开发行证券,必须符合法律、行政法规规定的条件,并依法报经国务院证券监督管理机构或者国务院授权的部门注册。未经依法注册,任何单位和个人不得公开发行证券。证券发行注册制的具体范围、实施步骤,由国务院规定。

第五节 证券发行承销

证券承销(Securities Underwriting)是证券发行人借助证券承销机构发行证券的行为,属于证券的间接发行。证券承销制度是规范证券承销中证券监管部门、证券发行人、证券承销机构、证券投资者之间和证券承销、销售机构内部关系的法律规范的总称,其中证券发行人与证券承销机构之间的关系是证券承销制度所规范的核心,两者所签订的证券承销协议(Securities Underwriting Agreement)是证券承销制度的重要组成部分。证券承销商在承销活动中成为资金需求者和供应者之间的桥梁,兼具顾问(Advisory)、购买(Buying)、销售(Selling)及保护(Protective)等功能。所谓顾问功能,是指承销商为发行人提供证券市场准入的相关法律法规咨询,建议发行证券的种类、价格、时机,提供相关财务和管理的咨询。所谓购买功能,是指承销商包销发行人即将发行的证券,使发行人避免证券不能完全销售的风险。所谓销售功能,指主承销商利用其在证券市场的广泛网络,通过分销商将证券售予投资者。所谓保护功能,是指承销商在法律法规的限制下可以进行稳定价格的操作以保证证券市场的稳定。

一、法制架构

美国现行的证券承销管理法制由三个层级构成。第一层级是政府层级的证券承销管理体制,包括联邦与州两个层次。其中联邦层级主要由 SEC 进行形式审查,侧重于对信息披露和防止人为操纵的管理。各州则有自己的证券管理机构,对证券承销进行实质审查,涉及信息披露、反欺诈、经纪自营商及销售代理的限制等方面。其中,多数州对承销费用,尤其是承销商报酬(Underwriter's Compensation)、有价证券持有者的权利、以往发行人偿债及分配股利的纪录、发行人的财务状况、内部人所持有取得成本较低的股份、选择权或认购权的有价证券之数量、自我交易或其他利益冲突、有价证券的承销价格等,进行实质性的审查。第二层级是证券业者的自律性组织全国券商协会(National Association of Securities Dealers,NASD)的管理体制,其主要监管对象是证券承销案中的证券公司及其从业人员,防止其谋取不当利益,维护整个行业的信誉。第三层级是证券承销当事人之间的合同关系,奉行契约自治原则,但会受到诸多政府和自律监管组织的制约。

我国现行证券承销管理法制框架包括中国证监会和证券承销机构两个层次

的监管,且以中国证监会的监管为主。证监会依据《证券法》(2019)第 169 条、《公司法》(2018)和《上市公司证券发行注册管理办法》(2023)对发行人进行形式和实质的审查。证监会的监管主要涉及信息披露、发行与认购方式、股票定价方式、法人配售方式、网上公司推介、上市辅导、证券公司的主承销业务及费用等方面。此外,根据《公司法》(2018)和《上市公司证券发行注册管理办法》(2023)的规定,发行人与承销机构之间的证券承销协议也是申请证券公开发行的法定送审文件,需要根据证监会的意见进行修改,其生效需要证监会的批准。在我国,证监会对证券承销影响较大,权力集中,所担负的职责重大。我国《证券法》(2019)现已实行"注册制",建议今后应该相应缩小政府机构的作用,进一步发挥券商推荐的积极作用,即提升自律性组织的监管功能,与证监会的监管并重,并将证监会的精力主要集中在对上市公司质量的考察上。例如,可以将目前证监会对拟公开发行公司以实质审查为主的方式,改为以形式审查为主的方式,对公司的实质审查交由证券公司进行并加大其责任;将对上市条件的审查交由证券交易所履行等。

二、承销方式

我国《证券法》(2019)第 26 条对证券承销方式规定了代销、包销两种方式。

所谓包销,包括余额包销(Stand-by Underwriting)和确定包销(Firm-Commitment Underwriting)两种方式,二者的共性在于能够较大地降低发行人的风险,其主要区别在于:(1) 在余额包销方式中,证券承销机构主要承担一种经纪职能;而在确定包销方式中,由于证券承销机构首先是其承销证券的唯一买方,后来又成为唯一的卖方,因而证券发行人的风险转移更为彻底。(2) 余额包销的资金来源主要是证券投资者的资金,而确定包销的资金来源主要是证券公司的自有资金。(3) 由于确定包销要求证券承销机构承担更大责任,因而要求承销机构更为成熟,具有更强的经济实力和专业水平、敬业精神;在余额包销中,证券承销机构倾向于订定较高的承销价格,并议定一旦不能完全销售,其将以一个相同的价格购入剩余证券以作为其长期投资,发行人的利益有受损的可能。(4) 在确定包销中,由于证券承销机构要将证券先行全部购入,其收益又主要取决于承销折扣,因此倾向于定一个对所发行证券更合适的价格从而保证自身的利益,从而也保证了发行人的利益。

所谓代销,又称尽力销售(Best Efforts Underwriting),是指证券公司在承销期结束时将未售出的证券全部退还给发行人的承销方式,发行人与证券公司之间属于代理关系,发行风险完全由被代理人即发行人承担,在我国其权责划分由《民法典》中有关代理制度规制。但代销在中美两国证券承销制度中现都居于次要地位。

此外,我国证监会目前推行了向法人配售和向一般投资者上网发行相结合的发行方式,该方式结合了美国确定包销和竞价(Competitive Bidding)方式的优点。所谓向法人配售和向一般投资者上网发行相结合的发行方式,是指公司发行股票时,将发行股数分为两部分,一部分对具有一定资格的法人投资者发行,另一部分对一般投资者上网发行的股票发行方式。这种发行方式在吸取了网上发行高效性特点的同时,又注重促进发行方式的市场化。向法人配售和向一般投资者上网发行相结合的发行方式的要点是:(1) 参加配售的法人投资者分为战略投资者和一般法人两类,战略投资者指与发行公司业务关系紧密且欲长期持有发行公司股票的法人,其持股时间不得少于半年(自股权登记日起算),而一般法人的持股时间为3个月(自该股票上市之日起算)。(2) 发行公司和主承销商通过推介活动,征求机构投资者的申购预约,在经证监会核准的价格区间内自主确定发行价格。对一般投资者上网发行和对法人配售为同一次发行,发行价格相同。(3) 对一般投资者上网发行和对法人配售相结合的发行方式,在操作上有两种运作模式:一是承销期开始前不确定上网发行量,先配售后上网;二是承销期开始前确定上网发行量,配售、上网分别进行。(4) 在机构投资者的报单中,基本上按照价格优先的原则确定发行价格和获得新股的机构。推出向法人配售和向一般投资者上网发行相结合的发行方式主要目的一是改善投资者结构,培育机构投资者;二是增强承销商和发行体的风险意识,提高承销商的业务能力;三是让投资者参加定价,进一步促进发行价格的合理化;四是使发行方式市场化,逐步和国际通行做法接轨。

三、承销程序

美国的证券承销程序主要包括以下一些步骤:(1) 寻找承销商;(2) 议定承销条件;(3) 签署意愿书;(4) 承销商进行合理调查;(5) 签署承销契约;(6) 组成承销团;(7) 测试市场;(8) 承销商间召开合理调查会议及签署承销商备忘录;(9) 签署承销商间的协议;(10) 组成销售团;(11) 销售价格及规模的决定;(12) 承销协议生效;(13) 发布新闻及广告;(14) 结案预演及结案。美国证券承销程序的主要特点是:(1) 承销商发挥主导性作用,其作为发行人与投资者之间的中介的作用得到了充分发挥。(2) 政府监管机构仅发挥监督作用,例如发行人与承销机构之间的承销协议就不受 SEC 的审查,当事人具有较大的自由度。(3) 每一个阶段都有相关的文件,其中最为重要的4个文件分别是意愿书、承销契约、承销商间的协议、结案报告,保证了承销过程的每一个阶段都有据可查。

与美国相对照,我国证券承销程序具有以下特殊之处:由于我国发行与上市的核准是合二为一的,因此主承销商在向证监会递送发行材料时需要对发行人进行一年的辅导。从整体上讲,我国的整个承销作业持续时间很长,发行人各方面的成本很高,且在整个承销作业中,政府监管部门发挥主导作用,市场和证券承销机构的作用有限,证券承销程序还须进一步市场化。

四、安定操作

所谓安定操作(Stabilization),是指证券承销商为防止承销的证券价格低于承销价格而买进该承销证券之行为,通常构成承销协议中的安定操作条款(Stabilization Provision)。依据美国《1934年证券交易法》M条例规则104(Regulation M Rule 104[①]),安定操作的一般要件包括:(1)目的是为防止或延缓证券之市场价格下跌;(2)该主承销商所承销的证券未被操纵;(3)进行安定报价买进时必须予以揭露;(4)非安定操作的买进具有优先性;(5)不得以市价委托来进行安定操作,而仅能以固定价格为之。安定操作的有关规定不适用于豁免证券和本国或外国发行人之规则144A证券,只要该证券仅向合格机构投资人或依法规S定义向非属美国人之人士销售。

由于安定操作的价格至为关键,因而法律根据具体的情况分别作了详尽的规定:(1)当承销证券没有市场时(例如初次公开销售时),安定操作可在不高于销售价格之价位为之;(2)当主要市场开市时,主要市场开盘后,承销商得以不高于该市场最后一笔独立交易之成交价之价格从事安定操作;(3)当主要市场闭市时,承销商可以在店头市场,以不高于下列价格之一者之价位从事安定操作:① 在主要市场交易结束当时,得从事安定操作之价格,② 在开始安定操作时,该证券在店头市场的最后一笔独立的交易之成交价。

安定操作机制的作用在于通过承销商的力量来防止新发行股票的价格异常变动,从而维护发行人、投资者和其自身的利益;同时对股市的稳定,增强投资者的信心具有重要作用。可以预期,随着我国社会主义市场经济体制的逐步完善,新股跌破发行价而导致的股市低迷以至于投资者丧失信心的现象迟早会到来。因此,及时引进安定操作机制,可以增强投资者信心;但是,为了防止不法券商借机操纵市场,牟取不法利益,必须对安定操作加以严格的限制;同时也需建立相关的保险制度,防止因为安定操作而给证券承销机构造成不可弥补的损失。

五、信息披露

我国对证券承销信息披露进行规制的法律依据主要是根据《公司法》(2018)、《证券法》(2019)而颁布的《公开发行证券的公司信息披露内容与格式准

[①] 具体内容参见17 CFR § 242.104-Stabilizing and other activities in connection with an offering. Available at https://www.law.cornell.edu/cfr/text/17/242.104,2023-8-29。

则第 57 号——招股说明书》(2023)、《公开发行证券的公司信息披露内容与格式准则第 58 号——首次公开发行股票并上市申请文件的公告》(2023)[①]、《公开发行证券的公司信息披露内容与格式准则第 59 号——上市公司发行证券申请文件》(2023)[②]。其中以第 4 号准则、第 5 号准则最为重要。

总体上看,我国的信息披露制度主要借鉴的是美国注册登记 S-1 表格和 F-1 表格的内容和格式。所谓 S-1 表格(Form S-1)[③]和 F-1 表格(Form F-1),是 SEC 为了简化和明晰对信息披露的管理,于 1982 年制定的信息综合披露制度之重要组成部分。其中,S-1 表格(Form S-1)为初次发行人申报所用,内容十分详尽,包括 17 项内容:(1) 注册声明表前言与招股说明书封面外页;(2) 招股说明书封面内页与封底外页;(3) 信息摘要、风险因素及盈余对固定支出比率;(4) 募集资金的用途;(5) 发行价格的确定;(6) 股份稀释;(7) 出售证券之证券持有人的基本情况;(8) 发行计划;(9) 对即将注册证券的描述;(10) 对在登记表上署名的专家与顾问的利益关系的披露;(11) 关于注册发行人的信息;(12) SEC 对证券法责任补偿的立场的揭示;(13) 其他发行费用;(14) 董事及其他官员的保险和责任补偿;(15) 近年销售的未注册之证券;(16) 附件及财务报表;(17) 对相关事项的保证;其中前 12 项内容需要载入招股说明书。而 F-1 表格是为外国发行人所适用的,内容与 S-1 表格大致相同。这是与美国《1933 年证券法》奉行公开原则,以"充分与公平的公开"(Full and Fair Disclosure)为手段保护公众投资者利益相契合的。

不过,考虑到我国证券市场发展的实情,对上述美国证券法律制度并非能够完全照搬。例如,主要是由于我国尚未实行股票期权等制度,因而没有对股份稀释的披露要求;但随着股票期权等制度的引进与普及,对此信息的披露也将越来越重要。又如,鉴于专业人士及其所服务的中介机构对于发行证券的质量有重要影响,其与发行证券的利益关系将极大地影响他们能否中立、客观地履行职责,美国要求在登记表上对署名的专家(包括会计师、律师、承销商等)与该证券的利益关系进行披露,这也是我国今后需要引进的制度。再如,我国尚不存在对公司高管人员的责任保险制度,因而也没有这些人员的保险和责任补偿的披露。未来如果引入此种制度,那么这方面的信息披露也将是必不可少的。对改组与

[①] 中国证券监督管理委员会公告〔2023〕5 号,于 2023 年 2 月 17 日公布并施行,现行有效。
[②] 中国证券监督管理委员会公告〔2023〕6 号,于 2023 年 2 月 17 日公布并施行,现行有效。
[③] 表格 S-1(Form S-1)是 SEC 的指定披露文件,当上市公司向 SEC 登记其证券时,会将表格 S-1 作为"基于《1933 年证券法》的登记声明"。通常,对于特定的证券发行,表格 S-1 包含了有关发行人的事业和融资的基本信息。投资者可以参照招股说明书考量被发行证券的优劣,并作出有根据的投资决定。招股说明书是投资者用来在公司首次公开发行股票(IPO)前对其进行调研的主要文件之一。另外还有一些其他不太需要填写详细信息的登记表,如 S-3 表格(Form S-3)在符合《1934 年证券交易法》规定的情形时也可用于登记。

重组方案说明和公司治理结构必须进行披露（不仅包括历史信息，还要包括预测性信息的披露）等是我国特有的，同时也是具有阶段性的现象。随着申请公开发行证券的公司股权结构的多样化和公司治理结构的完善，以及民营企业的发行上市，今后将逐步根据证监会颁布的《上市公司治理准则》进行更多的披露。总之，我国今后在信息公开方面应强调形式审查，将对信息判断的权力交给市场。

第六节 发行上市保荐

一、保荐制度概述

保荐人（Sponsor）一词源自香港证券市场，是指由保荐人（通常由证券公司担任）负责发行人的上市推荐和辅导，核实发行人的发行文件与上市文件中所载资料的真实、准确、完整，协助后者建立严格的信息披露制度，并承担风险防范责任，为上市公司上市后一段时间的信息披露行为向投资者承担担保责任的一项制度。目前证券市场中的保荐（人）制度主要有以下三种类型。

一是英国的可选择投资市场（Alternative Investment Market，AIM）的终身保荐人制度。所谓终身保荐人制度，是指上市公司在任何时候都必须聘请一家具有法定资格的公司作为其保荐人，以保证上市公司持续地遵守市场规则，增强投资者的信心。保荐人的任期以上市公司的存续时间为基础，如果保荐人因辞职或被解雇而导致缺位，被保荐公司的股票交易将被立即停止，直至新的保荐人到任正式履行职责，才可恢复进行交易。保荐人还可以代表上市公司，与交易所和投资者之间进行积极的沟通联络，帮助处理与监管者和投资者的关系，提升公司的公众形象，改善公司股票的市场表现。虽然公司上市后保荐人的工作范围扩大了，但保荐人的核心职责仍在于辅导企业的董事会遵守市场规则，履行应尽的责任和义务，尤其是在信息披露方面的强制义务。由此可见，"辅导者"和"独立审计师"是英国保荐人的两大角色，是该制度的本质和关键所在。

二是美国的纳斯达克什锦保荐人制度。什锦保荐人制度主要包括：建立强制性的法人治理结构；实施同业审查计划和建立在自愿选择基础上的理事专业指导计划；承销商、做市商和分析师提供专业服务；监管机构实施实质性的审查。这一套制度安排对保荐人的市场功能加以分解，通过相互间的功能互补和密切配合，成功地分散和控制了创业板市场的发行人风险，可以有效地保护投资者的合法权益。在纳斯达克，承销商、做市商和分析师所提供的市场服务实际上执行了保荐人的研究支持功能。发行人在聘请承销商时，一般要考虑承销商是否准备并且有足够的实力参与到公司上市后的事务中去，为公司上市后提供一系列服务。什锦保荐人制度的核心是"强制性的法人治理结构"和"理事专业指导计划",其中"强制性的法人治理结构"已经得到全面实行,而交易所则向所有上市公司提供"理事专业指导计划"。上市后,公司可以获得纳斯达克一名理事的全面指导,理事一般对发行人所处行业拥有丰富的经验和专业知识,就公司股票的表现解答问题,在总体上指导公司的市场运作事宜。此外,理事可以帮助发行人就加强与投资者的关系来制定各种切实可行的计划,向发行人介绍相关行业的发展情况以及法律法规的变化情况。这项服务类似于保荐人在企业上市后从事的主要保荐业务活动之一,即成为上市公司的市场顾问,处理与交易所和与投资者的交流沟通事宜。

三是香港的保荐人制度,在主板市场和创业板市场上均加以实行,其中在交易所的主板上市规则中,关于保荐人的规定类似于我国内地上交所对于上市推荐人的规定,主要职责是将符合条件的企业推荐上市,并对申请人申请上市、上市文件等所披露信息的真实、准确、完整以及申请人董事知悉自身应尽的责任义务等负有保证的责任。尽管交易所建议保荐人在发行人上市后至少一年内还要继续维持对发行人的服务,但保荐人的责任原则上随着股票上市而终止。香港推出创业板后,保荐人的责任被法定延续到发行人上市后的两个完整的会计年度之内。这是香港主板市场与创业板市场保荐人制度最大的区别所在。

二、保荐制度的特点

目前各国对于保荐制度的适用范围有不同,如英美保荐制度适用于创业板市场,而香港证交所将这一制度推广到了主板市场。在制度设计上也各有特点,但作为一种保护投资者的合法权益、提高上市公司质量的新制度则体现了很多共同的特点。

一是资质条件严格。各国对于保荐人资质条件的要求要比一般证券公司严格,大多需要特殊的认证程序,并且进行定期的审核。保荐人除了必须具备一般综合类证券公司应具备的条件外,还应具备适应保荐人自身业务和职责特点的资质条件。由于保荐人的职责涉及上市公司的法律、证券、金融、财务、会计、管理等各方面的业务,所以要求素质更高、业务范围更全面的专业人员(例如美国的什锦保荐人的综合能力)。同时,由于保荐人要承担上市公司的信用维护和相关后续服务与上市公司信息披露,并需承担经济担保责任,所以保荐人必须拥有必要的资本,以作为担保责任的物质基础。我国《证券发行上市保荐业务管理办法》(2023)[①]第10条规定了证券公司申请保荐业务资格应当具备的7项条件。

二是职责重大。根据《证券发行上市保荐业务管理办法》(2023)第三章之规定,保荐机构须履行以下之责:(1)持续督导责任(第16条第2款),即在发行人

---

① 中国证券监督管理委员会令第207号,于2023年2月17日发布并实施。该部门规章现行有效。

证券上市之后须持续督导发行人履行规范运作、信守承诺、信息披露等义务。(2) 尽职调查责任(第17条),即在推荐证券发行上市时遵循诚实守信、勤勉尽责原则,对发行人进行全面调查,充分了解发行人的经营状况及其面临的风险和问题。(3) 辅导责任(第18条),即"保荐机构在推荐发行人首次公开发行股票并上市和推荐发行人向不特定合格投资者公开发行股票并在北交所上市前,应当对发行人进行辅导。辅导内容包括,对发行人的董事、监事和高级管理人员、持有百分之五以上股份的股东和实际控制人(或者其法定代表人)进行系统的法规知识、证券市场知识培训,使其全面掌握发行上市、规范运作等方面的有关法律法规和规则,知悉信息披露和履行承诺等方面的责任和义务,树立进入证券市场的诚信意识、自律意识和法制意识,以及中国证监会规定的其他事项。"(4) 承担配合与沟通工作的责任(第27条),即:"保荐机构提交发行保荐书、上市保荐书后,应当配合证券交易所、中国证监会的发行上市审核和注册工作,并承担下列工作:① 组织发行人及证券服务机构对证券交易所、中国证监会的意见进行答复;② 按照证券交易所、中国证监会的要求对涉及本次证券发行上市的特定事项进行尽职调查或者核查;③ 指定保荐代表人与证券交易所、中国证监会职能部门进行专业沟通,接受上市委员会问询;④ 证券交易所、中国证监会规定的其他工作。"

三是承担法定的严格担保责任。保荐人制度最具特色的是保荐人和保荐机构的担保责任,它将公司发行和上市后的持续诚信与其保荐人和保荐机构紧密联系起来,并建立相关责任追究机制。保荐人和保荐机构要为所保荐的上市公司披露虚假、误导、遗漏的信息而给投资者造成的损失承担赔偿责任,这是一种无过错的法定担保责任,它严于侵权责任中的连带责任,即保荐人或保荐机构虽然主观无过错,但也应为上市公司违反法定义务的行为承担赔偿责任。例如,我国《证券发行上市保荐业务管理办法》(2023)第29条第3款规定,保荐机构在履行保荐职责期间未勤勉尽责的,其责任不因持续督导期届满而免除或者终止。

四是具有较长的职责期限。保荐人所承担的上市公司的保荐职责期限,不仅包括上市前的申请发行阶段,而且还包括上市以后数年甚至于上市公司整个存续期间(如英国)的经营阶段。职责期限是保荐人职责现实化的必要条件,对于保荐人履行职责的效果起着积极的影响。职责期限决定着保荐人与上市公司投资者关系的性质,期限不仅决定保荐人职责履行的起点和终点,而且决定保荐人职责履行的效果,也是保荐人能够为上市公司制定长期规划的基础。例如,我国《证券发行上市保荐业务管理办法》(2023)第29条第1、2款规定:持续督导的期间中证券交易所决定。持续督导期届满,如有未完成的保荐工作,保荐机构应当统统完成。

【拓展阅读】

香港证监会吊销保荐人牌照

第五章　证券上市制度

证券上市(Going Public)是联结证券发行市场和证券交易市场的桥梁。对于上市公司来说,有利于提高其知名度和信誉,为其今后进一步筹措资金,开拓新的市场领域提供有利条件;能促其改善经营管理,提高经济效益。对于投资者来说,证券上市有利于形成公正的证券价格,促进证券流通;有利于其减少投资风险,保护其合法权益。

第一节　证券上市概述

一、证券上市的概念

通说认为,证券上市是指公开发行的有价证券,依据法定条件和程序,在证券交易所或其他依法设立的交易市场公开挂牌交易的行为。由此定义可以看出,证券发行是指发行人申请监管部门或交易场所批准将其已发行的证券在证券交易场所买卖的行为,同时也是指已发行的证券能够在交易场所被自由、公开买卖的状态。因此,证券上市制度则是指有关证券上市的标准和程序、上市证券的暂停与终止等一系列法律规范的总称。

严格来说,证券上市与证券发行是两个不同的概念,因为证券发行是指发行人直接或间接(通过证券公司)向特定或不特定的社会公众就发行人的证券作出的要约邀请、要约或销售行为,是证券上市的前提和基础。但由于我国实行的是证券发行与上市联动操作制度(即通过发行核准或审批的证券一般就意味着获得了上市的核准或审批),导致实践中经常将证券发行与证券上市两个概念混合使用;但从法律上来说,证券发行与上市是两个不同的环节,适用不同的法律条件,并应经过不同的审核程序。通过证券发行审核的并不意味着就可以通过上市审核,一个公开发行股票的公司也不意味着就一定要上市交易。同时,证券上市是指证券在交易场所进行交易,交易的主体是证券持有者而不是证券发行人;交易的客体是证券,而不是证券发行人。[1]

---

[1] 高西庆、陈大刚主编:《证券法学案例教程》,知识产权出版社2005年版,第65页。

二、证券上市的条件

为保证证券的流通性和交易的安全性,证券必须符合一定的法定条件方可上市。各国或地区证券法对证券上市的条件规定宽严不同,但基本标准大致相同,通常包括上市公司的资本额、资本结构、盈利能力、偿债能力、股权分散状况、公司财务情况、经营时间等。我国《证券法》(2019)对证券上市的条件作了明确规定。

关于股票公司债券等上市交易的条件,根据《证券法》(2019)第 47 条的规定,申请证券上市交易,应当符合证券交易所上市规则规定的上市条件。证券交易所上市规则规定的上市条件,应当对发行人的经营年限、财务状况、最低公开发行比例和公司治理、诚信记录等提出要求。《上海证券交易所公司债券上市规则》(上证发〔2022〕58 号)和《深圳证券交易所公司债券上市规则》(深证上〔2022〕391 号)进一步规定,公司债券申请上市,应当符合下列条件(实质内容相同,表述及顺序有所不同):(1) 符合《证券法》规定的上市条件;(2) 经有权部门核准并依法完成发行;(3) 债券持有人符合本所投资者适当性管理规定;(4) 本所规定的其他条件。

可转换公司债券的上市,是指可转换公司债券发行人在发行结束后,向证券交易所申请并经核准在证券交易所挂牌交易。可转换公司债券在发行人股票上市的证券交易所上市。分离交易的可转换公司债券中的公司债券和认股权分别符合证券交易所上市条件的,应当分别上市交易。证券交易所应当与发行人订立上市协议,并报中国证监会备案。上市公司申请可转换公司债券在证券交易所上市,应当符合下列条件:(1) 可转换公司债券的期限为 1 年以上;(2) 可转换公司债券实际发行额不少于人民币 5000 万元;(3) 申请上市时仍符合法定的可转换公司债券发行条件。

三、证券上市的程序

证券上市程序,是指证券发行人申请证券上市,审核机构对其证券上市的条件进行审核,并依法核准该证券在证券交易所公开挂牌交易的步骤。根据《证券法》(2019)第 46 条的规定,申请证券上市交易,应当向证券交易所提出申请,由证券交易所依法审核同意,并由双方签订上市协议。因证券种类不同,其上市程序上亦有差别,股票上市程序较公司债券上市程序要复杂些,但主要程序基本相同:两者均须经过申请核准程序,方可安排上市。

(一)股票上市程序

第一,申请核准。股份有限公司的股票经证券监管部门核准公开发行后,申请上市交易须经证券交易所审核。《证券法》(2005)第 52 条规定,股份有限公司申请其股票上市交易,应当向证券交易所报送 8 项文件,《证券法》(2019)已废除。

第二,签署上市协议。签署上市协议是股票上市的必要和必经程序。按照国际惯例,上市公司应与证券交易所签订上市协议,以明确相互之间的权利义务关系。上市公司须承诺接受证券交易所的管理,遵守证券交易所的规则,履行上市协议中承担的义务。《证券法》(2005)第 53 条规定,股票上市交易申请经证券交易所审核同意后,签订上市协议的公司应当在规定的期限内公告股票上市的有关文件,并将该文件置备于指定场所供公众查阅。《证券法》(2019)已废除。

第三,上市公告。《证券法》(2005)第 54 条规定,签订上市协议的公司除公告前条(第 53 条)规定的文件外,还应当公告下列事项:(1)股票获准在证券交易所交易的日期;(2)持有公司股份最多的前十名股东的名单和持股数额;(3)公司的实际控制人;(4)董事、监事、高级管理人员的姓名及其持有本公司股票和债券的情况。《证券法》(2019)已废除。

第四,挂牌交易。股票在证券交易所挂牌交易,标志着股票正式上市,除法定持股人在持股期限内不得转让股票外,其他持股人均可通过证券交易所转让其股票,转让之后也可再行买入;所有二级市场的投资者均可买卖挂牌交易的股票。

(二)公司债券上市程序

根据《证券法》(2019)、《上海证券交易所公司债券上市规则(2022 年修订)》(上证发〔2022〕58 号)和《深圳证券交易所公司债券上市规则(2022 年修订)》(深证上〔2022〕391 号)之规定,公司债券上市程序大致可以分为以下四个步骤:

第一,上市申请。《上海证券交易所公司债券上市规则(2022 年修订)》第 2.1 条规定:"发行人申请债券上市,应当符合下列条件:(一)符合《证券法》等法律、行政法规规定的公开发行条件;(二)经有权部门注册并依法完成发行;(三)债券持有人符合本所投资者适当性管理规定;(四)本所规定的其他条件。"第 2.3 条规定:"债券发行后,发行人应当及时向本所提交发行结果公告、债券实际募集数额的证明文件等上市申请所需材料。企业债券发行人还应当向本所提交下列文件:(一)债券上市申请书;(二)有权部门同意债券发行的文件;(三)债券募集说明书等债券发行文件;(四)本所要求的其他文件。"《深圳证券交易所公司债券上市规则(2022 年修订)》第 2.1 条规定:"发行人申请债券在本所上市,应当符合下列条件:(一)符合《证券法》等法律、行政法规规定的公开发行条件;(二)经有权部门同意予以注册并依法完成发行;(三)符合本所投资者适当性管理相关规定;(四)本所规定的其他条件。"第 2.3 条规定:"债券依法完

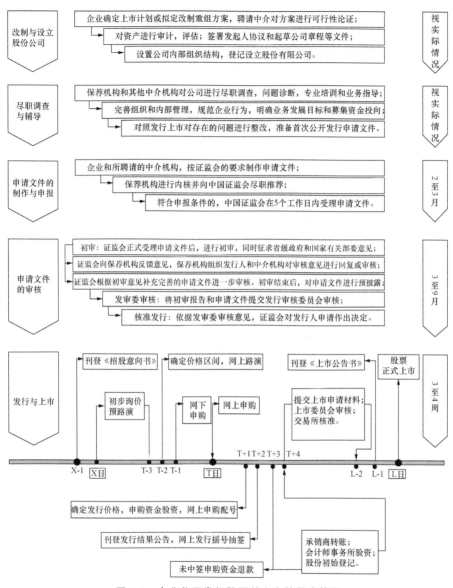

图 5-1 企业公开发行股票并上市的程序简图

注：X 日——初步询价日；T 日——网上发行日；L 日——股票上市日。
资料来源：http://www.sse.com.cn/sseportal/ps/zhs/sjs/nsszl/flow.shtml。

成发行后，发行人应当及时向本所提交发行结果公告、债券实际募集数额的证明文件等上市申请所需材料。企业债券发行人还应当向本所提交以下申请文件：（一）债券上市申请书；（二）有权部门同意债券予以注册的文件；（三）债券募集说明书等债券发行文件；（四）本所要求的其他文件。"

第二,上市核准。对此,《深圳证券交易所公司债券上市规则(2022年修订)》第2.7条至第2.9条作了详尽的规定:"2.7 本所在收到完备的债券上市申请文件后,及时作出是否同意上市的决定。2.8 债券发行人在提出上市申请至其债券上市交易前,未经本所同意不得擅自披露与债券上市有关的信息。如该期间发生重大事项,发行人以及承销机构应当及时报告本所,承销机构应当按规定进行核查并出具核查意见。重大事项导致可能不再符合上市条件的,本所根据相关规定重新决定是否同意上市。2.9 债券上市申请经本所审核同意后,发行人应当与本所签订上市协议,明确双方权利、义务和自律管理等有关事项。发行人和承销机构应当按照上市通知的要求安排债券上市交易。"《上海证券交易所公司债券上市规则(2022年修订)》的相关条款也作了类似规定。

第三,安排上市。公司债券上市交易申请经证券交易所核准后,证券交易所应当及时安排债券上市。《证券法》(1998)规定,公司债券上市交易申请经证券交易所核准后,自核准之日起3个月内,安排该债券上市。《证券法》(2005)删除了这一条款,公司债券上市的时间或日期,通常由证券交易所与申请人在签订的上市协议中确定。

第四,上市公告。公司债券上市交易申请经证券交易所审核同意后,签订上市协议的发行人应当在债券上市交易前在证监会指定的信息披露报刊或/及上海(深圳)证券交易所网站上公告债券上市公告书,并将上市公告书、核准文件及有关上市申请文件备置于指定场所供公众查阅。

(三)可转换公司债券的上市程序

经中国证监会核准发行的可转换公司债券发行结束后,发行人方可向交易所申请其可转换公司债券上市交易。分离交易的可转换公司债券中的公司债券和认股权分别符合证券交易所上市条件的,应当分别挂牌交易。上市交易程序如下:

第一,签订上市协议。证券交易所应当与发行人订立上市协议,并报中国证监会备案。

第二,上市保荐。根据现行法律规定,发行人向交易所申请其可转换公司债券在交易所上市,应当由保荐人推荐。保荐人应当与发行人签订保荐协议,明确双方在公司申请上市期间、申请恢复上市期间和持续督导期间的权利和义务。保荐协议应当约定保荐人审阅发行人信息披露文件的时点。持续督导期间为可转换公司债券上市当年剩余时间及其后1个完整会计年度。保荐人推荐可转换公司债券上市(恢复上市除外),应当向交易所提交上市保荐书、保荐协议、保荐人和相关保荐代表人已经中国证监会注册登记并列入保荐人和保荐代表人名单的证明文件和授权委托书,以及与上市推荐工作有关的其他文件。

第三,上市申请。上市公司向证券交易所申请可转换公司债券上市,应当提交下列文件:(1)上市报告书(申请书);(2)申请上市的董事会和股东大会决议;(3)按照有关规定编制的上市公告书;(4)保荐协议和保荐人出具的上市保荐书;(5)发行结束后经具有执行证券、期货相关业务资格的会计师事务所出具的验资报告;(6)登记公司对新增股份和可转换公司债券登记托管的书面确认文件;(7)证券交易所要求的其他文件。

第四,上市交易。证券交易所核准上市公司提交的可转换公司债券上市申请文件后,经核准予以上市交易。

第二节 上市的恢复与终止[①]

一、恢复上市

恢复上市,简言之,是指被暂停上市的公司之证券恢复上市交易的一种事实状态。在民事法律关系上,被暂停上市公司所发行证券的持有人,得以继续采用在证券交易所交易的方式转让其证券,其他自然人和法人则得以采用在证券交易所交易的方式受让该被暂停上市公司发行的证券,实质上是一种民事权利行使方式的恢复。需要注意的是,恢复上市不同于恢复交易,后者并非《证券法》(2019)所规定的制度,而是证券监管机构或证券交易所在特殊情况下针对暂停上市公司采取的一种不通过正常的恢复上市程序,使暂停上市公司的证券恢复上市交易的特殊措施。

关于恢复上市的条件,《公司法》(2018)和《证券法》(2019)仅对初始的申请上市条件作出了规定,并未对恢复上市的条件作出专门规定;仅对亏损上市公司被暂停上市后恢复上市的条件作出了规定,但未对其他被暂停上市公司的恢复上市条件进行规定。不过,学理上对于恢复上市的条件认为应该包括如下规定:(1)作为一个上市公司在证券交易所上市交易而言,恢复上市与初始的申请上市应遵循共同的申请上市交易的实体条件,亦即暂停上市的证券要恢复上市必须符合《公司法》和《证券法》规定的上市条件。(2)从暂停上市制度来看,某一证券之所以恢复上市是因为此前曾被暂停上市,因此欲恢复上市则其先前被暂

[①] 《证券法》(2019)已废止了暂停上市的规定。所谓证券暂停上市,是指在出现法定原因时上市公司的上市证券暂时停止在证券交易所挂牌交易的情形。作为一种法律制度,暂停上市的一个重要目的是在上市交易与终止上市之间设定一个缓冲的平台,给那些存在问题的上市公司一个改正的机会;对于那些确实问题严重且又在暂停期间内不予改正或无从改正的公司,将依法予以终止上市;对于那些在暂停上市期间予以改正,符合上市条件的,则允许其申请恢复上市。暂停上市不同于停牌。《证券法》(2019)所指的停牌是指技术性停牌,主要是因突发性事件而影响证券交易的正常进行时,为维护交易秩序和投资者利益,由交易所负责采取的暂停某证券交易的措施。根据交易所上市规则,上市公司也可以以交易所认为合理的理由向交易所申请停牌。

停上市的原因必须已经在限期内消除。例如,因最近几年连续亏损被暂停上市的公司如要申请恢复上市,必须同时符合两个条件:一是在法定期限内披露暂停上市后的第一个半年度报告,二是半年度财务报告显示公司已经盈利。需要注意的是,在决定是否核准一个暂停上市公司的恢复上市申请时须同时从以上两个方面来把握,因为仅仅是其暂停上市的原因消除了,但由于公司在暂停期间的变化而导致在其他方面出现了不符合上市的条件,则仍然不能被核准恢复上市。

关于暂停上市的公司恢复上市的程序,包括以下三个阶段:第一阶段是恢复上市的申请阶段。现行法律对因亏损而被暂停上市又申请恢复上市作了规定,即上市公司可以在暂停上市后第一个半年度报告披露后的5个工作日内提出申请;但未规定若超过该期限未提出申请的其恢复上市申请是否会被不予受理或不予核准。根据法理,如果有合理的理由且逾期时间不长的,对其恢复上市的申请应当予以受理。对于因其他不符合上市情形而被暂停上市的,法律法规没有作出明确规定,因而只能从法理上来说,应当在导致暂停上市的原因消除后及时提出恢复上市的申请。对于因亏损而暂停上市又申请恢复上市的,法律法规要求暂停上市公司须聘请具有主承销商资格并符合证券交易所有关规定的上市推荐人进行推荐,这一要求也应该适用于因其他原因暂停上市又申请恢复上市的公司。遵循谁作出的暂停上市决定,就向谁提出恢复上市的申请的原则,各类暂停上市又欲恢复上市的应当由暂停上市的公司向中国证监会提出申请。

第二阶段是恢复上市的审核阶段,可分为恢复上市申请的受理审查阶段和受理后的审核决定阶段。受理审查阶段主要是形式审查,证券交易所在收到因亏损暂停上市而又欲恢复上市的公司提出申请之日起5个工作日内作出是否受理申请的决定;在决定受理后,证券交易所应当在30个工作日内作出是否予以核准恢复上市的决定。在受理后的审核决定阶段,证券交易所可以就申请中的有关事实问题进行调查核实。例如,因亏损而暂停上市又欲恢复上市的公司,如果公司借以表明其已经盈利的半年度财务报告被注册会计师出具带有解释性说明的无保留意见、保留意见、否定意见或拒绝表示意见的审计报告,证券交易所可以对公司财务报告盈利的真实性进行调查核实;同时,该调查核实的时间不计算在证券交易所受理申请后审核决定阶段的期限之内。

第三阶段是核准恢复上市申请后的阶段。以亏损上市公司的恢复上市为例,公司在接到证券交易所核准其股票恢复上市的决定后,应在2个工作日内在中国证监会指定的报纸和网站及证券交易所指定网站上登载《股票恢复上市公告》,包括4项内容:(1)恢复上市股票的种类、简称、证券代码;(2)证券交易所核准恢复上市决定的主要内容;(3)公司董事会关于恢复上市措施的具体说明;(4)证券交易所要求的其他内容。公司在登载《股票恢复上市公告》5个交易日后,其股票恢复上市交易。恢复上市交易的公司,在其股票恢复上市交易之日起至其恢复上市后的第 1 个年度报告披露日止,证券交易所对其股票交易实行特别处理。

二、终止上市

证券上市的终止,是指上市公司证券在出现法定原因后不得在证券交易所继续挂牌交易的情形。但是,上市证券被终止后还可以在终止上市原因消除后重新申请证券上市,也仍然可以继续在依法设立的非集中竞价的交易场所继续交易。也就是说,终止上市既是指证券交易所按照法律规定终止上市公司发行的证券在证券交易所上市交易,也指上市公司与证券交易所之间上市合同关系的终止和上市公司股东通过交易所转让其股份的民事权利的丧失。我国现行法律已和市场化程度较高的国家和地区的实践靠拢,上市公司与交易所之间的上市关系成为一种民事合同关系,终止上市则成为一种终止合同关系的民事行为。

需要注意的是,与终止上市概念类似的还有"停止买卖",例如我国台湾地区"证券交易法"(2002 修正)第 148 条规定:"于证券交易所上市有价证券之公司,有违反本法或依本法发布之命令时,主管机关为保护公益或投资人利益,得命令该证券交易所停止该有价证券之买卖或终止上市。"将停止买卖与终止上市相提并论,可见二者有所差异:停止买卖者可以再恢复其买卖,而终止上市则不存在恢复买卖的问题,至多可以在特定情形下,免除终止上市之实施。以此看来,我国台湾地区所谓的"停止买卖"更类似于《证券法》(2005)的"暂停上市"(但《证券法》(2019)已废除了暂停上市的规定)。

从理论上来讲,终止上市的条件应该有两大类,一是法律明确规定的终止上市,二是由上市合同约定的终止上市,但在我国尚未出现约定终止上市的实践。我国证券法律规定了证券终止上市条件。其中,《证券法》(2019)第 48 条规定:上市交易的证券,有证券交易所规定的终止上市情形的,由证券交易所按照业务规则终止其上市交易。证券交易所决定终止证券上市交易的,应当及时公告,并报国务院证券监督管理机构备案。由于股票上市终止的情形消除后不可以恢复上市交易,而只能重新申请上市,因而具有惩罚性功能。此外,《上海证券交易所股票上市规则(2023 年 8 月修订)》对终止上市作了细分,分为交易类强制退市、财务类强制退市、规范类强制退市和重大违法类强制退市等四类情形,对应条款分别为第七章第二节、第三节、第四节、第五节。《深圳证券交易所股票上市规则(2023 年 8 月修订)》作了同样的细分,对应条款分别为 14.2.1、14.3.11、14.4.17、14.5.1。对比上述法律对终止上市和暂停上市的规定,可以看出前者的条件大多是以后者的条件为基础的,只是前者比后者的要求程度高一些。

终止上市的种类因终止原因的不同而被分为不同的种类。例如,根据上市公司是否自愿为标准,可以分为上市公司的自愿申请终止上市和证券交易所的强制终止上市;根据终止上市的依据不同,可以分为依法令的终止上市和依上市合同的终止上市;根据终止上市的不同条件为标准,可以分为因亏损的终止上市、因有重大违法的终止上市、因股权结构发生重大变化的终止上市等。不同种类的终止上市,其法律程序也有所不同。目前,在程序规定方面比较健全的是因亏损导致的终止上市。其他种类的终止上市,在具体的程序方面还缺乏相关的规定。因亏损原因导致的终止上市,与暂停上市有密切的联系,因此法律在程序上规定了必须和暂停上市、恢复上市的衔接。在最终作出终止上市决定的情况下,此前是否按照规定依法履行了暂停上市或恢复上市的程序,也将构成影响终止上市行为在程序上是否合法、适当的重要因素。证券交易所在作出终止上市决定后,应当在2个工作日内通知上市公司,同时报中国证监会备案。上市公司应当在接到终止上市的决定后,在2个工作日内在指定报纸和网站发布《股票终止上市公告》。该《公告》应当包括的内容有:(1)终止上市股票的种类、简称、证券代码以及终止上市的日期;(2)中国证监会终止上市决定的主要内容;(3)终止上市后其股票登记、转让、管理事宜;(4)中国证监会和证券交易所要求的其他内容。

　　终止上市的法律后果涉及被终止上市的公司的权利义务,以及终止上市公司的股东和债券持有人的权利义务。(1)对于被终止上市的公司来说,终止上市的法律后果主要体现在以下几个方面:① 其发行的股票或债券不能继续在证券交易所交易;② 不需要再履行《公司法》(2018)、《证券法》(2019)规定的上市公司应负的定期公开财务状况和经营情况,在每个会计年度内半年公布1次财务会计报告等信息披露义务;③ 如果该公司发行的证券要在证券交易所上市交易,就必须重新提出上市申请,而不是按照恢复上市的程序提出申请;④ 有关上市公司在重大资产购买、出售、置换资产中需要履行的义务可以免于履行,并不因此承担法律责任;⑤ 被终止上市的公司虽然不再是上市公司,但仍然是公开发行证券的公司,法律赋予公开发行证券公司的权利与义务,终止上市公司仍然享有与承担。(2)对于公司股东和债券持有人的法律后果,集中表现在股东和债券持有人转让自己股份和债券的方式发生了变化,即不能通过证券交易所集中竞价的方式进行交易;但这并不影响证券持有人对相应股份和债券的享有,他们仍然可以通过其他方式来转让自己持有的股份或债券,如利用合同的方式等,其中最为典型的是证券业协会通过股份代为转让系统为终止上市公司股东办理股份转让业务。另外,随着公司发行证券的终止上市交易,证券的占有和交易的结算方式也发生了变化,中国证券登记结算公司将不再对终止上市的证券进行托管、登记,也不再办理这些证券交易的结算业务。

第三节 场外交易市场制度

场外交易市场(Over-the-Counter，OTC)，又称柜台市场，一般是指高科技、高成长型中小企业股票交易、退市企业股票交易的场所，它与主板市场(Main Board Market)、二板市场/创业板市场(Second-board Market)相互补充渗透，形成一个多层次的资本市场，为实体经济发展提供资本支持。场外交易市场是整个多层次资本市场的基石，对于提高全社会资金和资源的配置效率具有重要意义：(1)场外交易市场的融资门槛低，能够拓宽中小企业融资渠道，缓解中小企业融资难问题。(2)场外交易市场提供了双向转换机制，即允许企业根据证券交易所和场外交易市场的不同入市门槛进行转换市场挂牌交易，既保证了场内市场的高质量上市资源，又使得不符合上市条件的企业有了合适的退出市场，为企业的风险投资提供了多层次的退出渠道，规避了流动性风险，使场内场外市场达到双赢的局面。

资本市场发达国家的经验表明，场外交易市场制度体现出层次性和系统性两大特色，其主要制度包括市场体系、上市规则、交易机制、信息披露、转板退市、监管等一系列制度设计。

一、投融资主体

场外交易市场的融资主体主要是中小企业，这些中小企业以高新技术、生物制药、信息技术等产业为主。由于中小企业资本规模小，盈利能力不稳定，处在发展初期，企业主营业务都比较单一，使得场外交易市场的上市条件低于主板市场，有的甚至不规定上市条件。为救此弊，场外交易市场上市公司一般都被要求有高度集中的业务范围、严密的业务发展计划、完整清晰的业务发展战略，以及较大的业务增长潜力等特征。根据资本市场发达国家的经验，中小企业在达不到交易所或创业板市场对上市公司要求，或承担不起其高昂的上市成本，一般都选择在三板上市融资，如美国的低值股票(Penny Stock)市场、英国的 AIM(Alternative Investment Market)和未上市证券市场(Off-Exchange)。2000年4月我国台湾地区柜台买卖中心内部设立了"台湾创新成长类企业股票"(Taiwan Innovative Growing Entrepreneurs)市场，以更为宽松的条件支持新兴产业的中小企业到柜台买卖中心上柜。

场外交易市场的投资主体主要以机构投资者为主，以及一些富有的个人投资者。这也是由场外交易市场的融资主体为中小型企业所决定的：它们大多处于发展初期，资本规模较小，业绩不稳定，易受外界环境因素影响，因而企业在蕴藏着潜在的增长空间的同时，也承担着巨大的经营风险和财务风险。这只有那些资金实力雄厚、投资期限较长、风险承受能力较强的机构投资者和部分富有的个人才能承受,例如保险公司、证券公司、证券投资基金公司及银行的信用部门等。

二、上市规则

总体上来说,场外交易市场的上市规则的门槛要低于当地主板市场。例如,美国的场外柜台交易系统(Over the Counter Bulletin Board, OTCBB)相对于纳斯达克来说门槛很低,它对企业没有任何规模和盈利的要求,只要经过 SEC 核准,有 3 名以上做市商愿意为该证券做市,就可向全美证券交易商协会(NASD)申请挂牌,挂牌后企业按季度向 SEC 提交报表,就可以在场外柜台交易系统上市流通。而纳斯达克(NASDAQ)作为中小企业的摇篮,其上市公司的整体标准又低于纽交所。英国的 AIM 没有指定最低的上市标准,对上市公司的规模、经营年限以及公众持股量均无要求,只要求申请上市的公司按照公认会计准则公布财务资料,并聘请保荐人和经纪商各 1 名即可。为了降低交易成本及满足不同公司的需求,AIM 实行竞争性的多做市商制度以及保荐人制度。保荐人的核心职责在于辅导企业的董事遵守市场规则,履行应尽的责任和义务。

作为多层次资本市场建设的初级层次,我国场外交易市场的上市门槛低于主板和二板(创业板)市场,但是我国在交易制度和信息系统的建设方面还不够成熟,实行类似于美国 OTCBB 市场的宽松准入标准风险极大,因此场外交易市场在上市规则上应有一定限制。基于此考虑,天津场外交易市场的上市规则规定:最近 2 年连续盈利,2 年累计净利润达到 1000 万元,最近 1 年净利润要达到 500 万元。参照发达资本市场国家的成熟经验和我国资本市场初级阶段的现状,我国场外交易市场建设应以低门槛加高标准为原则,在企业规模、发行数量和盈利要求方面降低门槛,但要求企业具有高度集中的业务范围、严密的业务发展计划、完整清晰的业务发展战略和较大的业务增长潜力等,以保证企业的质量以及成长性。在场外交易市场设立初期,为了保证市场的健康有序发展,挂牌条件应相对严格,待市场成熟规模扩大后再适当放宽挂牌条件。为保证挂牌公司质量,防范和化解市场风险,挂牌应采取保荐人制度和核准制,避免出现上市企业挂牌和摘牌过于频繁或者交易不活跃等现象。

三、交易机制

各主要发达资本市场国家在场外交易市场实施多做市商(Market Maker)和竞价制度相结合的混合模式,其原因主要有以下两点:第一,场外交易市场上的挂牌企业一般处于发展初期,规模较小、公司股票的换手率很低、交易不频繁;而且场外交易市场低股价和小交易量的特点,使得股票交易的买卖价差较大,市场弹性较小,这些因素决定了较大的流动性风险。第二,场外交易市场主要针对的新兴行业透明度较低,企业面临的市场风险、技术风险、经营风险都很大,容易为投机者操纵,破产倒闭的可能性也大大高于主板公司,这些因素加大了场外交易市场的投机风险。

在做市商制度下,场外交易市场模式实质上是一个由众多做市商构成的全国联网的股票电子报价系统,投资者根据这个报价系统提供的报价信息,向做市商提交交易订单,做市商与投资者作为交易对手完成订单交易。做市商可以动用自有资金随时应对买卖活动,因而活跃市场。投资者可按做市商报价立即进行交易,保证了交易的持续性。这些对于市值较低、交易量小的股票尤为重要,能够保证市场充足的流动性。由于一只股票有两个以上做市商为其做市,并且做市商对做市的股票有一定的持仓量,市场操纵者因为担心做市商抛压、抑制股价而不敢妄为,这在客观上减缓了场外市场的投机风险。因此,在结合我国资本市场的初级阶段国情的基础上,为了降低市场上的流动性风险和投机风险,我国的场外交易市场以引入多做市商制度为妥。此外,还应完善场外交易市场的虚拟电子交易平台,构建以计算机和网络技术为支撑的现代场外交易市场,并和其他地方性市场通过电子网络连接起来。建议上海场外交易市场可以借鉴纳斯达克市场引入多做市商和电子通信网络(ECN)混合的交易方式,形成两者相互竞争的局面,以提高市场效率。

四、信息披露

由于在场外交易市场挂牌的中小企业进入门槛低,发行的证券数量少、价格低、流动性差、风险大,只有加强对该市场的信息披露监管,才能吸引机构投资者参与,尽可能保证他们在市场信息对称的情况下进行交易。因此,绝大多数发达资本市场国家对场外市场挂牌交易的上市公司实行更为严格的信息披露制度。但是,目前我国场外市场尚无关于交易信息的披露要求,包括天津的场外交易市场以及其他产权交易市场在这一方面均属空白。因此,我国场外交易市场应借鉴国外成熟的信息披露体系,构建规范的信息披露制度,明确包括交易信息和财务信息的信息披露要求,以防内幕操纵和公司欺诈行为的发生,从而切实保障投资者的利益。为提升场外交易市场的信息透明度,需要建立一个专供场外市场挂牌企业和做市商进行规定的信息披露平台,该专门网站可供各类交易者查阅相关信息。挂牌企业要建立完善而适当的公司治理结构,保持董事会、股东与公司之间的制衡关系,合理保护股东权益。

五、监督机制

各主要发达资本市场国家对场外交易市场的监管已形成行政监管和行业自律相结合的立体监管体制。伴随着场外交易市场的成熟以及金融创新浪潮的推动,主要发达国家或地区都已将场外交易市场并入资本市场监管框架体系之内,以防止投机者利用场外市场的监管空白进行违规操作,扰乱资本市场秩序,从而损害公众投资者利益。以美国为例,NASD 在 SEC 注册,负责对 OTCBB 做市商或参加交易的公司的报价行为和交易惯例进行监督。NASD 规定 OTCBB 市场和粉单(Pink Sheets)市场上做市商的活动和交易法规,但发行公司必须在 SEC 注册。纳斯达克市场在成为证券交易所后不再受 NASD 监管,而只接受 SEC 的管制。在英国,AIM 和 OFEX 均由英国证监会直接监管。在 AIM 挂牌交易的公司与伦敦证券交易所上市的公司一样,需要披露年报和半年报、影响股票价格的一般性信息、企业重大交易信息及其他相关信息。我国台湾地区的柜台买卖中心不仅接受来自台湾地区证期会的严格监管,自身还实行自律监管;兴柜股票市场由于其成立时间较短,规模有限,暂为柜台买卖中心代管,对它的监管并未纳入证期会的管辖范围。

借鉴上述国家和地区的成熟经验,我国在监管机制设计上,对场外交易市场应采取自律监管与政府监管相结合的立体监管模式,即政府对场外交易市场实行间接管理,自律性组织的证券业协会、证券交易场所直接管理场外交易市场。由证监会协调全国各证券市场并集中统一监管,保证场内交易市场和场外交易市场的协调发展。

六、转板及退市

转板是指场外交易市场中的中小企业因经营有方,达到主板或创业板的上市要求,进而转到主板或创业板上市。退市则是指主板或创业板市场的上市公司因各种原因不再继续符合主板或创业板上市条件,从而退出交易所市场,降入场外交易市场。通过转板及退市机制,可以为场外交易市场与主板市场之间建立一种相互连通的机制。通过相互之间的连通,可以使发展好的有潜力的企业上升到更高层次的资本市场中,同时从主板市场退市的企业还可以在场外交易市场保持股份的流通性,以维护股东和债权人的合法权益。同时场外交易市场对主板市场来说对企业可以起到一个优胜劣汰的筛选作用。

【拓展阅读】

美国两房退市转板至 OTC

第六章 证券交易制度

证券依法发行完毕后,证券即成为投资者的投资对象和投资工具,此即证券交易(Securities Trading)。需要注意的是,证券交易不同于证券转让,而只是特殊的证券转让形式之一。所谓证券转让,是指证券持有人依转让意思将证券所有权转移给他人的行为,其基本形式除了证券交易之外,还包括依照特定法律事实将全部或部分证券权利移转给其他人的行为,或者设定证券质押行为等。所谓依照特定法律事实发生的转移,包括因赠与、继承和持有人合并等发生的证券权利转移;所谓设定质押,是指以证券作为债务担保的行为。而证券交易是指证券买卖,是证券持有人将证券权利转让给买受人,买受人以支付价款或其他方式受让证券权利的权利交换过程和证券流通行为。

《证券法》(2019)第三章共27条(第35—61条)对"证券交易"制度作了规定,与《证券法》(2014)相比较,修改了18条,增加了2条,删除了12条。主要内容是规定证券交易的一般原则、证券上市、禁止的证券交易行为等内容。本章主要修改了以下内容:(1) 将"持续信息公开"移入了《证券法》(2019)第五章"信息披露"并作了修改;(2) 取消了有关"暂停上市"的规定;(3) 取消了有关证券交易只能以现货和国务院规定的其他方式进行交易的规定;(4) 取消了上市保荐制度(原42条);(5) 第37条增加了有关非公开发行证券的交易场所的规定;(6) 第40条规定了实施股权激励和持股计划的证券公司的从业人员持有及卖出证券的限制;(7) 第41条规定了相关工作人员不得非法买卖、提供或公开投资者信息,不得泄露商业秘密;(8) 第36条增加了减持增持的限制;(9) 第44条扩大了短线交易主体的范围;(10) 第51条增加了内幕信息知情人的主体;(11) 第52条扩充了内幕信息的范围;(12) 增加了禁止利用未公开信息交易的规定;(13) 第55条新增了四种市场操纵的情形;(14) 第56条新增了各种传播媒介传播证券市场信息必须真实、客观、禁止误导的规制。

第一节 证券交易概述

一、证券交易制度的目标

证券交易制度是规范证券交易活动的法律制度安排,其基本目标主要包括以下四项:(1)增加市场流动性(Market Liquidity)。所谓市场流动性,是指资产能够以合理价格顺利变现的能力,通过特定投资的时间尺度(变为现金的难易程度,即交易时间)和价格尺度(与公平市场价格相比的折扣,即交易成本)来衡量。证券市场的首要功能是提供足够的流动性,即在交易成本尽可能低的情况下使投资者迅速而有效地执行交易。(2)提升市场透明度。高透明度的证券市场是整合性的(Integrity)市场,要求信息的时空分布是无偏性的,即所有投资者能够及时、全面、准确地获得同一信息。狭义的市场透明是指证券交易信息的透明,广义的市场透明还包括上市公司信息的及时准确披露。交易透明的程度既影响市场的流动性,也影响市场的波动性,还影响"委托—代理"的效率。(3)提高市场效率性。所谓市场效率性,是指市场将相关信息融入价格的速度和准确性。市场的效率性与流动性成正比关系,即效率性越高,越能吸引投资者,意味着流动性越强。从交易制度角度看,证券市场的效率主要包括三个方面内容:① 信息效率(或称价格效率),即证券价格能准确迅速充分反映可得的信息;② 价格决定效率,即价格决定机制的有效性,如做市商市场、竞价市场中价格决定的效率等;③ 运行效率,即交易系统效率,如交易系统处理订单的速度和系统容量等。(4)增强价格的相对稳定性。所谓价格的相对稳定性,是指证券价格短期波动程度不大及其调节平衡的能力,是证券市场健康运行的内在要求。从交易制度角度看,稳定市场的主要措施有两个:一是提高市场的透明度;二是实施限价措施,例如实施"断路器"机制,采取限价或每日涨跌停措施和利用市场稳定基金等。

上述四大目标是设计证券交易制度的根本出发点和原则。理想的证券交易制度是使这几个基本目标同时达到最优状态,即市场流动性好、信息透明度高、市场有效性强、价格相对稳定、证券交易成本低。

二、证券交易的基本程序

证券交易程序(Procedures for Securities Trading)是指投资者进入证券市场进行证券买卖的具体步骤。证券交易程序具有极强的技术性和操作性,其科学化、规范化和合理化程度,对保证证券交易的公平、迅捷与安全至关重要,它是证券交易各方当事人权益实现的重要保障。场内交易程序一般分为五个阶段,即开户、委托、竞价、清算交割和过户,这顺序不能颠倒或省略。

第一步是开立交易账户。所谓开户,一是指作为证交所会员的证券公司在证交所开设账户,用以接受客户委托买卖,该账户称为一级账户;二是指投资者在证交所开设的证券账户(俗称磁卡),以取得证券交易的资格,也称二级账户。证券账户分为个人账户和法人账户,其中个人账户的开设须凭本人身份证到证交所指定的地点办理,交纳开户费,填写包含个人信息内容的申请表。但是,证交所有关工作人员、股票发行人员、未成年人、无行为能力人、没有身份证的特殊人员以及被判为"市场禁入者"的人员和领导类公务员不能开户;而境外港澳台投资者须凭身份证、护照开设特种人民币股票账户,以美元或港元现汇等作为币种进行交易。开户之后必须指定某一家证券公司作为自己的代理经纪人。投资者办妥资金账户后,身份证、证券账户和资金账户三证兼备,才算真正具备了股票交易资格。

第二步是办理委托手续。依《证券法》(2019)第106条的规定,投资者在选择证券公司开立证券账户和资金账户时,须与证券公司签订《指定交易协议书》和《委托交易协议书》,与证券公司建立证券托管与交易代理关系。因我国实行指定交易制度,投资者只能在一家证券公司开立一个资金账户,其证券账户中的证券由开立资金账户的证券公司托管,证券公司根据证券交易所及登记结算公司传送的指定交易证券账户的证券余额,为委托人即证券投资者建立明细账,用于进行相关证券的结算过户。在指定交易期间,证券买卖均须通过该证券公司代理;但指定交易可以申请撤销。投资者可以对上市委托方式进行选择(包括但不限于市价委托、限价委托以及其他合法有效的委托方式),一旦选择某种委托方式,须与证券公司签订委托协议。目前我国证券交易的委托方式有电话委托、刷卡委托、热键自助委托、网上委托等方式。

第三步是竞价与成交。证交所电脑主体收到委托指令后,根据价格优先和时间优先的原则进行自动撮合成交。价格优先,是指价格较高的买入申报优先于较低买入申报,价格较低卖出申报优先于较高的卖出申报,市价委托申报优先于限价委托申报。时间优先,是指如果委托申报价格相同,则按照申报时间先后决定优先顺序。任一证券的竞价,一般分为开市前采用集合竞价、开市后采用连续竞价两个阶段。每个交易日09:15—09:25,交易所主机撮合系统对接受的全部有效委托进行一次集中撮合处理的过程称为集合竞价。在集合竞价之后,对投资者申报的委托进行逐笔连续撮合处理的过程称为连续竞价。一经成交,即向证券公司发出通知。

第四步是清算与交割。各券商将自己当日接受买卖委托成交的数量、金额,按品种分别报证券登记结算公司,相互抵消后就其净额进行交割,这种抵消买卖额只收付净额的过程就是清算,它可以减少实际交割数量,节省人力物力。清算包括证券经纪商之间的清算、证券经纪商与投资者的清算。清算遵循的原则是:证交所当日所成交的买入股数与卖出股数必然相等;证交所当日所成交的买入金额与卖出金额也必然相等。参加清算的各券商当日营业结束后,将各证券的买入量与卖出量相抵,其余额如果在买方,即买大于卖,则轧出;如余额在卖方,即卖大于买,则轧进。对当日各券的买入金额与卖出金额相抵,其余额如在买方,即买大于卖,应如数轧出;如余额在卖方,即卖大于买,应如数轧进。各券商都应按规定在结算公司统一开设清算头寸的结算账户,并保持足够的现金。清算之后,须办理交割手续。所谓交割是指投资者买方付款领券,卖方付券领款,双方在券商处相互交换钱券的行为。由于投资者均在券商处开设资金账户,所购证券也都由交易所集中托管，所以投资者双方互不见面，买入方也无须知道该证券是出自谁手，反之亦同。

第五步是证券登记过户。过户是股权或债权的所有权转让后，办理登记变更手续，这是投资者在场内交易中必须履行的手续。投资者买入股票后，只有经过过

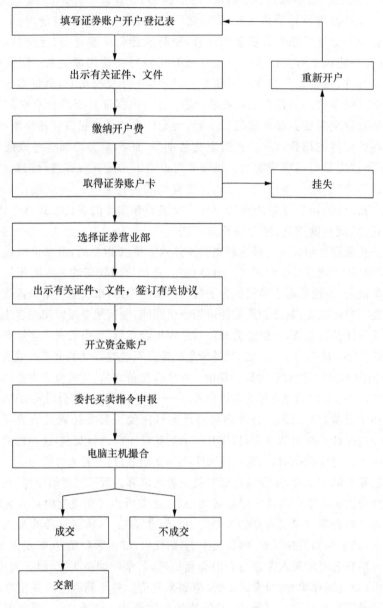

图6-1　证券交易流程示意图

资料来源：http://www.sse.com.cn/sseportal/ps/zhs/sczn/jylc.shtml，访问时间：2019-5-24。

户登记变更,使股东名册上有记录的合法持有人才能享受股东权利,如有纸化证券遗失,还可办理挂失,申领补发。过户后,才能确保所购证券的真实性。在我国实行证券无纸交易和集中托管的制度,清算、交割、过户等手续都由证交所电脑一并实施,并打印出一份完整的成交清单给投资者,注明交易的全部内容信息,投资者只要确认无疑,就算是办妥了全部手续。该份成交清单是具有法律效力的证明文件。

【拓展阅读】

证券交易委托方式简介

第二节 证券交易种类

证券业发达的国家与地区的交易方式多种多样。按照不同的标准分类,证券交易方式可以分为不同的类型。例如,以时间为标准,可以划分为现货交易与期货交易;以是否有选择权为标准,可以划分为期权交易与非期权交易;以有无保证金为标准,可以划分为保证金交易与普通交易。上述三种主要分类与证券、股票指数和利率进行不同组合,可以形成更加多样化的证券交易种类,例如现货证券交易、利率选择权交易、股票选择权交易、股票指数交易、利率期货交易、股票指数期货交易等。我国原《证券法》(1998)只允许现货交易一种方式,新《证券法》(2019)放宽了证券交易方式和种类。

一、股指期货交易

股指期货交易(Stock Index Futures Trade),是股票买卖双方利用某种股票指数作为金融商品,以公开竞价方式通过期货交易所签订一个期货合约,并约定可以在某一未来的交割日之前进行对冲,或按某一认定价格在交割日进行现金结算的一种期货交易。

股票指数期货交易的交易对象是经过处理的股票综合指数而不是股票,故称为"没有股票的股票交易"。由于指数是若干种股票价格的综合指数,而不是若干数量的股票,因此只能采用现金交割。股指期货交易可以进行套期保值,它是为减少股票投资风险,增加股票投资吸引力而采用的一种新型期货交易方式。

股票价格风险主要有两种：(1) 某只股票价格涨落的风险，一般可通过投资多样化(Diversification)来分散，即同时投资几种股票以期某种股票价格的下跌带来的损失可通过另外几种股票价格上涨所得的利润来弥补。(2) 整个股票市场价格涨落的风险，即系统性风险(Systematic Risk)，一般只有资本雄厚的大公司才能采用投资多样化来分散，而大多数小投资者通常无能为力，股票指数期货交易由此应运而生；对于小投资者来说，在总的市场看涨时，可以买进股票指数期货，而市场看跌时则可以出售。

股指期货交易主要利用股票指数和期货合约来进行。指数种类很多，在美国主要有标准·普尔混合指数(Standard and Poor's Composite Index)、道琼斯平均指数(Dow Jones Industrial Average, DJIA)、纽约证券交易所混合指数等。它们分别以不同的样本为基础计算而成，数值都不一样，故各交易所都必须明确规定交易使用指数的种类。每份合约都是标准化的，其价格都是按照一个基数乘以指数来计算。以芝加哥商品交易所为例，每份合约价格基数规定为 500 美元，如成交的指数期货价格是 240 美元，则一份指数期货合约的价格为 240×500＝120 000 美元。按规定，价格的升降按照指数变动"点"来计算，指数每升降一个点，合约的价格就相应升降 500 美元。指数最小的波动为 0.05 点，即 25 美元。每份指数期货合约成交后，一般都要按合约价格交 10% 的保证金。当天交易完成后，客户在期货交易所内的户头都要按股票指数实际核算一次。任何收益和亏损都能在当天的投资者户头上得到反映，有盈则取，有亏则补，投资者随时可以知道其每天的损益情况。

二、期权交易

期权交易(Options Trading)，又称选择权交易，是指期权交易当事人为获得证券市场波动带来的利益，协商以支付一定的期权费为代价，约定在一定期限内，以特定的价格买进或卖出约定的证券，或者放弃买进或卖出约定的证券的交易。期权交易分为看涨期权、看跌期权和双重期权等三种基本形式。

看涨期权(Call Option)，又称认购期权、买进期权、买方期权、延买期权，或敲进期权，是指在协议规定的有效期内，协议持有人按规定的价格和数量购进某种证券的权利，因买方盈利大小取决于涨价程度的高低而名。购进期权后，当股票市价高于协议价格加期权费用之和时(不含佣金)，期权购买者可按协议规定的价格和数量购买股票，然后按市价出售或转让买进期权，获取利润；当股票市价在协议价格加期权费用之和之间波动时，期权购买者将受一定损失；当股票市价低于协议价格时，期权购买者的期权费用将全部消失，并将放弃买进期权。例如，某期权买方与卖方签订一个 6 个月期的合约，买卖 100 股某公司股票，股票面值每股 10 美元，每份合同 100 股，期权费每股 1 美元共 100 美元，协定价格每股11美元。如果在合约期内股价上涨至13.5美元/股,这时买方有两种选择:(1)执行期权,即按11美元买入100股,支付1100美元,然后再将这100股在交易所以13.5美元/股卖出,收入1350美元,利润为250美元,扣除期权费后,净利达150美元。(2)转让期权,即在股价上涨时,期权费也上升(如在上例中升为每股3美元),则买方可出让该看涨期权,收入300美元,净赚200美元,收益率高达200%。如果股市走势与买方预测相反,买方就要承担损失,此时他也可有两种选择:(1)不执行期权,亦即使期权自动到期,买方损失100美元期权费;(2)削价出售期权,亦即买方在合约有效期内对行情上涨不看好,就中途削价出售期权,以每股0.5美元出售,损失50美元。

看跌期权(Put Options,PUTS),也称敲出期权(Knock-out Option)、认沽期权、卖出期权、出售期权、卖权选择权、卖方期权、延卖期权或敲出期权,是指期权的购买者拥有在期权合约有效期内按执行价格卖出一定数量标的物(如股票等)的权利,因买方盈利大小取决于股价下跌程度而得名。当股票价格下跌时,期权买方就按合约规定价格把期权卖给卖方,然后在交易所低价购进从中获利。例如,1月1日,铜期货的执行价格为1750美元/吨,A买入这个权利,付出5美元;B卖出这个权利,收入5美元。至2月1日,铜价跌至1695美元/吨,看跌期权的价格涨至55美元。此时,A可采取两个策略:(1)A可以按1695美元/吨的中价从市场上买入铜,而以1750美元/吨的价格卖给B,B必须接受,A从中获利50美元(1750-1695-5),B损失50美元。(2)A可以55美元的价格售出看跌期权。A获利50美元(55—5)。如果铜期货价格上涨,A就会放弃这个权利而损失5美元,B则净得5美元。由此可见,作为期权的买方(无论是看涨期权还是看跌期权)只有权利而无义务,其风险仅限于权利金,而在理论上获利是无限的。与此相对,作为期权的卖方(无论是看涨期权还是看跌期权)只有义务而无权利,在理论上其风险是无限的,而收益是有限的(收益最大值为权利金)。

双重期权(Double Option),是指买方向卖方支付一定数额的权利金,同时买进一个看涨期权和一个看跌期权,买方既有权买也有权卖,买卖看价格走势而定。双向期权的买方一般是在预测市场价格将会出现大幅度的波动,但又不能确认是上升还是下降时才购买双向期权。例如,某投资者买进某种股票双向期权,其有效期均为3个月,协定价格为每股50美元,数量为100股,看涨期权的保险费(权利金)为每股7美元,看跌期权的保险费为每股3美元,总共付给期权卖主保险费1000美元。这时,该投资者将面临这样几种情况:(1)在期权有效期内,股票价格停在50美元/股上,则投资者没有必要行使其期权,最大损失为已付的保险费1000美元。(2)在有效期内,股票的价格涨为每股60美元,该投资者会行使看涨期权,其盈利为市价与协定价格之差即10美元,此盈利与保险费抵消,则该投资者不盈不亏。(3)在有效期内,下跌为每股40美元,该投资者行使看跌期权,其盈利为协定价与市场价格之差,100 股共获利 1000 美元,此盈利与保险费相抵,则投资者不赚不赔。(4)在期权有效期内,当股票的市场价格低于每股 40 美元或高于每股 60 美元时,投资者均可获利。(5)在有效期内,股市微幅变动,或高于 50 美元低于 60 美元,或低于 50 美元高于 40 美元,投资者均不能获利。(6)在有效期内,股市波动但走势不定,这时只要涨的最高价和跌的最低价之间的差额大于 10 美元,该投资者就能盈利;如最低为 42 美元,这时行使看跌期权,获利 800 美元;最高价为每股 56 美元,行使看涨期权,获利 600 美元,再减去 1000 美元的保险费,则该投资者净盈利 400 美元。(7)在有效期内,股票在涨和跌之间来回波动,但最高价与最低价之差不大于 10 美元,则该投资者不能获利。(8)在有效期内,保险费上涨则投资者卖掉期权,直接获利。由此可见,对于投资者来说,可以用行使看涨期权的收益来对冲购买看跌期权的损失;或者用行使看跌期权的收益来抵补购买看涨期权的损失,从而避免和降低风险。但正是由于这种买卖对买方来说都会获利,所以该期权费会高于看涨或看跌期权。

三、信用交易

信用交易是发达资本市场成熟的证券交易类型之一。但我国在证券市场建立之初,出于控制市场风险的考虑,不允许进行信用交易。然而,由于市场存在着强烈的需求,地下信用以"三方委托理财"等形式出现,更大程度上刺激了证券公司挪用保证金和证券。面对客观存在的旺盛需求,以及非法信用交易带来的巨大风险,《证券法》(2005)引进了信用交易制度,根据第 142 条之规定,"证券公司为客户买卖证券提供融资融券服务,必须按照国务院的规定并经国务院证券监督管理机构批准",从法律上为证券信用交易的开展提供了依据。2006 年,证监会发布并实施了《证券公司融资融券业务试点管理办法》(证监发〔2006〕69 号);深沪证券交易所正式颁布并实施了《融资融券交易试点实施细则》(2006),从业务流程、标的证券、保证金和担保物、信息披露和报告,以及风险控制等 5 个方面对融资融券交易进行规范;中国证券登记结算有限责任公司发布了《中国证券登记结算有限责任公司融资融券试点登记结算业务实施细则》(2006);中国证券业协会制定并公布了《融资融券合同必备条款》和《融资融券交易风险揭示书必备条款》(中证协发〔2006〕289 号)。至 2008 年,证监会发布《证券公司风险控制指标管理办法(2008 修订)》(中国证券监督管理委员会令第 55 号)、《关于进一步规范证券营业网点的规定》(中国证券监督管理委员会公告〔2008〕21 号)、《证券公司分公司监管规定(试行)》(中国证券监督管理委员会公告〔2008〕20 号),国务院正式出台《证券公司监督管理条例》(国务院令第 522 号)、《证券公司风险处置条例》(国务院令第 523 号)。2008 年 10 月 5 日证监会宣布启动融资融券试点。2014年国务院修订《证券公司监督管理条例》(国务院令第653号)、2015年中国证券监督管理委员会颁布了《证券公司融资融券业务管理办法》(中国证券监督管理委员会令117号)。上述紧锣密鼓推出的规章制度为我国开展信用交易提供了有利条件,然而要真正推行信用交易制度,还需要完善相关的配套制度。具体内容详见本章第三节。

第三节　信用交易制度

一、信用交易的含义

证券信用交易是相对于证券现货交易而言的一种证券交易活动,是指交易客户在买卖证券的时候,仅支付一定比例的现金或证券,其差额部分通过借贷而补足的一种交易形式,又称融资融券交易。证券信用交易主要分为券商对投资者的融资融券、金融机构对券商的融资融券两种。

所谓融资(Margin Trading),又称买空,是借钱买证券。在证券市场中,如果投资者认定某一证券价格将上升,希望多购买一些该证券但手头资金不足时,可以通过交纳保证金向券商借入资金买进证券,等待价格涨到一定程度时再卖出以获取价差。由于这一交易方式投资人以借入资金买进证券,而且要作为抵押物放在券商手中,投资人手里既无足够的资金,也不持有证券,所以称为买空交易。在操作上,买空交易包括三个主要步骤:(1)投资人与券商订立开户合同书,开立信用交易账户。(2)投资人按法定比例向券商缴纳买入证券所需要的保证金,券商按客户指定买入证券,并为客户垫付买入证券所需的其余资金,完成交割。券商对客户融资买入的证券有控制权,当融资买进的证券价格下跌时,客户要在规定时间内补交维持保证金,否则券商可以代客户平仓。(3)在融资期内,客户可以随时委托券商卖出融资买进的证券,以所得价款偿还融资本息,或者随时自备现金偿还融资。到期无法归还的,券商有权强制平仓。

所谓融券(Short Selling),又称卖空,是借证券出售。在证券市场中,当投资人认定某种证券价格将下跌时,可以通过缴纳一部分保证金向券商借入证券卖出,等价格跌到一定程度后再买回同样证券交还券商,以牟取价差。由于这一交易方式投资人手里没有真正的证券,交易过程是先卖出后买回,因此称为卖空。卖空交易一般包括以下几个步骤:(1)开立信用交易账户。(2)客户进行融券委托,并按法定比例向券商缴纳保证金,券商为客户卖出证券,并以出借给客户的证券完成交割。卖出证券所得存在券商处作为客户借入证券的押金。委托卖出的证券价格上涨时,券商要向卖空客户追收增加的保证金,否则将以抵押金购回证券平仓。(3)当证券跌到客户预期的价格时,客户买回证券,并归还给券商,若客户不能按时偿还所借证券,券商可以强行以抵押金代其购回证券平仓。

融资融券主要有以下几种交易方式:(1)纯粹的投机性交易,这是纯粹为了获得价差利益而进行的交易,此时交易者本身不拥有证券,而是从他人或券商处借入证券供交割时使用。(2)保值性交易,即以保值为主要目的的交易。客户如对某种证券的买进多于卖出,但这种证券的价格又趋于下跌,于是就可从事其他种类证券的空头交易,从中获取利润来抵补前种证券可能带来的损失。(3)技术性交易,指出于某种技术方面的原因而进行的交易。客户虽然持有某种证券,但因已经质押出去或其他方面原因无法流通,为了抓住交易机会,暂时从其他方面借入该种证券卖空。(4)套买性交易,指交易者利用各地证券市场的价差,从较低的市场借入,然后在价格较高的市场卖出,等待价格下跌后再购回的交易。

二、信用交易的意义

信用交易既是一种交易创新,更是证券市场一项基础性制度变革,对一国金融业特别是证券业的发展繁荣具有重要意义。

一是有利于释放金融市场风险,促进金融市场协调发展。尤其是在金融业实行"分业经营、分业监管"模式的国家来说,证券信用交易可以连接资本市场、货币市场以及保险市场,满足各个市场相互渗透的需要,以提高资金的使用效率,促进各个金融市场均衡发展。证券信用交易能够使银行资金合法、可控地进入证券市场,避免证券市场的风险积累,从而缓解和释放整个金融系统的风险。

二是有利于证券市场稳定发展。证券市场要实现其优化资源配置的功能,维持一定的交易活跃程度是前提。证券信用交易通过场内存量资金的放大效应,不仅能够增加证券市场的供需量,而且能够活跃市场中沉淀的资金,保持股市的活跃。此外,证券信用交易有助于完善股价形成机制,发挥市场缓冲器的作用。在完善的证券信用交易制度之下,当市场过度投机造成某一股票价格暴涨的时候,投资者可以通过融券,卖出这一股票,从而造成股价回落;相反,当某一股票被市场过度低估的时候,投资者可以通过融资买入该股票,从而促使股价上升。

三是有利于市场参与者实现多赢。对投资者而言,证券信用交易可以提供多样化的投资机会和风险规避手段。在行情上涨的时候,可以选择"做多",行情下跌的时候可以通过"做空"规避风险。对券商而言,开展信用交易可以使交易量保持稳定,使得证券营业部的佣金收入保持平稳,而且券商为投资者提供信用还能够赚取利息,成为券商一个重要的收入来源。此外,由于一般只有实力雄厚的规范的券商才有资格进行信用交易业务,所以信用交易有利于促进券商的分化重组,有利于有实力的券商做大做强。对银行而言,开展信用交易,将给银行相对充裕的资金找到运用渠道,有利于改善和优化银行资金结构,提高资金运作效率,有利于培育银行新的利润增长点,提高信贷资产的运营质量。另外,实行信用交易,能够探索银行介入证券市场的渠道,使银行得以分享股市成长的成果。

四是有利于证券市场的监管。证券信用交易为监管机构提供了针对过度投机行为进行监管的有效工具,即融资融券比例,管理部门能够利用这种比例关系的调控以调节证券市场的供需平衡,促进证券交易的顺利进行和价格稳定。另外,监管机构能够从相关机构的信用交易记录中及时有效地了解相关信息,有利于控制风险。

不过,证券信用交易是一把"双刃剑",不规范的信用交易操作会引发金融体系的风险。证券信用交易的投机性引发的助涨助跌效应会造成股市波动幅度加大,投机气氛更加浓厚。证券信用交易的投机性会创造出虚拟需求,导致银行扩大信用规模。由于证券信用交易引发的虚拟资本增长所引起信用扩张的乘数效应比较复杂,因此不利于中央银行对社会信用总量的宏观调控。同时,信用交易的投机性也增加了投资者和券商的风险。因信用交易的杠杆作用,投资者一旦判断失误,将使亏损相应地放大,券商也面临着不能及时收回资金的风险。因融资融券与银行信贷有着紧密的联系,如果控制不好,有可能使大量信贷资金倾斜于股市,并可能引致银行的呆坏账增加。

三、信用交易的功能

尽管信用交易中尤其是卖空具有相当大的负面作用,即极有可能会加速行情下跌而威胁整个证券市场,尤其是对那些不成熟或比较脆弱的市场而言更是如此;但是卖空交易机制具有套期保值、提供流动性、稳定市场、价格发现等四大基本功能,因而成为当今证券市场交易制度的一个重要组成部分。

一是套期保值功能。证券市场上存在风险性事件与不确定性事件两种类型事件,对于前者往往可以采用资产组合等方法来规避,而对于后一种事件只有通过套期保值来规避。套期保值工具是机构投资者长期投资证券市场的基础条件,是同时实现长期收益与短期收益最大化的重要条件。

二是提供流动性。流动性本质上是一种价格分歧,在缺乏卖空机制的情况下,市场只反映参与者的持有成本但不反映价格分歧;而在卖空机制存在的情况下,才会产生价格分歧,从而避免当前我国诸如基金重仓股缺乏流动性的情况。卖空交易因为可以创造更多的交易对手,从而增强股票的流动性,而流动性功能的增强,有利于活跃相关证券的交易。

三是稳定市场功能。股市的稳定与投资的长期化存在着互为因果的关系:如股市的波动性很小,则有利于促进投资的长期化;而投资的长期化也会使得市场更稳定。在证券现货市场中引入卖空交易机制,可以增加相关证券的供给弹性,当市场上某些股票价格因为投资者过度追捧或是恶意炒作而变得虚高时,投机性卖空者会及时地通过借入股票来卖空,从而增加股票供给量,缓解市场上对这些股票供不应求的紧张局面,抑制股票价格泡沫的继续生成和膨胀。而当这些价格被高估的股票因泡沫破灭而使价格下跌时,先前卖空这些股票的投资者因到期交割的需要会重新买入这些股票,同样会增加市场对这些股票的需求,在某种程度上起到"托市"的作用,从而达到稳定证券市场的效果。

四是价格发现功能。卖空机制的存在使得那些不拥有股票投资者有机会表达自己对这些股票实际投资价值预期的机会,从而使得整个市场上的股票供给和需求力量得到匹配,这些大规模的股票供给和需求力旺盛、大规模的交易量,及由此衍生的价格竞争将会大大提高股票定价的有效性。有效市场要求价格能够完全充分地反映买方和卖方的信息,而卖空机制的存在则使得预期股票价格即将下跌时,因持有该证券的投资者能够表达自己对股票的预期,从而增加股票市场上的供给数量,促成股票市场上的供需力量平衡。

四、信用交易的特点

由信用交易的基本功能可以得出信用交易的以下四个基本特点:

一是杠杆性(Leveraged),即信用交易是借钱买券和借券卖券。普通的股票交易必须支付全额价格,但融资融券只需交纳一定的保证金即可交易。例如,交纳10%的保证金,意味着可以用同样多的金额进行十倍的操作。投资者通过向证券公司融资融券,扩大交易筹码,可以利用较少资本来获取较大的利润,这就是信用交易的杠杆效应。

二是资金流通性。金融市场的两个有机组成部分即货币市场和资本市场之间的资金流动必须保持顺畅状态,否则势必会降低金融市场的整体效率。信用交易机制以证券金融机构为中介,沟通着银行金融机构和证券市场的投资者,引导资金在两个市场之间有序流动,从而提高证券市场的整体效率。

三是信用双重性。在融资交易中,投资者仅支付部分价款就可买进证券,不足的价款由经纪人(多为证券公司)垫付,而经纪人向投资者垫付资金是建立在信用基础上的(即经纪人垫付部分差价款是以日后投资者能偿还这部分价款及支付相应利息为前提的),此即第一层信用关系。经纪人所垫付的差价款,按一般的做法,来源于券商的自有资金、客户保证金、银行借款或在货币市场融资,这称为转融通(包括资金转融通和证券转融通),此即第二层信用关系。

四是做空机制。普通的股票交易必须先买后卖,当股票价格上涨时很容易获利,但是当股票价格下跌时,只能"割肉止损"或者等待价格重新上涨,别无选择。引入融资融券制度后,投资者可以先借入股票卖出,等股价真的下跌后再买回归还给证券公司,这意味着股价下跌时也能获利,改变了单边市场状况。

五、信用交易具体制度

(一)可交易的证券

并非所有的证券都可以用贷款来购买,多数国家或地区都对符合信用交易的证券进行限制。一般而言,只有在交易活跃的全国或地区性证券市场交易的证券才可以利用贷款购买。在我国,《上海证券交易所融资融券交易实施细则(2023 年修订)》[①]第 23 条规定,在上海证券交易所上市交易的 4 类证券,经该所认可,可作为融资买入或融券卖出的标的证券(以下简称"标的证券"):(1)股票;(2)证券投资基金;(3)债券;(4)其他证券。其中标的证券[②]为股票的,应当符合下列条件(第 25 条):(1)在该所上市交易超过 3 个月。(2)融资买入标的股票的流通股本不少于 1 亿股或流通市值不低于 5 亿元,融券卖出标的股票的流通股本不少于 2 亿股或流通市值不低于 8 亿元。(3)股东人数不少于 4000 人。(4)在最近 3 个月内没有出现下列情形之一:① 日均换手率低于基准指数日均换手率的 15%,且日均成交金额小于 5000 万元;② 日均涨跌幅平均值与基准指数涨跌幅平均值的偏离值超过 4%;③ 波动幅度达到基准指数波动幅度的 5 倍以上。(5)股票发行公司已完成股权分置改革。(6)股票交易未被本所实施风险警示。(7)该所规定的其他条件。《深圳证券交易所融资融券交易实施细则(2023 年修订)》3.1 与 3.2 有相同的规定[③]。

在美国,根据规则 T(Regulation T)的规定,使用贷款购买的证券必须符合两个条件:(1)是在全国性的证券交易所上市交易的证券,或者是在场外柜台市场交易很活跃的证券;(2)必须是在 SEC 开列名单上的证券。符合上述两个条件的证券,证券交易商或经纪人才可以贷款给客户用于购买证券。日本、韩国、我国台湾地区对贷款购买证券的限制更为严格,即必须是在第一板交易市场交

---

① 行业规定《上海证券交易所融资融券交易实施细则(2023 年修订)》(上证发〔2023〕41 号)于 2023 年 2 月 17 日公布并施行,现行有效。

② 《上海证券交易所融资融券交易实施细则(2023 年修订)》(上证发〔2023〕41 号)第 24 条规定:"注册制下首次公开发行的股票自上市首日起可作为标的证券。"

③ 《深圳证券交易所融资融券交易实施细则(2023 年修订)》(深证上〔2023〕102 号)第 3.1 条规定:"在本所上市交易的下列证券,经本所认可,可以作为融资买入标的证券或者融券卖出标的证券(以下简称标的证券):(一)股票;(二)证券投资基金;(三)债券;(四)其他证券。本所选取和确定标的证券,不表明本所对标的证券的投资价值或者投资者的收益作出实质性判断或者保证。"第 3.3 条:"标的证券为本细则第 3.2 条以外的股票的,应当符合下列条件:(一)在本所上市交易超过三个月;(二)融资买入标的股票的流通股本不少于 1 亿股或者流通市值不低于 5 亿元,融券卖出标的股票的流通股本不少于 2 亿股或者流通市值不低于 8 亿元;(三)股东人数不少于 4000 人;(四)在最近三个月内没有出现下列情形之一:1. 日均换手率低于基准指数日均换手率的 15%,且日均成交金额低于 5000 万元;2. 日均涨跌幅平均值与基准指数涨跌幅平均值的偏离值超过 4%;3. 波动幅度达到基准指数波动幅度的 5 倍以上。(五)股票交易未被本所实行风险警示;(六)本所规定的其他条件。"

易的证券,且必须是证券主管机关指定的证券。

(二)初始保证金

所谓初始保证金(Initial Margin Requirement),是为了控制信用风险而要求证券公司向投资者融资融券前应当事先向投资者收取一定比例的现金或证券(《上海证券交易所融资融券交易实施细则(2023年修订)》第35条[①]、《深圳证券交易所融资融券交易实施细则(2023年修订)》(4.1[②])。其中,作为保证金的证券称为抵押证券,抵押时需要有一定的折扣以减低贷款提供商的风险。《上海证券交易所融资融券交易实施细则(2023年修订)》第36条规定了充抵保证金的有价证券在计算保证金金额时的折算率:(1)上证180指数成份股股票的折算率最高不超过70%,其他A股股票折算率最高不超过65%;(2)交易型开放式指数基金折算率最高不超过90%;(3)证券公司现金管理产品、货币市场基金、国债折算率最高不超过95%;(4)被实施风险警示、暂停上市、进入退市整理期的证券,静态市盈率在300倍以上或者为负数的A股股票,以及权证的折算率为0%;(5)其他上市证券投资基金和债券折算率最高不超过80%。《深圳证券交易所融资融券交易实施细则》4.2规定,可充抵保证金的证券,在计算保证金金额时应当以证券市值或净值按下列折算率进行折算:(1)深证100指数成份股股票的折算率最高不超过70%,非深证100指数成份股股票的折算率最高不超过65%;(2)交易型开放式基金折算率最高不超过90%;(3)证券公司现金管理产品、货币市场基金、国债的折算率最高不超过95%;(4)被实行风险警示、暂停上市或进入退市整理期的证券,静态市盈率在300倍以上或为负数的A股股票,以及权证的折算率为0%;(5)其他上市证券投资基金和债券折算率最高不超过80%。需要指出的是,会员(证券公司)应当根据流动性、波动性等指标对可充抵保证金证券的折算率实行动态化管理与差异化控制,但其公布的可充抵保证金证券的折算率不得高于本所规定的标准。(《上海证券交易所融资融券交易实施细则(2023年修订)》第38第2、3款[③]、《深圳证券交易所融资融券交易实施细则(2023年修订)》4.4[④])。例如,假设某位投资者信用账户内有100元现金

[①] 第35条规定:"会员向客户融资、融券,应当向客户收取一定比例的保证金。保证金可以本所上市交易的股票、证券投资基金、债券,货币市场基金、证券公司现金管理产品及本所认可的其他证券充抵。"

[②] 第4.1条规定:"会员向客户融资、融券,应当向客户收取一定比例的保证金。保证金可以本所上市交易的股票、证券投资基金、债券,货币市场基金、证券公司现金管理产品及本所认可的其他证券充抵。"

[③] 第38条规定:"会员公布的可充抵保证金证券的名单,不得超出本所公布的可充抵保证金证券范围。会员应当根据流动性、波动性等指标对可充抵保证金证券的折算率实行动态化管理与差异化控制。会员公布的可充抵保证金证券的折算率,不得高于本所规定的标准。"

[④] 第4.4规定:"会员公布的可充抵保证金证券的名单,不得超出本所公布的可充抵保证金证券范围。会员应当根据流动性、波动性等指标对可充抵保证金证券的折算率实行动态管理与差异化控制,但会员公布的折算率不得高于本所规定的标准。"

和100元市值的证券A,证券A的折算率为70%。那么该投资者信用账户内的保证金金额为170元(100元现金×100%+100元市值×70%)。

会员(即券商)向客户(即投资者)收取的保证金,以及客户融资买入的全部证券和融券卖出所得全部资金,整体作为客户对会员融资融券所生债务的担保物(《上海证券交易所融资融券交易试点实施细则(2023年修订)》第42条、《深圳证券交易所融资融券交易实施细则(2023年修订)》4.8)。根据沪深证交所融资融券交易实施细则的规定,保证金比例是指投资者交付的保证金与融资、融券交易金额的比例,具体分为融资保证金比例和融券保证金比例。保证金比例用于控制投资者初始资金的放大倍数,投资进行的每一笔融资、融券交易交付的保证金都要满足保证金比例要求。在投资者保证金金额一定的情况下,保证金比例越高,证券公司向投资者融资、融券的规模就越小,财务杠杆效应越低。所谓融资保证金比例,是指投资者融资买入证券时交付的保证金与融资交易金额的比例,其计算公式为:融资保证金比例=保证金/(融资买入证券数量×买入价格)×100%。我国法律法规规定,投资者融资买入证券时,融资保证金比例不得低于100%(《上海证券交易所融资融券交易实施细则(2023年修订)》第38条第1款、《深圳证券交易所融资融券交易实施细则(2023年修订)》(第4.5条第1款)。证券公司在不超过该比例的基础上,可以根据融资买入标的证券在计算保证金金额时所适用的折算率标准,自行确定相关融资保证金比例。例如,假设某投资者信用账户中有100元保证金可用余额,保证金比例为50%,则该投资者理论上可融资买入200元市值(100元保证金÷50%)的证券。所谓融券保证金比例,是指投资者融券卖出时交付的保证金与融券交易金额的比例,其计算公式为:融券保证金比例=保证金/(融券卖出证券数量×卖出价格)×100%。根据沪深证交所融资融券交易实施细则规定,投资者融券卖出时,融券保证金比例不得低于50%[《上海证券交易所融资融券交易实施细则(2023年修订)》第39条第1款、《深圳证券交易所融资融券交易实施细则(2023年修订)》第4.6条第1款]。

证券公司在不超过该比例的基础上,可以根据融券卖出标的证券在计算保证金金额时所适用的折算率标准,自行确定相关融券保证金比例。例如,某投资者信用账户中有100元保证金可用余额,保证金比例为50%,则该投资者理论上可融券卖出200元市值(100元保证金÷50%)的证券。

关于保证金可用余额,根据《上海证券交易所融资融券交易实施细则(2023年修订)》第41条第1款、《深圳证券交易所融资融券交易实施细则(2023年修订)》4.7之规定,保证金可用余额是指投资者用于充抵保证金的现金、证券市值及融资融券交易产生的浮盈经折算后形成的保证金总额,减去投资者未了结融资融券交易已占用保证金和相关利息、费用的余额。其计算公式为:保证金可用余额=现金+∑(可充抵保证金的证券市值×折算率)+∑[(融资买入证券市值－融资买入金额)×折算率]+∑[(融券卖出金额－融券卖出证券市值)×折算率]－∑融券卖出金额－∑融资买入证券金额×融资保证金比例－∑融券卖出证券市值×融券保证金比例－利息及费用。公式中,融券卖出金额=融券卖出证券的数量×卖出价格,融券卖出证券市值=融券卖出证券数量×市价,融券卖出证券数量指融券卖出后尚未偿还的证券数量;∑[(融资买入证券市值－融资买入金额)×折算率]、∑[(融券卖出金额－融券卖出证券市值)×折算率]中的折算率是指融资买入、融券卖出证券对应的折算率,当融资买入证券市值低于融资买入金额或融券卖出证券市值高于融券卖出金额时,折算率按100%计算。

(三) 维持保证金

所谓维持保证金(Maintenance Margin Requirement),是指客户在保证金账户上进行证券买卖后,客户净保证金额必须与证券市值保持一定的比例。根据《上海证券交易所融资融券交易实施细则(2023年修订)》第43条、《深圳证券交易所融资融券交易实施细则(2023年修订)》4.9之规定,会员(即证券公司)应当对客户(即投资者)提交的担保物进行整体监控,并计算其维持担保比例。维持担保比例是指客户担保物价值与其融资融券债务之间的比例,其计算公式为:维持担保比例=(现金+信用证券账户内证券市值总和+其他担保物价值)/(融资买入金额+融券卖出证券数量×当前市价+利息及费用总和)。关于维持担保比例,即客户的总资产/总负债比,根据《上海证券交易所融资融券交易实施细则(2023年修订)》第44条、《深圳证券交易所融资融券交易实施细则(2023年修订)》第4.11条的规定,会员应当根据市场情况、客户资信和公司风险管理能力等因素,审慎评估并与客户约定最低维持担保比例要求。当客户维持担保比例低于最低维持担保比例时,会员应当通知客户在约定的期限内追加担保物,客户经会员认可后,可以提交除可充抵保证金证券外的其他证券、不动产、股权等依法可以担保的财产或财产权利作为其他担保物。会员可以与客户自行约定追加担保物后的维持担保比例要求。仅计算现金及信用证券账户内证券市值总和的维持担保比例超过300%时,客户可以提取保证金可用余额中的现金、充抵保证金的证券,但提取后仅计算现金及信用证券账户内证券市值总和的维持担保比例不得低于300%。维持担保比例超过会员与客户约定的数值时,客户可以解除其他担保物的担保,但解除担保后的维持担保比例不得低于会员与客户约定的数值。交易所对提取现金、充抵保证金的证券,或解除其他担保物的担保另有规定的除外(第45条、4.12)。

(四) 裸卖空制度

裸卖空(Naked Short Selling),是指卖空者在本身不持有股票也没有借入股票的情况下,只需缴纳一定的保证金,并在规定的T+3(《1934年证券交易法》规定须在3日之内将证券通过经纪商交付给买方)时间内借入股票并交付给买入者。如果在结算日卖空者未能按时借入股票并交付给买入者,那么这被称为交付失败,但交付失败并非违法,即使交付失败,此项交易依然会被继续下去,直至交付完成。我国现行有效的《深圳证券交易所融资融券交易试点会员业务指南》(2010年修订)中规定,客户不得卖出超过其信用证券账户证券数量的证券,表明了卖空者必须在借入股票之后才能进行卖出,而且卖出量不得超过信用证券账户中的标的证券的数量;试点期间试点券商只能以自有证券借给卖空者,这非常有利于对融券来源、交付和结算进行监管。

不过,裸卖空能够为市场提供更多的流动性,比如,当市场中融券短缺而需求又比较大时,更宽松的借券时间能够使做市商有更充分的时间调节证券借贷,也能更充分地利用手头的股票,以平衡市场的供求,满足市场的流动性。因而在美国,"裸卖空"被视为金融创新工具之一,其大行其道是因为美国一直鼓励资本市场自由交易,只有在裸卖空被滥用并对股价进行操纵时才是不合法的。SEC于2005年1月颁布了SHO规则(Regulation SHO),旨在通过减少交付失败以及限制经纪商允许失败交付的时间来减少对裸卖空的滥用行为。至2009年7月,裸卖空被永久性禁止。但实际上,裸卖空在美国是从未停歇过的一种交易,尽管每当金融危机的时候裸卖空就会遭受指责。由于裸卖空的借券、交付、结算远较普通融券复杂,投资风险也更高,对软硬件设施和监管要求更高,因而裸卖空在我国融资融券业务正式开始后几乎不可能进行。

(五)报升规则

报升规则(Uptick Rule),又称为上涨抛空,即卖空的价格必须高于最新的成交价。我国沪深证交所融资融券交易实施细则均规定了融券卖空中的报升规则,即融券卖出的申报价格不得低于该证券的最新成交价;当天没有产生成交的,申报价格不得低于其前收盘价;低于上述价格的申报为无效申报(参见《上海证券交易所融资融券交易实施细则(2023年修订)》第12条第1款、《深圳证券交易所融资融券交易实施细则(2023年修订)》第2.10条第1款)。这表明我国证券市场在推行融资融券初期将严格执行报升规则来规范卖空者的行为。

报升规则起初是为了防止金融危机中的空头打压(bear raid)而导致暴跌的现象。SEC根据《1934年证券交易法》的第10(a)(1)条,规定股票不能被卖空,只有当前卖出价格高于前一交易价格(plus-tick),或者当前卖出价格等于前一交易价格(zero-plus-tick,价格零上升)但高于最新的不同报价,才能出售该股票。该规则仅适用于在纽交所和美交所(American Stock Exchange,AMEX)挂牌的股票。在纳斯达克挂牌的股票则按照NASD3350规则规定:当最近一次市场申报买入价格低于前一次最高申报买入价格,则卖空交易的价格必须高于申报买入价格至少一美分(tick)。到20世纪90年代,对于卖空的价格限制开始出现了较大争议,一些投资者认为报升规则对做空交易者是一种歧视性政策,而且作用不大。作为回应,美国从 2005 年开始在 pilot 项目中逐步取消了报升规则,并最终于 2007 年彻底加以废除。我国香港地区曾在 1996 年取消报升规则,后因亚洲金融危机卖空价规则于 1998 年 9 月 7 日再度实施,此后香港证监局曾于 2007 年考虑取消该限制,但至今未执行。欧洲地区则一般不在卖空交易中设置该规则。借鉴上述国家或地区的做法,我国可以在证券市场发展到一定程度时再来考虑是否需要继续执行报升规则。

(六) 主要业务规则

法律要求开展信用交易的证券公司必须在证券登记结算机构和商业银行分别开立独立的账户。根据《证券公司融资融券业务管理办法》(2015)[①]第 10 条的规定,"证券公司经营融资融券业务,应当以自己的名义,在证券登记结算机构分别开立融券专用证券账户、客户信用交易担保证券账户、信用交易证券交收账户和信用交易资金交收账户。融券专用证券账户用于记录证券公司持有的拟向客户融出的证券和客户归还的证券,不得用于证券买卖;客户信用交易担保证券账户用于记录客户委托证券公司持有、担保证券公司因向客户融资融券所生债权的证券;信用交易证券交收账户用于客户融资融券交易的证券结算;信用交易资金交收账户用于客户融资融券交易的资金结算。"第 11 条规定,"证券公司经营融资融券业务,应当以自己的名义,在商业银行分别开立融资专用资金账户和客户信用交易担保资金账户。融资专用资金账户用于存放证券公司拟向客户融出的资金及客户归还的资金;客户信用交易担保资金账户用于存放客户交存的、担保证券公司因向客户融资融券所生债权的资金。"根据上述规定,融资融券交易的主要担保形式是由证券公司收取并管理投资者交存的保证金或买入的证券,在投资者不能追加担保物或未按期清偿债务时,证券公司可以行使"强制平仓权",依照融资融券交易担保[②]之约定,处分担保物,处分手段包括扣划保证

[①] 部门规章《证券公司融资融券业务管理执法》(中国证券监督管理委员会令第 117 号)于 2015 年 7 月 1 日公布并施行,现行有效。

[②] 学术界对于融资融券交易担保的性质,形成了让与担保说、信托说、最高额质押说、账户质押说等各种观点。每种观点都有支持者和反对者。信托说的典型表述是:融资融券交易担保是:"证券公司投资者证券担保账户内的证券和投资者资金担保账户内的资金,为担保证券公司因融资融券所生对投资者债权的信托财产,设定以证券公司为受托人,投资者为委托人,证券公司和投资者为共同受益人(其中投资者享有信托财产的收益权、证券公司享有信托财产的担保权益),特定目的为担保的信托。"让与担保说的典型表述是:"我国证券公司在经营融资融券业务时,应当以自己的名义开立客户信用交易担保证券账户和客户信用交易担保资金账户;融资融券担保物的所有权应从客户移转给担保权人——证券公司;客户未能按期交足担保物或者到期未偿还债务的,证券公司应当立即按照约定处分其担保物。因此,我们不难得出这么一个结论,我国现行融资融券业务中的担保的法律性质应为让与担保。"最高额质押说认为,"在融资融券交易中投资者和证券机构就融资或融券达成最高额质押协议,利用融资购买之券或者融券出卖所得之资质押担保证券公司债权实现。"账户质押说则认为融资融券交易担保在模式上呈现出账户质押的构造。具体论述参见:廖焕国:《论我国融资融券交易担保机制的法律构造——以最高额质押为视点的框架分析》,载《法律科学》2009 年第 5 期;邱永红:《我国融资融券担保制度的法律困境与解决思路》,载《证券市场导报》2007 年第 3 期;张诚:《融资融券担保性质的界定》,载《西南政法大学学报》2011 年第 5 期;陈龙吟:《账户质押效力论》,载《北方法学》2017 年第 1 期。

金、处分证券、冻结账户等。

法律要求开展信用交易的证券公司对其客户履行投资者适当性规则。根据《证券公司融资融券业务管理办法》(2015)第12条的规定,"证券公司在向客户融资、融券前,应当办理客户征信,了解客户的身份、财产与收入状况、证券投资经验和风险偏好、诚信合规记录等情况,做好客户适当性管理工作,并以书面或者电子方式予以记载、保存。对未按照要求提供有关情况、从事证券交易时间不足半年、缺乏风险承担能力、最近20个交易日日均证券类资产低于50万元或者有重大违约记录的客户,以及本公司的股东、关联人,证券公司不得为其开立信用账户。专业机构投资者参与融资、融券,可不受前款从事证券交易时间、证券类资产的条件限制。本条第二款所称股东,不包括仅持有上市证券公司5%以下流通股份的股东。证券公司应当按照适当性制度要求,制定符合本条规定的选择客户的具体标准。"立法之所以有此种要求,是因为融资融券作为证券市场的主要交易方式和证券经营机构的核心业务之一,投资者准入将关系到信用交易的公平性、稳定性。因此,如果证券公司违反适当性管理义务,造成投资者损失,需要承担侵权赔偿责任。

法律要求开展信用交易的证券公司须与其客户签订书面融资融券合同,并约定相关事项。根据《证券公司融资融券业务管理办法》(2015)第13条之规定:"证券公司在向客户融资、融券前,应当与其签订载有中国证券业协会规定的必备条款的融资融券合同,明确约定下列事项:(一)融资、融券的额度、期限、利率(费率)、利息(费用)的计算方式;(二)保证金比例、维持担保比例、可充抵保证金的证券的种类及折算率、担保债权范围;(三)追加保证金的通知方式、追加保证金的期限;(四)客户清偿债务的方式及证券公司对担保物的处分权利;(五)融资买入证券和融券卖出证券的权益处理;(六)违约责任;(七)纠纷解决途径;(八)其他有关事项。"在司法实务中,例如在审理路海与申万宏源西部证券有限公司融资融券交易纠纷上诉案(2017)①时,路海向一审法院起诉其与证券公司签订的融资融券合同第5章第13条属于格式化合同、霸王条款,该条款应无效。该条约定,"乙方有权根据证券交易所的规定,确定、调整本公司融资融券业务标的的证券范围、可充抵保证金证券范围及折算率、融资融券保证金比例、维持担保比例、警戒线和平仓线,并在乙方营业场所、网站或者业务系统公告,甲方应当随时关注乙方相关公告,及时了解上述名单、标准的调整情况,并进行相应的处理,以避免发生保证金可用余额不足、维持担保比例低于警戒线或平仓线、强制清仓等不利后果。"二审法院认为,该约定虽是证券公司出具的格式化合同条款,但该条款并未存在欺诈、损害国家利益等违反合同法或相关证券法规的规定,不符合《合同

---

① 新疆维吾尔自治区乌鲁木齐市中级人民法院民事判决书(2017)新01民终558号。

法》第 52 条认定合同无效的情形,故路海称该条款属于格式化霸王条款无效的上诉理由,依据不足,不予采纳。法院进一步指出,根据《证券公司融资融券业务管理办法》(2015)第 13 条第 2 款的规定,"证券公司在向客户融资、融券前,应当与其签订载有中国证券业协会规定的必备条款的融资融券合同,明确约定下列事项:(二)保证金比例、维持担保比例、可充抵保证金的证券的种类及折算率、担保债权范围。"路海在合同履行期间要求增加 B 股为担保物,应当取得双方协商一致将 B 股作为担保物的共同意思表示,而非任一方意志决定。证券公司与路海未能就 B 股作为融资的担保物达成一致意见,原融资融券合同中关于融资融券业务标的、充抵保证金范围等权利义务的内容并未违反证监部门及相关法律法规之规定,系双方真实意思之表示,仍然对双方具有约束力。证券公司依据该约定,在出现平仓情形下,强行平仓的行为,符合合同约定,并不构成违约。

【拓展阅读】

A Brief Introduce to Margin Trading & Short Selling[①]

第四节　证券交易规则

证券交易规则由任意性规则和强制性规则组成。我国《证券法》(2019)所确认的交易规则多为强制性规则,例如第 35 条规定:"证券交易当事人依法买卖的证券,必须是依法发行并交付的证券。非依法发行的证券,不得买卖。"此即交易标的物法定,目的在于规范证券市场交易行为,防止证券欺诈,维护金融秩序。所谓依法发行的证券,是指依照《证券法》(2019)及其他有关法律与行政法规规定的条件,并依法报经国务院证券监督管理机构或者国务院授权的部门核准,公开发行或者非公开发行的证券。所谓依法已交付的证券,是指发行人依法将已发行的证券转移至购买人的证券。根据《公司法》(2018)第 132 条之规定,"股份有限公司成立后,即向股东正式交付股票。公司成立前不得向股东交付股票。"因此即使是已经依法发行的证券,但未交付的亦不得进行买卖。已交付证券,若

---

① Available at http://www.investorwords.com/7394/margin_trading.html, 2023-8-29.

属纸质证券,是指已由发行人交给证券购买人实际持有的证券;若属电子形式证券,是指有关电子系统已登记在证券购买人名下的证券。

《证券法》(2019)所确立的强制性交易规则主要有以下几点。

一、交易方式法定

由于证券交易方式关系到证券交易的公平与效率,对参与证券交易的各方当事人能否得到公平的交易机会与公平的交易价格是至关重要的。因此各国或地区证券法基本上都对证券交易方式作出强制性规定。例如我国《证券法》(2019)依证券交易价格的形成方式为标准,将交易方式分为集中交易和非集中交易两种。所谓集中竞价交易模式,又称为委托驱动模式,其最大特点是客户订单可以通过代理商直接和其他客户订单交易,价格通常由客户订单决定,所以这类市场也称为委托驱动市场(Order-Driven Market)。所谓报价驱动模式,又称做市商制度(Market Maker System),其重要特点有二:(1)所有客户订单都必须由做市商用自己的账户买进卖出;(2)做市商必须在看到订单前报出买卖价格,而投资人在看到报价后才下订单,故而这类市场又称为报价驱动市场(Quote-Driven Market)。集中竞价模式具有运作透明、人为干预少的优点,但市场的流动性较差;而报价驱动模式具有成交及时、价格持续、保障交易的连续性和买卖双方的均衡、及时提供双边报价的优点或潜在优点,但其交易成本和监管成本较高,缺乏透明度,容易产生市场操纵和内幕交易问题。在我国目前证券交易实践中,非集中竞价交易方式主要包括协议转让、大宗交易、债券回购交易等。

(一)集中竞价

集中竞价,是指所有参与证券买卖的各方当事人,在证券交易所内公开报价,按照价格优先、时间优先的原则,连续竞价撮合成交的交易。集中竞价包括集合竞价与连续竞价两种方式。《深圳证券交易所交易规则(2023年修订)》[①]、《上海证券交易所交易规则(2023年修订)》[②]均规定了集合竞价与连续竞价两种集中竞价方式。每一个交易日中,任何一个证券的竞价均分为集合竞价与连续竞价两部分(但债券只有连续竞价而无集合竞价),集合竞价对所有有效委托进行集中处理,连续竞价则对有效委托进行逐笔处理。

集合竞价(Call Auction Mechanism)是指对一段时间内接受的买卖申报一次性集中撮合的竞价方式,又分为开盘集合竞价与收盘集合竞价。上海证券交

[①] 《深圳证券交易所交易规则(2023年修订)》(深证上〔2023〕98号)于2023年2月17日公布并施行,现行有效。

[②] 《上海证券交易所交易规则(2023年修订)》(上证发〔2023〕32号)于2023年2月17日公布并施行,现行有效。

易所仅确认了开盘集合竞价,深圳证券交易所对两者都予确认;《深圳证券交易所交易规则》(2021)规定,14时57分至15时为收盘集合竞价时间。证券集合竞价的成交时价格优先的原则是:较高价格买入申报优先于较低价格买入申报,较低价格卖出申报优先于较高价格卖出申报;成交时间优先的原则是:买卖方向、价格相同的,先申报者优先于后申报者。先后顺序按交易主机接受申报的时间确定。集合竞价时的成交价格的确定原则是:① 可实现最大成交量的价格;② 高于该价格的买入申报与低于该价格的卖出申报全部成交的价格;③ 与该价格相同的买方或卖方至少有一方全部成交的价格。两个以上申报价格符合上述条件的,上海证券交易所规定,使未成交量最小的申报价格为成交价格,仍有两个以上使未成交量最小的申报价格符合上述条件的,其中间价为成交价格;深圳证券交易所则取距前收盘价最近的价格为成交价。目前,我国集合竞价方式产生成交价格的全部过程完全由电脑交易系统进行程序化处理,将处理后所产生的成交价格显示出来。所有在集合竞价阶段成交的委托,其成交价均为统一的基准价格。如果集合竞价未能形成符合上述条件的基准价格,则开盘价将在其后进行的连续竞价中产生,连续竞价的第一笔成交价格则为该证券当日的开盘价;如果某只证券因刊登公告等原因于上午停牌,则下午13时起直接进入连续竞价,其第一笔成交价格则为该证券当日的开盘价。在深圳证券交易所,证券的收盘价通过集合竞价的方式产生。收盘集合竞价不能产生收盘价的,以当日该证券最后一笔交易前一分钟所有交易的成交量加权平均价(含最后一笔交易)为收盘价;当日无成交的,以前收盘价为当日收盘价。

开盘集合竞价期间未成交的买卖申报,自动进入连续竞价(Continuous Auction)。所谓连续竞价,是指对买卖申报逐笔连续撮合的竞价方式。连续竞价期间未成交的买卖申报,自动进入收盘集合竞价。连续竞价时的成交价格的确定原则为:① 最高买入申报价格与最低卖出申报价格相同,以该价格为成交价格;② 买入申报价格高于即时揭示的最低卖出申报价格(集中申报簿当时最低卖出申报价格)的,以即时揭示的最低卖出申报价格为成交价格;③ 卖出申报价格低于即时揭示的最高买入申报价格(集中申报簿当时最高买入申报价格)的,以即时揭示的最高买入申报价格为成交价格。买卖申报经交易主机撮合成交后,交易即告成立。在上海证券交易所,证券的收盘价为当日该证券最后一笔交易前一分钟所有交易的成交量加权平均价(含最后一笔交易);当日无成交的,以前收盘价为当日收盘价。符合证券交易所规则各项规定达成的交易于成立时生效,买卖双方必须承认交易结果,履行清算交收义务。因不可抗力、意外事件、交易系统被非法侵入等原因造成严重后果的交易,交易所可以采取适当措施或认定无效。对显失公平的交易,经交易所认定,可以采取适当措施。违反证券交易所交易规则,严重破坏证券市场正常运行的交易,交易所有权宣布取消交易,由此造成的损失由违规交易者承担。集中竞价达成的交易,其成交结果以交易所交易主机记录的成交数据为准。

(二) 大宗交易

大宗交易(Block Trade)是指证券单笔买卖申报达到交易所规定的数额规模时,交易所采用协商一致方式达成的交易。我国证券市场对大宗交易的判断标准是证券单笔买卖申报达到交易所规定的数额规模,与国际上通行的大宗交易界定标准是一致的。大宗交易的成交价格,由买卖双方在当日集中竞价交易中已成交的最高价和最低价之间确定。该证券当日无成交价格的,以前一日收盘价为成交价。我国《证券法》(2019)引进了大宗交易方式,但证券交易所采用集中交易方式以外的其他方式进行证券交易必须经国务院证券监督管理机构批准。

《深圳证券交易所交易规则(2023年修订)》第3.5.1条规定了在深交所进行的证券买卖符合以下条件的可以采用大宗交易方式:(1) A股单笔交易数量不低于30万股,或者交易金额不低于200万元人民币;(2) B股单笔交易数量不低于3万股,或者交易金额不低于20万元港币;(3) 基金单笔交易数量不低于200万份,或者交易金额不低于200万元人民币。本所可以根据市场需要,调整大宗交易的最低限额。

《上海证券交易所交易规则(2023年修订)》第3.6.1条规定了在上交所进行的证券买卖符合以下条件的可以采用大宗交易方式:(1) A股单笔买卖申报数量应当不低于30万股,或者交易金额不低于200万元人民币;(2) B股单笔买卖申报数量应当不低于30万股,或者交易金额不低于20万元美元;(3) 基金单笔买卖申报数量应当不低于200万份,或者交易金额不低于200万元;本所可以根据市场情况调整大宗交易的最低限额。

(三) 协议转让

协议转让,又称协商交易、私下谈判交易,是指投资者不借助证券集中竞价交易系统,而通过私下协商的方式,达成证券交易的方式。

协议转让确认和过户的基本规则,因股票的种类不同或发行人的差异而各具特色。(1) 对于未完成股权分置改革公司的非流通股份的转让,按照中国证券监督管理委员会、国务院国有资产监督管理委员会、财政部、中国人民银行、商务部《关于上市公司股权分置改革的指导意见》(证监发〔2005〕80号)第10条的规定,要对股权分置改革做出相应安排,或与公司股权分置改革组合运作。(2) 对于已完成股权分置改革公司的有限售条件流通股份的转让,须根据《上市公司股权分置改革管理办法》(证监发〔2005〕86号)第27条的规定,自上市公司股份股权分置改革方案实施之日起在12个月内不得协议转让,但有5种情况例外:转让双方存在实际控制关系或均受同一控制人所控制的、接受要约收购、股改垫付对价偿还、履行股改追送承诺以及司法裁决和公司解散等原因。(3) 已完成股权分置改革公司和"新老划断"后 IPO 公司的无限售条件流通股份的协议转让,根据《上市公司流通股协议转让业务办理暂行规则》(2006)之规定,上市公司流通股协议转让必须在证券交易所进行,由沪深两交易所和中国证券登记结算有限责任公司集中统一办理,严禁进行场外非法股票交易和转让活动(第 2 条)。通过证券交易所和结算公司办理流通股协议转让的情形有 4 种(第 3 条):① 与上市公司收购及股东权益变动相关的股份转让;② 转让双方存在实际控制关系,或均受同一控制人所控制的;③ 外国投资者战略投资上市公司所涉及的股份转让;④ 中国证监会认定的其他情形。收回股权分置改革中的垫付股份、行政划转上市公司股份等情形,比照《上市公司流通股协议转让业务办理暂行规则》(2006)办理。收购人收购完成后 12 个月内不得再次转让所持股份,非控股股东和实际控制人股份过户完成后 3 个月内不得再次转让所持股份。

  股份协议转让须提交的审批文件,根据不同的情况有不同的要求:(1) 涉及国有股,或国有及国有控股企业出让或行政划转国有股的,提供国务院国资委(非金融类)或者财政部(金融类)的批准文件;(2) 涉及向外商转让股份的,提供商务部门的批准文件;(3) 证券、银行类上市公司股东持股变动达到或者超过总股本 5%的,提供证监会、银监会的批准文件;保险类上市公司股东持股变动达到或者超过总股本 10%的,提供保监会的批准文件;(4) 属于上市公司收购的且触发要约收购的,提供证监会豁免要约收购的文件或者要约收购结果公告。上市公司股份协议转让由沪深两证券交易所的法律部具体负责,由其对股份转让双方当事人提出的股份转让申请进行合规性确认。结算公司负责办理与股份转让相关的股份查询和过户登记业务。证券交易所和结算公司对转让双方提交的申请材料进行形式审核,转让双方应当对其提供的申请材料的真实性、准确性、完整性和合法性负责。

  (四)信用交易

  根据《证券法》(2019)第 120 条的规定,经国务院证券监督管理机构核准,取得经营证券业务许可证,证券公司才可以经营包括融资融券服务在内的业务。《证券公司融资融券业务试点管理办法》(证监发〔2006〕69 号)[①]发布后,沪深两证券交易所、中国证券登记结算公司和中国证券业协会分别公布了相关实施细则和自律规范文本,确定了我国融资融券交易制度的基本模式、交易结算规则和风险控制制度。《证券公司监督管理条例》(2014)[②]第 48 条至第 56 条对证券公

  [①] 2011 年中国证监会发布了修改后的《证券公司融资融券业务管理办法》(中国证券监督管理委员会公告〔2011〕31 号)。

  [②] 国务院令第 522 号。该条例于 2014 年根据《国务院关于修改部分行政法规的决定》进行了修订。

司的融资融券业务进行了具体规定,依此条例,中国证监会于2008年10月5日宣布启动融资融券试点工作。证券公司融资融券业务将按照"试点先行、逐步推开"的原则进行,根据证券公司净资本规模、合规状况、净资本风险控制指标和试点方案准备情况,择优批准首批符合条件的试点证券公司。为适应我国证券市场多样化、差异化的实际情况,试点单位的范围兼顾不同类型和不同地区的证券公司。试点期间,只允许证券公司利用自有资金和自有证券从事融资融券业务。与此同时,抓紧进行转融通业务的设计和准备。目前,沪深两市的融资融券业务依照《上海证券交易所融资融券交易实施细则(2023年修订)》《深圳证券交易所融资融券交易实施细则(2023年修订)》合法有序进行。具体论述参见本章第三节。

(五) 回购交易

证券回购交易,是指证券买卖双方在成交同时就约定于未来某一时间或某一价格双方再行反向交易的行为,实质上是一种以有价证券作为抵押品拆借资金的信用行为,是以证券作为质物进行的资金融通业务。具体操作流程是:证券的持有人(即融资者、资金需求者)以持有的证券作抵押,获得一定期限内的资金使用权,期满后则需归还借贷的资金,并按约定支付一定的利息;而资金的贷出人(即融券者、资金供应者)以暂时放弃相应资金的使用权而获得融资方的债券抵押权,并于回购期满时归还对方抵押的证券,收回融出资金并获得一定利息。

债券回购交易,是指债券持有人(又称正回购方、资金融入方)在卖出一笔债券、融入资金的同时,与买方(又称逆回购方、资金融出方)协议约定于某一到期日再以事先约定的价格将该笔债券购回的交易方式。一笔回购交易涉及两个交易主体(即资金融入方和资金融出方)、两次交易契约行为(即初始交易和回购期满时的回购交易)和相应的两次清算。

国债回购交易,是国债现货交易的衍生品种,是一种以国债为抵押品拆借资金的信用行为。在交易中买卖双方按照约定的利率和期限,达成资金拆借协议,由此融资方(买方)以相应的国债库存作足额抵押,获取一段时间内的资金使用权;融券方(卖方)则在此时间内暂时放弃资金的使用权,从而获得相应期限的国债抵押权,并于到期日收回本金及相应利息。一笔回购交易涉及两个交易主体(即以券融资方和以资融券方)、二次交易契约行为(即初始交易和回购期满时的回购交易),两次清算。目前我国国债回购交易包含了封闭式与开放式两种模式,具体规定参见《关于开展国债买断式回购交易业务的通知》(2004)[1]、《全国

---

[1] 《财政部、中国人民银行、证监会关于开展国债买断式回购交易业务的通知》(财库〔2004〕17号)于2004年4月8日发布并实施。该部门工作文件现行有效。

银行间债券市场债券买断式回购业务管理规定》(中国人民银行令〔2004〕第 1 号)、《上海证券交易所国债买断式回购交易实施细则》(上证债字〔2004〕70 号)、《上海证券交易所债券交易实施细则》(上述发〔2017〕12 号)。

二、特定主体交易的限制

流通性是证券的本质特征之一,我国《公司法》(2018)第 137 条规定的"股东持有的股份可以依法转让"即是该本质的体现。但是,《证券法》(2019)第 36 条第 1 款对特定的证券持有人的证券转让规定了时间上的限制:"依法发行的证券,《中华人民共和国公司法》和其他法律对其转让期限有限制性规定的,在限定的期限内不得转让。"这种时间上的限制即是依法转让的体现,也是对特定主体交易之限制的具体体现。

(一)收购公司的投资者

《证券法》(2019)第 63 条对收购公司的投资者买卖股票进行了限制,目的是防止借收购以操纵证券交易市场,保护公众投资者的利益。根据《证券法》(2019)第 63 条的规定,通过证券交易所的证券交易,投资者持有或者通过协议、其他安排与他人共同持有一个上市公司已发行的有表决权股份达到 5% 时,应当在该事实发生之日起 3 日内,向国务院证券监督管理机构、证券交易所作出书面报告,通知该上市公司,并予公告,在上述期限内不得再行买卖该上市公司的股票,但国务院证券监督管理机构规定的情形除外。投资者持有或者通过协议、其他安排与他人共同持有一个上市公司已发行的有表决权股份达到 5% 后,其所持该上市公司已发行的有表决权股份比例每增加或者减少 5%,应当依照前款规定进行报告和公告,在该事实发生之日起至公告后 3 日内,不得再行买卖该上市公司的股票,但国务院证券监督管理机构规定的情形除外。投资者持有或者通过协议、其他安排与他人共同持有一个上市公司已发行的有表决权股份达到 5% 后,其所持该上市公司已发行的有表决权股份比例每增加或者减少 1%,应当在该事实发生的次日通知该上市公司,并予公告。违反第 1 款、第 2 款规定买入上市公司有表决权的股份的,在买入后的 36 个月内,对该超过规定比例部分的股份不得行使表决权。

(二)证券业从业人员

《证券法》(2019)第 40 条对证券从业者买卖股票进行了限制。根据该法第 40 条的规定,证券交易场所、证券公司和证券登记结算机构的从业人员,证券监督管理机构的工作人员以及法律、行政法规规定禁止参与股票交易的其他人员,在任期或者法定期限内,不得直接或者以化名、借他人名义持有、买卖股票或者其他具有股权性质的证券,也不得收受他人赠送的股票或者其他具有股权性质的证券。任何人在成为前款所列人员时,其原已持有的股票或者其他具有股权性质的证券,必须依法转让。实施股权激励计划或者员工持股计划的证券公司的从业人员,可以按照国务院证券监督管理机构的规定持有、卖出本公司股票或者其他具有股权性质的证券。

根据《股票发行与交易管理暂行条例》(1993)第39条的规定,证券业从业人员、证券业管理人员和国家规定禁止买卖股票的其他人员,不得直接或者间接持有、买卖股票;但是买卖经批准发行的投资基金证券除外。上述规定表明我国采行的是"堵截"思路,但市场上相继出现的"老鼠仓"事件表明此种思路的实效并不佳。采取"疏导"理念进行规制也许是一个更好的办法。

（三）证券服务机构及其人员

为了防止证券服务机构及其人员与其投资人的利益冲突,避免前者利用业务之便进行内幕交易而对其他投资者造成不公平,各国或地区的证券法律法规对前者买卖股票的时间限制都会作出相应规定。例如我国《证券法》(2019)第42条规定:"为证券发行出具审计报告或者法律意见书等文件的证券服务机构和人员,在该证券承销期内和期满后六个月内,不得买卖该证券。除前款规定外,为发行人及其控股股东、实际控制人,或者收购人、重大资产交易方出具审计报告或者法律意见书等文件的证券服务机构和人员,自接受委托之日起至上述文件公开后五日内,不得买卖该证券。实际开展上述有关工作之日早于接受委托之日的,自实际开展上述有关工作之日起至上述文件公开后五日内,不得买卖该证券。"上述规定的目的是防止证券服务机构及其人员利用其业务上的信息优势参与股票交易而损害其他投资者利益。

（四）发起人/控股股东和实际控制人

公司发起人通常既是公司的主要控股股东和经营管理的主要执行者,也是公司未来经营业绩的预测分析者,为了将公司发起人的利益与其他股东的利益、公司的利益相容,必须对其出售股份进行限制。根据《公司法》(2018)第141条第1款的规定,发起人持有的本公司股份,自公司成立之日起1年内不得转让;公司公开发行股份前已发行的股份,自公司股票在证券交易所上市交易之日起1年内不得转让。

与公司发起人类似,控股股东和实际控制人对公司的经营管理具有重大影响,为了保护其他股东的合法利益,同样需要对其出售股份进行相应的限制。《公司法》(2018)、《证券法》(2019)等基本法律对此未作规定,《上市公司证券发行注册管理办法》(2023)第59条作了简要规定:"向特定对象发行的股票,自发行结束之日起六个月内不得转让。发行对象属于本办法第五十七条第二款规定情形的,其认购的股票自发行结束之日起十八个月内不得转让。"第57条第2款规定:"上市公司董事会决议提前确定全部发行对象,且发行对象属于下列情形之一的,定价基准日可以为关于本次发行股票的董事会决议公告日、股东大会决议公告日或者发行期首日：(一)上市公司的控股股东、实际控制人或者其控制的关联人；(二)通过认购本次发行的股票取得上市公司实际控制权的投资者；(三)董事会拟引入的境内外战略投资者。"

(五)非公开发行股票的持有人

如上文所述，向特定对象发行的股票，自发行结束之日起6个月内不得转让。上市公司董事会决议提前确定全部发行对象，且发行对象属于上市公司的控股股东、实际控制人或者其控制的关联人，通过认购本次发行的股票取得上市公司实际控制权的投资者，董事会拟引入的境内外战略投资者的，定价基准日可以为关于本次发行股票的董事会决议公告日、股东大会决议公告日或者发行期首日。

一是对股东增持或者减持股份的限制性规定。《证券法》(2019)第63条和《上市公司收购管理办法》(2020)第13条[①]，均对投资者增持或减持上市公司股份时相关当事人的信息披露义务及其他义务做了明确的规定。但对于投资者通过大宗交易系统增持或者减持上市公司股份的行为是否应适用《上市公司收购管理办法》(2020)第13条的规定，以及是否违规，存在两种不同的观点：一种观点认为投资者通过大宗交易系统增持或者减持上市公司股份，属于"通过证券交易所的证券交易"，应适用《上市公司收购管理办法》(2020)第13条的规定。另一种观点则认为，投资者通过大宗交易系统增持或减持上市公司股份，属于协议转让，应适用《上市公司收购管理办法》(2020)第14条[②]而无须遵守第13条规定。此外，为了进一步规范投资者特别是"大小非"股东买卖上市公司股份的行为，深圳证券交易所发布的《关于严格执行〈上市公司收购管理办法〉等有关规定

[①]《上市公司收购管理办法》(2020)(中国证券监督管理委员会令第166号)第13条规定："通过证券交易所的证券交易，投资者及其一致行动人拥有权益的股份达到一个上市公司已发行股份的5%时，应当在该事实发生之日起3日内编制权益变动报告书，向中国证监会、证券交易所提交书面报告，通知该上市公司，并予公告；在上述期限内，不得再行买卖该上市公司的股票，但中国证监会规定的情形除外。前述投资者及其一致行动人拥有权益的股份达到一个上市公司已发行股份的5%后，通过证券交易所的证券交易，其拥有权益的股份占该上市公司已发行股份的比例每增加或者减少5%，应当依照前款规定进行报告和公告。在该事实发生之日起至公告后3日内，不得再行买卖该上市公司的股票，但中国证监会规定的情形除外。前述投资者及其一致行动人拥有权益的股份达到一个上市公司已发行股份的5%后，其拥有权益的股份占该上市公司已发行股份的比例每增加或者减少1%，应当在该事实发生的次日通知该上市公司，并予公告。违反本条第一款、第二款的规定买入在上市公司中拥有权益的股份的，在买入后的36个月内，对该超过规定比例部分的股份不得行使表决权。"

[②]《上市公司收购管理办法》第14条规定："通过协议转让方式，投资者及其一致行动人在一个上市公司中拥有权益的股份拟达到或者超过一个上市公司已发行股份的5%时，应当在该事实发生之日起3日内编制权益变动报告书，向中国证监会、证券交易所提交书面报告，通知该上市公司，并予公告。前述投资者及其一致行动人拥有权益的股份达到一个上市公司已发行股份的5%后，其拥有权益的股份占该上市公司已发行股份的比例每增加或者减少达到或者超过5%的，应当依照前款规定履行报告、公告义务。前两款规定的投资者及其一致行动人在作出报告、公告前，不得再行买卖该上市公司的股票。相关股份转让及过户登记手续按照本办法第四章及证券交易所、证券登记结算机构的规定办理。"

的通知》(2008)第 1 条规定：投资者通过本所竞价交易系统或者大宗交易系统买卖上市公司股份，均属于《上市公司收购管理办法》(2020)第 13 条规定的"通过证券交易所的证券交易"；凡通过上述途径增持或者减持上市公司股份比例触及《上市公司收购管理办法》(2020)第 13 条规定的比例标准的，该投资者应当依照该条规定履行报告和公告义务，且在该条规定的期限内不得再行买卖该上市公司的股份。

二是对公司公开发行股份前的股东转让股份的限制。由于公司公开发行股份前的股东之地位类似于发起人，因此为了保护广大公众投资者的利益，对前者所持有的公司公开发行股份前的股份转让需要有一定期限的限制。根据《公司法》(2018)第 141 条第 1 款的规定，公司公开发行股份前已发行的股份，自公司股票在证券交易所上市交易之日起 1 年内不得转让。

（六）上市公司高管

上市公司的董事、监事和高级管理人员（以下简称"上市公司高管"）控制了公司的经营权，对公司的影响至巨，因而必须对其买卖本公司的股票作出必要的限制。《公司法》(2018)第 141 条、《上市公司董事、监事和高级管理人员所持本公司股份及其变动管理规则》(2022 年)①、《深圳证券交易所上市公司自律监管指引第 10 号——股份变动管理》(2022)②等法律法规对此规定的具体内容如下：

第一，在限定的时间内申报个人身份信息。根据《上市公司董事、监事和高级管理人员所持本公司股份及其变动管理规则》(2022)第 10 条的规定，上市公司董事、监事和高级管理人员应在下列时点或期间内委托上市公司通过证券交易所网站申报其个人信息（包括但不限于姓名、职务、身份证号、证券账户、离任职时间等）：(1) 新上市公司的董事、监事和高级管理人员在公司申请股票初始登记时；(2) 新任董事、监事在股东大会（或职工代表大会）通过其任职事项、新任高级管理人员在董事会通过其任职事项后 2 个交易日内；(3) 现任董事、监事和高级管理人员在其已申报的个人信息发生变化后的 2 个交易日内；(4) 现任董事、监事和高级管理人员在离任后 2 个交易日内；(5) 证券交易所要求的其他时间。第 14 条要求上述人员应当保证申报数据的真实、准确、及时、完整。《深圳证券交易所上市公司自律监管指引第 10 号——股份变动管理》(2022)第 5 条第 1 款作了大致相同的规定，即上述人员应在下列时间内委托公司向本所申报其个人及其近亲属（包括配偶、父母、子女、兄弟姐妹等）的身份信息（包括姓名、担任职务、身份证件号码、证券账户、离任职时间等）：(1) 新上市公司的董事、监

---

① 中国证券监督管理委员会公告〔2022〕19 号，于 2022 年 1 月 5 日公布并施行，现行有效。
② 深证上〔2022〕22 号，于 2022 年 1 月 7 日公布并施行，现行有效。

事、高级管理人员在公司申请股票上市时；(2)新任董事、监事在股东大会(或职工代表大会)通过其任职事项后两个交易日内；(3)新任高级管理人员在董事会通过其任职事项后两个交易日内；(4)现任董事、监事、高级管理人员在其已申报的个人信息发生变化后的两个交易日内；(5)现任董事、监事、高级管理人员在离任后两个交易日内；(6)本所要求的其他时间。第2款规定，以上申报信息视为相关人员向本所提交的将其所持本公司股份按相关规定予以管理的申请。第6条则要求上述人员"应当保证其向本所申报信息的真实、准确、及时、完整，同意本所及时公布相关人员持有本公司股份的变动情况，并承担由此产生的法律责任"。

第二，对于上市公司高管所持本公司股份的锁定。《深圳证券交易所上市公司自律监管指引第10号——股份变动管理》(2022)第7条规定，上市公司高管在委托公司申报个人信息后，深交所将其申报数据资料发送中国结算深圳分公司对其身份证件号码项下开立的证券账户中已登记的本公司股份予以锁定。上市已满一年的上市公司高管的证券账户内通过二级市场购买、可转债转股、行权、协议受让等方式年内新增的本公司无限售条件股份，按75%自动锁定；新增有限售条件的股份，计入次年可转让股份的计算基数。上市未满一年的上市公司高管的证券账户内新增的本公司股份，按100%自动锁定。第9条规定，上市公司高管所持股份登记为有限售条件股份的，在当解除限售的条件满足后，可以委托公司向深交所和中国结算深圳分公司申请解除限售。第11条规定上市公司高管自实际离任之日起六个月内不得转让其持有及新增的本公司股份。

第三，关于所持股份的解除锁定。根据《深圳证券交易所上市公司自律监管指引第10号——股份变动管理》(2022)第8条的规定，在每年的第一个交易日，以上市公司高管在上年最后一个交易日登记在其名下的在深交所上市的本公司股份为基数，按25%计算其本年度可转让股份法定额度；同时，中国结算深圳分公司对该人员所持的在本年度可转让股份额度内的无限售条件的流通股进行解锁。当计算可解锁额度出现小数时，按四舍五入取整数位；当某账户持有本公司股份余额不足1000股时，其本年度可转让股份额度即为其持有本公司股份数。因公司进行权益分派等导致上市公司高管所持本公司股份变化的，则本年度可转让股份额度相应变更。

第四，关于所持股份的出售限制。《上市公司董事、监事和高级管理人员所持本公司股份及其变动管理规则》(2022)第5条分两款作了规定：(1)上市公司董事、监事和高级管理人员在任职期间，每年通过集中竞价、大宗交易、协议转让等方式转让的股份不得超过其所持本公司股份总数的25%，因司法强制执行、继承、遗赠、依法分割财产等导致股份变动的除外；(2)上市公司董事、监事和高级管理人员所持股份不超过1000股的，可一次全部转让，不受前款转让比例的限制。

第五,关于禁止出售股票的情形。《上市公司董事、监事和高级管理人员所持本公司股份及其变动管理规则》(2022)第4条规定,上市公司董事、监事和高级管理人员所持本公司股份在下列情形下不得转让:(1)本公司股票上市交易之日起一年内;(2)董事、监事和高级管理人员离职后半年内;(3)董事、监事和高级管理人员承诺一定期限内不转让并在该期限内的;(4)法律、法规、中国证监会和证券交易所规定的其他情形。《深圳证券交易所上市公司自律监管指引第10号——股份变动管理》(2022)第11条规定,上市公司高管自实际离任之日起6个月内,不得转让其持有及新增的本公司股份。

第六,关于禁止买卖本公司股票的情形。为避免上市公司董事、监事和高管人员利用信息优势为自我牟利,《上市公司董事、监事和高级管理人员所持本公司股份及其变动管理规则》(2022)第12条规定,上市公司董事、监事和高级管理人员在下列期间不得买卖本公司股票:(1)上市公司年度报告、半年度报告公告前30日内;(2)上市公司季度报告、业绩预告、业绩快报公告前10日内;(3)自可能对本公司证券及其衍生品种交易价格产生较大影响的重大事件发生之日或在决策过程中,至依法披露之日内;(4)证券交易所规定的其他期间。《深圳证券交易所上市公司自律监管指引第10号——股份变动管理》(2022)第13条作了大致相同的规定:上市公司高管在下列期间不得买卖本公司股份:(1)公司年度报告、半年度报告公告前30日内,因特殊原因推迟公告日期的,自原预约公告日前30日起算;(2)公司季度报告、业绩预告、业绩快报公告前10日内;(3)自可能对本公司股票及其衍生品种交易价格产生较大影响的重大事件发生之日或者进入决策程序之日至依法披露之日;(4)中国证监会及本所规定的其他期间。

三、短线交易的限制

对短线交易的限制,实质是对上市公司董监高和大股东买卖所持本公司股份的限制,目的是防止内幕交易。根据现代公司法基本理论,公司大股东(包括持有公司5%股份的股东)对其他股东负有信义义务(Fudiciary Duty),为防止其利用内幕信息谋取私利必须对其买卖股票作出限制;上市公司董监高、持有上市公司股份5%以上的股东同样拥有公司的信息优势,极易以此实施短线交易谋利,因而也必须进行规制。

我国《证券法》(2019)第44条对此作了规定:"上市公司、股票在国务院批准的其他全国性证券交易场所交易的公司持有百分之五以上股份的股东、董事、监事、高级管理人员,将其持有的该公司的股票或者其他具有股权性质的证券在买入后六个月内卖出,或者在卖出后六个月内又买入,由此所得收益归该公司所有,公司董事会应当收回其所得收益。但是,证券公司因购入包销售后剩余股票而持有百分之五以上股份,以及有国务院证券监督管理机构规定的其他情形的除外。前款所称董事、监事、高级管理人员、自然人股东持有的股票或者其他具有股权性质的证券,包括其配偶、父母、子女持有的及利用他人账户持有的股票或者其他具有股权性质的证券。公司董事会不按照第一款规定执行的,股东有权要求董事会在三十日内执行。公司董事会未在上述期限内执行的,股东有权为了公司的利益以自己的名义直接向人民法院提起诉讼。公司董事会不按照第一款的规定执行的,负有责任的董事依法承担连带责任。"具体论述参见第十三章。

第七章 上市公司收购制度

资本自由流动是市场经济正常运行的必要条件之一,而公司之间的收购与兼并是资本自由流动的常见方式之一。此外,资本的证券化也使得公司收购活动可以越过目标公司经营层而直接同公司股东进行交易,证券市场的日益规范与完善也为活跃公司收购活动起到不可或缺的作用。正因如此,西方市场经济发达国家如美法德日等国,其兼并与收购活动自19世纪以来就以波澜壮阔的态势加以展开。

我国对上市公司收购的最早立法是《深圳市上市公司监管暂行办法》(深府〔1992〕129号,现已失效),其中第四章"重大交易"和第五章"收购与合并"对上市公司收购的程序、信息公开义务、重大交易信息公开义务等有关公司收购事项作了规定。《股票发行与交易管理暂行条例》(1993)的第四章"上市公司收购"专门规制上市公司收购。《证券法》(2019)于第四章也专门规定了上市公司收购。《上市公司收购管理办法》[①]在总结前述法律法规的基础上,对上市公司收购制度作了详尽的规制。此外,作为自律性组织的沪深两地证券交易所颁布的《股票上市规则》对收购信息披露的具体格式要求作了规定,更具操作性。

第一节 上市公司收购概述

一、上市公司收购的概念

上市公司收购(Takeover),是指收购人为取得或巩固对某一目标公司(Targeted Company)的控制权,通过法定方式而大量购买后者发行在外的股份,以实现对其控制或合并的法律行为。上市公司收购是公司并购的一种重要形式,也是实现公司之间兼并控制的重要手段,其法律特征如下:(1)收购主体是投资者(既可以是法人,也可以是自然人)。投资者通过取得股份的方式成为一个上市公司的控股股东,或者通过投资关系、协议、其他安排的途径成为一个上市公司的实际控制人,均视为收购主体。(2)收购无须经目标公司经营者的同意。由于上市公司收购主体是收购人和目标公司股东,而目标公司的经营者不是收

[①] 中国证券监督管理委员会令第166号,于2020年3月20日公布并施行,现行有效。

购任何一方的当事人,因此收购人进行收购只需与目标公司股东达成协议即可,无须征得目标公司经营者的同意。(3)收购的标的是目标公司发行在外的股份。上市公司收购并不是直接购买目标公司的资产,也不以目标公司本身为交易对象,而是在公司的资产完全证券化的条件下,通过收购目标公司的股份来获取目标公司的控制权。但是,目标公司预留的股票或未出售的股票,目标公司以自己的名义持有的本公司发行在外的股票,均不属于公司收购的对象。(4)收购的目的是获取目标公司的控制权。股东对公司的控制是通过在股东大会上行使投票权来实现的,该股东能否真正实现他对公司的控制权取决于他/它所掌握的股东大会的投票权能否左右公司董事会的人选;但投票权和股份是不可分离的,只有拥有股份达到一定数量才可以获得公司的控制权。(5)收购必须依法进行。上市公司的收购行为与一般交易行为不同,只要达到法律界定的收购行为,就必须按照收购规则进行,无论是要约收购,还是协议收购、间接收购,以及集中竞价收购,均须受上市公司收购制度的规范与约束。

上市公司收购就其法律性质而言,实际上是一种股份买卖,是收购者与目标公司股东之间通过对目标公司股份的买卖而使目标公司控制权发生移转的一种买卖行为。因此,《民法典》关于合同的一般规则同样适用于上市公司收购。例如该种股份买卖合同的达成同样要经过要约和承诺两个阶段,卖方对所出售的股份与一般买卖合同中的卖方一样也要承担瑕疵担保责任等。但是,上市公司收购中的股份买卖毕竟是一种特殊的买卖,这主要表现为上市公司收购的标的是一种特殊的财产(即股份)。上市公司收购的标的既不是具有法律人格的公司,也不是公司自身所拥有的具体形态的财产,而是抽象地表示公司资本份额的股份。

二、上市公司收购的类型

上市公司收购,依据不同的标准可以作不同的分类。通常,法律根据收购方式的不同,将上市公司收购分为要约收购(Takeover bid/Tender offer)、协议收购、间接收购和集中竞价收购四种。根据《证券法》(2019)第62条之规定,"投资者可以采取要约收购、协议收购及其他合法方式收购上市公司",说明我国已经包括了这种分类方式的所有收购类型。

所谓要约收购,是指收购人通过向被收购公司的股东发出购买其所持该公司股份的书面意思表示,并按照其依法公告的收购要约中所规定的收购条件、收购价格、收购期限以及其他规定事项,收购目标公司股份的收购方式。根据要约的发出是否基于收购人的意愿,要约收购又可以进一步分为强制要约收购和自愿要约收购。自愿要约收购,是指收购人自愿作出收购决定,并根据目标公司总股本确定预计收购的股份比例,在该比例范围内向目标公司所有股东发出收购要约。根据我国《证券法》(2019)第65条的规定,投资者持有的有表决权股份在

30%以内时可以采取自愿收购方式,即通常所讲的"标购"。强制要约收购,是指在收购人持有目标公司已发行股份达到一定比例,在获得对目标公司的控制权时,法律强制其向目标公司的所有股东发出收购其所持有的全部股份的要约。采用强制要约收购制度的有英国、法国、新加坡以及我国香港地区等,起始点从30%到50%不等,我国《证券法》(2019)第65条规定的临界点是30%。

所谓协议收购,是指收购人通过与目标公司的股份持有人达成收购协议的方式进行的收购。协议收购采取个别协议方式进行,不必对全体股东发出收购要约,并可对不同股东采取不同的收购价格和收购条件。协议收购是上市公司收购的特殊形态,我国上市公司中存在大量的非流通股股份(包括国家股、法人股),基本上是通过协议收购进行的。国家对协议收购的监管比较严格,尤其是国家股股权的转让更要遵循国家主管部门关于股份转让的相关规定。协议收购兼具有场内场外交易的属性,必须遵守证券交易所的一般交易规则和场外交易及大宗交易的特殊规则,并遵循特殊监管方式的监管。

所谓间接收购,是指收购人主要通过直接收购上市公司大股东股权、向大股东增资扩股、出资与大股东成立合资公司、托管大股东股权等方式,使自己成为上市公司实际控制人。其中:(1)直接收购大股东股权是最普遍的方式,也是表现最直接的方式,收购人直接收购大股东的部分股权并实现对大股东的控制,间接获得对上市公司的控制权。收购人需要有实际的现金流出,来支付上市公司大股东控股方转让股权所需的资金。(2)对大股东(母公司)增资扩股是收购方为获取对上市公司母公司的控制权,通过对其增资扩股而成为其大股东,从而获得对上市公司母公司控制权,并实现对上市公司的间接控制。该种方法可规避收购人的实际现金流出,收购方所出资金的控制权仍掌握在自己控制的公司中。(3)出资与大股东成立公司,是收购方与上市公司母公司成立新公司,并由其控股上市公司,在新公司中,收购方处于控股地位,从而实现对上市公司的间接控制。这种方式与增资大股东在本质上基本相同,甚至可以认为是向大股东增资扩股的一种特殊方式。(4)托管,是大股东把持有的上市公司股份委托给收购人管理,委托收购人来行使大股东的股权,从而使收购人控制上市公司。

所谓集中竞价收购,是指收购方通过证券交易所或者其他竞价交易系统购买目标公司的股份,即在二级市场上收购目标公司发行在外的流通股票,成为公司的大股东乃至控股股东,以期改组该(股份)公司董事会和改变公司原有战略目标、发展方向和业务内容。集中竞价交易,作为证券交易所内进行证券买卖的一种交易方式,一般是指两个以上的买方和两个以上的卖方通过公开竞价形式来确定证券买卖价格的情形,分为口头唱报竞价交易、书面申报竞价交易、电脑申报竞价交易三种。当买者一方中的人员提出的最高价和卖者一方的人员提出的最低价相一致时,证券的交易价格就已确定,其买卖就可成交。集中竞价收购以现金为支付方式,这会使收购方支付很大的收购成本,尤其是规模较大的收购交易,因而为了获得足够比例的股票,收购方必须事先准备足够的现金。由于在现金出价过程中会有很大一部分目标公司的股票为风险套利者所购买,因而如何利用风险套利者手中所囤积的股票是决定敌意收购者出价成功与否的关键之所在。

三、上市公司收购人概述

上市公司收购人,是指意图通过取得股份的方式成为一个上市公司的控股股东,或通过投资关系、协议以及其他途径成为一个上市公司的实际控制人的投资者及其一致行动人。① 所谓控股股东(Controlling Shareholder),在我国是指其出资额占有限责任公司资本总额50%以上或者其持有的股份占股份有限公司股本总额50%以上的股东;出资额或者持有股份的比例虽然不足50%,但依其出资额或者持有的股份所享有的表决权已足以对股东会、股东大会的决议产生重大影响的股东[参见《公司法》(2018)第216条第2项]。

所谓实际控制人(Actual Controller),是指虽不是公司的股东,但通过投资关系、协议或者其他安排,能够实际支配(控制、影响)公司行为的人[参见《公司法》(2018)第216条第3项]。

所谓一致行动人(Persons Acting in Concert),是指在上市公司的收购及相关股份权益变动活动中采取一致行动的投资者,并且互为一致行动之人。所谓一致行动人(Persons acting in concert),根据《上市公司收购管理办法》(2020)第83条第2款的规定,是指在上市公司的收购及相关股份权益变动活动中采取一致行动的投资者,并且互为一致行动之人;并列举了12种属于一致行动人的情形:"(1) 投资者之间有股权控制关系;(2) 投资者受同一主体控制;(3) 投资者的董事、监事或者高级管理人员中的主要成员,同时在另一个投资者担任董事、监事或者高级管理人员;(4) 投资者参股另一投资者,可以对参股公司的重大决策产生重大影响;(5) 银行以外的其他法人、其他组织和自然人为投资者取得相关股份提供融资安排;(6) 投资者之间存在合伙、合作、联营等其他经济利益关系;(7) 持有投资者30%以上股份的自然人,与投资者持有同一上市公司股份;(8) 在投资者任职的董事、监事及高级管理人员,与投资者持有同一上市公司股份;(9) 持有投资者30%以上股份的自然人和在投资者任职的董事、监事及高级管理人员,其父母、配偶、子女及其配偶、配偶的父母、兄弟姐妹及其配偶、配

---

① 《上市公司收购管理办法》(2020)第5条规定:"收购人可以通过取得股份的方式成为一个上市公司的控股股东,可以通过投资关系、协议、其他安排的途径成为一个上市公司的实际控制人,也可以同时采取上述方式和途径取得上市公司控制权。收购人包括投资者及与其一致行动的他人。"

偶的兄弟姐妹及其配偶等亲属,与投资者持有同一上市公司股份;(10)在上市公司任职的董事、监事、高级管理人员及其前项所述亲属同时持有本公司股份的,或者与其自己或者其前项所述亲属直接或者间接控制的企业同时持有本公司股份;(11)上市公司董事、监事、高级管理人员和员工与其所控制或者委托的法人或者其他组织持有本公司股份;(12)投资者之间具有其他关联关系。"所谓一致行动,根据《上市公司收购管理办法》(2020)第83条第1款的规定,"是指投资者通过协议、其他安排,与其他投资者共同扩大其所能够支配的一个上市公司股份表决权数量的行为或者事实。"综合考察各国(地区)的"一致行动人"概念,一般包括关联人和无关联关系的合意人。

针对我国上市公司收购中存在的虚假收购、恶意收购,以及收购人无实力、不诚信,甚至掏空上市公司的问题,《上市公司收购管理办法》(2020)禁止收购人利用上市公司的收购损害被收购公司及其股东的合法权益,并对收购人的主体资格进行了规范。该办法第6条第2款规定,有下列情形之一的,不得收购上市公司:(1)收购人负有数额较大债务,到期未清偿,且处于持续状态;(2)收购人最近3年有重大违法行为或者涉嫌有重大违法行为;(3)收购人最近3年有严重的证券市场失信行为;(4)收购人为自然人的,存在《公司法》(2018)第146条规定情形;(5)法律、行政法规规定以及中国证监会认定的不得收购上市公司的其他情形。

与此同时,还规定了上市公司收购人的法定义务:一是报告义务。要约收购期限届满后15日内,收购人应当向证券交易所提交关于收购情况的书面报告,并予以公告。二是禁售义务。要求收购人在要约收购期限内,不得卖出被收购公司的股票,目的在于防止收购人利用上市公司收购,操纵上市公司的股价而实施假收购。三是守约义务。要求在收购要约的有效期限内,收购人不得撤回其收购要约,亦不得随意变更收购要约中的事项。四是平等对待义务。要求收购要约中提出的各项收购条件适用于被收购公司所有的股东;收购人在收购要约期限内不得采取要约规定以外的形式和超出要约的条件买入被收购公司的股票;被收购的上市公司股东承诺出售的股份数额超过预定收购的股份数额的,收购人按比例进行收购。五是锁定义务。要求在上市公司收购中,收购人持有的被收购的上市公司的股票,在收购行为完成后的18个月内不得转让。六是公告义务。即收购期限届满后15日内,收购人应当公告收购情况。

对一致行动人的认定之国外司法实践,可以参见以下案例Hallwood Realty Partners, L.P. v. Gotham Partners, L.P. (2002)。在该案中,原告Hallwood诉请法院判决:多名被告组成了《1934年证券交易法》第13(d)条所认定的团体(group),即一致行动人,从而构成了原告(Hallwood)所称的毒丸一词(poison pill)中的购方(Acquiring Person)。我国的司法实践可以参见北京高石创新投资有限公司诉山东京博控股股份有限公司证券虚假陈述责任纠纷案(2014)[①],法院认定山东京博控股股份有限公司构成上市公司收购人,该公司及其控股的山东博兴京博印业有限公司、山东博兴县韵事达贸易发展有限公司等构成了一致行动人,需承担《上市公司收购管理办法》等所规定的法定义务。

【域外案例】

Hallwood Realty Partners, L. P. v. Gotham Partners, L. P. (2002)[②]

巡回法官卡拉布雷斯(Calabresi)发表了法院的审理意见。

原告(Hallwood Realty Partners,以下简称"霍尔伍德地产",是一家合伙企业)指控被告违反了《1934年证券交易法》第13(d)条,具体而言:被告构成了一个团体(即证券法中所指一致行动人),暗中大量收购了霍尔伍德地产的股份,目的是实现对霍尔伍德地产的接管,并实质性地改变其业务和运营;被告没有按照《1934年证券交易法》第13(d)条规定的,在公开文件中披露其一致行动人、收购活动及其意图。原告提出如下诉讼请求:(1)禁令救济;(2)判决宣告被告构成《1934年证券交易法》第13(d)条所认定的团体(一致行动人),进而构成了原告所称的"毒丸计划"中的"收购人";(3)金钱损害赔偿。此外,原告还要求进行陪审团审判。

地方法院认为,《1934年证券交易法》第13(d)条并没有规定金钱损害赔偿,原告也无权就其禁令和宣告判决申请要求进行陪审团审判,因此驳回了原告关于陪审团审判的要求。开庭审理后,地方法院认为原告未能举证证明本案存在《1934年证券交易法》第13(d)条中规定的"一致行动人",因此驳回了原告提出的索赔请求。

原告对上述两项判决提出上诉,上诉理由如下:(1)地方法院在确定本案是否存在《1934年证券交易法》第13(d)条中规定的团体时不恰当地拒绝了间接证据;(2)地方法院拒绝进行陪审团审判是错误的。

二审维持原判。

一、案件背景

原告霍尔伍德地产是一家从事收购、管理和经营商业地产的有限合伙企业,

---

① 山东省济南市中级人民法院民事判决书(2014)济商重初字第3号。
② 编译自 Hallwood Realty Partners, L. P. v. Gotham Partners, L. P., 286 F. 3d 613(2rd. Cir., 2002)。

其股份在美国证券交易所交易。本案中的各被告都是霍尔伍德地产份额的购买者，他们分别从20世纪90年代初至中期开始收购霍尔伍德地产的份额。每个被告都声称自己是基于尽职调查和认为霍尔伍德地产份额的价格被低估而独立做出了购买其份额的决定。

被告高谭(Gotham)有限合伙企业、高谭有限合伙企业第三合伙企业和高谭控股有限公司第二公司(以下统称"高谭集团")于1994年开始购买霍尔伍德地产的份额。1995年12月，高谭集团向SEC提交了一份附表13D，声称它已"出于投资目的"收购了霍尔伍德地产5.05%的份额。在接下来的10个月里，高谭集团继续购买霍尔伍德地产的份额(并更新其附表13D)。截至1996年10月，高谭集团已经积累了霍尔伍德合伙企业共计14.82%的份额。1997年6月，高谭集团修改文件称其正试图撤销霍尔伍德地产的普通合伙人。此后不久，高谭集团在特拉华州衡平法院起诉了霍尔伍德地产和它的经营者、董事，以及霍尔伍德地产的某些附属公司，指控他们违反了信义义务和霍尔伍德地产的合伙协议。

被告州际地产公司(Interstate Properties Inc.)于1995年年中开始购买霍尔伍德地产的股份。1998年11月，州际地产公司提交了一份附表13D，披露它已经收购了霍尔伍德地产5.7%的份额，之后分别于1999年3月25日(7.0%)、1999年8月30日(8.0%)和2000年7月28日(9.0%)对其附表13D进行了修订。但州际地产公司从未透露任何有关试图与其他份额持有人合作改变或影响霍尔伍德地产控制权的计划。

被告保盛丰集团(Private Management Group Inc.)于1992年开始收购霍尔伍德地产的份额。截至2000年1月，保盛丰集团修订其附表13G披露总持份额为6.5%。保盛丰集团一直报告说，它是"在正常业务经营过程中"收购了这些份额，而并不是为了改变或影响发行人的控制权，自身也从未参与此类计划或者任何具有这种目的的交易。

被告EFO据称购买了霍尔伍德地产至少2%的份额，但并没有提交附表13D或13G。

在审判中，原告提出了直接和间接证据来支持其指控。它提供了从1994—1995年再到2000年被告之间的会议和其他通信的证据，以及其中有关讨论霍尔伍德地产的证据。证据表明，被告分别在此期间购买了霍尔伍德地产的股份。原告还特别强调被告高谭集团和州际地产公司是在同一个星期开始的"突然购买"，并提交了一篇描述高谭集团使用类似策略接管另一家公司的杂志文章。

此外，原告还雇用了一名私人调查员伪装成潜在的投资者会见了某些被告。被告曾告诉调查员一个有关获取霍尔伍德地产控制权的合作计划。调查人员作证说，保盛丰集团的代表丹尼斯·雷兰向他透露，存在一个由高谭集团领导、旨在接管霍尔伍德地产的团体。调查人员提交了一盘他与EFO代表克里斯托弗·马沃尔德的谈话录音,以及一份马沃尔德给他的 EFO 有关霍尔伍德地产"投资建议"的复印件。原告认为,"投资建议"可以理解为 EFO 是高潭集团领导的企图接管霍尔伍德地产并"实现价值"(即清算、出售或重组公司)(涉及上述特拉华州诉讼)的团体的一部分。根据原告的说法,该建议也可以用来表明州际公路公司和罗斯公路公司都参与了该计划。

被告在审判中对上述指控提出疑问。

2001 年 2 月 23 日,地方法院作出口头裁决,认定原告霍尔伍德地产未能证明本案存在《1934 年证券交易法》第 13(d)条规定的团体,判决驳回原告的诉讼请求。

二、争议焦点

1

原告上诉称,地方法院在确定本案是否存在《1934 年证券交易法》第 13(d)条规定的团体时,拒绝相信其提供的间接证据是一个法律错误,需要重新进行审查。

20 世纪 60 年代,为了应对敌意收购,国会在 1968 年通过了《威廉姆斯法》(Williams Act),《1934 年证券交易法》第 13(d)条就是其中一部分。该法第 13(d)条要求直接或间接获得某类注册股本证券 5% 以上实益所有权团体(以下简称"第 13(d)条规定的团体")要向证券发行人、证券交易所和 SEC 提交 13D 附表,披露其成员身份和收购目的等;该条款适用于以获取、持有或处置证券为目的的"采取一致行动"的投资人或实体,参见《美国法典》第 15 编第 78(d)(3)条。这些实体之间的协议可以是正式的,也可以是非正式的,不要求存在书面形式的协议,参见 Morales v. Quintel Entm't, Inc. (2001)案、Wellman v. Dickinson (1982)案。① 法院在评估是否存在《1934 年证券交易法》第 13(d)条规定的团体时,必须确定是否有足够的直接或间接证据证明被告之间存在正式或非正式的以获得、持有或处置相关证券为目的的协议。因此,协议是否存在是一个事实问题。

原告声称,地方法院认为没有足够证据证明本案存在《1934 年证券交易法》第 13(d)条规定的团体的裁决是错误的,因为法院拒绝使用间接证据来证明该团体的存在,而坚持要求要有法律并未明确要求的直接确凿证据。原告引用了一些判例,在这些判例中法院认为可以通过直接或间接证据以及其他符合《1934 年证券交易法》第 13(d)条规范目的的各种间接迹象来证明团体的存在。据此原告声称下级法院拒绝承认其提供的间接证据是错误的,我们应当撤销判决,发

---

① Morales v. Quintel Entm't, Inc., 249 F. 3d 115, 124 (2d Cir. 2001); Wellman v. Dickinson, 682 F. 2d 355, 363 (2d Cir. 1982).

回重审。

我们认为这种说法是没有道理的。地方法院的口头裁决中没有任何内容表明它没有考虑间接证据,也没有表明它拒绝考虑上诉人(原审原告)列出的和先前判例法中提到的因素。事实上,卡普兰法官明确指出,被告先前的关系和交易模式与判定本案是否存在《1934 年证券交易法》第 13(d)条规定的团体直接相关。此外法院还特别引用了大量原告提供的间接证据,例如在口头裁决中,法院提到了被告之间讨论的证据、可行的投资退出策略的证据,以及关于高谭集团是否有特定作案手法的证据等。原审法院声称,"没有提及的证据细节并不意味着没有注意到。"

地方法院表示:"我们要做的不仅仅是简单地提及各个相关的因素。相反,我们必须要做的是综合所有因素判断认定存在《1934 年证券交易法》第 13(b)条规定的团体的推论是否真的是合理的。"因此,地方法院并没有拒绝使用间接证据;相反,它恰当地指出,像本案这种复杂的事实调查结果并不是简单地陈列出一份证据清单。

2

针对原告基于《1934 年证券交易法》第 13(d)条提出损害赔偿请求进而要求进行陪审团审判,地方法院认为第 13 条并没有明确规定其可以作为提请损害赔偿的请求权基础;根据第 13 条,也不得推断出因为股东从事了该法令规定的虚假陈述、误导性陈述或重大遗漏,损害了发行人的利益,发行人就享有任何追偿权;也几乎从未有案例涉及股东因违反第 13 条而需要对发行人进行损害赔偿,以上均一致表明发行人不存在此类救济权利。因此法院得出结论,根据《1934 年证券交易法》第 13 条,原告"没有提请损害赔偿的诉讼权利",进而也没有要求进行陪审团审判的权利。

原告认为上述裁决是错误的,因为《1934 年证券交易法》第 13(d)条隐含了私人损害赔偿的诉讼权利。这个问题是我们要解决的关键问题之一。

多年来,最高法院越来越不喜欢监管法规中存有有关私人救济的内容。1964 年,最高法院在《美国最高法院判例汇编》中表示,《1934 年证券交易法》第 14(a)条提供广泛救济的规范目的足以产生私人损害赔偿的诉讼权利。但在十年后的 Cort v. Ash(1975)案[①]中,这种诉讼权利的范围被缩小了。在该案中,最高法院提出了在确定某一特定法规中是否隐含私人诉讼权利时需要考虑的四个因素:(1) 立法目的;(2) 救济措施与规范目的的一致性;(3) 原告是否属于规范保护的范畴;(4) 诉讼原因是否可以归属于州法律中传统的诉讼原因。因此在后来的 Transamerica Mortgage Advisors, Inc. v. Lewis(1979)案、Touche

---

① Cort v. Ash, 422 U.S. 66, 95 S.Ct. 2080, 45 L.Ed.2d 26 (1975).

Ross Co. v. Redington(1979)案等[1]案件中,法院均着重考量在涉案法规中是否可以解读出国会创造一个私人损害赔偿诉讼权利的意图。而巡回法院一直拒绝承认第 13(d)条中隐含有发行人提请损害赔偿的诉讼权利。

有关第 13(d)条,地方法院提出了许多其不含有私人损害赔偿诉讼权利的理由。首先,相关的立法历史揭示了这条规范下"缺乏支撑《1934 年证券交易法》第 13(d)条隐含有私人损害赔偿诉讼权利的立法意图",特别是在金钱损害赔偿方面。其次,第 13(d)条不包含创造权利的语言,它只是要求投资者提交某些报表,重点是管制而不是保护,"并不意味着有意地赋予某一类人权利"。最后,值得注意的是,对于那些能够证明受误导性文件影响的股东来说,《威廉姆斯法》第 18(a)条已经明确规定了相关的救济措施。此外,最高法院非常不愿意承认存在隐含的诉由,因为这会比国会提供的救济措施宽泛得多,"特别是在有证据证明《威廉姆斯法》第 18(a)条是国会规定的唯一一项有关在提交给委员会报告中存在错误陈述时的救济措施";"国会明确规定了执行法令中某一部分存在私人诉讼权利,也就意味着对于其他部分有意地进行了法律保留。"

原告试图区分这些案例。它首先指出,上述案例都涉及股东而不是发行人的损害赔偿请求权,因此可以认为《威廉姆斯法》第 18(a)条是股东而不是发行人可以利用的明确的损害赔偿救济措施;其次,也是更重要的一点,原告强调巡回法庭曾明确表明根据《1934 年证券交易法》第 13(d)条规定,发行人有一个要求禁令救济的私人诉讼权利,参见 GAF Corp. v. Milstein(1971)案[2];最后,原告强调了最高法院有关发现隐含的私人诉讼权利的声明,"我们假定所有适当的救济措施的可用性,除非国会已经明确表示异议",参见 Franklin v. Gwinnett County Pub. Sch. (1992)案。[3] 根据原告的说法,在 GAF Corp. (1971)案 和 Franklin(1992)案中,如果国会没有明确的相反指示,就必须根据《1934 年证券交易法》第 13(d)条对发行人进行损害赔偿。

但我们认为,恰恰有足够的迹象表明国会持相反意见,《1934 年证券交易法》第 13(d)条并不存在隐含的有关发行人提请私人损害赔偿的诉讼权利,参见 Salute v. Stratford Greens Garden Apartments(1998)案。[4] 同 Salute(1998)案一样,我们也在颁布的相关法规的规范目的中发现了这些迹象。

《1934 年证券交易法》第 13(d)条的规范目的是确保投资者了解大宗股票的

---

[1] Transamerica Mortgage Advisors, Inc. v. Lewis, 444 U.S. 11, 15-16, 100 S. Ct. 242, 62 L. Ed. 2d 146 (1979); Touche Ross Co. v. Redington, 442 U.S. 560, 575, 99 S. Ct. 2479, 61 L. Ed. 2d 82 (1979).

[2] GAF Corp. v. Milstein, 453 F. 2d 709, 720 (2d Cir. 1971).

[3] Franklin v. Gwinnett County Pub. Sch., 503 U.S. 60, 112 S. Ct. 1028, 117 L. Ed. 2d 208 (1992).

[4] Salute v. Stratford Greens Garden Apartments, 136 F. 3d 293, 299 (2d Cir. 1998).

购买情况,进而要求在相对较短的时间内获得实质性权益或在公司权益证券中增加大量权益的人披露信息。《1934年证券交易法》第13(d)条的规范目的是提醒市场注意每一次大规模、快速的证券聚集或累积,而无论背后的运作方式如何,因为这可能代表着公司的控制权在潜在转移……

在GAF Corp.(1971)案中我们发现,国会的这一规范目的是通过赋予发行人有关"执行法令所规定的义务"的起诉权而得到进一步的实现,因为发行人无疑是执行《1934年证券交易法》第13(d)条的最佳人选。法令要求通过挂号信的方式将声明副本发送给发行人。……发行人在不断监控其股票交易的过程中,比任何人都更清楚何时出现了未申报的情况。然而,最高法院明确区分了金钱损害赔偿和禁令救济,这进一步明确了《1934年证券交易法》第13(d)条的规范目的——为了投资者的利益而增加诚实披露义务,而并非是将现任管理层置于比意图控制公司的其他团体更强的地位。我们注意到,我们承认发行人有权"寻求公平或预防性的救济——而不是金钱损失——以采取必要措施实现《1934年证券交易法》第13(d)条的规范目的。"换句话说,在GAF Corp.(1971)案中,我们承认发行人有私人诉讼理由和提请禁令救济的资格,是因为这种救济增加了投资者可获得的准确信息。但我们认为,发行人的金钱损害赔偿救济并不会同样使投资者受益。

不仅如此,承认发行人有提请损害赔偿的诉讼权利实际上可能会违背国会的立法目的。《威廉姆斯法》的立法历史(《1934年证券交易法》第13(d)条是其中的一部分)表明,该法旨在帮助股东在发行人和购买大量股票的团体之间的斗争中保持"公平"。国会明确否认有意为现任管理层提供一种阻止收购或防止可能导致此类尝试的大量股票累积的武器。《威廉姆斯法》是为了投资者的利益设计的,而不是为了打破监管平衡,使之有利于现任管理层或其他寻求公司控制权的人。因此我们认为,不同于禁令救济,给予发行人提请损害赔偿的诉讼权利可能会"打破双方之间的平衡"。

在Salute(1998)案中我们认为,一旦确定了存在隐含的诉讼权利,问题就变成了"联邦法院可以裁定所有可能适当的救济方式的一般规则在本案是否适用……"事实上,尽管有上述一般规则的存在,联邦法院还是要以实现国会的立法意图,避免破坏相关法规为前提。因此,任何有违国会立法意图和规范目的的救济措施都不能承认其效力。而本案对发行人的损害赔偿违反了作为法令基础的国会立法目的,因此作为法令的一部分,联邦法院有权裁决所有适当的救济方式的一般规则在本案并不适用。

我们维持地方法院驳回原告进行陪审团审判要求的决定。

3

综上,地方法院在确定本案是否存在《1934年证券交易法》第13(d)条中规定的"团体"(一致行动人)时适当考虑了间接证据,且对第 13(d)条不包含发行人损害赔偿请求权的认定正确。

驳回上诉,维持原判。

案例原文①

【中国案例】

北京高石创新投资有限公司诉山东京博控股股份有限公司证券虚假陈述责任纠纷案(2014)②

原告北京高石创新投资有限公司(以下简称"高石公司")诉称,安徽国通高新管业股份有限公司(以下简称"国通管业")为上市公司,原告为二级市场投资者,山东京博控股股份有限公司(以下简称"京博公司")为国通管业股东。2012年3月16日,中国证券监督管理委员会(以下简称"证监会")通报了京博公司违法违规案,京博公司及其法定代表人董事长马韵升被处罚。根据证监会〔2012〕6号行政处罚决定书,京博公司自 2007 年 7 月 24 日起对国通管业股票进行了巨额交易,在此过程中,京博公司隐瞒了一致行动人和要约收购义务,10 次持股数量达到临界点时未进行披露,并两次虚假披露了其持股比例。根据最高人民法院《关于受理证券市场因虚假陈述引发的民事赔偿案件的若干规定》(以下简称《若干规定》),京博公司作为信息披露义务人共存在 10 次不正当披露和 2 次虚假记载,已构成证券法意义上的虚假陈述。京博公司巨额买入行为直接推涨了国通管业股票价格,而市场在未能找到真相之前无法使国通管业股票价格回归真实价值,因此国通管业股票价格在揭露日之前一直处于虚高状态。原告正是在国通管业股票价格虚高时买入该股票,高买本身就是损失;京博公司虚假陈述行为被揭露时,涉案股票价格跌幅远超同期大盘,原告再次遭受损失。如果没有京博公司的虚假陈述行为,国通管业股票价格既不会虚高,更不会在揭露日后出现暴跌,京博公司的虚假陈述行为是造成原告公司遭受损失的直接原因。

---

① Available at https://casetext.com/case/gotham-v-hallwood, 2023-9-18.

② 参见山东省济南市中级人民法院民事判决书(2014)济商重初字第 3 号。本案例中所指《证券法》系指我国 2014 年修正的《证券法》。

综上,请求判令京博公司:1. 赔偿高石公司投资差额损失 6 135 144 元;2. 赔偿高石公司佣金损失 18 405.43 元,印花税损失 6135.14 元;3. 赔偿高石公司利息损失 106 683.34 元。

被告京博公司辩称:其被列为被告主体不适格。我公司作为证券市场的投资者,与原告高石公司一样,平等享有和承担证券市场赋予投资者的权利和义务。对双方通过二级市场进行股权投资的上市公司国通管业而言,二者均为该上市公司的投资者,也同为该上市公司的股东,不存在高石公司为二级市场投资者,我公司为国通管业股东之说。依据《若干规定》第7条,证券市场因虚假陈述而引发的民事赔偿案件的被告是明确而具体的,不应作任意的扩大。故我公司不属于上述规定中的行为主体,不应成为被告。……综上,高石公司在上述期间投资国通管业的损失,是由于证券市场当时的系统风险所致,与虚假陈述无关,与我公司行为无关,其应自行承担投资损失。

经审理本院认定:

(一)国通管业证券情况

……2009年1月9日,《每日经济新闻》刊文指出,上海正昆石化有限公司的注册法人为杨梅,被上海证监局立案稽查的7位自然人中杨梅、黎峰、邵洪兵和张云静均为山东博兴人,且黎峰、邵洪兵和黄大银曾在京博公司工作过;京博公司及其控股的山东博兴京博印业有限公司、山东博兴县韵事达贸易发展有限公司都曾在2007年报中出现在国通管业十大流通股股东之列,当时上述三者作为一致行动人合计占比6.852%,超过5%的举牌临界线而没有举牌,已违反上海证券交易所的相关规定。

2009年1月13日,国通管业发布澄清公告,主要内容为:2009年1月9日,《每日经济新闻》刊文指出,山东博兴京博印业有限公司和山东博兴县韵事达贸易发展有限公司当时皆为山东京博的全资子公司,当时三者合计持有6.852%,已经超过5%的举牌临界线,但是没有举牌公告。2009年1月10日,《每日经济新闻》发表《重组方坐庄国通管业涉嫌三宗罪》等文章,披露杨梅是山东京博控股发展有限公司董事长马韵升之妻,山东博兴县韵事达贸易发展有限公司法人代表杨锋是杨梅的哥哥。2009年1月9日,上海证券交易所公司管理部向本公司董事会发来问询函。2009年1月12日,上海证券交易所公司管理部向京博公司发监管工作函。要求公司和京博公司就媒体报道进行核实,履行信息披露义务。公司收到京博公司的书面回复,说明如下:1. 山东博兴京博印业有限公司系原山东京博控股发展有限公司的子公司;山东博兴县韵事达贸易发展有限公司与山东京博控股发展有限公司无关联关系。2. 黎峰、邵洪兵、黄大银皆不是山东京博控股发展有限公司员工(黎峰曾于1993年3月—2006年10月在公司工作过,于2006年11月离职)。3. 杨梅与山东京博控股发展有限公司董事长马韵升无关联关系。

(二)证监会〔2012〕6号行政处罚决定书

2012年3月16日,证监会在其网站通报了京博公司及其直接责任人的违法事实和行政处罚。证监会〔2012〕6号行政处罚决定书认定……京博公司的上述行为违反了《证券法》第86条和《上市公司收购管理办法》第13条的规定。2.京博公司于2008年7月11日和2008年9月25日两次虚假披露关于持有国通管业股票的情况。京博公司2008年7月11日披露,其2008年7月10日持有国通管业股票5 251 343股,持股量占国通管业已发行股份的5%。经查,京博公司2008年7月10日持有国通管业股票25 120 262股,持股量占国通管业已发行股份的23.92%。京博公司2008年9月25日披露,其2008年9月24日持有国通管业股票10 536 361股,持股量占国通管业已发行股份的10.03%。经查,京博公司2008年9月24日持有国通管业股票27 812 654股,持股量占国通管业已发行股份的26.48%。京博公司的上述行为构成了《证券法》第193条所述违法行为。3.京博公司未向国通管业股东发出收购股份要约。京博公司2007年12月13日持有国通管业股票21 069 256股,持股比例超过国通管业已发行股份的30%,达到30.09%。此后,京博公司继续收购国通管业股票,但未向国通管业所有股东发出收购股份的要约。直至2007年12月21日,京博公司持有国通管业股票20 505 108股,持股量占国通管业已发行股份的29.29%。低于30%的比例。京博公司的上述行为违反了《证券法》第86条的规定。基于上述违法行为,对京博公司及其直接负责主管人员予以处罚。

……本院认为,根据原告高石公司和被告京博公司的诉辩理由,本案的争议焦点有三,即京博公司是否应为虚假陈述证券民事赔偿案件的被告,本案虚假陈述实施日、揭露日的确定,京博公司应否承担赔偿责任。分述如下:

(一)京博公司系虚假陈述行为人,依法应为本案被告

……《证券法》第86条规定:"通过证券交易所的证券交易,投资者持有或者通过协议、其他安排与他人共同持有一个上市公司已发行的股份达到百分之五时,应当在该事实发生之日起三日内,向国务院证券监督管理机构、证券交易所作出书面报告,通知该上市公司,并予公告;在上述期限内,不得再行买卖该上市公司的股票。投资者持有或者通过协议、其他安排与他人共同持有一个上市公司已发行的股份达到百分之五后,其所持该上市公司已发行的股份比例每增加或者减少百分之五,应当依照前款规定进行报告和公告。在报告期限内和作出报告、公告后二日内,不得再行买卖该上市公司的股票。"《上市公司收购管理办法》(2014)第13条规定:"通过证券交易所的证券交易,投资者及其一致行动人拥有权益的股份达到一个上市公司已发行股份的5%时,应当在该事实发生之日起3日内编制权益变动报告书,向中国证监会、证券交易所提交书面报告,抄

报该上市公司所在地的中国证监会派出机构(以下简称"派出机构"),通知该上市公司,并予公告;在上述期限内,不得再行买卖该上市公司的股票。前述投资者及其一致行动人拥有权益的股份达到一个上市公司已发行股份的5%后,通过证券交易所的证券交易,其拥有权益的股份占该上市公司已发行股份的比例每增加或者减少5%,应当依照前款规定进行报告和公告。在报告期限内和作出报告、公告后2日内,不得再行买卖该上市公司的股票。"

京博公司在2007年7月24日始至2009年4月9日期间,大宗持有国通管业股票应当披露而未予真实披露、虚假披露的事实,业经证监会〔2012〕6号行政处罚决定书认定,违反了《证券法》第86条和《上市公司收购管理办法》(2014)第13条规定的证券市场中的信息公开制度,隐瞒真实情况,构成不正当披露,故京博公司系具有法定信息披露义务的主体,属于虚假陈述行为人,依据《若干规定》第7条第7项的规定,京博公司因其虚假陈述而为本案被告并无不当。

(二)……

(三)……

……综上,京博公司虽然存在未及时披露信息的违法行为,但高石公司的投资决定并未受京博公司虚假陈述行为的影响,国通管业的价格亦未受到虚假陈述揭露的影响,故高石公司的损失与京博公司的虚假陈述行为之间不存在因果关系,京博公司不应当承担赔偿责任。依据最高人民法院《若干规定》第17条、第18条、第19条、第20条之规定,判决驳回原告深圳市锦湖湾投资有限公司的诉讼请求。

四、上市公司收购的基本原则

(一)股东平等原则

股东平等原则,是指在上市公司收购活动中目标公司的所有股东均应获得平等待遇,属于同一类别的股东必须获得类似的待遇。股东平等原则最重要的作用和意义在于防止公司收购中大股东操纵行情和私下交易,并主要通过三个次级规则加以落实。

一是全体持有规则,是指在公开要约收购的情况下,收购者必须向所有持有其要约所欲购买股份的股东发出收购要约。我国《证券法》(2019)第69条第1款、《上市公司收购管理办法》(2020)第39条第1款均规定"收购要约提出的各项收购条件,适用于被收购公司的所有股东",此即为全体持有规则。英国《伦敦城收购与合并守则2009年版》(The City Code on Takeovers and Mergers 2009)第14条规定,如果目标公司有着不同类别的股份,则对不同类别的股份应作出条件类似的要约;在要约条件改变时,收购者还必须向所有要约人通知要约条件改变的情况。

二是按比例接纳规则,是指收购人采取部分收购时,当目标公司股东承诺出售的股票数量超过收购者计划购买的数量时,收购者必须按比例从所有同意出卖股份的股东那里购买,而不论股东作出同意出卖其股份的意思表示的先后。我国《证券法》(2019)第65条第2款确认了按比例接纳规则:"收购上市公司部分股份的要约应当约定,被收购公司股东承诺出售的股份数额超过预定收购的股份数额的,收购人按比例进行收购。"

三是价格平等和最高价规则,是指目标公司股东在收购中平等地享有收购者向任何股东提出的最高价要约;如果收购要约人在要约期间内提高收购价格,那么该价格也必须适用于所有的受要约人,不论受要约人在此之前是否已经作出了承诺,也不论承诺额是否已经达到了收购要约人所支付的价格。价格平等和最高价规则是股东平等待遇原则中最具实质意义的内容。我国《证券法》(2019)第69条第1款规定,收购要约提出的各项收购条件,适用于被收购公司的所有股东;第70条规定,采取要约收购方式的,收购人在收购期限内,不得卖出被收购公司的股票,也不得采取要约规定以外的形式和超出要约的条件买入被收购公司的股票。该两条规定赋予了所有目标公司的股东均平等地享有相同的收购价格。

【域外案例】

Polaroid v. Disney(1988)[①]

1988年9月9日,沙姆洛克第三收购公司(Shamrock Acquisition III, Inc.,以下简称"沙姆洛克公司")向宝丽莱公司(Polaroid Corporation)发起了价值260万美元的现金收购,以每股42美金的价格收购宝丽莱公司的流通股,但不包括宝丽莱公司的员工持股计划(ESOP)。收购公司沙姆洛克公司的母公司的普通合伙人为沙姆洛克资本投资者第三公司(Shamrock Capital Investors III, Inc.),而该公司的最终百分之百持股公司是沙姆洛克集团(Shamrock Holdings, Inc.)。本案的被上诉人罗伊·迪士尼和派翠西亚·迪士尼(Roy and Patricia Disney,以下简称"迪士尼")正是沙姆洛克集团的控制人。

沙姆洛克公司提出的收购要约附有几项重要的条件,只有这些条件被满足时收购才能完成。(1)除去目标公司的员工持股计划以外,至少收购目标公司90%以上的流通股("最低收购条件");(2)若有法院的终审判决判定宝丽莱公

---

① 编译自 Polaroid v. Disney (3 Cir. 1988)。

司的员工持股计划无效或撤回发行,或者收购人(沙姆洛克公司)能够接受该员工持股计划作为无法自由流通的股份存在("员工持股计划条件")。要约中还注明,如果在要约到期日之前"员工持股计划条件"无法被满足,或者如果沙姆洛克公司单方认为员工持股计划条件无法及时符合时,沙姆洛克公司"将立即修改要约内容"。即(1)删除员工持股计划条件;(2)降低每股收购价格至 40 美元;与此同时(3)考虑到追加的员工持股计划的股份,调整"最低收购条件"中的购股数量。

沙姆洛克公司坚称,宝丽莱公司的员工持股计划是无效的,却没有在上诉审中提出相关的重要证据来证明该主张。另外,沙姆洛克公司的主要依据是其以宝丽莱公司为被告,于 1988 年 7 月 20 日向特拉华衡平法院提起的诉讼。在该诉讼中,沙姆洛克公司声称,发行员工持股计划的宝丽莱公司的董事们违反了对公司的公众股东的信义义务。其原因有二:其一,该员工持股计划匆忙发行,主要目的是巩固现任经营层的管理权,而没有实际考虑和调查该发行的需要因而是出于不正当的目的而发行的;其二,当沙姆洛克公司向宝丽莱提出友好收购的意向时,该公司发行了员工持股计划,这在沙姆洛克公司看来是一个极为不合理的回应。

1988 年 9 月 20 日,宝丽莱公司就此发起了紧急禁令请求的诉讼,并声称沙姆洛克公司对其发起要约收购时排除员工持股计划的做法违反了"全部股东规则(All-Holders Rule)",即《联邦法规》第 17 卷第 240 条规则 14d-10(a)(1987)。① 同时沙姆洛克公司进行要约收购的融资时,没有遵照联邦储备委员会(Federal Reserve Board)的保证金规则,该规则限制用空壳公司的债券为要约收购融资。然而,对此沙姆洛克公司存在虚假陈述的情形,因此违反了《威廉姆斯法》第 14(e)条规定的反欺诈条款。②

一审宝丽莱公司提出动议,请求法院发出禁令禁止对宝丽莱股份的要约收购,因为一旦收购成功,宝丽莱公司的控制权将转移至被上诉人迪士尼手中。然而法院驳回了该动议,于是宝丽莱公司提起上诉。根据以下理由,我们判定宝丽莱公司并不具有基于"全部股东规则"提起诉讼的原告资格,地方法院驳回了宝丽莱公司提出的根据"全部股东规则"下达初步禁令的请求,我们对该决定予以确认。但是,我们同意宝丽莱公司的主张,即宝丽莱公司仍然可能根据《威廉姆斯法》第 14(e)条禁止虚假陈述的规定获得法院的支持,因为若非如此,宝丽莱公司的股东则可能遭受不可弥补的损失却无法得到救济;同时,宝丽莱公司也确

---

① 该条规定了证券持有人待遇平等,即投标人不得提出收购要约,除非:(1) 收购要约向其欲收购的证券类别的所有证券持有人开放;(2) 收购要约向所有证券持有人提供的收购对价不低于提供给其他任一持有人的对价。——译者注

② 15 U.S.C. §78n(e) (1982).

实证明为此其有需要获得初步禁令。所以,在这方面,我们决定撤销地方法院不给予禁令救济的判决,并发回重审。

国会于1988年制定《威廉姆斯法》,作为《1934年证券交易法》的修正案。这些修正内容被加入《1934年证券交易法》第13(d)条中,以规制大量收购股票时的信息披露,同时添加至第13(e)条规制股份发行人回购库藏股,此外还涉及第14(d)条规制要约收购和第14(f)条规制因未经股份发行公司的股东大会决议进行的大量收购股份或要约收购导致公司董事会构成发生变化的情形。[①]

"全部股东规则"[SEC根据第14(d)条制定的规则]要求"收购人若欲收购某种股份,则必须向持有该种股份的所有公司股东发出要约"。SEC制定此规则的目的,在于保证要约收购过程中同种股份的所有持股股东可以获得公正平等的对待。[②] "全部股东规则"是对 Unocal Corp. v. Mesa Petroleum Co. (1985)案[③]中被提起的情形的应答,在该案中特拉华州最高法院赞成公司有权可以发起一项自我收购,同时不向欲夺取公司控制权的少数股东发出要约。

宝丽莱公司称沙姆洛克公司的收购违反"全部股东规则"的原因,是该收购并没有向所有的宝丽莱普通股的股东开放。宝丽莱公司的员工持股计划(约持股970万股)是该公司普通股的股东,但沙姆洛克公司却没有向该员工持股计划发出要约。对此,沙姆洛克公司回应,此次要约收购原本就是以宝丽莱公司的员工持股计划的股份发行无效为前提的。

显然,涉案要约收购明示了收购的条件,尤其是针对员工持股计划的条件。该收购条件分为两部分,第一部分假设员工持股计划可能"经过终审的司法判决被判定无效或撤销"。如果这一假设被满足,则收购的"员工持股计划条件"得以实现,由此收购要约可以结束。但若这一假设无法实现,那么沙姆洛克公司仍然可以通过员工持股计划条件的第二部分来结束收购。第二部分的内容允许沙姆洛克公司只要"能够接受员工持股计划作为非流通股存在",那么一样可以结束收购要约。由此,沙姆洛克公司只要简单地宣布员工持股计划的股份不是流通股,甚至是没有任何司法判决或终审判决对员工持股计划的有效性作出判断时,就能够既不购入任何员工持股计划的股份也可以结束收购。由此,宝丽莱公司坚持声称沙姆洛克公司的这种形式上遵循"全部股东规则"的方式实质是有意在规避该规则,导致任何要约收购人如果不想购买某一部分股份的时候,可以通过单方面宣布该股份发行无效来无视"全部股东规则"的存在。

---

① See Pub. L. 90-439, §§2, 3, 82 Stat. 454, 455, July 29, 1968 (amending 15 U. S. C. §§78m, 78n).

② Amendments to Tender Offer Rules: All-Holders and Best-Price, 51 Fed. Reg. 25,873, 25,874 (July 17, 1986).

③ Unocal Corp. v. Mesa Petroleum Co., 493 A. 2d 946, 949 (Del. 1985).

对此，地方法院认为沙姆洛克公司并没有义务需要向宝丽莱公司的员工持股计划也发出收购的要约。首先，对该员工持股计划，沙姆洛克公司曾通过其他诉讼进行争讼，而沙姆洛克公司在一开始的收购要约中就以违法发行为由排除员工持股计划的做法与"全部股东规则"要求其承担的义务并不矛盾。即使如此，沙姆洛克公司还试图让步，如果有司法判决判定员工持股计划有效，则可以修改其收购条件，以每股 40 美元的价格收购向包括员工持股计划在内的股东发出要约。地方法院认为，这种情况并不是"全部股东规则"预设要救济的情形。

在判断宝丽莱公司作为目标公司是否具有根据"全部股东规则"提起诉讼的资格时，我们面临着两种法律根据：个人诉权[①]先例和原告适格先例。通常要先从个人诉权的角度考虑，显然目标公司的股东具有诉讼利益，而目标公司并没有个人诉权的诉讼利益。

从《威廉姆斯法》的立法背景看，最高法院暗示国会立法时创设个人诉权作为救济方式的意图非常明显，因此在诉讼资格的问题上"特殊的诉讼利益"就显得没有那么重要了。[②] 因此，我们也考察了一些最高法院有关诉讼资格的案件审理，有时允许原告根据规定了明示诉权（express right of action）的法律规定为第三方的利益提起诉讼。

无论是《威廉姆斯法》还是"全部股东规则"都明确创设了个人诉权以辅助 SEC 的执法力度。Angelastro v. Prudential-Bache Securities, Inc.（1985）案[③]明确提出了判断能否允许个人诉权的方法论，其中最重要的两点是：(1) 作为案由的规则，其上位法律法规是否默示允许个人诉权；(2) 默示允许个人诉权是否可能对立法目的作出扩张解释。即使我们发现本案存在个人诉权，我们还要面对另外一个难题，即目标公司是否有原告资格能请求禁令救济来维护股东的利益。

《威廉姆斯法》第 14(e)条禁止任何与要约收购相关的欺骗性的、欺瞒性的或操纵市场的行为。[④] Schreiber v. Burlington Northern, Inc.（1985）案[以下简称"Schreiber(1985)案"][⑤]的审理法院认为，对重大事实进行虚假陈述或产生

---

① 美国的诉讼法上，判断个人是否能够提起法律救济的诉讼需要立案依据的法律规定是否允许个人诉权（private right of action），无论是明示的诉权（express rights of action），还是默示的诉权（implied right of action）都能够给予诉讼提请人原告资格。但若法院无法从法律规定中找到任何明示或默示的诉权的话，则会驳回诉讼请求。——译者注

② Merrill Lynch, Pierce, Fenner Smith, Inc. v. Curran, 456 U.S. 353, 391 n. 92, 102 S.Ct. 1825, 1846 n. 92, 72 L. Ed. 2d 182 (1982) (dictum).

③ Angelastro v. Prudential-Bache Securities, Inc., 764 F. 2d 939 (3d Cir.), cert. denied, 474 U.S. 935, 106 S.Ct. 267, 88 L. Ed. 2d 274 (1985).

④ Section 14(e) of the Williams Act proscribes "fraudulent, deceptive, or manipulative acts . . . in connection with any tender offer." 15 U.S.C. §78n(e).

⑤ Schreiber v. Burlington Northern, Inc., 472 U.S. 1, 105 S.Ct. 2458, 86 L. Ed. 2d 1(1985).

重大遗漏的行为中存在欺骗的要素时，操纵市场的行为才是为第 14(e) 条所禁止的。此外，该案的法院还强调，"显然国会主要依靠信息披露来实现《威廉姆斯法》的立法目的，同时国会将《威廉姆斯法》中的所有条款都定性为与信息披露相关的条款。"因此，甚至对第 14(d)(6) 条（当回应收购要约的股份数超过拟定的收购股份总数时，强制要求按各个股东的持股比例分配收购份额）和第 14(d)(7) 条（强行要求对所有的收购股份提供相同的收购价格），Schreiber(1985) 案的法院都解读为法律要求或禁止某些行为旨在为投资者提供更多的时间可以利用被披露的信息作出更合理的投资判断。所以，若沿用 Schreiber(1985) 案的结论则得出如下结论："全部股东规则"的内容既不是为了保障完整的信息披露，也不是为了给投资者提供充足的时间来综合考量被披露的信息，如此一来，"全部股东规则"的制定就超出了《威廉姆斯法》对 SEC 的授权。

《1934 年证券交易法》第 13(e) 条和第 23(a) 条[①]授权 SEC 得以制定规制要约收购的规则。但我们也不得不指出，就在 SEC 制定"全部股东规则"之初，就有很多评论驳斥 SEC 并没有权限可以制定"全部股东规则"。

本院认为，虽然 Schreiber(1985) 案将《威廉姆斯法》的"按持股比例分配收购额度的规则"和"最佳价格规则"都归类为与信息披露相关的规定，但这些条款仅仅勉强与保证投资者有充分的信息作出判断有关联。但即使"全部持股规则"与保证充分的信息披露没有太大的关系，这种关联性与"按持股比例分配收购额度的规则"和"最佳价格规则"相比并无差别。而且，SEC 明确强调了"全部股东规则"具有信息披露性质，即该规则保障同种股份的所有股东都能够在要约收购中接收到充分的信息来作出是否应对要约收购的判断，由此该规则用这种方式来实现《威廉姆斯法》的立法目的。如果要约收购的相关信息向所有股东提供，但一部分股东却不被允许参与到要约收购中，将导致《威廉姆斯法》的"信息披露目的"形同虚设。[②]

与其说"全部股东规则"的目标是禁止操纵市场的行为，不如说其目的是保证要约收购中的同种股份的股东可以获得公平且平等的对待。同时，SEC 也在声明中指出，这目的不仅是"全部股东规则"的目的，同时也是"按持股比例分配收购额度的规则"和"最佳价格规则"的目的。

接下来，我们要解决作为"全部股东规则"的订立所依据的《威廉姆斯法》中的条款是否允许默示的私人救济。如果该法本身并没有设立私人救济的权利，那么被授权机关订立的规则也不能超越国会立法的范围允许个人诉权的存在。

从《威廉姆斯法》的条文字义和立法过程来看，都没有明示施行该法律规定

[①] 15 U.S.C. §§78m(e), 78w(a) (1982 Supp. IV 1986).
[②] 51 Fed. Reg. at 25,875.

的同时允许个人诉权的存在。所以我们必须考察国会讨论和通过该法的历史背景,来寻找答案。国会于1968年通过了《威廉姆斯法》,并在其后的一系列下级联邦法院的判决中,稳固地建立了以《1934年证券交易法》第10(b)条和SEC规则10b-5为诉讼根据的案件中允许个人诉权的存在。甚至,当时还出现了最高法院的典型案例①肯定了默示的私人救济的存在。在该案中,法院认为当公司利用虚假的或误导性的投票委托书获得股东对并购的赞成票时,因违反了《1934年证券交易法》第14(a)条,股东有权单独向公司提起个人私权诉讼,也可以提起派生诉讼。虽然第14(a)条并没有明示可以提起私人救济,但法院一致认为"投票代理规则的实施已经为SEC的诉讼提供了充分的支持,而给予民事损害赔偿和禁令救济则为投票代理规制提供了最为有效的武器,"所以应当认可第14(a)条允许私人救济的请求。

同时,《威廉姆斯法》的订立目的就是为了保护目标公司的股东,所以相应地在此目的之下,立法体制本身也默示了给予这些股东个人诉权。因为个人诉权可以使受损害的股东从违法行为中获得损害赔偿的救济,也可以通过禁令救济对抗违法的要约收购以获得公平的待遇。

综上所述,国会在立法之初就授予目标公司的股东个人诉权,来促进根据《威廉姆斯法》的条款订立的"全部股东规则"的实施。但本案由于无法找到任何根据支持目标公司能否代替其股东行使上述个人诉权,因此本院认为上诉人宝丽莱公司不具有根据"全部股东规则"提起禁令请求的原告资格。

[以下省略本案对被上诉人是否违反《1934年证券交易法》第14(e)条的论述。]

案例原文②

(二)信息披露原则

信息披露原则,要求对与收购有关的重要信息均应进行充分披露,目的在于使得面临收购的目标公司股东能够做出知情决策,防止内幕交易和证券欺诈行为的发生,从而保护所有投资者的合法权益。信息披露原则包含三方面的内容。

---

① J. I. Case Co. v. Borak, 377 U.S. 426, 84 S. Ct. 1555, 12 L. Ed. 2d 423(1964).
② Available at https://casetext.com/case/polaroid-corp-v-disney-2, 2023-9-18.

一是大额持股信息的披露。大额持股信息披露,也称大股东持股信息披露,是指股东在持股达到一定比例时,法律强制性规定其负有报告并披露其股份增减状况和持股意图的义务,并在其持股达法定比例时必须进行要约收购。由于实践中有些收购者往往会采取联手共同行动来规避该强制性规定,各国立法大都将此行为界定为一致行动。所谓一致行动,是指投资者通过协议、其他安排,与其他投资者共同扩大其所能够支配的一个上市公司股份表决权数量的行为或者事实。立法对采取一致行动的股东所持有的股份视为一人持有而一并计算;投资者计算其所持有的股份,应当包括登记在其名下的股份,也包括登记在其一致行动人名下的股份[参见《上市公司收购管理办法》(2020)第 83 条第 1 款和第 3 款]。大额持股信息披露规则,可以提醒公众投资者对公司股份集中可能引起公司控股的变动情势保持警觉,同时也提醒公众投资者对所持有股票的真正价值重新加以评估,并在充分掌握信息的基础上自主地作出投资判断,防止大股东以逐步收购的方式形成事实上的信息垄断和对股价的操纵。

二是收购要约和意图的披露。收购者收购要约的具体内容和收购意图是目标公司股东作出投资判断(或持有或卖出)的主要依据,因此为保护广大股东的合法权益,防止有关人士利用内幕信息从事内幕交易,各国或地区的上市公司收购立法都对此做出了相当严格的规定,这也是保障股东平等待遇原则得以贯彻的基本前提之一。

三是目标公司董事会对收购所持意见及理由的披露。虽然上市公司收购是收购者与目标公司股东之间的股份交易,与目标公司的董事无关,但由于上市公司收购会导致目标公司控制权的转移,其后果则往往意味着公司经营者的更换和公司经营策略的变化,这对目标公司的原经营者之利益、目标公司股东之利益都至关紧要。因此在实践中,目标公司的董事会为了维护自身或公司的利益,通常会利用自己经营公司的权力促成或挫败收购,这都直接关系到目标公司股东的合法权益。而且,目标公司股东在决定是否接受收购要约之际,目标公司经营者的态度,往往是一项重要的参考。因此,信息披露制度要求目标公司董事会公开其对收购所持的意见和理由,这是防止董事会成员谋取私利的一种有效措施,也是对董事会成员的一种强有力的监督方式。

我国的上市公司收购立法已初步确立了信息披露制度,《证券法》(2019),以及相应的《公开发行证券的公司信息披露内容与格式准则第 5 号——公司股份变动报告的内容与格式》(2022 年修订)都对"股份变动报告书"和"收购报告书(收购要约)"的披露时间、内容、程序和形式等问题作了比较明确的规定。

(三)保护弱势股东利益原则

在上市公司收购活动中,目标公司的中小股东处于弱势地位,为贯彻《证券法》(2019)的公正原则,必须对中小股东的利益给予特别关注。主要国家或地区落实保护中小股东利益原则的主要有以下三个制度,即:强制收购要约制度、强制购买剩余股票制度以及慢走规则。

强制收购要约制度,是指当收购者收购目标公司股份达法定控股比例后继续收购时,法律强制其向目标公司的剩余股份持有者发出全面收购要约,其目的在于防止收购者凭借其控股地位压迫中小股东。立法上通过强制要约收购制度,将是否与新控股者合作的选择权交给中小股东,为其提供了必要的退出选择机制。

强制购买剩余股票制度,是指当要约期满,要约收购人持有股份达到目标公司股份总数的绝对优势比例时(一般为90%),目标公司的其余股东有权以同等条件向收购要约人强制出售其股票,其目的也是在于给中小股东以最后选择的权利。《上市公司收购管理办法》(2020)第26条规定,以要约方式进行上市公司收购的,收购人应当公平对待被收购公司的所有股东;持有同一种类股份的股东应当得到同等对待。第35条第1款规定,收购人按照本办法规定进行要约收购的,对同一种类股票的要约价格,不得低于要约收购提示性公告日前6个月内收购人取得该种股票所支付的最高价格。

收购人的"慢走规则",其作用在于使投资人对上市公司上市股份的买卖过程依法发生停顿,依法进行信息披露,为社会公众投资者提供一定的时间来考虑是否买卖被收购公司的股票,目的在于保护社会公众投资者的知情决策。我国《证券法》(2019)第63条规定了收购人的"慢走规则":通过证券交易所的证券交易,投资者持有或者通过协议、其他安排与他人共同持有一个上市公司已发行的有表决权股份达到5%时,应当在该事实发生之日起3日内,向国务院证券监督管理机构、证券交易所作出书面报告,通知该上市公司,并予公告,在上述期限内不得再行买卖该上市公司的股票,但国务院证券监督管理机构规定的情形除外。投资者持有或者通过协议、其他安排与他人共同持有一个上市公司已发行的有表决权股份达到5%后,其所持该上市公司已发行的有表决权股份比例每增加或者减少5%,应当依照前款规定进行报告和公告,在该事实发生之日起至公告后3日内,不得再行买卖该上市公司的股票,但国务院证券监督管理机构规定的情形除外。投资者持有或者通过协议、其他安排与他人共同持有一个上市公司已发行的有表决权股份达到5%后,其所持该上市公司已发行的有表决权股份比例每增加或者减少1%,应当在该事实发生的次日通知该上市公司,并予公告。违反第1款、第2款规定买入上市公司有表决权的股份的,在买入后的36个月内,对该超过规定比例部分的股份不得行使表决权。根据《证券法》(2019)第64条的规定,在"慢走"期间,投资人应当做出的书面报告和上市公司公告的内容必须包括:(1)持股人的名称、住所;(2)持有的股票的名称、数额;(3)持股达到法定比例或者持股增减变化达到法定比例的日期、增持股份的资金来源；(4)在上市公司中拥有有表决权的股份变动的时间及方式。慢走规则强调对上市股份增减持有的报告和停顿,有必要加以法律解释。考虑到证券法制实践中的法人股协议收购规则、征集表决权规则和共同控股的做法,《证券法》(2019)目前的规定实际上为投资人在强制收购规则适用之前,提供了收购控制上市公司的手段。

第二节 要约收购法律制度

一、要约收购的概念

要约收购,是指收购人通过向目标公司的股东发出收购要约的方式进行的收购。要约收购依据法律的强制性又分为自愿要约收购和强制要约收购。自愿要约收购是指基于收购人的自愿而非法律的强制而进行的要约收购;强制要约收购是基于法律的强制规定而进行的要约收购。

与协议收购、竞价收购等方式相比,要约收购具有以下特征:(1)要约收购是公开收购行为。要约收购须向被收购公司的全体股东发出公开要约并披露与收购有关的信息,而竞价收购则是不公开的。强制要约收购的目的在于使被收购公司的股东得到相同的收购条件,同时也是为了防止内幕交易的发生。(2)要约收购的要约是收购人单方面的意思表示行为。被收购公司的股东是否愿意出售所持股票,由股东自己决定;但一旦出售,在收购要约期限内收购人即当收购。而协议收购的协议则是双方的意思表示,通过协商一致,才能达成收购协议。(3)要约收购的相对人为被收购上市公司的全体股东。要约收购的收购人必须向被收购公司的全体股东发出要约,即使发出的是部分要约收购,也同样如此;而协议收购的相对人则是部分股东。根据我国现行法律法规的规定,除非协议收购股份超过30%,不申请豁免,或者未取得中国证监会豁免且拟继续履行其收购协议,应当向全体股东发出要约收购外,不需要向被收购公司全体股东发出要约。

对要约收购认定的,司法实践可参看后文【域外案例】SEC v. Carter Hawley HaleStores, Inc. (1985)。在该案中,当事人双方对CHH在第三方要约收购期间回购股份本身是否构成要约收购展开了针锋相对的争论。最终,上诉法院认同了地方法院的裁决,认定CHH的回购不构成收购要约。

【域外案例】

SEC v. Carter Hawley Hale Stores, Inc. (1985)①

（法律适用的）讨论（略）。

SEC 在上诉时敦促提出两个主要论点：(1) 地方法院错误地认定被告 CHH (Carter Hawley Hale Stores) 的回购计划不是威尔曼检测（Wellman Test②）下的要约收购，(2) 地方法院错误地拒绝适用 S-G 证券检测（S-G Securities Test③）所述要约收购的定义。这些问题给上诉审理提出了一项困难的任务，即确定 CHH 在第三方要约收购期间回购股份本身是否构成要约收购。

1. 威廉姆斯法（Williams Act）

(1) 国会的意图（Congressional Purposes）

《威廉姆斯法》作为美国《1934 年证券交易法》的修正案，是针对越来越多地利用投标报价来实现公司控制而制定的。Edgar v. Mite Corp. (1982) 案④引用了 Piper v. Chris-Craft Industries(1977) 案。在该法律通过之前，目标公司的股东往往被迫在没有充分披露的情况下仓促采取行动。⑤《威廉姆斯法》的目的是确保对投标报价作出反应的投资者得到充分和公平的披露，类似于在代理竞争中得到的披露。该法律的目的还在于为股东提供一个审查所有相关事实的机会，以便在不受无端压力的情况下作出决定。⑥

这一政策反映在第 14(d) 条中，该节规定了第三方投标报价；同时也禁止投标报价，除非股东能够获得法律所规定的程序性和实质性的保护，包括信息的充分披露、作出投资决定的时间、退出权，以及按比例购买接受的股份以防要约被超额认购。⑦

《威廉姆斯法》背后还有国会的担忧。在保护投资者的努力中，国会认识到

---

① 编译自 S. E. C. v. Carter Hawley Hale Stores, Inc. 760 F. 2d 945 (9th Cir. 1985).
② Wellman v. Dickinson, 475 F. Supp. 783 (S. D. N. Y. 1979), aff'd on other grounds, 682 F. 2d 355 (2d Cir. 1982), cert. denied, 460 U. S. 1069, 103 S. Ct. 1522, 75 L. Ed. 2d 946 (1983).
③ S-G Securities, Inc. v. Fuqua Investment Co., 466 F. Supp. 1114 (D. Mass. 1978).
④ Edgar v. Mite Corp., 457 U. S. 624, 632, 102 S. Ct. 2629, 2635, 73 L. Ed. 2d 269 (1982) (citing Piper v. Chris-Craft Industries, 430 U. S. 1, 22, 97 S. Ct. 926, 939, 51 L. Ed. 2d 124 (1977)).
⑤ See H. R. Rep. No. 1711, 90th Cong., 2d Sess. (1968), reprinted in 1968 U. S. Code, Cong. Admin. News 2811 ("House Report 1711").
⑥ House Report 1711.
⑦ 15 U. S. C. § 78n(d) (1981); 17 C. F. R. § 240.14d-6 (1984); 17 C. F. R. § 240.14d-7(a)(1)-14d-7(a)(2) (1984).

需要"避免偏袒管理层或收购竞购者"。① 最高法院已经认识到，为了执行这一政策，即保障投资者的知情选择（informed choice），有必要剔除"管理层或投标人可能获得的任何不正当利益。"② 国会的每一项关注都与CHH发行人回购计划是否构成要约收购有关。

(2)《威廉姆斯法》第13(e)条所指的发行人回购

发行人回购和要约收购受《威廉姆斯法》第13(e)条以及根据该法颁布的SEC规则13e-1和13e-4的相关部分管辖。③

SEC辩称，地方法院认定，发行人回购（其目的和效果是挫败第三方要约收购）是由要约收购规则和条例授权的，是不正确的。虽然，这些规定的立法历史尚不清楚。但是，美国国会显然意识到，SEC有意对发行人要约收购进行监管，监管程度与第三方要约收购相同。④ 同时，国会承认发行人可能会参与"实质性回购计划，(这)不可避免地会影响市场表现和价格水平。"⑤ 此类回购计划可用于任何合法目的，包括"维护或加强，通过抵制要约收购或其他收购企图进行控制……"⑥ 国会既没有明确禁止也没有授权这种做法。国会确实授权SEC制定适当的法规，以实现国会规制发行人回购的意图。（但）第13(e)条的立法历史无助于解决这些问题。

针对立法授权，SEC颁布的规则也没有提供多少指导。SEC规则13e-1禁止发行人在第三方要约收购期间回购自己的股票，除非发行人披露某些最低限度的信息。⑦ SEC规则13e-1的语言是禁止性的，而不是允许性的。尽管如此，它还是证实了一种认识，即并非所有发行人在第三方要约收购期间的回购都是要约收购。相反，SEC规则13e-4承认，发行人与第三方一样，可以从事相当于要约收购的回购活动，并受到与第三方要约收购相同的程序性制度和实质性制度保障。⑧ 条例没有具体规定发行人的回购何时等同于SEC规则13e-4而不是

---

① Edgar, 456 U. S. at 633, 102 S. Ct. at 2636; see also Financial General Bank Shares, Inc. v. Lance, Fed. Sec. L. Rptr. (CCH) ¶96,403 at 93,424-25 (D. D. C. 1978) (quoting Rondeau v. Mosinee Paper Corp. , 422 U. S. 49, 58, 95 S. Ct. 2069, 2075, 45 L. Ed. 2d 12 (1975)).

② City Investing Co. v. Simcox, 633 F. 2d 56, 62 n. 14(7th Cir. 1980)(法官指出在涉及某些公开市场购买的情况下，没有比这更烦琐的规定了）；see also 113 Cong. Rec. 856 (1968). 法官指出在涉及某些公开市场购买的情况下，没有比这更烦琐的规定了。

③ 15 U. S. C. § 78m(e) (1981); 17 C. F. R. § 240. 13e-1 (1984); 17 C. F. R. § 240. 13e-4 (1984).

④ Senate Hearings 214-16, 248; Exchange Act Release No. 16,112 [1979] Fed. Sec. L. Rptr. (CCH) ¶82,182 at 82,205 (Aug. 16, 1979) (proposed amendments to tender offer rules).

⑤ House Hearings at 14-15; see also House Report 1711, U. S. Code Cong. Admin. News 1968, at 2814-15.

⑥ House Report 1711, U. S. Code Cong. Admin. News 1968, at 2814; House Hearings at 15.

⑦ 17 C. F. R. § 240. 13e-1 (1984).

⑧ 17 C. F. R. § 240. 13e-4 (1984).

SEC 规则 13e-1 规定的要约收购。

我们拒绝采用 SEC 规则 13e-4 中最广泛的结构,将发行人要约定义为第三方要约收购期间的几乎所有实质性回购,或采用 SEC 规则 13e-1 中最广泛的结构,对第三方要约收购期间的发行人回购提出要约要求的例外。与地方法院一样,我们通过考虑《威廉姆斯法》①确立的威尔曼检测,解决 CHH 回购计划是否为要约收购的问题。

为了达到《威廉姆斯法》的目的,有必要灵活制定投标报价的定义。② 在确定第三方要约收购期间发行人回购计划本身何时构成要约收购时,威尔曼检测的因素似乎特别适合。威尔曼检测主要关注的是要约的执行方式,以及要约是否具有迫使股东出售其股票的总体效果。③ 将威尔曼检测的因素应用于围绕发行人回购的独特事实和情况,应有助于实现国会对股东需求的关注,避免给目标公司或要约人带来任何好处的需要,以及保持证券市场自由开放的需要。

2. 威尔曼检测因素的运用(Application of the Wellman Factors)

根据威尔曼检测,应检测以下因素来确定是否存在投标报价:(1) 对持有发行人股票的公众股东进行积极和广泛的征集;(2) 征集发行人相当比例的股份;(3) 以高于现行市场价格的溢价进行的收购要约;(4) 要约的条款是确定的,而不是可协商的;(5) 以固定数量的股份为条件的要约,通常以固定的最大购买数量为条件;(6) 要约只在有限的时间内开放;(7) 受要约人面临出售其股票的压力;和(8) 在公布对目标公司的收购计划之后或同时,快速地大量购买目标公司的证券。④

并非所有因素都需要同时存在才能找到投标报价;相反,它们为投标报价的传统指标提供了一些指导。⑤

地方法院得出结论,CHH 的回购计划不是威尔曼检测所指的收购要约,因为只有"八个指标中的两个"得到满足。⑥ SEC 称,地方法院之所以错误地适用了威尔曼检测,是因为它没有充分考虑对股东施加的压力;它忽视了竞争性收购要约的存在;它没有考虑到 CHH 以市场价格提出的要约实质上是溢价,因为价格已经涨到超出要约收购之前的水平。

A. 积极广泛地征集股票(Active and Widespread Solicitation)

　　…………

---

① 587 F. Supp. at 1256-57.
② See Smallwood v. Pearl Brewing Co., 489 F. 2d 579 (5th Cir.), cert. denied, 419 U. S. 873, 95 S. Ct. 134, 42 L. Ed. 2d 113 (1974).
③ Wellman, 475 F. Supp. at 823-24.
④ 475 F. Supp. at 823-24.
⑤ Id. at 824; see also Zuckerman v. Franz, 573 F. Supp. 351, 358 (S.D. Fla. 1983).
⑥ 587 F. Supp. at 1255.

本案的证据毫无疑问地表明："没有直接向股东征集"①；没有发生积极和广泛的征集活动②；围绕 CHH 回购计划的宣传也没有引起征集现象。③ CHH 唯一的公告是 SEC 或交易所规定的强制性披露义务。④

B. 征集发行人相当比例的股份

由于没有积极和广泛的征集，地方法院认为回购不可能涉及征集 CHH 相当比例的股份。⑤ 目前尚不清楚这一因素的合理焦点是股份征集行为还是股份征集的比例。地方法院的结论可能是错误的，即如果没有根据第一个威尔曼检测因素进行股票征集，第二个因素就无法得到满足⑥，但我们无需在此作出决定。第二个因素的股份征集行为和股份征集的比例通常会在威尔曼检测的第一个因素(即与股票征集有关的因素)和第八个因素(即与增持证券的数量有关的因素)的评估中得到充分的说明。在本案中，CHH 没有参与威尔曼检测的第一个因素指向的股票征集，但确实增持了大量股票，满足威尔曼检测的第八个因素。对威尔曼检测的第二个因素的评估不会改变证实要约收购存在的可能性。

C. 高于现行市价的溢价

SEC 主张，CHH 以市场价格进行的公开市场购买实际上是给予了(股份出卖人)高于要约收购前的价格的溢价，而不是高于市场价格的溢价。在 CHH 回购时，CHH 股票的市场价格(从每股 24.00 美元到 26.00 美元不等)已经高于要约收购前的价格(大约每股 22.00 美元)。考虑到一般的市场动态，目标公司的股票价格将在宣布要约收购后上涨。根据 SEC 将溢价定义为高于要约收购报价前的价格，当目标公司响应要约收购报价进行公开市场购买时，溢价将始终

---

① 587 F. Supp. 1253.

② See Brascan Ltd. v. Edper Equities Ltd., 477 F. Supp. 773, 789 (S. D. N. Y. 1979)(法院认为若被告人"基于自己的律师的建议，谨慎避免任何要约"，则不会发出收购要约)。

③ 587 F. Supp. 1253-54.

④ 比如在审理 Ludlow Corp. v. Tyco Laboratories, 529 F. Supp. 62, 68-69(D. Mass. 1981)案时，法院认为，购买者递交的 13D 表格不能被界定为禁止公开的资料[任何人持有上市公司的股份超过 5%时，必须在达到该持股比的 10 个工作日内向 SEC 填报 13D 表格。13D 表格要求填具的主要内容有：(1) 所取得证券的名称、种类，发行人的名称及其主要决策机构的地址；(2) 证券取得人的身份及背景材料；(3) 取得证券的融资安排，如果需要贷款，则应填写贷款人的名单；(4) 取得证券的目的，对目标公司经营发展的计划，尤其是有无将目标公司合并、重组或分解的计划；(5) 证券取得人持有该种证券的总额以及过去 60 天内买卖该种证券而订立的合同、协议，所达成的默契或关系等]。再如 Crane Co. v. Harsco Corp., 511 F. Supp. 294, 303(D. Dela. 1981)案中，法院认为 SEC 规则 13e-1 中所指的交易情况说明和必要的新闻发布并不构成收购的要约。但是在 S-G Securities inc., 466 F. Supp. at 1119-21 案中，法院认为若大量的新闻发布以要约的形式作出，则应当判定该行为属于要约收购。

⑤ 587 F. Supp. 1253-54.

⑥ See Hoover Co. v. FuquaIndustries, [1979-80] Fed. Sec. L. Rptr. (CCH) 97, 107 at 96, 148 n.4 (N. D. Ohio 1979)(法院认为，第二个韦尔曼要素不包括第一个要素中所描绘的要约类型)

存在,即使市场价格的上涨归因于第三方报价人而非目标公司的行为。① SEC 的定义不仅排除了在要约收购期间发行人回购的情况下考虑威尔曼检测的因素,而且低估了国会对维护自由和开放市场的关注。地方法院没有错误地得出结论,溢价不是通过参考投标前报价来确定的,而是通过参考市场价格来确定的。这是 SEC 此前极力倡导的②,这是我们现在应用的定义。③

D. 要约条件不固定

毫无疑问,CHH 以不同的市场价格进行了多项交易或购买。④

E. 报价不取决于固定最低股数的要约

同样,虽然 CHH 表示将购买至多 1500 万股,但 CHH 的购买并不取决于固定最低数量的股份。⑤

F. 只开放一段时间

CHH 的回购要约并非只在有限的时间内开放,而是在"有限公司的收购要约悬而未决期间"开放。⑥ SEC 主张,该要约实际上只开放了有限的时间,因为 CHH 只会回购股票,直到 1500 万股被收购。1500 万股在短时间内被收购的事实并不能转化为发行人强加的时间限制。回购的时间是普通市场力量的产物,而不是 CHH 回购计划的条款。

G-H. 股东压力和伴随大量增持股票的公告

关于第七个威尔曼检测因素,CHH 在发布公告后,在 7 个交易日内回购了其 50% 以上的已发行股份。⑦ 第八个威尔曼检测因素得到满足。

地方法院认为,虽然许多股东可能感到压力或被迫出售其股份,但 CHH 本身并没有对股东施加《威廉姆斯法》所禁止的那种压力。⑧

在这种情况下,当然存在股东压力,但这主要是市场的压力,而不是要约收购条例旨在禁止的那种不利压力。典型案件可参见 Panter v. Marshall Field Co. 案(在没有截止日期和溢价的情况下,股东"根本没有受到威廉姆斯法旨在缓解的被禁止压力")、Brascan Ltd. v. Edper Equities 案(没有高溢价和报价将消失的威胁,短期内大量购买不代表威廉姆斯法旨在防止的那种压力)、Kenne-

---

① See LTV Corp. v. Grumman Corp., 526 F. Supp. 106, 109 n. 7 (E.D.N.Y. 1981)(法院认为,在收购要约发出期间,若需求增长而导致市场价格上涨,则该差价部分并不等于要约提供的溢价)。

② Exchange Act Release No. 16,385 [1979-80] Fed. Sec. L. Rptr. (CCH) ¶82,374 at 82,605 (Nov. 29, 1979) (footnotes omitted)(该文书为收购要约相关法规的修订草案,其中溢价的定义为"超出……当前市场价格……"的价格)。

③ See LTV Corp., 526 F. Supp. at 109 n. 7.

④ 587 F. Supp. at 1254.

⑤ Ibid.

⑥ 587 F. Supp. at 1255.

⑦ Ibid.

⑧ Ibid.

cott Copper Corp. v. Curtiss Wright Corp. (1978)案(没有截止日期和溢价,除了市场的正常压力外,没有对股东施加压力)。①

CHH 的购买是在公开市场上进行的,是以市场价格而不是溢价进行的,没有固定的条款,也不取决于固定的最低股份数量。CHH 的回购计划没有形成传统意义上的要约收购。例如,Energy Ventures, Inc. v. Appalachian Co (1984)案(涉及不受要约收购条例约束的公开市场收购的重大收购计划);Ludlow Corp. v. Tyco Laboratories, Inc. 案(如果股东没有因溢价、固定条款或主动征集而被迫做出草率的不明智决定,则无要约收购);LTV Corp. v. Grumman 案(大规模购买计划,附带宣传,旨在挫败第三方要约收购,而非要约收购);Brascan Ltd. v. Edper Equities(《威廉姆斯法》试图消除的压力是由"高溢价和在一定时间内报价将消失的威胁"造成的)。②

本案中的股东压力并非由 CHH 方面的任何不良行为造成的。相反,这是由于市场力量、第三方报价以及担心报价到期时 CHH 股票价格会下降而造成的。

地方法院没有滥用其自由裁量权得出结论,根据威尔曼检测,CHH 的回购计划不构成要约收购。

3. 作为替代性标准的 S-G 证券检测

SEC 最后敦促,即使 CHH 回购计划不构成威尔曼检测下的要约收购,地方法院拒绝适用 S-G 证券检测③的做法也是错误的。在更为宽松的 S-G 证券测试中,如果存在以下情况,则存在要约收购:(1) 买方公开宣布收购目标公司一部分股票的意图,以获得对该公司的控制权;(2) 大量股票的购买者通过公开市场或者私下协商实施后续的收购行为。

拒绝适用 S-G 证券检测有许多合理的理由。因为这个测试很模糊,很难应用。对于发行人的行为何时会在 SEC 规则 13e-4 的范围内,而不是在 SEC 规则 13e-1 的范围内,它对此很少能够提供指导。参见 SEC v. Carter Hawley Hale Stores 案(《联邦地方法院判例汇编》第 587 卷第 1256—1257 页)。④ 根据 S-G 证券检测确定是否存在要约收购,在很大程度上是主观的,并且是在事后根据市

---

① See Panter v. Marshall Field Co., 646 F. 2d 271, 286 (7th Cir.), cert. denied, 454 U. S. 1092, 102 S. Ct. 658, 70 L. Ed. 2d 631 (1981); Brascan Ltd. v. Edper Equities, 477 F. Supp. at 789-92; Kennecott Copper Corp. v. Curtiss Wright Corp., 449 F. Supp. 951, 961 (S. D. N. Y.), aff'd in relevant part, rev'd in part, 584 F. 2d 1195, 1207 (2d Cir. 1978).

② See, e. g., Energy Ventures, Inc. v. Appalachian Co., 587 F. Supp. 734, 739 (D. Del. 1984); Ludlow Corp. v. Tyco Laboratories, Inc., 529 F. Supp. at 68; LTV Corp. v. Grumman, 526 F. Supp. at 109; Brascan Ltd. v. Edper Equities, 477 F. Supp. at 792.

③ 466 F. Supp. at 1114.

④ SEC v. Carter Hawley Hale Stores, 587 F. Supp. at 1256-57.

场对回购计划的反应进行评估的。SEC 认为,如果发行人回购股票的目的是挫败第三方报价,那么这些担忧就无关紧要,这是没有道理的。例如,参考 LTV Corp. v. Grumman Corp.案(SEC 规则 13e-1 可适用于公开市场购买,即使是为了挫败投标报价);Crane Co. v. Harsco Corp(1981)案(同前引案例的观点)。①

SEC 进一步提出更多论据主张采用双管齐下的 S-G 证券检测,为的是对立法目的进行扩张解释,以"确保股东……有足够的保护应对收购的压力战术……因为这些战术(强迫他们)……(作出)考虑不周的投资决定"。S-G 证券检测确实反映了国会对股东的关注;然而,威尔曼检测也是如此。在第三方的要约收购报价期间进行公开市场回购的情况下,立法目的很难说是清楚的。② S-G 证券检测与威尔曼检测不同,它没有客观地反映出国会在《威廉姆斯法》背后所担忧的众多问题,其中包括对自由开放的证券市场应给予适当的关注。

我们反对放弃适用威尔曼检测,转而采用 S-G 证券检测中阐明的模糊标准。地方法院拒绝适用 S-G 证券检测,或认定 CHH 的回购不是威尔曼检测所指向的收购要约,并无错误。

维持原判。

案例原文③

二、要约收购的适用条件

要约收购的适用必须具备两个主要条件:一是持股比例,二是继续收购。

我国《证券法》(1998)第 81 条曾规定,通过证券交易所的证券交易,投资者持有一个上市公司已发行的股份的 30%时,继续进行收购的,应当依法向该上市公司所有股东发出收购要约;但经国务院证券监督管理机构免除发出要约的除外。强制要约收购义务制度的设计初衷是充分保护中小股东权益,实行要约收购义务的法理在于在公司控制权发生转移时中小股东有机会分享控制权转移带来的溢价并有机会退出公司;然而,由于强制性要约收购义务的规定过强,原

---

① See, e.g., LTV Corp. v. Grumman Corp., 526 F. Supp. at 109-10 (Rule 13e-1 may apply to open market purchases even when made to thwart a tender offer); Crane Co. v. Harsco Corp., 511 F. Supp. 294, 300-301 (D. Dela. 1981) (same).

② 587 F. Supp. 1256; see pages 949-950, supra.

③ Available at https://casetext.com/case/sec-v-carter-hawley-hale-stores-inc, 2023-9-18.

本应成为例外的"豁免"却变成了常态,通过向监管部门寻求豁免,成为收购环节中屡试不爽的步骤。此外,收购方还往往利用其他手段规避强制性要约收购义务,比如拆分"收购主体"、暗仓持股等等。因此,《证券法》(2019)第 65 条第 1 款将"但书"删去,使得要约收购中的强制要约收购义务就不能够再被证监会豁免了,豁免强制要约收购义务的情况仅限于协议收购中。

不过,需注意的是,要约收购不等于强制收购,也不等于全面收购,只有收购人通过要约收购所持有的被收购公司的股份数达到该公司已发行的股份总数的很高比例时(通常为 75% 以上),导致被收购公司的股票终止上市时,才发生强制收购。因此,收购人在所持有的被收购公司的股份数达到该公司已发行的股份总数的 30% 时,可以随时中止或终止收购行为,也可以通过部分要约的方式继续进行收购。我国《证券法》(2019)和《上市公司收购管理办法》(2020)将强制性全面要约收购制度,修改为强制性要约方式,收购人可以根据自己的经营决策,自行选择向被收购公司所有股东发出收购其所持有的全部股份的要约,也可以向被收购公司所有股东发出收购其所持有的部分股份的要约,以取得公司控制权。这一规定降低了上市公司收购成本,有利于活跃上市公司收购活动。但是,以要约方式收购一个上市公司股份的,其预定收购的股份比例不得低于该上市公司已发行股份的 5%。

三、要约收购的法定程序

根据我国《证券法》(2019)以及《上市公司收购管理办法》(2020)等法律法规的规定,要约收购主要包括以下程序:

第一,公告收购报告书。根据《证券法》(2019)第 66 条规定:"依照前条规定发出收购要约,收购人必须公告上市公司收购报告书,并载明下列事项:(1)收购人的名称、住所;(2)收购人关于收购的决定;(3)被收购的上市公司名称;(4)收购目的;(5)收购股份的详细名称和预定收购的股份数额;(6)收购期限、收购价格;(7)收购所需资金额及资金保证;(8)公告上市公司收购报告书时持有被收购公司股份数占该公司已发行的股份总数的比例。"收购人发出全面要约的,应当在要约收购报告书中充分披露终止上市的风险、终止上市后收购行为完成的时间,以及仍持有上市公司股份的剩余股东出售其股票的其他后续安排。

第二,公告收购要约。收购要约是指收购人向被收购公司股东公开发出的、愿意按照要约条件购买其所持有的被收购公司股份的意思表示。《证券法》(2005)第 90 条曾规定:"收购人在依照前条规定报送上市公司收购报告书之日起 15 日后,公告其收购要约。在上述期限内,国务院证券监督管理机构发现上市公司收购报告书不符合法律、行政法规规定的,应当及时告知收购人,收购人不得公告其收购要约。收购要约约定的收购期限不得少于 30 日,并不得超过 60 日。"但《证券法》(2019)已删除了有关公告收购要约的条款。

第三，预受与收购。预受是指受要约人同意接受要约的初步意思表示，在要约期满前不构成承诺。《上市公司收购管理办法》(2020)第42条规定：同意接受收购要约的股东（即预受股东），应当委托证券公司办理预受要约的相关手续。收购人应当委托证券公司向证券登记结算机构申请办理预受要约股票的临时保管。证券登记结算机构临时保管的预受要约的股票，在要约收购期间不得转让。在要约收购期限届满3个交易日前，预受股东可以委托证券公司办理撤回预受要约的手续，证券登记结算机构根据预受要约股东的撤回申请解除对预受要约股票的临时保管。在要约收购期限届满前3个交易日内，预受股东不得撤回其对要约的接受。在要约收购期限内，收购人应当每日在证券交易所网站上公告已预受收购要约的股份数量。出现竞争要约时，接受初始要约的预受股东撤回

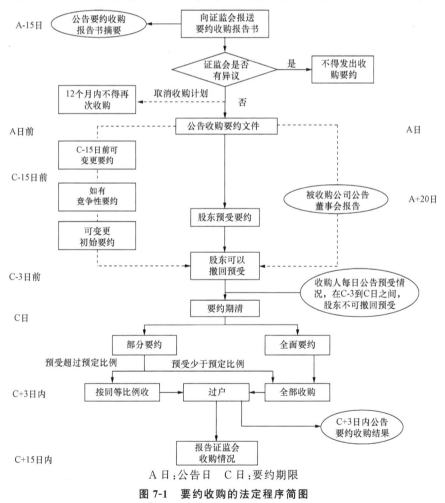

图 7-1 要约收购的法定程序简图

全部或者部分预受的股份,并将撤回的股份售予竞争要约人的,应当委托证券公司办理撤回预受初始要约的手续和预受竞争要约的相关手续。第 43 条规定:收购期限届满,发出部分要约的收购人应当按照收购要约约定的条件购买被收购公司股东预受的股份,预受要约股份的数量超过预定收购数量时,收购人应当按照同等比例收购预受要约的股份;以终止被收购公司上市地位为目的的,收购人应当按照收购要约约定的条件购买被收购公司股东预受的全部股份;未取得中国证监会豁免而发出全面要约的收购人应当购买被收购公司股东预受的全部股份。

第四,收购结束报告与公告。根据《上市公司收购管理办法》(2020)第 45 条规定:收购期限届满后 15 日内,收购人应当向证券交易所提交关于收购情况的书面报告,并予以公告。

四、收购要约的法律效力

收购要约的法律效力主要体现在以下三个方面:

第一,在收购要约确定的承诺期限内,收购人不得撤销其收购要约,并不得随意变更收购要约中的事项。《证券法》(2019)第 68 条规定:"在收购要约确定的承诺期限内,收购人不得撤销其收购要约。收购人需要变更收购要约的,应当及时公告,载明具体变更事项,且不得存在下列情形:(1)降低收购价格;(2)减少预定收购股份数额;(3)缩短收购期限;(4)国务院证券监督管理机构规定的其他情形。"

第二,收购要约中提出的各项收购条件,适用于被收购公司所有的股东。《证券法》(2019)第 69 条规定,收购人收购股票时,对上市公司所有的股东,均应按照收购要约中约定的收购价格、期限、支付形式等条件统一执行,上市公司发行不同种类股份的,收购人可以针对不同种类股份提出不同的收购条件。

第三,收购人在收购要约期限内,不得采取要约规定以外的形式和超出要约的条件买卖被收购公司的股票。收购要约一经公告发出,就产生法律上的效力,排除了要约以外的其他收购形式和以超出要约的条件买卖被收购公司的股票。《证券法》(2019)第 70 条规定:"采取要约收购方式的,收购人在收购期限内,不得卖出被收购公司的股票,也不得采取要约规定以外的形式和超出要约的条件买入被收购公司的股票。"

五、要约收购的法律后果

收购要约的法律后果主要体现在以下几方面:

(1)维持上市资格。收购要约的期限届满,收购人持有的被收购公司的股份数未达到该公司已发行的股份总数 75% 以上的,不影响该上市公司股票在证券交易所继续上市交易。但《证券法》(2019)第 75 条规定,收购人所持有的被收购的上市公司的股票,在收购行为完成后的 18 个月内不得转让。

(2) 终止上市交易。根据《证券法》(2019)第 74 条第 1 款的规定,收购期限届满,被收购公司股权分布不符合证券交易所规定的上市交易要求的,该上市公司的股票应当由证券交易所依法终止上市交易。也就是说,收购期限届满,收购人持有的被收购公司的股份数达到该公司已发行的股份总数 75% 以上的,该上市公司的股票应当在证券交易所终止上市交易。

(3) 强制受让。根据《证券法》(2019)第 74 条第 1 款规定,收购期限届满,被收购公司股权分布不符合证券交易所规定的上市交易要求,依法应当终止上市交易的,其余仍持有被收购公司股票的股东,有权向收购人以收购要约的同等条件出售其股票,收购人应当收购。

(4) 变更企业组织形式。根据《证券法》(2019)第 74 条第 2 款的规定,要约收购行为完成后,被收购公司不再具备股份有限公司条件的,应当依法变更企业形式。

(5) 更换股票、注销公司。根据《证券法》(2019)第 76 条第 1 款的规定,收购行为完成后,收购人与被收购公司合并,并将该公司解散的,被解散公司的原有股票由收购人依法更换。公司合并后,应当注销被解散的公司。

(6) 收购失败。各国或地区法律一般规定,收购要约期满后,部分要约收购未达到预定的收购股份数量,或全面要约收购未达到总股本的 50% 以上的,为收购失败。要约收购人须将所有承诺出让的股票退回给原持股人,要约收购合同不能成立。我国《证券法》(2019)未规定收购失败制度,是一大缺陷。

六、要约收购的要约豁免

就立法价值而言,强制要约收购制度体现和维护的是上市公司收购中的公平价值,而要约收购豁免制度体现和维护的是上市公司收购的效率价值,具有降低收购成本,促进上市公司产权交易和公司重组,优化资源配置,提高经济效率的功用。但是,这一制度如被滥用,则会严重损害广大中小股东和投资者的利益。因此,必须对要约收购的要约豁免作出必要的限制,《上市公司收购管理办法》(2020)对要约豁免的情形作出了具体规定。

申请豁免的事项,根据《上市公司收购管理办法》(2020)第 61 条的规定,在符合该办法第 62—63 条规定情形的前提下,投资者及其一致行动人可以向中国证监会申请豁免以下事项:(1) 免于以要约收购方式增持股份;(2) 存在主体资格、股份种类限制或者法律、行政法规、中国证监会规定的特殊情形的,可以申请免于向被收购公司的所有股东发出收购要约。未取得豁免的,投资者及其一致行动人应当在收到中国证监会通知之日起 30 日内将其或者其控制的股东所持有的被收购公司股份减持到 30% 或者 30% 以下;拟以要约以外的方式继续增持股份的,应当发出全面要约。

关于申请免于以要约方式增持股份的条件,根据《上市公司收购管理办法》(2020)第62条第1款之规定,有下列情形之一的,收购人可以向中国证监会提出免于以要约方式增持股份的申请:(1)收购人与出让人能够证明本次股份转让是在同一实际控制人控制的不同主体之间进行,未导致上市公司的实际控制人发生变化;(2)上市公司面临严重财务困难,收购人提出的挽救公司的重组方案取得该公司股东大会批准,且收购人承诺3年内不转让其在该公司中所拥有的权益;(3)中国证监会为适应证券市场发展变化和保护投资者合法权益的需要而认定的其他情形。

关于申请以简易程序免除以要约方式增持股份的条件,《上市公司收购管理办法》(2020)第61条规定:"符合本办法第六十二条、第六十三条规定情形的,投资者及其一致行动人可以:(一)免于以要约收购方式增持股份;(二)存在主体资格、股份种类限制或者法律、行政法规、中国证监会规定的特殊情形的,免于向被收购公司的所有股东发出收购要约。不符合本章规定情形的,投资者及其一致行动人应当在30日内将其或者其控制的股东所持有的被收购公司股份减持到30%或者30%以下;拟以要约以外的方式继续增持股份的,应当发出全面要约。"第62条规定了收购人可以免于以要约方式增持股份的情形:"(一)收购人与出让人能够证明本次股份转让是在同一实际控制人控制的不同主体之间进行,未导致上市公司的实际控制人发生变化;(二)上市公司面临严重财务困难,收购人提出的挽救公司的重组方案取得该公司股东大会批准,且收购人承诺3年内不转让其在该公司中所拥有的权益;(三)中国证监会为适应证券市场发展变化和保护投资者合法权益的需要而认定的其他情形。"第63条第1款规定了投资者可以免于发出要约的情形:"(一)经政府或者国有资产管理部门批准进行国有资产无偿划转、变更、合并,导致投资者在一个上市公司中拥有权益的股份占该公司已发行股份的比例超过30%;(二)因上市公司按照股东大会批准的确定价格向特定股东回购股份而减少股本,导致投资者在该公司中拥有权益的股份超过该公司已发行股份的30%;(三)经上市公司股东大会非关联股东批准,投资者取得上市公司向其发行的新股,导致其在该公司拥有权益的股份超过该公司已发行股份的30%,投资者承诺3年内不转让本次向其发行的新股,且公司股东大会同意投资者免于发出要约;(四)在一个上市公司中拥有权益的股份达到或者超过该公司已发行股份的30%的,自上述事实发生之日起一年后,每12个月内增持不超过该公司已发行的2%的股份;(五)在一个上市公司中拥有权益的股份达到或者超过该公司已发行股份的50%的,继续增加其在该公司拥有的权益不影响该公司的上市地位;(六)证券公司、银行等金融机构在其经营范围内依法从事承销、贷款等业务导致其持有一个上市公司已发行股份超过30%,没有实际控制该公司的行为或者意图,并且提出在合理期限内向非关联方转让相关股份的解决方案;(七)因继承导致在一个上市公司中拥有权益的股份超过该公司已发行股份的 30%;(八)因履行约定购回式证券交易协议购回上市公司股份导致投资者在一个上市公司中拥有权益的股份超过该公司已发行股份的 30%,并且能够证明标的股份的表决权在协议期间未发生转移;(九)因所持优先股表决权依法恢复导致投资者在一个上市公司中拥有权益的股份超过该公司已发行股份的 30%;(十)中国证监会为适应证券市场发展变化和保护投资者合法权益的需要而认定的其他情形。"第 2 款规定:"相关投资者应在前款规定的权益变动行为完成后 3 日内就股份增持情况做出公告,律师应就相关投资者权益变动行为发表符合规定的专项核查意见并由上市公司予以披露。相关投资者按照前款第(五)项规定采用集中竞价方式增持股份的,每累计增持股份比例达到上市公司已发行股份的 2%的,在事实发生当日和上市公司发布相关股东增持公司股份进展公告的当日不得再行增持股份。前款第(四)项规定的增持不超过 2%的股份锁定期为增持行为完成之日起 6 个月。"

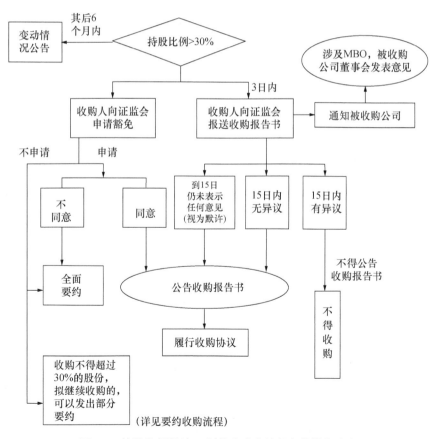

图 7-2 持股比例超过 30%的收购申请豁免的操作流程

第三节 协议收购法律制度

一、协议收购概述

协议收购（Negotiated Procurement）是指收购人在证券交易所之外，通过和目标公司股东协商一致达成协议，受让其持有的股份而进行的上市公司收购。协议收购的主要优点是收购成本较低，对股市冲击较小，但是信息公开不足，在机会均等和交易公正方面具有很大的局限性。我国《证券法》(2019)第71—73条对协议收购进行了专门规定，《上市公司收购管理办法》(2020)第四章共分9条（第47—55条）规定了协议收购制度。

协议收购具有如下特点：(1) 收购主体具有特定性，即协议收购的出让方为目标公司的特定股东，受让方为收购人（而要约收购方式和集中竞价交易方式的出让方都是不特定的）。(2) 收购具有场外交易的部分属性，即协议收购的特点是谈判不公开、价格不透明、时间不确定，其交易方式一般采取协议转让的方式，或采用大宗交易的方式，因此一般需采取特殊的监管方式（要约收购则必须在证券交易所内公开进行）。(3) 协议收购交易便捷、成本低，这是因为协议收购的交易程序和法律规制相对简单，交易手续费低廉，可以迅速取得对目标公司的控制权。因此，协议收购在效率性上要优于要约收购，但公平性难以保障；而要约收购在公平性上要优于协议收购，但在实践中难以取得预期的效果。

二、协议收购的法定程序

根据《证券法》(2019)第四章"上市公司的收购"，协议收购应遵循以下法定程序：

(1) 谈判并拟定收购协议草案。协议收购多属于善意收购，是收购双方或多方的自愿行为，因此协议收购首先要进行谈判，即双方或各方对股权转让中的一系列问题进行磋商，并在协商一致的基础上，拟定收购协议草案。

(2) 经协议双方或各方有关机构批准。根据法律规定，大宗股份转让和受让一般均须经买卖各方当事人的股东会或董事会批准；涉及国家授权机构持有的股份的转让，或者须经行政审批方可进行的股份转让，协议收购相关当事人应当获得有关主管部门批准。

(3) 签订收购协议。收购协议草案经双方或各方当事人的有关机构批准后，双方或各方当事人正式签订收购协议。

(4) 报告与公告。根据《证券法》(2019)第71条第2款和第3款的规定，以协议方式收购上市公司达成协议后，收购人必须在3日内将该收购协议向国务院证券监督管理机构及证券交易所作出书面报告,并予公告。在未作出公告前不得履行收购协议。

（5）委托中介机构保存股票与存放资金。采取协议收购方式的,协议收购的相关当事人应当向证券登记结算机构申请办理拟转让股份的临时保管手续,并将用于支付的现金存放于证券登记结算机构指定的银行账户。

（6）过户。收购报告书公告后,协议收购相关当事人应当按照证券交易所和证券登记结算机构的业务规则和要求,申请办理股份转让和过户登记手续。未按照规定履行报告、公告义务或者未按照规定提出申请的,证券交易所和证券登记结算机构不予办理股份转让和过户登记手续。收购人在收购报告书公告后30日内仍未完成相关股份过户手续的,应当立即作出公告,说明理由;在未完成相关股份过户期间,应当每隔30日公告相关股份过户办理进展情况。

（7）收购结束报告与公告。按照《证券法》(2019)第76条第2款的规定,收购上市公司的行为结束后,收购人应当在15日内将收购情况报告国务院证券监督管理机构和证券交易所,并予公告。

三、协议收购的法律后果

协议收购的法律后果,除了会导致与要约收购相同的实体性法律后果外,还可能会引发以下收购程序性法律后果:根据我国《证券法》(2019)第73条第1款的规定,采取协议收购方式的,收购人收购或者通过协议、其他安排与他人共同收购一个上市公司已发行的有表决权股份达到30%时,继续进行收购的,应当依法向该上市公司所有股东发出收购上市公司全部或者部分股份的要约。但是,按照国务院证券监督管理机构的规定免除发出要约的除外。未取得豁免的,投资者及其一致行动人应当在收到中国证监会通知之日起30日内将其或者其控制的股东所持有的被收购公司股份减持到30%或者30%以下;拟以要约以外的方式继续增持股份的,应当发出全面要约。

第四节 反收购措施及其规制

从目标公司管理层（包括董事会）的角度来评价,对目标公司的收购可以分为友好收购(Friendly Takeover)和敌意收购(Hostile Takeover)。如果收购合乎管理层的意愿并在其配合下进行,就称为友好收购,反之则称之为敌意收购。敌意收购有悖于目标公司董事会的意愿,因而他们常常采取各种阻挠收购行为的措施,此即所谓的反收购措施(Anti-takeover Measures)。综观世界各国或地区实践中出现的反收购措施,可以用两个词语来概括,一是花样繁多,二是推陈出新。

【拓展阅读】

A Brief Introduce to Takeover[①]

一、常见反收购措施

（一）股份回购

股份回购（Share Repurchase）措施，是指目标公司在面临敌意收购时，从收购者以外的股东手中高价回购本公司股票，以减少其发行在外的股份，造成收购方无法获得足够的股份以控制目标公司；或者因股价上扬、成本激增而不得不放弃收购。尽管通过回购股份进行反收购有很多优点，例如，可以同敌意收购方和股票市场的套利者争夺公司发行在外的股票，减少公司股票的流通量，增加敌意收购方的收购难度；可以大量消耗流动资金，提高公司的负债比率，降低公司对于潜在收购方的吸引力等；但是，股份回购措施对目标公司的财务状况要求很高，因为如果单纯通过股份回购来达到反收购的效果，往往会使目标公司库存股票过多，既不利于公司筹资，又会影响到公司资金的流动性，所以回购股份措施通常是作为辅助战术来实施的。

各国对于上市公司回购股份的立法体例分为两种：一种以美英等国为代表，由于其公司法一般实行授权资本制，原则上允许公司购买自己的股份，并可以列入库存股（Treasury Share or Stock），无须注销。另一种以欧盟和日本等为代表，由于其公司法实行法定资本制，原则上禁止公司购买自己的股份，但在诸如实施员工持股计划（Employee Stock Ownership Plans，ESOP）等情形中有例外。

我国《公司法》（2018）第142条第1款第3、5、6项即是此项例外，它规定"将股份用于员工持股计划或者股权激励""将股份用于转换上市公司发行的可转换为股票的公司债券""上市公司为维护公司价值及股东权益所必需"可以回购股份，但这三种情形"合计持有的本公司股份数不得超过本公司已发行股份总额的10%，并应当在3年内转让或者注销。"《上市公司章程指引》（2019修订）原则上不允许定向回购，但规定了6种例外情况（第23条）。《上市公司监督管理条例

---

① See http://en.wikipedia.org/wiki/Takeover, 2023-3-27.

(征求意见稿)》(2007年9月7日)第62条第1款规定:"上市公司为减少注册资本收购本公司股份,不得损害股东及债权人的合法权益"。

【拓展阅读】

关于支持上市公司回购股份的意见(2018)[①]

（二）降落伞策略

"降落伞"是为了防止公司收购导致目标公司的管理人员和普通员工的被解雇而开发出来的策略,包括所谓的金降落伞、银降落伞、锡降落伞等。所谓金降落伞(Golden Parachutes),是指目标公司与高级管理层之间所签订的特殊补偿协议,约定高管被解职,或在其职权、工作地点、薪酬方面遭受重大损失时进行一次性补偿支付,例如一笔巨额退休金(解职费)、股票选择权收入或额外津贴等收益。由于该措施像一把让高层管理者从高薪职位上安全降落的降落伞,且其收益丰厚如金而得名。金降落伞的目的,一方面是确保高管人员在面对收购压力继续对公司保持忠诚,另一方面是增加收购成本。所谓银降落伞(Sliver Parachutes),是指规定目标公司一旦落入收购方手中,公司有义务向被解雇的中层管理人员支付较"金降落伞"略微逊色的保证金。所谓锡降落伞(Tin Parachutes),通常是指目标公司的员工在公司被收购后两年内被解雇的情况下可以领取员工遣散费。

经济学的理论和实证研究表明,合理设计的金降落伞有助于减少管理层与股东在面临公司收购时的利益冲突,使公司管理层有更为充分的动力通过谈判为股东获取更高的收购溢价。而且在美国,由于金降落伞一般须经过由非利害关系董事组成的董事会薪酬委员会的批准,对其属于自我交易的指责往往不会得到法院的支持。同时,金降落伞在反收购中的运用不大可能泛滥,尤其是在股票期权被广泛采用以后,其作用会更加有限——原因在于持有大量股票期权的目标公司管理层从收购溢价中获得的利益会远远超过金降落伞的补偿数额。但是,金降落伞所约定的补偿金数额通常巨大,对目标公司和股东而言负担十分沉

[①] 载中国证券监督管理委员会网站,http://www.csrc.gov.cn/pub/newsite/flb/flfg/bmgf/ssgs/ssyts/201906/t20190627_358101.html,访问时间:2023-5-27。

重,是管理层以股东利益为代价的自利自保(entrench)工具;金降落伞还可能沦为管理层自我交易的结果,存在道德风险。

我国现行法律未对"降落伞"等措施进行明文的限制性规定,因此目标公司采用该策略原则上不存在法律障碍。但是,考虑到公司收购必然会造成目标公司管理层的控制权损失,该损失的不可补偿性可能对企业收购产生障碍作用。因此,为平衡目标公司管理层与股东之间的利益,有必要对降落伞措施实施必要的限制。

【域外案例】

Royal Crown Companies, Inc. v. McMahon(1987)[①]

(一审)原告马克马洪(McMahon)曾受雇于被告皇冠公司(Royal Crown Companies, Inc.)的全资子公司阿贝兹公司(Arby's, Inc.),作为董事长就任。原告并没有签署书面的雇佣合同,而且他的雇佣关系随时可由公司或他自己单方解除。1981年,皇冠公司成为软饮料产业中并购活动的优选目标公司。为了缓解管理层的不安和不确定性,皇冠公司的董事会通过决议与其业务执行人员和所有子公司的高级管理人员(其中包括了原告)签署合同包含了有关"离职金(severance payment)"的规定。该合同规定在公司的控制权发生变动时,无论签约的管理人员是被辞退或是主动辞职都可以获得约定的离职金。

1982年年末,本案的双方当事人签署了一份书面协议,约定当皇冠公司的控制权发生变动时,若原告辞职或被辞退,将在规定的期限内向原告支付一年的年薪报酬,外加其他的收益作为离职金。这份协议由皇冠公司的内部法律顾问制定,并经过该公司的董事会决议通过。此协议的明示目的是,即使当公司可能存在控制权变动时,仍然可以使重要的管理层不为此分心,并鼓励和增加管理层的动力持续专注和奉献在自己的负责领域,以此保护公司和股东的利益。协议中如此写道:"为了挽留您能够坚持守在您的现任岗位上,并考虑到您愿意在本协议规定的情形下仍然留任,当公司的控制权变动(具体定义见协议其他部分的详细规定)导致您的雇佣关系被终止时,公司愿意向您支付本协议中规定的离职金和离职利益。"

在被告公司的控制权发生变动后不久,原告根据以上协议的规定提请辞职。皇冠公司根据协议的规定,对原告的保险利益进行了扩充,但拒绝支付332 165

---

① 编译自 Royal Crown Companies, Inc. v. McMahon, 183 Ga. App. 543, 359 S. E. 2d 379 (1987)。

美元的离职金。原告诉请法院判定被上诉人承担违约责任并支付其律师费以及因为被告皇冠公司的不守信和好讼导致的一切诉讼费用。地方法院对原告提出的违约赔偿请求予以肯定,并作出即决判决,被告皇冠公司就此提起上诉。同时,在律师费和诉讼费方面法院支持了被告皇冠公司的主张,原告就此提起交叉上诉。

上诉的主要争议点是,皇冠公司主张涉案合同从公共政策的角度看是无效的且无法履行的。同时,皇冠公司认为从传统的离职金合同来看,应当区分涉案合同是一份特殊的合同,属于通常所说的"金降落伞(Golden Parachute)"。一般来说,金降落伞就是一份可以由公司控制权的变动而触发履行条件的离职金合同。这样的合同在公司控制权发生变动后,为员工提供了一个退出公司的安全着陆地。本院无法被皇冠公司的主张说服,更大程度来说也没有相应的法律依据可以让我们仅仅根据涉案离职金合同的触发条件是公司控制权的变动,就否认其可履行性。[1]"金降落伞"这一术语在法律上没有多大的意义,以其他名称命名的离职补偿合同同样具有可履行性。

皇冠公司还辩称,通常金降落伞合同都存在公司内部利益冲突的问题,即牺牲股东的利益使管理层受益。本院在涉案合同中并未发现此种利益冲突。原告并非决议通过本案合同的董事会成员,更何况,本案合同明确表示其目的是在公司控制权悬而未定的期间,防止原告担心自己的收入安全而另谋高就,用合同规定的离职金促使原告留任以保护股东利益。

另外,本案的合同也不因缺乏履行对价而无效。在本案中,原告的雇佣关系本来就是可以自由解除的,同时他也没有义务必须留任。本案的合同仅仅是提供了一个明示的目的,即在公司并购商谈阶段以此合同挽留原告留任在其职位而已。事实上,原告在一份可随时随自己解除的合同下留任的工作表现足以作为本案外加的离职补偿金的对价。因此,我们否认被告雇主的主张,即离职金合同会因为缺少对价而无效。

本院不同意皇冠公司认为的本院需要用合理性测试(reasonableness test)审查本案离职金合同规定的金额是否合理。皇冠公司出于意思自治与原告签订雇佣合同约定年薪报酬和离职金合同。现在,皇冠公司只是不想再被先前签订的合同束缚,而法院没有义务要介入到私主体之间通过意思自治签订的合同中。同样的,针对皇冠公司提出涉案离职金合同因为违反公共政策而无法履行的说法也由此无法得到支持,因为原告完全可以要求公司的新任控制人来履行合同。而合并合同也明确承认愿意履行所有现行有效的雇佣合同和离职金合同。

同时,皇冠公司主张本案的合同不能作为违约罚金来履行。由于本案的离

---

[1] Koenings v. Joseph Schlitz Brewing Co., 126 Wis. 2d 349 (1) (377 NW2d 593) (1985).

职金合同并不是作为违约损害赔偿的约定额度而被规定的,所以所谓的"违约赔偿分析(liquidated damages analysis)"不能适用于本案。① "如果不是违约的损害赔偿金的话,那么是什么?从合同的字面意思来理解,争议的条款描述的仅仅是对(原告的)工作的对价而已。"② 在本案中,离职金合同提供的不仅是持续性的报酬,更是一份针对原告本已无义务为公司服务,但仍然留任的对价。而因为原告的雇佣关系是一份随时可以解除的关系,所以原告辞职的行为并没有构成对雇佣合同的违约。我们认为,本案的离职金合同是一份可履行的合同。

皇冠公司还争辩道,原告由于没有诚实地遵循合同的规定因此失去获得离职金支付的资格,对于这一实质性事实存在真正的争议(genuine issue),但本院并不认同。离职金合同本身包含了一种不可获得离职金的离职原因。在公司控制权发生变动后,原告继续留任于自己的职位数月。在那个期间如果原告的职务行为令人不满意,新的董事会成员有充足的机会可以解雇他,但事实上并没有任何证据表明董事会有发起任何行为终止与原告的雇佣关系。不仅如此,记录显示皇冠公司对于其他几名员工在公司控制权发生变动后提出的辞职作出迅速回应并即时履行了相同的离职金合同。皇冠公司拒绝支付原告的离职金,仅仅因为该公司单方面认为在公司控制权发生变化前,原告的经营决定不尽如人意。但这一理由并不能让原告失去获得本案合同预定要支付的利益的资格。

(关于律师费和诉讼费如何承担的论述,略)

本院认为,被告构成了对离职金合同的违约责任。

案例原文③

(三)白衣骑士与护卫

白衣骑士(White Knight),是指目标公司为免遭敌意收购而寻找与其关系密切的有实力的公司(即白衣骑士)收购自己,从而挫败敌意收购行为或者迫使敌意收购方提高收购价格的一种策略。通常,在目标公司和白衣骑士之间会进行某种锁定安排,以作为对后者的利益保障。约请友好公司或人士加入争夺本

---

① See OCGA §13-6-7. OCGA 是 Official Code of Georgia Annotated 的简称,即《乔治亚州官方注解法典》。——译者注

② ADP-Fin. Computer Svcs. v. First Nat. Bank of Cobb County, 703 F2d 1261, 1264 (11th Cir. 1983).

③ Available at https://casetext.com/case/royal-crown-companies-v-mcmahon, 2023-9-18.

公司控制权的竞争,本身并无违法性,而且由此带来的竞价收购还能够为目标公司股东创造更为丰厚的利润,故而一般都能够获得法律的支持甚至鼓励。不过,目标公司管理层需要平等对待竞价收购各方,不能故意对敌意收购方制造障碍或者施以歧视,并需要解决好对友好收购方给予合适的补偿。我国市场实践中号称"全流通并购第一案"的G武商控制权之争即是采取"白衣骑士"措施的典型。在该案中,G武商在面临第二大股东银泰系收购威胁的情况下,与庄胜集团董事长多次沟通,邀请后者在必要时担当"白衣骑士"的角色进行反收购。① 白衣护卫(White Squire)是与白衣骑士相类似的反收购措施,但一般不以谋求对目标公司的控制权为目的。我国市场上已有的典型案例是山东胜利股份有限公司反收购战。在此案中,山东胜利股份有限公司的管理层利益关联企业山东胜邦企业有限公司作为"白衣护卫",成功地挫败了广州通百惠服务有限公司的收购,保住了胜利股份管理层对公司的控制权。②

"白衣骑士"或者"白衣护卫"被邀请加入针对目标公司的收购战中,会承担相当高的成本,面临着较大的风险。例如,竞购目标公司所要耗费的大量资金的融资成本;如有诉讼还须支付高昂的诉讼费用;"白衣骑士"或"白衣护卫"自身防范敌意收购的能力也可能降低而招致收购。因此,尽管是友好的竞价收购者,目标公司管理层仍然必须给予其一定的风险补偿,具体方式包括但不限于锁定期权或者费用补偿协议等。授予白衣骑士或者白衣护卫的锁定期权,可能在客观上降低潜在的收购者寻找收购目标的激励,从而导致敌意收购现象减少,由此可能缓和无效率的目标公司管理层应当受到的惩戒,因而美国司法实践一般都会对此加强审查。目前我国法律对目标公司与"白衣骑士"或"白衣护卫"之间的风险补偿并无明确规定,因此倘若目标公司管理层借口为公司长远利益计邀请友好收购方进行合作而实为行自利自保之意图,既可以通过对目标公司管理层提起诉讼来维护股东利益,也可以(目标)公司管理层负有忠实义务为由,限制其主要以自利自保为动机的反收购行为。

(四) 毒丸计划

毒丸(Poison Pill)计划,最早起源于股东认股权证计划(Shareholder Rights Plan),指的是目标公司为了避免被其他公司收购,授予股东特定的优先权利,如以优惠价格购买目标公司股票,或按优惠条件将手中的优先股转换为普通股,并以出现特定情形(典型的是敌意收购人获取目标公司股份达到一定比例)为该权

---

① 《G武商反收购"第四张牌":庄胜集团或成"白武士"》,载《21世纪经济报道》2006年9月27日。
② 综合参考万俊毅:《胜利股权资本争霸战》,载《金融经济》2000年第6期;周俊生:《胜利股份:一场别开生面的股权之争》,载《改革先声》2000年第6期;《没有句号的股权之争》,载《中国证券报》2000年9月14日;《胜利股份 风起云涌的股权之战》,载《国际金融报》2001年8月4日。

利的行使条件;计划一经触发,剧增的股份数额将大大增加收购成本,以此降低本身的吸引力。毒丸计划的目的是使收购人意识到即使收购成功,也会像吞下毒丸一样尝到苦果,从而放弃收购。在我国,2005年上海盛大网络发展有限公司对新浪公司发起敌意收购,新浪公司实施毒丸计划应对,最终成功挫败了盛大的攻势,就是成功运用毒丸计划的范例。[1]

实践中常见的毒丸计划有:(1)负债毒丸计划,是指目标公司在收购威胁之下大量增加自身负债,降低本公司被收购的吸引力。例如,发行债券并约定在公司股权发生大规模转移时,债券持有人可要求立刻兑付,从而使收购公司在收购后立即面临巨额现金支出,降低其收购兴趣。(2)人员毒丸计划,其基本方法是目标公司的绝大部分高级管理人员共同签署协议,在公司被以不公平价格收购,并且这些人中有一人在收购后被降职或离职时,则全部管理人员将集体辞职。这一策略既能保护目标公司股东的利益,又会使收购方慎重考虑收购后更换管理层对公司带来的巨大影响,较易采行。通常,目标公司的管理层阵容越强大、越精干,实施这一策略的效果将越明显;但如果管理层的价值对收购方无足轻重时,人员毒丸计划的收效就甚微。

【域外案例】

Carmody v. Toll Bros., Inc. (1988)[2]

副席大法官雅克布斯(Jacobs)发表了法院审理意见。

本案根据SEC规则12(b)(6)提起驳回原告请求的动议争点在于近期流行于企业反收购的创新措施,即名为"死亡之手(dead hand)"的毒丸权利计划是否违反了《特拉华州普通公司法》(Delaware General Corporation Law),以及通过该计划的董事会是否违反了信义义务(fiduciary duties)。如后文详述,常见的"死亡之手"权利计划的赎回权会规定,除了支持导入的董事或是由这些董事指定的继任人之外,其他任何人都不得行使该权利。本院认为,涉案"死亡之手"条款规定的"毒丸权利计划"(正如后文原告所主张的)显然在强行法规层面和信义关系层面都构成了违法的事实。同时,由于原告的主张完全是合法且可审理的救济请求,所以本院判定驳回被告的动议。

---

[1] 赵明:《盛大似是恶意收购新浪或将"毒丸"应对》,载《中国经济时报》2005年2月21日;《盛大新浪缠绵极战》,载《证券市场周刊》2005年9月10日;《盛大收购新浪案的反收购分析》,载《金融法苑》2005年第9期。

[2] 编译自 Carmody v. Toll Brothers INC., CA. No.15983。

一、事实概要

（一）促成导入反收购计划的事实背景

导入涉案毒丸权利计划的公司是托尔兄弟公司（Toll Brothers），是设立于宾夕法尼亚州的特拉华公司，主营业务为在美国的13个州及5个地区设计、开发并销售独栋豪华住房。1967年布鲁斯·托尔（Bruce Toll）和罗伯特·托尔（Robert Toll）两兄弟成立了该公司，并分别担任首席执行官和首席运营官，共同持有托尔兄弟公司约37.5%的普通股。该公司的董事会拥有9名成员，其中4名（包括布鲁斯和罗伯特）是公司高管，而其余5名则是"社外"独立董事。[①]

在1967年伊始，托尔兄弟公司表现得非常成功，并于1986年上市。截至1997年6月3日，该公司已发行且流通于纽约证交所的股份数额达到34 196 473股。在上市之后，托尔兄弟公司蓬勃发展之势不减，并且根据其不断壮大的规模，积压的不动产建筑合约和在其开展业务的地区对豪华住房不减的高需求，该公司自身预测这样的发展趋势将持续到1998年。

然而，该公司身处的所谓住房建筑产业（实际上）是一个竞争激烈的行业。该产业本身经历多次通过收购股份引发的并购，并且在过去的十年从一个由单纯的地方性或地区性市场演变成一个由地区性企业占领跨越全国多个市场的份额的行业。这样的演变由起始于某地区的住房建筑商收购其他地区的同类公司导致的。可见，这种通过收购来扩张业务领域的环境直接带来了敌意收购的风险。为了避免被敌意收购的风险，托尔公司的董事会导入了涉案"毒丸权利计划"（Rights Plan）。

（二）涉案"权利计划"

托尔兄弟公司的董事会在衡量了行业经济和金融环境，以及其他因素后认为，与该公司经营项目相同的其他公司可能已经将托尔兄弟公司视作收购的对象。在此危机感之下，董事会导入了涉案"毒丸权利计划"，但当时并没有发生特定的收购要约或威胁。托尔兄弟公司声称，他们如此为之的目的是保护股东不受企图获得公司控制权的强压性收购或不公平的收购策略的危害，防止股东在仓促之际不得不接受或拒绝被主动提请的要约。

……

2. 毒丸权利计划的"死亡之手"特征

实质上，"死亡之手"条款的实施仅能够赋予托尔兄弟公司导入毒丸权利计划之时（1997年6月12日）在任的董事或他们所选定的继任人赎回权，直至

[①] 其中一名董事会成员是费城一家律师事务所的合伙人。该律师事务所是托尔兄弟公司的各种事务的法律顾问，1996年从公司收到了大约128 000美元的报酬。基于这层关系，原告质疑该董事的独立性，但该争议焦点在本动议中并未形成一致的意见。

2007年6月12日期满,而将其他董事完全排除在外。这一实际效果通过权利合同的定义部分之有关"现任董事"的规定达成：

（1）本合同成立之日前任职于本公司董事会的任何成员,但同时不得是任何收购公司或其子公司或分支机构的董事会成员或该公司或机构的代理人或代名人;（2）受现任董事的过半数同意或推荐被提名为或选任为本公司董事会成员的任何人,但同时不得是任何收购公司或其子公司或分支机构的董事会成员或该公司或机构的代理人或代表人。

原告主张,"死亡之手"条款具有两方面的实用性效果。其一,该条款能够排除敌意收购方为获取控制权时行之有效的投票代理权争夺,使得任何提出收购要约的人都被挫败。因为即使敌意收购方获得了投票代理权竞争的胜利,由其选出的新任董事并没有赎回毒丸计划的权利。其二,在投票代理权争夺中,若公司的全体股东希望由被授权的董事会行使赎回权接受眼前的合并时,"死亡之手"条款将成为障碍,导致股东只能向现任董事的决定投票丧失任何符合现实情况的选择。列举以上效果后,原告主张,"死亡之手"条款可以达成的唯一目的就是,挫败任何将要发生的、通过投票代理权争夺替换掉现任董事会成员的收购活动。

二、争点概述与双方主张

针对根据《衡平法院审理规则》第12(b)(6)条提起的驳回原告请求的动议,除非法院有合理理由确定,原告主张中得以合理整合的事实无法证明其有权获得救济时,才会准许被告的动议。但是,对本案的动议应否准许的关键不在涉案权利计划是否违法,而是仅取决于原告是否提出了一个或多个可审理的违法控诉。①

（一）概要

本案动议的关键争点在于涉案"毒丸权利计划"中的"死亡之手"条款是否因超越董事的合法权限而违法,同时是否也违反了信义义务。虽然这一争点始终是学术讨论的主题②,但在特拉华州的法院未有判决。若要溯及其判例法理的

---

① 法院认为类似本案使用"死亡之手"条款的毒丸权利计划本身就是违法的。——译者注

② See, e.g., Shawn C. Lese, "Note, Preventing Control From the Grave: A Proposal for Judicial Treatment of Dead Hand Provisions in Poison Pills", 96 *Col. L. Rev.* 2175（1996）(cited herein as "Lese"); Jeffrey N. Gordon, "'Just Say Never' Poison Pills, Deadhand Pills and Shareholder Adopted By-Laws: An Essay for Warren Buffett", 19 *Cardozo L. Rev.* 511（1997）(cited herein as "Gordon"); Daniel A. Neff, "The Impact of State Statutes and Continuing Director Rights Plans", 51 *U. Miami L. Rev.* 663（1997）(cited herein as "Neff"); and Meredith M. Brown and William D. Regner, 2 *Shareholder Rights Plans: Recent Toxopharmological Developments*, Insights, Aspen, *Law Business*, Oct., 1997.

历史,至多只有两个法院适用其他司法管辖区的法律解决此争点。①

自20世纪80年代起,法律体系中更多是判例法理尝试去追逐日新月异、不断推陈出新的收购方案或策划,这种经济体系中重要板块的特征也演变成一道永久不变的国内(或国际)经济景观。在我们看来,这段相关的历史始于20世纪80年代作为反收购措施的"毒丸权利计划"的出现。这种创新致使在诉讼过程中,不得不关注在州级公司法的层面,是否任何"毒丸权利计划"的导入都是合法的。其中重要案例 Moran v. Household International, Inc. (1985)案② 对此作出了肯定的回答。

在 Moran(1985)案中,本衡平法院及最高法院通过三项鲜明的事实依据承认外翻毒丸权利计划("flip-over" rights plan)③的合法性。第一,由于目标董事会不会拥有毫无限制的自由裁量权来武断地拒绝敌意收购的要约或拒绝赎回毒丸计划,因此毒丸计划并不会侵蚀股东权利的基础。接下来,应当根据依法可实行的信义义务标准来衡量董事会作出的不赎回毒丸权利计划的决定是否合理。第二,即使董事会拒绝赎回毒丸权利计划(以此防止股东回应任何的收购要约),也无法阻止收购方获得目标公司的控制权。因为要约收购方可以"构成一个持股比例超过19.9%的一致行动人团体",并且通过争夺投票代理权来解任董事会成员,最终赎回权利计划。④ 第三,即使敌意收购被挫败,目标公司的股东仍然始终能够行使他们的"终极权限",即发动一场投票代理权争夺来解任董事会成员。从这个层面来看,最高法院如此总结,"毒丸权利计划并不会对投票权代

---

① 纽约的地区法院和佐治亚州北区的美国地区法院可以直接适用其他司法管辖区的法律来判定毒丸计划中的"死亡之手"条款的合法性。参见 Bank of New York Co, Inc. v. Irving Bank Crop., et. Al., N. Y. Sup. Ct., 139 Misc. 2d 665, 528 N. Y. S. 2d 482(1988);Invacare Crop. v. Healthhdyne Technologies. Inc., N. D. Ga., 968 F. Supp. 1578(1997)。该案适用了佐治亚州的法律。在特拉华州,有关"死亡之手"条款是否因超越董事的合法权限而违法的问题首次出现在1989年的 Davis Acquisition, Inc. v. NWA, Inc.案中。但是在该案中,这一问题没有被确定下来,因为针对死亡之手条款的初步禁止令的动议已经基于其他理由得到解决。参见 Davis Acquisition, Inc. v. NWA, Inc., Del, Ch., C. A. No. 10761, Allen, C., 1989 WL 40845(Apr. 23, 1989)。此外,在1991年的 Sutton Holding Crop. v. DeSoto, Inc. 案中,"留任董事"的条款是否有效被间接地质疑了(但法院同样没有作出明确的认定)。在该案件中,公司的董事修改养老金计划,规定:当收购导致公司的"控制权变更"时,禁止终止或减少相关董事的福利。此处的"控制权变更"是指事先没有得到董事会2/3成员和大多数"留任董事"的批准,而取得公司35%以上表决权的股份时,被称为新的实际控股股东。

② Del. Ch., 490 A. 2d 1059, 1072, aff'd, Del. Supr., 500 A. 2d 1346 (1985) ("Moran")。

③ 毒丸计划中较为常见的方式有内翻式(flip-in)毒丸和外翻式(flip-over)毒丸,在此之上添加"死亡之手"条款的情况较为多见。其中内翻式毒丸指,董事会通过让目标公司股东能够以一定的折扣价格购买目标公司股权的方式来防止敌意收购方获得公司的控制权;而外翻式毒丸则指,董事会让目标公司的股东更能够以一定的折扣价购买合并后续公司的股份,来稀释公司的股价。——译者注

④ Moran, 500 A. 2d at 1354. The rights plan at issue there had a 20% acquisition trigger, but no continuing director provision. That innovation would not surface on a widespread basis until years later.

理角逐产生多严重的影响,更不可能挫败由支配股东发起的任何敌意收购。"①

公司的董事会能否获准导入毒丸权利计划的问题已经被解决,其次有待解决的争讼问题则是在什么情况下董事的信义义务要求董事会在面对一项敌意收购计划时赎回毒丸权利计划?② 同一争点问题不仅发生在特拉华州,20世纪80年代后半期也同样发生在其他地区。与此相关的经验显示,法院通常极度不愿在信义义务的层面下令要求赎回毒丸权利计划。究其原因,毒丸权利计划本身通常经过谨慎的安排,被证明在极大程度上对股东有益。实务中,毒丸权利计划可以带出竞价的过程,使得收购最终以一个友好且高出最初敌意收购报价的价格结束。

收购方的目的显然不是为了得到一个强制赎回毒丸权利计划的司法救济命令,因此他们不得不更新一些其他的方法来应对。由此,正如对Moran(1985)案的最高法院的建议的回应,进一步可预测的步骤被加入收购策略的演进中,即在发动要约收购的同时征集股东投票的代理权,以此来解任现任董事会,或将其成员替换成收购方提名的人员,并赎回毒丸权利计划。③ 因为这样的策略只要没有遭到反对,敌意收购方就能够亲自"终结"毒丸权利计划,所以目标公司的董事会也随之作出进一步的应对措施是可预测的,或者说只是时间问题而已。然而,在董事会的应对措施中,只有一个例外,即含有"死亡之手"条款的毒丸权利计划。这一措施在一些实务案例中确实"成功地"达到了目的,延迟了收购程序并且使得董事会能够找出其他替代方案来应对敌对收购。可惜的是,大多数措施都很不成功,甚至他们的目的是一并阻止投票代理权的争夺(并且作为结果阻止敌意收购)。

例如,在一些案件中,目标公司的董事会通过以下两种方式应对:(1) 修改公司章程推迟选任董事的股东大会;(2) 将定期股东大会推迟至章程允许的较晚日期,以此董事会或经营层能够探索其他替代性的应对措施来对付敌对收购(但并非为了保留他们的职位)。法院对这些应对措施都予以认可。④ 另外,目标公司董事会对(伴随敌意收购)投票代理权争夺作出的应对措施常为以下两

---

① Moran, 500 A. 2d at 1356.
② Meredith M. Brown & William D. Regner, 2 *Shareholder Rights Plans*: *Recent Toxopharmological Developments*, *Insights*, *Aspen*, *Law Business*, Oct., 1997, n. 9.
③ See, Unitrin, Inc. v. American General Corp., Del. Supr., 651 A. 2d 1361, 1379 (1995); Kidsco, Inc. v. Dinsmore, Del. Ch., 674 A. 2d 483, 490 (1995), aff'd, 670 A. 2d 1338 (1995).
④ 参见Stahl v. Apple Bancorp, Inc., Del. Ch., 579 A. 2d 1115 (1990),主张将年度股东大会推迟到法律允许的一个较晚的时点,以使目标公司的董事会能够制定出敌意收购的替代方案。再如,Kidsco Inc. v. Dinsmore, Del. Ch., 674 A. 2d 483 (1995),主张以修改公司章程的方式,在股东发起召集临时股东大会的情形下给予目标公司的董事会额外25天的时间,从而使股东能够通过投票来表决是否同意并购,并且在并购被否决时也能使董事会制定出代替方案。

种:(1)将股东大会挪至较晚的日期,使得现任董事会可以请求取消投票代理的授予,得以挫败明显能够在争夺战中胜出的敌意群体(敌意收购的一致行动人);或者(2)通过扩张董事会的规模,并设立新的职位由新选任的董事担任,因此无论投票代理权争夺的结果如何,都可以继续维持对现任董事会的支配。这两种应对方式被法院明确否定,认定为是违法无效的措施。[①]

上述判例经验告诉我们,当目标公司的董事会面临以敌意收购为目的的投票代理权争夺时,他们仍然能够出于诚实善意原则(in good faith),选择非排除(收购)型的防御措施,给予董事会更多时间去寻找对公司更有利的交易替代方案。然而,目标公司唯独不得采用会一并排除投票代理权争夺的防御措施,或是通过不正当地修改公司规则来维持现任董事会的任职的防御措施。

综上所述,唯一可以保证能够"阻止"敌意收购的措施是具有"死亡之手"特征的毒丸权利计划(例如:可能一并消除投票代理权的争夺)。理由是,如果只有现任董事或者由他们指定的继任人能够有权赎回毒丸计划的话,那么股东或者敌意收购方发起投票代理权争夺来替换掉现任董事就没有多大意义了。如此一来,只有一群人显得夺人眼球,他们被赋予权力既可以满足敌意收购方欲获得目标公司支配权的需求,也可以向目标公司股东提供为他们的持股争取更诱人的价格的机会。然而,与当事人的异想天开大相径庭的是,本案的法律问题,即确定"死亡之手"特征是否合法的讨论,仍然至关重要。

(二)双方主张

被告提出三个理由主张涉案"死亡之手"毒丸计划的合法性不应被质疑。其一,他们辩称,原告的主张并不成熟,甚至不进行如下步骤根本无法被审理:(1)确实存在一个可能被现任董事拒绝的特定收购;(2)同时,现任董事拒绝赎回权利计划,为的是让股东们可以充分地考虑收购计划并决定是否接受。其二,被告声称,即使原告的主张是充分的,由于他们的救济主张属于股东派生诉讼的范畴,然而他们却没有向董事会提出诉前救济请求,或提交任何事实证据证明他们可以被免除这种事前的请求程序,所以根据《衡平法院审理规则》第23.1条,法院应当驳回原告的诉讼请求。其三,被告还争论说,因为"死亡之手"条款并不

---

① 参见 Aprahamian v. HBO Co., Del. Ch., 531 A. 2d 1204 (1987),在股东投票委托书争夺战中,出于击败表面上的胜者的意图,推迟股东大会。法院认定该措施无效。或参见 Blasius Indus. v. Atlas Corp., Del. Ch., 564 A. 2d 651(1988),针对已发起的股东投票委托书争夺战,目标公司的董事会通过修改公司章程来创设两个新的董事会职位,并填补该职位来保持董事会的控制权,却不顾争夺战的结果。法院认定该措施无效。此外,另一个法律允许的防御措为"参差董事会"(starggered board)制度,又称"分级董事会"(classified board)。该措施不失为行之有效的方法,但其效果仍然有限。因为每年分级董事会只能委派其1/3的成员参加董事选任,所以分级董事会制度只能延误,而并不能阻止敌对的收购方获得董事会的控制权。通常势在必得的收购方虽然无法在一次单独的董事选任中获得对董事会的控制权,但可以发动股东投票委托书争夺战,用2年的时间即可获得目标公司董事会2/3的席位。

违反任何的法律规定的义务和信义原则下的义务,所以无论如何,原告的主张是没有任何救济权依据的。[1]

三、分析

……………

(二)"死亡之手"条款的合法性

1. 不正当的主张

原告主张托尔兄弟公司的毒丸权利计划具有"死亡之手"特征,因此同时违反了法律规定和信义义务。在法律规定的层面,"死亡之手"条款通过对董事做分级,只给予一部分董事赎回毒丸权利计划的权利,而其他董事却没有,这不合法地限制了将来继任的董事会成员的权力。根据《特拉华州法典》第8章第141(a)条和第141(d)条的规定,任何此种限制或董事会分级制度都必须明确记载于公司登记执照上。[2] 另外,原告主张由于这些限制并没有在托尔兄弟的公司章程中明确记载,所以权利计划中设置的"死亡之手"条款不仅超越了董事的权限范围,而且,归根到底,这显然是违法的。[3]

此外,原告还主张即使涉案毒丸权利计划没有超越董事的权限,对其批准的行为在一些方面实质构成了托尔兄弟公司董事会的忠实义务的违反。其原因包括:(1)"死亡之手"条款的制定仅仅或者主要为的是防御敌意收购;(2)该条款同时是一项极为不当的防御措施,因为该条款剥夺了股东接受收购的选择权,和参与投票代理争夺的机会,正如法院在 Unitrin, Inc. v. American General Corp. (1995)案[4]中阐述的一样,这种做法违反了在 Unocal Corp. v. Mesa Petroleum Co. (1985)案[5]中确立的原则;(3)"死亡之手"条款的意图非常明确,就是为了在不受强行法规制的情况下,干预股东的投票权委任,这一观点也是 Blasius Indus. v. Atlas Corp. (1988)案[6]中阐明的原则的组成部分。

被告主张,原告的这些请求没有一个是可以用特拉华州法律来审理的。他

---

[1] 由于有关"死亡之手"条款的合法性的争论是最关键的,所以这些争论应当被单独讨论,并被详细阐述。

[2] 原告还依据了禁止董事会签订相当于放弃或实质性限制董事会管理公司的法定权力的合同或其他协议的理论。See, Grimes v. Donald, Del. Ch., C. A. No 13358, Allen, C., Mem. Op. at 7, 1995 WL 54441 (Jan. 11, 1995), aff'd., Del. Supr., 673 A. 2d 1207 (1996); Abercrombie v. Davies, Del. Ch., 123 A. 2d 893 (1956).

[3] 在口头辩论中,原告首次提出了一个单独的法定无效论点,即使"死亡之手"条款在公司注册证书中有所表述,该条款仍会违反《特拉华州普通公司法》。该论点中隐含着这样一个命题,即我们的公司法剥夺了股东为对管理权进行特殊限制而签订合同的权力。因为在向法院提交的观点陈述中并没有明确地呈现或提出这一论点,所以它因来得太晚而没有在本次动议中被考虑。

[4] Del. Supr., 493 A. 2d 946 (1985).

[5] Del. Supr., 651 A. 2d 1361, 1372-74(1995).

[6] Del. Ch., 564 A. 2d 651, 662-63 (1988).

们争辩,涉案毒丸权利计划并没有意图排除或干涉为获得控制权的投票代理权的争夺,而且该计划也没有强迫股东对现任董事投赞成票,对其他候选人投反对票,因此该计划本身并不违法。被告确实承认,"死亡之手"条款分级出一类董事(即所谓的"现任董事"),给予他们比继任董事更多的权力。但他们强调,这种分级的做法并没有违反《特拉华州普通公司法》,因为特拉华公司的董事会将某些特定的管理内容(以及执行这些内容所需的权力)交给并非由所有董事会成员组成的特别委员会做是合法的,甚至这种对特别委员会授权的权力内容无须在公司登记执照上明确记载。由此,被告主张,托尔兄弟公司导入"死亡之手"条款的做法应当被视作是相当于对董事会的特别委员会(即现任董事)授予毒丸权利计划的专属赎回权。

甚至,被告还争辩说,根据在 Unocal(1985)案和 Unitrin(1995)案的经验,涉案毒丸权利计划并没有违反任何的信义义务。因为公司董事会成员的过半数都是独立董事,当公司持续受到某个敌意收购的影响时,他们应当明智地察觉到任何会削弱托尔兄弟公司的能力,使其不能达成经营目标。被告还主张,导入涉案毒丸权利计划是对敌意收购作出的合理反应。况且,因为该权利计划并没有排除公正且非强制性的并购要约,所以它的"死亡之手"特征并没有形成不正当的情形。最后,被告声称,毒丸权利计划并没有阻止股东选任新的董事会,即使新的董事会没有权利赎回毒丸权利计划,由于 Blasius(1988)案允许董事会在不得已的情况下能够干预股东的投票程序,所以涉案毒丸计划的上述安排也没有违反信义义务。另外,被告认为涉案毒丸权利计划完全经得住 Unocal(1985)案、Unitrin(1995)案和 Blasius(1988)案的结论的考验,所以根据经营判断原则本案的毒丸权利计划可以获得一个强有力的合法性推定,由此原告的主张根本不能算是一个法律问题。①

出于以下理由,本院决定否决被告提出的审前驳回诉讼的主张。

2. 有关违反法律规定的主张

在仔细分析双方的主张和法律权利后,本院认为,原告的主张是合法且充分的请求,即涉案托尔兄弟毒丸权利计划中的"死亡之手"条款违反了《特拉华州法典》第8章第141(a)条和第141(d)条。原因如下有三。

第一,毫无疑问,本案毒丸权利计划确实仅授予了部分董事而非全部董事赎回权利计划的权力。但根据《特拉华州法典》第141(d)条的规定,在董事之间创设不同投票权的权利只在分级董事会制度下存在,或者这些不同的权利授予应

---

① 被告还辩驳说,原告基于信义义务主张太过鲁莽仓促,甚至都没有等到董事会面对一个具体的敌意收购时,拒绝赎回权利计划的现实情况就出现了。所以,被告不过是换了一种说法来指责原告的论点不够成熟,而就这种说法,本院已经在前述"原告的主张是否成熟"的部分作了分论证,故予以驳回。

当在公司登记执照上明确记载。第141(d)条的相关内容如下:

……公司的登记执照可以给予不同的种类或系列股份的股东权利选任一名或多名的权利,而这些被选出的董事则代表该种类股份股东的权利。然而,对投票权做如此的安排必须明确记载在公司登记执照中。从而,这种明确记载于执照的分级管理层和被赋予的投票权可能大于或小于其他任何董事或其他任何董事分级。……

对以上引用的、清晰明了的法条内容作具体解释的话,是指一类董事或一群董事若被赋予排他的投票权,这些排他性的投票权必须记载于公司执照上。但托尔兄弟公司并没有这么做。

第二,第141(d)条明确规定只有股东可以选任一名或多名董事,并授予他(们)这种(或更大)投票权的,显然董事或其分级成员没有这样的选任权。此外,在特拉华州的法律中也没有规定允许任何公众公司(Public Corporation)选任一些董事,并给予他们少于剩余董事的权利。更不用说,本案的类似安排甚至只是董事会单方面的规定。① 选任董事并对其进行授权是股东的合法权益,然而,仅对现任董事授予排他的毒丸权利计划赎回权的做法,实质上就是违反了这一法律规定。由此,原告主张,本案权利计划对赎回毒丸权利计划的投票权的分配并没有记载在公司执照中,所以该权利计划因具有"死亡之手"的特征而超越了董事的权限且违反了特拉华州法律。

第三,原告还请求认定"死亡之手"条款可能违法地妨碍董事在管理公司和处理公司事务时的法定权力。该法定权力明确记载于《特拉华州法典》第8章第141(a)条,即:

本章节中所规定的公司的经营与日常事务都应当在董事会的指导下进行管理,本章节或公司营业执照中另有规定的除外……"死亡之手"毒丸权利计划的目的就在于通过限制股东赎回计划的权力,而仅把赎回权授予现任董事,来阻挠敌意收购。因此,原本为了赎回毒丸权利计划切实可行的方法就替换掉整个董事会的成员,但在"死亡之手"条款之下,这种方法在法律上也变得不可实现了。② "死亡之手"条款会危及新任董事会实现经营统合的能力,因为这些新任董事并没有赎回毒丸权利计划的权利,就无法与"现任董事"竞争,即使现任董事只占董事会少数的名额。如此,原告主张,"死亡之手"条款可能妨碍董事会在公司交易中发挥以"公司利益(以及股东利益)至上"的功能,而这一功能是商业企业的重要基石,也是其关键命脉。③

本院采用法律分析后得出如下结论,其重要组成部分和论据则是 Bank of

---

① "Gordon", 19 *Cardozo L. Rev.* 511(1997), p.537.
② Id. 537-538.
③ "Gordon", 19 *Cardozo L. Rev.* 511(1997), p.538.

New York Co. v. Irving Bank Corp. (1988) 案的判决经验。[1] 在该案中，纽约最高法院判定，为了挫败由敌意收购方发起的要约收购或投票代理权争夺，对预先已经导入目标公司的毒丸权利计划进行修改，加入所谓的"现任董事"条款是违法的。纽约最高法院观察到，作为案件争点的现任董事条款，创设了拥有不同权限的董事分级，同时有效地限制了继任董事会（其成员通常不是现任董事或现任董事提名的人员）的权限，却给予现任董事提名的董事会以前者所没有的权限。例如，现任董事会或由其提名的董事会成员可以拥有赎回毒丸权利计划的权利。即使继任董事会可能是由过半数股东选出的，由于并非由现任董事提名，就无法获得毒丸权利计划的赎回权。[2]

上述结论同样可以适用于本案。

在 Bank of New York Co. v. Irving Bank Corp. (1988) 案中，现任董事条款违反了《纽约商业公司法》的强制规定，即除非所有的公司创始人或登记在册的股东同意在公司执照中载入对董事会权限的限制，否则任何限制董事会权限的规定都是违法的。虽然特拉华州法律和纽约州法律在相关问题上的文字表达并非一模一样，但是他们背后蕴含的目的都是一样的：两州的法律都要求对董事的权限作出限制的话必须明确记载于公司章程。Bank of New York Co. v. Irving Bank Corp. (1988) 案中的权利计划因为没有记载于公司章程被判定无效。同样的对于本案托尔兄弟公司的权利计划也是如此。

对此，被告提出两方面的抗辩。第一，被告主张，从文义上看权利计划并不会排除或妨碍为获得控制权的投票代理权争夺，也不会强迫股东投票赞同或反对某些特定的董事提案。第二，被告认为，本案的"死亡之手"条款其实相当于选任一个董事会的特别委员会，其成员由现任董事组成，并拥有毒丸权利计划的赎回权。

以上两种说法本院均不予以肯定。首先，第一项主张的基本论点是，本案的毒丸权利计划并没有违反任何董事会的信义义务。但这并不能回答该计划是否违反了法律规定。其次，第二项主张完全没有事实依据。在导入毒丸权利计划之时，董事会可能会，也可能不会明确说他们设立了一个特别委员会，并给予该委员会排他的毒丸权利计划赎回权。把"死亡之手"条款比作设立特别委员会，从根本上忽视了设立董事会特别委员会和毒丸权利计划的"死亡之手"条款之间的基础构造差异。一般地，特别委员会的设立并不会导致对同一董事会的不同成员间的权限分配不均的现象长期化。但是，托尔兄弟公司的"死亡之手"条款，如果是合法有效的，将会在董事会内部植入权限分配差异的构造，并且继任董事会直到毒丸权利计划于2007年到期都无法废除这种差异构造。

---

[1] See, n. 10, supra, 528 N.Y.S. 2d 482.
[2] 528 N.Y.S. 2d at 484.

综上所述,由于涉案"死亡之手"违反法律规定,本院驳回被告的动议。①

3. 违反信义义务的主张

由于原告提出的涉案毒丸权利计划违反法律规定的主张已经被认可,本院的分析本可就此结束。但是,原告同时还提出了,董事会导入具有"死亡之手"特征的毒丸权利计划违反了信义义务中的忠实义务。为了作出完整判决,我们也将在此解决这一问题。

关于本案"忠实义务"的主张有两个争点。第一,"死亡之手"条款是不是故意规避强行法的规定,干预股东的投票权委托意愿。这种做法在 Blasius(1988)案中被认为是违法的。第二,"死亡之手"条款是不是一种极其不当的防御措施,因为它排除了或很大程度地限制了股东自愿接受收购要约的权利和发起投票代表权争夺来更替董事的权利。在 Unocal(1985)案和 Unitrin(1995)案中,当公司面临被收购时,董事导入"死亡之手"条款的行为不能用经营判断原则来矫正,由此应当被认为是违反信义义务的行为。

作为结论,正如下述论证,原告提出的被告"违反信义义务"的主张也能够适用特拉华州法律来审理。

(1) Blasius(1988)案中违反信义义务的主张

敌意收购的防御措施的合法性通常都是用 Unocal(1985)案和 Unitrin(1995)案中确立的标准来衡量的。但是当防御措施故意剥夺股东的选举权时,对董事会的行为通常要求用 Blasius(1988)案的标准来判断,特拉华州的最高法院如此阐述:②

董事会单方面导入防御措施意图剥夺股东的选举权,如果涉及"控制权的问题",则在很大程度上,应当适用 Unocal(1985)案的标准,不能再说董事会的行为没有法律的限制。

被告主张"死亡之手"条款故意剥夺公司股东的选举权,不受任何法律的限

---

① 被告援引了 Invacare Corp. v. Healthdyne Technologies, Inc., 968 F. Supp. 1578(N. D. Ga. 1997)一案,但该案非常特殊并不能适用于本案。在 Invacare(1997)案中,佐治亚州北区美国地区法院适用佐治亚州的法律,认可了目标公司权利计划中的"留任董事"条款。该案的原告主张,如果"留任董事"条款对董事会的权力施加了重大的限制,而根据佐治亚州的公司法这些限制本应包括在公司章程或细则中,却没有被体现时,应当认定相关的"留任董事"条款无效。然而,法院驳回了这一论点。与纽约州法院做法不同的是,佐治亚州法院认为《佐治亚州商业公司法》并没有强制要求在公司章程中表达对董事权力的限制。同时,该法院指出,佐治亚州的法律赋予董事会"专享的自由裁量权"来决定权利计划的条款和条件,并且法律的官方评注(the Official Comment)指出,董事会的自由裁量权仅受其对公司的信义义务(fiduciary duty)的限制。法院还认为《佐治亚州的公平价格法》中的条款要求公司支配权的变动需要由"留任董事"一致同意,或由至少 2/3 的"留任董事"推荐,并由特定百分比的股东投票同意。这一要求支持了这一种结论,即"佐治亚州的公司法允许公司使用'留任董事'的概念,作为防御敌意收购的一部分"。然而与纽约一样,特拉华州的相关公司法律制度与佐治亚州的有很大的不同。

② Stroud v. Grace, Del. Supr., 606 A.2d 75, 92 n. 3 (1992).

制。但事实上，这种剥夺行为之所以会出现是因为，即使董事选任之争是围绕敌意收购展开的，股东也没有太大的权限可以选出一个既愿意也能够接受并购的董事会，同时，由于只有现任董事有权改变这种状况，股东"可能被迫选他们连任"。①

诉讼主张指出董事们事实上等于"创设了一种使股东投票权变得无用或作茧自缚的构造"②就等同于主张董事的行为是故意剥夺股东的选举权。根据最高法院在 Moran(1985)案中判定毒丸权利计划合法有效的逻辑论证，以及本院以股东投票权优先的公司法司法模式，与此相反的观点很难成立。在 Moran(1985)案中，最高法院认定导入毒丸权利计划的合法性，在某种程度上是因为该案的毒丸权利计划对投票代理权争夺的影响甚小。③ 同时，也因为如果董事会拒绝赎回计划，股东可以行使他们的特权来解任或替换董事会成员。在 Unocal(1985)案中，最高法院重申了该观点，只有当股东的选举权不受任何限制的情形下，允许董事会拒绝大多数股东愿意接受的敌意收购的安全阀门才被打开。④ 这些结论反映了一项基本价值观，即在我们的公司治理体系中股东的投票权是最优先的，因为投票权是董事权限的合法范围的认识基础。⑤ 就如前任大法官 Allen 在 Sutton Holding Corp. v. DeSoto, Inc.(1991)案中所述：⑥

公司机关的规定如果主要是为了限制或胁迫股东选举权的自由行使，那么（这）是极其不可靠的。股东投票权是用以划定董事个人的合理权限范围的基础。除非在极度极端的情况下，我认为股东投票权形成了一项对公司管理层的基本防御机制，以防止个别董事滥用公司权力左右股东的表决权行使。

被告主张，因为本案的毒丸权利计划从字面看并没有限制提出不同的董事

---

① "Gordon", 19 *Cardozo L. Rev.* 511(1997), p.540.
② Id.
③ Moran, 500 A. 2d at 1355.
④ Unocal, 493 A. 2d at 959 (如果公司股东对公司的董事们的行为表示不满，那么他们可以利用其掌握的公司的民主权力去罢免董事会)。
⑤ Blasius, 564 A. 2d at 659; see also, Unitrin, 651 A. 2d at 1378(在公司实务中存在某些旨在通过剥夺公司股东的选举权来动摇公司民主的本质的规避行为，针对这些规避行为本法院向来保持一种谨慎的态度)。另参见 Paramount Communications, Inc. v. QVC Network Inc. Del. Supr., 637 A. 2d 34, 42 (1994)(正是因为选举权极其重要，法庭和平衡法院一直以来都致力于保护股东的选举权免受无正当理由的阻挠)。
⑥ Del. Ch., C. A. No.12051 at 2, Allen, C., 1991 WL 80223(May 13, 1991). 在该案件中，萨顿控股公司面临一项挑战，即董事会通过的有关企业养老金计划的决议是否合法的问题。决议的具体内容为，如果发生"支配权变动"，禁止在 5 年内终止或减少董事的相关养老金利益。而此处的"支配权变动"是指，事先未经过 2/3 以上董事或大部分"留任董事"同意，有新的股东取得公司 35% 以上的股份成为收益所有人(beneficial owner)或取得更多流通股份的情形。大法官 Allen 意识到这一决议条款的目的是阻止任何"侵入者"通过减少公司超额的养老金专款实现收购中的部分融资，同时允许为了公司的利益而将该养老金专款分配给由在现董事("留任董事")选出的董事。同时，大法官还注意到了这点："……以我的观点来看，事实上最严重的问题是，此处所指的'敌人'，即侵入者，包括未经董事会提名却由股东们选出的任何人。" Id. at 3 n. 3. 该问题在股东权利计划(the Rights Plan，又称"Shareholder Rights Plan"，即"毒丸权利计划"的法律名称)中同样被诟病。

候选人名单,也没有限制股东的投票权限,所以原告的请求并不是一项可以以股东被剥夺选举权为由的有效主张。被告还声称,即使可能可以证明本案的毒丸权力计划具有以上效果,它也仅可能在公司真的面临一项特定收购时(而非所有的收购)才会发生。① 敌意收购方提出的价格公正,且愿意将要约期间设置为一年或更长;② 现任董事会拒绝赎回计划;以及③ 要约方发起两次成功的投票代理权争夺,并正着手发起第三次。

在我看来,这种论点不过是在避重就轻而且不切实际。我说被告在避重就轻,是因为原告的主张并没有提及本案的毒丸权利计划限制了股东的投票权。原告主张的是"死亡之手"条款是否会一并妨碍敌意收购人发起投票代理权争夺,若代理权争夺应当存在,那么这种排除行为则会胁迫想要接受敌意收购的股东不得不投票给反对敌意收购的董事,即现任董事。除了偷换论题以外,被告的论点也很似是而非。因为被告所主张的假定情况必须真的发生了股东选举权被剥夺,但事实上敌意收购方设置一年以上的要约期间是几乎不可能的假设。考虑到对公众公司发起敌意收购中融资的固有市场风险,假定大多数收购人愿意这么做是完全不贴合实际情况的。

基于以上原因,本案原告根据 Blasius(1988)案提起的被告违反信义义务的主张属于特拉华州法律可审理的范围。

(2) Unocal(1985)案和 Unitrin(1995)案确立的信义义务主张

本案最终的争点是,参照 Unocal(1985)案确立的标准,本案原告认为包含"死亡之手"条款的毒丸权利计划是一项不合理的防御措施的主张是不是一项合法可审理的问题。我认为,原告的主张是合法可审理的。

作为一个程序问题,必须强调 Unocal(1985)案要求对诉讼主张进行更严格的司法审查。在此前提之下,董事会有责任向法院证明① 董事会有合理理由相信对公司政策和有效运作的危险真实存在;并且② 董事会作出的"防御回应是与该威胁合理相关的。"①这种审查从本质上看,是事实导向的,并且要求有事实记录。因此,正如最高法院最近阐明的一样,仅仅为了驳倒原告的诉请的抗辩动议"通常都无法满足更严格的审查。""根据《衡平法院审理规则》第12条的规定,应当尽早驳回这种缺少事实充分佐证的推断性主张。"②

然而,此处争议的原告主张根本谈不上具有推断性。在 Unitrin(1995)案中,如果防御措施达到胁迫或排除的效果,那么该措施就是不正当的(不合理的)。原告的主张声称,"死亡之手"条款"通过迫使股东投票给现任董事或他们指定的人来剥夺股东的选举权,因为股东们如果不这么做则无法获得一个可以

---

① Unitrin, 651 A. 2d at 1373 (citing Unocal, 493 A. 2d at 955).
② In re Santa Fe Pacific Corp. Shareholder Lit., Del. Supr., 669 A. 2d 59, 72 (1995).

代表股东完整地行使其特权的董事会。"①这一主张已经充分可以说明"死亡之手"条款具有胁迫性。同时,该主张还认为,该条款"通过排除用投票代理权争夺获得公司支配权的方法后,等于完全挫败了任何向公司发出的收购要约。因为在代理权争夺中选出的董事们仍然无法赎回毒丸计划";②同时,"也使得将来为了获取托尔兄弟公司的控制权而发起的投票代表权争夺变得异常昂贵,让人望而却步,以至于根本无法实现。"③"如果防御措施让收购方提起获胜的投票代理权争夺以及获得公司支配权的能力变得几乎不可能以及事实上根本无法实现的话,该防御措施就具有排除的效果。"④所以,原告的这些说理都足以支持以下主张,即"死亡之手"条款会使投票代理权争夺"变得根本无法实现",所以在 Unitrin(1995)案的标准下是极其不当且不合理的。

四、判决结果

本院决定,综上所述,根据特拉华州法律原告的请求是应当被认可的救济请求。因此,我们驳回被告请求否定原告请求的动议。

判决如上。

案例原文⑤

(五)驱鲨剂措施

驱鲨剂(Shark Repellants)措施,是指在目标公司的章程中为敌意收购设置的障碍性条款,旨在吓阻或驱逐敌意收购人,又称"箭猪条款"或"反接收条款"。常见的"驱鲨剂"条款主要包括:分期分级董事会制度(Staggered Board Election)、绝对多数条款(Super-majority Provision)、公正价格条款(Fair Price Provision)等,以及限制大股东表决权条款和限制董事资格条款等等。

所谓分期分级董事会制度,又称董事会轮选制,是将董事分为若干组,股东会每年只能依次改选其中一组。它可以决定采取增资扩股或其他办法来稀释收购者的股票份额,也可以决定采取其他办法来达到反收购的目的。我国不少上市公司章程中已经设置了分期分级董事会制度。例如,美的电器 2006 年修订后

---

① Complaint at ¶26(b).
② Id. at ¶26(a).
③ Id. at ¶27.
④ Unitrin, 651 A. 2d at 1388-89;see also,"Gordon",19 *Cardozo L. Rev.* 511(1997),p.541.
⑤ Available at https://casetext.com/case/carmody-v-toll-bros-inc,2023-9-18.

的公司章程第 96 条规定:"董事局每年更换和改选的董事人数最多为董事局总人数的 1/3。"分期分级董事会条款,通常与公司章程中的超级多数表决条款结合起来,以达到更好的反收购效果。但我国《公司法》(2018)第 103 条 2 款的"但书"规定,股东大会作出修改公司章程的决议,必须经出席会议的股东所持表决权的 2/3 以上通过。这意味着,即使理论上收购方掌握了目标公司 66% 的股权,仍然可能无法在两年以内入主董事会、顺利取得公司的控制权。由于董事会在我国的上市公司治理结构中居于强势地位,因此分期分级董事会极有可能成为实践中主要的反收购手段之一。例如,我国市场上曾出现过的四砂股份控制权之争,就是目标公司成功驱逐大股东的案例。①

所谓绝对多数条款,是指在目标公司章程中规定,对于影响控制权变化的重大事项(诸如合并、分立、出售特定资产等)决议必须经过拥有绝对多数表决权股东的同意;特别地,如果要更改公司章程中的反收购条款,必须经过绝对多数股东或董事同意,以此增加收购者接管、改组目标公司的难度和成本。比如目标公司的章程中规定:须经全体股东 2/3 或 3/4 以上同意,才可允许公司与其他公司合并。这意味着收购者为了实现对目标公司的合并,需要购买 2/3 或 3/4 以上的股权或需要争取到更多的(2/3 或 3/4 以上)股东投票赞成己方的意见,这在一定程度上增加了收购的成本和收购难度。这种反收购对策对股价可能有一定的影响,但通常被认为是一种温和的反收购对策。

(六) 交叉持股措施

交叉持股,又称相互持股,是指关联公司或关系友好公司之间相互持有对方股权,一旦其中一方遭到敌意收购威胁时,另一方即施以援手。具体做法是,一个公司购买另一个公司 10% 的股份,另一个公司反过来也购买这个公司 10% 的股份,一旦其中一个公司被作为收购的目标,另一个公司就会伸出援助之手,避免关联或者友好公司被收购。交叉持股往往能集合力量,共同抵御敌意收购的风险,是反收购的有力武器;但如果反收购失败,交叉持股的措施也可能为敌意收购方进一步收购参与交叉持股的关联公司提供便利,造成一损俱损的结果。公司之间的交叉持股,可能带来公司治理方面的种种弊端,所以历来为各国或地区立法所限制。但以上限制性规定可以通过"环形持股"的设计轻松绕过,从而降低对"交叉持股"措施的限制。尽管如此,税收方面的法规仍可能起到间接限制"环形持股"的作用。

交叉持股方便易行,但是我国新旧《公司法》均无针对的限制性规定,未来极

---

① 王博:《王石最后的战役:进击还是出局?》,载《中国企业家杂志》2016 年第 6 期。转引自中国商法网,http://www.commerciallaw.com.cn/index.php/home/cases/info/id/215.html,访问时间:2022-8-30。

易成为国内上市公司施行"合纵"之计、抵抗敌意收购的预设措施。为防止相互持股的弊端,《公司法》(2018)、《证券法》(2019)应该对其加以必要的限制。我国市场实践中交叉持股的较早典型案例是广发证券对中信证券的敌意收购案。在该案中,广发证券与深圳吉富、吉林敖东、辽宁成大三家公司的交叉持股情况如下:广发证券的工会持有辽宁成大16.91%的股份;广发证券及其控股的子公司——广发基金旗下的两支基金是吉林敖东的第一大流通股股东;深圳吉富的前三大股东则分别为时任广发证券总裁董正青(出资800万元)、广发证券董事长王志伟(出资430万元)和广发证券副总裁李建勇(出资318.8万元)。①

(七) 焦土政策

焦土政策(Scorched Earth Policy),指的是目标公司大量出售公司资产,或者破坏公司的特性,以挫败敌意收购人的收购意图。这种自残且常常导致两败俱伤的策略,常用做法主要有两种:(1)出售皇冠之珠(Crown Jewel),是指目标公司可能将引起收购者兴趣的"皇冠上的珍珠"(即那些经营好的子公司或者资产)出售给第三方,或者赋予第三方购买该资产的期权,使得收购者的意图无法实现;或者增加大量资产,提高公司负债,最后迫使收购者放弃收购计划。(2)虚胖战术,即目标公司购置大量与经营无关或盈利能力差的资产,使公司资产质量下降;或者是进行某些长时间才能见效的投资,使公司在短时间内资产收益率大减。通过采用这些手段,使公司从精干变得臃肿,使得收购之后加重买方的负担。

(八) 帕克曼防御

帕克曼防御(Pac-Man Defense),又称反噬防御,即收购收购者,是指在反收购中,目标公司以收购袭击者的方式来回应其对自己的收购企图。目标公司在遭到收购袭击的时候以攻为守、以进为退;或者反过来对收购者提出要约而收购对方公司,或者以出让本公司的部分利益(包括出让部分股权为条件),策动与本公司关系密切的友好公司出面收购收购方股份以达到自救的效果。由于帕克曼防御措施的极端性,通常被认为是"世界末日方式"。帕克曼防御术的运用,一般需要具备以下几个条件:袭击者(收购公司)本身应是一家公众公司,否则谈不上收集袭击者本身股份的问题;袭击者本身有懈可击,存在被收购的可能性;以及反击方(目标公司)需要有较强的资金实力和外部融资能力等等。

(九) 双重资本重组

双重资本重组(Dual Class Recapitalization),又称双重表决权结构(Dual

---

① 综合参考《吉富首次公开广发高层持股超低价收购成大股权》,载《上海证券报》2004年12月23日;谢九、王伟力《中信收购广发"野蛮人"战争》,载《新财富》2004年第10期;《深圳吉富收购广发股权内幕》,载《中国经营报》2008年6月2日。

Class Structure)、牛卡计划,是将目标公司的普通股股票依投票权的不同划分为高低两个不同的等级,其中低级股票每股拥有一票的投票权,高级股票每股拥有十票的投票权。实行双重资本重组可以使得目标公司管理层掌握足够数量的高级股票,因而即使敌意收购者获得了大量的低级股票,也难以取得公司的控制权。在公司首次公开发行上市时,原始股东对重大事项(例如选举董事、公司合并、出售公司及公司资产等)掌控了多数投票权,因而能够阻碍其他人收购公司,是一种反恶意收购计划。

(十) 绿色邮件

绿色邮件(Greenmail)由 green(美元的俚称)和 blackmail(讹诈函)两个词演绎而来,是指贿赂外部收购者,以现金流换取管理层的稳定。其基本原理为目标公司以一定的溢价回购被外部敌意收购者先期持有的股票,以直接的经济利益赶走外部的收购者;同时,绿色邮件通常包含一个大宗股票持有人在一定期限(通常是10年)内不准持有目标公司股票的约定(standstill)。与前面所述反收购措施的共同点在于被收购公司的管理层与外部敌意收购者始终处于一种对立的状态中不同,绿色邮件策略通过给予外部攻击者一定的直接经济利益的方法换取并购大战的和平解决和目标公司管理层的稳定。但是由于这种政策直接以牺牲被收购方(即目标公司)股东利益为代价来换取管理层的稳定,一般受到各国或地区监管当局的严格禁止,基本上属于公司私下里的行为。一旦发现,管理层通常会被处以严重的惩罚。

二、反收购法律制度

市场实践证明,不管反收购措施以何种方式或理由进行,都很难排除管理层"自利自保(Entrenchment)"的因素。但是,由于英美等国公众持股公司的两权分离,公司董事会享有高度自治权,因此董事会所采取的反收购措施通常都会得到法律支持。由此可见,在反收购措施所涉及的三方当事人中,以收购公司与目标公司的管理层二者斗争为主为烈,其利害关系(包括经济利益和非经济利益)至巨。但是,反收购活动同收购活动一样,会对整个社会经济产生巨大的影响,尤其在股权分散(即资本社会化)的国家更是如此。因此,各国或地区对反收购措施的法律规制,首先必须确立兼顾平衡理念和规制管理层两大规制原则。所谓兼顾平衡理念,要求立法对目标公司的反收购措施采取不偏不倚的态度,既不能为了方便目标公司的反收购而放松甚至放纵对其采取措施及该措施所导致后果的约束,又不能一味设置障碍增加目标公司通过反收购措施维护自身合法权益的阻力。所谓规制管理层原则,是指规范目标公司的管理层之行为,主要体现在公司管理层的信义义务上。

美国规制反收购措施的立法分为联邦法与州法两个层次,并且制定法与判例法相辅相成:各州制定法赋予目标公司董事会相当程度的反收购权力,判例法则坚守董事信义义务的底线,与证券法律等联邦法上的信息披露制度一起发挥着制衡作用,确保董事会为公司、股东乃至其他利害相关者的利益实施反收购决策。(1)联邦立法对收购与反收购持中立态度,《威廉姆斯法》对反收购的规制主要体现为要求目标公司管理层在采取反收购措施时进行充分的信息披露。除此以外,对反收购的制定法规制主要来自各州公司法。(2)州级立法对公司收购持限制态度,并为反收购措施提供法律依据,判例法则为审查具体反收购措施的合法性提供检测标准。判例法以普通法上的董事勤勉义务和商业判断规则(Business Judgment Rule)为理论依据,将其引入审查反收购措施合法性的案件中。特拉华州最高法院通过对一系列案件的审理,确立了审查反收购措施的基本原则:如果董事会善意地认为,反收购措施对于维持其认为合适的商业实践是必需的,董事将不对反收购措施的实施承担责任,即使事后证明此种决定并不明智;如果董事会决定采取反收购措施仅仅只是或者主要是为了"自利自保",那么此种反收购措施就是不正当的。又因为在决定反收购时,董事会必然身处利益冲突之中,法律规定董事会应承担证明责任,举证证明其决定采取反收购措施是为了公司或全体股东利益,而不是为了董事的个人私利。特拉华州最高法院通过司法判例确立了董事会证明责任的具体标准:目标公司董事会能够举证证明其行为符合合理性标准和适当性标准时,其对已经发动的收购行为所采取的反收购措施即可获得商业判断规则的保护。其中,所谓合理性标准,是指收购行为对公司的经营政策和有效存在构成威胁;所谓适当性标准,是指较诸上述威胁,经合理论证后采取的反收购措施是适当的。此后,特拉华州最高法院进一步确立了拍卖规则(Auction Rule),即当目标公司无法避免被收购的命运时,公司董事就有义务像拍卖人那样,为股东寻求最佳的收购价格;在这一阶段,董事应平等地对待所有的竞价收购者。

英国的《伦敦城收购与合并守则(2009年版)》在"基本原则"中明确规定,"受要约公司的董事会必须为该公司的整体利益而行动,不得剥夺该公司的证券持有人就要约的价值进行判断的权利。""在要约过程中,或者虽在要约日之前但受要约公司董事会有理由相信一项真正的要约可能即将发出,则董事会不得在未经股东大会批准的情况下,就公司事务采取任何行动,以使要约遭到挫败,或使股东没有机会对要约的价值作出决定。"该守则第21.1条(b)项对受要约公司的董事会不得从事的行为作出了具体规定:(1)发行已经授权但尚未发行的股份,或者出让或出售,或者同意出让或出售任何库藏股;(2)就未发行的股份作出发行或授予期权;(3)创制或发行,或者允许创制或发行附带转股或认股权利的证券;(4)出售、处分或取得,或者同意出售、处分或取得大量资产;(5)在公司的正常业务范围之外签订合约。继受英国法的我国香港地区的《公司收购、合并与股份购回守则》(Hong Kong Codes on Takeovers and Mergers and Share Repurchases,2005)对限制目标公司管理层的阻挠措施作出了大致相同的规定,并强调了若干细节性措施。由此可见,在英国以及我国香港特别行政区,当敌意收购迫在眉睫或者已经发生的情况下,反收购的决策权归属于目标公司股东大会,董事会无权擅自阻挠敌意收购的进行。同时按照《2006年英国公司法》的规定,在《伦敦城收购与合并守则(2009年版)》之外的其他情况下,只要不违背公司章程,是否采取反收购措施则属于董事会的经营决策职权。

欧盟《关于收购要约的第2004/25/EC号指令》(The European Union Directive on Takeover Bids: Directive 2004/25/EC)(以下简称"欧盟《收购指令》")第9条中规定,至少在受要约公司收到要约信息时起至要约结果公布,或者失效时止这段时间内,除寻找竞价要约以外,受要约公司董事会在未获得股东大会预先做出的授权时,不得从事任何可能会使要约受到阻挠的行为,尤其是不得发行新股以使要约方的要约行为遭受长期的阻挠。德国《证券取得与收购法》(Securities Acquisition and Takeover Act)对受要约公司董事会和监事会的行为虽然进行了合理限制,但是它并未完全排除董事会在面临收购时采取反收购措施的权利。事实上,与欧盟《收购指令》所规定的"董事会的严格中立义务"相比,德国更倾向于对公司管理层的反收购行为采取宽松的态度,给予管理层一定的自由裁量空间。

我国对反收购活动的立法文件,主要包括《证券法》(2019)、《公司法》(2018)、《上市公司收购管理办法》(2020)等。其中,《公司法》(2018)第147条、第148条分别原则上规定了管理层的忠实和勤勉义务。《上市公司收购管理办法》(2020)也突出了目标公司管理层的一般性忠实勤勉义务,明确规定不得为包含敌意收购在内的收购行为"设置不适当的障碍"(第8条2款);第33条规定,收购人作出提示性公告后至要约收购完成前,被收购公司除继续从事正常的经营活动或者执行股东大会已经作出的决议外,未经股东大会批准,被收购公司董事会不得通过处置公司资产、对外投资、调整公司主要业务、担保、贷款等方式,对公司的资产、负债、权益或者经营成果造成重大影响。目前正在制定的《上市公司监督管理条例》(征求意见稿)要求收购人具有相应的经济实力和良好的诚信记录,赋予证监会根据审慎监管的原则认定恶意收购者等广泛的权力(第59条),赋予了证监会对可能的恶意收购者实施强行检查(第75条第2款、第79条)和采取严厉的执法措施(第102条)。同时,鉴于反收购措施种类的层出不穷、利弊兼具的两面性,该《条例》(征求意见稿)未对各种反收购措施的合法性在立法上做出判断,而是将其留给主管机关(即证监会)及人民法院根据具体情况做出评价,尤其是对管理层是否尽到忠实勤勉义务的判断交由人民法院根据具体个案进行斟酌判断为妥。法院在判断管理层的忠实勤勉义务时可以借鉴美国判例法所确立的"董事信义义务"和"商业判断准则"。此外,加上《证券法》(2019)所规定的信息披露、部分强制要约、公平待遇,以及财务顾问等制度,我国现有的立法体系已经为防范恶意收购行为搭建起了较为严密的屏障。

第八章 资产证券化制度

我国自改革开放以来,持续快速发展的经济对资本一直有着旺盛的需求。然而由于一些企业经营的不规范以及市场因素的影响,使得商业银行不良资产比重逐渐增加,贷款能力受到了约束;再加上包括公司在内的各类企业在证券市场上发行股票或企业债券要受到各种条件的限制,造成直接融资很难大范围普及,从而使筹资成为影响中国目前经济发展的最重要的问题之一。因此,不断地开拓新的融资方式,为经济实体注入新的血液成为重大问题,实施资产证券化则成为解决该问题的有效渠道之一。1999年,随着四大金融资产管理公司(即中国信达资产管理公司、中国东方资产管理公司、中国长城资产管理公司、中国华融资产管理公司)的成立,以及国有商业银行公司化改革的推进,我国推行资产证券化融资也已经具备了一定的条件。但是,资产证券化毕竟是一种新生事物,我国现有法律法规对此种金融创新的规制尚不完善,仍处于探索阶段。本章以介绍发达资本市场国家资产证券化的成熟经验为主,并以此讲解与评析我国发展该种金融创新活动的法制框架。

第一节 资产证券化概述

一、资产证券化的定义

资产证券化(Asset Securitization),是西方国家商业银行为了规避《巴塞尔协议》(The 1988 Basel Accord)的资本充足率要求和各国严厉的金融监管政策应运而生的,是20世纪70年代以来国际金融领域最重要的金融创新活动。但迄今为止,资产证券化还没有统一的定义,仅有某些通说而已。约瑟夫·C.申克(Joseph C. Shenker)和安东尼·J.克莱塔(Anthony J. Colletta)二人提出有代表性的定义是:"资产证券化是指股权或债权凭证的出售,该股权或债权凭证代表了一种独立的、有收入流的财产或财产集合中的所有权利益或由其所担保,这种交易被架构为减少或重新分配在拥有或出借这些基本财产时的风险,以及确保这些财产更加市场化,从而比仅仅拥有这些基本财产的所有权利益或债权有更多的流动性。"①SEC认为,资产证券化是"创立主要由一组不连续的应收款或者其他金融资产集合产生的现金流担保的证券,它可以是固定的或是循环的,并可根据条款在一定时期内变现,同时附加一些权利或其他资产来保证上述担保或按时地向持券人分配收益"②。归纳上述定义,可对资产证券化作如下界定:将缺乏流动性的基础资产通过结构性重组转换为在金融市场上具有流动性之证券的行为,其目的在于将缺乏流动性的资产提前变现,解决资产的流动性风险。理解该定义必须理解基础资产、结构性重组和资产支持证券三个概念。

所谓基础资产(Underlying Assets),又称被证券化资产,是指能够产生现金流但通常又缺乏流动性的资产。一般而言,符合下述特征的资产比较容易实现证券化:(1)资产能在未来产生稳定的、可预测的现金流;(2)原始权益人持有该资产已有一段时间且有良好的信用记录;(3)资产具有标准化的合约文件,即资产具有很高的同质性;(4)资产抵押物易于变现且变现价值较高;(5)资产债务人的地域和人口统计分布广泛;(6)资产的历史记录良好,即违约率和损失率较低;(7)资产本息的偿还可以分摊到整个资产的存续期间。所谓结构性重组,就是将基础资产转移给特定目的机构(Special Purpose Vehicle,SPV)以实现破产隔离,此后通过基础资产的现金流重组,以证券的形式出售给投资者的过程。由于结构性重组在资产证券化中起着关键作用,因而资产证券化也被称为结构化融资(Structured Finance)。所谓资产支持证券(Asset Backed Securities,ABS),是指资产证券化将资产通过结构性重组转化为证券,是证明持有人有权取得收入、可自由转让和买卖的所有权或债权凭证。资产支持证券除了具备一般金融工具和有价证券所具有的期限性、收益性、风险性,还具有标准化和高流动性等特征。资产支持证券一般可以分为过手证券(pass-through securities)、转付证券(pay-through securities)和资产支持债券(asset-backed bond)三种(参见表8-1),其他各种创新形式基本上都由上述三种结构演化而来。

表8-1 三类资产支持证券比较简表

项目\类型	过手证券	转付证券	资产支持债券
所有权转移与否	被证券化金融资产的所有权随着证券的出售而转移,被证券化金融资产从发行人资产负债表中移出。	被证券化金融资产的所有权仍属于发行人,被证券化金融资产留在发行人的资产负债表中。	被证券化金融资产的所有权仍属于发行人,被证券化金融资产留在发行人的资产负债表中。

---

① Joseph C. Shenker & Anthony J. Colletta, "Asset Securitization:Evolution, Current Issues and New Frontiers", 69 *Tex. L. Rev.* 1369 (1990—1991), pp. 1373-1374.

② John Henderson, *Asset Securitization:Current Techniques and Emerging Market Applications*, ING Barings, Euromoney Publication, 1997, p. 11.

(续表)

项目 \ 类型	过手证券	转付证券	资产支持债券
再投资风险的承担	投资者承担因被证券化金融资产提前偿付而产生的再投资风险。	投资者承担因被证券化金融资产提前偿付而产生的再投资风险。	投资者不承担因被证券化金融资产提前偿付而产生的再投资风险。
证券是否作为债务	发行的证券不作为发行人的债务出现在其资产负债表中。	发行的证券作为发行人的债务出现在其资产负债表中。	发行的证券作为发行人的债务出现在其资产负债表中。
实例	房利美(Fannie Mae)发行的以住房抵押贷款为支持的过手证券。	房地美(Freddie Mac)发行的以抵押贷款担保债务证书(CMO)等。	汽车租赁支持的证券等。

二、资产证券化当事人

资产证券化交易结构较复杂,涉及的当事人种类众多,主要有以下当事人:

一是发起人(Originator)。发起人也称原始权益人、创始机构,是证券化基础资产的原始所有者。发起人是基础资产的卖方,其职能是选择拟证券化的资产,并组合成资产池,转移给特定目的机构以进行融资。发起人的范围非常广泛,只要其所有的资产特性能够满足证券化的要求都可以成为资产证券化的发起人,通常是金融机构或大型工商企业,包括但不限于商业银行、保险公司、汽车金融公司、房地产开发商,甚至知识产权所有人等。

二是特定目的机构。这是指接受发起人转让的资产,或受发起人委托持有资产,并以该资产为基础发行证券化产品的特殊实体。特定目的机构在资产证券化中具有特殊的地位,是整个资产证券化过程的核心,是介于发起人和投资者之间的中介机构,是证券的真正发起人。作为法律意义上的实体,其主要职能包括:(1)按照真实出售标准从发起人处购买基础资产;(2)采取有限与次级结构、超额担保、备付金账户等形式对基础资产进行信用增级;(3)聘请评级机构对信用增级前后的资产进行信用评级;(4)选择承销商发行资产支持证券;(5)选择并委托服务商向原始债务人收取偿付金并存入受托人的账户;(6)选择并委托受托人向证券持有人按约定方式偿付本息。特定目的机构的原始概念来自防火墙/隔离墙(Firewall)的风险隔离设计,设计的目的主要是"破产隔离"(Bankruptcy Remoteness),因此其业务范围被严格地限定,成为一般不会破产的高信用等级实体,主要有特定目的的公司(Special Purpose Company, SPC)、特定目的信托(Special Purpose Trust, SPT)、有限合伙三种表现形式。

三是信用增级(Credit Enhancement)机构。信用增级机构的作用在于提升资产证券的信用度,借由适当的信用增强机制使得资产信用等级高于贷款的发起人而增加市场接受度和流通性,并降低发行利率。信用增级机构一般由发起人自身或第三者担任,其通常采用的增强措施有:(1)由第三者担保,例如由商业银行开具支付保证或担保信用证(stand-by L/C),或由保险公司提供保险以强化还本付息的可能性;(2)附加追索权条款(recourse provision),即增加向发起人的求偿权,使证券持有人可以在一定范围内对其行使追索权;(3)提列差额账户(spread account)或备偿账户(reserve account),即将资产池的年收益率与资产支持证券发行票面利率之利差,在扣除资产池服务费后存入差价存户内,用以吸收资产池之资产的坏账损失或支付保证银行的手续费;(4)超额担保(over collateralization),即提供超出资产池的金额以担保超额资产池一定限度内的损失。

四是信用评级机构,是指通过对资产证券化各个环节进行评估而评定证券信用等级的机构。之所以还需要信用评级机构,是因为信用增级机构对资产证券化产品的本息之保障程度不是外部人所能够加以判断的,还需要由信用评级机构针对该等证券化产品给予专业性的审查,并授予信用等级,以帮助投资者参考,有效增加证券化产品的流通性。信用评级机构对于支付本息的担保资产予以审查并进行信用评级,这是依据作为担保的资产品质来判断的,而不是对发行人本身的信用进行评级。国际上著名的主要评级机构有标准普尔(Standard & Poor)、穆迪(Moody)、惠誉(Fitch)、达夫菲尔普斯(D & P),我国国内主要有大公、中诚信等。

五是资产存管机构。这是指负责按期收取证券化资产所产生的现金流,并将其转移给特定目的机构或特定目的机构指定的信托机构的实体。为了保证资金和基础资产的安全,特定目的机构通常聘请信誉良好的金融机构进行资金和资产的托管。

六是投资者,是在资本市场上购买特定目的机构发行的证券的机构或个人,是证券化产品发行后的持有人。

七是其他服务机构(servicer),主要包括:(1)投资银行,协调项目操作、发行证券等。(2)受托人,是由特定目的机构指定的、负责对资产处置服务商收取的现金流进行管理并向投资者分配的机构。(3)承销商,一般指负责证券设计和发行承销的投资银行;如果证券化交易涉及金额较大,可能会组成承销团。(4)会计师,提供会计、税务咨询,以及对资产组合进行尽职调查。(5)律师,提供法律咨询。

三、资产证券化的程序

概括地讲,一次完整的证券化融资基本流程是:发起人首先将证券化资产出售给一个特定目的机构,或者由特定目的机构主动购买可证券化的资产,然后将这些资产汇集成一个资产池(Assets Pool),再以该资产池所产生的现金流为支撑在金融市场上发行有价证券进行融资,最后用该资产池所产生的现金流来清偿所发行的有价证券。具体而言,一个完整的资产证券化融资过程主要有以下几个步骤。

第一,确定证券化资产并构造资产池。发起人根据自身的资产证券化融资要求,确定资产证券化目标,对自己拥有的能够产生未来现金收入流的信贷资产进行清理、估算和考核,根据历史经验数据对整个组合的现金流的平均水平有一个基本判断,决定借款人信用、抵押担保贷款的抵押价值等并将应收和可预见现金流资产进行组合,重新组建合成一个同质的资产池,保证资产池预期的现金流量能够大于拟发行的资产支持证券的预期权益偿还数额。

第二,组建特定目的机构,实现真实销售。特定目的机构是一个以资产证券化为唯一目的的、独立的信托实体和资产证券化中不可或缺的载体,可以由原始权益人设立,也可以由第三人组建。为实现融资目的须对特定目的机构的经营有必要限制,例如不能发生证券化业务以外的任何资产和负债,在对投资者支付本息之前不能分配任何红利,不得破产等;其收入主要来自其发行的资产支持证券。特定目的机构成立之后,与发起人(即原始权益人)签订买卖合同,后者将资产池中的资产出售给特定目的机构。该交易须以真实出售的方式进行,买卖合同应明确规定:一旦原始权益人发生破产、清算,资产池不列入清算范围,从而达到破产隔离的目的。破产隔离使资产池的质量与原始权益人自身的信用水平分离开来,从而保护投资者利益。实现破产隔离决定于两个主要因素,即证券化资产的真实销售和在交易结构中设立特定目的机构。

第三,完善交易结构,进行内部评级和信用增级。首先,特定目的机构与发起人指定的资产池服务公司签订贷款服务合同,与发起人共同确定一家托管银行并签订托管合同,与银行达成必要时提供流动性支持的周转协议,以及与券商达成承销协议,以此来完善资产证券化的交易结构。然后,聘请信息评级机构对该交易结构以及设计好的资产支持证券进行内部评级。信息评级机构通过审查各种合同和文件的合法性及有效性,对交易结构和资产支持证券进行考核评级,给出内部评级结果。接下来为吸引投资者,特定目的机构还必须提高资产支持证券的信用等级,即进行信用增级,其方式有三种:(1)破产隔离;(2)划分优先证券和次级证券,付清优先证券本息再对次级证券还本,以此降低优先证券的信用风险而提高其信用等级;(3)金融担保,由特定目的机构向信用级别很高的专业金融担保公司办理金融担保,由担保公司向投资者保证特定目的机构将按期履行支付本息的义务,一旦特定目的机构违约即由金融担保公司代为支付到期证券的本息。

第四,进行发行评级,安排证券销售。信用增级后特定目的机构应再次聘请信用评级机构对资产支持证券进行正式的发行评级。资产支持证券的评级为投资者提供证券选择的依据,因而构成资产证券化的又一重要环节。评级由国际资本市场上广大投资者承认的独立私营评级机构进行,评级考虑因素不包括由利率变动等因素导致的市场风险,而主要考虑资产的信用风险。评级结果须向投资者公告,然后由证券承销商负责向投资者销售资产支持证券,销售的方式可采用包销或代销。由于此时资产支持证券已具备良好的信用等级,因此能以较好的发行条件出售。特设信托机构从承销商处获取证券发行收入后,按约定的购买价格,把发行收入的大部分支付给发起人。

第五,挂牌上市交易及到期支付。资产支持证券发行完毕到证券交易所申请挂牌上市后,即实现了金融机构的信贷资产流动性的目的。接下来发起人要指定一个资产池管理公司或亲自对资产池进行管理,负责收取、记录由资产池产生的现金收入,并将这些收入全部存入托管行的收款专户。托管行按约定建立积累资金,交给特定目的机构,由其对积累资金进行资产管理,以到期向投资人还本付息,并对聘用机构付费。

第二节 资产证券化的意义

一、对发起人的意义

第一,增强资产的流动性。资产证券化为发起人提供了将相对缺乏流动性的个别资产转变成流动性高、可在资本市场上交易的金融商品的手段,使得发起人能够补充资金,用以进行新的投资。例如,商业银行对其流动性较差的资产通过证券化处理而转化为可以在市场上交易的证券,可以在不增加负债的前提下获得一些资金来源,加快商业银行资金周转,提高资产流动性。此外,资产证券化在银行的流动性短缺时提供了除向中央银行申请再贷款、办理再贴现之外的一个新的救助手段,为整个金融体系增加一种新的流动性机制。

第二,获得低成本融资,即资产证券化可以为发起者提供更加有效的、低成本的筹资渠道。发起者通过资产证券化发行的证券具有比其他长期信用工具更高的信用等级,而等级越高则发起者付给投资者的利息就越低,从而降低了筹资成本。投资者购买的是由资产担保类证券构成的资产组合的整体信用质量,而不是资产担保类证券发起者的信用质量。同时,资产证券化为发起者增加了筹资渠道,使其不再仅仅局限于股权和债券两种筹资方式。

第三,减少风险资产。资产证券化有利于发起人将风险资产从资产负债表中剔除出去,有助于发起者改善各种财务比率,提高资本的运用效率,满足风险资本指标的要求。例如,根据《巴塞尔协议》和我国《商业银行法》(2015)的要求,一个稳健经营的商业银行,资本净额占表内外风险加权资产总额的比例不得低于8%,其中核心资本不得低于4%。为了满足这一要求,许多商业银行必须增加资本或出售资产。由于增加资本是昂贵的,而通过资产证券化交易出售资产就成为商业银行满足上述要求的有效途径。

第四,便于进行资产负债管理。资产证券化为发起人提供了更为灵活的财务管理模式,使发起人可以更好地进行资产负债管理,取得精确有效的资产与负债的匹配。借短贷长的特点使商业银行不可避免地承担资产负债期限不匹配风险,但通过资产证券化市场,商业银行即可以出售部分期限较长、流动性较差的资产,将所得投资于高流动性的金融资产,也可以将长期贷款的短期资金来源置换为通过发行债券获得的长期资金来源,从而实现了风险合理配置,改善了商业银行的资产负债管理。同时,由于资产证券化允许将发起、资金服务等功能分开,分别由各个机构承担,这有利于各金融机构开展竞争。

总之,资产证券化为发起者带来了传统筹资方法所没有的益处。例如,商业银行等金融机构作为发起人,进行资产证券化有助于解决或缓和短存长贷矛盾;资产管理公司作为发起人,进行资产证券化则能够回收不良资产等,因而资产证券化得到了我国商业银行和资产管理公司的青睐。随着我国资产证券化市场的不断深入发展,将会有更多的组织或机构加入资产证券化的发起人行列。

二、对投资者的意义

第一,可以获得较高的投资回报,降低投资风险。资产担保类证券为投资者提供了比政府担保债券更高的收益,这部分高收益来源于许多因素,但最主要的是资产担保类证券的信用质量。资产证券化品种一般是以超过一个基准利率的利差来交易的。例如在浮动利率资产证券化品种中,一般基准利率使用伦敦银行间同业拆放利率(London Interbank Offered Rate, LIBOR),该种投资工具称为"基于利差的投资工具"。资产证券品种的出现满足了投资者对"基于利差的投资工具"的需求,从而达到投资多样化及分散、降低风险的目的。

第二,可以帮助投资者扩大投资规模。一般而言,证券化金融产品的风险权重比基础资产的风险权重低得多。例如,美国的普通住房贷款的风险权重为50%,而由联邦国民住房贷款协会(Federal National Mortgage Association, Fannie Mae)发行的以住房抵押贷款为支持的过手证券(Pass-Through Securities)只占20%的风险权重,金融机构持有的这类投资工具可以大大节省为满足资本充足率要求所需要的资本金,从而可以扩大投资规模,提高资本收益率。当前,资本金所创造的压力已经成为对银行等金融机构对支撑证券进行投资的主要驱动力。

第三,为投资者提供了多样化的投资品种,满足了投资者的不同风险偏好。

例如,有的投资者对风险比较厌恶,就会选择国债等风险较低的投资品种,相应会得到较低的收益;有的投资者风险偏好较高,则会投资股票或衍生金融工具,其目的在于获得较高的收益。而资产担保类证券丰富了投资品种的风险/收益结构,为投资者提供了更多的投资品种选择。现代证券化交易中证券一般不是单一品种,而是通过对现金流的分割和组合,可以设计出具有不同层级的证券。不同层级证券具有不同的偿付次序,以熨平现金流波动。甚至将不同种类的证券组合在一起,形成合成证券,从而可以更好地满足不同投资者对期限、风险和利率的不同偏好。资产证券化技术可以提供无限证券品种和灵活的信用、到期日、偿付结构等,这样就可以"创造"出投资者需要的特定证券品种。

三、对市场的意义

资产证券化对市场的积极意义在于它提升了市场效率,从而提高整个社会的财富。所谓市场效率,简而言之是指市场实现资源优化配置功能的程度。对市场效率的研究缘起于有效市场假说(Efficient Markets Hypothesis,EMH)。[①]有效市场假说认为:(1)金融市场上的每个人都是理性经济人,都在以公司未来的获利性来评价公司的股票价格,将未来的价值折算成今天的现值,并谨慎地在风险与收益之间进行权衡取舍。(2)股票的价格反映了这些理性人的供求的平衡,即认为股价被高估者与认为股价被低估者正好相等,一旦有人发现这两者不等(即存在套利的可能性)的话,他们立即会用买进或卖出股票的办法使股价迅速变动到能够使二者相等为止。(3)股票的价格能够充分反映该资产的所有可获得的信息(即"信息有效"),当信息变动时,股票的价格就一定会随之变动。[②]资产证券化改变了传统依赖于银行信用的融资模式,构建出了储蓄者和资金需

[①] 关于证券化的意义,可以参见〔美〕塔玛·弗兰科:《证券化:美国结构融资的法律制度》,潘攀译,法律出版社 2009 年版,第 65—73 页。

[②] 有效市场假说(Efficient Markets Hypothesis,EMH)是 1970 年由尤金·法玛(Eugene Fama)提出的,其核心含义是,在法律健全、功能良好、透明度高、竞争充分的股票市场,一切有价值的信息已经及时、准确、充分地反映在股价走势当中,包括企业当前和未来的价值,除非存在市场操纵,否则投资者不可能通过分析以往价格获得高于市场平均水平的超额利润。有效市场有三种表现形式或曰类型:(1)弱式有效市场(Weak-Form Market Efficiency),认为市场价格已经充分反映出所有过去历史的证券价格信息,包括股票的成交价、成交量、卖空金额、融资金额等,因此其推论是,在弱式有效市场中,股票价格的技术分析失去作用,但基本分析可能会帮助投资者获得超额利润。(2)半强式有效市场(Semi-Strong-Form Market Efficiency),认为价格已充分反映出所有已公开的有关公司营运前景的信息,包括成交价、成交量、盈利资料、盈利预测值、公司管理状况及其他公开披露的财务信息等;如果投资者能迅速获得这些信息,则股价应迅速作出反应。据此种类型,其推论是,如果半强式有效假说成立,在市场中利用基本面分析失去作用,但拥有内幕消息则可能获得超额利润。(3)强式有效市场(Strong-Form Market Efficiency),认为价格已充分地反映了所有关于公司营运的信息,这些信息包括已公开的或未公开的信息;在此种类型中,没有任何方法能帮助投资者获得超额利润,即使有内幕消息也一样。有效市场假说的一个前提是参与市场的投资者有足够的理性,并且能够迅速对所有市场信息作出合理反应,这在现实中几乎是不存在的,该学说因此饱受批评。

求者之间的直接融资渠道,具有提高金融市场效率的内在机制。

第一,资产证券化有利于降低市场成本从而提升市场效率,主要体现在两个方面。一是降低信息成本,缩小信息不对称程度。在资产证券化过程中,对特定资产进行标准化设定,执行严格的信息披露制度,并通过发起人、评级机构和担保机构的共同合作来实现特定资产信息的标准化披露,获得规模效应从而降低信息成本;而发起人为了顺利实施资产证券化,规避"柠檬车"(Lemon Car)问题[①],也有动力对拟证券化资产进行标准化组合并披露有关信息。二是监管成本的下降。例如,《巴塞尔协议》对银行业资本充足率进行严格调整造成了银行业监管成本的上升,因为商业银行为了提高和维持资本充足率,要么增加资本金,要么降低持有的风险资产。实施前一方案会增加银行业的融资成本,风险资产的减少又限制银行的经营活动和盈利能力;而实施后一方案,银行将各类应收款进行"表外"(Off-Balance-Sheet)证券化融资,可以改善资产负债比率,提高资金的使用率,降低银行业由资本充足率监管所引起的监管成本,进而提高了企业价值。

第二,资产证券化有利于促进金融市场结构的完善,提升市场结构效率。富有效率的金融市场能够提供多类型涵盖不同流动性特征、不同期限、不同风险收益率的金融工具,并组合出适合投资者偏好的投资集合。资产证券化通过将各类缺乏流动性的资产进行集中组合,设计出多级证券,并通过信用评级、担保、再保险等多种手段来提高证券信用级别出售给不同风险偏好的投资者。这些投资品种丰富了原有的金融产品,消减了不完善性,使得投资者能够进入更多的投资行业领域。在证券化过程中,通过多方参与、专业分工和风险分散改变了传统银行融资的期限中介功能,克服了银行融资方式中无法克服的内在功能缺陷。对于发起人来说,则改善了资产负债结构,提前收回了应收款,提高了资金再使用率,加快了资本的增值速度。

第三,资产证券化有利于改进分配效率。分配效率反映的是金融体系以价格机制为基础对资源进行有效配置的能力,因此能否对各种金融工具作出基于潜在风险/收益基础上的准确定价,引导资金向风险调整后收益高的部门流动是判断分配效率的基准。与以商业银行为中介进行融资的分配方式相比,资产证券化将商业银行垂直型融资过程进行分解,由各专业机构共同分担风险,不仅分散了银行融资中过于集中的风险,而且也能够提供更加专业化的服务,使得证券定价更为合理准确,从而改进了分配效率。

[①] 阿克罗夫用"柠檬车"指代车况不佳的二手车,与此对应的是"樱桃车"与"水蜜桃车",是指车况优良的二手车。See George A. Akerlof, "The Market for 'Lemons': Quality Uncertainty and the Market Mechanism", 84 *The Quarterly Journal of Economics* 488 (Aug., 1970).

第四,资产证券化有利于提高信用效率。资产证券化突破了传统融资方式以资金需求方整体资信为信用基础的束缚,取而代之以特定资产的预期收入为信用基础。发起人通过出售非流动性资产实现资金融通,可以加快周转而获取再投资收益。投资者可以引入更多的金融产品来构建适合自己偏好的投资组合,引导市场信用体系向深层次演变。

第五,资产证券化有利于促进商业银行效率的提高。商业银行通过将住房抵押贷款、信用卡应收款等资产进行证券化融资,不仅解决了资产负债期限配比不合理的问题,增加了中间业务收入来源,而且改善了资产的流动性,提高了资本充足率,增强了银行抗风险的能力,从而有利于整个金融系统的稳定性和效率的提高。

第三节 资产证券化的风险

作为一种结构化融资方式,资产证券化设计出了精妙的安排:通过各利益参与方的共同参与,使得由它们各自的承诺所确立的各种合约(诸如转让合约、担保合约等)能够相互支持、相互牵制,借以实现风险分担、各取所需之目的。但是,由资产证券化所带来的各种金融合约,使得参与各方的权利和义务结构更加复杂化,它们之间的信用链关系直接影响到这种融资方式的风险与收益的分布情况;而且,资产证券化所发行的债券,其风险与定价不仅具有一般债券的基本特征,还具有资产支持证券的个性特点。具体来说,资产证券化的风险主要有以下几个方面。

一、交易结构风险

资产证券化是一种结构性融资方式,其融资的成功与否及其效率大小,与其交易结构有着密切的关系。从理论上说,只要参与各方恪守各自承诺所确立的合同,该结构将是一种完善的、风险分担合理的融资方式。但是,由于不同国家或地区的会计等法律制度对"资产出售"有着不同的规定,使得其面临着结构风险。例如,如果法律将发起人的"资产出售"作为"真实销售"处理,证券化资产从发起人的资产负债表中剥离出去,发起人的其他债权人对这些资产就没有追索权,那么即使发起人破产,其被证券化的资产也不会作为清算对象,证券化资产的未来现金流量仍通过发行人转给债券的投资者。而如果法律将发起人的"资产出售"是作为一种资产负债表内融资处理的话,当发起人破产时,其他债权人则对证券化资产享有追索权,这些资产的现金流量将会转给发起人的其他债权人,资产支持证券的投资者则将面临本息损失的风险。

二、信用风险

信用风险(Credit Risk)也称为违约风险,它是指资产证券化参与主体对它们所承诺的各种合约的违约所造成的可能损失,主要表现为证券化资产所产生的现金流不能支持本金和利息的及时支付。信用风险产生于资产证券化这一融资方式的信用链结构。不同的资产证券化产品,其信用风险各不相同。例如,美国的住宅抵押证券的信用风险可以忽略不计,其原因在于住宅抵押债券都是由房地美(联邦住房抵押贷款公司,Freddie Mac)、房利美(全国联贷协会,Fannie Mae)、政府国民抵押贷款协会(Ginnie Mae)等联邦机构进行本金和利息的担保的,而这些机构又由政府进行信用担保。在资产证券化的整个交易过程中,投资者最依赖的两方是资产支持证券的承销商(投资银行)以及代表投资者管理和控制交易的受托人,由于每一方的作用都很关键,在合约到期之前或在可接受的替代方接任之前,任何一方对合约规定职责的放弃都会给投资者带来风险。

一是投资者面临的承销商风险。承销是投资者对资产组合恶化采取的主要防范手段,例如,在应收款支持的融资中,承销商能够直接以其支付行为影响有关潜在资产合约的执行,因为承销过程的中断不仅可能导致对投资者的延期支付,而且可能引起整个结构信用质量的下降,所以当应收款支持交易被结构化以后,承销商在招募说明书中应根据历史经验,对拖欠、违约及追赔给出相应的说明。二是投资者面临的受托人风险。虽然受托人的经营状况不直接影响由应收账款(Accounts Receivable)组合所带来的现金流量,但它却在很大程度上决定该资金收妥后的安全性,以及该资金转给投资者的及时性。因此大多数交易有严格的规定,按投资者的要求对受托人的经营状况进行控制,虽然这些规定能在一定程度上为投资者提供实质性保护,但是并不能完全消除管理不当的可能性。正是在这个意义上,实践中多数评级公司采取附加措施以提醒投资者注意这种潜在风险。例如,标准普尔公司会提示"投资者应将受托人或其他具有托管责任的代理人的不履约风险考虑在内",并提醒投资者注意标准普尔的评级"并未对特定受托人将错误理解法律规定或在融资管理中忽视法律规定的可能性进行估算"。

三、提前偿还风险

在发行人和持有者之间合同上的条款之一可能是发行人有权在债券到期前提前偿还全部或部分债券。发行人需要这种权利以便如果在未来某个时间市场利率低于发行债券的息票利率时,发行人可以收回这种债券并以按较低利率发行的新债券来替代它。短期就赎回,等于是由发行人在行使一种期权,以便按更为有利的条件对债务进行再融资。

从投资者的角度看,提前偿还条款有三个不利之处:(1)可提前偿还债券的现金流量的格局难以确定;(2)面临再投资风险,即当债券以购入债券时确定的收益的利率被提前偿还时,投资者不得不对所获收入进行再投资;(3)债券的资本增值潜力减少。例如,当利率下降时,债券价格虽然上涨了,但因为债券可能被提前偿还,那么利率下降,可提前偿还债券的价格是不可能上涨到大大高于发行人所支付的价格的。

对于资产支持债券来说,一般都有提前偿还条款,其结果使得投资者在现金流动的时间安排上面临不确定性。以抵押担保证券为例,它虽然属于固定收入证券的一种,但是却包含一个提前偿还条款。以美国的住房抵押贷款为例,抵押担保证券的现金流动时间安排上的不确定性比公司债券和市政债券要大,因为行使提前偿还一笔抵押贷款的期权不单纯依赖于现行市场利率,还依赖于每个房产主面临的特定经济和非经济因素。例如,房产主遇到迁移或房屋转手时,可能会提前偿还贷款;或者当房产主发现了对自己更有利的二次融资可能性,提前偿付也会发生。现在,一般用存续期(Duration)这一指标来衡量提前偿还。存续期是以各支付期的支付现值为权数对支付期加权。平均存续期缩短了,则说明发生了提前偿还。

四、利率风险

利率风险(Interest Rate Risk),是附息资产(如银行贷款或公司债券等)由于利率变动而承担的风险(即价值波动)。一般来说,利率上升时,固定利率债券的价格会下降;反之亦然。例如,对一个计划持有某种债券直至到期的投资者来说,到期前的该种债券价格的变化没有多大关系;但是对于一个到期前不得不出售债券的投资者来说,在购买债券后利率如果上升,则将意味着一次资本损失的实现,这种风险即是利率风险。从另一个角度,利率风险可被定义为债券价格对市场利率变化的敏感度。利率风险也常用存续期加以衡量,其原理在于存续期近似等于在给定的市场利率变动率基础上价格的变化率。

第四节 资产证券化具体制度

资产证券化是一个复杂而精巧的交易结构设计,其安全有效的运作有赖于一个完善的法律制度环境。

一、特定目的机构法制

资产证券化交易的核心是"风险隔离"机制的设计,而特定目的机构则是这种风险隔离机制的产物。也就是说,证券化的主要创新之处在于创设了专门用于证券化操作的载体,它成为证券化交易的中介与核心,成为众多主体证券活动的连接点,建立起了复杂的法律关系。从实践来看,特定目的机构的形式可以多种多样,最基本的有公司、信托及有限合伙三种。但是,因为该机构是为特定目的而存在的,其经营活动具有"非持续性",因而是特定目的商事主体。

其一,特定目的公司。公司形式的特定目的机构称为特定目的公司。美国、日本和我国台湾地区的资产证券化法律对特定目的公司制度都有所规定,以为特定目的机构提供多元化的组织形式。我国《信贷资产证券化试点管理办法》(2005)[①]未对特定目的公司作出规定,因而采取特定目的公司形式的只能适用《公司法》(2018)的一般规定,但是在制度设计上需要注意以下特殊性:第一,特定目的公司的法律性质应以有限责任公司为妥,尽管其内部治理结构原则上应设置股东会、董事会以及监事会,但应在降低风险的基础上加以简化以降低其组织成本:(1) 特定目的公司通常由发起人一人发起设立,因而没有设立和召开股东会的必要;(2) 降低董事人数为1—3人,不设董事会;(3) 禁止某些特定人员(如发起人、受托服务机构、外部监督机构等)担任董事等。第二,特定目的公司的设立主体应多元化,可以是政府、发起人,以及第三人。由政府设立的特定目的公司享有许多便利条件,诸如因其有国家支持而自身破产的风险大为降低,特定目的公司受发起人控制的可能性减少,以及因国家信用高,对信用增强的需求较少,从而降低资产证券化的运作成本等。由发起人或第三人作为特定目的公司的发起人,有利于资产证券化的发起人根据不同情况做出不同的市场行为;同时对于容易被创始机构或第三人所操控的潜在问题,立法上可以明定特定目的公司与发起人不得为关联企业。第三,由于特殊目的公司实际上是一种"壳"公司,因而没有注册资本要求,一般也没有固定的员工或者办公场所。因此须免于《公司法》(2018)要求公司的设立有发起人人数和资本最低限额的限制,以及对固定的经营场所和必要的经营条件的要求。第四,特定目的公司的经营范围应仅以经营资产证券化业务为限,超此范围即为无效,其原因在于特定目的公司的经营成败完全依赖于应收账款的实现比率,不得因其他业务的经营不善而影响自身的财务状况,进而损害投资人的合法权益。

其二,特定目的信托。信托形式的特定目的机构称为特定目的信托。我国《信贷资产证券化试点管理办法》(2005)明确规定以信托形式来进行资产证券化操作。《信托法》(2001)第15条引进了信托财产独立制度,规定信托财产与委托人未设立信托的其他财产相区别,设立信托后,委托人死亡或者被依法解散、撤销、宣告破产时,委托人不是唯一受益人的信托存续,信托财产不作为其遗产或

[①] 《信贷资产证券化试点管理办法》(中国人民银行、中国银行业监督管理委员会公告〔2005〕第7号)于2005年4月20日发布并实施。该部门规范性文件现行有效。

者清算财产。因此只要资产证券化的发起人(委托人)不是受益人,则可避免在发起人破产时,资产证券化基础资产被合并到发起人的破产财产。同时,《信托法》(2001)第16条规定,信托财产与属于受托人所有的财产相区别,不得归入受托人的固有财产或者成为固有财产的一部分,受托人死亡或者依法解散、撤销、宣告破产而终止,信托财产不属于其遗产或者清算财产。因此,即使作为特定目的机构的信托机构破产,证券化基础资产也不会受到影响。但是,《信托法》(2001)与我国其他法律法规存在冲突之处。例如,《民法典》(2020)规定"一物一权",产权要清晰;而《信托法》(2001)则引进了双重所有权人,使得特殊目的信托为特定目的机构的资产证券化存在很大的潜在风险。又如,《信托法》(2001)第24条规定,"受托人应当是具有完全民事行为能力的自然人、法人。法律、行政法规对受托人的条件另有规定的,从其规定"。而依《信贷资产证券化试点管理办法》(2005)的规定,"受托机构由依法设立的信托投资公司或中国银监会批准的其他机构担任。"因此,我国目前实际可以作为合格受托人的只有信托投资公司。这缩小了合格受托人的范围,不利于资产证券化的开展。根据《信托投资公司资金信托管理暂行办法》(中国人民银行令〔2002〕第7号)规定,信托公司办理资金信托业务时不得发行债券,不得以发行委托投资凭证、代理投资凭证、受益凭证、有价证券代管单和其他方式筹集资金。由于该规定限制信托公司发行标准化的受益凭证,这就限制了特定目的机构(SPV)的业务范围。不过,该办法现已被中国银监会关于发布银行业规章和规范性文件清理结果的公告(2011年1月5日发布并实施)宣布不再适用。因此,从解释上来说,特定目的机构的业务范围可以进行拓展。

其三,有限合伙。关于有限合伙形式特定目的机构,我国《合伙企业法》(2006)引进了有限合伙制度,这为设立有限合伙形式的特定目的机构提供了法律依据。但是,该法没有明确有限合伙制企业是否能够发行债券,以及如何发行债券等问题。债券属于证券品种,根据法律实践,即使是公司,也只有股份有限公司才能发债,遑论合伙企业了。

二、证券化基础资产法制

根据基础资产的不同,资产证券化一般分为住房抵押贷款证券化(MBS)和资产支持证券化(ABS)两大类,其中前者的基础资产是住房抵押贷款,而后者的基础资产是除住房抵押贷款以外的其他资产。资产支持证券化(ABS)的种类繁多,包括但不限于基础设施收费证券化、汽车消费贷款证券化、商业抵押贷款证券化、信用卡应收款证券化、商用房产抵押贷款证券化、贸易应收款证券化、门票收入证券化、中小企业贷款支持证券化、租赁应收款证券化等。

我国资产证券化还处于探索之中,因此需要结合国情寻找开发出好的基础资产进行资产证券化。首先应大力发展住房抵押贷款证券（MBS）。这是因为我国的住房抵押贷款已具备相当的规模，各种制度对该种证券的障碍较少，尤其是它的损失和拖欠的风险小而且容易估计，因而是理想的基础资产选择。其次，大力发展基础设施收费的证券化。这是因为我国是发展中大国，需要建设的基础设施量相当大，而且基础设施收费具有现金流稳定的特点。通过基础设施收费证券化可以改变建设资金主要依靠政府财政和银行贷款的局面，也是解决我国基础设施建设所面临资金缺乏的有效途径。再次，大力发展汽车按揭贷款的证券化。自2006年以来我国汽车销售量已位居世界第一，大部分是私人购买，汽车按揭贷款规模将会很大。由于汽车按揭贷款门槛高，违约率低，并且有信用担保，因此汽车按揭贷款是很好的基础资产选择。复次，不良资产也是很好的证券化基础资产的选择对象。由于历史的原因，我国商业银行存在巨额的不良资产，特别是不良资产关系着国家市场的安全，因而不良资产也应该作为一项经常性的重要基础资产选择。最后，出口应收款应该逐渐成为我国资产证券化的重要的基础资产选择对象。我国是一个出口大国，出口应收款规模很大而且现金流稳定，同时因为进出口公司的资金周转要求高，所以实行资产证券化有很大的意义，只是由于各个进出口企业规模和应收款质量的限制，这一问题还有待进一步探索。

三、证券的发行交易法制

《证券法》（2019）列举的证券种类包括了资产支持证券，规定资产支持证券、资产管理产品发行、交易的管理办法，由国务院依照《证券法》（2019）的原则规定。因此，资产支持证券的发行和交易，已经有了法律依据。

特定目的机构的形式可以是公司、信托或者合伙。特定目的机构可以发行债券、股票和受益权证。作为一种具有强大生命力的金融创新形式，资产支持证券品种必将不断创新，但资产支持证券与传统意义上的证券在支付信用上存在着本质的区别，因此，将调整传统证券发行的规范适用于资产支持证券的发行和交易是不合适的。比如在证券发行条件上，《公司法》（2018）从资本金、盈利记录、利率等方面做出了严格要求，这对于发行资产支持证券的特定目的机构来说就是不可能也没有必要的。应该尽快出台相关的法律法规，针对性的调整才能满足这一金融制度创新对法律的需求。

四、信用增级与评级法制

信用增级是资产证券化交易的一个核心技术。证券化交易者通过将证券化的基础资产同发起人隔离，然后对其进行信用增级，使证券化产品获得比发起人更高的资信等级，从而降低发起人筹资成本，有利于中小投资者利用资产证券化在资本市场上融资。信用增级包括外部增级和内部增级，前者指由第三方提供信用担保，后者指利用基础资产产生的部分现金流来实现自我担保。多数证券化交易都是实行内外增级相结合的方式的。所谓内部信用增级，是指通常包括优/次级结构、超额担保、发起人直接担保、利差账户等在内的统称。在我国，除了超额担保方式会面临一定法律风险外，其他几类在法律上没有什么障碍，只要交易当事人在交易文件中进行协商约定即可。当发起人进入破产清算程序后，其所出售资产时的超额抵押部分要列入破产财产进行清算；特定目的机构和其他债权人的地位一样，所以不具有优先追索权，因此这种实施方式就必须保证发起人是远离破产的实体的。所谓外部信用增级，主要有银行提供的信用证、保险公司提供的保证函、专业担保公司的担保，以及政府担保等。对于银行担保，我国《商业银行法》（2015）提供了明确的法律支持（第3条）。关于保险公司担保，虽然《保险法》（2015）规定保险公司的业务范围限于财产保险和人身保险业务，但在财产保险业务中增加了"保证保险"（第95条），所以以信用保险作为外部信用增级的手段不存在法律障碍。关于专业担保公司的担保，近年来我国已经出现了一些为中小企业融资提供担保的专业公司，但由于对证券化资产的担保对公司的资本能力、评估水平都有很高的要求，近期还不能对专业担保公司提供信用增级抱很大希望。关于政府担保，在很多国家，资产证券化的外部信用增级都是由政府或者政府组建的机构来完成的；但是《民法典》限制了政府的担保行为（第683条[①]）。

信用评级在资产证券化交易中的作用举足轻重，它主要对资产池的基础资产进行评级，而不重点关注发行人的综合资信水平。但是，目前我国信用评估机制很不健全，信用评估业与评级机构的不规范之处主要表现在：第一，许多信用评级机构由金融机构筹建或者管理，体制上和组织形式上不符合中立、规范的要求，缺乏应有的独立性和权威性。第二，信用评级市场也不规范，同业恶性竞争，有些机构为争取客户而放弃应遵循的行业标准和原则。第三，统一的评级市场尚未形成，评级机构的评级标准也不够科学，程序不够规范。目前有关信用评级、信用评级机构和评级人员的法律还是空白。因此，建立信用评级机构和评级人员的准入和退出、信用评级的程序和标准，明确参与主体的权利和义务，已经成为当务之急。同时，政府相关部门必须制定和建立专门的监管机构，建立健全监管法规，提高监管程序的透明度，为资产证券化创造良好的运行环境，防止可能出现的风险。

[①] 《民法典》第683条规定："机关法人不得为保证人，但是经国务院批准为使用外国政府或者国际经济组织贷款进行转贷的除外。以公益为目的的非营利法人、非法人组织不得为保证人。"

五、税收法律制度

不良资产证券化的规模一般都较大,这是基于成本和规模效益的考虑,因为如果资产证券化的规模较小,单位成本将太高,将使得发行资产支持证券无利可图。我国当前税制对资产证券化并无专门的税收优惠,而资产证券化会涉及资产的多次转移、现金流的多次进出,因此会给资产证券化参与者带来沉重的税收负担。具体而言,我国现行法律对资产证券化的三大主体施加了过重的税负:一是商业银行等发起人将资产销售给特定目的机构过程中的所得税、营业税和印花税过重;二是资产支持证券投资者的个人所得税过重;三是特定目的机构的所得税过重。

第一,发起人转让资产的营业税负过重。发起人转让基础资产一般采用担保融资和真实销售两种方式。尽管基础资产以担保融资方式转移,因相当于一种债项安排,故发起人无须缴纳营业税;但是,担保融资属于资产负债表内融资,发起人仍须以自己的全部资产偿还所借贷的资金。由于担保融资限制了资产转移的方式,并可能导致证券获得较低的信用等级,因而以此方式来规避营业税并非最优选择。真实销售(True Sale)方式虽然能实现特定目的机构同发起人的破产风险隔离,真正保证交易结构的安全性,但在我国真实销售必须缴纳营业税,在很大程度上增加了证券化融资的成本。根据我国相关的规定,无形资产的转让要缴纳5%的营业税,而法律对于真实销售与担保融资的界定问题、对于发起人转移资产发生的损失是否可以扣税的问题等均无明确规定。为鼓励资产证券化的发展,对发起人转让资产营业税的制度设计可以"效率优先、兼顾财政"的理念为指导,对担保融资与真实销售作出明确的法律区分,建议实施下述做法:(1)以担保融资的方式进行资产证券化,比如商业银行通过在资产负债表上保留住房抵押贷款的方式进行证券化,是一种可行的规避流转税的证券化方式。(2)立法应明确证券化所带来的收益和损失都作为计税依据,发起人转移资产发生的损失可以扣税。

第二,对发起人免征印花税具有不彻底性。我国《印花税法》(2022)[1]规定,资产转移过程中订立的文件如属借款合同,要缴纳0.5‰的印花税;如属产权转让合同要缴纳5‰的印花税。由于证券化交易涉及的金额巨大,印花税的计税依据又是总交易额,因而印花税的征收对证券化的成本有相当重要的影响。《关于信贷资产证券化有关税收政策问题的通知》(财税〔2006〕5号)明确规定:信贷资产证券化的发起机构(指通过设立特定目的信托项目转让信贷资产的金融机

---

[1] 《中华人民共和国印花税法》(主席令第89号)于2021年6月10日公布,2022年7月1日施行,现行有效。

构)将实施资产证券化的信贷资产信托予受托机构(指因承诺信托而负责管理信托项目财产并发售资产支持证券的机构)时,双方签订的信托合同暂不征收印花税。但是,由于免收印花税有严格限制,诸如必须报国务院审批、只能选择信托型的特定目的机构等,它对金融资产证券化创新给予的税收优惠并不彻底。我国金融资产证券化尚处在起步阶段,税收制度安排对其影响十分敏感,从某种意义上说,税收成本甚至可能成为证券化能否在我国存活的决定性因素。在这种情况下,相应的税收制度设计应该是以效率理念为指导,为发起人依法节税并成功完成金融资产证券化融资提供可能。从立法政策角度来看,对发起人转让资产的税收制度设计必须以税收效率原则为中心,原因在于金融资产证券化的运作是从发起人将其所持有的抵押债权、应收账款等金融资产出售、让渡给证券发行者(特定目的机构)而开始的,发起人是否愿意将持有的金融资产证券化直接决定了证券化产品的供给。而资产转让的营业税和印花税成本必然会对发起人的决策产生影响。

第三,特定目的机构负担了双重所得税。特定目的机构(SPV)是证券化中的核心机构,其税负的大小直接决定证券化融资的成本。在金融资产证券化的运作中,特定目的机构接受债权转让,实现了与发起人的破产隔离,分散了经济风险,将不良金融资产与优良金融资产打包,提高了信用等级,并增强了投资者的信心,带来明显的经济效益,因而理应受到税法的优待。一般而言,特定目的机构可以采取的形式有公司、信托、有限合伙、政府机构等。但是,因为我国现行的所得税制属于古典所得税制,对企业所得税与个人所得税各成体系,分别课征,不提供相互间的抵扣。因此特定目的机构采取一般公司等应税法人的组织形式是不可行的。理论上来说,立法政策应以实际受益者课税原则组建信托结构的特定目的机构,以此避免双重征税。但是,按照现行《信托法》(2001)的规定,委托人将资产委托给信托公司进行投资、管理和处分时,双方发生信托关系,伴随着产权的转移,需要交纳一定的营业税税金。当信托合同终结,作为受托人的信托公司要把资产还给委托人的时候,又再次发生了产权转移,还需要交纳一次营业税税金。这种同一税源的双重征税会提高资产证券化特定目的机构的经营成本,直接后果是阻碍了结构性融资目的的完成。因此应完善《信托法》(2001)等相关立法,在信托法律关系中应该按照实际受益者课税原则,只对信托受益人的所得进行征税而不对受托者征税,从而防止重复征税。

第四,投资者税负过重过繁。证券税收是证券化投资者所缴纳的税收,构成投资者的交易成本。在我国目前的税收体制下,投资者投资于资产支撑证券通常会涉及以下几种税收:(1)对证券交易行为的课税。我国对股票交易的双方分别课征2‰的印花税,对债券、国库券等转让暂不征收印花税。(2)对证券投资所得(包括债券利息和股票红利收入)的课税。我国对个人取得的股息、红利所得征收20%的个人所得税;对分配给法人的股息、红利征收33%的企业所得税;对个人和企业获得的国库券利息、国家发行的金融债券利息免征所得税(这意味着特定目的机构发行债券,其所支付的利息可以从应税收入当中扣除,但发行权益类证券,其所支付的股息和红利则不能从应税收入中扣除)。(3)对证券交易所得(是指股票债券转让所得的增值)的课税。我国对企业的证券交易所得纳入所得税按33%的税率征收,但个人证券交易所得暂缓征收。(4)预提税。根据《企业所得税法》(2018)①第3、4条的规定,非居民企业在中国境内未设立机构、场所的,或者虽设立机构、场所但取得的所得与其所设机构、场所没有实际联系的,应当就其来源于中国境内的所得缴纳企业所得税;非居民企业取得该法第3条第3款规定的所得适用税率为20%。我国立法政策应适应资产证券化这种低税收成本的要求,可采取以下方法对投资者提供税收优惠:(1)投资者投资于资产支撑权益类证券享受与投资国债相同的税收待遇,即免征印花税和交易所得税;(2)在预提税方面,可与有关国家签订避免双重税收的条约,或直接规定豁免证券交易过程中的预提税,以降低证券化海外融资的成本;(3)在资本收益税收方面,修改《个人所得税法》(2018)②第2条的相关规定,免征股息、红利等资本收益方面的税收。因为资产证券化本身是为投资者获得实质收益而设计的结构性融资方式,因而若不能保证投资者利益最大化,则背离了结构性融资的最终目的。

总之,税收贯穿于资产证券化的所有环节之中,是证券化融资成功与否的关键和决定性因素之一。资产证券化作为一项全新的金融创新工具,应该对证券化各环节的税收立法进行改革,逐步为资产证券化提供税收优惠,防止双重征税,保证投资者权益最大化。

六、会计法律制度

第一,资产证券化的会计确认问题。资产证券化中的会计确认问题主要是发起人将准备证券化的资产转与特定目的机构时是否以"真实销售"的方式处理。如果被确认为是"真实销售",那么所出售的资产将从发起人的资产负债表中剔除,实现表外融资。会计上的"真实销售"要求资产已经被隔离并远离转让人或债权人或其破产清算人之手,其核心问题是终止确认(Derecognize)问题,因为真实销售和终止确认是同步实现的。目前国际上对终止确认的方式主要分为两种,即风险与报酬分析法和金融合成分析法。其中,风险与报酬分析法强调

---

① 《中华人民共和国企业所得税法》(2018修正)(中华人民共和国主席令第23号)于2018年12月29日发布并实施。该法律现行有效。

② 《中华人民共和国个人所得税法》(2018修正)(中华人民共和国主席令第9号)于2018年8月31日发布,2019年1月1日实施。该法律现行有效。

风险与报酬的同步性,认为如果某项金融资产相关的风险与报酬几乎全部转让给了受让方,则出让方应终止确认该资产。该方法体现了实质重于形式(Substance Over Form)的财务报表质量特征,其会计处理不仅要依据其法律形式,更重要的是必须反映交易的实质和经济现实。例如,证券化合约中声称将一项金融资产的所有权转让给了另一方,受让方有权抵押或出售该资产,这表明资产的法定控制权发生了转移,但是因协议双方另外还约定由出让方购买"剩余"类证券,这表明出让方实际上对该项资产所包含的未来经济利益仍存在重大的风险和报酬。金融合成分析法(Financial Component Approach)对一项资产转让交易是否进行销售的会计处理取决于转让者是否放弃了对该资产的控制权,并且承认金融资产和负债可以分割成不同的组成部分。该方法将已确认的金融资产的再确认和终止确认问题与由金融资产转让合约所产生的新金融工具的确认问题区分开来,通过检查转让后产生的各组成部分的资产(决定了经济利益)和负债(将来有可能牺牲经济利益的义务)来分析一项金融资产的转让。转让中的每一个实体都确认转让后它控制的资产和负债并且不再确认在转让中放弃和解除了的资产和负债。一般而言,金融合成分析方法比较适合于操作较为复杂的资产证券化金融工具,更能反映资产证券化交易的实质,更能适应金融创新的发展;而风险与报酬分析法适用于简单交易情况。我国财政部颁布的《企业会计准则第23号——金融资产转移》(财会〔2017〕8号)借鉴了国际会计准则理事会(IASB)的IAS39,采用金融合成分析法对金融资产的转让加以确认:一项转让者失去控制权的金融资产转让(全部或部分)应确认为销售。金融合成分析法自身存在一些不足,例如表外处理时,会计报表可能不能全面、充分地反映发起人的财务状况和经营成果,且容易成为其操纵利润的工具。这种掩盖债务、虚增利润的可能性,将不利于企业的正常、持续的经营,且会损害投资者的利益。

第二,资产证券化的会计计量问题。资产证券化作为一项金融工具,其价值的计量必然与公允价值(Fair Value)相关。资产证券化相关的会计计量问题的核心就是对相关公允价值的确定,一旦相关公允价值可靠地确定,那么整个资产证券化的计量问题也就相应解决。当发起人的资产转让过程被认为是"融资担保"(非真实销售)时,那么发起人就无须确认和计量资产的转让损益。但是,在资产被作为销售处理时,发起人需要在当期确认出售产生的任何收益和损失,这就涉及损益的计量问题。如果资产转让是彻底的,确认其所产生的损益比较简单。一旦终止确认,转让给另一方资产的账面金额,和收到或应收的价款与为反映该资产的公允价值已在权益中报告的前期调整额之和,这两者之间的差额应计入当期净损益。但是,如果企业将金融资产的一部分转让给其他企业,却仍保留另一部分,则该金融资产的账面价值就需按出售日保留部分和出售部分相关的公允价值,在这两部分之间进行分摊。针对在资产转让过程中产生新的金融资产的情况,国际会计准则作出了相应的规定:"如果企业转让整项资产的控制权,但转让中产生了新金融资产,承担了新金融负债,则企业应以公允价值确认这些新金融资产或新金融负债,并按以下两者之间的差额确认交易利得或损失:(1)因转让而收到的款项;(2)已售金融资产的账面价值,加可能承担的新金融负债的公允价值,减取得的新金融资产的公允价值,再加或减为反映该项资产的公允价值而在权益中报告过的前期调整额。"我国《企业会计准则第23号——金融资产转移》(财会〔2017〕8号)第四章"满足终止确认条件的金融资产转移的会计处理"、《企业会计准则第22号——金融工具确认和计量》(财会〔2017〕7号)、《公开发行证券的公司信息披露编报规则第15号——财务报告的一般规定》(证监公告〔2014〕54号)第9节"公允价值的披露"、《企业会计准则第39号——公允价值计量》(财会〔2014〕6号)等法律法规中已使用了公允价值计量方式。

第三,资产证券化的会计披露问题。资产证券化过程中最有必要披露的信息是资产转让是否属于"真实销售",即是否满足终止确认的条件,这关系到表外融资和表内融资的不同处理,对企业的影响是相当重大的。如果终止确认的资产只是其中一部分,意即需要将部分资产进行终止确认,部分资产继续留在资产负债表上,转让人对此亦需披露。此外,可能改变资产真实销售的一些情况和条件也必须披露,例如发起人是否存在义务来承担特定目的机构的任何损失;发起人是否有义务回购已转让的资产,资产的受让方是否书面同意向发起人行使任何形式的追索权;特定目的机构发行证券的条款是否有表明,证券投资者本息的偿还来自已转让资产产生的收入,投资者会不会向发起人行使任何形式的追索权,等等。由于资产确认依据不同,会计报表披露的内容和形式也会存在差异。

第四,资产证券化的会计合并问题。资产证券化过程中构建特定目的机构的目的,是要完成转让资产的"破产隔离"(Bankruptcy Remotement)的需要。所谓破产隔离,是指特定目的机构可以避免受到其本身和发起人的破产影响,从而保护特定目的机构借以发行的资产支持证券不会成为破产财产。破产隔离分为特定目的机构自身破产风险的隔离和发起人破产风险隔离,后者实际上是就是实体合并风险的隔离。所谓实体合并(Substantive Consolidation),从会计角度上讲,是指特定目的机构的账户被合并为发起人的账户。一旦发生实体合并,将导致先前通过真实销售建立的资产隔离的意义尽失,因为不论发起人还是特定目的机构各自的报表原先如何确认,作融资或销售,对合并报表而言结果是相似的,证券化期望达到的财务目标也就不可能完成了。尽管可以通过由第三人设立特定目的机构来规避此类风险,但是由发起人自己设立特定目的机构所带来的便利和好处,使得在资产证券化操作实务中,这种由发起人建立特定目的机构的情况还是大量存在的。在国际上,在一定情况下,一般受发起人控制的特定目的机构仍可通过将特定目的机构的股份和投票权交由公益受托人持有,以及发起人通过经营协议或其他协议,仅从其股份中抽取净收益等形式来达到规避实体合并风险的目的。

我国《公开发行证券的公司信息披露编报规则第15号——财务报告的一般规定》(证监公告〔2014〕54号)对资产证券化业务的会计处理作出了明确规定,要求详细说明资产证券化业务的破产隔离条款。《企业会计准则第23号——金融资产转移》(财会〔2017〕8号)对于被证券化的信贷资产的终止确认的判断依据和流程,与国际会计准则理事会(IASB)的《国际会计准则第39号——金融工具:确认和计量》(IAS 39-Financial Instruments:Recognition and Measurement)的规定基本一致。

【拓展阅读】

资产证券化"终止确认"的会计准则简介

第三编　证券违法行为及其规制

证券违法行为的形态十分繁杂,但一般都具有以下共同特点:(1)主观上是以获利或止损为目的的故意行为。(2)客观上具有违法性,即违反证券法律法规的行为。(3)行为主体包括十分广泛,包括自然人和法人。(4)所侵害的客体一般是双重客体,即国家对证券市场的管理秩序和投资者的合法权益。

证券违法行为可以归纳为两类:一般违法行为和严重违法行为(即犯罪行为)。对于一般的违法行为,应由当事人通过行政程序或民事诉讼程序,采取诉讼、仲裁或行政处理的方式解决。《证券法》《民事诉讼法》等对此作了明确的规定。对于构成证券犯罪的行为,则由司法机关依照《刑法》《刑事诉讼法》的规定追究行为人刑事责任。

本编将对证券市场典型的五类违法犯罪行为——虚假陈述、欺诈客户、内幕交易、操纵市场和短线交易——的法律规制展开论述。[1]

---

[1] 我国不同时期的法律法规对证券违法行为的概括各不相同,如《禁止证券欺诈行为暂行办法》(1993,已失效)第2条所规定的证券欺诈行为包括内幕交易、操纵市场、欺诈客户、虚假陈述等行为;最高人民法院《关于涉证券民事赔偿案件暂不予受理的通知》(法明传〔2001〕406号,已失效)将欺诈和操纵市场、内幕交易等相提并论;《证券法》(2019)规定的禁止行为包括内幕交易、操纵市场、虚假陈述、短线交易四种典型,删除了欺诈客户,但实质性条款仍然保留。而且,现行有效的《民事案件案由规定》(法〔2020〕347号)在第314个案由"证券欺诈责任纠纷"之四仍保留了"(4)欺诈客户责任纠纷"。因此,本书第二版仍保留"欺诈客户"一章。

第九章　虚假陈述及其规制

在所有的证券违法行为中,虚假陈述是最为常见的证券欺诈行为,而且其危害特别严重,我国自证券市场建立以来所发生的"琼民源"事件、堪称"中国股市第一案"的中科创业股票操纵案等一系列证券欺诈行为无不与虚假陈述有关。"信息披露制度是证券市场赖以存在和发展的基石,虚假陈述是证券市场上民事侵权行为的基本形态。操纵市场往往要以虚假陈述为依托,……同样,内幕交易与虚假陈述也有着千丝万缕的联系,……抓住惩治虚假陈述这一主线,可以对规范证券市场(起到)牵一发而动全身之效"。[①] 因此,追究虚假陈述的民事、行政和刑事责任就成为立体规制该不法行为的必由之路,其中尤以民事赔偿责任的规制最为重要。

第一节　虚假陈述概述

一、虚假陈述的定义

现实生活中因故意、过失抑或无意识,每个人都会有作出与事实相违的表示的时候,此种客观行为在英美法中被统称为"Misrepresentation"[②],我国法学界通译为"虚假陈述",并为《证券法》(2019)等立法所采用。由此可见,所谓虚假陈述就是行为主体作出的与事实不相符合的表示行为,既可以是通过语言,也可以通过语言之外的其他行为作出;既可以是积极作为,也可以是消极不作为(如隐瞒不说)等等,不一而足。在英美侵权法中,虚假陈述通常特指发生商业与金融交易中致一方遭受经济损失(economic loss or pecuniary loss)的侵权行为,它有别于造成有形损害(physical damages)的其他侵权行为,故又称为"经济侵权行为"(economic tort)。[③] 证券法中的虚假陈述即指造成经济损失的虚假陈述。

虚假陈述是指信息披露义务人在证券发行和交易过程中,违反证券法律法规规定的信息披露义务,致使投资者在不了解事实真相的情况下进行证券投资

[①] 参见《我国证券市场司法诉讼的实践、问题与前景——最高人民法院副院长李国光在上海投资者保护国际研讨会上的讲话》,载中国投资者网,https://www.investor.org.cn/rights_interests_protection/rights_protection_service/methods_channels/202003/t20200325_423699.shtml,访问时间:2023-5-10。

[②] See Bryan A. Garner, *Black's Law Dictionary*, 9th edition, Thomson Reuters, p.1091.

[③] See Ibid., p.1626.

决定的一种证券违法行为。由于虚假陈述依托信息流对于市场上价格形成机制的影响①,是典型的证券市场违法形态。因为虚假信息会妨碍资本市场上资源配置的效能,故而传统与现代的观点均压倒性地支持对于虚假陈述行为的禁止和处罚。② 根据《虚假陈述赔偿规定》(2022)③第4条第1款之规定,信息披露义务人违反法律、行政法规、监管部门制定的规章和规范性文件关于信息披露的规定,在披露的信息中存在虚假记载,误导性陈述或者重大遗漏的,人民法院应当认定为虚假陈述。

该定义表明虚假陈述具有以下特征:

第一,虚假陈述是特定主体实施的行为,这些特定主体必须是承担法定信息披露义务的机构和个人,主要包括发行证券的公司、负责证券承销的证券公司、为证券发行出具文件的中介机构及其从业人员。广义而言,从学理角度来看,虚假陈述的主体还应包括证券交易所、证券登记结算机构、证券业协会、证券监管机构及其工作人员等。不过,根据《虚假陈述赔偿规定》(2022)之规定,由于这些机构和个人不属于信息披露义务人,因而不属于虚假陈述的主体,可以归为欺诈客户的主体。

第二,虚假陈述侵害的客体是证券市场信息披露制度。理论界对于虚假陈述行为所侵害的客体存在两种不同的观点,多数人认为受侵害的客体是信息披露制度,也有人认为是投资者的财产所有权。其实,包括虚假陈述在内的违法犯罪行为,都会导致投资者的财产损失,这都是违反信息披露制度的结果,因而虚假陈述侵害的客体应为信息披露制度。虚假陈述中的信息必须符合"重大性"等特征才需要披露。对于"重大性"等问题的探讨,请参看本书相关章节。

第三,从客观方面来看,虚假陈述是违反信息披露义务的行为。一般而言,只要信息披露义务人违反信息披露之真实性、准确性、完整性、及时性的要求即构成虚假陈述。虚假陈述包括积极的作为和消极的不作为两种。积极方式的作为,包括主观上的虚假记载、误导性陈述,作出背离事实真相的陈述和记载,例如捏造、虚构或篡改行为;消极方式表现为遗漏行为,即对依法应作陈述和记载的事项而未作记载和陈述。虚假陈述存在于法定的信息披露文件中,主要包括招

---

① 有关公开信息对于证券市场的关键性作用,可参见高西庆:《证券市场强制性信息披露制度的理论根据》,载《证券市场导报》1996年第10期。

② See H. R. Rep. No. 85, 73d Cong., 1st Sess. 2-3 (1933); Louis Loss & Joel Seligman, *Fundamentals of Securities Regulation*, 3rd ed., Little, Brown and Company, 1995, pp. 7-8; Frank H. Easterbrook & Daniel R. Fischel, "Mandatory Disclosure and the Protection of Investors", *Virginia Law Review* (May, 1984).

③ 最高人民法院《关于审理证券市场虚假陈述侵权民事赔偿案件的若干规定》(法释〔2022〕2号)[以下简称《虚假陈述赔偿规定》(2022)],于2021年12月30日由最高人民法院审判委员会第1860次会议通过,并予以公布,自2022年1月22日起施行,现行有效。

股说明书、各专业机构出具的专业报告、年度报告、中期报告或临时报告,在这些法定文件中作出虚假记载、误导性陈述或遗漏的,即构成虚假陈述。

第四,虚假陈述的主观状况是过错。对于虚假陈述行为人主观状况是故意,还是既可以是故意也可以是过失,学术界存在不同的看法。一种观点认为,行为人的主观方面只能是故意;另一种观点则认为,即使行为人没有故意而仅具有过失,也可能导致陈述的事实与客观情况不一致,从而构成虚假陈述。[①] 实际上,在有些情况下,即使行为人出于过失,仍要承担相应的民事责任。例如,行为人因过失致使陈述中遗漏了重要信息,或者向投资者提供了错误信息,此时它仍要向投资者承担民事责任。但如要行为人承担行政责任或刑事责任,应当以故意为主观构成要件。

二、虚假陈述的类型

虚假陈述的表现方式层出不穷,根据不同的标准可以对其进行不同的分类。

根据虚假陈述的行为主体的不同,可将虚假陈述分为证券发行人虚假陈述、证券公司虚假陈述、中介机构虚假陈述,以及其他主体的虚假陈述四种类型。其中证券发行人虚假陈述是各种虚假陈述中最重要的类型,因为证券信息主要是关于证券发行人的信息,证券发行人对这种信息最为了解,无论其作出虚假记载、误导性陈述或遗漏,都最容易被公众投资者相信和依赖。证券公司虚假陈述则是证券公司在证券发行上市过程中作出的虚假陈述,通常与证券交易无关。证券公司在证券交易过程中向其客户作出的虚假意思表示,可能构成欺诈客户行为。中介机构的虚假陈述主要是会计师事务所、律师事务所、资产评估机构等中介机构在履行职责过程中,通过其专业报告作出的虚假陈述。由于中介机构依法出具各种专业报告,其虚假陈述的范围有限,但影响范围较大。其他的虚假陈述主体主要指《证券法》(2019)第56条第2款规定的证券交易所、证券公司、证券登记结算机构、证券服务机构及其从业人员,以及证券业协会、证券监督管理机构及其工作人员。根据行为主体对虚假陈述进行分类的意义在于:(1)不同行为主体在信息披露上承担的义务范围不同。证券发行人、承销的证券公司、中介机构的信息披露范围依次逐渐狭窄,它们的责任程度也依次减弱。(2)不同行为主体承担法律责任的主观态度不同。相对而言,证券发行人应承担严格责任,证券公司及其他专业机构则承担过错责任。

根据虚假陈述发生阶段的不同,可将虚假陈述分为证券发行虚假陈述和交易虚假陈述。其中,证券发行虚假陈述是信息披露义务人在证券发行过程中作出的虚假陈述,主要表现形式为在招股说明书或其他募集文件中作出有违真实、

[①] 张远忠:《论发行公司虚假陈述的民事责任》,载《法学》1998年第1期。

准确和完整性的陈述。证券交易中的虚假陈述则为信息披露义务人在证券交易中作出的虚假陈述，典型情况是在年度报告、中期报告和临时报告等信息披露文件中作出虚假陈述。根据发生阶段对虚假陈述进行分类的意义在于：(1) 发行虚假陈述的行为主体广泛涉及证券发行人、证券公司、中介机构及其工作人员，而且各行为主体须依法承担连带责任；而证券交易虚假陈述的行为主体为证券发行人及其董事、监事和经理等，在广义上，还可包括参与证券交易的其他机构，如证券交易所、证券登记结算机构、证券投资咨询机构等。(2) 两种虚假陈述违反的法定义务不同，发行虚假陈述违反了公开发行证券的信息披露义务，交易虚假陈述则是违反了持续性信息披露义务。

根据虚假陈述的行为性质的不同，可将虚假陈述分为虚假记载、误导性陈述和陈述遗漏。其中，虚假记载（又称不实陈述），是指行为人以积极作为的方式，在信息披露文件中虚构、捏造根本不存在的事实，如将不存在的情形记载为客观存在。误导性陈述是指行为人所公开披露的文件虽未背离事实真相，但进行了使人发生错误判断的陈述，致使公众投资者无法做出知情决策，如将某种特定性质的行为表述为他种性质的行为。一般地，虚假记载侧重事实上的虚假，而误导性陈述偏重于使人发生误会的情况，而不论是否属于事实上的虚假。陈述遗漏是信息披露文件中未将应记载事项作出记载和反映，属于不作为的虚假陈述。

根据虚假陈述的性质之不同，可将虚假陈述分为缔约过失责任上的虚假陈述、违约的虚假陈述、侵权的虚假陈述。如果虚假陈述者与投资者之间存在事实上的合同关系，投资者因信赖该陈述而认购或订立合同，那么该虚假陈述属于缔约过失上的虚假陈述，它通常发生在证券发行市场中。如果投资者已经认购或者购买合同已经成立之后进行虚假陈述，那么就是违约的虚假陈述。由于缔约过失责任上的虚假陈述与违约的虚假陈述，在证券活动中仅具有理论上的意义而无实际上的差别，因此通常都同样对待，赋予投资者以合同撤销权。如果投资者与虚假陈述者之间并无合同关系，那么投资者因虚假陈述所受损害则属于侵权的虚假陈述，投资者可以提起侵权赔偿之诉。证券市场中的虚假陈述以侵权的虚假陈述最为常见，这也是本书重点探讨的内容。

根据虚假陈述的信息内容之不同，可将虚假陈述分为描述性虚假陈述、评价性虚假陈述和预测性虚假陈述三类。简而言之，描述性虚假陈述是指在披露的文件中捏造事实，进行臆断；评价性虚假陈述是指在陈述的信息中加入没有合理依据的错误判断；预测性虚假陈述是指对发展规划、盈利预测和业绩预告等信息所作的虚假陈述。① 此种分类的意义在于对虚假陈述判断的难易程度有所不

---

① 我国现行的预测性信息大致包括发展规划、盈利预测和业绩预告等内容，具体规定散见于《股票发行与交易管理暂行条例》(1993)、中国证监会发布的《公开发行证券的公司信息披露内容与格式准则第2号——年度报告的内容与格式（2021年修订）》（证监公告〔2021〕15号）等一系列文件当中。

同。对于违背事实真相的描述性信息（又称"硬信息"）披露，包括在对重大事件作出违背事实真相的虚假记载、误导性陈述，或在披露信息时发生重大遗漏、不正当披露信息的行为，其构成虚假陈述是毫无疑义的。对于评价性虚假陈述，理论上应将关注重点放在对评价性信息的依据是否真实、评价方法是否合理等方面；对于预测性虚假陈述，理论上应将关注重点放在信息发布人披露预测性信息之目的的正当性、逻辑上是否存在关联性和合理性等方面。但是，由于这两种虚假陈述都加入了信息披露人的主观判断，并且指涉的是未来可能发生的"事实"，但未来未能发生或与评价、预测的相左，是否就一定构成虚假陈述，不可一概而论。①

除此之外，根据虚假陈述的信息披露所指涉的对象之不同，可将虚假陈述分为对公众投资者的虚假陈述和对证券监管机构的虚假陈述，这是在核准制审核模式中存在的分类，其意义在于：对公众投资者所做的虚假陈述既要受监管机构的行政处罚，还可能对公众投资者承担民事赔偿责任；对监管机构的虚假陈述则要受到后者的行政处罚。根据陈述本身是否属实，可将虚假陈述区分为错误的虚假陈述和误导的虚假陈述，这种区分仅有理论上的意义，并且因为虚假陈述的根本特点在于违背事实真相即错误性，因而这种区分存在逻辑上的不妥当。②根据信息披露义务人的主观状态，还可将虚假陈述分为基于故意的虚假陈述、基于过失的虚假陈述、无过错的虚假陈述三类等等。③

三、虚假陈述的形式

虚假陈述行为的违法性体现在"虚假"上，根据《虚假陈述赔偿规定》（2022）第4条第2—4款之规定，共有虚假记载、严重误导性陈述、重大遗漏三类行为。在英美国家法律中还有一类特殊的虚假陈述形态——虚假预测。

所谓虚假记载（False Representation），又称不实陈述（Untrue Statement），是指故意或者过失地将不真实的，但能够影响投资者决策或证券价格的事项，记载于书面法律文件中。其主要特点有二：(1) 信息披露义务人就有关事实作出了公开披露，是一种积极的虚假陈述行为；(2) 该公开信息中含有不真实成分，可能是故意虚构的，也可能是过失误认的。虚假记载的方式多种多样，尤其在财

---

① 《虚假陈述赔偿规定》（2022）所规定的信息主要是指已经发生的历史信息，对预测性信息只在例外情形下适用该赔偿规定。即第6条规定的（1）信息披露文件未对影响该预测实现的重要因素进行充分风险提示的；（2）预测性信息所依据的基本假设、选用的会计政策等编制基础明显不合理的；（3）预测性信息所依据的前提发生重大变化时，未及时履行更正义务的情形。

② 中国证监会上海稽查局编：《证券违法违规案例评析》，上海人民出版社2002年版，第179页；赵万一主编：《证券交易中的民事责任制度研究》，法律出版社2008年版，第111页。

③ 吴晓求主笔：《建立公正的市场秩序与投资者利益保护》，中国人民大学出版社1999年版，第87页。

务报表中经常出现,包括但不限于:虚构投资者权益以夸大公司实力;虚增资产负债比例以虚构公司还债能力;虚报盈利、虚构资产价值;虚构成本费用率,夸大公司效益;多报营业收入;虚构营业资本周转率;高估无形资产;夸大公司信用,等等。①

所谓严重误导性陈述(Serious Misleading Statement),是指信息披露文件中的重大事项本身是真实的,但因表述存在缺陷而易被误解,致使投资者基于被误解的事实进行投资决策。②其主要特征有二:(1)歧义性,即对于被公开的信息,可以存在多种理解或者解释,而且各种理解或解释都有一定理由;(2)隐蔽性,即所披露的信息存在严重误导性,不容易被发现。③严重误导性陈述的类型有语义模糊歧义型(即公众投资者的理解各不相同)、语义难以理解型(即公众投资者难以理解)、半真陈述型(即部分遗漏型)三种。对于严重误导性陈述之判断,若法律对信息披露有明确标准的(如会计准则等),则按此法定标准判断;若无法定标准,则以"能被具有一般文化知识和经营知识的投资者所能理解"④的标准判断。

所谓重大遗漏(Omission to State Material Facts),是指信息披露文件未记载依法应当记载的事项,或为避免文件不致被误解所必要的重大事项,属于消极的虚假陈述,主观上可以是故意和过失(故意遗漏的称为隐瞒,过失遗漏的称为疏漏)。重大遗漏有两种表现形式:(1)完全遗漏,即对法定应当公开的信息完全未予公开,使公众投资者不知其事;(2)部分遗漏,又称半真陈述(Half Truths),是对法定应公开的信息只公开了一部分,其余重大信息未予公开;部分遗漏亦可构成严重误导性陈述。对于重大遗漏性的虚假陈述之判断,一是根据法律明文列举的应当公开的重大信息进行判断;若法律没有明文列举则根据"重大性"标准予以判断。在司法实践中,这种情形常常属于对不利信息的隐瞒,具体论述可参看后文【中国案例】"化某某与中水集团证券虚假陈述责任纠纷案(2018)"。

所谓不正当披露(Improper Disclosure)⑤,是指信息披露义务人未根据法律所规定的期限、未以法定的方式等公开披露应当披露的信息。具体可分为两类:(1)不适时披露,即信息披露义务人没有依照法律规定的期限进行披露,包括提前披露与延迟披露;(2)方式不当的披露,即没有依照法律规定的方式进行披露。不正当披露行为,不是对信息内容的虚假表述,而是违背了法定的披露时间

---

① 陈关亭主编:《财务会计税收舞弊手段与审查方法》,经济管理出版社1995年版,第343—347页。
② 杨明宇:《证券发行中不实陈述的民事责任研究》,载郭锋主编:《证券法律评论》2001年第1期,法律出版社2001年版,第123—170页。
③ 陈甦、吕明瑜:《论上市公司信息公开的基本原则》,载《中国法学》1998年第1期。
④ 王保树:《发行公司信息公开与投资者的保护》,载王保树主编:《商事法论集》第1卷,法律出版社1997年版,第284页。
⑤ 《虚假陈述赔偿规定》(2022)已删除此种虚假陈述形式,未知理由为何,可能的解释是不太符合"虚假"一词的含义。

或者披露方式,但由于它可能造成部分公众投资者根本无从获得这些信息,因而也应当承担相应责任。

所谓虚假预测,是指在预测性信息披露中对未来事实所作的没有合理依据的前瞻性分析。预测性信息反映的是既有事实与将来事实之间的联系性,二者之间的联系应该具有合理性,否则即构成虚假预测。预测性信息的披露制度,既可以激励发行人予以披露以使公众投资者能够和机构投资者等一样平等地了解上市公司未来的生产经营状况,以此作出合理有效的知情决策;[1]又便于监管机构加强对"软信息"的监管。美国立法规定和司法实践表明,"安全港规则"和"风险警示规则"是判断虚假预测的两大基本标准,通过举证责任的承担制度设计,鼓励发行人积极地披露预测性信息,保护诚实善意的预测性信息披露,以最终实现公众投资者保护之立法目的。

我国证监会颁布的《招股说明书》对预测性信息披露做出了详尽的规定,但由于缺乏类似安全港制度一类的免责机制,使得证监会通常采取行政力量进行监管,其随意性较大且处罚较为严厉,使得虚假预测难以有效规范。

【中国案例】

化某某与中水集团证券虚假陈述责任纠纷案(2018)[2]

……化某某向法院提出诉讼请求:判令中水渔业公司向化某某赔偿投资差额损失、佣金、印花税、利息共计415 359元,并由中水渔业公司承担本案的诉讼费用。

事实与理由:中水渔业公司信息披露违法违规行为业经中国证券监督管理委员会(以下简称"中国证监会")查实并已作出了行政处罚决定书。化某某系二级市场的普通投资者,在中水渔业公司虚假陈述实施日以后,揭露日之前买入股票,并因此受到了损失。根据《证券法》(2014)、《最高人民法院关于审理证券市场因虚假陈述引发的民事赔偿案件的若干规定》(以下简称《若干规定》)等相关法律规定,中水渔业公司应对化某某的投资差额损失、佣金、印花税、利息等损失承担赔偿责任。故诉至法院,请求法院支持化某某的诉讼请求。

中水渔业公司辩称:化某某的诉讼请求无事实和法律依据,请求法院依法予以驳回。事实与理由如下……

法院认为,本案双方当事人的争议焦点包括以下三方面:涉案虚假陈述所涉

---

[1] 高西庆:《证券市场强制性信息披露制度的理论根据》,载《证券市场导报》1996年第10期。
[2] 参见北京市第二中级人民法院民事判决书(2018)京02民初263号。

事项是否属于"重大事件";涉案虚假陈述揭露日应当如何确定;涉案虚假陈述行为与化某某主张的损害结果之间是否具有因果关系。

一、关于涉案虚假陈述所涉事项是否属于"重大事件"问题

基于以下三方面分析,法院认为涉案虚假陈述所涉事项属于"重大事件"。……其二,《证券法》(2014)第63条规定:"发行人、上市公司依法披露的信息,必须真实、准确、完整,不得有虚假记载、误导性陈述或者重大遗漏。"《若干规定》第17条第3款明确:"虚假记载,是指信息披露义务人在披露信息时,将不存在的事实在信息披露文件中予以记载的行为。"该条第5款明确:"重大遗漏,是指信息披露义务人在信息披露文件中,未将应当记载的事项完全或者部分予以记载。"本案中,中水渔业公司在2015年半年度报告中,虽然将新阳洲对张福赐期末应收款项目期末余额进行了标注,但是少计84 024 823.49元,占中水渔业公司最近一期经审计的财务报表所披露净资产842 233 388.66元的9.97%,同时,该报告未披露张福赐作为期末余额前五名的其他应收款情况,亦未披露新阳洲当时已陷入困境的财务状况、生产经营状况等不利情形,中国证监会据此认定中水渔业公司构成"虚假记载"和"重大遗漏"的虚假陈述行为。其三,中水渔业公司涉案虚假陈述行为属于隐瞒对于中水渔业公司利空的信息,故实施日之后虽未导致中水渔业股票价格大幅提升,但该行为客观上使投资者不能及时获知关于上市公司相关投资和经营情况的正确信息,从而可能影响投资者对于上市公司股票价格和投资行为的理性判断。

综上,本案中水渔业公司在2015年半年度报告中虚假记载新阳洲对张福赐期末余额,及遗漏披露张福赐其他应收款情况和新阳洲经营困难情况的情形构成重大事件,中水渔业公司的行为属于《证券法》(2014)及《若干规定》中规定的"虚假陈述"。

……综上,本案证据不足以证明中水渔业公司实施的涉案虚假陈述行为与化某某主张的损害结果之间具有因果关系。化某某要求中水渔业公司赔偿其投资差额损失、佣金、印花税、利息的诉讼请求,缺乏事实和法律依据,法院不予支持。

……

【域外案例】

Sinay v. Lamson & Sessions. Co. (1991)[①]

巡回法官希勒(Siler)发表了法院的审理意见。

---

① 编译自 Sinay v. Lamson & Sessions. Co. 948. F. 2d. 1037. (6th Cir 1991)。

原告兼上诉人(以下简称"原告")在这两起证券欺诈诉讼中,就地方法院批准被告根据《联邦民事诉讼规则》第 12(b)(6)条提出的驳回动议的命令提出上诉。基于以下原因,本院维持地方法院的判决。

本集团诉讼的原告于 1988 年 10 月 24 日至 1989 年 6 月期间购买了拉姆森公司(Lamson Sessions Co.)的普通股。原告罗森博格(Rosenberg)于 1988 年 11 月 1 日、西奈(Sinay)在 1989 年 3 月 6 日、哈雷(Halye)在 1989 年 6 月 16 日购买了该公司股份。原告在其诉状中,根据《1934 年证券交易法》第 10(b)条,以及 SEC 规则 10b-5,指控被告实施了证券欺诈。原告不主张他们个人存在欺诈行为,因为他们在购买股份时依赖被告的陈述。相反,他们辩称,拉姆森公司和其他被告的行为过程人为地抬高了普通股的市场价格(即原告主张"市场欺诈"理论)。

拉姆森公司的股票在纽约证券交易所交易,该公司生产建筑和运输设备产品。1986 年 11 月,拉姆森公司收购了 TBG, Inc. 的卡隆部门(Carlon Division)的所有资产,其中包括了中部钢铁制造厂(Midland Steel Products)和负债。在 1986 年 11 月收购之后,拉姆森公司的收益大幅增长。

1988 年 10 月 24 日,拉姆森公司公开披露,前三季度业绩"是可喜的",尽管它的商业和住宅市场正经历"正常的季节性下跌",这种下跌将"持续到 1989 年第一季度"。1988 年 12 月 23 日,拉姆森公司的报告提到,这是"(收益)巨大的一年"。1988 年 2 月 21 日,拉姆森公司说,它对 1988 年的结果感到满意,并计划继续发展其在国内和世界运输市场的地位。舒尔茨(Schulze,拉姆森公司的董事长)在 1989 年 4 月接受道琼斯新闻社(Dow Jones News Service)采访时表示,拉姆森公司"不反对分析师对 1989 年 1.50 美元至 1.60 美元的收益预期……"舒尔茨进一步表示,拉姆森公司"期待新产品会抵消 1989 年建筑市场疲软的影响"。

尽管有积极的预测,拉姆森公司的财务状况在 1989 年开始恶化。由于利率长期走高,建筑市场在冬季放缓后未能反弹。此外,拉姆森公司在中部钢铁制造厂也遇到了严重的劳工问题。原告声称,被告知道或本应知道,建筑市场的下跌将是长期的,并将发生一次重大的毁灭性的罢工。因此,原告认为,被告未能就拉姆森公司的未来发表足够的警示性声明,(因而是)欺骗了市场。

1

地方法院根据联邦法规《联邦民事诉讼规则》第 12(b)(6)条驳回申诉是不是合适的,这是一个需要重新审查的法律问题。参见 Craighead v. E. F. Hutton & Co. (1990)案。① 地方法官 Ann Aldrich 驳回了这些原告的请求,其理由如

---

① Craighead v. E. F. Hutton & Co., 899 F. 2d 485, 489 (6th Cir. 1990).

下:(1)原告罗森博格没有提出任何事实指控,以证明拉姆森公司和1988年10月24日的每一次陈述都不是善意的。(2)尽管原告西奈声称,舒尔茨在1989年2月21日《华尔街日报》(Wall Street Journal)上登载的声明存在欺诈的情形,但在拉姆森公司1988年的年度销售额和收入被公布后,他未能证明该声明具有误导性,而法院认为这些声明是符合事实的。(3)原告哈雷声称,舒尔茨在1989年4月道琼斯通讯社(Dow Jones News Wire)的采访中存在欺诈的情形,然而采访中的陈述只是一个乐观的预测而已,同时"提示了其中的风险(bespoke caution)"。

如果在经济预测时作出了风险提示,那么这样的预测就不具有可诉性。参见 Polin v. Conductron(1977)案。① 当一家公司通过其高级职员或者采取其他方式,基于其目前所掌握的信息,对未来的发展作出一个诚实的陈述时,根据《1934年证券交易法》第10(b)条或 SEC 规则 10b-5,该公司或其高级职员就都无须承担法律责任。参见 Schwartz v. Novo Industri(1987)案②(法院判决公司或其高管构成了"事后欺诈"诉讼)。在确定某项陈述是否可以起诉时,法院必须仔细审查该陈述的性质,以确定该陈述在作出时是否存在虚假的情形。参见 Isquith v. Middle South Utils., Inc. (1988)案。③ 在分析该陈述的性质时,法院必须强调"这一预测是可靠的,即实施了风险提示,那么就应被认定为是出于诚意,还是这一预测有可靠的事实或历史作为依据。"

本案中的涉诉陈述的措辞是足够谨慎的。舒尔茨在《华尔街日报》上的声明采用了警示性的语言表述。舒尔茨说,由于利率的上升,导致了建筑产品的需求下降。舒尔茨进一步表示,如果利率不下降,塑料树脂价格可能会走弱,这将减少拉姆森公司的美元交易量,即使单位交易量与一年前持平。鉴于这种警示性的措辞,舒尔茨所说的拉姆森公司不反对分析师的盈利预期,这种说法很难会误导一个理性的投资者。

拉姆森公司声称,在1988年的9个月里,直到第三季结束时止,公司的业绩表现都是令人满意的,(不过)这一说法伴随着警示性的措辞——即拉姆森公司正在面临着建筑市场业务的衰颓趋势,并且预计这种情形将持续到1989年第一季度。此外,原告没有提供任何客观证据,证明这些陈述不是根据拉姆森公司所掌握的历史信息而得出的确信内容。1988年12月23日,《纽约时报》的一篇文章说,拉姆森公司"度过了伟大的一年",这是一个众所周知的历史事实的陈述。

---

① Polin v. Conductron Corp., 552 F. 2d 797, 806 n. 28 (8th Cir.), cert. denied, 434 U. S. 857, 98 S. Ct. 178, 54 L. Ed. 2d 129 (1977).

② See Schwartz v. Novo Industri, A/S, 658 F. Supp. 795, 799 (S. D. N. Y. 1987).

③ See Isquith v. Middle South Utils., Inc., 847 F. 2d 186, 204 (5th Cir.), cert. denied, 488 U. S. 926, 109 S. Ct. 310, 102 L. Ed. 2d 329 (1988).

1989年2月21日,拉姆森公司对1988年的结果表示满意,这是一个历史事实,并辅以警示性的语言。报告指出,1988年,拉姆森公司"在向电气、工业、公用事业和消费者市场拓展方面取得了出色的进展",公司计划"呼吁继续发展"这些市场。这句话会提醒一个理性的投资者,拉姆森公司的未来是不确定的。

西奈和罗森博格在最初的申诉中,就提出了劳工问题,但 Aldrich 法官对此没有处理。而哈雷除了在主张被驳回后提出修改的动议之外,没有提出这一问题。关于可能发生的罢工,拉姆森公司没有比公众更能预测罢工的发生。原告认为,拉姆森公司知道或应该知道罢工会发生是没有道理的。根据《美国法典》第29编第158(d)条,劳资纠纷双方都有义务本着"诚信"原则进行谈判。如果拉姆森公司预测会发生罢工,这种预测可能与其"诚信"义务相冲突。尽管如此,拉姆森公司不可能肯定地预测到罢工。有关劳工问题的消息在媒体、《克利夫兰平原商报》(Cleveland Plain Dealer)和《华尔街日报》上广泛传播。(因此拉姆森公司)没有义务再向公众透露有关劳资纠纷情况。地方法院可能已经讨论过这个问题了,但将其发回重审以解决这个问题并不能带来任何好处,因为该法院认为它没有说明可以给予救济的索赔。

拉姆森公司及该公司的高管根据他们掌握的有限信息作出了警示性预测。如果某些预测是具有可行性的,参见 Goldman v. Belden 案(1985)①,那么对此种情况下陈述人强加法律责任,将会不适当地限制(公司的)管理层向市场传播有用的信息。这样的结果不但不会保护公众投资者,反而会对公众投资者有害,因为这会阻止信息的自由流动。如果地方法院将驳回动议,改为《联邦民事诉讼规则》第56条规定的即决判决动议,这样原告就可以在记录中提交额外材料,以反驳被告在记录中添加的许多新闻剪报,这对本法院来说会更容易些。然而,第56(c)条只提到增加证词、对质询的答复、承认和宣誓书,而不是新闻剪报。此外,原告在申诉书中还列举了被告在新闻报道中的各种引语。

地方法院显然阅读了整篇文章,比如道琼斯新闻社的那篇。哈雷现在在她的简报中对这一程序提出了反对意见。但是,她在地方法院对驳回动议中对该证据的考虑没有提出异议,因此放弃了异议。参见 Ward v. United States 案(1988)和《联邦证据规则》的第103(a)(1)条。② 就地方法院对上述引用新闻报道的剪报的判断,西奈和罗森博格并未提出异议,因此本法院不必决定地方法院在这方面的判断是否是错误的。因此,地方法院驳回的申诉将得到支持。

2

原告在上诉时辩称,地方法院不允许他们修改申诉是错误的。在地方法院

---

① Goldman v. Belden, 754 F. 2d 1059 (2d Cir. 1985).
② Ward v. United States, 838 F. 2d 182, 187 (6th Cir. 1988); Fed. R. Evid. 103(a)(1).

的审理过程中,西奈和罗森博格根据《联邦民事诉讼规则》的第15(a)条对其申诉进行了一次修改,但未能在主张被驳回后向地方法院提出修改许可的动议。与其他原告不同,哈雷确实根据《联邦民事诉讼规则》的第15(a)条和第59(e)条的规定,向地方法院提出动议,修改驳回令,允许她修改申诉。但是,地方法院否定了哈雷的动议。

地方法院在决定是否允许修正时有自由裁量权,其决定只有在滥用该自由裁量权时才会被推翻。参见 Estes v. Kentucky Utils. Co. (1980)案。① 尽管联邦法院倾向于在驳回令下达后给予修改许可,但在某些情况下,修改是不被允许的。参见 United States v. Frank B. Killian Co. (1959)案;另见 Luce v. Edelstein(1986)案。② 因此,如果经修正的申诉经不起根据《联邦民事诉讼规则》第12(b)(6)条提起的动议,那么修改就可能不被允许。参见 Roth Steel Prods. v. Sharon Steel Corp. 案(1983)。③ 此外,地方法院不允许一方在未寻求此类许可的情况下进行修改的做法并不构成滥用自由裁量权。参见 Carl Sandburg Village Condominium Ass'n v. First Condominium Dev. Co. (1985)案。④

哈雷希望修改她的申诉,指控拉姆森公司1989年的利润低于预期。这项修正将无法抵挡《联邦民事诉讼规则》第12(b)(6)条的动议,因为哈雷只是声称"事后诸葛亮的欺诈"。此外,本法院与 Isquith(1988)案的第五巡回法院一样,认为声明的虚假性并不取决于"是否事实证明预测是错误的……"哈雷还试图修改她的申诉,声称拉姆森公司歪曲了中部钢铁制造厂的劳工问题的某些事实。这项修正案将是徒劳的,因为正如第一部分所讨论的,拉姆森公司没有任何能力预测罢工。此外,关于哈雷在劳工罢工问题下的索赔,她在6月初的罢工中多次发布公告后购买了自己的股票。因此,她的股票在1989年6月16日的市场价格,不可能像当时众所周知的那样,通过隐瞒劳工骚乱而被人为抬高。西奈和罗森博格声称地方法院应该给予他们修改许可,这是没有根据的,因为他们没有寻求修改许可。

3

除了联邦证券欺诈索赔外,原告还就被告因过失导致陈述失实提出了未决的州法律索赔。原告在上诉时辩称,州法律未决索赔应发回地方法院,因为其中包含了声称构成联邦证券欺诈的主张。如果联邦诉讼在审判前被驳回,悬而未

---

① Estes v. Kentucky Utils. Co., 636 F. 2d 1131, 1133 (6th Cir. 1980).
② See United States v. Frank B. Killian Co., 269 F. 2d 491, 493 (6th Cir. 1959); see also Luce v. Edelstein, 802 F. 2d 49, 56 (2d Cir. 1986).
③ See Roth Steel Prods. v. Sharon Steel Corp., 705 F. 2d 134, 155 (6th Cir. 1983).
④ See Carl Sandburg Village Condominium Ass'n v. First Condominium Dev. Co., 758 F. 2d 203, 206, n. 1 (7th Cir. 1985).

决的州诉讼可能会被驳回。参见 United Mine Workers v. Gibbs(1966)案。①因此,鉴于本法院在上文第一部分的裁定,地方法院在不影响未决的索赔请求的情形下驳回原告主张的判决将得到支持。

本巡回法院认定,在审理程序中没有错误,地方法院的判决被予以确认。

案例原文②

四、虚假陈述的性质

虚假陈述存在于证券发行阶段和证券交易阶段,因而其民事责任之性质必须分阶段进行讨论。③ 从理论上分析,证券发行阶段中的法律关系之核心是发行人作为卖方、投资者作为买方的销售合同,而证券交易阶段中的法律关系则没有类似的契约结构,因此造成两种阶段上的虚假陈述各有不同的行为形态、责任人、责任性质和归责原则,应当予以区别对待。美国证券法律据此分"发行时的文件申报和信息公开"和"持续性信息披露"两个不同阶段进行规制,前者如《1933 年证券法》第 11、12(a)(2)条,后者如《1934 年证券交易法》第 18(a)条、14(a)条,以及 SEC 规则 10b-5(此规则也可以作为追究发行时虚假陈述责任的依据④)。

证券交易阶段的虚假陈述导致的是民事侵权责任,此为学界之通说,其理由主要如下:首先,在证券交易所进行交易的双方,本质上发生的是买卖法律关系,但是证券的买卖双方互不认识和了解,因此在证券交易市场发生的包括操纵市场、内幕交易和虚假陈述等欺诈行为,以构成侵权民事责任为多。其次,在虚假陈述发生之前,虚假陈述的对象是不特定的,只有相信其虚假陈述而进行了投资或者投资了被虚假陈述的证券的投资人,才是特定被侵害的对象。最后,从立法政策来看,为了维护市场交易的稳定性和安全性,不宜将交易市场的交易行为认定为合同关系,否则交易市场的秩序将无法维持和保持稳定。

证券发行阶段的虚假陈述的民事责任之性质,学术界主要存在违约与侵权

---

① United Mine Workers v. Gibbs, 383 U. S. 715, 725, 86 S. Ct. 1130, 1138, 16 L. Ed. 2d 218 (1966).
② Available at https://casetext.com/case/sinay-v-lamson-sessions-co-2, 2023-9-18.
③ 具体论述参见贾纬:《证券市场虚假陈述行为人的归责原则》,载《人民司法》2003 年第 1 期。
④ See Herman & MacLean v. Huddleston, 459 U. S. 375(1983).

两种不同见解。主张违约责任的观点认为,发行市场的投资人与发行人之间存在的是合同关系:发行人的招股说明书是要约,投资人申购、中签以及交纳认购金是承诺,发行人和每个特定的投资人形成一对一的购销关系,因此发行阶段的市场虚假陈述承担的是合同责任。① 在主张该观点的学者看来,证券或债券发行时发行人的虚假陈述,是发行人对招股说明书中有关证券须符合一定条件的承诺的违背,因此发行人所应承担的是违约责任,投资人可以根据认购行为要求发行人赔偿损失及承担违约责任。主张侵权责任的观点认为,尽管发行阶段实际上存在违约与侵权的竞合,但立法政策确定为侵权民事责任更符合证券市场特性,其理由主要如下:首先,作为证券市场之核心制度的信息披露制度渗透于证券发行和交易活动的整个过程之中,而正确披露信息首先是证券市场信息披露义务人的法定义务。其次,投资人与发行人存在事实上的认购关系虽可视为合同关系,但双方毕竟没有直接协商达成书面协议,与传统的合同相对性原理有别。最后,发行阶段的虚假陈述行为人不限于发行人,还可能包括发行人负有责任的董事、经理和监事等高级管理人员(统称高管人员),承销商及其高管人员,专业中介服务机构及其直接责任人,甚至发行人的实际控制人即发起人。这些除发行人以外的其他虚假陈述行为人,并不完全是证券或债券的发行出售方,对于投资人来说则难以全部认定为认购协议的对方。由于公众投资者处于信息不对称中的弱势地位,因此将发行阶段的虚假陈述的民事责任定性为侵权责任更为恰当。我国《证券法》(2019)第 56 条、第 85 条规定的虚假陈述的民事责任,其性质也是定位为民事侵权责任的。

第二节 原被告及其责任

一、适格的原告

对虚假陈述民事责任的原告,美国联邦证券法确立了所谓的"买方或者卖方"标准(Purchaser-Seller Requirement)。

在审理 Blue Chip Stamps v. Manor Drug Stores(1975)案②时,美国联邦最高法院首次明确肯定了下级法院确立的"买方或者卖方"标准。在该案中,根据《反托拉斯法》的规定,被告应当将其所持有的某公司股份转让给原告,但是被告为诱导原告放弃这些股份的购买权,对当事公司的状况进行了带有欺骗性质的、

---

① 杨明宇:《证券发行中不实陈述的民事责任研究》,载郭锋主编:《证券法律评论》2001 年第 1 期,法律出版社 2001 年版,第 140 页。

② Blue Chip Stamps v. Manor Drug Stores, 421 U.S. 723 (1975). See L. D. Soderquist & T. A. Gabaldon, *Securities Law*, Foundation Press, 1998, p.141.

过于悲观的描述。联邦最高法院判决,由于原告未曾实际购买过该公司股票,不具备买方身份,因而不是适格的原告,无权享有 SEC 规则 10b-5 项下的诉讼救济。联邦最高法院的论证主要集中在两个方面:(1) 对原告资格加以适当限制,可以防止当事人利用 SEC 规则 10b-5 进行滥诉。伦奎斯特(Rehnquist)法官在审理案件时尖锐地指出[1],SEC 规则 10b-5 或多或少已沦为原告以起诉相威胁来谋求非法利益的一种工具,这是很危险的;尤其是在涉及不当陈述的案件中,虽然客观地讲原告的起诉很多时候并没有什么法律依据,但他们仍乐此不疲,寄希望于与被告和解而得到一些好处。这种不正常现象在 SEC 规则 10b-5 诉讼中尤为明显,过滥的诉讼严重扰乱了公司的正常经营,也影响了当事人才能的发挥。仅此一点,就值得在原告资格方面设置必要的限制。(2) 如果允许原告没有买卖证券,但可以主张遭受到"失去了买卖证券的机会"时,给人的感觉是在凭空讹诈,尤其是在事先没有合同关系可以合理地预见到这些机会的情况下更是如此。因为当事人所丧失的机会中到底能有多大的交易量,完全取决于原告本人的主观想象和假设。实际买卖股票的行为可以通过交易记录得到证实,而本来打算如何进行买卖的主张,则纯为当事人的心理活动,只能赖于口头证据。因此,法院认为,如果支持原告的诉讼请求,以后在类似的案件中,将难以避免诉讼双方对过去发生的某些已模糊不清的事实产生更多的争议,而且这些事实几乎全都要靠口头证据来证明。仅此一点就很难对案件作出公平的判决。[2]

联邦最高法院对原告资格设定了必要的限制,主要是出于该规则可操作性的考虑,而不是从理论上讲未实际买卖股票的受骗者不应当得到法律的帮助。如果因听信公司利差的虚假陈述而抛出股票的投资者能对欺诈人提起损害赔偿之诉的话,似乎没有充分的理由认为,因听信公司利好的虚假陈述而继续持有,既不卖出也不买进股票的投资者,就不能提出类似的索赔。因此,本案少数派意见的代表 Blackmun 法官认为,大多数法官在审理案件时都流露出了对私人通过诉讼来追究公司管理层不当行为的敌视态度,"本院……不顾我们的传统和证券法的宗旨,对公司的福祉给予了异乎寻常的关切,而对投资大众似乎非常冷淡。"后来,为了适当减缓"买方或卖方"标准的僵化,司法实践作了一些调整,以"被强迫的卖方"规则(Forced Seller Rule)为典型。例如,在审理 Vine v. Beneficial Finance Co. (1967)案[3]时,法院认为,原告虽然没有主动转让股票的意思和实际的买卖决策,但可以被认为是一个"被强迫的卖方",是符合 SEC 规则

---

[1] James D. Cox, Robert W. Hillman, Donald C. Langevoort: *Securities Regulation (Cases and Materials)*, Little, Brown and Company, 1991, pp. 769-770.

[2] Louis Loss & Joel Seligman, *Fundamentals of Securities Regulation*, 3rd ed., Little, Brown and Company, 1998, pp. 853-854.

[3] Vine v. Beneficial Finance Co. 389 U. S. 970 (1967).

10b-5诉讼中关于原告资格的"买方或者卖方"标准的;公司合并时被迫将股票置换成其他公司股票的股东,同样也可以"被强迫的卖方"的身份提起诉讼。司法实践和学术研究都认为,这两个标准实际上是相通的,也不会导致基于SEC规则10b-5的滥诉。[①]

总结上述美国的司法实践和理论学说,根据SEC规则10b-5提起诉讼,首先适用"买方或者卖方"这一一般标准,在特别情况下才适用"被强迫的卖方"这一例外原则,这种做法实际上是法院根据社会背景进行裁量的权力,既可以维护公众投资者的合法权利,又同时能够防止原告使用SEC规则10b-5进行滥诉。

《虚假陈述赔偿规定》(2022)第1条规定,对于信息披露义务人在证券交易场所发行、交易证券过程中实施虚假陈述引发的侵权民事赔偿案件,以及在按照国务院规定设立的区域性股权市场中发生的虚假陈述侵权民事赔偿案件,投资者均有权向法院提起民事赔偿之诉。第2条第1款规定,作为投资者的原告,在提起证券虚假陈述侵权民事赔偿诉讼时,须符合《民事诉讼法》第122条的规定,并提交以下证据或者证明材料,法院即应当受理:(1)证明原告身份的相关文件;(2)信息披露义务人实施虚假陈述的相关证据;(3)原告因虚假陈述进行交易的凭证及投资损失等相关证据。第2条第2款规定,法院不得仅以虚假陈述未经监管部门行政处罚或者人民法院生效刑事判决的认定为由裁定不予受理。第11条则规定了法院认定原告的投资决定与虚假陈述之间的交易因果关系成立,即原告需要证明以下三种情形:(1)信息披露义务人实施了虚假陈述;(2)原告交易的是与虚假陈述直接关联的证券;(3)原告在虚假陈述实施日之后、揭露日或更正日之前实施了相应的交易行为,即在诱多型虚假陈述中买入了相关证券,或者在诱空型虚假陈述中卖出了相关证券。相较于《虚假陈述赔偿规定》(2003)第18条的规定,新规定对市场中的"报喜不报忧""报假喜瞒真忧"的违法形态也规定了民事责任,是立法的一大进步。

二、适格的被告及其责任

证券法律法规中特别规定的信息披露义务在披露主体与投资者之间建立起了直接的权利义务关系,因此只要其违反了法定信息披露义务,并符合其他责任构成要件,就要承担虚假陈述的民事责任。信息披露义务主体的范围大致可以分为三类,即发行人及其直接责任人、相关专业中介服务机构及其直接责任人,以及国家工作人员、新闻传播媒介从业人员。上述机构和自然人是违反披露义务的信息披露义务人,即是虚假陈述民事责任的责任主体。在我国,虚假陈述的

---

① J. D. Cox et al., *Securities Regulation (Cases and Materials)*, Little, Brown and Company, 1991, pp. 765-767,771.

民事赔偿责任主体之规定散见于《股票发行与交易管理暂行条例》(1993)、《虚假陈述赔偿规定》(2022)、《证券法》(2019)。

(一) 发起人/控股股东/实际控制人

发起人作为发起组建公司之人,对组建公司的所有情况都有非常深入的了解,并直接参与公开文件的制作,因此发起人必须对公开文件的真实性和全面性负责。《证券法》(2019)第 56 条第 1 款规定:"禁止任何单位和个人编造、传播虚假信息或者误导性信息,扰乱证券市场。"第 93 条规定:"发行人因欺诈发行、虚假陈述或者其他重大违法行为给投资者造成损失的,发行人的控股股东、实际控制人、相关的证券公司可以委托投资者保护机构,就赔偿事宜与受到损失的投资者达成协议,予以先行赔付。先行赔付后,可以依法向发行人以及其他连带责任人追偿。"由于第 56 条的"任何单位和个人"已经包括了"发起人",表明《证券法》已经将发起人作为虚假陈述民事赔偿案件的行为人。这是符合《证券法》(2019)保护公众投资者之立法目的的。

例如,在刘玉华诉兴业证券股份有限公司虚假陈述责任纠纷案(2017)[①]中,投资者把作为上市推荐人和证券承销商的兴业证券,和发行人一同列为共同被告,福州市中级人民法院对此表示认可:

> 本院认为:从证监会针对欣泰电气以及相关责任人员作出的《行政处罚决定书》《市场禁入决定书》以及对被告兴业证券作出的《行政处罚决定书》可见,欣泰电气在申请首次公开发行股票并在创业板上市的过程中,通过在会计周期期末以借款等方式虚构应收账款的收回、冲减应收账款,又在下一会计周期期初将应收账款冲回,从而导致其向证监会报送的 IPO 申请文件以及公开发行的募集文件中的相关财务数据存在虚假记载,依照《中华人民共和国证券法》第 59 条关于"公司公告的股票或者公司债券的发行和上市文件,必须真实、准确、完整,不得有虚假记载、误导性陈述或者重大遗漏"以及《若干规定》第 17 条关于"证券市场虚假陈述,是指信息披露义务人违反证券法律规定,在证券发行或者交易过程中,对重大事件作出违背事实真相的虚假记载、误导性陈述,或者在披露信息时发生重大遗漏、不正当披露信息的行为"的规定,其该行为构成虚假陈述。

也就是说,法院将 IPO 发行人欣泰电气作为虚假陈述的适格被告。

控股股东,是指持有足以控制上市公司实际管理权的股份的个人与机构。控股股东常将股东权和经营权集于一身,凭借绝对优势的表决权选出符合自己意志的董事会,指派自己的人员担任上市公司的董事长、经理甚至部门经理。因此,我国上市公司的大部分虚假陈述行为都是在控股股东的指挥与控制之下进

[①] 福建省福州市中级人民法院民事判决书(2017)闽 01 民初 456 号。

行，而由此获得的非法利益也全部通过关联交易等形式转入控股股东手中。此时，控股股东与上市公司已经构成了对受害投资者的共同侵权行为，理应承担民事赔偿责任。在上市公司中，持股超过5%的股东，即是大股东，也是控股股东。例如，在审理北京高石创新投资有限公司诉山东京博控股股份有限公司证券虚假陈述责任纠纷案（2014）时，济南市中级人民法院就认可了原告将持有上市公司5%以上股份的股东——山东京博控股股份有限公司的主张，认定其为适格的被告，具体论述参考后文的【中国案例】。

实际控制人，是指通过直接或间接控制上市公司多数股权，或者通过一致行动达到控制上市公司的股东。实际控制人的概念，相对发行人便是发起人，相对上市公司即是控股股东。实际控制人隐藏在发行人、上市公司幕后，《虚假陈述赔偿规定》（2022）第20条规定，发行人的控股股东、实际控制人可以是虚假陈述侵权案的被告；二者组织、指使发行人实施虚假陈述，致使原告在证券交易中遭受损失的，原告起诉请求法院直接判令该控股股东、实际控制人依照本规定赔偿损失；而发行人在承担赔偿责任后可以要求该控股股东、实际控制人赔偿实际支付的赔偿款、合理的律师费、诉讼费用等损失。因此实际上，实际控制人以发行人或者上市公司的名义虚假陈述，就表明其是发行人法人机关成员中具体实施信息披露的人，因此实际控制人就是信息披露义务人，负有信息披露义务；如若违反该义务，又符合其他责任构成要件，就要承担虚假陈述民事责任。

【中国案例】

北京高石创诉投资有限公司诉山东京博控股股份有限公司证券虚假陈述责任纠纷案（2014）[①]

原告北京高石创诉投资有限公司（以下简称"高石公司"）诉称，安徽国通高新管业股份有限公司（以下简称"国通管业"）为上市公司，原告为二级市场投资者，被告山东京博控股股份有限公司（以下简称"京博公司"）为国通管业股东。2012年3月16日，中国证监会通报了京博公司违法违规案，京博公司及其法定代表人董事长马韵升被处罚。根据证监会〔2012〕6号行政处罚决定书，京博公司自2007年7月24日起对国通管业股票进行了巨额交易，在此过程中，京博公司隐瞒了一致行动人和要约收购义务，10次持股数量达到临界点时未进行披露，并两次虚假披露了其持股比例。根据最高人民法院《关于审理证券市场因虚假陈述引发的民事赔偿案件的若干规定》（以下简称《若干规定》），京博公司作为信息披露义务人共存在10次不正当披露和2次虚假记载，已构成证券法意义上

[①] 参见山东省济南市中级人民法院民事判决书（2014）济商重初字第3号。

的虚假陈述。京博公司巨额买入行为直接推涨了国通管业股票价格,而市场在未能找到真相之前无法使国通管业股票价格回归真实价值,因此国通管业股票价格在揭露日之前一直处于虚高状态。原告主张其是在国通管业股票价格虚高时买入该股票,高买本身就是损失;京博公司虚假陈述行为被揭露时,涉案股票价格跌幅远超同期大盘,原告再次遭受损失。如果没有京博公司的虚假陈述行为,国通管业股票价格既不会虚高,更不会在揭露日后出现暴跌,京博公司的虚假陈述行为是造成原告遭受损失的直接原因。

对此,被告辩称其列为被告主体不适格。被告公司作为证券市场的投资者,与原告高石公司一样,平等享有证券市场赋予投资者的权利和义务。对双方通过二级市场进行股权投资的上市公司国通管业而言,二者均为该上市公司的投资者,也同为该上市公司的股东,不存在高石公司为二级市场投资者,被告公司为国通管业股东之说。依据《若干规定》第7条,证券市场因虚假陈述而引发的民事赔偿案件的被告是明确而具体的,不应作任意的扩大。故被告公司不属于上述规定中的行为主体,不应成为被告。

法院认为,根据原告高石公司和被告京博公司的诉辩理由,本案的争议焦点有三,即京博公司是否应为虚假陈述证券民事赔偿案件的被告,本案虚假陈述实施日、揭露日的确定,京博公司应否承担赔偿责任。对于京博公司的主体资格,法院认为,京博公司系虚假陈述行为人,依法应为本案被告原因如下:

《若干规定》第17条规定:"证券市场虚假陈述,是指信息披露义务人违反证券法律规定,在证券发行或者交易过程中,对重大事件作出违背事实真相的虚假记载、误导性陈述,或者在披露信息时发生重大遗漏、不正当披露信息的行为。对于重大事件,应当结合《证券法》第五十九条、第六十条、第六十一条、第六十二条、第七十二条及相关规定的内容认定。虚假记载,是指信息披露义务人在披露信息时,将不存在的事实在信息披露文件中予以记载的行为。误导性陈述,是指虚假陈述行为人在信息披露文件中或者通过媒体,作出使投资人对其投资行为发生错误判断并产生重大影响的陈述。重大遗漏,是指信息披露义务人在信息披露文件中,未将应当记载的事项完全或者部分予以记载。不正当披露,是指信息披露义务人未在适当期限内或者未以法定方式公开披露应当披露的信息。"

据此,证券虚假陈述责任主体为具有法定信息披露义务而没有适当履行该义务的信息披露义务人,虚假陈述行为既包括违背事实真相的虚假记载、误导性陈述,也包括重大遗漏信息、不正当披露信息。

《证券法》(2014)第86条规定:"通过证券交易所的证券交易,投资者持有或者通过协议、其他安排与他人共同持有一个上市公司已发行的股份达到百分之五时,应当在该事实发生之日起三日内,向国务院证券监督管理机构、证券交易所作出书面报告,通知该上市公司,并予公告;在上述期限内,不得再行买卖该上市公司的股票。投资者持有或者通过协议、其他安排与他人共同持有一个上市公司已发行的股份达到百分之五后,其所持该上市公司已发行的股份比例每增加或者减少百分之五,应当依照前款规定进行报告和公告。在报告期限内和作出报告、公告后二日内,不得再行买卖该上市公司的股票。"《上市公司收购管理办法》(2014)第13条规定:"通过证券交易所的证券交易,投资者及其一致行动人拥有权益的股份达到一个上市公司已发行股份的百分之五时,应当在该事实发生之日起三日内编制权益变动报告书,向中国证监会、证券交易所提交书面报告,抄报该上市公司所在地的中国证监会派出机构(以下简称"派出机构"),通知该上市公司,并予公告;在上述期限内,不得再行买卖该上市公司的股票。前述投资者及其一致行动人拥有权益的股份达到一个上市公司已发行股份的百分之五后,通过证券交易所的证券交易,其拥有权益的股份占该上市公司已发行股份的比例每增加或者减少百分之五,应当依照前款规定进行报告和公告。在报告期限内和作出报告、公告后二日内,不得再行买卖该上市公司的股票。"

京博公司在2007年7月24日始至2009年4月9日期间,大宗持有国通管业股票应当披露而未予真实披露、虚假披露的事实,业经证监会〔2012〕6号行政处罚决定书认定,违反了《证券法》(2014)第86条和《上市公司收购管理办法》第13条规定的证券市场中的信息公开制度,隐瞒真实情况,构成不正当披露,故京博公司系具有法定信息披露义务的主体,属于虚假陈述行为人,依据《若干规定》第7条第7项的规定,京博公司因其虚假陈述而为本案被告并无不当。

(二)证券发行人及其高管

在证券市场中,证券的交换价值几乎完全取决于交易双方对各种信息的掌握程度,以及在此基础上作出的各种判断。在证券发行交易中,作为证券这一特殊商品的制造者,证券发行人或上市公司①本身就是该产品的主要信息源,而且是一个在持续经营状态中不断发布新信息的动态信息源。而与证券发行人或者上市公司相比,公众投资者处于信息弱势地位。因此,基于此种信息不对称之现实,各国或地区证券立法大都建立了强制性信息披露义务制度,要求证券发行人承担信息公开的无过错(绝对)责任。《虚假陈述赔偿规定》(2022)第13条规定,《证券法》(2019)第85条、第163条所称的"过错"包括两种情形:一是行为人故意制作、出具存在虚假陈述的信息披露文件,或者明知信息披露文件存在虚假陈述而不予指明、予以发布;二是行为人严重违反注意义务,对信息披露文件中虚假陈述的形成或者发布存在过失。这意味着,对于预测性信息,由于是发行人无

---

① 在我国,证券发行人在公开发行证券后,通常都必然上市交易,因此发行人一般都可以称为上市公司。

法确知的未来状况,发行人不存在故意或者过失,就无须承担责任。

此外,《证券法》(2019)第 180 条还规定了初次信息披露时虚假陈述的行政责任:未经法定机关核准,擅自公开或者变相公开发行证券的,责令停止发行,退还所募资金并加算银行同期存款利息,处以非法所募资金金额 5%—50%的罚款;对擅自公开或者变相公开发行证券设立的公司,由依法履行监督管理职责的机构或者部门会同县级以上地方人民政府予以取缔。对直接负责的主管人员和其他直接责任人员给予警告,并处以 10 万—500 万元的罚款。

《证券法》(2019)第 181 条规定了持续信息披露时虚假陈述的行政责任:发行人在其公告的证券发行文件中隐瞒重要事实或者编造重大虚假内容,已经发行证券的,处以非法所募资金金额 10%以上 1 倍以下的罚款。对直接负责的主管人员和其他直接责任人员,处以 100 万元以上 1000 万元以下的罚款。发行人的控股股东、实际控制人组织、指使从事前款违法行为的,没收违法所得,并处以违法所得 10%以上 1 倍以下的罚款;没有违法所得或者违法所得不足 2000 万元的,处以 200 万元以上 2000 万元以下的罚款。对直接负责的主管人员和其他直接责任人员,处以 100 万元以上 1000 万元以下的罚款。

此外,《刑法》(2020)第 160 条规定了"欺诈发行证券罪":在招股说明书、认股书、公司、企业债券募集办法中隐瞒重要事实或者编造重大虚假内容,发行股票或者公司、企业债券、企业债券存款凭证或者国务院依法认定的其他证券,数额巨大、后果严重或者有其他严重情节的,处 5 年以下有期徒刑或者拘役,并处或者单处罚金;数额特别巨大、后果特别严重或者有其他特别严重情节的,处 5 年以上有期徒刑,并处罚金。控股股东实际控制人组织、指使实施前款行为的,处 5 年以下有期徒刑或者拘役,并处或单处非法募集资金金额 20%以上 1 倍以下罚金;数额特别巨大、后果特别严重或者有其他特别严重情节的,处 5 年以上有期徒刑,并处非法募集资金金额 20%以上 1 倍以下罚金。单位犯前两款罪的,对单位判处非法募集资金金额 20%以上 1 倍以下罚金,并对其直接负责的主管人员和其他直接责任人员,处 5 年以下有期徒刑或者拘役。"欺诈发行证券罪"的犯罪构成如下:(1) 客体要件:本罪侵犯的客体是复杂客体,即国家对证券市场的管理制度,以及投资者的合法权益。立法对招股说明书、认股书、公司企业募集办法等法定披露文件内容作了具体规定,要求证券发行人及其负责人必须如实地让投资者充分了解公司的真实信息,便其知情决策,保护社会公众的利益,维护正常的市场经济秩序。(2) 客观要件:本罪在客观上必须具有在招股说明书、认股书、公司企业债券募集办法中隐瞒重要事实或者编造重大虚假内容,发行股票或者公司企业债券数额巨大、后果严重或者有其他严重情节的行为。一是行为人必须实施在招股说明书、认股书、公司企业债券募集办法中隐瞒重要事实或者编造重大虚假内容的行为;二是行为人必须实施了发行股票或公司企业债券的行为;三是行为人的上述行为必须达到一定的严重程度,即达到"数额巨大、后果严重或者有其他严重情节的",才构成犯罪。(3)主体要件:本罪的主体主要是单位,包括在公司发起设立阶段,参与公司发起设立的法人;已经设立的股份有限公司、国有独资公司、两个以上的国有企业或者其他两个以上的国有投资主体投资设立的有限责任公司;以及在一定条件下的自然人。(4)主观要件:本罪在主观上只能依故意构成,过失不构成本罪,行为人的罪过实质是欺诈募股或欺诈发行债券。因不甚了解本公司财产状况或因预算失误等等原因,导致过失地实施了制作虚假的招股说明书、认股书或公司债券募集办法者,不能构成本罪;后果严重、影响巨大者,可以酌情给予经济违法处分。

证券发行人的高级管理人员,是指发行人法人机关的成员,如董事、监事,以及经理等人员,其承担虚假陈述责任的理由在于发行人法人机关成员形成了对发行人强有力的支配力。在公司(即证券发行人)"所有权与经营权"两权分离的条件下,公司法人机关作为拥有独立的公司经营权的机关就处于现代公司制度的中心地位。同样,在大陆法系,公司法人机关作为行使公司权力的代表机关,对公司经营管理事务享有广泛而独立的决策权,这种权力从其性质上说是改变公司与相对人法律关系的能力。基于这种实际获得的权力,使得公司法人机关成员不仅对公司,对股东甚至对公司的利害关系人都应负有一种注意义务。①作为公司经营管理事务之重要组成部分,发行人所发布的各种证券信息,董事、监事和经理等高管人员显然是基础信息的掌握者;对持续性信息披露而言,发行人的董事、监事或经理则甚至就是该等信息的直接控制者。因此,证券发行人的董事、监事、经理等高级管理人员,对其虚假陈述必须承担民事赔偿责任,且其归责原则须采取无过错责任原则。例如,在后文【中国案例】"抚顺特钢及其董事赵明远等虚假记载受罚案(2019)"中,证监会较为详尽论述了为何把上市公司的董事列入虚假陈述的共同被告。

【中国案例】

抚顺特钢及其董事赵明远等虚假记载案(2019)②

经查明,抚顺特钢存在以下违法事实……中国证监会认为,抚顺特钢的上述

---

① 否定公司法人机关的成员不是虚假陈述民事责任主体的理由如下:大陆法系的传统公司法理论认为公司的法人机关是公司的代表机关,公司法人机关的行为就是公司的行为。作为公司法人机关的成员,其执行职务的行为是公司的行为。因此,当公司法人机关的成员违法执行职务侵害第三人利益之时,即应由公司来承担责任,而是否向有过错的公司法人机关的成员追偿由公司定夺。

② 参见中国证监会行政处罚决定书(抚顺特钢、赵明远、董事等多名责任人员)〔〔2019〕147号〕。本案例中所指《证券法》系指我国2014年修正的《证券法》。

行为违反了《证券法》第63条"上市公司依法披露的信息,必须真实、准确、完整,不得有虚假记载"的规定,构成《证券法》第193条第1款所述"发行人、上市公司或其他信息披露义务人所披露的信息有虚假记载"的情形。

对抚顺特钢在上述定期报告中披露的信息有虚假记载的违法行为,赵明远作为时任董事长,知悉并组织、策划、决策财务欺诈行为,未尽勤勉尽责义务。董事作为时任董事长,知悉并决策财务欺诈行为,未尽勤勉尽责义务。孙启作为时任董事长和总经理,知悉并决策财务欺诈行为,未尽勤勉尽责义务。单志强作为时任总经理,知悉并组织、策划、决策财务欺诈行为,未尽勤勉尽责义务。张晓军作为时任总经理,知悉并决策财务欺诈行为,未尽勤勉尽责义务。王勇作为时任财务总监,参与、组织、策划财务欺诈行为,未尽勤勉尽责义务。姜臣宝作为时任财务总监、董事,知悉并参与财务欺诈行为,未尽勤勉尽责义务。上述人员任职期间在涉案定期报告上签字确认,是抚顺特钢信息披露违法行为的直接负责的主管人员。抚顺特钢时任董事徐德祥、赵彦志、李延喜、高岩、周建平、姚殿礼、刘伟、朴文浩、张鹏、邵福群、王朝义、高炳岩、董学东、魏守忠、张玉春、张洪坤、伊成贵、邵万军、刘彦文、张悦、武春友,时任监事张力、唐丽、国长虹、李刚、赵明锐、单永利、王红刚,时任副总经理赵振江、徐庆祥、李茂党,副总经理刘振天、鄂成松、孙立国、崔鸿,董事会秘书孔德生,总法律顾问赵光晨在任职期间在涉案定期报告上签字,上述签字的董事、监事、高级管理人员应当保证上市公司披露的信息真实、准确、完整,但其未按照勤勉尽责要求对相关信息披露事项履行确认、审核职责,是抚顺特钢信息披露违法行为的其他直接责任人员。权日纯组织各部门人员配合完成财务欺诈操作,是抚顺特钢信息披露违法行为的其他直接责任人员。

国长虹在申辩材料及听证过程中提出:第一,其对抚顺特钢涉案的财务欺诈行为不知情,未参与,且缺乏了解企业生产经营、调查财务状况的必要手段;第二,抚顺特钢在召开监事会并将2010年年度报告披露后,才要求其在2010年年度报告上补签字,其以未参加会议、不知悉年报内容为由提出弃权请求,此后根据会计师事务所的审计报告等资料,确未发现上述年报有不妥之处,最终服从其他董事、监事、高级管理人员的意见,在2010年年度报告上补签;第三,其曾对关联交易问题提出异议;第四,其签署的2010年年度报告所涉造假金额小,不易发现,且违法情节较轻,社会危害小。综上,国长虹请求免于处罚。

赵光晨在申辩材料中提出:第一,其并非公司章程规定的高级管理人员;第二,其虽在2014年至2016年年度报告上签字,实际上其因身患重病,并未参与公司经营管理,也不了解公司财务状况和年报披露的财务数据;第三,其并不负责财务和信息披露相关工作,不知悉涉案违法事实;第四,事先告知书认定抚顺特钢2010年至2017年累计虚增利润19.02亿元与事实不符。综上,赵光晨请求从轻处罚。

邵万军在申辩材料中提出：第一，其为加拿大国籍，作为外国专家，任职期间勤勉谨慎，坚守合规底线；第二，其曾在一次会议上提交"抚顺特钢分析报告"，其中重点提到"减少与母公司之间债务往来"和"11亿债务问题"，并提议解聘对抚顺特钢执行审计的审计机构；第三，其在抚顺特钢季报延迟公告后的董事会上主动提交书面辞职书；第四，其曾要求抚顺特钢帮助其提供上述报告、书面辞职书等书面资料，未获回应。综上，邵万军请求从轻处罚。

经复核，中国证监会认为，对国长虹提出不予处罚的请求不予采纳，对其申辩意见的部分内容予以采纳，理由如下：第一，国长虹作为时任抚顺特钢监事，有责任保证上市公司所披露的信息真实、准确、完整，其任职期间未在法定披露时限内对抚顺特钢2010年年度报告谨慎审核即签字确认，且未提出其他证据充分证明其已勤勉尽责；第二，其对涉案违法事实不知情等申辩意见不构成免责理由；第三，其对2011年关联交易提出异议的相关事实与本案违法事实无关；第四，抚顺特钢2010年虚增存货金额、虚减成本导致2010年年度报告将亏损披露为盈利，故其所称违法行为轻、社会危害小与事实不符。综上，中国证监会依法认定国长虹的涉案行为构成未勤勉尽责，不应免除其行政责任，同时综合考虑其履职情况、参与程度和签字时的客观事实，对其处罚幅度作适当调整。

对赵光晨提出关于其在违法行为中参与程度较低的申辩意见予以采纳，对其他申辩意见不予采纳，理由如下：第一，我会依照询问笔录、会计凭证、原始凭证、抚顺特钢各系统数据等多方面证据认定抚顺特钢涉案年度虚增、虚减的财务数据准确，事实清楚，证据充分，且赵光晨未提出有效证据证明我会认定的抚顺特钢涉案年度虚增、虚减的财务数据不准确；第二，赵光晨作为抚顺特钢总法律顾问，虽因身体原因参与度较低，但不属于法定免予处罚的情形，且其实际履行高级管理人员的职责，在任职期间未充分了解、核查涉案年度报告中的相关事项即在2014年至2016年年度报告上签字确认，未提出其他证据充分证明其已勤勉尽责。综上，中国证监会依法认定赵光晨构成未勤勉尽责，同时综合考虑其违法事实、情节及因身体原因对违法行为的参与程度，对其处罚幅度作适当调整。

对邵万军提出的申辩意见不予采纳，理由如下：第一，邵万军作为时任独立董事，有责任保证上市公司所披露的信息真实、准确、完整，其任职期间未对抚顺特钢财务状况作充分核查即在2013年、2014年、2016年年度报告及2017年第三季度报告上签字确认，且未提出其他证据充分证明其已勤勉尽责；第二，其在"抚顺特钢分析报告"中提到"减少与母公司之间债务往来"和"11亿债务问题"及解聘审计机构等事项与本案违法事实无关。综上，中国证监会对邵万军的申辩意见不予采纳。

根据当事人违法行为的事实、性质、情节与社会危害程度，依据《证券法》第193条第1款的规定，对抚顺特殊钢股份有限公司责令改正，给予警告，并处以60万元的罚款；对赵明远等给予警告，并分别处以一定数额的罚款。

（三）证券承销商和上市推荐人

证券承销商，是指与发行人签订证券承销协议，协助公开发行证券，借此获取相应的承销费用的证券经营机构。在我国，证券承销商除负有对拟公开发行股票的公司进行发行与上市辅导之责外，还负责编制发行人的各种信息披露文件，例如向证监会提交发行申请文件、招股说明书等。因此《证券法》（2019）第29条规定，证券公司承销证券应当对公开发行募集文件的真实性、准确性、完整性进行核查。而《虚假陈述赔偿规定》（2022）第17条第1款规定了承销机构（及其直接责任人员）可以作为虚假陈述证券民事赔偿案件的被告，并与证券发行人承担连带责任，但同时又规定了免责情形，即保荐机构、承销机构提交的尽职调查工作底稿、尽职调查报告、内部审核意见等证据能够证明下列情形的，人民法院应当认定其没有过错从而无须担责：(1) 已经按照法律、行政法规、监管部门制定的规章和规范性文件、相关行业执业规范的要求，对信息披露文件中的相关内容进行了审慎尽职调查；(2) 对信息披露文件中没有证券服务机构专业意见支持的重要内容，经过审慎尽职调查和独立判断，有合理理由相信该部分内容与真实情况相符；(3) 对信息披露文件中证券服务机构出具专业意见的重要内容，经过审慎核查和必要的调查、复核，有合理理由排除了职业怀疑并形成合理信赖。

我国实行证券发行与上市的一体化制度，即未经批准公司不得公开发行股票，而在公开发行股票后的一段时间内该股票即在上海或深圳证券交易所挂牌上市。沪深证券交易所实行股票"上市推荐人"制度。① 根据《上海证券交易所股票上市规则（2020年修订）》与《深圳证券交易所股票上市规则（2019年修订）》规定，上市推荐人必须对股票上市文件如上市申请文件、上市公告书所载资料进行核实，保证股票上市文件内容的真实、完整与准确，当文件中存在虚假、严重误导性陈述或者重大遗漏而导致投资者受损之时，上市推荐人应当承担连带赔偿责任；《虚假陈述赔偿规定》（2022）第17条第1款同样明确了证券上市推荐人（即保荐机构）应当作为虚假陈述证券民事赔偿案件的被告。

例如，在刘玉华诉兴业证券股份有限公司证券虚假陈述责任纠纷案

---

① 通常，主承销商（证券公司）在公司股票发行承销过程中对发行人已经有较深的了解，因此发行人多是委托主承销商同时担任上市推荐人，但也有其他证券公司与主承销商共同担任上市推荐人的情况。

（2017）[①]中，投资者把作为上市推荐人和证券承销商的兴业证券，和发行人一同列为共同被告，福州市中级人民法院对此表示认可：

> 本院认为：……被告兴业证券作为欣泰电气的上市推荐人和证券承销商，未遵守业务规则和行业规范，未勤勉尽责地对欣泰电气的上述文件进行审慎核查，存在过错，依照《若干规定》第二十三条关于"证券承销商、证券上市推荐人对虚假陈述给投资人造成的损失承担赔偿责任。但有证据证明无过错的，应予免责"的规定，对于原告刘玉华因该虚假陈述而遭受的投资损失，兴业证券应承担赔偿责任。

（四）证券服务机构

专业中介服务机构主要包括会计师事务所、律师事务所、资产评估机构等，它们在各自专业范围内为证券发行人的发行工作提供专业服务。中介机构的业务大致分为审慎调查及出具专业文件两个方面，其中审慎调查是出具专业报告的基础工作，包括搜集、整理、分析、完善相关资料的全部活动和过程，其目的在于获知证券发行人在相关专业领域内的有关信息。我国现行法律因限定其专业文件的内容，故审慎调查实际以专业文件的一般范围为准，并可扩张至与该范围有直接牵连的其他事项。出具专业文件则是在审慎调查基础上，就法定事项提出的结论性意见，中国证监会已就各专业报告的格式及内容作出规定。我国现行法律规定了中介机构的勤勉尽责义务，要求按照本行业公认的业务标准和道德规范，对其出具文件的真实性、准确性、完整性进行核查和验证。

根据《证券法》（2019）的相关规定，中介机构实际上承担着某种程度的保证责任，但在确定并追究中介机构责任时，应以过失责任为根据：（1）凡是知晓招募文件存在虚假陈述的，或应当知道但因疏忽或者懈怠而未知道虚假陈述的，应依法承担责任；（2）专业机构及人员对本专业以外事项存在的虚假陈述，不应承担责任，如证券律师与注册会计师分属不同专业，证券律师不应对审计报告的虚假陈述承担责任；（3）中介机构可以举证证明其已尽到勤勉责任，并证明即使按照本行业公认标准和道德规范进行审慎调查与核查，依然无法发现该等虚假陈述。如果证券发行人存有虚假陈述，但专业机构及人员依照行业标准，在综合各种已获信息基础上足以判断出发行人存在虚假陈述的情形时，中介机构不得以证券发行人隐瞒事实真相为由，主张免除责任。这是民事赔偿责任的规定。

《证券法》（2019）第213条规定了提供虚假证明文件的证券服务机构的行政责任：证券服务机构违反《证券法》第163条的规定，未勤勉尽责，所制作、出具的文件有虚假记载、误导性陈述或者重大遗漏的，责令改正，没收业务收入，并处以

[①] 福建省福州市中级人民法院民事判决书（2017）闽01民初456号。

业务收入1倍以上10倍以下的罚款,没有业务收入或者业务收入不足50万元的,处以50万元以上500万元以下的罚款;情节严重的,并处暂停或者禁止从事证券服务业务。对直接负责的主管人员和其他直接责任人员给予警告,并处以20万元以上200万元以下的罚款。

此外,《刑法》(2020)第229条第1—2款规定了专业中介服务机构的"提供虚假证明文件罪":承担资产评估、验资、验证、会计、审计、法律服务、保荐等职责的中介组织的人员故意提供虚假证明文件,情节严重的,处5年以下有期徒刑或者拘役,并处罚金。前款规定的人员,同时索取他人财物或者非法收受他人财物构成犯罪的,依照处罚较重的规定定律处罚。该罪的构成要件如下:(1)主体要件是特定的,必须是中介机构的从业人员。其中"承担资产评估、验资、验证、会计、审计、法律服务、保荐等职责的中介组织"是指依法成立的资产评估事务所、审计师事务所、会计师事务所、律师事务所等;"人员"是指在这些中介机构中具有国家认可的专业资格的负有职责的专业从业人员。(2)行为人实施了故意提供虚假证明文件的行为。"虚假证明文件",既包括伪造的证明文件,也包括内容虚假的文件,后者主要是指应客户要求,在资产评估、验资、验证、会计、审计、法律服务等方面,出具虚假的有关证明文件,包括有关资料、报表、数据和各种结果、结论方面的报告和材料等。(3)情节严重,主要是指有的故意提供虚假证明文件,手段比较恶劣,例如有的故意为违法犯罪活动提供方便和条件的;虚假的内容特别重要的,以及因故意提供虚假证明文件而造成了严重后果等。根据本款规定,对故意提供虚假证明文件的,处5年以下有期徒刑或者拘役,并处罚金。本条第2款是关于前款规定的人员同时索取他人财物或者非法收受他人财物,犯前款罪及其处罚的规定,增加了"同时索取他人财物或者非法收受他人财物"的客观要件。根据最高人民检察院、公安部《关于公安机关管辖的刑事案件立案追诉标准的规定(二)》(公通字〔2022〕12号)第81条的规定,中介组织人员故意提供虚假证明文件,涉嫌下列情形之一的,应予立案追诉:(1)给国家、公众或其他投资者造成直接经济损失数额在50万元以上的;(2)违法所得数额在10万元以上的;(3)虚假证明文件虚构数额在100万元且占实际数额30%以上的;(4)虽未达到上述数额标准,但2年内因提供虚假证明文件,受过行政处罚2次以上,又提供虚假证明文件的。

例如,在大智慧公司等与曹建荣等证券虚假陈述责任纠纷案(2018)[①]中,上海市高级人民法院认定上诉人立信所应承担连带赔偿责任。法院认为:

> 立信所主张本案应适用《最高人民法院关于审理涉及会计师事务所在

[①]《上海大智慧股份有限公司、立信会计师事务所与曹建荣、吴明稳等证券虚假陈述责任纠纷二审民事判决书》[上海市高级人民法院(2018)沪民终147号]。

审计业务活动中民事侵权赔偿案件的若干规定》，根据该规定，因其主观系过失，故其承担的应是补充赔偿责任而非连带责任。本院认为，众所周知，在证券市场中，会计师事务所出具的会计报告对于众多投资者的投资行为具有重大的、决定性的影响，会计师事务所在为上市公司出具会计报告时应当更为审慎、勤勉尽责，否则应承担相应的民事责任。我国《证券法》明确规定了证券服务机构应当勤勉尽责，对所依据的文件资料的真实性、准确性、完整性进行核查和验证。其制作、出具的文件有虚假记载、误导性陈述或者重大遗漏，给他人造成损失的，应当与发行人、上市公司承担连带赔偿责任，但是能够证明自己没有过错的除外。《若干规定》也规定专业中介服务机构知道或者应当知道发行人或者上市公司虚假陈述，而不予纠正或者不出具保留意见的，构成共同侵权，对投资人的损失承担连带责任。立信所作为专业证券服务机构，对于审计过程中发现的重大、异常情况，未按照其执业准则、规则，审慎、勤勉地执行充分适当的审计程序，对会计原则进行适当调整，导致大智慧公司的提前确认收入、虚增销售收入，虚增利润等严重违法行为未被及时揭示，对于大智慧公司虚假陈述事件的发生具有不可推卸的重大责任，立信所未举证证明其对此没有过错，依法应与发行人、上市公司承担连带赔偿责任。即使依据《最高人民法院关于审理涉及会计师事务所在审计业务活动中民事侵权赔偿案件的若干规定》，立信所的行为也完全符合该《若干规定》第五条第二款规定的情形，足以认定其按照执业准则、规则对于大智慧公司的违法行为应当知道，应认定其明知。立信所认为其主观系过失故不应承担连带赔偿责任的意见缺乏依据，本院不予支持，立信所应当就投资者的损失与大智慧公司承担连带赔偿责任。

该案的影响巨大，被媒体誉为"国内中介机构参与资本市场违法的痼疾——违法收益高、违法成本低将成为历史"。①

（五）国家工作人员等其他主体

《证券法》(2019)第 56 条规定了"任何单位和个人"包括证券交易所、证券公司、证券登记结算机构、证券交易服务机构、社会中介机构及其从业人员，证券业协会、证券监督管理机构及其工作人员等在证券交易活动中的信息披露义务，上述机构或/和其工作人员违反该义务即应承担相应的行政责任乃至刑事责任[参见《证券法》(2019)第 193 条，《刑法》(2020)第 181 条]。上述人员对于连锁形成的投资者损失，可以借鉴"纯粹经济上损失"赔偿应当有所限制的理论，一般不予赔偿。但是，如果行为人因故意或重大过失，使此类行为影响到特定证券价格的

---

① 郭成林：《意义深远的判决！会计师参与造假承担连带赔偿责任，立信涉大智慧案终审败诉》，载中国证券网，http://news.cnstock.com/news,bwkx-201810-4279731.htm，访问时间：2023-9-18。

明显波动,使得投资者受到损失;或者造成了操纵市场的后果,则可借鉴美国证券法上"默示诉权"理论,可由因操纵行为受到损失的投资人向其索赔。①

典型案例参看【中国案例】"张翰冰诉京博控股证券虚假陈述责任纠纷案(2012)"。

【中国案例】

张翰冰诉京博控股证券虚假陈述责任纠纷案(2012)②

安徽国通高新管业股份有限公司(以下简称"国通管业")是一家在上海证券交易所挂牌交易的上市公司。自2007年7月24日起,山东京博控股股份有限公司(以下简称"京博公司")开始买入国通管业股票,试图收购后者实现借壳上市,但后来又因故减持。在此投资交易过程中,京博公司未按照《证券法》(2005)及《上市公司收购管理办法》(2012)的规定及时披露持股情况。在此期间,还进行了两次虚假披露:第一次是2008年7月11日,京博公司披露其2008年7月10日持有国通管业已发行股份的5%,但京博公司该日实际持有国通管业已发行股份的23.92%;第二次是2008年9月25日,京博公司披露其2008年9月24日持有国通管业已发行股份的10.03%,但京博公司该日实际持有国通管业已发行股份的26.48%。2009年1月9日,《每日经济新闻》刊文指出,京博公司及其一致行动人合计持有国通管业股份有限公司已发行股份的6.852%,超过5%的举牌临界线而未举牌公告,已违反证券交易所的相关规定。对此,国通管业于2009年1月13日发布澄清公告,称公司收到京博公司的书面回复,后者指出上述报道并不准确。2012年3月16日,证监会在其网站通报了京博公司及其直接责任人的违法事实,作出证监会〔2012〕6号行政处罚决定书。原告张瀚冰自2009年2月27日至2011年3月29日,多次买入和卖出国通管业股票,至2012年12月20日其持续持有国通管业股份余额为225 681股,买入均价为15.52元。

张瀚冰认为,京博公司作为信息披露义务人共存在10次不正当披露和2次虚假记载,已构成证券法意义上的虚假陈述。京博公司巨额买入行为直接推涨了国通管业股票价格,使股票价格偏离真实价值,导致国通管业股票价格在揭露

---

① 对美国法中私人默示诉权(Implied Private Right of Action)的论述,参见汤欣:《证券市场虚假陈述民事责任制度评析——兼论证券法上的一般性反欺诈条款》,载郭锋主编:《证券法学评论》2003年第3期,法律出版社2003年版,第76—102页。

② 参见冯果:《诱空型证券虚假陈述损害赔偿民事责任之认定——评张翰冰诉山东京博控股股份有限公司证券虚假陈述责任纠纷案》,载《法律适用》2016年第13期。

日之前一直处于虚高状态,其是在国通管业股票价格虚高时买入该股票,高买本身就是损失;京博公司虚假陈述行为被揭露时,涉案股票价格跌幅远超同期大盘,使其再次遭受损失。京博公司的虚假陈述行为是造成其遭受损失的直接原因。综上,请求判令京博公司:(1) 赔偿张瀚冰投资差额损失 1 487 237.79 元;(2) 赔偿张瀚冰佣金损失 4461.71 元、印花税损失 1487.24 元;(3) 赔偿张瀚冰利息损失 25 861.41 元。

京博公司辩称:(1) 京博公司列为被告主体无法律依据。京博公司与原告同为证券二级市场的投资人,也同为国通管业的股东,其不符合证券虚假陈述赔偿主体资格,不应成为本案被告。(2) 张瀚冰诉称的损失与虚假陈述无因果关系,其据此向京博公司主张赔偿无法律依据。张瀚冰提供的证据显示,其于 2009 年 2 月 27 日始投资买入国通管业股票,而揭露日应该为证监会作出行政处罚并通报之日,即 2012 年 3 月 16 日。从时间上看,张瀚冰投资国通管业的行为与证监会认定的京博公司虚假陈述无关,张瀚冰在上述期间投资国通管业的损失,是由于证券市场当时的系统风险所致,其应自行承担投资损失。

济南市中级人民法院经重审认为,本案的争议焦点有三:一是京博公司是否应为虚假陈述民事证券赔偿案件的被告,二是本案虚假陈述实施日、揭露日的确定,三是京博公司应否承担责任。……

【法律分析】 在本案中,京博公司不属于上市公司或发行人,它作为二级市场上的交易者或证券投资人是否属于虚假陈述民事责任主体,一直是本案争议的焦点之一。立法将发起人、控股股东等实际控制人列为被告,是基于他们很可能是发行人或上市公司实施虚假陈述行为的真正"幕后黑手"的立法考量。这里的虚假信息显然针对的是证券发行人或上市公司自身的信息,而在本案中所涉信息并非上市公司招股说明书、债券募集说明书以及财务信息、年报信息等披露文件中与发行人直接关联的信息,京博公司违反的是《证券法》(2005)中收购人对收购行为应依法予以披露的义务,因此法院援引《虚假陈述赔偿规定》(2003)第 7 条第 1 项之规定,让京博公司承担虚假陈述的法律责任明显不合适。

在证券交易中,二级市场上的投资者在进行大额交易时,也同样会出于各种目的,散布不实消息,人为制造利空或利好假象,误导其他投资人进行违背其本意的交易,从而损害投资者的利益。这属于市场操纵行为,但当其违反法定的信息披露义务时,也可以成为虚假陈述的直接责任主体。因此,可以适用《虚假陈述赔偿规定》(2003)第 7 条第 7 项"其他作出虚假陈述的机构或者自然人"的概括性规定来追究责任。因此,本案中原被告双方围绕京博公司是否具有控股股东身份而展开辩论,是无需考虑的,完全可以而且应该适用《虚假陈述赔偿规定》(2003)第 7 条第 7 项。

济南市中级人民法院认为,京博公司的行为违反《证券法》(2005)第 86 条和

《上市公司收购管理办法》(2012)第13条规定的证券市场中的信息公开制度、隐瞒真实情况,构成不正当披露,进而以《虚假陈述赔偿规定》(2003)第7项作为依据,正确地作出了京博公司应该作为本案被告的认定。该案判决确立了"证券交易投资人持有上市公司已发行股份达到法律规定的披露临界线时,在法定期限内未以法定方式予以披露的,属于虚假陈述行为人"的裁判规则。

第三节 虚假陈述中的因果关系

虚假陈述是典型的侵权行为,承担虚假陈述的民事责任之构成要件通常包括以下五个方面:(1)虚假陈述信息具有重大性。(2)信息披露义务人具有主观过错。①(3)信息披露义务人从事了虚假陈述行为。(4)投资者遭受了损失。(5)虚假陈述行为与损失之间存在因果关系(包括交易上因果关系与损失上因果关系)。例如,在审理朱阁强与贵州国创能源控股(集团)股份有限公司证券虚假陈述赔偿纠纷案(2012)②时,贵州省高级人民法院指出,"虚假陈述侵权赔偿的构成要件为:存在虚假陈述行为、虚假陈述行为具有重大性、虚假陈述行为与证券交易及损失之间存在因果关系。上述因果关系包括虚假陈述与交易决定之间的交易因果关系和虚假陈述与投资者损失之间的损失因果关系,两者缺一不可"。

一、因果关系的认定

现代侵权法以自己责任为原则,其核心是行为人须对且仅对自己的行为所造成的损害结果负责。这一原则的基本要求之一就是侵权责任的成立必须以行为和损害之间存在因果关系为前提。但是迄今为止,两大法系对因果关系的认定仍然是一个远未解决的难题。③ 尽管如此,两大法系还是发展出了一些较为丰富的因果关系理论④,体现出了以解决问题为导向的功能主义趋势。其中,"相当因果关系说"⑤是大陆法系立法和理论之通说,其重点在于注重行为人之

---

① 根据《证券法》(2019)第85条,信息披露义务人承担无过错责任,信息披露义务人的控股股东和董事等承担过错推定的责任。
② 贵州省高级人民法院(2012)黔高民商终字第3号。
③ 王家福主编:《中国民法学·民法债权》,法律出版社1991年版,第476页。
④ 例如,在大陆法系,因果关系的判断理论有条件说或等值说、实质原因理论、相当因果关系说、规范目的说、义务射程等;在英美法系有可预见性标准、实质原因说、事实因果说、法律因果说等。参见王旸:《侵权行为法上因果关系理论研究》,载梁慧星主编:《民商法论丛》第11卷,法律出版社1999年版,第490页;朱岩:《侵权责任法通论·总论》,法律出版社2011年版,第199—200页。
⑤ 尽管相当因果关系说自诞生以来就饱受非议,但时至今日仍然是最为人所知和适用最广泛的方法。参见王泽鉴:《侵权行为》,北京大学出版社2009年版,第186页以下;江平、费安玲主编:《中国侵权责任法教程》,知识产权出版社2010年版,第219页;程啸:《侵权责任法》,法律出版社2011年版,第180页。

不法行为介入社会之既存状态,并对现实之危险程度有所增加或改变,则行为人之行为即构成结果发生之相当性原因。"相当因果关系"由"条件关系"与"相当性"两个阶段构成,第一阶段是判断其条件上的因果关系;第二阶段则认定其条件的相当性。[①] 与此相映成趣的是,英美侵权行为法对因果关系的认定也通常采取两分法的思维模式,将因果关系分为"事实因果关系(Factual Causation)"和"法律因果关系(Proximate/Legal Causation)"两种。[②] 在认定因果关系时,首先必须明确侵权人之侵害行为及应由其负责任的事件是否在事实上与侵害结果之间存在因果关系,然后再对事实上构成损害原因的侵害行为或应由侵权者负责任的事件是否成为侵权人对由此引起的损害应承担法律责任的法律上的原因作出判断。[③] 由此可见,英美法系和大陆法系在对一般侵权法的因果关系之判断上都要求分析两个环节:(1)从事实上认定侵害行为是否损害结果发生的原因,此即大陆法系上的"条件关系"之认定,大体对应着英美法系之"事实因果关系"的认定;(2)在法律上要确认被告的侵害行为是否应对受害人的损害负赔偿责任,此即大陆法系上的"相当性"之认定,大体对应着英美法系之"法律因果关系"的认定。[④] 需要说明的是,从因果关系链条上来说,无论是大陆法系上的"条件关系"之认定,还是英美法系之"事实因果关系"的认定,都适用于认定"侵权责任成立"与否;而无论是大陆法系上的"相当性"之认定,还是英美法系之"法律因果关系"的认定,都适用于认定"侵权责任范围"大小。

将上述一般侵权责任因果关系认定理论运用到对于证券侵权违法行为的责任追究,同样应该对上述两个环节进行分析。但是,由于证券交易的特殊性,投资者举证的困难性,适用上述两分法存在不可克服的难题。[⑤] 有鉴于此,虑及证券法之公众投资者保护立法目的,美国证券司法实践对证券民事赔偿领域采取了"因果关系推定"原则(举证责任倒置是其必备内容)。"因果关系推定"原则规定在 SEC 规则 10b-5 之中,后者是一个全面(catch-all)的反欺诈规定,适用于各

[①] 王泽鉴:《侵权行为》,北京大学出版社 2009 年版,第 186 页。
[②] 《美国侵权法重述(第二次)》明确采用了"事实因果关系"与"法律因果关系"的二元划分,该重述第 430 条规定:"唯有行为人之行为对他人有过失且该行为人之过失属于该他人损害之法律原因时,过失行为人方就该他人之损害负赔偿之责。"
[③] 王旸:《侵权行为法上因果关系理论研究》,载梁慧星主编:《民商法论丛》第 11 卷,法律出版社 1999 年版,第 480 页。
[④] 英美法系受实用主义哲学思维模式的影响,普通法把民法上的因果关系分为"事实因果关系"和"法律因果关系"。"事实因果关系"的意义在于行为人的行为或事件在损害发生的过程中的作用;"法律因果关系"则主要是确定民事责任的承担,涉及法律规定、民事立法和司法政策,以及社会公平正义和社会福利等,主要涉及价值判断问题。
[⑤] 参见陈洁:《论证券民事赔偿中因果关系的推定——以虚假陈述引发的侵权损害赔偿为中心》,资料来源:中国法学网,http://www.iolaw.org.cn/showarticle.asp?id=1365,访问时间:2012-8-16。

类证券市场欺诈行为(包括虚假陈述、欺诈客户、操纵市场等在内)①,并主要适用于"交易因果关系"的证明而不适用于"损失因果关系"②的证明;对于"交易因果关系",要求投资者证明其投资决策是因信赖虚假陈述而做出的,或者说如其获知真相就不会做出这一投资行为;对于"损失因果关系",则要求投资者须证明真相披露或者其他风险的出现致使股票价格的下跌导致了投资者的损失,而此损失包括第一次损失与后续损失(投资者可以交割清单作为受到损害的证据即已足)两部分。美国证券民事赔偿中所适用的"因果关系推定"原则,其理论基础是"欺诈市场理论"(Fraud on the Market Theory),而欺诈市场理论的学理基础是"有效资本市场"学说。该理论的核心观点在于,在一个开放而且发展良好的证券市场上,证券价格反映了关于证券发行人的包括虚假信息在内的所有公开信息。既然所有不真实的和具有欺诈性的信息都反映在证券的市场价格上,那么所有接受了该证券的市场价格而从事交易的投资者都可以被看作是信赖了所有的信息。

"欺诈市场理论"在虚假陈述侵权民事赔偿案件的因果关系问题的运用上,体现为"信赖推定":虚假陈述行为的发生,欺诈的是整个证券市场;投资者因相信证券市场是真实的、证券价格是公正的而进行投资,其无须证明自己信赖了虚假陈述行为才进行投资;而只要证明其所投资的证券价格受到虚假陈述行为的影响而不公正,即可认为投资者的损失与虚假陈述行为之间存在因果关系。因此不管投资者能否证明他们个人是否信赖该错误信息,法律上均推定他们已经受到欺诈。欺诈市场理论解决了"推定信赖"的基础问题,实质性地降低了证券欺诈民事诉讼中原告的举证责任,极大地增加了投资者获得胜诉的可能性。不过,"信赖推定"属于"可辩驳的信赖推定",即在承认推定交易因果关系的基础上,赋予信息披露义务人推翻假定信赖的抗辩权。

(一)诱多型虚假陈述的因果认定

我国《虚假陈述赔偿规定》(2022)对证券欺诈中的"虚假陈述"引进了因果关系推定理论,以及与此密切相关的"市场欺诈理论""信赖推定原则"。根据《虚假陈述赔偿规定》(2022)第11条的规定,投资人具有以下情形的,法院应当认定虚假陈述与损害结果之间存在因果关系:(1)信息披露义务人实施了虚假陈述;(2)投资人交易的是与虚假陈述直接关联的证券;(3)投资人在虚假陈述实施

---

① See David L. Ratner, *Securities Regulation*, 4th ed., West Publishing Co., 1992, pp. 15-16; Louis Loss & Joel Seligman, *Fundamentals of Securities Regulation*, 3rd ed., Little, Brown and Company, 1995, pp. 848-849.

② 美国证券法中的因果关系分为"交易因果关系"(transaction causation)、"损失因果关系"(loss causation)两类,这是英美法系侵权法上的"事实因果关系"和"法律因果关系"在证券领域中的体现。

日之后、揭露日或更正日之前实施了相应的交易行为,即在诱多型虚假陈述中买入了相关证券,或者在诱空型虚假陈述中卖出了相关证券。该规定表明《虚假陈述赔偿规定》(2022)实行的是"因果关系推定",即在投资者的损失与上市公司虚假陈述之间的因果关系确定方面,明确了只要上市公司存在虚假陈述,投资人在虚假陈述期间买进或者持有股票,在虚假陈述曝光后卖出受到损失的,就可以认定虚假陈述和投资者损失之间存在因果关系。

不过,需要说明的是,美国司法实践区分有效市场和(非有效的)传统市场而适用不同的因果关系规则:对有效市场适用"欺诈市场理论",实行信赖推定;对传统市场(如交易所以外的股权交易市场),只是在例外的情况下实行推定信赖。[①] 在我国,是否区分证券市场的不同类型,一律采用"欺诈市场理论",学者有不同的观点。主流意见是,A股市场仍处于"弱式有效市场"的阶段[②],欠缺适用推定交易上因果关系成立的基础,采用"欺诈市场理论"来推定虚假陈述行为与投资者交易行为之间成立交易上因果关系,不利于证券市场的发展;其原因是推定交易上因果关系的成立,会极大地减轻原告的诉讼负担,从而大大增加原告提起证券民事诉讼的胜诉率,这会导致投机者把大量本来应当由其承担的正常市场风险甚至投机风险转嫁给上市公司,使得上市公司风险过重,从而在客观上会诱导投资者盲目轻率地投资,鼓励证券投机。[③] 也有学者认为,A股市场现在已经适合采用"欺诈市场理论",因为基于保护公众投资者的证券法目的,法院在司法实践中已经确立了推定成立交易上的因果关系。[④] 同时,在股权分置改革之后,股票的流通数量和股票交易数量大幅度增加,市场规模现已跃居世界第二位[⑤],"A股市场"已经进入"半强式有效"的新阶段[⑥],推定交易上因果关系成立就具有了坚实的市场基础。但对"新三板"不应适用"欺诈市场理论"却是通识,

---

[①] 具体论述参见陈洁:《论证券民事赔偿中因果关系的推定——以虚假陈述引发的侵权损害赔偿为中心》,资料来源:中国法学网,http://www.iolaw.org.cn/showarticle.asp?id=1365,访问时间:2012-8-16。

[②] 例如龙小波、吴敏文:《证券市场有效性理论与中国证券市场有效性实证研究》,载《金融研究》1999年第3期;宋文光:《中国证券市场的有效性分析》,载《统计与决策》2005年第11期;王晓芳、刘凤根:《中国证券市场弱势效率的实证检验》,载《统计与决策》2007年第1期。

[③] 焦津洪:《"欺诈市场理论"研究》,载《中国法学》2003年第2期。

[④] 参看刘俊海、宋一欣主编:《中国证券民事赔偿案件司法裁判文书汇编》,北京大学出版社2013年版,导言,第19—20页;何朝丹:《"虚假陈述证券民事诉讼"法律实效研究》,载张育军、徐明主编:《证券法苑》第5卷,法律出版社2011年版,第1171—1211页。

[⑤] 中国证券监督管理委员会:《中国证券监督管理委员会年报(2014)》,中国财政经济出版社2015年版,第14页。

[⑥] 例如参见刘维奇等:《股权分置改革与资本市场效率——基于三因子模型的实证检验》,载《会计研究》2010年第3期;叶志强等:《股权分置改革后我国证券市场有效性研究——基于非预期非流动性新信息视角》,载《投资研究》2013年第5期。

其主要理由是,从市场基础来看,不论是从做市商①数量、流动性,以及分析师数量等情况来看,"新三板"中通过做市商进行交易的股票所形成的市场不具有"半强式"的效率性,因此无法适用交易上因果关系成立的推定。

在我国司法实践中,从《证券法》(2019)保护公众投资者的立法宗旨出发,司法解释推定因果关系成立,则原告无须对此举证。就交易上的因果关系而言,司法解释通常根据"欺诈市场"理论推定交易上因果关系成立,典型案件可参见陈康磊等诉上海大智慧股份有限公司等证券虚假陈述责任纠纷案(2017)。② 在审理该案时,法院指出:

> 在一个公开有效的证券市场中,公司股票价格是由与该公司有关的所有可获知的重大信息决定的。虚假陈述作为一种公开信息必然会在相关的股票价格中得到反映。投资者信赖市场价格的趋势进行投资,而其所信赖的市场价格反映了虚假陈述的信息。所以,投资者即使不是直接信赖虚假陈述而作出投资决策,也是受反映了虚假陈述的价格影响而投资。换言之,投资者系基于对股票市场价格的信赖而作出投资决定,而非基于对特定信息的充分了解和分析,即使投资者不知晓虚假信息的存在,只要该虚假信息对股票的市场价格产生了影响,使其发生扭曲,即可认定相应虚假陈述行为与投资者损失间具有因果关系。

【中国案例】

大成基金诉广夏(银川)虚假陈述纠纷案(2007)③

……原审法院认为,证监会已经生效的证监罚字〔2002〕10号《处罚决定》,对广夏公司违反证券法规,隐瞒重大事实、虚报利润、披露虚假信息的事实作出了认定,据此并根据最高人民法院《关于审理证券市场因虚假陈述引发的民事赔偿案件的若干规定》(以下简称《若干规定》)第17条的规定,可以认定被告的行为构成证券市场虚假陈述。原告代表原基金份额持有人有权提起诉讼,符合《证券投资基金法》(2003)关于"以基金管理的名义,代表基金份额持有人利益行使诉讼权利或者实施其他法律行为"规定的形式要件,被告关于原告起诉不能代表原基金份额持有人的理由不能成立。依照《若干规定》,证券市场虚假陈述属于

---

① 按照《全国中小企业股份转让系统做市商做市业务管理规定(试行)》第2条的规定,做市商是指"经全国中小企业股份转让系统有限责任公司同意,在全国中小企业股份转让系统发布买卖双向报价,并在其报价数量范围内按其报价履行与投资者成交义务的证券公司或其他机构"。
② 上海市第一中级人民法院(2017)沪01民初943号民事判决书。
③ 参见宁夏回族自治区高级人民法院民事判决书(2007)宁民商终字第74号。

侵权行为。追究虚假陈述行为人的民事赔偿责任，应当符合侵权行为的构成要件，即损害结果与虚假陈述行为之间须具有因果关系。由于证券交易主要采取集中竞价、交易所主机撮合成交的方式进行，虚假陈述行为人（侵权人）与受害人之间的联系无法特定化，因此，虚假陈述作为一种侵权行为，与传统意义上的一般侵权行为有重大区别，遭受损失的投资人难以就其损失与虚假陈述行为人行为之间的因果关系举证证明。《若干规定》根据"欺诈市场理论"，针对非特定个人之间的证券交易市场，将投资人"合理信赖"这一连接虚假陈述行为与损害结果之间的要件，通过投资人信赖股票价格，进而信赖虚假陈述的推定方式来确定。这种推定信赖原则，是为保护善意投资人而设定的，如果有证据证明投资人是非善意的或者是有其他因素作出的投资行为，则不能运用推定信赖。依照《若干规定》，如果被告能够提出相反的证据证明投资人的交易是基于其他原因，或即使原告知道信息虚假也仍然会进行交易等，只要被告能够证明其一，就可以推翻这种推定的信赖，进而否定损害结果与虚假陈述行为之间的因果关系。应当明确，《若干规定》确定的现阶段民事赔偿的价值取向是：从我国基本国情和证券市场现状出发，兼顾市场主体各方合法权益，通过依法追究虚假陈述行为人的民事赔偿责任，有效填补投资人的合理损失，从而预防和遏止侵权行为的发生，依法规范证券市场程序。据此，结合本案具体情况，对上述合理信赖的判断，应根据投资人情况的不同而有区分，并作为进一步认定能否推翻推定信赖的依据。基金公司属于专业投资机构，其具备证券市场投资的特别技能、知识、经验及专业分析研究能力，也有着严格的投资决策程序，因此，基金公司不同于普通证券市场投资人。基金公司进行证券投资，不但要严格遵循其投资决策程序，而且必须对其专业分析研究能力、特别技能、知识和经验加以运用，否则，如果其信赖一个不具备这些条件的普通投资人可能合理地信赖的虚假陈述，那么就是不合理信赖。本案中，原告是具备专业分析研究能力、技能、知识和经验的专业投资机构，其为广大基金持有人利益投资时，尤其是重仓持有某一只股票时，应尽到充分的审慎、注意义务。原告称，媒体报道、股评分析人员的点评是其投资的重要依据，并且从 2000 年 8 月至 2001 年 6 月先后派研究员、基金经理以及相关投资人员等十余人次分别前往被告银川总部、天津广夏及芜湖广夏进行实地调研，没有发现被告存在虚假陈述的情况。但是，从 2001 年 8 月被告虚假陈述行为被有关媒体披露，中国证监会对被告连续数年重大虚假陈述事实的认定来看，难以确定原告通过其所谓的实地调查、调研等措施及对部分媒体报道、股评分析人员点评的信赖是尽到了充分的审慎、注意义务。基金景宏是在广夏公司实施每 10 股转增 10 股分红方案，股价短期内再次急速攀升，绝对涨幅达到 330.36% 以后，股价处于异常高位期间而连续、大量买入银广夏股票的。原告作为专业投资机构，其投资行为具有重大不合理性。尤其是被告举证证明，原告开始大笔买入银广夏股票始于2000年8月8日,而广夏公司公布包括虚假财务数据的2000年中报的日期却是在2000年8月10日。原告的行为使人难以相信其是正常、善意地对待上市公司公开披露的重要信息。被告主张原告买入银广夏股票的行为属于恶意投资、操纵证券价格,证据虽然不充分,但根据被告提供的证据以及原告买入银广夏股票的时间段、买入的价格、基金公司的性质等事实,认定原告的损失结果与被告的虚假陈述之间不存在因果关系。综上,原告的诉讼请求不能成立。原审法院依照《若干规定》第19条的规定,判决:驳回原告大成公司的诉讼请求。……

一审宣判后,原告大成公司不服,向本院提起上诉称:(1)上诉人的一审诉讼请求完全符合法律及司法解释规定,应当得到支持。根据《若干规定》第18条的规定,投资人获得赔偿的必要条件是损害结果与虚假陈述之间存在因果关系,上诉人的投资行为及投资损失完全符合以上规定。《若干规定》第31条还规定:"投资人在基准日及以前卖出证券的,其投资差额损失,以买入平均价格与实际卖出证券平均价格之差,乘以投资人所持有证券数量计算。"本案中,原告管理的基金景宏买入银广夏的股票平均价格是31.31元,卖出银广夏股票的平均价格是9.82元,每股损失21.49元。根据《若干规定》,基金景宏的损失为150 636 776元,应由被告赔偿。……(3)一审判决未予明确本案属于司法解释规定的哪一种不存在因果关系的情形;一审判决认定本案不存在因果关系没有事实根据和法律依据。……综上所述,上诉人的诉讼请求完全符合《若干规定》规定的可以赔偿的全部条件;被上诉人无一证据可以证明本案不存在因果关系或是其他免责事由存在,在被上诉人无证据证明的情况下,一审判决本应认定因果关系存在,但一审判决却以推定的方式设定因果关系不存在。请求撤销一审判决,改判被上诉人赔偿上诉人损失150 636 776元,并判令由被上诉人承担本案一、二审诉讼费用。

被上诉人广夏公司辩称:……

二审法院认为,《若干规定》的基本出发点是,证券交易市场的投资人在推定合理信赖虚假陈述的情况下,可以确认虚假陈述行为与损害结果之间具有因果关系,这种"推定信赖原则"是为保护合理投资人而设定的;《若干规定》第19条中所列举的不存在因果关系的情形,则是表明如果有证据能够证明上述合理信赖的推定不成立,即投资人的投资行为是非正常的或者是基于其他原因作出的,则不能认为损害结果与虚假陈述行为之间存在因果关系。本案中,双方就被上诉人广夏公司的行为构成证券市场虚假陈述并无异议,双方争议的焦点是,上诉人购买银广夏股票的行为是否符合《若干规定》第19条中虚假陈述与损害结果之间不存在因果关系的情形;核心问题是上诉人所举证据能否证明其投资银广夏股票的结果与被上诉人虚假陈述行为之间存在因果关系,或者说,被上诉人的抗辩证据是否可以推翻以上"合理信赖推定",从而否定上诉人的投资结果与被上诉人虚假陈述之间的因果关系。

根据《证券投资基金法》(2003)的规定,基金管理人应当依照法律和基金合同的约定履行其运用基金资产进行证券投资等各项职责。《证券投资基金法》(2003)对基金管理人的设立条件以及基金管理人的经理和其他高级管理人员的任职资格均设定了明确的要求。在上诉人所管理基金景宏的基金合同中,对基金管理人的投资决策程序也作出了非常明确的规定。以上事实表明,作为基金管理人的上诉人属于专业投资机构,其应当具备与普通证券市场投资人不同的市场投资技能和专业研究分析能力。因此,原审法院在判断"合理信赖推定"是否成立的问题上,对基金管理人适用高于普通证券市场投资人的标准并无不妥。在本案中,上诉人是否依照基金契约的规定,运用其专业知识和技能,严格履行投资决策程序,是判断上诉人能否合理信赖被上诉人虚假陈述的关键。

根据上诉人一审中的举证和陈述,其购买银广夏股票在相当程度上依赖的是媒体报道、股票分析人员的点评及从2000年8月至2001年6月先后派研究员、基金景宏经理以及相关投资人员等十余人次分别前往被上诉人银川总部、天津广夏及芜湖广夏进行实地调研的结果;本案证据同时也显示,上诉人的研究人员就银广夏股票分析过程中已经对广夏公司的业绩提出疑问,并要求上诉人对天津海关的进出口数据及其他涉及广夏公司的相关状况做进一步调查的情况下,上诉人最终仍然作出了投资购买银广夏股票的决定,且大量的银广夏股票是在该股股价处于高位、2000年度中报接近公布之日买入的。上诉人的上述行为表明其未能合理运用自身专业知识和专业技能对银广夏股票的投资价值进行判断,在投资购买银广夏股票的实际决策过程中存在不周全和瑕疵之处,其并未按照基金景宏基金契约的规定履行完全的证券投资决策程序,使人不能确信上诉人投资银广夏股票尽到了充分的审慎义务和正常对待广夏公司公开披露重要信息的注意义务。上诉人作为专业投资机构,其投资银广夏股票的行为确有重大不合理性。原审法院依据被上诉人提供的上诉人买入银广夏股票时间段、买入的价格以及基金公司的性质等事实认定上诉人的投资结果与被上诉人的虚假陈述之间不存在因果关系并无不当,上诉人的上诉理由不能成立,原判应予维持。……

【法律分析】 在审理本案时,一审法院和二审法院都认为大成基金管理公司的交易行为与银广夏的虚假陈述行为之间不存在交易上因果关系。其理据是法院对《虚假陈述赔偿规定》(2003)第2条第1款[①]和第18条进行了限制性解

[①]《最高人民法院关于审理证券市场因虚假陈述引发的民事赔偿案件的若干规定》第2条第1款规定:"本规定所称投资人,是指在证券市场上从事证券认购和交易的自然人、法人或者其他组织。"因此,机构投资者应适用本《规定》。

释,区分了公众投资者和机构投资者,法院认为只有公众投资者才可以适用该规定的推定,对机构投资者并不适用。一审银川市中级人民法院给出的解释是:该规定"确定的现阶段民事赔偿的价值取向是:从我国基本国情和证券市场现状出发,兼顾市场主体各方合法权益,通过依法追究虚假陈述行为人的民事赔偿责任,有效填补投资人的合理损失,从而预防和遏制侵权行为的发生,依法规范证券市场程序。据此,结合本案具体情况,对上述合理信赖的判断,应根据投资人情况的不同而有区分,并作为进一步认定能够推翻信赖的依据"。

二审法院认定,"上诉人的研究人员就银广夏股票分析过程中已经对广夏公司的业绩提出疑问,并要求上诉人对天津海关的进出口数据及其他涉及广夏公司的相关状况做进一步调查的情况下,上诉人最终仍然作出了投资购买银广夏股票的决定,其大量的银广夏股票是在该股股价处于高位,2000年年度中报接近公布之日买入的。"大成基金对此显然具有重大过失。可见,二审法院认为,只有存在故意或者重大过失,才能认定机构投资者的投资决策违反其注意义务,不具有善意,因此不能适用交易上因果关系成立的推定。这种做法有其合理性,因为在有限的时间里,机构投资者只能依据相对充分的信息进行投资决策,存在一些不周延和瑕疵是难免的,如果对此科以严苛的注意义务是不合理的,并最终不利于实现投资者的目的。

(二)诱空型虚假陈述的因果认定

依据对投资者判断与证券价格走向影响的不同,虚假陈述可以分为诱多型虚假陈述和诱空型虚假陈述。前者是指虚假陈述者故意违背事实发布虚假的利好消息,或者隐瞒实质性的利空消息不予公布、不及时公布等,使得投资者在股价处于相对高位时,进行投资追涨的行为;后者是指虚假陈述行为人发布虚假的积极利空消息,或者隐瞒实质性的利好消息不予公布或不及时予以公布等,使得投资者在股价向下运行或相对低位时卖出股票,在虚假陈述被揭露或者被更正后股价上涨而使投资者遭受损失的行为。

诱空型虚假陈述和诱多型虚假陈述,是两类不同甚至是截然相反的虚假陈述,因而其因果关的系认定是不同的。一般地,诱空型虚假陈述行为会导致投资者高价买进低价卖出证券,从而造成投资者损失,即虚假陈述是造成投资者损失的原因。而诱多型虚假陈述对股票价格的影响是实施日之后导致股票价格在虚假信息推动下不合理上涨或应跌不跌,但在揭露日或更正日之后,因为真相被揭露股票价格必然出现下跌。在诱空型虚假陈述中,因为虚假陈述者导致股票价格偏离其真实价值,使得股价本应上涨却没有上涨,或者本应下跌而没有下跌,误导了投资者以低于股票真实价值的相对低价卖出股票。当事实真相被披露后,即揭露日或更正日之后,由于利好消息被释放,股票价格通常不是应声下跌而是随之上涨。

《虚假陈述赔偿规定》(2022)第11条第3项之规定,是认定诱多型虚假陈述和诱空型虚假陈述之因果关系的基本思路:投资人在虚假陈述实施日之后,揭露日或更正日之前实施了相应的交易行为。因此,原告要想推定其损失与被告的虚假陈述行为之间存在因果关系,必须举证证明自己在涉案虚假陈述行为实施日之后购买股票,并且在实施日之后、揭露日或更正日之后卖出或继续持有股票,且有实际损失存在。而诱空型虚假陈述案件中因果关系的认定规则应该是:(1)在虚假陈述实施日之前已经买入并持有该证券;(2)在虚假陈述实施日及以后至揭露日或者更正日之前卖出该证券产生亏损。

《虚假陈述赔偿规定》(2003)没有规定诱空型虚假陈述,属于立法和司法政策上的空白,《虚假陈述赔偿规定》(2022)增加了对诱空型虚假陈述。在之前的司法实践中,法院运用司法裁量权对此作了有益的尝试,具体可参见后文【中国案例】"张翰冰诉京博控股证券虚假陈述责任纠纷案(2012)"。该案是我国法院受理的首例散户股民状告庄家的诱空型证券虚假陈述民事赔偿案。虽然审理的济南市中级人民法院正确地指出了"收购人为降低收购成本而隐瞒股份收购的利好消息"的隐瞒行为属于"诱空型虚假陈述行为",但论证思路仍然是沿用诱多型虚假陈述因果关系来逻辑推演的。

【中国案例】

张翰冰诉京博控股证券虚假陈述责任纠纷案(2012)[①]

针对原告损失与被告虚假陈述行为之间是否存在因果关系的问题,济南市中级人民法院认为,京博公司系违反《证券法》(2005)第86条和《上市公司收购管理办法》(2012)第13条的规定,没有及时进行报告和公告,在持有已发行股份达30%后也没有向国通管业所有股东发出收购要约。由于股份收购系利好消息,其披露一般会引发被收购证券价格的增长,故京博公司隐瞒股份收购利好消息的行为构成诱空型虚假陈述,该行为并不会诱使投资者做出积极的投资决定。由此,张瀚冰的投资交易并不是由京博公司未及时披露信息的行为所决定的,其投资决定并未受虚假陈述行为的影响,与京博公司的虚假陈述行为之间不存在交易的因果关系。而且,比较揭露日和基准日的股票价格,上证指数和上证工业指数均下跌,国通管业却上涨。即便在揭露日之后至基准日期间,国通管业的平

---

① 参见冯果:《诱空型证券虚假陈述损害赔偿民事责任之认定——评张翰冰诉山东京博控股股份有限公司证券虚假陈述责任纠纷案》,载《法律适用》2016年第13期。本案案情及双方意见可参见本书本章第二节第二条第五款【中国案例】。

均收盘价的跌幅也低于同期大盘的同比跌幅,可见,国通管业涨跌并非系受到虚假陈述的影响,而是由证券市场系统风险等其他因素导致。因此,张瀚冰的损失与京博公司的虚假陈述行为之间不存在损失因果关系,驳回原告张瀚冰的诉讼请求。

【法律分析】 在本案中,原告张瀚冰及其代理人并没有意识到本案被告京博公司的行为属于诱空型虚假陈述,至少没有按照诱空型虚假陈述因果关系推定逻辑来展开论证。张瀚冰及其代理人依照《虚假陈述赔偿规定》(2003)第18条所规定的推定因果关系存在的区间,反复强调其在虚假陈述实施日之后购入涉案股份并在揭露日或更正日之后卖出涉案股份,并通过论证虚假陈述行为导致涉案股票价格虚高,在揭露日或更正日之后股票下跌,从而自己蒙受损失,来试图证明自己的投资损失与被告方的虚假陈述行为之间存在因果关系,从而要求被告承担赔偿责任。被告京博公司同样是基于《虚假陈述赔偿规定》(2003)第18条规定的因果关系推定的存在区间进行抗辩,强调原告的投资损失与其虚假陈述行为无关。

法院虽然正确地认定了京博公司的行为属于诱空型虚假陈述,但却认为张瀚冰的投资损失与京博公司的虚假陈述不存在因果关系,主要理由是,揭露日后涉案股价逆大盘走势不但没有下跌反而小幅上涨,并且,在揭露日之后之基准日期间,国通管业的平均收盘价格跌幅也远低于同期大盘的同比跌幅,因而得出涉案股价涨跌并非虚假陈述行为所致的结论。这一根据股票价格波动变化作出不具有因果关系的推论,同样遵循的是审理诱多型虚假陈述民事赔偿纠纷案的因果关系推定思路。简而言之,法院否定原告损失与被告虚假陈述行为存在因果关系的结论没有问题,但其推理过程错误地使用了诱多型因果关系的认定规则,应该予以纠正。

二、因果关系的抗辩

"欺诈市场理论"仅仅是推定了虚假陈述与证券交易之间存在交易上因果关系,被告是可以根据实际情况推翻这种推定的,此即所谓的可以反驳的"信赖推定"(rebuttable presumption of reliance)原则。它实质上是交易因果关系举证责任的倒置,即预先假定以正常方式交易的投资者因信赖市场定价而信赖被告披露的公开文件,除非信息披露义务人能证明虚假陈述并没有影响市场价格,或其他可以获取的信息削弱了该陈述在市场中的影响力,或投资者事实上并没有信赖市场价格,而是出于其他原因买卖证券,否则交易的因果关系即由此成立。[①]

---

① 盛焕炜、朱川:《证券虚假陈述民事赔偿因果关系论》,载《法学》2003年第6期。

我国《虚假陈述赔偿规定》(2022)第12条列举了五种虚假陈述与损害结果之间不存在因果关系的情形,即被告可能推翻"信赖推定"原则的多种事由:(1)原告的交易行为发生在虚假陈述实施前,或者是在揭露或更正之后;(2)原告在交易时知道或者应当知道存在虚假陈述,或者虚假陈述已经被证券市场广泛知悉;(3)原告的交易行为受到了虚假陈述实施后发生的上市公司的收购、重大资产重组等其他重大事件的影响;(4)原告的交易行为构成内幕交易、操纵证券市场等证券违法行为;(5)原告的交易行为与虚假陈述不具有交易因果关系的其他情形。在审理吴顺忠与上海岩石企业发展股份有限公司证券虚假陈述责任纠纷案(2018)[①]时,上海金融法院就曾指出:

> 虚假陈述作为证券侵权行为,该行为是否导致投资者损失,最高人民法院《关于审理证券市场因虚假陈述引发的民事赔偿案件的若干规定》第18条采用了推定因果关系的做法。这种推定因果关系并非不可排除。根据该司法解释第19条的规定,如果上海岩石公司举证证明吴顺忠明知虚假陈述存在而进行投资,应当认定虚假陈述与损害结果之间不存在因果关系……

此观点在《虚假陈述赔偿规定》(2022)中亦有所体现。

(一)非因虚假陈述的投资

《虚假陈述赔偿规定》(2022)第12条第1项规定,属于投资者因为其他非虚假陈述信息而投资的情况,属于不存在因果关系抗辩事由。

在审理马小萍等证券虚假陈述责任纠纷案(2018)[②]时,最高人民法院曾对因果关系抗辩事由作出论述:

> 关于哈工公司的虚假陈述行为与马小萍的股价下跌损失之间是否存在因果关系的问题。该问题需要结合哈工公司虚假陈述揭露日前后,马小萍买卖股票的具体情况综合分析,以判断涉案关联交易信息的披露是否影响马小萍的股票买卖。一方面,自2013年4月24日哈工公司公布年报至2013年5月13日期间,哈工公司的股价未有大幅变化,而自2013年5月14日哈工公司发布有利好消息的《业绩预告》至2013年6月17日期间,哈工公司的股票价格和成交量均有持续大幅上涨。马小萍于2013年6月18日首次购入哈工公司股票是在《业绩预告》发布后且股价经历一段时间持续上涨的节点,此时股价下跌的风险也在不断积聚。另一方面,在2013年7月31日哈工公司披露行政处罚决定后,马小萍并未因此大量卖出其持有的

---

① 上海金融法院(2018)沪74民初721号民事判决书。
② 参见马小萍、江苏哈工智能机器人股份有限公司(原江苏友利投资控股股份有限公司)证券虚假陈述责任纠纷再审审查与审判监督民事裁定书[中华人民共和国最高人民法院民事裁定书(2018)最高法民申1738号]。

股票,反而其在较长的一段时间内持续买入股票,且买入数量明显大于卖出数量。据此,哈工公司的股票上涨与《业绩预告》利好相关,马小萍买入哈工公司股票与《业绩预告》及股票持续上涨的走势相关,哈工公司披露行政处罚决定后并未影响马小萍的投资买入,马小萍买卖股票的行为与哈工公司是否披露关联交易信息之间缺乏关联性。

可见最高人民法院认为马小萍的交易时间点表明,其股票购买决策是建立在利好的《业绩预告》之上的,并非基于虚假陈述信息,当然属于不存在因果关系的抗辩。

(二)明知虚假陈述仍投资

根据《虚假陈述赔偿规定》(2022)第12条第2项,"在交易时知道或者应当知道存在虚假陈述,或者虚假陈述已经被证券市场广泛知悉"仍进行投资的行为,是非理性的投资行为。

在审理吴顺忠与上海岩石企业证券虚假陈述责任纠纷案(2018)[①]时,上海金融法院曾对非理性投资行为进行了细致的论述:

> 在金融活动中,理性人假设只是一种理想状态,投资者作出理性投资判断的前提应是经营者作出真实、准确、充分的信息披露。具体到本案,上海岩石公司的虚假陈述行为发生在先,投资者在不完全、不准确的信息披露基础上,作出了投资决定。投资者的理性与非理性是一个经济学假设,不能等同于法律概念上的过错或者重大过失,因此,仅凭投资者是否理性投资很难否定其中的因果关系。且,在金融消费投资活动中,非理性因素天然存在,而金融市场健康发展的基础正是建立在对经营者信息披露的严格监管,引导消费者、投资者理性投资。经营者相较金融消费者、投资者,掌握了信息披露主动权,一味苛求投资者理性投资既不客观也不现实。本案中,上海岩石公司主张吴顺忠存在非理性投资行为,基于已查明事实,该观点具有一定的道理:1.本案上海岩石公司虚假陈述涉及上市公司的更名行为,该类虚假陈述行为与财务报告虚假陈述有较大区别,前者相对容易判断,而后者的识别需要投资者掌握较难的财务会计知识。在本案中,吴顺忠应能自行对上海岩石公司的更名行为作出风险判断,并不需要高深的知识。2.上海岩石公司的公告提示了上海岩石公司仅仅是更名,"对公司拟正式开展的互联网金融业务,目前公司并无相关的人员配置等,也未正式开展业务",如果一家上市公司仅仅是因为更名,吴顺忠就跟风投资,显然属于较为草率。3.多家财经媒体对于上海岩石公司的"三无式转型"提出疑问,而且提及多

[①] 上海金融法院(2018)沪74民初721号民事判决书。

伦股份曾多次遭到监管部门处罚,许多分析人士还对所谓转型发表了"空中楼阁""一个笑话"等极为负面的看法,吴顺忠本应预见到相应的风险,包括上海岩石公司因客观条件无法转型甚至主观根本不想转型的风险,但投资者对这些警示视而不见,参与投资造成相应的损失,应反省自己的投资理念。综上所述,吴顺忠存在一定的非理性投资行为。

(三)系统风险等其他重大事件造成的损失

《虚假陈述赔偿规定》(2022)第12条第3项明确了上市公司收购、重大资产重组及市场的系统风险等重大事件也能够成为因果关系存在的抗辩因素。所谓"系统风险",是指由于共同因素所引发的,对证券市场产生普遍影响,而非个别企业或行业所能控制,投资人也无法通过分散投资去加以消除的风险因素。在司法实践中,被告对系统性风险的认定,通常是通过证券市场的综合指数、流通股市总值、股票所在行业板块指数,同类型个股价格波动情况,以及市值等数据的变动情况来综合加以判断的。

在审理王兴与保千里公司等证券虚假陈述责任纠纷案(2018)[①]时,深圳市中级人民法院曾对系统风险作出了详细的阐释:

> 被告童爱平、王务云辩称:……七、在本案虚假陈述实施日至揭露日期间,中国股市发生的股价异常波动、熔断机制暂停等市场系统风险导致的投资者损失,因上市公司连续发布多份业绩持续大幅上涨、公司市场扩展取得新进展的重大利好公告推高股价,而在揭露日前股价下跌导致的投资者损失,均与涉案信息披露违法行为没有因果关系,不应由保千里公司承担赔偿责任,更不应该由中达股份公司董事承担连带赔偿责任。(一)因证券市场系统风险等其他因素造成的投资者的投资损失,与虚假陈述行为之间没有因果关系,依法不应由虚假陈述行为人承担赔偿责任。(二)本案实施日至揭露日期间,恰恰经历A股市场2014年至2015年上半年的牛市和2015年下半年股灾、2016年熔断机制引发的"股灾2.0"等证券市场面临的全局性系统风险。同时,保千里公司连续发布多份业绩持续大幅上涨、公司市场扩展取得新进展的重大利好公告推高股价,在揭露日前保千里公司的股价已经下跌至非常低的价位,因此造成的投资者的损失与虚假陈述无关。因系统风险和非系统风险因素给投资者造成的损失,与虚假陈述行为没有因果关系,依法不应由保千里公司承担赔偿责任,中达股份公司董事更不应对此承担连带赔偿责任。八、如果投资人在虚假陈述实施日至揭露日(或更

---

① 参见王兴与江苏保千里视像科技集团股份有限公司、童爱平证券虚假陈述责任纠纷一审民事判决书[广东省深圳市中级人民法院民事判决书(2018)粤03民初568号]。

正日)之后仍有买入卖出股票的行为,则应当认定投资者的所有交易决定并未受到虚假陈述行为的影响,投资者的投资损失与虚假陈述行为之间不存在因果关系。因此,如果原告在揭露日后仍存在买入行为,应当认为原告的投资决策并未受到保千里公司虚假陈述的影响,原告的投资损失与保千里公司虚假陈述之间并无因果关系。

在审理黄明江与海南亚太证券虚假陈述责任纠纷案(2016)[①]时,海口市中级人民法院也曾对此进行论述:

> ……黄明江的损失与亚太实业虚假陈述之间是否存在因果关系,可通过证券市场相关数据的变动情况进行判断。虽然黄明江在虚假陈述揭露日以后至揭露日之前买入亚太实业股票200 100股,并在揭露日以后卖出,存在损失,但是,本案从亚太实业在此期间的股票价格走势与深证成指、上证指数的对比图可见,亚太实业的股票价格走势与大盘基本一致;从本案虚假陈述揭露日到基准日期间深证成指和深证A指收盘点数暴跌的情况可见,亚太实业在虚假陈述揭露日之后的价格下跌并非其个股所独有,而是当时其所在的证券市场存在的普遍现象。因此,在股市大盘巨跌的背景下,黄明江的损失应是由证券市场系统风险等其他因素所导致,根据《若干规定》第19条第4款的规定,本院认定黄明江的损失与亚太实业虚假陈述之间没有因果关系。

在审理前述吴顺忠与上海岩石企业证券虚假陈述责任纠纷案(2018)[②]时,上海金融法院指出:

> 上海岩石公司认为吴顺忠的损失是因为中国股市大跌和股市行情持续下行的市场因素导致的,与上海岩石公司行为无因果关系。吴顺忠称,大盘整体走势与上海岩石公司股票走势并不一致,不应考虑系统风险。本案虚假陈述自实施日到揭露日有接近两年时间,市场已经逐步消化了2015年股灾的影响。吴顺忠的投资时间较长,整体上看不受股灾影响。本院认为,系统风险,是指对证券市场产生普遍影响的风险因素,对证券市场所有的股票价格产生影响,且这种影响为个别企业或行业所不能控制,是整个市场或者市场某个领域的所有参与者所共同面临的,投资人亦无法通过分散投资加以消除,因而投资者发生的该部分损失不应由虚假陈述行为人承担。对于系统风险的认定,本院注意到,虚假陈述案件相关法院判决中,对于系统风

[①] 参见黄明江与海南亚太实业发展股份有限公司证券虚假陈述责任纠纷民事一审判决书[海南省海口市中级人民法院民事一审判决书(2016)琼01民初160号]。

[②] 参见上海金融法院(2018)沪74民初721号民事判决书。

险因素的比例计算,从已有的虚假陈述案例而言,既有考虑实施日至揭露日的,也有考虑揭露日至基准日的,故需要根据实际情况予以判断。本案中,考虑到上海岩石公司的业务处于不断转型过程中,涉及业务领域较多,难以认定属于某一股票板块,故在数据比较时,本院仅参考上证指数,不再考虑具体板块指数。根据本院查明的事实,实施日至揭露日期间,上证指数下跌24%,上海岩石公司股票下跌18%(因上海岩石公司揭露日期间停牌,以此后首个交易日收盘价格计算)。揭露日至基准日期间,上证指数下跌4%,上海岩石公司股票下跌22%。可见,揭露日至基准日期间,上证指数波动不大,应属于市场正常波动,不应认定为系统风险加以考虑。而实施日至揭露日期间,上证指数波动较为明显,尤其是涉及众所周知的股灾,应认定为系统风险。考虑到因前述非理性投资行为、操纵股价行为本院已经对吴顺忠损失按比例扣除,故本院酌情认定吴顺忠损失的20%是由证券市场系统风险等因素所导致。

(四)虚假陈述没影响股价

我国《虚假陈述赔偿规定》(2022)第12条的列举是不完备的,并没有规定被告可以通过举证虚假陈述行为对股票价格没有影响,从而推翻交易上因果关系成立的推定。由于证券市场的复杂性,虚假陈述对股票价格没有产生影响的情况是可能存在的,因而就失去了适用交易上因果关系成立推定的现实基础。否则仍要求被告承担民事赔偿责任,就等于将股票投资的市场风险转移给了被告,原告获得了不应有的"保险"。因此,立法上应该规定信息披露义务人可以提出虚假陈述信息没有对股票价格产生影响的抗辩。司法实践中已有法院认同了这种抗辩。

例如:在审理周某诉丰华公司虚假陈述民事赔偿纠纷案(2007)[①]时,上海市第一中级人民法院指出:

> 证券市场虚假陈述行为造成投资者损失的主要原因并非虚假陈述行为被揭露后股价的下跌,而是投资者基于对上市公司或其他义务主体虚假陈述的信任,买入并持有了存在虚假陈述因素的股票,故分析原告是否具有损失,应以原告买入并持有系争股票的行为动机为依据。本案中,原告系于被告的虚假陈述被揭露数年之前买入系争股票,此时被告的虚假陈述行为已经发生,由于在证券市场中系争股票的价格与被告的重大信息存在密切关系,故被告的虚假陈述行为在原告购买股票时已经影响了该股票的价格,并导致此时该股票的价格处于不公正的状态,而原告在被告的误导之下购入

[①] 参见上海市第一中级人民法院(2007)沪一中民三(商)初字第51号。

系争股票,必然会导致其投资因不公正的价格因素而遭受损失,故应认定原告自买入系争股票时即已产生了投资损失。

又如,在潘某与银基烯碳新材料公司证券虚假陈述责任纠纷案(2019)①中,当事人提出:

> 烯碳新材的投资虚假陈述行为虽然侵害了投资者的知情权,但所隐瞒未披露的对外投资信息并不会影响一般投资者的投资决定。因为受投资的对象、性质等多种因素的影响,投资行为并不会必然导致股票的涨跌。因此,该投资虚假陈述行为是一个既不会创造供求关系,也不会影响到股票价格的中性消息。换言之,投资虚假陈述行为不会影响一般投资者做出错误的投资决定,烯碳新材的投资虚假陈述行为虽然侵害了投资者的知情权,但所隐瞒未披露的对外投资信息并不会影响一般投资者的投资决定。

如前所述,我国《虚假陈述赔偿》(2003/2022)是以"推定信赖"原则确定虚假陈述与投资损失之间的因果关系的。根据该司法解释,若投资者在虚假陈述实施日至揭露日或更正日之间买入证券,并在揭露日或更正日及以后因卖出或持有该证券而产生亏损,则认定虚假陈述行为与投资者的损失之间具有因果关系。在以往的司法实践中,各地法院基本按照上述原则认定虚假陈述与投资损失之间的因果关系,对投资者的投资行为是否受到了虚假陈述行为的欺诈在所不问。但2016年在审理林超英诉宝安鸿基证券虚假陈述责任纠纷案(2016)时,最高人民法院突破了上述建立在"推定信赖"原则之上的证券交易欺诈因果关系认定逻辑。根据该案例,如果投资者在虚假陈述实施日至揭露日或更正日之后仍有买入卖出股票的行为,则应当认定投资者的交易决定并未受到虚假陈述行为的影响,投资者的投资损失与虚假陈述行为之间不存在因果关系。具体论证分析参看下文【中国案例】部分。

【中国案例】

林超英诉宝安鸿基证券虚假陈述责任纠纷案(2016)②

再审申请人林超英与被申请人宝安鸿基地产集团股份有限公司(以下简称"鸿基公司")证券虚假陈述责任纠纷一案,不服广东省高级人民法院(2015)粤高法民二终字第1028号民事判决,向最高人民法院申请再审。最高人民法院依法

---

① 辽宁省高级人民法院(2019)辽民终550号二审民事判决书。
② 参见最高人民法院民事裁定书(2016)最高法民申502号。

组成合议庭对本案进行了审查,现已审查终结。

林超英申请再审称:(1)原审判决存在多处错误。虚假陈述实施日应为1994年9月1日,原审判决认定虚假陈述实施日错误。(2)原审判决错误认定申请人的损失与被申请人的虚假陈述之间不存在因果关系。①申请人的损失与被申请人的虚假陈述之间显然存在因果关系;②被申请人并无证据证明存在系统风险;③申请人买的是000040股票,并非大盘指数或者其他股票;④原审判决只考虑了大盘下跌,没有考虑大盘上涨;⑤原审判决错误地解读、颠倒了大盘指数和个股价格的因果关系;⑥宝安地产的走势和大盘并不一致;⑦原审判决曲解司法解释,将股民的损失与虚假陈述行为是否有因果关系曲解成是否与虚假陈述的披露行为有因果关系,以虚假陈述实施日后3个交易日、揭露日后30个交易日、以揭露日至基准日的指数和几个地产股的股价变化来确定存在系统风险,属于法律适用错误;⑧经查询,全国各地法院审理证券陈述赔偿案,大部分都是调解结案,只有少数案件作出判决,作出判决案件的法院多数不考虑系统风险扣除因素。(3)一审法院错误地认定申请人损失与被申请人虚假陈述行为没有因果关系,并以此为由认为不涉及原告损失的计算及赔偿。申请人林超英根据《民事诉讼法》(2012)第200条的规定申请再审,请求最高人民法院依法再审本案。

被申请人鸿基公司向最高人民法院提交书面意见称:(1)原审判决认为,被申请人的虚假陈述行为没有对其股价走势形成实质性影响,申请人的投资损失与被申请人虚假陈述行为并不存在因果关系,符合客观事实,法律适用正确。(2)申请人的投资损失系由系统风险以及其自身投资决策等其他原因所造成,被申请人在一审中已经提交充分证据予以证明,被申请人的股价波动与大盘指数、行业指数、行业内其他公司的走势基本保持一致,并没有出现明显背离。鸿基公司请求驳回申请人的再审申请。

最高人民法院认为,根据再审申请人林超英的申请理由,本案再审审查的争议焦点问题为:一是本案虚假陈述实施日的认定是否正确;二是再审申请人林超英的投资损失与鸿基公司的虚假陈述行为之间是否存在因果关系。对此,最高人民法院分析如下:

一、关于本案虚假陈述实施日的认定是否正确的问题

虚假陈述实施日是指作出虚假陈述或者发生虚假陈述之日。鸿基公司于2007年3月19日刊登公告作出虚假陈述,一审法院判决据此认定鸿基公司作出虚假实施日为2007年3月19日,符合最高人民法院《关于审理证券市场因虚假陈述引发的民事赔偿案件的若干规定》(以下简称《若干规定》)第20条的规定,并无不当之处。再审申请人林超英主张鸿基公司的虚假陈述实施日为1994

年9月1日缺乏事实和法律依据。根据原审已查明事实,2007年3月15日,深圳证券交易所向鸿基公司发出《监管关注函》要求鸿基公司核实并回复有关股价异动事项,鸿基公司于同月3月16日刊登《澄清公告》,作出了鸿基公司代新鸿进公司持有的"皖能电力"60万股、"昆百大A"150万股、"鄂武商A"11,963,184股,业丰工贸公司是上述股票的实际持有人,鸿基公司并未出资,仅为名义持有,代持股份不属于鸿基公司资产等虚假陈述,并在之后2006年至2009年的年度报告中继续作出类似陈述。中国证监会亦依据鸿基公司2007年3月19日作出的《澄清公告》及2006年至2009年年度报告未如实披露其代持股问题而作出相应处罚。故本案虚假陈述的实施日确定为鸿基公司发布《澄清公告》的2007年3月19日并无错误。

二、关于再审申请人林超英的投资损失与鸿基公司的虚假陈述行为之间是否存在因果关系的问题

要认定林超英的投资损失与鸿基公司的虚假陈述行为之间是否存在因果关系,需先查明鸿基公司股票是否因其虚假陈述行为被揭露而出现较大幅度的涨跌情况。为此,原审法院选取了与鸿基公司同期、同类企业的个股及上证指数、深证指数、地产板块指数等变化情况与鸿基公司股票在虚假陈述行为实施日、揭露日和基准日的涨跌进行对比分析。通过数据的分析比对,原审法院认为鸿基公司的股票价格在虚假陈述实施日后与揭露日后的一段期间内,没有在短时间内出现大起大落或连续涨跌停等异常情况,即走势没有发生异常大幅度的波动,其股票价格涨跌幅与大盘、所在产业板块以及与其他同类企业股票价格的整体走势基本一致。原审法院据此认为股票市场对鸿基公司虚假陈述行为反应有限,没有证据表明其虚假陈述行为导致了鸿基公司股价出现异常波动,原审法院又依据若干规定第19条关于"被告举证证明原告损失或者部分损失是由证券市场系统风险等其他因素所导致,人民法院应当认定虚假陈述与损害结果之间不存在因果关系"的规定,认定鸿基公司虚假陈述行为没有对其股价形成实质性影响,包括再审申请人林超英在内的投资者的损失,是证券市场其他因素导致的个股股价变化而发生的,与鸿基公司虚假陈述行为没有因果关系。

最高人民法院对原审法院认定鸿基公司的虚假陈述行为未导致其公司股价出现异常波动的结论予以确认。最高人民法院认为,根据最高人民法院《关于贯彻执行〈中华人民共和国民法通则〉若干问题的意见(试行)》(以下简称《民通意见》)第68条的规定:"一方当事人故意告知对方虚假情况,或者故意隐瞒真实情况,诱使对方当事人作出错误意思表示的,可以认定为欺诈行为

01lydyh01。据此,虚假陈述行为与投资者的投资决定之间存在因果关系,是证券投资欺诈的成立要件之一。也就是说,投资者的交易决定,必须是受到了虚假陈述行为的影响或者误导并错误交易才构成证券交易欺诈因果关系。具体到本案,鸿基公司于2007年3月19日实施虚假陈述行为,本质上属于隐匿公司资产的不实陈述,如果林超英在该虚假信息披露后,系基于对该虚假信息的信赖而卖出其持有的鸿基公司的股票,则可以主张该卖出行为系受公司资产减少不实的虚假陈述行为的影响。本案中,鸿基公司的虚假陈述实施日为2007年3月19日,虚假陈述揭露日为2010年11月5日,而林超英却在2009年11月至2011年9月期间多次买入、卖出鸿基公司股票,即虚假陈述实施日甚至揭露日之后其仍在进行买入卖出行为,应当认定其交易决定并未受本案诉争的虚假陈述行为的影响,故不产生交易因果关系,其主张不符合《民通意见》第68条的规定。故林超英的投资损失和鸿基公司的虚假陈述行为并无因果关系,原审法院对鸿基公司的虚假陈述行为与林超英的投资损失没有因果关系的裁判理由有所欠当,但处理结果正确,应予以维持。

综上,原审判决认定事实清楚,裁判结果正确。再审申请人林超英的申请不符合《民事诉讼法》(2012)第200条规定之情形。最高人民法院依照《民事诉讼法》(2012)第204条第1款之规定,裁定如下:驳回林超英的再审申请。

【法律分析】 根据《虚假陈述赔偿》(2003)以"推定信赖"原则确定虚假陈述与投资损失之间的因果关系的规定,如果投资者在虚假陈述实施日至揭露日或更正日之间买入证券,并在揭露日或更正日及以后因卖出或持有该证券而产生亏损,就认定虚假陈述行为与投资者的损失之间具有因果关系。在审理本案时,最高人民法院突破了这一证券交易欺诈因果关系认定逻辑。根据最高人民法院的思路,宝安鸿基虚假陈述实施日是2007年3月19日,揭露日是2010年11月5日;一审原告在2009年11月至2011年9月期间多次买入卖出宝安鸿基股票,这是原告在虚假陈述实施日甚至揭露日之后仍在实施买卖行为,就应当认定该阶段的交易之决定未受到本案诉争的虚假陈述行为的影响,因而不产生交易因果关系,一审原告的投资损失与宝安鸿基的虚假陈述行为之间并无因果关系。

据此可知,最高人民法院认为:如果投资者在虚假陈述实施日后买入股票,且在揭露日后卖出股票,则应认定虚假陈述与投资者的投资决定之间具有交易上的因果关系,进而认定虚假陈述与投资者的投资损失之间存在损失上的因果关系;但是,如果在虚假陈述实施日之后,投资者既买入股票又卖出股票,尤其是在揭露日后仍然买入股票的,则应认为投资者的投资决策并未受虚假陈述行为的影响,因此虚假陈述行为与投资者的投资决策之间无因果关系,虚假陈述行为与投资者的投资损失之间也无因果关系。

第四节 揭露日与损失计算

根据《虚假陈述赔偿规定》(2022),只有在虚假陈述实施日与揭露日之间的时间段内买入且在揭露日之后仍然持有证券的投资人,才有权利向虚假陈述行为人主张索赔。因此,确定实施日和揭露日等相关时点就成为证券虚假陈述赔偿责任的关键之一,涉及赔偿范围或者数额,甚至损失计算方法等。

在审理吴顺忠与上海岩石企业证券虚假陈述责任纠纷案(2018)[①]时,上海金融法院对涉案的岩石公司虚假陈述行为的实施日、揭露日(更正日)、基准日都作了论述,尤其是对揭露日的论述结合案情作了详尽论述:

(1)关于实施日,在认定存在虚假陈述行为的前提下,双方均认可2015年5月11日为实施日,并无争议,故本院予以采纳。(2)关于揭露日,吴顺忠认为,对于社会公众而言,确定性、权威的、准确的信息来自证监会2017年2月23日的《处罚预先告知书》,因此揭露日应为2017年2月23日……上海岩石公司认为……揭露日应为2015年5月11日,最晚也应确定为2015年5月13日。本院认为,本案虚假陈述与其他案件有所不同,因为涉及的是上市公司更名行为。相关法律法规并未禁止上市公司变更企业名称,只要遵守相关的决议程序,通过相应的审批即可。本案中,上海岩石公司更名从事互联网金融业务,在当时属于紧跟热点的行为,会影响股价波动,该行为引起了监管部门的注意,上海岩石公司发出《上海多伦实业股份有限公司关于上交所问询函及回函的公告》予以解释,专门提及'对公司拟正式开展的互联网金融业务,目前公司并无相关的人员配置等,也未正式开展业务',对此,在一定程度上提示了风险。除此之外,本院查明的各项新闻报道的内容,也表明了多家财经媒体对上海岩石公司更名一事提出了较大的质疑,不仅称该次更名为'三无式转型',而且提及多伦股份曾多次遭到监管部门处罚,因此,对于投资者在一定程度上起到了警示作用。尽管如此,上述公告以及媒体质疑,并不能表示上海岩石公司的虚假陈述行为已被更正或者揭露。上市公司在没有任何准备条件的情况下先进行更名并宣称将从事某项新业务,与上市公司根本不准备从事某项业务,仅仅是为了跟随热点和拉抬股价而更名有所不同,其目的在于误导投资者,主观上具有恶意,应受到法律制裁。根据中国证监会的《行政处罚决定书》,上海岩石公司更名之后'未增加金融服务业务领域的人力资源投入,未购入与金融服务业务

[①] 参见上海金融法院(2018)沪74民初721号民事判决书。

相关资产,未实际运营任何金融服务业务,未产生任何与金融服务业务相关的收入与利润'。不仅如此,'匹凸匹公司实际控制人、董事长鲜言,作为公司更名、经营范围变化的实际决策者,在策划、发布相关信息后6个月左右的时间内,即开始着手寻求出售匹凸匹公司股份'。这一切事实,表明上海岩石公司根本没有任何发展金融服务业务的意图。因此,上海岩石公司的更名行为要与此后的进一步经营行为结合起来,才能辨清其主观意图,并由此认定为虚假陈述行为,故上海岩石公司发布的公告或者媒体的质疑,均不构成更正或者揭露。确定性、权威的、准确的信息来自证监会2017年2月23日的《处罚预先告知书》,因此揭露日应为2017年2月23日。(3)关于基准日。双方争议在于揭露日,揭露日确定之后,双方对基准日及基准价格的计算并无异议,故本院认定基准日为2017年5月18日……

一、揭露日(更正日)

在2022年《虚假陈述赔偿规定》规定发布前揭露日(更正日)的确定是一个争议颇多的话题。从司法实践来看,依据原《虚假陈述赔偿规定》(2003),上市公司虚假陈述实施日、基准日和处罚日比较容易判断(如上述案例),而揭露日或者更正日则是一个棘手问题,也是讼争双方争夺的重中之重。虚假陈述揭示的意义在于其对市场发出了一个警示信号,提醒投资人重新判断股票价值,进而对股票的市场价格产生刺破后的影响;且揭露日是投资人损失与虚假陈述行为之间存在因果关系的关键时点[1],又与基准日的确定、损失的计算、原告是否适格、投资者能否获赔、获赔多少等直接关联,其重要性不言而喻。

根据原《虚假陈述赔偿规定》(2003)第20条第2款规定,虚假陈述揭露日是指虚假陈述在全国范围发行或者播放的报刊、电台、电视台等媒体上,首次被公开揭露之日。这种不精确的规定,导致了揭露日的认定成为证券虚假陈述责任纠纷案中的主要争点,使得无论是法院,还是当事人双方,对揭露日的认定出现千奇百怪、五花八门的态势。诸如媒体报道的日期、虚假陈述行为人自己更正的日期、交易所停牌的日期、监管机关(证监会)立案稽查的日期,以及做出处罚决定的日期,都有可能被认定为揭露日。然而,2022年1月起实施的《虚假陈述赔偿规定》虽然对揭露日和更正日作出了明确的规定,但其内容仅仅是对迄今为止的司法实践的结论进行了明文化。第8条将虚假陈述揭露日定义为虚假陈述在具有全国性影响的报刊、电台、电视台或监管部门网站、交易场所网站、主要门户网站、行业知名的自媒体等媒体上,首次被公开揭露并为证券市场知悉之日。在

---

[1] 参见杨祥:《论证券虚假陈述诉讼中揭示日的认定》,载郭锋主编:《证券法律评论》2017年卷,中国法制出版社2017年版,第98页。

没有相反证据的情况下应当认定下列日期为揭露日:(1)监管部门以涉嫌信息披露违法为由对信息披露义务人立案调查的信息公开之日;(2)证券交易场所等自律管理组织因虚假陈述对信息披露义务人等责任主体采取自律管理措施的信息公布之日。此外,信息披露义务人实施的虚假陈述呈连续状态的,以首次被公开揭露并为证券市场知悉之日为揭露日。信息披露义务人实施多个相互独立的虚假陈述的,人民法院应当分别认定其揭露日。而第9条则简单地规定虚假陈述更正日为"信息披露义务人在证券交易场所网站或者符合监管部门规定条件的媒体上,自行更正虚假陈述之日"。

从法院来看,司法实践中认定的虚假陈述揭露日有以下情形。

(1)以上市公司公告证监会行政处罚决定之日为揭露日,但揭露虚假陈述的公告的内容并不局限于对于虚假陈述行为的处罚,公布立案调查的通知也可视为已披露虚假陈述。例如,在审理周任航与云投生态公司证券虚假陈述责任纠纷案(2015)①时,云南省高级人民法院认为:

> 2010年3月18日,绿大地公司发布2010-010公告称,绿大地公司因涉嫌信息披露违规被证监会立案调查。该日是对绿大地公司虚假陈述行为首次在证监会指定的信息披露网站及报刊上公开进行的披露,符合虚假陈述揭露日的认定标准。鉴于证监会的职能及权威性,其立案调查的公告发布以后,足以说明被调查的股票存在虚假陈述的可能,对于理性的投资者,已经起到了充分的风险提示作用,具有高度的警示性,足以影响投资决策。

如果存在两个或两个以上揭露虚假陈述的公告或决定时,法院一般以第一次发布公告之日为虚假陈述揭露日。如果行政处罚是对一系列连续虚假陈述行为的概括处罚,那么以第一次披露虚假陈述行为之日为虚假陈述行为揭露日;如果行政处罚是针对不同虚假陈述行为的分别处罚,那么依据投资人主张追责的虚假陈述行为不同,可能会出现不同的虚假陈述行为揭露日。例如:其一,在审理杨佳申与亚星化学证券虚假陈述责任纠纷案(2015)②时,山东省高级人民法院认为:

> 2010年11月16日和2011年10月29日,被上诉人潍坊亚星公司两次发布的山东证监局《行政监管措施决定书》,内容均为潍坊亚星公司存在大股东非经营性占用上市公司资金、大股东及其附属企业经营性占用上市公司资金、财务核算存在问题等,故被上诉人潍坊亚星公司的虚假陈述行为存在一贯性和连续性。原审法院认定2010年11月16日,即潍坊亚星公司首

---

① 参见云南省高级人民法院二审民事判决书(2015)云高民二终字第196号。
② 参见山东省高级人民法院二审民事判决书(2015)鲁商终字第313号。

次被山东证监局立案调查并发布行政监管措施公告的时间为本案虚假陈述行为的揭露日,并无不当。2011年10月29日的行政监管措施公告是对潍坊亚星公司存在的虚假陈述行为进一步的披露,不应认为是另外的揭露日。又根据中国证券监督管理委员会2012年和2013年对被上诉人潍坊亚星公司两次行政处罚认定的事实,也可以认定自2009年1月起,被上诉人潍坊亚星公司的虚假陈述行为呈现连续状态,故原审法院认定本案虚假陈述实施日为该一系列虚假陈述行为最早发生的时间即2009年1月并无不当。且,2010年11月16日仅是对被上诉人潍坊亚星公司的虚假陈述行为予以揭露,并非全面纠正,故揭露日之后依然存在虚假陈述行为与揭露日的认定不存在矛盾。因此,上诉人杨佳申关于被上诉人潍坊亚星公司虚假陈述行为实施日为2010年11月15日,揭露日为2011年10月29日,第二次行政处罚针对的是被上诉人潍坊亚星公司作出整改承诺后新发生的虚假陈述行为,对其构成独立欺诈的上诉理由不能成立,本院不予支持。

其二,在审理谭鸿杰等与佛山电器照明虚假陈述纠纷案(2015)[1]时,广东省高级人民法院在认定是否存在第二个揭露日的问题部分,主张佛山照明2012年11月5日公告其收到《中国证券监督管理委员会调查通知书》之日为揭露日:

> 2012年7月6日,佛山照明发布《关于收到广东证监局监管措施决定书的公告》,首次向投资者公布其因虚假陈述被行政处罚。而佛山照明于2012年11月5日发布重大事项公告,公告其收到《中国证券监督管理委员会调查通知书》,因涉嫌信息披露违法违规,中国证监会根据证券法的有关规定,决定对佛山照明立案调查。该公告是对佛山照明虚假陈述公开披露的延续,并非首次被公开揭露。梁建中主张2012年11月5日为第二个揭露日,没有事实和法律依据,二审法院不予支持。

(2) 以上市公司在证监会指定信息披露媒体上,自行公告更正虚假陈述之日,作为更正日。例如,在审理刘玉华诉兴业证券股份有限公司证券虚假陈述责任纠纷案(2017)[2]时,福州市中级人民法院指出:

> 欣泰电气于2015年11月27日发布《关于对以前年度重大会计差错更正与追溯调整的公告》,首次对外公开了公司在2011—2014年期间相关财务报表中的会计差错并自行予以更正,该更正公告所揭露的虚假陈述内容即系证监会此后在《行政处罚决定书》中所认定的欣泰电气虚假陈述的内

---

[1] 广东省高级人民法院民事判决书(2015)粤高法民二终字第13-967号,参见谢欣欣、谢椿晖:《上市公司虚假陈述之民事责任》,载《人民司法(案例)》2016年第2期。
[2] 参见福建省福州市中级人民法院民事判决书(2017)闽01民初456号。

容,故欣泰电气的上述更正行为符合《若干规定》第 20 条关于更正日的规定,本院对被告兴业证券关于 2015 年 11 月 27 日为第一个更正日的诉讼理由予以采信。

(3) 将权威媒体刊载揭露文章之日作为更正日。根据《全国法院民商事审判工作会议纪要》(法〔2019〕254 号)之规定:

84.【揭露日和更正日的认定】虚假陈述的揭露和更正,是指虚假陈述被市场所知悉、了解,其精确程度并不以'镜像规则'为必要,不要求达到全面、完整、准确的程度。原则上,只要交易市场对监管部门立案调查、权威媒体刊载的揭露文章等信息存在着明显的反应,对一方主张市场已经知悉虚假陈述的抗辩,人民法院依法予以支持。

权威媒体刊载的揭露文章通常会对行为人涉及的信息披露违法违规行为有着较为具体的报道,能够让投资者知悉、了解虚假陈述行为的内容及其性质。司法实践中已有多个案件将媒体报道日作为虚假陈述行为揭露日。例如:其一,在审理肖朝芳与吉林紫鑫药业股份有限公司证券虚假陈述责任纠纷案(2017)[①]时,吉林省高级人民法院认定中国证券网刊登、新华网转载的揭露文章构成该案中对虚假陈述行为的有效揭示,被认定为更正日。其二,在审理宋都基业投资股份有限公司与李红证券虚假陈述责任纠纷案(2016)[②]时,浙江省高级人民法院将媒体报道日认定为揭露日,认为证监会立案调查公告未完全涉及虚假陈述行为的实质内容,且无法涵盖行政处罚决定所涉及的虚假陈述行为等等。

需要说明的是,在司法实务中,是由法院来认定揭露日的,属于法院对事实的认定部分,而非当事人自认或协商确定。即使是双方当事人对认定揭露日的看法一致,法院也可以依法认定其他日期作为揭露日。例如,在审理钱某、钱某国与上海创兴资源开发股份有限公司证券虚假陈述责任纠纷案(2016)[③]时,原被告双方均认同以上市公司发布关于收到中国证监会《调查通知书》的公告之日作为确定本案虚假陈述行为揭露日的依据,但两审法院均未采纳,而是认为:虚假陈述行为对所有相关证券的投资者都产生影响,而不是仅仅作用于案件当事人,故对某一虚假陈述行为的揭露日的认定应采取统一的、客观的标准,而不因不同案件中当事人的主观认知不同而采用不同的认定标准,因而将上市公司公告《行政处罚事先告知书》之日认定为揭露日。在审理天津环球磁卡股份有限公司证券虚假陈述案(2015)[④]时,原被告双方分别以上市公司公告收到立案调查

---

① 参见吉林省高级人民法院民事判决书(2017)吉民终 432 号。
② 参见浙江省高级人民法院民事判决书(2016)浙民终 949 号。
③ 参见上海市高级人民法院民事判决书(2016)沪民终 174 号。
④ 参见天津市第二中级人民法院民事判决书(2015)二中民二初字第 533 号。

公告之日、行政处罚决定之日作为揭露日,天津市第二中级人民法院未予采纳,而是依法认定上市公司公告行政监管措施决定书之日为揭露日。

对证券虚假陈述纠纷中更正日的经典判例,请参看下文【中国案例】"李国林与华锐风电证券虚假陈述纠纷上诉案(2017)"。

【中国案例】

李国林与华锐风电证券虚假陈述纠纷上诉案(2017)[①]

2011年1月,华锐风电的股票在上海证券交易所上市交易。2012年4月11日,华锐风电公告了2011年年度报告。2013年3月7日,华锐风电公告关于前期会计差错更正的提示性公告,并按规定履行停牌手续。经自查发现,华锐风电2011年年度财务报表的有关账务处理存在会计差错。华锐风电财务管理制度规定公司确认收入需同时满足以下三项条件:(1)公司已与客户签订销售合同;(2)货到现场后双方已签署设备验收手续;(3)完成吊装并取得双方认可。但在2011年年度确认收入的项目中部分项目设备未到项目现场完成吊装,导致2011年年度的销售收入及成本结转存在差错。根据自查情况,相关会计差错更正事项对2011年年度财务报告主要会计数据的影响如下……

同日,上证指数收盘于2324.29点,相较于前一交易日下跌0.98%;华锐风电股价收盘于6.05元,相较于前一交易日下跌3.04%。2013年3月8日,上证指数收盘于2318.61点,华锐风电股价收盘于5.93元。2013年3月11日,上证指数收盘于2310.59点,华锐风电股价收盘于5.80元。2013年3月12日,上证指数收盘于2286.60点,华锐风电股价收盘于5.62元。

2013年5月30日,华锐风电发布关于被证监会立案调查的公告。因涉嫌违反证券法律法规,证监会根据证券法的有关规定,决定对华锐风电进行立案调查。

2015年11月5日,证监会作出〔2015〕66号行政处罚决定书,主要内容包括:

一、华锐风电的违法事实

2012年4月11日,华锐风电披露2011年的年报,确认风电机组收入1686台,营业总收入10 435 516 390.57元,营业总成本9 918 543 020.04元,利润总额739 440 394元,报告期内风电工程项目适用的会计政策为商品销售收入。该年

[①] 参见北京市高级人民法院民事判决书(2017)京民终81号,参见曹明哲:《证券虚假陈述纠纷中更正日的判定》,载《人民司法(案例)》2018年第17期。本案所指《证券法》系指我国2014年修正的《证券法》。

报签字董事为韩俊良、常运东、刘会、陆朝昌、王原、于国庆、张宁、张勇、赵鲁平。受风电行业政策的影响,2011年全行业业绩急剧下滑。为粉饰上市首年业绩,在韩俊良安排下,华锐风电财务、生产、销售、客服等4个部门通过伪造单据等方式提前确认收入,在2011年年度提前确认风电机组收入413台,对2011年年度财务报告的影响为:虚增营业收入2 431 739 125.66元、营业成本2 003 916 651.46元,多预提运费31 350 686.83元,多计提坏账118 610 423.77元,虚增利润总额277 861 363.6元,占2011年利润总额的37.58%。华锐风电在2011年年报中通过提前确认收入的方式虚构营业收入、虚增利润的行为,违反了《证券法》第63条关于发行人、上市公司依法披露的信息,必须真实、准确、完整,不得有虚假记载、误导性陈述或者重大遗漏的规定,构成《证券法》第193条第1款所述的发行人、上市公司或者其他信息披露义务人未按照规定披露信息,或者所披露的信息有虚假记载、误导性陈述或者重大遗漏的行为。韩俊良(2006年起任董事长、总裁,2012年8月卸任总裁,2013年3月卸任董事长)直接授意、策划、组织了财务舞弊行为,是华锐风电2011年年报信息披露违法行为最主要的直接负责的主管人员。陶刚作为时任华锐风电副总裁、财务总监,于建军作为时任分管客服部的副总裁,刘征奇作为分管市场部的副总裁,汪晓作为分管生产部的副总裁,均为分管重要业务的高级管理人员,所分管的部门直接参与财务舞弊,是华锐风电信息披露违法行为的直接负责的主管人员。常运东、刘会作为华锐风电时任董事、副董事长,陆朝昌、王原、于国庆作为华锐风电时任董事,张宁、张勇、赵鲁平作为华锐风电时任独立董事,在华锐风电2011年年报上签字,是华锐风电违法行为的其他直接责任人员。

二、证监会的有关认定

(1)华锐风电提出的税金扣除问题,涉及采用虚增利润还是虚增净利润概念描述华锐风电虚增业绩情况的问题,属于表述问题,不影响实质认定。(2)关于14台机组收入确认问题。根据华锐风电2011年年报披露的商品销售收入确认和计量方法,公司关于收入确认的具体依据为同时满足以下三项条件:公司已与客户签订销售合同;货到现场后双方已签署设备验收手续;完成吊装并取得双方认可。经复核,华锐风电大唐齐齐哈尔碾子山项目涉及的11台机组实际在2012年完成吊装,公司在2013年取得业主说明认可吊装完成,但2013年取得的业主说明不能作为公司在2011年确认收入的依据;美国项目涉及的3台机组的销售合同中对风险转移时点的约定,与国内项目的销售合同或我国合同法关于风机风险转移的约定并无实质差异,从收入确认的角度讲国外项目与国内项目并无本质区别。华锐风电在2011年未完成上述14台机组的吊装情况下,伪造吊装单确认收入,不符合其一贯的会计政策。因华锐风电虚假信息披露行为涉嫌构成违规披露、不披露重要信息犯罪,司法机关聘请的司法审计会计师事务所在对华锐风电2011年相关财务数据进行核对时,发现证据表明证监会此前认定的华锐风电华能山东利津项目中的1台机组实际在2011年完成了吊装,公司可以在2011年年度确认收入。经复核,证监会对此予以认可,并对相关数据进行了调整。(3)华锐风电自一上市,即进行有预谋、有策划、系统性、有组织、大比例的财务舞弊,情节严重,性质恶劣;华锐风电所称自查自纠、主动报告和披露会计差错,系韩俊良卸任后,公司编制2012年年报期间发现涉案问题后才开展的行为;华锐风电提出的成功化解债务危机、完成重组,其稳定发展对于广大投资者利益至关重要等申辩,属于案外、事后情况。

依此,证监会对华锐风电以及相关责任人员依法进行了处罚。

李国林系一名投资者,依据《证券法》、最高人民法院《关于审理证券市场因虚假陈述引发的民事赔偿案件的若干规定》(以下简称《若干规定》)等法律法规的规定,要求华锐风电赔偿因华锐风电虚假陈述给其造成的损失。

诉讼中,双方对本案的揭露日、更正日产生争议。华锐风电主张2013年3月7日为本案虚假陈述的更正日;李国林对此不予认可,其主张2013年5月30日为该案虚假陈述的揭露日。

北京市第一中级人民法院经审理认为,本案中2013年3月7日为虚假陈述更正日。理由如下:首先,《若干规定》第20条第3款规定:虚假陈述更正日,是指虚假陈述行为人在中国证券监督管理委员会指定披露证券市场信息的媒体上,自行公告更正虚假陈述并按规定履行停牌手续之日。本案中,从华锐风电于2013年3月7日发布的关于前期会计差错更正的提示性公告的内容可以看出,其系自行更正了华锐风电2011年年度财务报告中的"所有者权益、营业收入、营业成本及净利润"等主要会计数据,并按规定于2013年3月4日履行了股票停牌手续,符合确认虚假陈述更正日的形式要件。其次,虚假陈述行为被揭露或被更正的意义在于因虚假陈述行为被揭露或被更正后,其对证券市场发出了一个警示信号,提醒投资人重新判断股票价值,进而对市场价格产生影响。本案中,从华锐风电2013年3月7日至3月12日收盘价的涨跌情况看,其发布更正公告当天的收盘价相较于前一交易日下跌3.04%,随后至2013年3月12日,其收盘价均处于连续下跌状态,据此可以看出,华锐风电该公告的发布已对投资人产生了提示作用,亦对市场价格产生了影响。因此,虽然华锐风电自行更正的前述财务数据与证监会在行政处罚决定书中认定的财务数据存在差异,但因其更正行为已起到了提示和警示作用,故本案的虚假陈述更正日应确认为2013年3月7日。宣判后,双方均未对此争议焦点提出异议,但也提起上诉。北京市高级人民法院二审判决驳回上诉,维持原判。

【法律分析】 本案争议焦点是华锐风电虚假陈述的揭示日究竟是否属于更正日。一种观点认为,本案不存在揭露日的问题,2013年3月7日是华锐风电虚假陈述行为的更正日。理由是,该日华锐风电发布关于前期会计差错更正的提示性公告,自行更正财务数据并对投资者进行了提示,故3月7日作为更正日。另一种观点认为,本案中虽然华锐风电对财务数据进行了自行更正,但是此次更正数据与最终证监会行政处罚决定书中认定的财务数据存在较大差别。在证监会最终的处罚中,认定华锐风电"虚增营业收入2 431 739 125.66元、营业成本2 003 916 651.46元,多预提运费31 350 686.83元,多计提坏账118 610 423.77元,虚增利润总额277 861 363.60元,占2011年利润总额的37.58%。"自行更正的数据与处罚结果存在巨大差异,仅营业收入和营业成本数据就相差了约15亿和8亿,故不应以2013年3月7日作为更正日,应以2013年5月30日华锐风电发布关于被中国证券监督管理委员会立案调查的公告之日作为揭露日。法院的生效判决确定了一件事:2013年3月7日应为华锐风电案件中虚假陈述行为的更正日,2013年5月30日不作为揭露日。

北京市第一中级人民法院的曹明哲法官对法院生效判决的认定表示赞同,其具体理由如下:一是,2013年3月7日作为更正日符合《若干规定》对于更正日的定义,股价的变化与波动情况尤其能够对此作出佐证。二是,在财务造假此种虚假陈述行为上,信息"质"的确定性比信息"量"的准确性更为重要,所谓的一致性更应该是"质"的一致性。三是,从实践的角度而言,无论是更正日更正的信息还是揭露日揭示的信息,不能完全要求更正日、揭露日的更正和披露与证监会认定的虚假陈述行为具有高度的一一对应性和完全的一致性。这又可以从两个方面加以分析:(1)从客观角度而言,若要求高度的一致性,则虚假陈述行为的揭露日就只剩下一种可能,就是在证监会的行政处罚决定书或者行政处罚事先告知书被公布之日,因为无论是从主体认知、事实掌握情况还是主观目的而言,自行更正、媒体报道等虚假陈述行为的揭露方式都不会与证监会行政处罚决定书中最终认定的违法事实完全一致。若紧扣一致性,要求将证监会公布行政处罚决定书作为揭露日,既与司法实践不符,也对投资者不公平。(2)从主观角度而言,更正的信息与证监会认定的不一致的情况其实是正常现象。由于在证监会具体调查过程中的各种情况,如发现新的证据、事实,或者基于对违法行为和事实的考量,证监会决定进行处罚的具体违法行为与其先前立案调查认为上市公司存在的虚假陈述行为可能存在差异,即证监会最终的处罚结果与先前公布的(无论是自行更正还是揭露)信息不一定就是一一对应的。综上所述,在证券虚假陈述责任纠纷中,揭露日、更正日揭示的虚假陈述行为信息应导致股价的波动,且被揭示的虚假陈述行为应与证监会行政处罚书中认定的结果具有一致性。但是,此种一致性要求,在财务造假此种虚假陈述行为类型上,应为一种行为性质的"质"的一致性,不应过分强调"量"的一致性。因此,即便上市公司自行更正的财务造假数据与证监会的最终认定存在差距,也不妨碍将自行更正之日作为更正日。

二、损失计算方法及范围

我国《证券法》（2019）第 85 条[①]规定，当证券虚假陈述行为"致使投资者在证券交易中遭受损失"时，行为人才应当承担民事赔偿责任。因此，关键的问题是采取何种方法来计算受害者的损失，这是真正落实保护投资者利益的根本。

损害赔偿是民事救济的核心，原告提起诉讼必须以实际遭受了损失为前提。但是，立法上对于虚假陈述所导致的损失之赔偿规定难度过大，而多由司法实践加以总结归纳。以 SEC 规则 10b-5 为例，它纯粹是由司法实践所发展起来的侵权法规则（A Judicially Created Tort），其民事赔偿范围在成文法上也没有固定的计算公式。司法判例虽有所总结，但也无明确而唯一的界定方法，并且至今仍在发展之中。[②] 美国司法实践建立了多种损害赔偿计算方法，以及与之相对应的赔偿适用范围。[③] 一是直接损失法，按照股票价值（Value）与实际交易价格（Price）之间的差额来确定原告之损失：（1）对于受欺诈的卖方来说，其损失数额为股票在出售时的真实价值（Fair Value）减去所得到的价款或者其他形式的对价（指不以金钱方式付款或换股等情形）在当时的公平价值；（2）对于受欺诈的买方来说则为他支付的购买价（或者其他形式的对价在当时的公平价值）与股票在当时的真实价值之间的差额。[④] 二是撤销交易，这为 SEC 规则 10b-5 所借鉴，是指原告在受被告欺诈行为引诱而与之达成证券买卖交易时，可在获悉事情真相后合理时间内，主张交易自始无效，要求双方互相返还各自从对方取得的对价。三是返还不当得利（Unjust Enrichment），是指任何人，如其有意地以对原告作出不法行为而使自己获益，此人就应承担返还所得利润的义务。也就是说，被告从其所实施的欺诈行为中所获得的全部额外利益都属于返还的范围，其数额还可能会超过原告的实际损失。不过，根据《1934 年证券交易法》第 28（a）条的规定，原告在诉讼中可以获得的损害赔偿不得超过因欺诈行为所遭受的实际损失，意即该条规定排除了惩罚性损害赔偿（Punitive Damages）。为了调和这

[①] 该条规定："信息披露义务人未按照规定披露信息，或者公告的证券发行文件、定期报告、临时报告及其他信息披露资料存在虚假记载、误导性陈述或者重大遗漏，致使投资者在证券交易中遭受损失的，信息披露义务人应当承担赔偿责任；发行人的控股股东、实际控制人、董事、监事、高级管理人员和其他直接责任人员以及保荐人、承销的证券公司及其直接责任人员，应当与发行人承担连带赔偿责任，但是能够证明自己没有过错的除外。"

[②] See H. R. Conf. Rep. NO. 369, 104th Cong., 1st Sess. 42 (1995). Cf. Robert B. Thompson: "'Simplicity and Certainty' in the Measure of Recovery under Rule 10b-5", 51 *The Business Lawyer* (Section of Business Law, American Bar Association)1177(1996).

[③] 具体论述参见张明远：《美国的证券民事诉讼制度——Rule 10b-5 研究》，载郭锋主编：《证券法律评论》总第 2 期，法律出版社 2002 年版，第 401—469 页。

[④] See Arnold S. Jacobs, "The Measure of Damages in Rule 10b-5 Cases", 65 *The Georgetown Law Journal* 1093(1977).

个矛盾,美国法院在承认返还不当得利法属于 SEC 规则 10b-5 诉讼下的合法性的基础上,提出了各种各样的解释。① 四是其他计算方法,又包括:(1) 股价指数法,是指在原告以组合证券(Portfolio)进行投资的场合,通常参照道-琼斯指数、标准普尔指数或其他股价指数,来确定当事人可以索赔的范围。② (2) 赔偿期待利润法(Benefit-of-the-Bargain Measure),是指原告可获得的赔偿数额为被告所保证的证券价值或所承诺的对价,减去交易达成时该证券的真实价值。(3) 补进法(Cover Measure)③,该方法仅适用于卖方受欺诈的情形,受欺诈方据此可获得的赔偿为:原告发现或应当发现欺诈行为后一段合理时间内,该股票所达到的最高价值(Highest Value,通常为在此期间的最高市价),减去他出售股票所得。(4) 重新卖出价格法(Resale Price Measure)④,仅适用买方受欺诈的情形,其计算方法为:原告支付的购买价减去发现或应当发现卖方欺诈行为之后合理时间内的最低股价。如果原告在合理期间届满前将股票卖出,则按照原购买价与实际卖出价之间的差额来确定损失大小。

在我国,主要采用了以下几种方法。

一是"投资差额损失"的计算方法。其法律依据是《虚假陈述赔偿规定》(2021)第 25 条:投资人有权主张的损害赔偿范围包括两项:(1) 投资差额损失;(2) 投资差额损失部分的佣金和印花税。

根据《虚假陈述赔偿规定》(2022)第 27、28 条,投资人在基准日及以前卖出证券的,以买入证券平均价格与实际卖出证券平均价格之差,乘以投资人所持证券数量计算投资损失;投资人在基准日之后卖出或者仍持有证券的,以买入证券平均价格与虚假陈述揭露日或者更正日起至基准日期间,每个交易日收盘价的平均价格之差,乘以投资人所持证券数量计算投资损失。具体计算时,揭露日或者更正日起至基准日期间每个交易日的收盘价系客观数据,不存争议,需重点予以关注的是买入证券平均价格、实际卖出证券平均价格、投资人所持证券数量。就买入证券平均价格,不同的案例采用了不同的计算方法。

就实际卖出证券平均价,如果投资人在揭露日(更正日)后多次买进卖出证券,可以根据证券交易原始记录,如能区分卖出的是揭露日(更正日)之前还是之后买进的股票数量,以与揭露日(更正日)之前所持股票数量相对应的卖出股票数量确定股票卖出价格,据此计算卖出证券平均价格;如不能区分,采用"先进先

---

① See Arnold S. Jacobs, "The Measure of Damages in Rule 10b-5 Cases", 65 *The Georgetowm Law Journal* 1093(1977).

② Louis Loss & Joel Seligman, *Fundamentals of Securities Regulation*, 3rd ed., Little, Brown and Company, 1995, p.1063.

③ See Arnold S. Jacobs, "The Measure of Damages in Rule 10b-5 Cases", 65 *The Georgetowm Law Journal* 1093(1977).

④ Ibid.

出法",以最先卖出的股票数量依次累加对应至揭露日(更正日)之前投资人所持数量,并据此确定平均卖出价格。

就投资人所持证券数量,即在实施日后买入、揭露日(更正日)后卖出的或仍持有的数量,若投资人在实施日之前已持有涉案证券,在实施日后又卖出证券的,从有利保护证券投资者合法权益的原则,应适用"先进先出法",将卖出的证券先行抵扣投资人在实施日之前已经持有的证券。同样,若投资者在揭露日(更正日)后多次买进卖出证券,亦采"先进先出法",以最先卖出的股票数量依次累加对应至揭露日(更正日)前投资人所持数量予以确认。

二是买入证券平均价格的计算。这种计算方法《虚假陈述赔偿规定》(2022)未明确规定,法院可行使自由裁量权,可以考虑计算方法的公平合理性、投资者合法权益的保护、计算方法的简便易行等多种因素来决定。一般地,如果投资人在实施日之前已持有涉案证券,实施日之后又卖出证券的,按照"先进先出法",卖出的证券先行抵扣投资人在实施日之前已经持有的证券,对该部分证券收回的相应资金,不计入投资者提前收回的投资成本,该部分股票不计入剩余持股股数的计算。例如,梁某诉创兴资源证券虚假陈述责任纠纷案(2017)[①]、三毛股份与施才斌证券虚假陈述责任纠纷上诉案(2016)[②]等案,都采取了这种方法。

如果投资人在实施日至揭露日(更正日)期间多次买入卖出证券,在计算买入证券平均价时,则可以在以下几种方法中选择。

(1) 普通加权平均法。根据该法,要剔除揭露日(更正日)之前已卖出的证券,将买入证券总金额减去已卖出证券收回的资金,再除以揭露日(更正日)时持有的数量,计算买入平均价。司法实践中采用这种方法的案例,可参看胡问铎诉上海宽频科技股份有限公司证券虚假陈述责任纠纷案(2012)。[③] 在审理该案时,上海市第一中级人民法院指出:

> 最高人民法院《关于审理证券市场因虚假陈述引发的民事赔偿案件的若干规定》第 31 条规定:"投资人在基准日及以前卖出证券的,其投资差额损失,以买入证券平均价格与实际卖出证券平均价格之差,乘以投资人所持证券数量计算。"第 32 条规定:"投资人在基准日之后卖出或者仍持有证券的,其投资差额损失,以买入证券平均价格与虚假陈述揭露日或者更正日起至基准日期间,每个交易日收盘价的平均价格之差,乘以投资人所持证券数量计算。"本案中,基准日之前,原告于 2006 年 5 月 15 日,卖出被告股票 1000 股,成交价为 3.54 元/股;2006 年 5 月 19 日,原告又卖出 1000 股,成

---

① 上海市第一中级人民法院一审民事判决书(2017)沪 01 民初 729 号。
② 上海市高级人民法院二审民事判决书(2016)沪民终 519 号。
③ 上海市高级人民法院二审民事判决书(2012)沪高民五(商)终字第 16 号。

交价为3.60元/股。鉴于卖出之前,原告曾于2006年4月25日买入3100股被告股票,故该两次卖出的系揭露日之前还是之后买入的股票,难以确定,本院根据"先入先出法"确定该2000股卖出的股票对应揭露日之前买入的股票,该2000股的投资差额损失为:[(买入平均价－卖出平均价)×2000股],卖出平均价为:(3.54元＋3.60元)÷2＝3.57元/股。原告在基准日之后继续持有的3500股,投资差额损失为:[(买入平均价－虚假陈述揭露日至基准日期间的交易日平均收盘价)×3500股]。本案中,原、被告在买入平均价的计算方式上存在差异,原告认为,应当以买入股票的总金额除以总买入股数计算得出;被告则认为,应当将买入股票总金额减去原告在实施日至揭露日之间卖出股票的总金额,再除以剩余持股数计算得出。对此,本院认为,最高人民法院司法解释中所指的买入证券平均价格,系指投资人买入证券的成本,而投资者在虚假陈述被揭示之前,即揭露日之前卖出股票而收回的相应资金,属于投资者提前收回的投资成本,应当在总投资成本中予以扣除;同时,本院认为,在原告于揭露日之前多次买进卖出被告股票的情形下,该买入平均价的计算方式较为合理。综上所述,原告计算买入平均价的计算方式本院不予采纳,被告的计算方式符合最高人民法院相关规定的立法精神,本院予以采纳,即应当将原告买进股票的总成本(147 480元),减去原告所有已经卖出股票收回的投资成本(80 810元),除以原告尚持有的股票数量(5500股),据此认定原告买入系争股票的平均价格为12.12元/股。综上,原告投资差额损失应为:[(12.12元－3.57元)×2000股]＋[(12.12元－3.45元)×3500股]＝47 445元。被告计算的原告投资差额损失为62 613元,系在计算时因笔误将2006年5月15日及2006年5月19日分两笔卖出的2000股作200股予以扣减而致。除原告投资差额损失之外,被告对原告主张的投资差额损失部分的佣金446.32元、印花税316.99元均表示确认,其亦应就此向原告承担赔偿责任。

在审理陈丽华等23人诉大庆联谊等虚假陈述侵权赔偿纠纷案(2004)[①]时,黑龙江高级人民法院在"6.关于损失数额的计算问题"部分指出:

> 经查,原判计算买入证券平均价格的方法是:以实际交易每次买进价格和数量计算出投资人买进股票总成本,再减去投资人此间所有已卖出股票收回资金的余额,除以投资人尚持有的股票数量。按此种方法计算,不排除个别投资人买入证券的平均价格高于股票历史最高价的可能。这只是计算

[①] 《陈丽华等23名投资人诉大庆联谊公司、申银证券公司虚假陈述侵权赔偿纠纷案》(黑龙江高级人民法院二审民事判决书),载《最高人民法院公报》2005年第11期(总109期)。

投资人投资差额损失过程中可能出现的一个数据,而且这个数据在很大程度上取决于投资人在揭露日前后的股票持有量。这个数据不等于投资人购买股票时实际成交的价格,其与大庆联谊公司股票历史最高价之间没有可比性。由于证券交易的复杂性,目前用于计算投资人投资差额损失的方法有多种。只要这些方法符合《证券赔偿案件规定》(即《最高人民法院关于审理证券市场因虚假陈述引发的民事赔偿案件的若干规定》,下同)第30条、第31条、第32条确定的原则,结果公平合理,使用哪种方法计算,就在法院的自由裁量范围之内。原判采用的计算方法符合《证券赔偿案件规定》,有利于保护多数投资人的利益,故不予变更。上诉人大庆联谊公司关于原判确定的损失赔偿数额不当的上诉理由,不予采纳,同时由于《证券赔偿案件规定》第30条第2款已明确规定,虚假陈述行为人在证券交易市场承担民事赔偿责任的范围包括利息,即所涉资金利息自买入至卖出证券日或者基准日,按银行同期活期存款利率计算,故对大庆联谊公司不同意给付投资差额损失部分利息的上诉主张,也不予支持。

(2) 先进先出加权平均法。根据该法,要剔除实施日至揭露日期间买入但被卖出的证券,首先以先进先出的原则确定可索赔的证券范围,然后按照可索赔证券的实际买入价格以加权平均的方法计算平均买入价。司法实践中采取这种方法的案例,可参看付定秀与兴长石化证券虚假陈述责任纠纷案(2014)。[①] 湖南省长沙市中级人民法院根据《虚假陈述赔偿规定》(2003)第30条、第32条、第33条的规定,结合该案案情计算原告的损失额如下:

> 根据证券市场公开的数据显示,自揭露日2009年5月26日开始至2009年7月20日,岳阳兴长累计成交量达其可流通部分99.77%,至2009年7月21日,岳阳兴长累计成交量达其可流通部分103.66%,故2009年7月21日为该股票累计成交量首次达到其可流通部分100%,并且付定秀主张2009年7月21日为基准日,岳阳兴长对此也表示无异议,本院对此予以确认。本案中,在岳阳兴长虚假陈述实施日之后,虚假陈述揭露日之前,付定秀共买入岳阳兴长股票54次,合计买入107 378股,总金额3 208 525.64元;卖出股票44次,合计卖出94 878股,总金额2 518 213.8元;截至2009年7月21日,付定秀持有岳阳兴长股票12 500股(根据"先进先出法"及加权平均法计算,该12 500股的买入平均价格为26.30元)。付定秀在基准日之后仍持有岳阳兴长股票12 500股。2009年5月26日至2009年7月21日期间岳阳兴长股票每个交易日收盘价的平均价格为20.622元。根据

---

① 湖南省长沙市中级人民法院一审民事判决书(2014)长中民四初字第01659号。

上述规定,付定秀投资差额损失=(买入均价 26.30 元－虚假陈述揭露日起至基准日期间每个交易日收盘价的平均价 20.622 元)×持股数 12 500 股=70 975 元;投资差额损失部分佣金=投资差额损失 70 975 元×0.03‰(因付定秀未举证证明其交易佣金费率,本院按市场低值万分之三确定)=21.29 元;投资差额损失部分印花税=投资差额损失 70 975 元×0.1‰=70.98 元;资金利息=(投资差额损失 70 975 元＋投资差额损失部分佣金 21.29 元＋投资差额损失部分印花税 70.98 元 = 71 067.27 元)×[(0.002 25‰×130 日)+(0.002‰×342 日)+(0.000 986‰×237 日)]=860.04 元。综上,付定秀的损失为 71 927.31 元(70 975 元＋21.29 元＋70.98 元＋860.04 元)。

其他类似案件可参看廖劲松与恒天海龙证券虚假陈述责任纠纷案(2016)[①]、金炜诉等富邦精业证券虚假陈述责任纠纷案(2014)[②]等。

(3) 综合加权平均法。此种方法不考虑卖出证券的数量,而是将买入证券的总金额与买入证券的总数量相除得出买入平均价。司法实践中采取这种方法的案例,可参看顾某翀与海润光伏证券虚假陈述责任纠纷案(2015)[③]。在审理该案时,南京市中级人民法院指出:

> 关于顾某 X 的损失金额,《虚假陈述若干规定》第 31 条规定:'投资人在基准日及以前卖出证券的,其投资差额损失,以买入证券平均价格与实际卖出证券平均价格之差,乘以投资人所持证券数量计算。'本案中,双方当事人对于顾某 X 在实施日之后揭露日前买入 38 000 股、卖出 12 000 股、买入平均价 8.503 元/股,基准日之后持有的股数为 26 000 股、基准价 7.81 元/股的事实均无异议,故顾某 X 的投资差额损失为 18 030 元＝实施日之后揭露日前买入平均价 8.503 元/股[(同期买入总金额 322 250 元减去同期卖出金额 101 160 元)÷26 000 股]减去基准价 7.81 元乘以基准日后持有的股数 26 000 股。关于投资差额损失部分的印花税、佣金损失,顾某 X 主张分别以投资差额损失的 1‰计算,海润光伏公司对此无异议,本院予以确认。顾某 X 要求海润光伏公司赔偿损失合计 18 066 元的诉请,符合法律规定,本院予以支持。

原被告均确认以普通加权平均法计算,南京市中级人民法院亦采取了普通加权平均法。

[①] 山东省高级人民法院二审民事判决书(2016)鲁民终 1682 号。
[②] 浙江省宁波市中级人民法院一审民事判决书(2014)浙甬商初字第 21 号。此案为连号案,即被告相同,同类原告多人,法院分别作出相同的判决。
[③] 江苏省南京市中级人民法院一审民事判决书(2015)宁商初字第 363 号。

(4) 移动加权平均法，即每次买入证券后，以新买进的证券成本加上原来的持仓成本，除以本次买进的数量加上原有的持仓数。在移动加权平均法的计算过程中，每次卖出股票的成本以前一次计算所得买入平均价为计价依据，这样无论卖出数量如何变化，买入均价均不受影响。司法实践中采取这种方法的案例可参看何觉敏诉北海银河等虚假陈述案(2008)。[1] 广西壮族自治区高级人民法院认为：

> 本案的三方当事人对北海银河公司虚假陈述实施日、虚假陈述揭露日、基准日、基准价为2.72元/股及基准日后的持股数量5013股的事实均没有异议，主要的分歧是何觉敏在虚假陈述实施日后至揭露日之前买入的银河科技股票的买入平均价的确定，由此导致何觉敏买卖银河科技股票是否存在损失的争议。何觉敏在二审时提供了一份买入均价的计算方法，先剔除红股和该期间的相应卖出股份后，用加权平均法计算出揭露日前的买入均价为5.362元/股，根据该买入股价，计算出何觉敏的投资差额损失为(5.362元－2.72元)×5013＝13 244.34元。该计算方法存在两个问题：一是何觉敏在北海银河公司虚假陈述实施日至虚假陈述揭露日期间4次卖出银河科技股票，其已收回部分成本，对该部分成本应从其持仓成本中剔除但其没有剔除；二是何觉敏关于买入平均价和基准价在除权计算上不平衡。其买入平均价是剔除了红股后的价格，没有考虑除权的影响，但本案的基准价2.72元/股是在2006年1月9日北海银河公司按1.6709除权系数实施股权分置方案后的除权价，何觉敏在基准日后持有的5013股也是经除权后的股票数量，其中2013股是分红所得。这种方法在买入均价的计算上剔除了除权的影响，但基准价和持有股票数量又受到除权的影响，造成除权对买入均价和基准价影响的不平衡，导致买入均价偏高，投资差额损失加大，因此对此计算方法不予采纳。一审法院采用先进先出法和算术平均法相结合的计算方法来计算何觉敏在虚假陈述实施日后至揭露日之前买入的银河科技股票的买入平均价。即用先进先出法将买入股票和卖出股票逐次剔除，得出可索赔数，再对有关买入股票进行算术平均，得出买入均价，然后计算出投资差额损失。即假设先购进的股票最先卖出，何觉敏在揭露日之后持股5013股，其中的2013股是北海银河公司在2006年1月9日以1.6709除权系数除权而得，经复权后股票数量为3000股，以此推断何觉敏受到虚假陈述影响的股票是其在2005年7月12日以3.16元/股买入的1000股、2005年8月5日以3.45元/股买入的1000股和2005年8月5日以3.43

---

[1] 广西壮族自治区高级人民法院(2008)桂民二终字第56号二审民事判决书。

元/股买入的1000股,因此计算买入平均价为(3.16元/股＋3.45元/股＋3.43元/股)/3＝3.35元/股。由于何觉敏在买入该3000股股票后北海银河公司于2006年1月9日以1.6709除权系数进行股权分置改革,2006年1月11日为虚假陈述揭露日,因此基准价是含权价,为和虚假陈述实施日后买入的3000股保持平衡,应对揭露日后的卖出价和含权股票数量进行复权,故投资差额损失的计算公式为(买入均价3.35元/股－基准价2.72元/股×1.6709)×5013/1.6709＝(3.35－4.54)×3000,经计算,何觉敏没有损失。一审判决没有违反最高人民法院《关于审理证券市场因虚假陈述引发的民事赔偿案件的若干规定》中关于投资差额损失计算和复权的规定,依法予以维持。由于目前对投资差额损失计算没有统一的计算方法,而先进先出法又建立在假定的基础上,争议较大。为准确、客观计算出何觉敏是否存在投资差额损失,本院采用移动加权平均法来计算何觉敏对银河科技的买入均价。移动加权平均法即每次买入证券后,以新买进的证券成本加上原来的持仓成本,除以本次买进的数量加上原有的持仓数。在移动加权平均法的计算过程中,卖出股票的成本以前一次计算所得买入平均价为计价依据,这样无论卖出数量如何变化,买入均价均不受影响。何觉敏买入股票的平均价具体计算如下……经计算,何觉敏买入均价为2.41元/股,何觉敏的投资差额损失为(买入平均价2.41元/股－基准价2.72元/股)×5013,何觉敏没有损失。因此,北海银河公司不应承担民事赔偿责任,华寅会计所因此承担连带责任。

对于对虚假陈述所导致的损失计算方法之详尽讨论,可参见后文的【中国案例】"刘玉华诉兴业证券证券虚假陈述责任纠纷案(2017)"。

【中国案例】

刘玉华诉兴业证券证券虚假陈述责任纠纷案(2017)[①]

原告刘玉华向法院提出诉讼请求:(1)判令被告赔偿原告损失人民币384 280元;……事实与理由:2014年1月15日,在被告兴业证券的保荐下,欣泰电气股份有限公司(以下简称"欣泰电气")发布了《首次公开发行股票并在创业板上市招股说明书》。2015年7月15日,欣泰电气发布关于收到中国证券监督管理委员会《立案调查通知书》的公告(更正版),披露因公司欺诈发行等行为涉嫌违反证券法律法规被立案调查。2016年7月7日,欣泰电气发布关于收到

---

① 参见福建省福州市中级人民法院一审民事判决书(2017)闽01民初456号。

中国证监会的行政处罚决定书及市场禁入决定书的公告,决定书认定了欣泰电气首次公开发行股票并在创业板上市申请文件中相关数据存在虚假记载。2016年7月9日,被告发布《关于设立欣泰电气欺诈发行先行赔付专项基金情况的公告》,同意对因欣泰电气欺诈发行产生的责任主动进行先行赔付。2016年7月27日,被告收到中国证券监督管理委员会的行政处罚决定书,决定书认定了被告保荐欣泰电气过程中存在的违法事实。

2015年6月3日至2015年7月14日期间,原告买入欣泰电气A股共计27 200股,金额共计人民币805 810元,卖出该股共计1 500股,金额共计人民币43 530元。被告作为保荐机构未对欣泰电气的应收账款、银行存款以及公开发行募集文件的真实性和准确性进行审慎核查且其出具的保荐书等文件存在虚假记载等行为导致欣泰电气违规上市,且给原告造成经济损失,依法应予赔偿。关于如何确定赔偿金额的问题:

(1) 本案欣泰电气虚假陈述行为的揭露日应为被告公告《立案稽查通知书》的日期(即2015年7月15日),而非欣泰电气发布《关于对以前年度重大会计差错更正与追溯调整的公告》的日期。理由如下:第一,《立案稽查通知书》揭露欣泰电气因涉嫌违反证券法律法规被立案调查,对理性投资者能够起到足够的警示作用。第二,欣泰电气在发布《立案稽查通知书》之后,每周都会依据深交所的规则发布《暂停上市风险的提示公告》,提醒投资者进行理性投资。第三,类案判决都将《立案稽查通知书》作为揭露日。第四,被告于2016年7月9日发布的《关于拟设立欣泰电气欺诈发行先行赔付专项基金情况的公告》,也确认2015年7月15日为揭露日。第五,会计差错更正并不一定涉及虚假陈述,是否属于虚假陈述行为需要证监会进行认定,而且该会计差错更正说明并未提示暂停上市及退市风险,股民感受不到其警示作用。

(2) 原告的投资损失与证券市场系统风险无关。从欣泰电气进入退市整理期后的价格可见,其真实价格不足3元,而其在进入退市整理期前或者其造假上市行为被揭露前,股价均处于极度虚高状态,远远偏离其真实价值,因此即使没有大盘波动的影响,欣泰电气的股价也必然会有回归真实价值的需求,原告所遭受的损失与大盘指数波动无关。

(3) 关于损失计算方法。本案应当采用实际成本法,具体到原告的损失计算,2015年6月3日至2015年7月14日期间,原告买入欣泰电气股票27 200股(买入总价805 810元),期间卖出股票1 500股(卖出总价43 530元),由此可计算出剩余股票25 700股的总价为762 280元。该25 700股原告在2015年7月15日全部卖出,卖出均价为14.708 171 21元,故其损失为(区间买入总价-区间卖出总价-揭露卖出总价)=384 280元。

被告兴业证券答辩称:(1)关于赔付范围。最高人民法院《关于审理证券市场因虚假陈述引发的民事赔偿案件的若干规定》(以下简称《若干规定》)第 20 条规定:"虚假陈述更正日,是指虚假陈述行为人在中国证券监督管理委员会指定披露证券市场信息的媒体上,自行公告更正虚假陈述并按规定履行停牌手续之日。"2015 年 11 月 27 日,欣泰电气发布《关于对以前年度重大会计差错更正与追溯调整的公告》,说明欣泰电气 2011—2014 年存在虚构收回应收账款并于下一会计期初转出资金、转回应收账款情况,导致公司少计提应收账款坏账准备,相关财务报表项目列示不准确,不符合《企业会计准则》的规定,并详细说明了前期会计差错更正对财务报表项目的影响。欣泰电气由此向社会公开披露了虚假陈述事实与内容并作了更正,直接引起投资者重新判断股票价值,当日欣泰电气股价大跌(跌停)。因此应当认定 2015 年 11 月 27 日是欣泰电气第一个虚假陈述更正日。2015 年 12 月 10 日,欣泰电气发布《关于 2015 年半年度财务报告会计差错更正的公告》,进一步更正了 2015 年半年度财务报表中应收账款及相关财务数据差错,当日欣泰电气股票继续下跌。因此应当认定 2015 年 12 月 10 日是欣泰电气第二个虚假陈述更正日。《若干规定》第 19 条规定:"人民法院应当认定虚假陈述与损害结果之间不存在因果关系:(一)在虚假陈述揭露日或者更正日之前已经卖出证券;(二)在虚假陈述揭露日或者更正日及以后进行的投资;……"因此,只有原告在 2015 年 11 月 27 日之前买入且在 2015 年 11 月 27 日之后因卖出或持续持有,以及在 2015 年 11 月 27 日起至 2015 年 12 月 10 日期间买入且在 2015 年 12 月 11 日及以后卖出或继续持有,在扣除证券市场系统风险因素后仍存在损失的,方属赔偿范围。其在虚假陈述更正日(2015 年 11 月 27 日)之前已卖出的,或在第二次虚假陈述更正日之后才买入的,该部分投资损失均不属于虚假陈述责任的赔偿范围。

(2) 关于系统风险。《若干规定》第 19 条规定,"损失或者部分损失是由证券市场系统风险等其他因素所导致"的,属于"应当认定虚假陈述与损害结果之间不存在因果关系"的情形之一,在计算投资者损失时,应当扣减证券市场系统风险因素造成的损失。2015 年至 2016 年,中国证券市场发生了大幅度震荡,特别是在 2015 年中期至 2016 年年初市场出现了整体性大跌,通过对比欣泰电气股价走势图与其所在的创业板综合指数走势图,两者的波动及涨跌趋势亦基本一致,说明证券市场上的股票价格出现了整体性下跌,欣泰电气股价也受大盘影响而下跌。因此,本案中市场系统风险客观存在,即使欣泰电气不存在虚假陈述行为,其股票价格在上述期间亦难免下跌,故应认定欣泰电气投资者的损失存在市场系统风险的因素。

目前司法实践中通常采用市场风险相对比例法计算系统风险,即根据每个投资者投资时点所对应的指数信息,分别计算个股的损失比例和基准指数的损失比例,再将基准指数的损失比例与个股的损失比例相除,得出系统风险影响相对比例,最后从投资差额损失中扣减市场影响相对比例对应的金额,得出最终的损失额。其计算方法为:扣减市场风险因素后的损失=实际损失×(1-指数跌幅/股价跌幅)。具体到本案中,扣减系统风险后的损失=实际损失×(1-买入时至卖出时相应区间内创业板综合指数跌幅/同时期欣泰电气股票价格的跌幅)。

(3) 关于投资差额损失的计算方法。由于证券交易的复杂性,就投资差额损失的计算,目前并没有统一的标准,只要计算方法符合《若干规定》第30条、第31条、第32条确定的原则,结果公平合理即可。原告主张以普通加权平均法来计算投资差额损失,即以揭露日前实际买进股票总成本减去此间卖出股票总金额,再除以揭露日投资人尚持有的股票数量。此种计算方法将投资者在揭露日前基于正常的市场判断而卖出股票所造成的损失也计入了投资人可索赔的损失,根据该算法原理,当在揭露日前卖出股票亏损的情况下,会影响到买入平均价的计算,亏损越大、买入平均价就越高。因此,普通加权平均法没有扣除与欣泰电气虚假陈述无关的投资损失,有违常理。

为了最精确和客观地计算投资人的投资损失,被告采用了移动加权平均法来计算投资者的证券买入平均价。移动加权平均法剔除了与虚假陈述无因果关系的投资损失(即揭露日或更正日之前卖出的投资损失),每次购买股票后,用本次购买成本加上库存股票成本,除以本次购买数量加上库存数量,重新计算得出所持有的全部股票的加权成本。其计算公式为:更正日所持有的股票加权买入平均价=(库存股票的价格×数量+本次购进股票的价格×数量)÷(库存数量+本次购进数量)。考虑到欣泰电气欺诈发行将导致欣泰电气退市,为充分保护投资者利益,被告发布的先行赔付方案不设基准日,以买入平均价格和实际卖出平均价格或欣泰电气股票终止上市前一交易日收盘价格之差计算投资者投资差额损失。投资差额损失=股票加权买入平均价×更正日所持有的股票数量-更正日后卖出数量×卖出股票加权成本单价-退市时仍持有数量×股票终止上市前一交易日收盘价格。

因此,适格投资者二级市场赔付金额=(股票加权买入平均价×更正日所持有的股票数量-更正日后卖出数量×卖出股票加权成本单价-退市时仍持有数量×股票终止上市前一交易日收盘价格+佣金、印花税、利息损失)×(1-买入时至卖出时相应区间内创业板综合指数跌幅/同时期欣泰电气股票价格的跌幅)。

此外,需要说明的是,上述计算方法与《兴业证券股份有限公司关于设立欣泰电气欺诈发行先行赔付专项基金的公告》中所采用的损失计算方法一致,唯一的区别在于该方案中在扣减市场风险所致损失时有减半扣减。但该方案的适用前提是原告同意和解,而本案中原告没有同意和解,而是提起了诉讼,故在扣减市场风险所致损失时,被告不再给其减半的优惠。原告未卖出的107股欣泰电气股票,原告未举证证明其后续交易情况,未能证明是否存在应予赔偿的损失,应承担举证不能的不利后果。原告买入的绝大部分欣泰电气股票已于虚假陈述更正日(2015年11月27日)前卖出,其损失与欣泰电气虚假陈述之间没有因果关系,原告要求被告赔偿没有依据。

……

法院认为:……现讼争双方对于赔付范围以及赔付金额的计算方法存在争议,对此法院分析如下:

一、关于赔付范围

1. 关于虚假陈述更正日或揭露日的认定

《若干规定》第20条规定:"虚假陈述揭露日,是指虚假陈述在全国范围发行或者播放的报刊、电台、电视台等媒体上,首次被公开揭露之日。虚假陈述更正日,是指虚假陈述行为人在中国证券监督管理委员会指定披露证券市场信息的媒体上,自行公告更正虚假陈述并按规定履行停牌手续之日。"本案中,对于欣泰电气的虚假陈述,欣泰电气于2015年7月15日公告称收到证监会的《立案调查通知书》,该《立案调查通知书》只载明公司涉嫌违反证券法律法规,并未揭露虚假陈述的具体内容,故该日不应认定为本案的虚假陈述揭露日,原告要求以该《立案调查通知书》的公开日期为揭露日的主张不能成立。此后,欣泰电气于2015年11月27日发布《关于对以前年度重大会计差错更正与追溯调整的公告》,首次对外公开了公司在2011—2014年期间相关财务报表中的会计差错并自行予以更正,该更正公告所揭露的虚假陈述内容即系证监会此后在行政处罚决定书中所认定的欣泰电气虚假陈述的内容,故欣泰电气的上述更正行为符合《若干规定》第20条关于更正日的规定,法院对被告兴业证券关于2015年11月27日为第一个更正日的诉讼理由予以采信。2015年12月10日,欣泰电气再次发布《关于2015年半年度财务报告会计差错更正的公告》,首次对外说明了公司2015年上半年度财务报告会计差错并自行予以更正,该更正公告所揭露的虚假陈述内容虽不是欣泰电气在兴业证券保荐其上市过程中所作出,而且证监会在此后作出的行政处罚决定书所认定的违法事实也未包含此项,但兴业证券自愿增加该日为第二个更正日,而且设定第二个更正日可扩大赔付范围,更有利于保护投资者的利益,故法院对被告兴业证券关于2015年12月10日为第二个更正日的诉讼理由亦予采信。此后,虽然欣泰电气于2016年6月2日发布的《关于收到中国证券监督管理委员会〈行政处罚和市场禁入事先告知书〉的公告》以及2016年7月8日发布的《关于收到证监会〈行政处罚决定书〉及〈市场禁入决定书〉的公告》中对该虚假陈述的违法行为予以了揭露,但该虚假陈述内容早在

2015年11月27日《欣泰电气关于对以前年度重大会计差错更正与追溯调整的公告》中就予以了公开及更正,故此时的揭露已不是"首次被公开揭露",不符合《若干规定》第20条关于揭露日的规定。

综上分析,2015年11月27日为本案虚假陈述的第一个更正日、2015年12月10日为第二个更正日,依照《若干规定》第18条关于"投资人具有以下情形的,人民法院应当认定虚假陈述与损害结果之间存在因果关系:(一)投资人所投资的是与虚假陈述直接关联的证券;(二)投资人在虚假陈述实施日及以后,至揭露日或者更正日之前买入该证券;(三)投资人在虚假陈述揭露日或者更正日及以后,因卖出该证券发生亏损,或者因持续持有该证券而产生亏损"以及第19条关于"被告举证证明原告具有以下情形的,人民法院应当认定虚假陈述与损害结果之间不存在因果关系:(一)在虚假陈述揭露日或者更正日之前已经卖出证券;(二)在虚假陈述揭露日或者更正日及以后进行的投资"的规定,原告只有在2015年11月27日之前买入且在2015年11月27日之后因卖出或持续持有欣泰电气股票,以及在2015年11月27日起至2015年12月10日期间买入且2015年12月11日及以后因卖出或者因持续持有欣泰电气股票而遭受的损失,才属于赔付范围。而原告在2015年11月27日之前因卖出欣泰电气股票或在2015年12月10日以后因买入欣泰电气股票而遭受的损失,与欣泰电气的虚假陈述不存在因果关系,故不属于赔付范围。

2. 是否应扣除系统风险因素所致损失的问题

《若干规定》第19条规定"被告举证证明原告具有以下情形的,人民法院应当认定虚假陈述与损害结果之间不存在因果关系:……(四)损失或者部分损失是由证券市场系统风险等其他因素所导致",系统风险是整个证券市场以及所有投资者共同面临的问题,投资者因系统风险所遭受的损失与虚假陈述行为不具有因果关系,该部分损失不应由虚假陈述行为人承担。本案中,众所周知,从2015年中期开始,我国证券市场发生了大幅震荡,欣泰电气所在的创业板综合指数也出现大幅下跌,而且在原告交易欣泰电气股票期间(2015年7月23日—2016年7月27日),欣泰电气的价格走势与创业板综合指数走势亦基本一致,由此可见,欣泰电气的股价下跌受到了大盘影响,本案中市场系统风险客观存在,故在认定原告所遭受的损失时应扣除系统风险所致的损失。

在扣减市场风险所致损失时,被告兴业证券主张采用个体投资者在买入至卖出欣泰电气股票或股票暂停上市期间,欣泰电气股价涨跌幅与对应的相同区间的创业板综合指数涨跌幅,以个体市场风险相对比例修正法扣减市场风险所致损失,即投资差额损失=扣减市场风险因素之前的投资差额损失某(1—证券买入卖出或暂停上市日期间指数加权平均跌幅/证券买入卖出或暂停上市日期间股价加权平均跌幅),该计算方法公平合理,法院予以采纳。但兴业证券在此前发布的《关于设立先行赔付专项基金的公告》中,已承诺在扣减市场风险所致损失时应减半扣减,《公告》还载明该赔付方案在专项基金存续期间不可变更及撤销,而且该《公告》并未明确对于自行和解者的赔付方案和提起诉讼的投资者的赔付方案将有所差别,故法院对被告兴业证券关于不予减半扣减市场风险所致损失的诉讼理由不予采纳。

二、关于损失的具体计算方法

依照《若干规定》第30条的规定,原告的损失为投资差额损失、投资差额损失部分的佣金和印花税,以及上述两项资金的利息损失。对于投资差额损失的具体计算,《若干规定》第31条规定,"投资人在基准日及以前卖出证券的,其投资差额损失,以买入证券平均价格与实际卖出证券平均价格之差,乘以投资人所持证券数量计算";第32条规定,"投资人在基准日之后卖出或者仍持有证券的,其投资差额损失,以买入证券平均价格与虚假陈述揭露日或者更正日起至基准日期间,每个交易日收盘价的平均价格之差,乘以投资人所持证券数量计算"。上述规定只是原则性地规定以平均价格之差来计算投资人的实际损失,但具体应当采用什么计算方法,现行法律法规未作出明确规定。现双方对于投资差额损失的计算方法存在争议,原告主张按普通加权平均法计算,如在计算买入均价时,将投资人所购买的所有股票总价与其在揭露日之前出售的所有股票总价相减,同时将其所购买的股票总量与卖出股票总量相减,再将股票总价之差与股票总量之差相除,计算出每一股的买入均价。而被告认为应按移动加权平均法计算,如在计算买入均价时将投资者每笔买入与下一笔买入进行加权计算,将得出的结果再与下一笔买入进行加权计算,如此循环,直至计算至最后一笔买入。上述两种计算方法相比较,普通加权平均法将投资人买入和卖出的股票进行整体核算,虽然计算较为简单、结果也较为客观公平,但在此种计算方法中,因揭露日前卖出股票的价格直接影响了买入均价的计算,即揭露日之前的卖出价越低计算出的买入平均价就越高,因此可能存在将揭露日之前卖出股票所遭受的损失(即与虚假陈述不具因果关系的损失)也计入赔偿范围的情形;而移动加权平均法可避免此问题,其计算过程更为复杂,计算结果也更接近客观真实。综上比较,法院对被告所主张的计算方法予以采纳。

综上所述……判决被告兴业证券股份有限公司应于本判决生效之日起10日内向原告刘玉华支付赔偿款429元……

第五节　虚假陈述等的刑事责任

虚假陈述的刑事责任[①],是指国家司法机关对从事严重的虚假陈述并构成犯罪的行为人所实施的刑事处罚。美国《1988年内幕交易与证券欺诈执行法》规定,对虚假陈述的犯罪人可判处5年有期徒刑和10万到50万美元的罚金。在日本,虚假陈述犯罪人的刑事责任是1年有期徒刑和100万日元的罚金。我国台湾地区对虚假陈述犯罪人的刑事责任是5年以下有期徒刑、拘役或1万以下的罚金。[②] 我国原《公司法》(1993)第206—207条、第212条、第217—219条曾规定实施虚假陈述行为,"构成犯罪的,依法追究刑事责任";但对资产评估验资、验证机构的过失遗漏行为不追究刑事责任。《公司法》(2018)第198条、202条、第204条、第206—207条均未规定实施虚假陈述行为构成犯罪的依法追究刑事责任。《证券法》(2004)第177条、第189条亦曾规定"构成犯罪的,依法追究刑事责任。"但《证券法》(2019)已删除该规定。《刑法》(2020)并没有将虚假陈述等作为具体罪名进行规定,而只是在第160条、第161条、第181条、第185条、第229条分别规定了具体的罪名。

需要说明的是,有些具体的罪名,在本章第二节已有讨论,本节不再分析。

一、违规披露、不披露重要信息罪

《刑法》(2020)第161条规定了"违规披露、不披露重要信息罪":依法负有信息披露义务的公司、企业向股东和社会公众提供虚假的或者隐瞒重要事实的财务会计报告,或者对依法应当披露的其他重要信息不按照规定披露,严重损害股东或者其他人利益,或者有其他严重情节的,对其直接负责的主管人员和其他直接责任人员,处三年以下有期徒刑或者拘役,并处或者单处罚金;情节特别严重的,处5年以上10年以下有期徒刑,并处罚金。

"违规披露、不披露重要信息罪"的构成要件如下:(1)主体要件:本罪的主体是特殊主体,即"依法负有信息披露义务的公司、企业",承担刑事责任的是"直接负责的主管人员和其他直接责任人员",主要是指对"依法应当披露的重要信息"的真实、准确、完整负有责任的董事、监事、经理等高级管理人员,以及其他直接责任人。(2)客体要件:本罪侵害的客体是信息披露制度和股东等的合法财

[①] 法律责任是因从事违反法律强制性规定的行为而由行为人负担的消极后果,其中刑事责任的目的在于制裁及预防犯罪,由于责任后果通常能够拘束责任人的自由及人身,因此控方的证明责任必须能够排除一切合理怀疑(Reasonable Doubt)才能认定被告有罪。

[②] 白建军:《证券欺诈及对策》,中国法制出版社1996年版,第223页。

产权,其犯罪对象既包括财务会计报告,也包括"对依法应当披露的其他重要信息"①,后者包括《证券法》《公司法》《银行业监督管理法》《证券投资基金法》等法律法规,以及证监会依照上述法律法规的授权对信息披露事项的具体规定[原《证券法》第65—66条规定的"国务院证券监督管理机构规定的其他事项"(现已修订为第79条,且"国务院证券监督管理机构规定的其他事项"已删除)也在应当依法披露的信息之列]。所谓的"不按照规定披露",既包括违背法律法规和国务院证券管理机构的规定虚假披露,也包括对所披露的信息有虚假记载、误导性陈述或者重大遗漏等情形。(3)客观要件:本罪在客观方面表现为行为人提供虚假的或者隐瞒重要事实的财务会计报告,严重损害股东或者其他人的利益,或者有其他严重情节的(尚无明确规定)。"严重损害股东或者其他人利益"的具体标准,可参见最高人民检察院、公安部《关于公安机关管辖的刑事案件立案追诉标准的规定(二)》第6条。由于"有其他严重情节"也可构成本罪,有助于解决我国实践中因认定损害结果的困难而导致无法定罪的问题,加大了打击力度,能够有力地维护证券市场的健康发展②,体现了立法观念的进步。(4)主观要件:本罪的主观方面只能由故意而非过失构成,即行为人明知向股东和社会公众提供虚假的或者隐瞒重要事实的财务会计报告,或者对依法应当披露的其他重要信息不按规定披露,会严重损害股东或者其他人的利益,并希望或者放任这种危害结果的发生。③

在美国,对于证券虚假陈述的刑事制裁主要是通过起诉普通证券诈骗犯罪来实现的,分别规定了证券发行和交易两个过程的信息披露违规犯罪的规制问题。(1)《1933年证券法》主要规定了证券发行市场的违法信息披露的刑事责任(第24条):任何人故意违反本法或SEC制定的规则在注册文件中作虚假陈述、遗漏重要事实或进行误导,将被判处5年以下监禁或10万元以下的罚金,或两项并处。我国《刑法》(2020)第160条的"欺诈发行证券罪"对应于证券发行的信息披露违规犯罪。(2)《1934年证券交易法》主要规定了证券交易市场违法信息披露的刑事责任[第32(A)条]:违反信息披露义务者将被处以10年以下监

---

① "其他重要信息"主要指能使股东或社会公众决定或者改变投资决策的对公司经营管理影响重大而一般不在财会报告上反映的重大信息,比如公司、企业的重大债务、债权人的情况、公司合并、分立等事项。

② 本罪从以结果为入罪条件到结果加情节双重入罪标准的变化,是我国立法模式由结果本位到行为本位的一个进步,符合世界主要国家和地区进入20世纪之后,刑法大都采用"行为本位"的立法模式规制诸如财务造假和信息披露之类的经济犯罪行为的实践。

③ 因为企业相关直接负责的主管人员对本企业的财务会计报告和其他重大信息披露的真实性、完整性负有法定的注意义务,因此应对因重大过失而致应当披露的重要信息没有按照规定披露,或者因重大过失而致向股东和社会公众提供虚假信息,或者隐瞒重要事实的财务会计报告而严重损害股东或其他人利益的行为进行刑事规制。参见徐松林、黎建辉:《论提供虚假财会报告罪及其刑事立法完善》,载《广州城市职业学院学报》2007年第2期。

禁或100万元以下的罚金,或两项并处。①《刑法》(2020)第161条的"违规披露、不披露重要信息罪"对应的是证券交易的信息披露违规犯罪。《2002年萨班斯-奥克斯利法》强化了上市公司的信息披露责任,并将公司高管人员财务欺诈犯罪的法定刑幅度由原来的最高10年提高到20年。与此相对照,我国刑罚轻缓,其威慑作用不大。例如,2011年12月,云南绿大地生物科技股份有限公司的欺诈发行股票上市案,性质极为恶劣。但是,公司只是被判处罚金人民币400万元,相关责任人被判处2—4年有期徒刑。

【中国案例】

余某等违规披露、不披露重要信息案(2016)②

经审理查明的事实:博元公司系境内上市公司,博元公司的控股股东系华信泰公司(法定代表人系被告人余某妮),全资子公司系信实公司、裕荣华公司,博元公司占60%股份,信实公司占40%股份,李某甲(在逃)和余某妮共同管理该公司。此外,李某甲还借用他人身份证注册成立青禧公司和深圳茂盛荣贸易有限公司(以下简称"茂盛荣公司"),并实际控制该两家公司,利用该两家公司进行走账和开展关联业务。

2011年8月25日,余某妮、伍某清、张某萍依据虚假财务报表制作和发布博元公司的2011年半年度报告,对股改业绩承诺款的履行情况进行虚假公告披露。

为掩盖虚假支付股改业绩承诺款的事实,余某妮主持召开董事会,决定将股改业绩承诺款用于购买银行承兑汇票以掩盖事实真相。2011年12月,从深圳市鑫海马投资有限公司通过青禧公司转入华信泰公司1000万元,李某甲指使伍某清将该1000万元通过循环转账形成37笔转账记录,虚构购买银行承兑汇票的事实。伍某清设计转账流程并指使张某萍、罗某元进行网银操作,在信实公司、华信泰公司和青禧公司之间通过循环转账37次,虚构信实公司向青禧公司转账3.34亿元,用于向青禧公司购买37张面额共3.47亿元银行承兑汇票的假象,并据此制作虚假的财务报表,并在2011年年报中进行公告,导致博元公司2011年年报虚增应收票据3.47亿元,虚增其他流动负债1223万元。

2012年至2014年期间,被告人余某妮、张某萍根据李某甲提供的上述37张信实公司买进的虚假银行承兑汇票,按照李某甲的要求多次虚构将上述银行承兑汇票进行贴现、票据置换和支付预付款等交易,并根据李某甲提供的相关置

---

① 黄振中编著:《美国证券法上的民事责任与民事诉讼》,法律出版社2003年版,第185页。
② 参见广东省珠海市中级人民法院刑事判决书(2016)粤04刑初131号。

换来的虚假银行承兑汇票进行记账,制作博元公司的虚假财务报表,致使博元公司披露的2011年至2014年的半年报、年报中虚增资产金额或者虚构利润均达到了当期披露的资产总额或利润总额的30%以上。

博元公司在2011年至2014年期间的公告和财务会计报告中违规不披露公司的实际控制人还有李某甲,且违规不披露青禧公司为李某甲控制下的关联公司,违规不披露股改款未实际履行等重要信息。

2014年6月18日中国证监会广东证监局对博元公司立案调查,发现该公司涉嫌违规披露、不披露重要信息罪和伪造、变造金融票证罪并移交公安机关,上海证券交易所于2015年5月15日对该公司的股票实施停牌,同月28日对该公司的股票暂停上市,2016年3月21日对该公司股票作出终止上市的决定。

法院经审理后认为:

(1) 本案构成违规披露、不披露重要信息罪。其事实如下:2011年4月,李某甲与被告人余某妮等虚构华信泰公司已代付股改业绩承诺款384 528 450元的事实,并在临时报告、半年报中披露。后为掩盖上述虚假事实,利用1000万元循环转账,虚构购买37张承兑汇票的事实,并在2011年年报中披露;2012年至2014年期间多次虚构将上述银行承兑汇票进行贴现、票据置换和支付预估款等交易,根据李某甲提供的相关置换来的虚假银行承兑汇票进行记账,制作博元公司的虚假财务报表,致使2012年至2014年半年报、年报不属实。另外,还违规不披露公司实际控制人还有李某甲以及青禧公司也是李某甲控制下的关联公司等信息。综上,本案基本事实就是相关被告人基于完成股权分置改革方案、实现股票上市流通的目的,虚构财务报表并予以违规披露的犯罪事实。对该系列行为应认定为同一事实,该事实符合违规披露、不披露重要信息罪的主客观构成要件,应以违规披露、不披露重要信息罪追究相关被告人的责任。

(2) 本案不构成背信损害上市公司利益罪。本案中,李某甲伙同被告人余某妮等人为达到实现股票上市流通的目的,掩盖没有完成3.84亿元股改业绩承诺款缴纳的事实,以博元公司实际控制人、高级管理人员的身份,指使财务人员伪造财务报表,实际操纵公司,致使公司被证监部门稽查并被终止上市,客观上损害了博元公司利益,致使博元公司遭受重大损失。就各被告人行为的定性问题,《刑法修正案(六)》增加第169条之一规定"上市公司的董事、监事、高级管理人员违背对公司的忠实义务,利用职务便利,操纵上市公司从事下列行为之一,致使上市公司利益遭受重大损失的,处……"采用列举式的方式描述了该罪的罪状,同时在第6项中采用兜底方式规定了"采用其他方式损害上市公司利益的"行为。根据刑法的体系解释和目的解释的方法,该条款列举的前五项均系公司高级管理人员通过与关联公司不正当交易"掏空"上市公司的行为,第6项兜底条款的解释应当采用相当性解释,即限制在其他通过与关联公司不正当交易"掏空"上市公司的行为,而非所有损害公司利益的行为。故各被告人的行为不构成背信损害上市公司利益罪。同时,如上所述,本案实质就一个行为,也不应定性为两个罪名。

【法律分析】 从法院的生效判决可以看出,本罪的处罚的主体是负有披露义务公司对信息披露负有义务的直接责任人员,一般包括该公司的董事、监事以及高级管理人员。因为违规披露重要信息罪最终也会损害上市公司利益,行为结果会构成背信损害上市公司利益罪,法院依据一行为一结果的刑法理论,认定两罪存在竞合情形,但只构成一罪。

二、编造并传播证券交易虚假信息罪

《刑法》(2020)第181条第1款规定了"编造并传播证券、期货交易虚假信息罪":编造并且传播影响证券、期货交易的虚假信息,扰乱证券、期货交易市场,造成严重后果的,处5年以下有期徒刑或者拘役,并处或者单处1—10万元罚金。

"编造并传播虚假信息罪"的构成条件如下:(1)犯罪主体为自然人,主要是证券交易所等组织的从业人员、证券业协会或证券期货监督管理部门的工作人员、证券期货咨询服务机构及其相关机构的人员,以及证券期货交易的客户、行情分析人员等。(2)行为人主观上具有犯罪故意,即明知编造并且传播影响证券期货交易的虚假信息会扰乱证券期货交易市场秩序,仍实施该行为,并希望危害结果的出现。(3)行为人客观上实施了编造并且传播影响证券期货交易的虚假信息。"虚假信息"是指凭空捏造的、歪曲事实的或者有误导性的,能引起市场行情变化的信息,例如引起价格上涨或者下跌,大量抛售或者吸纳等。行为人必须既具有编造又具有传播影响证券期货交易的虚假信息的行为,但是否从中牟利不影响本罪的构成;如行为只涉及编造而没有传播,或道听途说又散布给他人,则不能以本罪论处;编造并传播的必须是能够影响证券期货交易的虚假信息,如无影响也不构成本罪。(4)构成本罪必须是造成严重后果的行为,主要是指虚假信息引起股票价格等的重大波动,或在投资者中引起心理恐慌,大量抛售或买进某种股票,给投资者造成重大经济损失,或造成恶劣的社会影响等等。根据最高人民检察院、公安部《关于公安机关管辖的刑事案件立案追诉标准的规定(二)》第37条的规定,"编造并传播虚假信息罪"若涉嫌下列情形之一,应予立案追诉:(1)获利或者避免损失数额累计在5万元以上的;(2)造成投资者直接经济损失数额在5万元以上的;(3)致使交易价格和交易量异常波动的;(4)虽未达到上述数额标准,但多次编造并且传播影响证券、期货交易的虚假信息的;(5)其他造成严重后果的情形。

《刑法》(2020)第181条第3款是对单位犯罪的规定:单位犯前两款罪的,对单位判处罚金,并对其直接负责的主管人员和其他直接责任人员,处5年以下有期徒刑或者拘役。本款对单位犯罪的处罚采取双罚制原则,即对单位判处罚金,并对其直接负责的主管人员和其他直接责任人员,处5年以下有期徒刑或者拘役。①

【中国案例】

滕某雄、林某山编造并传播证券交易虚假信息案(2018)②

【基本案情】 2015年5月8日,深圳证券交易所中小板上市公司海某股份有限公司(以下简称"海某公司")董事长滕某雄未经过股东大会授权,明知未经股东大会同意无法履行协议条款,仍代表海某公司签订了以自有资金2.25亿元认购某银行定增股的认购协议,同时授意时任董事会秘书的林某山发布公告。次日,林某山在明知该协议不可能履行的情况下,仍按照滕某雄的指示发布该虚假消息。随后,在原定股东大会召开之日(5月26日)前三日,又发布"中止投资某银行"的公告。2015年5月11日至2015年5月22日,即认购公告发布后的首个交易日至放弃认购公告发布前的最后一个交易日,海某公司股价(收盘价)由18.91元上涨至30.52元,盘中最高价32.05元。按收盘价计算,上涨幅度61.40%,同期深综指上涨幅度20.68%,正偏离40.71%。从成交量看,上述认购公告发布前10个交易日海某公司二级市场累计成交4020万余股,日均成交402万余股;认购公告发布后的首个交易日至放弃认购公告发布前的最后一个交易日的10个交易日中,海某公司二级市场累计成交8220万余股,日均成交量822万余股;放弃公告发布后10个交易日海某公司二级市场累计成交6221万余股,日均成交622万余股。虚假信息的传播,导致海某公司股票价格异常波动,交易量异常放大,严重扰乱了证券市场秩序。

【诉讼过程】 上海市公安局以滕某雄、林某山涉嫌操纵证券市场罪向上海市人民检察院第二分院移送起诉。检察机关审查认为,在案证据不能证明滕某

---

① 需要注意的是,实践中要正确划清证券从业人员的市场行情分析失误与编造并传播虚假信息的界限,二者的主要区别在于主观上是否具有故意编造虚假信息的行为。

② 参见《最高人民检察院联合中国证券监督管理委员会发布12起证券违法犯罪典型案例之六:滕某雄、林某山编造并传播证券交易虚假信息案》,载北大法宝,https://www.pkulaw.com/pfnl/a6bdb3332ec0adc4dc2aa7b5d29d319db95e831f4d989f17bdfb.html?keyword=%E7%BC%96%E9%80%A0%E5%B9%B6%E4%BC%A0%E6%92%AD%E8%AF%81%E5%88%B8%E4%BA%A4%E6%98%93%E8%99%9A%E5%81%87%E4%BF%A1%E6%81%AF%E7%BD%AA&way=listView,访问时间:2023-9-18。

雄、林某山在发布信息的同时在二级市场进行关联交易,从中谋取相关利益,认定滕某雄、林某山操纵证券市场的证据不足,遂退回公安机关补充侦查。公安机关补充侦查后,检察机关仍然认为在案证据不能证明二被告人构成操纵证券市场罪,但是足以认定二被告人不以实际履行为目的控制海某公司发布虚假公告,且该发布虚假公告行为造成了股票价格和成交量剧烈波动的严重后果,构成编造并传播证券交易虚假信息罪。2018年3月14日,上海市人民检察院第二分院以滕某雄、林某山涉嫌编造并传播证券交易虚假信息罪提起公诉。2018年6月29日,上海市第二中级人民法院作出一审判决,以编造并传播证券交易虚假信息罪判处被告人滕某雄有期徒刑3年,缓刑4年,并处罚金人民币10万元;判处被告人林某山有期徒刑1年6个月,缓刑2年,并处罚金人民币10万元。被告人未上诉,判决已生效。

【争议焦点】 本案的争议焦点在于被告人滕某雄、林某山的行为究竟是构成操纵证券市场罪,还是编造并传播证券交易虚假信息罪?

【法律分析】 根据《刑法》(2017)第181条第1款的规定,在认定行为人是否构成编造并传播证券交易虚假信息罪时,需注意以下要点:

第一,本罪的客观行为必须是前后相关的两个行为,即先编造虚假信息再传播虚假信息;否则不应当构成本罪。其中,"编造"系指凭空捏造相关信息,既包括无中生有的信息,也包括被篡改的具有一定事实基础的信息(至于具体被篡改的程度需要以具体案件分析);"传播"则是指在一定范围内具有相当影响力能够使不特定多数人知悉的扩散虚假信息行为。

第二,散布虚假信息的内容必须与证券交易相关,包括但不限于上市公司的经营、财务或者对该上市公司证券的市场价格有重大影响的信息。

第三,本罪的危害后果是对证券市场的交易价格与交易量造成重大影响。重大影响的认定,可以结合最高人民检察院、公安部《关于公安机关管辖的刑事案件立案追诉标准的规定(二)》第32条:(1)获利或者避免损失数额累计在5万元以上的;(2)造成投资者直接经济损失数额在5万元以上的;(3)致使交易价格和交易量异常波动的;(4)虽未达到上述数额标准,但多次编造并且传播影响证券、期货交易的虚假信息的;(5)其他造成严重后果的情形。

第四,编造、传播虚假信息与造成严重后果,二者之间应当有一定的因果关系,否则行为人不应当对该危害后果承担相应的刑事责任。

以此分析,本案中的被告人滕某雄授意林某山发布海某公司已签订了以自有资金2.25亿元认购某银行定增股的认购协议的虚假信息公告,后又发布"中止投资某银行"的公告。在发布两个公告期间,海某公司股票价格与交易量较之发布认购公告之前的数据有着较大的波动变化。可见,被告人编造并传播虚假证券交易信息的行为已经严重扰乱了正常的证券市场交易秩序。由于在本案中无法查实被告人在此期间有利用上述情况进行相关交易或者谋取相关利益的行为,所以无法认定行为人构成操纵证券市场罪。综上,被告人构成编造并传播证券交易虚假信息罪。

三、诱骗投资者买卖证券罪

《刑法》(2020)第181条第2款规定了"诱骗投资者买卖证券、期货合约罪":证券交易所、期货交易所、证券公司、期货经纪公司的从业人员,证券业协会、期货业协会或者证券期货监督管理部门的工作人员,故意提供虚假信息或者伪造、变造、销毁交易记录,诱骗投资者买卖证券、期货合约,造成严重后果的,处5年以下有期徒刑或者拘役,并处或者单处1万—10万元罚金;情节特别恶劣的,处5—10年有期徒刑,并处2万—20万元罚金。

"诱骗投资者买卖证券、期货合约罪"的构成要件如下:(1)本罪是特殊主体,即证券交易所、证券公司等组织的从业人员,证券业协会或者证券期货监督管理部门的工作人员。(2)行为人主观上具有犯罪故意,即故意提供虚假信息,诱骗投资者买卖证券、期货合约。(3)行为人客观上实施了提供虚假信息或者伪造、变造、销毁交易记录的行为。其中,"伪造交易记录"是指制作假的交易记录;"变造"是指用涂改、擦消、拼接等方法对真实的业务记录文件进行篡改,变更其内容的行为;"销毁"是指把真实的交易记录加以毁灭的行为。(4)构成本罪必须是造成严重后果的行为,主要是指给投资者造成重大经济损失,造成证券、期货市场秩序严重混乱等。根据《关于公安机关管辖的刑事案件立案追诉标准的规定(二)》第38条的规定,若涉嫌下列情形之一,应予立案追诉:(1)获利或者避免损失数额累计在5万元以上的;(2)造成投资者直接经济损失数额在5万元以上的;(3)致使交易价格和交易量异常波动的;(4)其他造成严重后果的情形。

《刑法》(2020)第181条第3款是对单位犯罪的规定:单位犯前两款罪的,对单位判处罚金,并对其直接负责的主管人员和其他直接责任人员,处5年以下有期徒刑或者拘役。本款对单位犯罪的处罚采取双罚制原则,即对单位判处罚金,并对其直接负责的主管人员和其他直接责任人员,处5年以下有期徒刑或者拘役。

四、出具证明文件重大失实罪

《刑法》(2020)第229条第3款规定了"出具证明文件重大失实罪":该条第1款规定的人员,严重不负责任,出具的证明文件有重大失实,造成严重后果的,处3年以下有期徒刑或者拘役,并处或者单处罚金。该条款是关于《刑法》

(2020)第229条第1款规定的人员因严重不负责任,导致出具的证明文件有重大失实的犯罪及处刑的规定。其中,"第1款规定的人员"是指第1款规定的中介组织的人员;"出具的文件有重大失实"是指所出具的证明文件,在内容上存在重大的不符合实际的错误或者内容虚假,此处的证明文件与第1款规定的证明文件的内容和范围是相同的。本款规定的犯罪与第1款规定的犯罪的主要区别在于行为人主观方面不同,即本款规定的是过失犯罪,只有造成了严重后果才负刑事责任。所谓"造成严重后果"主要是指给国家、集体或公民个人造成严重损失的以及在社会上产生特别恶劣影响的等情况。因本款规定的是过失犯罪,较第1款规定的故意犯罪在主观恶性上要轻一些,因此在处刑的规定上较之第1款规定的"提供虚假证明文件罪"的处刑要轻,最高刑期为3年。根据最高人民检察院、公安部《关于公安机关管辖的刑事案件立案追诉标准的规定(二)》第82条的规定,中介组织人员出具证明文件重大失实,涉嫌下列情形之一的,应予立案追诉:(1)给国家、公众或者其他投资者造成直接经济损失数额在100万元以上的;(2)其他造成严重后果的情形。

五、背信运用受托财产罪

《刑法》(2020)第185条之一规定了"背信运用受托财产罪":商业银行、证券交易所、期货交易所、证券公司、期货经纪公司、保险公司或者其他金融机构,违背受托义务,擅自运用客户资金或者其他委托、信托的财产,情节严重的,对单位判处罚金,并对其直接负责的主管人员和其他直接责任人员,处3年以下有期徒刑或者拘役,并处3万—30万元罚金;情节特别严重的,处3—10年有期徒刑,并处5万—50万元罚金。

"背信运用受托财产罪"的构成要件如下:[①](1)客体要件为复杂客体,包括国家金融管理秩序和客户的合法权益:对国家而言,该种行为会严重影响公众资金的安全,造成市场行情波动剧烈,影响国家金融市场的正常运行,破坏国家的金融管理秩序;对客户而言,该种行为侵犯了客户的资金使用权和收益权,有碍客户资金的正常使用,会影响客户的正常交易结算。[②](2)客观要件表现为行为

---

① 参见李永升主编:《金融犯罪研究》,中国检察出版社2010年版,第八章第四节之一"背信运用受托财产罪"。

② 对"背信运用受托财产罪"客体持单一客体观点的人认为,该罪客体是金融理财秩序。其理由如下:背信运用受托财产罪是破坏金融管理秩序罪的个罪,金融管理秩序则是类罪的同类客体;如将该罪的犯罪客体界定为金融管理秩序,将难以将该罪与本类犯罪的其他罪名的客体相区别。鉴于该罪是金融机构违背受托义务擅自运用受托财产的犯罪,该罪的客体应当是金融理财秩序,属于金融管理秩序的一部分。同时,从事理财金融业务的金融机构,通过接受委托或者信托,取得了客户资金的占有权和使用权,因此不存在侵犯客户资金的占有权和使用权的问题。金融机构背信运用受托财产,是对委托信托义务的违背,应当承担相应的民事责任而不是刑事责任。

人违背受托义务,擅自运用客户资金或者其他委托、信托的财产,情节严重的行为。所谓"违背受托义务"是指受托人经营管理受托财产的行为与其负有的受托义务不相符合,受托义务主要包括:① 受托人应当对不同客户资产分别设置账户、独立核算、分账管理;② 对受托财产负有忠实管理义务;③ 受托人在投资决策可能对委托人的利益产生重大影响时,应当及时向委托人报告并征得委托人的同意。所谓"受托财产"是指客户存放在从事委托理财业务金融机构中的财产,包括客户资金或其他委托、信托的财产。所谓"擅自运用"是指没有经过客户或委托人同意,没有按照受托义务确定的资金使用途径、方式而动用、提取等,具体表现形式包括:将客户资产管理业务与其他业务混合操作;以转移资产管理账户收益或者亏损为目的,在自营账户与资产管理账户之间或者不同的资产管理账户之间进行买卖,损害客户的利益;以获取佣金或其他利益为目的运用客户资金进行超出委托授权以外的交易;将委托理财资产用于资金拆借、贷款、抵押融资、对外担保等用途或者用于可能承担无限责任的投资等。所谓"情节严重"包括如下三种情形:① 擅自运用客户资金或者其他委托、信托的财产数额在 30 万元以上的;② 虽未达到上述数额标准,但多次擅自运用客户资金或者其他委托、信托的财产,或者擅自运用多个客户资金或者其他委托、信托的财产的;③ 有其他严重情节的。① (3) 主体要件是特殊主体,即只有从事理财金融业务的商业银行、证券交易所、期货交易所、证券公司、期货经纪公司、保险公司或者其他金融机构才能成为该罪的主体。所谓的"其他金融机构",包括信托投资公司、投资咨询公司、投资管理公司等开展委托理财业务的金融机构;自然人不能成为该罪的主体。(4) 主观要件是故意,即从事委托理财业务的金融机构明知背信运用受托财产会造成破坏金融理财秩序的后果,而希望这种结果发生。

【中国案例】

*ST 大地因欺诈发行股票受刑案(2012)②

2011 年 8 月 15 日,云南省昆明市官渡区人民检察院以官检公二刑诉(2011)303 号起诉书,向官渡区人民法院提起公诉。指控被告单位云南绿大地生物科技股份有限公司(以下简称"绿大地")在 2004 年至 2009 年间,在不具备

---

① 参见最高人民检察院、公安部《关于公安机关管辖的刑事案件立案追诉标准的规定(二)》(公通字〔2022〕12 号)第 35 条。该规定以背信运用受托财产的金额、次数、人数等来衡量"情节严重"与否,坚持的是行为标准而不是结果标准。

② 根据《云南绿大地生物科技股份有限公司重大诉讼公告》(公告编号:2011-055),《云南绿大地生物科技股份有限公司重大诉讼进展公告》(公告编号:2011-063、2011-082、2012-008、2012-021、2012-028、2012-030、2012-037)编写。

首次公开发行股票并上市的条件的情况下,为达到在深圳证券交易所上市并公开发行股票的目的,经过被告人何学葵、蒋凯西、庞明星的共谋、策划,由被告人赵海丽、赵海艳注册了一批由绿大地实际控制或掌握银行账户的关联公司,并利用公司账户操控资金流转。采用伪造合同、发票、工商登记资料等手段,少付多列、将款项支付给其控制的公司组成员,虚构交易业务,虚增资产、虚增业务,金额达数亿元。公诉机关认为,被告单位绿大地、被告人何某某等五人犯欺诈发行股票罪、违规披露重要信息罪。

2011年9月6日,官渡区人民法院开庭审理绿大地涉嫌欺诈发行股票一案。尽管绿大地依靠造假上市圈钱3.46亿元,但11月3日一审法院判决仅对五名被告人全部缓刑,公司仅被罚款400万元[(2011)官刑一初字第367号刑事判决书]。

2012年1月31日,绿大地收到昆明市人民检察院《刑事抗诉书》[昆检刑抗(2012)1号]。该院认为,上述判决确有错误,原审法院对欺诈发行股票罪部分量刑偏轻,应当认定被告单位及各被告人违规披露重要信息罪,原审审级违法。理由如下:(1)原审法院对欺诈发行股票罪部分量刑偏轻。本案持续造假时间长、犯罪性质恶劣、非法募集资金数额特别巨大,社会危害极其严重,判决虽在法定幅度内量刑,但明显偏轻,且未区分五被告人在犯罪中的地位和作用一律判处缓刑不符合法律规定,仅对绿大地判处400万元的罚金刑也明显偏轻,罚不当罪。(2)应当认定被告单位绿大地及被告人何某某等五人构成违规披露重要信息罪。首先,绿大地虽然前后两次使用同一虚假信息,但其报告或披露的对象分别是证监会等发行审核部门和公众,对象不同,因此不存在对2007年度财务会计报告重复评价的问题;其次,绿大地在2007年至2009年的年度财务会计报告中,三次违规披露重要信息,已达到"多次"的立案追诉标准;最后,公安机关补充调取的绿大地2008年、2009年的半年报,经司法会计鉴定,可以进一步证实本案被告"多次"提供虚假财务会计报告、违规披露重要信息的事实。(3)原审审级违法。根据最高人民法院、最高人民检察院、公安部、中国证监会《关于办理证券期货违法犯罪案件工作若干问题的意见》第10条之规定,涉嫌证券期货犯罪的第一审案件,应由中级人民法院管辖,同级人民检察院负责提起公诉。综上所述,原审法院对欺诈发行股票罪部分量刑偏轻,应当认定被告单位及各被告人违规披露重要信息罪,原审审级违法。为维护司法公正,准确惩治犯罪,依照《刑事诉讼法》第205条第3款的规定,对云南省昆明市官渡区人民法院(2011)官刑一初字第367号刑事判决书,提出抗诉,请依法判处。

2012年3月15日,云南省昆明市中级人民法院第二法庭公开开庭再次审理绿大地涉嫌欺诈发行股票一案。2012年3月29日,绿大地收到《云南省昆明市中级人民法院刑事裁定书》[(2012)昆刑再终字第1号],裁定撤销云南省昆明市官渡区人民法院(2011)官刑一初字第367号刑事判决,发回原审昆明市官渡区人民法院重新审理。

2012年4月16日,绿大地收到昆明市人民检察院《起诉书》[(2012)昆检刑诉字第172号]。检察院认为,被告单位绿大地为达到上市发行股票的目的,由被告人何学葵、蒋凯西、庞明星、赵海丽、赵海艳在招股说明书中编造重大虚假内容,发行股票,其行为已触犯《刑法》(2011)第160条之规定,构成欺诈发行股票罪;被告单位绿大地、被告人何学葵、蒋凯西、庞明星、赵海丽、赵海艳多次向股东和社会公众提供虚假的财务会计报告,其行为已触犯《刑法》(2011)第161条之规定,构成违规披露重要信息罪;被告单位绿大地、被告人何学葵、蒋凯西、庞明星、赵海丽伪造金融票证,扰乱金融秩序,其行为已触犯《刑法》(2011)第177条之规定,构成伪造金融票证罪;被告单位绿大地、被告人何学葵、赵海丽故意销毁依法应当保存的会计凭证,其行为已触犯《刑法》(2011)第162条之一的规定,构成故意销毁会计凭证罪。以上犯罪事实清楚、证据确实充分,应当依法追究被告单位绿大地及被告人何学葵、蒋凯西、庞明星、赵海丽、赵海艳的刑事责任。根据《刑事诉讼法》(1996)第141条之规定,提起公诉,请依法判处。

第十章 欺诈客户及其法律规制

需要说明的是,欺诈客户与虚假陈述一样,同属于欺诈或欺骗行为,因此证券法上的很多规制制度是相同的。例如,美国《1934年证券交易法》第10(b)条就是一项规制欺诈或欺骗的"总括性条款"(Catch-all Provision)。① 第10(b)条规定,任何人运用跨州邮件或者其他工具从事下述行为均属违法:与证券的买卖相关,使用或运用……任何操纵性或欺骗性策略或计谋,并违反SEC因公共利益或保护投资者的必要或需要而制定的规章或规则。SEC规则10b-5同样是为配合实施《1934年证券交易法》第10(b)条而制定的一个总括性的反欺诈规定,旨在禁止一切与证券买卖有关的欺诈行为——无论该行为是发生在证券交易所等有组织的市场中,还是在面对面的交易中实施的;不论该证券是否应根据《1934年证券交易法》进行登记,也不论证券发行人是公众公司还是封闭公司。② 正是基于欺诈客户和虚假陈述有相当的共性,因此本书在第九章已经讨论过的问题,本章不再赘述,而只分析证券欺诈或者欺诈客户所特有的制度。

第一节 欺诈客户概述

一、欺诈客户的定义

欺诈客户有广义和狭义之分。狭义的欺诈客户通常是指证券公司及其从业人员实施的欺诈行为,例如我国《证券法》(2019)第57条规定的就是狭义的欺诈客户(此前的《证券法》用的就是这个概念):"禁止证券公司及其从业人员从事下列损害客户利益的行为:(一)违背客户的委托为其买卖证券;(二)不在规定时间内向客户提供交易的确认文件;(三)未经客户的委托,擅自为客户买卖证券,或者假借客户的名义买卖证券;(四)为牟取佣金收入,诱使客户进行不必要的证券买卖;(五)其他违背客户真实意思表示,损害客户利益的行为。违反前款

---

① See Ernst & Ernst v. Hochfelder, 425 U. S. 185, 203(1976).
② Louis Loss & Joel Seligman, *Fundamentals of Securities Regulation*, 3rd ed., Little, Brown and Company, 1995, pp. 848-849.

规定给客户造成损失的,应当依法承担赔偿责任。"①

广义的欺诈客户,除了证券公司及其从业人员实施的欺诈行为之外,还包括证券投资咨询公司、证券登记结算机构等及其工作人员所从事的欺诈行为。我国现已废止的《禁止证券欺诈行为暂行办法》(1993)②第10条所列举的欺诈客户行为即属于广义的欺诈客户,具体包括10种类型:(1)证券经营机构将自营业务和代理业务混合操作;(2)证券经营机构违背被代理人的指令为其买卖证券;(3)证券经营机构不按国家有关法规和证券交易场所业务规则的规定处理证券买卖委托;(4)证券经营机构不在规定时间内向被代理人提供证券买卖书面确认书;(5)证券登记、清算机构不按国家有关法规和本机构业务规则的规定办理清算、交割、过户、登记手续;(6)证券登记、清算机构擅自将顾客委托保管的证券用作抵押;(7)证券经营机构以多获取佣金为目的,诱导顾客进行不必要的证券买卖,或者在客户的账户上翻炒证券;(8)发行人或者发行代理人将证券出售给投资者时未向其提供招募说明书;(9)证券经营机构保证客户的交易收益或者允诺赔偿客户的投资损失;(10)其他违背客户真实意思,损害客户利益的行为。③

需要说明的是,我国2019年修订的《证券法》用"证券公司及其从业人员从事损害客户利益的行为"的表述取代了"欺诈客户"(Customer Fraud)的表述,但实质内容并无重大变更,同时因为"证券公司及其从业人员从事损害客户利益的行为"过长,所以本书仍采用"欺诈客户"一词进行表述。

此外,在我国,欺诈客户与证券欺诈是从属关系;证券欺诈是证券违法行为的统称,是指在证券的发行交易活动中,行为人采取欺诈手段破坏市场正常秩序,损害他人利益而使自己获利的行为总称,包括但不限于内幕交易、操纵市场、虚假陈述、欺诈客户等[参见《禁止证券欺诈行为暂行办法》(1993)第2条]。

二、欺诈客户的性质

欺诈客户必须承担相应的民事责任,但该民事责任的性质如何,学界同样存

---

① 比较《证券法》(2014)第79条的规定:"禁止证券公司及其从业人员从事下列损害客户利益的欺诈行为:(一)违背客户的委托为其买卖证券;(二)不在规定时间内向客户提供交易的书面确认文件;(三)挪用客户所委托买卖的证券或者客户账户上的资金;(四)未经客户的委托,擅自为客户买卖证券,或者假借客户的名义买卖证券;(五)为牟取佣金收入,诱使客户进行不必要的证券买卖;(六)利用传播媒介或者通过其他方式提供、传播虚假或者误导投资者的信息;(七)其他违背客户真实意思表示,损害客户利益的行为。"

② 《禁止证券欺诈行为暂行办法》(1993)已被《国务院关于废止部分行政法规的决定》(国务院令第516号)废止,原因是被《证券法》(2005)代替。

③ 对比二者之规定,本书作者认为,《证券法》(2005)第79条取代《禁止证券欺诈行为暂行办法》(1993)第10条是对《证券法》(2005)保护公众投资者之立法目的的倒退。

在不同的观点,诸如合同责任说、缔约过失责任说、侵权责任说、混合责任说,以及独立责任说等等。违约责任说认为,投资者作为委托人,在进行证券交易之前,与证券公司签订委托协议,客户作为委托人,概括地委托证券公司(身份是受托人)处理一切证券投资事务,如有违背约定即须向委托人承担违约责任。同所有合同义务一样,此种委托协议之下的义务,包括了约定义务、法定义务、默示义务三种。侵权责任说认为,证券公司及其从业人员因实施欺诈行为所承担的民事责任之依据是对法定义务的违反,因而是侵权责任。独立责任说主张,为了保护投资者利益,不必纠缠欺诈客户的民事责任性质,可以作为一种独立的民事责任存在。缔约过失责任说认为,缔约责任应是在订立合同过程中从事不良行为产生的法律后果,且以双方当事人信赖关系的存在和实际接触交往为前提。混合责任说认为,证券公司及其从业人员等因实施欺诈行为而承担民事责任,既可能是对约定义务的违反,也可能是对法定义务的违反,还可能是同时违反了约定和法定义务,因而可能是合同责任与侵权责任的竞合。

实际上,证券公司及其从业人员等欺诈客户的表现形态是种类繁多并层出不穷的,因而其责任性质必须具体分析。首先,证券经纪类公司与投资者构成的是委托买卖的合同关系。根据我国现行证券法律规定,投资者买卖证券应首先在证券公司开立证券交易账户,并以书面、电话以及其他方式,委托为其开户的证券公司代其交易证券。证券公司接受买卖委托后,应当根据委托书载明的证券名称、买卖数量、出价方式、价格幅度等,按照交易规则代理买卖证券。[①] 如果违背客户的委托而买卖证券、办理交易事项,即应认定其违反了约定义务,构成违约责任。其次,证券经纪类公司作为证券交易的中介和主体,在证券市场具有特殊的地位,发挥着重要作用。除了从事委托业务之外,《证券法》(2019)为之设定了不同于一般投资者的若干特别义务(第57条),这些义务在法律上都属于强制性规范,合同当事人一方或双方均不得以约定或其他方式取消或更改。证券经纪类公司如违反法定强制性义务,即构成对委托人乃至其他投资者财产利益的侵害,从而产生侵权责任。而且,证券经纪类公司若违反委托合同约定义务进行证券买卖,最终导致投资者财产损失,也构成了对投资者财产权的侵害。在证券自营类公司或证券承销类公司与投资者之间,虽然没有委托合同,但是却可能存在证券交易合约和证券承销协议,因而二者之间同样可能存在违约责任。另外,法律对证券自营类或承销类公司虽未施加诸如上述对证券经纪类公司的强制性义务,但是从欺诈客户广义含义来看,证券自营类或承销类公司对投资者提供专业咨询意见或进行交易时,如果存在虚假信息披露,仍可能使投资者遭受损失从而构成侵权,须承担侵权责任。

---

① 对于证券公司和投资者之间的合同关系到底属于代理范畴还是行纪范畴,学者们有不同意见。

总之，笼统地回答欺诈客户的民事责任是不科学的，因为欺诈客户只是一个概括性的总称①，因而必须对其所属的具体欺诈行为类型进行分析，探讨其承担的是合同责任、侵权责任，还是二者的竞合，而不可一概而论。如果从证券法保护公众投资者的立法目的出发，立法政策采取侵权责任说是一个妥适的做法，既顺应了侵权责任与契约责任的主观构成要件日趋一致的趋势②，也符合证券市场发达国家和地区的立法和司法实践。如具体的欺诈客户须承担竞合责任的话，则客户有选择违约之诉或侵权之诉的权利。

三、欺诈客户的归责

民事侵权领域的归责原则主要有过错原则和无过错原则，其中过错原则包含过错推定原则。就欺诈客户民事责任而言，通说认为应采取过错推定原则。③所谓过错推定（Doctrine of Presumption）④，又称过失推定，是指根据法律的特别规定，由损害事实本身来推定加害人具有过错，并因该过错造成他人损害，以此要求加害人承担赔偿责任。过错推定原则仍然是过错责任原则，因此其构成要件还是过错责任的四个构成要件。只是在适用过错责任原则的时候，受害人只需举证证明损害事实、违法行为和因果关系三个要件即可，无须举证证明加害人具有过错。如果加害人不能自己证明对于损害的发生没有过错，那么就从损害事实本身推定被告在致人损害的行为中有过错，并为此承担赔偿责任。在欺诈客户中，由于欺诈难以认定或者认定成本过高，基于公众投资者保护的立法政策，一般采行的是过错推定。

所谓过错推定，又分为推定过错和视为过错两种具体的形式。推定过错，是指通过举证责任（Burden of Proof）倒置来认定加害人主观过错，据此，如果客户能够证明自己所受到的损害是由证券公司或/和其从业人员的欺诈所造成，而后者又不能证明自己对客户的损害没有过错，则法律推定证券公司或/和其从业人员有过错，即须承担民事赔偿责任；如后者能够证明自己对客户的利益损失没有

---

① 美国证券法中由判例所总结出来的各类欺诈行为普遍适用于证券交易中的各个主体；《1933年证券法》第17(a)条、《1934年证券交易法》第10(b)条（反欺诈条款）同样适用于违反该条款的"任何人"。
② 参见〔美〕格兰特·吉尔莫：《契约的死亡》，曹士兵译，载梁慧星主编：《民商法论丛》第3卷，法律出版社1995年版，第283页。
③ 有学者基于严处证券欺诈行为的立法政策，主张对欺诈客户的民事责任之承担采取无过错责任原则，参见张明远：《证券投资损害诉讼救济论：从起诉董事和高级职员的角度进行的研究》，法律出版社2002年版，第126页。
④ 推定是指根据某一事实（基础事实）的存在而作出的另一事实（推定事实）存在的假定。根据有无法律规定进行划分，推定可以分为法律上的推定和事实上的推定。法律上的推定，是指根据法律的明确规定，事实认定者在特定基础事实被证实时，在不存在其他相反证据时，必须作出的法律规定的推定事实成立的推断；事实上的推定，是指事实认定者有权依据已知事实，根据经验规则进行逻辑上的演绎，从而得出待证事实是否存在及其真伪的结论。

过错,则无须承担赔偿责任。视为过错,是指从事实本身难以断定加害人是否有过错,但法律规定仅凭事实本身就可以认为加害人存在过错而无须追究加害人的主观过错,并以此追究加害人的责任。在视为过错推定形势之下,证券公司和/或其从业人员不能因为证明自己没有过错即可免责,而是需要证明客户的利益损失不是因自己的原因所造成的才能免责。[①]

美国司法实践根据"信义义务"(fiduciary duties or fiduciary obligations)[②]理论,衍生出了规制欺诈客户行为的一些理论和规则,主要有二:一是所谓的"招牌理论"(Single Theory),意指证券公司在证券交易中挂出招牌表明自己是证券经纪商或者交易商,即等于向客户表明自己具备与证券相关的专业性,会遵守经济上的道德标准,与客户进行公平公正的交易。[③]诸如未经授权使用客户账户进行交易、以不适当的价格买入或卖出证券、频繁交易客户的账户来获取更多的收益、在濒临破产时仍接受客户的委托,以及未能完成交易而未向客户披露真实情况等行为,都属于违背"招牌理论"的欺诈行为。[④]不过,证券公司可以证明自己从事自营业务,与客户之间并不存在代理关系,或者未与客户进行不公正的交易,即可免责。

二是所谓的"投资者适当性"规则(Suitability Doctrine)。该规则最早由全美券商协会(National Association of Securities Dealers,NASD)确立,成为其"公平交易规则"(Rules of Fair Practice)之组成部分。2010年《多德-弗兰克法》(Dodd-Frank Act)颁布后,由美国金融市场管理局(Financial Industry Regulatory Authority)制定了《统一监管规则》(Consolidated Rule),其中规则2111(Rule 2111 Suitability)即适当性规则,该规则已经 SEC 批准,其内容如下:(1)根据规则2111第(a)款,证券经纪公司和经销商或其工作人员,必须有合理的理由相信其所推荐的证券交易或者证券投资策略对被推荐的该客户是适当的,上述推荐行为必须是基于前述机构或其工作人员通过从合理的调查而确认的该客户的投资档案中获得的信息而做出的。客户的投资档案的内容包括:该客户的年龄、该客户所做的其他投资的情况、财务状况及需求、纳税情况、投资经

---

① 上海市高级人民法院编:《证券民事赔偿诉讼:最高人民法院证券民事赔偿司法解释的评述与展开》,法律出版社2003年版,第45页。

② 在证券交易活动中,证券公司及其从业人员等证券市场主体充当了证券发行人和投资者之间的媒介,在其对客户提供投资建议时,一方面其建议系依据其知识技能与经验给予之专业意见,另一方面该建议也是依据客户自身状况与需求而制定的专业规划。这种事实确立了客户对其实际上的信赖与依赖,因而须对客户承担信义义务。

③ See Louis Loss, "The SEC and the Broker-dealer", 1 *Vanderbilt Law Review* 516(1948), p. 519.

④ See Cheryl Goss Weiss, "A review of the Historic Foundations of Broker-Dealer Liability for Breach of Fiduciary Duty", 23 *The Journal of Corporation Law*, 65(1997), pp. 88-89.

验、投资期限、变现方面的需要、风险承受能力,以及客户可能向该等证券服务机构或其工作人员披露的其他任何情况。(2)规则2111第(b)款规定的是适当性规则对机构客户豁免的情况,在满足下列条件下上述机构或其工作人员就被认为履行了对机构客户的"客户个性化"的适当性义务:① 证券服务机构或其工作人员有合理的理由相信该机构客户有能力独立评估其投资风险,包括关于证券的一般性风险和关于某证券的特定交易或投资策略的风险;② 该机构客户肯定地确认其在评估该等证券服务机构或其工作人员所做的投资推荐时做了独立的判断;并且,当某机构客户将其决策权授予某代理人(如投资顾问或者银行信托部门)时,上述因素将适用于该代理人。[①] 纽约证券交易所确立的"了解你的客户规则"(Know Your Customer Rule)与之大体相同,它要求证券公司在推荐证券之前有义务主动了解客户的财务状况,了解后者的投资能力及风险承受能力,以使所推荐的证券之风险与客户的风险容忍相一致。美国司法实践认为,"明知的不适宜推荐构成《1934年证券交易法》第10(b)条下的欺诈","不适宜交易本身就构成欺诈行为而无须考虑与该交易相关的任何陈述。"

我国《证券法》中的"欺诈"与民法之"欺诈"保持了主观要件的一致,诸如"挪用"客户资金、"诱使"客户进行不必要的买卖、"私自"买卖客户证券,都要求证券公司欺诈之成立必须具备主观故意的要件(第57条,该条文已经删去"欺诈",现使用"损害客户利益"一词)。但是,证券活动中欺诈客户具有其不同于民事欺诈的特性,即:投资者在证券交易中,因信息获取和专业技能等方面的原因,与证券公司相比处于不利的弱势地位;而且证券交易的高度技术性决定了欺诈故意得到证明的可能性微乎其微。因此,对欺诈客户要求主观上有欺诈故意,是既不利于为弱势投资者提供有效救济,也不利于证券市场的发展和社会经济利益之实现的。建议应权衡投资者与证券公司地位的差别和利益的均衡,对欺诈客户的诉讼应当舍弃欺诈故意这一主观要件,即采取严格责任的归责原则,只要客户受到损失即推定欺诈存在。这也是与美国基于信义义务所衍生的上述一些归责理论相适应的。

第二节 欺诈客户的表现形式

如同证券欺诈是一个统称,欺诈客户同样是一个统称,其手段千变万化,不断推陈出新,常见的欺诈客户的做法包括但不限于以下种类。

[①] 李文华:《美国证券市场投资者适当性规则的发展及启示》,载《北京航空航天大学学报(社会科学版)》2017年第2期。

一、实施混合操作

所谓混合操作,是指综合类证券公司在证券交易中,以双重身份(既是投资者的受托人又是投资者的相对人)从事同一证券交易,即:证券公司通过经纪业务,接受投资者的委托,以受托人的身份代理客户买卖证券;同时,又通过自营业务,以投资者为交易相对人,自己变身为证券交易方,为自身利益从事证券买卖活动。在此过程中,证券公司的双重身份导致了利益冲突,基于理性人假设通常会为私利而损害委托人(即客户)的利益。

例如,在证券市场行情不利时,综合类证券公司利用兼营经纪业务和自营业务的条件,在接受客户的委托后,先于客户的委托抛出所持有的证券;反之,则先于客户的委托买进看涨的证券,其自营业务将会获利或者可以减少损失。又如,在投资者要求以限价委托最高价或最低价的方式买入或卖出证券时,综合类证券公司极易以自营委托最高价或最低价的方式卖出或买进证券,从中渔利而不顾投资者的利益。为了防止这种侵害客户行为的发生,美国建立了一种"防火墙"/"隔离墙"制度,一般是指在多业务金融公司内部建立信息隔离,防止内幕交易、化解利益冲突的一系列政策和程序。其主要方式是把多业务金融公司中的投资银行部分和经纪业务、研究业务等其他的部门隔离开,以此把敏感信息的流通限制在有知道必要的范围内,防止可能出现的内幕交易。

我国《证券法》(2019)第128条是"隔离墙"隔离措施的规定:"证券公司应当建立健全内部控制制度,采取有效隔离措施,防范公司与客户之间、不同客户之间的利益冲突。证券公司必须将其证券经纪业务、证券承销业务、证券自营业务、证券做市业务和证券资产管理业务分开办理,不得混合操作。"中国证监会发布的一些规范性文件也有类似的规定,诸如《证券公司内部控制指引》(2003)要求证券公司主要业务部门之间应当建立、健全隔离墙制度,确保经纪、自营、受托投资管理、投资银行、研究咨询等业务相对独立;电脑部门、财务部门、监督检查部门与业务部门的人员不得相互兼任,资金清算人员不得由电脑部门人员和交易部门人员兼任。证券公司应加强研究咨询业务的统一管理,完善研究咨询业务规范和人员管理制度,制定适当的执业回避、信息披露和隔离墙等制度,防止利益冲突。证券公司应通过部门设置、人员管理、信息管理等方面的隔离措施,建立、健全研究咨询部门与投资银行、自营等部门之间的隔离墙制度;对跨隔离墙的人员、业务应有完整记录,并采取静默期等措施;对跨越隔离墙的业务、人员应实行重点监控。[①]

[①] 分别参见《证券公司内部控制指引》(证监机构字〔2003〕260号)第16条、第77条、第79条。

二、违背客户指令

所谓违背客户指令,是指证券公司或其从业人员接受客户的委托为其买卖证券,但是违背客户的交易指令而为其买入或卖出证券。根据《上海证券交易所交易规则》(2020)、《深圳证券交易所交易规则》(2021)的规定,投资者买卖证券,应当开立证券账户和资金账户,并与会员(即证券公司)签订证券交易委托协议。协议生效后,投资者即成为该会员经纪业务的客户。证券公司必须严格按照客户的委托指令行事,不得擅自改变证券的买卖数量、品种等,如有违背买卖了证券,除非出于不可抗力,否则给客户造成损失的须承担相应的赔偿责任。

我国《证券法》(2019)第57条第1项规定了禁止证券公司及其从业人员违背客户的委托为其买卖证券的行为。对于证券公司超出委托范围买卖证券的,除非事后经客户进行追认,否则超出委托范围买卖证券的结果应由证券公司承担,由此给客户造成的损失应当由证券公司承担赔偿责任。其法理在于,作为受托人的证券公司对其委托人(即客户)负有信义义务(Fiduciary duties)。

三、实施过度交易

所谓过度交易(Churning),又称为来回反复交易,是指证券公司以多获取佣金为目的,诱导客户进行徒劳无益的证券交易,或者在客户的账户上翻炒证券的行为。佣金是投资者委托证券公司买卖证券成交后,按照实际成交数额的一定比例向承办委托的证券公司交纳的费用,是证券公司作为经纪商的主要收入来源。由于佣金的多少与证券公司代客户买卖的交易数量、交易金额、交易频率成正比,因此证券公司在利益驱动下通常会诱导客户进行过度交易。对此,我国《证券法》(2019)第57条第4项禁止证券公司及其从业人员为牟取佣金收入,诱使客户进行不必要的证券买卖。实践中对于"过度"的确定,有多种考量因素,例如:买卖证券的决定是由客户本人还是因受证券公司的诱导,证券公司或其从业人员的诱导与客户的交易决定之间的因果关,以及主观上证券公司是否有谋取佣金的目的,客观上客户是否受到了不应有的损失。美国证券司法实践认为,过度交易是违反适当性规则的欺诈行为,其特点有三:一是证券公司对客户的账户交易有控制权[1],二是证券公司进行的交易对客户的投资目标而言是过度的[2],

---

[1] 参看 M & B Contracting Corp. v. Dale. 795 F. 2d 531(6th Cir. 1986)。

[2] 例外的是,如果投资者本身有意进行频繁交易投机获利,则证券公司的交易不构成过度交易,过度交易也不成立。可参见 Follansbee v. Davis, Skaggs & Co., Inc., 681 F. 2d 673, 676 (9th Cir. 1982)。

三是证券公司在"知情"的前提下进行交易。①

后文【域外案例】Follansbee v. Davis, Skaggs & Co., Inc. (1982)是美国第九巡回法院审理的一份涉及过度交易的典型判例,法院对此作了较为深入的探讨和论证。

【域外案例】

Follansbee v. Davis, Skaggs & Co., Inc. (1982)②

巡回法院高级法官海恩斯沃斯(Haynsworth)发表了法院的审理意见。

1975年9月,弗兰斯比(Follansbee)对戴维斯·斯卡格斯证券公司(Davis, Skaggs Co., 以下简称"戴维斯证券")和比耶克(Chester Bjerke)提起诉讼,后者是戴维斯证券雇佣的一名经纪人。起诉的原因是他篡改了证券账户并进行了不适当投资。在法院的审判之后,地方法院对弗兰斯比提起的"过度交易"索赔和对被告主张的"不适当"索赔进行了确认的裁定。弗兰斯比和被告都提出了上诉。

一

弗兰斯比毕业于美国加利福尼亚大学洛杉矶分校,获文学学士学位和经济学学位。随后几年在神学院学习,获得了神学学士学位,成了一名长老会牧师。在牧师工作岗位上工作了几年之后,被任命为长老会联合会教育计划的管理者。

在他的父亲于1966年去世之前,弗兰斯比购买了几手股票。他密切关注那些股票的表现。他是他父亲的遗产执行人,在缴纳税款和所有费用之后,他把其余的财产分给他的妹妹、弟弟和他自己。在这次分配中,他得到了价值约145 000美元的证券。

从1967年1月开始,原告在威特(Dean Witter)作为经纪人的账户持续地进行交易。然而,1967年年末,他的哥哥寄给他一本由延森(Edward Jensen)编写的《股票市场蓝图》(*Stock Market Blueprints*)一书。弗兰斯比对这本书印象深刻,他想找一个与延森的理念相同的人来管理他的账户。他的哥哥认识延森,并由延森推荐曾帮助他写作的比耶克。比耶克的办公室位于美林证券(Merrill Lynch),交通便利。

1968年2月,弗兰斯比与比耶克当面讨论转移弗兰斯比账户。原告作证说,他告诉比耶克,自己是一个风险规避型的投资者。然而,在一个新账户表格

---

① See Louis Loss & Joel Seligman, *Fundamentals of Securities Regulation*, 3rd ed., Little, Brown & Company Limited, 1995, pp. 908-912.

② 编译自 Follansbee v. Davis, Skaggs & Co., Inc., 681 F. 2d 673, 676 (9th Cir. 1982)。

中,比耶克将"财富增长"作为原告的投资目标,而不是"本金和收入的安全"。这发生在原告告诉比耶克他要比以往更积极地处理自己的账户之后,并且二人在这两种通用投资理念之间进行了讨论。比耶克建议他们购买新兴行业公司的股票,并持有六个月或更长的时间,直到股票见顶。比耶克认为,从更保守的方法中获得的回报将赶不上通货膨胀。原告表示同意这种做法,并将价值约13.8万美元的证券委托给美林证券,由比耶克作为经纪人进行交易。

弗兰斯比的账户由美林证券的比耶克处理了大约1年。在此期间,该账户有39笔交易,大部分交易是持有少于6个月的股票。在此期间,原告的投资组合的价值增加了约25 000美元。原告对此非常满意。在他们合作的初期,他将比耶克以"华尔街的少年奇迹"的名义介绍给他的朋友。当比耶克从美林证券跳槽至戴维斯证券时,原告的账户与他一同转换到了这家公司。

1969年春,比耶克和原告讨论了处理原告账户的策略。他们预测市场将普遍下跌。他们设想的是,只有通过在短期低谷买入证券,趁着短期波动达到顶峰,才能实现资本利得。然而这一策略将导致原告股票平均持有期大大少于六个月,就像在美林证券的情形一样。(但)原告同意该策略。此外,由于他们预见到市场将普遍下跌,比耶克建议可以通过卖空获利。原告同意了该策略,同时部分卖空交易受到止损购买指令的保护。因此,就像发生在美林证券的情形一样,戴维斯证券的原告账户进行频繁交易。

原告继续阅读和研究投资材料。比耶克组织了一个研讨会小组,每周一次,每次开会一个小时。原告作证说他参加了大约65%的会议。该小组集体订阅了若干投资咨询报告,同时在成员中分发所订阅的投资咨询报告。在会议期间,讨论的范围广泛,包括对特定行业和行业内特定公司的前景的讨论。通过该项活动以及原告阅读金融服务报告,原告可以不时地建议比耶克进一步调查潜在的投资前景。

在研讨会上所讨论到的公司中,有一家光学涂层公司。比耶克认为它是一家新兴的成长型公司。戴维斯证券和比耶克对该公司进行了彻底调查,比耶克与这家公司的管理层进行了接触。原告也研究了它的财务报表,并对该公司很有兴趣。在该公司成为原告投资组合的主要组成部分之前,原告曾多次收购其股票。在诉讼开始时,原告仍持有该公司的700股股票,尽管其市值远远低于原告的成本。

另一次研讨会上则讨论了养牛业的一个有限合伙企业(即Cal-Calf)。原告对此也很感兴趣。然而,比耶克告诫原告,如果他的边际所得税等级低于39%的话,他就不应购买Cal-Calf的有限合伙权益,他应首先与他的会计师讨论一下这个问题。原告的边际所得税等级虽然低于39%,但是在回复比耶克的一份书面问卷时,他谎称自己的边际所得税等级高于39%。他没有和他的会计师商量,就在该合资企业投资了一万美元。后来,因政策要求在不冻结牛饲料成本的情况下,对牛肉实行价格冻结,原告的该项投资血本无归。

原告对他的金融交易进行了细致的记录。他在记录本中仔细地记录了每笔买卖交易。当一笔交易被出售,出于所得税的考虑,他就会仔细地记录这笔交易是长期资本收益还是短期资本损失,并且记下损益金额。他根据自己的记录,核对每月收到的报告的准确性,并每周对投资组合中的每个项目和总估值进行评估。

原告不时地从他的账户中支取现金。这些取款的总数约为 61 000 美元。原告将部分钱款用于支付其孩子的教育费用,并且购买了两辆汽车,其中一辆是奔驰,另外还建了一个游泳池。然而,原告不希望他的交易账户因为这些提款而减少。出于这个原因,戴维斯证券向弗兰斯比设立了预付款作为贷款,并将这些证券存入保证金账户,以确保偿还贷款。随着利息费用的增加、账户中证券的市场价值的下降,原告在 1973 年年末开始接到追加保证金的要求。1974 年 6 月双方达成协议,通过出售股票来增加收入,从而减少弗兰斯比的债务。1974 年 7 月,弗兰斯比很不高兴,要求归还他的股票凭证,地方法院的法官认为这一行为暴露了他"一定程度的天真"。当然,比耶克曾向弗兰斯比说明,为了用股票作为担保来偿还贷款,他们必须返还股票凭证。1974 年 8 月,弗兰斯比要求比耶克关闭他的账户。除了 700 股光学涂料股份和 800 股 Keystone S-3 共同基金股份之外,原告所有股票的出售收入都用来偿还贷款。

二

双方均同意,如果经纪人违背委托人的信任,并且在自己的控制下为了增加自己的佣金收入而开立一个新账户,且此种行为无视委托人的利益,就违反了《1934 年证券交易法》第 10(b)条、SEC 规则 10b-5。这三个要素必须同时存在,但是在本案中每一个要素都不能满足。

1

从比耶克在美林证券处理弗兰斯比的账户开始,就发生了很多交易,除非交易的频率与受托人的目标无关,否则就不能确定频繁交易的过度交易因素。很明显,弗兰斯比是一个寻找快速兑现短期收益的交易者,而接受短期收益和损失也需要频繁的交易。人们可能会认为,对他而言更明智的做法是,根本不去寻找实现资本利得的途径,而是去购买那些被认为具有良好长期增长前景的公司的股票,然后彻底地忘记它们。如果存在预期的增长,那么股息率将与投资的可实现价值会一同增长。一位专家证人表示,真正的投资者永远不会抛售。当然,这是一种夸大,如果预期的增长没有实现,就应该转向其他领域。弗兰斯比根本不是这种投资者。他想在短期波动中迅速实现利润,而这是有风险的,正如弗兰斯比本人现状所表明的那样。

地方法院法官通过考查弗兰斯比最初关于保护资本的目标的声明,得出了过度交易的结论。但是,在进行比较时,地方法院的法官未提及他的具体发现,即 1969 年春,弗兰斯比明显同意进行短期交易,其力度甚至超过了他一直从事的短期交易。不论采用哪种标准衡量,都可以参考 Booth v. Peavey Company Commodity Services 案①,弗兰斯比采取了许多积极的措施来确保他的账户进行活跃的交易,从而否决了任何推论,即他账户中的交易水平与他的既定投资目标不一致。

2

同样明确的是,比耶克并没有被允许实际控制该账户。如果对委托人的账户进行买卖的全权委托权被正式授予经纪人的话,那么该经纪人就会控制委托人。除此之外,如果委托人无法评估他的经纪人的建议且无法做出独立判断的话,那么该账户就可能受经纪人的控制。可以参见 Mihara v. Dean Witter Co., Inc. (1980)案、Hecht v. Harris, Upham Co. (1970)案。②

在 Hecht(1970)案中,客户是个寡妇。她成年后的大部分时间都在做管家和家庭教师。后来她嫁给了一个自己曾在他家当过管家的男人,几年后从他那里继承了一小笔财产。她的账户在证券和期货市场上十分活跃。地方法院法官发现她对期货交易一窍不通,对证券交易的了解也是微乎其微的。

但是,这并不意味着通常会遵循经纪人的建议之非专业投资者无法控制其账户,除非他信任经纪人并相信他的财务判断,否则没有人会与经纪人建立这种持续的关系。通常,经纪人比委托人更容易获得财产信息,并会获得调查和研究机构的支持。这样,委托人通常就会接受经纪人的建议,或者与该经纪人脱离关系去找一个他更信任的人(作为经纪人)。衡量是否存在控制的标准是委托人是否有足够的智慧和理解力来评估经纪人的建议,并在他认为不合适时予以拒绝。Hecht 太太被认为缺乏这种能力,因此她不得不依靠经纪人的专业知识。法庭毫不费力地得出结论——经纪人滥用了她的信任。但这些因素在本案的原告身上是缺乏的。

而在 Mihara(1980)案中,法院做出了一个对委托人有利的判决,认为在控制方面委托人通常听经纪人的建议。然而,法院根据 Hecht(1970)案,并且使用了一种简略的方法来表达一个在 Hecht(1970)案已作了充分说明的但是更为复杂的概念。该判断不能简单地理解为,最有经验的投资者之所以无法控制自己的账户,只是因为他通常会听从经纪人的建议。只要委托人有能力行使说"是"

---

① Booth v. Peavey Company Commodity Services, 430 F. 2d 132, 135 n. 1 (8th Cir. 1970).
② Mihara v. Dean Witter Co., Inc., 619 F. 2d 814 (9th Cir. 1980); Hecht v. Harris, Upham Co., 283 F. Supp. 417, 433 (N. D. Cal. 1968), aff'd, 430 F. 2d 1202 (9th Cir. 1970).

或"不是"的最终决定权,委托人就仍然控制着自己的账户。

在 Carras v. Burns(1975)案[1]中,法院指出:"控制交易是过度交易的基本要素。在没有明示协议的情况下,当委托人缺乏管理账户的能力并且必须相信经纪人的建议的话,(那么就)可以从受托人与经纪人的关系中推断出控制权的存在……但是,如果委托人有足够的财务能力来确定自己的最大利益,并且默许经纪人的管理,则委托人将保留对其账户的控制权……问题在于,委托人是否可以根据可获得的信息及其解释能力来独立评估他的经纪人的建议。"[2]另请参见Newburger, Loeb Co. Inc. v. Gross(1977/1978)[3]案(法院指出,"如果委托人完全有能力评估其经纪人的建议并同意经纪人的建议,则该委托人保留对自己账户的控制权")。

正是因为 Hecht 太太缺乏这种能力,该案的上诉法院认同地方法院判定她的经纪人控制了她的账户。

弗兰斯比绝不是一个没受过教育的新手。他有经济学的学士学位。他学过会计,他能看懂公司的财务报告。他经常阅读投资咨询文献。他积极参加了由比耶克主持的投资研讨会,并对自己的交易做了细致入微的记录。

弗兰斯比接受了比耶克的建议,但这并不是一个无知的委托人被动默认经纪人的行为。在某些情况下,他会拒绝接受比耶克的建议,并向比耶克提出了进一步调查的建议。关于光学涂层公司股票,法院明确发现弗兰斯比自己做了财务报告和材料的分析。他是带着极大的热情,而不是被动地投资了 Cal-Calf 股票。他对该 Cal-Calf 股票有着极高的热情,并且他为该股票投入了资金,他知道他的行为与比耶克的建议不同,为了说服比耶克来处理这件事,他谎报了自己的所得税情况。

所有这些是强有力、典型的证据,能够证明该委托人能够完全控制自己账户。这些证据完全不符合弗兰斯比对经纪人的依赖,也不符合弗兰斯比对比耶克的建议缺乏独立的评价。弗兰斯比的判断可能是有缺陷的,但产生该缺陷的主要原因是他希望能够快速获得利润。这导致他最终失去了大部分遗产。弗兰斯比记录中明确显示的事实和地方法院的具体裁定并不支持比耶克控制了该账户这一观点。

三

基于地方法院法官陈述的(上述)理由,(法院)拒绝了弗兰斯比的不当诉讼请求。

---

[1] Carras v. Burns, 516 F. 2d 251 (4th Cir. 1975).

[2] Id. at 258-59 (citations omitted).

[3] See also Newburger, Loeb Co. Inc. v. Gross, 563 F. 2d 1057, 1070 (2d Cir. 1977), cert. denied, 434 U. S. 1035, 98 S. Ct. 769, 54 L. Ed. 2d 782 (1978).

四

基于上文所述,本院推翻地方法院支持弗兰斯比提出的关于过度交易索赔的判决,并确认了地方法院支持被告提出的索赔不当主张的判决。

确认部分判决,推翻部分判决。

案例原文①

四、接受全权委托

所谓全权委托,又称授权委托,是指客户基于投资获利的愿望,在委托证券公司代其买卖证券时,对证券的买进或者卖出,或者买卖证券的种类、数量、价格不加任何限制,完全由证券公司代为决定。尽管全权委托的基础是客户对证券公司的充分信任(包括知识、能力、技巧、信息等),但是由于证券市场受社会的政治经济等诸多因素的影响,即使具有丰富投资经验的证券公司也难免失误,而且并非所有的证券公司及其从业人员都能忠实地履行诚信义务,因此为防止过度投机和保护中小投资者的利益,需要禁止全权委托买卖证券。②

我国《证券法》(2019)第 134 条规定,证券公司在代理客户买卖证券时,不得接受客户的全权委托而决定证券买卖、选择证券种类、决定买卖数量或者买卖价格,即是对全权委托的禁止性规定。

五、对损益的承诺

所谓对损益的承诺,是指证券公司向客户保证其进行证券买卖将会获得一定数额的收入,向客户保证其进行证券买卖,在受到损失时将会由证券公司赔偿其一定数额的损失或者全部的损失。实践中,有些证券公司为了招揽客户,以多种方式预先对客户证券买卖的收益或者赔偿证券买卖的损失作出承诺,是我国证券市场中常见的欺诈客户行为。③ 此种行为除了是不正当竞争行为之外,更是对证券市场有严重危害的欺诈客户的行为。这是因为买卖证券是一项投资风险很大的金融活动,如果证券公司对客户证券买卖的收益或者赔偿证券买卖的

---

① Available at https://casetext.com/case/follansbee-v-davis-skaggs-co-inc, 2023-9-18.
② 有学者认为,全权委托属于我国《证券法》(2005)的禁止行为,但不一定是欺诈客户行为。参见赵万一主编:《证券交易中的民事责任制度研究》,法律出版社 2008 年版,第 157—158 页。
③ 例如中国证券监督管理委员会行政处罚决定书(银河证券)(证监罚字〔2003〕21 号)。

损失作出承诺,那么一旦出现损失或者没有获得承诺的收益,就需要证券公司兑现。但证券公司接受客户的委托代客户买卖证券所取得的佣金收入,依照《公司法》(2018)的规定,依法弥补亏损和提取公积金后的余额属于股东的权益;提取的公积金只能用于弥补公司的亏损、扩大公司的经营或者转为增加公司的资本。因此证券公司是不可能赔偿客户买卖证券损失的,这意味着如果有证券公司对客户的买卖收益或者赔偿客户买卖的损失作出承诺,只能是对客户的一种诱骗(而且容易引发证券公司之间的恶性竞争)。

六、挪用证券或资金

证券账户即客户账户是客户分别在证券登记结算机构和证券公司所开立的账户;投资者通过证券账户持有证券,证券账户用于记录投资者持有证券的余额及其变动情况。在证券账户上的证券以及客户账户上的资金都属于客户的个人资产,并非证券公司的资产。证券公司办理经纪业务必须为客户分别开立证券和资金账户,并对客户交付的证券和资金账户分账管理,证券公司对此负有保管责任。实践中,证券公司常常发生利用为客户保管证券和资金的便利而挪作他用的情形,例如质押、转借、自营等。

我国《证券法》(2019)第131条第2款前两句对挪用客户的证券或者其账户资金作了禁止性规定:"证券公司不得将客户的交易结算资金和证券归入其自有财产。禁止任何单位或者个人以任何形式挪用客户的交易结算资金和证券。"由于挪用客户资金一般需要通过与银行之间的账款往来进行[参见《证券法》(2019)第131条第1款],因此这种业务往来的凭证可以作为资金挪用行为的证据;证券公司挪用客户的证券,需要通过证券登记结算机构进行[参见《证券法》(2019)第150条],为了欺骗投资者证券公司需要制造虚假的交易记录,因此投资者可以向后者申请调阅该种记录以作为挪用的证据。

挪用客户所委托买卖的证券或客户账户上的资金也是我国常见的违法行为。① 美国证券司法实践认为,证券公司应严格执行客户授权的交易,如私自买卖或挪用客户账户上的证券或资金,即构成"招牌理论"之下的欺诈行为。

七、擅自买卖或假借客户名义买卖证券

我国《证券法》(2019)第57条第3项规定的"未经客户的委托,擅自为客户买卖证券,或者假借客户的名义买卖证券"分为两种情形:一是客户没有对证券公司发出任何委托指令,但证券公司利用客户的账户擅自买卖证券的行为。虽然这种情况下的买卖收益归属于客户,但买卖的亏损同样要由客户承担,实际上

---

① 例如中国证监会行政处罚决定书(天同证券)(证监罚字〔2006〕10号)。

是证券公司为了多收取佣金而以牺牲投资者利益为代价的行为。二是假借客户的账户名义为自己或他人买卖证券,这是违反《证券法》(2019)第129条规定的,即证券公司的自营业务必须以自己的名义进行,不得假借他人名义或以个人名义进行,意即自营业务必须使用证券公司自有资金或依法所募资金。要证明证券公司"未经客户的委托,擅自为客户买卖证券,或者假借客户的名义买卖证券",投资者可以要求证券公司提供有关交易记录,还可以要求其提供存在委托的凭据,若证券公司无法提供即可认定其有欺诈行为;如果证券公司所提供的交易记录没有显示出有关交易行为时,投资者还可以申请调阅证券登记结算机构的记录。未经客户的委托,擅自为客户买卖证券,或者假借客户的名义买卖证券也是我国常见的欺诈客户行为。[①]

八、未适时提供交易文件

根据我国《证券法》(2019)第133条第1款的规定,证券公司接受证券买卖的委托,应当根据委托书载明的证券名称、买卖数量、出价方式、价格幅度等,按照交易规则代理买卖证券,如实进行交易记录;买卖成交后,应当按照规定制作买卖成交报告单交付客户。证券交易中确认交易行为及其交易结果的对账单必须真实,并由交易经办人员以外的审核人员逐笔审核,保证账面证券余额与实际持有的证券相一致。证券买卖对账单应当按照国务院证券监督管理机构或者证券交易所的规定编制,正本交客户存查,副本保存于证券公司备查。法律规定证券公司应当在证券买卖成交后规定的时间内将书面确认文件交给客户,其目的在于保障客户在证券市场行情瞬息万变的情况下,能够及时掌握自己的交易情况,及时行使自己的权利,维护自己的合法权益。

我国《证券法》(2019)第57条第2项将"不在规定时间内向客户提供交易的确认文件"作为欺诈客户的禁止行为之一。[②] 所谓"规定的时间",根据证券交易所的交易规则之规定,要求证券公司接受客户的委托买卖成交,并在清算机构清算之后,应及时将证券买卖清算交割单交付给委托人。实践中,投资者未在规定的时间内得到交易确认文件,可要求证券公司证明其已经按时提供了确认文件,如证券公司无法证明,即可认定其存在不按时提供书面确认文件的欺诈客户的行为。美国证券司法实践认为,不及时向客户提交书面确认交易的文件属于"招牌理论"之下的欺诈行为。

[①] 例如关于贺年违反证券法规的行政处罚决定书(证监罚字〔2006〕23号)。
[②] 第57条称之为"禁止证券公司及其从业人员从事下列损害客户利益的行为",不再称之为"欺诈客户"。

九、提供、传播虚假或误导信息

投资者进行证券投资需要通过证券公司的服务来实现，这源于证券公司服务的专业与诚信，二者不可或缺。因此，证券公司及其从业人员通过传播媒介等方式提供服务，其传播的证券市场信息必须真实客观，不得欺诈。因此，我国《证券法》(2005)第79条第6项将"利用传播媒介或者通过其他方式提供、传播虚假或者误导投资者的信息"作为欺诈客户的行为之一作了禁止性规定。现行《证券法》第57条禁止性规定中删除该款，在第56条第1款中规定："禁止任何单位和个人编造、传播虚假信息或者误导性信息，扰乱证券市场"。此外，《证券法》(2019)第56条还禁止证券交易场所、证券公司、证券登记结算机构、证券服务机构及其从业人员，证券业协会、证券监督管理机构及其工作人员，在证券交易活动中作出虚假陈述或者信息误导；各种传播媒介传播证券市场信息必须真实、客观，禁止误导；传播媒介及其从事证券市场信息报道的工作人员不得从事与其工作职责发生利益冲突的证券买卖。

十、证券登记结算机构挪用证券

所谓挪用客户的证券，是指证券登记结算机构未经客户同意，将客户存管的证券用于为客户证券交易结算以外的其他用途，包括但不限于以下情形：(1) 据为己有；(2) 出借给他人；(3) 用作自己或者他人借款的担保物；(4) 用于其他客户的证券交易结算等。因为客户的证券所有权属于客户，因而其用途应当由客户自行决定，证券登记结算结构不得未经同意以任何形式加以挪用。

《证券法》(2019)第150条第2款规定了证券登记结算机构不得挪用客户的证券。证券登记、存管和结算制度的建立，目的是保护投资者的合法权益，在投资者与发行人法律关系基础上，通过上述制度来实现股东权利保障、促进证券的流转、保障证券所有权，促进投资者的证券所有权在流通中实现价值。《证券法》第9章"证券登记结算机构"规定了证券登记结算机构具有证券登记、存管和结算职能，涉及证券登记结算机构、发行人、结算参与人、证券公司以及证券投资者多方面的法律关系，是审理证券登记、存管、结算纠纷的主要法律依据。此外，还可依照《股票发行与交易管理暂行条例》(1993)、《证券登记结算管理办法》(2022)[①]的有关规定。

[①] 中国证券监督管理委员会令第197号，于2022年5月20日发布，同年6月20日实施。该部门规章现行有效。

十一、投资咨询机构等的欺诈行为

所谓投资咨询机构,是指向投资者或者客户提供投资分析、预测或者建议等咨询服务并收取一定费用的机构。其实施的欺诈行为包括:(1)代理委托人从事证券投资。证券投资咨询机构及其从业人员的工作是为投资者、交易者和筹资者提供证券市场信息和咨询服务,代理委托人从事证券投资则超出了其业务范围,而允许证券投资咨询机构及其从业人员代理委托人从事证券投资,则容易导致其和委托人联手操纵证券交易市场,实施欺诈行为。(2)与委托人约定分享证券投资收益或者分担证券投资损失。(3)买卖本咨询机构提供服务的上市公司股票。证券投资咨询机构及其从业人员买卖本咨询机构提供服务的上市公司股票,很可能会利用所掌握的内幕信息牟取不正当利益,对其他投资者实施欺诈行为。(4)利用传播媒介或通过其他方式提供、传播虚假或者误导投资者的信息,实施欺诈行为等。《证券法》(2019)第161条对上述投资咨询机构及其从业人员的欺诈行为作了禁止性规定。

十二、其他层出不穷的形式

在美国,其长期的证券司法实践还归纳出了其他种类繁多的欺诈行为,典型的有违反"适宜性规则"的欺诈行为,主要包括但不限于以下行为:(1)高压销售(high-pressure sales, boiler room),是指证券公司利用电话、信函等方式,频繁而密集地向客户推销证券,使后者在高强度推销的压力下做出购买决定,但客户作出的此种购买决定与客户的实际需求是不相称的。典型案例参考后文【域外案例】United States v. Ross(1963)。(2)不当小额股票(penny stock)交易,是指证券公司在未核实客户的小额股票交易账户,或在未接到客户交易书面通知的情况下进行交易。由于未对客户情况进行调查,证券公司被认为会做出不适合客户的交易决定从而可能损害客户利益,因而属于欺诈。①

又如,所谓违反"招牌理论"的欺诈行为,包括但不限于以下种类:(1)证券公司以与市价不相称的高价,与客户发生交易,且其目的是获取高额差价(unreasonable spreads);(2)证券公司将客户账户进行私自抵押等有损后者之证券所有权的行为;(3)证券公司在发生诸如破产等丧失服务能力的情况下仍然接受客户的交易委托;(4)在操纵或者控制市场的情况下与投资者进行交易等等,不一而足。

---

① See SEC rule 15g-9.

【域外案例】

United States v. Ross(1963)[1]

巡回法官弗莱恩德利(Friendly)代表法院发表了本案的审理意见。

本案上诉主张涉及金伯尔证券(Kimball Securities, Inc.)欺诈客户的另一事件,最近在 United States v. Aronson(1963)案[2]中被重新审理。的确,两项审判均来自同一起诉书。序言中的这一指控实质上是根据《1933年证券法》第17条[3]的规定,金伯尔证券和包括高登(Gordon)和罗斯(Ross)在内的许多个人,使用了一种设备,并且利用该设备在州际贸易和邮件中进行通信。他们采用通信方式对金钱和财产进行不真实陈述,并且该不真实陈述符合构成误导性所必需的重大事实,进而进行了欺诈行为,欺骗了包括马克公司(Mark, Inc.)的普通股在内的多种证券的购买者。对高登进行了三项审判实质罪名,以及共谋罪名,和罗斯在两项实质罪名和共谋罪名的审判与阿伦森(Aronsons)的审判是分开的。在政府案件结案时,法官驳回了对高登的两项实质性指控,对罗斯的一项实质性指控,以及对这两项的共谋指控。剩下的指控已提交陪审团,即第3项指控,指控高登和其他人使用邮件将购买马克公司股票的确认函发送给位于阿肯色州康威市(Conway, Arkansas)的黑兹尔(Hazel)、山姆金(Mae Sam King, Jr.);以及第10项指控,指控罗斯和其他人使用邮件向位于马萨诸塞州艾默斯特市(Amherst, Mass.)的米勒(William S. Mueller)发送购买马克公司股票的确认函,这两项行为均被指控是"助长了该计划"的欺骗手段。随后作出有罪判决,定罪判决,量刑,紧接着就是上诉。

金伯尔证券实施了一个典型的销售方法——所谓的"高压销售"(boiler-room)的操作。该公司总裁、操盘手(guiding light)约瑟夫·金伯尔(Joseph Kimball)已认罪,他详尽生动地描述了该公司的这一销售方法。首先向"各种职业清单"(例如医生、水管工,以及任何你想要的职业)上所开列的人员发送"说明信",描述低价股票所能带来的光明的财务前景。接下来是兜售一些特定股票的销售资料。再接下来安排一个叫"开瓶器"(opener)的推销员向这些人员打电话,此人会"尽可能多地或尽可能少地向潜在客户推销"。接下来会有更多关于"公司的好消息"的邮件,然后是一个"高压推销员"打来的电话——此人可以形象地称为"装载者"(loader)——"试图增加股票的购买量"。

---

[1] 编译自 United States v. Ross, 321 F. 2d 61. 64(2d. Cir. 1963), cert denied, 375 U. S. 894.
[2] United States v. Aronson, 48 F. 2d 319 (2 Cir. 1963).
[3] 15 U.S.C. §77q.

金伯尔证券关注的其中一个股票是马克公司的股票,它与马克公司的一位管理人员卡斯(Cass)安排出售这只股票,根据规则,收益将平均分给卡斯和金伯尔证券。从1958年7月21日到1959年2月5日,这是金伯尔证券出售的唯一一种证券——我们很犹豫是否要使用这一术语;股价从每股1.50美元涨到了2.35美元;公司共向790名客户出售了25.8万股股票。

家住阿肯色州康威市的水管工山姆金作证说:在1958年7月期间,他从金伯尔证券收到了有关马克公司的一些资料。大约一周后的某一天下午6点至7点之间,他在家中接到了一个自称为金伯尔证券的高登的人电话。1958年7月28日下午8:35,一家电话公司开具的收费单证明,在东部夏令时间(相当于中部标准时间下午6:35),从高登的家中拨出了一通打给山姆金的20分钟的电话,并记入了金伯尔证券号码。山姆金作证说,来电者声称一位山姆金的朋友将山姆金的联系方式给了他们。电话中介绍马克公司是一家可靠的成熟公司,他们正在采矿,并打算与一家直升机公司合并,股票可能在30天之内翻一番,他会建议自己何时出售和何时购买。山姆金问金伯尔证券是否"像美林证券、林奇证券、皮尔斯证券和芬内尔·比恩证券(Merrill, Lynch, Pierce, Fenner Beane,美林证券集团的前身)一样"。打电话的人声称"它的规模没有美林证券大","但它同样可靠"。他还说,如果山姆金不赚钱,他也不会赚钱,而且他要待在办公室很晚才打电话给山姆金和其他人。山姆金以每股1.50美元的价格购买了300股。其后,一名男子称自己是高登,并且声音与第一个打电话者相同,打电话要求进一步购买。当山姆金试图出售股票时,一家名为小岩城(Little Rock)的经纪公司通知他,找不到愿意以40美分的价格收购股票的人。高登没有出庭作证。

高登的上诉没有提出值得讨论的身份证明问题,因为电话公司开具的收费单足以证明他是给山姆金打电话的人。我们将讨论他的错误主张,即在我们提请罗斯上诉时拒绝证人甘泽尔(Gentzel)的证词。他的主要论点是,没有充分的证据证明违反了《1933年证券法》第17条,因为他有理由信赖雇主提供给他的有关马克公司信息。我们很难接受他提出的主张和理由。即使高登在金伯尔证券工作了7个工作日,但在拜访山姆金之前已经过去的5个工作日,这段时间应该足以教会任何人,尤其是像高登这样的人。高登以前曾在一家受人尊敬的证券公司工作过。此外,金伯尔证券撰写的关于马克公司的资料对任何一个有一丁点金融知识的人来说,该份资料都是可疑的。针对高登的证据远比我们在撤销程序中掌握的证据更确凿,参见 Berko v. SEC(1963)案。① 我们在本案中不需要确定该原则和其他判决中阐述的原则在刑事诉讼中的适用范围。因为陪审团有理由根据他们所了解的内容认定高登在向山姆金打电话描述时故意撒谎,

---

① see Berko v. SEC, 316 F. 2d 137 (2 Cir. 1963).

并且该描述并非基于金伯尔证券提供的信息,例如他从朋友那里获得了山姆金的名字;金伯尔证券与美林证券一样"可靠";他说除非山姆金赚钱,否则他不会赚钱;而且他要在办公室待到很晚才打电话。同样的道理也可以应用于,当高登表示希望股价在30天之内翻番时,他在表达一种根本不存在的情况(除非这是基于金伯尔证券高压销售活动的预期结果得出的,在这种情况下,他将省略"陈述必要的重要事实,以根据陈述的情况做出说明,而不会引起误解"),并且当他同意告知 King 何时出售时,他在描述一个他并不打算做的情形。所有这些被指控的虚假陈述,都是属于《1933年证券法》第17(a)(2)条之前的法律法规中明确规定的欺诈行为①,罗斯(Loss)教授所著的《证券监管》一书也认为该行为属于欺诈。②

1958年11月的最后两周,罗斯(Ross)在金伯尔证券工作。他涉嫌打给马萨诸塞州大学(University of Massachusetts)研究教授米勒,该项指控已经提交给陪审团。罗斯导致了米勒于11月26日以每股2.35美元的价格出售100股马克公司股票。来电者称自己为罗斯,告诉米勒,曾收到有关马克公司的"投资新闻通讯",对马克公司的投资"是一笔非常合理的投资,他非常确定这只股票在大约6个月内至少会翻一番,并且可能在6个月内升至每股10到14美元,"而且金伯尔证券"是一家非常可靠的公司,他们拥有、聘请了分析各种股票以保护其客户的股票分析师。"罗斯作证说,他不记得自己是否给米勒打过电话了,他几乎研究了一整天关于金伯尔证券所写的马克公司的资料,并认为这是"一个很好的保障",如果所有关于"应该以更高的价格出售"的资料是真的,他离开金伯尔证券的原因是他发现有人替代了他的位置并且公司把他的潜在客户分配给了新来的人。关于证实罗斯是否致电米勒的有关传闻和最佳证据规则的适用问题,我们将先处理他的上诉中提出的其他问题。

在辩护律师的持续反对下,检察官对罗斯进行了交叉盘问,盘问了他作为股票推销员的职业生涯。该检察官发现罗斯在1955年首次受雇于位于纽瓦克市(Newark)的巴顿·恩格尔证券(Barton Engel),并且工作了两到三个星期,在此期间只卖出了一只名叫兰德科斯(Randex Uranium)的股票,罗斯使用办公室提供的名字,通过打电话的方式出售股票。关于罗斯是否告诉客户兰德科斯是一个很好的投机工具,并且罗斯认为价格会上涨——尽管罗斯对"一切操作一无所知",但罗斯承认了自己的销售方式——而提及兰德科斯或巴顿·恩格尔证券是

---

① see Bentel v. United States, 13 F. 2d 327, 329 (2 Cir.), cert. denied sub nom. Amos v. United States, 273 U. S. 713, 47 S. Ct. 109, 71 L. Ed. 854 (1926); Van Riper v. United States, 13 F. 2d 961, 964-965 (2 Cir.), cert. denied sub nom. Ackerson v. United States, 273 U. S. 702, 47 S. Ct. 102, 71 L. Ed. 848 (1926).

② Louis Loss, *Securities Regulation*, 2nd ed., Little, Brown Company, 1961, pp. 1430-1439.

否仍在经营业务,罗斯对此未置一词。

该检察官进一步盘问的内容是罗斯在纽约的戈尔登·德斯特证券(Golden·Dersth)的工作情况。罗斯在那里工作了5个星期,卖出了"一些证券",也是通过电话销售的。所卖股票包括 American States Oil、"South Something,是一种赛车股票,但我不记得它的名字";在舒克证券(M. T. Schuck)工作期间,他在几个星期内通过电话卖出了 Great Sweetgrass 的股票。罗斯在罗斯柴尔德证券(G. F. Rothschild)工作期间,在6个月内通过电话卖出了 Great Sweetgrass, Kroy Oil 和 United Dye Chemical 的股票;同时他还在罗宾斯证券(Mack Robbins)、纽曼证券(Philip Newman Associates)和兰道证券(Steven Randall)工作过,都是通过电话出售股票。他离开了其中几家公司,因为这些公司正在接受 SEC 的调查。罗斯不记得自己在兰道证券工作期间卖了什么股票,当被问及是否可能是 Swan-Finch 或 Didkin Products 时,他给出了否定的答案。当被问及是否可能是 Havana Racing 时,他说:"现在我想起了 Havana Racing,然后又想起了另一家公司,我相信那是 American Dryer。"他承认他会定期告诉他的潜在客户,他所出售的股票是一种"良好的投机行为",而且价格还会上涨。针对询问前雇主和公司是否还在营业的问题,罗斯给出了各不相同的回答。

罗斯认为针对他的这种盘问是错误的,因为它"暗示了先前的不当行为"。但是,正如所描述的那样,证据是高度相关的,是可以接受"其他罪行"的证据,"通过类似的行为或事件表明,审判中的行为不是疏忽、意外、无意或不知情的"。参见麦考密克所著的《证据》一书。① "事先采取其他类似行动,无论是否显然是计划的一部分,都有助于减少有关行为是出于无辜意图而实施的可能性。"参见威格默尔所著的《证据》一书。② 此外,"所指控的犯罪涉及知识、意图等要素时,在被告提供的事故或错误的证据使得问题变得尖锐之后,往往允许该州在反驳中提出其他罪行,在法院可能对任何真正的争议是否会出现这个问题上产生怀疑的时候,它比作为其主要案件的一部分更容易接受。"参见前述麦考密克所著的《证据》(第331页)。罗斯在这里直接寻求证词,将自己描绘成金伯尔证券邪恶行径中的不知情工具,政府完全有理由反驳这种无知和天真的说法,因为证据表明罗斯长期以来一直在用类似的方法出售同样一文不值的股票。此案与 United States v. Provoo(1954)③案完全不同,因此对这些案件的讨论是多余的。

甘泽尔(Perry H. Gentzel)是一名工程师,住在宾夕法尼亚州的斯泰特克利

---

① Charles T. McCormick, *Handbook of the Law of Evidence*, West Publishing Company, 1954, p. 329.
② John Henry Wigmore, *Wigmore on Evidence*, 3rd ed., Little Brown & Co, 1940, p. 200.
③ United States v. Provoo, 215 F. 2d 531, 534-537 (2 Cir. 1954).

奇市。他是金伯尔证券推销马克公司股票的受害者,甚至比山姆金或米勒遭受的损失还要严重。甘泽尔作证说,在1958年11月下旬(即高登离开金伯尔证券的四个月之后,但在罗斯任职期间),他收到了很多来自金伯尔证券的推销员的电话,自称是托马斯(Norman Thomas),并且对马克公司一如既往地作出了乐观的评价,包括提到马克公司将在证券交易所上市。甘泽尔于是购买了总计9100股股票,其中一些以每股1.95美元的价格购买,另一些以每股2.35美元的价格购买。甘泽尔承认,他从未与任何自称罗斯的人进行过交谈,并且在政府诉讼中也没有要求证实托马斯这个名字是罗斯虚构出来销售证券用的。尽管有电话公司的证人作证说11月25日有一个声称自己是罗斯的人,从金伯尔证券的办公室打电话给甘泽尔,也有证据表明金伯尔证券从未雇佣过名为托马斯的人。更可以采纳的理由似乎是,起诉书指控的是一项阴谋和欺骗,而甘泽尔的证词倾向于证明金伯尔证券及其销售人员正在实施这一计划。在甘泽尔作证之后,法官在陪审团在场的情况下指出,甘泽尔认为"这对本案两名被告人的定罪并没有多大帮助。虽然这确实增加了一般效力,但一般效力已由金伯尔证券的证词充分确立了……"然而,在第二天早晨,即使法院驳回了共谋罪的指控,但法院仍然拒绝了请求不采用甘泽尔的证词的动议。

以下是法院对证据的审理……

维持原判。

案例原文①

第三节　原被告及其责任

一、适格的原告

欺诈客户的原告是因被委托人实施欺诈行为而遭受损失的投资者。根据美国司法实践,对欺诈客户提起默示诉讼的前提之一是原告须适格,而默示民事责

---

① Available at https://casetext.com/case/united-states-v-ross-38,2023-9-18.

任(Implied Civil Liability)①条款对原告的资格有不同的要求。

根据美国《1934年证券交易法》第10(b)条的规定,违法行为须"与任何证券的出售或购买相关"。司法实践则通过判决的积累确立了"Birnbaum规则"②:(1)第10(b)条和SEC规则10b-5仅禁止与证券买卖相关的欺诈;(2)第10(b)条的立法史表明国会没有意图将私人民事救济扩大到非证券买卖的被欺诈方,这与第16(b)条的明示民事责任不同。③ 根据法院的解释,"Birnbaum规则"将三类主体排除在上述条款的适格原告之外:(1)潜在的股票购买者,即宣称其因被告的误导性说明或重大遗漏而放弃了购买机会;(2)公司的现任股东,宣称其因被告的不实陈述或未披露重大信息而未卖出其股票;(3)股东或债权人,因公司经营者从事与股票交易相关的内幕行为,而使其投资受到损害。④ 适用"Birnbaum规则",法院可以对SEC规则10b-5下的民事诉讼进行主体限制,其有利之处在于可以避免诉累(进行交易的投资者人数众多,未进行交易的投资者更是数不胜数),减少投机者的可乘之机,稳定证券市场;其弊端在于对原告资格的限定带有一定的任意性,并常常显得过于武断,从而使许多来不及交易但受欺诈的投资者丧失得偿机会,偏离了保证证券交易之公平的立法目的。

考虑到上述弊端,美国《1934年证券交易法》第15(c)(1)条⑤对原告适格的要求加以放松:(1)第15(c)(1)条中并未出现"与任何股票的购买与出售相关"的字样,表明原告的诉请无须以证券的实际买卖为前提。(2)1975年修正第15(c)条时,美国国会采纳了第10(b)条中未被采纳的行文表达,使证券公司在场外交易(Over-The-Counter,OTC)市场中任何"影响、引诱或试图引诱任何证券交易"的欺诈手段均为非法。⑥ 该项修正扩大了条文的适用范围,将已进行证券买卖的投资者,在准备证券买卖的过程中受到欺诈但未实际进行证券交易的投资者,均视为适格的原告,这些原告可依此款提起默示民事诉讼。依此款之规

---

① 默示民事责任(Implied Civil Liability),又称为推定民事责任,其意义等同于私人默示诉权(Implied Private Right of Action)、私人默示救济(Implied Private Remedy)、私人默示诉因(Implied Private Cause of Action)。美国法律协会(American Law Institute)在1978年《联邦证券统一法典》(审议稿)的第1722条(a)款列举了法院推定私人默示诉权的4个条件:(1)推定诉讼不能与本法典体例内的明示诉讼设定的条件或限制相冲突。(2)推定诉讼依据的条款、规则或指令,其制定的宗旨是维护原告这一类主体的利益免受指称的欺诈行为侵害。(3)原告必须使法官确信其寻求的救济与指称的违法行为是相称的。(4)最高赔偿额的限制。See Richard W. Jennings and Harold Marsh, JR., *Securities Regulation-Cases and Materials*, 5th ed., The Foundation Press, Inc. 1982, pp.803-808.
② See Birnbaum v. Newport Steel Corp., 193 F.2d 461, cert. denied 343 U.S.956 (1952); Blue Chip Stamps v. Manor Drug Stores, 421 U.S.723 (1975).
③ See Birnbaum v. Newport Steel Corp., 193 F.2d 461, cert. denied 343 U.S.956 (1952).
④ Birnbaum规则有很多例外,具体参见 Richard W. Jennings & Harold Marsh, JR., *Securities Regulation: Cases and Materials*, 5th ed., The Foundation Press, Inc. 1982, pp.1007-1009.
⑤ Securities Exchange Act of 1934 §15(c)(1).
⑥ Securities Act Amendments of 1975, Pub. L. No. 94-29, 89 Stat. 125.

定,满足原告资格要求的投资者范围非常广泛,这与美国国会广泛的保护目的相一致。

美国《1934年证券交易法》第15条之所以放宽原告范围,而司法实践的判决也基本上是采取同一立场,这是与美国证券市场所赖以建立的"有效市场假说"理论密切相关的。① 该假说认为,在市场价格充分反映可得信息的有效市场中,成熟的投资者会根据市场信息暗含的证券价格变动倾向,做出合理的投资决定,因此根据证券公司欺诈性的虚假信息,合理的投资者会做出类似的交易决定,从而在数量上容易对受欺诈的投资者加以确定。但在我国,证券市场尚处于发展阶段,受各种经济和政策因素的影响,稳定性较差,而众多投资者往往出于投机目的而进入证券市场,法院很难判断起诉的投资者是否真正受证券公司引诱而受到损失。基于此,建议我国暂不宜设定过于宽泛的保护对象。根据《民事诉讼法》(2021)第122条②规定,合法的起诉必须满足的条件之一是"原告是与本案有直接利害关系的公民、法人和其他组织"。在证券公司欺诈中,所谓"与本案有直接利害关系",应是要求原告必须参与交易,而不是只要其证券价值受到贬损便可推断存在"直接利害关系",亦即投资者参与实际证券交易应作为其享有诉权的首要前提。

【域外案例】

Birnbaum v. Newport Steel Corp. (1952)③

巡回法官奥古斯图斯·N.汉斯(Augustus N. Hand)发表了法院的审理意见。

上诉人是新港钢铁公司(Newport Steel Corporation)的股东,他代表该公司和所有处境相似的股东提起本诉。起诉状指称被告违反了美国《1934年证券交易法》第10(b)条④、SEC规则10b-5⑤:被告为了欺骗新港钢铁公司和公司的股东,通过使用邮件,将被告菲尔德曼(Feldmann)拥有的某些股票出售给被告威港公司(Wilport Company)。被告新港钢铁公司、威港公司和菲尔德曼,在地方法院提出请求驳回诉讼的动议,理由是没有陈述诉由(state a cause of action)。

---

① See, for example, Basic, Inc. v. Levinson, 485 U. S. 241-249(1988). See also Peil v. Speiser, 806 F. 2d 1154(CA3 1986).
② 《中华人民共和国民事诉讼法》(中华人民共和国主席令第106号)于2021年12月24日公布,2022年1月1日施行,现行有效。
③ 编译自Birnbaum v. Newport Steel Corp., 193 F. 2d 461, cert. denied, 343 U. S. 956 (1952)。
④ 15 U.S.C.A. §78j(b).
⑤ 17 C.F.R. §240.10b-5(1949).

地方法院批准了该动议,并作出了相应的判决。该判决仅根据美国《1934 年证券交易法》第 27 条①作出。

与该上诉有关的指控可以概括如下:在发生有争议的销售之前,新港钢铁公司将其生产的钢出售给成品钢制造商。被告菲尔德曼拥有新港钢铁公司约 40% 的普通股足以控制投票权,并且是该公司的总裁兼董事会主席;新港钢铁公司的剩余股票是公开持有的,由成千上万的小投资者所持有。被告 Stamm, Aheim, Rohr, Lorenzen, Sheaffer 和 Ballantyne 于 1950 年 6 月至 8 月期间担任新港钢铁公司的董事,并由菲尔德曼控制。在此期间,弗兰斯比钢铁公司(Follansbee Steel Corporation)和新港钢铁公司正在就两家公司的合并进行谈判,按照弗兰斯比钢铁公司提出的条款,该合并对新港钢铁公司所有股东来说都可以获得巨大利益。然而,在 1950 年 8 月,菲尔德曼以新港钢铁公司的总裁身份正式拒绝了弗兰斯比钢铁公司的收购要约,并于 1950 年 8 月 31 日以约 22 美元的价格将其股票卖给了被告威港公司,出售的股价是每股市盈率的两倍。威港公司由十个制造商组成,每个制造商都在其业务中使用大量的钢铁,目的是购买对新港钢铁公司的控制权,并在钢材市场短缺时利用其钢铁生产能力作为"垄断"的供应来源。

正是由于威港公司为菲尔德曼的股票支付了溢价,因而购买使得威港公司拥有投票控制权。出售之后,菲尔德曼和新港钢铁公司的其他董事立即辞职,被告 Gibson, Mericka, Mitchell, Cobourn 和 Paxton 全都是威港公司的高管和董事。除了几项指控菲尔德曼和其他被告违反了对新港钢铁公司及其股东的信义义务外,起诉书同时指控被告特定的欺诈行为,即在新港钢铁公司与弗兰斯比钢铁公司商谈时和菲尔德曼出售其所持股份后,向新港钢铁公司的股东发出的信件中存在虚假陈述。因此,菲尔德曼在 1950 年 8 月 3 日给威港公司的股东的信中说,由于"不确定的国际形势",与弗兰斯比钢铁公司的谈判已暂停。在 1950 年 9 月 14 日的一封信中,新港钢铁公司的新任总裁 Gibson 出售了弗兰斯比钢铁公司的股票,但未能说明售价或新港钢铁公司将成为威港公司的"俘虏"子公司。

上诉人声称,这些虚假陈述是向新港钢铁公司股东实施的欺诈行为,并且与菲尔德曼出售股票的行为息息相关,从而违反了 SEC 规则 10b-5。但是,地方法院认为该规则仅针对"对买方或卖方实施的欺诈",与公司内部人员违反信义义务对非证券买卖者实施欺诈无关。我们同意地方法院对该规则的解释。

《1934 年证券交易法》第 10(b)条并没有规定任何行为或活动为非法,而是赋予 SEC 制定相关规则的权力,以规制证券买卖中的欺诈行为。SEC 根据该法

---

① 15 U.S.C.A. § 78a(a).

的授权,颁布了规则10b-5,内容如下:"任何人通过使用州际贸易、邮件或任何全国证券交易所的任何手段或机构,直接或间接违反以下规定都是非法的:(a)采取任何策略、计划或技巧进行欺诈;(b)对重要事实作出虚假陈述或遗漏陈述一些必要的重要事实,而这些重要事实在当时的情况下对确保陈述不具有误导性是必要的;(c)为购买或出售证券,从事任何构成或可能构成欺诈他人的行为、惯例或商业活动。"

上诉人争辩说,该规则的适用范围不仅仅限于证券的实际买卖之人,而是适用于"任何人",是对欺诈的一般性规定,涉及并补充了滥用公司信托之人的普通法责任。他们争辩说,通过使用"与证券买卖有关的"一词,进一步支持了上述解释;因为,如果该规则的目的只是涉及证券买卖的话,那么"与……有关"一词就是多余的,而不会出现在规则中。

尽管该规则的表述可能有些不严谨,但在提到SEC监管计划和采用规则10b-5的目的时,并不难确定其含义和范围。在通过该规则之前,唯一的禁止买卖证券欺诈行为的禁令已包含在《1933年证券法》第17(a)条①、《1934年证券交易法》第15(c)条②中。《1933年证券法》第17(a)条仅认为欺诈或欺骗证券购买者是非法的,而《1934年证券交易法》第15(c)条仅规定证券经纪人或交易商在场外市场的欺诈行为。如果买方不是经纪人或交易商,则没有禁止买方对证券卖方进行欺诈的规定。因此,SEC在1942年5月21日通过了规则10b-5,来弥补这个漏洞,它禁止个人或公司在买卖证券时是被欺诈所误导的。③ SEC新闻稿第3230号(1942年5月21日)宣布委员会通过了规则10b-5,表明SEC只是试图使《1933年证券法》第17(a)条所载的禁令同样地适用于买方和卖方。比较该规则的语言表述与第17(a)条的语言表述时,可以认为这就是规则10b-5的唯一目的;SEC只是照搬了第17(a)条,在"购买者"之前添加了"任何人"等字样,并在"购买或出售任何证券时"加上了最后一句。

但是上诉人认为,对SEC规则10b-5的这种解释过于狭窄,无法实现该法案的广泛目的,即保护投资者"不受公司内部人的利用"。④ 我们毫不怀疑国会至少部分出于这种目的而制定《1934年证券交易法》。但是,本案的确切问题是,该法第10(b)条和SEC规则10b-5,是不是促进和实现这一目标的手段。对此,我们认为,根据立法的"历史"和"目的",上诉人所引用的内容并不具有说服

---

① 《美国法典》第77q(a)条。
② 《美国法典注释》第78o(c)条。
③ SEC Release No. 3230, May 21, 1942. See Note, 59 *Harv. L. Rev.* 769(1942), p. 770, Fischman v. Raytheon Mfg. Co., 2 Cir., 188 F. 2d 783, 787, n. 2.
④ See Hearings before Senate Comm. on Banking and Currency on S. Res. 84, 56 and 97, 73d Cong., 1st Sess., pp. 6456-6.

力。当国会打算保护公司的股东免遭公司内部人违反信托义务时,它的含义无疑是毫无疑问的。因此,《1934年证券交易法》第16(b)条明确授予公司发行人或其股东针对公司内部人员的诉讼权,他们利用其头寸在公司证券的出售或交换中获利。第10(b)条中没有类似的规定,我们进一步得出以下结论:该条仅针对通常与证券买卖有关的那种虚假陈述或欺诈行为,而不是针对公司事务的欺诈性管理,SEC规则10b-5仅向被欺诈的购买者或销售者提供保护。由于该上诉未能指出任何原告属于上述两个类别,因此地方法院的判决是正确的,所以本院予以确认。

案例原文①

二、适格的被告

根据我国现行证券法律之规定,欺诈客户的被告主要包括证券公司和证券登记结算机构两类。

证券公司是欺诈客户最常见的民事责任主体。《证券法》(2019)规定了证券公司7大业务,其中以证券经纪业务为首要业务。所谓经纪业务,简言之就是代理客户买卖有价证券的行为:证券公司通过其设立的证券营业部和在证券交易所的席位,接受客户委托,根据客户的要求代理后者买卖证券。在证券经纪业务中,客户是委托人,经纪商是受托人,经纪商须严格按照委托人的要求办理委托事务,包括严格按照委托人指定的证券、价格和有效时间买卖证券;即使是为维护委托人的权益而不得不变更委托人的指令时,也须事先征得委托人的同意。如果证券经纪商故意违反委托人的指示,在处理委托事务中使委托人遭受损失,须承担民事赔偿责任。在美国,立法规定与司法实践表明,对于欺诈主体是处于受信任地位的证券公司,法院将适用无过错原则追究其民事责任。② 为切实保护投资者合法权益,法院会有意淡化"欺诈"的核心要素即"知情",对欺诈进行推定,使证券公司在不知情状态下为一定行为也构成欺诈——"不知情"意味着无过错,但无过错却不能豁免证券公司的责任。与此同时,法院赋予证券公司多种抗辩事由以求利益平衡。首先,证券公司可提出投资者怠于行使权利、弃权或者

---

① Available at https://casetext.com/case/birnbaum-v-newport-steel-corp-2,2023-9-18.
② See SEC rule 15c1-2.

禁止反言等衡平法的抗辩。其次,按照联邦民事程序法的要求,投资者的诉请应当简明扼要地表明其有权获得救济,或者投资者应对欺诈情势进行详细说明。假如投资者不能详细陈述欺诈情势,那么这就成为证券公司的一个有效抗辩。① 再次,共同过错(in pari delicto)的抗辩。投资者作为原告,如果与证券公司存在共同过错,即应承担相应的责任,且其对证券公司欺诈提起的诉讼也将被法院驳回。但是,投资者的过错仅限于其故意和积极地参与欺诈行为,单单知晓证券公司的欺诈并不构成投资者的过错。② 最后,适当勤勉的抗辩(Due Diligence Defenses)。如果投资者未尽适当勤勉义务,那么即使遭受证券公司欺诈,也得不到证券法的保护。但鉴于在普通法故意欺诈的侵权诉讼中,原告的过失并不构成被告的抗辩,为避免投资者在证券欺诈诉讼中负有比在普通法侵权之诉下更严格的注意义务,美国最高法院对此抗辩作出限制,即被告仅在能证明投资者故意的情况下才享有此抗辩。③ 证券公司享有上述抗辩,意味着证券公司对欺诈客户承担的无过错责任并非绝对责任,而是严格责任。

证券登记结算机构也是《证券法》(2019)等所规定的欺诈客户民事责任主体之一。根据《证券登记结算管理办法》④规定,我国证券登记结算机构是为证券交易提供集中登记、存管与结算服务,实行行业自律的,不以营利为目的的法人(第4条)。证券登记结算机构是证券市场不可缺少的中介机构,在证券交易中处于重要地位,该系统运转好坏、效率高低、稳定程度,对证券市场安全、高效、有序运行有着极其重要影响,其设置必须经国务院证券监督管理机构批准。具体职能包括:证券账户、结算账户的设立和管理;证券的存管和过户;证券持有人名册登记及权益登记;证券和资金的清算交收及相关管理;受证券发行人的委托派发证券权益;依法提供与证券登记结算业务有关的查询、信息、咨询和培训服务;依法担任存托凭证存托人;中国证监会批准的其他业务(第9条)。所谓证券登记,是指对所有的进行交易的证券进行集中的登记,包括:(1)统一管理投资者证券账户,包括开立证券账户及证券账户的挂失、补发及修改开户资料;(2)上市证券的发行登记;(3)上市证券非流通股份的管理,包括股份的抵押、冻结及

---

① See The Federal Rules of Civil Procedure, Rule 8 and Rule 9 (b). ; Louis Loss & Joel Seligman, *Fundamentals of Securities Regulation*, 3rd ed., Little, Brown & Company Limited, 1995, pp. 1125-1127.

② 根据美国最高法院的观点,共同过错抗辩同样适用于联邦证券法的明示和默示诉讼,不管是撤销合同之诉还是损害赔偿之诉。See Louis Loss & Joel Seligman, *Fundamentals of Securities Regulation*, 3rd ed., Little, Brown & Company Limited, 1995, p. 1129.

③ See Louis Loss & Joel Seligman, *Fundamentals of Securities Regulation*, 3rd ed., Little, Brown & Company Limited, 1995, p. 1130; Dupuy v. Dupuy, 551 F. 2d 1005, cert. denied 434 U. S. 911 (1977).

④ 中国证券监督管理委员会令第197号于2022年5月20日公布,6月20日施行该规章,现行有效。

法人股、国家股权的协议转让过户;(4)股东名册管理。所谓证券托管,是指在证券登记结算机构,将股份进行托管。根据中国证券监督管理委员会的规定,凡申请在深圳证券交易所上市的公司必须在上市前到深圳证券登记有限公司托管其全部股份;凡申请在上海证券交易所上市的公司必须在上市前到上海证券中央登记结算公司托管其全部股份。集中托管服务包括以下几种情况:(1)上市证券的股份管理;(2)证券托管与转托管;(3)股东权益的派发;(4)配股股权的认购。所谓证券结算,是指证券结算机构通过与交易所、清算银行和结算会员的联网,对达成股票买卖交易的,以净额结算方式完成证券和资金收付。集中结算服务包括以下几种情况:(1)证券交易的清算过户;(2)证券交易的资金交收;(3)新股网上已发行的资金清算;(4)配股的资金交收。如果证券登记结算机构不根据法定要求执行上述职能时,投资者的利益就会遭受到损失。对于此种欺诈客户行为的认定,投资者必须举证证明证券登记结算机构存在上述不法行为,证券登记结算机构必须举证证明自己没有此种欺诈客户行为,否则即可认定其欺诈客户行为的存在,必须对投资者承担民事赔偿责任。

第十一章　内幕交易及其法律规制

美国是世界上最早制定禁止内幕交易成文法的国家,具体条文主要是《1934年证券交易法》第10(b)条、《1984年内幕交易制裁法》《1988年内幕交易与证券欺诈执行法》、SEC依据《1934年证券交易法》第10(b)条制定的规则10b-5和根据第14(e)条制定的规则14e-3。

我国从1993年的《股票发行与交易管理暂行条例》和《禁止证券欺诈行为暂行办法》(现已失效)到现行《证券法》,均将内幕交易列为明确禁止的行为。然而,迄今为止,我国资本市场中的内幕交易行为仍然是"市场监管的主要矛盾"。① 个中原因自是不少,但内幕交易立法的内在缺陷无疑是重要原因之一。②

第一节　内 幕 信 息

在判断一项证券交易行为是否属于内幕交易时,其前提和基础是如何认定内幕信息(Insider Information)。从国外的立法来看,美国联邦立法和SEC的相关规则中都未对内幕信息下定义,司法审判实践在判断内幕交易时考虑的核心要素包括非公开性(non-public)、重大性(materiality)两项。我国1993年《股票发行与交易管理暂行条例》第81条第15项对内幕信息进行了界定:"'内幕信息'是指有关发行人、证券经营机构、有收购意图的法人、证券监督管理机构、证券业自律性管理组织以及与其有密切联系的人员所知悉的尚未公开的可能影响股票市场价格的重大信息。"1993年国务院证券委员会发布的《禁止证券欺诈行为暂行办法》对内幕信息采取了内涵概括和外延列举的方法,其中第5条规定:"本办法所称内幕信息是指为内幕人员所知悉的、尚未公开的和可能影响证券市场价格的重大信息。"《证券法》(2019)第52条同样采取了内涵概括与外延列举并用的方法:"证券交易活动中,涉及发行人的经营、财务或者对该发行人证券

---

① 参见朱宝琛:《尚福林:打击内幕交易是当前证券监管执法重点》,载《证券日报》2010年7月22日。

② 不过,对内幕交易是否应该禁止,如需禁止应如何规制,等等,至今仍是法学界和经济学界热烈争辩的问题,美国学界在这方面的论著可谓汗牛充栋。仅举两例:Henry G. Manne, "In Defense of Insider Trading", 44 Harv. Bus. Rev. 113(1966);Kenneth E. Scott, "Insider Trading:Rule10b-5,Disclosure and Corporate Privacy", 9 J. Legal Stud. (1980)。

的市场价格有重大影响的尚未公开的信息,为内幕信息。本法第 80 条第 2 款、第 81 条第 2 款所列重大事件属于内幕信息。"一般认为,该定义含括了内幕信息的三个主要特征(或曰要素),即重大性、非公开性(秘密性)、确定性。

一、内幕信息的重大性

内幕信息具有重大性,是指该信息对证券的价格具有"重大"影响。因此,所谓内幕信息的"重大性",是从信息能产生的影响相关证券价格的程度来衡量的,是指该信息对该证券交易是重要的,一旦公开就会对其价格产生影响,因此重大性也可看作价格敏感性。例如,作为欧盟《禁止内幕交易和市场操纵(市场滥用)指令》(2003)的实施细则之一的《内幕信息定义与公开披露和市场操纵定义指令》规定:"如果该信息被公开,将很可能会对金融商品或金融衍生产品的价格产生重要影响",是指"一个理性投资者将很可能会将其作为投资决定基础的一部分";而一个理性投资者在作出投资决定时是否会考虑某些特定信息,应当根据该信息公开前的情形加以判断。这些可能会考虑的因素主要有:(1)系争事项或事件对整个公司活动所带来的预期影响;(2)信息与金融商品价格的主要决定因素之间的相关性;(3)信息来源的可靠性;(4)影响金融商品价格的市场变量(包括价值、收益、波动性、流通量、金融商品之间的价格关系、交易量、供给量、需求量等)。[1] 这里所列举的因素都是和价格相关的因而被称为价格敏感性(price sensitivity),以这种价格敏感性来界定"重大性"的标准就是所谓的"价格敏感性标准"。欧盟对内幕信息的"重大性"的认定采取的"价格敏感性标准",既对其内涵进行了界定,又列举了一系列可供考虑的因素种类,是值得借鉴的,尽管所列举的因素种类可能是不周全的。

日本《金融商品交易法》(2006)对内幕信息的"重大性"的界定更为宽泛,根据该法第 166 条第 1 款之规定,所谓"内幕信息指上市公司有关业务的重要事实。"这些"重要事实"和上市公司业务有关,而不仅仅是价格,属于定义中的内涵概括;该法第 166 条第 2 款则对概念的外延进行了列举:"前项中规定的有关业务的重要事实是指如下事实(第 1 号、第 5 号及第 6 号所列事实中,对投资者的投资判断影响轻微而不符合内阁府令规定的标准者除外)……"此外,"根据大藏省第 10 号法令,如果某项事实对投资者决策不会产生实质性影响,则应当从《金融商品交易法》所列的重要事实中排除"。[2] 这些规定是对重要性因素的列举,

---

[1] R. M. Jonathan, P. M. Geoffery & L. M. Mark et al., "Lessons from Financial Economics: Materiality, Reliance, and Extending the Reach of Basic v. Levinson", 77 *Virginia Law Review* 1017 (1991).

[2] 资料来源:https://www.japaneselawtranslation.go.jp/ja/laws/view/3986,访问时间:2023-9-18。

就属于"重大性"的外延(范围)部分。

《证券法》(2019)对内幕信息"重大性"认定的双重标准,兼采"价格敏感标准"和"理性投资者标准",但主要是"价格敏感性标准"。现行仍然有效的《股票发行与交易管理暂行条例》(1993)第 81 条第 15 项将内幕信息的重大性描述为"可能影响股票市场价格"。2010 年证监会等部门《关于依法打击和防控资本市场内幕交易意见的通知》指出,"内幕信息,是指上市公司经营、财务、分配、投融资、并购重组、重要人事变动等对证券价格有重大影响但尚未正式公开的信息。"同样是将内幕信息的重大性描述为"对证券价格有重大影响"的。然而,《证券法》(2019)第 52 条第 2 款又规定,"本法第 80 条第 2 款、第 81 条第 2 款所列重大事件"属于"内幕信息";而根据对第 80 条第 2 款的规定所列举的 12 项"重大事项"以及第 81 条第 2 款的规定所列举的 11 项"重大事项"的分析,则可知《证券法》(2019)对内幕信息的"重大性"同时也采取了"理性投资者标准"。

《证券法》(2019)对内幕信息"重大性"认定的双重标准,在中国证监会所发布的规范性文件都有所体现。例如,《上市公司信息披露管理办法》(2021)①第 22 条采用了"价格敏感性标准",第 5 条第 1 款和第 12 条第 1 款采用的是"理性投资者标准",即"凡是对投资者作出价值判断和投资决策有重大影响的"。此外,在《公开发行证券的公司信息披露内容与格式准则第 57 号——招股说明书》(2023)第 3 条、《首次公开发行股票注册管理办法》(2023)第 41 条,则都是采用"对投资者作出价值判断和投资决策有重大影响"的"理性投资者标准"。中国证监会在实施行政处罚时,也根据具体案情,对于内幕信息"重大性"的认定要么采取"价格敏感性标准",要么适用"理性投资者标准"。例如,中国证监会在李际滨、黄文峰内幕交易案的行政处罚书中指出:"上市公司未公开的对外股权投资分红方案是否属于内幕信息,应根据该项股权投资在上市公司整体资产、营业收入、利润构成中共所占的比重、投资者对该分红方案的预期以及该分红方案与上市公司股票价格变动的相关程度等因素综合判断。"由于"与上市公司股票价格变动的相关程度"只是考虑内幕信息的众多因素之一,这在某种程度上更接近于"理性投资者标准",因为它考虑的是影响投资者决策的因素。司法实践可参看后文【中国案例】。

表面看起来,"理性投资者标准"和"价格敏感性标准"是两种不同的认定标准,但本质上是相同的,因为"对证券价格产生重大影响的信息也不可避免地会影响到投资者的投资决策,反之对投资者的投资决策有重大影响的信息也往往

---

① 《上市公司信息披露管理办法》(中国证券监督管理委员会令第 182 号)于 2007 年发布,2021 年修订,现行有效。

会影响证券市场价格"。① 如果一个信息被认为很可能影响证券市场价格,那么这必定会成为一个理性投资者在做出投资决策时的重要考虑因素。此外,在一个市场有效、监管健全的证券市场中,投资者决策与证券价格之间并不存在冲突或对实际适用存在不同含义,它们仅仅是从不同的角度关注和强调同一个问题。例如,欧盟《内幕信息定义与公开披露和市场操纵定义指令》第 1 条 b 款规定,"《反市场滥用指令》第 1 条第 1 款所述的'信息一旦公开,可能对金融工具或相关衍生性金融商品的价格有重大影响'一节,应指理性投资人可能用于做出投资决策的信息。"

基于上述认定"重大性"的实质同一的内涵概括标准,再来列举内幕信息的外延就是妥适的。综合各种考虑因素,可将内幕信息大体分为两类:一是公司自身信息,即与具体公司的自身决策、财务、运营相关的重大事实,诸如经营业绩、财务状况、重大诉讼等。在欧盟,此种内幕信息称之为直接与金融工具发行人或者金融工具有关的信息,具体包括但不限于:盈余分派、增减资的决定、新技术或产品的研发、经营阶层或审计人员的改变、买回股份计划、股份赎回或转换等。②二是公司外部信息,包括影响特定证券供求关系的市场信息、影响全体市场主体的信息等,前者如大型机构投资者对特定证券的购买、投资建议等,后者如国家税收政策的变化、利率的变动等。在欧盟,此种内幕信息称为间接与之相关的信息,学者称之为"影响市场全体的消息"③,包括产业的成长率、研究评级报告的发表、政府有关税收的决定、中央银行对利率的调整等。④

【中国案例】

徐某、尤某某内幕交易案(2022)⑤

依据我国《证券法》(2014)的有关规定,中国证监会对徐洪、尤立峰内幕交易行为进行了立案调查……

经查明,徐洪、尤立峰存在以下违法事实:

---

① 〔美〕路易斯·罗思、乔尔·赛里格曼:《美国证券监管法基础》,张路等译,法律出版社 2008 年版。

② Market Abuse Directive Level 3—second set of CESR guidance and information on the common operation of the Directive to the market.

③ N. Moloney, *EC Securities Regulation*, Oxford University Press, 2002, p. 753.

④ E. E. Avgouleas, *The Mechanics and Regulation of Market Abuse: A Legal and Economic Analysis*, Oxford University Press, 2011, p. 257.

⑤ 参见中国证监会行政处罚决定书(徐洪、尤立峰)(〔2022〕23 号)。

一、内幕信息形成、发展过程

唐某1实际控制微创(上海)网络技术有限公司(以下简称"微创网络"),知道徐洪是上市公司天津鑫茂科技股份有限公司(以下简称"鑫茂科技")的董事长、实际控制人,想和徐洪谈收购事宜。徐洪认为微创网络是很好的收购标的,鑫茂科技和微创网络的重组可以助力上市公司的发展。2016年9月,徐洪开始与唐某1接触讨论鑫茂科技与微创网络重组。2016年9月6日,徐洪、鑫茂科技时任监事会主席宋某、董事兼副总经理倪某强与唐某1在微创网络办公地见面商谈。初步方案是唐某1和徐洪成立并购基金收购微创网络股权后,再装入鑫茂科技。

徐洪联系时任广州证券员工唐某2帮忙对接资金,唐某2做了初步并购基金方案并安排下属程某寅联系优先级资金。唐某2介绍徐洪与浙银俊诚(杭州)资产管理有限公司(以下简称"浙银俊诚")股东刘某军、总经理王某、副总经理袁某见面,由浙银俊诚提供并购方案,项目组成员包括袁某、章某海、陈某,唐某2安排助理李某萱与陈某对接。2016年10月20日,陈某向王某、袁某邮箱发送邮件,内容包含鑫茂科技并购基金业务时间进度表和资料清单。

2016年10月25日至11月7日,曹某桢、倪某强、宋某、邢某梅、唐某2、李某萱、陈某、王某、袁某等人之间邮件发送微创网络资料、企业征信报告及中征码信息等资料。

2016年11月25日,李某萱发送邮件抄送唐某2,内容包含微创网络产业并购基金方案交易结构,交易结构中承担无限连带差额补足义务人为鑫茂科技实际控制人徐洪。12月12日,王某向陈某邮箱发送评估报告。

2016年12月22日,徐洪、倪某强、朱某涛带章某海、陈某、马某伟到微创网络尽职调查。

2017年2月6日,浙银俊诚尤某文给浙商银行总行黄某发名为"西藏金杖并购基金(微创网络)"的邮件,将方案正式上报总行。"西藏金杖并购基金1号"项目书中写明,差额补足义务人为徐洪,项目总规模2亿元,收购微创网络40%的股权。退出方式包括:(1)上市公司收购退出,即鑫茂科技择机通过现金收购或者定向增发方式收购本基金投资的项目公司;(2)并购基金存续届满,若微创网络未上市成功或通过其他方式退出,由西藏金杖承诺购回股份;(3)鑫茂科技实际控制人徐洪提供差额补足义务。

2017年2月20日,应徐洪要求,唐某1派微创网络总裁邢某新参加浙商银行总行面签,倪某强、朱某涛同去杭州,朱某涛告诉邢某新,徐洪想成立并购基金收购微创网络,之后再装入鑫茂科技。3月7日左右,因徐洪信用担保能力不足,微创网络并购基金项目被否。

浙银俊诚设立的微创网络并购基金被否后,徐洪让唐某2联系其他渠道继续推进成立并购基金,唐某2联系了尤立峰,尤立峰介绍了资金中介董某颖。唐某2让程某寅联系董某颖,继续推进鑫茂科技成立并购基金收购微创网络,2017年4月14日,程某寅给董某颖、李某萱、唐某2邮箱发送邮件,董某颖未答复。

2017年5月17日,李某萱给唐某2、程某寅、王某汉发送邮件,内容包含鑫茂科技产业并购基金合作协议、调整后的测算结构。5月19日,唐某1与徐洪见面讨论微创网络估值。

2017年5月24日,鑫茂科技停牌公告称"控股股东正在筹划与公司相关重大事项"。8月8日,鑫茂科技发布《召开股东大会审议继续停牌相关事项》公告,称重大资产重组标的为微创网络,公司以自有或自筹资金收购标的公司10%股权,同时通过发行股份收购标的公司90%股权,并募集配套资金。2017年11月24日,鑫茂科技公告复牌,以1000万元保证金收购微创网络10%的股权,并称将继续推进本次重大重组事项。

微创网络100%股权作价9.018亿元,占鑫茂科技最近一期经审计的净资产17.27亿元的52.22%。鑫茂科技收购微创网络股权事项,属于《证券法》(2014)第67条第2款第2项列举的"公司的重大投资行为和重大的购置财产的决定",在公开前属于《证券法》(2014)第75条第2款第1项规定的内幕信息。……

二、内幕信息的秘密性

内幕信息具有秘密性,又称为"非公开性",是指信息不为投资公众所知,或经合法渠道无法获取该信息。

在我国,判断信息公开与否主要是从形式意义上的公开来界定的,即信息披露义务人按照法律的要求将重大信息向证券管理机构和社会公众报告或公告,包括将该信息刊载于证券管理机构指定的报刊上或置于发行人及证券承销机构的营业地和证券管理机构供投资人查阅。在进行具体判断时,主要考虑公开的主体、方式、时间三项法定要件。

在信息公开的主体方面,主要是指上市公司主体[①],即内幕信息必须由上市公司通过向证券监管机构或证券交易所申报,或在法定报刊、网站上刊登或召开新闻会议等形式公开,此种观点为多数国家或地区证券立法采用。但根据有效市场理论,信息虽不是由上市公司公开,但实际已在市场上公开,应当不再属于"内幕信息"的范畴。有效市场理论是对上市公司主体说在个别例外情形所作的修正和调整,使内幕信息的界定更为准确、科学。《证券法》(2019)第78条规定:"发行人及法律、行政法规和国务院证券监督管理机构规定的其他信息披露义务

---

① 谢非:《禁止证券内幕交易立法若干问题的探讨》,载《当代财经》1998年第7期。

人,应当及时依法履行信息披露义务。信息披露义务人披露的信息,应当真实、准确、完整,简明清晰,通俗易懂,不得有虚假记载、误导性陈述或者重大遗漏。"从中可以看出,我国采取的是上市公司主体说,即认为必须由上市公司经法定程序公开才达到了信息公开。

关于公开的方式,当前各国或地区的立法普遍采取的公开方式为:(1)以新闻发布会的形式公布;(2)通过全国性的新闻媒介,通常是由各个国家证券主管部门指定的信息披露报刊、网站公布。《证券法》(2019)第86条规定:"依法披露的信息,应当在证券交易场所的网站和符合国务院证券监督管理机构规定条件的媒体发布,同时将其置备于公司住所、证券交易场所,供社会公众查阅。"

关于公开的时间,有效市场理论学说提出了"市场消化说",作为信息公开时间的判断标准。其理由是,市场对消息都有一个或长或短的消化期。只有当某项信息对市场产生实际有效的影响时,该信息才算达到了公开。这样规定显然在于尽可能地保护一般投资者而限制有关内幕人员的不当交易行为。根据这种观点,如果公司在有关的指定报刊公布了公司的有关信息,这种信息由于尚未被市场消化,因而仍未达到公开,其内幕信息的性质并未得到即时的消除。因此,有关的内幕人员仍不得以此为由进行相关证券的交易。只有等到消息公开后的一定时间,市场已经消化了信息,该信息才算公开,有关的内幕人员才能进行交易。知悉该信息的人员利用该信息在其被广泛的投资者知悉、消化之前,提前买入或卖出相关的证券,其行为仍构成内幕交易。因此,该消化期长短的确定就成为衡量信息是否公开的关键所在。① 一般是采取拟定一段合理期间的办法解决,美国法律协会草拟的《联邦证券法》第202条(64)规定,当公司公布重要信息一周后,该信息可视为被市场充分消化,任何内幕信息的掌握者必须在内幕信息公布一周后才可在市场上买卖相关股票。②

我国最高人民法院、最高人民检察院发布的《关于办理内幕交易、泄露内幕信息刑事案件具体应用法律若干问题的解释》(法释〔2012〕6号,以下简称《解释》)第5条从内幕信息的"形成之时"(第2、3款)和"公开之时"(第4款)两方面对是否公开进行了界定。

对于内幕信息的"形成时间",该《解释》规定了两个标准:一是第5条第2款规定的"重大事件""计划、方案""政策、决定"等的形成时间,这是内幕信息形成

---

① 此种观点和消化期确定参见罗怡德:《证券交易法——禁止内幕人员交易》,黎明文化事业公司1991年版,第61—64页;胡光志:《内幕交易及其法律控制研究》,法律出版社2002年版,第66—71页;杨亮:《内幕交易论》,北京大学出版社2001年版,第192—195页;贺绍奇:《"内幕交易"的法律透视(理论研究与案例分析)》,人民法院出版社2000年版,第31页。

② 郭锋:《内幕交易民事责任构成要件探讨》,载《法律适用》2008年第4期。

的一般标准;二是第 5 条第 3 款规定的"动议、筹划、决策或者执行"初始时间,这是内幕信息形成的特殊标准。该《解释》和《证券法》(2019)第 52 条、第 80 条第 2 款、第 81 条第 2 款一样,都采取的是列举加兜底的模式。之所以如此,是因为"内幕信息形成时间"的列举不可能穷尽各种情形,需要采取兜底条款以弥补列举式可能的遗漏,但兜底条款本身只能是模糊而宽泛的。例如,《证券法》(2005)第 75 条的兜底条款规定"国务院证券监督管理机构认定的对证券交易价格有显著影响的其他重要信息"(现已删除),意味着内幕信息的秘密性是依附于该信息是"重大"的;但"重大性"标准本身却存在争议,使得该兜底条款成为一纸具文。此外,将内幕信息形成的"动议、筹划、决策或者执行"的初始时间作为特殊标准,但诸如"动议""筹划""决策""执行时间"等本身仍是模糊不明确的。

我国涉及内幕信息公开性规定的主要有《证券法》(2019)第 86 条、《上市公司信息披露管理办法》(2021)第 8 条、《证券市场内幕交易行为认定指引》(现已失效)第 11 条,以及《解释》第 4 条和第 5 条第 4 款。这些法律、行政法规、部门规章、司法解释对于内幕信息之公开性认定的标准呈现出形式标准与实质标准两种模式的共存态势。所谓形式标准,指的是内幕信息的公开需要具备一定的法律形式才能认定为信息公开;所谓实质标准,指的是信息是否公开,以市场实际消化为准。显然,《证券法》(2019)第 86 条确立的是内幕信息的形式标准。《上市公司信息披露管理办法》第 8 条采用的也是形式标准。《证券市场内幕交易行为认定指引》第 11 条是两种标准的共存:其中,"中国证监会指定的报刊、网站等媒体披露""被一般投资者能够接触到的全国性报刊、网站等媒体揭露",属于形式标准;"被一般投资者广泛知悉和理解"属于实质标准。《解释》第 5 条第 4 款明确表明内幕信息公开采取形式标准,内幕信息只要在国务院证券、期货监督管理机构指定的报刊①、网站等媒体披露即为公开,行为人在内幕信息公开后进行相应的交易不构成内幕交易罪。但第 4 条第 3 项中内幕交易豁免条款规定"依据已被他人披露的信息而交易",以及第 4 条第 4 项"交易具有其他正当理由或者正当信息来源"与第 5 条第 4 款所确立的形式标准存在矛盾之处。"依据已被他人披露的信息而交易"中的"他人"并不等同于指定的报刊、网站等媒体,即《解释》在明确规定内幕信息公开性的形式标准时,同时又认可了其他标准(不仅仅是实质标准)。

同立法对内幕信息形成时间的认定标准多元化一样,我国证监会发布的行

---

① 这里的"报刊"是指所谓的"七报一刊":《上海证券报》《中国证券报》《证券时报》《金融时报》《经济日报》《中国改革报》《中国日报》以及《证券市场周刊》。

政处罚决定书对内幕信息的形成时间的认定同样是不唯一的,甚至是自相矛盾的。① 例如,在江阴市九润管业有限公司内幕交易案(2017)②中,证监会认定内幕信息形成的时间为不晚于12月22日,但是在处罚决定书中又认为"12月22日内幕信息最终形成,12月16日是内幕信息形成过程之中的一天,内幕信息知情人任向东将此时与第三方签订大宗交易合同解释为按照事先计划交易,没有说服力"。那么,内幕信息的形成时间究竟是22日还是16日呢? 而且,如果把"不晚于+时间"的形式解释为包括当日或者当日以前的时间,那么内幕信息形成就不具有确定性了。如果认为"不晚于+时间"的形式,只需判断交易行为属于内幕形成时间段内而不是时间点的话,对于本案来说也是不合理的:16日关系到该日行为的定性,而证监会确定不晚于22日为"内幕信息形成时间",那么22日之前行为的判断既可以是属于也可以是不属于内幕信息形成时间内的。又如,在沈忧内幕交易珠海世纪鼎利通信科技股份有限公司股票案(2017)③中,证监会采取形式主义认定标准,认定该案内幕信息形成于2014年3月18日双方签订保密协议之日;但事实上,在11日双方已经表达并购意向并且同意继续商谈,该重大事项已经被确定,因而该日应认定为内幕信息的形成时间。再如,在薛兵元内幕交易恒康医疗集团股份有限公司股票案(2017)④中,证监会同样以"双方签署协议(2013年1月10日)"的形式主义标准来认定内幕信息的形成;实际上,2012年11月双方收购意向已经确定,因而应认定为内幕信息的形成时间,而不是双方签署协议的2013年1月10日。

  同样的,司法实务对于内幕信息的公开性标准也是多元化的。⑤ 例如,光大证券内幕交易案(2014)⑥中,北京市第一中级人民法院认为:"内幕信息以媒体揭露的方式公开应至少满足三个要件:第一,相关媒体报道能够为市场主体所广泛周知;第二,媒体所揭露的信息具有完整性,即已经包含内幕信息的主要内容,从而使理性的市场主体能够就其可能产生的市场影响进行综合判断;第三,理性的市场主体能够相信相关媒体揭露的信息具有可靠性。"这三个要件是对形式主义和实质主义两大模式的杂糅:实质上承认实质性的公开方式(即市场是否实际

---

  ① 证监会的行政处罚决定书表明,内幕信息形成时间主要有以下五种模式:"形成不晚于+时间""敏感期为+时间+至+时间""于+时间+形成""形成于+时间""起点为+时间"。参见黄伟文、李晓郭:《内幕信息秘密性要素的探讨》,载中国私法网,http://www.privatelaw.com.cn/Web_P/N_Show/?PID=12494,访问时间:2023-9-18。
  ② 中国证监会行政处罚决定书(江阴市九润管业有限公司、任向东)〔2017〕11号。
  ③ 中国证监会行政处罚决定书(沈忧)(〔2017〕28号)。
  ④ 中国证监会行政处罚决定书(薛兵元)(〔2017〕91号)。
  ⑤ 法院的判决文书,对内幕信息形成时间的表述主要有3种:内幕信息的"敏感期为+时间+至+时间""起点为+时间""形成的起始时间为+时间"等。
  ⑥ 北京市第一中级人民法院行政判决书(2014)一中行初字第2441号。

消化),但在一定程度上又没有放弃形式标准。

为了纠正上述立法和实务中的不足,学者们提出以下相应的完善建议:一是统一内幕信息形成时间的表述,即"内幕信息形成于+时间",包括时间当日(因为"形成于"的含义是"不晚于""不迟于"),即从当日起内幕信息形成,在此时间前进行的交易行为不构成内幕信息。二是采行实质主义认定内幕信息的形成时间,即"内幕信息形成过程中的某事项是否已经进入一定的实质性操作阶段并且具有很大的实现可能性";"实质性操作阶段"是指"很大的实现可能性",指的是重大事项最终实现的概率,对其判断应立足于内幕信息的形成过程之中,主要因素包括但不限于:双方交易主体的身份及关系、会议的性质、公司背景、从业经验、交易行为等。三是确立"主体二元论"的内幕信息公开性标准,即根据主体与公司的关系或者身份的不同来认定内幕信息的公开标准。因为,在一般的正常情形下,公司员工基于其所处的公司职务、接触的人员、获取的文件、举行的例会、工作的环境等诸多便利,其获取内幕信息的可能性较大;而一般投资者往往缺乏上述优势地位或便利条件,其获悉内幕信息的可能性当然就比较低,因而这两种不同类型的主体应作严格区分,并设定不同的内幕信息公开标准:对于一般投资者采取形式标准,对于公司员工采取实质标准。[①]

三、内幕信息的确定性

对于"确定性"是不是内幕信息的一个独立要素,目前世界各国或地区立法有不同的立法模式。欧盟、中国香港和台湾地区等主张内幕信息的三要素是秘密性、重大性和确定性,确定性是独立于"重大性"的构成要素。而美国等司法实践通常将"确定性"作为内幕信息"重大性"的下位子要素,不承认其本身和"重大性"相并列。学术上将这两种不同的做法称为"并入式"模式和"并列式"模式,实际上,无论是哪种模式,都要考虑内幕信息的确定性问题。

对内幕信息采取"并列式"模式的立法,主张"确定性"应当独立为一个要素。例如,欧盟1989年《反内幕交易指令》[②]第1条规定:"内幕信息是指任何准确的,尚未公开的,直接或间接地与一家或几家金融工具的发行人或者与一项或多项金融工具有关的信息。如果该信息被公开,则可能对金融工具的价格或相关的金融衍生产品的价格产生重大影响。"欧盟对内幕信息的"准确性"要求,其目的主要是将纯粹的谣言(rumors)、专家意见(option)、投机(speculation)等加以

[①] 对于公司员工而言,行政机关或者司法机关拥有判定内幕信息是否公开的权力,同时一定程度上考虑案件的复杂情况;对一般投资者适用形式标准,即当内幕信息在指定的报刊、网站等上公开时,证券市场即在指定的期限内停牌;在停牌时间段内,相应的交易并不能实施,直到复牌之日。在停牌的时间段内,一般投资者基于这一时间段了解、获取相应的信息,直至内幕信息公开。

[②] Council Directive 89/592/EEC of 13 November 1989 coordinating regulations on insider dealing.

排除。① 欧盟委员会指出,如果信息显示了一系列存在或者可以合理预期会发生的情况,或者显示了已经发生或者可以合理预期会发生的事件,并且该信息足够特定,以至于能够由之得出该系列情况或者该事件对于金融工具或者金融工具衍生产品的价格可能产生的影响的结论,那么该信息就符合"准确性"的要求。② "特定"仅仅是指对一个事实的性质有相当准确的把握,并不要求对该信息所涉及的所有方面均要有所了解。例如,对于一个分红的事实而言,仅需要确定分红是必定执行的或者可以合理地认为是要执行的即可,而不需要对分红的时间、数额等细节有全面的了解。

到了2002年,欧洲证券管理者委员会(Committee of European Securities Regulators,CESR)③提交给欧盟委员会关于拟议中的《反市场滥用指令》(Market Abuse Directive)实施细则的建议④中的第19段提出了判断某信息是否具备"准确性"应当考虑的两个因素:(1)信息所指的事件或事项是真实的,或依据合理推断在将来会成为事实;(2)信息必须足够具体,以至于能够得出该信息将影响证券价格的结论。⑤ 在第18段中,欧洲证券管理者委员会承认,准确性和可能对金融工具价格的重大影响性彼此之间是紧密相连的,每个要件的特点对评估另一个要件发挥着重要作用,但同时认为分开对它们进行单独确认也是可能的。2007年7月,欧盟证券管理者委员会又颁布了《关于共同实施反市场滥用指令的指引和信息》(CESR/06-562b),重申内幕信息的准确性和价格影响性是紧密联系在一起的,并且应将两项标准综合考量;在判断一些情况是否存在,以及一个事件是否发生时,重要的是是否有扎实而客观的证据来证明,目的是将其与谣言和猜测相区别。⑥ 欧盟之所以要求内幕信息具备"准确性",是要达到两个目的:第一,内幕信息必须具备真实性,即必须包含客观存在的信息元素,从而使内幕信息与谣言、传闻、主观推断和臆测等相区别;第二,内幕信息的内容必

---

① Judgment of Apr 18 1979, Trib, gr, inst., Fr., 1980 JCP II NO. 18789 (1st case). 但是,哥本哈根大学金融市场法学教授、欧洲证券及市场监管局咨询小组成员(ESMA Stakeholder Group)Jesper Lau Hansen先生在2011年11月于北京举行的"中欧内幕交易监管执法国际研讨会"上的发言中特别指出该信息也许是不确定的。

② Article 1 of Commission Directive 2003/124/EC of 22 December 2003.

③ 2011年1月1日被欧洲证券及市场管理局(European Securities and Markets Authority,ESMA)取代。

④ CESR's Advice on Level 2 Implementing Measures for the Proposed Market Abuse Directive.

⑤ 原文如下:In deciding whether a piece of information is precise, the following factors are to be taken into consideration: A. The underlying matter or event to which the information refers is true or could reasonably be expected to become true in the future; B. The information is specific enough to allow a conclusion to be drawn about its impact on prices.

⑥ The Committee of European Securities Regulators, Market Abuse Directive: Level 3—second set of CESR guidance and information on the common operation of the Directive to the market, para1. 3～1. 5.

须达到足够程度的具体明确性,从而能够据其得出其将影响证券价格的结论。

英国 1993 年《刑事审判法》(Criminal Justice Act 1993)第 56 条[①]将"内幕信息"界定为:(a) 与某证券、某证券的发行人或一些证券的发行人有关的,并与其他证券或其他的证券发行人无关;(b) 具体且准确;(c) 没有被公开;(d) 以及如果被公开,可能会对证券的价格造成重大影响的信息。其中(b)项就要求内幕信息具备"具体"和"准确"的特性,英国财政部给出的理由是,加上"具体"和"准确"这两个词是为了将谣言等排除在内幕信息之外。

我国台湾地区"证券交易法"(2010)第 157 条之一规定:下列各款之人,实际知悉发行股票公司有重大影响其股票价格之消息时,在该消息明确后,未公开前或公开后十八小时内,不得对该公司之上市或在券商营业处所买卖之股票或其他具有股权性质之有价证券,自行或以他人名义买入或卖出……第一项所称有重大影响其股票价格之消息,指涉及公司之财务、业务或该证券之市场供求、公开收购,其具体内容对其股票价格有重大影响,或对正当投资人之投资决定有重要影响之消息;其范围及公开方式等相关事项之办法,由主管机关定之。规定内幕人在"该消息明确后,未公开前或公开后十八小时内"不得交易就是对"明确性"的要求。[②] 我国台湾地区"金融监督管理委员会"指出,参考欧盟的《反市场滥用指令》加入"明确性"要件,其目的在于"为使重大消息之定义更完备,与欧盟市场滥用指令之规范一致",同时将已在司法实务中普遍采用的"美国法院'发生的机率及影响程度'作为重大消息判断标准"。[③] 欧盟的《反市场滥用指令》第 1 条规定,所谓内线交易是指直接或间接与一个或数个金融商品的发行人,或一个或数个金融商品有关的未公开消息,该信息具有明确性,且其若被公开,则将对

---

① 原文为:(1)For the purposes of this section and section 57, "inside information" means information which: (a)relates to particular securities or to a particular issuer of securities or to particular issuers of securities and not to securities generally or to issuers of securities generally; (b)is specific or precise; (c)has not been made public; and (d)if it were made public would be likely to have a significant effect on the price of any securities. Available at http://www.legislation.gov.uk/ukpga/1993/36/section/56, 2023-5-30.

② 在我国台湾地区"金融监督管理委员会"订立的"重大消息范围及其公开方式管理办法"中,为了判断消息自何时起方具有"重大性",在第 5 条中规定了"消息成立时点"为事实发生日、协议日、签约日、付款日、委托日、成交日、过户日、审计委员会或董事会决议日或其他足资确定之日,以日期在前者为准"。但上述涉及重大消息成立时点的规定,系依授权制定的行政命令,而法院依据法律独立审判,并不全受该行政命令拘束;可是"证券交易法"条文中并没有重大消息"成立"的明示,因而在审判中引发了重大消息"成立时点"是否为判断内线交易成立的前提或构成要件的争论。然而,司法实务的主流做法是认为内幕交易案件应就重大消息认定成立时点。例如,有法院认为内幕交易应"以重大消息成立为构成要件,在未正式成立前,纵有公司负责人因职务关系,而因掌控公司董监事,能事先预测重大消息,同时利用重大消息成立前,买卖股票获利",也不构成犯罪。参见台湾地区"高等法院"2002 年度上诉字第 1399 号刑事判决、台北地院 2000 年度诉字第 1508 号刑事判决。

③ 我国台湾地区"金融监督管理委员会证券期货局":《内线交易法规最新修正内容之重点与说明》。

金融商品或其相关的衍生性金融商品的价格产生重大影响。我国台湾地区增加"明确性"的理由,以欧盟为例提出了三个判断标准:(1)有可靠且客观存在的事证来证明该信息并非谣传;(2)如果该信息涉及一段过程,过程中又有不同阶段,则每一阶段或整个过程都应被视为具有性质明确的信息;(3)资讯不需要包括所有相关信息才能被视为明确,也就说是,如果该消息具有"足够之具体性",足以令人就该整个事件或者单一事件对金融商品或者相关的衍生性金融商品的价格可能产生的影响作出结论时,就是明确的消息,但是纯粹的谣言和过早的信息等均不在其列。在司法实务中,我国台湾地区"最高法院"100年度台上字第1449号判决曾指出:所谓"获悉发行股票公司有重大影响股票价格之消息",是指获悉在某特定时间内必成为事实之重大影响股票价格之消息而言,并不限于获悉时该消息已确定成立或为确定事实为必要。也就是说,认定行为人是否获悉发行公司内部消息,应就相关事实之整体及结果进行观察,不应仅仅机械地固执于某特定且具体确定之事实发生时点。评价信息是否具有明确性时,一方面须考虑一项关于特定性之重要因素,是否有一稳固与客观之证据使其可与市场谣言或推测不相同;另一方面应考虑是否合理投资人得有信心地决定,该消息一旦公开后,将如何影响相关金融工具之价格,以及是否该涉案消息可能在市场上很快地被利用,即一旦知道该消息,市场参与者将基于该消息而进行交易。①

我国香港地区 2012 年修订的《证券与期货条例》(Securities and Futures Ordinance,SFO)②第 245 条对内幕信息作了如下规定:"内幕消息(inside information)就某法团而言,指符合以下说明的具体消息或资料——(a)关于——(i)该法团的;(ii)该法团的股东或高级人员的;或(iii)该法团的上市证券或该等证券的衍生工具的;及(b)并非普遍为惯常(或相当可能会)进行该法团上市证券交易的人所知,但该等消息或资料如普遍为他们所知,则相当可能会对该等证券的价格造成重大影响;"(由 2012 年第 9 号第 5 条增补)根据香港内幕交易审裁处所采纳的既成案例标准,"具体的"信息应该是具指向性的、可辨别的、不含糊的表述。③ 而《内幕消息披露指引》根据对司法实践的总结,对"具体的"信

---

① 我国台湾地区关于内幕交易的法律规定主要集中在 2010 年修订的"证券交易法"第 157 条之一和第 171 条,以及"证券交易法实施细则"和"证券交易法"第 157 条之一第 5 项及第 6 项"重大消息范围及其公开方式管理办法"。

② 原文如下:inside information, in relation to a corporation, means specific information that-(a)is about- (i)the corporation; (ii)a shareholder or officer of the corporation; or (iii)the listed securities of the corporation or their derivatives; and (b)is not generally known to the persons who are accustomed or would be likely to deal in the listed securities of the corporation but would if generally known to them be likely to materially affect the price of the listed securities; (Added 9 of 2012 s. 5). Available at https://www.elegislation.gov.hk/hk/cap571. 2023-3-7.

③ 田冰川、曹硕主编:《香港上市公司监管案例评析及合规指南》,法律出版社 2007 年版,第 595—601 页。

息做了不完备的列举：(1) 该等消息或者资料可予以识别、界定以及以毫不含糊的方式表达。诸如公司事务的消息或资料如已包含某项交易、事件或事宜的细节，或建议交易、事件或事宜的细节，将该交易、事件或事宜识别出来，并以条理清楚的方式描述并使人了解其性质，就属于充分具体。① (2) 该等消息或资料（交易、事件或事宜）无须包含所有精准确切的细节或详情，即使该消息或资料的本质并不明确而是可能非常广泛的，尚有空间（甚至巨大空间）补充进一步的细节，但仍可被视作具体的。② 例如，某公司正面对财政危机，或某公司正考虑在短期内配售股份，即使详情并未知悉，仍会被视为具体消息。不过，具体消息或资料有别于纯属谣传、不明确的希望及忧虑，以及无凭据的臆测。③ (3) 考虑进行的交易或处于初步阶段的商议的消息或资料可属于具体的消息或资料，但不明确的希望以及一厢情愿的想法则不属于具体消息或资料。即使某宗交易仅在考虑或商议过程中，以及仍未达成任何正式或非正式的最终协议，并不一定代表有关考虑采取的行动或商议的消息或资料是不具体的；但不明确地希望或一厢情愿地猜想某宗交易将会发生或达成结果则不算。某项建议不论被描述为仍在考虑当中或仍处于初步商议阶段，都应具备较多实质内容，而非仅处于不明确的交换意见或"渔翁撒网式的打探"阶段，否则不能构成具体消息或资料。如果已经展开商议或接触，该等商议应大体上反映商业实况，以及已超出纯属试探性质，并达到较为确定的阶段，各参与方均有意怀着切实可行的想法，为达成可识别的目标进行商议。④ 审裁处认为，具体的消息必须与纯粹的谣言、不明确的希望和担忧以及未经证实的猜想作区分。"具体的消息"不以该消息的确切性为前提。认定一消息是否为具体的消息，法庭必须客观地考虑，法庭可以评估该消息是否会令该证券的价格发生不是无关紧要的变动，从而协助认定该消息是不是具体的消息。该消息影响证券价格的可能性越高，其为具体的消息的可能性就越大。因此，在特定案件中，有证据表明该消息公之于众后，证券价格受到了影响，那么该消息很可能被认定为属于具体的消息。

上述将"确定性"与"重大性"分别进行单独考量，并且需要分别对二者作出

---

① 《内幕交易审裁处有关益通国际集团有限公司的研讯报告书》(2004年4月2日及2004年7月8日)，第58—59页。
② 《内幕交易审裁处有关大众国际投资有限公司的研讯报告书》(1995年8月5日)，第235—236页。
③ 《内幕交易审裁处有关汇汉控股有限公司的研讯报告书》(2006年9月8日及2006年12月14日)，第20—21页。
④ 《内幕交易审裁处有关益通国际集团有限公司的研讯报告书》(2004年4月2日及2004年7月8日)，第60—61页。

认定结论的做法,学者概括为"独立模式"。① 然而,"确定性"的认定本身是一个棘手的问题,尽管欧盟、我国香港和台湾地区的立法和司法都试图对认定确定性提供具体明确的指引,但基本上仍然无法说清释明,最后都只好借助于价格敏感性(即重大性)来作出判断,即使作为"独立模式"的创立者欧盟也不例外。如前所述,欧洲证券管理者委员会(CESR)提出,判断某信息是否具备"明确性",应当考虑两个因素:(1)信息所指的事件或事项是真实的,或依据合理推断在将来会成为事实;(2)信息必须足够具体,以至于能够得出该信息将影响证券价格的结论。但是,欧洲证券管理者委员会不得不承认,准确性和可能对金融工具价格的重大影响性彼此之间是紧密相连的,每个要件的特点对评估另一个要件发挥着重要作用。因此,对明确性和重大性进行单独认定在理论上是可能的,但是在实务中又是无法做到的,即使在理论上能做到,其调查认定的成本也是高不可攀,而又效率下降的。与此相对照,"并入模式"既能节省成本,提高效率,而且也没有不考量信息是否已经足够确定以至于对证券价格或投资者决定会产生显著影响,丝毫不影响界定内幕信息的准确性和适当性。最后,从逻辑角度来看,"独立模式"不符合法律概念的定义方法即"种差+属"。② 内幕信息的属概念是信息,重大性、相关性、非公开性等揭示内幕信息基本特征的描述是种差,内幕信息的法律定义就是由这些种差加上属概念信息所构成。该定义系采取"并且型"的定义结构,上述种差之间应当互相平行,彼此之间不能再作概括。因此,如果将确定性列为内幕信息法律定义的一个种差,则该种差与重大性种差之间存在后者可以概括前者的情形,就不符合法律逻辑上的定义规则,当然就会造成内幕信息这一法律概念含混不清的问题。

对内幕信息采取"并入式"模式的立法,否定"确定性"应当独立为一个要素。美国是"并入模式"的典型,它是由司法实践所创设,由学者们对积累起来的判例加以概括归纳而成,认为内幕消息是指任何可能对某一上市公司的证券价格产生实质性影响的、尚未公开的信息。其中的所谓实质性,通常是指一个理性的投资者有可能认为某信息对做出投资决定是有显著的影响的,那么该信息首先必须是具备确定性的信息。③ 可见这种观点是将内幕信息的"确定性"作为实质

---

① 与之相对应的是以美国、日本、加拿大、澳大利亚为代表的国家或者地区,主张内幕信息的构成要素只有非公开性和重大性,确定性通常属于重大性的下位要素,学者称之为"并入模式"。

② "属"是被定义项所隶属的类,"种差"是被定义项所指称对象与同属内的其他种概念所指称对象的根本差别。如果被定义的法律概念所指称的对象,同时具有若干项种差所表明的性质,组合成一个整体后,才成为被定义法律概念所指称对象的根本特征,就可以采取"并且型"定义结构。这时,各个种差项之间应当彼此平行,并且缺一不可,但不能在彼此之间再进行概括。参见雍琦:《法律逻辑学》,法律出版社 2008 年版,第 52—57 页。

③ Brudney, "Insiders, Outsiders, and Informational Advantage Under Federal Securities Law", 93 *Harvard Law Review*, 322(1979).

性要素之一进行考量的,而非是与实质性要素相并列的一项独立要素。

至于如何判断一项信息是否具有实质性,美国司法实践开发出了"可能性(概率)+影响程度"标准,该标准首创于 1968 年联邦第二巡回法院审理的 SEC v. Texas Gulf Sulphur Co. (1968)[①]案:"某一事实在一特定时间是否具有 SEC 规则 10b-5 所称之重大性,应该取决于该事实发生的可能性,及该事实如果发生的话,对于整个公司活动的影响程度,(重大性是这)两者加以权衡后的结果。"[②] 1976 年联邦最高法院审理 TSC Industries Inc. v. Northway Inc. (1976)[③]案时也采用了这个标准:"一个被遗漏的事实(即信息)是否构成重大性,取决于一个股东在决定如何投票时是否非常可能认为它是重要的。这种'非常可能'并不需要有证据证明,如果该项被遗漏事实被披露的话,确实会导致理性的股东改变其投票。本标准所要表明的是,考虑所有因素,该项被遗漏的事实非常可能会对一个理性的股东在作出决定时产生实际的显著的影响。必须存在这么一种实在的可能性:在一个理性的股东看来,该项被遗漏的事实的披露,将会对所有可得信息的组合产生显著的改变。"[④]到了 1988 年审理 Basic v. Levinson(1988)[⑤]案时,联邦最高法院再次重申:如果某一事件本身性质上属于"可能会或可能不会发生的"或"推测性的"情形,那就应该采纳先例 SEC v. Texas Gulf Sulphur Co. (1968)案的"可能性(概率)+影响程度"标准,重大性应该"依一特定时间衡量事件发生的可能性,以及该事件在整个公司活动中所占的影响程度加以断定"。[⑥] 联邦最高法院针对本案的具体案情,对"可能性(概率)+影响程度"标准作出了

---

① 在该案中,Texas Gulf Sulphur 公司在一个测试井中发现有非常丰富的矿藏,该公司的经理等内部人在此信息未公开前,即在证券市场大量买入该公司的股票。一审地区法院认为,因为一个矿区的商业价值并不能仅凭一个测试井就能作出准确的估计,必须经过更大范围的钻探之后,才能进一步地了解该矿区的蕴藏量及成分,故认为在界定事实是否具有"重大性"的时点上应该要往后延。See SEC v. Texas Gulf Sulphur Co. (1968), 401 F. 2d 833, 849(2d Cir. 1968) Cert. Denied, 394 U. S. 976(1969).

② 如下原文:In each case, then, whether facts are material within Rule 10b-5…will depend at any given time upon a balancing of both the indicated probability that the event will occur and the anticipated magnitude of the event in the light of the totality of the company activity. See SEC v. Texas Gulf Sulphur Co. (1968), 401 F. 2d 833, 849(2d Cir. 1968) Cert. Denied, 394 U. S. 976(1969).

③ TSC Industries Inc. v. Northway Inc., 426 U. S. 438, 449(1976).

④ 原文如下:An omitted fact is material if there is a substantial likelihood that a shareholder would consider it important in deciding how to vote … It does not require proof of a substantial likelihood that disclosure of the omitted fact would have caused the reasonable shareholder to change his vote. What the standard does contemplate is a showing of a substantial likelihood that, under all the circumstances, the omitted fact would have assumed actual significance in the deliberations of the reasonable shareholders… There must be a substantial likelihood that the disclosure would have been viewed by the reasonable investor as having significantly altered the "total mix" of information made available.

⑤ Basic v. Levinson, 485 U. S. 224, 108 S. Ct. 978, 99 L. Ed. 2d 194(1988).

⑥ 原文如下:… materiality will depend at any given time upon a balancing of both the indicated probability that the event will occur and the anticipated magnitude of the event in light of the totality of the company activity.

进一步的阐述：一般地，评估某一事件将要发生的可能性，应该以公司高管对于该项交易的兴趣如何而定；也可从该公司董事会的决议、公司决策人员对投资银行人员的指示，以及两家公司实际磋商的内容加以认定。法院据此得出结论，"如果一个理智的投资者，在他做出投资决定时，可能认为这个被忽略的事实是重要的，那么它就是重要的。换句话说，这个被忽略的事实被公开后，极有可能被理智的投资者看作是改变了自己所掌握的信息的性质，那么这个信息就是重要的。"① 上述典型案例表明，美国司法实践对内幕信息的判断通常是需结合"可能性（概率）"和"影响程度"两个方面进行判断的；坚持"实质性"的认定标准，不仅要关注信息对相关证券价格的影响，同时也要关注事项发生的可能性，也就是说，"实质性（即重大性）"的认定标准实际上包含了对"确定性"的认定。

　　同样采取"并入模式"，将"确定性"要考虑的因素并入"重大性"中一并进行综合分析的立法例，还有加拿大、澳大利亚等国，以及受美国司法实践影响较深的日本等国家。例如，澳大利亚《公司法》（2001）② 第1042A条规定，"内幕信息"指的是不为公众所知悉而且一旦为公众知悉，一个合理的人将期待它对金融产品的价格或价值产生重大影响的信息。可见，该法并未将"确定性"作为内幕信息的独立要素，只要求内幕信息需具备实质的价格敏感性和非公开性即可。2002年澳大利亚公司与市场咨询委员会（Australian Securities & Investment Commission）在关于内幕交易的报告中，明确反对将"确定性"作为内幕信息的一个构成要件，其主要理由是考虑到这会使得内幕交易的证明变得更加困难，因为对内幕交易进行指控的一方必须依赖于被告是如何获得内幕信息的证据，然后根据被告随后的行为进行推测。③ 将"确定性"作为内幕信息的构成要件之一会"不适当地缩小立法的应用，并在是否构成内幕信息上造成人为的区别"。④

　　又如，《加拿大商业公司法》（Canada Business Corporation Act，CBCA，Last amended on June 13, 2019）第131条将内幕信息界定为：如果公开将合理

---

　　① Basic v. Levinson, 485 U. S. 224,108 S. Ct. 978,99 L. Ed. 2d 194(1988).

　　② 《2001年公司法》（The Corporations Act 2001 或 CA 2001）是一部澳大利亚的联邦法律，其规制对象为联邦和州际层面处理的澳大利亚商业实体（business entity）。该法主要涉及公司，但也涉及其他实体，如合伙企业和投资管理计划。

　　③ 原文如下：The additional requirement would make the proof of a contravention to a criminal standard more difficult. In some instances, it is not possible to identify the precise information that a defendant possesses. Rather, the prosecution may need to rely on evidence of the defendant's access to information and inferences from that person's conduct(para. 3. 7. 2). See Australian Government, Corporation and Market Advisory Committee, *Insider Trading Report*, 2003, p. 11.

　　④ 原文如下：To introduce this requirement could unduly narrow the application of the legislation and create artificial distinctions between what does and what does not constitute inside information. Australian Government Corporation and Market advisory committee, *Insider Trading Report*, 2003, p. 11. Para. 3. 7. 3.

预期会对证券价格产生实质性影响的保密信息。规制内幕交易的各省《证券法》基本上不使用"内幕信息"这一概念,而是采用了"重大事实""重大变化"等概念。例如,安大略省的《证券法》第1条定义中对"重大事实"和"重大变化"界定如下:可合理预期对发行人的证券的价格或价值产生显著影响的,或被一个理性投资者视为对其作出买卖该发行人证券的决定存在重要影响的有关该发行人商业、经营、事务、股权结构上的重要事实或重大变化。由此可见加拿大立法对"内幕信息"的界定,也主要是从"非公开性"和"重大性"来进行的,并无"确定性"的规定。

再如,日本《金融商品交易法》(2006)第166条第2款只是对"重要事实"(即内幕信息)进行详细列举,主要是与上市公司等的运营、业务或财产有关的,并对投资者的投资判断造成显著影响的事实;此外,根据各项事实"重要性"的不同而对其分别设置了不同的影响程度的要求。[①] 可见日本对内幕信息的认定,只要求具备相关性、重大性和非公开性,并无单独考量其"确定性"的要求。

从立法例来说,我国《证券法》(2019)也是采取"并入模式"的。根据《证券法》(2019)第52条之规定,内幕信息被定义为证券交易活动中涉及发行人的经营、财务或者对该发行人证券的市场价格有重大影响的尚未公开的信息。显然,内幕信息的这一定义只是列举了相关性、重大性和秘密性三项特征,没有"确定性"这一特征。[②] 然而,在司法和执法活动中却频繁地出现对"确定性"的争议。学者的统计研究表明[③],在2005年至2012年7月底,全国查处的32个行政处罚案件中,共有25名当事人提出辩解,其中有2人对内幕信息确定性问题提出辩解,占提出辩解总人数的8%;但不被中国证监会采纳。在已判决的刑事案件中,共有22个主体被判犯有内幕交易罪或泄露内幕信息罪,其中对内幕交易构成提出辩解者共计12人,当中共有4个被告人对内幕信息的确定性提出了辩解,占提出辩解人数的3.33%。但对该辩解法院也均未采信。在这些案件中,行政相对人或犯罪嫌疑人提出信息尚未确定的抗辩,目的通常在于主张内幕信息尚未形成或滞后形成,从而将自己的全部或部分行为脱离出内幕交易行为之

---

① 资料来源:https://www.japaneselawtranslation.go.jp/ja/laws/view/3986/je#je_ch21at14,访问时间:2023-8-20。

② 我国法学界主张信息确定性的文献主要有:胡光志:《论证券内幕信息的构成要素》,载《云南大学学报(法学版)》2002年第4期;李有星、董德贤:《证券内幕信息认定标准的探讨》,载应勇、郭锋主编:《金融危机背景下的金融发展与法制》,北京大学出版社2010年版,第395—400页;吴弘:《两岸证券市场规制内幕交易的法制实践比较》,载顾功耘、沈贵明主编:《商法专题研究》,北京大学出版社2009年版,第181页;井涛:《内幕交易规制论》,北京大学出版社2007年版,第9页;贺绍奇:《"内幕交易"的法律透视》(理论研究与案例分析),人民法院出版社2000年版,第34页等。不主张单独确立确定性的文献主要有:杨亮:《内幕交易论》,北京大学出版社2001年版,第180页;陈甦主编:《证券法专题研究》,高等教育出版社2006年版,第240—242页;冯果:《内幕交易与私权救济》,载《法学研究》2000年第2期等。

③ 肖伟:《内幕信息确定性考量模式之选择》,载《环球法律评论》2012年第5期。

外,达到摆脱或减轻责任的目的。但证监会和法院在执法、司法实践过程中,都避开"确定性"问题而依照现有法律规定来论证内幕信息的构成,但少量案件也出现过讨论"确定性"问题的情况。例如,在董正青等犯内幕交易泄露内幕信息罪(2008)案中,辩护人提出内幕信息应当具有确定性的特征,因而广发证券公司借壳方案得到延边公路公司认可的2006年6月2日才是该案内幕信息的形成时间。广州市天河区人民法院认为,在中国证监会认定的2006年5月10日,借壳方案已具有相当的确定性。广州市中级人民法院认为,内幕信息的基本特征是重要性和非公开性,确定性并非内幕信息的基本特征。2006年5月10日广发证券公司内部基本确定借壳延边公路,延边公路股票此后不断持续上涨。因此,中国证监会认定此日为内幕信息形成日有充足的事实和法律依据。①

【中国案例】

江苏省南通市人民检察院诉刘宝春等内幕交易案(2010)②

江苏省南通市人民检察院以被告人刘宝春、陈巧玲犯内幕交易罪,向江苏省南通市中级人民法院提起公诉。

起诉书指控:2009年2月至4月间,被告人刘宝春受南京市人民政府指派,代表南京市经济委员会(以下简称"南京市经委")参与中国电子科技集团公司第十四研究所(以下简称"十四所")及其下属企业国睿集团有限公司(以下简称"国睿集团")与高淳县人民政府洽谈重组江苏高淳陶瓷股份有限公司(以下简称"高淳陶瓷公司")过程,在涉及对证券交易价格有重大影响的信息尚未公开前,将该信息告知被告人陈巧玲。后刘宝春、陈巧玲经共谋,在价格敏感期内,以出售所持其他股票、向他人借款人民币400万元所得资金,并使用其家庭控制的刘如海、刘如兵、费忙珠、刘仁美等人的股票账户,由陈巧玲在其办公室通过网上委托交易方式先后买入共计614 022股的高淳陶瓷流通股,抛出后非法获利人民币7 499 479.22元。公诉机关认为,刘宝春作为内幕信息知情人员,与陈巧玲共谋,在价格敏感期内利用该信息进行股票交易,情节严重,其行为触犯了《刑法》第180条第1款的规定,应以内幕交易罪追究两被告人的刑事责任。本案系共同犯罪。提请江苏省南通市中级人民法院依法判处。

---

① 参见广东省广州市天河区人民法院(2008)天法刑初字第689号一审刑事判决书。本案例中所指《证券法》系指我国2005年修订的《证券法》。
② 综合改编自王成、戚庚生:《国家工作人员属于内幕信息知情人员》,载《人民司法(案例)》2014年第2期;《江苏省南通市人民检察院诉刘宝春、陈巧玲内幕交易案》,载《最高人民法院公报》2013年第1期(总第195期)。

被告人刘宝春辩称:(1)其仅是十四所与高淳县政府商谈重组高淳陶瓷公司的牵线联系人,对于重组的谈判过程、谈判能否成功其不清楚,其不是内幕信息知情人。(2)其购买高淳陶瓷股票时,内幕信息尚未形成,不能因为其买卖该股票就认为利用了内幕信息。(3)其购买高淳陶瓷股票时没有意识到自己的行为是内幕交易犯罪。

被告人刘宝春的辩护人辩称:刘宝春无罪。理由是:(1)刘宝春是政府机关公务人员,作为内幕交易罪的犯罪主体不适格。(2)刘宝春所知悉的信息不属"内幕信息"。(3)侦查机关在2010年3月30日移送审查起诉以后再补充证据材料,属程序违法,这部分证据应当予以排除。(4)中国证监会、上海证券交易所法律部出具的函件,属于法律未作规定的单位作证,主体不适格,应当予以排除,并申请法庭通知上述函件的经办人员出庭接受质询。

被告人陈巧玲辩称:其购买高淳陶瓷股票时,并不知道被告人刘宝春从事的工作性质,没有意识到自己的行为是内幕交易犯罪;刘宝春让其买卖高淳陶瓷股票是事实,自己很后悔,请求法庭从宽处理。

被告人陈巧玲的辩护人辩称:指控陈巧玲犯内幕交易罪的事实不清,证据不足。理由是:(1)中国证监会出具的两份认定函作为证据不具有合法性,认定函的内容不具有客观真实性;(2)现有证据不能证明被告人刘宝春在2009年3月6日之后将内幕信息告知过陈巧玲。刘宝春与陈巧玲共谋的是买股票,但不是共同利用内幕信息共谋,不构成共同犯罪。

江苏省南通市中级人民法院一审查明:

一、被告人刘宝春负责联系重组洽谈,获悉内幕信息的事实

2009年1月,十四所为做强该所下属企业国睿集团,欲通过一家上市公司进行资产重组"借壳"上市,以配合南京市政府"再造十家百亿企业集团工程"的实施。时任南京市经委主任的被告人刘宝春受南京市政府的指派,负责牵线联系十四所与高淳县政府洽谈由十四所重组高淳陶瓷公司事宜。2月上旬,刘宝春介绍十四所与高淳县政府有关领导见面商谈、陪同实地考察,双方均表达了合作意向。2月中下旬,刘宝春又约双方联系人到其办公室,指导双方磋商出台合作方案。3月6日,由十四所草拟的《合作框架》形成初稿,条款包括高淳县政府将所持的高淳陶瓷公司股权转让给十四所、使其成为该公司第一大股东、实际控制人等内容。后洽谈双方对合作框架多次进行磋商、修改。期间,双方将合作谈判进展情况告知刘宝春,刘宝春即向南京市政府分管领导作了汇报。4月19日,十四所将双方最终商定的《合作框架意向书》送至南京市经委,刘宝春在该意向书上作为鉴证方签名并加盖南京市经委公章后,出席洽谈双方签署《合作框架意向书》的签字仪式。4月20日,高淳陶瓷股票在股市开盘后出现涨停。同日,高淳陶瓷公司发布《关于公司重大事项停牌公告》,宣布公司控股股东正在筹划

重大资产重组事项,高淳陶瓷股票自4月21日起停牌。自4月21日至5月21日期间,高淳陶瓷公司例行发布《重大资产重组事项进展公告》《复牌公告》等一系列公告。5月22日,高淳陶瓷股票复牌交易后价格上扬,在该股票的交易日内连续10个涨停。

高淳陶瓷公司于2003年1月在上海证券交易所上市。在十四所重组前,高淳县国有资产经营(控股)有限公司持有的高淳陶瓷公司国有股占该公司总股本的31.33%,是该公司第一大股东、实际控制人。

二、被告人刘宝春、陈巧玲进行内幕交易的事实

2009年2、3月,被告人刘宝春在牵线联系高淳陶瓷公司资产重组期间,将重组信息透露给在南京证券有限责任公司工作的配偶被告人陈巧玲。在刘宝春的授意下,被告人陈巧玲分别于4月1日、7日、8日,在南京证券有限责任公司其办公室以电脑网上委托交易的方式,通过家庭实际控制的刘如海、费忙珠股票交易账户,买入高淳陶瓷股票共计45 800股,支付人民币共计318 271.60元;4月13日,又通过家庭实际控制的刘仁美股票交易账户,买入高淳陶瓷股票10 100股,支付人民币72 975元。

4月初,被告人刘宝春决定向他人借款并授意被告人陈巧玲以借款资金购买高淳陶瓷股票。4月13日、14日,刘宝春向蒋国春借得款项共计300万元。陈巧玲分别于4月13日、14日、15日,通过刘如海和临时借用的刘如兵的股票交易账户,买入高淳陶瓷股票共计419 500股,支付人民币共计2 999 718.21元。4月15日,刘宝春向薛军借得款项100万元。同日,陈巧玲通过费忙珠股票交易账户,买入高淳陶瓷股票共计138 622股,支付人民币1 000 218.39元。

5月初,被告人刘宝春授意被告人陈巧玲、刘如海将上述股票交易账户的所有高淳陶瓷股票在复牌后尽快卖出。自5月22日高淳陶瓷股票复牌至6月24日期间,刘如海、刘如兵以及陈巧玲通过电脑网上委托和电话委托等交易方式,将刘如海、刘如兵、费忙珠、刘仁美股票交易账户中的614 022股高淳陶瓷股票全部卖出,收入金额人民币共计11 890 662.42元。

综上,被告人刘宝春、陈巧玲自2009年4月1日至4月15日期间,买入高淳陶瓷股票共计614 022股,支付人民币共计4 391 183.20元;自2009年5月22日至6月24日期间,将高淳陶瓷股票全部卖出,收入金额人民币共计11 890 662.42元,非法获利人民币共计7 499 479.22元。

2010年3月17日、4月22日,中国证监会先后作出《关于刘宝春等人涉嫌内幕交易、泄露内幕信息案有关问题的认定函》《关于刘宝春等人涉嫌内幕交易案有关事项的补充认定函》,认定:2009年3月6日,十四所与高淳县政府商洽重组高淳陶瓷公司,并形成合作框架初稿等事项,在公开披露前属于《证券法》第75条规定的内幕信息;被告人刘宝春属于《证券法》第74条规定的证券交易内幕信息的知情人;内幕信息的价格敏感期为 2009 年 3 月 6 日至 4 月 20 日。

案发后,被告人刘宝春、陈巧玲退出全部违法所得。侦查机关扣押涉案电脑主机一台,冻结涉案股票账户和资金账户。

上述事实,有经庭审举证、质证的被告人刘宝春、陈巧玲的供述、证人证言、书证、物证、中国证监会认定函等证据证实,足以认定。

本案的争议焦点是:(1)上市公司重大资产重组洽谈这一事件是否属于"内幕信息";(2)被告人刘宝春作为国家工作人员,因履行工作职责参与上市公司的重组洽谈,是否属于内幕信息的知情人员;(3)在内幕信息敏感期内,被告人陈巧玲从事证券交易获利的行为,是否构成共同犯罪;(4)中国证监会的认定函及上海证券交易所法律部的函件可否作为证据采信。

江苏省南通市中级人民法院一审认为:

关于第一个争议焦点。根据《证券法》第 75 条的规定,内幕信息是指证券交易活动中,涉及公司的经营、财务或者对该公司证券的市场价格有重大影响的尚未公开的信息,包括:持有公司 5%以上股份的股东或者实际控制人,其持有股份或者控制公司的情况发生较大变化;公司股权结构的重大变化;国务院证券监督管理机构认定的对证券交易价格有显著影响的其他重要信息。

本案中,从参与主体和内容看,被告人刘宝春牵线的高淳陶瓷公司资产重组,涉及相对控股 31.33%的股东转让股权,属于持有公司 5%以上股份的股东,其持有股份、控制公司的情况发生较大变化的法定重大事件;由十四所受让股权,拟成为第一大股东,属于公司股权结构的重大变化。上述事项均是法定的内幕信息。从时间上看,2009 年 3 月 6 日的《合作框架》是内幕信息的第一次书面化,虽双方对洽谈重组方案有几易其稿、不断完善的过程,但所涉十四所受让国有股、成为公司第一大股东和实际控制人等内容始终被保留,即十四所重组高淳陶瓷公司"借壳"上市的总思路从一开始即已确定。从知情范围看,自 2009 年 3 月 6 日形成《合作框架》初稿,到 4 月 20 日高淳陶瓷公司发布停牌公告、向社会公开披露重大资产重组事项前,该内幕信息的知悉人控制在很小的范围内,具有秘密性,完全符合内幕信息尚未公开的法定要求。从影响力看,因高淳陶瓷公司于停牌期间发布一系列公告信息,在 2009 年 5 月 22 日复牌交易后,高淳陶瓷股票连续 10 个涨停,充分说明资产重组事项对股票市场价格的重大影响。因此,中国证监会作出关于 2009 年 3 月 6 日,十四所与高淳县政府商谈由十四所重组高淳陶瓷公司,并形成合作框架,以上事项在公开披露前属于内幕信息,价格敏感期为 2009 年 3 月 6 日至 4 月 20 日的认定意见,有充分的事实依据和法律依据。刘宝春关于其购买高淳陶瓷股票时内幕信息尚未形成的辩解及其辩护人关于刘宝春知悉的信息不属"内幕信息"的辩护意见均不能成立……

据此……判决如下：(1) 被告人刘宝春犯内幕交易罪，判处有期徒刑 5 年，并处罚金人民币 750 万元。(2) 被告人陈巧玲犯内幕交易罪，免予刑事处罚。……

【法律分析】 江苏省高级人民法院的王成、咸庚生两位法官认为，内幕信息的界定是认定某交易行为能否构成内幕交易罪的关键所在。司法实践一般认为内幕信息应当具备两个条件，即信息未公开和信息的价值重要且敏感。在本案中，从参与主体和内容看，被告人刘宝春牵线的高淳陶瓷公司资产重组，涉及控股 31.33% 的股东转让股权，属于持有公司 5% 以上股份的股东，持有股份、控制公司的情况发生变化的重大事件；由十四所受让股权，拟成为第一大股东，属于公司股权结构的重大变化。上述事项均是法定的内幕信息。从时间上看，2009 年 3 月 6 日的合作框架是内幕信息的第一次书面化，虽双方对洽谈重组方案有几易其稿、不断完善的过程，但所涉十四所受让国有股、成为公司第一大股东和实际控制人等内容始终被保留，即十四所重组高淳陶瓷公司借壳上市的总思路从一开始即已确定。从知情范围看，自 2009 年 3 月 6 日形成合作框架初稿，到 4 月 20 日高淳陶瓷公司发布停牌公告、向社会公开披露重大资产重组事项前，该内幕信息的知悉人控制在很小的范围内，具有秘密性，完全符合内幕信息尚未公开的法定要求。从影响力看，因高淳陶瓷公司于停牌期间发布一系列公告信息，在 2009 年 5 月 22 日复牌交易后，高淳陶瓷股票连续 10 个涨停，充分说明资产重组事项对股票市场价格的重大影响。中国证监会也作出了关于"2009 年 3 月 6 日，十四所与高淳县政府商谈由十四所重组高淳陶瓷公司，并形成合作框架，以上事项在公开披露前属于内幕信息，价格敏感期为 2009 年 3 月 6 日至 4 月 20 日"的认定意见，有事实依据和法律依据。而被告人刘宝春关于其购买高淳陶瓷股票时，内幕信息尚未形成的辩解，及其辩护人关于被告人刘宝春知悉的信息不属内幕信息的辩护意见，均不能成立。

第二节　内　幕　主　体

综观世界各国或地区对于内幕主体的法律实践，呈现出两大特点：一是逐步拓宽内幕主体的范围，尤其是成文法国家或地区，在立法中不断地列举名目繁多的内幕人士，以应对证券市场无所不在、无孔不入的内幕交易；二是为了打击非法的内幕交易对证券市场的危害，落实证券市场的公平、公正、公开三原则，不断地推出花样翻新的内幕主体认定理论，尤其以美国为代表的国家之司法实践堪称不遗余力。

在内幕交易监管全球化的背景下[1],当代世界各国或地区认定内幕交易主体,以及建立内幕交易责任的立法体系可以归纳为两种方法,即信义方法(fiduciary approach)和市场方法(market approach)。信义方法的理论基础是"信义义务",它从公司的微观视角入手,主张公司内部人因违反其对所任职公司的"信义义务"而须承担内幕交易的法律责任,公司内部人主要包括公司高管(包括董事、监事、经理等)以及控制股东等,但在历史演进中呈现出范围不断拓展的趋势。市场方法则着眼于宏观层面的证券市场,以促进信息流通、合理配置资源,以及提升市场效率为目标,主张公众投资者享有平等获得信息的权利,将任何可能对市场公平性构成威胁的不当使用内幕信息之人都认定为内幕主体。[2]

我国对于内幕交易主体的规定,呈现出一个逐步扩大的态势。针对《证券法》(2005)对内幕交易规定仅有简略4条(第73—76条)的不足,中国证监会为此专门于2007年制定了《证券市场内幕交易行为认定指引(试行)》[3],其中对于主体要件,将《证券法》(2005)所规定的内幕信息知情人与非法获取内幕信息的人合称为"内幕人",并对前者的范围予以明确列举以图穷尽。[4] 2019年修订的《证券法》第51条进一步扩大了内幕信息知情人的范围,其用语是"内幕信息知情人":"证券交易内幕信息的知情人包括:(一)发行人及其董事、监事、高级管理人员;(二)持有公司百分之五以上股份的股东及其董事、监事、高级管理人员,公司的实际控制人及其董事、监事、高级管理人员;(三)发行人控股或者实际控制的公司及其董事、监事、高级管理人员;(四)由于所任公司职务或者因与公司业务往来可以获取公司有关内幕信息的人员;(五)上市公司收购人或者重大资产交易方及其控股股东、实际控制人、董事、监事和高级管理人员;(六)因职务、工作可以获取内幕信息的证券交易场所、证券公司、证券登记结算机构、证券服务机构的有关人员;(七)因职责、工作可以获取内幕信息的证券监督管理机构工作人员;(八)因法定职责对证券的发行、交易或者对上市公司及其收购、重大资产交易进行管理可以获取内幕信息的有关主管部门、监管机构的工作人员;(九)国务院证券监督管理机构规定的可以获取内幕信息的其他人员。"

一、信义方法下的内幕人

综观采用信义方法来认定内幕主体,可以看到一个鲜明的扩大化过程,由传

---

[1] See Franklin A. Gevurtz, "The Globalization of Insider Trading Prohibitions", 15 *Transnational Lawyer* 63(2002).

[2] 国外文献可参看 Nianh Moloney, EC Securities Regulation, Oxford University Press, 2002, pp. 739-740。国内文献可参看傅穹、曹理:《内幕交易规制的立法体系进路:域外比较与中国选择》,载《环球法律评论》2011年第5期。

[3] 《证券市场内幕交易行为认定指引(试行)》(证监稽查字〔2007〕1号),已失效。

[4] 参见《证券法》(2015)第74条。

统的公司内部人(Traditional Insiders),逐步扩展到公司外部人,以至于所谓的"泄密人和受密人"。美国的司法实践生动地呈现了这一斑斓多彩的过程。

所谓信义方法,是指根据"信义义务"(fiduciary duties or fiduciary obligations)之有无来认定内幕人的方法。所谓"信义义务",根据《布莱克法律辞典》的解释,是指"受托人(如律师或公司高管)对受益人(如律师的客户或公司股东)承担的最大诚信(utmost good faith)、信任(trust)、信赖(confidence)和坦诚相待(candor)之义务;某人对另一人所负有的最高程度的诚实(honesty)和忠诚(royalty)之义务,并以后者利益最大化行事,如合伙企业之(普通)合伙人之间的义务即是"。① 信义义务早在公司法之前就在信托、合伙等法律制度中得到了运用,后来才引进到公司法领域中,其最早的适用主要是针对封闭型公司,是作为此类公司的内部治理制度之一而存在的,主要体现在董事等公司高管对公司所承担的注意和忠实义务两个方面。例如,根据《美国示范公司法 2020 年修正本》②的规定,注意义务(又称勤勉义务),是指公司高管(包括董事、经理等公司官员)履行义务时必须:"(1)怀有善意;(2)要像一个正常的谨慎之人在类似的处境下应有的谨慎那样去履行义务;(3)采用良好的方式,这是他有理由相信符合公司利益的最佳方式。"③所谓忠实义务,是指公司高管应将公司的利益置于自身利益之上,违反忠实义务一般包括四种情形:"(1)涉及董事与公司之间的交易;(2)涉及拥有一个或者多个共同董事的公司之间的交易;(3)涉及董事利用了本应属于公司的机会谋利;(4)涉及董事与公司进行同业竞争。"④概而言之,"忠实义务"强调的是董事等公司高管不得为了其个人私利而牺牲公司利益或放弃公司的最佳利益;"注意义务"则强调董事等公司高管对公司负有积极的作为义务,必须以诚信的方式、以普通谨慎之人应有的注意,行使公司的经营管理权限,而不得怠于履行职责。⑤

---

① See Bryan A. Garner, Black's Law Dictionary, 9th edition, Thomson Reuters, 2009, p.581.

② 严格来说,《美国示范公司法修正本》不是立法,而是非官方机构美国法律协会拟定的,供学理研究和司法实践参考之用;但因判例法传统在审案时被经常引用,使得该文本实际上又具有立法性质。

③ 《美国示范公司法 2020 年修正本》在第 3.30、8.42 条分别对董事、董事以外的公司官员(主要是经理等)的勤勉义务作出了规定,二者在 1998 年版本之前内容完全一样,而现行版本把董事的第 2 项要求单独列出来,成为并列的第 3 项,目的在于强调作为董事成员的集体之义务,但其内涵和公司官员的第 2 项义务实际上是相同的。正文提供的译文是 8.42 条,其英文原文如下:§8.42. STANDARDS OF CONDUCT FOR OFFICERS: (a) An officer, when performing in such capacity, has the duty to act: (1) in good faith; (2) with the care that a person in a like position would reasonably exercise under similar circumstances; and (3) in a manner the officer reasonably believes to be in the best interests of the corporation. Available at https://www.americanbar.org/content/dam/aba/administrative/business_law/corplaws/2020_mbca.pdf,2023-8-20.

④ 〔美〕R. W. 汉密尔顿:《公司法概要(第四版)》(影印注释本),刘俊海、徐海燕注,汤树梅校,中国人民大学出版社 2001 年版,第 398 页。

⑤ 张开平:《英美公司董事法律制度研究》,法律出版社 1998 年版,第 172 页。

公司高管是掌握公司经营管理权之人,是公司法中的概念,对应于证券法中的概念,与内幕人有高度重合。由于公司法赋予了公司高管的忠实勤勉义务,自然而然其在证券法内幕交易制度中,就体现为不得利用非公开重大信息以求个人私利。我国公司立法和证券立法都借鉴了英美法系的董事信义义务理论,同样具体体现在公司高管的勤勉和忠实义务上。① 具体可以参见:(1)《公司法》(2018)第 147 条、第 148 条。(2)《上市公司独立董事规则》(中国证券监督管理委员会公告〔2022〕14 号)第三章第 8—9 条。(3)《上海证券交易所股票上市规则》(上证发〔2022〕1 号)第 4.3.5 条。

根据信义义务认定内幕人曾经是,现在仍然是美国最为典型的证券司法实践。法院通常认为,只要某人与其公司(内幕信息所有者)之间存在"信义关系",即是公司的"内部人",也就是说,只要且只有行为主体具有特定身份即公司的内部人;如果此人为了获取个人私利,而利用内幕信息进行交易或者对外泄露内幕信息,信义义务理论就应该被采用。美国联邦最高法院采用信义义务理论审理案件的最早实践是对 Chiarella v. United States(1980)案②的审理。对涉案人Chiarella 先生,一审和二审法院都支持 SEC 对 Chiarella 的指控,认为他的交易行为违反了《1934 年证券交易法》第 10(b)条、SEC 规则 10b-5,其理论依据是所谓的"公开信息否则禁止交易"理论。但是,联邦最高法院否定了一审和二审法院对 Chiarella 先生的有罪判决,其审案依据就是"信义义务"理论。联邦最高法院认为,Chiarella 先生在事先并没有和将要被收购公司的股票出售者进行交易,二者之间没有任何法律关系;Chiarella 先生不是出售人给予他们信任和依赖之人,而完全是一个与出售者进行非个人市场交易的陌生人,因而并未违反信义义务。正是因为 Chiarella 先生并非目标公司的员工,因而和该公司不存在"信义关系",就不属于"信义义务"之下的公司内部人。

联邦最高法院采用"信义义务"理论审理内幕人交易的另一经典案例是Dirks v. SEC(1983)。③ 在审理该案时,联邦最高法院认为,如果要求从(传统)内部人那里获得重大非公开信息之人承担"公开信息否则禁止交易"责任,就必须满足两个前提条件,即"必须是(传统)内部人违反了对公司的信义义务,向受密人泄露重大非公开信息,并且受密人知道或应当知道(传统)内部人违反了信托义务"。可是,在本案中,保险公司的前经理泄露内幕信息,是为了揭露保险公

---

① 不过,有学者认为,勤勉义务仅指董事参加公司事务之管理的义务。参见曹顺明:《股份有限公司董事损害赔偿责任研究》,中国法制出版社 2005 年版,第 90 页。它只是注意义务的一种表现形式,二者属于种属关系,我国《公司法》采用勤勉而非注意义务的概念是立法的漏洞。参见张民安:《董事的注意义务研究》,载赵旭东主编:《公司法评论》2006 年第 1 辑,人民法院出版社 2006 年版,第 2 页。
② Chiarella v. United States, 445 U. S. 222 (1980).
③ Dirks v. SEC, 463 U. S. 646 (1983) at 660.

司的欺诈行为,而不是对公司股东之信义义务的违反;Dirks先生作为受密人,与保险公司无任何法律关系,他对该保险公司的股东不存在信义义务。[①] 联邦最高法院进一步指出,公司(传统)内部人对其所任职公司所负有的"信义义务"要求前者既不得自己利用内幕信息交易,也不得为个人私利而将内幕信息透露给公司外部人;而当且仅当泄密者为个人私利[②]而透露内幕信息时,才构成对其所任职公司所负之"信义义务"的违反。可是,在本案中,EFA公司的前任官员及现任职员向Dirks先生告知有关EFA公司欺诈经营的内幕信息,目的是揭露欺诈行为而不是为了谋求个人私利,因而不违反其对所任职公司的"信义义务",作为受密者的Dirks先生自然更无须承担"公开信息否则禁止交易"义务。[③] 从上述论证来看,联邦最高法院坚持只有公司"内部人"(包括公司内部人和临时性内部人)才是与其所任职的公司之间存在身份关系,才不得利用公司内幕信息进行交易。

有趣的是,采用"信息平等理论"(详述参见后文)作为内幕交易的归责理论,美国联邦最高法院早在1968年审理SEC v. Texas Gulf Sulphur Co. (1968)案[④]时就已经提出,但考虑到采用信息平等理论来认定内幕人会失之于宽泛,因此到了20世纪80年代在审理上述两个案件[Chiarella v. United States (1980)[⑤]、Dirks v. SEC(1983)]时仍然采用适用于封闭型公司的信义义务来认定内幕人,目的是限制"公开信息否则放弃交易"规则的适用范围。依据"信义义务"理论,须承担"信义义务"的主体是那些在公司里担任管理职责之人——依据现代公司的"所有权和经营权"分离理论,这些人掌控着公司的经营权——这些人被称为公司的"内部人"(相对于公司债权人、股东等外部人而言);根据现代公司之强制性规定,公司"内部人"对公司须承担"信义义务"。而在上述两个典型案例中,两个被告人均非公司的"内部人",而是公司管理层之外的公司外部人,他/她们在公司法上对公司不存在"信义义务"。由此可见,依据"信义关系"理论来认定内幕交易主体之司法实践或曰规则,是将内幕交易主体等同于被公司法

---

① James D. Cox, Robert W. Hillman, Donald C. Langevoort, *Securities Regulation: Cases and Materials*,中信出版社2003年版,第969—973页。

② 个人利益不限于金钱利益,也不限于现时的利益,例如:(1)透露行为可以带给泄密者名声上的利益(reputational benefits),能够在日后转化为金钱利益;(2)泄密者与受秘者之间存在密切的商业关系或私人关系,足以表明泄密者希望受秘者得到好处;(3)泄密者将内幕信息作为礼物赠送他人。这些都属于为个人利益而透露内幕信息。

③ 判决指出:"有信义关系的存在,内部人(Insider)才有披露信息的义务,消息领受人(tippee)从内部人处获知信息后,并不当然继受(inherit)内部人的信义义务,除非存在共同违反信义义务的行为,才构成对SEC规则10b-5的违反";而法院认为Dirks对EFA公司无信义义务,也未使用不正当手段获取内幕信息,故并未违反第10(b)条和SEC规则10b-5。

④ SEC v. Texas Gulf Sulphur Co., 401 F. 2d 833, 1 EXC 210 (2d Cir. 1968).

⑤ 445 U. S. 222(1980).

赋予经营掌控权,以董事会为代表的管理层;只要这些内幕交易主体不属于上述管理层范畴,哪怕他/她进行了内幕交易并从中获益,亦不受法律制裁。

然而,毋庸讳言,"信义义务"理论仅仅适用于封闭型公司,而后者与上市公司(公开持股公司)差异巨大,因此将适用于封闭型公司的理论原封不动地照搬到上市公司,此种做法的适当性就会大打折扣。此其一。其二,在证券市场实践中,那些能够接触内幕信息之人,除了前述的传统公司内部人(traditional insider or corporation insider)之外,还有证券市场监管者,以及证券服务提供者等等,而这些主体都是"公司的外部人"(corporation outsiders),他们/它们与公司之间并不存在"信义关系"从而无须承担"信义义务"(无论是约定的义务,还是法定的职责);"信义义务"理论就无法规制这些必须规制的内幕交易主体。此外,也许是预期到法院会严格恪守传统公司法的"信义义务"理论审理内幕交易案件,因而可能导致现实中绝大部分的内幕交易案件都有意识地规避其主体身份问题,从而导致内幕交易案件的频繁猖獗。为遏制此种不法行为,就必须在理论上新创一个理论,或者重新适用更为恰当的既有理论来处理此类案件。

解决上述问题的办法至少有三:一是仍然坚持传统公司法的"信义义务"理论但需要进行改造,例如可以在坚持身份关系的基础上,对"公司内部人"进行扩张解释,将凡是与公司发生经济交往关系并对公司利益影响巨大的任何主体,都包括到"内部人"的范畴。二是更新视角,重建新的理论,例如不从所谓的内部人这一主体入手,而是从内幕信息这一客体入手,主张凡是接触并运用内幕信息进行交易(并从中获益或者止损)之人,均须承担法律责任。三是多元并立,即对传统公司内幕人仍然坚持"信义义务"理论,对公司外部人开发新的理论,甚至在对公司外部人再行分类的基础上,分门别类地开发有针对性的理论。美国的司法实践表明,基于路径依赖,SEC和各州各级法院采取了第一种思路,仍然坚持原来适用于传统内部人的"信义义务"理论,通过扩张解释,将责任主体延伸至公司外部人,建立起了诸如所谓的"盗用信息理论"(misappropriation theory),用以识别公司的外部人为内幕交易人。

"盗用信息理论"最早来自 1980 年审理的 Chiarella v. United States(1980)案[①]中 Burger 法官的反对意见,该反对意见后来被认为是 SEC 所力倡之"盗用信息理论"的基石。[②] 在该案中,Burger 大法官认为,任何人以不法手段所取得之重要且非公开信息,应负有与内部人相同之义务,亦即必须公开此等被其盗取

---

① Chiarella v. United States, 445 U. S. 222 (1980).

② See Note, "The Misappropriation Theory in Light of Carpenter and the Insider Trading and Securities Fraud Enforcement Act of 1988", 17 *Pepperdine L. Rev.* 185(1989), p.192; Phillips & Lavoie, "The SEC's Proposed Insider Trading Legislation: Insider Trading Controls, Corporate Secrecy, and Full Disclosure", 39 *Ala. L. Rev.* 439(1988), p.451.

(misappropriated)之信息，否则不得利用该信息从事交易。基于此，Burger 大法官认为，被告 Chiarella 先生从其雇主（即财务印刷公司）偷窃了内幕信息，并加以利用以谋取个人私利，违反了其对雇主之义务，因而须负违反内部人交易规定之罪责。由此可见"盗用信息理论"仍然坚持以"信义义务"理论来认定内幕人，或者可以说是"信义义务"理论在内幕人认定上的拓展。1984 年在审理 SEC v. Musella(1984)案[1]时，法院明确肯定了"盗用信息理论"：律师事务所的雇员 (employees)对事务所及其客户都负有"信义义务"。同年审理的 SEC v. Materia(1984)案[2]，其基本案情与 Chiarella v. United States(1980)案[3]十分相似，被告都是经由所承印的文件，经过自己的分析，推测出了拟议中之购并案的可能目标公司，并进而私下购买了该公司的股票来谋取个人私利。审理该案的第二巡回法院认为："任何人违反受任人的忠诚义务，私自利用未公开信息，并据以买卖股票谋求个人私利，应该属于违反《1934 年证券交易法》第 10(b)条，以及据此所颁布的行政命令即 SEC 规则 10b-5"。[4] 1990 年，法院审理的 SEC v. Callahan (1990)案[5]，其所涉及的事实与 United States v. Carpenter(1987)案[6]非常地相似：一家印刷公司涉嫌将媒体《商业周刊》(Business Week)中之"华尔街内幕" (Inside Wall Street)专栏的内容，在出刊前就将其透露给他人，后者据此消息买卖股票以谋求个人私利。由于有了 1987 年的先例，法院明确地适用"盗用信息理论"，将涉案的印刷公司员工和经纪商一起，都以违反了《1934 年证券交易法》第 10(b)条及 SEC 规则 10b-5 而判其担责。

到了 1997 年，美国联邦最高法院在审理 United States v. O'Hagan(1997) 案[7]时也首次明确采用"盗用信息理论"。起先，SEC 起诉 O'Hagan，指控之一是 O'Hagan 先生将内幕信息用于个人交易，违反了其对作为信息来源（即律师事务所和客户）所负有的信义义务，构成了 SEC 规则 10b-5 所禁止的欺诈行为。SEC 这里所提出的违反对信息来源所负有的信义义务而承担内幕交易法律责任的主张，就是所谓的"盗用信息理论"。一审法院认定 SEC 的指控成立，并判处 O'Hagan 先生 41 个月监禁。O'Hagan 先生提起上诉。联邦第八巡回上诉法院推翻了一审判决，认为：第一，SEC 规则 10b-5 下的责任须以违反对交易对方的"信义义务"，并对其构成欺诈为前提，而不能建立在对信息来源的欺诈基础之上；第二，SEC 规则 14e-3 并不要求事先存在任何信义义务的这部分规定已超越

---

[1] 578 F. Supp. 425 (S. D. N. Y. 1984).
[2] 745 F. 2d 197 (2nd Cit. 1984), cert. denied, 471 U. S. 1053 (1985).
[3] 445 U. S. 222 (1980).
[4] 745 F. 2d 197 (2nd Cit. 1984), cert. denied, 471 U. S. 1053 (1985), at 203.
[5] SEC v. Callahan, et al., No, 90-0124 (C. D. Cal. July 12,1990).
[6] United States v. Carpenter, 484 U. S. 19(1987).
[7] 521 U. S. 642, 117 S. Ct. 2199, 138 L. Ed. 2d 724(1997).

SEC 的规则制定权限,因而不具有法律效力。在联邦最高法院复审时,又推翻了上诉法院的结论,维持了一审的判决。联邦最高法院指出:(1)考虑到 SEC 规则 14e-3 所针对事项的特殊性和适用的有限性,该规则并未超越 SEC 的权限,因而是有效的。(2)违反对信息来源所负有的信义义务能够成为承担内幕交易法律责任的基础,此即 SEC 所主张的"盗用信息理论"。联邦最高法院指出,与传统理论强调内幕信息持有人与交易对方之间的"信义关系"不同,"盗用信息理论"强调的是信息持有人和信息来源之间的信义关系,其共同点是都应该具有信义义务。由此可见,"盗用信息理论"是在坚持传统的信义义务理论的前提下,将信义关系的适用主体范围由公司内部人与公司及其股东之间,延伸至任何负有信托或者信任(trust or confidence)义务的当事人之间。[①] 至此,美国判例法已将证券市场上的主要内幕交易类型都已经纳入到了规制范围,信义方法之下的内幕交易法法制就完全形成了。

如果说内幕人的内幕交易行为非常隐蔽的话,从内幕人那里获得内幕信息的外部人所进行的内幕交易显得更为隐匿,例如,拥有内幕信息的内幕人自身不参与交易而将此信息透露给亲朋好友,后者据此进行相关股票交易;或者,偶然听到内幕信息的陌生人,进行相关股票交易。显然,这些情形都属于内幕交易,那么应该如何认定这些人的内幕交易责任呢?为此,美国司法实践开发出来了"信息传递责任"(tipper/tippee liability)理论。

信息传递责任理论滥觞于 Cady, Roberts & Co. (1961)行政处罚案中,法院指出,从透露内幕信息的董事那里获得内幕信息的经纪人,其行为构成违法。但是,真正确立"信息传递责任"理论的是 1983 年审理的 Dirks v. SEC(1983)案[②]。SEC 认定 Dirks 先生属于内幕人,实施了内幕交易,从而对其实施了行政处分。[③] Dirks 先生上诉至美国联邦最高法院,后者推翻了 SEC 的行政处分,认为 Dirks 先生并没有违反 SEC 规则 10b-5。很显然,Dirks 先生利用了内幕信息,但是由于他是公司的外部人,法院因此否定了他须承担法律责任。美国联邦最高法院重申了先例 Chiarella v. United States(1980)案[④]所确立的基本原则,即"内幕交易成立以信义关系存在为前提,而非仅因居于获悉内幕信息的地位",并指出与公司不存在"信义关系"的受密人的责任系派生于公司内部人(泄密人)

[①] 对此,SEC 于 2000 年专门制定了规则 10b5-2 予以解释,"信托或信任义务存在于下列情形:(1)某人同意对信息保密;(2)当重大未公开信息的传递人与受领人间具有分享秘密的历史、模式或惯例,而该受领人知道或应当知道传递人将期待其就该信息保密时;(3)某人从其配偶、父母、子女或兄弟姐妹获取重大未公开信息时"。See 17C.F.R. § 240.10b-5-2.

[②] Dirks v. SEC, 463, U. S. 646(1983).

[③] Jesse H. Choper, John C., Jr. Coffee and Ronald J. Gilson, *Cases and Materials on Corporations*, 7th ed., Aspen Publishers, 2008, pp. 454-464.

[④] Chiarella v. United States. 445 U. S. 222 (1980).

的责任,只有该人参与了违反信义义务的行为并利用内幕信息谋利,才能构成内幕交易。这意味着信息传递责任的成立条件有二:一是必须是公司的内部人,其因泄露内幕信息给受密人(公司的外部人)而违反了他和公司之间的信义义务,并且作为外部人的受密人知道或者应当知道公司内部人的行为违反了信义义务;二是公司内部人(即泄密人)从其泄露信息的行为中直接或者间接获得了个人利益。在先例 Dirks v. SEC(1983)中,Dirks 先生作为外部人(是受密人),对 EFA 公司不存在信义义务,而且也没有使用不正当手段获取 EFA 公司的内幕信息;而且,公司的内部人 Secrist 先生,作为泄密人,向 Dirks 先生泄露内幕信息之目的是在于揭露 EFA 公司的舞弊而非为了谋取其个人私利,因而 Dirks 先生基于其受密人之责任属于传来性质(derivative nature),因而没有违反任何义务从而无须承担法律责任。

在美国,对于采用"信息传递责任"理论认定受密人为内幕人,并因此确定受密人法律责任的要件大体如下[①]:(1)必须是内部人违反了其受任人所应负的信义义务而泄密(该内部人是泄密人);(2)信息受领人(即受密人)必须明知或者可得而知该内部人(即泄密人)违反了他作为受任人的信义义务;(3)内部人(即泄密人)泄密的目的是直接或者间接地谋求其个人私利。[②] 此外,受密人的责任属于派生(derivative)性质的,因此严格来讲其责任仍是基于"身份性/关系论"(即"信义义务"理论)而非"市场论"的,因为根据该责任,其前提是泄密人违反了其信义义务而泄密,只有满足了这个条件受密人才可能担负(任何)内部人交易的责任;[③]而且泄密者的泄密必须是为了谋求其个人私利(personal benefit)——所谓个人私利,包括但不限于为强化友谊而将消息泄露给友人等。[④] 总之,美国法院在审理内幕交易案件时,在界定内幕人的范围上处于不断拓展的状态(in a state of flux):最初是以买卖证券者与其交易对象之间直接存在信义关系作为规范基础,内幕人仅限于对公司和股东负有信义义务的内部人,表现出"身份性"或曰"关系论"的特色。其后,内幕人延伸至公司的"外部人",但他/她们从前述的传统内部人处接触到了内幕信息,因而成为证券法上而非传统公司法上的"内

---

① See Dirks v. SEC, 463 U. S. 646(1983); Robert C. Clark, *Corporate Law* (Textbook Treatise Series), Aspen Publishers, 1986, pp. 320-328.

② 可参见 SEC v. Maio, 51 F. 3d 623 (7th Cir. 1995)案的具体论述。

③ 此时消息受领人虽不依消息传递的理论负责,但依台湾地区规定仍可能基于职业关系获悉消息而负内线交易的责任;所不同者,依消息传递的理论,在台湾地区,告知消息人有连带的民事赔偿责任,而基于职业关系负责者则否。

④ See Robert C. Clark, Corporate Law (Textbook Treatise Series), Published by Aspen Publishers, 1986, p. 325. 国内文献讨论,参见赖英照:《股市游戏规则——最新证券交易法解析》,2011 年自刊,第 493 页;张心悌:《内线交易消息传递之民事责任》,载台湾法学会主编:《台湾法学新课题(七)》,2009 年 11 月,第 298 页以下。

幕人",同样也不得以此内幕进行交易。到此,"身份性"已十分弱化。

【域外案例】

SEC v. Musella(1989)[①]

地区法官 Kimba M. Wood 发表了法院的审理意见。

本案由 SEC 以根据从沙利文·克伦威尔(Sullivan Cromwell)律师事务所(以下简称"沙利文律所")窃取的信息购买证券为由,针对几名据称实施以上行为的个人提起了内幕交易诉讼。沙利文律所的一名前雇员及其股票经纪人参加了这些非法活动,他们对内幕交易的刑事指控表示认罪,并入狱服刑。其他参与者则在相关民事诉讼中败诉且被勒令损害赔偿,该参与者的内幕交易的收益被没收,并且法院针对其未来交易发出了禁令。[②] SEC 主张以上所述内幕交易活动中剩下的唯一被告阿尔伯特·迪安格利斯(Albert DeAngelis)故意根据从沙利文律所窃取的重要非公开信息购买了三家公司的证券。经过三天的法官审判,法院裁定被告违反了联邦证券法。

一、事实概要

以下是法院的事实认定。本案内幕交易计划的信息传递员是艾伦·伊恩(Alan R. Ihne),他曾是位于纽约的沙利文律所的行政服务部门的经理(无争议事实1)。在1981年1月1日至1982年12月31日期间,即本案争议交易的发生期间,沙利文律所向某些计划和预期进行要约收购、合并或杠杆收购的客户提供了保密型的法律咨询。沙利文律所向包括伊恩在内的每位员工分发了一系列涉及有关保护机密信息的重要性的备忘录,并且伊恩知晓该项公司政策(无争议事实2)。

伊恩承认,自己有意并故意地窃取了沙利文律所客户的相关企业合并和收购的机密信息(无争议事实3;庭审记录第36页)。此外,伊恩作证说,他知道自己的行为是错误的,但他仍然做出了"有意识的决定"以窃取信息(庭审记录第36页;无争议事实3)。

伊恩向其朋友约瑟夫·帕隆巴(Joseph Palomba)和帕隆巴的股票经纪人詹姆斯·斯蒂瓦莱蒂(James Stivaletti)提供了其窃取的信息(无争议事实4)。伊恩、帕隆巴和斯蒂瓦莱蒂随后成立了一个三人计划,打算从伊恩在沙利文律所处

---

① S.E.C. v. Musella, 748 F. Supp. 1028 (S.D.N.Y. 1989).
② See United States v. Ihne et al., S 84 Cr. 686 (CLB); SEC. v. Musella, et al., 578 F. Supp. 425(S.D.N.Y. 1984) (Haight, J.); SEC. v. Musella, et al., 678 F. Supp. 1060(S.D.N.Y. 1988) (Haight, J.); SEC. v. Musella, et al., 83 CV 342 (KMW), Judgment dated December 9, 1988.

窃取的机密信息中获利。三人一同策划,由伊恩从沙利文律所窃取有关其客户可能进行的要约收购、合并或杠杆收购的信息,并将该信息提供给斯蒂瓦莱蒂,后者将做出三人共同的投资决定(无争议事实5、7)。该计划的实际实施如下:伊恩、帕隆巴和斯蒂瓦莱蒂在沙利文律所的客户埃尔夫—阿奎坦公司(Societe Nationale Elf Aquitaine,以下简称"SA公司")宣布其对德州海湾公司(Texas-gulf, Inc.)的公开要约收购计划的不久之前,购买了德州海湾公司的看涨期权(无争议事实5、6)。

购买德州海湾公司(Texas-gulf)的看涨期权之后,帕隆巴对使用自己的账户代表三人购买证券表示担忧。伊恩和帕隆巴要求斯蒂瓦莱蒂找其他人代表他们三人购买证券(无争议事实8)。斯蒂瓦莱蒂找来其大学同学的兄弟多明尼克·穆塞拉为他们三人购买证券。穆塞拉和斯蒂瓦莱蒂最初达成共识,如果斯蒂瓦莱蒂找到另一个"像德州海湾公司这样的好机会",穆塞拉将购买股票,并将利润平均分配给他们三人(原告证据第11号第8段"詹姆斯·斯蒂瓦莱蒂的宣誓书";庭审记录第98—102页)。斯蒂瓦莱蒂建议穆塞拉将交易分散到不同的账户,如果可能的话,要使用不同的名称。随后,斯蒂瓦莱蒂向伊恩和帕隆巴报告说,他找到了愿意为他们购买股票的人,但斯蒂瓦莱蒂没有向伊恩和帕隆巴透露穆塞拉的身份,只称他为"汤姆·琼斯"(原告证据第11号第10、12段;庭审记录第98—102页)。

1981年8月13日,穆塞拉购买了人生中的第一笔证券。根据伊恩从沙利文律所窃取的信息,伊恩和斯蒂瓦莱蒂得出结论认为,将有公司对加芬克尔(Garfinckel)公司进行要约收购(无争议事实9)。斯蒂瓦莱蒂打电话给穆塞拉,并指示他购买加芬克尔的股份("斯蒂瓦莱蒂的宣誓书"第12段;庭审记录第99页)。自接到斯蒂瓦莱蒂指示后,穆塞拉因为没有股票经纪人,致电皇后区的国际工人工会办公室(Teamsters Union Office)寻找他的朋友,即被告阿尔伯特·迪安格利斯。迪安格利斯不在,所以穆塞拉就与他通过迪安格利斯认识的另一位工会办公室高级职员里查德·斯托尔菲(Richard Stolfi)进行了交谈。穆塞拉要求斯托尔菲推荐一名股票经纪人。斯托尔菲推荐了美林证券(Merrill Lynch)的古斯·德拉科斯(Gus Drakos)。那天,穆塞拉通过德拉科斯开通了他的第一个证券经纪账户,并购买了4000股加芬克尔的股票,总计价格为136 791.37美元(无争议事实10)。穆塞拉通过以罚息为代价提现一张20 000美元的定金存单,和从当时19岁的侄子弗兰克·图米尼亚(Frank Tumminia)处借来的48 000美元,作为购买加芬克尔股票的资金。从图米尼亚借的钱包括了一部分他最近从父母去世中获得的人寿保险收益。穆塞拉在此之前从未向图米尼亚借钱,也没有签署任何保证其还款的文件(无争议事实11)。

第二天,即1981年8月14日,沙利文律所的客户联合百货公司(Allied

Stores Corporation)宣布了对加芬克尔的要约收购。穆塞拉当天以188 358.13美元的价格出售了其持有的加芬克尔的股票,获得了51 566.76美元的净收益(无争议事实12)。在完成以上关于加芬克尔的交易不久后,斯蒂瓦莱蒂安排在纽约贝里奇(Bay Ridge)的一家小餐馆前,在穆塞拉的凯迪拉克车内会见穆塞拉。会面期间,穆塞拉给了斯蒂瓦莱蒂一个信封,里面装有大约18 000美元的现金。穆塞拉向斯蒂瓦莱蒂询问其交易信息来源,但斯蒂瓦莱蒂拒绝告诉他(原告证据第11号第14段;庭审记录第101、107页)。因此,穆塞拉开始将斯蒂瓦莱蒂的信息来源称为"下金蛋的鹅"(原告证据第11号第10、11段;庭审记录第104—105页)。

1. 迪安格利斯购买马拉松石油期权

接下来,斯蒂瓦莱蒂和伊恩决定根据从沙利文律所窃取的信息购买马拉松石油公司(Marathon Oil Company)的股票(无争议事实18、19、23)。于是,斯蒂瓦莱蒂打电话给穆塞拉,要他购买马拉松石油公司的股票期权,同时给了穆塞拉购买特定系列的看涨期权的具体指示和权利行使价格(原告证据第11号第22段;庭审记录第102页)。尽管穆塞拉告诉斯蒂瓦莱蒂,他无法购买任何马拉松石油公司的期权(原告证据第11号第23段;庭审记录第102页),但在1981年10月29日,穆塞拉以76 844.79美元为对价,购买了马拉松石油200份、以70美元为权利行使价格的12月到期看涨期权,和100份以80美元为权利行使价格的12月到期看涨期权。穆塞拉分别于1981年11月2日、11日和19日卖出了自己所持有的期权,总价为649 339.89美元,实现净收益572 495.10美元(无争议事实20)。穆塞拉从未告诉斯蒂瓦莱蒂他购买了马拉松石油公司的期权,也未与斯蒂瓦莱蒂、帕隆巴或伊恩分享任何收益(庭审记录第103页)。

迪安格利斯在1981年10月29日,即穆塞拉购买马拉松石油公司的看涨期权的同一天,也购买了马拉松石油公司的看涨期权。迪安格利斯于1981年10月29日下午3点45分致电其股票经纪人李维斯·西格尔(Lewis Siegel),指示他以当时的市场价格购买120份、以70美元为权利行使价格的12月到期的马拉松石油公司的看涨期权(这些期权的到期日和权利行使价格与之前穆塞拉购买的两种马拉松石油公司的看涨期权相同)。西格尔告诉迪安格利斯,这些期权的成本可能在3万至4万美元之间。然而,实际上,这些期权的成本超过64 000美元。并且西格尔作证说,当他再次致电迪安格利斯确认已下单时,迪安格利斯在得知购买期权的成本几乎是西格尔先前估计的两倍时没有作出任何反应(庭审记录第157—159页)。此外,迪安格利斯在购买期权的当天下午4点24分打电话给穆塞拉(原告证据第12号"纽约电话公司记录")。之后,迪安格利斯分别于1981年11月4日、6日和9日出售了所购买的期权,净收益为268 513.86美元(无争议事实21)。

迪安格利斯于1981年10月29日购买马拉松石油公司期权的交易,是他自1980年4月以来的第一笔证券交易,此前他的账户已闲置19个月(庭审记录第146—147页;原告证据第25号"汤姆森·麦金农证券的月度账户对账单")。在购买马拉松石油公司的期权之前,迪安格利斯仅在1978年购买过两次马拉松石油公司的期权(原告证据第25号)。为了支付马拉松石油公司期权的购买资金,迪安格利斯向迪安格利斯首饰店(DeAngelis Jewelers)借了钱,而他在该公司没有任何财务权益。1981年10月30日,迪安格利斯首饰店向阿尔伯特·迪安格利斯开具了一张面额为62 801.18美元的支票(无争议事实22;庭审记录第205页)。

迪安格利斯作证说,他之所以买了马拉松石油公司的期权,一是因为"我知道他(穆塞拉)买了马拉松石油公司的期权,第二我感觉就像在赌博"(庭审记录第243页)。他还作证说,他认为自己会在马拉松石油公司的期权中获利,是因为"我一直听到很多谈论有关石油库存的各种对话,而当时石油也是城里的游戏(oil was the game in town at that time)"(庭审记录第244页)。迪安格利斯进一步声称他对马拉松石油公司感兴趣,因为他在"外国报纸"(尤其是在"澳大利亚出版物"中)了解了该公司(同上,第261、327页),但迪安格利斯未能在庭审中提供相关的报刊文章。最后,迪安格利斯在他的证词中提到,另一个促使他购买马拉松石油公司期权的原因是他在投资佩恩中央铁路公司(Penn Central)时赚了一笔钱,如果不用这笔钱另行购买其他证券,政府将从他的获利中收税(同上,第267页)。

穆塞拉承认,他与迪安格利斯谈过马拉松石油公司,并且作证说:"迪安格利斯先生也很有意向购买马拉松石油公司期权。"与此同时,他和迪安格利斯一致认为,"购买马拉松石油公司的期权要比购买普通股票赚钱"(原告证据第6号,第154页)。

2. 迪安格利斯购买佩恩中央铁路公司的股票

在1981年10月下旬,斯蒂瓦莱蒂根据伊恩从沙利文律所那里获得的一份文件中得出结论,佩恩中央铁路公司即将被要约收购(无争议事实15)。伊恩与斯蒂瓦莱蒂协商与"汤姆·琼斯"(穆塞拉)联系,指示其购买佩恩中央铁路公司的股票。然后,斯蒂瓦莱蒂联系了穆塞拉,并指示他购买佩恩中央铁路公司的股票(原告证据第11号第18段;庭审记录第106—107页)。

穆塞拉于1981年10月22日购买了9000股佩恩中央铁路公司的股票,并于1981年11月5日出售了这些股份(无争议事实16)。另外,迪安格利斯分别于1981年11月2日和同年11月3日购买了1000股和2000股佩恩中央铁路公司的股票,总购买价为120 742.44美元。迪安格利斯随后于1981年11月9日出售了这些股票,共获利4661.33美元(无争议事实17)。

迪安格利斯和穆塞拉在迪安格利斯从事以上购买行为之前,就佩恩中央铁路公司讨论了多次。穆塞拉说,在这些对话中,"迪安格利斯与我交换了彼此对佩恩中央铁路公司的看法……"(原告证据第8号"多明尼克·穆塞拉"的证言第593页;另参见庭审记录第210—211,233页)。

迪安格利斯作证说,他对佩恩中央铁路公司做了很多研究,并且认为它会像……欧洲铁路那样得到补贴,所以购买了佩恩中央铁路公司的股票。……并且如果该公司出售其所拥有的铁路线路,接着他们的股票将价值不菲"(庭审记录第229—230页)。

3. 迪安格利斯购买美国信诺公司股票

伊恩还从沙利文律所窃取了有关美国信诺公司(Signode Corporation)的机密信息(庭审记录第52—53页;无争议事实26)。1982年2月,斯蒂瓦莱蒂在香港度假时,在与帕隆巴的电话交谈中获悉了与信诺公司有关的一项收购(庭审记录第109页)。斯蒂瓦莱蒂于1982年2月9日上午1点45分(美国东部标准时间)从香港致电伊恩,以确认信诺公司将被收购。然后,斯蒂瓦莱蒂在美国东部标准时间当天凌晨2点致电穆塞拉,以向他提示信诺公司将被收购。斯蒂瓦莱蒂要求穆塞拉在他从香港回来之前不要购买信诺公司的股份,因为他想对该公司做一些调查。那天,穆塞拉两次致电斯蒂瓦莱蒂,分别在美国东部标准时间下午12点47分(持续1分钟)和美国东部标准时间下午12点51分(持续8分钟)。从香港回到美国后,斯蒂瓦莱蒂指示穆塞拉购买信诺公司的股票(庭审记录第109—110页;原告证据第11号第26页;无争议事实24)。

1982年2月9日(美国东部标准时间)下午12点18分,迪安格利斯打电话给穆塞拉,这是斯蒂瓦莱蒂告诉穆塞拉有关信诺公司被收购消息的10个小时后。通话持续了19分17秒。迪安格利斯在同一天开始购买信诺公司的股票,在1982年2月9日至2月25日之间持续共购买12 700股信诺公司的股份,总购买价为518 868.33美元(无争议事实24,25)。

自斯蒂瓦莱蒂从香港回美国后,穆塞拉开始购买信诺公司的股份。穆塞拉在1982年2月22日至25日之间共购买了14 000股信诺公司股份,总购买价为664 582.27美元。

迪安格利斯承认说,他"确实……与穆塞拉先生讨论了信诺公司",但是他先提起信诺公司引起了穆塞拉的注意(庭审记录第210、269—270页)。迪安格利斯进一步作证说,他阅读了工会小册子上登载的一篇关于绑带材料故障的文章,相信信诺公司制造了优质产品,所以购买了信诺的股票(同上,第210、269—270页)。迪安格利斯未在审判中提交工会册子的相关文章。

迪安格利斯还作证说,他曾与密友的儿子约翰·马利奇亚(John Malizia)谈论了信诺公司。迪安格利斯"强烈建议"马利奇亚将信诺公司基本上作为"一项短期投资……因为……该公司可能被收购……"(庭审记录第419页)。马利奇亚开设了一家名为德佳联合公司(Targa Associates)的副业,吸收中等收入家庭成员的投资资金为他们进行基金投资,并提供有关货币市场基金投资的建议(无争议事实34)。尽管在与迪安格利斯对话之前从未听说过信诺公司,但马利奇亚(代表德佳联合公司)还是于1982年2月12日,购买了123 621.43美元的信诺公司股票。该投资资金是从马利奇亚的个人资产以及包括父母、叔叔和祖父母在内的各种家庭成员处获得的,马利奇亚告诉他们"他将走一波好运"(庭审记录423、434页)。马利奇亚得出的结论是,迪安格利斯是从"对特定证券的相关变动信息有所了解……确实知道正在发生的相关变动的人"那里获取信息,并且马利奇亚认为公众无法获得此信息(庭审记录419、421—422页)。

在信诺公司宣布进行杠杆收购之后,斯蒂瓦莱蒂告诉穆塞拉出售其持有的信诺公司的股票。穆塞拉在1982年3月1日至2日之间出售了这些股票,实现了95 246.63美元的利润。迪安格利斯在1982年3月1日至3日之间也出售了自己购买的信诺公司股票,获利89 617.91美元(无争议事实25)。在卖掉信诺公司的股票后,穆塞拉给了斯蒂瓦莱蒂4500美元,斯蒂瓦莱蒂将之与伊恩和帕隆巴平分(庭审记录第111页;原告证据第11号第26段)。

斯蒂瓦莱蒂和伊恩均对内幕交易的刑事指控表示认罪,并入狱服刑。帕隆巴则对与他的内幕交易利润有关的刑事税收欺诈指控表示认罪(庭审记录第94页;无争议事实27;原告证据第26、27号)。多明尼克·穆塞拉原本是该诉讼的被告,于1984年6月20日死于车祸。因此放弃了追究其财产上的责任。

4. 穆塞拉故意根据被盗的机密信息进行证券交易

法院认为,穆塞拉知道他从斯蒂瓦莱蒂那里获取的是窃取来的机密信息。据斯蒂瓦莱蒂说,穆塞拉"清楚地知道"斯特瓦莱蒂给他的股票信息是基于非公开的重要信息。穆塞拉"不知道(信息来自何处),但他知道这是非公开信息"(庭审记录第123页)。斯蒂瓦莱蒂进一步作证说,他告诉穆塞拉这是他不愿透露消息来源的机密信息(同上,第132—133页)。因此,穆塞拉给他的内幕消息起了一个代号"下金蛋的鹅"(同上,第104—105页)。在完成加芬克尔的交易后,穆塞拉问斯蒂瓦莱蒂"他的消息来源近来如何",以及"是否还会有另一笔收购交易"(原告证据第11号第14段)。在同一时间段,穆塞拉告诉斯蒂瓦莱蒂,如果斯蒂瓦莱蒂"能够给他(穆塞拉)一周的交易通知,他(穆塞拉)就可以在其他地方购买它"。斯蒂瓦莱蒂理解为这意味着穆塞拉可以通过海外账户或在其他地方或以其他名义购买股票(同上,第19段)。穆塞拉有一次向斯蒂瓦莱蒂展示了一份关于内幕交易的杂志文章。文章描述了可以访问知晓内部信息的不同类型的人员或来源包括律师、秘书和打印机。该文章还包含一幅漫画,描绘了非法获取的机密信息的各种来源。穆塞拉指着该漫画,问斯蒂瓦莱蒂,所描绘的人中有谁是斯蒂瓦莱蒂的信息来源。斯蒂瓦莱蒂告诉穆塞拉,"这就是其中之一"(庭审记录第108、124页;原告证据第11号)。

在加入伊恩—帕隆巴—斯蒂瓦莱蒂的计划之前,穆塞拉从未有过购买证券或拥有经纪账户的经历。此外,穆塞拉对证券市场的了解极为有限。一位证人形容他无法明智地讨论股票市场(庭审记录第420页,约翰·马利奇亚的证词)。穆塞拉还缺乏购买大量证券所需的财务资源。1979年和1980年,穆塞拉的报税表分别显示其收入为63 642美元和4361美元,并表明他是一名美容师且是位于布鲁克林的斯威尔克尔(Swirl Curl)美容院的所有者。在加入伊恩—帕隆巴—斯蒂瓦莱蒂计划之后,穆塞拉在1981年的纳税申报表上将自己的职业列为"私人投资者",而他的短期资本收益激增至745 662.00美元(无争议事实28—30)。

当SEC询问是否与斯蒂瓦莱蒂讨论了德州海湾、加芬克尔、马拉松石油、佩恩中央铁路或信诺时,穆塞拉援引了美国宪法第五条修正案的特权,以免自我归罪。当被问及是否给予斯蒂瓦莱蒂任何有利益,以及要求识别和描述他与迪安格利斯就这些证券的所有对话时,穆塞拉同样援引了美国宪法第五条修正案的特权(原告证据第10号第712—713、717页)。

5. 穆塞拉与迪安格利斯的关系

迪安格利斯和穆塞拉在20世纪50年代后期相识并成为密友。在1981年8月至1982年年底期间,他们每周至少互相交谈两次或三次(庭审记录第209、239—240页)。迪安格利斯作证说他们经常交谈,并且"无话不谈",包括股票在内(无争议事实31;庭审记录第209、216、381页)。

迪安格利斯作证说,他和穆塞拉在1977年或1978年开始讨论股票市场。据迪安格利斯称,"我们谈论壳牌、股息、公司控制权的争夺,以及要投资的股票数量,还有公司董事会的在席董事长,几乎所有有可能的话题我们都讨论"(庭审记录第242页)。尽管与穆塞拉进行了广泛的对话,但迪安格利斯仍对法院表示,直到穆塞拉于1981年8月购买了加芬克尔的股票,他都不知道穆塞拉从来没有购买证券的经验。迪安格利斯却无法向法院解释他如何与一个从未购买过证券的人讨论了四年以上有关证券的话题(同上,第376—377页)。

迪安格利斯还作证说,直到"查阅此案",他才知道他和穆塞拉的股票经纪人是同一个人,即位于纽约西大赫斯特美林证券的经纪人古斯·德拉科。迪安格利斯还说,他自己的儿子建议他在德拉科处开户(同上,第368—370页)。

SEC调查员爱德华·哈灵顿(Edward Harrington)于1981年11月3日对迪安格利斯进行了电话访问,这是SEC对马拉松石油公司可疑交易进行调查的一部分。在访问中,哈灵顿问迪安格利斯他是否知道多明尼克·穆塞拉,因为穆塞拉的马拉松石油公司期权交易也引起了哈灵顿的注意。哈灵顿作证说,迪安格利斯告诉他不认识多明尼克·穆塞拉(庭审记录第389页)。尽管在被告《审判后简报》第18页称的被告称哈灵顿的证词"令人难以置信",但法院认为哈灵顿的说法可信度很高。

在初次被哈灵顿质疑之后,作为SEC对马拉松石油公司期权交易的调查的一部分,迪安格利斯于1981年12月16日被传唤到SEC进行调查。迪安格利斯回应了传唤,但他拒绝作证,并援用了美国宪法第五条修正案的特权(同上,第161、360—361页)。

二、法律论证①

1. 迪安格利斯违反了《1934年证券交易法》第10(b)条和SEC规则10b-5

为了确定被告违反了《1934年证券交易法》第10(b)条[即《美国法典》第15卷第78j(b)条]和SEC规则10b-5(即《美国联邦法规》第17卷第240条10b-5),如下所示,SEC必须证明被告在购买或出售证券时明知故意地不当使用了机密的重要信息。参见Dirks v. SEC(1983)案、United States v. Carpenter(1986)案、Carpenter v. United States(1987)案、Aaron v. SEC(1980)案(对"明知故意"要件作出要求的先例)。②

就《1934年证券交易法》第10(b)条和SEC规则10b-5的宗旨而言,当员工获得一些重大非公开信息时,他被设定会在正当的目的下使用这些信息,而当其不当使用时,只能视为其违反了信义义务或是破坏了雇主对其的信任和与其的信任关系。参见United States v. Carpenter(1987)案。③

如果某人被认定为"内幕人",则可以从其找到必要的信义义务[如SEC v. Texas Gulf Sulphur(1968)案④],或此信息的受密人[如Dirks v. SEC(1983)案⑤],或是像伊恩这样的雇员窃取其雇主的机密信息并进行交易[如United States v. Carpenter案、SEC v. Materia(1984)案、SEC v. Musella(1984)案⑥]。当然,对于像迪安格利斯这样的明知是被窃取的信息仍然利用该信息进行交易的受密人,也适用以上义务。参见SEC v. Carpenter案、United States v. New-

---

① 任何有关事实问题的法律适用的结论都应视为是对事实的认定。
② Dirks v. SEC, 463 U. S. 646, 659-660, 103 S. Ct. 3255, 3263-64, 77 L. Ed. 2d (1983); United States v. Carpenter, 791 F. 2d 1024, 1033-1034(2d Cir. 1986), aff'd, Carpenter v. United States, 484 U. S. 19, 108 S. Ct. 316, 98 L. Ed. 2d 275(1987); Aaron v. SEC, 446 U. S. 680, 695, 100 S. Ct. 1945, 1955, 64 L. Ed. 2d 611(1980)(scienter requirement).
③ United States v. Carpenter, 791 F. 2d at 1033-1034; Dirks v. SEC, 463 U. S. at 654, 103 S. Ct. at 3261.
④ SEC v. Texas Gulf Sulphur, 401 F. 2d 833(2d Cir. 1968).
⑤ Dirks v. SEC, 463 U. S. at 659, 103 S. Ct. at 3263.
⑥ United States v. Carpenter, 791 F. 2d at 1024; SEC v. Materia, 745 F. 2d 197, 203(2d Cir. 1984); SEC v. Musella("Musella I"), 578 F. Supp. 425, 438-439(S. D. N. Y. 1984).

man(1981/1985)案、Musella 案。①

在纽曼案（Newman）中，两家彼此独立的投资银行公司的两名雇员盗用了公司客户委托给其雇主的有关拟议并购重大非公开信息。其中一家投资银行公司的雇员将此信息泄露给作为证券交易员的被告人纽曼（Newman）。纽曼在该信息公开发布之前购买了证券，并获得了可观的收益。该案巡回法院认为，两名投资银行雇员和纽曼（他们的受密人）盗用机密信息的行为构成了"与"证券购买或出售有关的欺诈行为，违反了《1934 年证券交易法》第 10(b)条和规则 10b-5。

被上诉人行为破坏了(投资银行家)雇主作为"客户机密的安全资料库"的声誉，因此被上诉人和他的同伙确实欺骗了这些雇主，就好像拿走了雇主的钱一样。见 Newman 案。②

在此案发动初步禁令的意见中，法院（法官 Haight，J.）的论述如下：认定纽曼的行为违反了 SEC 规则 10b-5，其理论是所谓的"盗用"理论……，第二巡回法院对该理论赋予了法律效力，因为它符合人们的常识，即：基于不正当方式获得的信息进行交易从根本上讲是不公平的；而以信息来源为前提对内幕人进行区分，则破坏了证券法的预防宗旨。参见 Musella 案、United States v. Carpenter 案（雇员记者盗用《华尔街日报》登载文章的信息，此人即为受密人，他所实施的证券交易，一样违反了该记者对雇主的信义义务，并违反了 SEC 规则 10b-5）。③

(1) 伊恩窃取客户机密信息的行为违反了其对沙利文律所的信义义务。

伊恩对他的雇主沙利文律所和其客户，负有不盗用伊恩经手的重大非公开信息的义务；并且，伊恩负有绝对的义务，即不可利用盗用的客户机密信息进行交易，也不可将这些信息透露给沙利文律所以外的人。参见 Carpenter 案、Materia 案、United States v. Newman 案、Musella 案。④

伊恩作为沙利文律所的行政服务部门的经理，对于律所备忘录中多次提及的该律所执行严格的守密政策，以及所有因为雇佣关系获得的信息都具有机密性这一规定，他当然是非常熟悉的。然而，伊恩却违反了他应当尽的义务，盗用了萨利文律所的客户信息，以及这些客户的目标公司相关的信息。参见 Musel-

---

① SEC v. Carpenter, 791 F. 2d at 1032; United States v. Newman, 664 F. 2d 12, 16-19(2d Cir. 1981), cert. denied, 464 U. S. 863, 104 S. Ct. 193, 78 L. Ed. 2d 170(1985); Musella I, 578 F. Supp. at 437-439.

② United Stated v. Newman, 664 F. 2d at 17.

③ Musella I, 578 F. Supp. at 438. Accord Materia, 745 F. 2d at 201; see also United States v. Carpenter, 971 F. 2d at 1024.

④ See Carpenter, 791 F. 2d at 1033-1034; Materia, 745 F. 2d at 201-202; United States v. Newman, 664 F. 2d at 16-19; Musella I, 578 F. Supp. at 439.

la案。①

斯蒂瓦莱蒂知道,伊恩提供给他的信息是他受雇于沙利文律所期间盗用的。尽管如此,斯蒂瓦莱蒂还是招募了穆塞拉加入三人的投资计划,并指示穆塞拉根据伊恩盗用的信息进行证券交易。

尽管穆塞拉不知道斯蒂瓦莱蒂提供给他的信息来源的名称,但是穆塞拉知道该信息是通过内幕资源非法获取的。由此穆塞拉称该信息来源为"下金蛋的鹅"。穆塞拉有一次向斯蒂瓦莱蒂展示了一篇有关内幕交易的文章,其中附有描述内幕消息来源的漫画插图。穆塞拉问斯蒂瓦莱蒂,所描绘的来源中哪一种是斯蒂瓦莱蒂的信息来源。斯蒂瓦莱蒂回答说,这就是其中之一。作为协议的一部分,穆塞拉还向斯蒂瓦莱蒂支付了一部分现金收益,并从斯蒂瓦莱蒂获得了有关如何避免被调查的建议。

(2) 迪安格利斯作为受密人,由于他知道或应该知道他正在使用盗用的非公开信息进行交易,所以应当承担违法责任。

受密人若知道或因过失不能知道自己正在使用盗用的非公开信息进行交易时,就违反了SEC规则10b-5。正如该法院(Haight,J法官)在诉讼中对另外两名被告做出判决要旨时所述的那样:"受密人处于受密人链条上的哪一环节并不重要,问题的关键在于,他是否知道或应当知道他正在使用通过不正当的方式获得的非公开信息进行交易"。参见 SEC v. Musella("Musella II")(1988)案(引用了Musella I)、Dirks v. SEC 案、Carpenter 案、SEC v. Vaskevitch(1987)案。②

在法庭上,提交给法院的大量证据相互佐证了穆塞拉将从沙利文律所盗用的非公开信息转达给迪安格利斯,而迪安格利斯也知道或应该知道他自己利用被盗的非公开信息进行证券交易。法院留意到,SEC的证据主要是间接的,因此也有一定程度的不确定性。但是,有几个因素使法院相信,可以从记录证据中得出适当的推论。参见 Herman MacLean v. Huddleston(1983)案("[证券]欺诈案件中要求证明交易行为人的故意要件通常是通过间接证据进行推论的问题。如果要说有何不同的话,证明被告的心理状态的难度允许相对低的证据标准[而不是大量证据]")。③

第一,迪安格利斯的交易与穆塞拉的交易是平行实施的,并且总是在穆塞拉收到斯蒂瓦莱蒂的盗用信息后不久发生的。在穆塞拉从斯蒂瓦莱蒂获得内幕消

---

① See Musella I, 578 F. Supp. at 439.

② SEC v. Musella("Musella II"), 678 F. Supp. 1060, 1062(S. D. N Y 1988)(citing Musella I, 578 F. Supp. at 442). See also Dirks v. SEC, 463 U. S. at 660, 103 S. Ct. at 3264; Carpenter, 791 F. 2d at 1032, 1034; SEC v. Vaskevitch, 657 F. Supp. 312, 314(S. D. N. Y. 1987).

③ See Herman MacLean v. Huddleston, 459 U. S. 375, 390-391 n. 30, 103 S. Ct. 683, 692 n. 30, 74 L. Ed. 2d 548 (1983).

息,并在自己购买马拉松石油公司期权的同一天,迪安格利斯在当天市场收盘前购买了马拉松石油公司期权。迪安格利斯不仅购买了马拉松石油公司期权,还购买了斯蒂瓦莱蒂告知穆塞拉去购买的另外两个特定系列的期权。在穆塞拉根据斯蒂瓦莱蒂的购买指示购买了自己的股票后几天,迪安格利斯接下来也购买了佩恩中央铁路的股票。最终,在斯蒂瓦莱蒂从香港打电话给穆塞拉,告知近期信诺公司将被收购的同一天,迪安格利斯开始购买信诺公司的股票。尽管迪安格利斯在穆塞拉之前购买了信诺公司的股票,原因是斯蒂瓦莱蒂告诉穆塞拉等到他从香港回美国后再购买,但穆塞拉在迪安格利斯购买信诺公司股份的那天曾与其有过交谈。

第二,涉及的金额和交易的融资表明,迪安格利斯对这些投资将很快"成功"的信心异常的高,这暗示了该行为属于内幕交易。鉴于他先前的历史交易记录,迪安格利斯对这些股票的投资额度异常大。迪安格利斯购买了 64 000 美元的马拉松石油公司期权,这是他三年来的首次期权购买,并且交易量是前两次期权交易的两倍多。迪安格利斯在确认下单后不久获悉,期权的成本比他的经纪人估计的 20 000 至 30 000 美元高出时,甚至没有向他的经纪人抱怨。另外,他购买佩恩中央铁路公司的 120 742.44 美元的股票金额也很大。此后,他还购买了 518 868.33 美元的信诺公司的股票,是迄今为止他一生中最大的一笔证券交易。为筹集这一部分交易资金,迪安格利斯从其完全没有经济权益的迪安格利斯首饰店借了一大笔资金。

第三,迪安格利斯的证词提及,他与穆塞拉讨论过马拉松石油公司、佩恩中央铁路公司和信诺公司,并且他自称的购买这些股票的理由并不可信。迪安格利斯告诉法院,他之所以购买马拉松石油公司期权,部分原因是他曾在外国报纸和澳大利亚出版物上阅读到了关于该公司的文章。但他却无法向法庭提交这些文章,也无法回忆起有关这些文章的任何细节。事实上,斯蒂瓦莱蒂曾在 1981 年 10 月 29 日告知穆塞拉即将进行的马拉松收购,穆塞拉和迪安格利斯都在当天市场收盘前和第二天在公开宣布收购之前进行了巨额购买。

迪安格利斯的证词表明,他因为在佩恩中央铁路公司的投资中赚了钱,为了防止政府从该收益中收税转而投资了马拉松石油公司,但这样的说法并不可信,而且与事实不一致(庭审记录第 267 页)。事实上,迪安格利斯在购买了马拉松石油公司之后才购买了佩恩中央铁路公司的股票(庭审记录第 162—163 页;原告证据第 4 号"迪安格利斯股份认购回复")。此外,他在投资佩恩中央铁路公司的收益仅为 4661.33 美元,与之相比,马拉松石油公司期权的购买价格为 64 217.34 美元(同上)。

迪安格利斯提供的购买佩恩中央铁路公司股票的解释不可信,并且与事实背道而驰。他作证说,因为他认为政府将对铁路进行补贴,且因为铁路公司的线路持有价值可被出售以获利,于是在 1981 年 11 月购买了佩恩中央铁路公司股票。但是,根据《1982 年穆迪工业手册》(为投资者提供的标准参考书),佩恩中央铁路公司于 1976 年(即迪安格利斯购买该股票的五年之前)已将其全部铁路线路转交给了联合铁路公司(Conrail),并且还在 20 世纪 70 年代末出售了其所有房地产(庭审记录第 230—233 页)。

迪安格利斯进一步要求法院相信,他因为在工会小册子中读到的一篇文章,向信诺公司投资了 50 万美元,而且这次是他使穆塞拉注意到信诺公司。鉴于迪安格利斯无法提交该出版物,法院认为这一证词仍然难以相信。并且,迪安格利斯在斯蒂瓦莱蒂从香港致电穆塞拉,告知信诺公司将成为要约标的的那一天开始购买信诺公司的股份。

第四,约翰·马利奇亚(John Malizia)是迪安格利斯的密友的儿子,他得出的结论是,迪安格利斯的交易依据的是公众无法获得的信息。马利奇亚作证说,他认为迪安格利斯是从"知道特定证券即将发生的事情的人那里获取信息的"(庭审记录第 421 页)。马利奇亚在迪安格利斯的"强烈推荐"下信之确凿,购买了信诺公司的股票,尽管他从未听说过信诺公司,但他还是用从家人和朋友处借来的资金购买了 123 621.43 美元的信诺公司股票(同上,第 419 页)。

第五,迪安格利斯关于他和穆塞拉如同两个独立的投资者讨论这些股票的解释,反而表明他为自己购买股票的行为捏造了相应的解释。穆塞拉在 1981 年 8 月购买加芬克尔的股票之前从未进行过证券购买,据说他 1979 年和 1980 年的收入分别为 6642 美元和 4361 美元,并且报税单显示他的职业为"美容师"和布鲁克林斯威尔克尔美容院的所有者。然而,迪安格利斯却声称,他和穆塞拉于 1977 年或 1978 年开始讨论股票市场。

第六,法院不相信迪安格利斯的证词,即当迪安格利斯和他的妻子在德拉科斯处开户时,他不知道德拉科斯是穆塞拉的经纪人。迪安格利斯无法向法院提供任何可信的解释,也就是在纽约的数千名美林经纪人中,他和穆塞拉为何都选择使用纽约西达赫斯特的经纪人德拉科斯。迪安格利斯的陈述中也与他自称不知道德拉科斯是穆塞拉的经纪人的说法相矛盾:"如果我们怀疑穆塞拉有内幕消息,并且我们想跟着他做投资的话,因为德拉科斯认识里查德(斯托尔菲——迪安格利斯在工会办公室的同事),我们要做的就是找出他买了什么,跟着他投。如果那是我们想要做的,我们不需要穆塞拉告诉我们任何事情……我们所要做的只是说,里查(斯托尔菲)打电话给您推荐的经纪人,找出他的客户(穆塞拉)都在做哪些投资,然后我们跟着投就行了。"(庭审记录第 378—379 页)

因此,迪安格利斯要求法院相信他知道斯托尔菲向穆塞拉(他的已有 20 多年交情的朋友,并且与他无话不谈,包括股票市场)推荐了一名经纪人德拉科斯。并且,同时他也请德拉科斯做他自己的经纪人,却声称他直到"查阅此案"后,才意识到他和穆塞拉用的经纪人是同一个人。法院认为这一证词令人难以置信。

第七,当 SEC 调查员哈灵顿在迪安格利斯大量购买马拉松石油公司的期权后不久致电时,迪安格利斯甚至否认认识穆塞拉(他认识已有 20 多年的朋友,并在庭审中承认他在购买马拉松石油公司的期权之前与穆塞拉讨论过马拉松石油公司的期权)。这种虚假的免责声明证明了迪安格利斯的内在罪咎意识,并证明其符合故意的主观要件。参见 United States v. DiStefano(1977)案、United States v. Johnson(1975)案。①

(3) 迪安格利斯利用重要信息进行交易。

穆塞拉向迪安格利斯提供的有关潜在的要约和收购的信息显然很重要,因为"在任何情况下,被遗漏的事实对股东大会上形成理性的投资判断都具有实际意义。"参见 TSC Industries, Inc. v. Northway, Inc. (1976)案、Basic, Inc. v. Levinson(1988)案[明确地采用 TSC 案中判断是否违反《1934 年证券交易法》第 10(b)条和 SEC 规则 10b-5 时适用的重大性标准]。② 毫无疑问,一个理性的投资者会认为迪安格利斯收到的有关马拉松石油公司、佩恩中央铁路公司和信诺公司的信息会极大地改变市场上现有信息的"整体组合"。参见 Basic v. Levinson 案。③ 此外,即将进行的交易的消息若有望增加证券价值,该消息特别可能会影响投资者的购买、持有或出售股票的决定。参见 SEC v. Shapiro(1974)案、SEC v. Materia(1983)案、aff'd(1984)案、Musella I 案("毫无疑问,据称由伊恩向被告人提供的信息具有重大性……")。④

因此,法院得出结论认为,迪安格利斯应当根据《1934 年证券交易法》第 10(b)条和 SEC 规则 10b-5 条承担违法责任,因为他知道或应当知道他用于交易的信息是从内部盗取的非公开重要信息。

2. 迪安格利斯违反了《1934 年证券交易法》第 14(e)条和 SEC 规则 14e-3

《1934 年证券交易法》第 14(e)条[《美国法典》第 15 卷第 78n(e)条]授权 SEC 就要约收购"制定合理的规范,以防止任何欺诈性、欺骗性或操纵性的行为和惯例。"1980 年颁布的 SEC 规则 14e-3,设定了一项"公开信息否则放弃交易"的规则,针对那些直接或间接从要约收购当事人处知晓有关要约收购重要信息的人,并且对其主观要件要求知道或应当知道这些信息是非公开信息。在 SEC

---

① See United States v. DiStefano, 555 F. 2d 1094, 1104(2d Cir. 1977); United States v. Johnson, 513 F. 2d 819, 824(2d Cir. 1975).

② TSC Industries, Inc. v. Northway, Inc., 426 U. S. 438, 449, 96 S. Ct. 2126, 2132, 48 L. Ed. 2d 757(1976). See also Basic, Inc. v. Levinson, 485 U. S. 224, 108 S. Ct. 978, 983, 99 L. Ed. 2d 194 (1988).

③ Basic v. Levinson, 108 S. Ct. at 983.

④ See, e. g., SEC v. Shapiro, 494 F. 2d 1301(2d Cir. 1974); SEC v. Materia, CCH Sec. L. Rep. ¶99,583 1983 WL 1396 (S. D. N. Y. 1983); aff'd, 745 F. 2d 197(2d Cir. 1984); Musella I, 578 F. Supp. at 443.

规则 14e-3 下，只要所谓的错误交易行为直接与要约收购有关，就没有必要证明要约收购是否真的开始，甚至不必证明交易行为人是否由于过错导致该交易行为。参见 O'Connor Assoc. v. Dean Witter Reynolds, Inc. (1981) 案、United States v. Chestman(1989 案)（引用了 SEC 采纳该规则的原因）。①

迪安格利斯的马拉松石油公司的期权、佩恩中央铁路公司的股票的购买行为违反了规则 14e-3。② 在伊恩从沙利文律所盗用信息和迪安格利斯进行交易的期间，沙利文律所已代表收购公司美孚石油和埃斯马克（Mobil and Esmark，即规则中所指的"要约人"）分别对马拉松石油公司和佩恩中央铁路公司开展实质性的收购工作。关于马拉松石油公司，沙利文律所曾经于 1981 年 10 月 27 日就美孚公司对其进行要约收购提供法律咨询。美孚在 1981 年 10 月 31 日正式提出了对马拉松石油公司的要约收购。尽管埃斯马克最终决定不进行要约收购，但沙利文律所曾在 1981 年 10 月为其提议收购佩恩中央铁路公司工作。

根据上述关于迪安格利斯违反 SEC 规则 10b-5 的原因讨论，迪安格利斯知道或应该知道他拥有关于未决要约收购案件的重大非公开信息。有关即将进行的要约收购的重要内幕信息很可能来自收购公司或代表收购方行事的人。因此，即使假设穆塞拉不知道他传递给迪安格利斯的内幕信息的具体来源，但由于迪安格利斯是一个足够成熟的投资者，足以知道或应当知道穆塞拉的信息的来源可能是"要约人"或代表其行事的某人（此处为沙利文律所）。③

因此，迪安格利斯购买马拉松石油公司的期权和佩恩中央铁路公司的股票的行为违反了《1934 年证券交易法》第 14（e）条和 SEC 规则 14e-3。

3. 禁制令的发布是恰当且必要的

《1934 年证券交易法》第 21（d）条［《美国法典》第 15 卷第 78u（d）条 (1982)］④授权 SEC 可以针对"已从事或将要从事的违反证券法的行为或惯例的任何人"要求向其发行"临时或永久性的禁令"。SEC 只需要证明该违反证券的行为有再次发生的合理可能性。参见 Materia 案、SEC v. Manor Nursing Centers, Inc. (1972) 案。⑤ 从过去的欺诈行为可以合理地推断出今后的持续侵权。参见 Manor Nursing Centers, Inc. 案。⑥ 此外，法院可能会考虑与未来违规可

---

① O'Connor Assoc. v. Dean Witter Reynolds, Inc., 529 F. Supp. 1179, 1192(S.D.N.Y. 1981). See also United States v. Chestman, 704 F. Supp. 451, 455-459 (S.D.N.Y. 1989).

② SEC 在此索赔中未涵盖被告从事的信诺公司交易。

③ SEC 规则 14e-3 条也适用于内部信息的来源是目标证券的发行人或其代表人的情形［参见 SEC 规则 14e-3(a)(2)］。因此，由于他知道或应该知道自己掌握了关于拟议的要约收购的内部信息，迪安格利斯必然知道他的信息来源是收购公司或目标公司，或代表这些公司之一的人。

④ Section 21(d) of the Exchange Act, 15 U.S.C. § 78u(d)(1982).

⑤ Materia, 745 F. 2d at 200; SEC v. Manor Nursing Centers, Inc., 458 F. 2d 1082, 1102(2d Cir. 1972).

⑥ Manor Nursing Centers, Inc., 458 F. 2d at 1100.

能性有关的其他因素,包括主观故意的程度、缺乏悔意、试图误导 SEC 的意图,以及重复违禁行为的机会。参见 SEC v. Tome(1987)案、Lombardfin SPA v. SEC(1988)案。①

在这种情况下,法院认为迫切需要发布禁制令。迪安格利斯的侵权行为是明知侵权行为持续了很长时间并且涉及大量金钱。在 SEC 向他询问有关马拉松石油交易后仍然持续其违法行为,以及他对 SEC 调查员哈灵顿撒谎的事实,都表明他具有违法的主观意愿。此外,迪安格利斯对他的行为没有表示悔意。迪安格利斯甚至为他作出的交易向法院作了虚假的、令人难以置信的解释,这表明他在庭审阶段仍然缺乏悔意,并试图推卸其对非法行为的责任。

因此,鉴于被告过去的侵权行为、主观故意的程度、明显缺乏悔意以及将来发生侵权行为的机会,法院永久禁止迪安格利斯作出违反《1934 年证券交易法》第 10(b)条和 14(e)条,以及 SEC 规则 10b-5 和 14e-3 的交易。

4. 追缴和预审是恰当的

法院有权在 SEC 执法行动中下达对内幕交易收益的追缴命令。参见 SEC v. Tome 案、SEC v. Materia 案、SEC v. Texas Gulf Sulphur Co. 案。② 通过禁止从内幕交易的不法行为中获利,追缴命令有助于联邦证券法的执行。参见 SEC v. Tome 案。③

因违反联邦证券法需要承担损害赔偿责任时,相关预判利息是司法自由裁量权的问题。参见 Rolf v. Blyth, Eastman Dillon Co.(1980)案、Norte Co. v. Huffines(1969)案、Muscat v. Norte Co.(1970)案、Quintel Corp. v. Citibank, N. A.(1985)案。④ 应当根据公平公正原则,考虑个人的过失行为确定预判利息。参见 Norte Co. 案、SEC v. Tome(1986/1987)案。⑤ 在《1934 年证券交易法》第 10(b)条和 SEC 规则 10b-5 规定的行动中,主观要件的证据足以公正地判定预审利息。参见 Rolf v. Blyth 案。⑥

---

① SEC v. Tome, 833 F. 2d 1086, 1095(2d Cir. 1987), cert. denied sub nom, Lombardfin SPA v. SEC, 486 U. S. 1014, 108 S. Ct. 1751, 100 L. Ed. 2d 213 (1988).

② SEC v. Tome, 833 F. 2d at 1096; SEC v. Materia, 745 F. 2d at 201; SEC v. Texas Gulf Sulphur Co. , 446 F. 2d 1301, 1307-1308(2d Cir.); cert. denied, 404 U. S. 1005, 92 S. Ct. 562, 30 L. Ed. 2d 558 (1971).

③ SEC v. Tome, 833 F. 2d at 1096.

④ Rolf v. Blyth, Eastman Dillon Co. , 637 F. 2d 77, 86(2d Cir. 1980); Norte Co. v. Huffines, 416 F. 2d 1189, 1191(2d Cir. 1969), cert. denied sub nom, Muscat v. Norte Co. , 397 U. S. 989, 90 S. Ct. 1121, 25 L. Ed. 2d 396 (1970); Quintel Corp. v. Citibank, N. A. , 606 F. Supp. 898, 914(S. D. N. Y. 1985).

⑤ Norte Co. , 416 F. 2d at 1191; SEC v. Tome, 638 F. Supp. 638, 639(S. D. N. Y. 1986), aff'd, 833 F. 2d 1086(2d Cir. 1987).

⑥ See Rolf v. Blyth, 637 F. 2d at 87.

位于纽约的地方法院在计算联邦证券法案件的预审利息时,可能采用纽约州法律计算预审利息的利率。参见 Quintel Corp. v. Citibank 案。[1] 根据纽约州法律,对于 1981 年 6 月 25 日之后提出的所有索赔,预审利息均按 9% 的简单利率计算。参见《纽约州统一法典之民事诉讼法与规则》第 5004 条(纽约州麦肯锡统一法典 1988 年版)、Quintel Corp. v. Citibank 案。[2]

因此,法院命令迪安格利斯将他在佩恩中央铁路公司、马拉松石油公司和信诺公司的证券投资中通过非法交易的所有收益,并附上以每年 9% 的单利计算的利息进行追缴,利息的起算日从被告完全清算上述公司的证券头寸开始计算。

三、判决结果

综上所述,法院支持原告的所有主张,永久禁止被告将来可能违反《1934 年证券交易法》第 10(b) 条和第 14(e) 条以及根据其颁布的 SEC 规则 10b-5 和 14e-3 的行为。被告还被命令以每年 9% 的比率追缴上述非法交易的全部收益和单利。

要求 SEC 的法律顾问在十天之内向法院提交根据本意见提出的拟议命令。

判决如上。

【法律分析】 本案基本案情与先例 Chiarella v. United States(1980)[3] 十分相似,被告都是经由所承印的文件,经过自己的分析,推测出了拟议中之购并案的可能目标公司,并进而私下购买了该公司的股票来谋取个人私利。审理该案的第二巡回法院认为:"任何人违反受任人的忠诚义务(即信义义务),私自利用未公开信息,并据以买卖股票谋求个人私利,都应该属于违反《1934 年证券交易法》第 10(b) 条,以及据此所颁布的行政命令即 SEC 规则 10b-5 的行为"。[4] 在本案中,法院采用"盗用信息理论",认定公司外部人对公司也负有信义义务,因而诸如律师事务所的雇员,不但对自己所属的事务所负有信义义务,而且对其事务所的客户也同样负有信义义务。

案例原文[5]

---

[1] Quintel Corp. v. Citibank, 606 F. Supp. at 898.
[2] NY C. P. L. R. §5004 (McKinney 1988); see Quintel Corp. v. Citibank, 606 F. Supp. at 915.
[3] 445 U. S. 222 (1980).
[4] 745 F. 2d 197 (2nd Cit. 1984), cert. denied, 471 U. S. 1053 (1985). at 203.
[5] Available at https://casetext.com/case/sec-v-musella, 2023-9-18.

二、市场方法下的内幕人

采用市场方法来认定内幕人,内幕人则是指任何知情人。所谓"信息平等"理论之下的模式,又被称为市场方法下的模式。① 采取此种模式的主要国家或地区有欧盟成员国、澳大利亚、新加坡等,以此实现"保护投资者利益并增进其对证券市场公平性的信心"之宗旨。② 一般认为,采用"信息平等"理论规制内幕交易具有效率高等特点,并符合证券法保护公众投资者的信息知情权的立法目的,使得上述国家或地区的立法逐渐由"信义方法"向"市场方法"转变,以"信息平等理论"替代"信义义务理论"认定内幕人。③ 实际上,"信息平等"理论关注的视角是(内幕交易)"行为"而非(内幕人的)"身份",以此来认定内幕交易主体,则"任何知情人(即接触信息之人)"均为内幕交易主体。

欧共体1989年制定的《禁止内幕交易指令》将内幕交易行为主体要件分成两类:一是第2条规定的内幕人(insider),即"任何利用担任发行人的行政、管理及监督机关成员,持有发行人股份,或因履行雇佣、专业或其他义务而持有内幕信息之人",如果上述之人为公司或者其他类型之法人时,则为该法人利益而参与交易决定的自然人亦受同等规范;二是第4条规定的"直接或间接从第2条所规定主体处获得内幕信息之人"。其中,前者称为"主要内部人"(primary insiders),后者称为"次要内部人"(secondary insiders),以区分其内幕信息获取途径的不同。④ 这体现了其试图综合传统"信义关系理论"和"盗用信息理论"的主张。为了实现建立真正单一的金融服务市场的目标,欧盟发布了《禁止内幕交易和市场操纵(市场滥用)指令的2003/6号》,成为其指引成员国禁止内幕交易立法的唯一规范。在指导思想上,该指令提出,"一个完整有效率的金融市场需要市场健全性;内幕交易和市场操纵行为妨碍充分及适当的市场透明度,而市场透明度正是所有经济主体参与健全金融市场交易的前提;禁止内幕交易及禁止市

---

① 傅穹、曹理:《内幕交易规制的立法体系进路:域外比较与中国选择》,载《环球法律评论》2011年第5期。

② See Marc I. Steinberg, "Insider Trading, Selective Disclosure, and Prompt Disclosure: A Comparative Analysis", 22 *University of Pennsylvania Journal of International Economic Law* 635(2001); Alexander F. Loke, "From the Fiduciary Theory to Information Abuse: The Changing Fabric of Insider Trading Law in the U. K., Australia and Singapore", 54 *The American Journal of Comparative Law*, 123(2006).

③ 有学者进一步指出,如果采取市场方法的"信息平等"理论规制内幕交易的话,则无论任何人,只要其持有内幕信息并据以实施任何可能损害市场公平性的行为,皆可认定为内幕交易,这就会废除至少是淡化主体要件和主观要件。参见傅穹、曹理:《内幕交易规制的立法体系进路:域外比较与中国选择》,载《环球法律评论》2011年第5期。

④ Klaus J. Hopt, "The European Insider Dealing Directive", in Klaus J. Hopt & Eddy Wymeersch (eds.), *European Insider Dealing*, Butterworth, 1991, p.136.

场操纵立法具有共同目的,即维护金融市场的健全及增进投资者对市场的信心"①。在此框架下,对内幕交易规制,该指令着重于维护市场公平的实质性要求,废除了内幕交易的主体要件:在"主要内部人"方面纳入了"利用犯罪行为而持有内幕信息之人",这就将实践中通过非法方式(如盗窃行为等)而获取内幕信息并加以利用的情形也含括在内;②在"次要内部人"方面删除了"直接或间接从主要内部人处获得内幕信息"的信息来源要求,目的是将所有拥有内幕信息之人均纳入规范,而不问其信息系源自何种渠道。这样一来,欧盟反内幕交易制度所规范的主体类型已经涵盖所有通过合法及非法方式拥有内幕信息之人,行为人的身份已无关紧要,实际上使得内幕交易行为构成消除了主体要件。

在澳大利亚,1991 年之前,该国之内幕交易立法奉行的是传统的"信义义务"理论,即仅将行为主体限定于"与发行人有关之人",类似于美国法中的传统内部人与推定内部人③,由于此种规制方法会导致大量的实施了内幕交易可是内幕人却成为漏网之鱼的情形,并且"因为内幕交易行为认定的基础在于对内幕信息的利用,而非行为人与发行人之间的关联"④,因而改为采用市场方法(对应市场平等理论)规制内幕交易,规定任何持有内幕信息并知道或理应知道该信息为内幕信息者,以自己或他人名义取得、处分或试图取得、处分相关金融商品,或者建议他人取得、处分或试图取得、处分相关金融商品,均将构成内幕交易。⑤

在英国,2000 年《金融服务和市场法》对"内部人"进行了列举:(1)基于担任发行人的行政、管理及监督机关成员;(2)基于持有发行人股份;(3)基于履行雇佣、专业或其他义务而获授权使用信息;(4)基于犯罪行为;以及(5)通过其他方式而获得信息并明知或可合理期待其应知该信息为内幕信息。表面看起来,英国似乎也采用的是"信义义务"理论对内幕交易进行规制,但其第 5 项之兜底条款,表明"内部人"已非传统内幕人,而是涵盖了知悉内幕信息的任何人,实际上已经在采用市场平等理论来认定"内幕人"了。德国立法的演进与此类似,其 1994 年《证券交易法》第 13 条曾以"信义关系理论"为依据规定内幕交易主体要件,但在 2004 年修法时,第 14 条第 1 款规定,禁止:(1)利用内幕信息为自己或他人利益取得或处分内部人证券;(2)擅自披露或使第三人获得内幕信息;(3)基于内幕信息,推荐或引诱他人取得或处分内幕人证券。显然,该规定已将

---

① See the praemble of Directive 2003/6/EC.
② Guido Ferrarini, "The European Market Abuse Directive", 41 *Common Market Law Review* 711 (2004).
③ Franklin A. Gevurtz, "The Globalization of Insider Trading Prohibitions", 15 *Transnational Lawyer* 63(2002).
④ Report of the House of Representatives Standing Committee on Legal and Constitutional Affairs (Australia), *Fair Shares for All: Insider Trading in Australia*, October 1989, para 4.3.5.
⑤ Corporations Act 2001 (Australia) s1043A(1).

内幕交易主体扩张至任何人,而"其身份特征在所不问"。

在美国的司法实务中,也存在大量的案例采用了市场方法之下的模式。1961 年 SEC 裁定处理的 Cady, Roberts & Co. (1961)案①,首次在针对集中交易市场的案件裁定中引入了原应用于普通商品交易纠纷,后延伸至面对面(face-to-face transaction)证券交易中且内幕信息知悉人应遵守的"公开信息否则禁止交易规则"(Disclose or Abstain from Trading Rule)。这是基于市场方法的信息平等理论(informational equality)所确立的规则,其含义是指传统的公司内部人必须公开因其与公司的身份地位而获得的公司重要信息,且这些信息是他们所交易的相对方所不知道的,而他们如果知道的话则将会影响后者的投资判断;在某些特殊情况下,如果公开这些重要信息是不合适的或者不可能的话,那么公司内部人就只能选择放弃交易。在该案中,Cady, Roberts & Co. 是一家证券经纪商,因工作关系而从其客户 Curtiss-Wright 公司那里获悉了后者打算减少股票分红的计划,于是在该公司宣布这一消息之前就出售了其持有的 Curtiss-Wright 公司的股票,并进行了若干卖空交易(short sale)。SEC 认定 Cady, Roberts & Co. 的行为违反了 SEC 规则 10b-5,指出在证券交易中负有"公开信息否则禁止交易"之义务主体的范围应该是很宽泛的,凡是符合以下两个条件之人均负有此义务:(1) 因存在某种特殊关系而可以接触和获取公司信息,且该信息应仅用于工作目的而非任何私人用途;(2) 明知交易对方不知道这一信息而不予披露,就会造成交易的不公平。据此,Cady, Roberts & Co. 理应负有上述义务。但 Cady, Roberts & Co. 提出了抗辩,指出应该区分出售和购买股票:购买股票的对象本身因为已经是公司的股东,内幕信息持有人(即买方)对其负有信义义务,因而必须披露信息否则禁止交易;但是出售股票的对象在交易进行时还不是公司的股东,内幕信息持有人(即卖方)对其不负有信义义务,因此也就没有义务披露信息。显然,根据传统的信义义务理论,Cady, Roberts & Co. 的这一抗辩是十分合理的,但是 SEC 出于公众投资者保护的证券立法目的,否定了 Cady, Roberts & Co. 的抗辩,认为这种区分对购买股票的投资者是有失公平的,要求内部人无论利用公司内幕信息购买还是出售该公司股票,都应该被禁止。在该案中,SEC 指出,负有义务遵守"公开信息否则禁止交易规则"之人(即内幕人),其做法只能是二者择一为之:要么公开该内幕信息,要么禁止在信息公开之前从事与该信息相关的证券交易;负有此等规则义务之人(即内幕人),既包括公司的董事、经理和控股股东等传统的公司内部人,也包括获知内幕信息、占有其他市场主体所没有的信息优势地位之人。由此可见,本案所建立的"公开信息否则禁止交易规则",将"任何人"都纳入内幕交易的可能主体,而不再一味纠

---

① In the Matter of Cady, Roberts & Co., 40 S.E.C. 907(1961).

缠于该主体是否必须具备信义人身份,这就是此后被称作以市场公平为基础的"信息平等理论"。

此后,SEC 在对 Cady, Roberts & Co. (1961)案所作的裁定中所反映的内幕交易主体认定标准为美国司法实践所采用,其最典型的案件是 1968 年审理的 SEC v. Texas Gulf Sulphur Co. (1968)案[①]。在该案中,纽约证券交易所挂牌的上市公司得克萨斯海湾硫黄公司于 1963 年 11 月在加拿大勘探到储量可观的硫黄矿。在该勘探结果未公告之前,公司的许多高层管理人员在二级市场上悄悄大量低价收购本公司股票或股票期权。第二年的 4 月 9 日,公司正式确定了硫黄矿藏的位置,但 12 日却向外界发布新闻"澄清谣言"。在 4 月 16 日加拿大矿业部部长公布勘探结果的当天,公司股价上升到每股 36 美元,3 年后股价继续飙升至每股 160 美元。SEC 调查时发现该公司许多高层管理人员未将公司生产经营状况及时、如实地告诉公众投资者,而是利用内幕信息大量低价购入本公司股票以牟取个人私利,涉嫌内幕交易,从而起诉该公司的主要负责人。联邦地区法院表示认同,在审理本案时重申了由 SEC 所建立的"公开信息否则禁止交易规则",指出任何人,只要此人知悉了重大非公开信息,都是内幕人,都有可能成为内幕交易规制的对象。[②]

需要说明的是,在审理 Cady, Roberts & Co. (1961)和 SEC v. Texas Gulf Sulphur Co. (1968)两案时,法院均指出:当股东一方隐瞒重大非公开信息而与另一股东进行股权交易,应被裁定构成"欺诈",其原因是内幕交易是置于一般性的禁止证券欺诈框架(即 Section10b)之下的。[③]而美国《1934 年证券交易法》第 10(b)条规定的行为主体是"任何人"(any person);1942 年,SEC 依据第 10(b)条制定的规则 10b-5 所规定的行为主体用语是"任何人"(any person);2000 年 SEC 在规则 10b-5 项下所增订的条款规则 10b 5-1 和规则 10b 5-2,所用词语也同样都是"任何人"。

---

① SEC v. Texas Gulf Sulphur Co., 401 F. 2d 833 (2nd Cit. 1968), cert. denied sub now. Coates v. SEC, 394.

② 从法解释学角度观察,"信义关系理论"和"私取理论"其实是美国司法对立法规定进行的"限缩解释"。而在司法实践中,"信息平等理论"也一直在担任与"信义关系理论"角力的另一方,诸多内幕交易判例中都记载有大量法官的不同意见。SEC 在裁定处理的 Cady, Roberts & Co. (1961)一案中所建立的"公开信息否则禁止交易规则"也为美国国会立法所采纳。例如,1984 年国会制定的《内幕交易制裁法》和 1988 年制定的《内幕交易及证券欺诈禁止法》等,都在具体规则中贯彻了"信息平等理论"。

③ 是否所有的内幕交易均对交易对手构成欺诈,以及"沉默是否构成欺诈",在理论上虽然是可以进一步探讨的,但是,就禁止证券欺诈和内幕交易的关系来说,可以认为"凡立法中未将内幕交易纳入证券欺诈范畴的,则内幕交易的成立,当不以违反信义义务为前提"。也就是说,正因为美国证券法将内幕交易置于证券欺诈的规制框架之下,故而始终难以回避对"信义关系"的证明依赖。在现代"公开集中交易"的模式下,这是一种无奈的选择。例如,在审理 SEC v. Capital Gains Research Bureau Inc. (1963)案时,法官就指出,"在有形资产交易基础上发展起来的普通法欺诈规则,完全不适合于销售这种无形资产(如证券)的案件"。

在我国,此种以"信息平等理论"为理论基础、市场方法之下的"任何知情人"之内幕交易主体的认定标准,在相关的法律法规中也有体现。例如:(1)《上市公司信息披露管理办法》(2021)第3条第3款规定:"在内幕信息依法披露前,内幕信息的知情人和非法获取内幕信息的人不得公开或者泄露该信息,不得利用该信息进行内幕交易。"第56条规定:"任何单位和个人泄露上市公司内幕信息,或者利用内幕信息买卖证券的,由中国证监会按照《证券法》第191条处罚。"该办法所谓的"内幕交易主体"包括了"任何知情人"和"任何机构和个人"两类。(2)最高人民法院、最高人民检察院《关于办理内幕交易、泄露内幕信息刑事案件具体应用法律若干问题的解释》(法释〔2012〕6号)第1条规定:"下列人员应当认定为《刑法》第180条第1款规定的'证券、期货交易内幕信息的知情人员':(一)《证券法》第74条规定的人员;(二)《期货交易管理条例》第85条第12项规定的人员。"第2条规定:"具有下列行为的人员应当认定为《刑法》第180条第1款规定的'非法获取证券、期货交易内幕信息的人员':(一)利用窃取、骗取、套取、窃听、利诱、刺探或者私下交易等手段获取内幕信息的;(二)内幕信息知情人员的近亲属或者其他与内幕信息知情人员关系密切的人员,在内幕信息敏感期内,从事或者明示、暗示他人从事,或者泄露内幕信息导致他人从事与该内幕信息有关的证券、期货交易,相关交易行为明显异常,且无正当理由或者正当信息来源的;(三)在内幕信息敏感期内,与内幕信息知情人员联络、接触,从事或者明示、暗示他人从事,或者泄露内幕信息导致他人从事与该内幕信息有关的证券、期货交易,相关交易行为明显异常,且无正当理由或者正当信息来源的。"这里的"非法获取内幕信息人"包括"在内幕信息敏感期内,与内幕信息知情人员联络、接触,从事或者明示、暗示他人从事,或者泄露内幕信息导致他人从事与该内幕信息有关的证券、期货交易,相关交易行为明显异常,且无正当理由或者正当信息来源的",实际上意味着"任何人"从事上述行为都将可能会构成内幕交易。(3)《中国证券监督管理委员会证券市场内幕交易行为认定指引(试行)》(证监稽查字〔2007〕1号)[①]第5条规定:"本指引所称内幕人,是指内幕信息公开前直接或者间接获取内幕信息的人,包括自然人和单位。前款所称单位,是指法人和其他非法人组织,包括公司、企业、事业单位、机关、社会团体等。"第6条规定:"符合下列情形之一的,为证券交易的内幕人:(一)《证券法》第74条第1项到第6项规定的证券交易内幕信息的知情人;(二)中国证监会根据《证券法》第74条第7项授权而规定的其他证券交易内幕信息知情人,包括:1.发行人、上市

[①] 该指引已于2020年10月被证监会废止(《关于修改、废止部分证券期货制度文件的决定》,中国证券监督管理委员会公告〔2020〕66号,2020年10月30日发布),但对认定该指引失效前的相关行为是否构成内幕交易仍具有参考意义。同时,证监会并未就相关领域颁布新的规定。

公司;2. 发行人、上市公司的控股股东、实际控制人控制的其他公司及其董事、监事、高级管理人员;3. 上市公司并购重组参与方及其有关人员;4. 因履行工作职责获取内幕信息的人;5. 本条第1项及本项所规定的自然人的配偶;(三) 本条第1项、第2项所规定的自然人的父母、子女以及其他因亲属关系获取内幕信息的人;(四) 利用骗取、套取、偷听、监听或者私下交易等非法手段获取内幕信息的人;(五) 通过其他途径获取内幕信息的人。"可见该指引在对"内幕人"的内涵进行了界定的基础上,还对其外延进行了划分,共有五类,即:法定知情人[①]、规定知情人、前两类知情人的亲属、非法获取者,以及其他获取者(即第5项"通过其他途径获取内幕信息的人")。显然,内幕交易主体涵盖了知悉内幕信息的"任何人"。

上述主要国家或地区立法之所以在认定内幕交易主体上,不再关注"身份论",而采纳"信息平等理论",其重要的原因之一是证券市场模式发生了变化,即证券市场从"面对面交易"发展到"公开集中交易"的模式,直接导致了"信息平等"理论的产生和普遍应用。也就是说,由于公开市场集中竞价证券交易的交易对手之间不再具备原本面对面交易者相互之间需要相互披露信息的法律基础,因而现代证券市场中的信息披露义务已被法律强制性地赋予发行人或者上市公司。在电子化集中交易的现代证券市场中,除了公司本身之外,任何人——即便是所谓信义关系人如董事、经理等内部人——都不再具有主动披露信息的法律上的能力,因此法律规定任何人知悉内幕信息,只能保持沉默并等待信息公开;在信息依法公开之前包括公司在内的任何知情人都是内幕人,都不得借此进行交易,而只能保持沉默,除非其交易行为为法定的豁免,否则就是违法行为。

【域外案例】

SEC v. Texas Gulf Sulphur Co. (1968)[②]

本案是由 SEC 在纽约南区地方法院提起的诉讼。SEC 主张得克萨斯海湾硫黄公司(Texas Gulf Sulphur Company,TGS)违反《1934年证券交易法》第21(e)条的规定[③],以及 TGS 的一些高级职员、董事和雇员参与了《1934年证券交易法》第10(b)条和 SEC 规则 10b-5[④] 针对自然人被告所禁止的证券交易。SEC

[①] 我国《证券法》(2019)第50、51条所规定的"知情人",是与内幕信息所属公司具有信义关系的主体,反映的是上述"信义关系理论"及其"信义人"标准。因其在法律中进行了明确规定,也被称为"法定知情人",包括了前述传统的公司内部人和临时的推定内部人。

[②] SEC v. Texas Gulf Sulphur Co., 401 F. 2d 833, 1 EXC 210 (2nd Cir. 1968).

[③] 15 U.S.C. §78u(e).

[④] 15 U.S.C. §78j(b);17 C.F.R. §240.10b-5.

的控告内容具体如下:(1) 被告福加尔蒂(Fogarty)、莫里森(Mollison)、达克(Darke)、默里(Murray)、亨廷顿(Huntington)、奥尼尔(O'Neill)、克莱顿(Clayton)、克劳福德(Crawford)和科茨(Coates)从1963年11月12日至1964年4月16日根据TGS在安大略省蒂明斯(Timmins)的钻探项目结果的相关重大内幕信息,亲自或通过证券代理商购买了TGS股票或看涨期权。在此期间,上述内幕信息并未向公众投资者或特定承销机构披露。(2) 被告人达克和科茨已将上述内幕信息泄露给他人,用于购买TGS股票或看涨期权或建议在信息未公开的情况下购买;被告人斯蒂芬斯(Stephens)、福加尔蒂、莫里森、霍利克(Holyk)和克莱恩(Kline)在1964年2月20日接受了可购买TGS股票的期权,但没有向TGS股票期权委员会或董事会披露有关钻探进度的重大信息。(3) TGS在1964年4月12日发布了一篇具有欺骗性的新闻稿。本案最终在没有陪审团陪审的情况下由纽约南区地区法院的法官班塞尔(Bonsal)作出审理。班塞尔法官在详细陈述意见后裁定,1964年4月9日之前的内幕活动不是非法的,因为在那之前有关钻探结果的信息不具有"重大性"。因此,克莱顿和克劳福德的交易因为在该日期之后进行,是违法的;而科茨并没有在信息披露之前交易,所以他的证券交易没有违法。此外,本案中TGS发布的新闻稿不是非法的,因为它不是出于使公司受益的目的而发行的,也没有证据表明任何内幕人士为了自己的个人利益利用该新闻稿,并且该新闻稿没有对要公布的事实进行"误导性或欺骗性"陈述。"[1]被告克莱顿和克劳福德对以下认定他们违反了《1934年证券交易法》第10(b)条和SEC规则10b-5的判决提出上诉。另外,SEC针对地区法院驳回的指控提出上诉,即对被告TGS、福加尔蒂、莫里森、霍利克、达克、斯蒂芬斯、克莱恩、默里和科茨的指控请求重新判决。

……

一、事实认定

本案的缘由源自TGS始于1957年在加拿大东部加拿大地盾上的探索活动。1959年3月,由被告人莫里森(采矿工程师)和TGS副总裁带领的小组在该地区进行了超过15 000平方英里的航空地球物理勘测。该小组的成员包括TGS首席地质学家被告人霍利克、电气工程师和地球物理学家被告人克莱顿和地质学家被告人达克。这些勘测发现了许多异常现象,例如岩石的电导率异常变化,其中之一是位于安大略省蒂明斯附近的Kidd 55段土地。

1963年10月29日至30日,克莱顿对Kidd 55段的东北部进行了地面地球物理勘测,证实了异常的存在,并指出有必要进行金刚石岩心钻探来进一步评估。从异常度最强的部分开始钻探,打凿初始钻孔K-55-1,并于11月12日在

---

[1] 258 F. Supp. 262, at 292-296 (SDNY 1966).

655英尺深度处终止。霍利克对K-55-1核心的可视化测量表明,在599英尺的长度上,平均铜含量为1.15%,锌平均含量为8.64%。这种视觉估计使TGS确信需要收购Kidd 55段的其余部分,并且为了促进这一收购,TGS总裁斯蒂芬斯指示勘探小组对K-55-1的结果保密,即使对TGS的其他高级职员、董事和员工也不能透露半点消息。为了隐藏已经钻探的孔,故意从异常处钻出一个贫瘠的核心区域。同时,K-55-1的核心部分已运到犹他州进行化学分析。12月初收到的分析报告显示,该岩石每吨的平均矿物含量为铜1.18%、锌8.26%和3.94%盎司的银,长度超过602英尺。这些结果是如此显著,以至于经验丰富的地球物理学家克莱顿和TGS的其他四位专家证人都没有见过或听说过在贱金属矿床中有类似的初始勘探钻孔。因此,初审法院得出结论:"毫无疑问,K-55-1的钻芯结果出人意料,没有任何人在知道这样的机密消息后仍旧可以不被其背后的利益和投机的机会所诱惑。"1964年3月27日,TGS进一步推进了勘探土地的购置计划,致使该公司可以于3月31日恢复钻探。

在此期间,从1963年11月12日K-55-1的钻探完成到1964年3月31日恢复钻探,本案的自然人被告和接受他们的信息传递的受密人购买了TGS的股票或看涨期权。进行这些交易之前,这些人已经拥有1135股TGS股票,没有任何看涨期权;交易后,他们总共拥有8235股TGS股票和12,300个TGS看涨期权。

在相同的期间,1964年2月20日,TGS向其26名薪水超过规定金额的高级职员和雇员发行了股票期权,其中五名是本案的自然人被告斯蒂芬斯、福加尔蒂、莫里森、霍利克和克莱恩。其中,只有克莱恩不知道K-55-1的详细分析结果,但他也知道,公司在蒂明斯的钻探孔包含铜和锌矿等有价物质。当时,TGS股票期权委员会或其董事会尚未悉知K-55-1的钻探结果,其原因可能是由于钻探土地的收购计划需要保密。上述所有被告均接受了分配给他们的期权。

3月31日恢复钻探后,陆续在K-55-1号孔周围不同的方向开孔K-55-3和K-55-4,均发现铜和锌的矿化点,位置都在导电率异常变化区域的东缘。期间霍利克和莫里森将有关钻孔的每日进度报告发送给被告斯蒂芬斯和福加尔蒂(TGS总裁兼执行副总裁)。根据钻探结果的相关事实认定,初审法院得出结论,由K-55-1和K-55-3的交点创建的垂直平面至少测量了350英尺宽、500英尺深向南200英尺与K-55-4交汇,并且"有确凿的证据表明可能存在大量可商业开采的矿石。"随后,4月8日,TGS开始使用第二台钻探机在K-55-1的东面300英尺处钻另一个孔K-55-6,目的是探查K-55-1下的矿化范围。尽管K-55-6核心部分的可视化测量结果还没出来,但到4月10日晚,很明显在其569英尺长度的最后127英尺处发现了大量铜矿化的现象。4月10日,第三台钻机开始在K-55-1以北200英尺处平行于先前的孔钻另一个孔,即K-55-5,到4月10日晚,在该孔 97 英尺的长度中的最后 42 英尺处也发现了大量铜矿化现象。

与此同时,整个加拿大都流传着一场大规模矿石开采的项目正在进行的传闻。4 月 11 日(星期六)上午,斯蒂芬斯在康涅狄格州格林尼治的家中,在《纽约先驱论坛报》和《纽约时报》上读到一篇未经授权报道 TGS 的钻探项目的文章。从该报道的描述中可以推断出 TGS 钻探的是一个高额的矿产,并且岩芯已被运往美国进行化学分析。斯蒂芬斯立即联系福格尔蒂请他打电话并于当天晚些时候前往莫里森位于格林尼治的家中拜访莫里森,以获得最新的报告和对钻探进度的评估。第二天早晨(星期天),福格尔蒂再次致电莫里森,询问莫里森是否有任何进一步的信息,并告诉他与 TGS 首席地质学家霍利克尽快回到蒂明斯,"继续推进所有的工作"。在公共关系顾问卡罗尔的帮助下,福格尔蒂起草了一份旨在平息谣言的新闻稿,该稿件在经过斯蒂芬斯和 TGS 的律师亨廷顿审核后,于 4 月 12 日(星期日)下午 3 点发布。随后,于 4 月 13 日(星期一)在向公众发行的早报上刊登,其相关部分如下:

纽约,4 月 12 日——今天得克萨斯海湾硫黄公司执行副总裁查尔斯·F. 福加尔蒂博士就该公司在加拿大安大略省蒂明斯附近的钻井业务发表了以下声明。

"在过去几天中,媒体广泛报道了 TGS 在安大略省蒂明斯地区的勘探活动,并谣传那里有大量铜矿发现。这些报道夸大了开采规模,并根据与 TGS 无关的人的推测,毫无根据地描述了开采计划以及有关矿井的大小和级别的统计数据。"

"然而事实如下:TGS 在蒂明斯地区进行了 6 年的勘探,这仅仅是本公司在加拿大和其他地方进行各种矿物(其中包括铅、铜、锌等)开采的一部分。在推进这个项目的过程中,不论是在蒂明斯还是在加拿大东部地区的探测,TGS 完全是自行进行勘探,没有其他人的参与。通过地球物理手段对许多勘探前景进行了调查,并选择了许多精选的岩芯。这些岩芯被送到了美国,进行进一步详细的常规检查,这也是加拿大专业法律顾问的建议。因此在这个过程中无法得到任何关于矿井等级的推测。"

"加拿大东部的大多数地区都发现了贫瘠的黄铁矿或无价值的石墨;少数地区发现了小的或边缘硫化的矿体。"

"最近在蒂明斯附近的一处所有地上进行的钻探已初步表明,要对该前景进行正确评估,将需要进行更多钻探。迄今为止,钻探尚无定论,但许多外部地区的说法并不可靠,其中包括一些连 TGS 都还未获得的信息和数字。"

"迄今为止所做的工作还不足以得出明确的结论,任何关于矿石大小和等级的陈述都为时过早,并且可能产生误导。当我们前进到可以得出合理的且合乎逻辑的结论的程度时,TGS 将向其股东和公众发表明确声明,以澄清蒂明斯项目的内容。"

该新闻稿的发布旨在给蒂明斯钻探项目提供一个结果发布的日期,即4月12日。从莫里森处,福加尔蒂已于4月10日下午7点之前获悉了当前的开发情况,并且了解TGS发现了一个价值不菲的矿井。根据在SEC的听证会上作证的专家的计算,TGS发现的矿井包含了已探明的620万至830万吨的矿产,其总测量价值可达每吨26至29美元。另外,TGS的专家在听证会上明确表示因为还无法保证矿化区的连续性,在4月11日或12日之前不可能计算出被探明或概算的矿井的价值。

关于这一新闻稿的发布对公众投资者的影响的证据不仅模棱两可,而且还不充分。4月13日,《纽约先驱论坛报》在一篇标题为"铜谣泄气"的文章中引用了4月12日的TGS新闻稿,并追踪到4月11日的原始报道中称的高额矿井开采,结合TGS的新闻稿推断出"TGS最近在安大略省蒂明斯附近的矿产勘探活动有了初步的有利结果,其有利程度至少足以使该公司加强钻井作业。"在听证会上作证的一些证人说,他们很受TGS新闻的激励。另外,加拿大矿业开采证券的专家罗氏(Roche)表示:"在本周早些时候(4月16日之前),道琼斯显示他们(TGS)基本没有发现任何东西";中西部证券交易所的TGS股票专家在阅读该新闻后开始担心自己在股票中的长期头寸。初审法院只说:"回想起来,虽然新闻可能令人沮丧或不完整,但根据当时已知的事实,并不会使新闻具有误导性或欺骗性。"

同时,钻井作业仍在继续。到4月13日上午,在第五个钻孔K-55-5的580英尺标记处,发现了相当大范围的铜矿化现象。同样在4月13日上午7点,K-55-6在946英尺标记处发现矿化。4月12日,第四台钻机开始在异常变化东缘钻探K-55-7,该钻机以45度角向西钻进。第二天早晨在直达137英尺,其中在50英尺处发现矿化状态。在4月15日下午7点之前该孔已经长达707英尺,但是仅在425英尺和451英尺之间的26英尺的长度里发现了额外的矿化现象。作为质检试验孔K-55-8于4月13日晚上完成,但在4月16日之前都未报告其有矿化现象。K-55-10自4月14日以45度角向西钻出,到4月15日晚上,在其249英尺长度的231英尺处发现了矿化现象。它的位置也在异常变化区的东部边缘。

在随后的钻探活动完成之时,TGS的高级职员正在紧锣密鼓地准备披露他们的发现。4月13日,加拿大矿业杂志《北方矿工》(Northern Miner)的一位先前受邀的记者访问了钻探现场,采访了莫里森、霍利克和达克,并准备了一篇文章,证实他们开采了1000万吨的矿石。该报告在提交给莫里森并于4月15日未经修改即返还给记者后,于4月16日发布。莫里森起草了一份有关发现范围的声明,并交给了安大略省矿业部长,供加拿大媒体发布。莫里森和霍利克预计它将在 4 月 15 日晚上 11 点在广播频道发布,但是由于一些未公开的原因,直到 16 日上午 9∶40 才发布,而相同的信息出现在美林证券的电报上已经是上午 10∶29,最终体现在道琼斯股票信息上时比预期的更晚,已是上午 10∶54。

从 TGS 于 4 月 12 日发布第一份新闻稿到 4 月 16 日上午由 TGS 宣布正式的官方声明之间,参与证券市场交易的只有被告克莱顿、克劳福德和 TGS 的董事科茨。克莱顿于 4 月 15 日通过他的加拿大证券经纪人订购了 200 股 TGS 股票,该订单于当天在中西部证券交易所执行。克劳福德于 15 日午夜订购了 300 股,第二天上午 8∶30 又订购了 300 股,这些订单于 4 月 16 日在芝加哥的中西部证券交易所执行。16 日科茨离开 TGS 新闻发布会后,在上午 10∶20 之前致电他的经纪人(女婿)黑米塞格(Haemisegger)为家族信托账户订购了 2000 股 TGS 股票,而科茨仅是该信托的受托人,但不是受益人。黑米塞格随后在纽约证交所和中西部证交所执行该交易,同时黑米塞格和他的客户另外购买了 1500 股 TGS 股票。

在蒂明斯进行钻探期间,TGS 股票的市场价格波动总体上呈稳定上涨形势。在 11 月 8 日星期五,开始钻井,在 11 月 15 日星期五,股价以 $17\frac{3}{8}$ 收盘,而当 K-55-1 完成后,以 18 点后收盘。11 月 22 日(星期五)股价稍有下降至 $16\frac{3}{8}$,在收到 K-55-1 的化学分析结果后,于 12 月 13 日上涨到 $20\frac{7}{8}$,并在股票期权发行的第二天 12 月 21 日收于 $24\frac{1}{8}$ 的高点。随后完成土地收购计划并恢复钻探之后,3 月 31 日的股价达到了 26。在 4 月 12 日的新闻稿评估钻井进度时,股价持续上升,4 月 10 日的交易收盘于 $30\frac{1}{8}$。4 月 13 日,在 4 月 12 日发布的新闻已被广传,TGS 开盘于 $30\frac{1}{8}$,立即上升至 32 的高点,并逐渐下降收盘于 $30\frac{7}{8}$。接着,次日以 $30\frac{1}{4}$ 的价格收盘,而 4 月 15 日的收盘价则降至 $29\frac{3}{8}$。4 月 16 日,是有关蒂明斯矿井发现范围的正式宣布之日,价格攀升至 37 的高点,并以 $36\frac{3}{8}$ 收盘。到 5 月 15 日,TGS 股票的市场价格已升至 $58\frac{1}{4}$。

A. 对自然人被告的判决

国会制定第 10(b)条①的目的是防止不平等和不公平的商业惯例,并确保一般证券交易(无论是面对面、在柜台交易还是在交易所进行的交易)的公平性,参见罗斯《证券法》第 1455-1456 页(1961 年第 2 版)。② 由于本案的所有交易均在交易所完成,所以应当适用该法令和规则。参见 List v. Fashion Park, Inc.

---

① 《1934 年证券交易法》第 10(b)条和 SEC 规则 10b-5 规定:任何人通过使用州际贸易、邮件或任何国家证券交易所的任何手段或机构,直接或间接违反以下规定是非法的:(a) 采取任何策略、计划或技巧进行欺诈;(b) 对重要事实作出虚假陈述或遗漏陈述一些必要的重要事实,而这些重要事实在当时的情况下对确保陈述不具有误导性是必要的;(c) 为购买或出售证券,从事任何构成或可能构成欺诈他人的行为、惯例或商业活动。

② Louis Loss, *Securities Regulation*, 2nd ed., Little, Brown Company, 1961, pp. 1455-1456.

(1965)案和 Cochran v. Channing Corp. (1962)案。[①] 无论是基于传统的信义的概念,例如 Hotchkiss v. Fisher (1932)案[②],还是基于"特殊事实"原则,例如 Strong v. Repide(1909)案[③],SEC 规则 10b-5 基于证券市场的合理预期,即所有非个人间交易的投资者都可以相对平等地获取与投资相关的重大信息[④],而该规则的实质是,任何以自己的账户在公司证券中进行交易的人,都可以"为了公司的目的直接或间接地获得公司的信息,而不是为了任何人的个人利益而获得公司的信息",更不能利用该信息优势与"明知不知晓该信息的相对方(即公众投资者)交易"。[⑤] 内幕人士,如董事或高级管理人员,当然不能进行本规则所禁止的交易,同时,即使不是第 10(b)条所指的内幕人但持有相关信息时也可能适用本规则。因此,拥有重大内幕信息的任何人都必须向投资公众披露该信息,或者如果为了保护公司机密而被禁止披露该信息,或者他选择不披露,则必须放弃交易或放弃建议他人交易,以保证信息不被外泄。本案由于 TGS 需要购入勘探点周围的土地并要求相关知情人士保密,因此本案的任何内幕交易行为都没有合理化的理由,内幕人持有 SEC 所规定的重大信息时,在该信息被公布于众之前都不得进入证券市场交易。

B. 重大内幕信息

当然,内幕人士不会仅仅因为他可能比外部投资者更熟悉公司的经营情况,而总是被禁止投资于自己的公司。事实上,只有当某一消息"从其本质上看可以被称为意义非凡的消息,并且有合理的推断可以确定该消息一经公布能够给股价带来重大的影响"时,内幕人士才会负有披露内幕信息的义务或放弃交易其公司证券的义务。[⑥]

甚至,内幕人士可能运用自己出众的金融或其他专业知识分析出一些投资的猜测或预测,但他没有义务将由此产生的利益通过披露信息分享给外部投资者。[⑦] 证券法规制的对象仅是获得重大信息的平等性,并且这样的客体仅仅是一些需要披露的客观基本事实,保证外部投资者与内幕人士获得相同程度的信

[①] See List v. Fashion Park, Inc. , 340 F. 2d 457, 461-62 (2 Cir.), cert. denied, 382 U. S. 811, 86 S. Ct. 23, 15 L. Ed. 2d 60 (1965); Cochran v. Channing Corp. , 211 F. Supp. 239, 243 (SDNY 1962).

[②] see, e. g. , Hotchkiss v. Fisher, 136 Kan. 530, 16 P. 2d 531 (Kan. 1932).

[③] see, e. g. , Strong v. Repide, 213 U. S. 419, 29 S. Ct. 521, 53 L. Ed. 853 (1909).

[④] see Cary, "Insider Trading in Stocks," 21 Bus. Law. 1009(1966), p. 1010, Fleischer, "Securities Trading and Corporation Information Practices: The Implications of the Texas Gulf Sulphur Proceeding," 51 Va. L. Rev. 1271 (1965), pp. 1278-1280.

[⑤] Matter of Cady, Roberts Co. , 40 SEC 907, 912 (1961).

[⑥] Fleischer, "Securities Trading and Corporate Information Practices: The Implications of the Texas Gulf Sulphur Proceeding," 51 Va. L. Rev. 1271(1965), p. 1289.

[⑦] Loss, op. cit. supra at 1463.

息,随之这些外部投资者可以根据他们自己的信息评价经验作出独立的投资判断。

但是,这并不代表我们赞同初审法院的做法,即"对信息是否具有重大性的判断必须采取保守的做法,特别是第 10(b)条所禁止的交易行为大多是以后见之明来判断的。"① 从某种意义上来说,仅通过评估就可以知道某个事实会对审慎或保守的投资者产生何种影响来判断信息的重大性。正如我们在 List v. Fashion Park, Inc.案② 中指出的,"重大性的基本判断标准是一个理性人在作出其投资决策时是否会依赖于该重大信息。③ 当然,重大性信息也包含任何"在客观合理的考量下可能影响公司股票或证券价格的事实"。④ 若某项事实具有上述所称的重大性,则必须在内幕交易的公司证券之前,将该事实有效地向公众投资者披露。即使是华尔街和海湾街(加拿大的金融街)的投机者和投资专家也算是法律保护的"合理的"投资者。因此,重大事实不仅包括披露公司的收益和分红的信息,而且还包括影响公司未来前景的事实,因为这些事实可能影响投资者购买、出售或持有公司证券的意愿。

无论何种情形,SEC 规则 10b-5 所指的具有重大性的事实应当是与特定的事件有关的,并且内幕人士明知该事件却不披露的原因取决于需要一段时间去平衡该事件是否会真的发生且考虑在公司整体的事业活动中该事件的可预测的重要度大概有多少。尽管审判法院得出结论认为,第一个钻芯 K-55-1 的结果"影响力太小以至于不能对市场产生任何重大影响,所以不能认定其重大性"。但是我们无法认同初审法院错误的法律适用以及对法律的解释和适用标准的不恰当理解。我们对事实进行详细认定后最终得出结论,知晓 TGS 的钻孔 K-55-1 的检测结果对任何合理的投资者而言非常重要,并且可能会影响 TGS 股票的价格。4 月 16 日,在采矿业专家中广为流传的商业出版物《北方矿工》称"K-55-1 钻孔检测结果是现代最令人印象深刻的钻孔之一"。罗氏是专门从事矿业证券业务的加拿大证券经纪人,他强调 K-55-1 的钻测结果对投资者而言是重大的信息。他说,"在矿业证券投资中,完成 600 英尺的钻测长度在矿业开采方面是极其重要的事实,一般 200 英尺的长度已经极具重大性,何况是 600 英尺,完全超出普通人的想象"。同时,他补充说,"一旦开矿公司钻了第一个孔,投资购买更多的股票是很自然的事情。"进一步的证词表明,其他涉猎领域更窄、规模更小的

---

① 258 F. Supp. 262 at 280.
② List v. Fashion Park, Inc., 340 F. 2d 457, 462.
③ Restatement, Torts § 538(2)(a); accord William L. Prosser, *Handbook of The Law of Torts*, 2nd ed., West Publishing, 1955, pp. 554-555; Flowler Harper & James Fleming, Jr., *Torts*, Little, Brown & Co., 1956, pp. 565-566.
④ List v. Fashion Park, Inc., supra at 462, quoting from Kohler v. Kohler Co., 319 F. 2d 634, 642, 7 A. L. R. 3d 486 (7 Cir. 1963).

矿业开采公司,甚至有只要发现一些乐观的异常现象,或是他们持有的土地的邻接部分有潜力可以进行开采之类的信息,都足以让这些公司的股票的价格发生变化。

最后,确定K-55-1的发现是否属重大事实的主要决定因素是那些了解钻探结果的人对该事实的重视程度。通过观察与本案项目无关的一些近期给TGS带来收益的发展,通常知情人士只会作出常规的股票购买计划,或是零星交易,因为这些投资都可能在名义上推测出他们的投资决策是在支持K-55-1的发现。然而,本案知道K-55-1检测结果的人,不仅自己购买TGS的股票和短期认购期权(甚至,在某些情况下是让一些从未购买过TGS股票的个人作出股票和期权的投资行为),这些事实迫使我们不得不得出这样一个结论,这些内幕知情人确实在钻探结果的驱使下,作出投资决策的。

SEC规则10b-5的核心是实现国会的宗旨,即所有投资者应有平等机会获得参与投资的重大信息。国会的意图是,所有公众投资者都应承受相同的市场风险,这种市场风险当然包括个人的评估能力或风险承担能力。但是本案的内幕人士并没有与外部投资者站在相同的信息基础上。从一开始,本案的内幕人士就知道TGS进行K-55矿业开采的可能性极大,他们可以安心地投资,因为他们确定TGS股票的价格在公布开采计划后会大幅上涨,但即使K-55的矿化范围没有想象中那么大等后续不如预期的事实出现,对公众投资决策的影响也甚小,所以之后股票价格下跌的幅度也很小。

因此,我们认为,本案中利用K-55-1钻孔结果就TGS股票和期权进行交易的所有自然人都违反了SEC规则10b-5。由于对该钻芯的可视化测量评估(尽管不如化学分析准确,但总体上是可靠的估测)构成了本案的重大信息,因此,那些利用可视化测量结果进行证券交易的被告,以及那些知晓化学分析结果而进行证券交易的被告都违法了。此外,被告地质学家达克不仅利用未公开的重大信息交易TGS的股票,还将该信息传递给多个受密人,而这些受密人大量购入了TGS股票和期权。这一"有力的旁证"证明,达克一定已经把有关K-55-1的钻探事实和钻探项目继续推进的事实告诉了受密人。

……

内幕人士什么时候可以交易证券?

……

在内幕人士利用重大信息交易之前,必须确保已经通过有效且充分的方式向公众投资者提供该重大信息。尤其在本案中,TGS公司在先前的官方新闻中许诺向所有金融新闻媒体公布正式的告示,所有的内幕人士都必须等该正式的告示被完全传播后才可以进行交易。

……

内幕人士的善意(Good Faith)能否作为对 SEC 规则 10b-5 的抗辩理由？

被告科茨、克劳福德和克莱顿在正式的新闻发布被完全传播前就下单购买了 TGS 的证券，他们声称自己完全善意地相信在下单时内幕消息已经被公众广泛知晓，所以他们的交易行为是合法的。但是，无论本案是 SEC 申请执行程序的案件还是由私人诉因提起的诉讼，将被告归罪都无需证明其有特定的欺诈意图。在寻求公平或预防性救济的执法申请诉讼中，由于普通法的标准是为了广泛地保护公众投资者的利益，所以对欺诈行为的定性包括了因过失而为之的情形。参见 Berko v. SEC(1963)案和 SEC v. Capital Gains(1963)案。① 在根据私人诉因提起的诉讼中也采用了类似的标准，例如 Stevens v. Vowell(1965)案、Ellis v. Carter (1961)案，Royal Air Properties, Inc. v. Smith (1962)案和 Dack v. Shanman (1964) 案；② 但究其原因参见 Weber v. C. M. P. Corp. (1965)案和 Thiele v. Shields (1955)案③，却似乎与国会设计的广泛的立法目的完全一致，出于政策原因"以确保在[证券]交易中维持公平和诚实的市场"。

没有明确的依据证明立法意图中要求违法者需要表明特定欺诈意图④，同时证券法应被解释为普通法的扩展，既要实现国会的广泛救济的设计⑤，也要确保 SEC 执法的统一性。⑥ 此外，通过再探讨与制定 SEC 规则 10b-5 有关的《1934 年证券交易法》的其他规定，无论从 SEC 规则 10b-5 的立法或行政目的来看，其所禁止的交易行为都是既包括过失行为，也包括积极的欺诈行为。

……

四、判决结果

因此，简而言之，我们确认初审法院对上诉人克莱顿和克劳福德违反《1934 年证券交易法》第 10(b)条和 SEC 规则 10b-5 的判决；同时我们撤销了对其余被上诉人的判决，因为我们认定他们违反了《1934 年证券交易法》第 10(b)条和 SEC 规则 10b-5。……

……

上诉法院的弗兰德里(Friendly)巡回法官支持判决结果，但对自然人被告

---

① See Berko v. SEC, 316 F. 2d 137, 141-142 (2 Cir. 1963); SEC v. Capital Gains, etc., Bureau, 375 U. S. 180, 193, 84 S. Ct. 275, 11 L. Ed. 2d 237 (1963).

② Stevens v. Vowell, 343 F. 2d 374 (10 Cir. 1965); Ellis v. Carter, 291 F. 2d 270 (9 Cir. 1961); Royal Air Properties, Inc. v. Smith, 312 F. 2d 210 (9 Cir. 1962); Dack v. Shanman, 227 F. Supp. 26 (SD N Y 1964).

③ Weber v. C. M. P. Corp., 242 F. Supp. 321 (SDNY 1965); Thiele v. Shields, 131 F. Supp. 416 (SDNY 1955).

④ see Note, 63 *Mich. L. Rev.* 1070 (1965), pp. 1075, 1076.

⑤ see SEC v. Capital Gains Research Bureau, supra, 375 U. S. at 195, 84 S. Ct. 275.

⑥ see Note, 32 *U. Chi. L. Rev.* 824 (1965), p. 832, citing McClure v. Borne Chemical Co., 292 F. 2d 824, 834 (3 Cir. 1961).

明知内幕消息可能导致股价飙升时,在持有该内幕消息期间是否应当接受公司发行的股票期权的问题上和 TGS 发布的新闻是否损害了公众投资者的利益的问题上,提出了补充的看法。上诉法院的欧文·R. 考夫曼(Irving R. Kafuman)巡回法官和安德森(Anderson)巡回法官同意判决结果和理由,也对弗兰德里法官的以上两点意见表示赞同。海斯(Hays)巡回法官认为沃特曼(Waterman)法官对《1934 年证券交易法》第 10(b)条和 SEC 规则 10b-5 的解释和适用正确,但对 TGS 发布的新闻的定性持否定意见。首席法官卢姆巴德(Lumbard)与摩尔(Moore)巡回法官不赞同本案的判决结果和理由。……

案例原文①

三、对两种方法的简评

如前所述,综观当今各国或地区的禁止内幕交易制度(含立法和司法实践),大体上可以概括为两个基本方法:一是以"信义关系"为基础(relationship-based)所构建的是"信义义务"理论,称为"信义方法";二是以"市场"为基础(market-based)所构建的是"信息平等"理论,称为"市场方法"。前者可以称之为"关系论",关注的是公司微观个体(micro focus),主张内幕交易是对信义关系(fiduciary relationship)的违反;后者可以称之为"市场论",着眼市场宏观整体(macro focus),强调保护证券市场信息有效及公平地流通,以实现证券法的"信息披露"哲学,实现证券法之保护公众投资者知情权的目标。后者认为,通过保护公众投资者机会公平地获得信息,可以维护公众投资者的信心,并借此维系市场之流动性与资源之有效率配置。②

总体而言,从理论上来说,以"信义义务"理论和以"信息平等"理论作为规制内幕交易行为的标准,并无高下优劣之分。二者的不同点在于:"信义义务"规制理论的前提是要求确认内幕交易主体与内幕信息所属主体即上市公司之间必须存在"信义关系";尽管可以对"信义关系"作出扩张解释从而衍生出各种派生理论,但是扩张是不可能无限制地进行下去的,否则"信义关系"理论本身也就被消

---

① Available at https://casetext.com/case/securities-exch-comn-v-texas-gulf-sulphur, 2023-9-18.
② Niamh Moloney, *EC Securities Regulation*, Oxford University Press, 2004, pp. 739-741.

解了;而且,无论是面对面的交易,还是背对背的交易,采用"信义义务"规制内幕交易行为时总有"漏网之鱼",且"漏网之鱼"呈现出不断扩大化的趋势——这就和证券法保护公众投资者的根本立法目的背道而驰了。考察各国或者地区的证券立法,其哲学理念几乎都是奉行"信息披露",以实现证券法保护公众投资者基于平等知情权的投资决策权的——至于维护市场稳定等证券法之立法目标,都是投资决策权得以受到保护的"衍生品"。

我们认为,司法实践之所以一开始就采取"信义义务"理论来规制内幕交易,实际上是路径依赖的一种体现,它被认为解决了初级阶段的"面对面"市场交易模式之下的内幕交易规制问题,是因为该理论在运用中出现了"歪打正着"的效果。可是,运用这种理论规制内幕交易,却动摇了现代公司法的一些根本性原则或制度:无论是在封闭型公司中,还是在公众持股公司中,公司的董事层都仅仅对其所任职的公司这个法人而非公司的股东负有"信义义务";更进一步,在公众持股公司中,董事层根本不可能对公司的潜在股东(即一般的公众投资者)负有"信义义务"——二者之间根本不存在任何法律关系,更遑论法律义务了;公司的现有股东之间或者公司的现有股东和潜在股东(这是一个逻辑上看起来有问题的术语)之间同样不存在任何法律关系,更遑论他/她们之间存在着因存在着所谓的"信义关系"而导致的"信义义务"。而在内幕交易中,尤其是在非面对面的证券市场中,公司的董事作为内幕人,其交易对手常常是公司的潜在股东(此时二者之间不存在任何法律关系)而不是公司本身,则依据"信义义务"理论,董事虽然进行了内幕交易但不是内幕人而无需担责。这显然是一个在实务中令人啼笑皆非的现象,是一个在逻辑上站不住脚的结论!

而在"信息平等"理论之下,法律要求内幕人,无论其与公司的身份关系如何,以及其是否与公司之间存在身份关系,只要是接触到了公司的内幕信息,就必须禁止据此信息进行交易——即该内幕信息知悉人(不是传统的公司内部人但含括了此类人),只能等待公司公开该信息之后才能进行交易,而在该信息被公司依法公开之前不得进行交易,除非该交易行为属于法定豁免的情形;如果内幕信息知悉人在公司公开该信息之前实施了交易,即属于违法的内幕交易行为而须担责。显然,这种实际上只能"禁止交易"的义务其理论基础是"信息平等"理论,不存在内幕人身份的隐含前提问题。

如前所述,由于"信息平等"理论对规制内幕交易具有高效便捷性,以及符合证券法保护公众投资者之信息知情权的立法目的,一些主要国家和地区的立法逐渐改变了其内幕交易制度的理论基础,由"信义方法"向"市场方法"转变,以

"信息平等理论"替代"信义义务理论"①,也就意味着认定内幕人的标准有所不同。然而,有趣的是,在美国,直到今天,传统的"信义义务"理论在司法实践中并没有被"信息平等"理论所取代,二者是交叉地出现在各州各级甚至最高法院的判决书中的。而且,如果激进一点来说,"信义义务"理论在认定内幕交易主体上甚至还占着更重要的地位,这从前文所述的司法实践所开发出来的各种理论可以看出来,这些理论基本上都是围绕着"内幕人"这一主体要件展开的,只是范围或宽或窄而已。例如,在 SEC v. Texas Gulf Sulphur Co. (1968)案中,法院采用了"信息平等理论",指出"拥有重大内幕信息的任何人,(他/她)要么将向公众投资者公开(该信息),要么为了维护公司商业秘密而不公开,或者他/她(如果)选择不公开信息时,就必须放弃交易并且不得推荐他人交易,同时保持内幕信息的非公开状态"。由于判词中的"任何人"都被认定为"内幕(信息)人",被认为打击面过宽,因为内部人交易如要构成欺诈必须是此人违反了法律上"该说而未说"的义务;所谓"该说"意味着"某种信义义务"的存在,否则拥有重大非公开信息之人并无法律义务须在交易之前进行披露的。此后,"信息平等"理论通过 Chiarella v. U. S. (1980)和 Dirks v. SEC(1983)两个典型判例深化了"信息平等理论",进一步探讨了"内幕交易之前信义义务存在与否"的问题;该理论说明,如果没有违反特定的信义义务,只是仅仅利用内部信息进行交易,并不会导致对规则的违反。然而,"盗用信息理论"和"信息传递责任理论"在某种程度上是在向"信息平等理论"回归,"盗用"一词本身说明了有"不正当使用"的意思,这意味着"违反信义义务而使用(内幕信息)"。尽管在 United States v. O'Hagan(1997)案②中,被告 O'Hagan 先生从同事那里获悉内幕信息并进行股票交易构成内幕交易,但这里作为"内幕信息领受人"的 O'Hagan 先生与其"泄密人"的律师同事之间,都确知所在律师事务所与委托人(收购公司)对并购计划采取了必要保密措施,因此他们都负有对该内幕信息来源的信义义务。可见,"盗用信息理论"和"信息传递责任"理论仍不过是对"信义理论"的深化和推广,或者是具体体现而已。

---

① 有学者进一步指出,如果采取市场方法的"信息平等"理论规制内幕交易的话,则无论任何人,只要其持有内幕信息并据以实施任何可能损害市场公平性的行为,皆可认定为内幕交易,这就会废除至少是淡化主体要件和主观要件。参见傅穹、曹理:《内幕交易规制的立法体系进路:域外比较与中国选择》,载北大法律信息网,http://article.chinalawinfo.com/ArticleHtml/Article_68299.shtml,访问时间:2023-9-18。

② United States v. O'Hagan, 139 F. 3d 641 (8th Cir. 1998), available at https://casetext.com/case/us-v-ohagan-2, 2022-8-21。

【域外案例】

Dirks v. SEC(1983)①

【法院生效判决】

法官 Powell 发表了本院的生效判决意见。

上诉人德克斯(Raymond Dirks)从一家与他没有关系的公司的"内部人士"那里获得了重要的非公开信息。他向在公司股票交易中依赖这一信息的投资者披露了这一信息。争讼的焦点是,德克斯的这一披露行为是否违反了联邦证券法的反欺诈条款。

一

1973年这一年,德克斯是纽约一家经纪交易商公司的高管,专门为机构投资者提供保险公司的证券投资分析。3月6日,德克斯收到美国股票基金公司前高管西克利斯特(Ronald Secrist)的信息。西克利斯特声称该公司是一家主要从事寿险和共同基金销售的多元化公司,但由于公司的欺诈性行为,其资产被显著夸大了。西克利斯特还表示,各监管机构未能对公司员工提出的类似指控采取行动。他敦请德克斯核实欺诈行为并对其进行公开披露。

德克斯决定调查这些指控。他访问了该公司在洛杉矶的总部,并采访了该公司的几名高管及其员工。高级管理层否认有任何不当行为,但公司的某些员工却证实了欺诈指控的存在。德克斯及其所属公司都未持有或交易其所调查公司的任何股票,但在整个调查过程中,德克斯与一些客户和投资者公开地讨论了他所获得的这些信息。其中一些人,包括5名投资顾问,出售了其所持有的共计价值超过1600多万美元的该公司股票。

当德克斯还在洛杉矶时,他定期与《华尔街日报》洛杉矶分社社长布伦德尔(William Blundell)联系。德克斯敦促布伦德尔写一篇关于其所调查公司涉嫌欺诈的报道。然而,布伦德尔不相信如此大规模的欺诈行为仍没有被发现,并且担心发表这样一种破坏性的传闻可能会构成诽谤,因而拒绝撰写这篇报道。

在德克斯进行调查并散布西克利斯特指控的这两周时间里,美国股票基金公司的股票价格从每股26美元跌至每股15美元以下。这导致纽约证券交易所在3月27日对其停牌。此后不久,加利福尼亚州管理保险的相关部门扣押了美国股票基金公司的相关记录,并在其中发现了公司涉及欺诈性公司行为的证据。直到那时,SEC才对美国股票基金公司提出申诉,直到4月2日,《华尔街日报》才在头版刊登了一篇主要基于德克斯所收集信息的报道。美国股票基金公司立

---

① Dirks v. SEC, 463 U.S. 646 (1983).

即进入破产管理状态。

SEC 开始调查德克斯在这起欺诈曝光案中所扮演的角色。在由行政法官主持了听证会之后，SEC 认定，德克斯反复再三地向那些随后出售美国股票基金公司股票的投资者重申，保险公司的欺诈指控乃是真实存在的，这一行为协助并教唆了对《1933 年证券法》第 17(a)条、《1934 年证券交易法》第 10(b)条以及 SEC 规则 10b-5 的违反。SEC 的结论是："如果'受密人'——不论他的动机为何，也不管他的身份为何——（只要他们）'掌握了明知为机密的公司信息，并且知道或者应当知道该机密信息来自公司内部人'，那么他们就必须公开这些信息，否则不得进行交易。"（引自 Chiarella v. United States 案[①]）然而，考虑到德克斯"在揭露美国股票基金公司大规模欺诈行为方面发挥了重要作用"，SEC 仅对他进行了谴责。

德克斯在哥伦比亚特区巡回上诉法院寻求复审。该法院"基于 SEC 在其意见中陈述的理由"判决德克斯败诉。赖特（Wright）法官作为合议庭成员随后发表了一项意见。Robb 法官同意这个判决，Tamm 法官表示不同意；但两人都没有提出独立的意见。赖特法官认为，"在信息向公众投资者广泛披露之前，公司的信义义务人有义务将信息传递给所有人。"另外，赖特法官得出结论，作为一名经纪交易商的雇员，德克斯因收到信息而违反了"对 SEC 和公众的义务，此项义务完全独立于他应承担的其他任何义务"。

鉴于本案提出的问题对 SEC 和证券业的重要性，我们批准了一份调取令。我们现在撤销这一份调取令。

二

在 In re Cady, Roberts Co.(1961)案[②]这一开创性案例中，SEC 认识到，在某些司法管辖区的证券交易中，普通法对"公司内部人"，特别是高管、董事或控股股东规定了"确定无疑的披露义务"。SEC 认为，除公司内部人以外的个人也可能有义务在交易前，要么披露这一重要的非公开信息，要么就必须完全放弃交易，(否则他)不仅(会)违反普通法义务，还会构成对 SEC 规则 10b-5 要件的违反。在 Chiarella(1980)案中，我们接受了 Cady, Roberts Co.(1961)案所确立的违反规则 10b-5 的两个条件："(i) 有权获取仅用于公司目的的内部信息，(ii) 该公司内部人员在不公开披露的情况下通过交易从此内部信息中获利有违公平。"在审查 Chiarella(1980)案是否有"要么披露信息，要么放弃交易"的义务时，法院认定，在交易重大非公开信息之前，不存在披露的一般义务，并认为"第 10(b)条规定的披露义务并非仅仅由持有非公开市场信息而产生。"相反，此种义务是从

[①] Chiarella v. United States, 445 U.S. 222, 230, n. 12 (1980).
[②] In re Cady, Roberts Co., 40 S.E.C. 907 (1961).

信义义务中产生的。

然而,并非"与证券交易有关的所有违反信义义务的行为"都属于 SEC 规则 10b-5 的范围。参见 Santa Fe Industries, Inc. v. Green 案。① 此外,还必须存在"操纵或欺骗"。在内幕交易案件中,这种欺诈源于"利用仅用于公司目的而非任何个人利益的信息"当中"所涉及的固有不公平。"参见 In re Merrill Lynch, Pierce, Fenner & Smith, Inc. (1968) 案。② 因此,根据 SEC 规则 10b-5,只有在进行内幕交易前未披露重大非公开信息,从而获得"秘密利润"的情况下,内部人才应承担责任。参见 Cady, Roberts Co. (1961) 案。

三

我们在审理 Chiarella(1980) 案中明确表示,如果就内部信息进行交易的人"不是(该公司的)代理人,……不是信义义务人,(或者)不是出售股票的交易者所信任的人",此人就没有义务进行公开披露。③ 我们认识到,如果不要求建立这样的信义义务关系,将"从根本上背离责任产生于双方之间特定关系的既定原则",并且相当于"认识到市场交易所有参与者之间放弃基于重大、非公开信息的一般义务。"④ 股东与内幕信息交易个人之间特定关系的这一要求,给 SEC 和法院在监管内幕信息交易人方面带来了分析上的困难。与对公司及其股东负有独立信义义务的内部人不同,典型的受密人没有这种(信义)关系。有鉴于此,目前尚不清楚受密人如何通过承担 Cady, Roberts Co. (1961) 案指向的(所应负的)义务以放弃其应当避免交易内幕信息。

1

正如 SEC 在本案中的意见所述,该机构认为每当受密人收到内幕消息时,此人即"继承"了 Cady, Roberts(所应负的)义务:"在向潜在的交易者进行提示时,德克斯即违反了他因明知而仍然从美国股票基金公司内部人接收机密信息所导致的义务。像德克斯这样的受密人,从内幕人士那里获得非公开、重要信息后,即承担'与(内部人)同样的义务。'⑤当该受密人故意将信息发送给可能会据此进行交易的某人时,即违反了他从内部人那里承担的信义义务……据推测,德克斯的线人有权公开美国股票基金公司的欺诈性行为,以便将其揭露,并将肇事者绳之以法。但是,当德克斯和他们处于同一位置,(并)将信息传递给交易者时,即违反了德克斯在与他们打交道时所(应)承担的信义义务。"⑥

---

① Santa Fe Industries, Inc. v. Green, 430 U. S. 462, 472 (1977).
② In re Merrill Lynch, Pierce, Fenner Smith, Inc. , 43 S. E. C. 933, 936 (1968).
③ 445 U. S. 232.
④ Id. at 445 U. S. 232, 445 U. S. 233.
⑤ Shapiro v. Merrill Lynch, Pierce, Fenner & Smith, Inc. , 495 F. 2d 228, 237 (CA2 1974) [quoting Ross v. Licht, 263 F. Supp. 395, 410 (SDNY 1967)].
⑥ 21 S. E. C. Docket at 1410, n. 42.

这一观点，与我们遵循 Chiarella(1980)案中所呈现的国会意图而做出的反对观点几乎没有什么不同。在 Chiarella(1980)案中，上诉法院同意 SEC 的意见，并对 Chiarella(1980)进行定罪，认为"无论是否是公司内部人士，只要是经常收到重大非公开信息的人，即不得在不承担披露义务的情况下使用该信息进行证券交易。"参见 United States v. Chiarella(1978)案(强调原文内容)。① 在此，SEC 坚持认为，任何有意从内部人处获得非公开重要信息的人都有在交易前进行披露的信义义务。

事实上，SEC 对这两种情况下的受密人理论似乎都植根于这样一种观点，即反欺诈条款要求所有交易者之间的信息平等。这与 Chiarella(1980)案中提出的原则相冲突——即在某些情况下，只有某些人在拥有重大非公开信息时才被禁止交易。赖特法官正确地解读了我们在 Chiarella(1980)案中的观点，认为本案否定了任何认为所有交易者在交易前必须平等享有信息的观点："他拒绝接受'信息'理论。因为披露或不披露义务是非常特殊的，只有当一方当事人负有法律义务而不仅仅是遵守联邦证券法中一般反欺诈规定的义务时，才对当事人附加该义务。"②我们在此重申，"(一项)进行(披露)的义务是由当事人之间的(法律)关系产生的……而不仅仅是基于一个人因其在市场上的地位而获取信息的能力。"③

仅仅因为一个人明知从内部人那里获得了重大的非公开信息并进行了相关交易，就对其规定"要么披露信息，要么放弃交易"的义务，这可能会对市场分析师产生消极性影响，而 SEC 本身也认识到，维护健康的市场是非常必要的。市场分析师"寻找并分析信息"是司空见惯的事④，而这通常是通过会见和询问公司高管和其他内部人来实现的。分析师获得的信息通常可能是判断公司证券市场价值的依据。分析师在这方面的判断可以通过市场信函或其他方式提供给公司的客户。这些信息不能同时提供给公司的所有股东或公众，是这类信息的性质，实际上也是市场本身的性质。

2

内幕信息接受者并非总是负有"要么披露信息，要么放弃交易"的义务，但这一结论并不意味着此类信息接受者总是可以就信息进行自由交易。禁止某些受密人对这些信息进行交易的必要性是显而易见的。内部人不仅因其信义义务而被禁止利用未披露的公司信息为自己谋利，而且此人不得以谋取个人利益的不

---

① United States v. Chiarella, 588 F. 2d 1358, 1365 (CA2 1978) (emphasis in original).
② 220 U. S. App. D. C. at 322, 681 F. 2d at 837. See Chiarella, 445 U. S. at 445 U. S. 235, n. 20.
③ Id. at 445 U. S. 231-232, n. 14.
④ 21 S. E. C. Docket at 1406.

当目的,将此类信息提供给外部人。参见《美国法典》第 15 编第 78t(b)条①(使"通过任何其他人"不直接从事联邦证券法规定的任何违法行为成为违法行为)。同样,那些明知但仍与受托人一起参与此类违反义务行为人的交易与"代表受托人本人"的交易一样"被禁止。"参见 Mosser v. Darrow(1951)案、Jackson v. Smith(1921)案、Jackson v. Ludeling(1874)案。② 正如法院在 Mosser(1951)案中所解释的那样,一项相反的规则"将为以他人名义进行的、受托人自己无法进行的不正当交易提供机会。"③因此,受密人进行"要么披露信息,要么放弃交易"的义务是从内部人的义务当中派生而来的。④ 正如我们在 Chiarella(1980)案中所指出的那样,"在内部人违反信义义务的事实发生后,受密人的义务被视为是由于他作为参与者的角色而产生的。"⑤

因此,有些受密人必须对股东承担内部人的责任,不是因为他们收到了内部信息,而是因为这些信息被不正当地提供给了他们。而且,出于 SEC 规则 10b-5 的目的,内部人的披露只有在违反其在 Cady, Roberts Co.(1961)案所认定的义务情况下才是不正当的。因此只有当内幕人士向受密人披露信息,并且受密人知道或应该知道存在违反义务的行为,受密人才对公司股东承担信义义务,不得交易重大的非公开信息。正如史密斯委员在 in re Investors Management Co.(1971)案⑥中所阐释的那样:"通过必要的调查发现,在受密人知道,该信息是由与发行人有特殊关系的人违反了不披露该信息的义务而提供给他时,受密人的责任才必须与内部人责任相联系起来……"⑦因此,向受密人告知只被视为间接违反了 Cady, Roberts Co.(1961)案认定的"要么披露信息,要么放弃交易"规则的一种方式。

3

在确定受密人是否有"要么披露信息,要么放弃交易"的义务时,有必要确定内部人的信息"提示"是否构成对内部人信义义务的违反。对公司机密信息的所有披露均与内部人对股东的义务不相一致。与本案非同寻常的事实相反,更为典型的情况是,当内部人向分析师披露信息时,披露是否违反了内部人的在

---

① 15 U.S.C. §78t(b).
② Mosser v. Darrow, 341 U. S. 267, 341 U. S. 272(1951). See Jackson v. Smith, 254 U. S. 586, 254 U. S. 589(1921); Jackson v. Ludeling, 21 Wall. 616, 88 U. S. 631-632 (1874).
③ 341 U. S. at 341 U. S. 271. See SEC v. Texas Gulf Sulphur Co., 446 F. 2d 1301, 1308 (CA2), cert. denied, 404 U. S. 1005 (1971).
④ See Tr. of Oral Arg. 38. Cf. Chiarella, 445 U. S. at 445 U. S. 246, n. 1 (Blackmun, J., dissenting).
⑤ Id. at 445 U. S. 230, n. 12.
⑥ In re Investors Management Co., 44 S. E. C. 633 (1971).
⑦ Id. at 651 (concurring in result).

Cady, Roberts Co. (1961) 案中所认定的义务。在某些情况下,内部人的行为将与他对股东的信义义务保持一致,但信息的发布可能会影响市场。例如,无论是对公司内部人还是接受方的分析师来说,这些信息是否会被视为重大的非公开信息可能都不清楚。公司高管可能会错误地认为这些信息已经被披露,或者认为这些信息不足以影响市场。因此,披露是否违反义务在很大程度上取决于披露的目的。这一标准由 SEC 在 Cady, Roberts Co. (1961) 案中确定:证券法的一个目的是消除"利用内幕信息谋取个人利益。"因此,检测的标准是内部人是否会直接或间接地从其披露中获益。没有个人利益,就没有违反其对股东的义务。如果没有内部人的义务违反,就不存在受密人派生义务的违反。正如史密斯委员在 Investors Management Co. 案中所说:"在这类案件中,很重要的是应当如何监管内部人及其行为……而不是监管信息本身及其所有者……"

SEC 主张,如果为适当目的传输信息的同时将其用于交易,则不存在内部交易责任,其后果是当事方会想尽办法捏造表面上合法的商业理由来传输信息。我们认为 SEC 过于担心了。在确定内幕人士进行特定披露的目的是否具有欺诈性时,SEC 和法院无须了解各方的想法。在某些情况下,确定泄密者是否违反了由 Cady, Roberts Co. (1961) 案所确立的义务时,应当考虑其是否知情。要确定披露本身是否"欺骗、操纵或欺诈"股东,参见 Aaron v. SEC(1980)①案,(需要)初步调查内部人是否有失职行为。这就要求法院关注客观标准,即内部人是否从信息披露中获得直接或间接的个人利益,如将转化为未来收益的金钱利益或声誉利益(等)②("这个理论认为……内部人通过有选择地提供信息,实际上是为了现金、互惠信息或其他对自己有价值的东西而将信息出售给接收者……")。有客观事实和情况经常证明这种推断是正确的。例如,内部人和接受者之间可能存在一种关系,表明后者提供了一种交换条件,或有利于特定接受者的意图。当一个内部人向其某个交易的亲戚或朋友赠送机密信息时,受托义务的要素和非公开信息的利用也存在。这种提示和交易类似于内部人自己进行交易,然后将利润赠予接受者。

对于法院来说,事实上,确定内部人是否从特定的信息披露中获得个人利益并不总是件容易的事。但我们认为,对于那些日常活动必须受到 SEC 内幕交易规则限制和指导的人,有一个指导原则的存在是至关重要的;我们认为,在受密人继承"要么披露信息,要么放弃交易"义务之前,必须首先存在内部人违反信义义务的行为。相反,SEC 在本案中采用的规则并不存在限制性的原则。

---

① Aaron v. SEC, 446 U. S. 680, 446 U. S. 686(1980).

② Cf. 40 S. E. C. at 912, n. 15; Brudney, "Insiders, Outsiders, and Informational Advantages Under the Federal Securities Laws", 93 *Harv. L. Rev.* 322 (1979), p. 348.

四

根据上述内幕交易和受密人规则,我们发现德克斯没有可起诉的违规行为。毫无疑问,德克斯本人对美国股票基金公司是陌生的,对股东没有预先存在的信义义务。他没有采取任何直接或间接的行动来诱使该公司的股东或管理人员信任他。德克斯的消息来源并不指望他会对他们的信息保密。德克斯也没有挪用或非法获取公司有关信息。除非内部人在向德克斯披露非公开信息时违反了他们对股东的义务,否则当德克斯将非公开信息传递给投资者和《华尔街日报》时,他没有违反任何义务。很明显,西克利斯特和其他的公司员工向德克斯提供信息时,都没有违反他们对公司股东的由 Cady, Roberts Co.(1961)案所确立的义务。

这些泄密者没有因为披露公司的秘密而获得金钱或个人利益,也没有向德克斯提供有价值信息的目的。正如本案的事实清楚表明的那样,泄密者的动机是想揭露欺诈行为。在内部人没有违反对股东的义务的情况下,德克斯没有违反其衍生义务。因此,德克斯不可能是"内部人违反信义义务这一事实发生后的参与者"。①

五

我们的结论是,依本案之灾情,没有义务限制德克斯使用他获得的内幕信息。因此,上诉法院的判决被推翻。

【对生效判决的反对意见】

法官 Blackmun,以及 Brennan 和 Marshall,都发表了反对意见:法院今天创设了一种新的做法以限制《1934 年证券交易法》第 10(b)条为投资者提供的保护。参见 Chiarella(1980)案(反对观点)。② 本案中采用的手段植入了对信义义务原则的特殊激励要求。如果内部人不是出于个人利益的动机,那么这种创新就可以为明知并故意违反内部人对股东的义务提供借口,即使在本案的非同寻常的事实上,这样的创新也无法被正当化。

一

正如法院所承认的③,这里的事实是不寻常的。1973 年 3 月 7 日,在与西克利斯特——一位美国股票基金公司前员工——会面后④,上诉人德克斯发现自己掌握了该公司内部大规模欺诈的重要非公开信息。用法院的话说,"他发现了……并不需要对其市场相关性进行分析或判断的、令人震惊的信息"。西克利斯特向德克斯披露这些信息时,他打算让德克斯向其客户传播这些信息,以便客户在市场上抛售他们持有的公司股票,(但股票)价格会急剧下跌,从而引起

---

① Chiarella, 445 U.S. at 445 U.S. 230, n. 12.
② See Chiarella v. United States, 445 U.S. 222, 445 U.S. 246 (1980) (dissenting opinion).
③ ante at 463 U.S. 658, n. 18.
④ App. 226.

(SEC 等有关)当局的关注。①

德克斯遵从了泄密者的意愿,没有向 SEC 或其他监管机构报告这些信息,而是开始向他的客户传播这些信息,并自行进行调查。他的第一步是指示他在德拉菲尔德公司(Delafield Childs)的同事起草一份持有美国股票基金公司股票的德拉菲尔德公司的客户名单。3 月 12 日,在德克斯飞往洛杉矶调查西克利斯特所述故事之前的八天,他向波士顿公司机构投资者公司(Boston Company Institutional Investors, Inc.)报告了全部指控;3 月 15 日和 16 日,该公司出售了约 120 万美元的股票证券。② 当他收集到更多的信息时,他(却)有选择(性)地向客户披露。对于那些持有公司股票的人,他给出了"硬性"事实——所有的指控;对于其他人则告知"软性"事实——一个可能对公司管理产生负面影响的模糊叙述。③

德克斯向非客户传播信息的努力充其量是微弱的。3 月 12 日,他给《华尔街日报》旧金山分社社长罗森(Herbert Lawson)留了言。直到 3 月 19 日和 20 日,他才再次给罗森打电话,概括介绍了相关情况。总部位于洛杉矶的《华尔街日报》的调查记者布伦德尔先生就他 3 月 20 日的电话联系了德克斯。3 月 21 日,德克斯在洛杉矶会见了布伦德尔先生。布伦德尔先生开始了自己的调查,(其中)部分依赖于德克斯提供的信息,并于 3 月 23 日致电 SEC 执行副主任斯波金(Stanley Sporkin)先生。3 月 26 日,也就是第二个工作日,斯波金先生和他的员工采访了布伦德尔先生,并要求第二天早上见德克斯先生。纽约证券交易所暂停了交易,当时德克斯先生正与洛杉矶 SEC 人员交谈。第二天,3 月 28 日,SEC 暂停了美国股票基金公司的交易。当时,德克斯先生的客户已经抛售了近 1500 万美元的股票,股价从 26 美元暴跌至 15 美元。德克斯先生对西克利斯特的信息进行选择性的传播,其效果是德克斯先生的客户能够将由于公司欺诈而不可避免的损失转移给不知情的市场参与者。

二

1

没有人怀疑西克利斯特先生本人不能利用自己的内部信息进行交易,从而不利于美国股票基金公司的知情股东和购买者。④ 与 Chairellla(1980)案当中的印刷商不同,西克利斯特先生与这些股东之间存在信义关系。正如法院所阐明

---

① App. 16, 25, 27.
② See id. at 199.
③ See id. at 211, n. 24.
④ See Brief for United States as Amicus Curiae 19, n. 12.

的那样①,公司内部人在与公司股东进行交易时有明确的披露义务。② 这项义务也适用于公司证券的购买者。③

法院还承认,西克利斯特先生不能通过代理人做他被禁止亲自做的事情。④ 但这正是西克利斯特先生所做的,他利用德克斯先生向德克斯先生的客户传播信息,而德克斯先生的客户又将股票抛售给不知情的买家。因此,西克利斯特先生有意损害其负有披露义务的公司股票购买者。在接受法院对泄密责任看法的情况下,德克斯先生知道这一违约行为,这使得他作为事后违约的参与者承担了责任。⑤

2

然而,法院认为,德克斯先生无须承担责任,因为西克利斯特先生没有违反他的义务;根据法院的说法,这是因为西克利斯特先生不存在不当的个人利益目的。⑥ 为支持这种观点,法院对内部人对股东承担责任的范围从主观要素上作了新的限制。这一限制的新颖性体现在法院对其支持的缺乏上。

内部人承担的义务直接指向公司股东承担。此种观点可参见兰格沃特著《内幕交易和信义原则:Chiarella 案之后的评述》(载《加利福尼亚州法律评论》1982 年第 70 卷)、弗莱彻著《私人持股公司法百科全书》第 1168.2 节,第 288—289 页(1975 年修订版)。⑦ 正如 Chiarella 案中所强调的,这是基于内部人和股东之间的信义关系。⑧ 这种关系确保内部人不会采取不公平的行动伤害(公司)股东。披露义务可防止这种损害。参见 Pepper v. Litton(1939)案、Strong v. Repide(1909)案,另可参见 Chiarella(1980)案,并比较 Pepper(1939)案(公司的信义义务是为保护公司而存在的)。⑨

3

内幕人本人没有从义务违反中受益,(但这)并不能消除股东所遭受的损害。参看《信托法第二次重述》第 205 节评论 c 和 d(1959 年),以及斯科特著《信托

---

① ante at 463 U. S. 653
② See Chiarella, 445 U. S. at 445 U. S. 227.
③ Id. at 445 U. S. 227, n. 8, citing Gratz v. Claughton, 187 F. 2d 46, 49 (CA2), cert. denied, 341 U. S. 920 (1951).
④ Ante at 463 U. S. 659; Mosser v. Darrow, 341 U. S. 267, 341 U. S. 272(1951).
⑤ Ante at 463 U. S. 659, 463 U. S. 667; Chiarella, 445 U. S. at 445 U. S. 230, n. 12.
⑥ Ante at 463 U. S. 662-663, 463 U. S. 666-667.
⑦ See Langevoort, "Insider Trading and the Fiduciary Principle: A Post-Chiarella Restatement", 70 *Calif. L. Rev.* 1 (1982), p.5; A. W. Fletcher, *Cyclopedia of the Law of Private Corporations* § 1168.2 rev. ed., Callaghan and Company, pp. 288-289.
⑧ 445 U. S. at 45 U. S. 228.
⑨ See Pepper v. Litton, 308 U. S. 295, 308 U. S. 307, n. 15 (1939); Strong v. Repide, 213 U. S. 419, 213 U. S. 431-434 (1909); see also Chiarella, 445 U. S. at 445 U. S. 228, n. 10; cf. Pepper, 308 U. S. at 308 U. S. 307.

法》第 205 节第 1665 页（1967 年第 3 版）（受托人须对其违约造成的信托损失负责）。①

公司内部人是否从交易中获得或意图从交易中获得个人利益，（都）对股东没有影响，但股东仍然（会）因内部人滥用非公开信息而蒙受损失。这项义务不是针对内幕人士的动机，而是针对其行为及其对股东的后果。个人利益不是违反这项义务的一个要素。

法院在 Mosser(1951) 案中的判决证实了这一结论。② 该案中的法院面临着类似的情况：重组受托人雇用了被重组公司的两个子公司的雇员发起人，由其提供受托人认为对信托的成功运作至关重要的服务。为了确保他们提供服务，受托人明确同意员工可以继续交易子公司的证券。随后，这些员工将自己的内部职位转化为巨额利润，同时牺牲了信托公司和其他公司证券持有人的利益。

法院承认，受托人既不打算也没有实际受益于这一安排；他的动机完全是无私的，是为公司利益考虑的。③ 然而，法院裁定受托人就其授权雇员活动所对应的资产负有责任。法院将受托人的挪用公款行为描述为"倾向且故意在雇员身上设置与信托相反的利益。"④ 义务的违反并不取决于受托人的个人利益，受托人违反其职责的动机也无关紧要；受托人与西克利斯特先生一样，意图让他人滥用内幕信息以谋取个人利益。参考 Dodge v. Ford Motor Co. (1919) 案（亨利·福特的慈善动机不允许他制定福特汽车公司的股息政策，以牺牲股东的利益来造福公众）。⑤

正如 Mosser(1951) 案所证明的，违背义务的行为是采取对某人不利的行动。在这种情况下，西克利斯特对购买公司股票的人负有责任。法院在违反信托义务的索赔中增加了不良目的的要件，这与 Mosser(1951) 案所确立的原则完全不符。我不同意限缩内部人对股东的信托义务范围。

三

不正当目的要求不仅没有法律依据，而且还隐含在我不能接受的政策中。法院为西克利斯特先生和德克斯先生的行为辩护，因为西克利斯特先生违反对股东义务的行为所带来的总体利益超过了对这些股东造成的损害，参见海勒著《Chiarella 案、SEC 规则 14e-3 和 Dirks 案：公平与经济理论》，载《商业律师》

---

① Cf. Restatement (Second) of Trusts § 205, Comments c and d (1959) (trustee liable for acts causing diminution of value of trust); A. Scott, *The Law of Trusts* § 205, 3rd ed., Little Brown and Company, 1967, p.1665.
② 341 U. S. 267(1951).
③ Id. at 341 U. S. 275.
④ Id. at 341 U. S. 272.
⑤ Cf. Dodge v. Ford Motor Co., 204 Mich. 459, 506-509, 170 N.W. 668, 684-685 (1919).

1982年第37卷第517、550页；伊斯特布鲁克著《内幕交易、秘密代理人、证据特权和信息生产》，载《最高法院评论》1981卷第309、338页。① 换言之，因为目的证明了手段的正当性。基于这种观点，对于与德克斯先生客户进行交易的股东所蒙受的损失，可以用西克利斯特先生与德克斯先生给社会带来的利益进行补偿。

尽管西克利斯特先生揭露美国股票基金公司欺诈性行为的总体动机是值得称赞的，但他选择的手段却并不妥当。此外，即使假设德克斯先生在揭露欺诈行为方面发挥了重要作用，他和他的客户也不应该从西克利斯特先生处获得的信息中获利。重罪的误判长期以来是违反公共政策的。② 一个人不能以经济奖励作为他传递犯罪信息的条件。作为一个公民，德克斯先生至少负有道德义务向有关当局报告这些信息。③ 法院的裁决在政策方面是有缺陷的，不是因为它没有在道德规范之外建立一个法律规范④，而是因为它实际上助长了德克斯先生的帮助和教唆行为。

德克斯先生和西克利斯特先生有义务披露这些信息或避免这些交易。在这种情况下，我同意披露是很困难的。⑤ 我也认识到，SEC似乎对明确履行披露或不披露义务所必需的披露性质没有太大帮助。SEC告诉掌握内幕信息的人，除非他们进行披露，否则他们不能利用这些信息进行交易；但是，SEC拒绝告诉他们如何披露。参见 In re Faberge, Inc. (1973)案（披露要求通过公共媒体进行公开发布，旨在使得广大公众投资者获得这些信息）。⑥ 这似乎是一项不太明智的政策，SEC有责任纠正这一政策。然而，法院无权通过在国会授权的禁止内幕交易的规定上开一个洞来补救这一问题，从而奖励这种交易。

四

在我看来，西克利斯特先生意图通过德克斯先生让他的客户利用其所传输的重要的非公开信息进行交易，违反了（他对）美国股票基金公司股东（所负）的义务。因此，德克斯先生要么披露这些信息，要么放弃利用这些信息进行交易。因为德克斯先生让他的客户（利用自己所披露的信息进行）交易，所以他违反了第10(b)条和SEC规则10b-5的规定。任何其他的结果都是对美国试图提供的

---

① see Heller, "Chiarella, SEC Rule 14e-3 and Dirks: 'Fairness' versus Economic Theory", 37 *Bus. Lawyer* 517(1982), p. 550; Frank H. Easterbrook, "Insider Trading, Secret Agents, Evidentiary Privileges and the Production of Information", 1981 *S. Ct. Rev.* 309(1981), p. 338.
② Branzburg v. Hayes, 408 U. S. 665, 408 U. S. 696-697 (1972); see 18 U. S. C. § 4.
③ See ante at 463 U. S. 661, n. 21.
④ See ante at 463 U. S. 661, n. 21.
⑤ Ibid.
⑥ See In re Faberge, Inc., 45 S. E. C. 249, 256 (1973).

公平和有效的资本市场的伤害。(因此)我不同意[本院作出的多数判决(即生效判决)]。

案例原文①

【中国案例】

刘敏等四人内幕交易案(2017)②

依据《证券法》(2014)的有关规定,中国证监会对刘敏等人内幕交易苏州高新股票案进行了立案调查、审理……

经查明,当事人存在以下违法事实:

一、内幕信息形成与公开过程

2015年4月8日,高新区管委会召开国资委工作专题会议,会议原则同意了《苏高新股份改革发展方案》。该方案提出"通过剥离部分不良资产,注入部分优质资产,调低房地产现有比例",建议将苏州高新创业投资集团有限公司(以下简称"苏创投")的担保公司和小贷公司、狮山街道科技工业园、华润燃气资产等资源注入苏州高新。刘敏时任苏州高新区国资办主任,是该方案的牵头起草人员及本次会议的主汇报人,并负责后续事项的牵头落实。

2015年7月6日,刘敏任苏州高新董事、副总经理,参与审批苏州高新收购潜在目标之一的飞翔化工项目保密协议。

不晚于2015年8月15日,刘敏参加苏州高新与高新区管委会国资办沟通重组事宜,会议确定加快推进改革方案中提及的资产注入事项的落实。

不晚于2015年8月17日,刘敏参加苏州高新与高新区管委会的会议,会议议定先停牌再与拟收购标的及控股股东沟通。

2015年8月22日,刘敏参加苏州高新与高新区管委会的会议,商议改革方案中资产注入事项等。

2015年8月25日,苏州高新公告筹划重大事项停牌。

---

① Available at https://casetext.com/case/dirks-v-sec,2023-9-18.
② 参见中国证监会行政处罚决定书(刘敏、刘英、张永宁等4名责任人员)(〔2017〕74号)。本案例中所指《证券法》系指我国2014年修正的《证券法》。

2015年9月10日,苏州高新披露重大事项为发行股份购买资产。

2015年12月23日,苏州高新复牌并披露《发行股份及支付现金购买资产并募集配套资金暨关联交易预案》。

综上,苏州高新通过发行股份及支付现金方式购买苏创投100%股权的资产重组事项,其交易金额占苏州高新最近一期经审计净资产的比例达到32.12%,属于《证券法》第67条第2款第2项规定的"公司的重大投资行为和重大的购置财产的决定",是《证券法》第75条第2款第1项规定的内幕信息。内幕信息形成于2015年4月8日,公开于2015年8月25日。苏州高新现任董事、副总经理刘敏,2015年7月之前任苏州市高新区国资办主任,作为核心人员参与了苏州高新收购苏创投100%股权的整个过程,系该内幕信息的法定知情人。

二、刘敏、刘英内幕交易"苏州高新"情况

(一)"刘英"证券账户交易"苏州高新"情况

"刘英"证券账户2007年5月31日开立于东吴证券张家港杨舍证券营业部,资金账号为021×××××448。

2015年5月20日、25日,"刘英"证券账户合计买入"苏州高新"155 740股,5月28日、29日合计卖出155 740股;6月15日至8月11日,持续买入、卖出"苏州高新",其中买入160 000股,卖出110 000股;8月12日至21日,买入"苏州高新"143 740股,12月28日全部以涨停价11.95元卖出,扣除交易税费,实际获利290 396.35元。

(二)"刘英"证券账户资金情况

"刘英"证券账户主要资金来源与去向均为刘敏及其相关银行账户。自2014年11月,累计转入资金366万元,其中200万元来自刘敏之子,150万元为刘敏申请的个人装修贷款;累计转出资金440余万元,其中373万元转入刘敏之子及刘敏银行账户,15万元按照刘敏要求转入"金某芳"银行账户。刘敏在询问笔录中承认,"刘英"账户从2014年下半年之后就是其在使用,账户资金大概有300多万,其中刘英有二三十万元,剩下的都是其所有。刘英在询问笔录中称,其证券账户内本人资金共有二十几万元(含账户开立时刘英转入的6万元)。刘敏和刘英事后曾经商议好将账户内剩余的32万元归属于刘英。

(三)"刘英"证券账户操作及实际控制情况

"刘英"证券账户主要通过电脑网上委托和手机委托两种方式下单,其中2015年7月之前,以电脑委托为主,下单IP地址为苏州高新区财政局使用的外网IP地址;2015年7月之后,该账户以手机委托为主,下单手机号码为刘英的手机号码139×××××66。2015年8月3日至19日,刘英与刘敏通话13次,通话时间与"刘英"证券账户交易"苏州高新"的时间高度吻合。

综上，结合刘敏与刘英的近亲属关系、"刘英"证券账户资金实际归属于刘敏及刘英二人、刘敏和刘英商定将账户内剩余的 32 万元归属于刘英以及通话联络与交易行为高度吻合等证据，足以认定刘敏和刘英合谋完成"刘英"证券账户的内幕交易行为。刘敏作为内幕信息知情人，在内幕信息公开前，与刘英合谋通过"刘英"证券账户买入"苏州高新"459 480 股，买入金额 5 047 109.04 元，获利 290 396.35 元。

三、刘敏、张永宁内幕交易"苏州高新"情况

（一）"金某芳""杨某"证券账户交易"苏州高新"情况

金某芳系张永宁岳母，"金某芳"证券账户 2015 年 3 月 24 日开立于申万宏源证券苏州吴中西路证券营业部，资金账号为 24×××××62。

2015 年 5 月 12 日至 8 月 20 日，"金某芳"证券账户连续买入"苏州高新" 381 800 股，至 12 月 28 日全部卖出。

杨某系张永宁配偶，"杨某"证券账户 2010 年 4 月 2 日开立于东方证券苏州临顿路证券营业部，资金账号为 71××××18。

2015 年 5 月 12 日至 8 月 19 日，"杨某"证券账户连续买入"苏州高新" 558 400 股，至 12 月 28 日全部卖出。

"金某芳""杨某"证券账户扣除交易税费，实际获利 784 726.93 元。

（二）"金某芳""杨某"证券账户资金情况

"金某芳"证券账户主要资金来源于杨某银行账户及刘敏申请的 50 万元个人装修贷款，资金流出主要是向刘敏之子银行账户转入 66 万元。资金划转与刘敏、张永宁所述因合作炒股而发生的资金往来情况基本吻合。

"杨某"证券账户主要资金来源与去向为张永宁、杨某、金某芳银行账户。

（三）"金某芳""杨某"证券账户操作及实际控制情况

张永宁与刘敏关系密切、联系频繁，经常交流炒股操作。张永宁曾数次主动向刘敏打听苏州高新事项具体进展。2015 年 5 月 12 日，刘敏开始与张永宁"合作炒股"交易"苏州高新"，交易由刘敏决定，张永宁按照刘敏的指令完成交易，交易盈亏由二人按约定分担。

"金某芳"证券账户主要下单方式为手机委托，下单手机号码主要为杨某的手机号码 189×××××25。

"杨某"证券账户主要下单方式为手机委托、固定电话委托，主要下单号码包括杨某手机号码 189×××××25、张永宁手机号码 138×××××32 及杨某工作单位电话 0512-66×××99。

"金某芳""杨某"证券账户由张永宁操作，张永宁接受刘敏的交易指令，按刘敏要求买入股票。

综上，结合刘敏与张永宁工作生活中的密切关系、通话联络与交易行为高度吻合、刘敏与张永宁共同出资、分配利益以及共同实施交易行为等证据,足以认定刘敏和张永宁合谋完成"金某芳""杨某"证券账户的内幕交易行为。刘敏作为内幕信息知情人,在内幕信息公开前,与张永宁合谋通过"金某芳""杨某"证券账户买入"苏州高新"940 200股,买入金额11 286 054.6元,获利784 726.93元。

四、朱雪冬内幕交易"苏州高新"情况

(一)"朱雪冬"证券账户交易"苏州高新"情况

"朱雪冬"证券账户2002年7月3日开立于东吴证券苏州石路营业部,资金账号为012×××××××301。

"朱雪冬"证券账户于2015年8月18日全仓买入"苏州高新"340 600股。截至2016年6月15日,"朱雪冬"证券账户内"苏州高新"全部卖出,扣除交易税费,实际亏损535 984.56元。

"朱雪冬"证券账户于2015年4月3日之后均为手机委托,下单手机号码均为朱雪冬手机号码138××××××66。

(二)"朱雪冬"证券账户资金情况

"朱雪冬"证券账户主要资金来源与去向均为朱雪冬及其配偶相关账户。

(三)"朱雪冬"证券账户操作及实际控制情况

1. 交易习惯明显异常

一是2015年8月18日全仓买入"苏州高新"340 600股的所有10笔委托全部集中在13:54至14:12之间,且前8笔委托的价格逐渐提高,交易决策异常果断;二是全仓买入"苏州高新"的资金为当日13:54、13:59集中亏损卖出"华夏银行""兴业银行"所得,合计亏损达280 497.07元。

2. 交易时间与内幕信息知情人联络时间吻合

在"朱雪冬"证券账户全仓买入"苏州高新"前后,朱雪冬曾经与内幕信息知情人刘敏、张永宁有过多次通话联系。2015年8月13日至20日,朱雪冬与刘敏通话7次;8月14日至21日,朱雪冬与张永宁通话6次。

不晚于2015年8月17日,苏州高新与高新区管委会召开的会议议定先停牌再与拟收购标的及控股股东沟通。8月18日,在朱雪冬与张永宁联系后,朱雪冬当天即全仓买入"苏州高新"340 600股。

综上,朱雪冬利用从刘敏、张永宁处获知的苏州高新重组的内幕信息,通过其本人证券账户买入"苏州高新"340 600股,买入金额3 016 073元,亏损535 984.56元。

上述事实,有苏州高新公告、当事人询问笔录、通话记录、当事人证券账户资料、交易流水、银行账户资料等证据证明,足以认定。

刘敏、刘英、张永宁、朱雪冬的上述行为违反了《证券法》第73条、第76条第1款的规定,构成《证券法》第202条所述内幕交易行为。

刘敏提出以下书面陈述申辩意见：(1)刘敏到苏州高新就职前没有上岗培训，在苏州市高新区国资办工作期间主要从事融资工作，也没有学习过证券法律。(2)刘敏积极配合调查。请求中国证监会对其从轻处罚。

张永宁提出以下书面陈述申辩意见：(1)张永宁是苏州市高新区管委会财政局经济建设处工作人员，刘敏当时任苏州市高新区国资办主任，两人不属于同一工作部门，只涉及融资工作，张永宁不能接触核心内幕信息。(2)张永宁不懂证券法相关规定。当时刘敏作为领导说自己忙，也不方便炒股，要求张永宁帮忙把刘敏的资金放在张永宁岳母的账户上炒股，张永宁开始并不知道刘敏要操作"苏州高新"，因刘敏为其领导而答应，张永宁未意识到该行为违法。(3)张永宁的工作内容是负责资金业务，单位的资金付出要先与银行联系沟通，2015年8月14日至21日期间给朱雪冬打电话是沟通单位资金付出事宜，在这期间张永宁也和银行其他人员联系过相关事宜，有单位资金出款记录为证，张永宁并未告知朱雪冬关于苏州高新股票的任何事项。张永宁非国资办人员，不掌握苏州高新内幕信息，其本人在苏州高新停牌前也只是高价位少量买入，说明其对苏州高新重组一事也不掌握，朱雪冬也不可能从张永宁处打听苏州高新股票情况。

朱雪冬提出以下书面陈述申辩意见：(1)股票交易操作上"满仓追杀"是朱雪冬的一贯风格，并非偶然。(2)朱雪冬与刘敏、张永宁通话历来频繁，并非在特定日期次数特别多。(3)张永宁8月18日来电是告知朱雪冬某公司8月19日要走款2800万元，与其他无关。(4)朱雪冬满仓买入"苏州高新"是因为苏州高新集团持有某银行股权，某银行即将上市这一重大利好消息。

中国证监会认为：第一，关于刘敏的申辩意见。(1)没有学习过证券法律相关知识不是当事人实施违法行为的理由。(2)其在作出行政处罚决定时已充分考虑当事人配合调查的情节。

第二，关于张永宁的申辩意见。(1)结合刘敏与张永宁工作生活中的密切关系、通话联络与交易行为吻合程度、"金某芳"和"杨某"证券账户的交易情况、资金来源和去向、账户操作和实际控制情况等客观证据综合判断，刘敏在内幕信息公开前与张永宁合谋通过"金某芳""杨某"证券账户交易"苏州高新"事实清楚、证据确凿充分。(2)张永宁与刘敏合谋进行内幕交易行为的各项构成要件已经满足，至于两人是否就职于同一单位、当事人是否熟悉证券法律知识，都不影响对违法行为客观事实的认定。(3)张永宁在其申辩意见中也承认，出于刘敏是其上级领导的压力，张永宁答应了刘敏通过自己配偶和岳母的证券账户帮其交易"苏州高新"。(4)结合朱雪冬与张永宁联络接触情况、朱雪冬交易行为异常性等客观证据综合判断，足以推断朱雪冬与张永宁在内幕信息敏感期内频繁通话的过程中传递了内幕信息，两人通话中是否还涉及单位资金付出等问题与本案无必然联系。

第三,关于朱雪冬的申辩意见。(1)朱雪冬申辩提出其交易习惯一向激进、与本案其他当事人联系也历来频繁,但其并未对此提出具体的客观证据予以证明。(2)朱雪冬2015年8月18日在与张永宁联系后,当天即亏本卖出其他股票,同时全仓买入"苏州高新",交易行为明显异常,足以推定其与张永宁的联络接触中传递了内幕信息,至于两人在通话中是否还涉及单位资金划转等其他事项,与本案无必然联系,不影响对内幕交易行为的认定。(3)朱雪冬提出其买入"苏州高新"的理由是基于某银行即将上市这一重大利好,不足以推翻对其内幕交易行为的认定。

综上,对当事人的陈述、申辩意见均不予采纳。

根据当事人违法行为的事实、性质、情节与社会危害程度,依据《证券法》第202条的规定,中国证监会决定:

(1)没收刘敏、刘英违法所得290 396.35元,并处以871 189.05元罚款,其中刘敏承担784 070.15元,刘英承担87 118.90元。

(2)没收刘敏、张永宁违法所得784 726.93元,并处以2 354 180.79元罚款,其中刘敏承担1 412 508.47元,张永宁承担941 672.32元。

(3)对朱雪冬处以30万元罚款。

......

【法律分析】 在本案中,刘敏时任苏州高新区国资办主任,是《苏高新股份改革发展方案》的牵头起草人员及该次会议的主汇报人,并负责后续事项的牵头落实。随后,刘敏任苏州高新董事、副总经理,参与审批苏州高新收购潜在目标之一的飞翔化工项目保密协议,并陆续参加苏州高新与高新区管委会国资办沟通重组事宜。以上都属于内幕信息,作为苏州高新并购重组项目的牵头人,刘敏本应严守法律,但却监守自盗,动用多个账户交易"苏州高新":一是涉嫌与妹妹刘英合谋,通过"刘英"账户交易苏州高新股票;二是涉嫌与苏州高新区财政局工作人员张永宁合谋,通过张永宁岳母"金某芳"、配偶"杨某"等账户,交易苏州高新股票。此外,刘敏还将内幕消息泄露给兴业银行苏州高新区支行行长朱雪冬。在本案中的内幕交易链条中,存在四位违法主体,即刘敏、刘英、张永宁、朱雪冬,其中,刘敏系原苏州高新区管委会财政局副局长兼国资办主任,后被管委会委派为上市公司苏州高新董事、副总,张永宁系苏州高新区管委会财政局经济建设处工作人员,二人均属于国家工作人员。朱雪冬作为兴业银行苏州高新区支行行长,属于国资参股商业银行的分支机构负责人,虽然不是严格意义上的国家工作人员,但其非法获取内幕信息的来源也是国家工作人员。

第三节 内幕交易

《关于依法打击和防控资本市场内幕交易的意见》（国办发〔2010〕55号）对内幕交易进行了界定："内幕交易，是指上市公司高管人员、控股股东、实际控制人和行政审批部门等方面的知情人员，利用工作之便，在公司并购、业绩增长等重大信息公布之前，泄露信息或者利用内幕信息买卖证券谋取私利的行为。"根据该规定，可将内幕交易的构成要件分为三项，即主体要件、客体要件和客观要件三项。

一、内幕交易的认定

学理上将内幕交易的认定标准区分为客观标准与主观标准两种。所谓内幕交易认定的客观标准，是指知悉内幕信息，并且进行了与该信息相关的证券交易，表达公式是"知悉＋交易＝内幕交易"[①]。我国采取客观标准的立法主要是《证券法》和《刑法》。

《证券法》（2019）第53条第1款规定，"证券交易内幕信息的知情人和非法获取内幕信息的人，在内幕信息公开前，不得买卖该公司的证券，或者泄露该信息，或者建议他人买卖该证券。"该条文直接列举了所禁止的行为，而无涉是否利用了所知悉的内幕消息。第191条规定："证券交易内幕信息的知情人或者非法获取内幕信息的人违反本法第53条的规定从事内幕交易的，责令依法处理非法持有的证券，没收违法所得，并处以违法所得1倍以上10倍以下的罚款；没有违法所得或者违法所得不足50万元的，处以50万元以上500万元以下的罚款。单位从事内幕交易的，还应当对直接负责的主管人员和其他直接责任人员给予警告，并处以20万元以上200万元以下的罚款。国务院证券监督管理机构工作人员从事内幕交易的，从重处罚。违反本法第54条的规定，利用未公开信息进行交易的，依照前款的规定处罚。"该条规定没有明确行为人"利用内幕信息"系法定构成要件，因而可以解读为是将内幕交易的构成要件设定为"知悉＋交易"。

《刑法》（2020）第180条规定："证券、期货交易内幕信息的知情人员或者非法获取证券、期货交易内幕信息的人员，在涉及证券的发行，证券、期货交易或者其他对证券、期货交易价格有重大影响的信息尚未公开前，买入或者卖出该证券，或者从事与该内幕信息有关的期货交易，或者泄露该信息，或者明示、暗示他人从事上述交易活动，情节严重的，处5年以下有期徒刑或者拘役，并处或者单处违法所得1倍以上5倍以下罚金；情节特别严重的，处5年以上10年以下有

[①] 具体论述参见曾洋：《证券内幕交易的"利用要件"》，载《环球法律评论》2013年第6期。

期徒刑,并处违法所得1倍以上5倍以下罚金。单位犯前款罪的,对单位判处罚金,并对其直接负责的主管人员和其他直接责任人员,处5年以下有期徒刑或者拘役。内幕信息、知情人员的范围,依照法律、行政法规的规定确定。证券交易所、期货交易所、证券公司、期货经纪公司、基金管理公司、商业银行、保险公司等金融机构的从业人员以及有关监管部门或者行业协会的工作人员,利用因职务便利获取的内幕信息以外的其他未公开的信息,违反规定,从事与该信息相关的证券、期货交易活动,或者明示、暗示他人从事相关交易活动,情节严重的,依照第1款的规定处罚。"

采取"知悉＋交易"模式,意味着只要知悉了内幕信息,并且进行了与该信息相关的公司股票的交易,就被认定为内幕交易,情节严重的则构成犯罪,而无须证明"知情人利用了内幕信息"。美国证券司法实践所开发出来的"公开信息否则禁止交易规则",认为"知悉即构成欺诈",无须考虑是否利用问题,其法理基础即为"知悉＋交易"模式。所谓"公开信息否则禁止交易规则",如前所述,是指知悉内幕信息之人,要么公开该内幕信息,要么不得从事与该内幕信息有关的证券交易,二者必居其一;否则,如果此等人未公开内幕信息而是买卖了涉及该内幕信息的证券,那么就构成了《1934年证券交易法》第10(b)条和SEC规则10b-5所规定的欺诈,将被追究内幕交易的法律责任。总体而言,"知悉＋交易"模式的优势是:符合内幕交易的基本行为特点,无须费时费力地证明过程,效率较高;但是,该模式会产生公正性的难题,出现打击面过宽的不利后果。由于"知悉＋交易"模式意味着只要交易者知悉内幕信息即违法甚至构成犯罪,可是并非所有的公开市场行为(即"交易")都是违法(犯罪)行为,并且交易之人主观获悉某种特定信息是并无违法性和社会危害性的,而是在此人做出了以此为交易的行为才是有此危害性的;况且,在交易当事人内部,如果一方交易者并未利用其知悉的内幕信息进行交易,那么交易的对方并非处于交易中的弱势地位,因而也无须以违法犯罪来对待前者。

所谓内幕交易认定的主观标准,又称"利用标准",是指对所知悉的内幕信息加以利用才构成内幕交易,公式是"知悉＋利用＝内幕交易"。[①] 我国采取"知悉＋利用＝内幕交易"模式的法律文件主要有:第一,《证券法》(2019)第50条规定:"禁止证券交易内幕信息的知情人和非法获取内幕信息的人利用内幕信息从事证券交易活动"。其中"利用"强调的是交易是以内幕信息为投资决策依据这一行为的主观特征。第二,《股票发行与交易管理暂行条例》(1993)第72条规

---

① 该指引已于2020年10月被证监会废止(《关于修改、废止部分证券期货制度文件的决定》,中国证券监督管理委员会公告〔2020〕66号,2020年10月30日发布),但对认定该指引失效前的相关行为是否构成内幕交易仍具有参考意义。同时,证监会并未就相关领域颁布新的规定。

定:"内幕人员和以不正当手段获取内幕信息的其他人员违反本条例规定,泄露内幕信息、根据内幕信息买卖股票或者向他人提出买卖股票的建议的,……"其中"泄露内幕信息、根据内幕信息买卖股票或者向他人提出买卖股票的建议"均属于具体的"利用"方式。第三,《证券市场内幕交易行为认定指引(试行)》(证监稽查字〔2007〕1号)第12条规定:"符合下列条件的证券交易活动,构成内幕交易:(1)行为主体为内幕人;(2)相关信息为内幕信息;(3)行为人在内幕信息的价格敏感期内买卖相关证券,或者建议他人买卖相关证券,或者泄露该信息。"第13条规定:"本指引第12条第3项的行为包括:(1)以本人名义,直接或委托他人买卖证券;(2)以他人名义买卖证券;具有下列情形之一的,可认定为以他人名义买卖证券:① 直接或间接提供证券或资金给他人购买证券,且该他人所持有证券之利益或损失,全部或部分归属于本人;② 对他人所持有的证券具有管理、使用和处分的权益;(3)为他人买卖或建议他人买卖证券;(4)以明示或暗示的方式向他人泄露内幕信息。"根据这两条规定,可以得到以下结论:内幕交易行为的构成要件,是指行为人的证券交易活动构成内幕交易行为必须具备的条件。符合下列条件的证券交易活动,构成内幕交易:(1)行为的主体为内幕人;(2)存在买卖相关证券,或者建议他人买卖相关证券,或者泄露相关信息的事实;(3)上述事实发生在内幕信息的价格敏感期内。用公式表达就是"知悉+(敏感期内)交易=内幕交易",由此可见,它采用的是知悉标准。

"知悉+利用"模式,强调的是内幕交易者的主观要素,有其合理性,且在逻辑上完整。众所周知,一般情况下,交易者基本上是根据上市公司(或其他证券发行人)的信息进行交易的,这些信息包括公开信息和内幕信息;一个理性投资人所从事的交易是有根据的,因此一项重大、真实但未公开的信息,显然是其从事证券交易的强有力依据。进一步而言,内幕信息知情人作为一个理性投资人,其所做出的投资决策更应是"利用"了内幕信息;如果在要件构成中缺少"利用要件",对内幕交易行为的认知逻辑必然是断裂的、不完整的。也许正因为如此,该标准所内含的"利用"要件成为司法实践必须考量的因素。学者们认为美国司法实践对内幕交易的判断通常采用的"公开信息或禁止交易规则",就是"持有说"即"知悉标准"而不是"利用标准"。但事实上,"利用"这一要素在美国司法实践中被反复提及。例如:(1) 联邦最高法院在 Dirks v. SEC(1983)一案的判决中使用了"trading on inside information"(依据内幕信息进行了交易)一词,其中"on"即为"根据、依据、利用"之义;(2) 联邦最高法院在 United States v. O'Hagan(1997)案[①]的判决中使用"trading on the basis of inside information"(以内幕信息为基础进行了交易),其中"on"同样有"根据、依据、利用"之义;因

---

① United States v. O'Hagan, 521 U.S. 642 (1997).

此,尽管法律文件没有明确"利用要件",但司法实践反复提及,反映了"利用"成为判断内幕交易内涵不可或缺的构成要件。

我国的司法实践和行政执法也同样存在内幕交易认定的"主观标准"。例如:(1)在被告人叶环保等内幕交易案(2003)①中,法院针对被告认为自己没有利用内幕信息的抗辩指出:"相关供述表明'已详细告知该事项具体信息,并帮助被告人顾健完成交易行为',可认定其交易利用了内幕信息。"(2)在董某1等内幕交易、泄露内幕信息案(2008)②中,法院花了大量篇幅讨论犯罪嫌疑人是否利用内幕信息的问题(具体参考后文的【中国案例】)。中国证监会在关于内幕交易的行政处罚决定中也都反复提及"利用要件",例如,在陈建良内幕交易案(2007)③中,针对相对人提出的"未利用内幕信息"的抗辩,即"系全权委托他人操作交易账户,代理人不知悉、未利用内幕信息,根据其自己的判断买卖",执法机关则以间接证据所形成的证据链条,证明了"利用要件"的存在。

【域外案例】

United States v. O'Hagan(1998)④

汉森(Hansen)巡回法官发表了法院的生效判决。

此案继美国最高法院⑤判决发回重审后,由本院再次审理。在上次二审的审理⑥中,我们否定了对被告詹姆斯·赫曼·奥哈根进行证券欺诈、邮件欺诈和洗钱的定罪。但最高法院推翻了该裁决,并裁定:(1)根据"信息窃取理论",被告可被判犯有证券欺诈罪;(2)即使他的某些行为并非普通法或《1934年证券交易法》第10(b)条所指的欺诈行为,SEC仍然有权禁止。最高法院将该案件退回给我们,让我们来解决一些我们在第一次判决中未解决的问题。这些问题包括奥哈根的许多试图推翻他的罪名和质疑对其量刑的主张。现在,我们还面临在政府的交叉上诉时提出的量刑错误问题。作为结论,我们肯定了对奥哈根的证券欺诈和邮件欺诈定罪,但不影响我们先前对他的洗钱定罪的否认,并将本案退回地方法院重新审理。

一、事实和诉讼程序背景

奥哈根是位于明尼苏达州明尼阿波利斯市拥有275名律师的德汇(Dorsey

---

① 广东省深圳市罗湖区人民法院审刑事判决书(2003)深罗法刑初字第115号。
② 广东省广州市中级人民法院(2009)穗中法刑二终字第115号。
③ 中国证监会行政处罚决定书(陈建良)(证监罚字〔2007〕15号)。
④ 编译自 United States v. O'Hagan, 139 F. 3d 641 (8th Cir. 1998)。
⑤ United States v. O'Hagan, 117 S. Ct. 2199, 2220 (1997).
⑥ United States v. O'Hagan, 92 F. 3d 612 (8th Cir. 1996).

Whitney)律师事务所(以下简称"德汇律所")的高级合伙人,专门从事医疗事故和证券法律业务。从1988年7月到1988年9月,德汇律所作为总部位于英国伦敦的大都会公司(Grand Metropolitan PLC)在明尼阿波利斯市的本地法律顾问,代表大都会公司策划对总部位于明尼阿波利斯市的品食乐公司(Pillsbury Company)的普通股进行要约收购。

1988年8月18日,奥哈根开始购买品食乐股票的看涨期权,每份期权赋予他在指定日期之前以指定行使价格购买100股品食乐股票的权利。在8月下旬和9月,他又追加购买了品食乐的看涨期权。到9月底,奥哈根共拥有2500个未到期的品食乐看涨期权,超过世界上任何其他个人投资者的持有数额。奥哈根还于1988年9月购买了5000股品食乐的普通股。奥哈根批量购买品食乐期权的行为,与他先前避免高风险期权交易的投资习惯大不相同。证据显示,奥哈根甚至将自己的房屋抵押贷款去购买其中的一些期权。

1988年10月4日,大都会公司公开宣布了对品食乐股票的要约收购。品食乐股票的价格立即从每股39美元上涨到每股近60美元。消息公布后不久,奥哈根行使了其期权,以较低的期权行使价格购买了品食乐股票,然后以因要约收购消息产生的较高市场价格出售了该股票。同时,奥哈根还出售了他在9月份以较低的要约价购买的5000股普通股。由此,奥哈根从这些证券交易中共获益超过400万美元。

奥哈根后来因涉嫌邮件欺诈、证券欺诈和洗钱被起诉,共57项指控。罪状1—20指控他违反《美国法典》(1988年)第18编第1341条进行邮件欺诈。罪状21—37指控他违反《1934年证券交易法》第10(b)条①以及SEC规则10b-5②所禁止的证券欺诈。罪状38-54指控奥哈根违反了《1934年证券交易法》第14(e)条③和SEC规则14e-3④禁止的证券欺诈。罪状55-57条指控奥哈根涉嫌违反《美国法典》第18卷第1956(a)(1)(B)(i)条以及第1957条所禁止的洗钱行为。起诉书称,奥哈根为了自己的证券交易目的而使用有关大都会公司要约收购计划的重大非公开信息的行为,欺骗了德汇律所及其客户大都会公司。起诉书还指出,奥哈根利用在该交易中的获利以填补他先前从德汇律所的客户信托基金中挪用及兑换的钱款。

陪审团判定奥哈根的全部57项罪名成立,并对其判处41个月监禁。另外,根据州法,奥哈根因挪用客户信托基金被判刑服役于州监狱30个月,由此本案的地方法院将该已届满的刑期中的23个月作为刑期抵扣期间,给予奥哈根减刑

---

① 15 U.S.C. §78j(b),78ff(a).
② 17 C.F.R. §240.10b-5 (1997).
③ 15 U.S.C. §78ff(a),78n(e).
④ 17 C.F.R. §240.14e-3(a) (1997).

积分。此后，奥哈根就对他的定罪和判刑提出上诉。我们最初在所有指控上都推翻了对奥哈根的定罪。但最高法院下达重审令，对于本院对所有指控作出的判决，除了对于反洗钱指控的判决，其余全部推翻，并将本案发回要求作出进一步的审理。

……

三、违反 SEC 规则 10b-5 的证券欺诈定罪

奥哈根辩称，因为政府未能证明他"故意"违反了 SEC 规则 10b-5，所以应当对其证券欺诈定罪的判决予以撤销。奥哈根还声称，为了证明他的行为具有故意性，政府必须确定他既知道 SEC 规则 10b-5 所禁止的行为，又故意实施了违反该规则的行为。

《1934 年证券交易法》第 10(b)条的相关规定如下：

"任何人故意违反本条任何规定……或违反在该规定下制定的任何规则……时，一经定罪，可处上限不超过 100 000 美元的罚款，或上限不超过 5 年的监禁，或两者并罚……但若能证明自己不知道本条规定下的相关规则，则不会因其违反行为被判处监禁"。①

在此次审理中，奥哈根根据最高法院就本案提出的以下观点作出了自己的基本主张：

"我们认为必须根据'信息窃取理论'来认定内幕交易的刑事责任，而影响我们作出判决的重要依据是，国会为认定主观故意提供的两项坚固的规则。首先，为了确定是否存在违反 SEC 规则 10b-5 的犯罪行为，政府必须证明某人'故意'违反了该规定。其次，如果被告证明自己不知道该规则，则不会因违反 SEC 规则 10b-5 而被判入狱。"

与奥哈根的当前主张相反，我们认为，很明显，最高法院只是对该法令作出了自己的解释，即因过失无法知道证券法的规定或因过失违反了证券法的规定，不会当然地导致承担刑事责任；相反，被告必须是故意行事才可入罪。法院还解释说，如果被告证明自己不了解被定罪的规则，则对被判入狱有积极的抗辩权。但奥哈根在庭审时或判决时均未提供任何可作出此类抗辩的证据。与奥哈根的主张相反，最高法院认为'信息窃取理论'可以作为判定因违反 SEC 规则 10b-5 而承担刑事责任的依据，以此避免需要证明被告知道其行为违反 SEC 规则 10b-5 的要求。因此，我们必须在解释《1934 年证券交易法》第 10(b)条时，确定此处的"故意"一词所要求的举证内容到底是什么。

---

① 1988 年对本条的修正案规定，对定罪者可处以"不超过 1 000 000 美元"的罚款和不超过 10 年的监禁，但不适用于 1988 年 11 月 19 日之前发生的诉讼。由于奥哈根的证券交易发生在该日期之前，因此适用修正前的法律规定。

术语"故意"的含义随使用该术语的上下文而变化（参见 Ratzlaf v. USA (1994)①，"法院已经承认，'故意'是一个'具有多种含义的词'，并且'其结构[经常]……受到其上下文的影响'"）[引述自 Spies v. USA(1943)②]。尽管奥哈根引用了一些案例以证明满足"故意"的要件需要行为人明知其行为违反了法律规定，但这些案例是"一般规则的例外，而一般规则认为，对法律的无知或法律适用的错误都不是对刑事起诉的抗辩理由"[Cheek v. USA(1991)③指出，由于"税法的复杂性"，法院针对所得税的刑事犯罪"创设了一项新的例外"；此外，审理 Ratzlaf v. USA(1994)的法院认为，非法现金交易结构并非"必然违法"，有些可能是出于善意的原因而发生。因此，故意的违法行为要求被告知道其行为违反了法律]。由此可知，Cheek v. USA(1991)和 Ratzlaf v. USA(1994)的基本原理是，为了防止对并非恶意为之的行为进行刑事定罪，设定了知晓法律规定的主观要件，但该原理不适用于《1934年证券交易法》的第10(b)条。其原因是，第10(b)条项下的规则或条例所指向的刑事定罪，必然涉及被告具有欺诈行为和违反法律义务的行为。所以，此类行为不存在非恶意为之的情形。

更重要的是，第10(b)条本身的字面表述要求我们否定奥哈根极力的辩解。该法条明确规定，对规则的了解不足是对被判监禁的积极性抗辩，而不是对定罪的抗辩理由[《美国法典》第15卷第78ff(a)条强调，"如果任何人证明自己不知道本条规定项下的规则，则不得因违反任何规则而被判处监禁"]。此外，对第10(b)条中的"故意"进行解释的先例法院所得出的结论与我们的结论相同：即"故意"仅要求明知故犯地进行不法行为，而无需其主观上了解相关规则。

接下来，奥哈根声称没有足够的证据证明可以根据 SEC 规则 10b-5 将其定罪。审理 U. S. v. Moor(1996)案④的法院指出，"只有在合理的事实认定中，对犯罪的基本要素的认定存在合理怀疑时，我们才会以证据不足为由推翻之前的定罪判决。"同时，本法院从最有利于政府的角度看待证据。

奥哈根因"信息窃取理论"而被定罪，这要求政府证明他获得的是重大且非公开的信息，并且使用该信息进行了证券交易，由此他违反了对信息来源负有的法律义务。我们对证据的审查使我们确信，这些基本要素中的每一项都有足够的证据支持。

奥哈根在1988年8月26日的几天前，与德汇律所合伙人托马斯·廷克汉姆(Thomas Tinkham)进行了交谈，后者正在处理大都会公司的本地工作，廷克汉姆透露自己正在考虑帮助律所的客户对品食乐公司进行要约收购的计划。奥

---

① See Ratzlaf v. United States, 510 U.S. 135, 141 (1994).
② Spies v. United States, 317 U.S. 492, 497 (1943).
③ Cheek v. United States, 498 U.S. 192, 199-200 (1991).
④ United States v. Moore, 98 F.3d 347, 349 (8th Cir. 1996).

哈根告诉廷克汉姆,他知道廷克汉姆正在为收购品食乐而工作。廷克汉姆对此表示认可,并向奥哈根寻求意见,该律所是否应代理对当地公司感兴趣的客户进行要约收购,而在1988年8月26日召开的律所合伙人会议上也讨论了这一问题。

通过这次对话,奥哈根获得了有关品食乐股票的重大非公开信息。他了解到,他所在的律所的一位客户(因此也是他的一位客户)正准备对品食乐股票进行要约收购。同时他还了解到他所在的律所正在为该收购项目工作。陪审团还可以根据他与廷克汉姆会晤后大量购买品食乐期权和股票的行为得出合理的结论,加上他对证券市场运作方式的广博的知识,他也应当知晓该收购计划即将实施。① 判断以上信息属于未向公众公开的重大信息的原因是,"一旦要约收购计划被宣布,通常目标公司的股价会上涨。"此外,该信息显然是重要的信息,因为当合理的投资者在决定是否购买、出售或持有品食乐股票时,实质上很可能会认为该信息是影响决策的重要信息。

奥哈根还声称,同时期的媒体报道推测品食乐公司将由大都会集团接管,但我们并不认为这样的报道可以证明奥哈根获得的信息不具有重大性或非公开性。另外,金融分析师作证说,这些媒体报道"没有受到重视",甚至因为"报纸上总是有谣言"的说法被批判。总体而言,市场对这些报道并没有作出什么反应,该报道传出后品食乐的股价缺乏明显波动证实了这一点。这些报道本身仅涉及有关品食乐公司被收购的猜测,而奥哈根已掌握的是第一手的、确定的信息,即某位客户及奥哈根所在律所正在准备对品食乐发动要约收购计划。事实上,奥哈根获得的信息远远超过被广泛扩散的信息。② 并且,我们认为,德汇律所和其客户将对品食乐作出的行为,作为一项追加的信息,对于任何理性的投资者而言都会"极大程度改变其之后的可获信息的'整体组合'"。

更何况,奥哈根还基于此重要的非公开信息进行了证券交易。8月26日星期五,在与他的一位证券经纪人斯图尔特·埃文斯(Steuart Evans)进行了一系列交谈之后,奥哈根授权埃文斯购买500份10月到期的品食乐期权合约。同一天,奥哈根又授权另一位经纪人帕特·欣纳汉(Pat Kinnahan)购买50份品食乐的期权合约。此后,埃文斯由于误解之前与奥哈根的谈话,在1988年8月29日至1988年9月7日之间,又为奥哈根的账户追加购买了1022份10月到期的品

---

① 奥哈根夸大其词地说他显然不知道有意收购品食乐公司的真实身份。但是,这一点并不影响对其行为的定性,因为首先无论要约收购人是谁,在要约收购计划被公布之后,目标公司的股价通常都会上涨;其次,他对自己所在的律所的任何(或者说所有的)客户都负有法律上的义务。

② 第二巡回法院对与本案类似的事实得出了相同的结论。See United States v. Mylett, 97 F. 3d 663, 666-67 (2d Cir. 1996) (媒体猜测的有关合并的内部信息属于非公开信息), cert. denied, 117 S. Ct. 2509 (1997)。

食乐期权合约。1988年9月7日,奥哈根得知了这些额外的购买,明确授权并追认该购买行为。在同一天,奥哈根还另外授权埃文斯追加购买品食乐的期权合约。至此,奥哈根总共拥有2000份品食乐的期权合约。由此,埃文斯在1988年9月7日至1988年9月12日之间购买了这些指定的额外的期权合约。同样在1988年9月7日,奥哈根还指示欣纳汉购买了另外50份品食乐期权合约,后者按要求照做了。1988年9月19日,奥哈根指示埃文斯购买500份11月到期的品食乐期权合约,尽管该经纪人只能购买100份。1988年9月20日至21日,奥哈根同意迈克尔·马利根(Michael Mulligan)为其购买另外5000股品食乐股份。

综上所述,有足够的证据表明奥哈根违反了他应当对其信息来源尽到的法律义务。他既对其所在的德汇律所,又对其客户大都会公司,负有信义义务和保密义务,还负有不得为自己的私利使用客户的机密信息的义务。由于德汇律所是大都会公司的代理人,奥哈根根据获得的信息进行证券交易就违反了这些法律义务。根据已查明的大量证据,陪审团对下列问题作出事实判断:从哪些来源可以得到什么信息,奥哈根是否在他购买品食乐的证券时使用了之前他与廷克汉姆的对话中获得的有关计划收购品食乐的信息,或者他是否根据市场上其他的可用信息进行交易。经过仔细的审查,我们得出结论,有足够的证据支持陪审团对奥哈根违反SEC规则10b-5的证券欺诈定罪。

四、第14(e)条和SEC规则14e-3(a)的定罪

奥哈根辩称,根据《1934年证券交易法》第14(e)条和SEC规则14e-3(a)对其进行的证券欺诈定罪必须撤销。第14(e)条规定:

"任何人……作出任何与要约收购相关的欺诈性、欺骗性或操纵性行为或参与此类惯例都是违法的……SEC应当在本节的目的之下制定规则和规范,并设置合理的措施以防止任何欺诈性、欺骗性或操纵性的行为和惯例。"

SEC根据本节颁布了一系列规则和条例,其中规则14e-3(a)的规定如下:

"如果任何人已采取实质性步骤开始或已经开始要约收购('要约人'),任何他人知道或应当知道其所持有的与该要约收购有关的重大信息是非公开信息,且明知或应当知道该要约收购相关信息是直接或间接地从代表要约人的……任何内幕人处获得的……但仍然购买或出售任何相关证券……或是期权或能够获得前述证券的权利时,都构成《1934年证券交易法》第14(e)条所指的欺诈性、欺骗性或操纵性行为或惯例。除非证明在其购买或出售证券之前一段合理的时间内以上重大信息或信息来源已经被公开。"

奥哈根首先辩称,他事前并不知道SEC规则14e-3(a)规定的开始要约收购的"实质性步骤"具体是指什么,所以对他的定罪违反了正当程序。但奥哈根在一审和向本院提交的初期陈述中都没有提出这一主张,而是在向最高法院的陈述中第一次提出。奥哈根此后又放弃了这一主张(参见 United States v. Darden(1996)案①,"上诉人通常必须在诉讼开始之初提出并简要说明所有的争点")。尤其因为奥哈根本人是专门从事证券法律业务的执业律师,我们认为没有具有说服力的理由来支持奥哈根的主张。同样,奥哈根声称,正当程序条款要求法院深入解读规则 SEC 14e-3(a),即需要证明他知道在实施要约收购之前已有一些实质性步骤的存在。奥哈根在向最高法院提交的陈述中首次提出了这一主张。然而,最高法院并未采纳该主张,所以我们也拒绝对此进行判断。

奥哈根接下来争辩说,在如何理解规则 SEC 14e-3(a)的各项规定方面,地方法院并没有告知陪审团奥哈根无需知道在实施要约收购之前已有一些实质性步骤的存在,由此导致了陪审团的误解。②但我们并不同意这种说法。SEC 规则 14e-3(a)明确要求必须"有人"已对要约收购采取"实质性步骤"。但该规则不要求被告了解这些事实行为,恰恰相反,它要求被告只需要"知道或有理由知道"其获悉的重要信息是"非公开的,并且是通过某种方式从要约收购人处直接或间接地获得的。"

其次,奥哈根辩称,SEC 颁布规则 14e-3(a)的做法其实超出了其制定规则的权限,因为《1934年证券交易法》第 14(e)条并未授予 SEC 权限制定禁止性规定以禁止在要约收购之前发生的行为。对这种说法我们不能认同。第 14(e)条禁止"与任何要约收购有关的欺诈性、欺骗性或操纵性行为或惯例"。本条还明确授权 SEC 颁布规则来"定义"上述行为并"规定合理的措施以防止"上述行为。第 14(e)条的宽泛的语言表达体现了"国会打算将第 14(e)条作为要约收购方面的兜底性反欺诈救济方式。"同时,与要约收购相关的实质性步骤被实施之后的任何行为都被视为是与要约收购相关的行为。因此,我们认为,SEC 规则 14e-3(a)禁止对要约收购采取"实质性步骤"后发生的违法行为,完全属于第 14(e)条赋予 SEC 的广泛权限的范围,SEC 可以禁止"与任何要约收购有关"的违法行为。与此相反的认定都将与第 14(e)条的字面含义和宗旨相抵触。

此外,奥哈根还质疑根据 SEC 规则 14e-3(a)对其定罪的证据并不充分,并声称针对要约收购的前期实质性步骤并不存在。重新审查记录后,我们确信有足够的证据支持有罪判决。大量证据表明,在奥哈根进行证券交易之前,大都会公司已采取实质性步骤以着手对品食乐股票的要约收购。同时,大都会公司还

---

① See United States v. Darden, 70 F.3d 1507, 1549 n. 18 (8th Cir. 1995), cert. denied, 116 S. Ct. 1449 (1996).

② 地方法院如此指示陪审团:"关于[SEC 规则 14e-3(a)的各项规定],您应当认识到,在奥哈根大量购买品食乐证券时,大都会公司已经采取了一些实质性步骤以实施其对品食乐股份的要约收购计划。收购人没有必要为您完成整个要约收购以便您发现他已经为了要约收购具体实施了一些实质性步骤。您也不必探寻被告是否知道该实质性步骤的存在,您只需认知实际上已经有了一个或多个实质性步骤就足够了"(庭审记录第12卷第39页,此处着重强调)。

聘请位于纽约和明尼阿波利斯市的律师事务所,就针对品食乐的要约收购提供建议,并且确定了如何为该项要约收购筹集资金。1988年8月16日,大都会公司的董事会决议通过了收购品食乐所有股份的要约收购方式,同时确定了发动该收购的日期。通常,理性的陪审团都可以简单地得出如下结论,即大都会已经实施了实质性步骤以着手对品食乐的要约收购。

......

六、判决结果

我们对先前对奥哈根的洗钱定罪的推翻没有动摇。我们已经讨论并驳回了奥哈根对其证券欺诈和邮件欺诈定罪提出的所有质疑。同时,我们也探讨并驳回了奥哈根和政府双方对量刑的所有质疑,但是由于我们先前撤销了地方法院对洗钱罪的判决,所以我们必须将本案退回地方法院进行重新审理。综上,我们确认了奥哈根的证券欺诈和邮件欺诈定罪,并要求地方法院的重审维持此结论。

案例原文①

【中国案例】

董正青等内幕交易、泄露内幕信息案(2009)②

一、基本案情

广东省广州市天河区人民法院经公开审理查明:广发证券公司成立于1993年5月21日,公司股东包括辽宁成大及吉林敖东等公司。延边公路公司成立于1999年3月31日,系上市股份有限公司,公司股东包括吉林敖东等公司。

2006年2月,广发证券公司决定采取借壳方式上市,由时任广发证券公司总裁的被告人董正青主持开展借壳工作。同年4月17日,被告人董正青在其家中召开会议,提出了具体的选壳标准和要求。同年5月7日,广发证券公司员工肖某根据董正青的要求制作了目标公司建议,初步分析、比较包括延边公路公司在内的六家公司的情况及借壳可能性。同年5月8日,被告人董正青等广发证

---

① Available at https://casetext.com/case/us-v-ohagan-2,2023-9-18.
② 参见广东省广州市中级人民法院(2009)穗中法刑二终字第115号。转引自甘正培、丁卫红、梁夏生:《内幕交易、泄露内幕信息罪的审查与认定》,载《人民司法(案例)》2009年第18期。

券公司高级管理人员与辽宁成大公司法定代表人尚书志在广州商讨,确定以辽宁时代公司、延边公路公司为备选壳。同年5月10日,广发证券公司员工周某根据讨论结果制作了《广发证券股份有限公司借壳上市方案》,广发证券公司确定了以延边公路公司和辽宁时代公司为备选壳的借壳上市方案。次日,因股票价格异常波动,延边公路公司发布公告,澄清该公司未与广发证券公司就借壳上市事项有任何接触。其后,被告人董正青指派肖某、周某先后前往吉林敖东公司和辽宁成大公司,向李某(吉林敖东公司法定代表人)和尚某某汇报广发证券公司借壳延边公路公司和辽宁时代公司的方案。同年5月月底,被告人董正青与李某、尚某某在长春讨论,确定广发证券公司借壳目标公司以辽宁时代公司为主、以延边公路公司为候补的方案。同年6月2日,广发证券公司确定借壳延边公路公司。同年6月5日,延边公路公司、吉林敖东公司同时发布公告,称吉林敖东公司正与广发证券公司就借壳延边公路公司事项进行协商。同日,延边公路公司股票停牌。

经中国证监会认定,"广发证券公司借壳延边公路公司"为本案内幕信息,信息形成日为2006年5月10日,价格敏感期为2006年5月10日至2006年6月5日。

从2006年2月开始,被告人董正青多次要求被告人董德伟买入延边公路公司的股票。董德伟于当月23日开始通过其控制的多个账户陆续买入延边公路公司的股票。其中,2月份买入252 159股,3月份买入3 905 050股,4月份买入9 788 057股(4月6日持股比例超过5%,4月17日持股比例超过10%)。同年5月10日,广发证券公司借壳延边公路公司信息形成后,董正青向董德伟泄露该内幕信息,建议董德伟买入延边公路公司的股票。董德伟于5月份买入5 386 732股,最高峰值持有延边公路公司股票14 573 888股,占流通股比重15.639%。董德伟利用该内幕信息,在2006年5月10日至同年6月5日期间,通过其控制的多个账户买入、卖出延边公路公司的股票,账面盈利人民币22 846 712.42元。

2006年5月11日,被告人赵书亚向被告人董正青求证广发证券公司是否会借壳延边公路公司,董正青遂将广发证券公司借壳延边公路公司的内幕信息泄露给赵书亚。被告人赵书亚利用该内幕信息,在2006年5月11日至6月5日期间,利用其控制的"黄祥婷"账户买入、卖出延边公路公司的股票,账面盈利约人民币100万元。

为应付中国证监会的调查,被告人董正青、董德伟、赵书亚经密谋,由被告人董德伟、赵书亚伙同他人向中国证监会作伪证。其间,被告人董德伟指使多人迅速提取买卖延边公路公司的股票的全部资金。

2007年6月1日,被告人董正青向广发证券公司辞职。2007年6月11日,被告人董德伟到广东省公安厅投案,交代违规持仓问题。同年6月22日,被告人董正青在广州市被公安机关抓获归案。同年6月30日,被告人赵书亚在深圳市被公安机关抓获归案。

二、审理情况

广州市天河区人民法院认为:被告人董正青作为广发证券公司借壳延边公路公司内幕信息的知情人员,在该内幕信息公开之前,向被告人董德伟、赵书亚泄露内幕信息,情节严重,其行为已构成泄露内幕信息罪。被告人董德伟、赵书亚非法获取广发证券公司借壳延边公路公司的内幕信息后,在该内幕信息公开前,买入、卖出延边公路公司的股票,情节严重,其行为均已构成内幕交易罪。公诉机关指控被告人董正青犯泄露内幕信息罪,被告人董德伟、赵书亚犯内幕交易罪的罪名成立;指控被告人董正青犯内幕交易罪证据不足,不予支持。依照《刑法》(2006)第180条、第52条、第53条、第64条的规定,判决:(1)被告人董正青犯泄露内幕信息罪,判处有期徒刑4年,并处罚金人民币300万元;(2)被告人董德伟犯内幕交易罪,判处有期徒刑4年,并处罚金人民币2500万元;(3)被告人赵书亚犯内幕交易罪,判处有期徒刑1年9个月,并处罚金人民币100万元;(4)追缴被告人董德伟、赵书亚的违法所得,上缴国库。

一审宣判后,三名被告人不服判决,均提出上诉。

广州市中级人民法院经审理认为:原审判决认定的事实清楚,证据确实、充分,定罪准确,量刑适当,审判程序合法。依照《刑事诉讼法》(1996)第189条第1项的规定,裁定驳回上诉,维持原判。

三、评析

(一)关于内幕信息内容的认定

《刑法》(2006)第180条第3款规定,内幕信息的范围,依照法律、行政法规的规定确定。《证券法》(2005)第75条规定,证券交易活动中,涉及公司的经营、财务或者对该公司证券的市场价格有重大影响的尚未公开的信息,为内幕信息。《证券法》(2005)第67条第2款、第75条第2款分别列举了内幕信息的范围,其中包括:上市公司的经营方针、经营范围和股权结构的重大变化,上市公司收购的有关方案,以及国务院证券监督管理机构认定的对证券交易价格有显著影响的其他重要信息。

从《证券法》(2005)对内幕信息的定义来看,内幕信息具有两个基本特征:一是重要性,该信息公布后会对证券、期货的交易价格产生重大影响;二是秘密性,即这些重要信息是尚未公开的信息。

根据上述规定,本案中广发证券公司借壳延边公路公司属于内幕信息。理由是:

第一,从该信息内容来看,广发证券公司借壳延边公路公司是广发证券公司的重大投资行为,是对延边公路上市公司的收购方案。从该信息的影响来看,该信息关系到广发证券、延边公路、吉林敖东、辽宁成大四家公司生产经营状况,直接结果是导致广发证券公司和延边公路公司的股权结构发生重大变化,势必影响延边公路股票市场价格的走势。而且事实上,延边公路股票从该信息形成后直至公告停牌、复牌后,其市场价格持续上涨,也足以证明该信息对延边公路股票价格有明显影响。因此,该信息属于对证券交易价格有显著影响的重要信息,符合内幕信息的重要性特征。

第二,该信息在2006年6月5日之前尚未公开,具有秘密性。《证券法》(2005)第70条规定,依法必须披露的信息,应当在国务院证券监督管理机构指定的媒体发布,同时将其置备于公司住所、证券交易所,供社会公众查阅。《股票发行与交易管理暂行条例》(1993)第63条规定,上市公司应当将要求公布的信息刊登在证监会指定的全国性报刊上。上市公司在依照前款规定公布信息的同时,可以在证券交易场所指定的地方报刊上公布有关信息。该条例第81条第9项规定,"公开"是指将本条例规定应当予以披露的文件备置于发行人及其证券承销机构的营业地和证监会,供投资人查阅。显然,我国法律、法规对于证券二级市场信息公开的标准采取的是形式公开的标准,即信息公开的标准是从在报刊或其他形式的公报上公布之日起算。未经合法途径向公众披露、仅为内幕人员知悉的信息,均为内幕信息。

本案事实表明,在2006年6月5日延边公路公司发布公告之前,延边公路、广发证券、吉林敖东、辽宁成大等公司从未在媒体上公开披露该信息,该信息显然具有秘密性。因此,广发证券公司借壳延边公路公司的信息在2006年6月5日前具有秘密性。

第三,中国证监会作为证券监督管理机构,依法具有认定内幕信息的内容和范围的权力。该会认定"广发证券公司借壳延边公路公司"为内幕信息,认定主体符合法律规定。

综上,广发证券公司借壳延边公路公司这一信息在一定时间内具备重要性和未公开性两个特征,且由证券监督管理机构依法认定,属于本案的内幕信息。

(二) 内幕信息形成时间的认定

2006年5月10日,广发证券公司出台《广发证券股份有限公司借壳上市方案》。该方案确定以辽宁时代公司和延边公路公司为备选壳,不仅详细比较了两者的借壳成本,还对借壳该两家公司的方法、步骤等工作进行了深入的分析。由于该方案中借壳目标公司明确,有具体的借壳工作安排,且是根据被告人董正青等广发证券公司高管人员与大股东董事长尚某某在5月8日开会充分讨论的结果制作,该消息一经公布将对辽宁时代公司和延边公路公司的证券价格造成重大的实质性影响,因此2006年5月10日应认定为内幕信息开始形成之日。其后,被告人董正青根据该方案指派公司员工先后向公司股东吉林敖东公司和辽宁成大汇报借壳延边公路公司或辽宁时代公司的上市方案,亦印证了该内幕信息已经形成。

由于延边公路公司、吉林敖东公司于同年6月5日发布借壳公告,所以当天应认定为内幕信息公开时间。

综上,本案内幕交易时间界定在2006年5月10日至6月5日,只要内幕信息知情人员在此期间交易股票,其交易金额就应当计算为内幕交易金额。

在认定内幕信息形成时间上,需要特别注意两个问题:第一是证券市场经常出现的针对某个个股的分析预测文章和传闻并不属于内幕信息。《禁止证券欺诈行为暂行办法》(1993)第5条第3款规定,内幕信息不包括运用公开的信息和资料,对证券市场作出的预测和分析。在内幕信息公开前,证券分析人员利用公开的信息资料对股票进行的分析预测,不论其是否准确,都改变不了其只是一种预测的性质,其所得出的结论不符合内幕信息的特征。第二是关于内幕信息的形成是否应该具有确定性。就本案而言,是指"广发证券公司借壳上市"这一内幕信息的形成是否以吉林敖东公司或延边公路公司一方接受或同意为前提的问题。根据相关法律、法规的规定,内幕信息具备重要性和秘密性两个法律特征,至于内幕信息是否确定,并非内幕信息形成的必要条件。以本案为例,"广发证券公司借壳上市"是一个动态的过程,包括广发证券公司内部有关部门基本确定壳资源、与被借壳公司协商、董事会决定借壳公司、与被借壳公司签订合同等多个阶段,每个阶段的信息一旦公开,均会对被借壳上市公司的股票价格产生重大的实质性影响。只要广发证券公司内部基本确定借壳延边公路公司,即应认定内幕信息已经形成。至于吉林敖东公司或延边公路公司最终是否同意该方案,只是借壳方案能否成功的问题,不影响该内幕信息的形成。

(三) 如何界定内幕信息的知情人员

《刑法》(2006)第180条规定的犯罪主体既包括内幕信息的知情人员,也包括非法获取内幕信息的人员。该法第180条第3款规定,知情人员的范围依照法律、行政法规的规定确定。《证券法》(2005)第74条规定,证券交易内幕信息的知情人包括:(1) 发行人的董事、监事、高级管理人员;(2) 持有公司5%以上股份的股东及其董事、监事、高级管理人员,公司的实际控制人及其董事、监事、高级管理人员;(3) 发行人控股的公司及其董事、监事、高级管理人员;(4) 由于所任公司职务可以获取公司有关内幕信息的人员;(5) 证券监督管理机构工作人员以及由于法定职责对证券的发行、交易进行管理的其他人员;(6) 保荐人、承销的证券公司、证券交易所、证券登记结算机构、证券服务机构的有关人员;(7) 国务院证券监督管理机构规定的其他人。

在本案中,董正青一直担任广发证券公司的总裁,主持公司日常经营管理工作,有权决策、主持、领导该公司任何重大工作。经广发证券公司董事会授权,董正青主持借壳上市工作,参与了广发证券公司借壳延边公路公司从酝酿、商讨、研究到确定的全部过程。董正青由始至终掌握着广发证券公司借壳延边公路公司的信息,符合《证券法》(2005)第74条第4项的规定,应认定为本案内幕信息的知情人员。

（四）内幕信息的知情人员泄露内幕信息并建议他人买卖该证券的行为应如何定性

《刑法》(2006)第180条规定的内幕交易罪、泄露内幕信息罪是选择性罪名,行为人如同时有内幕交易和泄露内幕信息行为,应以内幕交易、泄露内幕信息罪定罪,不实行数罪并罚。实践中,对于向他人泄露内幕信息并建议他人买卖该证券的行为是构成泄露内幕信息罪,还是构成内幕交易罪,抑或是构成内幕交易、泄露内幕信息罪,存在不同观点。

一种观点认为,根据《禁止证券欺诈行为暂行办法》(1993)第4条的规定,内幕交易行为包括内幕人员利用内幕信息买卖证券或者根据内幕信息建议他人买卖证券的行为。据此,不论行为人是否有获利目的,只要泄露内幕信息并建议他人买卖证券,即构成内幕交易行为。

另一种观点认为,泄露内幕信息并不必然参与内幕交易,区别两者的关键在于内幕信息的知情人员建议他人买卖证券时有无从中获取非法利益的主观故意。如果行为人以获取非法利益为目的,泄露内幕信息后建议他人进行证券交易,根据主、客观一致的原则,应该认定其有内幕交易行为和泄露内幕信息行为,构成内幕交易、泄露内幕信息罪。反之,如果行为人没有非法获利目的,仅泄露内幕信息,没有从事内幕交易且没有从中获利,则不构成内幕交易罪,只构成泄露内幕信息罪。

法院采用第二种观点,认定董正青只构成泄露内幕信息罪。理由：第一,《禁止证券欺诈行为暂行办法》(1993)是行政规定,虽然具有一定的参考意义,但《刑法》(2006)第180条第3款明确规定,依照法律、行政法规的规定确定的只有内幕信息、知情人员的范围,并不包括内幕交易行为的认定。如果依据行政法规对某种行为推定为犯罪,则有悖于罪刑法定原则。第二,认定某种行为构成犯罪必须符合犯罪的四个构成要件,必须依据主、客观一致的原则。虽然法条没有明确规定内幕交易行为的主观故意,但不可否认的是从事内幕交易行为的目的就是追求利益。如果没有此目的,认定其内幕交易显然有违主、客观一致的原则。

在本案中,董正青向董德伟泄露内幕信息,并建议董德伟买卖股票,现有证据既不能证实董正青泄露内幕信息具有谋取个人利益的目的,不能证实董正青与董德伟之间有内幕交易的共同主观故意及客观行为,亦不能证实董正青从中获利,故不能认定其有内幕交易行为。

（五）泄露内幕信息、内幕交易案件的证据采信规则

司法实践中，对泄露内幕信息、内幕交易罪的认定涉及证券知识和证券法规，同时行为人又往往将其犯罪行为与合法的证券交易行为相混合、交叉或以合法的证券交易行为加以掩盖，因此泄露内幕信息、内幕交易罪具有极大的隐蔽性和复杂性。与此同时，由于证券交易本身又具有较高的专业性和复杂性，要证明如何泄露内幕信息以及因获取内幕信息而交易二者之间的关系绝非易事。尤其是在被告人之间攻守同盟、缺乏口供的情况下，如何准确把握证据之间的关联认定客观事实是定罪的关键。

我国刑事诉讼的举证责任，除个别罪名（如巨额财产来源不明罪）适用举证责任倒置原则，由被告人负责举证外，绝大多数罪名均适用无罪推定原则，举证责任由公诉机关承担。

法院认为，在现有的法律框架下，基于严格遵循刑事诉讼的基本原则，泄露内幕信息、内幕交易犯罪案件举证责任仍由公诉机关承担，被告人无须自证其罪。但法院在审查证据时可以采用客观事实推定原则，即根据已经查明的事实和证据，分析客观事实之间的合理关联及逻辑关系，从而得出客观的既符合逻辑又符合常理的事实认定，从客观事实印证主观故意，进而依据主、客观一致的原则，依法定罪处罚。

在本案中，三名被告人以公诉机关缺乏三人之间的电话通话记录、本案缺乏核心证据为由否认泄露内幕信息及内幕交易，辩称董德伟、赵书亚只是根据市场公开信息及其多年证券交易的经验而自主买卖延边公路股票。因此，如何认定内幕信息是由董正青泄露给董德伟及赵书亚，是证据采信规则上必须突破的难点，是本案定罪的关键。

法院认为，在本案中，关于董正青向董德伟泄露内幕信息，董德伟利用该内幕信息买卖股票的主要证据包括：(1) 董正青和赵书亚在侦查阶段均供认董正青向董德伟泄露内幕信息，并要求董德伟购入延边公路股票；(2) 董德伟的账户交易资料证实董德伟买入或卖出延边公路股票的时间点与被告人董正青供认的要求董德伟买入或卖出该股的时间点相互吻合；(3) 董正青、董德伟在中国证监会展开调查后的异常行为，如董德伟突然在短时间内提取全部交易延边公路股票的超过1亿元的获利，以及两人伙同赵书亚等人向证监会作伪证，这些异常行为反映了被告人董正青、董德伟企图掩盖其内幕交易行为的心理状态和真实意图。

关于董正青向赵书亚泄露内幕信息，赵书亚利用该内幕信息买卖股票的主要证据包括：(1) 赵书亚与董正青在侦查阶段均供述在2006年5月中旬，董正青多次应赵书亚的要求，告知赵书亚广发证券公司借壳延边公路公司的内幕消

息,赵书亚获取内幕信息后买卖延边公路股票,两人供述基本吻合;(2)赵书亚在短时间内突然大量买入或卖出延边公路股票的异常交易行为,与赵书亚、董正青的供述能够相互印证。

同时,针对辩方提出的通话记录是否属于本案核心证据问题,法院认为,在当今信息发达的社会中,泄露内幕信息的方式和途径可以是多种多样的,并非只有通过电话联系这一单一的方式。本案现有的证据足以证实董正青向董德伟、赵书亚泄露内幕信息,故缺少通话记录并不影响对案件基本事实的认定,换言之,通话记录并非本案核心证据,其缺失并不影响定罪。

综上分析,法院认为指控董正青、董德伟、赵书亚三人之间存在泄露内幕信息和因获取内幕信息而交易的事实,除了有客观的证券交易记录反映外,还有相应的言词证据及其他书证佐证。每个客观事实之间存在合理的前后关联,证据之间形成完整的证据链条,而三名被告人对于其在内幕信息公开前买卖股票的行为以及行为之间的关联不能作出合理解释,不能推翻现有证据所指向的客观事实。所以,尽管三名被告人均否认犯罪,现有证据已足以认定。

二、内幕交易的抗辩

并不是所有涉及内幕信息进行交易的行为都会被认定为"非法的"内幕交易,具体而言,以下几种典型行为虽然属于内幕交易行为,但可以作为"非法的"内幕交易之抗辩。

一是并购中的抗辩。例如,我国《证券法》(2019)第53条第2款规定:"持有或者通过协议、其他安排与他人共同持有公司百分之五以上股份的自然人、法人、非法人组织收购上市公司的股份,本法另有规定的,适用其规定。"这意味着在上市公司收购中收购人的上述行为不构成内幕交易。

二是做市商参与的交易。所谓"做市商制度"(Market Makers, Market Dealers),是指在证券市场上,由符合法定条件的证券经营机构作为特许交易商,持续公布特定证券的买卖价格,双向报价并在该价位上接受投资者的买卖申报,以其自有资金和证券与投资者进行证券交易。其中,维持双向买卖交易的特许证券经营机构即为做市商,以做市商为主导的证券交易即为做市商交易制度。与证券公开集中竞价交易相比,"做市商"取代交易所成为证券交易的组织者,承担报价、接受申报、撮合成交及传递信息等职责,在调节市场方面具有主动性,既可以在市场低迷时通过适度报价和证券投放活跃市场,也可以在市场过度投机时平抑价格挤出泡沫。所以,以调节市场交易为己任的做市商交易,即便其知悉内幕信息,也不应被认定为内幕交易;但是,若其背离了制度初衷,利用内幕信息谋取私利,则为法律所不容。

三是安定操作中的承销商交易。所谓"安定操作",是指为了使有价证券的募集或者卖出容易进行,防止或者减缓证券价格在对公众发行时发生跌落或有跌落的可能性,在符合证券法律法规的前提下,在证券市场连续买卖有价证券,或者委托或者受托买卖有价证券,以钉住、固定或者安定证券价格的行为。在安定操作中承销商进行的交易,系基于法律许可的稳定发行价格之目的,即便其知悉内幕信息,通常也不应被认为是内幕交易。同样,和前述做市商相同,安定操作的承销商也不能借此谋取私利。

四是具有规范的信息隔离机制的委托交易,也不构成内幕交易。例如,甲乙都是具有规范的内部控制机制的经营机构,甲长期委托乙进行证券交易,乙对所发生的交易具有充足的交易依据;后来,甲知悉相关内幕信息,但没有证据证明甲乙之间有该信息的传递,此时虽然乙交易的证券就是甲所知悉信息涉及的证券,但不宜认定为内幕交易,除非有相反证据证明:内幕信息在甲乙之间进行了传递且乙是以该内幕消息为特定交易依据的。

五是在知悉内幕信息之前,即已完成了相关证券交易的书面计划、合同或者指令,该计划、合同或者指令具有长期性,且规定了买卖证券的数量、价格、日期,甚至包括书面公式、算法或计算机程序,且具有反复使用的适应性。基于此进行的证券交易,通常亦不宜直接认定为内幕交易。

六是其他特定交易情形,这属于兜底条款,包括但不限于基于对冲风险所进行的与股指期货等衍生证券进行套期保值而建立的股票现货头寸等。

在以上六种例外情形中,除第一种之外,我国法律均没有相应的豁免规定,这意味着知情人无论提出何种合理理由,都难以形成抗辩,而必须对其相关交易承担内幕交易之法律责任。随着证券市场的复杂化和新型金融工具的不断出现,类似交易还将不断增多,因此,如果不对此做出合理的法定要件构成分析并予以规制,将有违金融交易本身的发展规律。

【拓展阅读】

证券公司的内幕交易及其"中国墙"[①]

---

① 改编自杨敏:《自律、内控与信任——构筑中国券商的"中国墙"》,载《金融法苑》2008年第4期。

第十二章　操纵市场及其法律规制

商品的公平价格取决于供求关系的平衡,作为商品的证券,其公平价格同样也取决于平衡的供求关系,而这种公平价格的形成又以市场正常的运转为基础,一旦供求关系受到人为的干预,那么价格机制必然受到扭曲,势将严重影响证券市场的公正性,最终危害国家经济的发展。证券市场中的操纵行为对证券市场的危害,首先表现在以人为制造的虚假投资参数代替证券市场的真实投资参数,使证券价格不能以价值规律为基础来真实地反映市场供需关系。其次,对于依据虚假参数进行证券交易的投资者,操纵性价格与操纵性交易量成为操纵者欺诈的工具。最后,操纵证券市场行为对于银行信用波动以及证券抵押贷款也会构成不利影响。① 因此,世界各国或地区大都严厉禁止操纵证券市场的行为,以维护证券市场的充分竞争,保证市场价格反映信息的可靠性与真实性。

第一节　操纵市场概述

一、操纵市场的概念

各国立法并未对"操纵市场"进行定义,但学术界对此进行了概括,形成了几个比较有代表性的学理定义。例如,《布莱克法律辞典》认为,操纵是"意图造成不真实或足以令人误解其买卖处于活跃状态;或者抬高或压低证券的价格,以诱使他人购买或出售该证券而进行涉及买卖某一证券的系列交易行为"。② 有学者认为操纵是"意图诱使人们参与证券交易或者创造一个人为的证券价格水平的行为"。③ 还有学者将操纵定义为"故意干扰证券市场供求的自由运行"。④ 概括上述定义,可以归纳出各类操纵市场方式均具有的以下共同特点:(1)客观上操纵市场者利用了其优势地位,即其拥有的影响证券交易价格的力量,包括资金优势、持股优势或信息的利用。(2)主观上操纵市场者出于故意,其目的是获取

---

① 杨志华:《证券法律制度研究》,中国政法大学出版社 1995 年版,第 280 页。
② Bryan A. Garner, *Black's Law Dictionary*, 9th ed., Thomson Reuters, 2009, p.1048.
③ Daniel R. Fischel and David J. Ross, "Should the Law Prohibit 'Manipulation' in Financial Markets?", 105 *Harvard Law Review* 503, Dec., 1991, p.507.
④ 同上。

利益、减少损失或转嫁风险。例如,只要行为人在客观上有虚买虚卖行为,就应认定行为人主观上有操纵证券价格的目的,但允许行为人能举出相反证据。(3) 客观后果是影响了证券交易价格或者证券交易量。操纵市场者集中资金、持股优势或者利用信息等优势操纵市场,影响证券市场价格或者证券交易量,制造证券市场假象,使证券交易价格人为地上升、维持或者下跌,诱使投资者在不了解事实真相的情况下作出证券投资决定,从而扰乱了证券市场的正常秩序。①

我国学术界对于是否需要对操纵市场行为作出概括式定义存在两种不同观点。持赞成观点的人认为,基于全面、准确规范各种操纵行为出发,避免法律调整上的疏漏,应当赋予其统一定义。但持反对意见者则认为,操纵市场行为是一个集合名词,其所包含的各种具体类型会随着市场而推陈出新,不可能也不必要进行定义;否则反而会使证券市场操纵者有机可乘。证券立法采纳了后一种观点,未对证券市场操纵行为作统一解释,《证券法》(2019)只是在第 55 条列举了常见的 8 种操纵市场方式(其中第 8 种为开放式的兜底条款)。为完善对操纵市场行为的认定,中国证监会发布了《证券市场操纵行为认定指引(试行)》(2007)。

二、操纵市场的性质

在一个有效的证券市场上,证券价格应该能够迅速对市场上的信息作出反应。当证券市场上存在操纵行为时,包含有证券市场操纵的错误信息将反映到价格当中,该证券价格即为虚假价格。公众投资者以虚假价格购买该证券,必然导致投资失利,亦即证券市场操纵的直接后果是侵害投资者的财产权。首先,操纵市场是一种欺诈行为。证券市场操纵主要是通过创设虚假市场和交易来实现的,因此也可作为欺诈来对待。② 现已废止的《禁止证券欺诈行为暂行办法》(1993)第 2 条将证券发行、交易及相关活动中的内幕交易、操纵市场、欺诈客户、虚假陈述 4 种行为列为证券欺诈行为,《证券法》(2019)在第三章第三节将上述四种行为列为"禁止的交易行为"。其次,操纵是一种非法的投机行为(invokes a form of illicit speculation),是以旨在获取非法利益而进行的不诚信的活动。再次,操纵是一种不正当竞争行为。在证券市场上,市场操纵者为了达到获利或止损的目的,不正当地利用自己的资金或信息等优势,人为地控制证券市场交易量和交易价格,而将自己的风险转嫁给他人,显然是一种垄断行为;它以人为的干预或其他手段影响资本的自由流动,破坏证券市场秩序,违反了"公平、公正"的交易原则。从民事法律属性上来看,证券市场操纵行为是一种侵权行为,直接损

---

① 支持操纵市场的观点,可参见 Daniel R. Fischel and David J. Ross, "Should The Law Prohibit 'Manipulation' in Financial Market?", 105 *Harv. L. Rev.* 503 (December, 1991)。

② 参见李先云:《证券市场操纵的法律规制》,载郭锋主编:《证券法律评论》2003 年卷,法律出版社 2003 年版,第 118—156 页。

害的是投资者的合法利益(公平交易权)。①

【域外案例】

Edward J. Mawod Co. v. Sec. Exch. Com'n. (1979)②

巡回法官 William E. Doyle 发表了法院的审理意见。

上诉人包括迈沃德证券公司(Edward J. Mawod and Company)以及爱德华(Edward J. Mawod)本人,后者是迈沃德证券公司的负责人。本案的案由是上诉人申请审查 SEC 于1977年5月6日发布的一项命令,该命令要求爱德华暂停与任何经纪人或交易商的交易关系长达一年,并撤销了迈沃德证券公司的经纪商—交易商登记。迈沃德证券公司要求恢复其经纪商—交易商登记的请求被驳回。

法院认定,迈沃德证券公司故意帮助和教唆客户的行为违反了《1933年证券法》第17(a)条和《1934年证券交易法》的反欺诈条款。本案的根本问题是,是否有足够的证据和推论来证明 SEC 所采取的行动是合理的。本院维持了 SEC 的命令。

根据《1933年证券法》的适用条款,SEC 于1974年8月29日进行了行政审理。该诉讼案涉及的是据称构成操纵新纪元公司(Epoch Corporation)普通股股票的行为。行政法法官举行证据听证会后发表了意见,指控迈沃德证券公司以及爱德华先生故意违反了《1933年证券法》和《1934年证券交易法》的各项规定。……

有证据表明,爱德华先生在证券业务方面并非新手。他于1950年开始从事证券业务,并从那时起担任多家公司的助理经纪人。1968年,迈沃德证券公司的前身派克—迈沃德公司成立。同年9月11日,该公司成为一家经纪商—交易商。不久后,该公司改名为迈沃德证券公司。1973年,在 SEC 开始调查之后,该公司停止营业。

爱德华一直以来都是公司的实际控制人和唯一的普通合伙人,也是主要交易员和经理人。他还决定公司设施的使用,以及管理和决定所有公司日常事务,与负责具体业务的员工进行协商。

所谓的新纪元账户(Epoch account)是本案争讼的焦点。新纪元公司是一

---

① 实际上,证券市场的所有法律制度都是建立在信息披露之上的,而在现代社会信息已成为民事主体最为核心和根本的财产。但是,为了与国内学术界有意无意地将财产等同于有形财产的可能性,本书直接称之建立在信息披露之上的公平交易权。同知识产权一样,二者均属于广义的财产权。

② 编译自 Edward J. Mawod Co. v. Sec. Exch. Com'n., 591 F. 2d 588 (10th Cir. 1979)。

家于1972年通过合并组建的房地产公司。这家公司发起时并没有实际出资,而是由业主们出资了1000美元。该公司的办公场所由成为其公司财务顾问的第三人耶曼(Yeaman)提供。创始人在公司成立后不久就退出了,只留下财务顾问负责。

SEC制定的条例A(Regulation A)是为了豁免向公众出售股票而颁布的。(Epoch公司)提交给SEC的通知中所载明的要约,要求以每股0.2美元的价格出售股票。全美证券公司(Transamerican Securities, Inc.)被选为此次公开发行的承销商。本次发行的所有收益将被托管,直至募资款达到至少25 000美元。为了获得这笔资金,必须在6个月内出售125 000股,否则这笔钱将被退还给股份认购人。本次发行于1972年7月28日开始,并于1972年10月27日结束。187 000股以37 400美元的价格卖出。125 000股以25 000美元的价格卖给了耶曼的朋友。全美证券公司的总裁购买了7000股,另外5000股被交易员和另一家经纪公司的负责人购买。结果,共有159 500股股份被与发起人关系密切的人买入。发行结束后,新纪元公司并不活跃,在最初的几个月里,该股票的交易量并不大。尽管如此,全美证券公司在1972年11月至1973年1月期间将价格提高到每股0.75美元。

1973年3月,新纪元公司回应了北美奥斯特洛·达拉谟保险经纪公司(Osterloh Durham Insurance Brokers of North America)提出的寻求合并的广告,它希望与一家上市公司合并。耶曼将奥斯特洛保险经纪公司的马丁先生介绍给了哈勒先生,哈勒先生持有新纪元公司125 000股股票。双方达成了协议,哈勒以每股0.25美元的价格,以分期付款的方式,将其股票出售给马丁先生。之后,马丁把耶曼介绍给了奥奎因(Joe C. O'Quinn)和斯特兰德(Michael Strand)。斯特兰德被介绍欲进行合并的人,他和奥奎因着手完成了这次合并。

爱德华事先知道斯特兰德的做法。他以前曾阻止过斯特兰德在迈沃德证券公司进行交易。尽管有过这样的经历,爱德华仍然改变了阻止斯特兰德交易的政策,允许斯特兰德恢复活跃的交易投资。斯特兰德并没有以自己的名义进行交易。相反,他使用了一个以林福德(Lois Linford)的名义开户的代理人账户。爱德华指定了埃尔斯曼(Airsman)来监督斯特兰德和奥奎因的活动。这一事实有一定的意义,因为它表明爱德华对斯特兰德和奥奎因的行动存有一定的顾虑或担心。

斯特兰德和奥奎因让其他经纪人也参与了进来。此后不久,奥奎因通过全美证券公司以每股1.25美元的价格卖出了500股股票。然而,当天卖出价的报价是每股0.375—0.625美元。

1973年4月19日,奥奎因以1.75美元的价格卖给迈沃德证券公司的一位客户1100股。截至当时,有6家经纪商以高达每股1.625美元的买入价,和每股 2.125 美元的卖出价,对新纪元公司进行报价。记录中没有披露该业务中有任何活动能够证明这些相对较高的数字是合理的。许多交易是由斯特兰德和奥奎因与其他经纪公司一起安排的。这些交易包括"洗售"和所谓的"配对"订单。斯特兰德和奥奎因说服了经纪商报价新纪元公司的股票。

证据表明,斯特兰德和奥奎因通过对新纪元公司的股票进行报价和散布可能合并的传言,在为新纪元公司的股票创造市场方面作出了特别的努力。斯特兰德和奥奎因的努力取得了一些成果,包括以与股票内在价值没有特别关系的价格销售了大量股票。

在这段时间里,斯特兰德被允许使用迈沃德证券公司的交易室,并使用公司的设施交易新纪元公司的股票。在此期间,斯特兰德每天在迈沃德证券公司的办公室待几个小时,持续了大约五个星期。所提供的证据可以推断出存在所谓的定向销售。

在1973年4月至6月的大部分时间里,新纪元公司的股票一共有30次交易,全部由迈沃德证券公司执行。这些交易都是由斯特兰德和奥奎因操作的。6月下旬,爱德华因为担心斯特兰德和奥奎因无力偿还债务而决定不再继续与他们开展业务。爱德华终止了他们与迈沃德证券公司的关系。新纪元公司的股价几乎立即下跌,爱德华和迈沃德证券公司也停止交易该股票。爱德华随后大幅降低了报价,新纪元公司的市场价格迅速下跌,直到最后爱德华完全停止在其所谓的粉单上对新纪元公司的股票进行报价。

1974年8月,SEC进行了本案的审理。SEC控诉称,上诉人(爱德华和迈沃德证券公司)与其他几个经纪商一起,参与了一项涉及新纪元公司股票的欺诈投资者和哄抬市场价格的计划。这些指控指向约20名被告,其中包括4名注册经纪商——交易商。除了迈沃德证券公司之外,还有 Continental Securities, Inc.、Associated Underwriters, Inc. 和 Universal Underwriting Service。除了迈沃德证券公司、爱德华先生、埃尔斯曼和其他三人之外,所有这些被告都同意调查结果并接受制裁,但不承认或否认有罪。对于虽然提及但未指名的其他三人,诉讼程序中止。埃尔斯曼没有请求对行政法官的裁决进行复审。因此,对他而言,这一裁决成为最终裁决。

起诉迈沃德证券公司的关键点是导致新纪元公司股票从0.20美元涨到超过2美元的活动。新纪元公司与另一家公司合并后,股价上涨到10美元,最后又回到了低位价格。SEC发现,新纪元公司的唯一吸引力在于它具有公共性(public character)。然而,新纪元公司的股票此前并没有任何交易。该公司只是一个空壳。(因此)通常情况下,新纪元公司的股票不会有任何市场,更不用说它所经历的价格变化了。证据显示,股票交易的卖方和买方往往是同一个人。有时,相同的买方和卖方是在一起工作的。买入的订单与卖出的订单同时进行。

SEC认为这些交易行为具有操纵性质。这些交易是所谓的"配对"交易和"洗售"。SEC根据上述证据,认为整个计划是由斯特兰德和奥奎因,在迈沃德证券公司的办公室里精心策划的。

SEC发现,迈沃德证券公司完全知道新纪元公司是一家新公司,如果不进行合并,该公司希望渺茫,而任何实现盈利合并的希望,都有赖于新纪元公司能够成为一家上市公司。

在确定迈沃德证券公司违反以及帮助和教唆(客户)违反证券法时,SEC指出,斯特兰德和奥奎因操纵了新纪元公司的股票,以及斯特兰德和奥奎因以共同拥有奥奎因账户中所有权权益一起工作。SEC还依据他们没有在规定的时间内支付奥奎因账户中的购货款,以及没有按照联邦储备委员会的规定取消或清算交易的事实(认定他们违法)。迈沃德证券公司的记录没有按照SEC规则的要求披露斯特兰德在奥奎因账户中的所有权权益,迈沃德证券公司对此负有直接责任。SEC的认定还包括迈沃德证券公司没有按照联邦储备委员会法规的要求取消或清算交易。SEC还发现,爱德华先生有理由明知斯特兰德和奥奎因利用迈沃德证券公司进行交易。据此得出的结论是,爱德华的行为不专业,他通过允许斯特兰德和奥奎因利用迈沃德证券公司的设施(办公场所)操纵新纪元公司股票销售的方式,故意帮助和教唆(客户)违反了《1933年证券法》和《1934年证券交易法》的有关规定。

由于此次交易的严重性,SEC决定,为了公共利益,撤销迈沃德证券公司的经纪商—交易商的登记,并认为此次违反规定的行为需要暂停一年爱德华与任何经纪商的联系。

SEC从证据中了解到,斯特兰德和奥奎因曾密切合作。事实上,斯特兰德承认他曾从事"浮动"销售("float" sales)和"配对"交易,但一直声称自己的行为是无害的。

SEC的工作人员从超过2500页的证词中得出结论,认为存在违反《条例T》(Regulation T)的行为,即不适当地提供信贷和未能适当地保存账簿和记录,再加上帮助和教唆操纵场外销售市场的计划,违反了《1933年证券法》第17(a)条和《1934年证券交易法》第10(b)条,以及根据该条法规颁布的SEC规则10b-5。

1. 审查标准

《行政程序法》在此完全适用,《1933年证券法》和1934年《证券交易法》也完全适用。根据这些法律,本法院对SEC的听证会进行了审查,以确定SEC的决定是否有实质性证据支持。参阅Hagen Investment Co. v. SEC(1972)案、戴

SEC 根据可信度作出的决定应该得到确认,除非有"无可辩驳的书面证据或实际事实"能够反驳该决定,否则本法院不能对其进行审查。参阅 NLRB v. Dixie Gas, Inc. (1963)案、Olin Construction Co., Inc. v. Occupational Safety Health Review Commission (1975)案、NLRB v. Bausch Lomb, Inc. (1975)案。②

2. 信贷延期不当(Improper Extension of Credit)

上诉人的第一个论点是,SEC 错误地认定该公司不适当地向奥奎因提供了信贷。上诉人宣称,迈沃德证券公司违反《1934 年证券交易法》第 7(c)(1)条和《条例 T》的指控并没有足够的证据。

SEC 发现,奥奎因履行某些债务方面过于迟缓;有几次他并没有在《条例 T》中规定的七天期限内支付其应付款项。行政法官由此裁定,并且我们也确信,迈沃德证券公司违反了《1934 年证券交易法》第 7(c)(1)条的规定。

《条例 T》[《联邦法规》第 12 卷第 220 节第 4(c)(2)条③]规定:"客户购买担保时,必须遵守以下规定:如果客户在特别现金账户中购买了担保(豁免担保除外),但在购买担保之日起 7 天内未全额支付担保金,除本条第 3 至 7 项规定的情况外,债权人应立即取消或以其他方式清算该交易或其未结算部分。

全国证券交易所的任何成员或任何经纪商或交易商,直接或间接地为任何客户延期或维持信贷,或计划延期或维持信贷,均属非法——(1)任何担保(豁免担保除外),违反了联邦储备系统理事会根据本条(a)和(b)款所规定的规则和条例。"

上诉人主张,上述证据最多(只能)表明奥奎因账户有一笔贷方余额,因此 SEC 的裁定错误。如果账户总体上有贷方余额,但有时是在七天期限过后才付款,则适用《条例 T》。他们还辩称,奥奎因账户甚至不是第 4(c)(2)条所控制的特别现金账户,而实际上是该条例第 4(c)(5)条所规定的 C.O.D. 账户(货到付款账户)。第 4(c)(5)条内容如下:"如果债权人按照本条第(c)(1)项善意行事,为客户购买担保,或向客户出售担保,但有一项豁免,即如若债权人将迅速向客户交付担保,而客户也将迅速支付全部现金而与这种交付相抵,则债权人可自行选择将该交易的适用期限不是本节第(c)(2)条规定的 7 天,而是在该购买或出

---

① Hagen Investment Co. v. SEC, 460 F. 2d 1034 (10th Cir. 1972); K. Davis, *Administrative Law of the Seventies*, The Lawyers Cooperative Publishing Company, 1976.

② NLRB v. Dixie Gas, Inc., 323 F. 2d 433, 435 (5th Cir. 1963); Olin Construction Co., Inc. v. Occupational Safety Health Review Commission, 525 F. 2d 464, 467 (2d Cir. 1975). See also NLRB v. Bausch Lomb, Inc., 526 F. 2d 817, 822 (2d Cir. 1975).

③ 12 C.F.R. §220.4(c)(2).

售日期之后的35天。"

证据能够支持 SEC 的裁决。专家证人比亚姆（Ralph Beam）先生是一名证券分析员，他因熟悉《条例 T》，并分析了迈沃德证券公司对该条例的遵守程度而出席作证。该证人在交叉质证环节中详细地作证说，他发现迈沃德证券公司有几项违反条例的行为。在书面证据的支持下，比亚姆所提供的证词为奥奎因账户中发生交易的结论提供了充分的依据，并为行政法官以及随后 SEC 认定在某些情况下迈沃德证券公司没有遵守该条例提供了充分的依据。

辩论的大部分内容涉及奥奎因账户在不同时期的借方和贷方余额，维持一定的贷方余额是否是为了支付某笔销售费用，以及是否有足够的资金来支付所有的购买。实际上，是否有足够的资金并不重要，因为缺乏足够的证据表明该笔信贷余额曾用于支付购买。事实上，没有任何证据表明迈沃德证券公司收到了必要的授权，表明将进行此类转账。

SEC 的有关裁决指出，在其他账户中存在资金，并不能弥补违反《条例 T》的行为。参阅 Security Planners Associates, Inc., et al.。① 对 SEC 在这些专业领域所作的裁决，法院应在一定程度上予以尊重。参阅 Washington v. Davis (1976) 案。②

此外，上诉人认为，C.O.D. 账户应当适用 35 天期限，他们说奥奎因账户就是该种账户。然而，迈沃德证券公司曾明确表示，C.O.D. 账户不适用于客户。这一政策是爱德华在 1972 年 6 月采取的，发生在奥奎因交易之前。

3. 关于记录保存违规的证据是否充分

SEC 发现，迈沃德证券公司以及爱德华先生违反了 SEC 关于记录账户中资金的实际所有人的规定。

经查证的内容如下：奥奎因账户中的许多订单实际上都是由斯特兰德操作的。而当现金到期时，公司的支票往往支付给斯特兰德。然而，该公司关于奥奎因账户的记录并没有提到斯特兰德在其中的所有权。这些记录也没有表明斯特兰德有权为奥奎因账户办理业务。根据《1934 年证券交易法》第 17(a) 节规定制定的 SEC 规则 17a-3(a)(9) 要求，"每个账户必须有一份记录，记录应包含受益所有人的姓名和地址"。该条还要求为联名账户记录"经授权办理业务的人"的姓名。这两项要求在本案的实际操作中都被忽视了。因此，我们认定迈沃德证券公司故意违反了 SEC 规则 17a-3(a)(9) 和《1934 年证券交易法》第 17(a) 条。我们还发现，爱德华先生故意帮助和教唆了这种故意违反规则的行为。这些失职行为并非小事一桩。我们的记录保存规则是我们的工作人员和证券业自律机

---

① Security Planners Associates, Inc., et al., 444 S.E.C. 738, 741 (1971).
② Washington v. Davis. 426 U.S. 229, 247, 96 S.Ct. 2040, 48 L.Ed. 2d 597 (1976).

构对经纪人和交易员进行监督的一个重要基石。

行政法官还认定,迈沃德证券公司的其他 4 个账户也违反了记录保存规则。SEC 驳回了行政法官关于这 4 个账户的意见,认为对这些账户的指控证据不足。然而,这并不意味着证据不足以证明斯特兰德对奥奎因账户的控制权或受益权。上诉人指出,奥奎因提供了一封信,该信符合记录保存的要求,但 SEC 拒绝了这一说法。该规则要求,声称在该账户中拥有权益的人必须拥有受益权。控制权不是标准。该条例支持这一观点。

此外,有证据证实迈沃德证券公司存在违规行为。埃尔斯曼先生是一名证人,他和斯特兰德先生都曾就此作证。但也有其他证据表明,当迈沃德证券公司将现金支付给奥奎因账户时,支票通常是开给斯特兰德。迈沃德证券公司的账户管理,并没有反映出斯特兰德在奥奎因账户中的权益。但斯特兰德在一定程度上承认了他对该账户的控制权。

SEC 有充分的理由认定斯特兰德在奥奎因账户中进行交易并拥有一定的权益。毫无疑问,迈沃德证券公司知道斯特兰德与奥奎因之间的关系。上述证据符合法律的要求。这些指控得到了上述证据的支持。

4. 操纵行为的证据是否充分

本案的主要问题是,是否有证据证明存在操纵新纪元公司股票价格的计划,且该计划是由上诉人帮助和教唆的。

涉案中的两位客户,他们在一家不知名的场外公司(新纪元公司)的股票上进行大规模的联合交易,而普通合伙人爱德华先生知道或有理由知道这种交易在经济上是不合理的。可以得出的推论是,合伙人爱德华参与了操纵行为,因此帮助和教唆操纵者的行为违反了《1933 年证券法》第 17(a)条、《1934 年证券交易法》第 10(b)条和 SEC 规则 10b-5。

SEC 证明了斯特兰德与其他经纪人一起的活动,是新纪元公司股票交易背后的主要力量,各种行动的目的是抬高股票价格,他们实际上也成功地做到了。SEC 称,这表明了存在操纵的意图,这种行为属于《1933 年证券法》第 17(a)条、《1934 年证券交易法》第 10(b)条和 SEC 规则 10b-5 的监管范围。

所谓的通过代持人"洗售"交易、"浮动"交易和"配对"交易,都显示出了成交量。没有人质疑这个结论,即至少是由活跃的参与者,以及迈沃德证券公司和爱德华实施了操纵。但后者坚持认为,他们并不知道是什么原因造成的。

斯特兰德每天都要在交易室里待上三四个小时。他承认曾与爱德华先生进行过几次交谈,但他辩称这些谈话与所发生的事情无关。有大量的证据涉及浮动交易和洗售,由于这些都是 SEC 特别关注的事项,本院不愿意质疑 SEC 在这些被禁止的活动发生时的调查结果的准确性。这是 SEC 评估过程的一部分,也是它代表公众作出判断的一部分。从本院所看到的情况来看,本院认为,这些证据足以满足实质性标准。

剩下的问题是爱德华和迈沃德证券公司是否帮助、教唆和协助客户违反了《1933年证券法》,其次是他们是否故意违反了《1934年证券交易法》第10(b)条和SEC规则10b-5。

5.《1934年证券交易法》中的"明知"

上诉人认为,根据Ernst Ernst v. Hochfelder(1976)案①,必须存在故意。本院认识到,根据Ernst Ernst的理论,"明知"是一个基本要素。然而,在这方面必须指出,洗售和配对订单本身就是具有操纵性的,在Ernst Ernst的计划中也是如此。另见Santa Fe Industries, Inc. v. Green(1976)案。②

当然,明知该计划的非法性是帮助和教唆的必要条件。此外,被指控帮助和教唆的一方必须提供实质性的援助。参阅Rolf v. Blyth, Eastman Dillon Co., Inc.(1978)案。③ 如果一个人是明知故犯,一般来说,他的行为显然是故意的。参阅Rochez Brothers, Inc. v. Rhoades(1975)案。④ 在Stead v. SEC(1971/1972)⑤案中,法院认为,如果一个人知道或应当知道投资公司有不正当的行为,他应被认定为故意违反了《1934年证券交易法》的记录保存规则。

在Wasson v. SEC(1977)⑥案中,法院认为,根据《1934年证券交易法》,如果被告的行为(对已知的义务或事实)无疑是鲁莽的,则存在故意行为。同样,本院在审理Quinn Co. v. SEC(1971)案⑦时认为,在经纪商有义务进行调查的情况下,如果没有这样做,就会被认定为是故意行为。另见《侵权法第二次重述》第500条⑧,它对这一立场给予了极大的支持。

当然,是否存在故意,必须取决于具体案件中的证据。参阅Crane Company v. Westinghouse Air Brake Co. (1969)案。⑨ 本院只需要说明:爱德华当然知道斯特兰德和奥奎因在迈沃德证券公司的交易室里。爱德华也有必要认识到新纪元公司股票价格的起伏,尤其是价格上涨。这些都足以让爱德华先生认识到(操纵市场)这件事。然而,有人认为,霍克菲尔德标准[Hochfelder(1976)案的判案标准](认定时)所需要的东西比所展示的更多。本院对此表示坚决的反对。霍

---

① Ernst Ernst v. Hochfelder, 425 U. S. 185, 96 S. Ct. 1375, 47 L. Ed. 2d 668 (1976).
② Id. at 206, 96 S. Ct. 1375. See also Santa Fe Industries, Inc. v. Green, 430 U. S. 462, 476, 97 S. Ct. 1292, 51 L. Ed. 2d 480 (1976).
③ See Rolf v. Blyth, Eastman Dillon Co., Inc., 570 F. 2d 38 (2d Cir. 1978).
④ See Rochez Brothers, Inc. v. Rhoades, 527 F. 2d 880, 886 (3rd Cir. 1975).
⑤ Stead v. SEC, 444 F. 2d 713, 716 (10th Cir. 1971); cert. denied, 404 U. S. 1059, 92 S. Ct. 739, 30 L. Ed. 2d 746 (1972).
⑥ Wasson v. SEC, 558 F. 2d 879 (8th Cir. 1977).
⑦ Quinn Co. v. SEC, 452 F. 2d 943, 947 (10th Cir. 1971).
⑧ See also Restatement (Second) of Torts § 500.
⑨ Crane Company v. Westinghouse Air Brake Co., 419 F. 2d 787 (2d Cir. 1969).

克菲尔德标准并不要求有预谋的恶意，它主张实施操纵或欺骗的手段或诡计本身就是存在"明知"的证据。需要指出的是，Hochfelder(1976)案并没有对该原则是否应适用于像这种公开诉讼的案件表达任何意见。然而，SEC假定的霍克菲尔德标准确实适用，本院也作出同样的假定。

关于霍克菲尔德标准对此类案件的适用性，各法院的态度并不完全一致。不过，通行的规则似乎是，故意或鲁莽行为符合"明知"要求。参阅 SEC v. Coven(1978)案、Sanders v. John Nuveen Co., Inc.(1977)案、SEC v. Coffey(1974)案，以及评论：《明知与SEC的禁令诉讼》（载《哈佛法律评论》1977年第90卷，第1081，1025页）。[1]

因此，在充分考虑到"明知"的要求后，本院得出的结论是，相关证据是充分的。

6. "明知"对《1933年证券法》的适用性

仍然存在的一些争议是，霍克菲尔德标准是否适用于本案指称的违反《1933年证券法》第17(a)条的行为。我们可以提出一个强有力的论点，即根据《1933年证券法》第17(a)(2)条的规定，"明知"不是证明案件的必要条件。第17(a)(2)条涉及利用虚假陈述或隐瞒真相获取金钱的行为。第17(a)(3)条规定禁止从事可能构成欺诈或欺骗的行为。该条的措辞与SEC规则10b-5类似。然而，最高法院在Hochfelder(1976)案中拒绝将SEC规则10b-5的效力赋予第17(a)条。第四和第二巡回法院最近裁定，在根据《1933年证券法》第17(a)(2)条请求强制令的诉讼中，没有要求"明知"。参阅 SEC v. American Realty Trust(1978)案、SEC v. Covens案。[2] 由于第17(a)(2)条的措辞中缺乏"操纵或欺骗的手段或诡计"等字眼，第二巡回法院认为，在这类案件中，"明知"并不是基本要素。在后一种情况下所采用的标准是，明知该行为将被用于促进非法活动而仍然采取行动。

SEC认为，爱德华的行为是鲁莽的，因为他应当知道本案所涉及的行为是欺诈行为。本院认为，SEC的裁决符合Hochfelder(1976)案的裁决，应予以维持。

此外，当事人还提出某些行为可能被误判。本院认为这些行为并不严重，所以没有必要讨论这些行为。由此，本院得出结论，SEC对这一案件的认定是充

---

[1] Sanders v. John Nuveen Co., Inc., 554 F. 2d 790, 792 (7th Cir. 1977); SEC v. Coffey, 493 F. 2d 1304, 1314 (6th Cir. 1974); "Comment, Scienter and SEC Injunction Suits", 90 Harv. L. Rev. 1018 (1977), p. 1025.

[2] See SEC v. American Realty Trust, 586 F. 2d 1001, 1006 (4th Cir. 1978). See also SEC v. Coven, 581 F. 2d 1020 (2d Cir. 1978).

分且有效的,应当予以认可,并在此予以认可。

案例原文①

第二节 操纵市场行为

我国原《禁止证券欺诈行为暂行办法》(1993)第 8 条详细列举了 7 类操纵市场的行为方式,现已失效的《中国证券监督管理委员会关于严禁操纵证券市场行为的通知》(证监〔1996〕7 号)列举了 10 类操纵市场行为(其中第 10 类为开放式的兜底条款),并赋予了中国证监会较大的认定权。《证券法》(2005)取代了原《禁止证券欺诈行为暂行办法》(1993)之后,在第 77 条列举了 4 种操纵市场的行为(其中第 4 种是兜底条款)。为弥补《证券法》(2005)的不足,《证券市场操纵行为认定指引(试行)》(证监稽查字〔2007〕1 号)②规定了连续交易操纵、约定交易操纵、洗售操纵、其他手段(包括蛊惑交易操纵、抢帽子交易操纵、虚假申报操纵、特定时间的价格或价值操纵、尾市交易操纵)等 4 大类 8 小类行为的认定。其中连续交易操纵、约定交易操纵、洗售操纵是《证券法》(2005)第 77 条所规定的前 3 种行为,后 5 类行为属于监管机构对《证券法》(2005)第 77 条第 4 款"以其他手段操纵证券市场"的细化规定。现《证券法》(2019)第 55 条列举了 8 种操纵市场的行为(其中第 8 种是兜底条款)。

从学理上分类,操纵市场行为可以大体分为"虚假交易型""实际交易型""散布虚假信息型"与"其他操纵行为"等四大类。

一、虚假交易

虚假交易(Fictitious Transaction)是指不转移所有权或实质上未转移所有权的证券交易,主要包括虚买虚卖和相对委托两种形式。

(一)虚买虚卖

虚买虚卖(wash sale),又称虚售、抛售、冲洗买卖、对倒、洗售等,是指行为

---

① Available at https://casetext.com/case/edward-j-mawod-co-v-sec-exch-comn, 2023-9-18.
② 该指引已于 2020 年 10 月被证监会废止(《关于修改、废止部分证券期货制度文件的决定》,中国证券监督管理委员会公告〔2020〕66 号,2020 年 10 月 30 日发布),但对认定该指引失效前的相关行为是否构成内幕交易仍具有参考意义。同时,证监会并未就相关领域颁布新的规定。

人以影响证券市场行情为目的,人为地创造证券交易虚假繁荣,在自己实际控制的账户之间进行证券交易。虚买虚卖的核心是同一人同时充当证券买卖的双方,从事证券所有权非真实转移的证券交易行为。

洗售手法有多种,例如,交易双方同时委托同一经纪商,于证券交易所相互申报买进卖出,并作相互应买应卖,而其间并无证券或款项交割行为。又如,投机者分别下达预先配好的委托给两位经纪商,经由一经纪商买进,另一经纪商卖出,所有权并未发生实质性转移。再如,洗售的做手卖出一定数额的股票,由预先安排好的同伙配合买进,继而退还证券给做手,取回价款。①

一般认为,虚买虚卖的构成要件有二:(1)行为人主观上具有制造证券市场虚假繁荣,诱导公众投资者盲目跟进,从而达到操纵市场的目的。美国《1934 年证券交易法》第 9(a)(1)条规定洗售必须有"产生不真实或足以令人误解其买卖达到繁荣状态"的意图。由于行为人的主观因素举证困难,因而法律采行推定主义,只要原告能证明被告行为人有影响市场行情的动机,从事了洗售行为,即可推定洗售目的存在,除非被告能举证加以推翻。(2)客观上行为人达成了交易,但证券的所有权人并未改变。此处"所有权人",是指实质所有权人或者受益所有权人(Beneficial Ownership)而非名义所有权人(Title Owner),是指那些尽管证券并非以自己的名义持有,但是以自己的资金购买的股权在自己的控制之下,享有或负担该证券的盈余或亏损之人。例如,夫妻关系中以一方配偶的名义,或者以其未成年子女名义拥有证券,通常另一方配偶或者该子女的父母被认定是实质所有权人。② 因为这种情况下只是名义所有权的转让或者名义所有权人的变更,不属于转移实质所有权的证券买卖。

《证券法》(2019)第 55 条第 1 款第 3 项规定,禁止任何人通过"在自己实际控制的账户之间进行证券交易"操纵证券市场,影响或者意图影响证券交易价格或者证券交易量。《证券市场操纵行为认定指引(试行)》(证监稽查字〔2007〕1号)细化了"自己实际控制的账户",包括当事人具有管理、使用或者处分权益的账户。

(二)相对委托

相对委托(matched orders),又称对敲、合谋(买卖)、通谋(买卖),是指行为人意图影响证券市场行情,与他人通谋,双方分别扮演卖方和买方角色,在同一时间和地点,各自按照约定的交易券种、价格、数量,向相同或不同的证券经纪商发出交易委托指令并达成交易的行为。相对委托的双方当事人可能确实有证券

---

① 杨志华:《证券法律制度研究》,中国政法大学出版社 1995 年版,第 281 页。
② Louis Loss, *Fundamentals of Securities Regulation*, 2nd ed., Little, Brown and Company, 1988, p. 570.

转移,但实质上并没有发生所有权的转移。美国《1934年证券交易法》第9(a)(1)条规定,任何人直接或间接利用邮政或州际商业工具或方法,或全国性证券交易所的设备,或全国性证券交易所的会员,从事下列行为均属违法:1. 意图使全国性证券交易所登记的有价证券产生虚假或足以令人误解交易活跃的现象,或者对于该有价证券市场产生同样误解情形,而从事下列行为之一的:(a) 完成交易而不转移该有价证券实质所有权的行为;(b) 购买或委托购买某种有价证券,明知同一人或他人同时以同数量同价格出售,或委托出售同一有价证券的;(c) 出售或委托出售某种有价证券,明知同一人或他人同时以同数量同价格购买,或委托购买同一有价证券的三种行为中除了第一种属于洗售外后两种都属于相对委托。

相对委托的基本做法通常有以下四种:(1) 同价对敲,即投资者买入两种期权,在同一时间对同一种股票按相同价格敲进敲出各一次。该做法适合于股价上下波动幅度均较大的股票,实际上是多支付一倍权利金而减少一半风险的做法。(2) 异价对敲,是指在期权交易中,当一种股票的行情看涨时,期权的协议价格也将提高;反之,协议价格也往往较低。(3) 同价二敲出一敲进,是指投资者购买可在同一期间对同一股票按相同价格敲出两次,敲进一次的权利。该方法适用于那些可能的跌幅较小而可能的涨幅较大的股票。(4) 同价二敲进一敲出,是指投资者买入在同一期限内对同一种股票按相同的价格敲进两次,敲出一次的权利。该做法适用于那些可能的跌幅较大而涨幅较小的股票。

一般认为,相对委托的构成要件有二:(1) 主观上双方具有合谋的故意。所谓主观上的故意是指行为人从事的目的是抬高或压低证券交易市场中某种特定证券的交易价格,并借此谋取非法利益或转移风险。所谓的价格的压低或抬高是相对于自由市场机制供需产生的合理价格,并非指该被操纵的证券发行公司的资产净值。(2) 在客观上双方具有合谋(同时间、同价格和同数量的规定)行为和委托事实。一般地,交易双方的委托在时间、价格、数量上不要求绝对一致,具有相似性即可。美国《1934年证券交易法》第9(a)(1)条,也不考虑数量、价格的一致性,只要求时间上相近即可,不要求相同。

根据《证券法》(2019)第55条的规定,我国对相对委托并不要求买卖委托具有相似性,只需时间、价格上有成交的可能性即可,对委托买卖的证券数量不作要求,因为证券市场上买卖的成交是以价格和时间为基准,并不是以数量为基准。与洗售相比较,相对委托在行为效果与目的性方面具有共同性,行为结果都是创造虚假市场繁荣,影响市场价格。但是,两者目的之举证方法不同。洗售行为,如果双方当事人串通及操纵目的的证明困难时,可以交易者之间未转移所有权为依据确定。相对委托则要求证明买方或卖方知悉对方委托内容,并以此作为判定相对委托之依据。其次,洗售行为不发生财产所有权转移,相对委托的双方当事人可能确实有证券换手。但是,由于交易双方属于联合操纵,其行为后果与洗售相同。相对委托系操纵者通过两个券商进行,而且对于知悉对方委托内容之情形又审慎地加以掩饰,因而更具有隐蔽性。

二、实际交易

实际交易操纵(Manipulation by Actual Purchases),又称连续交易/买卖,是指行为人意图影响某种证券的交易价格,自行或以他人名义,单独或合谋对某证券进行连续高价买入或低价卖出的行为。例如,美国《1934年证券交易法》第9(a)(2)条①规定,任何人直接或间接利用邮政或州际商业工具或方法,或全国性证券交易所的设备,或全国性证券交易所的会员,从事下列行为属于违法:"个人单独或与他人共同,对在全国性证券交易所登记的任何一种证券,进行连续交易,以制造该证券交易活跃的表象,或故意抬高或压低该证券的价格,从而诱使他人买进或卖出该项证券"。连续买卖的重要特征是行为具有时间上的连续性和持续性。连续买卖因发生证券权利转移,故属于真实买卖。

实际交易主要包括扎空、连续交易操纵、安定操作、联合操纵等具体方式。

(一)扎空

扎空(Corners),又称轧空,是指证券市场上的某一操纵团伙,将证券市场流通股票吸纳集中,致使证券交易市场上的卖空者,除此团伙之外没有其他来源补回股票,扎空团伙借机操纵证券价格的方式。②根据纽约证券交易所的规章之规定,如果垄断证券价格的情形已经发生,而股票持有人所要求的股价确实是对空头的一种勒索时,交易所的董事会可以取消该种股票的上市,或者对该类股票所有未解决的合同寻求双方都同一的价格,如果价格上无法达成合意,则董事会在听取双方意见后,可以决定依据当时之情形被认为是合理的价格以及交付时间。③扎空多发生在空头交易的情形,一般来说,卖空交易可以获得证券涨跌差价的利润,然而空头(bears)一旦预测失误或受人为因素制约,则其必然损失惨重。

(二)连续交易操纵

连续交易操纵,又称为连续买卖,根据美国《1934年证券交易法》第9(a)(2)

---

① 《1934年证券交易法》[由第115届国会的第141号公法(P. L. 115-141)修订,2018年3月23日审议通过]"禁止操纵证券价格"部分第9(a)条规定:"任何人直接或间接使用邮件或州际贸易的任一手段、工具,抑或属于任何国家证券交易所或为其成员提供的任一设施,(所实施的以下行为)均为非法。……(2)单独或与其他一人或多人一起,对政府证券以外的任何证券、未登记的任何证券进行一系列交易,或与有关该证券的任何基于证券的互换或基于证券的互换协议,造成该证券的实际或明显的交投活跃现象,或提高或压低该证券的价格,以诱使他人购买或出售该证券……" Available at https://www.govinfo.gov/content/pkg/COMPS-1885/pdf/COMPS-1885.pdf, 2023-5-31.
② 程啸:《论操纵市场行为及其民事赔偿责任》,载《法律科学》2001年第4期。
③ NYSE Constitution and Rules, New York, NYSE 1973, Art 3.

条的规定,是指"个人单独或与他人共同,对在全国性证券交易所登记的任何一种证券,进行连续交易,以制造该证券交易活跃的表象,或故意抬高或压低该证券的价格,从而诱使他人买进或卖出该项证券",并且规定"任何人直接或间接利用邮政或州际商业工具或方法,或全国性证券交易所的设备,或全国性证券交易所的会员,从事该行为属于违法"。

连续交易操纵行为有三个必备要件[①]:一是客观上行为人有连续交易(a series of transactions)行为,主要有两种形式:一是连续以高价买进而抬高股价,二是连续以低价卖出而压低股价。对连续性的判断,各国和地区有不同规定。例如,SEC认为有三次交易记录即构成连续交易;我国台湾地区学界及法院认为两次即可构成交易的连续性;澳大利亚证券法律规定,在任何时间内,买卖同一公司的证券只要超过一次,就可能构成连续交易。对于"一次交易"的含义,有学者认为,"一次交易可以理解为一次委托,而不是指场内某交易的部分完成,根据某一委托,不论分多少次完成均为一个交易或一次交易"[②];也有学者认为,"每次招标购买、要约出售或实际成交都应视为一次交易,同一委托如分多次进行或完成就应视为多次交易,否则操纵者就可规避法律,利用一次委托完成多次交易而不受处罚[③]。至于两次交易之间的时间间隔,很少有国家的证券法对此作出明确规定,而通常是留给司法实践,是为妥当的方式。实质上,只要行为人在某一营业日内发生两次以上高价或低价买卖行为,即属于连续的交易。对"交易"的界定,其涵盖范围包括买(purchase)、卖(sale)、出价(bid)在内。SEC认为,未成交的招标购买与要约出售同实际达成交易的结果一样,都视为交易。二是客观上连续买卖的行为给他人造成了该证券交易活跃的表象。一般而言,"活跃"与否的标准取决于下列因素:以往市场的状况、该证券实际成交的数额、一般市场交易的水准,以及由操纵者所特别成交的数额等。在诉讼中,无须证明被告的行为是造成市场活跃的唯一原因,因为交易量以及价格的判定还包括外部人因受连续交易的引诱而从事的买卖在内。因此,认定连续交易是否制造了交易活跃的虚假表象,除考虑该连续交易行为之外,还要考虑因连续交易引诱的外部人所进行的买卖。所谓高价或低价,是以接近或者相当于涨停板价格进行连续买卖。在我国,证券的价格被抬高或压低的幅度无须到达接近或者相当于涨停板的标准,因为对抬高或压低证券的价格而言,价格改变的幅度并不重要,重要的是行为人控制或影响了证券价格的变动。例如,SEC认为,将价格由49(3/4)

[①] 具体论述参见李先云:《证券市场操纵的法律规制》,载郭锋主编:《证券法律评论》(2003年卷),法律出版社2003年版,第118—156页。
[②] 张军主编:《破坏金融管理秩序罪》,中国人民公安大学出版社1999年版,第358、361、363—364页。
[③] 参见邵延杰主编:《证券法》,法律出版社1999年版,第232页。

元抬高到50(3/8)元,尽管抬高的幅度仅为原价格的2%,但已经符合了抬高价格的要件。由于在任何一连串的交易过后,都会造成交易活跃的现象或证券价格被抬高或压低的后果,因此如何区分因一般的投资的原因而从事的连续交易与连续交易操纵行为,非常值得注意。而真正解决这一问题的关键在于是否有诱使他人购买或卖出的意图。三是主观上有诱使他人买进或卖出的意图。由于意图是行为人的主观心理状态,由原告利用直接的证据证明被告有诱使他人买卖的意图存在着相当大的困难,因此立法政策上依据情势证据(circumstantial evidence)加以推论。例如,SEC曾多次以操纵者在造成价格的改变上"有金钱利益"(had a pecuniary interest),以及采取行动影响变动(take steps to effect the change)来推论操纵者有诱使他人买卖的意图。此外,行为人买卖行为的方式也可以用以证明其意图,例如他们通常是在开盘或收盘时进行买卖的。

我国原《禁止证券欺诈暂行办法》(1993)第8条第5项明确将"以抬高或者压低证券交易价格为目的,连续交易某种证券"规定为法律禁止的操纵市场行为。《证券法》(2019)第55条第1款第1项规定,禁止任何人单独或者通过合谋,集中资金优势、持股优势或者利用信息优势联合或者连续买卖,操纵证券市场,影响或者意图影响证券交易价格或者证券交易量。

(三)安定操作

安定操作(Stabilization),又称维持市价,是指从事连续交易或一系列交易,以人为操作方式阻止有价证券价格的变动,防止或延迟证券价格的上涨或下跌。安定操作在于以人为力量支撑或抑制证券价格,一旦人为力量失去,该证券价格发生急剧且大幅度变动的可能性极大,使安定操作期间入市之投资者可能遭受损失。但考虑到安定操作可使证券的募集顺利进行,例如,大批证券同时入市所造成的暂时性供给过剩,这是在发挥证券市场作为企业筹措资金场所的功能。因此,基于安定操作的利弊共存,各国立法原则上允许安定操作,但同时加以必要的限制,只对某些安定操作实施禁止。

美国《1934年证券交易法》第9(a)(6)条①规定,单独或与他人共同对在全国性证券交易所登记之有价证券作连续买卖,企图钉住(pegging)、固定(fixing)或稳定该有价证券之价格,此等方法违反了证券管理委员会为维护大众利益及投资人权益所制定的各项命令及规则。SEC认为,此类安定操作是指为了防止或减缓证券价格在对公众发行时发生跌落或有跌落的可能性,从而对该证券价

---

① 《1934年证券交易法》[由第115届国会的第141号公法(P.L.115-141)修订,2018年3月23日审议通过]"禁止操纵证券价格"部分第9(a)(6)条规定:"单独或者与一名或多名其他人进行一系列的交易以购买和/或出售任何除了政府债券以外的证券,其目的为以钉住、固定或稳固此类证券价格时,违反了SEC作为公共利益上之必要性或适当性,或为了保护投资者而制定的规则和条例。"Available at https://www.govinfo.gov/content/pkg/COMPS-1885/pdf/COMPS-1885.pdf,2023-5-31。

格加以钉住或固定(fixing)的程序。① 美国立法对安定操作的此等规定,反映了社会对此问题的关注焦点乃在于"保护证券投资者的权益"与"维护资本流入的确定性"之争;立法的回应态度是:原则上肯定安定操作的正面意义,但同时颁布特别的规则加以规范以防其被滥用。② 我国证券法律、法规与规章都没有明确禁止或允许安定操作的规定,但《股票发行与交易管理暂行条例》(1993)第 24 条第 2 款规定:"在承销期内,承销机构应当尽力向认购人出售其所承销的股票,不得为本机构保留所承销的股票";《证券法》(2019)第 31 条第 2 款规定,"证券公司在代销、包销期内,对所代销、包销的证券应当保证先行出售给认购人,证券公司不得为本公司预留所代销的证券和预先购入并留存所包销的证券。"因此,尽管对于安定操作没有明文的禁止性规定,但根据这两条规定,可知安定操作是为我国证券法所禁止的。

(四) 联合操纵

联合操纵(Pool Operation),又称约定操纵,是指两个或两个以上的人联合组成临时组织,集中资金优势、持股优势或信息优势,共同操纵证券交易价格以牟取暴利的行为③。通常,联合操纵需要操纵者与证券发行公司的高级管理人员或董事会中的重要成员联手才能完成。它一般是在同一交易方向中统一步骤但不含合谋而进行相对交易,具体形式有联合交易操纵(Trading Pool)和期权/选择权联合操纵(Option Pool)两种。

所谓联合交易操纵,是指联合操纵者所需股票由操纵人直接在公开市场上以最有利的价格买进,然后高价出售。所谓期权联合操纵,是指操纵者首先将某一供应量有限、信誉较好且对客户有吸引力的股票期权购入,以控制该股票的交易权;然后,透过经纪商不同的账户交易股票,造成卖单居多趋势,并通过公司董事、经纪商以及投资顾问刊物的宣传,造成股票价格上涨势态;最后,由操纵者行使选择权将股票价格抛售或进一步卖空,迫使股价下跌,再乘机补回股票。

联合操纵的构成要件在主观上须具有联合操纵的故意,是行为人的同谋行为;在客观上具有联合操纵的行为,即行为人联合运用操纵手段操纵市场,至于联合操纵的结果如何则不予考虑。我国《证券法》(2019)第 55 条第 1 款第 2 项规定:"与他人串通,以事先约定的时间、价格和方式相互进行证券交易",影响或者意图影响证券交易价格或者证券交易量,构成约定交易操纵。

---

① SEC Act Release 4163(1948).
② 程啸:《论操纵市场行为及其民事赔偿责任》,载《法律科学》2001 年第 4 期。
③ 杨志华:《证券法律制度研究》,中国政法大学出版社 1995 年版,第 286 页。

三、散布虚假信息

散布谣言或虚假信息(Dissemination of rumors or false information, Touting),是指操纵者意图影响证券价格、制造市场假象,恶意散布足以影响市场行情的言论、虚假信息,诱导其他投资者作出错误的投资判断,以获利或止损。散布谣言或虚假信息通常有三种方式:一是券商或正在买卖该证券的人,以诱使他人交易该证券为目的,散布有人正在大量买卖该证券的消息,以抬高或压低证券价格。二是谣言散布者直接或间接从券商或正在买卖该证券的人处获取报酬,以使他人买卖该证券为目的,散布有人正在买卖该证券,以抬高或压低证券价格的消息。此二行为的共同点是以散布虚假消息为其行为特征,信息涉及证券价格变动的可能性,价格变动仅涉及公开上市证券。三是券商及正在买卖该证券的人,以诱使他人买卖该证券为目的,对重要事实作虚假、误导性陈述。

美国《1934年证券交易法》第9(a)条对散布虚假信息作了禁止性的规定:"任何人直接或间接利用邮政或州际商业工具或方法,或全国性证券交易所的设备,或全国性证券交易所的会员,从事下列行为属于违法:……(3)证券自营商或经纪商或他人,买卖或委托买卖在全国性证券交易所登记的有价证券,为诱使他人买卖该证券,通过通常的业务关系而散布流言,以某人或某数人在市场上的行为,足以影响该项证券价格的涨跌,而达到其希望该证券价格上升或下跌的目的。(4)证券自营商或经纪商或他人,买卖或委托买卖在全国性证券交易所登记的有价证券,为诱使他人买卖该证券,而对事实真相做虚伪不实或足以令人误解的陈述,且行为人明知或确信其陈述乃虚伪不实或足以令人误解的。(5)证券自营商或经纪商或他人,买卖或委托买卖在全国性证券交易所登记的有价证券,为诱使他人买卖该证券,自该证券自营商或证券经纪商或他人处接受报酬而散布流言,以某人或某数人在市场上的行为,足以影响该证券价格的涨跌,而达到其希望该证券价格上升或下跌的目的的。"[1]

可见美国《1934年证券交易法》将散布虚假信息细分为两类:一是散布操纵性的流言,即该法第9(a)(3)、(5)条之规定,此种方式以将市场即将发生变动的意思向不特定的人传播作为必要的构成要件,不论是否要发生实际的买卖后果;在行为发生时,行为人主观上有使证券市场的价格发生变动的意图,但不必真的发生市场价格变动的后果。立法禁止散布操纵性的流言,目的是防止公众有过度投机的行为发生。二是散布虚假信息,即该法第9(a)第(4)条之规定,该方式

---

[1] Available at https://www.govinfo.gov/content/pkg/COMPS-1885/pdf/COMPS-1885.pdf, 2023-5-31.

的特点在于行为人以诱使他人买卖所涉证券为目的,对重要事实作出虚假的或误导性的陈述,是造成市场价格上升或下降的相当重要的原因。散布虚假信息只能针对特定的少数人进行,且必须发生他人因信赖该不真实的信息而购买或出售了证券的实际后果,因此立法禁止散布虚假信息的目的是防止欺诈的发生。总结美国立法,可见"散布"是指对不特定或多数人的传播,该行为的成立,不以行为人同时有买卖交易行为为必要,只要有对不特定或多数人传播谣言的行为即可;至于行为人有无实际进行证券市场操纵的行为,市场行情是否因该行为人所为之操纵行为而有变动,概不考虑。行为人所散布的谣言或虚假信息等必须具有相当的重要性,即该信息一经传播就足以影响投资者买卖证券的决定,进而使市场行情发生涨跌变化;一般而言,不真实、不准确、不完整或不确定的,且能够对投资者的决策产生重大影响的信息,都属于重大虚假信息。不过,"相当的重要性"并无一定之规,而应具体案件具体分析,依据市场的通常观念加以判断。[①]

《证券法》(2019)第56条明确规定:"禁止任何单位和个人编造、传播虚假信息或者误导性信息,扰乱证券市场。禁止证券交易场所、证券公司、证券登记结算机构、证券服务机构及其从业人员,证券业协会、证券监督管理机构及其工作人员,在证券交易活动中作出虚假陈述或者信息误导。各种传播媒介传播证券市场信息必须真实、客观,禁止误导。传播媒介及其从事证券市场信息报道的工作人员不得从事与其工作职责发生利益冲突的证券买卖。编造、传播虚假信息或者误导性信息,扰乱证券市场,给投资者造成损失的,应当依法承担赔偿责任。"第192条规定了操纵市场的行政法律责任:"违反本法第55条的规定,操纵证券市场的,责令依法处理其非法持有的证券,没收违法所得,并处以违法所得1倍以上10倍以下的罚款;没有违法所得或者违法所得不足100万元的,处以100万元以上1000万元以下的罚款。单位操纵证券市场的,还应当对直接负责的主管人员和其他直接责任人员给予警告,并处以50万元以上500万元以下的罚款。"

四、其他操纵行为

只要证券市场存在,各种新型的操纵市场行为就会推陈出新,因此《证券法》(2019)第55条第1款第8项作了"操纵证券市场的其他手段"的兜底性规定。其他操纵市场的行为,是较上述操纵行为不太常见或不太典型的行为。最高人民法院、最高人民检察院《关于办理操纵证券、期货市场刑事案件适用法律若干

[①] 具体论述参见李先云:《证券市场操纵的法律规制》,载郭锋主编:《证券法律评论》2003年卷,法律出版社2003年版,第157-181页。

问题的解释》(法释〔2019〕9号)第1条规定:"行为人具有下列情形之一的,可以认定为刑法第一百八十二条第一款第四项规定的'以其他方法操纵证券、期货市场':(一)利用虚假或者不确定的重大信息,诱导投资者作出投资决策,影响证券、期货交易价格或者证券、期货交易量,并进行相关交易或者谋取相关利益的;(二)通过对证券及其发行人、上市公司、期货交易标的公开作出评价、预测或者投资建议,误导投资者作出投资决策,影响证券、期货交易价格或者证券、期货交易量,并进行与其评价、预测、投资建议方向相反的证券交易或者相关期货交易的;(三)通过策划、实施资产收购或者重组、投资新业务、股权转让、上市公司收购等虚假重大事项,误导投资者作出投资决策,影响证券交易价格或者证券交易量,并进行相关交易或者谋取相关利益的;(四)通过控制发行人、上市公司信息的生成或者控制信息披露的内容、时点、节奏,误导投资者作出投资决策,影响证券交易价格或者证券交易量,并进行相关交易或者谋取相关利益的;(五)不以成交为目的,频繁申报、撤单或者大额申报、撤单,误导投资者作出投资决策,影响证券、期货交易价格或者证券、期货交易量,并进行与申报相反的交易或者谋取相关利益的;(六)通过囤积现货,影响特定期货品种市场行情,并进行相关期货交易的;(七)以其他方法操纵证券、期货市场的。"

(一)抢帽子交易

抢帽子交易(Scalping),又称抢先交易,一般是指证券公司(含咨询机构)、专业中介机构及其工作人员等行为人,对相关证券或其发行人、上市公司公开作出评价、预测或投资建议,自己或者建议他人抢先购买相关证券,以便从预期的市场波动中直接或者间接地获取经济利益的行为,其通常采用的方法是"先买入股票、之后发布推荐、然后迅速抛出"。①

一般认为,"抢帽子交易"操纵的构成要素有四项:(1)行为人对相关证券或者其发行人、上市公司公开作出了评价预测或者投资建议;(2)行为人在公开作出评价、预测或者投资建议前后,自己买卖或建议他人买卖相关证券;(3)相关证券的交易价格或者交易量受到了影响;(4)行为人的行为是相关证券交易价格或者交易量变动的重要原因。

目前,各国和地区对"抢帽子交易"法律性质的认识并不完全一致。例如,美国将"抢帽子交易"认定为欺诈;欧盟和我国台湾地区将"抢帽子交易"视为操纵行为;2003年德国联邦最高法院对斯图加特"抢帽子交易上诉案"作出判决,裁定"抢帽子交易"属于市场操纵行为,并确立了审判"抢帽子交易"案件的指导原则。② 根据《证券法》(2019)第55条第1款第(6)项规定:禁止任何人"对证券、

---

① 何荣功:《刑法"兜底条款"的适用与"抢帽子交易"的定性》,载《法学》2011年第6期。
② 高基生:《德国最高法院对"抢帽子交易"案的判决及其启示》,《证券市场导报》2006年第9期。

发行人公开作出评价、预测或者投资建议,并进行反向证券交易",操纵证券市场,影响或者意图影响证券交易价格或者证券交易量。

2008年的武汉新兰德案①是发生在我国证券市场典型的"抢帽子交易"操纵市场案例,具体参见后文【中国案例】"武汉新兰德操纵市场案(2008)"。

(二) 虚假申报操纵

《证券法》(2019)第55条第1款第4项规定:禁止任何人"不以成交为目的,频繁或者大量申报并撤销申报",操纵证券市场,影响或者意图影响证券交易价格或者证券交易量。《证券市场操纵行为认定指引(试行)》②(证监稽查字〔2007〕15号)第38条规定,虚假申报操纵是指行为人做出不以成交为目的的频繁申报和撤销申报,误导其他投资者,影响证券交易价格或交易量。所谓频繁申报和撤销申报,是指行为人在同一交易日内,在同一证券的有效竞价范围内,按照同一买卖方向,连续、交替进行3次以上的申报和撤销申报(第39条)。

该指引第40条规定:"具有下列情形的,可以认定为虚假申报操纵:(1)行为人不以成交为目的;(2)行为人做出频繁申报和撤销申报的行为;(3)影响证券交易价格或者证券交易量。"实践中,为了将操纵行为和正常竞价行为区分开,一般只有在符合以下特定情形才可以认定为虚假申报操纵,具体标准为:(1)申报笔数或申报量占统计时段内总申报笔数或申报量的20%;(2)行为人能够从中直接或间接获取利益。2007年,中国证监会根据该《指引》查处了周建明利用虚假申报手段操纵证券市场的案件,作出了没收周建明违法所得176万余元,并处以罚款176万余元的处罚决定。③

(三) 特定时间的价格或价值操纵

《证券市场操纵行为认定指引(试行)》第41条规定,特定时间的价格或价值操纵是指行为人在计算相关证券的参考价格或者结算价格或者参考价值的特定时间,通过拉抬、打压或锁定手段,影响相关证券的参考价格或者结算价格或者参考价值的行为。所谓特定时间,是指计算相关证券的参考价格或者结算价格或者参考价值的特定时间,应依据法律、行政法规、规章、业务规则的规定或者依据发行人、上市公司、相关当事人的公告内容进行认定(第42条)。所谓拉抬、打压或锁定,是指行为人以高于市价的价格发出买入申报致使证券交易价格上涨,或者以低于市价的价格发出卖出申报致使证券交易价格下跌,或者通过发出买入或者卖出申报致使证券交易价格形成虚拟的价格水平(第43条)。《指引》第44条规定了认定为特定时间的价格或价值操纵的情形:(1)交易时间为计算相

---

① 参见中国证监会行政处罚决定书(武汉新兰德、朱汉东、陈杰)(〔2008〕44号)。
② 该部门规范性文件现虽已被废止,但从研究的角度而言,其有关条款之规定仍有引证、研计之必要,尤其是作之规定,现行有效的法律、法规及规章制度未有涉及。
③ 中国证监会行政处罚决定书(周建明)(证监罚字〔2007〕35号)。

关证券的参考价格或者结算价格或者参考价值的特定时间;(2)行为人具有拉抬、打压或锁定证券交易价格的行为;(3)影响特定时间的价格或价值。

（四）特定时段交易操纵

根据《证券市场操纵行为认定指引(试行)》的规定,特定时段交易操纵分为尾市交易操纵和开盘价格操纵。尾市交易操纵,是指行为人在即将收市时,通过拉抬、打压或锁定手段,操纵证券收市价格的行为(第45条);所谓即将收市时,是指证券交易所集中交易市场收市前的15分钟时间,对于其他市场的即将收市时应根据各个市场的具体情况按照个案认定(第46条)。《证券市场操纵行为认定指引(试行)》第47条规定了可以认定为尾市交易操纵的情形:(1)交易发生在即将收市时;(2)行为人具有拉抬、打压或锁定证券交易价格的行为;(3)影响证券收市价格。

开盘价格操纵,是指在集合竞价时段,通过抬高、压低或者锁定等手段,操纵开盘价的行为。具有下列情形的,可以认定为开盘交易价格操纵:(1)交易发生在集合竞价阶段;(2)行为人具有抬高、压低或锁定证券交易价格的行为;(3)开盘价格出现异常;(4)行为人的行为是开盘价格异常的主要原因;(5)行为人能从开盘价变动中获取直接或间接的利益。

（五）蛊惑交易操纵

《证券法》(2019)第55条第1款第5项规定,禁止任何人"利用虚假或者不确定的重大信息,诱导投资者进行证券交易",操纵证券市场,影响或者意图影响证券交易价格或者证券交易量。

《证券市场操纵行为认定指引(试行)》第31条规定,蛊惑交易操纵是指行为人进行证券交易时,利用不真实、不准确、不完整或不确定的重大信息,诱导投资者在不了解事实真相的情况下做出投资决定,影响证券交易价格或交易量,以便通过期待的市场波动,取得经济上的利益的行为。所谓"进行证券交易"是指行为人在编造、传播或者散布不真实、不准确、不完整或不确定的重大信息之前买入或卖出相关证券;而在编造、传播、散布不真实、不准确、不完整或不确定的重大信息及股价发生波动之后卖出或买入相关证券(第32条)。所谓"利用不真实、不准确、不完整或不确定的重大信息"的含义是指:(1)行为人利用的信息是能够对证券市场上一般投资者的投资决策产生影响的不真实、不准确、不完整或不确定的重大信息;(2)行为人具有编造或者传播或者散布不真实、不准确、不完整或不确定的重大信息的行为。行为人可以是不真实、不准确、不完整或不确定的重大信息的编造者,也可以是其传播者或者散布者。

《证券市场操纵行为认定指引(试行)》第34条规定了认定为蛊惑交易操纵的行为:(1)具有利用不真实、不准确、不完整或不确定的重大信息的行为;(2)在编造、传播或者散布不真实、不准确、不完整或不确定的重大信息之前或者之后进行证券交易;(3)影响证券交易价格或交易量。

第三节 操纵市场的民事责任

操纵市场的民事责任,是指市场操纵行为人因其市场操纵行为给投资者合法利益带来损失而依法应当承担的财产赔偿责任。操纵市场的民事责任,在民事责任性质、归责原则、责任主体、诉讼主体、因果关系等一系列问题上具有不同于普通民事责任的显著特征。在适用法律时,证券法上的操纵市场的民事责任,首先应适用《证券法》(2019)第55—56条、《股票发行与交易管理暂行条例》(1993)第74条和第77条之规定;若无规定则适用《民法典》(2020)的相关规定追究法律责任。

一、法律性质

操纵市场的民事责任之性质须视交易双方之间有无合同而定:如果双方当事人之间存在合同关系,则操纵市场者需承担违约责任;如果双方之间没有形成合同关系时,则操纵市场者通常需承担侵权责任。由于操纵市场行为大多表现为欺诈,但我国民法理论并未将欺诈作为侵权行为对待。在民法上,欺诈的法律效果一般是无效,在被宣告无效以后当事人应当负有返还的责任。但在证券交易中对欺诈适用无效制度不一定有利于保护受害的投资者;而且,对于这种欺诈行为也不适用返还的责任,而只能由一方向另一方承担损害赔偿责任,此种赔偿的依据则是侵权责任。因为操纵市场的行为人因其过错造成了对受害人财产权益的侵害,所以受害人有权提起侵权之诉。

对侵权之诉的论述,请参见第十章和第十一章的相关内容。

二、归责原则

世界主要国家或地区对操纵市场的民事责任之归责原则大多采取过错原则,要求原告必须证明被告在主观上具有操纵之故意。以美国为例,操纵市场的受害人若要求行为人承担民事赔偿责任,既可以选择《1934年证券交易法》第10(b)条和SEC规则10b-5起诉,也可以选择《1934年证券交易法》第9(f)条起诉,这两条规则都采用过错原则。

《1934年证券交易法》第10(b)条[1]规定:"任何人利用州际商业工具或者商

---

[1] Securities Exchange Act of 1934 [As Amended Through P. L. 115-141, Enacted March 23, 2018], available at https://www.govinfo.gov/content/pkg/COMPS-1885/pdf/COMPS-1885.pdf, 2023-5-31.

业手段,或者利用信函方式,或者利用全国性证券交易所的任何设施,直接或者间接地从事下列行为,均为非法:……b. 违反 SEC 为公共利益或者为保护投资者利益制定的规则与规定,就任何在全国性证券交易所登记上市的证券的买卖交易,或者就任何未在全国性证券交易所登记上市的证券的买卖交易,实施操纵性或者欺诈性手段。"SEC 规则 10b-5①共有 3 款,第 1 和第 3 款的表述以"欺诈"为核心,第 2 款的表述以"虚假陈述"为核心:"任何人利用任何方式或州际商业媒介,或者通信,或者任何全国性证券交易所的任何设施,直接或间接地对任何人,实施下列与购买或出售任何证券有关的行为时,都是非法的:(a) 利用任何诡计、计划或伎俩进行欺诈;(b) 对某重要事实做任何虚假的陈述,或不对某重要事实做必要的说明,以使其所做出的陈述在当时的情况下没有误导性;或者(c) 参与任何带有或将会导致欺诈或欺骗因素的行动、操作或业务活动。"SEC 规则 10b-5 中并没有关于民事责任的明文规定,但在规则生效四年后出现的第一个以违反该规则为由提起的民事诉讼案件中,法院明确承认 SEC 规则 10b-5 项下存在着默示的私人诉权。②原告以此提起默示的私人诉权,必须证明被告在主观上具有故意③,但是"间接证据往往就足矣"④。

《1934 年证券交易法》第 9(f)条⑤条文中的措辞"依据普通法或衡平法原则"说明了该条采取的是过错原则,要求原告证明被告之行为的目的在于引诱他人买卖证券。但是,要求原告证明被告具有"引诱"自己买卖证券的目的是几无可能的,因而只能退而求其次通过被告的外在行为来探知"引诱"之目的,从而判断被告主观上具有操纵市场的"故意",这些行为包括但不限于:(1) 以高于当前市场行情的价格买进一定数量的证券,或在高价买入证券后再以所有人或承销商的身份参与分配这些证券;(2) 买进某发行人提供的全部证券以造成需求旺盛

---

① 17 CFR § 240.10b-5. (Sec. 10; 48 Stat. 891; 15 U.S.C. 78j) [13 FR 8183, Dec. 22, 1948, as amended at 16 FR 7928, Aug. 11, 1951], available at https://www.law.cornell.edu/cfr/text/17/240.10b-5, 2020-5-31.
② 所谓"默示",是指与法律明确规定的诉权相对而言的;所谓"私人诉权或私法上的诉权",是与 SEC 和检察机关提起行政和刑事诉讼时所依赖的公法上的诉权相对应的概念。See D. L. Ratner, *Securities Regulation*, 4th ed, West Publishing Co., 1992, p.18.
③ See Ernst & Ernst v. Hochfelder, 425 U.S. 185 (1976).
④ 高如星、王敏祥:《美国证券法》,法律出版社 2000 年版,第 286 页。
⑤ 《1934 年证券交易法》[由第 115 届国会的第 141 号公法(P.L. 115-141)修订,2018 年 3 月 23 日审议通过]第 9(f)条规定:"任何故意从事违反本款(a)或(e)项的任何行为或交易的人,应对因受到该行为或交易影响的价格购买或出售证券的人承担责任,受损害之人可在任意有管辖权的法院提起法律或衡平法的诉讼,以追回因任何此种行为或交易而遭受的损失。在任何此类诉讼中,法院可以在其裁量权内,对任何一方诉讼当事人要求一项关于支付该诉讼费用的保证,并评估合理的费用,包括合理的律师费。根据本条规定有义务支付任何款项的每个人,都可以像合同案件一样,向任何若加入原诉讼就有义务支付相同款项的人追偿。除非在发现构成违法行为的事实后一年内或在该违法行为发生后三年内提起诉讼,否则不得于执行根据本条规定产生的任何责任而提起诉讼。"Available at https://www.govinfo.gov/content/pkg/COMPS-1885/pdf/COMPS-1885.pdf,2023-5-31.

的假象;(3)散发关于某种证券的虚假或误导性的宣传资料,或雇佣他人兜售和介绍该种股票;(4)在关键时刻安排发行人分红派息等。① 如果被告对包括上述行为在内的"不断购买证券借以抬高证券价格,并且在其他市场因素介入之前推出证券"不能给出合理的解释,则会被 SEC 认定为是具有故意的操纵行为。也就是说,原告对"故意"(主观的内在)的举证只需指出上述被告的行为(客观的外在)即可,将否认的责任倒置于被告,由其承担反驳的责任。

由此可见,表面上看起来原告对"故意"这一法律要件承担较重的举证责任,似乎偏离了证券法之公众投资者保护之立法目的,但实际上司法实践通过(1)"由内在意图转化为外在行为"和(2)"举证责任倒置"两个法律技术,实际上虚化了原告对操纵市场的"故意"之举证责任,并没有偏离公众投资者保护的证券立法之目的。

《证券法》(2019)未对操纵市场民事责任的归责原则作出规定,这意味着在现行法律框架下,遭受损害的投资者诉请被告承担操纵市场的民事责任只能适用《民法典》(2020)等法律法规之规定(对一般侵权行为原告诉请被告承担民事责任须对被告的"故意或过失"承担举证责任)。表面上看起来,我国的法律规定与美国的司法实践没有区别;但实际上根据我国上述法律所采取的过错责任,在认定被告的操纵市场的过错时,尽管原告无须证明被告具有"明知或恶意(scienter)",但仍然必须证明被告具有操纵的"故意"。建议法院在审理操纵市场案件时可以借鉴美国的司法实践所总结的两项法律技术,对原告证明被告之操纵"故意"的法定要求作出解释。

三、因果关系

如前所述,司法实践中,两大法系对一般侵权法的因果关系之认定均要求分析两个环节:(1)从事实上认定侵害行为是不是损害结果发生的原因,在大陆法系的"相当因果关系理论"中称作"条件关系"之认定,在英美法称之为"事实因果关系"的认定;(2)在法律上要确认被告的侵害行为是否应对受害人的损害负赔偿责任,在大陆法系的"相当因果关系理论"中称作"相当性"之认定,在英美法系称之为"法律因果关系"的认定。然而,证券市场操纵行为的手段十分隐蔽,公众投资者很难凭借自己的力量来证明操纵行为之存在。如果在证券领域对市场操纵行为之因果关系认定采行一般侵权法的原则,仅在第一个环节上就窒碍难通,市场操纵受害人几无胜诉的可能。例如,上海市浦东新区法院在"红光案件"中以原告的损失和被告的违规行为之间无必然的因果关系而驳回原告的起诉就

---

① 杨峰:《证券民事责任制度比较研究》,法律出版社 2006 年版,第 335 页。

是典型的体现。①

最高人民法院《关于审理证券市场因虚假陈述引发的民事赔偿案件的若干规定》(以下简称《虚假陈述赔偿规定》)(法释〔2022〕2号)对虚假陈述民事责任之因果关系认定的第一个环节(即事实/交易因果关系)上采取了"因果关系推定"理论,即只要上市公司存在虚假陈述,投资人在虚假陈述期间买进或者持有股票,在虚假陈述曝光后卖出股票受到损失的,就可以认定虚假陈述和投资者损失之间存在因果关系。尽管该《虚假陈述赔偿规定》(2003)只是适用虚假陈述类的证券侵权案件,但是,正如采行"交易因果关系"推定原则的 SEC 规则 10b-5是一个适用于包括虚假陈述、欺诈客户、操纵市场等在内的概括性的反欺诈规定,那么在我国现时尚未对操纵证券市场民事责任案件中因果关系认定作出成文规定的情况下,基于《证券法》(2019)保护公众投资者的立法目的,同样应在我国操纵证券市场民事责任因果关系认定方面采纳"因果关系推定"理论,赋予善意投资者更有利的地位,采取以下措施认定操纵证券市场行为与损害结果之间存在因果关系:(1)行为人实施了《证券法》(2019)第 55 条禁止的操纵证券市场行为;(2)投资者投资的是与操纵证券市场行为有直接关联的证券;(3)投资者在操纵证券市场行为实施日起至结束日买入该证券,而在操纵证券市场行为实施之日至结束日期间及以后,因卖出该证券发生亏损或因持续持有该证券而产生亏损;(4)投资者在操纵证券市场行为实施之日至结束日期间卖出该被操纵的证券发生亏损。

操纵市场行为中"推定因果关系"原则同样是可以辩驳的制度,它赋予被告抗辩的权利,规定在当被告举证证明原告具有以下情形的,应当认定操纵证券市场行为与损害结果之间不存在因果关系:(1)在操纵证券市场行为实施之日前已经卖出该证券;(2)在操纵证券市场行为结束之日及以后进行的投资;(3)明知操纵证券市场行为存在而进行的投资;(4)损失或者部分损失是由证券市场系统风险等其他介入原因所导致的。② 在证明被告的违法行为可能导致原告的损失时,法官可以参考操纵行为和损失发生的时间、操纵行为的潜在作用、连续性和作用范围、影响股价变动的其他因素及其作用力等因素进行认定。

四、诉讼的原告

操纵市场的民事赔偿诉讼的原告是指因操纵者实施市场操纵行为而遭受损

---

① 参见王璐:《"红光案"四年两地诉讼路,为求权益无怨悔》,《上海证券报》2000 年 11 月 27 日。
② 具体论述可参见杨峰:《操纵证券市场民事责任因果关系认定规则之完善——从对美国、日本相关规定的比较出发》,载《法商研究》2006 年第 6 期。

失的投资者。美国成文证券法规定了操纵市场民事责任的原告是"受虚假陈述等行为误导而买卖证券的任何人"。如前所述,根据《1934 年证券交易法》第 9(f)条之规定,有权诉请操纵市场行为人承担民事赔偿责任的主体是以受操纵行为或交易所影响的价格买卖证券而受到损失的任何人。美国司法实践同样将操纵市场的民事责任之原告确认为"受虚假陈述等行为误导而买卖证券的任何人"。根据美国一系列判例所确立的"Birnbaum 规则",依据《1934 年证券交易法》第 10(b)条、SEC 规则 10b-5,提起私人损害赔偿诉讼的原告仅限于证券的卖方或买方。第二巡回法院的上诉法院在审理 Birnbaum v. Newport Steel Corp. (1952)案的判决要旨如下:(1)第 10(b)条和规则 10b-5 仅禁止与证券买卖相关的欺诈;(2)第 10(b)条的立法史只是表明国会仅仅将私人民事救济限制在证券买卖的被欺诈方,从而与第 16b 条的明示民事责任不同。① 根据审案法院的解释,"Birnbaum 规则"将三类主体排除在上述条款的适格原告之外:(1)潜在的股票购买者,即宣称其因被告的误导性说明或重大遗漏而放弃了购买机会;(2)现实的股东,宣称其因被告的不实陈述或未披露重大信息而未卖出其股票;(3)股东或债权人,因公司经营者从事与股票交易相关的内幕行为,而使其投资受到损害。适用"Birnbaum 规则",法院可以对 SEC 规则 10b-5 下的民事诉讼进行主体限制,其有利之处在于可以避免诉累(从事交易的投资者人数众多,未进行交易的投资者更是数不胜数),减少投机者的可乘之机,稳定证券市场;其弊端在于对原告资格的限定带有一定的任意性,并常常显得过于武断,从而使许多来不及交易但受欺诈的投资者丧失得偿机会,偏离了保证证券交易之公平的立法目的。

在我国,有权就操纵市场提起损害赔偿诉讼的原告,根据《民法典》(2020)、《证券法》(2019)第 55 条第 2 款等规定,是因操纵市场行为而受到损失的买进和卖出证券之人。至于原告是否主观上必须为善意则无法律明文规定,即原告以被操纵的价格买卖证券时是否知道该证券价格被操纵行为人所控制或影响并无明文规定。尽管请求损害赔偿的原告在一般民事诉讼中要求其为善意,但是考虑到操纵市场具有严重的危害性,为落实证券法之公众投资者保护立法目的,解释上应该是原告是否为善意对操纵者承担民事责任不应产生影响。②

五、诉讼的被告

证券市场操纵的主体可以分为个人操纵者和机构操纵者。个人操纵者是操

---

① See Birnbaum v. Newport Steel Corp., 193 F. 2d 461, 463-464 (2d Cir.), Cert. Denied, 343 U. S. 956(1952).
② 王利明:《我国证券法中民事责任制度的完善》,载《法学研究》2001 年第 4 期。

纵市场的自然人或自然人松散的集合，而机构操纵者所含的范围很广，包括发行公司、承销商、券商、上市公司、证券交易服务机构等，而且这些机构之间可能会有角色的交叉。作为证券市场操纵的主体的个人，主要是指上市公司的董事长、董事、经理或其他高级管理人员，他们因职务或身份而拥有信息优势，基于理性人假设而往往会为一己私利而进行市场操纵，因而是证券市场操纵的责任主体。不过，由于单个人的力量毕竟薄弱，所以个人操纵市场多采用联合的形式，并且多采取散布谣言或不实资料的方式，以使广大投资者信以为真，从而达到影响证券市场交易价格的目的。

根据美国《1933年证券法》的定义，发行人是指每一个发行或打算发行任何证券的人，包括个人、股份有限公司、合伙组织等。[①] 一旦证券的分配认购供不应求时，则只要证券上市，其交易价格一定高于原始发行价格，这样的热门发行很可能会被包括发行人在内的某些人利用以操纵行情肆意谋利。此外，根据 SEC 的规定，宣布参与发行的交易商或承销商，如果在拒绝承销新的证券发行的同时，还在劝导人们购买仍未发售完的证券，则其行为构成犯罪。因为拒绝承销正在发行的证券会造成虚假的市场情形或"热门发行"的假象，诱导投资者高价购买而损害其合法利益，即所谓的"虚构市场"（Workout market）。承销商或发行人通过操纵市场，制造与事实不相符合的假象或虚构市场行为是违反美国《1933年证券法》第17(a)条[②]及 SEC 规则 10b-5[③] 中有关操纵和反欺诈的法律规定。若发行人与承销商合谋操纵，则他们应承担连带责任。

[①] 美国《1933年证券法》第3(a)(8)规定，"发行人"一词是指每一个发行或打算发行任何证券的人；但就有关存款单，股权信托证，以证券为抵押的信用证书，或有关没有董事（或使行使类似职能的人）会的不按股份公司注册组织的投资信托公司的权益或股权证书，或固定的、严格管理的，或单一形式的证书而论，"发行人"一词意指那些遵循信托公司的规定和其他此类证券据以发行的协议或工具，从事存款人或管理人的业务活动，并履行其职责的人；但就那种通过条款形式规定任何或所有成员的有限责任的，不按股份公司注册组织的协会，或那种信托公司、委员会，或其他法人机构来说，受托人或其成员不应各自负有作为由协会、信托公司、委员会或其他法人机构发行的任何证券的发行人的责任；关于那种设备信托证或同类证券，"发行人"一词意指该设备或财产由或将由其使用的人；至于有关石油、煤气或其他矿产的小额利息滚存权，"发行人"一词意指那些为公开销售证券这一目的创造小额利息的任何这种权利的所有人或任何这种权利（无论是全部或是部分）的权益的所有人。Available at https://www.nyse.com/publicdocs/nyse/regulation/nyse/sea34.pdf, 2020-5-31.

[②] Securities Act of 1933 Section 17(Fraudulent Interstate Transactions) a (Use of interstate commerce for purpose of fraud or deceit).

[③] SEC Rule 10b-5, codified at 17 C.F.R. § 240. SEC 规则 10b-5 是 SEC 颁布的最重要的规则之一，其法律依据为《1934年证券交易法》第10(b)条。该规则禁止任何会导致因欺诈或欺骗而购买或出售任一证券的行为或信息披露的遗漏。

券商①在证券市场中起着不可替代的重要作用,沟通着上市公司与投资者,成为投资者与筹资者之间的投融资渠道。但是,如果券商滥用其所拥有的信息与资金等优势,或与上市公司或与大投资者合谋,操纵市场行情,则会对相对方造成极大损害。例如,1994年10月18日,深圳证券交易所临近收市前,券商君安证券深圳发展中心营业部以连续交易和自买自卖方式操纵"厦海发"A股价格,使当日该股票的收盘价比前日上涨157%。该营业部通过操纵市场、制造虚假价格,使其得以在10月19日以较高价格卖出大量"厦海发"A股和A股配股权证,获利238万元。对于券商单独操纵市场,由券商独立承担法律责任;对于其与上市公司或其他方合谋联合操纵市场,则由券商和与之合谋的上市公司或其他方承担连带责任。

一般来说,股票价格的高低是一个公司经营业绩好坏、筹措资金能力强弱的反映。所以,股票价格对于上市公司来说显得尤为重要。因此,基于理性人的考量,上市公司往往为本公司之利益,运用操纵手段,不正当地抬高、压低或稳定本公司股票的价格,其必须为此承担法律责任。而在上市公司收购(要约收购)的过程中,收购人不正当地压低目标公司的股价,或目标公司不正当地抬高自己公司的股票价格,也都可能构成证券市场操纵行为,成为责任主体。1968年,美国国会制定了由第13(d)—(e)条和第14(d)—(f)条组成的《威廉姆斯法》(Williams Act)②,作为《1934年证券交易法》的补充来规范要约收购行为。该法的第14(e)条③禁止与要约收购相关的重大错误声明、遗漏、虚假和欺诈,以及操纵活动,不管目标公司是否受到交易法有关报告要求的制约。例如,在Mobil Corporation v. Marathon Oil Company(1981)案中,Mobil公司宣布对Marathon石油公司发起公开要约收购,以每股85美元的价格收购4000万股Marathon石油公司的股份。Marathon公司董事会决定反击,挑选美国钢铁公司(U. S. Steel Corporation)作为"白衣骑士",后者许诺以每股125美元的价格向前者发出要约收购3000万股Marathon公司的股份,条件是Marathon公司给予美国钢铁公司两项锁定选择权(Lock-up option):(1)购买Marathon公司1000万股已授

---

① 证券商不是一个法律用语,且各国或地区有不同称谓。美国的券商等同于证券公司(Securities firms),按其功能可分为承销商、自营商(Dealer)、经纪商(Broker)、做市商(Market maker)和投资银行等。英国的券商分为经纪商(Broker)和自营商(Jobber,即会员经纪商)两种。德国等许多欧陆国家没有专门从事证券业务的专业券商,证券的承销与交易等均通过银行完成,其银行既经营传统的银行业务又兼任券商。日本法律并未对券商作出规定,而是在《证券交易法》通过对"证券经营业务"来界定其内涵的,同时禁止自然人以证券公司身份从事证券业务。我国台湾地区"证券交易法"规定:券商为依"证券交易法"经营证券业务者,包括承销商、自营商和经纪商。我国《证券法》(2019)采用"证券公司"的名称,是指依法经批准从事证券经营业务的有限责任公司或股份有限公司,并规定国家对证券公司实行分类管理,分为综合类证券公司和经纪类证券公司,因而自然人不得为券商。
② Sections 13(d), 13(e), 14(d) and 14(e) of Williams Act.
③ Title 15 〉Chapter 2B〉 § 78n.

权但未发行的股份(占 Marathon 公司已发行股份的 17%)的不可撤销选择权；(2) 以 28 亿美元的价格购买 Marathon 公司在亚斯油田(Yates field)石油和矿业期权上 48% 的利益的选择权，选择权生效的条件是美国钢铁公司收购失败，或者第三人获得对 Marathon 公司的控制权。Mobil 公司向法院诉请禁止这两项选择权。美国第六巡回法院认定这两项选择权是《1934 年证券交易法》第 14(e)条意义中的非法的"操纵工具"，Marathon 公司赋予美国钢铁公司这种选择权的行为构成"操纵行为"。[①]

证券交易服务机构，是指以其专业知识为证券交易提供专业服务的各专业机构，包括会计师事务所、审计师事务所、律师事务所、证券投资顾问公司、资产评估事务所等。证券交易服务机构可以单独或与其他主体合谋操纵市场，从而成为操纵的责任主体。各国或地区公司法、证券法均对上市公司的资产之信用有着严格规定，公司上市后的运营状况和业绩也应受到监督和检查。为此许多国家法律规定上市公司的招股说明书、财务状况表、资产评估表以及各种经营业务报表等须由服务机构提供专业性说明或意见，以便主管机关加强监管和检查。美国《1940 年投资顾问法》第 206 节[②]用 4 个条文禁止投资顾问的任何带有欺诈、欺骗或操纵性的交易、实践和商业活动。《证券法》(2019)辟专章对证券交易服务机构作出规定。其中第 161 条规定了证券投资咨询机构及其从业人员不得从事法律、法规禁止的行为(证券市场操纵行为当然包括在内)，第 163 条规定证券服务机构应对其所出具的报告内容的真实性、准确性和完整性进行核查和验证，并就其负有责任的部分承担连带责任。

六、损害赔偿

如前所述，损害赔偿旨在保护私法主体(包括个人以及组织)的人身、财产等权利不受损害，在损害发生之后，行为人不论其行为是出于故意还是过失，都负有填补该损害的责任。各国或地区法律对损害赔偿的最高指导原则是：赔偿被害人所遭受的损害，从而使受害人恢复到损害事故从没有发生过一样的状态。基于此原则，各国或地区损害赔偿的方法主要有两种：一是恢复原状；二是金钱赔偿。

在证券法中，金钱赔偿是最为重要的损害赔偿方式。对于如何计算损害赔偿数额，美国证券诉讼实践中一般适用实际赔偿规则，即以原告实际买卖证券的

---

① Mobil Corporation v. Marathon Oil Company, 669 f2d 366, available at http://openjurist.org/669/f2d/366/mobil-corporation-v-marathon-oil-company, 2023-3-22.

② The Investment Advisers Act of 1940 Section 206——Prohibited Transactions by Investment Advisers, available at http://taft.law.uc.edu/CCL/InvAdvAct/sec206.html, 2013-3-22.

价格与该证券的真实价值之差作为损害数额①,此即前述的"直接损失法"。原告实际买卖证券价格以该投资者在操纵行为实施之后、操纵信息揭露之前的交易平均价格计算;原告在操纵信息揭露之后仍持有相关证券的,以操纵信息披露之后、法院认定的基准日之前该证券的平均交易价格认定。受操纵证券的"真实价值"通过推定的方式予以计算,实践中通常以操纵行为揭露后一段时间内(一般为30天)的平均交易价格进行认定。但是,证券诉讼具有多样化的特点,在证券操纵民事案件中,这不仅表现为操纵行为类型多样化,而且体现在同一集团诉讼中不同原告的受害情形各不相同。因此,赔偿计算方式除了实际赔偿法之外,实践中法院还允许原告合理地选择有利于恢复损害且非投机性的赔偿计算方式(如前所述);不过,一旦法院认可了原告所选定的某一赔偿计算方法之后,则原告无权更改。对于损害赔偿计算而言,美国联邦法院尽量尝试在全面弥补投资者损失与避免极端地处罚操纵者之间寻求理性平衡。②

第四节 操纵市场的行政责任

市场操纵者的行政责任是由政府主管行政机关决定的,在美国是SEC,在日本是大藏省(即国家财政部),在我国是中国证券监督管理委员会。各国证券法均规定了对证券市场操纵行为的行政制裁措施。在美国,SEC对违法行为可在其内部的行政法庭启动行政诉讼程序,并可采取以下五种措施:(1)可以直接对被告或与违法行为的发生有重大牵连的人签发制止令(Cease and Desist Order);(2)有权要求被告对其不当得利作出解释,并返还不当得利;(3)吊销或在一定期限内吊销公司的注册登记,或吊销或在一定期限内吊销个人的证券从业资格;(4)行政法院的法官和SEC的工作人员还有权对被告处以罚金,1990年国会授权SEC可在行政诉讼中对违法者处以最高达50万美元的罚金及/或没收非法所得;(5)行政法院的法官和SEC的工作人员还有权要求被告进行损害赔偿。③

《证券法》(2019)对证券市场操纵规定的行政责任主要有以下方式:警告、没收非法所得、罚款、限制或暂停证券经营机构证券经营业务、证券交易所及其他从事证券业的机构从事证券业务或者撤销其证券经营业务许可、从事证券业务许可、暂停或者取消已上市的发行人之上市资格、没收个人非法获取的款项和其他非法所得,并处5—50万元的罚款。《证券法》(2019)第192条规定,违反本法

---

① See Louis Loss, *Securities Regulation*, vol.3, Little, Brown ard Company,1961, p.1749.
② 谢杰:《操纵证券市场民事诉讼机制:美国经验与中国选择》,载《金融实务》2012年第2期。
③ 参见李先云:《证券市场操纵的法律规制》,载郭锋主编:《证券法律评论》第3卷,法律出版社2003年版,第118—156页。

第 55 条的规定,操纵证券市场的,责令依法处理其非法持有的证券,没收违法所得,并处以违法所得 1 倍以上 10 倍以下的罚款;没有违法所得或者违法所得不足 100 万元的,处以 100 万元以上 1000 万元以下的罚款。单位操纵证券市场的,还应当对直接负责的主管人员和其他直接责任人员给予警告,并处以 50 万元以上 500 万元以下的罚款。

总体而言,我国对市场操纵的行政法制需要改进之处有以下两点。[①] 一是应出台市场操纵的实施细则。由于《证券法》(2019)中关于市场操纵条款的规定之可操作性较差,因而有必要强化中国证监会的行政立法,通过行政规章来细化证券法的相关规定。可以参照大陆法系关于秩序罚构成要件的规定制定我国市场操纵行政责任构成要件的相关规定和实施细则。增加《证券法》(2019)对市场操纵行为违反法定义务的规范性构成之规定,尤其应对市场操纵是否一定需要造成股价波动、是否一定需要主观目的作出明确规定。二是要确立奖惩结合、预防为主的理念,增强行政处罚的多样性和灵活性。我国《证券法》(2019)规定的行政责任方式较为单一,主要是没收违法所得并处以罚款,虽然增加了以单位为主体的操纵市场行为的责任追究决定,但也仅仅是对直接负责的主管人员和其他直接责任人员给予警告和罚款的行政处罚。有必要借鉴美国、我国台湾地区所采用的行政和解措施,这样既有利于提高行政执法的效率,同时也对被处罚人给予宽容和教育;可以引进根据违法违规程度和次数衡量的累进制行政处罚措施等;以及将对市场操纵的行政处罚与其他法律责任相结合的制度。

【中国案例】

武汉新兰德操纵市场案(2008)[②]

2006 年 11 月,武汉新兰德与陈杰签订咨询服务协议,陈杰按照武汉新兰德提供的证券投资咨询服务水准并结合实际收益,向武汉新兰德不定期支付咨询费用,咨询费用上不封顶,下不保底。2007 年 1 月 8 日,武汉新兰德董事长兼总经理朱汉东向陈杰提供股票池,包括"健特生物"等 10 只股票。1 月 8 日、1 月 9 日、1 月 10 日,陈杰通过其控制的中银国际证券武汉黄孝河路证券营业部的"邢康"账户分别买入"健特生物"股票 1 665 221 股、2 685 916 股、1 315 831 股。1 月 10 日"健特生物"股票收盘价为 3.14 元,当日晚间,朱汉东在"金融界"网站发表

[①] 具体论述参见何基报、徐洪涛:《市场操纵行政法律责任构成要件比较研究》,深圳证券交易所综合研究所研究报告(深证综研字第 0129 号)。
[②] 参见中国证监会行政处罚决定书(武汉新兰德、朱汉东、陈杰)(〔2008〕44 号)。本案例中所指《证券法》系指我国 2005 年修订的《证券法》。

股评,公开推荐"健特生物"股票。朱汉东公开推荐后第一个交易日(2007年1月11日)"健特生物"股票上涨6.05%,陈杰当日卖出该股票。2007年1月1日至4月26日期间,武汉新兰德与陈杰采取上述特定的合作模式,即朱汉东先向陈杰提供市场热点板块股票投资组合,陈杰使用"邢康"账户买入相关个股,之后朱汉东通过"金融界"网站向市场公开推荐陈杰事先已买入的相关个股,对该个股走势进行公开评价和预测,陈杰则在公开推荐后的第一个交易日卖出该个股。在此期间,陈杰共买卖"东风汽车""首钢股份""西藏发展""广东甘化"等股票37次。由此武汉新兰德非法获利735万元。

中国证监会认为,武汉新兰德与陈杰合谋并由朱汉东、陈杰具体实施的上述行为,违反了《证券法》第77条第1款第4项有关禁止以其他手段操纵证券市场的规定,构成了《证券法》第203条所述违法行为。武汉新兰德、陈杰共同构成操纵行为主体,时任武汉新兰德董事长兼总经理朱汉东是直接责任人。在听证过程中,陈杰与武汉新兰德、朱汉东均辩称其不存在合谋操纵市场的主观故意,不构成合谋操纵行为共同的违法主体;武汉新兰德、朱汉东基于专业分析判断向陈杰和公众投资者推荐股票的行为合法,没有给投资者造成损失;现行法律法规未就当事人的有关行为作出明确规制,适用禁止市场操纵条款的兜底规定进行认定处罚没有法律依据;当事人在调查阶段给予了积极配合。故而请求考虑对其的处罚。

中国证监会认为,在本案中,武汉新兰德与陈杰之间具有利用武汉新兰德公开推荐证券的影响力造成股价波动并从中牟取利益的共同目的。首先,通过特殊的咨询服务协议,武汉新兰德、朱汉东与陈杰建立了紧密的经济联系,双方具有重要的利益关系。朱汉东承认,武汉新兰德的主要业务收入大部分来自陈杰。其次,武汉新兰德及朱汉东本人在证券投资咨询行业有一定的影响力。武汉新兰德设立于1994年,是武汉地区唯一的一家经中国证监会批准专门从事证券投资咨询服务的机构。武汉新兰德与全国多家省级媒体合作,向社会公众提供咨询与荐股服务。朱汉东定期在"金融界"网站等媒体发表股评文章。最后,武汉新兰德与陈杰之间特定的合作模式显示出双方意图利用武汉新兰德的推荐来影响公众投资者的投资判断,进而影响所推荐股票价格上涨,并从中牟取不当利益。武汉新兰德、朱汉东与陈杰合谋利用武汉新兰德所具有的证券投资咨询专业优势及影响力,通过影响证券市场价格牟取不正当利益的上述行为,严重损害了公众投资者对证券投资咨询机构的信任,扰乱了正常的市场交易秩序。

根据《证券法》第179条第7项规定,国务院证券监督管理机构依法对证券市场的违法违规行为进行查处。根据《证券法》第77条和第203条规定,操纵证券市场的行为是法律明令禁止的行为,必须坚决查处。武汉新兰德、朱汉东与陈杰利用武汉新兰德所具有的证券投资咨询专业优势及影响,通过与陈杰的特定合作模式所从事的违法行为扰乱了正常的市场秩序,侵害了公众投资者的利益,具有操纵证券市场的性质。《证券法》第77条在列举了操纵证券市场的一般手段后,又对以其他手段操纵证券市场的行为作出了禁止性规定。根据法律规定的职责和权力,国务院证券监督管理机构可以认定以其他手段操纵证券市场的行为并进行处罚。中国证监会按照当事人的违法事实、性质、情节与社会危害程度,依据《证券法》第203条之规定,于2008年10月31日作出以下行政处罚决定:(1)没收武汉新兰德违法所得735万元,并处以735万元罚款;(2)对朱汉东给予警告并处以30万元罚款;(3)没收陈杰被中国证监会依法冻结的股票。

第五节 操纵市场的刑事责任

市场操纵行为一般是违法行为,只有达到情节严重时才构成犯罪。根据日本证券法律的规定,涉及情节严重的因素主要有四项:(1)长期行为,即行为人较长时期以来,连续进行证券市场操纵行为;(2)数额巨大,即行为人通过操纵市场获取的利益或避免的损失金额巨大;(3)情节恶劣,一行为触犯数项罪名;(4)后果严重,即造成损失面广量大,引起市场动荡或社会不安定。上述四个因素无须同时符合,只要符合其中之一,即可构成犯罪。此外,构成犯罪的证券市场操纵行为,行为人在主观上必须有故意。美国司法实践认为,根据SEC规则10b-5提起公诉的SEC必须证明被告的故意(包括直接故意和间接故意)。所谓故意,是指行为人明知自己的行为会发生危害社会的结果,并且希望或者放任这种结果发生的主观心理态度。故意的前提是明知,除了实际的明知以外,如果行为人意识到其行为可能导致危害后果而有意不闻不问也是"明知"。[①] 对于刑事责任的承担方式,各国证券法或刑法一般都作出了明确规定。例如,根据美国《1934年证券交易法》第32(a)条的规定,对犯罪人可处以不超过10年的监禁或不超过100万美元的罚金,或二者并处。

我国《刑法》(2020)第182条规定了操纵证券市场罪:有下列情形之一,操纵证券、期货市场,影响证券、期货交易价格或者证券、期货交易量,情节严重的,处5年以下有期徒刑或者拘役,并处或者单处罚金;情节特别严重的,处5年以上10年以下有期徒刑,并处罚金:(1)单独或者合谋,集中资金优势、持股或者持仓优势或者利用信息优势联合或者连续买卖的;(2)与他人串通,以事先约定的时间、价格和方式相互进行证券、期货交易的;(3)在自己实际控制的账户之间进行证券交易,或者以自己为交易对象,自买自卖期货合约的;(4)不以成交为

---

① See Ernst & Ernst v. Hochfelder, 425 U.S. 185 (1976).

目的,频繁或者大量申报买入、卖出证券、期货合约并撤销申报的;(5)利用虚假或者不确定的重大信息,诱导投资者进行证券、期货交易的;(6)对证券、证券发行人、期货交易标的公开作出评价、预测或者投资建设,同时进行反向证券交易或者相关期货交易的;(7)以其他方法操纵证券、期货市场的。单位犯前款罪的,对单位判处罚金,并对其直接负责的主管人员和其他直接责任人员,依照前款的规定处罚。

操纵证券市场的犯罪构成要件如下:(1)客体要件。本罪侵犯了国家证券管理制度和投资者的合法权益。操纵证券市场的行为,违反了国家证券、期货交易管理法律法规等,破坏了金融秩序,严重扰乱了证券、期货市场管理秩序;同时,操纵证券市场的行为使投资者的合法权益受到了损害,该合法权益是投资者的公平交易权,属于广义的财产权。(2)客观要件。本罪在客观方面表现为利用其资金、信息等优势或者滥用职权操纵市场,影响证券市场价格,制造证券市场假象,诱导或者致使投资者在不了解事实真相的情况下作出证券投资决定,扰乱证券市场秩序的行为。由于"情节严重"仅是原则性的规定,尚需作出立法解释或司法解释。(3)主体要件。本罪的主体为一般主体,凡达到刑事责任年龄并且具有刑事责任能力的自然人均可成为操纵证券市场罪主体。依相关法律规定,单位亦能构成本罪。(4)主观要件。本罪在主观上只能由故意构成,且以获取不正当利益或者转嫁风险为目的。例如工作人员因玩忽职守,使有关信息严重失实,而引起股市混乱的,为过失行为,不能以操纵证券市场罪论处。

【中国案例】

董某等操纵证券交易市场责任纠纷案(2019)①

原审法院认定事实:凤形公司是上市公司,公开发行的证券代码是002760,证券简称"凤形股份"。2017年8月9日,凤形公司在巨潮资讯网发布《安徽省凤形耐磨材料股份有限公司关于非公开发行股票申请获得中国证监会发审会审核通过的公告》,载明:2017年8月9日,中国证监会发审委员会对凤形公司2016年度非公开发行A股股票的申请进行了审核;根据审核结果,公司本次非公开发行A股股票的申请获得审核通过。2017年9月26日,凤形公司在巨潮资讯网发布《安徽省凤形耐磨材料股份有限公司关于非公开发行股票获得中国证监会核准批文的公告》,载明:凤形公司于2017年9月26日收到中国证监会

---

① 参见安徽省合肥市中级人民法院(2018)皖01民初807号一审民事判决书,安徽省高级人民法院(2019)皖民终121号二审民事判决书,最高人民法院(2019)最高法民申5881号再审民事裁定书。

出具的《关于核准安徽省凤形耐磨材料股份有限公司非公开发行股票的批复》（证监许可〔2017〕1641号）。

2018年2月6日，凤形公司发布《停牌公告》，称公司股票于2018年2月6日开市起停牌，预计停牌时间不超过10个交易日。2018年2月12日，凤形公司发布《复牌公告》，称公司股票将于2018年2月12日开市起复牌，2018年2月14日，凤形公司发布《股票交易异常波动公告》，介绍凤形公司股票交易价格连续二个交易日（2018年2月12日、2018年2月13日）收盘价格跌幅偏离值累计超过20%，根据深圳证券交易所的相关规定，属于股票交易异常波动的情况；经自查，公司不存在违反信息公平披露的情形。

2018年7月13日，中国证券报报道《华北第一操盘手操盘路径曝光凤形股份雪崩内幕起底》一文。同日，凤形公司收到深圳证券交易所《关于对安徽省凤形耐磨材料股份有限公司的关注函》（中小板关注函〔2018〕第248号）。基于此，2018年7月18日，凤形公司发布《关于深圳证券交易所关注函的回复公告》，对上述关注函所涉问题进行了说明和回复。问题1：公司实际控制人及其一致行动人，时任董事、监事、高级管理人员是否对文章所述内容知情，你公司是否决定或参与上述交易决策，你公司是否存在应披露而未披露的事项。回复说明："凤形股份自2015年6月登陆A股中小板以后，一直未利用上市公司平台从事过资本运作的事宜。为了充分发挥上市公司的资本平台优势，加快公司的发展步伐，经公司2015年12月8日召开的第三届2015年第八次董事会选举和聘任，陈维新当选为公司副董事长、总经理，全权负责公司的资本运作业务。陈维新当选后，即着手组建公司资本运作的新团队并开始谋划相关的资本运作事项……公司董事会于是选聘了资本运作经验相对丰富的邓明等其他具体业务人员，重新组建了公司的资本运作团队，并在国内资本市场的前沿地带上海成立了全资子公司，并着手运作发行股份募集资金收购无锡雄伟精工科技有限公司的相关事宜，发行股份募集资金收购雄伟精工项目的具体工作内容及不涉及公司重大资产购买、处置、重大投资、重大资金使用等方面的具体工作细节及安排均由陈维新及邓明组建的业务团队具体负责，业务团队直接向陈维新和邓明汇报工作，公司董事会、监事会及股东大会仅仅是从决策程序上审议职权范围内的相关重大事项，公司实际控制人及其一致行动人、时任的其他董事、监事、高级管理人员并不过问或参与。针对《华北第一操盘手操盘路径曝光凤形股份雪崩内幕起底》一文，公司工作小组特地向文章所述当事人陈维新和邓明了解情况。陈维新及邓明陈述：其对文章部分内容知情，包括：上述二人为保障公司非公开发行事宜与文章中涉及的张某某、李某某进行沟通接触，与张某某、李某某之间存在资金往来，上述资金往来为陈维新分四次借给了张某某、李某某人民币9600万元，该笔资金的来源系陈维新向其个人朋友处借款8000万元、自有资金1600万元。

但二人认为文章中所述的'指使两名操盘手拉升股价''涉嫌通过关联人账户进行操作''动用配资公司配资操作的具体融资、操作过程及操作结果情况'存在明显的误导性和与事实情况背离的情形,陈维新及邓明对该等事项的具体情况并不知情。此外,上述二人认为,作为公司非公开发行项目的主要负责人,自始至终二人的工作思路、工作方法均以为保障非公开发行顺利实施的市场化、合法化原则为出发点。在运作公司发行股份募集资金收购雄伟精工项目过程中,未曾因上述事项动用过公司任何资金、未以公司名义与相关二级市场人士建立过任何合作关系、不存在任何关联账户的相关情形,从未涉及企图操纵证券市场、谋取不当利益的行为。经公司工作小组核查,就文章所述内容,陈维新及邓明团队未向公司主要股东(包括实际控制人及其一致行动人)、董事会、监事会、其他时任董事、监事、高级管理人员有过任何的口头、书面汇报和提案,公司股东大会、董事会及监事会也未曾决定或参与过文章所述交易决策……公司认为,除陈维新和邓明外,公司实际控制人及其一致行动人、时任董事、监事、高级管理人员对文章所述内容在事发当时并不知情,公司未曾决定或参与上述交易决策,公司不存在应披露而未披露的事项。"问题 2:在上述文章所述时间发生期间,你公司是否存在非正常的资金流出,是否直接或间接为上述交易提供资金。回复说明:"……在上述文章所述事件发生期间,公司的资金流出正常,用于公司正常的生产经营,不存在非正常的资金流出,公司资金不存在流向文章所述人员账户的情况,公司未曾直接或间接为上述交易提供任何资金。"

董洪勤于 2017 年 12 月 6 日在南京证券股份有限公司溧阳罗湾路证券营业部开立证券账户(客户号:311800002099)。2017 年 12 月 28 日,通过该账户买入凤形股份 30 000 股,2018 年 2 月 22 日,通过该账户卖出凤形股份 30 000 股。

2018 年 7 月 31 日,中国证监会作出(2018)77 号《行政处罚决定书》,对李卫卫等人操纵大连电瓷股票行为作出行政处罚。同日,中国证监会作出(2018)12 号市场禁入决定书,对李卫卫采取终身证券市场禁入措施。

二审法院对原审法院查明的事实予以确认。最高人民法院对一审、二审查明事实予以确认。

一审法院认为,在一般的侵权纠纷案件中,受害人主张侵权人承担赔偿责任,应符合法定的构成要件:其一,有侵权行为的发生;其二,存在受害人遭受损失的损害后果;其三,侵权人的侵权行为与损害后果之间存在因果关系。操纵证券交易市场责任纠纷属于侵权纠纷,是否存在操纵证券交易市场的侵权行为、操纵证券交易市场的行为与投资人的损失之间是否存在因果关系、投资人的损失认定问题,属于本案的审理范围。

《证券法》(2014)第 77 条规定,禁止任何人以下列手段操纵证券市场:(1)单独或者通过合谋,集中资金优势、持股优势或者利用信息优势联合或者连续买卖,操纵证券交易价格或者证券交易量;(2)与他人串通,以事先约定的时间、价格和方式相互进行证券交易,影响证券交易价格或者证券交易量;(3)在自己实际控制的账户之间进行证券交易,影响证券交易价格或者证券交易量;(4)以其他手段操纵证券市场。操纵证券市场行为给投资者造成损失的,行为人应当依法承担赔偿责任。董洪勤提起本案诉讼所依据的是《证券法》(2014)第77条第1款第1项的规定,认为凤形公司通过合谋、集中资金优势操纵证券交易价格。《证券法》(2014)对操纵证券交易市场的行为仅进行了原则性的规定。而根据中国证监会《证券市场操纵行为认定指引(试行)》第2条的规定,本指引所称证券市场操纵行为是指行为人以不正当手段,影响证券交易价格或者证券交易量,扰乱证券市场秩序的行为。第6条规定,以单位名义操纵证券市场、违法所得归单位所有的,应认定单位为操纵行为人。本案中,董洪勤主张凤形公司承担侵权赔偿责任,首先应审查的是凤形公司是否实施了操纵证券交易市场的侵权行为,也即凤形公司是不是本案的侵权行为人。对此分析如下:(1)根据谁主张谁举证的原则,董洪勤应举证证明凤形公司实施了证券市场操纵行为,凤形公司是实际侵权人。董洪勤于本案审理期间提供的证据,仅说明案外人与陈维新个人的资金往来,出庭的证人亦未认可陈维新以凤形公司名义与相关主体有资金往来,董洪勤并无证据证明陈维新是以凤形公司名义对外进行资金往来。(2)关于董洪勤认为陈维新的行为构成职务行为的理由,职务行为是工作人员行使职务的行为,是履行职责的活动,判断职务行为的要素包括行为人是以谁的名义从事民事行为。职务行为一般是以单位的名义对外从事民事活动,行为人以个人名义对外从事民事活动的,不能认定为职务行为。董洪勤提供的证据不能证明陈维新是以公司名义进行资金往来,凤形公司也未追认,故董洪勤的该理由不能成立。(3)中国证监会并未对操纵行为人操纵凤形股份股票进行认定并作出行政处罚决定。结合以上几点分析,本案尚不足以认定凤形公司实施了操纵证券交易市场的侵权行为,不能认定凤形公司是操纵行为人。此外,本案系侵权案件,董洪勤对其损失由操纵证券交易市场的行为造成的因果关系应承担举证责任。董洪勤对此亦无证据证明,应承担举证不能的法律后果。综上所述,董洪勤的诉讼请求无事实依据,不予支持。该院依据最高人民法院《关于民事诉讼证据的若干规定》第2条规定,判决驳回董洪勤的诉讼请求。

宣判后,原审原告人董洪勤不服判决,向安徽省高级人民法院提出上诉。安徽省高级人民法院经审理后认为,董洪勤依据《证券法》(2014)第77条第1款第1项,主张凤形公司通过与他人合谋,集中资金优势操纵证券交易价格,对此其负有相应的举证证明责任。但本案现有证据不足以证明凤形公司直接或间接为案外人提供交易资金,及与案外人之间存在合谋操纵证券市场的意思联络,即不能认定凤形公司实施了操纵证券交易市场的行为。董洪勤上诉主张陈维新与案外人之间的资金往来构成职务行为。根据我国《民法总则》(2017)第170条第1款规定,执行法人或者非法人组织工作任务的人员,就其职权范围内的事项,以法人或者非法人组织的名义实施民事法律行为,对法人或者非法人组织发生效力。据此,行为人须以法人的名义实施其职权范围内的事项,该行为的法律效果方可归责于法人。就本案而言,操纵证券市场是《证券法》(2014)第5条明令禁止的违法行为,凤形公司作为证券市场的参与主体,必须遵守法律、行政法规,其工作人员亦同。陈维新虽系凤形公司副董事长、总经理,负责发行股份募集资金收购雄伟精工项目的具体工作,但以违法手段操纵证券市场显然并非履行该项职责之所需,且无证据证明陈维新系以凤形公司的名义进行资金往来,抑或资金来源于凤形公司。凤形公司通过非公开发行证券方式融资,公司及其股东、实际控制人、发行对象等均属于利益相关方,仅凤形公司可能从中获益的事实,不能作为职务行为的认定依据。董洪勤此节上诉理由于法无据,本院不予采纳。因此,董洪勤关于凤形公司实施了操纵证券交易市场的行为,应赔偿其投资损失的诉讼请求,缺乏事实和法律依据,本院不予支持。另,关于董洪勤原审提交的部分证据,除真实性无法核实外,亦不能达到其证明目的,原审法院对该部分证据不予认定,并无不当。因案涉事实发生在监管部门对李卫卫等人的操纵行为作出行政处罚之前,原审法院将凤形公司未牵涉其中作为认定本案侵权行为是否存在的考量因素,亦无不当。综上所述,董洪勤的上诉理由均不能成立,其上诉请求应予驳回。依照我国《民事诉讼法》(2017)第170条第1款第1项规定,判决驳回上诉,维持原判。

二审裁判结果宣判后,原审原告人、二审上诉人董洪勤不服二审判决,向最高人民法院申请再审。最高人民法院经审理后认为,本案有以下争议焦点,一是陈维新的行为是否属于职务行为;二是如陈维新的行为属于职务行为,该行为与董洪勤的损失之间是否存在因果关系。

(1)关于陈维新的行为是否属于职务行为的问题。我国《民法总则》(2017)第170条第1款规定:"执行法人或者非法人组织工作任务的人员,就其职权范围内的事项,以法人或非法人组织的名义实施民事法律行为,对法人或者非法人组织发生效力。"据此,认定陈维新的行为是否属于职务行为,是否对凤形公司发生效力,需满足《民法总则》第170条第1款规定的条件。首先,董洪勤并未提供证据证明陈维新是以凤形公司的名义与张某某、李某某进行资金往来;其次董洪勤也未能提供证据证明陈维新对外出借的款项来源于凤形公司,董洪勤亦不否认款项为陈维新个人筹措。因此,原判决认定该行为不属职务行为并不缺乏证据证明。

(2)关于如陈维新的行为属于职务行为,该行为与董洪勤的损失之间是否存在因果关系的问题。如前所述,因不能将陈维新所实施的行为认定为职务行为,故无必要再对该行为与董洪勤的损失之间是否存在因果关系进行论述。另外,一审时董洪勤主张"由于操盘人员因涉嫌操纵股价,证券监督管理委员会拟对其进行处罚,被媒体曝光后,导致其操盘的股票产生连锁反应,凤形股份也一起跌停。董洪勤始知自己的损失是受到凤形公司操纵市场之害",表明董洪勤认为凤形股票的跌停系由于操纵股价被媒体曝光所致。而据一审法院查明事实,2018年2月22日,董洪勤卖出凤形股票,而媒体曝光相关事件的时间为2018年7月13日,这也说明董洪勤的交易行为与媒体曝光不存在关联性,其主张的因果关系不成立。再审审查时,董洪勤主张"由于凤形公司操纵市场失败,导致股价下跌,造成董洪勤的亏损,所以凤形公司操纵市场的行为与董洪勤的损失之间有直接的因果关系"。此时,董洪勤违反禁止反言原则,且未提供证据足以推翻其前述陈述。即便如此,董洪勤并未提供凤形公司操纵股票市场的相关证据,也未对凤形公司股价下跌与陈维新对外出借资金有何关联作出任何说明。因此,对于董洪勤该项再审主张本院不予支持。

关于董洪勤提出的调查事由,董洪勤并未提交证监会有针对凤形公司涉嫌操纵证券交易市场而正在进行调查的相关证据;证监会也并无认定凤形公司有扰乱证券市场秩序或违规操纵股票市场的相关结论或处罚决定。在无任何结论的前提下,原判决未将该事由作为认定案件事实的考量因素,亦无不当。

综上,董洪勤的再审申请不符合《民事诉讼法》(2017)第200条规定的应当再审情形,最终判决驳回董洪勤的再审申请。

第十三章 短线交易及其法律规制

根据现代公司法"所有权和经营权二权分离"之原则,公司的董事(监事)及其他高管掌握着公司的经营权,属于公司的天然内部人,公司的所有经营管理事务尽在其掌控之中。因此,如果法律允许这些人自由地买卖公司股票,基于"理性人"的假设,他们极易为谋取个人私利而操纵市场。同时,公司的大股东因其地位而通常也成为内部人,同样也有为谋取个人私利而操纵市场的倾向。可是,要证明这些人实施了内幕交易是一件十分困难的事情,更遑论证明上述内部人是否进行了内幕交易。因此,出于防范内幕交易的发生,维护公众投资者对证券市场的信心,各国或地区基本上都建立了"短线交易制度"。该制度采取反向假定模式,即直接假设公司的上述人员会利用内幕信息进行投机谋利,因此他们在法定期间内只要进行了相互匹配的反向交易行为,法律就一律将其所获收益强制性地归入公司,而不论其是否知悉或者利用内幕信息。

1993年,我国发布的《股票发行与交易管理暂行条例》最早确立了我国短线交易制度。2019年修订的《证券法》,对短线交易制度作了进一步的修订:(1)拓展了短线交易的主体,不仅包括上市公司持有5%以上股份的股东、董事、监事、高级管理人员的短线交易行为,还包括新三板挂牌公司中的前述相关人员,以及前述人员的配偶、父母、子女;(2)拓展了短线交易的客体,除了股票之外,还包括"其他具有股权性质的证券";(3)拓展了短线交易的豁免情形,除了"证券公司因购入包销售后剩余股票"外,还增加了"以及有国务院证券监督管理机构规定的其他情形";①(4)加大了短线交易的行政处罚力度,从原先的"三万元以上十万元以下"上升至"十万元以上一百万元以下"。②

---

① 《证券法》(2019)第44条规定:"上市公司、股票在国务院批准的其他全国性证券交易场所交易的公司持有百分之五以上股份的股东、董事、监事、高级管理人员,将其持有的该公司的股票或者其他具有股权性质的证券在买入后六个月内卖出,或者在卖出后六个月内又买入,由此所得收益归该公司所有,公司董事会应当收回其所得收益。但是,证券公司因购入包销售后剩余股票而持有百分之五以上股份,以及有国务院证券监督管理机构规定的其他情形的除外。前款所称董事、监事、高级管理人员、自然人股东持有的股票或者其他具有股权性质的证券,包括其配偶、父母、子女持有的及利用他人账户持有的股票或者其他具有股权性质的证券。公司董事会不按照第一款规定执行的,股东有权要求董事会在三十日内执行。公司董事会未在上述期限内执行的,股东有权为了公司的利益以自己的名义直接向人民法院提起诉讼。公司董事会不按照第一款的规定执行的,负有责任的董事依法承担连带责任。"

② 《证券法》(2019)第189条规定:"上市公司、股票在国务院批准的其他全国性证券交易场所交易的公司的董事、监事、高级管理人员、持有该公司百分之五以上股份的股东,违反本法第四十四条的规定,买卖该公司股票或者其他具有股权性质的证券的,给予警告,并处以十万元以上一百万元以下的罚款。"

第一节 短线交易概述

所谓短线交易,根据《证券法》(2019)第44条的规定,是指上市公司董事、监事、高级管理人员、自然人股东持有的股票或者其他具有股权性质的证券,包括其配偶、父母、子女持有的及利用他人账户持有的股票或者其他具有股权性质的证券,在法定期间内(6个月)对公司上市股票买进后再行卖出,或卖出后再行买入的行为。基于该条的理解,以及其他法律法规,以下属于特殊的短线交易行为:(1)如果社保基金理事会与各投资管理人,以及各投资管理人之间的投资决策不是相互独立的,那么对该公司股票的买卖应受《证券法》(2019)6个月持有期的限制;全国社保基金委托的单一投资管理人持有上市公司的股份超过5%时,也应该严格遵循《证券法》(2019)第44条有关短线交易的规定;(2)认购公开增发股份、认购定向增发股份;(3)约定购回式证券交易中股东回购;(4)持有同一上市公司的A股和B股再进行相关买卖活动;(5)股票转为ETF份额再赎;(6)设置委托投票权,等等。

由此可以看出,短线交易行为涉及对证券的买入和卖出。所谓"买入"和"卖出",根据美国《1934年证券交易法》第3(13)条①之规定,二者均包括用于买进、购买或以其他方式收购的合同;对于证券期货产品,则包括任何合约、协议或未来交割之交易。根据该法第3(14)条②的规定,"销售"和"卖出"均包括用于卖出或以其他方式进行处置的合同;对于证券期货产品,则包括任何合约、协议或未来交割之交易。看起来上述立法对短线交易中的买卖行为作出了较为宽泛的规定,但还是不能含括市场中层出不穷的创新之举,诸如资本结构调整(recapitalization)、股权置换(exchange)、转换(conversions)、合并(mergers)、卖出期权

---

① 原文如下:(13) The terms "buy" and "purchase" each include any contract to buy, purchase, or otherwise acquire. For security futures products, such term includes any contract, agreement, or transaction for future delivery. For security-based swaps, such terms include the execution, termination (prior to its scheduled maturity date), assignment, exchange, or similar transfer or conveyance of, or extinguishing of rights or obligations under, a security-based swap, as the context may require. Available at https://www.govinfo.gov/content/pkg/COMPS-1885/pdf/COMPS-1885.pdf, 2023-5-31.

② 原文如下:(14) The terms "sale" and "sell" each include any contract to sell or otherwise dispose of. For security futures products, such term includes any contract, agreement, or transaction for future delivery. For security-based swaps, such terms include the execution, termination (prior to its scheduled maturity date), assignment, exchange, or similar transfer or conveyance of, or extinguishing of rights or obligations under, a security-based swap, as the context may require. Available at https://www.govinfo.gov/content/pkg/COMPS-1885/pdf/COMPS-1885.pdf, 2023-5-31.

(puts)或买入期权(calls)等行为。① 因此,司法实践通过判例的积累,建立了一些界定"买卖"内涵的方法②,其中尤以"机械检测"(Mechanical Test)方法为典型代表。③

所谓"机械检测"(Mechanical Test)方法,由"客观"(objective)"实用"(pragmatic)两项标准所组成,其中"客观"标准侧重对法律条文进行文义解释,凡是符合其含义的交易即应承担法律责任;④而"实用"标准则侧重对法律条文的立法意图进行解释,主要是为了防止交易可能导致投机滥用的情形。⑤ 这两项标准用于确定法院何时应介入对特定事实情况下存在的投机滥用机会的主观性调查。一般而言,此种调查通常发生在"非传统交易"(unorthodox transactions)之中,以及交易不会被法院认为是具有投机滥用可能性的情况。⑥ 而针对非传统交易的情形,美国法院在决定一项交易是否属于短线交易规范下的买卖行为,通常会考虑以下因素:(1)该行为是否出于自愿:如果行为人是被迫执行一项交易的话,那么这项交易就不能成为滥用内幕信息的工具。(2)是否有接触内部信息的途径。(3)时间上的控制(control of timing):如果行为人是无法控制交易时间进度的话,那么该人将无法精确地根据内幕信息与股价变动相配合。(4)行为人是否已经最终获利(cashes out):如果行为人实现交易的获利并将利益转化为无风险的形式(例如转换为现金),那么通常要受短线交易规范的规制。(5)经济上的等同性(economically equivalence):如果内部人实施交易所取得的经济利益只是类似于"证券"而非现金的话,那么通常不认为这存在着不当地滥用内部信息。(6)全资控股实体(wholly-owned entities)之间的交易:如果内部人交易的客体是其全资持有的两家公司的股权证券时,由于从一家公司所获得的短线交易的收益,会因为另一家公司的损失而抵消,因而此种情形也不

---

① 美国司法实践对于一项交易是否会被认为是第16(b)条下的买入或卖出行为的标准,是看该行为是否具有"使该交易有可能成为第16(b)条所规定的投机的性质",但是该标准由于高度概括而同样缺乏可操作性。参见〔美〕罗伯特·W.汉密尔顿:《美国公司法(第5版)》,齐东祥等译,法律出版社2008年版,第386页。

② See Kern County Land Co. v. Occidental Petroleum Corp., 411 U.S. 582 (1973).

③ See Alan R. Palmiter, *Securities Regulation: Examples & Explanations*, China Fangzheng Press, 2003, p.364.

④ 客观分析法源自美国第二巡回法院对Smolowe v. Delendo Corp.(1943)案的审理。该方法认为只要发生了证券交易就应被认定为买入或卖出,而不考虑内部人从事交易的理由,也不论其是否获得或利用内幕信息。客观分析法只适用于传统的证券交易,对诸如收购兼并中的股份交换、期权交易等非传统的证券交易并不适合。See Smolowe v. Delendo Corp., 136 F. 2d 231, 237 (2d Cir. 1943).

⑤ Lee Hazen, *Securities Regulation: Cases and Materials*, Thomson/West, 2006, p.600.

⑥ 〔美〕莱瑞·D.索德奎斯特:《美国证券法解读》,胡轩之、张云辉译,法律出版社2004年版,第297页。

会有法律所禁止的短线交易的发生。① 在审理 Smolowe v. Delendo Corp. (1942)案② 时,纽约南部地区法院认为:只要发生了证券交易就应被认定为买入或卖出,而不考虑内部人从事交易的理由,也不论其是否获得或利用内幕信息。具体详尽的论述,参看后文的【域外案例】。

我国对短线交易的规制基本上是效仿美国《1934 年证券交易法》的。根据《证券法》(2019)第 44 条规定,短线交易行为包含了先买后卖和先卖后买两类,但未明确规定何种情形属于"买入""卖出",以及何种情形之下可以豁免。对此,有学者建议借鉴美国上述司法实践,首先区分传统交易与非传统交易③,然后以此界定短线交易的标的范围:(1) 对于传统交易,即现金买卖股票的交易行为,应该划为短线交易的范围;(2) 对于非传统交易,则可以参考前述美国司法实践所总结的 6 条标准来进行综合判断。

根据我国《证券法》(2019)第 44 条第 1 款的规定,可知对上市公司高管等内部人、持股 5% 以上的股东,采取了"无过错责任原则",因而可以认定该法律责任的性质属于侵权责任。但是,在我国认定侵权责任,都需要证明被告有过错;即使对内幕交易民事责任之认定原则采取过错推定原则,原告也仍然需要证明被告有违法行为、原告有损害结果、违法行为与损害结果之间有因果关系三要件,才能要求被告承担损害赔偿责任。因而将短线交易的民事责任性质确定为"侵权责任"是很牵强的。实际上,短线交易的法律责任性质是一种独立的法定责任,因为我国《证券法》(2019)第 44 条正好明确规定了证券民事责任的具体制度和适用规则,进一步表明短线交易的法律责任是一种独立的法定责任,无须再通过对侵权法的一般规定进行演绎和推导。

最后需要说明的一点是,虽然短线交易源自内幕交易,但二者存在显著的区别:(1) 构成要件不同。内幕交易必须有利用内幕信息的行为;而短线交易不以利用内幕信息为构成要件,只要是内部人在一定时间内买进股票再卖出或卖出股票再买进,都构成短线交易。(2) 主体不同。内幕交易的主体是内幕信息的知情人员;而短线交易的主体仅限于内部人,范围通常小于前者。(3) 责任不同。由于短线交易损害的主要是公司利益,因此公司对从事短线交易的人拥有归入权;而从事内幕交易者,由于内幕交易行为侵害的是社会公众投资者利益,需要承担民事责任、行政责任直至刑事责任。

---

① American Bar Association, "Report of the Task Force on Regulation of Insider Trading By The ABA Committee on Federal Regulation of Securities", 42 *Bus. Law* 1087 (1987). pp.1115-1116.

② Smolowe v. Delendo Corp. 46 F. Supp. 758 (S.D.N.Y. 1942).

③ 对于短线交易中的买卖行为,美国的司法实践根据其对象的不同而有传统交易和非传统交易之分。参见 American Bar Association, "Report of the Task Force on Regulation of Insider Trading By The ABA Committee on Federal Regulation of Securities", 42 *Bus. Law* 1087 (1987). pp.1114-1115。

【域外案例】

Smolowe v. Delendo Corp. (1942)[①]

地方法官 Bright 发表了法院的审理意见。

涉案的这些诉讼是由德兰多公司(Delendo Corporation)的股东斯莫洛维(Philip Smolowe)和利维(M. William Levy)提起的,目的是为公司收回在 1939 年 12 月 1 日至 1940 年 6 月 1 日期间获得的利润;被告分别是公司的总裁和副总裁瑟斯基斯(I. J. Seskis)和卡普兰(Henry C. Kaplan),以及公司的董事,他们各自拥有约占 12% 的普通股。这些案件在没有陪审团的情况下合并审理。

案件的争点涉及《1934 年证券交易法》第 16(b)条的解释和合宪性问题,其内容如下:"为防止受益所有人、董事或管理人员因其与发行人的关系而获得的信息被不公平地利用,该受益所有人、董事或管理人员因任何买入或卖出而实现的任何利润,在任何少于 6 个月的期间内,且不考虑该等受益所有人、董事或高级人员的意图如何,均应由该等发行人依法追讨,但该等证券是在与先前订立的债务有关的情况下善意取得的除外。发行人可在任何有管辖权的法院,依据制定法或衡平法,提起追讨该等利润的诉讼,或由发行人的任何证券的所有人,以发行人的名义并代表发行人提起诉讼。如果发行人在请求后 60 天内未能提起诉讼或者拒绝提起诉讼,或者此后未能积极地提起诉讼,则此类诉讼不得在该利润实现之日起超过两年后提起。本款不得用来解释任意交易。任意交易包括在买入或卖出的任意情况下,对受益所有人不安全的交易;或者根据除本款之外的、SEC 无法适用的规章制度,而被排除的交易。"

《1934 年证券交易法》第 16(a)条要求直接或间接拥有在全国证券交易所注册的任何类别股权证券(豁免证券除外)超过 10% 的受益所有人,或该等证券发行人的董事或高级职员,向交易所及 SEC 提交一份有关其所拥有的权益性证券数额的报表,并在其后每个月结束后 10 天内提交另一份报表,说明其所拥有的权益性证券及该月内所发生的该等权益性证券的变动情况。

法院已查明的事实如下:德兰多公司的前身是 Oldetyme Distillers 公司。1940 年 5 月 22 日,基于对解散公司的考虑,公司更名为德兰多公司,并于 1940 年 6 月 28 日解散了。在 1939 年 12 月 1 日至 1940 年 6 月 1 日这段时间内,该公司的股票已在纽约证券交易所正式注册并上市,该交易所过去是现在仍是《证券法》所规定的全国证券交易所,而且该股票不是豁免证券。

[①] 编译自 Smolowe et al. v. Delendo Corporation et al. (United States, Intervenor), 46 F. Supp. 758 (S. D. N. Y. 1942)。

涉案的这些个人被告自 1933 年 4 月 7 日以来一直是该公司普通股的所有者。被告瑟斯基斯于 1940 年 1 月 19 日从美国 Distillers Brewers 公司购买了 14 920 股公司股票，支付 24 245 美元。1940 年 2 月 28 日，他在纽约证券交易所购买了 584 股股票，支付了 905.20 美元，两批股票的购买总价为 25 150.20 美元。他曾于 1936 年从 Inwood 公司（被告卡普兰全资拥有）借款 54 536.03 美元。他不时地通过付款来减少这一债务，并于 1940 年 4 月 4 日以每股 2.25 美元的价格向卡普兰转让了该公司 15 800 股股票，共计 35 550 美元，从而完全偿还了债务。瑟斯基斯实际交付给卡普兰的股票，与瑟斯基斯在起诉期间获得的股票不同，后者获得的股票，有些是 1934 年 8 月 3 日获得的，其余是在 1937 年 5 月 4 日获得的。原告声称，他以 25 150.20 美元的价格购买了 15 504 股股票，向卡普兰出售了 15 800 股股票，从 9733.80 美元的 15 504 股股票中获利。

被告卡普兰在本案审理期间，在纽约证券交易所购买了公司股票（略）……在同一时期内，他在同一交易所进行了如下出售（略）……在所售股票中，有 1600 股是在所述期间购买的相同股票。此外，没有其他股票。原告声称，被告卡普兰在 8305.16 美元期间从所购买和出售的股票中获利。被告承认上述所有买卖都是在纽约州境内进行的。也没有人声称或争辩说，上述个人被告有人实施了欺诈行为，或者他们中的某个人不公平地利用了其获知的有关任何交易的任何信息。

…………

在我（Bright 法官）看来，我们应考查一下国会设立特定的援助方案所试图禁止、规范或救济的错误、做法或交易是什么，这是有助于审理本案的。在该法第 2 条中，国会认为，由于在交易所内的证券交易，或者在场外进行证券交易，都会对国家公共利益有影响，因而有必要对其进行监管，包括由公司高管、董事和主要证券持有人所实施的交易在内。国会认为，有必要保护州际商业、国家信贷和联邦征税权，以及保护和提高国家银行和联邦储备系统的效力等等，目的是力求"确保在此类交易中维持公平和诚实的市场"。除其他重要因素之外，国会明确认识到，此类交易构成了当前州际贸易的重要组成部分，涉及了从事州际贸易的发行人的大部分证券，会影响国家信用，以及在该等交易中所确立及提供的价格，这构成了决定证券买卖价格的基础。除其他措施之外，国会力求控制过度投机、价格突然与不合理的波动、非理性的信贷扩张和收缩，以及国家失业和贸易与工业失调等紧急情况。这些都是理解联邦证券法的主要因素，它们对解决本案所涉及的问题具有特别的意义。

国会的上述调查结果之推定是正确的，除非根据常识性的事实、法院查明的相关事实，或者涉案当事人证明的不应适用联邦证券法的事实等，否则国会的这些调查结果应视为真实的。当然，在我所知晓的范围内，或者我在审案时关注到的事实,或者已经提请我注意的事实,或者已经被查证的事实,这些都不能支持我有理由无视或质疑国会的这些调查结果。参见 SEC v. Torr, D. C. 案①、West Coast Hotel Co. v. Parrish 案②。

现在接下来讨论联邦证券法对董事、高管和主要股东的适用问题。根据第16(a)条,主要股东,是指直接或间接持有"在全国证券交易所注册的"任何类别股票10%以上的股东。本条适用于高管、董事或主要股东。在第16(b)条中,在第2项一般规定的目的范围内,另一个目的是防止此类受益所有人、董事或高管,因其与发行人的关系而获得的信息被不公平地利用。这就是说,并不要求利润的损失取决于是否有不正当利用的意图。发行人或代表发行人的人,没有将证明这种不公平利用作为追偿的必要条件。法律的目的是试图消除上述三类中一人或多人可能利用此类信息的诱惑。……

我(Bright 法官)认为,联邦《证券法》第16(b)条明确规定,受益所有人、高管或董事在6个月内进行的任何买入或卖出,如有利可图,均应为发行人的利益,无论是否显示(他们)不公平地利用了内幕信息。国会没有禁止这种交易,它只是想消除自私的动机。它将通常所说的"短线交易"定义为在6个月内发生的交易。被告辩称,买入和卖出的必须是同一种证券,才能将其纳入法律监管。(我认为)如果这样的建议被采纳的话,国会的意图显然就荡然无存。从事特定交易的人,在一段时间内,通过实施股票的反向操作,会轻易地逃脱法律的监管,(所以)第16(a)和(b)条应该对他适用。如果在出售股票之后又实施回购,基本上不可能是同一种类的证券,(如果这样的话)本法第16(b)条也将没有任何适用的余地。国会(显然是)不可能有这样的打算的,它并不考虑买卖的股票种类是否可以不同的问题。参见 Richardson v. Shaw 案。③

被告瑟斯基斯进一步辩称,当他通过向卡普兰转让 15 800 股以偿还债务时,并不是出售股票。我们认为,第16(b)条中的规定不能被赋予这样的限制性含义。第3(a)(14)条中的"出售"之定义,清楚明白地包括对证券的出售"或其他处分"。被告还辩称,这种买入和卖出必须在全国性的交易所进行,而他只有584股股票是这样交易的。但是,(我们认为)第16(b)条并没有对交易场所进行限制;第16(a)条显然适用于"在全国证券交易所注册的"股票证券,同样也包括被告所称的股票。最后,被告辩称,他将 15 800 股股份转让给卡普兰,属于联邦证券法的豁免情形——"除非这种证券是在与先前签订的债务有关的善意情况

---

① SEC v. Torr, D.C., 15 F. Supp. 315-320, 1936, reversed on other grounds, 2 Cir., 87 F. 2d 446, 1937.

② West Coast Hotel Co. v. Parrish, 300 U.S. 379, 57 S.Ct. 578, 81 L. Ed. 703, 108 A.L.R. 1330.

③ Richardson v. Shaw, 209 U.S. 365, 28 S.Ct. 512, 52 L. Ed. 835, 14 Ann. Cas. 981.

下获得的"。豁免明确地涉及了"转让"(acquired)的权益证券,而不是出售或以其他方式处置的权益证券。这确实有利于被告卡普兰。

在我(Bright 法官)看来,显然,公司章程相关条款明白无误地规定了涉诉交易,规定原告有权基于其公司利益的考虑,收回个别被告在所述期间获得的利润。

被告对此提出的看法是,如果该条款规定被解释为适用于此种交易,那么:(1) 它违反了宪法第五修正案,在没有正当法律程序的情况下剥夺了个人被告的财产;(2) 由于所有交易均发生在纽约州境内,因此它们不属于《美国宪法》第一编第 8 条第 3 款(clause)和第十修正案所规定的州际贸易的一部分;以及(3)《1934 年证券交易法》第 16(b)条最后一句所规定的豁免权,即赋予 SEC 行使立法权,构成了非法的立法授权,违反了《宪法》第一编的第 1 条及第 8 条第 18 项(paragraph)规定。

在我(Bright 法官),在讨论上述问题时,必须牢记:国会在处理公司的高管、董事和主要股东的问题上,是在通过立法规制涉及那些行为不受市场一般规则约束的人。这些个人以受托人的身份行事,以信托的方式行使权力。参见 Pepper v. Litton 案、Pink v. Title Guarantee Trust Co. 案。① 根据始终如一保护本国公共政策的法律法规,上述主体不得因其信托地位或可能在其任职期间所获得的信息或者形成的影响而获利;换言之,他们不得利用与公司的这种关系为自己谋取私利。这项原则已由以下案例所确立:Blum v. Fleishhacker, D. C. 案、Strong v. Repide 案、Goodwin v. Agassiz 案、New York Trust Co. v. American Realty Co. 案、Bray v. Jones 案、Kelsey v. New England Street Railway Co. 案、Porter v. Healy 案、Dawson v. National Life Insurance Co. 案。②

诚然,在公司或其股东没有卷入交易的情形下,法院并未将这一原则应用于高管、董事或主要股东的股票交易。然而,国会认为应该更进一步,而这只是一小步。它并不禁止这种交易,它只是禁止把利润归于(公司高管等)个人。

在对上述问题进行了广泛调查之后,国会面临着将前文所列举的案件中已经阐明的有益原则,是否适用于本案的审理。毫无疑问,我们美国自 1929 年以来经历了极其困难的时期,它感到有需要对股票市场进行某种管制;这种管制不仅应扩大到交易所本身,而且应扩大到可能影响交易所价格的任何交易,扩大到

---

① Pepper v. Litton, 308 U. S. 295, 306, 311, 60 S. Ct. 238, 84 L. Ed. 281; Pink v. Title Guarantee Trust Co., 274 N. Y. 167, 8 N. E. 2d 321.

② Blum v. Fleishhacker, D. C., 21 F. Supp. 527-531; Strong v. Repide, 213 U. S. 419-432, 29 S. Ct. 521, 53 L. Ed. 853; Goodwin v. Agassiz, 283 Mass. 358, 186 N. E. 659; New York Trust Co. v. American Realty Co., 244 N. Y. 209-219, 155 N. E. 102; Bray v. Jones, 190 Wis. 578, 209 N. W. 675; Kelsey v. New England Street Railway Co., 62 N. J. Eq. 742, 48 A. 1001; Porter v. Healy, 244 Pa. 427, 91 A. 428 432; Dawson v. National Life Insurance Co., 176 Iowa 362, 157 N. W. 929, L. R. A. 1916E, 878, Ann. Cas. 1918B, 230.

可能引发或煽动的过度投机。根据前文所提到的陈述和调查结果,证券法要监管那些与所发行的股份具有全国性的公司存在信托关系之人,这些人由于其地位而被推定拥有(涉及证券的)内幕信息。国会认识到,虽然很多的个别交易可能不是在交易所进行的,但这些交易确实会对交易所的价格,以及作为信贷和税收基础的价格产生某种影响。因此,国会的结论是,要比先前案件所确立的司法规则更进一步。参见 Chenery Corp. v. SEC 案。① 在该案中,SEC 作出了一项命令,被认为超出了 SEC 的权限,但国会承认了这种改变。

关于缺乏正当程序的问题。被告辩称……在我(Bright 法官)看来,这种观点是站不住脚的。本节没有规定不可反驳的推定。它只是明确地规定,负有上述信托条款规定之义务的人,其所获得的利润应归其公司所有,无论这些利润是否通过利用内幕信息获得。在这里,不需要任何证据证明被告的利益或目的,也不需要证明有无恶意或利用此类信息。被告进一步辩称,由于这一解释,在一个从来不是公司的标的物上,或实际上在其机会范围内,在一个通常是公司所禁止的领域内,没收了财产利益,因此,第 16(b)条之规定是武断和无效的;它妨碍了在《公司法》生效日期之前或之后但在 6 个月期限之内获得的股票的使用权,以及在处置股票时获得利润的既得权利。它将延伸这一观点,时间已经太长了,不足以涵盖所主张的每一点。可以说,在试图解决国会面前的一个难题时,在彻底调查了其中所涉及的事项和事情之后,无疑对国家的经济、财政和道德问题产生了影响,这一点在《1934 年证券交易法》第 2 条中有更全面的阐述,有关法规获得通过。它为解决或至少纠正这些问题所作的努力应当得到法院的有益合作(参见 Tigner v. Texas 案②),如果其努力的结果不是"武断或反复无常的,这是我们必须决定的全部",并且该条例对其主体是合理的,并且是符合委员会利益而采用的,那么正当程序就应该保留。参见 West Coast Hotel Co. v. Parrish 案。③ 限制投机的立法不在宪法禁止的范围内。参见 Booth v. Illinois 案、Otis v. Parker 案。④ 该交易涉及在法案通过前或 6 个月前获得的股票,不构成障碍。参见 Uebersee Finanz-Korporation, etc., v. Rosen 案。⑤ 我认为这项立法不是武断的,也不是反复无常的。国会已经决定,根据他们的调查,商业生活中的复杂情况需要将信托关系原则扩展到公司高管、董事或其主要股东的交易,该扩张仅适用于在固定期限内进行的交易的利润损失。它认为这种扩张是由于信托关

---

① Chenery Corp. v. SEC, App. D. C. , 128 F. 2d 303-308.
② Tigner v. Texas, 310 U. S. 141, 60 S. Ct. 879, 84 L. Ed. 1124, 130 A. L. R. 1321.
③ West Coast Hotel Co. v. Parrish, 300 U. S. 379-399, 57 S. Ct. 578, 585, 81 L. Ed. 703, 108 A. L. R. 1330.
④ Booth v. Illinois, 184 U. S. 425, 22 S. Ct. 425, 46 L. Ed. 623; Otis v. Parker, 187 U. S. 606, 23 S. Ct. 168, 47 L. Ed 323.
⑤ Uebersee Finanz-Korporation, etc., v. Rosen, 2 Cir. , 83 F. 2d 225, 230.

系存在以外的其他原因所必需的。依我看,宪法及其修正案具有足够的弹性,足以涵盖这一进步。

本段是关于出售和购买的股票带有州际交易性质的讨论:在特拉华州发行,在纽约出售,在全国交易所交易,因而涉及了州际交易……

本段讨论的问题是:国会授权 SEC 立法权,后者制定了豁免条款,是否构成非法的权力下放……

本案剩下的唯一问题是损害赔偿。根据法律规定,公司或公司代表,可以收回"(公司高管等人)在任何少于 6 个月的期间内,从任何买入或卖出中实现的任何利润"。毫无疑问,被告瑟斯基斯购买了公司的股票,共有两次:一次是 14 920 股,共计 24 245 美元;另一次是 584 股,共计 905.20 美元;两次共计 15 504 股,总价 25 150.20 美元。这 15 504 股股票与其他股票一起,以每股 2.25 美元的价格出售或以其他方式处置,出售总价为 34 884 美元。因此,(公司)可向被告瑟斯基斯追讨的利润为 9733.80 美元。

卡普兰获得的利润是多少,这是一个难题。证券法只是规定,利润应在 6 个月内从"任何"买入或"任何"卖出时计算。它并没有说任何购买将被用于抵消下一次销售,也没有说任何"先进先出"的规则将被采用。立法的目的仅仅是让有能力掌握内幕信息的人进行的短线交易无利可图而已。……如我先前所述的那样,拟采用的规则是无须考虑证券的同一性的;据此来采纳 SEC 建议的计算方法,以此确定向被告卡普兰追讨的利润数额。不过,此时有必要参考卡普兰在 6 个月期间的其他股票交易情形。1940 年 4 月 4 日,他以每股 2.25 美元的价格从瑟斯基斯手中收购了 15 800 股股票,其中 15 583 股是与先前签订的债务有关的。其余 217 股是被他以 488.97 美元的现金收购的。1940 年 4 月 16 日,卡普兰分三块,以每股 2.25 美元的价格出售了这 15 800 美元的股票。该项出售可在该期间内以较低的价格,与任何其他购买相关,但不得与债务有关的任何部分相匹配。……因此,可向被告卡普兰收取的利润为 9144.07 美元。

综上所述,法院作出支持原告的判决。原告可以提出事实调查结果和法律结论,并将其送达被告的律师,被告的律师可以在 5 日内提出其反对意见。法院将作出最终裁决和结论。

以下是补充观点:

自从我对本案撰写我的观点以来,我的注意力就一直集中在前后矛盾的问题上。《1934 年证券交易法》第 16(b)条规定,对于 6 个月内的交易,"任何已实现的利润均应适用于发行人,并可由发行人收回"。该规定显然排除了在该期间抵消任何损失的可能性。因此,我认为应调整从被告卡普兰处收回的金额的计算方法,要去掉最后两次销售的数额,这将使利润增加 16.98 美元,达到 9161.05

美元。同时,我认为不应将利息计算在内。

....

案例原文①

第二节 短线交易的主体

一、责任主体的认定

短线交易的主体,是指实施了短线交易的民事法律关系主体,就是短线交易归入权的责任主体,是受归入权所规制的对象。对于短线交易归入权的规制对象的称呼,各有不同,例如"内部人范围"②、"归入权的行使对象"③、"责任的承担者"④、"归入权的规制对象"⑤等等,不一而足。综观各国或地区的法律规定,短线交易的主体主要包括股东,以及公司的董事、经理等高管人员两大类。例如,美国《1934年证券交易法》第16条⑥所规定的短线交易主体为董事、经理和持股10%以上的股东。我国台湾地区的"证券交易法"(2010)第157条、"证券交易法实施细则"(2008)和有关行政函释规定,短线交易的主体包括:(1)公司董事、监察人(监事)、经理人及持有股份超过股份总额10%的股东;(2)政府或法人当选公司之董事及监察人之代表人;(3)金融控股公司子公司的董事及监察人。⑦我国现行有效的《股票发行与交易管理暂行条例》(1993)将短线交易的主体范围限

---

① Available at https://casetext.com/case/smolowe-v-delendo-corporation-2,2023-9-18.
② 参见杨志华:《证券法律制度研究》,中国政法大学出版社1995年版,第308页。
③ 参见符启林主编:《中国证券交易法律制度研究》,法律出版社2000年版,第330页。
④ 参见莱瑞·D.索德奎斯特:《美国证券法解读》,胡轩之、张云辉译,法律出版社2004年版,第288页。
⑤ 参见杨亮:《内幕交易论》,北京大学出版社2001年版,第244页。
⑥ SEC. 16. Directors, Officers, and Principal Stockholders. (a)披露要求:证券发行公司的董事、管理层和主要股东都被要求向SEC提交由本项所规定的文件。此处的主要股东是指,以基于《1934年证券交易法》第12章注册的任意种类的股票证券(不包括豁免证券)为对象,直接或间接地拥有超过10%的股份的受益所有人。Available at https://www.govinfo.gov/content/pkg/COMPS-1885/pdf/COMPS-1885.pdf,2023-5-31.
⑦ 邱永红:《我国台湾地区规制证券短线交易的法律制度研究》,载《金融服务法评论》2012年第1期。

定为股份有限公司的董事、监事、高级管理人员和持股一定比例的法人股东,将个人股东排除在外;公司的范围则不局限于上市公司。《证券法》(2019)第44条扩大了短线交易的主体范围,将持有5%以上股份的股东、上市公司董事、监事、高级管理人员扩大到其配偶、父母、子女持有及利用他人账户持有。①

综观各国或地区的立法例来看,对短线交易主体的认定存在"实际持有"和"名义持有"两个标准,对主体身份有"一端说""两端说"和"折中说"的区分。

持采用"名义持有"的计算标准的观点认为,应以股东、董事、监事、高级管理人员的名义持有的股份来计算。理由是这种计算方法简便易行,便于实务操作。持采用"实际持有"的计算标准的观点认为,应以股东、董事、监事、高级管理人员所实际持有的股份来计算;对于董事、监事、高级管理人员和自然人股东,应将其利用配偶、未成年子女或共同生活的家属名义,或者利用其他人名义持有的股份全部计算在内;对于法人股东,该股东持有股份的计算还应该包括其一致行动人持有的股份。美国、日本和我国台湾地区在证券短线交易主体的认定上均采取"实际持有"的标准。我国《证券法》在2019年修订之前,立法仅采用了"名义持有"标准,而无"实际持有"标准,但中国证监会的实践多次采取了"实际持有"标准,即对持有5%以上股份的股东、董事、监事、高级管理人员利用、控制其亲属及他人账户实施短线交易的行为同样予以监管与处罚。例如,在易事特何思模短线交易案中,何思模作为易事特实际控制人、时任董事长,以借用他人账户的方式,于2016年11月3日买入易事特股票204 100股,于2016年12月5日卖出易事特股票204 100股,之后又于2017年1月13日买入易事特股票207 400股,于2017年2月3日至2月8日期间累计卖出易事特股票207 400股。何思模的前述股票交易行为构成《证券法》(2014)第47条规定的短线交易。深交所认为何思模的上述行为违反了该所《创业板股票上市规则(2014年修订)》第1.4条、第3.1.11条、第3.1.12条,《创业板上市公司规范运作指引(2015年修订)》第3.8.16条、第4.2.16条的规定。鉴于上述违规事实及情节,该所依据《创业板股票上市规则(2014年修订)》第16.3条和《创业板股票上市规则(2018年修订)》第16.3条的规定,经该所纪律处分委员会审议通过,对易事特集团股份有限公司实际控制人、时任董事长何思模给予公开谴责的处分。②

我国2019年修订的《证券法》在第44条第2款规定,董事、监事、高级管理人员、自然人股东持有的股票或者其他具有股权性质的证券,包括其配偶、父母、

---

① 与此相适应的是《公司法》(2018)第141条的规定,该规定允许董事、监事、高级管理人员在任职期间转让股份,只是转让股份的比例有所限制,同时公司股票上市后一年内不得转让。

② 《关于对易事特集团股份有限公司实际控制人、时任董事长何思模给予公开谴责的公告》,载深圳证券交易所网站,http://www.szse.cn/disclosure/notice/general/t20180827_554418.html,访问时间:2023-5-31。

子女持有的及利用他人账户持有的股票或者其他具有股权性质的证券,可知立法明确了"所持该公司股票",既包括其本人账户名下所持有的公司股票("名义持有"标准),又包括其实际可控制账户中持有的公司股票("实际持有"标准)。

对身份主体的"一端说""两端说"和"折中说",是指将短线交易之 6 个月交易期间的起止时点称为两个端点,短线交易人身份在起止时是否需要同时满足而形成不同观点。简言之,"两端说"要求在买入和卖出两个时点都要符合公司内部人(即短线交易人)身份;"一端说"只要求在买入时或卖出时的一个时点符合公司内部人身份即可;"折中说"则认为,对董事、监事、高管人员与持有特定比例股份的股东应当予以区别对待:(1)对于持有特定比例股份的股东应采用"两端说";(2)对于公司董事、监事和高级管理人员则应采用"一端说"。对于公司高管而言,如果他们的短线交易之买卖行为都发生在其任职期间,当然毫无疑问采用"两端说";但是,如果他们的任职期间与短线交易的期间出现了交叉情形——我国《证券法》没有规定在短线交易的买卖时点短线交易人都应当担任前述职务——诸如:(1)在任职之前买入股份,在任职期间内卖出,相距不超过 6 个月;(2)在任职之前卖出股份,在任职期间内买入,相距不超过 6 个月;(3)在任职期间内买入,在离职后卖出,相距不超过 6 个月;(4)在任职期间内卖出,在离职后买入,相距不超过 6 个月;(5)任期不满 6 个月者,在任职前卖出,在离职后买入;(6)任期不满 6 个月者,在任职前买入,在离职后卖出。对以上若干情形,就需要明确采取哪一种观点。美国在此问题上采行了"折中说"标准,即对董事、高管人员采行"一端说"标准,对持股超过 10% 的股东采行"两端说"标准,其主要理由就是股东获取内幕消息的能力没有董事、高级管理人员强。

二、大股东的认定

大股东被列入短线交易的主体是各国或地区证券法律的通例,主要是因为大股东较之一般投资者更容易获得内幕信息,基于理性人假设而极易利用该信息买卖股票以获不当利益。对大股东的界定包含以下几个问题。

一是持股比例问题。《证券法》(2019)第 44 条仅规定了大股东的最低持股比例(即达到 5%),但没有规定该持股比例的计算时点。鉴于我国对股东持股比例的标准起点低(仅为 5%)的情况,建议采用下列两个标准计算时点以适用归入权制度:(1)第一笔交易前已经拥有 5% 的股权;(2)买入和卖出时须同时符合 5% 的标准。根据该标准,对于持股上升突破 5% 标准当日的所有买入,均不适用归入权;对持股下降突破 5% 标准当日的全部卖出,均适用归入权。

二是持股股东范围的确定问题。与《股票发行与交易管理暂行条例》第38条①的规定不同,《证券法》(2019)第44条将短线交易归入的规制范围由法人股东扩大到自然人股东,反映出立法者放弃了限制自然人持股数量的立场,此为一项进步——因为进行短线交易与持股人自身是法人还是自然人并没有必然联系,同时放开对自然人持股的限制还可以更好地吸纳社会上的闲散资金,为公司的发展提供较为广阔的资金来源。但是,《证券法》(2019)第44条并未如《股票发行与交易管理暂行条例》那样将持股5%以上的法人股东的董事、监事及高级管理人员纳入规制范围;不过第51条中已经明确将"持有公司百分之五以上股份的股东及其董事、监事、高级管理人员"纳入内幕人的范围,因而可以认为已经纳入了规制范围。

三是持有股份的性质确定问题。与《股票发行与交易管理暂行条例》第38条的规定不同,《证券法》(2019)第44条将"有表决权股份"改为"公司已发行的股份",从而把持有5%以上无表决权股份的股东也包括进来了,较前者更为全面,其原因在于大股东无论其有无表决权均与公司有较为密切的联系,都有可能获知公司内情,因而存在规制的必要。但是,也有学者指出,因依公司章程,无表决权股很难对公司产生控制力和影响力,因此如果股东既持有普通股又有优先股时,当仅计算其普通股,而不能以两者之和计算股份比例。②

四是非实名持股股东的合并计算问题。对此问题,美国《1934年证券交易法》第16(a)(1)条采用了"受益所有权人"(Beneficial Owner)的概念,是指凡是直接或间接通过合同、安排、备忘录、某种关系或其他方式对所涉证券拥有或分享直接或间接金钱收益的任何人③,均应纳入计算范围。根据该规定,所有内部人作为"受益所有权人"拥有"受益所有权"的证券都属第16条的规制之列:(1)股东的间接持股须合并计算,即股东采用他人名义持股,但只要这些人属于同一实际控制人控制,就必须合并计算④,其目的在于防止上市公司股东采取分立股东账户的方式来回避监管。(2)高管的非实名持股须合并计算,即高管即使以其家属名义持股,但本人享受持股权益的,等同于本人持股之情形;或者股

---

① 《股票发行与交易管理暂行条例》第38条规定:"股份有限公司的董事、监事、高级管理人员和持有公司百分之五以上有表决权股份的法人股东,将其所持有的公司股票在买入后六个月内卖出或者在卖出后六个月内买入,由此获得的利润归公司所有。前款规定适用于持有公司百分之五以上有表决权股份的法人股东的董事、监事和高级管理人员。"

② 孙建江:《归入权问题之研究》,载《宁波大学学报(人文科学版)》2002年第4期。

③ 刘邦兴:《内部人短线交易归入权制度研究》,载王保树主编:《商事法论集》第8卷,法律出版社2005年版,第209—212页。

④ 依《1934证券交易法》第16(a)条的规定,受益股东即为直接或间接持有公司任一种已公开发行股票超过10%之人。我国《证券法》(2019)第63条规定,所谓持股5%是指投资者持有或者通过协议、其他安排与他人共同持有一个上市公司已发行的股份达到5%时;《上市公司收购管理办法》(2020)也做了类似规定。

票虽然暂以他人名义持有,但日后该等股票仍将归属于本人名义所有,也属于受益所有权人持股。而根据美国司法经验,法院在判断内部人是否属于"受益所有权人"时,一般要考虑两个因素:(1) 内部人对所涉证券的控制程度;(2) 内部人从短线交易中获得收益的能力。① 我国台湾地区引入了"受益所有人"的概念,并将其范围由公司大股东扩大到董事、监事、经理人,并指出短线交易归入权的规制对象"包括以其配偶、未成年子女及利用他人名义持有者"。我国台湾地区"证券交易法实施细则"(2013)第2条②规定了认定"以他人名义持有者"的条件是:(1) 直接或间接提供股票与他人或提供资金与他人购买股票;(2) 对该他人所持有之股票,具有管理、使用或处分之权益;(3) 该他人所持有股票之利益或损失全部或一部分归属于本人。这种做法值得我国《证券法》(2019)加以借鉴。

五是持股计算时间的认定。反向交易行为的股东是在买入和卖出时都符合持股达5%的规定,还是仅在买入和卖出股份之一时具备持股达5%的要求?对此,美国《1934年证券交易法》第16(b)条采取了"两端说",即"买进及卖出时均须为持股百分之十以上之大股东"才是归入权的行使对象。同时,美国法院还认为,如果买进行为使该人成为持股10%的大股东,则该笔买进交易不得与其后之卖出交易相配以计算短线交易。立法之所以严格禁止持股5%以上的大股东进行短线交易,在于其所持股较多,有可能依其对公司之影响力或控制力取得公司之内幕信息,从而获利,但若尚未达到法定之界限,也就无足够力量获取公司内部信息,因而令其承担责任是有失公平的。正如有学者所言:"法定比例股份是决定股东是否有机会获取内幕信息的分界线,只有在投资决策时才可判断是否有机会获取内幕信息,而买卖的决策在其实际买卖行动之前既已做出,其每次交易后所持有的股份多少就没有什么意义了。"③我国《证券法》(2019)对此虽未作出明确规定,但实践中也有采取"两端说"的。例如:(1) 在西水股份短线交易案中,2007年7月25日至8月1日,新天地陆续卖出"西水股份"股票累计3 300 000股(占该公司总股本的2.06%);2007年11月16日至12月25日,新天地又陆续买入"西水股份"股票累计1 250 603股(占该公司总股本的0.78%)。中国证监会认为新天地于2007年7月25日至2007年12月25日期间,将其持有的"西水股份"股票在卖出后6个月内又买入,构成了《证券法》(2014)第47条

---

① 参见 Whittaker v. Whittaker Corp., 639 F. 2d 516 (9th Cir.), cert. denied, 454 U. S. 1031 (1981)。

② 该条规定:"本法第二十二条之二第三项所定利用他人名义持有股票,指具备下列要件:一、直接或间接提供股票与他人或提供资金与他人购买股票。二、对该他人所持有之股票,具有管理、使用或处分之权益。三、该他人所持有股票之利益或损失全部或一部归属于本人。"

③ 〔美〕罗伯特·C.克拉克:《公司法则》,胡平等译,工商出版社1999年版,第241页。

规定的短线交易。①（2）在四川金顶短线交易案中，华策投资有限公司于2006年5月29日通过协议方式受让四川金顶4883.383万股股权，占该公司总股本的20.99%，受让价格为2.06元/股。2006年6月9日，该公司与浙江华硕投资管理有限公司签署股权转让协议，以2.08元/股的价格将上述股份转让给后者并于2006年7月7日办理了过户手续。中国证监会没有认定上海华策的股权转让行为构成短线交易，也未采取任何行政处罚措施，原因在于股东采取的是"两端说"的认定标准。②

六是机构投资者的持股比例问题。对此，各国或地区立法多以合并计算为原则，以豁免为例外，即：如果投资者能够证明相关账户之间不存在合并从而能潜在影响上市公司运行或存在获得公司内幕信息的可能，则可以豁免。目前在我国的实务操作中，深圳、上海证券交易所在实时监控中，对基金管理公司涉及持股计算时，均采用各基金分别计算的方式。例如，涉及5%的信息披露义务，均以单只基金持股达到5%为标准；对于基金管理公司合计持股超过5%，但单只基金持股均未超过5%的情形，则认为未达到5%的信息披露标准。基于上述判断标准和实践操作，建议应规定基金管理公司和证券公司均不能进入公司董事会，也不能对上市公司的信息披露实施重大影响，方可对基金管理公司管理的不同基金之间可以豁免合并计算。同理，证券公司自营业务和资产管理业务之间及资产管理业务不同管理计划之间，以及信托公司的信托计划之间，均可以豁免合并计算。由于合格的境外机构投资者（Qualified Foreign Institutional Investors，QFII）在交易所只能开立一个账户，因此其持股不存在合并问题。对于同一实际控制人通过不同QFII账户持有一个上市公司股权的，考虑到该实际控制人完全有可能通过董事会或股东会对上市公司施加潜在影响，获取内幕信息，因此如果能够证明上述事实，也应当予以合并计算。

三、公司高管的认定

同股东持股比例会发生变化一样，包括董事、监事在内的公司高管在公司也有去留的变化，这同样会涉及其身份的变化与其股权买卖的关系确认问题。具体而言有两种情形：(1) 在第一项交易发生时具有高管地位，但在6个月内发生了相对应的第二项交易，但此时其已经不再具有高管地位；(2) 在成为公司的高管之前发生了第一项交易，但在6个月内进行相对应的第二项交易时，其已成为公司的高管人员。

---

① 具体参考曾洋：《修补还是废止？——解释论视野下的〈证券法〉第47条》，载《环球法律评论》2012年第5期。
② 参见邱永红：《〈证券法〉第四十七条存在问题与完善对策研究》，载《证券法苑》2013年第10期。

在上述情况下,其是否需承担短线交易责任?美国的做法是区别具体情况,分别采取"一端说"或者"两端说":(1)如果一项交易发生时具有高管身份,但6个月内相对应的交易发生时,已不再是公司高管,法院会考虑到他们能够自己把握辞去高管职务的时机存在故意而从事短线交易以规避归入权的可能性,因而采取"一端说",亦即内部人需要承担短线交易责任。(2)如果在成为公司高管之前发生的交易,在6个月内进行相对应的交易时,他或他们成了公司高管时,对此法院考虑到其在成为内部人之前是无法预计到将来可能成为内部人,也没有获得内幕信息的机会,因而采用"两端说",免去其承担短线交易的责任。概而言之,"两端说"认为只有买入和卖出时均具备高管身份方能适用归入权,而"一端说"则认为只要买入或者卖出时具备高管身份即可适用归入权。①

之所以对两类不同的主体采用了区别对待的做法,即对于持有特定比例股份的股东,采用"两端说",对于公司董事、监事和高级管理人员,采用"一端说",其理由主要在于股东身份不如公司董事、高级管理人员身份容易获取内幕信息。所以即使我国《证券法》(2019)对此没有做出规定,但是,此种"一端说"也得到了实践的支持。例如,在杭州汽轮机股份有限公司张树潭的B股短线交易案中,2009年2月17日,杭汽轮B(200771)正式聘任张树潭为其副总经理。三天之后的20日,张树潭通过深交所交易系统减持了杭汽轮B股份18587股。杭汽轮B董事会认定张树潭2月20日的减持属于短线交易,核实后发现此次交易不存在短线交易营利的情形。在该案例中,对董事、监事、高管采用了"一端说"的认定标准,即在买入或卖出时,只要一个时点符合该身份即可认定。②

第三节 短线交易的客体

关于短线交易的客体,主要有两个问题:一是客体范围的大小,二是反向交易中的客体是否需要具有同质性。

一、客体范围

关于短线交易的客体范围,目前,包括美国、日本等在内的国家和地区,其证

---

① 归入权制度设计的目的是预防内幕交易的发生,而高管直接参与公司经营从而比股东更容易了解上市公司的内幕信息,也更容易利用内幕信息进行内幕交易,因此对于曾经或拟任上市公司高管的人员应当提出比股东更高的要求。基于此,我国《证券法》(2019)以采用"一端说"为宜,即买入或卖出时具有高管身份的即应适用归入权制度。

② 参见邱永红:《〈证券法〉第四十七条存在问题与完善对策研究——以境外市场规制证券短线交易法律制度为借鉴》,载资本市场法治网,http://www.capitallaw.com.cn/article/default.asp?id=12493,访问时间:2023-8-27。

券立法所规定的短线交易的客体或对象较为宽泛,包括股票及其他具有股权性质的证券。

美国证券立法中短线交易的对象是股权证券(Equity Security)和衍生证券。根据美国《1934年证券交易法》第3a(11)条①的定义,股权证券是指任何股票或类似的证券;或者是指具有或不具有对价的可转换成这样一种证券的任何证券;或者带有任何保证单或具有认购或购买这样一种证券的权利的任何证券;或者是指任何这样的保证单或权利;或者是指SEC认为具有类似的性质并根据按公共利益制定的规则或规章,SEC认为对保护投资者有必要或者适合于作为一种股权证券的任何其他证券。1991年,SEC大幅度地修改《1934年证券交易法》第16条,规定衍生性证券是指任何期权、认股权证、可转换证券、股票上涨权利或者隐含以"某一股权证券价格为计算依据"的价格"执行"或"转换"的特权的权利,或者"其他相类似的证券而其价值是源于某一股权证券的价值,但不应包括附含执行或转换特权而依其所依据的价格却难以固定者"。

我国台湾地区"证券交易法"规定,短线交易归入权之客体为上市公司或者上柜公司的股票,2000年对该法第157条进行修订时,增设第6项,规定"关于公司发行具有股权性质之其他有价证券,准用本条规定。"此被学者称之为"潜在股票"②,具体包括诸如可转换公司债、附认购新股权利之公司债等,但也有学者认为公司债不能作为短线交易归入权之客体。③ 而根据"证券交易法实施细则"(2008)第11条,以及有关行政函释的规定,短线交易的客体包括:(1)股票,既包括上市、上柜的股票,也包括普通股与特别股;(2)具有股权性质之其他有价证券,包括可转换公司债、附认股权公司债、认股权凭证、认购(售)权证、股款缴纳凭证、新股认购权利证书、新股权利证书、债券换股权利证书及其他具有股权性质之有价证券。

《证券法》2019对短线交易客体增加了"其他具有股权性质的证券",但并未进一步对此类客体的内容进行明确规定。

二、客体的同质性

对于客体的同质性问题,即短线交易有前后两次以上相反的买卖行为,因而存在前后所交易的股票是否须以性质相同为构成短线交易之必要条件的问题。我国2019年修订的《证券法》对此未做明确规定。

---

① Available at https://www.govinfo.gov/content/pkg/COMPS-1885/pdf/COMPS-1885.pdf, 2023-5-31.
② 参见赖源河:《证券交易法之公平机制》,载《月旦法学杂志》第1期(1995/5)。
③ 参见刘连煜:《公司法理论与判决研究》,法律出版社2002年版,第374页。

对此问题,学术界存在着较大的争议,例如,有学者认为"交易客体只能是发行公司已发行的股票,而且前后两次买卖所涉及的股票应具有相同的性质";[1]但也有判例指出,交易客体不以所买卖者系同一种类股票为限,凡是具有同质性之上市股票均在适用之列。[2] 还有学者主张短线交易之客体以非同质性的观点更可取,主要理由如下:(1)"短线交易归入"制度的目的是防范内幕人之交易行为以实现对公众投资者的保护,而不在于交易客体本身是否同质。(2)如果以同质性为必要,那么在实务中即须一一评估前后不同种类的股票之间是否有性质相同点,以及该性质相同程度是否足以构成对短线交易的认定,从而使问题变得复杂化。(3)对于短线交易之客体的非同质性可能会带来的短线利益的计算发生困难之问题,可以通过技术改进加以解决,而不能因此否定短线交易的存在。[3] 基于这种观点,对于同一市场同一上市公司的基础工具(例如股票)和衍生工具(例如权证、期权等)之间,由于这两类产品之间存在转换的机制,而且事实上同一市场的两类产品价格走势的联动性呈现高度正相关,因而有列入归入权的必要性。同样的,由于公司股票可以多地发行并上市,例如我国的公司可以同时发行 A 股、B 股、H 股等,为防止规避法律的强制性规定,亦应以同一公司的各类股票合并作为短线交易客体为宜。

当然,对于非同质性也应有一个限制,要求二者之间在本质上应该同为经济学上的等价物。对此,可以借鉴美国《1934 年证券交易法》第 16(b)条之规定,即:原则上进行匹配的购买和出售一般都必须是同种类的股权证券;但是,如果优先股可转换为普通股,而且是按接近于或等同于转换价格的价格交易的,那么就可以进行匹配,因为这两种证券实际上是作为经济学上的等价物进行交易的。[4]

第四节 短线交易归入制度

短线交易归入制度源于美国,是为了弥补内幕交易之证明难度而创设的制

---

[1] 姜朋:《短线交易收益归入制度研究》,载梁慧星主编:《民商法论丛》第 17 卷,金桥文化出版(香港)有限公司 2000 年版,第 638 页。
[2] 即台湾地区华隆公司案,参见"台北地院"1991 年度重诉字第 628 号、1992 年度重诉字第 122 号。转引自刘连煜:《禁止内部人交易——短线交易之法律问题》,载《月旦法学杂志》第 24 期(1997/5)。
[3] 朱川:《内部人短线交易归入法律制度研究——兼论〈证券法〉第 42 条的完善》,载《复旦民商法学评论》总第 3 集,法律出版社 2005 年版,第 240 页。
[4] 〔美〕罗伯特·W.汉米斯顿:《公司法概要》,李存捧译,中国社会科学出版社 1999 年版,第 297 页。

度，由《1934年证券交易法》第16(b)条①作出规定，不再以获取内幕信息为要件，而直接以客观行为为成立要件，对内幕主体在6个月内反向交易本公司股票之行为课以民事责任。

短线交易归入制度最早引进我国是1993年国务院发布的《股票发行与交易管理暂行条例》②第38条："股份有限公司的董事、监事、高级管理人员和持有公司百分之五以上有表决权股份的法人股东，将其所持有的公司股票在买入后六个月内卖出或者在卖出后六个月内买入，由此获得的利润归公司所有。前款规定适用于持有公司百分之五以上有表决权股份的法人股东的董事、监事和高级管理人员。"1998年制定的《证券法》第42条引入了短线交易归入制度："前条规定的股东，将其所持有的该公司的股票在买入后六个月内卖出，或者在卖出后六个月内又买入，由此所得收益归该公司所有，公司董事会应当收回该股东所得收益。但是，证券公司因包销购入售后剩余股票而持有百分之五以上股份的，卖出该股票时不受六个月时间限制。公司董事会不按照前款规定执行的，其他股东有权要求董事会执行。公司董事会不按照第一款的规定执行，致使公司遭受损害的，负有责任的董事依法承担连带赔偿责任。"

尽管建立短线交易归入权制度是大多数国家或地区的通常做法，但在理论上对归入权制度之存在必要性是有质疑的。③

一、归入权的性质

短线交易收益归入权（Disgorgement），是指上市公司高管、持有法定比例以上股份的股东等，在法定期间内对公司上市交易的股票买入后卖出，或卖出后再买入，由此所得的收益应当归入上市公司所有的一种内幕交易预防制度。④ 对

---

① (b)受益所有人、董事或高级管理人员因与发行人的关系而可能获得一些信息，为了防止前述任何人不公平地利用这些信息，在知晓相关信息后少于6个月的时间内购买后出售或出售后购买该发行人的任何股权证券（豁免证券除外）或基于涉及任何此类股权证券的互换协议（security-based swap agreement，又称掉期协议）所实现的任何收益，应当归属于发行人，并且发行人有权回收该收益。除非该证券或基于证券的互换协议是因先前签订的债务而善意获得的。无论受益所有人、董事或高级管理人员在进行前述交易时是否打算持有所购买的证券或基于证券的互换协议，或在超过6个月的时间内不回购所出售的证券或基于证券的互换协议，皆应遵循上述规则。如果发行人未能或在收到起诉请求后60天内拒绝提起诉讼，或此后怠于应诉，可由发行人或发行人任何证券的所有者以发行人的名义和代表发行人在任何有管辖权的法院提起法律或衡平法诉讼，以收回该收益。但该诉讼不得在该收益实现之日起超过2年后提起。本款不应被解释为适用于任何交易，受益所有人在购买后出售或出售后购买证券或基于证券的互换协议并非如上所述，以及SEC通过规则和条例可能豁免的任何交易不包括在本款的目的之内。Available at https://www.govinfo.gov/content/pkg/COMPS-1885/pdf/COMPS-1885.pdf, 2023-5-31.
② 《股票发行与交易管理暂行条例》（国务院证券委员第112号），现行有效。
③ 曾洋：《修补还是废止？——解释论视野下的〈证券法〉第47条》，载《环球法律评论》2012年第5期。
④ Okamoto, Karl Shumpei, "Rereading Section 16(B) of The Securities Exchange Act", *Georgia Law Review*, Fall 1992, pp. 183-251.

于此种归入权的性质,中国学界存在着诸多争议,主要有以下五种不同的观点。

一是请求权说。① 该学说认为归入权是法律赋予公司的权利,是公司的意志,由公司行使请求短线交易人将短线交易所获得利益交归公司所有的权利。依据该说,利益归入义务人与利益归入权利人之间,自短线交易成立时起,自始即存有一种法定债权债务关系。还有学者认为,依据我国台湾地区"证券交易法"第157条的规定:"发行股票公司董事、监察人、经理人或持有公司股份超过10％之股东,于取得后6个月内再行卖出或于卖出后3个月内再行买进,因而获得利益者,公司应请求将其利益归该公司。"该条中明文出现了"请求"字样,就意味着立法者在设置该项权利时是将其归为请求权的。

二是形成权说。② 该说认为只需公司对短线交易人作利益归入的单方意思表示,就可以使证券买卖关系的结果发生改变,而不以公司具有原权为前提。证券买卖关系是发生在证券持有人和买受人之间的法律关系。当短线交易发生后,公司所作出的单方意思表示就可以使原持有人所获得的利益归公司所有,而不以公司原来对这部分利益享有权利为前提。总结形成权说主要归为三点:(1)公司短线交易归入权并不以基础权利为前提;(2)公司归入权能够通过公司的单方意思表示而行使;(3)公司归入权改变了内幕交易人的行为后果。③ 形成权有导致法律关系发生、变更和消灭三种类型,而公司归入权的立法意图在于改变内幕交易人因违反法定义务所缔结的对公司不利的法律关系,彻底否定内幕交易人所获得的利益,并使其所获得的利益转归公司所有,因此短线交易归入权的性质应归为形成权。

三是请求权兼形成权说。④ 该说认为,归入权依公司单方意思表示而行使,而一经行使,即产生内幕人短线交易所得归于公司的法律效果,因此归入权属于形成权。但是,在实务中,归入权又兼具形成权与请求权的特质,因为如果仅有形成权的性质而不具有请求权的性质,则归入权的规定于执行上如遭拒绝时,该权利就转化成为请求权。这种试图调和前两种主张的学说,将请求权的性质处于一种不确定状态,反而使问题变得更为复杂。

四是债权说。⑤ 债权说认为,现有民事权利分为支配权、请求权、形成权与抗辩权是有问题的,它将请求权仅视为民事权利的一项权能,而不是一项独立的权利,由此认为请求权与形成权不是一个层次上的权利,认为短线交易归入权是

---

① 参见郑玉波:《民商法问题研究》(第1卷),三民书局1980年版,第285页。
② 参见梁慧星主编:《民商法论丛》第1卷,法律出版社1994年版,第221页;杨志华:《证券法律制度研究》,中国政法大学出版社1995年版,第37页。
③ 参见雷兴虎:《论公司的介入权》,载《法学研究》1998年第4期。
④ 参见叶林:《证券法》,中国人民大学出版社2000年版,第297页;吴光明:《证券交易法论》,三民书局,第268页。
⑤ 参见姜朋:《内幕人短线交易收益归入制度简论》,载《法制与社会发展》2001年第3期。

请求权还是形成权,这一问法不对,而应将该权利归为债权。

五是不当得利请求权说。[①] 其理由是:第一,短线交易人进行的交易不具有合法的原因被各国法律所禁止;第二,短线交易人通过短线交易行为获得利益;第三,公司因为短线交易行为而遭受损失;第四,短线交易人的获利和公司损失之间有因果关系。短线交易归入权的构成符合不当得利的构成要件,所以应将其视为不当得利请求权。

二、归入权的行使

(一)行使的主体

归入权的行使主体制度直接关系到短线交易收益归入权执行的法律效果,在公司的内部人从事短线交易,内部人又实际把持着公司的经营管理的情况下,基于理性人的假设当然会竭尽全力阻止公司或董事会来起诉自己。这就意味着,虽然法律上将短线交易收益归入权的行使赋予公司或董事会,但是实际上其可能性基本不存在。有鉴于此,对于短线交易收益归入权的行使主体,发达资本市场国家或地区如美国、德国、日本、我国台湾地区等均采用了多元主体、先后实施的制度设计,即:赋予董事会、监事会均有权行使归入权;在董事会、监事会依序拒绝或者不尽心尽力的情况下,则授权股东代位行使归入权。

我国《证券法》(2019)第44条规定,上市公司高管从事短线交易的所得收益归该公司所有,由公司董事会收回;董事会不按照规定执行的,股东有权要求董事会在30日内执行;董事会未在上述期限内执行的,股东有权为了公司的利益以自己的名义直接向人民法院提起诉讼;董事会不按照规定执行的,负有责任的董事依法承担连带责任。根据该规定,归入权的行使主体首先是董事会;其次是股东,但须提起派生诉讼来实施;缺少监事会作为归入权的行使主体之规定。

在设立了监事会制度规定的国家或地区,其立法多规定,监事会有权纠正或者阻止董事等公司高管的违法行为,并有权代表公司起诉和应诉等多种权限。例如,我国台湾地区"证券交易法"规定,代表公司行使归入权的主体为公司的董事会和监事会。《证券法》(2019)未明文规定监事会有权代表公司行使短线交易归入权;《公司法》(2018)第53、54条规定的监事会职权只包括以下几个方面:① 检查公司的财务;② 对董事、经理执行公司职务时违反法律、法规或者公司章程的行为进行监督;③ 当董事和经理的行为损害公司的利益时,要求董事和经理予以纠正;④ 提议召开临时股东大会;⑤ 向股东会会议提出提案;⑥ 对董事、高级管理人员提起诉讼;⑦ 公司章程规定的其他职权。因此,监事会在董事、经理怠于行使归入权,从而损害公司利益时仅有要求其纠正的请求权,无权

---

① 参见董方军:《论归入权的性质》,载《当代法学》2002年第3期。

直接代表公司行使短线交易归入权,而仅能代表公司向法院提起诉讼。考虑到监事会的职权实际上是对董事会经营管理权的监督等,我国《证券法》《公司法》应赋予监事会短线交易归入权。

如前所述,根据《公司法》(2018)第151条、《证券法》(2019)第44条等规定,股东可以代位行使归入权,此即股东派生诉讼制度。不过,立法又规定,股东须依照派生诉讼提起权之前置程序之规定,向董事会请求执行归入权,实际上又使得归入权可能陷于落空的境地。对此,可以做出如下完善之规定:当董事等公司高管、持有法定比例以上的股东,在实施短线交易行为侵犯公司利益之时,原告股东在行使派生诉讼提起权之前必须以书面形式请求监事会为公司对被告提起诉讼;当监事实施短线交易行为侵犯公司利益之时,原告股东可以书面请求董事会向法院提起诉讼;只有在监事会或者董事会收到前述的股东书面申请后拒绝提起诉讼,或者自收到请求之日起30日内未提起诉讼,或者情况紧急、不立即提起诉讼将会使公司利益受到难以弥补的损害的,股东此时可以自己的名义直接向法院提起诉讼。

当然,为了防止股东滥用诉权,需要在实体法和程序法上设计一些防范措施:实体法上的防范措施主要是对于起诉股东资格的限制,以及败诉时原告股东应承担的赔偿责任两方面;程序法上的防范措施主要有前置程序与诉讼费用担保两个方面。(1)对原告股东资格的限制,主要表现为对股东持股时间和持股数量的限制。虽然《公司法》(2018)第151条第1款对提起派生诉讼的股东规定了"连续180日以上单独或者合计持有公司1‰以上股份"的要求,但是《证券法》(2019)第44条所规定的股东派生诉讼提起权没有对股东资格进行限制,这就留下了制度缺口容易在实务中造成滥诉。(2)败诉时原告股东须承担责任。为确保当事人之间利益平衡,使派生诉讼提起权不被滥用,原告胜诉时有补偿制度,败诉时也应有赔偿制度。这有利于股东在提起诉讼时能够谨慎从事,尽可能避免出现在诉因不明、证据不清、不具备正当理由等情况下盲目起诉。具体而言,对于败诉时股东的责任,可以规定须对公司和被告董事等承担赔偿责任。(3)前置程序。《证券法》(2019)第44条基本确立了前置程序。(4)诉讼费用担保程序。应规定被告可以要求原告股东提供相当于被告参加诉讼可能发生的合理费用,但同时必须证明原告股东行使派生诉讼提起权时主观上有恶意,以避免过重而无限制的诉讼费用担保负担打消股东进行派生诉讼的积极性。"恶意"的情形主要包括:原告股东行使派生诉讼提起权缺乏使其所在公司或该公司的股东受益的合理可能性之情形;原告股东所诉之被告并未参与任何被起诉的行为之情形;其他由被告证明的原告对行使派生诉讼提起权存有恶意的情形等等。①

(二)行使的期间

认定短线交易归入权的性质,有一个很重要的现实意义,即该权利行使期间的确定。我国现行《证券法》对短线交易归入权行使期间未作规定,因此产生的弊端是多方面的:一则使董事会怠于行使归入权;二则使短线交易之利益归属长期处于不确定状态;三则不利于股东请求董事会行使归入权或者提起代表诉讼,因为股东只有在董事会怠于行使归入权的情况下,才可以请求其行使归入权,在请求期间内董事仍未行使归入权时股东才有代为诉讼之权限。

在我国,法律规定请求权的诉讼期间一般是2年,而且其间可以中断、中止或延长,这就加大了因为短线交易之利益归属不确定而带来的成本上的增加,公司可能被长期的诉讼所累,而短线交易之利益也会因被法院财产保全而不能发挥其作用。相较而言,形成权的行使期间,即除斥期间一般规定得较短(我国一般规定为1年),并且其间不适用中止、中断或延长的规定。对于公司而言,较短的行使期间可敦促公司高层管理人员对公司尽谨慎勤勉之责,较早发现短线交易行为,从而代公司行使归入权利。对于短线交易人而言,1年的除斥期间过后,若公司未主张权利,则其可名正言顺地拥有这部分财产并可以进行再投资,避免了因短线交易之利益归属不明而造成的资金闲置所引起的浪费。因此,从务实的态度来看,将短线交易归入权性质认定为形成权,并将除斥期间规定为1年较为妥当——有助于公司内部关系及早明朗,提高公司以及资金的运作效率。

《证券法》(2019)第44条第3款规定:"公司董事会不按照第一款规定执行的(即未将短线交易收益收归公司所有),股东有权要求董事会在三十日内执行。公司董事会未在上述期限内执行的,股东有权为了公司的利益以自己的名义直接向人民法院提起诉讼。"据此,公司董事会和股东均依序享有短线交易归入权,即在董事会怠于行使归入权的情况下,股东才有权通过向法院提起诉讼的方式行使该归入权。这实际上是股东派生诉权在短线交易(公司)归入权上的体现,是股东行使派生诉权的法定原因之一。显然,法律上将董事会先行行使归入权作为股东行使派生诉权的前置程序。设定该前置程序具有以下意义:(1)符合现代公司所有与经营相分离的理念,公司事务的经营决策权集中由董事会来行使,是否对他人提起诉讼属于董事经营判断(business judgment)的事项。(2)符合诉讼节约原则,一方面经股东请求董事会有可能采取诉讼外的其他救济手段来达到与诉讼相同的效果,避免了不必要的诉讼;另一方面,如果董事会关于决定不予起诉的经营判断具有法定约束力的话,法院就避免了对董事经营

---

① 参见傅穹、曹理:《股东派生诉讼提起权滥用防止研究——兼评2005年〈公司法〉的相关规定》,载《当代法学》2006年第2期。

判断权力范围内的事项进行不必要的审查。(3)使董事免受有诉讼癖好的股东之滋扰。(4)有利于阻却纯为个人目的的股东之私谋诉讼(strike-suits)。①

既然董事会和股东均有权行使短线交易归入权，那么行使期间就应相同，即在内幕人从事短线交易行为后1年内，董事会和股东均享有该归入权。但是，由于《证券法》(2019)第44条对董事会和股东行使归入权规定了先后顺序，即董事会优先行使归入权，在其不行使归入权之时股东即行使督促权，在督促权行使后董事会仍怠于行使归入权时，股东才能行使归入权。这意味着，股东最起码应在归入权行使期间届满30日前向董事会行使督促权，以保障董事会在股东督促之后30日内仍怠于行使归入权时，股东仍有权行使该归入权，从而保障股东不会因为除斥期间的经过而丧失行使该权利的资格。

【域外案例】

Kern County Land Co. v. Occidental Petroleum Corp. (1973)②

怀特(White)大法官发表了法院的审理意见。

《1934年证券交易法》第16(b)条规定，公司的高管、董事，以及持有公司超过10%股份的股东，在6个月期间内买入及卖出该等股份获得的利润，必须由公司收回。毫无疑问，当一家公司因试图控制另一家公司，向后者的股东发出要约，收购其10%以上的股份时，就会触发一次或多次法定收购。但是，如果要约收购的目标公司通过合并第三方公司来保护自己，并且要约人随后将其股票换成存续公司的股票，并交付在法定6个月期限内不能行使的可购买存续公司股票的期权，这是否属于《1934年证券交易法》第16(b)条的"出售"行为呢？本案就提出了这个问题。

一

1967年5月8日，西方石油公司(Occidental Petroleum Corporation，以下简称"西方石油")在寻求与克恩郡地产公司(Kern County Land Co., abbr. "Old Kern"，以下简称"旧克恩公司")合并未果后，发出了收购要约(1967年6月8日到期)，以"先到先得"的方式购买50万股旧克恩公司普通股，价格为每股83.50美元，外加每股1.50美元的经纪佣金。1967年5月10日购买50万股，由此西方石油持有的旧克恩公司的股份占该公司已发行股份的10%以上。3月11日，西方石油将其收购要约扩大至增持50万股。在1967年6月8日的要约

---

① 参见傅穹、曹理：《股东派生诉讼提起权滥用防止研究——兼评2005年〈公司法〉的相关规定》，载《当代法学》2006年第2期。

② 编译自Kern County Land Co. v. Occidental Petroleum Corp., 411 U.S. 582 (1973)。

收购结束时,西方石油持有旧克恩公司887 549股股票。

在西方石油宣布要约收购计划后,旧克恩公司管理层立即采取措施来对抗西方石油的收购企图。管理层对公司的所有股东发出了一封信函,警告股东不要出售所持的股份,并指出西方石油的报价可能不是最好的,因为管理层正在与其他几家公司讨论合并问题。当西方石油延长收购要约时,旧克恩公司的总裁再次给所有股东发了一封电报,建议不要回应收购。此外,旧克恩公司还与田纳科有限公司(Tenneco, Inc.,以下简称"田纳科母公司")进行了合并商议,并于1967年5月19日宣布,旧克恩公司董事会批准了田纳科母公司提出的合并提议。根据合并条款,田纳科母公司将通过新的"克恩郡地产公司"(Kern County Land Co.,以下简称"新克恩公司")收购旧克恩公司的资产、财产和商誉,该公司由田纳科母公司组建,负责接收旧克恩公司的资产和开展业务。旧克恩公司的股东将获得田纳科母公司累积可转换优先股的一部分,以换取他们所拥有的旧克恩公司普通股。在同一天(即5月19日),西方石油在一份提交给股东的季度报告中评估了田纳科母公司新股票的价值,每股105美元。

西方石油在5月25日和31日的两次强制诉讼中,发现自己的收购要约和收购企图被旧克恩公司与田纳科母公司的"防御性"合并所阻止,并在加利福尼亚法院寻求对旧克恩公司账簿账册进行广泛调查。西方石油意识到,如果旧克恩公司与田纳科公司的合并获得批准并成功完成,西方石油将不得不将其持有的旧克恩公司股票换成田纳科公司股票,并将被锁定在田纳科母公司的少数股权,西方石油决定采取其他措施来保护自己。5月30日至6月2日,该公司与田纳科石油达成一项协议,西方石油授予田纳科母公司的子公司田纳科公司(Tenneco Corp.)以每股105美元的价格购买所有田纳科母公司优先股的期权,在旧克恩公司与田纳科母公司合并结束时,西方石油将有权以其持有的旧克恩公司股票换取田纳科母公司优先股,获得期权的溢价为每股10美元,总计8 866 230美元,将在期权协议签署后立即支付。如果行使期权,溢价将应用于购买价格。根据期权协议的条款,该期权不能在1967年12月9日之前行使,也就是西方石油要约收购期满后6个月零1天。1967年6月2日,在西方石油收购旧克恩公司10%以上股权后的6个月内,西方石油和田纳科公司执行了期权。此后不久,西方石油宣布不会反对旧克恩公司与田纳科母公司合并,并撤回了其针对旧克恩公司的州法院诉讼。

旧克恩公司与田纳科母公司的合并计划,在1967年7月17日的股东大会上,提交给了旧克恩公司股东并获得他们的批准。西方石油无权表决其旧克恩公司股份,但在会议上宣读的一封信中,表示它决定在6月2日之前不会反对合并,也不会认为该计划不公平或不平等。事实上,西方石油表示,如果它可以投票的话,它将投票赞成合并。

与此同时,SEC 拒绝了西方石油的请求,即在合并交易结束时,西方石油将其旧克恩公司股票兑换为田纳科母公司优先股,从而免除可能要承担的第 16(b)条之法律责任。考虑到西方石油的利益,许多老股东试图通过在州法院和联邦法院提起各种诉讼来推迟合并的完成,但是这些尝试都没有成功。合并的准备工作接近尾声,美国国税局裁定,合并计划的完成将导致免税交易,对旧克恩公司股东不会产生应纳税的收益或损失,并且加利福尼亚州公司事务专员已对合并的结束作出必要的批准。

旧克恩公司与田纳科母公司的合并交易于 8 月 30 日结束。因此,旧克恩公司股东以旧克恩公司股票作为股份交换的对价,不可撤销地有权获得田纳科母公司优先股。旧克恩公司被解散,其所有资产,包括"根据《1934 年证券交易法》计入或应计入的所有债权、诉求、权利和动产"被转移到新克恩公司。

西方石油于 1967 年 6 月 2 日授予的期权,于 1967 年 12 月 11 日行使。西方石油以前没有利用自己的权利,将代表 887 549 股旧克恩公司股票的证书,换成了代表相同数量的田纳科母公司优先股的证书。该股票证书随后被背书给了认股权购买人,作为回报,84 229 185 美元被记入西方石油在各银行的账户上。再加上 6 月份支付的 8 886 230 美元溢价,西方石油获得了价值 93 905 415 美元的旧克恩公司股票(包括在发行要约收购前获得的 1900 股股票)。此外,西方石油还获得了总计 1 793 439.22 美元的股息。西方石油通过要约收购获得的股份利润总额为 19 506 419.22 美元。

1967 年 10 月 17 日,新克恩公司根据第 16(b)条对西方石油提起诉讼,要求收回西方石油因其在旧克恩公司股票交易中获得的利润。诉状称,1967 年 6 月 2 日,西方石油—田纳科母公司期权的实现,以及将在旧克恩公司股份于 1967 年 8 月 30 日合并结束之时交换为田纳科母公司股份,均构成了第 16(b)条范围内的"出售"。由于这两项行为都发生在西方石油成为旧克恩公司超过 10% 股票所有人之日起的 6 个月内,新克恩公司声称,第 16(b)条要求西方石油交出获得的利润。新克恩公司最终诉请简易判决,1970 年 12 月 27 日,地区法院作出了支持新克恩公司主张的即决判决。参见 Abrams v. Occidental Petroleum Corp.(1970 年)案。地区法院认为,1967 年 6 月 2 日执行期权,以及 1967 年 8 月 30 日将旧克恩公司股份兑换为田纳科母公司股份,构成了第 16(b)条规定的"出售"。法院命令西方石油吐出利润和利息。在补充意见中,西方石油还被命令退还其收到的股息和利息。

上诉法院撤销了下级法院的判决,并下令作出支持西方石油的即决判决。参见 Abrams v. Occidental Petroleum Corp.(1971)。上诉法院认为,本案的期权行使和股份交换(exchange)均不构成《1934 年证券交易法》第 16(b)条范围内的"出售"。由此,向我们发出了复审令[405 U.S. 1064 (1972)],而我们维持上诉法院的判决。

二

《1934年证券交易法》第16(b)条规定,法定内幕人士必须向发行公司交还"他在六个月之内从该发行人的任何股权证券的任何买入或卖出中获得的任何利润"。根据该法第16(b)条的介绍性文字来看,该条的立法"旨在防止因法定内幕人士与发行人的关系而获得的信息被不公平地加以利用。"国会承认,股东利用优势获得内幕信息,以此实施短线交易,将威胁到《1934年证券交易法》的立法目标,即"确保维护公平和诚实的市场"。内幕人士可以利用他人通常无法获得的信息来获取短期利润。正如我们所指出的,"国会认为遏制内幕交易这种不法行为的唯一有效的方法,是制定一个简要规则,规定从任何一种交易中获取利润的可能性都是不可以容忍的。"参见 Reliance Electric Co. v. Emerson Electric Co.(1972)案。正如参议院委员会报告所述的那样,该联邦立法旨在保护公众投资者,"防止公司董事、高管和主要股东,利用他人无法获得的内幕信息炒股获利"[参见 S. Rep. No. 79273D Cong., 2d Sess., 9(1934)]。

尽管在6个月法定期限内买卖现金股票之交易,显然属于《1934年证券交易法》第16(b)条的范围,但法院一直在努力解决是否包括某些"非典型"交易的问题。"购买"和"出售"的法定定义很宽泛,至少可以说,涉及许多通常不被视为"出售"或"购买"的交易。在决定边界模糊的交易是否纳入联邦立法的范围时,法院通常会查明这项交易是否可以成为不法行为的工具,而国会也试图阻止通过获取内幕信息来实现短期利润来达到自己的目标,因而不会把法律的范围扩大到其预期的边界之外。《1934年证券交易法》要求内部短线交易者在规定的时间内吐出所有"购买"和"销售"证券所获得的利润,而无须证明内幕信息是否被实际滥用,也无须证明利用这些信息获利的意图如何。根据法条的这种严格规定,普遍的看法是,只有在适用《1934年证券交易法》有助于实现其目标时才能得到适用。"如果有可能对《1934年证券交易法》第16(b)条中的条款进行替代性的解释的话,那么这些条款的解释应该是最符合国会遏制公司内幕人短线交易的目的的。"参见 Reliance Electric Co. v. Emerson Electric Co. 案、Blau v. Lamb 案。因此,"在解释'购买'和'出售'这两个术语时,法院的恰当做法是要考查所涉及的特定类型的交易是否会引起投机滥用。"参见 Reliance Electric Co. v. Emerson Electric Co. 案。

在本案中,毫无疑问,当西方石油根据其收购要约"购买"旧克恩公司10%以上的已发行的股份时,就构成了《1934年证券交易法》第16(b)条规定的"受益所有人"(beneficial owner)。然而,我们必须考查,立法所说的"出售"是否发生在西方石油根据旧克恩公司和田纳科母公司之间的合并协议而不可撤销地有义务将旧克恩公司的股份换成田纳科母公司的股份之时,或者西方石油向田纳科公司提供从西方石油购买田纳科母公司的优先股之时。

三

1967年8月30日,签署了旧克恩公司与田纳科母公司的合并协议,西方石油不可撤销地有权将其旧克恩公司股票换成田纳科母公司优先股。必须承认,这笔交易必须被视为是西方石油在那天进行的交易。但即便如此,还要考查交易是否涉及第16(b)条"出售"所指的旧克恩公司股票?我们同意上诉法院的意见,答案是否定的——因为我们认为,基于假设,或者从我们前面对事实的推断来看,西方石油持有旧克恩公司超过10%的已发行股份,就拥有了或可能获得了内幕信息,以便在要约收购后的6个月内,实施短线交易获得收益是完全不现实的。

1967年5月8日,西方石油提出以高于市场的价格,购买50万股旧克恩公司股票的、不可撤销的要约,这一行为不能用以认定西方石油是内幕人。当时,它只持有1900股旧克恩公司股票,远远低于构成《1933年证券法》规定的10%所有权所需的43.2万股。没有任何依据可以用来认定,在投标报价开始时,西方石油有机会获得有关旧克恩公司的信息。

同时,说西方石油是一家精通公司业务和企业财务的公司,所以显然知道自己的收购要约要么成功,要么就会遭遇"防御性合并"的说法也是毫无根据的。如果要约收购失败,西方石油知道,它可以将其持股出售给目标公司的合并伙伴以获得可观的利润。不过,此种想法,无论是否投机;无论对其他股东,还是对旧克恩公司等是否公平,这都不能说明它属于《1934年证券交易法》所禁止的投机滥用情形。因为西方石油不可能从尚未发行的大量股份中获得内部信息。我们发现,西方石油预测他们的要约收购可能失败,而且这种预测对投标要约人而言是极为准确的预测。但令我们不得其解的是,为何这类预期事件的结果需要,或以任何方式依赖于对内幕信息的接收和使用。如果有什么因不法行为蒙受的损失需要通过阻止要约收购来救济的话,那么在我们看来,《1934年证券交易法》第16(b)条并不是为这项任务而设计的。

到1967年5月10日,西方石油收购了旧克恩公司超过10%的流通股。因此,在5月11日,该公司将其收购要约扩大至包括另外50万股时,该公司就成了法律所规定的内幕人士。然而,我们不太相信,西方石油可能滥用内幕信息进行投机,因为情况已经发生了实质性变化。或许西方石油预计,延长报价将增加其收购活动的成功可能性,或者出现防御性合并的可能性。但是,同样的,对这些利益的期望,与使用其他股东或者拥有足够资金的公众无法获得的信息,以及西方石油在1967年6月8日之前提出的购买意向无关。

西方石油在1967年5月11日之前或之后拥有或有机会拥有关于旧克恩公司的任何机密信息的可能性似乎极其渺茫。毕竟,西方石油是一个投标要约人,威胁要夺取旧克恩公司的控制权,取代其管理层,并利用公司来达到自己的目的。旧克恩公司管理层极力反对西方石油的努力。它曾两次与股东沟通,建议不要接受西方石油的报价,并在5月11日之前和西方石油延长报价之前表示,管理层有可能即将进行合并,进行更有利可图的交易。旧克恩公司的管理层拒绝与西方石油讨论旧克恩公司与西方石油的合并问题。相反,它与田纳科母公司进行了谈判,并随即达成协议,于5月19日宣布了合并条款。西方石油要求检查旧克恩公司记录的请求,被旧克恩公司的管理层驳回,这迫使西方石油提起诉讼,以获得其需要的信息。

因此,仅从西方石油通过要约收购获得旧克恩公司股票的事实看,没有任何关联性可以表明西方石油有可能凭借其股票所有权获得内幕信息,或西方石油可能滥用此类内幕信息作出投机行为。同样,西方石油将自己持有的旧克恩公司股票换成田纳科母公司优先股的换股行为,表面上看是《1934年证券交易法》第16(b)条划分归类为"出售"的交易行为之一,但导致该换股行为的事实本身却与所谓的"出售"没有关联性。关键的事实是,换股是在旧克恩公司和田纳科母公司合并后进行的。该项合并不是西方石油策划的,而是旧克恩公司为了对抗西方石油欲控制旧克恩公司的计划而为之。显然,西方石油并没有参与或控制旧克恩公司和田纳科母公司之间的谈判或协议。参见 Newmark v. RKO General (1970)案和 Park & Tilford v. Schulte(1947)案。① 一旦这两家公司达成协议,随后发生的事情就不在西方石油的掌控之中了。但在合并这件事上,旧克恩公司需要得到股东的同意,但事实证明,旧克恩公司的管理层在没有得到西方石油赞成票的情况下就得到了大多数股东的赞成票,达到股东大会决议批准的要件。参见 Ferraiolo v. Newman(1959)案和 Roberts v. Eaton (1954)案。② 西方石油虽然认为合并有利于旧克恩公司股东,但实际上并没有在批准合并的股东大会上投票。根据加利福尼亚州的法律,其弃权相当于对批准合并协议投反对票。此外,在股东批准合并时,西方石油之前对旧克恩公司股票要约收购早就已经被充分披露。

一旦合并和交易获得批准,西方石油对是否继续持有旧克恩公司股份就真正失去了选择权。西方石油无法阻止美国国税局发布裁决赋予将旧克恩公司股票换成田纳科母公司优先股并免去换股的税收。尽管西方石油向州法院和联邦法院提起有关本案合并的各种诉讼,试图将合并截止日期推迟到法定的6个月期限之后,但这些努力都是徒劳的。加利福尼亚州公司事务专员为于1967年8

---

① See Newmark v. RKO General, 425 F. 2d 348 (CA2), cert. denied, 400 U. S. 854 (1970); Park & Tilford v. Schulte, 160 F. 2d 984 (CA2), cert. Denied, 332 U. S. 761 (1947).

② See Ferraiolo v. Newman, 259 F. 2d 342 (CA6 1958), cert. denied, 359 U. S. 927 (1959); Roberts v. Eaton, 212 F. 2d 82 (CA2 1954).

月30日的合并完成签发了必要的许可证。该项合并并没有给予异议股东申请公司回购其所持股份的权利。当然,在合并结束前,西方石油本可以将其持有的旧克恩公司股份以现金形式出售。但是,这样的行为将构成第16条所禁止的销售行为,并使西方石油构成违反第16(b)条的初步责任。因此,对于西方石油来说,将持有的旧克恩公司的股份贴现并不是一个现实的选择,那样会使它面临比现在的控诉更糟糕的局面。参见 Petteys v. Butler(1966/1967)案、Ferraiolo v. Newman 案(前引)、Lynam v. Livingston (1967)案和 Blau v. Hodgkinson (1951)案。① 即使如此,我们并不是提倡,因合并进行的换股一定不会触犯第16(b)条的违法责任。但西方石油换股行为具有非自愿性,加之它不存在投机滥用内幕信息的可能性,这些事实使我们确信,第16(b)条不应适用于此类交易。

四

申请人还声称,西方石油与田纳科母公司期权协议本身应被视为一种出售行为,要么是因为这是一种法规旨在防止的交易,要么是因为该协议在形式上是一种期权,但实际上是一种出售。但是,仅仅是行使期权通常并不被视为"出售"。见 Booth v. Varian Associates(1964/1965)案、Allis-Chalmers Mfg. Co. v. Gulf & Western Industries(1970)案、Marquette Cement Mfg. Co. v. Andreas(1965)案。② 而且,我们并未发现在西方石油与田纳科母公司的期权协议的履行过程中,西方石油存在滥用旧克恩公司的内幕信息进行投机的显著可能性,所以我们也不能断定本案的期权协议属于第16(b)条所指的"出售"行为。正如地区法院所认定的那样,西方石油已经向旧克恩公司进行了巨额投资,所以希望避免将来被迫落入少数股东的身份,导致自己丧失控制权,同时也丧失投资的选择权。另外,田纳科母公司不希望一个刚刚在一场争夺旧克恩公司控制权的斗争中被击败的对手成为潜在的麻烦少数股东。这类动机并不带有内幕交易的味道,我们和上诉法院都不能明确断定,期权协议的谈判和执行如何给西方石油提供任何可能的机会,使其利用作为旧克恩公司主要股东的地位可能获得的内幕信息进行交易。西方石油想退出旧克恩公司,但只能在6个多月后才得以实现。它愿意以每股105美元的价格退出,这正是宣布田纳科母公司与旧克恩公司的合并协议的那天,5月19日它曾公开评估田纳科母公司优先股的价格。

无论如何,西方石油在和旧克恩公司的新主人打交道,而这些新主人无疑比

---

① See Petteys v. Butler, 367 F. 2d 528 (CA8 1966);cert denied, 385 U.S. 1006 (1967);Ferraiolo v. Newman, supra; Lynam v. Livingston, 276 F. Supp. 104 (Del. 1967);Blau v. Hodgkinson, 100 F. Supp. 361 (SDNY 1951).

② See Booth v. Varian Associates, 334 F. 2d 1 (CA1 1964), cert. denied, 379 U.S. 961 (1965); Allis-Chalmers Mfg. Co. v. Gulf & Western Industries, 309 F. Supp. 75 (ED Wis. 1970); Marquette Cement Mfg. Co. v. Andreas, 239 F. Supp. 962 (SDNY 1965).

西方石油更了解旧克恩公司与田纳科母公司的事情。如果西方石油在与田纳科母公司打交道时有筹码的话,比起西方石油拥有旧克恩公司大量股票的事实,说西方石油拥有旧克恩公司的内部信息的说法更令人难以置信的。

双方起草和执行的期权协议似乎也没有为投机性滥用提供现实的可能性。西方石油提供的是"看涨期权"。田纳科石油有权在 6 个月后购买,但西方石油不能强迫田纳科母公司购买。田纳科母公司优先股的每股价格定为 105 美元。西方石油无法在不断上涨的田纳科母公司股票市场上分一杯羹。见 Silverman v. Landa(1962)案。① 但如果每股股价下跌超过 10 美元,期权可能无法实现,如果市场进一步恶化到西方石油被迫抛售的地步,西方石油可能会蒙受损失。因此,就期权的形式而言,如果田纳科母公司行使期权,则西方石油别无选择,只能出售;如果田纳科母公司股票的价值保持相对稳定,西方石油几乎肯定会出售。此外,如果该股下跌,而田纳科母公司选择不行使其期权,则很难找出西方石油有任何投机价值。②

因此,无论西方石油是否掌握了有关旧克恩公司的内幕信息,期权似乎并不是一个有可能被投机性滥用的工具。此外,期权行使后获得的是田纳科母公司的优先股,这是一种尚未发行、未注册和未上市的股票。而正是这种股票的价值构成了期权的基础,决定了期权是否会被行使,西方石油是否能够从中获利,以及是否存在利用内幕信息的实际可能性。如果西方石油在谈判和签署期权协议时掌握了内幕信息,那就是有关旧克恩公司的内幕信息。

无论西方石油是否已知或可预期旧克恩公司股票的未来价值,但是因为它在田纳科母公司没有任何所有权益,因此无法对田纳科母公司股票的未来价值作出任何实际或假定的预见。如果西方石油将期权用于投机的话,这将是亟须智慧的选择。此外,根据法律规定,期权的行使日期在未来 6 个月之后,这一期间的长度被认为会消磨任何可能归因于掌握内幕信息的主要股东的交易优势。③ 通过将法定期限纳入期权,西方石油也被限制了投机的可能性,至少采用间隔法定期限的预期目的就是如此。也不应忘记,事实上没有任何绝对的保障能使合并完成,且这不是由西方石油可控制的。如果合并没有完成,期权本身将失效。

上诉人主张因为作为对价支付的溢价太大,使得使用期权协议的方法回购

---

① Silverman v. Landa, 306 F. 2d 422 (CA2 1962).

② See generally Note, "Put and Call Options Under Section 16 of the Securities Exchange Act", 69 Yale L. J. 868 (1960); H. Filer, *Understanding Put and Call Options*, Popular Library, 1959, pp. 96-111; G. Leffler, *The Stock Market*, 2nd ed., Ronald Press Co., 1957, pp. 363-378.

③ See Comment, "Stock Exchanges Pursuant to Corporate Consolidation: A Section 16(b) 'Purchase or Sale'?", 117 U. Pa. L. Rev. 1034 (1969), p. 1054; Silverman v. Landa, 306 F. 2d 422(CA2 1962).

西方石油持有的旧克恩公司的股份几乎是不可避免的，加之特别是当田纳科母公司希望摆脱一个潜在的麻烦股东时，所以本案的期权协议实际上是一项股份出售行为。但我们无法以此为由推翻上诉法院的判决。这一论点看上去是很有力，但如何解决问题在很大程度上取决于经济和其他方面的判断，上诉法院驳回了这一论点。上诉法院强调，所支付的溢价是专家们所说的期权价值，市场在期权行使后的 6 个月内可能大幅下跌，使得本案的期权利益无法实现，该事实与结果都与 Bershad v. McDonough(1970)案①中的情形不同，期权人并没有通过行使期权放弃其持股的所有权益。也没有任何其他特殊情况表明当事各方理解并打算该期权协议实际作为一项股票出售行为来执行。我们认为没有充分的依据或理由否定上诉法院在这方面的判决。

上诉法院的判决得到支持。

判决如上。

案例原文②

（三）行使的前置条件

美国《1934 年证券交易法》中设置了"内幕人持股报告制度"，以配合短线交易归入制度的实施。该法第 16(a)(2)条③规定："任何直接或间接持有依据本法第 12 条登记超过 10% 的任何一种股权证券（豁免证券除外）的受益所有人的个人或者任何是该证券发行者的董事、高级管理人员的个人，应在该证券在全国证券交易所登记时，或者在依据该法第 12(g)条提出的申请登记表生效之日，或者在他成为受益所有人、董事或者高级管理人员后 10 天内，向委员会（如果该证券

---

① 428 F.2d 693 (CA7 1970).
② Available at https://casetext.com/case/kern-county-land-co-v-occidental-corp, 2023-9-18.
③ 原文如下：(2) TIME OF FILING. —The statements required by this subsection shall be filed—(A) at the time of the registration of such security on a national securities exchange or by the effective date of a registration statement filed pursuant to section 12(g); (B) within 10 days after he or she becomes such beneficial owner, director, or officer, or within such shorter time as the Commission may establish by rule; (C) if there has been a change in such ownership, or if such person shall have purchased or sold a security-based swap agreement involving such equity security, before the end of the second business day following the day on which the subject transaction has been executed, or at such other time as the Commission shall establish, by rule, in any case in which the Commission determines that such 2-day period is not feasible. Available at https://www.govinfo.gov/content/pkg/COMPS-1885/pdf/COMPS-1885.pdf, 2023-5-31.

是向全国证券交易所登记,也应向交易所)提交他是其受益所有人的该发行者全部股权证券数量的报告,如果在日历月内这种所有权发生改变,应在每一日历月结束后10天内,向委员会(如果该证券是向全国证券交易所登记,也应向交易所)提交报告,说明在日历月结束时他的所有权情况和在该日历月内他的所有权发生的改变。"

日本以及我国台湾地区证券交易相关法律也均规定了类似制度。例如,我国台湾地区"证券交易法"(2014)第25条①主要系规定公开发行公司之内幕人应向公司申报其股权变动情形,而公司则应按月向证券管理委员会申报(或公告)该公司内部人股权变动情况,以使公开发行公司内幕人股权实际状况可充分揭露。这有助于"禁止短线交易"规定之执行,而对于违反规定之内幕人或公司,依其"证券交易法"第178条,处新台币24万元以上240万元以下罚款。

三、归入责任的豁免

短线交易归入制度在一定程度上有效阻吓了短线交易行为的发生,维护了公司的利益和证券市场的稳定,从其效果来看的确达到了该制度设立之目的。但是,并非所有的短线交易都是违法行为,因此基于具体案例之正义的考虑,应对短线交易归入责任引入豁免制度,以实现一般正义和个别正义的辩证统一。

短线交易归入之豁免制度以美国法为代表,其规定较为灵活、详细,其主体框架由第16条直接规定的豁免"但书",SEC规则16b、16d、16e,以及规则12所确立的豁免行政规则构成②:(1)规则16b规定,善意履行合同债务所为的给付不适用归入,例如对股票的取得是基于对先前所订立合同债务的善意受领,就不在归入之列。(2)规则16d规定,股票做市商③为创造、维持市场正常交易活动所为买卖行为不适用归入权。其原因是,如果对此适用归入制度,将会严重阻碍

---

① 我国台湾地区"证券交易法"(修正日期:2014年2月4日)第25条规定:"公开发行股票之公司于登记后,应即将其董事、监察人、经理人及持有股份超过股份总额百分之十之股东,所有之本公司股票种类及股数,向主管机关申报并公告之。前项股票持有人,应于每月五日以前将上月份持有股数变动之情形,向公司申报,公司应于每月十五日以前,汇总向主管机关申报。必要时,主管机关得命令其公告之。第二十二条之二第三项之规定,于计算前二项持有股数准用之。第一项之股票经设定质权者,出质人应即通知公司;公司应于其质权设定后五日内,将其出质情形,向主管机关申报并公告之。"
② 转引自朱川:《内部人短线交易归入法律制度研究——兼论〈证券法〉第42条的完善》,载《复旦民商法学评论》总第3集,法律出版社2005年版,第254页。
③ 做市商,是指在证券市场上,由具备一定实力和信誉的证券经营法人作为特许交易商,不断地向公众投资者报出某些特定证券的买卖价格(双向报价),并在该价位上接受公众投资者的买卖要求,以其自有资金和证券与投资者进行证券交易。做市商通过买卖报价的适当差额来补偿提供服务的成本费用,并实现一定利润。国际证券市场发展的历史与现实显示,做市商制度是一个完整的证券交易系统的重要组成部分。

"做市"制度功效的发挥,伤及证券市场的繁荣、稳定。(3) 对套利交易①的豁免。套利交易通常并不利用公司财务、业务等内幕信息,而且其最大特点在于买与卖的同时进行,因此可被豁免。不过,如果该交易无法保证买与卖的同时性时,则其性质已非套利,因而须受归入之规制。(4) 规则 16b-3 对雇员在 6 个月内行使认股权认购股票又再卖出的行为予以豁免,此即雇员福利计划的豁免。(5) 规则 16a-9 规定,6 个月内赠与股票价值在 3000 美元以下的行为不受归入,此即小额赠与的豁免。(6) 规则 16b-1 规定,投资公司特定情形下的买卖可豁免归入。(7) 规则 16b-2 规定,证券承销商在承销过程中为完成承销目的,或者为安定市场所为的行为,免予归入,此即承销商买卖的豁免。除了上述几种豁免情形外,SEC 还颁布了大量规则规范不同的豁免情形及具体的豁免条件。总结起来,尽管美国关于归入制度豁免的法律、判例、行政规则纷繁庞杂,但其根本的出发点始终如一:一是在于维护个案公平,尽量避免将未利用内幕信息的可能的正当交易纳入归入范围;二是在于保障特定政策的实施功效,尽量调和归入制度与特定经济政策间的价值冲突。

我国《股票发行与交易管理暂行规定》没有关于归入权责任豁免之规定,但根据对《证券法》(2019)第 44 条的解读,以下情形不属于短线交易:(1) 证券公司因包销购入售后剩余股票而持有 5% 以上股份的,卖出该股票不受 6 个月时间限制;(2) 根据中国证监会《关于全国社会保障基金委托投资若干问题的复函》的规定,全国社保基金合并持有上市公司 5% 股份后,若社保基金理事会与各投资管理人以及各投资管理人之间的投资决策是相互独立的,则对该公司股票的买卖可以不受 6 个月持有期的限制;(3) 实施股权激励需要向高管股东回购股份;(4) 持股 5% 以上股东参与转融通业务,通过证券交易所平台在 6 个月内出借和收回证券的。

四、所得收益的计算

欲行使归入权,必须首先计算短线交易的收益。当前各国和地区对短线交易所得收益的计算方法,主要有股票编号法(the identity of certificates rule)、先进先出法(the first-in, first-out rule)、平均成本法(the average cost rule)、低入高出法(the lowest-in highest-out rule)等。②

---

① 所谓套利交易是指买入一种期货合约的同时卖出另一种不同的期货合约。这里的期货合约既可以是同一期货品种的不同交割月份,也可以是相互关联的两种不同商品,还可以是不同期货市场的同种商品。套利交易者同时在一种期货合约上做多而在另一种期货合约上做空,通过两个合约间的价差变动来获利,与绝对价格水平关系不大。

② 赖英照:《股市游戏规则:最新证券交易法解析》,中国政法大学出版社 2006 年版,第 336—337 页。

所谓"股票编号法",是将短线交易者在法定期间内买入的数笔股票分别编号,当卖出此编号股票时,以卖出价减买入价来计算收益。该方法是以同一性质和种类的股票买入与卖出之价格差来计算的,其缺点是:(1)在证券交易普遍实行计算机自动撮合和交易无纸化的今天,以该方法计算短线利益,显然是不现实的;(2)即使对股票进行了编号,短线交易者也可以选择交割不同种类的股票,轻易地逃避法律规制,显然达不到打击短线交易行为的目的。所谓"先进先出法",是以短线交易者在法定期间内先买入股票与先卖出股票相匹配计算利益。此种计算方法的缺陷是,实务中可能使短线交易者在先卖出后买入的情况下免受短线交易利益归入制度的规制。所谓"平均成本法",是以短线交易者在6个月法定期间内买入股票总金额之差价来计算短线利益所得。该方法的缺点是缺乏法律依据,且在客观上有可能鼓励那些在先前的交易中受损的短线交易者进行更多的短线交易以挽回损失,有悖于规制短线交易的立法初衷。所谓"低入高出法",是各国或地区主要采用的方法,是将买入股票的最低价与卖出股票的最高价相配计算收益,次低买入价与次高卖出价相配计算收益,在相配计算时,如有一对相配计算差额为零或负数时(即短线交易持平或亏损),则不计入总量中。举例而言,内幕人甲分别于6月5日、15日、25日买进股票5000股,买价分别为20元、25元、30元。甲又于8月5日、15日、25日分别卖出股票5000股,卖价分别为20元、25元、30元。依据本计算方法,6月5日以每股20元买进的5000股与8月25日每股30元卖出的5000股相配,每股获利10元;6月15日以每股25元买进的5000股与8月15日以每股25元卖出的5000股相配,获利为零,不计入短线收益;6月25日以每股30元买进的5000股与8月5日以每股20元卖出的5000股相配,亏损5万元,也不计入短线收益。计算结果是甲获利5万元。以此方法计算时,所得收益往往会超过当事人实际利益,有时候内幕人在短线交易中并没有获得任何利润甚至发生亏损,但仍然不能逃避须将以此计算方法算出的获利归入公司的义务。

"低入高出法"源自美国法院对 Smolowe v. Delendo Corporation(1943)案[①]的审理。确立该计算方法的法官认为,短线交易收益归入权旨在吓阻内幕交易,因此只有采取足够严格的标准,才能确保所有可能的收益全部被收回,通过最大限度地计算出短线交易收益,可以实现短线交易规制制度的目的。具体而言,美国法院之所以采用如此严格的计算方法,主要是基于以下三方面的考虑:第一,符合立法精神。法律之所以如此规制短线交易行为,主要是起警诫作用,以收阻吓之效。第二,防止短线交易主体在计算利益的方法上取巧,以规避法律责任,从而减损此项制度的功能。第三,法律中并未规定,公司行使归入权

---

① Smolowe v. Delendo Corp., 136 F. 2d 231(2d Cir. 1943).

必须以短线交易实际获得利益为条件。①

我国台湾地区从1984年起开始采取"低入高出法"(即"最高卖价减最低买价法")计算短线交易收益②;至1988年"证券交易法施行细则"第11条正式引入该方法,其规定如下:"本法第157条第一项所定获得利益,其计算方式如下:1. 取得及卖出之有价证券,其种类均相同者,以最高卖价与最低买价相配,次取次高卖价与次低买价相配,依序计算所得之差价,亏损部分不予计入。2. 取得及卖出之有价证券,其种类不同者,除普通股以交易价格及股数核计外,其余有价证券,以各该证券取得或卖出当日普通股收盘价格为买价或卖价,并以得行使或转换普通股之股数为计算标准;其配对计算方式,准用前款规定。3. 列入前2款计算差价利益之交易股票所获配之股息。4. 列入第1款、第2款计算差价利益之最后一笔交易日起或前款获配现金股利之日起,至交付公司时,应依'民法'第203条所规定年利率5%,计算法定利息。列入前项第1款、第2款计算差价利益之买卖所支付券商之手续费及证券交易税,得自利益中扣除"。我国台湾地区"证管会"1999年10月27日发布的台财证(三)第04014号行政函释明确提出:"'证交法'第157条短线交易归入权与第157条之1禁止内幕交易之规定,乃相互搭配之配套措施。基于内幕交易查察举证不易,明订禁止公司内部人在6个月内买卖股票,以达杜绝、吓阻公司内部人利用未公开消息牟取不合理差额利益之目的,故第157条系证券市场防范内幕交易的重要管理工具。准此,短线交易归入权的用意自非为填补公司之损害,而系以'最高卖价减最低买价法'严格计算方式以获取短线交易差价之最大差额,使公司内部人引以为戒,至交易人是否因短线交易获有实际上之利益,在非所问。"

根据我国《证券法》第44条的规定,对于短线交易行为人在6个月法定期间内只进行过一次公司股票的买入和卖出,或者卖出和买入的短线交易,其所得短线利益的计算就较为简单,即只需将构成短线交易的每股股票的买入价减卖出价或卖出价减买入价,再乘以相同种类的买卖股票数量即可。若是正值,则该数额即为短线交易所得收益;若为负值,则无收益可言,公司亦无从行使归入权。但若短线交易行为人在6个月法定期间内有数笔短线交易,则其所得收益的计算就比较复杂。虽然我国《证券法》对于短线交易所得收益的计算方法未有明确规定,但是,我国理论界多主张借鉴"低入高出法"③,以体现对短线交易者的惩罚。而且,在近年来的实践中,中国证监会的监管实践也出现了采行"最高卖价减去最低买价"的收益计算方法,最近较为典型的案件可参见"大东海案"。在该

---

① 参见赖英照:《证券交易法逐条释义》(第3卷 第3册),实用税务出版社股份有限公司1992年版,第457—458页。

② 参见我国台湾地区"金融监督管理委员会"2005年2月5日发布的金管证三字第0940000566号行政函释。

③ 参见杨亮:《内幕交易论》,北京大学出版社2001年版,第253页。

案中,大东海于 2015 年 3 月 17 日发布了《关于第二大股东进行短线交易的公告》,公告称潘国平系大东海持股 5% 以上股份的第二大股东,由于个人疏忽,2014 年 8 月 20 日至 2015 年 1 月 26 日通过竞价交易买入 33 笔累计增持公司 B 股 1 463 000 股,买入最低价 5.04 港元/股,2015 年 1 月 28 日卖出 4 笔,累计卖出 780 000 股公司 B 股,卖出最高价 6.69 港元/股,构成一次短线交易;2015 年 2 月 10 日又买入 9 笔,累计买入 800 000 股公司 B 股,买入最低价 6.41 港元/股,再次构成短线交易。采用"最高卖价减去最低买价"的收益计算方法如下:第一次短线交易所得收益为 1 287 000.00 港元＝780 000 股×(卖出最高价 6.69 港元/股－买入最低价 5.04 港元/股),按卖出日汇率中间价人民币 0.7905 元/港元计算,折合人民币 1 017 373.50 元。第二次短线交易所得收益为 224 000.00 港元＝800 000 股×(卖出最高价 6.69 港元/股－买入最低价 6.41 港元/股),按卖出日汇率中间价人民币 0.7905 元/港元计算,折合人民币 177 072.00 元,以上两次交易总计所得人民币 1 194 445.50 元收归公司所有。[①]

对于交易涉及金融衍生工具时的利益计算,美国《联邦法规》第 17 卷第 240 条 16(b)—6(c)对《1934 年证券交易法》16(b)条作出了进一步规定:"如果一种衍生性证券的取得与同种衍生性证券的处置相配对,则归入利益计算是该衍生性证券在两时点的买价与卖价的差价所计算获取的利润。""如果一种衍生性证券的取得或处置,是与其基础证券的交易或与不同种类的衍生性证券的交易相配对,则第 16(b)条的利益,为各该证券在买入时及卖出时两个时点价格的差价,但其所能请求的最高额,不应高于以该基础证券在买入时及卖出时两交易日的市价的差价所计算获取的利润(但法院可以因内部人的举证证明所得利润确实较少,而判决较少利益归入公司)。"[②]

[①] 详见邱永红:《证券短线交易监管:纯案例视角的法律解读》,载资本市场法治网,http://www.capitallaw.com.cn/article/default.asp?id=12908,访问时间:2023-9-18。

[②] 原文为:17 CFR §240.16b—6(c)—In determining the short-swing profit recoverable pursuant to section 16(b) of the Act from transactions involving the purchase and sale or sale and purchase of derivative and other securities, the following rules apply: (1) Short-swing profits in transactions involving the purchase and sale or sale and purchase of derivative securities that have identical characteristics (e.g., purchases and sales of call options of the same strike price and expiration date, or purchases and sales of the same series of convertible debentures) shall be measured by the actual prices paid or received in the short-swing transactions. (2) Short-swing profits in transactions involving the purchase and sale or sale and purchase of derivative securities having different characteristics but related to the same underlying security (e.g., the purchase of a call option and the sale of a convertible debenture) or derivative securities and underlying securities shall not exceed the difference in price of the underlying security on the date of purchase or sale and the date of sale or purchase. Such profits may be measured by calculating the short-swing profits that would have been realized had the subject transactions involved purchases and sales solely of the derivative security that was purchased or solely of the derivative security that was sold, valued as of the time of the matching purchase or sale, and calculated for the lesser of the number of underlying securities actually purchased or sold. Available at https://www.law.cornell.edu/cfr/text/17/240.16b-6, 2023-5-31.

五、法定期间的计算

"法定期间"是指前后两次以上相反交易的间隔期间。各国或地区证券立法大都把短线交易中的法定期间规定为 6 个月,其主要原因在于各国或地区证券法中所规定的年度和中期强制披露报告的时间间隔即为 6 个月,因此理论上可以认为公众投资者每隔 6 个月即可获得作出投资选择所需的信息,而内幕人在间隔 6 个月以后所为的相反交易,相较于公众投资者并不具有明显优势,不至于引起广泛关注,也不致损害公司之利益,因而此种"超期"交易利益没有收归公司所有之必要。而在 6 个月的具体推算上,往往适用《民法典》(2020)关于期间、期日的规定,以一笔买进或卖出行为为准,应向前、向后各推算 6 个月,以查核有无匹配的卖出或买进行为。

归入权之行使以内部人在 6 个月内从事买卖为条件,如果买卖相隔超过 6 个月者,即无归入权行使之适用。因此 6 个月期间的计算至为重要,该问题主要涉及买卖交易时点的匹配时间、6 个月的计算时点两个问题。

关于买卖交易时点的匹配时间问题,可以采用回溯法(backtracking)[①],即对符合短线交易行为主体的人,对其任意一笔交易,回溯前 6 个月内是否有反向交易,并确定在反向交易的时点,交易者是否已经符合短线交易行为主体资格。这主要针对公司股东的"买入前说",即在买入前符合公司内部人身份,或者针对公司高管的"一端说",即在买入时或卖出时,只要一个时点符合公司内部人身份即可。

对于 6 个月的计算时点,有两种不同意见,一是以自然月为计算依据,即在某个自然月有交易行为,则从该自然月开始计算 6 个月期限;二是以交易当日开始计算 6 个月期限。我国台湾地区"证管会"1987 年 7 月 6 日发布的台财证(二)字第 3875 号行政函释规定:"'证券交易法'第 157 条第一项所订'6 个月'期间之规定,应依'民法'有关规定计算,凡于取得后 6 个月内再行卖出,或于卖出后 6 个月内再行买进,即应受'证券交易法'第 157 条之规范,至于进出累计总收多寡,股价编号是否相同,或实际交割者为何一批股票,皆非所问"。而依台湾地区"民法"第 121 条规定,以月定期间者,以期间末日之终止为期间之终止;期间不以月之始日起算者,以最后之月与起算日相当日之前 1 日为期间之末日;于最后之月无相当日者,以其月之末日为期间之末日。因此,如 2 月 1 日买入,于 7 月 31 日或其以前售出者,为在 6 个月内买卖,受本条之规范;如在 8 月 1 日或其以后售出者,即超过 6 个月期间,无本条之适用。又如 2 月 5 日买入者,8 月 4

---

① 回溯法是穷尽搜索算法(Brute-force search)中的一种,采用试错的思想,遵循分步解决问题的思路。

日或其以前售出者,应适用本条;8月5日或其以后售出者,即不受本条之规范。此外,6个月期间可向将来推算,并可向过去回溯,因此每一笔交易向前后推算6个月的结果,实际可等于1年。参照一般证券规则的处理方式,以第二种方式即交易日计算方式来计算6个月的期限较为妥当。

【中国案例】

华夏建通诉严某证券短线交易收益归入权案(2009)[①]

原告华夏建通诉称:2009年4月17日,被告通过上海市第一中级人民法院组织的公开拍卖,以总价款人民币11 460万元(合每股3.82元)竞买获得原告股份3000万股,占原告总股本7.89%。2009年6月1日被告通过上海证券交易所以每股4.93元的价格卖出所持原告的股份1900万股(占原告总股本4.998%),所获差价收益2109万元。根据我国《证券法》第47条的规定,公司董事会应当收回其所得收益。据此,被告在买入原告股票成为持有股份5%以上的股东后,又在6个月内卖出一定数量的股份,所产生的差价收益2109万元应归入原告,故请求判令被告支付收益2109万元。

被告严某辩称:(1)《证券法》第47条系涉及短线交易收益的归入制度,该项制度确立的目的是通过对收益的归入,来防止上市公司董事、监事、高级管理人员或持有股份5%以上的股东利用了解公司内幕信息的特定地位和优势进行交易。而本案中,被告在进行股票买入、卖出之系列交易行为之前并不具备《证券法》第47条特定的主体身份,其理由主要为:

首先,《证券法》第47条第1款将短线交易的行为主体限定为"上市公司董事、监事、高级管理人员、持有上市公司股份5%以上的股东",法学理论界则有"两端说""一端说"和"折中说"等三种不同观点。"两端说"认为,在买入和卖出两个时点均需符合公司内部人身份。"一端说"认为,在买入时或卖出时,只要一个时点符合公司内部人身份即可。"折中说"认为,对董事、监事、高管人员与持有特定比例股份的股东应当予以区别对待。对于持有特定比例股份的股东,应当采用"两端说",而对于公司董事、监事和高级管理人员,应当采用"一端说"。因为,股东身份不如公司董事、高级管理人员身份容易获取内幕信息。"公司董事、高级管理人员直接参与公司事务,他们易于取得内幕信息,并滥用之。"就本案而言,被告在通过司法拍卖和法院裁定取得3000万股华夏建通股票时并非原

[①] 参见上海市卢湾区人民法院(2009)卢民二(商)初字第984号一审民事判决书。本案例中所指《证券法》系指我国2005年修订的《证券法》。

告股东,根据"两端说"和"折中说",均不符合短线交易收益归入制度对主体的要求,不应适用短线交易收益归入制度。

其次,被告的司法拍卖行为是成为"持有"5%以上股份股东的行为,不是短线交易的"买入"行为。《证券法》第47条规定的短线交易的主体有两种类型:一是非股东型的主体,即上市公司董事、监事、高级管理人员;二是股东型主体,即持有上市公司股份5%以上的股东。成为非股东型主体不需要通过买卖股票,主要是通过公司的选任。但是,要成为股东型主体必须通过股票交易,而且需要达到"持有"上市公司股份5%以上的股份,才能具备适格的主体。

《证券法》第47条对于股东型主体的定义是"持有上市公司股份5%以上的股东",立法在此使用了"持有"这一词组,就是要把成为股东的"持有"行为和短线交易的"买卖"行为相区别。对于非股东型主体,只要具有"买入后卖出或者卖出后买入"的行为就构成短线交易。但是,对于股东型主体,首先要具有"最初一笔"的"持有"的行为,其次要具有"买入后卖出或者卖出后买入"的行为才能构成短线交易。从行为结构上看,非股东型主体是:[公司任命行为+买入后卖出或者卖出后买入],但是,股东型主体是:[持有5%以上股票行为+买入后卖出或者卖出后买入]。

被告在2009年5月5日之前从未买入原告的股票。被告通过司法拍卖和法院裁定获得原告5%以上股票的行为,是被告成为"持有"原告5%以上股份的股东的行为。根据《证券法》第47条的规定,这是"持有"行为,不是短线交易的"买入"行为。没有"持有"上市公司股份5%以上的股东的行为,被告的短线交易主体身份就不具备。原告把被告的司法拍卖行为解释成是短线交易的"买入"行为,混淆了"持有"行为和"买入"行为的区别。

(2)《证券法》第47条规定的股票"买卖"范畴应当理解为通过证券交易所平台的交易行为,而本案被告买入原告股票系通过上海市第一中级人民法院组织的公开拍卖,并不属于《证券法》第47条规定的"买卖"范畴。

(3)被告通过司法拍卖竞买取得的原告股票属限制流通股,根据相关法律、法规规定,该性质的股票在解禁前被限制上市流通,在此前提下,被告尚不存在利用内幕信息买卖该股票获利之可能性。

(4)被告竞买取得的原告股票,支付了拍卖行佣金及交易印花税,故被告的差价收益也尚未达到2109万元。综上,被告的行为不应当适用《证券法》第47条规定,请求驳回原告之诉请。

上海市卢湾区人民法院经审理后认为:庭审中,原告主张被告买、卖其股份的行为构成《证券法》第47条的适用要件,进而要求被告交付所获的差价利益,而被告对此予以反驳,认为其行为不应适用本案所涉条款,据此,本案首先需要解决的焦点问题在于,被告的行为是否符合《证券法》第47条的构成要件。

上海市卢湾区人民法院就上述问题的解决及其法律分析如下：

（1）我国《证券法》第47条规定，上市公司董事、监事、高级管理人员、持有上市公司股份5%以上的股东，将其持有的该公司的股票在买入后6个月内卖出，或者在卖出后6个月内又买入，由此所得收益归该公司所有。该项规定确立了我国证券短线交易收益归入制度，其目的系通过公司对交易收益的追缴，以有效地淡化、消除内幕人员从事内幕交易的动机，从而在一定程度上减少、防止内幕交易的发生。既然立法宗旨是减少内幕交易，则该项立法所规制的对象应限定为具备特定的身份，且凭借其身份可获得公司内幕信息之人。《证券法》将此类人员细化为公司董事、监事、高级管理人员、持有上市公司股份5%以上的股东。如此，短线交易之构成是以行为人具有上述人员之身份为前提的。而《证券法》第47条又是将"短线交易"定义为行为人在6个月内有"先买后卖"或"先卖后买"之两次以上相反买卖交易行为。因此，以上要件对短线交易收益归入制度所演绎的逻辑过程显然为，行为人首先应获得公司董事、监事、高级管理人员或持有5%以上股份股东之身份，然后在6个月内有一组以上买卖反向交易行为。

本案被告在实施买入及卖出原告股份之反向交易之前，并不具备原告内幕人员身份。庭审中，原告主张被告买入其股份3000万股即具备了内幕人员之身份，原告此举显然是将被告的该项单一行为既推断为被告构成短线交易主体资格的条件，又视作被告反向交易行为的一端。然而，以法律适用层面为视野，行为人实施的一项法律行为，仅能产生一项法律效果，原告该项主张有违法学基本原理。如此而言，若被告购入3000万股所产生的系构成短线交易主体之法律效果，之后其仅有一个"卖出1900万股"行为，尚缺乏一组反向的交易行为；同样，若认定被告"购入3000万股、卖出1900万股"构成《证券法》所规制的反向交易行为，被告则因实施行为之前并非公司的内幕人员而不具备短线交易的主体资格。故而，被告的身份及行为尚不符合短线交易的构成要件。

（2）正如上文所言，证券短线交易收益归入制度的旨意在于减少内幕交易，其规制的对象系可能利用内幕信息进行交易的行为。本案被告是通过中级人民法院委托的司法拍卖而竞买取得股票，由于参加拍卖取得股票与通过证券交易所购入股票，在交易场所、时间、程序、风险及成本等方面具有质的区别。对于司法拍卖，整个交易时间及价格被告无法控制，无法利用内幕消息与司法拍卖进行配合。更值得注意的是，被告竞买取得的股票系限售股，根据相关规定，限售股在卖出的时间上有严格的限制，至少在禁售期内不得买卖。而本案限售股解禁的时间完全取决于原告，对此被告无法控制和预料。因此，被告不仅在取得股票时无法与内幕信息相配合，卖出条件的满足也取决于原告办理限售股解禁的时间，也无法利用内幕信息进行交易。据此，被告客观上缺乏利用内幕信息进行证券交易的条件。

综上，上海市卢湾区人民法院认为，由于被告的身份尚不符合短线交易的构成要件，同时客观上被告也缺乏利用内幕信息进行证券交易的条件，故本案不能适用《证券法》第47条的规定，对原告的诉请不应支持。

【法律分析】 《证券法》(2005)第47条对持股5%以上的股东的短线交易进行了限制，其目的还在于防范操纵股票价格，因为持股超过5%以上的股东的反向短线交易极易造成股票价格的大幅波动。由于《证券法》规定了在公司的重大消息发布前后禁止上述主体买卖股票，同时限制短线交易只是防范内幕交易而并不是短线交易本身就是内幕交易，因此公司的大股东和董事、监事、高级管理人员等这些特殊主体持有公司的股票应该是证券市场支持和鼓励的，所以应该允许他们购买公司的股票，但如果不许出售公司的股票，则购买就没有动力，因此对于6个月内的同向连续交易，除了信息披露须遵守特别规定之外，立法并无特别限制。本案的生效判决是合理的，因为该股东确实不是内幕信息知情人；但是判决理由是不成立的，因为该股东是符合《证券法》(2005)第47条规定的短线交易情形的。法院从文义角度解读持有5%以上股东的短线交易行为，即先有5%的持有而后才有买卖反向交易；但是，此种文义解读是不符合立法目的的。在二者发生冲突时，应该选择立法目的解读，因而应对买卖进行扩大解读，"买卖"行为中应包括持有时的"买卖"。

域外案例原文二维码索引

（本索引所标页码为对应案例原文二维码在本书的页码）

Exchange National Bank v. Touche, Ross & Co. (1976)	39
Reves v. Ernst & Young (1990)	51
SEC v. Wallenbrock (2002)	57
SEC v. W. J. Howey Co. et al (1946)	64
SEC v. SG Ltd. (2001)	92
United Housing Foundation, Inc. v. Forman (1975)	106
SEC v. Sun et al (2023)	145
Basic, Inc. v. Levinson (1988)	171
Good v. Zenith Electronics Corp. (1990)	177
Levit v. Lyondell Petrochemical Co. (1993)	183
Hanson Trust v. SCM (1985)	219
Hallwood Realty Partners, L. P. v. Gotham Partners, L. P. (2002)	334
Polaroid v. Disney (1988)	343
SEC v. Carter Hawley Hale Stories, Inc. (1985)	353
Royal Crown Companies, Inc. v. McMahon (1987)	366
Carmody v. Toll Bros., Inc. (1988)	381
Sinay v. Lamson & Sessions. Co. (1991)	423
Follansbee v. Davis, Skaggs & Co., Inc. (1982)	509
United States v. Ross (1963)	518
Birnbaum v. Newport Steel Corp. (1952)	523
SEC v. Musella (1989)	572
SEC v. Texas Gulf Sulphur Co. (1968)	588
Dirks v. SEC (1983)	602
United States v. O'Hagan (1998)	618
Edward J. Mawod Co. v. Sec. Exch. Com'n. (1979)	638
Smolowe v. Delendo Corp. (1942)	678
Kern County Land Co. v. Occidental Petroleum Corp. (1973)	700